Schlüsselereignisse der deutschen Bankengeschichte

Schlüsselereignisse der deutschen Bankengeschichte

Herausgegeben im Auftrag des Wissenschaftlichen Beirats
des Instituts für bankhistorische Forschung e. V.
von Dieter Lindenlaub, Carsten Burhop und Joachim Scholtyseck

Dem Wissenschaftlichen Beirat des Instituts für bankhistorische Forschung e. V.
gehören an: Prof. Dr. Carsten Burhop, Dr. Benedikt Fehr, Dr. Peter Gleber, Prof. Timothy
W. Guinnane, Ph.D., Prof. Dr. Thomas Hartmann-Wendels, Dr. Ulrich Kater, Prof.
Christopher Kobrak, Ph.D., Prof. Hans-Helmut Kotz, Prof. Dr. Dieter Lindenlaub, Prof. Dr.
Stephan Paul, Prof. Dr. Bernd Rudolph, Prof. Dr. Dr. h.c. Reinhard H. Schmidt, Prof. Dr.
Joachim Scholtyseck, Prof. Dr. Günther Schulz, Prof. Dr. Paul Thomes, Dr. Gertrud R. Traud,
Dr. Thorsten Wehber, Prof. Dr. Dieter Ziegler.

Franz Steiner Verlag

Umschlagbild: © DIGITALstock/vobelina

Bibliografische Information der Deutschen Nationalbibliothek:
Die Deutsche Nationalbibliothek verzeichnet diese Publikation in der
Deutschen Nationalbibliografie; detaillierte bibliografische
Daten sind im Internet über <http://dnb.d-nb.de> abrufbar.

Dieses Werk einschließlich aller seiner Teile ist urheberrechtlich
geschützt. Jede Verwertung außerhalb der engen Grenzen
des Urheberrechtsgesetzes ist unzulässig und strafbar.
© Franz Steiner Verlag, Stuttgart 2013
Druck: Laupp & Göbel GmbH, Nehren
Gedruckt auf säurefreiem, alterungsbeständigem Papier.
Printed in Germany.
ISBN 978-3-515-10446-3

Inhalt

Dieter Lindenlaub / Carsten Burhop / Joachim Scholtyseck
Einführung ... 11

[1.] *Mark Häberlein*
Die Fugger'sche Anleihe von 1488
Handelskapital, fürstliche Privilegien und der Aufstieg
der süddeutschen Kaufmannsbankiers ... 17

[2.] *Oliver Volckart*
Die Reichsmünzordnung von 1559
Das Scheitern reichseinheitlichen Geldes ... 26

[3.] *Markus A. Denzel*
Die Errichtung der Hamburger Bank 1619
Wegbereitung einer stabilen Währung und Ausdehnung
des bargeldlosen Zahlungsverkehrs ... 38

[4.] *Peter Rauscher*
Der Fall der Oppenheimer und Gomperz 1697
Hofjuden und die Finanzierung des deutschen Fürstenstaats
im 17. und 18. Jahrhundert ... 51

[5.] *Andreas Thier*
Die Gründung der Königlichen Giro- und Lehnbanco 1765
Preußen im Übergang zur hoheitlich kontrollierten Notenbankpolitik ... 63

[6.] *Hans-Peter Ullmann*
Gebr. Bethmann und die österreichische Anleihe von 1778
Die Inhaberschuldverschreibung revolutioniert
den Frankfurter Kapitalmarkt — 79

[7.] *Thorsten Wehber*
Das preußische Sparkassenreglement von 1838
Individuelle finanzielle Vorsorge in kommunaler Regie — 90

[8.] *Peter Gleber*
Die Oehringer Privatspar- und Leih-Kasse von 1843
Der Mittelstand greift zur Selbsthilfe — 105

[9.] *Timothy W. Guinnane* (aus dem Englischen von Claus Sprick)
Die Raiffeisen-Kreditgenossenschaften 1864
Die Expansion des genossenschaftlichen Kredits im 19. Jahrhundert — 120

[10.] *Elke Pfnür*
Die Einführung des Pfandbriefsystems in Bayern 1864
Ein Produkt wird kapitalmarktfähig — 136

[11.] *Carsten Burhop*
Die Gründung der Commerz- und Disconto-Bank 1870
Aktienbanken als Pfeiler des Universalbankensystems — 155

[12.] *Dieter Ziegler*
Die Entstehung der Reichsbank 1875
Die erste deutsche Einheitswährung und der Goldstandard — 166

[13.] *Boris Barth*
Die Deutsche Bank und die Bagdadbahn seit 1888
Internationale Finanzbeziehungen in der Ära des Imperialismus — 178

[14.] *Richard H. Tilly*
**Der Ruin des Bankhauses Hirschfeld & Wolff
und das Börsengesetz von 1896**
Aktienspekulanten, Betrüger und staatlicher Anlegerschutz — 189

[15.] *Thomas Hartmann-Wendels*
Das Hypothekenbankgesetz von 1899
Regelungen mit Benchmark-Charakter — 200

[16.] *Christian Dirninger*
Der bargeldlose Zahlungsverkehr der Sparkassen 1908
Ein Finanzverbund entsteht — 216

[17.] *Carl-Ludwig Holtfrerich*
Die Große Inflation 1914–23
Ihre Wirkung auf die Struktur des deutschen Kreditgewerbes   229

[18.] *Paul Thomes*
Die ›Fusion der Elefanten‹ 1929
Zur Konzentration von Kapital und Macht in der Weimarer Republik
am Beispiel der Disconto-Gesellschaft und der Deutschen Bank   244

[19.] *Albert Fischer*
Die Bankenkrise von 1931
Anstoß zur staatlichen Bankenregulierung   257

[20.] *Ingo Köhler*
Das Ende des Hauses Mendelssohn 1938
Aderlass durch ›Arisierungen‹   270

[21.] *Harald Wixforth*
Die Errichtung der Reichsgruppe Banken 1934
Gleichschaltung, Anpassung und Mittäterschaft der Banken
im NS-Regime   283

[22.] *Dieter Lindenlaub*
**Die Errichtung der Bank deutscher Länder
und die Währungsreform von 1948**
Die Begründung einer stabilitätsorientierten Geldpolitik   297

[23.] *André Steiner*
**Die Errichtung der Deutschen Emissions- und Girobank
in der SBZ 1948**
Aufstieg und Fall des einstufigen Bankensystems
einer sozialistischen Planwirtschaft   320

[24.] *Joachim Scholtyseck*
Das Londoner Schuldenabkommen 1953
Das Tor zur Welt öffnet sich wieder   334

[25.] *Ralf Ahrens*
Die Rezentralisierung der Großbanken 1957/58
Bankenmacht-Debatte und Strukturwandel der Kreditwirtschaft
in der Bundesrepublik   349

[26.] *Johannes Bähr*
**Die Errichtung von Investmentgesellschaften
und die Einführung des persönlichen Kleinkredits 1956/59**
Beginnender Massenwohlstand und der Wettbewerb
um den Privatkunden   362

[27.] *Stephan Paul*
Die Aufhebung der Zinsverordnung 1967
Das Kreditwesen kommt in der Marktwirtschaft an   375

[28.] *Bernd Kubista*
Die Neuordnung der Genossenschaftsverbände 1972
Voraussetzung für die Konsolidierung und Modernisierung
der genossenschaftlichen Bankengruppe   387

[29.] *Bernd Rudolph*
Der Bankrott der Herstatt-Bank 1974
Ein Schlüsselereignis der nationalen und internationalen
Bankenregulierung   402

[30.] *Hartmut Schmidt*
**Die Entstehung der Deutschen Terminbörse 1988
und der Deutsche Börse AG 1992**
Eine international erfolgreiche Neuordnung   414

[31.] *Otmar Issing*
Die Einführung des Euro 1999
Zäsur der internationalen Währungsgeschichte   441

[32.] *Stefan Schmid*
**Die Fusion zwischen der Hypovereinsbank
und der UniCredit Group im Jahre 2005**
Grenzüberschreitende Akquisitionen und Fusionen
in der Bankenbranche   449

[33.] *Hans-Peter Burghof*
**Das Auslaufen der Gewährträgerhaftung für Sparkassen
und Landesbanken 2001/05**
Neue Wettbewerbsbedingungen im deutschen Kreditgewerbe   464

[34.] *Bernd Rudolph*
Die Finanzkrise 2007–09
Schlüsselereignis für die zukünftige Entwicklung des Finanzsystems   478

Anhang
Quellen- und Literaturverzeichnis 503
Abkürzungsverzeichnis 553
Personenverzeichnis 558
Verzeichnis der Unternehmen, Institutionen und Organisationen 562
Sachverzeichnis 572
Autorenverzeichnis 579

Dieter Lindenlaub / Carsten Burhop /
Joachim Scholtyseck

Einführung

Die Entwicklungsgeschichte des deutschen Bankwesens wurde in den vergangenen Jahrhunderten von herausragenden Ereignissen und wegweisenden Entscheidungen wirtschaftlicher Natur wesentlich beeinflusst. In der vorliegenden, für einen breiten Leserkreis verfassten Aufsatzsammlung wird anhand solcher – ausgewählter – ›Schlüsselereignisse‹ der Verlauf der deutschen Banken- und Finanzgeschichte illustriert. Der Begriff ›Schlüsselereignisse‹ ist bewusst gewählt. Gemeint sind entweder herausragende Beispiele für allgemeine Entwicklungen (wie die Gründung der Commerz- und Disconto-Bank 1870 für die Ausbildung des deutschen Aktien- und Universalbanksystems oder das Ende des Hauses Mendelssohn 1938 für die ›Arisierung‹ jüdischer Banken im ›Dritten Reich‹). Ein nicht unerheblicher Teil der Beiträge fällt unter diese Kategorie. Andererseits handelt es sich jedoch – sogar in der überwiegenden Zahl der Beiträge – um ›Weichenstellungen‹ für die mittel- bis langfristige Zukunft (wie beim Preußischen Sparkassenreglement 1838 für die Entwicklung der kommunalen Sparkassen oder der Bankenkrise von 1931 für die staatliche Bankenregulierung). Diese ›Weichenstellungen‹ haben natürlich ihrerseits spezifische Ursachen und Hintergründe. In ihnen bündelt sich stets eine Vielzahl zurückliegender Vorgänge, Erfahrungen und Überlegungen – auch aus dem internationalen Umfeld. Eine herausgehobene Position nehmen sie vorwiegend dadurch ein, dass wichtige Strukturmerkmale des deutschen Geld- und Bankensystems in ihnen besonders sichtbar angelegt waren oder durch sie ausgelöst wurden.

Jeder Beitragstitel spiegelt das Programm des Sammelbandes: Die Überschrift nennt das beispielhafte beziehungsweise Weichen stellende Ereignis, der Untertitel verweist auf die hierdurch illustrierte oder ausgelöste Entwicklung. Der Schwerpunkt jedes Beitrags soll dabei auf diesen allgemeinen Erscheinungen und Folgeentwicklungen liegen, weniger jedoch auf den beispielhaften und auslösenden Ereignissen selbst. Der Aufbau der Beiträge bedient somit ein doppeltes Interesse: Wer vorrangig an historischen Einzelereignissen interessiert ist, kommt durch die Darstellung ihrer Beispielhaftigkeit beziehungsweise ihres lang währenden Nachhalls zu einer neuen Einschätzung ihrer Bedeutung. Wem es vor allem auf Einsichten in allgemeine Erscheinungen, langfristige und gegenwärtige Strukturen oder theoretische Zusammenhänge ankommt, findet in den Titel gebenden Ereignissen entweder anschauliche Belege für die allgemeineren Hypothesen oder erkennt im Blick auf länger zurückliegende ›Weichenstellungen‹, wie dauerhaft (und damit für allgemeine Einsichten umso relevanter) die Problemlagen waren und sind – beziehungsweise wie hartnäckig diese ›Weichenstellungen‹ (im Sinne der Theorie der Pfadabhängigkeit) fortleben, obwohl sich die Problemlagen geändert haben. In beiden Fällen, so lautet die Hoffnung der Autoren und Herausgeber, wird der Blick für die zugrundeliegenden Problemlagen geschärft.

Die Beiträge sind – entsprechend dem Zeitpunkt der Schlüsselereignisse – in chronologischer Folge gereiht. Das Panorama ist über die Jahrhunderte hinweg weit gespannt: Es reicht vom Großkredit der Fugger an das Haus Habsburg 1488 bis zur jüngsten Finanzkrise der Jahre 2007 bis 2009. Der Leser kann sich auf diese Weise – abgesehen von der Möglichkeit, beliebige Einzelvorgänge näher zu betrachten – leicht von Epoche zu Epoche vorarbeiten. Aber der Band erlaubt ihm auch eine gründliche Information über die zentralen Sachgebiete der Geld- und Bankengeschichte.

Diese Einleitung dient vor allem der Orientierung darüber, wie die verschiedenen Sachgebiete durch die Aufsätze des Sammelbandes repräsentiert werden:

– Ein erstes Schlaglicht auf die GELD- UND NOTENBANKGESCHICHTE wirft das Kapitel 2. Oliver Volckart legt dar, wie in der Reichsmünzordnung von 1559 fehlender politischer Kooperationswille und fragmentierte Silbermärkte eine tragfähige Währungsvereinheitlichung in Deutschland verhindert haben – eine Währungsvereinheitlichung, die erst nach der Reichsgründung 1871 gelang. – Der Geldbedarf der wachsenden Wirtschaft konnte mit dem knappen Münzgeld nicht befriedigt werden. Zum Münzgeld traten daher Buchgeld und Papiergeld, dieses schließlich vor allem in der Form von Banknoten. Kapitel 3 (Markus A. Denzel) zeigt, wie es der 1619 errichteten Hamburger Bank gelang, über zweieinhalb Jahrhunderte mit einer stabilen, auf Silber basierten Buchgeldwährung Hamburg als bedeutenden Handels- und Finanzplatz voranzubringen. – Kapitel 5 (Andreas Thier) schildert, wie mit der Königlichen Giro- und Lehnbanco in Preußen 1765 die Banknotenemission zögerlich begann und mit ihrem Nachfolger, der Preußischen Bank, zu festen staatlich kontrollierten Regeln fand. – Kapitel 12 (Dieter Ziegler) verfolgt, wie nach der Reichsgründung aus der Preußischen Bank 1875 die Reichsbank entstand; fortan hatte Deutschland eine Zentralnotenbank und – zunächst (mit Unterbrechung) fast sechs Jahrzehnte in Gestalt einer mit Gold gedeckten Papierwährung – eine einheitliche Währung. – Infolge der beiden Weltkriege kam es jeweils zu Zerrüttungen des Währungssystems, deren zweite mit der Währungsreform und der Errichtung der Bank deutscher Länder 1948 überwunden wurde. Mit ihnen waren diejenigen Elemente angelegt, welche die stabilitätsorientierte deutsche Geldpolitik der nächsten 50 Jahre bestimmten und anschließend auch die Konstruktionsmerkmale der Europäischen Zentralbank wurden (Kapitel 22, Dieter Lindenlaub). – Für die Wiedergewinnung der vollen Konvertibilität der neuen D-Mark-Währung, also auch im Kapitalverkehr, war das Londoner Schuldenabkommen von 1953, das die deutschen Auslandsschulden auf einen tragfähigen Betrag reduzierte, ein Schlüsselereignis (Kapitel 24, Joachim Scholtyseck). – Ganz anders als in der Bundesrepublik war die Situation in der DDR, deren Zentralbank nicht nur für die Geldversorgung zuständig, sondern auch – in Abhängigkeit von staatlichen Planvorgaben – als Geschäftsbank tätig war. Ausgangspunkt dieses einstufigen Banksystems war die Errichtung der Deutschen Emissions- und Girobank 1948 (Kapitel 23, André Steiner). – Die 1990 wiedervereinigte deutsche Währung machte 1999 dem Euro Platz. Kapitel 31 (Otmar Issing) behandelt dessen Einführung und erörtert die Probleme, mit denen eine gemeinsame Währung konfrontiert ist, wenn einer Geldpolitik mit Unabhängigkeits- und Stabilitätsanspruch instabile öffentliche Finanzen und inflexible Arbeitsmärkte gegenüberstehen.

- Das hervorstechende KREDITGESCHÄFT DER ›BANKIERS‹ IM VORINDUSTRIELLEN 16. BIS 18. JAHRHUNDERT war die Staatsfinanzierung. Mark Häberlein schildert in Kapitel 1 den Großkredit der Fugger im Jahre 1488 als Ausgangspunkt für die Finanzbeziehungen, die über mehr als ein Jahrhundert den großen süddeutschen Handelshäusern ein gewinnbringendes Geschäft und dem frühmodernen Staat eine gewisse finanzpolitische Stabilität brachten. – Kapitel 4 (Peter Rauscher) beschreibt am Beispiel des Aufstiegs und des Falls des Samuel Oppenheimer und des Ruben Elias Gomperz im Jahre 1697, mit welchen Gewinnchancen, aber auch mit welchen Risiken die Hofjuden im späten 17. und im 18. Jahrhundert die Finanzierungsfunktion für den Fürstenstaat übernahmen. – Gegen Ende des 18. Jahrhunderts trat die staatliche Kreditfinanzierung in ein neues Stadium ein: Die Bankiers wandelten sich von Kreditgebern zu Kreditvermittlern. Das Instrument, mit dem diese Banken den Kapitalmarkt für den Staatskredit öffneten, war die auf den Inhaber lautende Teilschuldverschreibung – bis heute das vorherrschende Finanzierungsinstrument der öffentlichen Hand; seine revolutionäre Einführung auf dem Frankfurter Kapitalmarkt ist Gegenstand des Kapitels 6 (Hans-Peter Ullmann).

- Die ENTWICKLUNG DER GESCHÄFTSBANKEN – UND DES KREDITSEKTORS ALS GANZEM – SEIT DER SICH AUSBREITENDEN INDUSTRIALISIERUNG MITTE DES 19. JAHRHUNDERTS präsentiert der Sammelband in denjenigen Beiträgen, die Schlüsselereignisse aus der Geschichte ihrer Geschäfts- und Machtstruktur thematisieren. Die typische deutsche Großbank ist Aktienbank und sie ist Universalbank, die das Einlagen- und Kreditgeschäft ebenso wie das Wertpapiergeschäft betreibt; sie wird hier am Beispiel einer ihrer frühesten Gründungen, derjenigen der Commerz- und Disconto-Bank im Jahr 1870, dargestellt (Kapitel 11, Carsten Burhop). – Einer ihrer bedeutendsten Geschäftszweige, das Auslandsinvestitions- und -kreditgeschäft, kommt mit dem Bagdadbahn-Engagement der Deutschen Bank zur Sprache – ein Beispiel für die finanzielle Globalisierung und multinationale Bankenkooperation im Zeitalter des Imperialismus (Kapitel 13, Boris Barth). – In Kapitel 17 arbeitet Carl-Ludwig Holtfrerich die Strukturveränderungen heraus, die das Jahrhundertereignis der großen Inflation während der Jahre 1914 bis 1923 im deutschen Kreditgewerbe zur Folge hatte; besonders das langfristige Passiv- und Aktivgeschäft brach massiv ein und belastete diejenigen Kreditinstitute, die es betrieben (zum Beispiel die Sparkassen und die Hypothekenbanken), nach der Inflation mit lang währendem Regenerationsbedarf. – Die spektakuläre Fusion der beiden Großbanken Disconto-Gesellschaft und Deutsche Bank im Jahre 1929 war der vorläufige Höhepunkt einer um die Jahrhundertwende einsetzenden Konzentrationsbewegung der Aktienkreditbanken. Das Kapitel 18 (Paul Thomes) beschreibt sie als Antwort auf Finanzbedarf, Kostendruck und industrielle Konzentration seit der Währungsreform 1923/24. – Das ›Dritte Reich‹ setzte 1934 an die Stelle der Interessenvertretungen des Kreditgewerbes die vom Reichswirtschaftsministerium kontrollierte Reichsgruppe Banken. Kapitel 21 (Harald Wixforth) schildert, wie fortan die Kreditinstitute ihre Geschäftspolitik – in Richtung auf Finanzierung von Vierjahresplan und Rüstung sowie auf Konfiskation und Verwertung jüdischen Vermögens – neu ausrichteten. – Die strukturellen Wirkungen der ›Arisierung‹ jüdischen Eigentums auf die deutsche Kreditwirtschaft sind Thema des Kapitels 20 (Ingo Köhler). Ausgehend von der Übertragung des Bankgeschäfts Mendelssohn auf die Deutsche Bank 1938 entwickelt Köhler die These, dass die Verdrängung der jüdischen Bankiers im ›Dritten Reich‹ den Privatbanksektor in Deutschland auf Dauer marginalisiert hat. – Der Strukturwandel im Kreditsektor nach dem Zweiten Weltkrieg ist das Thema der Kapitel 25 und 26: Ralf Ahrens erörtert die Rezentralisierung der drei Filialgroßbanken (1957/58), die nach dem Krieg von den westlichen Alliierten zerschlagen worden waren. Diese Rezentralisierung bekräftigte die vor dem Krieg gewachsene Bankenkonzentration; sie verdeckte aber ebenso wenig wie die fortgesetzte Debatte über die Macht der Banken, dass die Großbanken an gesamtwirtschaftlicher Bedeutung verloren. Dies gilt auch, wenn man berücksichtigt, dass die großen Universalbanken sich seit 1956/59 dem Kleinkredit und dem Investmentsparen zuwandten und damit – im Wettbewerb mit Sparkassen und Genossenschaftsbanken – zu Banken für jedermann wurden; diese Erweiterung der Geschäftstätigkeit ist Gegenstand des Kapitels von Johannes Bähr. – Ein letztes Kapitel dieses Themenkreises (Kapitel 32, Stefan Schmid) greift noch einmal einen Aspekt der finanziellen Globalisierung auf. Am Beispiel der Fusion von HypoVereinsbank und UniCredit im Jahre 2005 erörtert es die Bedingungen, unter denen traditionelle internationale Markteintritts- und Marktbearbeitungsstrategien in der jüngsten Zeit durch grenzüberschreitende Akquisitionen und Fusionen ergänzt wurden.

– Eine bedeutende Sonderrolle im deutschen Kreditsektor spielt traditionell der HYPOTHEKARKREDIT. Vor der industriellen Revolution war Bankkredit – neben dem Staatskredit – vor allem Hypothekarkredit auf den ländlichen Grundbesitz. Der vorliegende Band erörtert den Hypothekenkredit, indem er zwei Wegmarken herausgreift: Die erste bildet das Jahr 1864, in dem die 1835 gegründete Bayerische Hypotheken- und Wechsel-Bank den Pfandbrief einführte. Der Pfandbrief ermöglichte dem Hypothekarkredit die Refinanzierung auf dem Kapitalmarkt und wurde ein deutsches Erfolgs- und Exportprodukt (Kapitel 10, Elke Pfnür). – Pfandbriefgläubiger und Hypothekenschuldner genossen – im öffentlichen Interesse – fortan den besonderen Schutz des Gesetzgebers. Wegweisend wurde hier das Hypothekenbankgesetz von 1899 (Kapitel 15, Thomas Hartmann-Wendels).

– Charakteristisch für das deutsche Bankensystem sind bekanntlich seine ›Drei Säulen‹ – drei Institutsgruppen, deren Geschäftstätigkeiten sich ursprünglich deutlich voneinander abhoben, sich aber im letzten Drittel des 20. Jahrhunderts zunehmend vermischten: Neben den privaten Banken (Aktienbanken und Privatbankiers; ursprünglich vor allem tätig im Großkredit-, Emissions- und Wertpapiergeschäft) stehen die öffentlich-rechtlichen Sparkassen (Einlagen-, Hypothekar- und Kommunalkredit) und die auf dem Selbsthilfegedanken beruhenden Genossenschaftsbanken (kurz- bis mittelfristige Kredite für Landwirtschaft und Gewerbe).
Die Sparkassen verdanken den Anstoß zur Ausgestaltung ihres öffentlich-rechtlichen Status dem Preußischen Sparkassenreglement von 1838, den Impuls zur Entwicklung ihres Finanzverbundes der Verleihung der passiven Scheckfähigkeit im Jahre 1908. Kapitel 7 (Thorsten Wehber) beschreibt – unter Bezug auf das preußische Reglement – die Entwicklung der kommunalen Sparkassen bis zur Bankenkrise 1931, als die Sparkassen die Gewährträgerhaftung der Kommunen erhielten. – Kapitel 16 (Christian Dirninger) schildert, wie sich die Sparkassen unter dem Einfluss des bargeldlosen Zahlungsverkehrs zum – 1931 nachhaltig verankerten – dreistufigen Verbundsystem entwickelten. – Kapitel 33 (Hans-Peter Burghof) diskutiert die Wirkungen, die das Auslaufen der Gewährträgerhaftung 2001/05 auf den Wettbewerb zwischen den Institutsgruppen hatte: Den Sparkassen gingen Wettbewerbsvorteile bei den Einlagensicherungs- und Refinanzierungskosten verloren, während den (privaten) Großbanken die implizierte Staatsgarantie erhalten blieb.
Anders als die Konsumgenossenschaften sind die Kreditgenossenschaften eine originär deutsche Entwicklung. Der vorliegende Band beleuchtet in drei Beiträgen verschiedene Stränge dieser Sonderentwicklung. Kapitel 8 (Peter Gleber) stellt die Geschichte der gewerblichen Kreditgenossenschaften bis zum Ende der 1960er-Jahre dar. Ausgangspunkt ist die Gründung der Oehringer Privatspar- und Leih-Kasse 1843, der ältesten selbstständigen Kreditgenossenschaft der Welt. – Timothy Guinnane erörtert in Kapitel 9 systematisch verschiedene Funktionsbedingungen aller – vor allem aber der ländlichen – Kreditgenossenschaften im 19. Jahrhundert. Ausgangspunkt ist – mit der Gründung der ersten Raiffeisenkassen – der Eintritt des Genossenschaftskredits in den ländlichen Raum im Jahre 1864. – Dem Nebeneinander der unterschiedlich ausgerichteten gewerblichen und landwirtschaftlichen Genossenschaften machten der Wettbewerbsdruck und Konsolidierungsbedarf der 1960er-Jahre ein Ende. Kapitel 28 (Bernd Kubista) beschreibt den Zusammenschluss im Jahre 1972 und bilanziert den anschließenden Markterfolg der Kreditgenossenschaften als Ergebnis auch dieser Neuordnung.
– Der Staat sah sich in den letzten 80 Jahren immer wieder veranlasst, in das Kreditwesen einzugreifen. Vorrangiges Ziel der Regulierung war es, das Finanzsystem gleichzeitig stabil und leistungsfähig zu erhalten. Der Sammelband greift zur Illustration dieses Prozesses drei Vorgänge heraus: Die Zahlungsunfähigkeit bedeutender Kreditinstitute in der Bankenkrise von 1931 führte nicht nur zu massiven staatlichen Stützungsmaßnahmen, sondern 1934 auch zu einem ersten den gesamten Kreditsektor umfassenden, bis heute nachwirkenden Regulierungsgesetz; es enthielt grundlegende Publizitätsvorschriften und ermöglichte der Aufsichtsinstanz, Eigenkapital- und Liquiditätsrichtlinien zu erlassen (Kapitel 19, Albert Fischer). – Eine

Weichenstellung in Richtung Deregulierung bedeutete es indessen, als 1967 die bankaufsichtlichen Fixierungen der Soll- und Habenzinsen aufgehoben wurden, die das Kreditwesengesetz von 1961 (in Nachfolge des Gesetzes von 1934) ermöglicht hatte; die Kreditinstitute konnten in Preiskalkulation und Absatzstrategie in Wettbewerb miteinander treten (Kapitel 27; Stephan Paul). – Einen Sprung vorwärts wiederum machte die Bankenregulierung mit dem – durch verlustreiche Devisenspekulationen ausgelösten – Konkurs der Herstatt-Bank im Jahre 1974. Dieser wurde Anlass für den Ausbau der Einlagensicherungssysteme und Eigenkapitalvorschriften und gab den Anstoß für weitreichende internationale bankaufsichtliche Regelungen (Kapitel 29; Bernd Rudolph). – Eine neue Verschärfung erhielt die Bankaufsicht schließlich durch die Finanzkrise der Jahre 2007 bis 2009, deren Ursachen, Transmission und Folgen in Kapitel 34 (Bernd Rudolph) thematisiert werden.

– Die Kapitalvermittlung, das heißt der Wertpapierhandel an deutschen BÖRSEN, kommt schließlich mit zwei Wegmarken zur Sprache: Richard H. Tilly erörtert in Kapitel 14 das viel diskutierte und als ›Jahrhundertgesetz‹ apostrophierte Börsengesetz des Jahres 1896, das tatsächlich weitreichende Regelungen zur Börsenaufsicht enthielt, wenn es auch auf den Kapitalmarkt vor dem Ersten Weltkrieg nur begrenzte Wirkungen hatte. Auslöser (aber nur ein solcher) der Börsenreform war der Zusammenbruch des Bankhauses Hirschfeld & Wolff im Jahre 1891. – Der Weg der deutschen Wertpapierbörsen zur gegenwärtigen Weltgeltung ist Thema von Kapitel 30 (Hartmut Schmidt); die Weichen dazu stellten die Gründung der vollelektronischen Deutschen Terminbörse im Jahre 1988 und der Deutschen Börse AG als Dachinstitut im Jahre 1992.

Mit diesen Ausführungen sollte deutlich geworden sein, dass die deutsche Geld-, Notenbank- und Bankengeschichte exemplarisch in prägnanten und damit überschaubaren Aufsätzen präsentiert werden soll. Sie rücken anhand konkreter historischer Vorgänge bedeutende allgemeine Entwicklungen ins Licht und ›rote Fäden‹ halten sie über die Epochengrenzen hinaus zusammen. Die Verbindung von konkretem und allgemeinem Wissen – in portionierter und doch gründlicher Darstellung auf dem aktuellen Forschungsstand – soll das Buch nicht nur für den Spezialisten, sondern auch für einen breiten Leserkreis attraktiv machen. Wir hoffen, dass dies alles in allem gelungen ist.

Mark Häberlein

[1.]

Die Fugger'sche Anleihe von 1488

Handelskapital, fürstliche Privilegien und der Aufstieg
der süddeutschen Kaufmannsbankiers

a. Der Großkredit von 1488: Anlass und Organisation

Mit der Anleihe von 1488 beginnen die groß dimensionierten, langfristig angelegten Darlehen der Fugger und anderer süddeutscher Handelshäuser an das Haus Habsburg. Für mehr als ein Jahrhundert trugen diese Kredite dazu bei, die strukturelle Schwäche des frühmodernen Staates auf finanziellem Gebiet zu überbrücken. Damit war der Aufstieg der süddeutschen Kaufmannsbankiers, die sich im Gegenzug für ihre Darlehen lukrative Einnahmequellen ihrer fürstlichen Schuldner sicherten, eng verzahnt. Diese Entwicklungen stehen im Mittelpunkt des vorliegenden Beitrags. Zunächst beschreibt er (Abschnitt a) Umstände und Ausgestaltung des Fugger'schen Kredits von 1488. Daran anschließend richtet er den Blick auf die Finanzierungstätigkeit der Fugger für europäische Monarchien (Abschnitt b). Der letzte Abschnitt c schließlich erörtert die Risiken, die mit diesen Anleihegeschäften verbunden waren und die auf längere Sicht zum Rückzug der süddeutschen Handelshäuser aus ihnen führten.

Am 9. Juni 1488 schlossen der Augsburger Kaufmann Ulrich Fugger und seine Brüder mit der Tiroler Regierung einen Vertrag, in dem sie sich bereit erklärten, Erzherzog Sigismund »dem Münzreichen« 150.000 Gulden vorzustrecken. Bis zum 11. November, dem Tag des Heiligen Martin, sollten die Fugger monatlich 5.000 Gulden, insgesamt also 30.000 Gulden, vorschießen; danach sollten die monatlichen Zahlungen auf 10.000 Gulden steigen. Für die ab dem Martinstag 1488 vorgestreckten 120.000 Gulden sicherten sich die Fugger die gesamte Ausbeute des in Schwaz im Inntal gebrannten Silbers zu einem Preis von acht Gulden je Mark Silber (1 Mark = 0,281 kg). Davon waren fünf Gulden an die Produzenten zu entrichten, während der so genannte Vorteil des Landesherrn in Höhe von drei Gulden je Mark der Rückzahlung des Darlehens diente. Es mussten also 40.000 Mark (11,24 t) Brandsilber geliefert werden, um die Schuld bei den Fuggern zu tilgen. Allerdings verpflichteten sich die Fugger zugleich, wöchentlich 200 Mark Silber in die landesherrliche Münze in Hall einzuliefern, sodass eine Produktionsmenge von 50.400 Mark (14,16 t) Silber zur Tilgung der Anleihe vonnöten war. Tatsächlich zahlten die Fugger im Jahre 1489 fast 122.000 Gulden an Erzherzog Sigismund und lieferten 12.785 Mark Silber in die Haller Münze ein.[1]

Dass Handelsgesellschaften mit der Tiroler Regierung solche kombinierten Darlehens- und Silberlieferungsverträge abschlossen, war prinzipiell nichts Neues: Bereits 1456 hatte die Augsburger Meuting-Gesellschaft Erzherzog Sigismund, der für seine aufwendige Hofhaltung und kostspielige Repräsentation bekannt war, 35.000 Gulden vorgestreckt und sich dafür Silber aus den Tiroler Gruben zum Preis von 7¾ Gulden je Mark zusichern lassen. 1485 liehen die Brüder Ulrich, Georg und Jakob Fugger dem stets geldbedürftigen Landesherrn erstmals 3.000 Gulden, für die der Tiroler Gewerke (Bergbauunternehmer) Christian Tänzl angewiesen wurde, ihnen 1.000 Mark Silber zu liefern. Dieser ersten Vereinbarung folgten im Herbst 1487 und Frühjahr 1488 weitere Darlehen. Andere Gesellschaften wie die Baumgartner von Kufstein streckten dem Erzherzog in ähnlicher Weise Gelder vor.[2] In den Achtziger- und Neunzigerjahren des 15. Jahrhunderts investierten auch die Augsburger Baumgartner, Herwart und Gossembrot sowie die Memminger Vöhlin ins Tiroler Metallgeschäft.[3]

Neuartig war indessen die Größenordnung der Fugger'schen Anleihe: Gegenüber früheren Darlehen der Fugger an Erzherzog Sigismund, die sich in einer Größenordnung von einigen Tausend Gulden bewegten, stellt der 150.000-Gulden-Kredit vom Juni 1488 einen Quantensprung dar. Diese massive Ausweitung des Finanzgeschäfts ist vor dem Hintergrund des stark gestiegenen Geldbedarfs zu sehen, den der Krieg Sigismunds gegen die Republik Venedig mit sich brachte. Die kriegerischen Auseinandersetzungen führten einerseits zur Verdrängung venezianischer Kaufleute und Investoren aus Tirol, sodass sich die Regierung in Innsbruck nach anderen Geldgebern umsehen musste. Andererseits war dieser Krieg für Sigismund ein finanzielles Debakel: Im Friedensschluss vom November 1487 musste sich der Erzherzog verpflichten, 100.000 Gulden als Entschädigung für venezianische Kaufleute und Unternehmer zu zahlen, deren Güter während der Auseinandersetzungen konfisziert worden waren. Einen Teil dieser Summe schossen der erzherzogliche Rat und Bergbauunternehmer Antonio Cavalli und Jakob Fugger vor und wurden dafür auf Tiroler Silber verwiesen.[4]

Obwohl die Handelsgesellschaft der Brüder Ulrich, Georg und Jakob Fugger noch in den 1490er-Jahren unter dem Namen des ältesten Bruders, des 1441 geborenen Ulrich, firmierte, ist sich die Forschung einig, dass der jüngste der Brüder, der 1459 geborene Jakob, die treibende Kraft hinter dem Einstieg ins Tiroler Montan- und Finanzgeschäft war. Schließlich war Jakob, der bereits als 14-jähriger 1473 in Venedig nachweisbar ist,[5] innerhalb der Firma für die Handelsbeziehungen auf der Achse Augsburg – Innsbruck – Venedig zuständig und kannte sowohl das Tiroler Revier – die Bergwerke im Inntal, insbesondere die Schwazer Stollen, waren damals die ergiebigsten in ganz Europa – als auch die italienische Handelsmetropole aus langjähriger eigener Erfahrung. Daher wusste er um den Finanzbedarf Erzherzog Sigismunds und er dürfte erkannt haben, dass die strukturellen und konjunkturellen Rahmenbedingungen für den Einstieg ins Tiroler Geschäft zu dieser Zeit ausgesprochen günstig waren.

Der Tiroler Bergbau erlebte im letzten Drittel des 15. Jahrhunderts einen Aufschwung, der sich an der Silberproduktion des wichtigen Abbaugebiets am Falkenstein bei Schwaz exemplarisch ablesen lässt. Zwischen 1470 und 1490 verdreifachte sich die Ausbeute von 73.113 Mark Silber im Zeitraum von 1470 bis 1474 über 173.260 Mark im Zeitraum von 1480 bis 1484 auf 226.691 Mark im Zeitraum von 1485 bis 1489.[6] Dieser Produktionsanstieg ist einerseits im Kontext eines allgemeinen Bevölkerungszuwachses und einer damit verbundenen steigenden Nachfrage der europäischen Wirtschaft nach Edelmetall für die Münzprägung sowie für die Herstellung von Luxus- und Gebrauchsgegenständen zu sehen. Andererseits brachte er einen wachsenden Kapitalbedarf der Gewerken mit sich, denn um die Erzausbeute zu steigern, mussten die Bergbauunternehmer tiefere Schächte und Stollen graben lassen und diese mit höheren Kosten unterhalten. Auch technische Innovationen wie die Einführung neuer Schmelzverfahren erforderten Investitionen, die die Tiroler Gewerken selbst nicht aufbringen konnten. Dies eröffnete kapitalkräftigen auswärtigen Handelshäusern die Möglichkeit, in den lukrativen Montanhandel einzusteigen, indem sie Darlehensgeschäfte mit dem Vertrieb von Edelmetallen kombinierten.[7] Nachdem sich die Venezianer infolge des Kriegs gegen Erzherzog Sigismund aus Tirol zurückziehen mussten, dürfte Jakob Fugger hier eine Chance gesehen haben, die er nicht ungenutzt verstreichen ließ. Es kennzeichnet seinen Weitblick, dass er die Zeichen der Zeit erkannte und die Firma genau zu dem Zeitpunkt in den Tiroler Metallhandel einstieg, als die europäische Montankonjunktur Fahrt aufnahm.

Wie frühere und spätere Darlehen an den Tiroler Landesherrn erfolgte die Anleihe vom Juni 1488 in Form eines so genannten Silberkaufs. Die Grundlage für diese Geschäfte bildete das landesherrliche Bergregal: Tiroler Bergbauunternehmer – die Gewerken – waren verpflichtet, das von ihnen geförderte Metall zu einem festen Preis an den Landesherrn zu verkaufen, der sein Vorkaufsrecht an seine Kreditgeber abtrat, die das Silber zu dem vereinbarten Fixpreis übernahmen. Einen Teil des Silbers mussten sie zwar wieder an die landesherrliche Münzstätte liefern, doch Überschüsse durften sie als so genanntes Gnadsilber auf dem freien Markt verkaufen. Der Gewinn für das Unternehmen lag vor allem in der Differenz zwischen dem Abnahmepreis, zu dem sie das Silber in Tirol erwarben, und dessen Marktwert.

Gegen weitere Kredite, die sie in der Folgezeit gewährten, konnten sich die Fugger neben dem Schwazer Silber auch Silber aus der landesherrlichen Schmelzhütte in Innsbruck, aus der Haller Münze und aus Primör sichern. Bis Ende 1489 summierten sich die Darlehen an Sigismund bereits auf die damals enorme Summe von 268.000 Gulden. Binnen weniger Jahre hatte die Augsburger Firma damit die Baumgartner-Gesellschaft von Kufstein aus ihrer Rolle als wichtigste Geschäftspartnerin des Erzherzogs verdrängt. Auch diese Konkurrenz zwischen der Augsburger und der Kufsteiner Firma hatte eine politische Dimension: Da Kufstein damals zum Herzogtum Bayern-Landshut gehörte und eine Übernahme Tirols durch den bayerischen Nachbarn nach dem Tod des kinderlosen Sigismund im Bereich des Möglichen lag, wurde die Verdrängung des Kufsteiner Hauses von den Landständen, die in der Tiroler Politik ein gewichtiges Wort mitzureden hatten, zunächst begrüßt.[8]

Es ist jedoch unwahrscheinlich, dass die Fugger die plötzliche, massive Ausweitung ihrer Finanzbeziehungen mit dem Tiroler Herrscher und seiner Regierung ausschließlich aus eigener Kraft, also mit dem Eigenkapital ihrer Firma, bewältigten. Denn vor 1488 hatte die Gesellschaft Ulrich Fuggers und seiner Brüder zwar erfolgreich Fernhandel mit Textilien, Gewürzen und Luxusgütern getrieben und war an wichtigen europäischen Handelsplätzen wie Venedig und Mailand vertreten; sie unterschied sich in ihrer Größenordnung aber noch nicht von anderen süddeutschen Familienhandelsgesellschaften.[9] Einen großen Teil der Summen, die sie Sigismund und seinem Nachfolger vorstreckte, musste sie daher selbst als Fremdkapital zu einem festen Zinssatz aufnehmen. Über ihre Kapitalaufnahme in der Aufbauphase ihres Montan- und Finanzgeschäfts ist leider nur wenig bekannt. Es gibt jedoch Hinweise darauf, dass die Fugger Einlagen von Augsburger Patriziern und Kaufleuten annahmen.[10] Angesichts der Tatsache, dass Augsburger Handelsgesellschaften bevorzugt Depositengelder von Familienangehörigen und Verwandten akzeptierten, können wir zudem davon ausgehen, dass über die Heiratsverbindungen von Mitgliedern der Familie Fugger mit den reichen Familien Lauginger, Imhof, Meuting, Mülich und Rem Kapital mobilisiert wurde. Möglich ist auch, dass die Fugger bereits in dieser frühen Zeit Einlagen von einflussreichen Beamten und Räten am Innsbrucker Hof erhielten; der Brixener Fürstbischof und Tiroler Kanzler Melchior von Meckau wurde später einer ihrer wichtigsten Geldgeber.[11] Darüber hinaus dürfte den Fuggern zugute gekommen sein, dass die Zinsen für städtische Leib- und Ewigrenten, in denen viele wohlhabende Bürger ihr Kapital anlegten, in der zweiten Hälfte des 15. Jahrhunderts gefallen waren; in Augsburg lagen sie bei lediglich vier Prozent. Dies machte die Einlage von Depositen in Handelsgesellschaften zu einer attraktiven Anlageform und erlaubte es den Firmen, ihre Geschäfte auszudehnen.[12]

Neben der richtigen Beurteilung der konjunkturellen Entwicklung und der Verfügbarkeit von Investitionskapital war für Anleihegeschäfte mit Fürsten ein weiterer Umstand von zentraler Bedeutung: die Anerkennung der Schulden des regierenden Herrschers durch seinen Nachfolger. Für die Fugger wurde dieses Problem bereits im März 1490 relevant, als der hoch verschuldete Sigismund auf massiven Druck der Tiroler Landstände hin auf seinen Thron verzichtete und sein Verwandter König Maximilian die Herrschaft über Tirol und Vorderösterreich übernahm.[13] In dieser Situation sollte es sich für die Fugger auszahlen, dass sie bereits gute Beziehungen zum neuen Herrscher aufgebaut und unter anderem Gelder für ihn nach Flandern transferiert hatten. Maximilian erkannte die laufenden Tiroler Verträge der Fugger an und übernahm Verbindlichkeiten seines Vorgängers in Höhe von 46.000 Gulden, die mit wöchentlichen Silberlieferungen aus der Haller Münze getilgt werden sollten. Im März 1491 nahm Maximilian selbst ein großes Darlehen bei den Fuggern auf: Gegen einen Vorschuss von 120.000 Gulden erhielten die Fugger fast 30.000 Mark Silber.[14] Auf diese Anleihe folgten zahlreiche weitere. In den folgenden Jahren waren die Fugger stets zur Stelle, wenn der König Geld benötigte, und machten sich durch ihre finanziellen Dienste für ihn unentbehrlich. Sie lösten verpfändete Herrschaften aus, beglichen Schulden, finanzierten diplomatische Gesandtschaften, lieferten kostbare Stoffe und andere Luxuswaren auf Kredit, gewährten Vorschüsse für die fürstliche Hofhaltung, und zahlten Besoldungen an Beamte und Heerführer aus.[15]

b. Die Fugger als Finanziers europäischer Monarchien im 16. Jahrhundert

Die Anleihe vom Juni 1488 steht am Beginn einer einzigartigen Symbiose aus der Fugger'schen Handelsfirma und dem Hause Habsburg: Als Maximilian I., der sich 1508 in Trient zum Kaiser gekrönt hatte, Anfang 1519 starb, stand für Jakob Fugger, der nach dem Tod seiner Brüder Georg (1506) und Ulrich (1510) die Geschicke der Familienfirma alleine lenkte, außer Frage, dass er seine finanzielle Macht zugunsten von Maximilians Enkel, dem burgundischen Herzog und spanischen König Karl, in die Waagschale werfen musste. Von den Wahlgeldern, die sich auf die enorme Summe von rund 852.000 Gulden beliefen, brachte Jakob Fugger mit 543.585 Gulden rund zwei Drittel auf.[16] Die engen Beziehungen dauerten während der gesamten Regierungszeit Karls V. (bis 1556) an, und Anton Fugger, der 1525 die Nachfolge seines Onkels Jakob als Firmenleiter angetreten hatte, stellte 1530 auch die Gelder für die Wahl von Karls Bruder Ferdinand zum römischen König und damit zum designierten Nachfolger Karls bereit.[17] Und auch mit Anton Fuggers Tod (1560) war diese Symbiose keineswegs beendet, denn die von seinem Sohn Marx (Markus) Fugger geleitete Firma gewährte den Habsburgerkaisern Maximilian II. und Rudolf II., weitere große Darlehen, 1594 beispielsweise 300.000 Gulden für den Krieg gegen die Osmanen.[18]

Den Hintergrund dieser überaus engen, mehr als ein Jahrhundert andauernden Beziehung zwischen Fürstenhaus und Handelsfirma bildet eine strukturelle Schwäche des frühmodernen Staates: Die Habsburger herrschten zwar über riesige Territorien und verfügten damit auch über beträchtliche Einkommensquellen, doch aufgrund des geringen Entwicklungsstandes der Steuer- und Finanzverwaltung sowie des Steuerbewilligungsrechts der Stände konnten diese Geldquellen nicht schnell und effektiv mobilisiert werden, um den Bedarf an liquiden Mitteln für die fürstliche Hofhaltung, die Landesverwaltung, diplomatische Aktivitäten und insbesondere die zahlreichen Kriege, die Maximilian I. und seine Nachfolger führten, zu decken. Daher liehen sie sich die benötigten Gelder von kapitalkräftigen Handelsfirmen, denen sie ihre Einkünfte zur Tilgung ihrer Schulden verpachteten.[19]

Wie erwähnt, griffen Erzherzog Sigismund und Maximilian I. dazu vorrangig auf ihre Tiroler Einkünfte zurück. Neben Silber, das im Mittelpunkt der frühesten Fugger'schen Anleihegeschäfte in Tirol stand, spielte Kupfer bald eine zentrale Rolle. Seit 1494 sicherten sich die Fugger mit ihren Anleihen auch einen beträchtlichen Teil der Tiroler Kupferausbeute. Parallel dazu bauten sie gemeinsam mit der Krakauer Familie Thurzo um Neusohl (Banská Bystrica) in der heutigen Slowakei ein großes Montanunternehmen, den so genannten Ungarischen Handel auf. Der Absatz des Silbers und Kupfers erfolgte über die wichtigsten Handelsplätze im damaligen Europa: Antwerpen, Venedig, Nürnberg und die Messen in Frankfurt am Main. Durch die Übernahme der Gruben und Hüttenwerke eines bankrotten Konkurrenten stiegen die Fugger, die sich bis dahin in Tirol auf den Handel mit Montanprodukten beschränkt hatten, 1522 selbst in die Produktion ein. Trotz sinkender Erträge blieben sie in Tirol bis Mitte des 17. Jahrhunderts aktiv.[20]

Kaiser Karl V. standen zur Sicherung seiner Anleihen bei den Fuggern vor allem seine spanischen Einkünfte zur Verfügung. Neben kastilischen Steuer- und Zolleinnahmen gehörten dazu vorrangig die Einkünfte der spanischen Ritterorden, die nach dem

Abschluss der Reconquista, der Rückeroberung Spaniens von den Mauren 1492, an die Krone gefallen waren. Nach längeren Verhandlungen, während derer Jakob Fugger Karl V. selbstbewusst daran erinnerte, wer ihm zum Kaiserthron verholfen hatte, konnten die Fugger 1525 erstmals für drei Jahre die Pacht dieser Einkünfte, die so genannte Maestrazgopacht, übernehmen. Auch in den Jahren von 1538 bis 1542 und von 1547 bis 1550 hatten sie diesen Güterkomplex, zu dem neben großen landwirtschaftlichen Flächen auch das Quecksilberbergwerk von Almadén gehörte, gepachtet. Seit den 1530er-Jahren spielten außerdem Edelmetalllieferungen aus den von den Spaniern eroberten Gebieten Mittel- und Südamerikas für die Rückzahlung der Fugger'schen Darlehen eine immer größere Rolle.[21] Erzherzog Ferdinand, dem sein Bruder Karl V. 1522 die Herrschaft über die habsburgischen Erblande übertragen hatte, konnte neben seinen Tiroler und österreichischen Einkünften auch auf Renten im Königreich Neapel zurückgreifen, die er von seinem Großvater Ferdinand von Aragón geerbt hatte.[22]

Trotz der Bedeutung der Fugger als Bankiers der Herrscher aus dem Hause Habsburg zeichnet das populäre Buch ›Kauf dir einen Kaiser‹ des Wirtschaftsjournalisten Günter Ogger in zweifacher Hinsicht ein schiefes Bild.[23] Zum einen vermittelt es den Eindruck, die Fugger hätten durch ihre Finanzmacht die politischen Entscheidungen von Königen und Fürsten maßgeblich beeinflusst. Dies war jedoch nur selten der Fall, und fast immer ging es in solchen Fällen um elementare Interessen der Firma – etwa im so genannten Monopolstreit der 1520er-Jahre, als zahlreiche Stände des Reiches eine Zerschlagung der großen Handelsgesellschaften forderten.[24] Viel häufiger kam es vor, dass die Herrscher mit ihren Darlehenswünschen die Geschäftspolitik der Fugger und anderer großer Firmen beeinflussten. Obwohl Jakob und Anton Fugger Kaiser Karl V. während dessen Regierungszeit rund 5,5 Mio. Dukaten vorstreckten, blieb allen Beteiligten stets bewusst, wer der Herrscher und wer dessen treuer und ergebener Diener war.[25] Schließlich wäre auch der Aufstieg der Fugger in der Ständegesellschaft des Heiligen Römischen Reiches, der mit ihrer Erhebung in den erblichen Reichsgrafenstand 1530 einen ersten Höhepunkt erreichte, ohne die Gunst des Kaisers nicht möglich gewesen.[26] Zum anderen machten die erwähnten 5,5 Mio. Dukaten nur etwa ein Fünftel der rund 28 Mio. Dukaten aus, die sich Karl V. zwischen 1521 und 1555 leihen musste. Der Rest kam von anderen Augsburger Firmen wie den Welsern, von genuesischen und niederländischen Bankiers sowie aus spanischen Hof- und Finanzkreisen. Die Fugger waren also ein sehr wichtiger Geldgeber des Herrschers, aber alleine von ihnen abhängig war er keineswegs.[27]

Umgekehrt waren jedoch auch die Fugger bei ihren Anleihegeschäften nicht ausschließlich auf das Haus Habsburg fixiert: Rund drei Jahrzehnte lang, von den 1490er- bis in die 1520er-Jahre, gehörten sie zu den wichtigsten Bankiers der Päpste; sie überwiesen Gelder aus den mittel- und nordeuropäischen Bistümern nach Rom – darunter die berühmt-berüchtigten Ablassgelder – und finanzierten diplomatische Gesandtschaften des Papstes sowie die Anwerbung Schweizer Söldner (die Ursprünge der heute noch bestehenden Schweizergarde im Vatikan). Zeitweilig hatten sie auch die päpstliche Münze gepachtet.[28] Die portugiesischen Könige, die Silber und Kupfer als Handelswaren und Zahlungsmittel für den Afrika- und Asienhandel benötigten, erhielten in Antwerpen Darlehen der Fugger. Um die Mitte des 16. Jahrhunderts gehörten Heinrich VIII. von England und sein Sohn Edward VI. sowie der Großherzog der Toskana, Cosimo I. aus dem Hause Medici, zu den hochrangigen Kunden der Firma. Im letzten Drittel des 16. Jahrhunderts liehen Anton Fuggers Söhne Marx und Hans Fugger den Bayernherzögen Albrecht V. und Wilhelm V. beträchtliche Summen. Die Fugger waren also nicht nur Finanziers einer Dynastie, sondern blieben stets international operierende Kaufmannsbankiers.[29]

c. Finanzkrisen und ›Staatsbankrotte‹

Die Kreditwünsche ihrer fürstlichen Schuldner eröffneten den Fuggern allerdings nicht nur den Zugang zu lukrativen Geschäftsfeldern, sie konnten selbst eine so große und leistungsfähige Firma an die Grenzen ihrer Belastbarkeit bringen. Um die Mitte des 16. Jahrhunderts zwang der ständig wachsende Geldbedarf der Habsburger die Fugger, sich selbst in großem Umfang zu verschulden. Im Jahre 1546 hatten sie in Antwerpen Wechselkredite in Höhe von 110.000 flämischen Pfund – umgerechnet fast eine halbe Million Gulden – aufgenommen. Während die Firma dafür zwischen acht und zehn Prozent Zinsen bezahlte, erhielt sie auf ihre Forderungen gegenüber europäischen Fürsten 13 bis 14 Prozent Zinsen im Jahr. Im Februar 1554 benötigte Anton Fugger dringend 30.000 Gulden aus Antwerpen zur Rückzahlung eigener Verbindlichkeiten, denn, so schrieb er, »*mir steht darauf mein Credito*«.[30] Derartige Kreditaufnahmen erschienen angesichts des hervorragenden Rufes, den die Firma auf den internationalen Finanzmärkten genoss, lange Zeit unbedenklich. Da ein großer Teil der Aktiva in Schuldforderungen gegenüber dem Haus Habsburg und anderen Fürstenhäusern bestand, konnten sich die Verbindlichkeiten jedoch als Problem erweisen, wenn diese Schuldner ihren Verpflichtungen nicht mehr nachkamen.

Genau dieser Fall trat in den 1550er-Jahren auf dem Antwerpener Finanzmarkt ein, wo sich der Fuggervertreter Matthäus Örtel gegen die Zusicherung spanischer Silberlieferungen aus der Neuen Welt dazu bewegen ließ, Kaiser Karl V. und seinem Sohn Philipp II. riesige Summen vorzustrecken. Im Juni 1557 ließ König Philipp II. ein Dekret verkünden, das seinen Gläubigern ihre Anweisungen auf Einkünfte der spanischen Krone entzog und deren Forderungen in königliche Rentenbriefe umwandelte, die mit lediglich fünf Prozent verzinst waren. Bei dieser Maßnahme, die oft als spanischer ›Staatsbankrott‹ bezeichnet wird, handelte es sich eigentlich um eine Umschuldungsaktion, durch die sich die Krone eines Teils ihrer drückenden Zinsverpflichtungen zu entledigen versuchte. Für die Fugger verschärfte sich die Lage allerdings zusätzlich dadurch, dass der spanische König 1557 auch Silberlieferungen aus Amerika, die bereits der Firma verschrieben waren, in Antwerpen beschlagnahmen ließ, um seine Truppen bezahlen zu können. Den Fuggern entstand dadurch ein Verlust von über einer halben Million Dukaten.[31]

Diese Krise auf dem Antwerpener Finanzmarkt zeigt die Achillesferse der Beziehungen zwischen den süddeutschen Kaufmannsbankiers und ihren fürstlichen Schuldnern: Einerseits handelte es sich dabei um ein langfristig angelegtes Vertrauensverhältnis, das ersteren hohe Profite und letzteren flüssige Mittel zur Bestreitung ihrer laufenden Ausgaben versprach. Andererseits waren beide Seiten aber auch auf kurzfristige Liquidität angewiesen, wenn dringende Zahlungsverpflichtungen anstanden und zum Beispiel

Depositengläubiger ihre Einlagen kündigten oder Truppen wegen Soldrückständen zu meutern anfingen. Wenn die fürstlichen Schuldner in solchen Situationen Kreditvereinbarungen einseitig aufkündigten, konnten sie ihre Gläubiger in große Schwierigkeiten bringen. Anton Fugger und seinem Sohn Marx gelang es zwar, diese Krise zu überwinden, sodass die Firma nach der erneuten Übernahme der spanischen Maestrazgopacht 1562 nochmals für einige Jahrzehnte glänzende Geschäfte machte.[32] Doch andere hatten weniger Glück: die Zahlungseinstellung der französischen Krone im Jahre 1557 zog den Konkurs mehrerer Gläubigerfirmen nach sich.[33]

Aus Sicht vieler süddeutscher Handelsgesellschaften war das Anleihegeschäft mit europäischen Monarchen auf Dauer zu risikoreich: Sie beschränkten sich daher entweder auf den ›klassischen‹ Warenhandel oder legten einen Teil ihrer Gewinne vergleichsweise krisensicher in ländlichem Grundbesitz an. Auch hierfür sind die Fugger, die am Vorabend des Dreißigjährigen Krieges allein im östlichen Schwaben grundherrliche Rechte in rund 100 Dörfern besaßen, ein hervorragendes Beispiel.[34] Da die Habsburger indessen auf längere Sicht nicht ohne den Kredit internationaler Kaufmannsbankiers auskamen, mussten sie neue Investorengruppen gewinnen. Die österreichische Linie des Hauses lieh sich in den Jahrzehnten vor dem Dreißigjährigen Krieg nicht nur von Augsburger Kaufmannsbankiers, sondern auch von Adeligen und hohen Amtsträgern sowie von Wiener Kaufleuten große Summen,[35] während Philipp II. von Spanien sich in erster Linie auf genuesische Geldgeber stützte. Letztere spielten sieben Jahrzehnte lang, von den 1550er-Jahren bis in die 1620er-Jahre, eine so große Rolle für die spanischen Herrscherfinanzen, dass Historiker von einem »*Zeitalter der Genuesen*« gesprochen haben.[36]

---

1 Jansen, Jakob Fugger, S. 16 f.; Pölnitz, Jakob Fugger 1, S. 34 f.; Kellenbenz, Jakob Fugger, S. 39 f.
2 Jansen, Anfänge, S. 54 f.; ders., Jakob Fugger, S. 13–16; Pölnitz, Jakob Fugger 1, S. 30–34; ebd. 2, S. 9 f.; Kellenbenz, Jakob Fugger, S. 39.
3 Kellenbenz, Kapitalverflechtung, S. 24–27.
4 Jansen, Jakob Fugger, S. 10–13; Häberlein, Fugger, S. 40.
5 Geffcken, Jakob Fuggers frühe Jahre.
6 Westermann, Listen, S. 60–94; ders., Silber- und Kupferproduktion, S. 206.
7 Ebd., S. 193 f.; Kellenbenz, Kapitalverflechtung, S. 19–39.
8 Ehrenberg, Zeitalter 1, S. 89 f.; Jansen, Jakob Fugger, S. 10–19; Pölnitz, Jakob Fugger 1, S. 34–38; Schick, grand homme d'affaires, S. 21–26; Kellenbenz, Jakob Fugger, S. 39 f.
9 Häberlein, Fugger, S. 24–27.
10 Pölnitz, Jakob Fugger 2, S. 24 f., 57; Kellenbenz, Jakob Fugger, S. 40.
11 Pölnitz, Jakob Fugger 1, S. 59, 61, 79 f., 218–223; Schick, grand homme d'affaires, S. 44 ff., 89–96; Kellenbenz, Jakob Fugger, S. 42 f.; Häberlein, Fugger, S. 61 f.
12 Fuhrmann, Kreditwesen, S. 14.
13 Hollegger, Maximilian I.
14 Jansen, Anfänge, S. 124 ff.; ders., Jakob Fugger, S. 19–21; Pölnitz, Jakob Fugger 1, S. 39–42; ebd. 2, S. 12 f., 16 f.; Schick, Jacob Fugger, S. 33–37; Kellenbenz, Jakob Fugger, S. 40 f.
15 Ehrenberg, Zeitalter 1, S. 90 f.; Jansen, Anfänge, S. 57, 131–134; ders., Jakob Fugger, S. 24 f., 27, 79–81, 195–197; Pölnitz, Jakob Fugger 1, S. 45–49, 63; ebd. 2, S. 17 f., 29–33, 58; Schick, Jacob Fugger, S. 37–41; Häberlein, Fugger, S. 41.
16 Jansen, Jakob Fugger, S. 232–248; Pölnitz, Jakob Fugger 1, S. 365–441; ebd. 2, S. 416–423; Schick, Jacob Fugger, S. 161–179; Kellenbenz, Jakob Fugger, S. 58 ff.; Kohler, Karl V., S. 72–74; Häberlein, Jakob Fugger.
17 Kellenbenz, Anton Fugger; Häberlein, Fugger, S. 69–93.

18 Sigelen, Fugger, S. 83; Hildebrandt, Kaiser.
19 Reinhard, Geschichte, S. 306–322.
20 Häberlein, Fugger, S. 41–48, 82–88, 108–110.
21 Kellenbenz, Maestrazgopacht; ders., Fugger in Spanien 1, S. 28–35, 65 ff., 123–149, 245–317, 337 f., 342, 378–382, 445 f., 485 f.; Häberlein, Fugger, S. 77 ff.
22 Kellenbenz, Konto; Häberlein, Fugger, S. 85 f.
23 Ogger, Kaiser.
24 Mertens, Kampf.
25 Dazu pointiert Burkhardt, Reformationsjahrhundert, S. 149–152.
26 Häberlein, Fugger, S. 188–199.
27 Tracy, Emperor Charles V, S. 99–101; ferner Kellenbenz, Fugger in Spanien 1, S. 397–409; Kohler, Karl V., S. 145 ff.
28 Schulte, Fugger; ferner zusammenfassend Häberlein, Fugger, S. 48–52.
29 Ebd., S. 89 f., 107 f.
30 Ehrenberg, Zeitalter 1, S. 148, 157; ebd. 2, S. 53 f.; Kellenbenz, Fugger in Spanien 1, S. 481.
31 Ehrenberg, Zeitalter 1, S. 155–166; ebd. 2, S. 153–159; Kellenbenz, Fugger in Spanien 1, S. 101–122, 444–448; Kellenbenz, Anton Fugger, S. 98 f., 101, 108, 111 f., 114.
32 Häberlein, Fugger, S. 97–107.
33 Häberlein, Brüder, S. 120–167.
34 Mandrou, Fugger, S. 36 f., 68–70.
35 Winder, Kreditgeber.
36 Braudel, Sozialgeschichte III, S. 167–185.

Oliver Volckart

[2.]

Die Reichsmünzordnung von 1559

Das Scheitern reichseinheitlichen Geldes

a. Reichseinheitliches Geld: nicht gewollt oder nicht gekonnt?

Im späten 18. Jahrhundert bemerkte der Jurist und aufgeklärte Publizist Johann Stephan Pütter einmal, dass »*im übrigen ganzen Europa nicht so vielerley Gattungen von Münzen waren, als in Teutschland alleine*«.[1] Wenn diese Feststellung für das Ende der Frühen Neuzeit zutraf, dann galt sie umso mehr für ihren Beginn: Um 1500 waren in Deutschland etwa 500 Münzstätten in Betrieb, die mindestens 70 verschiedene Währungen in Umlauf brachten.[2] Das Fehlen klarer Grenzen zwischen Währungsräumen machte die Situation zusätzlich kompliziert. Man musste damit rechnen, auf dem heimischen Markt nicht nur das Geld der eigenen Obrigkeit angeboten zu bekommen, sondern Münzen aus buchstäblich aller Herren Länder.[3] Ob man sie annahm, und wenn, dann zu welchem Kurs, hing von vielen Umständen ab. Wichtig war beispielsweise, ob die eigene Verhandlungsposition so stark war, dass man sich dem Händler widersetzen konnte, der einem das fremde Geld aufzudrängen versuchte, ob man wusste oder darauf vertraute, dass es hinreichend edelmetallhaltig war, oder ob die lokale Obrigkeit die Zwangskurse und Verbote, die sie gelegentlich verhängte, durchsetzen konnte.

Für den Handel bedeutete diese Vielfalt eine erhebliche Belastung. Wechselbriefe waren noch nicht allgemein übertragbar und stellten daher kein vollwertiges Geldsurrogat dar, das als internationale Handelswährung hätte dienen können.[4] Im 15. Jahrhundert nutzten Kaufleute stattdessen gelegentlich noch Barrensilber, vor allem aber populäre Goldmünzentypen – so etwa venezianische und ungarische Dukaten und die von den Kurfürsten von Köln, Mainz, Trier und der Pfalz geprägten Rheinischen Gulden.[5] Seit den Zwanzigerjahren des 16. Jahrhunderts gewannen daneben Silbermünzen von einer Größe Bedeutung, die ihre Kaufkraft der der Gulden vergleichbar machte.⁶ Da die Zahl dieser Münzsorten überschaubar war und sie meist auch außerhalb ihrer Ursprungsterritorien akzeptiert wurden, erleichterten sie den Fern- und Großhandel. Wenn Kaufleute allerdings feststellten, dass sie ihr heimisches Geld andernorts nicht direkt verwenden konnten, mussten sie es in die lokale Währung tauschen. Wechsler gab es zwar überall, aber oft war ihre Zahl obrigkeitlich beschränkt und immer verlangten sie für den Umtausch ein Aufgeld.⁷ Selbst dort, wo der Wechsel jedem freistand, fielen beim Währungstausch Kosten an. Handelsverbindungen zwischen Städten, die dieselbe Silberwährung nutzten, waren daher erheblich intensiver als zwischen Orten mit verschiedenen Währungen – ein Umstand, der jüngst auch statistisch nachgewiesen werden konnte.⁸

Zwischen etwa 1520 und 1566 unternahmen die Kaiser des Heiligen Römischen Reichs und die Reichsstände eine Reihe von Anläufen, um die Währungssituation in Deutschland zu vereinfachen. Im Wesentlichen scheiterten diese Bemühungen: Eine im ganzen Reich nördlich der Alpen geltende einheitliche Währung zu schaffen, gelang nicht. Ziel des vorliegenden Beitrags ist es, den in diese Sackgasse führenden Entscheidungsprozess nachzuzeichnen, zwischen den in der Literatur diskutierten Erklärungen abzuwägen und aufzuzeigen, in welche Richtung sich die zukünftige Forschung bewegen könnte oder sollte. Abschnitt b legt verschiedene Erklärungshypothesen für die gescheiterte Münzvereinheitlichung dar. Abschnitt c beschreibt die Münzordnungen von 1524, 1551 und 1559, ihr Fortwirken und die Entscheidungsvorgänge, die zu ihnen führten. Abschnitt d schließlich erörtert, inwieweit das Scheitern dieser Münzordnungen in Sachen Münzvereinheitlichung aus dem fehlenden politischen Willen oder aus Unvermögen (nämlich aus fragmentierten Märkten) erklärt werden kann.

b. Gescheiterte Münzvereinheitlichung: Erklärungshypothesen

Die bisherige Forschung bietet, sofern sie sich nicht darauf konzentriert, die Verhandlungen zu beschreiben sowie rechts- und verfassungshistorisch einzuordnen,⁹ im Wesentlichen zwei Erklärungen für das Scheitern der Reichswährung an. Einerseits argumentiert sie damit, dass es primär politisch bedingt gewesen sei. Die Kaiser hätten die politischen Realitäten im Reich verkannt und seien der Vielzahl der an den Verhandlungen beteiligten Parteien unterlegen gewesen, denen der politische Wille zum gemeinsamen Handeln fehlte. Diese Auffassung vertrat vor Kurzem Petr Vorel.¹⁰ Ihr gegenüber steht die These, dass eine gemeinsame Währung unmöglich gewesen sei, weil die wirtschaftlichen Voraussetzungen fehlten. Die Reichsstände hätten sich vielleicht tatsächlich einigen wollen, hätten das aber nicht gekonnt, weil die wirtschaftlichen Bedingungen in den verschiedenen Territorien zu unterschiedlich gewesen seien. Entscheidend sei gewesen, dass die Parteien, die über eigene Edelmetallvorkommen verfügten, unter anderen Bedingungen handelten als diejenigen, die das Silber für die Münzprägung auf dem Markt kaufen mussten. Dies war beispielsweise die Meinung Fritz Blaichs.¹¹

Interessanterweise korrespondieren die beiden Erklärungen mit Argumenten, die in der wirtschaftswissenschaftlichen Literatur diskutiert werden. So bezieht sich die These vom Primat der Politik implizit auf Auffassungen, wie sie zum Beispiel Andrew K. Rose vertritt. Rose ist weniger an den wirtschaftlichen Voraussetzungen von Währungsunionen interessiert als an ihren Konsequenzen, also am Wachstum des Handelsvolumens, das eintritt, sobald die einheitliche Währung einmal politisch etabliert ist.[12] Politischer Wille ist mithin für die Bildung und – so die implizite Annahme – auch für das Nichtzustandekommen von Währungsunionen entscheidend. Die These, die von einem Primat der Wirtschaft im 16. Jahrhundert ausgeht, korrespondiert demgegenüber mit einem Strang der wirtschaftswissenschaftlichen Forschung, der auf die Theorie optimaler Währungsräume zurückgreift.[13] Die Grundannahme ist, dass einheitliche Währungen nur dort etabliert werden können, wo Güter- und Geldmärkte bereits hinreichend integriert sind. Als integriert gelten Märkte, auf denen die Ausnutzung von Arbitragemöglichkeiten die Unterschiede zwischen lokalen Preisen, Zinssätzen und Wechselkursen soweit eingeebnet hat, dass das *»Gesetz des einheitlichen Preises«* gilt.[14] Währungsgebiete erscheinen aus dieser Perspektive somit als endogen.[15] Waren sie das auch in der hier behandelten Zeit? Im 15. Jahrhundert hatte die Integration von Geld- und Edelmetallmärkten in Deutschland Fortschritte gemacht[16] – reichten diese aus, um eine Reichswährung zu ermöglichen? War das der Fall, so ließe sich das Scheitern dieser Währung tatsächlich nur damit erklären, dass der politische Wille zur Einigung fehlte.

c. Reichsreformbestrebungen und die Münzordnungen von 1524, 1551 und 1559

Im Hintergrund der Bestrebungen um eine gemeinsame Währung steht die Reform der politischen Strukturen des Heiligen Römischen Reichs.[17] Im 15. Jahrhundert hatte es gelegentlich gewirkt, als habe das Reich praktisch zu existieren aufgehört. Eine Reform wurde jedoch bereits seit den Dreißigerjahren diskutiert,[18] und das Aufkommen des Buchdrucks ab etwa 1460, die Nutzung des neuen Mediums zur Propagierung der eigenen Politik durch Maximilian I. und die Entstehung einer öffentlichen Meinung intensivierten diesen Prozess.[19] Sich politisch zu informieren und politisches Handeln zu koordinieren wurden weniger kostspielig; Reichstage ließen sich leichter und öfter organisieren und lösten die informellen und seltenen königlichen Hoftage der früheren Zeit ab. Seit der zweiten Hälfte des 15. Jahrhunderts standen den Kaisern die Reichsstände – also die sieben Kurfürsten, die zur Kaiserwahl berechtigt waren, die übrigen Fürsten sowie die freien Städte – in institutionalisierter Form gegenüber. Der Reichstag bot diesem dualistischen Verhältnis ein Forum, auf dem sich die Zusammenarbeit organisieren ließ. Ein frühes Ergebnis seiner Arbeit war die Einteilung des Reichs in sechs, später zehn regionale Kreise, die vielfältige Koordinations- und Verwaltungsaufgaben wahrnahmen.[20]

Auf den Reichstagen kam die Diskussion von Währungsfragen vor allem seit der Kaiserwahl Karls V. im Jahre 1519 in Gang. Allerdings scheiterten die beiden ersten Versuche, eine gemeinsame Währung zu etablieren, bereits nach wenigen Monaten beziehungsweise wenigen Jahren. Das galt für die Reichsmünzordnung, die Karl V. 1524 in Eßlingen unterzeichnete, ebenso wie für diejenige, die der Augsburger Reichstag 1551 verabschiedete. Die Ordnung von 1524 betraf lediglich große Einheiten vom Guldiner – einem Silberstück, dessen Materialwert dem des Rheinischen Goldgulden entsprechen sollte – abwärts. Daneben durfte *»ein yeder Churfürst, Fürst, oder Oberkeit, die zu münt-*

zen Freyheit haben, […] *kleine Pfenning vnnd Heller, wie sie bißhere gemüntzet*«, weiter in Umlauf bringen. Die Kurfürsten von Köln, Mainz, Trier und der Pfalz sollten die Prägung ihrer bisherigen Rheinischen Gulden einstellen. Stattdessen wurde ein neuer Reichsgulden mit deutlich geringerem Feingoldgehalt in Aussicht genommen. Vorgesehen war also eine bimetallische Währung, deren Goldeinheit der höchsten Einheit aus Silber entsprechen und die durch lokales und regionales Kleingeld ergänzt werden sollte. Auch die Münzordnung von 1551 sah ein bimetallisches System vor, in dem die größte Silbereinheit – wiederum Guldiner genannt – dem Goldgulden entsprach.[21] Neu war der feste Bezug zum traditionellen österreichischen Geld: Der Nennwert des Guldiners und seiner Untereinheiten wurde jetzt in Kreuzern bestimmt. Daneben definierte die Münzordnung den Silbergehalt von 14 Währungen aus verschiedenen Regionen des Reichs, die ebenfalls in ein festes Verhältnis zum Kreuzer gebracht wurden, und verbot alle übrigen Sorten.

Was die beiden Münzordnungen grundsätzlich unterschied, waren die politischen Kräfte im Reich, die von ihnen profitierten. Die Eßlinger Ordnung bediente die Interessen eines Kartells der mächtigsten Fürsten des Reichs: Die rheinischen Kurfürsten profitierten unmittelbar von der Senkung des Feingoldgehalts des Guldens. Diese erlaubte es ihnen, die bei der Prägung anfallenden, sich aus der Differenz zwischen Produktionskosten und Kaufkraft der Münzen ergebenden Gewinne zu steigern. Für den Kurfürsten von Sachsen war die Bestimmung des Silbergehalts des Guldiners attraktiv. In Sachsen wurden nämlich schon seit 1500 so genannte Guldengroschen geprägt, also Silbermünzen, deren Metallwert dem eines Goldgulden glich.[22] Die Guldiner der Münzordnung von 1524 entsprachen exakt diesen sächsischen Guldengroschen, die damit faktisch offizielle Reichswährung wurden. Dagegen spielten die Großsilbermünzen, die die Habsburger aus ihrem in Tirol produzierten Silber herstellen ließen, und die sich am Standard des venezianischen Geldes orientierten,[23] in der Eßlinger Münzordnung keine Rolle. Karl V. hatte 1524 vor den rheinischen und sächsischen Kurfürsten kapituliert – eine Niederlage, auf die er reagierte, indem er die Angehörigen der Habsburgerdynastie von ihrer Befolgung befreite.[24] Damit sabotierte er die Währungsharmonisierung so gründlich, dass sie bis auf weiteres gescheitert war.

Die Augsburger Münzordnung von 1551 dagegen begünstigte die Habsburger. Das war vor allem der Fall, weil sie den österreichischen Kreuzer zum Standard erhob, der den Nennwert aller nicht unmittelbar verbotenen Münzen im Reich definierte. Fürsten, die Währungen in Umlauf brachten, von denen die Habsburger ihre Interessen bedroht sahen, ließen sich damit unter Druck setzen. Das galt vor allem für die sächsischen: Der Wert ihrer inzwischen meist Taler genannten Guldengroschen wurde 1551 so festgelegt, dass er im Verhältnis zum Feinsilbergehalt der neuen Guldiner zu niedrig war. Anders gewendet: Taler enthielten proportional zum Nennwert mehr Silber als Guldiner, was Anreize bot, sie zu horten oder einzuschmelzen – zumindest dann, wenn sich ihr Umlauf zum in der Augsburger Munzordnung bestimmten Wert in Kreuzern durchsetzen ließ.[25] Das gelang allerdings nicht: Auf dem Markt bewertete man Taler höher als 1551 vorgesehen, in Norddeutschland sogar ebenso hoch wie Guldiner.[26] Damit war nun deren Silbergehalt relativ zu hoch, und die Konsumenten begannen, diese – und nicht die Taler – einzuschmelzen oder zu horten. Dass sich die Guldiner von 1551 im Geldumlauf nicht durchsetzten, bedeutete das Scheitern dieses Versuchs, die Währungen im Reich zu vereinheitlichen.

Zu einem neuen Anlauf kam es nach dem Augsburger Religionsfrieden 1555 und dem Rücktritt Karls V. im Jahr darauf. Noch bevor die Kurfürsten Ferdinand I. zum Kaiser wählten, fand eine Reihe von Sachverständigenberatungen statt, auf denen deutlich wurde, dass es unter den Reichsständen eine starke Partei gab, die ein bimetallisches System ablehnte: Deutschland habe reiche Silbervorkommen, jedoch kaum Gold; daher ließe sich ein festes Verhältnis zwischen Goldgulden und Silberguldiner auf Dauer ohnehin nicht durchsetzen.[27] Diesem Argument konnte sich der Augsburger Reichstag 1559 nicht verschließen. Die im August des Jahres verabschiedete neue Münzordnung hob daher zum einen die feste Bindung des jetzt Reichsgulden genannten Silberstücks an den Goldgulden auf; man beschränkte sich auf die Festlegung von Maximalkursen.[28] Zum anderen wurden neben dem Reichsgulden acht regionale Währungen zugelassen, deren Einheiten in ein festes Verhältnis zum Kreuzer gesetzt wurden. Lediglich Heller – die kleinste Einheit – sollten alle traditionell münzberechtigten Obrigkeiten weiter prägen dürfen, jedoch nur entsprechend dem in der Münzordnung definierten Standard. Vor 1551 erschienene Taler sollten ihren damals festgelegten Nennwert in Kreuzern beibehalten, die danach in Umlauf gebrachten geprüft und entsprechend ihrem Feinsilbergehalt bewertet wurden. Zur Kontrolle aller dieser Bestimmungen sollten die Reichskreise das in Umlauf gebrachte Geld regelmäßig auf seinen korrekten Feingehalt prüfen lassen. Ob Taler weitergeprägt werden dürften, ließ die Ordnung offen.

Die Münzordnung von 1559 wurde von weit mehr Reichsständen umgesetzt als die acht Jahre ältere: Praktisch alle süddeutschen Territorien sowie Österreich und Böhmen schlossen sich ihr in vollem Umfang an; im Rhein-Main-Gebiet sowie in Norddeutschland befolgten eine Reihe wichtiger Fürsten und Städte zumindest einige ihrer Bestimmungen. Sachsen, die rheinischen Kurfürsten mit Ausnahme des Pfälzers und die nordwestdeutschen Territorien lehnten sie ab, obwohl sie die bislang geprägten Taler im Umlauf beließ.[29] Zum Einlenken war der sächsische Kurfürst erst bereit, als der Reichstag von 1566 eingestand, dass »*die Thaler-Müntzen [...] nicht wol vnverhinderlich des gantzen Handels ausgeschlossen werden möchten*«, und anordnete, dass »*berührte Thaler [...] neben andern in dem Müntz-Edict geordneten Stücken und Sorten, jedoch denselbigen in gleicher Güte und Gehalt, gemüntzt [...] werden*« sollten.[30] Der gleichzeitig festgelegte Feinsilbergehalt der Taler lag etwas unter demjenigen der bislang geprägten – ein zusätzlicher Bonus, der das Angebot des Reichstags für den sächsischen Kurfürsten attraktiv machte, da er so mit höheren Prägegewinnen rechnen konnte.[31]

Vor etwa 100 Jahren wertete Friedrich Freiherr von Schrötter, der Doyen der deutschen geldgeschichtlichen Forschung, die Reichsmünzordnung von 1559 als den größten innenpolitischen Erfolg Kaiser Ferdinands I.; zusammen mit ihrer Novelle von 1566 habe sie das deutsche Geldwesen für anderthalb Jahrhunderte geordnet und die Grundlage dafür gelegt, dass »*der deutsche Taler in fast allen Kulturstaaten der Welt bis zum heutigen Tage nachgemünzt worden*« sei.[32] Was ist aus dem Blickwinkel der heutigen Forschung von diesem Urteil zu halten? Tatsächlich gelang es Ferdinand I. in seiner kurzen Regierungszeit, die Zusammenarbeit einer Vielzahl von Reichsständen zu organisieren und Vereinbarungen zu treffen, die ungleich dauerhafter als die von seinem Vorgänger durchgesetzten Beschlüsse waren. Es lässt sich sogar sagen, dass die Münzgesetzgebung

Währungssysteme im Heiligen Römischen Reich (um 1780)

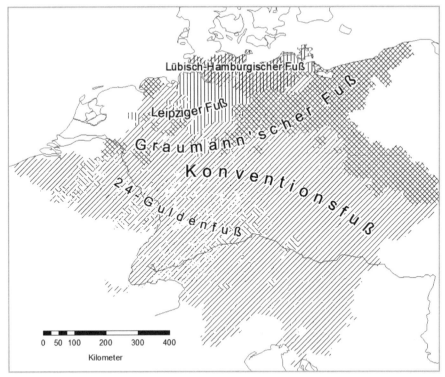

Quelle: Praun, Nachricht, S. 152–193. – Die Karte zeigt das Gebiet des 1750 in den Habsburger Erblanden eingeführten Konventionsfußes, dem sich vor allem nach dem Siebenjährigen Krieg zahlreiche Reichsstände anschlossen, das des ebenfalls 1750 eingeführten Graumann'schen Fußes, das des Leipziger Fußes (der 1690 zwischen Brandenburg und Kursachsen vereinbart und 1737 als Reichsfuß angenommen worden war, dem gegen Ende des 18. Jahrhunderts jedoch nur noch Kurhannover folgte, das des Lübisch-Hamburgischen Kurrentfußes und das des zuerst 1754 in Kurbayern eingeführten 24-Guldenfußes. Die Standards galten zum Teil lediglich offiziell; vielfach wurden sie durch traditionelle regionale Währungen ergänzt.

der Fünfziger- und Sechzigerjahre des 16. Jahrhunderts die Reichsreform zum Abschluss brachte. Die Reichskreise übten die ihnen 1559 übertragene Kontrollfunktion zwar nur unvollkommen aus, entfalteten in den folgenden Jahrhunderten jedoch eine breite münzpolitische Tätigkeit, indem sie die Geldpolitik der ihnen angehörenden Reichsstände koordinierten.[33] Aus politischem Blickwinkel kann man so zumindest von einem Teilerfolg der Münzgesetzgebung sprechen.

Aus wirtschaftlicher Perspektive stellt sich allerdings die Frage, ob sie die deutschen Geldverhältnisse wesentlich vereinfachte. Im 15. Jahrhundert hatten Goldmünzen mit hoher Kaufkraft als Fern- und Großhandelswährungen gedient, denen auf lokaler und regionaler Ebene eine Vielzahl von Silbermünzen mit geringerer Kaufkraft gegenüberstand. Seit 1566 gab es nun zwei große Silbereinheiten, die dieselbe Funktion erfüllten wie zuvor das Gold und die durch regionales und lokales Kleingeld unterschiedlicher Form ergänzt wurden.[34] Gerade was das Kleingeld betraf, wurde die Ordnung von 1559/66 aber nur lückenhaft und kurzfristig befolgt.[35] Viel einfacher als im Spätmittelalter scheinen die Währungsverhältnisse im Deutschland der Frühen Neuzeit also nicht gewesen zu sein.[36] Auch abgesehen vom Problem regional unterschiedlichen Kleingelds erwies sich der Kompromiss von 1566 als nicht dauerhaft: Im Laufe des 17. und 18. Jahrhunderts wurden die deutschen Währungsverhältnisse wieder komplizierter. Es gelang zwar, die Kipper- und Wipperinflation der Anfangsjahre des Dreißigjährigen Kriegs zu überwinden, doch wandten sich Kursachsen und Brandenburg 1667 offen vom rund 100 Jahre zuvor vereinbarten Reichsmünzfuß ab; weitere Reichsstände folgten.[37] Gegen Ende des 18. Jahrhunderts lassen sich in Deutschland nicht mehr nur zwei, sondern mindestens fünf verschiedene Währungssysteme unterscheiden, deren Großsilbermünzen zwar nach jeweils gemeinsamen Standards geprägt waren, die sich aber aus den buntest denkbaren regionalen Kleingeldwährungen zusammensetzten. Die Schaffung einer einheitlichen Währung, mit der diese Zustände dauerhaft überwunden wurden, gelang bekanntlich erst nach der Reichseinigung – selbst dann handelte es sich aber lediglich um eine kleindeutsche Währung, deren Umlaufgebiet nie so groß war wie das des zu Beginn der Neuzeit geplanten Reichsgelds.

d. Gescheiterte Vereinheitlichung: fehlender politischer Wille oder fragmentierte Märkte?

Kehren wir zur eingangs gestellten Frage nach den Ursachen des Scheiterns der Reichswährung zurück. Lag es am fehlenden politischen Willen der Beteiligten oder waren die Märkte im Deutschland des 16. Jahrhunderts noch zu fragmentiert, um eine gemeinsame Währung zu ermöglichen? Es gibt tatsächlich einige Hinweise darauf, dass der politische Wille den Einigungsprozess aufhielt oder jedenfalls verzögerte: Das Privileg Karls V., das die Habsburger von der Befolgung der Eßlinger Münzordnung befreite, ist ein Beispiel dafür. Im Prinzip handelt es sich hier um ein typisches Problem kollektiven Handelns von der Art, wie es Mancur Olson zuerst analysiert hat, beziehungsweise in der heute üblichen spieltheoretischen Diktion um ein ›n-Personen-Gefangenendilemma‹.[38] Solche Dilemmata sind dadurch gekennzeichnet, dass sich zwar alle Akteure besserstellen könnten, indem sie kooperieren, dass aber jeder einzelne für sich ein noch besseres Ergebnis erzielen kann, indem er die Kooperation verweigert (defektiert): Er kommt dann in den Genuss des Ergebnisses der Zusammenarbeit, ohne Kosten aufgewendet zu haben. Die Defektion ist daher für alle die dominante Strategie, eine Kooperation kommt nicht zustande. Im vorliegenden Fall war die Etablierung der einheitlichen Reichswährung das angestrebte Ergebnis, das mittel- und langfristig ein größeres Handelsvolumen und damit höhere Zolleinnahmen erhoffen ließ, das jedoch die Zusammenarbeit aller münzberechtigten Stände erforderte. Jeder einzelne Reichsstand war allerdings Anreizen ausgesetzt, sich abseits zu halten. Er brauchte dann nicht auf die bei der bisherigen autonomen Geldprägung anfallenden Gewinne zu verzichten und profitierte aber dennoch vom Wachstum des Handelsvolumens, das die von allen anderen Ständen eingeführte Reichswährung mit sich brachte. Typisch für solche Probleme ist der Umstand, dass sie umso schwerer zu lösen sind, je größer die Zahl der Beteiligten ist. Wie schwierig dies im Heiligen Römischen Reich mit seinen zahlreichen Fürsten und freien Städten war, lässt sich denken. Vorels Hinweis auf die Vielzahl der Reichsstände, denen der politische

Variationskoeffizient der Silberpreise in Deutschland, 1495–1559

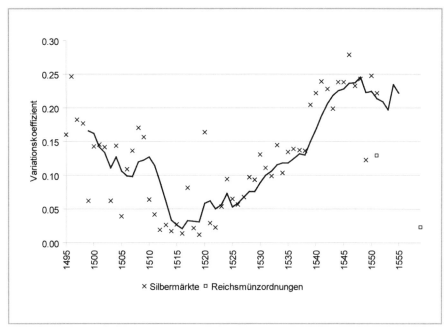

Quelle: Chilosi/Volckart, Money.

Wille zum gemeinsamen Handeln gefehlt habe und denen die Kaiser schließlich unterlegen seien, erscheint aus sozialtheoretischer Perspektive also als stichhaltig.[39]

Ähnlich stichhaltig erscheint allerdings das Argument, dass die Etablierung einer erfolgreichen Gemeinschaftswährung unmöglich ist, wenn die wirtschaftlichen Voraussetzungen fehlen. Analysen der Finanzmarktintegration im Deutschen Reich vom 14. bis ins beginnende 16. Jahrhundert haben gezeigt, dass stabile Währungsunionen gut integrierte Märkte voraussetzten:[40] dies deshalb, weil sich die Beteiligten an einer solchen Union auf einen einheitlichen Edelmetallgehalt des neuen Geldes einigen mussten. Verletzten die Silberpreise das Gesetz des einheitlichen Preises – was zwischen schlecht integrierten Märkten zwangsläufig der Fall war –, so unterschieden sich die bei der Produktion der Münzen lokal anfallenden Kosten. Eine Übereinkunft war dann nur schwer zu erzielen. Versuchte man, das Problem zu umgehen, indem man die Münzprägung zentralisierte, so unterschied sich der Materialwert der in Umlauf gebrachten Münzen in Abhängigkeit vom lokalen Edelmetallpreis: Wo Silber teurer war als am Ort der Prägung, lohnte es sich, das Unionsgeld einzuschmelzen. Da diese Umstände den Umfang und die Stabilität der im Deutschland des späten 14. und 15. Jahrhunderts gebildeten Währungsunionen bedingten, liegt die Vermutung nahe, dass sie auch zum Scheitern der Reichswährung im 16. Jahrhundert beitrugen. Zu betonen ist jedenfalls, dass beide Erklärungen sich nicht ausschließen: Die Höhe der bei der Produktion von Münzen anfallenden Gewinne hing vor allem von den Herstellungskosten ab, unter denen die Kosten für das Edelmetall den größten Einzelposten bildeten. Lokal unterschiedliche

Silberpreise können damit durchaus zum Fehlen des Willens zur Einigung beigetragen haben; schließlich verzichtete keine münzberechtigte Obrigkeit gerne auf diese Einnahmequelle.

Beim gegenwärtigen Stand der Forschung lässt sich nicht entscheiden, welcher Faktor letztlich den Ausschlag gab. Unumstritten ist, dass Edelmetallpreise in den Verhandlungen um die Münzordnungen von 1524, 1551 und 1559 eine wichtige Rolle spielten.[41] Wie sie sich im Einzelnen entwickelten, bedarf weiterer Untersuchungen. Bislang erhobene Daten deuten an, dass die lokalen Silberpreise im frühen 16. Jahrhundert einheitlicher wurden, seit etwa 1515 bis 1520 allerdings wieder auseinanderstrebten; die Märkte waren um 1550 also nicht besser, sondern deutlich schlechter integriert als ein halbes Jahrhundert zuvor. Festzustellen ist dies anhand der Entwicklung lokaler Gold-Silber-Ratios, die sich auf der Basis von Wechselkursen und Informationen über den Feingold- und -silbergehalt des getauschten Gelds errechnen lassen.[42] Solche Ratios geben an, wieviele Einheiten Silber auf dem Markt für eine Einheit Gold gezahlt wurden. Wie groß die Abweichungen zwischen ihnen waren, lässt der Variationskoeffizient erkennen, der das in solchen Zusammenhängen meistverwendete statistische Maß für die Verteilung einer Variablen ist:[43] Je höher er ist, desto unterschiedlicher waren die Gold-Silber-Ratios in dem betreffenden Jahr.[44]

Bestätigen weitere Analysen auf breiterer Datengrundlage den Trend des Auseinanderdriftens der lokalen Silberpreise, so wäre klar, dass die Bedingungen für die Bildung und erfolgreiche Umsetzung einer reichsweit einheitlichen Währung seit den Zwanzigerjahren des 16. Jahrhunderts schwieriger wurden. Welche Faktoren den Desintegrationsprozess auslösten, wäre im Einzelnen zu klären. Zu denken wäre hier etwa an den Einfluss der Reformation: Ulrich Blum und Leonard Dudley zufolge waren im nachreformatorischen Europa vertragliche Beziehungen zwischen protestantischen Kaufleuten stabiler als solche zwischen katholischen.[45] Die These impliziert, dass die Glaubensspaltung Geschäfte zwischen Händlern unterschiedlicher Konfession und damit die Arbitrage zwischen Silbermärkten beeinträchtigte. Wie bedeutend dieser Faktor war, kann man testen, indem man prüft, ob Silberpreisunterschiede zwischen Orten verschiedener Konfession signifikant größer waren als zwischen Orten, in denen dasselbe Bekenntnis dominierte. Analoge Tests lassen sich auch für andere eventuell relevante Faktoren durchführen, so beispielsweise für den Einfluss, den die Entfernung der Märkte zu Edelmetallbergwerken hatte. Auf diese Weise lässt sich auch prüfen, welchen Einfluss die Produktionsmengen der Bergwerke hatten.[46]

Die Analyse von Gold-Silber-Ratios lässt noch weitere Schlüsse zu. Wie oben erwähnt, legten die beiden Münzordnungen von 1551 und 1559 den Nennwert zahlreicher im Reich zugelassener lokaler und regionaler Währungen in Kreuzern fest; die Ordnung von 1551 bestimmte darüber hinaus ein festes Verhältnis zum Goldgulden, während die von 1559 zumindest einen Maximalkurs für den Gulden verfügte.[47] Damit ist es möglich, für jede der in den beiden Ordnungen zugelassenen Sorten eine Gold-Silber-Ratio und auf deren Basis einen Variationskoeffizienten zu errechnen. Die Abbildung auf Seite 33 zeigt diese Koeffizienten und erlaubt einen Vergleich mit denjenigen, die sich auf Grundlage der Marktkurse von Gold- und Silberwährungen ergaben. Es wird deutlich, dass man bei der Formulierung der Münzordnungen sowohl 1551 als auch 1559 von wesentlich einheitlicheren Silberpreisen ausging als von denen, die am Markt tatsächlich gezahlt wurden. Natürlich argumentierte keiner der Kurfürsten, Fürsten und Städtevertreter auf den Reichstagen mit Marktintegration und der Endogenität von Währungsgebieten. Allerdings scheinen die Beteiligten, trotz aller Hinweise auf die günstigen Bedingungen, unter denen Reichsstände mit eigenen Silbervorkommen verhandelten,[48] bei der Beschlussfassung implizit angenommen zu haben, dass das Reichsgebiet, zumindest was Edelmetalle betraf, bereits einen gemeinsamen Markt darstellte. Diese Annahme dürfte weit an der Realität vorbeigegangen sein.

Es sei noch einmal betont: ein abschließendes Urteil ist dies nicht. Zur Zeit ist zu wenig über die Entwicklungen von Edelmetallpreisen im 16. Jahrhundert bekannt, als dass mehr als sehr vorläufige und vorsichtige Hypothesen möglich sind. Wir wissen weder genug über die Silberpreise, die beispielsweise Kaufleute und Goldschmiede zahlten, noch über die Kosten, zu denen die zahlreichen Münzstätten im Heiligen Römischen Reich ihr Edelmetall erwarben. Wir wissen auch nicht, welche Faktoren dafür entscheidend waren, wo sich der Reichsgulden und wo sich der Taler als Leitwährungen durchsetzten. Hing dies von politischen Umständen ab? War die lokale Versorgung mit diesen Geldeinheiten ausschlaggebend? Oder war entscheidend, wie sie sich in die etablierten Währungssysteme einfügten, ob Konsumenten sie also verwenden konnten, ohne prohibitiv hohe Transaktionskosten aufwenden zu müssen? Auch die wirtschaftlichen Folgen der Münzordnungen sind noch ungeklärt. Beeinflussten die Einführung des Reichsguldens 1559 und die Anerkennung des Talers 1566 das Marktgeschehen, und wenn, wie stark? Studien zum 15. Jahrhundert haben gezeigt, dass Währungsunionen zwar relativ gut integrierte Edelmetallmärkte voraussetzten und dass dort, wo sie gebildet wurden, die Marktintegration aber weiter Fortschritte gemacht hatte und kommerzielle Verbindungen intensiver wurden.[49] Dies galt vermutlich nicht nur für Geld-, sondern auch für Gütermärkte. Daten, die unmittelbar Aufschluss über Handelsströme zwischen den Territorien und Städten des frühneuzeitlichen Heiligen Römischen Reichs geben, sind so lückenhaft, dass wir sie nicht nutzen können, um zu prüfen, wie sich die Reichsmünzordnung von 1559/66 hier auswirkte. Wir sind jedoch verhältnismäßig gut über Preise – besonders über Getreidepreise – informiert. Preisdifferenzen zwischen lokalen Märkten erlauben es, zu analysieren, ob, inwieweit und wo die Integration von Gütermärkten nach 1566 Fortschritte machte. Aus diesem Grund bietet sich der Stand der Marktintegration auch im vorliegenden Zusammenhang als Maßstab an, der es ermöglicht, die Wirkung der Reichsmünzgesetzgebung zu schätzen. Die obigen Ausführungen sind damit als Anregung für die Forschung gemeint.

---

1   Pütter, Entwicklung, S. 451.
2   Sprenger, Geld, S. 81; Börner/Volckart, Utility, S. 1.
3   Klüßendorf, Geldumlauf.
4   Wechselbriefe waren Kredit- und Transferinstrumente, mit denen ein Partner des Kreditnehmers beauftragt wurde, einem Partner des Kreditgebers die geliehene Summe an einem anderen Ort und in einer anderen Währung zurückzuzahlen. Vgl. Munro, Wechsel; ferner zum Gebrauch in Deutschland und zur Übertragbarkeit: Stromer, Geld- und Wechselmärkte; Munro, Anfänge; North, Banking.
5   Spufford, Money, S. 282 f.; Huszár, Goldgulden.
6   Vorel, Monetary Circulation, S. 39, 41.

7 Speyer, Credit- und Wechselbanken, S. 22 ff.; Cahn, Stadtwechsel, S. 51 f.; Stromer, Hochfinanz, S. 347.
8 Börner/Volckart, Utility, S. 11.
9 So etwa Schrötter, Münzwesen I/II; ferner Christmann, Bemühen, S. 37 ff., dessen Untersuchungsschwerpunkt allerdings auf der Zeit nach dem Westfälischen Frieden liegt; siehe auch Christmann, Reichsmünzordnungen.
10 Vorel, Monetary Circulation, S. 43 f., 56, 129, 133. – Aus Vorels Perspektive erscheint das Projekt einer Reichswährung von vornherein primär politisch motiviert: Es sei dabei im Wesentlichen um die Vereinfachung politischer Zahlungen gegangen.
11 Blaich, Wirtschaftspolitik, S. 17 ff.
12 Rose, Money; ders., Currency Unions.
13 Mundell, Theory; McKinnon, Currency Areas; Frankel/Rose, Endogeneity; Dixit, Game Model; Alesina/Barro, Currency Unions.
14 Persson, Grain Markets; Jacks, Market Integration; Özmucur/Pamuk, Commodity Prices.
15 Vgl. zum 20. Jahrhundert Eichengreen/Irwin, Trade Blocks; Ritschl/Wolf, Endogeneity.
16 Chilosi/Volckart, Money.
17 Angermeier, Reichsreform.
18 Krieger, König, S. 51; Brady, German Histories, S. 80 ff.
19 Steinberg, Printing, S. 54; Füssel, Gutenberg, S. 154 f.; Brady, German Histories, S. 124.
20 Dotzauer, Reichskreise, S. 33 ff.
21 Hirsch, Münz-Archiv I, S. 344–365.
22 Arnold, Talerwährung, S. 58.
23 Vorel, Circulation, S. 36 f.
24 Newald, Münzwesen, S. 140 ff.
25 Munro, Greshamsches Gesetz; Selgin, Gresham's Law.
26 Vorel, Circulation, S. 92; Schrötter, Münzwesen II, S. 108; Praun, Nachricht, S. 94 f.
27 Schrötter, Münzwesen II, S. 111 f.
28 Hirsch, Münz-Archiv I, S. 383–401.
29 Vgl. die Übersicht bei Vorel, Monetary Circulation, S. 116–126.
30 Hirsch, Münz-Archiv II, S. 25.
31 Arnold, Talerwährung, S. 68.
32 Schrötter, Münzwesen II, S. 126.
33 Christmann, Reichsmünzordnungen.
34 Gerhard, Ursachen, S. 80 f.
35 Praun, Nachricht, S. 109 ff.; Blaich, Wirtschaftspolitik, S. 26 f.
36 Daran änderte auch der Umstand nichts, dass seit dem späten 16. Jahrhundert Wechselbriefe allgemein übertragbar und damit zum funktionalen Äquivalent von Banknoten wurden. Schon um 1600 wurden sie bis zu zwanzigmal indossiert, bevor sie dem Aussteller zur Einlösung wieder vorgelegt wurden. Vgl. Hirsch, Münz-Archiv III, S. 149.
37 Arnold, Währungsunionen.
38 Olson, Logic; Hardin, Action.
39 Vorel, Monetary Circulation, S. 133.
40 Börner/Volckart, Utility.
41 Blaich, Wirtschaftspolitik, S. 17; Vorel, Circulation, S. 87 f.
42 Börner/Volckart, Utility; Chilosi/Volckart, Money; Volckart, Regeln.
43 Siehe zum Beispiel Özmucur/Pamuk, Commodity Prices; Chilosi/Volckart, Money.
44 Ein Wert von Null würde anzeigen, dass alle Preise vollkommen identisch waren. Vgl. Hudson, History, S. 93 f.
45 Blum/Dudley, Religion, S. 209 f.
46 Zur Bedeutung dieser Faktoren im späten 15. Jahrhundert siehe Chilosi/Volckart, Books.
47 Anders als die Münzordnungen von 1551 und 1559 sah die Eßlinger Ordnung von 1524 keine festen Wechselkurse zwischen der Reichswährung und regionalen Währungen vor. Obwohl sie ein

bimetallisches System etablieren sollte, ermöglichen ihre Bestimmungen es daher nicht, regionale Gold-Silber-Ratios zu errechnen.

48 Vgl. zum Beispiel Hirsch, Münz-Archiv I, S. 240.
49 Börner/Volckart, Utility.

Markus A. Denzel

[3.]

Die Errichtung der Hamburger Bank 1619

Wegbereitung einer stabilen Währung und Ausdehnung des bargeldlosen Zahlungsverkehrs

a. Die Fragen

Die Gründung der Hamburger Bank 1619 war ein epochales Ereignis. Mit ihr wurde die einzige, langfristig erfolgreiche kommunale Bank im Heiligen Römischen Reich Deutscher Nation im 17. Jahrhundert und zudem eine Bank mit Vorbildcharakter etabliert; der 1621 gegründete Banco Publico in Nürnberg war weitaus bedeutungsloser. Hamburg trat mit dieser Gründung in die Reihe der großen, internationalen Handelsmetropolen Venedig und Amsterdam, die seit 1587 beziehungsweise 1609 unter Zuhilfenahme einer öffentlichen Bank den bargeldlosen Zahlungsverkehr in ihrer Stadt zu regulieren und zugleich ihr Münz- und Währungswesen zu stabilisieren versuchten. Die Trias Venedig – Amsterdam – Hamburg wurde bis weit in das 18. Jahrhundert in der einschlägigen Kaufmanns- und enzyklopädischen Literatur genannt, wenn es um erfolgreiche und bewährte Bankgründungen ging, die gleichsam als Vorbild für die Einrichtung weiterer öffentlicher Banken dienen sollten. Der venezianische Banco della Piazza di Rialto und sein Nachfolger, der Banco (del) Giro, die Amsterdamer Wisselbank und die Hamburger Bank wurden als ›Pioniere‹ eines erfolgreichen öffentlichen Banksektors angesehen, wobei die Hamburger Bank bis 1875 und damit unter den drei Instituten am längsten bestand; die beiden anderen mussten bereits im Gefolge der Napoleonischen Kriege ihren Betrieb einstellen.

Da die Akten der Hamburger Bank zum Teil beim Stadtbrand von 1842, zum Teil bei der Auflösung der Bank Ende 1875 vernichtet wurden, ist nur noch das Material erhalten, das der Commerzdeputation, der Vertretung der Hamburger Kaufmannschaft und Vorläuferin der Handelskammer Hamburg,[1] bekannt war. Heinrich Sieveking wertete darüber hinaus auch die überlieferten Rats-Akten (Generalia der Banco) aus, um die Bedeutung der Bank für das öffentliche und private Wirtschaftsleben der Stadt herauszuarbeiten,[2] weswegen die folgenden Überlegungen vielfach auf seine Studie zurückgreifen.

Müsste sich der Beitrag allein auf den Gründungsvorgang der Hamburger Bank konzentrieren, würde er nur wenige Sätze lang; denn über den eigentlichen Gründungsvorgang der Hamburger Bank ist nur wenig mehr bekannt beziehungsweise überliefert als die Tatsache der Gründung selbst. Da es aber in dem Sammelband um ›Weichenstellungen‹ der Ereignisse geht, lässt sich sehr viel mehr sagen. Der Fokus kann sich auf die Bedeutung der Bankgründung richten, zum einen für den Hamburger Außenhandel[3] (Abschnitt b), zum anderen für den Finanzplatz Hamburg, seine Währung und seinen bargeldlosen Zahlungsverkehr (Abschnitt c), schließlich zum dritten – eher im Sinne eines Resümees – für die Entwicklung des öffentlichen Banksektors im Alten Reich überhaupt (Abschnitt d). Die Erörterung folgt diesen drei Punkten, wobei der erste in die Darstellung der Entwicklung der Hamburger Bank im 17. und 18. Jahrhundert in ihren wesentlichen Grundzügen (Abschnitt b) eingebettet ist.

b. Die Entwicklung der Hamburger Bank im 17. und 18. Jahrhundert[4]

Die Hamburger Bank bestand von ihrer Gründung 1619 bis zum Jahresende 1875, als ihr Giroverkehr von der neuen Reichsbank übernommen und sie selbst zu einer Reichsbankhauptstelle wurde. Die Eröffnung als erste öffentliche Wechselbank im Heiligen Römischen Reich erfolgte am 2. März 1619 nach längerer Vorbereitungszeit und nach dem Modell der Amsterdamer Wisselbank. Ähnlich wie die Niederlande war auch Hamburg von der massiven Geldverschlechterung im Reich im beginnenden 17. Jahrhundert und vor allem in den 1610er-Jahren betroffen: Das Eindringen kleiner, geringhaltiger und -wertiger Sorten bewirkte, dass der groben, vollwichtigen Silbermünze, vor allem dem Reichstaler, ein immer höheres Aufgeld beigelegt wurde.[5] Da der Niedersächsische Reichskreis, in dessen Zuständigkeitsbereich Münz- und Währungsfragen fielen, auf seinem Braunschweiger Kreistag 1617 zwar Beschlüsse zu gemeinsamem Vorgehen aller Kreisstände gegen die dauernde Verschlechterung der Währungsverhältnisse fasste, diese sich aber nicht oder nur kaum durchsetzen ließen, entschloss man sich in Hamburg zur Gründung einer Bank. Maßgeblichen Einfluss darauf scheinen die ausländischen Kaufleutegruppen ausgeübt zu haben, die an stabilen Münz- und Währungsverhältnissen in der Hansestadt nachdrücklich interessiert waren, so der seit 1611 hier ansässige englische Court, die Niederländer und die portugiesischen und spanischen Sephardim.[6] Gegen das Bankprojekt sprachen sich hingegen die alteingesessenen Holland- und Friesland-Händler aus: Sie hätten, so ihr Argument, seit alters her stets mit Kleinmünzen – auch in Wechselgeschäften – bezahlt; wenn nunmehr, was das Bankprojekt ja beinhalte, Wechsel nur noch in groben Sorten bezahlt werden dürften, stelle das für sie einen erheblichen Nachteil dar, da sie sich diese vollwichtigen Münzen gegen ein (hohes) Aufgeld beschaffen müssten. Ein erster Vorschlag des Rates zur Gründung einer Bank vom 9. Februar 1615 wurde noch abgelehnt; die einheimischen Kaufleute wehrten sich noch gegen das geplante Wechselmonopol, das heißt den Zwang, den bargeldlosen

Zahlungsverkehr und die Umwechslung der ausländischen Münzen in Lübisch Kurant grundsätzlich über die Bank abzuwickeln. Die Beratungen des Rates mit den Oberalten, den Kämmereiverordneten, den Kaufmannselterleuten und der *»fremden Nation allhier«* ergaben dann allerdings das Einvernehmen, dass mindestens für den Großhandel ein stabiles Währungssystem vorhanden sein und aufrechterhalten werden müsse.

Mit der Bankgründung 1619 wurde demnach festgelegt, dass – nach Venezianischem und Amsterdamer Vorbild – alle Wechsel über einen Wechselbelauf von mindestens 400 Mark lübisch (Kurant) sowie alle Handelstransaktionen über 400 Mark (Banco) über die Bank abgerechnet werden müssten. Über das bei der Bank einbezahlte Guthaben konnten die Kaufleute durch Umschreibung verfügen, sodass die neu etablierte Bank als Depositen-, Giro- und Wechselbank bezeichnet werden kann; die Guthaben wurden in einer bankinternen Buchwährung (Mark Banko) geführt, deren Charakteristikum war, dass ihr Silbergegenwert unveränderlich und damit stabil blieb. Die ›Bauelemente‹ der Hamburger Bankwährung waren somit zum einen ihre Eigenschaft als reines Buchgeld (ohne eigenes körperliches Zahlungsmittel) und zum anderen Silber in gemünzter und ungemünzter Form als (in die Bank eingelegte) Deckungsgrundlage. Die sich daraus ergebenden Stabilitätsbedingungen waren, dass der Silbergegenwert der Mark Banko unveränderlich blieb und zugleich als Einlage immer genügend Silber zur Einlösung bereit stand.

Die Möglichkeit des bargeldlosen Zahlungsausgleichs durch Umschreibung innerhalb der Bank wurde für die Stadt zu einem bedeutenden Wirtschaftsfaktor: *»Sie wurde zu einer wichtigen Stütze des Hamburgischen Außenhandels.«*[7] Umschreibungen oder Anweisungen außerhalb der Bank wurden verboten. Dabei blieb die Bank eine Angelegenheit allein der Hamburger Kaufleute – einschließlich der niedergelassenen Ausländer, die sich bereits so fest in der Hamburger Geschäftswelt etabliert hatten, dass sie als Hamburger angesehen werden konnten; Auswärtigen war es nicht gestattet, hier ein Konto zu eröffnen. Die Deposita hatten fast nur in groben Sorten zu erfolgen (wie im Übrigen auch die Zollverwaltung keine anderen Münzen akzeptierte), sodass die Nachfrage nach derartigen Geprägen weiterhin hoch blieb. Es durften nicht mehr als fünf Prozent in Schillingen oder Sechs-Groschen-Stücken ein- oder ausbezahlt werden. Bei Auszahlungen wurde *»in gangbarem Gelde«* mit einer Gebühr von einem Promille bezahlt; wurde eine bestimmte Münzsorte, vor allem die alten Reichstaler Species, verlangt, musste der Abheber ein Disagio hinnehmen. Jedoch war die Bank verpflichtet, jedem Kontoinhaber jederzeit den vollen Betrag seines Guthabens, das heißt dessen vollen Silbergegenwert, auszubezahlen. Für Schäden durch Diebstahl oder Brand haftete die Stadt. Bereits im ersten Jahr ihres Bestehens richteten 539 Firmen ein Konto bei der Bank ein, die bis zum Jahresende mehr als 16,3 Mio. Mark Banko Habenumsatz verzeichnete.[8] Die Konteninhaber waren aber vorrangig zugezogene Kaufleute – Niederländer, englische Adventurer-Kaufleute und iberische Juden –, nicht hingegen Angehörige der alten Hamburger Familien.

Mit der Depositen-, Giro- und Wechselbank wurde noch am 20. November 1619 eine Lehnbank (Leihbank) verbunden, die der Stadtkämmerei Kredite einräumte beziehungsweise Vorschüsse auf beschlossene, doch erst langsam einkommende Steuern gewährte.[9] Daneben vergab sie Kredite an Private gegen die Überlassung von Pfändern in Höhe von 75 Prozent des Pfandwertes. Darüber hinaus wurde der Bank die Münze mit der alleinigen Berechtigung zum Ankauf von Edelmetallen übergeben.[10] Schließlich war die Bank für den städtischen Kornhandel verantwortlich und hatte ein bestimmtes Quantum an Getreide – zuerst 500, dann 1.500 Last – für ärmere Bürger zu einem verbilligten Preis zur Verfügung zu stellen.

Auch wenn die Bank mehrfach im Pfandgeschäft und bei der Münzprägung Verluste zu verzeichnen hatte, gelang es ihr, die Währung in Hamburg stabil zu erhalten: Die groben Silbersorten behielten ihre Bedeutung als ›Währungsmünze‹, das heißt konkret als Deckungsgrundlage. Zu einer ernsthaften Krise kam es allerdings 1672/73, als die Bank sogar für mehr als ein Jahr schließen musste. Hintergrund war eine internationale Finanzkrise: Nachdem Frankreich in den Niederlanden eingefallen war (Französisch-Niederländischer Krieg 1672–78), befürchtete man einen Run auf die Amsterdamer Wisselbank; die englische Regierung nahm die Depositen der Goldschmiede in Anspruch. Anlass der Schließung vom 24. Mai 1672 war die Forderung des niederländischen Gesandten von Amerong, ihm 120.000 Reichstaler aus der Bank im Vorgriff auf zu erwartende Zahlungsanweisungen (Assignationen) von 200.000 Reichstalern auszuzahlen, was der Rat der Stadt verweigerte. Trotz der Schließung musste die Bank auch in den folgenden Monaten mehrfach Gelder an die Kämmerei auszahlen. Die Kaufleute hingegen erhielten trotz massiver Proteste nur vergleichsweise kleine Summen zur Verfügung gestellt, bis die Bank ein halbes Jahr nach ihrer Schließung wieder geöffnet werden konnte. Manfred Pohl geht davon aus, daß *»die Schließung wohl eher eine Vorsichtsmaßnahme oder Hilflosigkeit gewesen war als eine Folge akuter Insolvenz.«*[11]

In den folgenden Jahrzehnten kam es zu mehrfachen Revisionen der Bankordnung, die bereits 1621, 1636 und 1639[12] an die veränderten Geldmarktsituationen angepasst worden war. 1699 wurde in einem neuen Reglement der Kornkauf einer speziellen Deputation zugewiesen. Hintergrund war, dass die Bank die Kämmerei zur Rückzahlung der aus einem Kornkauf resultierenden Schulden aufgefordert hatte. Die 1665 als Vertretung der Hamburger Kaufmannschaft gegründete Commerzdeputation unterstützt sie dabei; sie wies auf die Gefahren eines Niedergangs der Bank hinwies und zog Vergleiche mit den Banken in London, Venedig und Nürnberg. Mit der Bankordnung von 1719 wurde die Entscheidung von 1699 allerdings wieder rückgängig gemacht wurde. Zugleich wurde 1719 der Zinsfuß für die kurzfristigen Kredite (sechs Monate) gegen Pfänder auf zwei Prozent gesenkt, wobei als Pfänder – auf Verlangen der Kaufmannschaft – nur noch Metalle akzeptiert wurden – neben Gold und Silber auch Kupfer, da Hamburg als nordeuropäischer Kupfermarkt im 18. Jahrhundert eine herausragende und zentrale Rolle spielte.[13] In der ersten Hälfte des 18. Jahrhunderts unterstützte die Bank die Stadt bei zahlreichen Finanztransaktionen, sodass *»die Bank dem Staate in den Schwierigkeiten seiner Finanzpolitik die grössten Dienste geleistet* [hat].«[14] Allerdings stiegen auch die Schulden der Stadt gegenüber der Bank erheblich an, bis 1760 auf mehr als eine Million Mark Banko.

Entwicklung der Hamburger Bank (1655–1770)

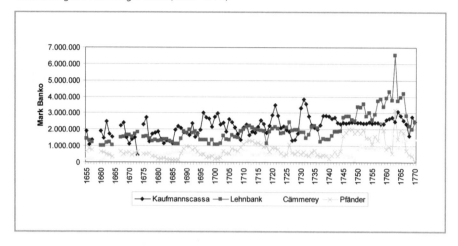

Der mit Abstand größte Teil des Umsatzes der Hamburger Bank wurde durch Umschreibungen erzielt, die schon nach der Ordnung von 1621 auf vorgedruckten Zetteln angewiesen wurden. Auszahlungen waren sehr erschwert, da man darauf achtete, eine möglichst große Menge an guter Münze als Rücklage zu erhalten. Täglich sollten nicht mehr als 200 Reichstaler ausgezahlt werden, vorrangig in kleinen Münzen. Die Abhebenden wurden verpflichtet, wieder Species-Münzen einzuzahlen, und mussten angeben, wofür sie das Geld verwenden wollten. Seit 1727 war eine Ausfuhr von Münzen außerhalb des Reiches untersagt. Insbesondere die 19 jüdischen Kaufleute in Hamburg standen unter dem Verdacht, mehr Münzen abzuheben als einzuzahlen, was Anfang der 1730er-Jahre auch durch eine statistische Übersicht nachgewiesen wurde; die Auszahlungen übertrafen die Einlagen um fast das 2,4-fache. Aufgrund der immer häufigeren und größeren Abhebungen drohte im Mai 1734 eine erneute Schließung der Bank. Zwischen 1733 und 1745 wurden – bei durchaus unterschiedlichen Entwicklungen in einzelnen Jahren – insgesamt mehr als 2,9 Mio. Mark abgehoben, während nur knapp 1,1 Mio. Mark eingezahlt wurden.

Hintergrund dieser Entwicklung war nicht zuletzt der von 1717 bis 1736 während so genannte Hamburg-Dänische Währungsstreit. Da Hamburg seit 1695 auf die Prägung eigener Kurantmünzen (vollwichtige Münzen mit unbegrenzter Zahlkraft) verzichtet hatte, konnten die Münzen seiner Nachbarn in der Stadt wie Kurantgeld zirkulieren. Als aber Dänemark 1710 mit der Ausbringung unterwertigen Kleingeldes begann, wurde in Hamburg spätestens seit 1717 die Relation zwischen Banko- und Kurantgeld empfindlich gestört. Hamburg versuchte daher ab 1725/26, eine eigene stabile Kurantwährung zu etablieren, wofür 1726 eine eigene Courantbank gegründet wurde. Diese Mark Kurant wurde am 15. November 1726 in eine feste Relation von 16 Prozent Aufgeld zum Species-Banko (den in die Bank eingelegten groben Reichsthalern) beziehungsweise dem Bankgeld gesetzt. Als daraufhin Dänemark mit einem Handels- und Münzembargo gegen Hamburg reagierte, wurde Hamburgs Wirtschaft so empfindlich getroffen, dass die Stadt in einem Vergleich vom 28. April 1736 alle dem Umlauf dänischen Kurantgeldes hinderlichen Bestimmungen – insbesondere das fixe Aufgeld des Kurantgeldes gegenüber Species-Banko (1737) – aufheben musste; die Courantbank wurde ebenfalls 1737 geschlossen. Dänemark verpflichtete sich im Gegenzug zur Ausbringung wertstabiler Münzen. Seither galt die Hamburger Bank-Währung als eine der stabilsten auf dem europäischen Kontinent, obwohl sie in den 1750er-Jahren erneut in eine Krise geriet und das Bankgeld aufgrund seiner unzureichenden Einlösbarkeit gegenüber Species ein Disagio von bis zu zwölf bis 18 Prozent verzeichnete, sein Agio gegenüber dem dänischen Kurantgeld auf die Hälfte (nur noch sieben Prozent) zurückging (1759). Als Gegenmaßnahme wurden 1760 in großem Umfang Pfänder gekündigt, sodass sich das Agio von Species gegenüber Bankgeld wieder auf ein halbes bis ein Prozent verringerte und bis 1765 beide Währungen sogar pari standen. Die internationale Handels- und Finanzkrise von 1763, die in Hamburg immerhin 97 Handelshäuser in den Bankrott führte, hatte somit auch keine nachhaltigen Folgen für die Hamburger Bank.

Grundsätzlich lässt sich festhalten: Zur Stabilität der Hamburger Bankwährung gehörte die Einlösbarkeit der Guthaben zu dem fixierten Silbergegenwert. Die Einlösung war aber gefährdet, wenn die Einlagen in unterwertigen, womöglich sogar zum Nennwert hereingenommenen Münzen bestanden (oder wenn zuviel Kredite ausgereicht wurden), so zwischen 1716 und 1737, in den 1750er-Jahren und 1766/67; in diesen Fällen konnte es daher auch zu einem Disagio der Bankwährung gegenüber dem Spezies-Reichstaler kommen. Folglich wurde die Hamburger Bankwährung (wieder) stabiler, als ab 1737 die dänischen Einlagen wieder vollwichtige Münzen waren und als ab 1790 zunehmend nur noch Silberbarren als Einlage akzeptiert wurden.

Als nach überstandener Krise die Bank 1766 und 1767 wieder größere Abhebungen zuließ und das Bankgeld wiederum gegen Species verlor, musste jedoch die Specieskasse (nicht die Bank!) bis Ende 1768 erneut geschlossen werden. Dies war der Anlass für eine weitreichende, aus dem Kreise der Commerzdeputation angestoßene[15] Reform der Bank im Jahre 1770: Zum einen unterlagen seither alle Anleihen der Bank an die Stadt der Kontrolle der Commerzdeputation, auch wenn der Kämmerei weiterhin umfangreiche Darlehen gewährt wurden – allein für den Gottorfer Vergleich zwei Millionen Mark. Zum anderen nahm die Bank ab dem 18. Januar 1770 – zunächst auf ein Jahr beschränkt, dann ab 1771 regelmäßig verlängert – auch Silberbarren an; das war nicht zuletzt eine Reaktion auf die Finanzkrisen von 1755 und 1763. Allerdings lieferte kaum jemand Barrensilber ein, so lange noch alte Reichstaler Species vorhanden waren; da aber jeder bei Auszahlungen für Transaktionen mit dem Ausland Barrensilber verlangte, musste es durch Einschmelzen von Species-Reichstalern hergestellt werden. Als seit dem 8. Juli 1790 ausschließlich Feinsilber als Bankeinlage akzeptiert wurde und die Specieskasse nun geschlossen war, wurde das Speciesgeld aus seiner Rolle als Deckungsgrundlage verdrängt und die reine Silberwährung eingeführt. Die Bewertung, mit der das Barrensilber ab 1790 hereingenommen wurde, ging auf eine Festlegung zurück, die zehn Jahre vorher getroffen worden war: Im Jahre 1780 wurde die Mark Feinsilber auf 27¾ Mark Banko neu festgesetzt, was faktisch eine Bestätigung der Norm von 1619 war. Die so stabilisierte Hamburger Bank-Währung überdauerte sogar die Krisen der Napoleonischen Zeit. Die Stabilisierung der Währung, das Hauptanliegen der Kaufleute bei der Bankreform, wurde im ausgehenden 18. Jahrhundert und darüber hinaus vollumfänglich erreicht.[16]

Feinsilberbarren und Einlagen in Species machten die eigentlichen Rücklagen der Bank aus, nicht hingegen Grobsilberbarren, Kämmereischulden, Privatpfänder, Roggen und Mehl.[17] Die in den 1780er-Jahren wieder zunehmenden Kreditvergaben der Bank wurden durch die steigenden Einlagen in Silber gut (über-) kompensiert. Dabei übertraf das ungemünzte das gemünzte Silber bei weitem an Bedeutung: Machte letzteres zu Beginn der 1780er-Jahre noch gut 28 Prozent der Gesamteinlagen aus, so halbierte sich dieser Wert am Ende des Jahrzehnts fast (auf gerade 15 Prozent).

Bankfonds und Silbereinlage in der Hamburger Bank (1780–1800)

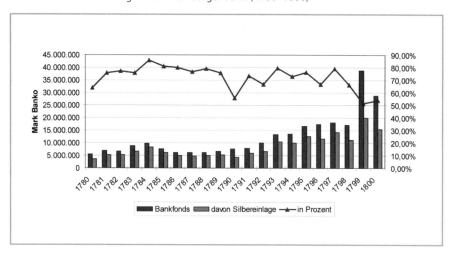

»Aus der Fülle der Aufgaben, welche der Bank oblagen, trat in Hamburg deutlich die des Giroverkehrs hervor. Damit unterschied sich die hamburgische Bank vorteilhaft von den Gründungen, welche nach dem Muster der städtischen Banken in den deutschen Hauptstädten eingerichtet waren«,[18] wie etwa vom Wiener Stadtbanco von 1703 oder von der Preußischen Bank in Berlin von 1765. Die nach der Bankreform von 1770 erheblich zunehmende Bedeutung der Hamburger Bank im Wirtschaftsleben der Stadt belegt sowohl der von 1751 bis 1798 von 182 Mio. auf 900 Mio. Mark Banko gestiegene Umsatz, wobei sich die Zahl der Bankkunden ›nur‹ von circa 700 auf 800 bis 900 vermehrte. Die so genannte Bankroulance, das heißt die Summe der Konten in Kaufmannskasse und Lehnbank erhöhte sich im gleichen Zeitraum von 5,7 Mio. auf 17 Mio. Mark Banko.[19] Die knappe Vervierfachung des Umsatzes am Ende des 18. Jahrhunderts gegenüber den frühen 1770er-Jahren (1774: 232 Mio. Mark Banko) ist eindeutig auf das drastisch gestiegene Girogeschäft zurückzuführen. Bei einer knappen Verdreifachung der Bankroulance (1774: 6,1 Mio. Mark Banko) zeigt sich hier eine deutlich gestiegene Umlaufgeschwindigkeit des Geldes in diesen Jahrzehnten. Hamburg stieg in den 1790er-Jahren kurzzeitig zum wichtigsten Wechsel- und Finanzmarkt des kontinentalen Nordwesteuropa auf, da Amsterdam und seine Wisselbank erheblich unter den Folgen der französischen Besatzung zu leiden hatten und im Niedergang begriffen waren.[20] Insbesondere seit 1794 stiegen das Wechselgeschäft und damit auch der Giroverkehr massiv an. Infolgedessen nahm nicht nur der Bankfonds insgesamt, sondern vor allem das Silberkonto zu; sein

Wert verdreieinhalbfachte sich in den 1790er-Jahren, ging allerdings im beginnenden 19. Jahrhundert durch große Darlehensvergaben wieder zurück.

Das Guthaben der Bank in Höhe von mehr als sechs Millionen Mark wurde in der Nacht vom 4. auf 5. November 1813 von der französischen Besatzungsmacht konfisziert, und die Bank wurde geschlossen. Allerdings schwächte diese Maßnahme den Kredit der Bank langfristig nicht. Unmittelbar nach der Vertreibung der Franzosen nahm die Bank ihre Geschäftstätigkeit wieder auf: Bereits am Jahresende 1814 belief sich der Bankfonds wieder auf 9,76 Mio. Mark Banko, Ende 1815 auf 10,96 Mio. Mark Banko, wobei 6,67 Mio. (60,9 Prozent) auf das Silberkonto und 4,3 Mio. (39,2 Prozent) auf das Lehnkonto entfielen. Im weiteren 19. Jahrhundert konzentrierte sich die Hamburger Bank vorrangig auf den Giroverkehr und den Silberhandel, während Kupfer kaum mehr beliehen wurde und der Kornkauf gänzlich unterblieb; das Diskontgeschäft wurde auch jetzt nicht aufgenommen.

c. Die Hamburger Bank als maßgebliche Institution am Finanzplatz Hamburg

Die 1619 gegründete Hamburger Bank war die einzige Institution dieser Art im Alten Reich, die weit über ihren eigentlichen Standort hinausstrahlte. Ihre ›Schwesterinstitute‹, der 1621 gegründete Banco Publico in Nürnberg[21] beziehungsweise die 1776 nach dem Vorbild der Hamburger Bank durch Christian VII. von Dänemark eingerichtete Species-, Giro- und Leihbank in Altona, die später mit der von 1788 bis 1813 bestehenden Speciesbank in Altona, einer Depositen-, Giro-, Diskonto- und Leihbank mit dem Recht der Notenausgabe, vereinigt wurde,[22] waren ebenso von nur lokaler Bedeutung wie auch andere öffentliche Bankgründungen, die sich – anders als die beiden erstgenannten – nur partiell am Hamburger Modell orientierten. Die Hamburger Bank hingegen war – ähnlich wie auch die Hamburger Seeversicherung im 18. Jahrhundert[23] – von durchaus überregionaler Bedeutung; sie begründete maßgeblich Hamburgs Position als wichtigster Finanzplatz im nördlichen Alten Reich im 17. und 18. Jahrhundert. Dies lässt sich in dreierlei Hinsicht untermauern:

(1.) Hamburg erlangte allein schon durch die Gestaltung seiner Bank, die vornehmlich Silber als Sicherheit für die Kontoeröffnung und den über die Konten der Kaufleute abgewickelten Zahlungsverkehr akzeptierte, eine herausragende Bedeutung als Silberumschlagplatz. Die eingelegten Mengen an Silber – vorrangig nach den Reformen des späteren 18. Jahrhunderts – waren so bedeutend, dass Hamburg als Markt für Silber neben Amsterdam, den größten Silbermarkt Europas, zu treten begann. Dies betraf nicht nur den Handel mit Barrensilber, sondern auch und gerade den Handel mit den wichtigsten Handelsmünzen der Zeit, den spanischen Pesos de ocho reales oder »*Stücken von Achten*« (Realen), wie sie in Hamburg genannt wurden.[24]

(2.) Die Bank wurde – ähnlich wie die Institutionen in Amsterdam und Venedig – zu einem, wenn nicht dem gewichtigsten Garanten für die Stabilität der Hamburger Währung, und dies sogar bis zum Ende der eigenständigen Hamburger Währung 1875. In Hamburg wurde der Reichstaler zu drei Mark (Kurant) à 16 Schillingen

Lübisch gerechnet.²⁵ Dieser Reichstaler oder Species-Reichstaler entsprach seit 1566 25,98 Gramm Feinsilber, sodass de jure ein Neun-Taler- oder 27-Mark-Fuß bestand, de facto aber ein 9⁵/₂₄-Taler- beziehungsweise ein 27⁵/₈-Mark-Fuß.²⁶ Die Bank legte den Wert ihrer internen Buchwährung von Anfang an analog zur lübischen Kurantmark fest: Eine Mark Banko war soviel wert wie ein Drittel Spezies-Reichsthaler, also 8,66 Gramm Feinsilber. An diesem Münzfuß hielt die Bank auch fest, als die Stadt Hamburg 1667 kurzzeitig den Zinnaer Münzfuß (10½ Reichstaler pro Kölnische Mark, das heißt rund 234 Gramm Feinsilber) annahm und sich seit 1669 auf einen Münzfuß von 34 Mark oder 11⅓ Reichstaler pro Kölnische Mark einpendelte, dem sich Lübeck, Holstein, Mecklenburg und seit 1693 auch Dänemark anschlossen; das Bankgeld – der Reichstaler Species zu drei Mark Banko – wurde nun (erst jetzt) gegenüber dem Kurantgeld mit einem durchaus veränderlichen Aufgeld notiert, während es zuvor – seit 1619 – mit dem Kurantgeld al pari stand. Das Festhalten an der traditionellen Währungseinheit, die somit zu einem Rechengeld für die Bank geworden war, stellte langfristig einen erheblichen Stabilitätsfaktor dar, da seither die Verrechnungseinheit der Bank (eine Mark Banko blieb immer 8,66 Gramm Silber wert) von den Veränderungen im Kurantgeldumlauf unabhängig war. Dies zeigte sich, wie oben beschrieben, im Hamburgisch-Dänischen Währungsstreit (1717–36) und in den Reaktionen auf die Finanzkrisen von 1755 und 1763. Die Festlegung des Jahres 1780 (27,75 Mark Banko für eine Mark Feinsilber) lag dicht am alten Wertverhältnis (27⅝ Mark Banko für eine Mark Feinsilber). Die so stabilisierte Hamburger Bankwährung überdauerte die Krisen der Napoleonischen Zeit und bildete die Grundlage des Hamburger Zahlungsverkehrs bis zur Einführung der Mark Reichswährung am 15./16. Februar 1876 (Umstellungskurs: eine Mark Banko = 1,45 Mark Reichswährung).²⁷

(3.) Die Sicherheit und Schnelligkeit des bargeldlosen Zahlungsverkehrs über die Hamburger Bank hatte weitreichende Wirkungen: Zum einen übernahm die Reichsbank mit der Hamburger Bank zum 1. Januar 1876 für ihren Hamburger Giroverkehr auch deren bewährtes Girosystem. Zum anderen ermöglichte und beförderte der sichere hamburgische Zahlungsverkehr den Aufstieg Hamburgs zu einem der wichtigsten Wechselmärkte des Alten Reiches, ja ganz Europas.²⁸ Noch um die Mitte des 16. Jahrhundert ragte der Hamburger Wechselmarkt nicht oder nur kaum aus der Reihe der anderen Märkte heraus, und die Hamburger Wechselbeziehungen zu anderen Finanzplätzen – sogar zum Zentrum Antwerpen – waren über weite Teile des 16. Jahrhunderts sehr unregelmäßig. Richard Clough kam in den 1560er-Jahren zu dem Ergebnis: »*Wechselgeschäft mit anderen Plätzen wird in Hamburg nur von wenigen Kaufleuten betrieben, und diese sind Fremde, die nicht dauernd* [hier; Anm. d. Verf.] *wohnen. Ebensowenig wird von anderen Plätzen nach Hamburg gewechselt.*«²⁹ Noch zu Beginn des 16. Jahrhunderts war Lübeck der bedeutendste Finanzplatz Norddeutschlands, wenn er auch in dieser Zeit nie zu einem Wechselplatz wurde. Hamburg erlangte erst im Laufe des 16. Jahrhunderts eine vergleichbare Position und stieg schließlich am Ende des Jahrhunderts zum Zentrum dieser Region auf. Nach einem Waren- und Wechselpreiskurant von 1592 unterhielt Hamburg mit Amsterdam, Antwerpen, Middelburg, London, Nürnberg, Köln, Frankfurt am Main und Danzig Wechselverbindungen.³⁰ Nach Hermann Kellenbenz hielt Hamburg – zusammen mit dem Kieler Umschlag[31] – Verbindung nach Norddeutschland, Westeuropa sowie in den Ostseeraum, so 1603 nach Amsterdam, Antwerpen, Middelburg, London, Köln, Frankfurt am Main, Nürnberg und Danzig.[32] Damit war aber auch um 1600 der Hamburger Rayon an Wechselverbindungen noch sehr beschränkt und reichte kaum über die unmittelbare Region, den Nord- und Ostseeraum, hinaus. Der Aufstieg Hamburgs als des größten deutschen Handelsplatzes und Seehafens zu einem zentralen Geld- und Wechselmarkt, der zudem über die größte Anzahl an internationalen Kursnotierungen unter allen deutschen Wechselmärkten verfügte,[33] setzte erst nach der Bankgründung 1619 ein. Ein wesentlicher Aspekt für den Aufstieg Hamburgs als Finanzplatz war dabei, dass die Hansestadt während des Dreißigjährigen Krieges für Schweden zur zentralen Vermittlerin der Kriegsfinanzierung wurde. Bereits nach der Mitte des 17. Jahrhunderts notierte Hamburg mit Venedig den ersten italienischen Wechselmarkt – neben den Notierungen auf Amsterdam, London, Paris, vereinzelt auch Antwerpen und Rouen, wie aus den Marescoe-David Letters (1668–80) hervorgeht.[34] Die ›offizielle‹ Überlieferung der in der Regel zweimal wöchentlich festgestellten Kursnotierungen setzte 1710 mit handschriftlichen beziehungsweise gedruckten Kurszetteln privilegierter Makler oder Verleger und ab dem 10./24. Februar 1736 mit dem ›Preis Courant der Wahren in Partheÿen‹, der amtlichen Publikation der Kommerzdeputation, ein.[35] Seit diesem Zeitpunkt können die Hamburger Kursangaben mit Ausnahme der Napoleonischen Ära (1806–14) lückenlos dokumentiert werden. Die Intensivierung der Handelsbeziehungen vor allem zur Iberischen Halbinsel, aber auch zur französischen Atlantikküste, und die Tatsache, dass nur wenige Finanzkrisen (1755, 1763,[36] 1799) die Stadt erschütterten, waren der weiteren Entwicklung Hamburgs als Wechsel- und Finanzplatz sehr zuträglich.[37] Als in den 1790er-Jahren Amsterdam wegen des französischen Einmarsches und Paris wegen der revolutionsbedingten Aussetzung des Börsengeschäfts infolge der politischen Wirren als zentrale nordwesteuropäische Finanzmärkte ausfielen, gelang es Hamburg sogar kurzzeitig, wichtigstes Finanzzentrum des nördlichen Kontinentaleuropa zu werden; mit der französischen Besetzung Hamburgs und mit der Suspendierung der Kursnotierungen auf London am 28. November 1806 infolge der Kontinentalsperre endete dieser Höhenflug allerdings rasch wieder.[38] In seinen Kursnotierungen verzeichnete Hamburg einen Großteil der wichtigsten Finanzmärkte und Handelsplätze Europas:[39] Im 17. Jahrhundert notierte Hamburg nach den wenigen zur Verfügung stehenden Kurszetteln Venedig, Antwerpen, Amsterdam, London, Paris, Rouen, Nürnberg, Frankfurt, Leipzig und Naumburg, Breslau und Danzig, nach 1672 auch Sevilla, Cadiz, Kopenhagen und Lübeck. Für das 18. Jahrhundert sind Kursnotierungen in Nordwesteuropa auf Amsterdam und London, in Frankreich auf Paris und (ab 1724/37) Bordeaux, in Italien auf Venedig, seit 1796 auf Genua und Livorno und auf der Iberischen Halbinsel auf Cadiz und Lissabon, seit 1776 auf Madrid und ab 1799 auf Porto nachgewiesen; nur über kurze Zeiträume wurden hingegen die nordspanischen Plätze Bilbao und San Sebastian mit Kursen versehen. Dabei waren Hamburgs iberische Verbindungen die einzigen aus dem deutschen Raum überhaupt. Ihre besondere Bedeutung für den Hamburger Wechselmarkt zeigt sich nicht zuletzt darin, dass zum Jahresbeginn 1776 die Wechselfrist für diese (wie auch für Venedig sowie die erst später notierten anderen italienischen Plätze) von zwei auf drei Monate angehoben wurde; damit wurde der zeitliche Kreditrahmen erweitert, was für die nordwesteuropäischen Plätze nicht geschah. Ähnliches ist nur noch im Falle von Breslau, ein wegen des schlesischen Leinenhandels wichtiger Wechselpartner Hamburgs, und Wien (seit 1718 notiert) festzustellen; für sie wurde 1755 beziehungsweise 1757 die Wechselfrist von vier auf sechs Wochen erhöht. Innerhalb Mitteleuropas waren darüber hinaus die Leipziger und (bis 1723) Naumburger Messen, Nürnberg und – unregelmäßiger – Augsburg (beide bis 1755), seit den 1740er-Jahren Prag, in den Jahren von 1796 bis 1812 Basel und vergleichsweise spät – erst 1812 – die Frankfurter Messen die relativ regelmäßig angegebenen Wechselpartner Hamburgs. Im Ostseeraum notierte Hamburg nur Kopenhagen (ab 1715) über einen längeren Zeitraum, Danzig hingegen nur kurzzeitig (1717). Rouen, Lübeck, Danzig, Naumburg und Nürnberg wurden, da die geschäftliche Basis für das Erfordernis einer Kursnotierung weggefallen war, aus den offiziellen Kursübersichten gestrichen, während die Versuche, Berlin (1765) oder im Gefolge des Vierten Niederländisch-Englischen Seekrieges St. Petersburg in diese aufzunehmen (1781), scheiterten.[40] Umgekehrt notierten annähernd alle bedeutenden Hafenplätze Europas und alle deutschen Wechselmärkte Hamburg als Wechselpartner – ein deutliches Zeichen für seine herausragende internationale Bedeutung und Vermittlungsrolle für den deutschen ›Binnenmarkt‹ (wenn man von einem solchen in der Frühneuzeit überhaupt sprechen kann). Es bleibt festzuhalten: Seine gewichtige Bedeutung im internationalen bargeldlosen Zahlungsverkehr hatte Hamburg im 18. Jahrhundert seiner 1619 nach dem Vorbild der Amsterdamer Wisselbank gegründeten Girobank, über die alle Wechselgeschäfte abgewickelt zu werden hatten, ihrer seit 1736 stabilen Banko-Währung[41] und – nicht zuletzt daraus resultierend – seiner zunehmenden Möglichkeit, langfristige Kredite zu vergeben, zu verdanken: »*Hamburg occupied a place in European finance similar to that of Amsterdam, in that merchants and brokers in the city served as the intermediaries in exchange transactions between the Mediterranean, the Atlantic, and the Baltic.*«[42]

d. Bargeldloser Zahlungsausgleich bei stabiler Währung: Die Erfolgsgeschichte einer öffentlichen Bank

Die Gründung der Hamburger Bank im Jahre 1619 stellte ein epochales Ereignis in der Wirtschaftsgeschichte Hamburgs, des Alten Reiches, ja vielleicht sogar ganz Europas dar. Nicht nur, dass in Hamburg – nach Venedig und Antwerpen – die dritte, langfristig erfolgreiche öffentliche Bank Europas etabliert werden konnte, es war auch (fast) die einzige im Alten Reich. Nur in Nürnberg wurde 1621 noch ein ähnlicher Versuch gewagt, der aber bei weitem nicht die überregionale, ja internationale Dimension wie in Hamburg erreichte. Dies zeigt schon allein das Verhältnis der Umsätze: Ein exakter Vergleich der zur Verfügung stehenden Zahlenwerte steht zwar aus; aber tendenziell bewegten sich die Umsätze des Nürnberger Banco Publico zu denen der Hamburger und der Amsterdamer Bank jeweils im Verhältnis eins zu zehn.[43] Die erst in der zweiten Hälfte des 18. Jahrhunderts gegründeten neuen öffentlichen Banken können einem

Vergleich mit der Hamburger Bank ebenfalls nicht standhalten, zumal das Hamburger Institut in diesen Jahrzehnten, wie gesehen, in geradezu einzigartiger Weise expandierte. Damit war die Hamburger Bank das einzige öffentliche Institut dieser Art, das im internationalen Vergleich – vor allem mit der Amsterdamer Wisselbank als der finanziellen Schaltstelle des ›Weltfinanzzentrums‹ der Zeit – mithalten konnte.

Diese bedeutendste öffentliche Bank im Alten Reich besaß für Hamburg und seine Region mehrere langfristig herausragende Funktionen: Sie sicherte den räumlich und mengenmäßig expandierenden bargeldlosen Zahlungsverkehr ab; damit stabilisierte Hamburg seine Position als wichtigster Wechselplatz im nördlichen Alten Reich und – darüber hinaus – als einer der zentralen Wechselumschlagplätze in ganz Nordwesteuropa und im gesamten Ostseeraum. So waren insbesondere der bargeldlose Zahlungsverkehr Dänemarks (mit dem Wechselplatz Kopenhagen) und Schwedens (mit Stockholm und Göteborg) vorrangig auf Hamburg ausgerichtet; das Gleiche gilt auch für alle kleineren Plätze in Norddeutschland und an der deutschen Ostseeküste, unter denen Bremen und Lübeck die wohl bedeutendsten waren. Die Bank war zugleich der Garant der Währungsstabilität in Hamburg, die trotz verschiedener Wirren langfristig nie gefährdet war, was sich dann wieder positiv auf Hamburgs Stellung als Wechsel- und Finanzplatz auswirkte. Einfluss darauf hatte nicht zuletzt die Funktion der Bank im internationalen wie im Hamburger Silberhandel; sie sicherte der Bankwährung das notwendige Deckungsmetall. Nicht einmal der Verlust des Silberschatzes in der Napoleonischen Zeit konnte die Bedeutung der Bank im Hamburger und internationalen Handel und Zahlungsverkehr längerfristig schwächen; bis 1875, das heißt bis zur Übernahme durch die neugegründete Reichsbank, stellte die Hamburger Bank das finanzielle Rückgrat der Freien und Hansestadt dar.

Und noch ein Aspekt verdient abschließend herausgestellt zu werden: Die Hamburger Bank ist ein hervorragendes Beispiel dafür, dass eine öffentliche Bank auch im frühneuzeitlichen Alten Reich erfolgreich arbeiten konnte, während die meisten öffentlichen Banken, wenn sie denn über den Entstehungsprozess überhaupt hinauskamen, in der Regel nach wenigen Jahren fallierten oder von landesherrlichen beziehungsweise landständischen Gnaden abhängig wurden und eine mehr oder minder unbedeutende, ja vielfach zweifelhafte Existenz fristeten. Nicht so die Hamburger Bank: Sie wurde als Bank der Kaufleute für ihresgleichen zum Erfolgsmodell über Jahrhunderte hinweg – gerade weil der Geist »*Eines Ehrbaren Kaufmanns*« und eben nicht, wie vielfach andernorts, landesherrlicher oder landständischer Eigennutz die geschäftsleitende Devise war.

---

1 Vgl. zur Commerzdeputation, der Vorläuferin der Handelskammer Hamburg, Klein, Dokumente, S. 13–72.
2 Sieveking, Hamburger Bank, S. 125 f. – Aus der älteren Literatur ist darüber hinaus noch zu nennen Soetbeer, Hamburger Bank.
3 Schneider/Krawehl/Denzel, Statistik.
4 Dieser Abschnitt ist im Rahmen meiner Studie über den Nürnberger Banco Publico entstanden, in der er ebenfalls, wenn auch in leicht abgewandelter Weise, erschienen ist. Vgl. Denzel, Nürnberger Banco Publico.
5 Landesarchiv Schleswig-Holstein, Schleswig, Abt. 210, Nr. 2051, fol. 3.
6 Kellenbenz, Unternehmerkräfte; ders., Sephardim.

7   Sieveking, Hamburger Bank, S. 127.
8   Letztere Zahlen nach Peters, Hamburger Bank, S. 154.
9   Voigt, Anleihen.
10 Die Bank prägte Portugalöser, goldene Schaumünzen, worauf sich die Wappen der vier ›Bankstädte‹ – Hamburg, Amsterdam, Venedig und Nürnberg – befanden und die sie wie einen Schatz hortete.
11 Pohl, Hamburger Bankengeschichte, S. 23.
12 Die Bankordnung von 1639 ist abgedruckt bei Marperger, Beschreibung, S. 144–150.
13 Denzel/Gerhard/Engel, Marktverflechtungen.
14 Sieveking, Hamburger Bank, S. 136.
15 Die Eingaben wurden 1791 von der Commerzdeputation neu herausgegeben. Vgl. Drey Schriften.
16 Schneider, Banco.
17 Sieveking, Hamburger Bank, S. 152 f., 156, 159 (nach der Aufstellung des Syndikus Matsen).
18 Ebd., S. 153.
19 Ebd., S. 141.
20 Kaufhold, Übergang. S. 112.
21 Peters, Handel; ders., Einführung.
22 Vgl. Denzel, Altona. – Eine Geschichte der Altonaer Bank wird derzeit von Frau Dr. Sabine Todt, Helmut-Schmidt-Universität – Universität der Bundeswehr Hamburg, im Rahmen einer Habilitationsschrift erarbeitet.
23 Eine Geschichte der Hamburger Seeversicherung von 1736 bis zur Mitte des 19. Jahrhunderts wird derzeit vom Verfasser im Rahmen eines von der Fritz-Thyssen-Stiftung geförderten Projekts erarbeitet.
24 Hierauf verweisen die überlieferten Geldkursnotierungen in den verschiedenen Geld- und Wechselpreiskuranten.
25 Die folgenden Ausführungen im Wesentlichen nach Denzel, Handbook, S. 191 ff.
26 Rittmann, Geldgeschichte, S. 428 f.
27 Schneider, Münz- und Geldgeschichte; Schmidt, Bankwesen.
28 Vgl. zum Folgenden Denzel, Handbook, S. 198–200; ferner ausführlicher ders., System, S. 169 f., 206–210.
29 Zit. n. Ehrenberg, Hamburg, S. 67; vgl. ferner North, Geldumlauf, S. 133, 162, 167.
30 Ehrenberg, Hamburgischer Waaren- und Wechselpreiscourant S. 170; vgl. ferner Da Silva, Banque, S. 65–68; ders., Capiteaux, S. 295 f.; Lehe, Märkte, S. 53 f.
31 Der Kieler Umschlag war zwar ein wichtiger Geld- und Rentenmarkt im norddeutschen Raum und besaß weit überregionale Bedeutung, wurde jedoch nie zu einem Wechselplatz. Ein Sola-Wechsel auf dem Umschlag ist erst für das Jahr 1774 (!) belegt; auch in den folgenden Jahren findet er sich nicht regelmäßig. Vgl. Christiansen, Kieler Umschlag, S. 174 f.; Lorenz, Jahrtausend, S. 27.
32 Kellenbenz, Banken, S. 617; Da Silva, Stratégie des affaires, S. 67.
33 Kaufhold, Übergang, S. 112 f.
34 Roseveare, Markets.
35 Baasch, Entwicklungsgeschichte, S. 8 f.
36 Skalweit, Wirtschaftskrise.
37 Soetbeer, Hamburger Bank, S. 27, 35–38, 48.
38 Reiss, Historical Exchange Rates, S. 182 f.; Schwarzer/Denzel/Schnelzer, Geld- und Wechselkurse, S. 9–15.
39 Vgl. zu den einzelnen Kursnotierungen Denzel, Handbook, passim.
40 Baasch, Entwicklungsgeschichte, S. 10.
41 Reiss, Exchange Rates, S. 171 ff.
42 McCusker, Money, S. 61.
43 Seibold, Viatis und Peller, S. 267.

Peter Rauscher

[4.]

Der Fall der Oppenheimer und Gomperz 1697

Hofjuden und die Finanzierung des deutschen Fürstenstaats im 17. und 18. Jahrhundert

a. 1697: Bedeutung und Risiko der Hofjuden im Spiegel zweier Inhaftierungen

Im Spätfrühling 1697 reiste ein Oberst Edelack in die kaiserliche Residenzstadt Wien, um einem der einflussreichsten Männer des Kaiserhofs, Kardinal Leopold von Kollonitsch – als Erzbischof von Gran Primas von Ungarn, ehemals Vorsitzender der Ungarischen und der Hofkammer sowie ein bekannter Judenfeind[1] – von einer Verschwörung zweier Hofjuden gegen einen lästigen Konkurrenten zu berichten. Nach seinen Aussagen hatten ihn Samuel Oppenheimer aus Wien und dessen Verwandter Ruben Elias Gomperz aus Wesel im Herzogtum Kleve beauftragt, ihren Konkurrenten Samson Wertheimer, einen Neffen Samuel Oppenheimers, zu beseitigen.[2] In der Kaiserstadt wurde die Geschichte weiter aufgeblasen: Nicht nur um die Ermordung Wertheimers sei es den beiden Verschwörern gegangen, sondern auch um die Kaiser Leopolds I. selbst. Bereits am 11. August wurde Gomperz auf Befehl des Kurfürsten von Brandenburg als klevischem Landesfürsten in Festungshaft gesetzt. Wenige Tage nach dem Sieg der kaiserlichen Truppen gegen die Osmanen bei Zenta am 12. September wurden auch Samuel und sein Sohn Emanuel Oppenheimer festgenommen.

Die Inhaftierung hatte reichsweite Folgen. Wie Glückel von Hameln, die berühmte jüdische Autobiografin des 17. Jahrhunderts und selbst Mitglied der jüdischen Finanzelite, berichtet, stand auch ihr Sohn durch den Zusammenbruch des Kreditsystems Oppenheimers am Rande des Ruins: »*Sobald diese Nachricht* [von der Verhaftung der beiden Oppenheimer; Anm. d. Verf.] *nach Hamburg kam, war der ganze Kredit weg, den mein Sohn Nathan gehabt hatte, und wer einen Wechsel auf ihn in Händen hatte, sei es von Oppenheimers oder einem anderen, der drängte auf sofortige Zahlung.*«[3]

Anfang Oktober einigte sich die kaiserliche Regierung in Wien mit den beiden inhaftierten Oppenheimer gegen die Vergabe eines Kredits in Höhe von immensen 500.000 Gulden auf deren Freilassung.[4] Durch rasche Begleichung seiner Verbindlichkeiten gelang es Samuel Oppenheimer, seine Kreditwürdigkeit wiederherzustellen. Welcher Stein seinen Geschäftspartnern vom Herzen fiel, aber auch welche Angst vor dem eigenen Bankrott sie auszustehen hatten, belegen wiederum die Worte Glückels: »*Nun aber hat uns Gott wirklich wie in einem Augenblick geholfen – dem Höchsten sei Lob und Dank! Wenn auch die Oppenheimers uns alle unsere Anlagen bezahlt haben, so können sie uns doch ihr ganzes Leben lang nicht bezahlen, was für Schrecken und Sorge wir durch sie gehabt haben.*«[5]

Auch die Enthaftung Gomperz' war in der Zwischenzeit betrieben worden. Die klevischen Stände hatten bei ihrem Landesfürsten ebenso interveniert, wie der Kurfürst von Hannover auf Betreiben seines Hofjuden Leffmann Behrens, der als Schwiegervater der Schwägerin von Ruben Elias mit diesem durch Familienbeziehungen verbunden war. Nachdem Gomperz bereits auf freien Fuß gesetzt worden war, führte eine weitere Intrige des Kardinals Kollonitsch zu dessen neuerlicher Festnahme und Überstellung nach Spandau. Erst nach einem weiteren halben Jahr Haft kam Ruben Elias Ende April 1698 wieder frei.[6] Tatsächlich gelang es ihm noch einmal Fuß zu fassen und im Mai 1700 gegen den Widerstand von Ständen und Regierung zum Oberrezeptor (Oberststeuereinnehmer) für Kleve und Mark ernannt zu werden. Wegen verschiedener Vorwürfe, unter anderem wegen Münzbetrugs, wurde er allerdings bereits Anfang 1702 neuerlich verhaftet und erst nach über einem Jahr gegen Kaution freigelassen. Noch vor dem Ende seines Prozesses starb er am 20. Juni 1705.[7]

In dieser Episode, der eine Vielzahl ähnlicher Schicksale zur Seite zu stellen wäre, bündeln sich einige grundlegende Merkmale der Geschäftstätigkeit von Hofjuden an deutschen Fürstenhöfen des späten 17. und des 18. Jahrhunderts und der damit verbundenen Risiken: (1.) die große Bedeutung familiärer Netzwerke, die auch im Krisenfall zu aktivieren versucht wurden; (2.) die enge Verflechtung der Geschäftsbeziehungen über große Räume hinweg, wodurch der Zusammenbruch eines Unternehmens leicht einen Dominoeffekt auslösen konnte; (3.) die prekäre Situation auch einflussreichster jüdischer Finanziers, die durch höfische Intrigen nicht nur ihre Position verlieren, sondern existenziell bedroht werden konnten.

Die berühmteste Figur eines Hofjuden im Heiligen Römischen Reich ist zweifellos der ›Geheime Finanzrat‹ (seit 1736) Herzog Karl Alexanders von Württemberg, Joseph Süß Oppenheimer (circa 1698/99–1738).[8] Nach dem plötzlichen Tod des Herzogs und einem gescheiterten Fluchtversuch wurde Oppenheimer verhaftet, sein Vermögen konfisziert, er selbst unter schwersten Bedingungen eingekerkert und schließlich zum Tode durch den Strang verurteilt. Oppenheimers extremes Schicksal erregte schon bei seinen Zeitgenossen großes Aufsehen und bot später nicht nur Stoff für literarische Werke – herausragend Lion Feuchtwangers Roman ›Jud Süß‹ –, sondern auch für den berüchtigten antisemitischen NS-Propagandafilm von Veit Harlan aus dem Jahr 1940. Auch in der NS-Publizistik spielte das Thema ›Hofjuden‹ durchaus eine Rolle, wie beispielsweise der gleichnamige Band von Peter Deeg belegt, der von Julius Streicher im Verlag ›Der Stürmer‹ herausgegeben wurde und bis 1943 zahlreiche Neuauflagen mit bis zu 60.000 Exemplaren erreichte. Bezeichnenderweise sollte er den ersten Band der Reihe ›Juden,

Judenverbrechen und Judengesetze in Deutschland von der Vergangenheit bis zur Gegenwart‹ bilden.[9] Kleinstaaterei und Luxusleben der Reichsfürsten werden hier, verbunden mit der Ausbeutung der Bevölkerung durch die Juden, die sich als »*landesherrliche Saugegel am Volkskörper* [...] *festsetzen*«,[10] in Form von suggestiven Einzelbeispielen als Gründe für die Schwäche Deutschlands genannt.

Im 20. Jahrhundert haben sich lange Zeit nur wenige Historiker mit den Hofjuden als überregionaler Erscheinung beschäftigt. Besonders hervorzuheben ist hier die deutsch-jüdische Historikerin Selma Stern, die mit ihrem 1950 erschienenen Werk ›The Court Jew‹ erstmals eine Gesamtanalyse des deutschen Hofjudentums des 17. und 18. Jahrhunderts vorlegte.[11] Das Pendant zu Stern stellt das Œuvre Heinrich Schnees dar, das in der Judenforschung des ›Dritten Reichs‹ wurzelt und trotz seiner wenig systematischen Form einen bis heute kaum verzichtbaren Quellenfundus bietet.[12] Bis dato fehlen dagegen noch immer ausgewogene Analysen der Bedeutung von Hofjuden für die Finanzen einzelner Reichsstände.

Wie problematisch es ist, jüdische Wirtschaftsgeschichte zu schreiben, ohne die allgemeinen politischen, sozialen und ökonomischen Rahmenbedingungen der Zeit hinreichend zu berücksichtigen, zeigt zum Beispiel auch Werner Sombarts Buch über die Juden und das Wirtschaftsleben, in dem er den besonderen Beitrag von Juden, zu denen er auch Konvertiten und deren Nachkommen zählte, für die Herausbildung des modernen Kapitalismus nachzuweisen versuchte.[13] Diese Thesen überzeugen letztlich nicht. Sie machen die Gefahr deutlich, durch eine isolierte Betrachtung der Rolle von Juden im Wirtschafts- und Finanzwesen deren Bedeutung zu überschätzen[14] beziehungsweise auf besondere religiös-ethnische Charaktereigenschaften zurückzuführen. Um diese Klippen zu umschiffen, soll im Folgenden die Tätigkeit der Hofjuden (Abschnitt f) einerseits in die allgemeine Entwicklung des Reichs und seiner größeren und kleineren Fürstenstaaten in der Epoche nach dem Dreißigjährigen Krieg eingebettet (Abschnitte b und c), andererseits nach den spezifisch innerjüdischen Voraussetzungen für ihren Aufstieg gefragt werden (Abschnitte d und e). Außerdem soll nicht vergessen werden, dass die Geschäfte der Hofjuden zwar gewinnbringend aber äußerst risikoreich waren, und sie nicht nur, wie das angeführte Beispiel belegt, den raschen Bankrott, sondern auch Ausweisung und Inhaftierung, im Extremfall sogar den Verlust des Lebens zur Folge haben konnten (Abschnitt g).

b. Verlagerung von Handelszentren und angeschlagener Kapitalmarkt

Das Ende der ›Hochkonjunktur‹ des 16. Jahrhunderts und die Zerstörungen und Bevölkerungsverluste des Dreißigjährigen Kriegs (1618–1648) hatten regional zu differenzierende, insgesamt aber tief greifende Folgen für die Wirtschaft im Heiligen Römischen Reich. Schwer getroffen wurden die traditionellen Zentren der oberdeutschen Wirtschaft Augsburg und Nürnberg, die einen Bevölkerungsrückgang von circa 42.000 beziehungseise 40.000 im Jahr 1600 auf 21.000 beziehungseise 25.000 Einwohner 1650 erlebten. Frankfurt am Main oder Leipzig, die Standorte der beiden wichtigsten Messen im Reich, waren hingegen weniger stark betroffen (Frankfurt am Main: 18.000 (1600), 17.000 (1650); Leipzig: 14.000 (1600), 11.000 (1650)). Einen deutlichen Bevölkerungsanstieg hatte Hamburg zu verzeichnen (40.000 (1600), 75.000 (1650)), das damit eine Zeit lang zur größten Stadt im Reich avancierte.[15] Hamburg konnte nicht nur von der Verschonung der Stadt im Dreißigjährigen Krieg und von den sich aus diesem Krieg ergebenen ökonomischen Chancen wie dem Export von Rüstungsgütern profitieren,[16] sondern auch von einer längerfristigen Verschiebung der Handelswege in Europa und nach Übersee. Diese verlagerten sich im 17. Jahrhundert eindeutig vom Mittelmeerraum nach Nordwesteuropa mit den Zentren Amsterdam und London. Die Route Amsterdam – Hamburg – Leipzig bildete nun die wichtigste Achse für den Waren- und Zahlungsverkehr im Reich, während vor allem die vom Krieg getroffenen oberdeutschen Städte mit ihren Verbindungen nach Italien an die Peripherie rückten.[17] Wie das Beispiel des Bankhauses Palm aus Esslingen zeigt, das im 18. Jahrhundert als Kapitalgeber des Kaisers fungierte,[18] verloren die Oberdeutschen zwar nicht vollständig an Bedeutung, die Epoche der Augsburger Kaufmannsbankiers als bedeutende Finanziers des habsburgischen Kaiserhauses war freilich beendet. Reichsrechtliche Bestimmungen zum Schutz von Kreditnehmern und die Tatsache, dass hoch verschuldete Reichsstädte ihre Verbindlichkeiten nicht mehr bedienen und auch verhältnismäßig kleine Summen nicht im Inland aufbringen konnten, deuten auf eine generelle Störung des Kapitalmarkts hin.[19]

c. Die Intensivierung der Staatstätigkeit

Mit dem Ende des Dreißigjährigen Kriegs setzte im Heiligen Römischen Reich keine längere Friedensperiode ein. Der Erste Nordische Krieg (1655–60), der Türkenkrieg von 1663/64, der Große Türkenkrieg (1683–99), der Pfälzer Erbfolgekrieg (1688–97) und schließlich der Spanische Erbfolgekrieg (1701–13/14) – nicht zu vergessen die Kuruzzenkriege in Ungarn zwischen 1671 und 1711 – bildeten eine ganze Kette militärischer Konflikte, an denen Kaiser und Reichsstände beteiligt waren, und die teilweise auch auf Reichsboden ausgetragen wurden. Vor allem die Kriege gegen Ludwig XIV. hatten einen exorbitanten Anstieg der Militärausgaben zur Folge. Im Reich leisteten sich der Kaiser und die Fürsten größerer Territorien stehende Heere, die auch in Friedenszeiten zu finanzieren waren. Zumindest ein Teil der Kosten für die Unterhaltung der Truppen in Kriegszeiten konnte auf die Untertanen der von den Kriegshandlungen betroffenen Stände oder über Subsidien auswärtiger Mächte gedeckt werden. Grundsätzlich waren auch die Landstände, wo es solche gab, zur Hilfeleistung für den Landesherrn und damit zur Bewilligung von Steuern verpflichtet, hatten dabei aber auch Mitwirkungsrechte in der Finanzverwaltung. Der Fürst verfügte also über keine Finanzhoheit, sondern teilte sie mit den Ständen, die seinen militärischen und damit außenpolitischen Handlungsspielraum beschränkten.[20] Generell kamen Steuern außerdem verzögert ein, sodass die Aufnahme von Krediten, vor allem in Form von kriegsnotwendigen Gütern wie Proviant, unumgänglich war. Dies bedeutete kein geringes Risiko für Lieferanten wie Samuel Oppenheimer; sie erhielten zwar Anweisungen auf bestimmte Einnahmequellen, mussten sich aber im Nachhinein mühsam um die Rückerstattung ihrer Forderungen durch die jeweiligen Behörden kümmern.[21]

Parallel zur Monopolisierung militärischer Macht in seiner Hand ließ sich der Fürst durch die barocke Hofkultur als unbestrittenes Haupt des Staates inszenieren.[22] Hierzu gehörte nicht nur die personelle Vergrößerung des Hofstaats, sondern auch die Förderung von Musik – vor allem der italienischen Oper –, Ballett und Theater sowie die Neuanlage beziehungseise der Ausbau von Schlossanlagen außerhalb der Residenzstädte wie Schönbrunn oder Klosterneuburg bei Wien, Schleißheim und Nymphenburg bei München, Charlottenburg, Ludwigsburg oder Brühl. Die zunehmende Integration des Adels in den Hof führte zum Ausbau der Residenzstädte, allen voran Wiens, aber auch Dresdens, Berlins oder Münchens mit einem entsprechenden Bedarf an Luxusgütern und Arbeitskräften. Um am Hofleben teilnehmen zu können, waren – abgesehen vom gesellschaftlichen Status – Investitionen in einen entsprechenden Lebensstil und damit in Bekleidung oder Schmuck notwendig. Dies galt in besonderem Maße für den Fürsten und seine Familie, die im Zentrum dieses Systems standen. Dementsprechend hoch waren die Kosten.

Zu Beginn des 18. Jahrhunderts betrugen beispielsweise die jährlichen Ausgaben des Kaiserhofs circa 3,6 Mio. Gulden, die zu einem erheblichen Anteil über Kredite gedeckt wurden.[23] Im Friedensjahr 1699 machten die zivilen Ausgaben des Kaisers (Verwaltung und Hof) 36,2 Prozent der Gesamtausgaben von 12,62 Mio. Gulden aus, ins Militär flossen 63,8 Prozent. Anders im Kriegsjahr 1704. Die fast verdreifachten Ausgaben flossen nun zu 93,6 Prozent in die Kriegsführung.[24] Zu den Kosten für Hofhaltung und Verwaltung kamen ehrgeizige Bauprojekte wie die Wiener Karlskirche, die Kaiser Karl VI. allerdings nicht zu Gänze finanzieren musste, weil dafür Wiener Hofjuden, um sich die Gunst des Herrschers zu erhalten, hohe Summen spendeten. Die Gesamtleistungen der Wiener Hofjuden und einiger auswärtiger Juden (ohne die Proviantlieferungen) bezifferte Max Grunwald für den Zeitraum zwischen 1698 und 1739 auf 78 Mio. Gulden, was in etwa dem 2,5-fachen Jahresbudget des Kaisers in einem Kriegsjahr entsprach.[25]

Um den von Territorium zu Territorium unterschiedlich zusammengesetzten Finanzbedarf für Hof und Verwaltung, Militär und Schuldendienst[26] zu decken und die Abhängigkeit von den Ständen zu verringern, suchten landesfürstliche Finanzbehörden nach Wegen, um die Einnahmen aus den landesfürstliche Domänen und Regalien, dem so genannten Camerale, dessen Verwaltung ausschließlich dem Fürsten zustand, zu erhöhen. Mittel dafür bildeten: die Erhöhung der Zahl der abgabenpflichtigen Bevölkerung, unter anderem durch die Förderung von Immigration (›Peuplierung‹); die Monopolisierung landesfürstlicher Rechte, vor allem im Bereich des Bergbaus und der Salinen; sowie die Unterstützung von Manufakturen.[27] Kapitalkräftige Zuwanderer, die im Gegenzug zu staatlichen Anreizen in Form von Subventionen oder Monopolen zu Investitionen bereit waren, wurden daher vermehrt auch dann nicht ungern gesehen, wenn es sich bei ihnen um religiöse Dissidenten handelte. Hierzu zählten auch Juden.[28]

d. Die Entwicklung der jüdischen Bevölkerung

Im 15. und 16. Jahrhundert veränderte sich die jüdische Siedlungsstruktur im Reich fundamental. Sowohl die meisten Reichsstädte als auch die wichtigsten Territorien hatten in diesem Zeitraum die jüdische Bevölkerung ausgewiesen. Traditionsreiche Gemeinden wie die Augsburgs, Nürnbergs oder Regensburgs waren zu Grunde gegangen. Siedlungsschwerpunkte bildeten nun das Mittelrhein- und Maingebiet, wo sich mit Frankfurt, Friedberg, Fulda und Worms die jüdische Bevölkerung auch in städtischen Zentren halten konnte, sowie Mähren und Böhmen mit seinem Zentrum Prag.[29] Bedeutend blieb der Südwesten des Reichs, auch wenn den Juden hier zum Beispiel mit dem Herzogtum Württemberg weite Gebiete verschlossen waren. Unter den großen Territorien im Süden des Reichs ragt eine Zeit lang das Erzherzogtum Österreich unter der Enns heraus; in seiner Hauptstadt Wien, die ab dem Ende des zweiten Jahrzehnts des 17. Jahrhunderts Prag als Residenzstadt des Kaiserhofs wieder ablöste, entwickelte sich seit dem ausgehenden 16. Jahrhundert eine jüdische Gemeinde. Die Wiener Judenstadt (1624/25–70) wurde innerhalb weniger Jahrzehnte eine der bedeutendsten jüdischen Siedlungen im Reich und Zentrum zahlreicher kleinerer Gemeinden im Umland.[30]

Die zweite Hälfte des 17. Jahrhunderts brachte erneut Veränderungen in der jüdischen Siedlungsentwicklung. Als Mitte des 17. Jahrhunderts im Reich der große Krieg zu Ende ging, kam es in Polen zum so genannten Chmelniecki-Aufstand, der von schweren antijüdischen Pogromen begleitet war. Folge davon war eine Fluchtbewegung von Jüdinnen und Juden aus Osteuropa in das Reich, sodass es – verbunden mit den insgesamt wohl unterdurchschnittlichen Verlusten bei den bereits ansässigen Juden während des Dreißigjährigen Kriegs – zu einem deutlichen Anstieg der jüdischen Bevölkerung kam.[31] Diese Immigrationsbewegung und die Vertreibung der tausenden Wiener und niederösterreichischen Juden in den Jahren 1669 bis 1671 auf der einen und die auf Förderung des Bevölkerungswachstums und von Handel und Gewerbe ausgerichtete landesfürstliche Politik auf der anderen Seite führte auch zu einer Verlagerung jüdischer Siedlungsschwerpunkte. Im Norden erlebte Hamburg seit dem späten 16. Jahrhundert einen spektakulären Aufstieg als Wohnort sephardischer (›portugiesischer‹) und aschkenasischer (›deutscher‹) Juden. Die Stadt, die in den atlantischen Welthandel integriert war, beherbergte zusammen mit den benachbarten Altona und Wandsbek um 1800 circa 9.000 Jüdinnen und Juden.[32] Hinzu kamen neue jüdische Zentren in Fürth oder Dessau, Halberstadt, Mannheim und besonders in Berlin, um nur einige Beispiele zu nennen. Generell lässt sich von einer ›Reurbanisierung‹ jüdischen Lebens seit der zweiten Hälfte des 17. Jahrhunderts sprechen.[33] Auch wenn Juden nach wie vor nicht wenige Reichsstädte und Territorien verschlossen waren, kann zweifellos nicht nur eine Zunahme der jüdischen Bevölkerung im Reich, sondern auch eine wesentliche Erweiterung ihres Siedlungsraums festgestellt werden. Hatten Juden im 16. Jahrhundert nur marginalen Zugang zu den dominierenden oberdeutschen Handelsmetropolen Augsburg und Nürnberg, sah die Situation nach dem Dreißigjährigen Krieg mit den großen jüdischen Gemeinden in den Handels- und Finanzzentren Frankfurt am Main[34] und Hamburg ganz anders aus.

e. Die Rolle der Hofjuden innerhalb der jüdischen Gesellschaft

Die jüdische Wirtschaftselite, der die Hofjuden entstammten, konnte von diesen veränderten Rahmenbedingungen profitieren, auch wenn in manchen Fällen Konkurrenz aus den eigenen Reihen entstand. Ihre Rolle innerhalb der jüdischen Gesellschaft unterschied sich in einigen Punkten grundsätzlich von derjenigen der christlichen Kaufleute in der ständischen Gesellschaft.

Anders als letztere, deren sozialer Status deutlich unterhalb weiter Teile des Adels und der höheren Geistlichkeit lag, bildeten die Hofjuden als jüdische Großkaufleute und Finanziers die Spitze der jüdischen Gesellschaft. Neben ihrer dominanten wirtschaftlichen Position zeichnete sich diese Schicht durch Führungsrollen innerhalb der Gemeinden oder Landjudenschaften aus, die sie auch gegenüber den jeweiligen Obrigkeiten vertraten.[35] Nicht selten waren sie es, in deren Gefolge sich jüdische Gemeinden an bestimmten Orten überhaupt erst entwickeln konnten.[36] Hofjuden waren, zumindest vor dem breit einsetzenden Akkulturationsprozess der zweiten Hälfte des 18. Jahrhunderts, der in der Übernahme höfisch/nichtjüdischer Verhaltensmuster und materieller Kultur bestand und in der jüdischen Aufklärung (Haskala) gipfelte, nicht selten eng mit der geistigen jüdischen Elite (Rabbiner) verbunden und traten als Stifter von Synagogen und Lehreinrichtungen hervor. Sicherlich eine außergewöhnliche, aber dennoch ins Bild passende Figur war etwa Samson Wertheimer, der einerseits ein bedeutender Finanzier der Habsburger sowie der Höfe von Kurmainz, Kurtrier, Kursachsen und der Kurpfalz, andererseits eine geachtete religiöse Autorität und Landesrabbiner von Ungarn war.[37] Hinzu kommt das traditionelle Heiratsverhalten der jüdischen Oberschicht, das daraus bestand, »*Partner bzw. Familien von gleichrangigem Vermögen und Sozialprestige zusammenzubringen*«.[38] Solche Eheverbindungen beschränkten sich nicht, wie die der Augsburger Oberschicht des 16. Jahrhunderts,[39] auf die eigene Stadt beziehungsweise die umliegende Region, vielmehr umspannten diese Netzwerke das gesamte Heilige Römische Reich. Weit reichende und miteinander verflochtene familiäre, geschäftliche und politische Beziehungen,[40] verbunden mit einem äußerst hohen (innerjüdischen) Sozialprestige, kennzeichneten die jüdische Führungsschicht und bildeten die Grundlage für deren Kredit. Hinzu kommt, dass Hofjuden im Gegensatz zu christlichen Kaufmannsbankiers der Ausstieg aus dem Geschäftsleben durch den Erwerb von Grundherrschaften und Adelstiteln und damit der soziale Aufstieg – wie dies beispielsweise den Fuggern oder Palm gelang – aufgrund ihrer rechtlichen Sonderstellung als Juden verwehrt blieb. Konversionen von Hofjuden, die für den Einzelnen den Zusammenbruch des gesamten sozialen, inklusive des geschäftlichen Netzwerkes zur Folge gehabt hätten, spielten insgesamt keine große Rolle.

f. Die Wirtschaftstätigkeit von Hofjuden

In der Forschung wurde Hofjuden »*ein Ethos, das in besonderer Weise auf den Dienst für den Fürsten ausgerichtet war*«, zugesprochen.[41] Dies war keine grundsätzlich neue Erscheinung. Bereits in dem Ketuvim genannten Teil der Heiligen Schriften des Judentums wird im Buch Ester von Mordechai berichtet, der eine hohe Position am Hofe Königs Ahasveros (wahrscheinlich Xerxes I.) bekleidete (Ester 10,3). Auch in den mittelalterlichen islamischen Reichen seit dem Kalifat der Abbasiden nahmen Juden Führungspositionen ein, ebenso wie sie in den christlichen Königreichen auf der iberischen Halbinsel leitende Funktionen, vor allem im Finanzwesen, inne hatten.[42] Auch im Heiligen Römischen Reich waren enge Bindungen von Juden an Kaiser und Fürsten keine Erfindung des 17. Jahrhunderts.⁴³ Aufbauend auf älteren Schutz- und Geleitbriefen wurden seit den 1580er-Jahren am Kaiserhof dezidierte ›Hofjudenprivilegien‹ ausgestellt, die ihre Empfänger nicht nur unter kaiserlichen Schutz stellten, sondern sie auch in die ökonomische und rechtliche Sphäre des Hofes integrierten. Verbunden mit diesen Privilegien waren beispielsweise die Rechte, sich in der Residenzstadt und an anderen Orten, in die der Hof verlegt wurde, aufhalten zu dürfen, von Abgaben auf den Handel mit dem Hof befreit zu sein, rechtlich der Jurisdiktion des Obersthofmarschalls zu unterstehen und die jüdischen Zeremonien frei ausüben zu dürfen.⁴⁴ Ebenfalls für die Zeit um 1600 sind an den Höfen von Kurköln und Lippe erste Hofjuden bezeugt.⁴⁵ Wichtige Tätigkeitsgebiete dieser frühen Hofjuden waren das Münzwesen, der Juwelen- und Pferdehandel oder die Versorgung von Truppen mit Bekleidung, Kriegsgerät und Proviant. Wesentlich bedeutender wurde das Hofjudentum in der zweiten Hälfte des 17. Jahrhunderts, als sich zunehmend die Titel des ›Hoffaktors‹ beziehungseise ›-agenten‹ einbürgerten.⁴⁶

Selma Stern unterschied mit ›Kriegskommissar‹, ›Hoflieferant‹, ›Kammeragent und Resident‹, ›Kabinettsfaktor‹, ›Kommerzienagent‹ und ›Münzlieferant‹ sechs Haupttypen des ›klassischen‹ Hofjudentums. Traditionsreiche Tätigkeitsfelder waren das Kriegs- und Münzwesen sowie die Versorgung des Fürstenhofs mit unterschiedlichen Luxusgütern. Als Kriegslieferanten verproviantierten beispielsweise der Würzburger Hofjude Isak Secklein das Kontingent Bambergs beziehungsweise des gesamten Fränkischen Reichskreises während des Spanischen Erbfolgekriegs⁴⁷ oder Elias und Ruben Elias Gomperz aus Kleve die Truppen Kurbrandenburgs, Kursachsens und Kurkölns.⁴⁸ Während des Polnischen Thronfolgekriegs in den 1730er-Jahren übernahm Joseph Süß Oppenheimer die Lieferungen an Getreide und Kriegsmaterial für Württemberg⁴⁹ und im Österreichischen Erbfolgekrieg sowie im Siebenjährigen Krieg versorgte Abraham Mändl aus dem schwäbischen Kriegshaber bei Augsburg die bayerische Armee.⁵⁰ Der bedeutendste Vertreter dieses Typus war der kaiserliche Hof- und Kriegsfaktor Samuel Oppenheimer, der seit den ausgehenden 1670er-Jahren für den Wiener Hof tätig war.⁵¹ Oppenheimer sorgte für Bekleidung und Bewaffnung, Verpflegung und Transport von Truppen, für Pferde für die Kavallerie und als Zugtiere für die Artillerie, für die Einrichtung von Feldlagern und Spitälern, für Materialien zum Schiffs- und Brückenbau; er streckte Sold vor, stellte Kautionen für Verbündete und bezahlte Ehrengeschenke und Pensionen für Offiziere.⁵² Räumlich reichten seine Geschäfte von der Westgrenze des Reichs über Österreich bis nach Siebenbürgen und Serbien, zeitweilig auch in die Schweiz und nach Italien. Seine Waren bezog er nicht nur aus den habsburgischen Erblanden und dem Reich, sondern auch aus Holland, Polen, Russland, den Ländern der böhmischen Krone und Ungarn. Das dafür notwendige Netz an Agenten, die häufig verwandtschaftlich mit ihm verbunden waren, umspannte mit London, Amsterdam oder Venedig die wichtigen Handels- und Finanzplätze Europas. Typisch war, dass sich auch Oppenheimer nicht auf einen Geschäftszweig beschränkte, sondern auch als Hoflieferant und Bankier fungierte. Begehrte Waren an den Höfen waren Edelsteine, feine Tuche, Weine, Lebensmittel und Gewürze.

Ebenfalls an ältere Formen des jüdischen Fürstendienstes knüpften die Münzlieferanten an. Führende Unternehmer in diesem Geschäftszweig, wie Simon Michael, Marx Schlesinger oder Lazarus Hirschel in Wien, der Hamburger Gerd Levi und seine

Nachkommen, Salomon Duschenes und Simon Isak Bondi in Leipzig und Dresden, konnten nicht nur auf ihre Beziehungen in das wirtschaftlich führende Nordwesteuropa bauen, sondern auch auf den etablierten Handel von Juden mit Bruchsilber (Pagament) in Mittel- und Osteuropa zurückgreifen.[53]

Eng verbunden mit dem Ausbau des absolutistischen Fürstenstaats waren die anderen Tätigkeitsfelder von Hofjuden. Hierzu zählten die Beschaffung von Kapital für die Fürstenhöfe, politische Missionen und die Förderung von Handel und Gewerbe im Rahmen der neuen merkantilistischen Wirtschaftspolitik.[54] Als Kammeragenten bildeten Hofjuden wie Leffmann Behrens (Hannover), Berend Lehmann (Sachsen) und Samson Wertheimer (Wien) eine Schnittstelle zwischen Fürstenhöfen und auswärtigen Bankhäusern, sorgten für den Transport der Gelder inklusive der Subsidienzahlungen ausländischer Mächte. Diese »*drei mächstigsten Schtadlanim* [Schtadlan=Fürsprecher, Vertreter der Juden nach Außen; Anm. d. Verf.] *ihrer Zeit*«[55] waren nicht nur geschäftlich, sondern auch verwandtschaftlich miteinander verbunden.[56]

Damit war die Grenze zum Feld der ›großen Politik‹ überschritten: Leffmann Behrens war am Erwerb der Kurwürde für seinen Herrn Ernst August von Braunschweig-Hannover 1692 ebenso beteiligt,[57] wie er in Kooperation mit Berend Lehmann dem sächsischen Kurfürsten Friedrich August I. die polnische Königskrone zu erwerben half.[58] Noch näher im Zentrum politischer Entscheidungen standen Hofjuden, wenn sie zu politischen und militärischen Beratungen hinzugezogen oder mit diplomatischen Aufgaben betraut wurden. Am weitesten ging diese Tätigkeit als ›Kabinettsfaktor‹ bei Joseph Süß Oppenheimer in Württemberg, der bis zu seinem Prozess und seiner anschließenden Hinrichtung die Wirtschafts- und Reformpolitik in dem Herzogtum zumindest mitprägte.[59] Wesentlich verbreiteter war die Heranziehung von Juden als ›Kommerzialagenten‹ zur Förderung von Handel und Gewerbe. Um die unter anderem in staatlich geförderten Manufakturen hergestellten Waren zu vertreiben, wurden einzelne Juden mit besonderen Privilegien und Monopolen ausgestattet. Auch für die Gewerbeproduktion selbst wurde die Ansiedlung jüdischer Investoren wie Levi Ulff, der 1714 seine Mühlenbandfabrik von Wesel nach Charlottenburg verlegte, oder Benjamin Elias Wulff, der dort Mitte des 18. Jahrhunderts eine Barchent- und Kattunfabrik eröffnete, gezielt gefördert.[60] Einzelne Hofjuden versuchten darüber hinaus, dem Handel durch die Gründung öffentlicher Banken Impulse zu verleihen.[61]

Diese schematische Darstellung der unterschiedlichen Geschäftsfelder von Hofjuden vom Kriegskommissar bis zum Kommerzienagenten darf nicht darüber hinwegtäuschen, dass das wesentliche Kennzeichen ihrer Tätigkeit in deren Vielfalt bestand. Allein die immensen Unterschiede der Größe und Finanzkraft einzelner Territorien sowie die Tatsache, dass Hofjuden nicht notgedrungen in einer Residenzstadt angesiedelt sein mussten,[62] illustrieren, dass es sich keineswegs bei allen Hofjuden um Finanziers von überregionaler Bedeutung handelte.

g. Risiko und Chance: Die Hofjuden im 18. Jahrhundert

Als Samuel Oppenheimer im Mai 1703 verstarb und der Bankrott seiner Firma erklärt wurde, brach das kaiserliche Kreditsystem zusammen.[63] Um die Kreditwürdigkeit wieder herzustellen, wurde noch im selben Jahr eine Staatsbank (Banco del Giro) ins Leben gerufen, die freilich nicht den erhofften Erfolg hatte. Erst die Gründung des Wiener Stadtbancos 1706, basierend auf den soliden Finanzen der Residenzstadt, schaffte hier die Wende.

Der Niedergang des Hauses Oppenheimer war nicht untypisch für die prekäre Situation von Hofjuden. Mit ihrem Kapital, weit verzweigten geschäftlichen und familiären Kontakten, großer Mobilität sowie einem hohen Sozialprestige innerhalb der jüdischen Gesellschaft bildeten sie einen festen, aber keineswegs zu überschätzenden[64] Bestandteil der Finanzwirtschaft des deutschen Fürstenstaats. Die Geschäfte in Abhängigkeit von ihren fürstlichen Auftraggebern, deren Launen sie bis hin zu tätlichen Übergriffen ausgesetzt waren,[65] bargen zweifellos ein hohes Risiko. Kompensiert wurde es nicht nur durch den Zugang zu wichtigen Geschäftsfeldern mit den damit verbundenen Gewinnmöglichkeiten, die einen luxuriösen Lebensstil ermöglichten, sondern auch durch – freilich immer begrenzten – politischen Einfluss. Die Karrieren von Hofjuden konnten demnach sehr unterschiedlich verlaufen: grundsätzlich erfolgreich wie die des Mannheimers Michael May; weniger erfolgreich wie die von Wolf Wertheimer, dem Sohn des ›Judenkaisers‹ Samson, der an der Zahlungsunfähigkeit des bayerischen Kurfürsten und Kaisers Karl Albrecht (Karl VII.) zu scheitern drohte, dem es aber letztlich gelang, einen drohenden Konkurs abzuwenden; oder im völligen Misserfolg wie das Leben des Pfalz-Zweibrückener Hofjuden Saul Wahl, der nach dem Tod seines Fürsten von dessen Nachfolger angeklagt wurde und schließlich völlig verarmt starb.[66]

Seit dem ausgehenden 18. Jahrhundert kam es schließlich zu einem neuerlichen Wandel in der Judenpolitik. Wiederum vor dem Hintergrund, den Staat leistungsfähiger zu machen, wurden – auch hier gilt es regional zu differenzieren – rechtliche Restriktionen der jüdischen Wirtschaftstätigkeit abgebaut und Juden etwa durch die Errichtung von Fabriken und die Gründung von Privatbanken neue Möglichkeiten gegeben, ihr Kapital gewinnbringend zu investieren.[67] Die Staatsfinanzen koppelten sich von der Person des Fürsten ab und die Rechte der jüdischen Oberschicht wurden um 1800 verstärkt denen der Christen angeglichen. Laut Werner Sombart machten auch neue Techniken der öffentlichen Verschuldung die Institution des Hofjudens überflüssig.[68] Indem öffentliche Anleihen in Form von Inhaberschuldverschreibungen für einen größeren Anlegerkreis aufgelegt wurden, traten die Bankiers nun nicht nur als Kreditgeber, sondern zunehmend auch als Kreditvermittler auf. So auch die jüdischen Finanziers. Sie blieben zwar durch Geschäfte mit Staatsanleihen eng mit dem Staat verbunden, die direkten persönlichen Abhängigkeiten verloren allerdings ihre Bedeutung.

---

1   Vgl. Rauscher, Auf der Schipp, dort auch der Verweis auf weiterführende Literatur.
2   Ausführlich dazu Grunwald, Samuel Oppenheimer, S. 118–128; Stern, Hofjude, S. 238 f.; Schnee, Hoffinanz I, S. 84 f.
3   Feilchenfeld, Denkwürdigkeiten, S. 247.
4   Grunwald, Samuel Oppenheimer, S. 124.
5   Feilchenfeld, Denkwürdigkeiten, S. 249.
6   Bei Grunwald, Samuel Oppenheimer, S. 127, wohl falsch 1699.
7   Schnee, Hoffinanz I, S. 86 f.

8   Die Literatur zu Oppenheimer ist ausfernd. Vgl. beispielsweise Stern, Jud Süss; Baumgart, Joseph Süß Oppenheimer (1999); Gerber, Jud Süß.
9   Deeg, Hofjuden.
10 Ebd., S. 5.
11 Stern, Court Jew; erst jüngst auch in deutscher Übersetzung (dies., Hofjude).
12 Schnee, Hoffinanz; vgl. ferner zu Heinrich Schnee Laux, Historiker; ders., Heinrich Schnee.
13 Sombart, Juden; vgl. dazu unter anderem auch Braudel, Sozialgeschichte II, S. 167; Hecht, Funktion.
14 Dies gelingt auch Zachlod, Staatsfinanzen, S. 140 ff., in seinem knappen Abriss zu Herschel Isaak Oppenheimer, dem er den Status eines ›Finanzministers‹ in Hildesheim zuspricht, nicht.
15 Zahlen aus Knittler, Stadt, S. 264 f.
16 Zunckel, Rüstungsgeschäfte; Schukys, Einwirkungen.
17 North, Kommunikation, S. 37.
18 Kollmer-von Oheimb-Loup, Familie Palm; Dickson, Finance I, S. 164 f.
19 Gömmel, Entwicklung, S. 12; ders., Hofjuden, S. 61.
20 Vgl. die Zusammenfassung von Ullmann, Steuerstaat, S. 15 f.
21 Grunwald, Samuel Oppenheimer, S. 85–112, 151; ferner allgemein Schnee, Hoffinanz IV, S. 128.
22 Zum Folgenden Vogler, Herrschaft, S. 72–81.
23 Rauscher, Finanzierung, S. 437 f.
24 Winkelbauer, Nervus, S. 182.
25 Grunwald, Geschichte, S. 92.
26 Ullmann, Steuerstaat, S. 19–22.
27 Denzel, Wirtschaft, S. 94; Gömmel, Entwicklung, S. 24.
28 Jersch-Wenzel, Juden.
29 Battenberg, Juden, S. 12.
30 Staudinger, Zeit, S. 280–300; Rauscher, Ort.
31 Battenberg, Juden, S. 33.
32 Ebd., S. 35; bei Jersch-Wenzel, Bevölkerungsentwicklung, S. 61, ist für die Zeit um 1800 von 6.300 hochdeutschen Juden und 130 Portugiesen in Hamburg die Rede.
33 Battenberg, Juden, S. 33.
34 Zur Bedeutung Frankfurts Graetz, Court Jews, S. 37 f.
35 Zum Folgenden Stern, Hofjude, S. 47, 60, 163–208; Breuer, Frühe Neuzeit, S. 119–122; Graetz, Court Jews, S. 39 f.
36 Stern, Hofjude, S. 192–200; Breuer, Frühe Neuzeit, S. 119.
37 Kaufmann, Samson Wertheimer, S. 20.
38 Ries, Hofjuden, S. 18, dort auch der Verweis auf weiterführende Literatur; Breuer, Frühe Neuzeit, S. 120 f.
39 Exemplarisch Häberlein, Freunde, S. 61–79.
40 Breuer, Frühe Neuzeit, S. 112 f.; Graetz, Court Jews, S. 38 f.
41 Ries, Hofjuden, S. 17.
42 Kaplan, Court Jews.
43 Zum Beispiel die Privilegien der Familie Marburger. Vgl. Staudinger, Privilegien, S. 27.
44 Ebd.
45 Ries, Hofjuden, S. 15.
46 Stern, Jud Süss, S. 26 f.; Schedlitz, Leffmann Behrens, S. 29.
47 Stern, Hofjuden, S. 30; Schnee, Hoffinanz IV, S. 36.
48 Stern, Hofjuden, S. 31; Schnee, Hoffinanz I, S. 79 f.; vgl. zum Folgenden auch Breuer, Frühe Neuzeit, S. 106–118.
49 Stern, Hofjuden, S. 31; dies., Jud Süss, S. 109 f.; Schnee, Hoffinanz IV, S. 127 f.
50 Stern, Hofjuden, S. 31.
51 Grunwald, Samuel Oppenheimer, S. 41.
52 Grunwald, Samuel Oppenheimer, S. 70 f.; Bérenger, Finances, S. 437–440.
53 Stern, Hofjuden, S. 153 f.; ferner zu Sachsen: Schnee, Hoffinanz II, S. 223–232.

54 Israel, Jewry, S. 101–115.
55 Kaufmann, Samson Wertheimer, S. 85.
56 Stern, Hofjuden, S. 58 f.; Schedlitz, Leffmann Behrens, S. 53–67; Kaufmann, Samson Wertheimer, S. 8.
57 Schedlitz, Leffmann Behrens, S. 83 f.; Stern, Hofjuden, S. 64 ff.
58 Ebd., S. 72–78; Schnee, Hoffinanz II, S. 178 ff.; Schedlitz, Leffmann Behrens, S. 84–88.
59 Stern, Hofjuden, S. 104–120; dies. Jud Süss, passim; jüngst den Einfluss Oppenheimers relativierend Brüser, Herzog Karl Alexander, S. 105–108, 114, 129.
60 Stern, Hofjuden, S. 136 f.
61 Stern, Hofjuden, S. 141–145.
62 Ullmann, Nachbarschaft, S. 328–338.
63 Grunwald, Samuel Oppenheimer, S. 150–162; ferner antijüdisch: Mensi, Finanzen, S. 138–144; Fellner/Kretschmayr, Zentralverwaltung I, S. 96–109; Holl, Hofkammerpräsident, S. 103–132.
64 Baumgart, Joseph Süss Oppenheimer (1988), S. 95; Dickson, Finance I, S. 146 f.
65 Breuer, Frühe Neuzeit S. 115.
66 Ries, Hofjuden, passim.
67 Jersch-Wenzel, Rechtslage, S. 23–35; dies., Bevölkerungsentwicklung, S. 66–95; Brandt, Absolutismus, S. 193 f.
68 Sombart, Juden, S. 59.

Andreas Thier

[5.]

Die Gründung der Königlichen Giro- und Lehnbanco 1765

Preußen im Übergang zur hoheitlich kontrollierten Notenbankpolitik

a. Staatliche Währungshoheit und geldpolitische Regelungsdichte: das Beispiel Preußen

In der ersten Hälfte des 17. Jahrhunderts entstand in England die ›Goldsmith's Note‹.[1] Sie stellte ein schriftliches Versprechen der Goldschmiede dar, die bei ihnen deponierten Einlagen an den Kunden auszuzahlen. Diese Notes wurden indes rasch zu einem Zahlungsmittel, mit dem die Goldschmiede auch Kredite an ihre Kunden auszahlten. Damit war eine erste Vorstufe der modernen Banknote entstanden. Die Notes machten es den Goldschmieden möglich, sich selbst Kredit zu verschaffen. Denn da nie alle Einlagen abgerufen wurden, die durch die Notes belegt wurden, konnten mehr Noten ausgegeben werden als tatsächlich durch Bargeld oder Edelmetalle gedeckt waren. Damit wurde die Emission von Noten in der Verbindung mit der Annahme von Depositen erstmals zum Gegenstand planmäßigen finanzgeschäftlichen Handelns. Teil des Bankengeschäfts wurde die Ausgabe von Noten 1661, als die nach Amsterdamer Vorbild im Jahr 1656 gegründete Stockholms Banco mit dem Kreditivsedel damit begann, Banknoten in Umlauf zu setzen, die gegen Kupfertaler eingetauscht werden konnten und zur Kreditfinanzierung dienten. Die in immer größeren Chargen ausgegebenen Geldscheine waren allerdings nicht hinreichend durch Edelmetall gedeckt und so wurde die Stockholms Banco 1664 im Zeichen einer massiven Vertrauenskrise in die Kreditivsedel von der Regierung geschlossen.[2] Die 1694 gegründete Bank of England[3] folgte dagegen mit den ›Running Cash Notes‹ im Ausgangspunkt dem Vorbild der englischen Goldschmiede, wenn sie für diese und auch andere von ihr ausgegebene Banknoten grundsätzlich die volle Deckung durch Münzgeld oder Edelmetall vorsah.[4] Zwar war die Entstehung der Bank of England durch die krisenhafte Entwicklung der englischen Staatsfinanzen im Zeichen des Kriegs gegen Frankreich ausgelöst worden, denn es zählte zu den wichtigsten kurzfristigen Zielsetzungen ihrer Gründung und der dazu platzierten Anleihe, der Regierung einen Kredit zur Finanzierung dieses Kriegs zu gewähren (wofür die Bank freilich auch das Notenemissionsrecht erhielt);[5] zudem wurde die Bank of England rasch zum Bankinstitut des englischen Staates[6] und genoss nicht zuletzt deswegen auch den Schutz des englischen Gesetzgebers, der zum Beispiel 1708 die Gründung von anderen Notenbanken auf Gesellschaften von nicht mehr als sechs Personen beschränkte und mit dieser ›Sechs-Partner-Regel‹ deutlich limitierte.[7] Gleichwohl war die Bank of England im Ausgangspunkt eine privatwirtschaftlich orientierte Institution, deren Erfolg gerade im Notenemissionsgeschäft vor allem auf ihrer überragenden Reputation in der Londoner City beruhte.[8] Demgegenüber experimentierte Frankreich im 18. Jahrhundert mit der 1718 errichteten Banque Royale mit einer Staatsbank, die als Teil des nach ihrem geistigen Urheber John Law[9] benannten ›Système Law‹ zu einer für ihre Zeit gigantischen Papiergeldemission benutzt wurde.[10] Zwar endete dieser Versuch in einem finanzwirtschaftlichen Desaster.[11] Aber das änderte nichts an der Zunahme hoheitlich veranlasster Papiergeldemissionen insbesondere seit der zweiten Hälfte des 18. Jahrhunderts,[12] die ihrerseits zu wichtigen Wegmarken für die Entstehung staatlicher Zentralbanken seit dem ausgehenden 19. Jahrhundert[13] werden sollten. Das spannungsreiche Beziehungsgeflecht von fiskalischen Interessen, geldpolitischen Lenkungsansprüchen der Staatsleitungen und den Entwicklungsdynamiken der Finanzmärkte bildete dabei ein wichtiges Entwicklungsmoment. In diesem Zusammenhang sollte ein struktureller Wandel staatlicher Herrschaft über das Geld und den Geldwert einsetzen, zu dessen wichtigsten Ergebnissen die Konsequenzen geldpolitisch mächtiger hoheitlicher Notenbanken zählte.

Das zeigt auch die Geschichte der 1765 gegründeten ›Königlichen Giro- und Lehn-Banco zu Berlin‹,[14] die durch Gesetz vom Oktober 1846 mit Wirkung zum 1. Januar 1847 in die ›Preußische Bank‹ umgewandelt wurde[15] und schließlich 1876 in der neu gegründeten ›Reichsbank‹ aufgehen sollte.[16] Der vorliegende Beitrag verfolgt diese Geschichte: Das frühe Wirken der Banco als Notenbank blieb vergleichsweise bescheiden, weil die Bedürfnisse der preußischen Marktteilnehmer in andere Richtungen zielten und die Banco eher als Finanzdienstleister des preußischen Staates handelte (Abschnitt b). Das änderte sich mit dem Beginn der Industrialisierung in Preußen: Als die gesteigerte Liquiditätsnachfrage das Eindringen ausländischer Banknoten in den preußischen Herrschaftsraum wahrscheinlich machte und zugleich zu einer Wirtschaftskrise führte, wurde die Königliche Bank 1846 zur Notenbank mit begrenztem geldpolitischen Handlungsspielraum umgewandelt (Abschnitt c). Doch die damit erhoffte Konsolidierung der staatlichen Kontrolle über die Geldströme in Preußen sollte nur von kurzer Dauer sein. Erst durch eine markante Erweiterung der Notenemissionsbefugnis der preußischen Notenbank gelang es dem preußischen Staat, seinen Führungsanspruch im norddeutschen Raum auch in der Geldpolitik zu behaupten (Abschnitt d).

b. Absolutistische Bankpolitik und ihre Grenzen:
   Die Giro- und Lehnbanco 1765–1837

Bereits die Entstehungsgeschichte der preußischen Giro- und Lehnbanco macht deutlich, dass die dem Anspruch nach kaum begrenzte Herrschaftsmacht absolutistischer Monarchen[17] gegenüber den Fliehkräften der Wirtschaft durchaus limitiert sein konnte: Preußen war durch den Siebenjährigen Krieg (1756–63) in eine schwere wirtschaftliche Krise geraten, unter der auch die preußische Münze gelitten hatte.[18] Um die Wirtschaft des Landes anzukurbeln und die angespannten Staatsfinanzen zu sanieren, hatte Friedrich II. 1764 einem Plan zur Gründung eines geradezu monumentalen Bank- und Handelsinstituts zugestimmt, das, als Aktiengesellschaft organisiert, nicht allein als Finanzdienstleister wirken, sondern auch eine weitgespannte Handelstätigkeit entfalten sollte.[19] Doch der Monarch hatte offensichtlich den Widerstand der preußischen Kaufleute unterschätzt, die sich gegen die geplante staatliche Konkurrenzinstitution heftig zu Wehr setzten und auf diese Weise entscheidend dazu beitrugen, dass das Kapital für das königliche Projekt allein durch Aktienzeichnungen so gut wie gar nicht aufgebracht werden konnte.[20] Die verärgerte Ratlosigkeit des Königs klang noch nach im Gründungsedikt der Giro- und Lehnbanco vom 17. Juni 1765, verwies Friedrich doch hier auf »*verschiedene Unserer Kaufleute, welche einigen alten hergebrachten Gewohnheiten und Gebräuchen, sie mögen gegründet seyn oder nicht, noch zu sehr anhängen und ohne Unterschied sich für* [sic] *allem fürchten, was nicht schlechterdings damit übereinstimmet*«.[21] Doch der preußische Monarch beugte sich den kaufmännischen Widersachern:[22] Der Geschäftskreis des Instituts war von vornherein auf Bankgeschäfte reduziert und konzentrierte sich auf das Giro-, Diskonto- und Lombardgeschäft. Die Giro- und Lehnbanco wurde als – allerdings grundsätzlich selbstständig verwaltete – Staatsbank errichtet, für die der König ein Kapital von acht Millionen Talern zusagte (allerdings lediglich 400.000 Taler überweisen ließ) und auch die Haftung übernahm. Im Gegenzug sollten die Gewinne der neuen Bank allerdings auch dem Staat zufließen. Es war dabei das erklärte Ziel des Monarchen, durch die Giro- und Lehnbanco »*den Umlauf der Gelder merklich zu vermehren und zu erleichtern*« und zugleich der Bevölkerung den Zugang zu Krediten zu erleichtern.[23] Doch schon im ersten Jahr ihres Bestehens stand die Bank kurz vor dem Zusammenbruch: Die Bankgeschäfte sollten durch ein neugeschaffenes Bankgeld, das Bancopfund, geführt werden, dem ein fester Tauschwert zum 1750 eingeführten ›Friedrich d'or‹[24] gegeben wurde. Zum Problem wurde diese Konstruktion, weil insbesondere durch die Darlehensvergebung und die Kontoführung allein in Bancopfunden die Buchgeldmenge rasch enorm ausgeweitet wurde und deswegen dieses Buchgeld im Wert verfiel. Als die Bankkunden ihre Bareinlagen zurückverlangten, verweigerte die Bankleitung diese Auszahlungen aus Furcht vor Deckungslücken. Dieser Auszahlungsstopp wirkte wie das öffentliche Eingeständnis einer Zahlungsunfähigkeit der Bank.[25] Als dann auch die königlichen Bemühungen fehlschlugen, das Bancopfund durch Stützungskäufe zu stabilisieren,[26] blieb nur noch der Weg, der Bank neue Liquiditäts- und Einnahmequellen zu erschließen. 1766 erhielt die Banco das Recht zur Notenemission,[27] von dem sie 1766, 1767 und 1768 auch Gebrauch machte.[28] Die Ausgabe dieser Banknoten wurde auch zu einem Erfolg, weil gegenüber dem Markt der Nachweis gelang, dass dieses Papiergeld tatsächlich gedeckt war.[29] Diese Deckung beruhte nicht allein auf der Zuführung neuer Mittel durch den König. Hinzu trat vielmehr 1768 die Verpflichtung der Gerichte und Vormundschaftsbehörden, die bei ihnen verwahrten Gelder aus Hinterlegungen bei der Bank zu deponieren.[30] Ein knappes Jahr später folgte die gleiche Anweisung an alle landesherrlich kontrollierten Kirchen, Stiftungen und ähnlichen Einrichtungen.[31] Damit erweiterten sich die Einlagen der Banco, was wiederum den Zustrom auch privater Gelder förderte.[32] Dieser Vorgang prägte die geschäftliche Identität der Bank in der folgenden Zeit. Sie verzichtete nun weitgehend auf die Emissionen von Banknoten und brachte zwischen 1772 und 1806 nur noch einmal, im Jahr 1793, neue Noten in Umlauf.[33] Das lag zum Teil daran, dass das von der Bank benutzte Bancopfund im Handelsverkehr auf Dauer nur sehr begrenzt akzeptiert wurde;[34] außerdem begrenzte die im Vergleich etwa zu England geringere wirtschaftliche Dynamik in Preußen die Liquiditätsbedürfnisse.[35] Im Vordergrund stand das Depositen- und Hypothekengeschäft. Die Bank wurde hierin auch sehr erfolgreich,[36] wirkte aber etwa seit 1780 mehr und mehr als Finanzdienstleisterin für den Staat und seine Kassen: Sie versorgte staatliche Stellen mit Geld und lieferte zudem kontinuierlich ihre Überschüsse an die preußische Monarchie ab;[37] ihre faktische Eingliederung in den Zuständigkeitsbereich des Generaldirektoriums,[38] also des Leitungsorgans der preußischen Administration[39], unterstreicht diese Tendenz zur, wie es plastisch ausgedrückt worden ist, »preußischen Landessparkasse«.[40]

Der für Preußen so katastrophale Ausgang des Konflikts mit dem napoleonischen Frankreich 1806 spiegelte sich auch und gerade im Schicksal der Banco wider:[41] Die dramatische Finanzkrise des preußischen Staates[42] führte dazu, dass die hoheitlichen Schuldner der Bank in der Sache zahlungsunfähig waren, während die privaten Grundpfandschuldner durch ein 1807 erlassenes Vollstreckungsmoratorium, den so genannten General-Indult, vor dem Zugriff der Bank geschützt waren.[43] Außerdem war die Bank von den Gebietsabtretungen Preußens im Tilsiter Frieden von 1807 betroffen; sie verlor den Zugriff auf die erheblichen Grundpfandrechte, die sie auf dem Wege des Hypothekarkredits in diesen Gebieten erworben hatte.[44] Zum Verhängnis wurde der Bank in dieser Situation auch der Umstand, dass sie aufgrund ihrer Verpflichtung zur Gewinnabführung an den preußischen Staat keine Kapitalrücklagen hatte bilden können.[45] So kam es dazu, dass die Bank ihre Zahlungsverpflichtungen zeitweilig nicht erfüllen konnte. Erst seit 1818/19 gelang ihr eine nachhaltige Wiederbelebung ihrer Geschäfte, die auch jetzt im Wesentlichen auf den Depositenbereich konzentriert blieben.[46] Mehr und mehr verlagerte sich das Aktivgeschäft auf das Wechseldiskontgeschäft, während (wohl aufgrund der katastrophalen Erfahrungen der Krisenzeit) die Bedeutung des Hypothekarkredits kontinuierlich sank.[47] Dabei blieb die Bank aber trotzdem zunächst vor allem mit der Bewältigung ihrer Vergangenheit in Form ihrer Schulden beschäftigt, die sich zwischen 1817 und 1836 allerdings von knapp 7,1 Mio. Taler auf knapp 4,7 Mio. Taler reduzierten.[48] Die geldpolitischen Handlungsspielräume der Bank waren damit beschränkt, auch wenn sie 1817 »*eine von der gewöhnlichen Finanzverwaltung unabhängige Stellung*« erhalten hatte und damit aus dem Organisationszusammenhang der preußischen Administration herausgelöst worden war.[49]

Die Ausgabe von Banknoten unterblieb in dieser Phase aber noch. Zwar ließ die Bank zwischen 1820 und 1837[50] in der Form von Bankkassenscheinen papiergeldähnliche Depositenscheine im Wert von insgesamt mehr als 28,5 Mio. Taler zirkulieren, die aber im Grundsatz lediglich einen Zahlungsanspruch des Deponenten auf seine Bankeinlagen (zu je 100 Talern) auswiesen.[51] Doch diese Depositenscheine waren keine Banknoten, war ihr Zahlungsversprechen doch grundsätzlich an eine Bankeinlage gebunden und keine hiervon unabhängige Forderung. Die Zurückhaltung gegenüber der Emission von Banknoten beruhte insbesondere auf der Befürchtung, dass damit die Durchsetzungskraft eines anderen Zahlungsmittels gefährdet werden könne, mit dem der preußische Staat seit dem Beginn des 19. Jahrhunderts zu operieren begonnen hatte: Die seit 1806 vom Staat ausgegebenen Tresorscheine,[52] die in einer Regelung des Jahres 1807 als Papiergeld bezeichnet wurden,[53] konnten bei allen staatlichen Kassen zum Nennwert gegen Bargeld eingelöst werden und sollten zugleich auch zwischen Privaten als Zahlungsmittel verwendet werden können. Solange allerdings die Metallwährung weiterhin existierte, hing der Erfolg dieses Versuchs staatlicher Geldschöpfung davon ab, ob sich der Kurs solcher Tresorscheine auch im Verkehr unter Privaten halten konnte, wollte der Staat nicht, wie zeitweise auch geschehen,[54] Zwangskurse einführen, deren Durchsetzbarkeit freilich alles andere als leicht war. Zwischen 1808 und 1815 erlebten die Tresorscheine teilweise gewaltige Wertschwankungen, seit 1816 stabilisierte sich der Kurs dann zunehmend.[55] Die Tresorscheine blieben weiterhin im Umlauf, sodass im preußischen Vormärz mehrere Typen von Papiergeld nebeneinander existierten und zugleich mit dem weiterhin fortbestehenden Münzgeldumlauf konkurrierten.[56] Nicht zuletzt diese Konstellation bildete den Ausgangspunkt für eine Entwicklung, an deren Ende eine grundlegende Neuordnung der preußischen Geldpolitik stehen sollte, deren Zentrum die königliche Bank bilden würde.

c. Geldpolitik und staatlicher Kontrollanspruch: Zur Entstehung der Preußischen Bank 1846

Es zählt zu den charakteristischen Merkmalen der preußischen Geschichte in der Phase zwischen den großen Reformen seit 1807 und der Revolution von 1848, dass die administrative Elite sich in der Verpflichtung sah, den wirtschaftlichen und sozialen Wandel durch den Staat planvoll zu lenken.[57] Doch damit setzte sich die preußische Bürokratie mehr und mehr in Widerspruch zu wirtschaftlichen und politischen Entwicklungsdynamiken, die sie letztlich selbst ausgelöst hatte:[58] Mit der zunehmenden Liberalisierung des Marktes und mit der allmählich auch in Deutschland einsetzenden Industrialisierung[59] bewegten sich Wirtschaft und Gesellschaft nicht nur in Preußen[60] in einen Wandlungsprozess hinein, der den staatlichen Kontroll- und Lenkungsanspruch vor immer neue Herausforderungen stellen sollte. Gerade die Geschichte der preußischen Notenbankpolitik in der Zeit bis 1846 spiegelt diese Spannungslagen bisweilen deutlich wider.

Das zeigt sich insbesondere im Umgang des Staates mit den privaten Notenbanken, den so genannten Zettelbanken.[61] Die von ihnen ausgegebenen Zettel, die durch ihre Bezeichnung von hoheitlichem Papiergeld abgegrenzt werden sollten, waren regelmäßig Inhaberpapiere, die zugleich auch zur Zahlung eingesetzt wurden. In diesem Fall wurde also – wenn auch mit hoheitlicher Genehmigung – durch die Instrumente des Privatrechts ein zumindest papiergeldähnliches Zahlungsmittel geschaffen. So wurde

1824 in Stettin die ›Ritterschaftliche Privatbank‹ gegründet. Diese Bank, eine, wie schon ihr Name andeutete, vom adeligen Grundbesitz getragene Finanzdienstleisterin, erhielt die Befugnis, Banknoten im Umfang von bis zu einer Mio. Taler auszugeben, geriet allerdings in eine schwere Krise, die nur durch staatliches Eingreifen abgewendet werden konnte.[62] Ebenfalls 1824 gegründet wurde der ›Kaufmännische Cassenverein zu Berlin‹, der dem Berliner Handel Inhaberpapiere als Zahlungsmittel zur Verfügung stellte, deren Umlaufwert bis 1832 auf 1,2 Mio. Taler angestiegen war.[63] Die Gründung dieser beiden Banken lässt den Eindruck entstehen, als ob Staat und Privatwirtschaft in Preußen allmählich auf die Linie einer regulierten Selbstregulierung[64] des Notengeldsektors einschwenkten, die gekennzeichnet war von der privatautonom gestalteten, aber durch staatliche Rahmenvorgaben geregelten Versorgung der Marktteilnehmer mit Zahlungsmitteln. In diese Richtung zielten auch seit 1828 Vorschläge aus Kreisen der rheinischen Bankwirtschaft,[65] die, inspiriert durch die dezentralisierte Notenbanklandschaft in Schottland,[66] für die Errichtung eines Verbandes von privaten Notenbanken votierten.[67] Getragen waren solche Vorhaben vom Leitbild einer autonomen Selbstorganisation von Wirtschaft und Gesellschaft, in welcher der Staat eine eher moderierende denn regierende Rolle übernahm.[68] Doch auch die Repräsentanten des grundbesitzenden Adels favorisierten 1844 mit ihrem Vorschlag einer ›Bank von Berlin‹ eine Notenbankorganisation, die zwar anders als das Vorhaben des rheinischen Bürgertums und nach dem Vorbild der Bank of England auf einer starken zentralen Institution aufruhen sollte, in der aber gleichwohl dem Staat nur eine schlichte Aufsichtsfunktion zugewiesen wurde.[69]

Aber die preußische Administration war gerade nicht dazu bereit, den Rückzug des Staates aus der Geldpolitik zu akzeptieren. Bereits 1833 erging ein Gesetz, in dem unmissverständlich die staatliche ›Genehmigung‹ zur Voraussetzung für die Emission von Inhaberpapieren mit Zahlungsverpflichtung gemacht wurde.[70] Noch deutlicher wurde der staatliche Lenkungsanspruch in einer Kabinettsordre des Jahres 1836 formuliert, wenn es hier als Ziel beschrieben wurde, dass »*das mit Meiner Genehmigung* [das heißt des Königs; Anm. d. Verf.] *cirkulirende Papiergeld für den ganzen Umfang der Monarchie nach einem gleichmässigen Plane angefertigt werde und einer gleichen Beaufsichtigung in Betreff der Verfälschungen unterliege*«.[71] Das bedeutete konkret, dass die bis dahin ausgegebenen Banknoten der Königlichen Bank und der Ritterschaftlichen Privatbank von Stettin eingezogen wurden und beide Institute als Entschädigung in der Form von staatlichen Kassenanweisungen eine Art staatliches Papiergeld erhielten, für die sie aber jeweils Staatsschuldscheine in der gleichen Summe zu hinterlegen hatten.[72] Im Ergebnis verloren beide Banken damit die Befugnis zur Notenemission. Hinter dieser Politik stand der Gedanke, dass, wie es der Leiter der Königlichen Bank 1832 formulierte, »*der Staat das Heft über das Geldwesen in der Hand behalte*«.[73] Es galt deswegen, Bestrebungen jedes privaten Akteurs zu verhindern, »*den Geld- und Effektenverkehr des Staats und der Privaten ausschließlich zu seinem Nutzen in seinen Bereich zu ziehen*«, wie es ein besonders mächtiger Vertreter dieser Position, Christian Rother (seit 1820 Chef der Seehandlung und Präsident der Hauptverwaltung der Staatsschulden, seit 1836 zudem Staatsminister und seit 1837 zusätzlich auch Präsident der Königlichen Bank[74]), 1839 ausdrückte.[75] Gerade in der Sicht Rothers war die staatliche Kontrolle über das Geld freilich kein Selbstzweck: Es war naturgemäss einzig der Staat, der das Gemeinwohlinteresse auch im Geldmarkt durchsetzen konnte, während durch private Notenbanken als Instrument bloßen Gewinnstrebens zwangsläufig »*den aufstrebenden unteren, wie den betriebsamen mittleren Klassen* […] *die Hilfe des Staates entzogen*« würde und sich damit »*die gesamte wirthschaftliche Entwicklung* […] *nicht von unten auf, auf breiter Basis*« vollziehen könne. In der Konsequenz, so fürchtete Rother, würde »*bei einem allgemeineren und längeren Wirken solcher Banken der Gegensatz zwischen Reichen und Armen nur noch gesteigert, die Hoffnungslosigkeit der unteren Volksklassen nur noch vermehrt*«.[76] Doch im Zeitpunkt dieser Aussage, im Jahr 1845, war die Wirtschaft in Preußen in eine Krise geraten, die durch den sprunghaft steigenden Liquiditätsbedarf im Zusammenhang mit der Industrialisierung, insbesondere mit dem kapitalintensiven Eisenbahnbau,[77] ausgelöst worden war. Die Königliche Bank, die mittlerweile zur allerersten Adresse bei der Suche nach neuer Liquidität geworden war, konnte diesen Wünschen im Sommer 1844 angesichts ihrer knappen Barmittel und der fehlenden Notenemissionsbefugnis nur begrenzt entsprechen.[78] Hinzu trat der Umstand, dass hoheitliche Restriktionen des Börsenhandels[79] dazu führten, dass Kapital aus dem preußischen Raum abfloss.[80] Als dann auch noch ausgerechnet im benachbarten Dessau im Sommer 1845 Vorbereitungen begannen, mit der ›Deutschen National-Bank‹ eine private Notenbank zu begründen, die auch grenzüberschreitend – und damit insbesondere in Preußen – handeln sollte,[81] geriet die preußische Regierung unter Handlungszwang. Denn der Anspruch, dem »*Staat* […] *das Münzregal, zu dem auch die Anfertigung und Verausgabung von Papiergeld gehört, niemals entziehen* [zu] *lassen*«, wie Rother im September 1845 erklärte,[82] war damit ernsthaft bedroht.

Es war eine Bündelung mehrerer Problemlagen – ein zunehmender Liquiditätsengpass, die Gefährdung der geldpolitischen Souveränität des preußischen Staates und die restriktive Verfassung der Bank, die ihr eine flexible Reaktion auf die wachsende Dynamik ihres wirtschaftlichen Umfeldes unmöglich machte –, die im Lauf des Jahres 1846 zu einer grundlegenden, wenn auch innerhalb der preußischen Staatsleitung alles andere als harmonisch zustande kommenden Reform der staatlichen Bankorganisation Preußens führte.[83] Die Zielsetzung dieser Neuordnung ist angedeutet im Titel der Kabinettsordre, durch die Rother mit der Ausarbeitung eines entsprechenden Gesetzes beauftragt wurde: »*die Ausdehnung der bisherigen Wirksamkeit der Bank und die fernere Ausgabe von Banknoten Seitens derselben*«.[84] Freilich bildete die Wiederverleihung der Emissionsbefugnis für Banknoten lediglich den Ausgangspunkt bei der Umgestaltung der Bank, die mit der Bankordnung vom Oktober 1846[85] gesetzgeberisch realisiert wurde. Denn es lag nicht im Interesse der preußischen Regierung, die Bonität und damit die Akzeptanz der künftigen Banknoten allein auf eine unbestimmte staatliche Garantie zu stützen, zumal es dem preußischen Staat durch das Staatsschuldengesetz von 1820 untersagt war, neue Schulden gegen den Staat (also auch in der Form von Inhaberpapieren in Form von Banknoten) ohne Zustimmung einer gesamtpreußischen Ständeversammlung zu begründen.[86] Innerhalb des preußischen Staatsministeriums war deswegen vorgeschlagen worden, eine privatwirtschaftlich getragene Notenbank unter lediglich hoheitlicher Aufsicht zu begründen, was in letzter Konsequenz den bereits angesprochenen liberalen Vorstellungen entsprochen und Preußen zugleich auf den Pfad der englischen Bankenpolitik geführt hätte.[87] In der Abschlussberatung setzte sich aber die staatsgerichtete Position Rothers durch, hielt doch die Mehrheit im Fall einer staatlich unterstützten privaten Notenbank »*die Selbständigkeit der Monarchie von der immer mehr erwachsen-*

den Geldmacht gefährdet«.[88] Trotzdem blieb auch dann die Frage nach der Deckung der künftig auszugebenden Banknoten zu lösen, für die immerhin ein Gesamtvolumen von zehn, später sogar 15 Mio. Talern vorgesehen war. Da eine ausschließlich hoheitliche Kapitalisierung mangels verfügbarer staatlicher Mittel nicht in Betracht kam, sah die preußische Staatsleitung keinen anderen Ausweg, als die Königliche Bank für private Investoren zu öffnen, in diesem Punkt also der privatwirtschaftlichen ›Geldmacht‹ Raum zu geben. Deswegen wurde die Preußische Bank als Aktiengesellschaft mit einem Kapital von zehn Millionen Talern organisiert, für deren Anteile eine Dividende von 3,5 Prozent festgeschrieben wurde. Zwar beteiligte sich der Staat lediglich mit etwas mehr als zehn Prozent an der neuen Gesellschaft,[89] doch wurde durch die neue Leitungsstruktur der Bank die allein hoheitliche Lenkung der Bank sichergestellt: Der geradezu allmächtige *»Chef der Bank«*, der die *»gesammte Bankverwaltung […] mit uneingeschränkter Vollmacht«* leitete, wurde vom König ernannt.[90] Der Einfluss der privaten Investoren beschränkte sich demgegenüber auf eine weitgehend kontrollierende Funktion.[91] Die so entstehende ›Preußische Bank‹ lässt sich kennzeichnen als staatlich beherrschte und strukturierte Organisation unter privatwirtschaftlicher Beteiligung, die damit den früher vorgetragenen Vorstellungen autonom organisierter Notenbanken nur wenig entsprach. Allerdings wurde die Bank zumindest konzeptionell aus dem Organisationsgefüge der preußischen Administration ausgegliedert, war doch der Chef der Bank allein dem König unterstellt, auch wenn die Bank insgesamt unter die *»allgemeine Oberaufsicht des Staates«* in Form eines Bankkuratoriums gestellt war.[92] Mit der Einführung privaten Aktienkapitals waren zudem die Grenzen zwischen Bürgergesellschaft und Anstaltsstaatlichkeit porös geworden. Die Herauslösung der Bank aus dem geschlossenen Organisationsgefüge der preußischen Bürokratie und ihre begrenzte Öffnung gegenüber privaten Investoren hatte auch eine wichtige institutionelle Konsequenz: Denn § 90 der Bankordnung band den *»Ankauf von Staatsschuldscheinen und anderen öffentlichen Effekten für Rechnung der Bank«* unter Einsetzung von Bankmitteln an die Zustimmung des *»Zentralausschusses«*, der seinerseits durch die *»Versammlung der Meistbetheiligten«* bestimmt wurde.[93] Damit wurde der Einsatz der Bank als Instrument der Staatsfinanzierung gehemmt und letztlich verhindert, dass die privaten Teilhaber hilflos zusehen mussten, wie ihre Investitionen den Finanzbedürfnissen der preußischen Bürokratie geopfert wurden und die Bank in eine neue Krise trieben. Doch auch der privatwirtschaftliche Geschäftskreis der Bank war begrenzt worden: Die Bank konnte lediglich Wechsel mit einer Laufzeit von höchstens drei Monaten diskontieren und Lombardkredite durften *»der Regel nach«* ebenfalls nur mit einer dreimonatigen Laufzeit vergeben werden. Die Gewährung von Immobiliarkrediten war in der Bankordnung nicht mehr erwähnt.[94] Langfristige Kreditengagements, die, wie sich in der Krise von 1806/07 gezeigt hatten, insbesondere im Kriegsfall schnell zur existentiellen Gefährdung der Bank führen konnten, wurden damit ausgeschlossen.

d. Der Übergang zur Zentralbankpolitik 1847–75

1844 wurde in England der Bank Charter Act erlassen,[95] zu dessen erklärten Zielen es gehörte, »*to regulate the issue of bank notes*«.[96] Die Vorschriften dieses Gesetzes verwirklichten die Postulate der so genannten Currency School, die gemeinsam mit ihrer Gegnerin, der so genannten Banking School in der Debatte über Geldpolitik und Notenbankstrategien bis in die Gegenwart hinein einflussreich bleiben sollte.[97] Die Currency School bewertete Banknoten als ›currency‹, als Geld, und postulierte daher deren vollständige Deckung durch die emittierenden Banken, weil anderenfalls eine markante Abwertung der umlaufenden Banknoten, also des Geldes, und damit eine Inflation drohe. In der Tat begrenzte der Bank Charter Act von 1844 den Umlauf der durch die Bank of England emittierten Banknoten im Grundsatz nach Massgabe ihrer Metallvorräte. Das damit gewonnene Vertrauen in den Geldwert wurde freilich in der Sache erkauft mit dem Verzicht auf die Möglichkeit der Geldmengensteuerung und damit auf die Fähigkeit, flexibel auf Liquiditätsbedürfnisse des Marktes reagieren zu können. In dieser Konzeption waren die geldpolitischen Gestaltungsspielräume des Staates begrenzt, blieb ihm doch insbesondere die gezielte Ausweitung der Geldmenge über die durch die Edelmetallbestände definierten Deckungsgrenzen hinaus verwehrt. Diese Grenzen waren grosszügiger bemessen in der Konzeption der Banking School: Sie deutete die Banknoten als Teil umlaufender Kreditpapiere, also nicht als Geld. Banknoten konnten deswegen nicht allein durch Metall, sondern auch durch alternative Kredite wie etwa Handelswechsel der Bank gedeckt sein. Damit wurde die Basis der Notendeckung über eine schlichte Metallbindung hinaus erweitert und der jeweils Banknoten ausgebenden Bank folglich ein Mehr an Emissionsflexibilität gegeben. Eine zentrale Bankinstitution, insbesondere also eine Zentralbank, erhielt bei Umsetzung der Doktrinen der Banking School also einen breiteren geldpolitischen Handlungsspielraum zugestanden. In dieser Perspektive waren auch die geldpolitischen Gestaltungsmöglichkeiten einer staatlich getragenen Notenbank stärker ausgeprägt.

Der preußische Gesetzgeber folgte 1846 einem Kompromiss aus beiden Positionen:[98] Denn die Emissionsbefugnis der Bank wurde zwar auf 15 Mio. Taler (zuzüglich sechs Millionen Taler aus bereits umlaufenden Kassenanweisungen) begrenzt, doch musste lediglich ein Drittel der ausgegebenen Banknoten durch Bargeld oder Silberbarren gedeckt sein, während für den Rest Wechsel- oder Lombarddarlehen der Bank zur Notendeckung genügten.[99] So konnte die Bank seit dem 1. Januar 1847, seit dem Inkrafttreten der neuen Bankordnung, zumindest in der Theorie etwas flexibler auf den Liquiditätsbedarf des Marktes reagieren,[100] auch wenn ihre Emissionsbefugnis insgesamt begrenzt war.[101] Damit gewann der geldpolitische Herrschaftsanspruch des preußischen Staates, repräsentiert durch die Bank, dem Ansatz nach schärfere Konturen: Gegenstand hoheitlicher Herrschaft war nicht mehr allein die hoheitliche Kontrolle über den Geldumlauf, sondern auch die aktive Gestaltung der Geldmenge, um so, wie es in der gesetzlichen Zweckbeschreibung der Bank hieß, »*den Geldumlauf des Landes zu befördern*«.[102] Die Freigabe der Notenemission war mit diesem Konzept nicht zu vereinbaren. Trotzdem und im Blick auf die nach wie vor bestehende Liquiditätsnachfrage beharrten die Befürworter eines liberalen Bankensystems auf der Freigabe der Notenemission.[103] Im Zeichen der Revolution entstanden dann auch im September 1848 Normativ-Bedingungen für die Gründung privater Notenbanken,[104] die aber in ihrer restriktiven Ausgestaltung kaum Zweifel am Kontrollwillen des preußischen Staates ließen.[105] So waren bis 1857 (neben der Preußischen Bank) insgesamt acht private Notenbanken tätig,[106] deren Notenemission ebenfalls strikt kontingentiert war.[107]

Damit hatte sich der staatliche Herrschaftsanspruch über die Geldzirkulation in Preußen zunächst behaupten können. Bald schon aber geriet er erneut unter Druck. Seit dem Beginn der Fünfzigerjahre konnte die Preußische Bank der Wirtschaft nicht mehr genügend Liquidität in Form von Zahlungsmitteln zur Verfügung stellen.[108] Das führte nicht nur dazu, dass die Forderungen nach der Freigabe privater Notenbanken wiederum aufflammten.[109] Vor allem begünstigte diese Entwicklung die Notenbanken in den norddeutschen Nachbarstaaten Preußens.[110] Denn die von diesen Banken ausgegebenen Talernoten wurden auch im preußischen Raum nur allzu gerne verwendet, um so die chronische Knappheit von Zahlungsmitteln zu überbrücken.[111] Stärker noch als im Vorfeld der Bankreform von 1846 schien damit die preußische Souveränität über das Geld in Form der hoheitlichen Kontrolle des Geldumlaufs buchstäblich an ihre Grenzen zu stossen. Das bedeutete nicht allein ein Problem staatlicher Herrschaftsansprüche, sondern konnte mittelfristig auch zu ausgemachten Währungskrisen führen: Denn, so befürchtete die preußische Staatsregierung (wenn auch zu Unrecht[112]), hinsichtlich der ausländischen Banknoten war die »*jederzeitige Realisierbarkeit in baarem Gelde* [...] *nicht als Sicher* [sic] *gestellt zu betrachten*«.[113] Ein Wertverfall dieser Banknoten konnte dann aber zur Krise der norddeutschen Währungslandschaft insgesamt werden[114] und nicht zuletzt auch die Liquiditätsprobleme der preußischen Wirtschaft markant verstärken.

Der preußische Staat antwortete auf diese Herausforderung zunächst mit der Abschließung seines Währungsraums: 1855 wurden ausländische Banknoten zunächst teilweise (soweit sie zur Zahlung von weniger als zehn Taler eingesetzt wurden), 1857 dann vollständig als Zahlungsmittel verboten.[115] Freilich bedeutete dieses Vorgehen, das schnell Nachahmer bei den deutschen Mittelstaaten fand,[116] auch eine Gefährdung der preußischen Volkswirtschaft, der auf diese Weise vollends die dringend notwendige Liquidität entzogen zu werden drohte. Vor diesem Hintergrund löste sich der preußische Gesetzgeber in einem weiteren Schritt endgültig von den konzeptionellen Vorgaben der Currency School und gab 1856 der Preußischen Bank die Befugnis, »*nach Bedürfniß ihres Verkehrs Banknoten auszugeben*«.[117] Zugleich wurde der Bank nunmehr gestattet, auch Banknoten zu zehn und 20 Taler auszugeben, die im täglichen Zahlungsverkehr ungleich leichter verwendet werden konnten als die bisher allein zulässigen Noten, die bei 25 Taler eingesetzt hatten. Eine faktische Obergrenze blieb allerdings in Form der weiterhin geltenden Regeln über die Notendeckung bestehen, die damit auch jetzt zu einem Drittel in Bargeld oder Silberbarren gewährleistet sein musste. Zusätzlich abgestützt wurde die Notenemissionsbefugnis durch die Verpflichtung der Bank, Kassenanweisungen im Umfang von 15 Mio. Taler schrittweise aus dem Verkehr zu ziehen (im Gegenzug zur Übernahme von Staatsschuldpapieren in der gleichen Höhe), sodass die Konkurrenz zwischen den Banknoten der Preußischen Bank und dem staatlichen Papiergeld ein Stück weit reduziert wurde.[118]

Damit hatte die Gesetzgebung der Jahre 1855–57 einen Regelungskomplex geschaffen, in dem sich mit den Zahlungsmittelverboten die Entfaltung staatlicher Souveränität nach aussen verband mit einer erweiternden Umgestaltung der hoheitlichen Währungsmacht nach innen: Denn die Preußische Bank war mit dem Fortfall der Emissionsgrenzen vollends in die Lage versetzt worden, die Geldzirkulation in Preußen gezielt zu beeinflussen. Diese Verstärkung der geldpolitischen Interventionsmacht zeigte rasch Wirkung: So verloren die ausländischen Notenbanken durch die Verbotsgesetze der Jahre 1855 und 1857 eine wesentliche Sphäre ihrer Tätigkeit, ihr Einfluss ging deswegen bald zurück.[119] Die inländischen preußischen Notenbanken büßten ebenfalls schnell an Bedeutung ein, zumal ihre Banknoten von staatlichen Kassen nicht als Zahlungsmittel akzeptiert wurden.[120] Langfristig aber wichtiger war der Umstand, dass die Preußische Bank ihre neue Rolle als faktische Zentralbank[121] akzeptierte: Einerseits agierte sie in wirtschaftlichen Krisenzeiten in der Tendenz als ›Lender of Last Resort‹,[122] als Bank der Banken, die in Phasen knappen Geldes insbesondere das Banksystem durch eine antizyklische Zins- und Lombardpolitik mit neuen Mitteln versorgen konnte.[123] Ein wichtiges Instrument dabei war die Ausweitung der Banknotenmenge, die sich bereits im ersten Jahr des neuen Bankgesetzes von knapp 31 Mio. Taler auf 60 Mio. Taler fast verdoppelte und bis 1873 auf über 290 Mio. Taler anstieg, um dann bis 1875 wieder auf etwa 251 Mio. Taler abzusinken.[124] Dieses Wachstum ist zwar im Blick auf die dadurch möglicherweise ausgelösten inflationären Tendenzen sehr kontrovers debattiert worden,[125] es belegt aber in jedem Fall das Bestehen der Bankführung, die Notenemissionsbefugnis gezielt zur Liquiditätsversorgung und damit zur Finanzierung der Industrialisierung zu nutzen.[126] Die Preußische Bank war zur beherrschenden Bank in Deutschland geworden, die deswegen 1876 geradezu zwangsläufig das Herzstück der 1875 gegründeten Reichsbank bilden sollte.[127]

---

1 Vgl. den knappen Überblick bei Born, Banknote, S. 41, und North, Geschichte, S. 113 f.; näher Houtman-De Smedt/van der Wee, Entstehung, S. 153 f.; Richards, History, S. 23–64.

2 Einführend Lagerquvist, Riksbank, S. 387; näher: Houtman-De Smedt/van der Wee, Entstehung, S. 136 ff.; Heckscher, Bank of Sweden, S. 169 ff.

3 Vgl. als Überblicksdarstellungen Capie/Goodhart/Schnadt, Development, S. 126–131; Ziegler, Bank of England; ferner allgemein Clapham, Bank of England, sowie die Beiträge in: Roberts/Kynaston, Bank of England; näher zur Frühzeit: Bowen, Bank of England; Houtman-De Smedt/van der Wee, Entstehung, S. 156–165; Richards, History, S. 153–176; ders., Fifty Years.

4 Ebd., S. 219–230; ferner zur Notenausgabe in dieser Phase Bowen, Bank of England, S. 11–16.

5 Vgl. die Überblicksdarstellungen bei Houtman-De Smedt/van der Wee, Entstehung, S. 160–163. Richards, Fifty Years, S. 202, spricht in diesem Zusammenhang plastisch von der »*incorporation of a company for the flotation of a State loan*«.

6 Bowen, Bank of England, S. 9 ff.

7 Richards, Fifty Years, S. 212.

8 Allgemein zur Beziehung zwischen der Bank of England und der City Richards, Bank of England, S. 53–156.

9 Kang, Law.

10 Vgl. die Überblicksdarstellung bei Houtman-De Smedt/van der Wee, Entstehung, S. 139–143.

11 Ebd., S. 147 f.; North, Geschichte, S. 133 f.

12 Ebd., S. 137 ff.; Ziegler, Papiergeld, S. 294.

13 Vgl. die Überblicksdarstellung bei Capie/Goodhart/Schnadt, Development, passim; ferner für eine knappe instruktive Einführung Singleton, Central Banking, S. 34–49; Ziegler, Zentralbank, S. 439. Umstrittener, aber in seiner Verknüpfung von Bankgeschichte und Finanztheorie klassisch gewordener Deutungsansatz bei Goodhart, Evolution. Zur Kritik aus der Perspektive der kontinentalen Zentralbankgeschichte siehe insbesondere Ziegler, ›Steinzeit‹, passim.

14 Edict und Reglement der Königlichen Giro- und Lehnbanco zu Berlin, Berlin, 17. Juni 1765, in: Novum Corpus Constitutionum III/1765, Nr. 63, S. 915–930, ferner als Abdruck in: Niebuhr, Geschichte, S. 181–192 (Beilage V).

15 Bankordnung, vom 5. Oktober 1846, in: Gesetz-Sammlung für die Königlichen Preußischen Staaten 1846, S. 435–462.

16 Otto, Entstehung, S. 386–522.

17 Vgl. die einführenden Überblicksdarstellung bei Seif, Absolutismus, sowie die Beiträge in Reinalter, Lexikon.

18 Treue, Wirtschaft, S. 483–487.

19 Dazu die öffentliche Ankündigung vom 13. November 1764, abgedruckt in Niebuhr, Geschichte, S. 178 ff. (Beilage II); ferner im Einzelnen dazu ebd., S. 19–23; Poschinger, Bankwesen I, S. 57–60; eng angelehnt an beide Darstellungen die Übersicht bei Klein, Anfängen, S. 203 f.

20 Niebuhr, Geschichte, S. 23 ff.

21 Edict und Reglement der Königlichen Giro- und Lehnbanco zu Berlin, Berlin, 17. Juni 1765, in: Niebuhr, Geschichte, S. 181–192, hier S. 186.

22 Vgl. zum Folgenden Niebuhr, Geschichte, S. 28 ff.

23 Edict und Reglement der Königlichen Giro- und Lehnbanco zu Berlin, Berlin, 17. Juni 1765, in: Niebuhr, Geschichte, S. 181–192, hier S. 186.

24 Vgl. zum Hintergrund im Überblick North, Geschichte, S. 127 ff.

25 Niebuhr, Geschichte, S. 33 f.

26 Ebd., S. 35 f.

27 Revidirtes und erweitertes Edict und Reglement der Giro- und Lehnbanken zu Berlin und Breslau, nebst dem Rescripto Publicationis, Berlin, 29. Oktober 1766, in: Novum Corpus Constitutionum Prussico-Brandenburgensium Praecipue Marchicarum IV/1766, Nr. 89, Sp. 589–608; ferner abgedruckt in: Niebuhr, Geschichte, S. 200–213 (Beilage IX).

28 Dazu im Einzelnen Niebuhr, Geschichte, 69 f., 214 f. (Beilage XI.); ferner im Überblick Pohl, Bankwesen, S. 81.

29 Vgl. die Überblicksdarstellung bei Klein, Anfängen, S. 210 f.

30 Instruction für alle Ober- und Unter-Justiz-Collegia, Pupillen-Collegia und Gerichte, auch Krieges- und Domainen-Cammern, und die denselben subordinirte Aemter, die müßig liegende Depositen- und Pupillen-Gelder bey der Banque zinsbar zu belegen, nebst dem Formular einer von dem Haupt-Banco-Directorio, für ein Darlehn à 3 pro Cent aus einem gerichtlichen oder pupillarischen Depositorio, auszustellenden Obligation und deren Confirmation, Berlin, 18. August 1768, in: Novum Corpus Constitutionum Prussico-Brandenburgensium Praecipue Marchicarum IV/1768, Nr. 59, Sp. 4035–4042, wieder abgedruckt bei Niebuhr, Geschichte, S. 218–221 (Beilage XIV). Sie wurde ergänzt durch die Königliche Landesherrliche Special-Guarantie, für die Sicherheit der bey der Banque zinsbar zu belegenden Depositen- und Pupillen-Gelder‹ des gleichen Tages, in: Novum Corpus Constitutionum Prussico-Brandenburgensium Praecipue Marchicarum IV/1768, Nr. 60, Sp. 4041–4044.

31 Instruction, nach welcher alle bey den Stiftern, Hospitälern, Waysenhäusern, Kirchen, Schulen, Wittwenhäusern, und allen übrigen milden Stiftungen und andern öffentlichen Anstalten müßig liegende Gelder bey der Banke zinsbar zu belegen‹, Berlin, 31. März 1769, in: Novum Corpus Constitutionum Prussico-Brandenburgensium Praecipue Marchicarum IV/1769, Nr. 23, Sp. 5535–5542; abgedruckt auch bei Niebuhr, Geschichte, S. 221–224 (Beilage 15). Die Instruction wurde ebenfalls durch eine entsprechende landesherrliche Garantie ergänzt. Vgl. Novum Corpus Constitutionum Prussico-Brandenburgensium Praecipue Marchicarum IV/1769, Nr. 24, Sp. 5541–5544.

32 Niebuhr, Geschichte, S. 51–54, 64, 76 ff.

33 Klein, Anfängen, S. 213.

34 Niebuhr, Geschichte, S. 69 f.; ein anderer Gesichtspunkt bei Pohl, Bankwesen, S. 81, wo auf die Befürchtung hingewiesen wird, aufgrund der schmalen Eigenkapitalbasis bei einer Ausweitung der Notenemission in Gefahr zu geraten, die Banknoten nicht einlösen zu können.

35 In diese Richtung tendiert Ziegler, ›Steinzeit‹, S. 486.

36 Vgl. für eine Übersicht die Aufstellung bei Klein, Anfängen, S. 213 ff., auf der Grundlage von

Niebuhr, Geschichte, S. 214 f., 227 (Beilagen X–XII, XVI/1), sowie Poschinger, Bankwesen I, S. 332 f. (Beilage VI).
37 Niebuhr, Geschichte, 66 f.
38 Ebd., S. 62 f.
39 Vgl. die Überblicksdarstellung bei Neugebauer, Generaldirektorium.
40 Lotz, Geschichte, S. 12.
41 Vgl. zum Folgenden im Überblick Pohl, Bankwesen, S. 43–46.
42 Dazu und zu den Konsequenzen für den politischen Willensbildungsprozess Schissler, Finanzpolitik (1982).
43 Vgl. zu dieser ›Verordnung, wegen eines den Grundbesitzern zu bewilligenden General-Indults, und wegen des Verfahrens in Moratorien-Sachen, und bei gerichtlichen Exekutionen‹, Bartenstein, 19. Mai 1807, Grattenauer, Generalindult, S. 141–152, mit dem Text der Verordnung; vgl. ferner zu weiteren gleichgelagerten Anordnungen Schissler, Finanzpolitik (1984), S. 41 f., wo allerdings auch deutlich gemacht wird, dass diese Anordnung auch auf krisenhaften Entwicklungen des Agrarkredits aus der Vorkriegszeit beruhte.
44 Niebuhr, Geschichte, S. 99–106.
45 Zusammenfassend Klein, Anfängen, S. 212, 215 f.
46 Niebuhr, Geschichte, S. 110–123; Poschinger, Bankwesen I, S. 215–219.
47 Dazu die Übersichten zur Geschäftsentwicklung bei Niebuhr, Geschichte, S. 230–233, 238 (Beilagen XVII/A und D). – So standen 1817 noch 9,76 Mio. Taler an Hypothekarkrediten in den Büchern der Bank, während 1845 nur noch 733.500 Taler solcher Darlehen ausgewiesen waren.
48 Niebuhr, Geschichte, S. 122.
49 Verordnung, die Verhältnisse der Bank betreffend, Berlin, 3. November 1817, in: Gesetz-Sammlung für die Königlichen-Preußischen Staaten 1817, S. 295 f., hier S. 295.
50 Zur Kabinettsordre von 1836, die diese Praxis untersagte, siehe unten bei und in Anm. 71.
51 Vgl. Niebuhr, Geschichte, S. 118, 143 ff., 241, mit einer Übersicht der Zirkulationen; ferner zusammenfassend Lichter, Entstehung, S. 155; Pohl, Bankwesen, S. 45.
52 Verordnung wegen der in Umlauf zu bringenden Tresorscheine, Berlin, 4. Februar 1806, in Auszügen abgedruckt bei Schissler/Wehler, Finanzpolitik, S. 317–319, hier S. 318 f. (Nr. 121 mit Anm. 2).
53 Verordnung über die Annahme der Tresorscheine in Zahlungen, bis zur Wiedereröffnung ihrer Realisation, Memel 29. Oktober 1807, in: Gesetz-Sammlung für die Königlichen-Preußischen Staaten 1806–1810, S. 174 ff., hier S. 174; vgl. ferner zu deren Entstehung die Dokumentation bei Schissler/Wehler, Finanzpolitik, S. 317–363 (Nr. 121–144).
54 So durch die Verordnung über die Annahme der Tresorscheine in Zahlungen, bis zur Wiedereröffnung ihrer Realisation, Memel 29. Oktober 1807, in: Gesetz-Sammlung für die Königlichen-Preußischen Staaten 1806–1810, S. 174 ff., hier S. 174.
55 Pohl, Bankwesen, S. 81; Schissler, Finanzpolitik (1984), S. 40.
56 Vgl. Tilly, Institutions, S. 31–34; ferner zusammenfassend: Otto, Entstehung, S. 225 ff.
57 Grundlegend dazu Koselleck, Preußen, S. 281 ff.
58 Exemplarisch dazu ebd., S. 610–620.
59 Vgl. dazu die Überblicksdarstellung bei Nipperdey, Geschichte, S. 178–210.
60 Vgl. die Überblicksdarstellung zur preußischen Entwicklung bei Mieck, Preußen, S. 137–157.
61 Vgl. dazu die Überblicksdarstellung bei Ziegler, Zettelbank, S. 439 f.; näher Otto, Entstehung, S. 219, 234 ff.
62 Vgl. Poschinger, Bankwesen I, S. 241–254; ferner zusammenfassend Otto, Entstehung, S. 240.
63 Vgl. dazu die Überblicksdarstellungen ebd., S. 240 f.; Pohl, Bankwesen, S. 82; näher Mieck, Preußen, S. 135 f.; Radtke, Preussische Seehandlung, S. 121 f.
64 Vgl. zur regulierten Selbstregulierung als Kategorie staatlicher Steuerung im Allgemeinen und als Deutungskategorie der Rechtsgeschichte im Besonderen Thier, Selbstregulierung, S. 167–172.
65 Grundlegend zur Entwicklung des Bankwesens in den preußischen Rheinlanden Tilly, Institutions, passim.
66 Vgl dazu etwa Cowen/Kroszner, Banking.
67 Vgl. dazu im Einzelnen Lichter, Notenbankpolitik, S. 36–50.

68 Auf dieser Linie wohl auch ebd., S. 40f.
69 Vgl. dazu im Einzelnen ebd., S. 50–61, sowie die Übersicht bei Radtke, Preussische Seehandlung, S. 123.
70 Gesetz, wegen Ausstellung von Papieren, welche eine Zahlungsverpflichtung an jeden Inhaber enthalten, vom 17. Juni 1833, Gesetz-Sammlung für die Königlichen-Preußischen Staaten 1833, S. 75.
71 Kabinettsordre, betreffend die Einziehung der Bank- und Seehandlungs-Kassenscheine, so wie der Pommerschen Bankscheine zu Fünf Thaler, und dem Ersatz durch Kassen-Anweisungen zu 5 Rthlr., 100 Rthlr. und 500 Rthlr., vom 5. Dezember 1836, in: Gesetz-Sammlung für die Königlichen-Preußischen Staaten 1836, 318f., hier S. 318.
72 Pohl, Bankwesen, S. 82f.
73 Karl Ferdinand Friese, Memorandum vom 28. Juni 1832, zit. n. Poschinger, Bankwesen I, S. 220.
74 Vgl. die prägnante und instruktive Übersicht zur Biografie bei Holtz, Rother; ferner umfassend Radtke, Preussische Seehandlung.
75 Rother, Bericht vom 25. September 1839, in: GStA PK I. HA Rep. 120 A XI 2, 1 adhib., hier zit. n. Radtke, Preussische Seehandlung, S. 122, Anm. 8.
76 Rother, Denkschrift, die Verstärkung des Betriebsfonds der Königlichen Bank durch Ausgabe von Banknoten betreffend, v. 14. 11. 1845, in: GStA PK I. HA Rep. 95 Nr. 79, fol. 2–38, hier fol. 37, zit. n. Lichter, Notenbankpolitik, S. 75; vgl. ferner zum Entstehungskontext des Memorandums ebd., S. 73f.; siehe außerdem Radtke, Preussische Seehandlung, S. 123–126.
77 Vgl. die Überblicksdarstellung bei Treue, Wirtschaft, S. 524ff.
78 Ziegler, ›Steinzeit‹, S. 487–490.
79 Hopt, Grundlagen, S. 158f.
80 Otto, Entstehung, S. 271–274.
81 Lichter, ›Deutsche National-Bank‹, passim; ders., Notenbankpolitik, S. 61–67; ferner zusammenfassend Otto, Entstehung, S. 274f.
82 Rother an Finanzminister Flottwell, 26. 9. 1845, in: GStA PK I. HA Rep. 120 A XI 15 Nr. 2, fol. 53–59, hier fol. 54, zit. n. Lichter, Notenbankpolitik, S. 71, Anm. 162.
83 Vgl. die Überblicksdarstellungen bei Pohl, Bankwesen, S. 83–86; Poschinger, Bankwesen I, S. 226–233; Radtke, Preussische Seehandlung, S. 125–129; näher Lichter, Notenbankpolitik, S. 72–95; Lotz, Geschichte, S. 25–45; Otto, Entstehung, S. 275–281; Ziegler, ›Steinzeit‹, S. 490ff.
84 Allerhöchste Kabinettsorder, vom 11. April 1846, die Ausdehnung der bisherigen Wirksamkeit der Bank und die fernere Ausgabe von Banknoten Seitens derselben betreffend, in: Gesetz-Sammlung für die Königlichen Preußischen Staaten 1846, 153
85 Bankordnung, v. 5. 10. 1846, in: Gesetz-Sammlung für die Königlichen-Preußischen Staaten 1846, S. 435–462; s. ferner bereits oben, bei und in Anm. 15.
86 Zu diesem Gesetz, in dem der Bezug zwischen Staatsverschuldung und Staatsverfassung besonders plastisch wird, im Überblick Mieck, Preußen, S. 111, 124f.; näher etwa Witzleben, Staatsfinanznot, S. 230–238.
87 Lichter, Notenbankpolitik, S. 81–88.
88 Stellungnahme Ludwig Gustav von Thiles (Staatsminister für das Departement des Schatzes und der Münzen) in der Staatsministerialsitzung v. 17. 2. 1846, GStA PK I. HA Rep 89 Nr. 26886 (ohne Foliierung) = 90a DIII Nr. 1 Bd. 1, fol. 227–275v; dazu das Regest bei Holtz, Protokolle, Nr. 358, S. 266, zur Biografie Thiles ebd., 502; das Zitat im Text nach Lichter, Notenbankpolitik, S. 90.
89 Pohl, Bankwesen, S. 84.
90 § 48 der Bankordnung, in: Gesetz-Sammlung für die Königlichen-Preußischen Staaten 1846, S. 435–462
91 Vgl. zur Leitungsorganisation der Preußischen Bank im Einzelnen Lichter, Notenbankpolitik, S. 100–106; ferner zur wichtigen Rolle des Zentralausschusses siehe sogleich im Text.
92 §§ 41 (dort das Zitat im Text), 42 und 48 der Bankordnung, in: Gesetz-Sammlung für die Königlichen-Preußischen Staaten 1846, S. 435–462.
93 Vgl. §§ 61, 65 und 66 der Bankordnung, in: Gesetz-Sammlung für die Königlichen-Preußischen Staaten 1846, S. 435–462.

94   Vgl. §§ 2, 4 und 5 der Bankordnung, in: Gesetz-Sammlung für die Königlichen-Preußischen Staaten 1846, S. 435–462.
95   Vgl. die Überblicksdarstellung bei Ziegler, Peelsche Bankakte; näher ders., ›Steinzeit‹, S. 478–480 ff.; ders., ›Latecomer‹, S. 77–82.
96   Bank Charter Act 1844, als Teil der Gesetzesbezeichnung: »*An Act to regulate the Issue of Bank Notes, and for giving to the Bank of England certain Privileges for a limited Period*«.
97   Im Überblick zum Folgenden Born, Currency-Theorie; ders., Banking-Theorie; Winkel, Entwicklung, S. 9–12; Ziegler, ›Steinzeit‹, S. 478–481; näher etwa Arnon, Theory, S. 173–246; Skaggs, Views, S. 364 ff.
98   In der Einschätzung wie hier auch Ziegler, ›Latecomer‹, S. 85.
99   Vgl. dazu im Einzelnen Lichter, Notenbankpolitik, S. 109–114; Ziegler, ›Steinzeit‹, S. 491.
100 So die Überlegung bei Lichter, Notenbankpolitik, S. 113.
101 Dieser Punkt besonders hervorgehoben bei Ziegler, ›Latecomer‹, S. 86 f.
102 § 1 der Bankordnung, in: Gesetz-Sammlung für die Königlichen-Preußischen Staaten 1846, S. 435–462.
103 Vgl. zu den entsprechenden Anträgen des Jahres 1847 Lichter, Notenbankpolitik, S. 115–123.
104 Abdruck bei Poschinger, Bankwesen II, S. 405–408.
105 Hopt, Grundlagen, S. 144 ff.; detailliert Lichter, Notenbankpolitik, S. 123–153; Otto, Entstehung, S. 293.
106 Poschinger, Bankwesen II, S. 120–133.
107 In der Einschätzung ebenso Ziegler, ›Steinzeit‹, S. 493 f.
108 Lichter, Notenbankpolitik, S. 162 f.
109 Otto, Entstehung, S. 310–323.
110 Vgl. dazu die Übersicht bei Pohl, Entwicklung, S. 154 ff.; ferner allgemein dazu Otto, Entstehung, S. 300 ff.
111 Lichter, Notenbankpolitik, S. 170–173; Ziegler, ›Steinzeit‹, S. 494 f.
112 Lichter, Notenbankpolitik, S. 212 f.
113 Schreiben des Handelsministers von der Heydt an die preußischen Handelskammern vom 22. Juni 1852, in: GStA PK I. HA Rep. 120 A X Nr. 6 adh. 4, zit. n. Lichter, Notenbankpolitik, S. 203 f., Anm. 182.
114 In diese Richtung auch Ziegler, Preußische Bank, S. 316.
115 Gesetz, betreffend die Beschränkung der Zahlungsleistung mittelst fremden Papiergeldes vom 14. Mai 1855, Gesetz-Sammlung für die Königlichen-Preußischen Staaten 1855, S. 307 f.; Gesetz, betreffend das Verbot der Zahlungsleistung mittelst ausländischer Banknoten und ähnlicher Werthzeichen vom 25. Mai 1857, in: Gesetz-Sammlung für die Königlichen-Preußischen Staaten 1857, S. 440; vgl. ferner zur Entstehung Lichter, Notenbankpolitik, S. 203–215; Poschinger, Bankwesen II, S. 170–179.
116 Lichter, Notenbankpolitik, S. 209 f.
117 Gesetz wegen Abänderung und Ergänzung einiger Bestimmungen der Bank-Ordnung vom 5. Oktober 1846 vom 7. Mai 1856, in: Gesetz-Sammlung für die Königlichen-Preußischen Staaten 1856, S. 342 ff.; das Zitat nach § 1 (ebd., S. 342). – Umfassend zur Entstehung und zu den weiteren Einzelheiten des Gesetzes: Lichter, Notenbankpolitik, S. 173–185; Otto, Entstehung, S. 358–367; Poschinger, Bankwesen II, S. 37–47.
118 Ähnlich wie hier Ziegler, ›Steinzeit‹, S. 495. – Im Einzelnen zur komplexen Abwicklung dieser Verpflichtung das Gesetz, betreffend die Verminderung der unverzinslichen Staatsschuld um funfzehn [sic] Millionen Thaler, sowie die Ausgabe verzinslicher Staatsschuld-Verschreibungen über 16,598,000 Thaler vom 7. Mai 1856, sowie der dazu gehörige Vertrag zwischen der Preußischen Bank und dem Finanzministerium vom 31. Januar 1856 (beides in: Gesetz-Sammlung für die Königlichen-Preußischen Staaten 1856, 334–341).
119 Ziegler, ›Steinzeit‹, S. 496.
120 Lichter, Notenbankpolitik, S. 219.
121 Mangels Notenemissionsmonopols wurde die Preußische Bank von Capie/Goodhart/Schnadt, Development, S. 5 f., Tab. 1.1., nicht in die Liste der frühen Zentralbanken aufgenommen.

122 Einführend dazu Ziegler, Lender of Last Resort.
123 Dazu näher die Übersicht der Bankpraxis bei Poschinger, Bankwesen II, S. 382–385, Tab. 28, und die darauf gestützte Übersicht bei Lichter, Notenbankpolitik, S. 226, Tab. 6, sowie bei Otto, Entstehung, S. 374, Tab. 17; siehe weiterhin ebd., S. 367–373; Poschinger, Bankwesen III, S. 21–31, 42–46.
124 Vgl. die Übersicht bei Poschinger, Bankwesen II, S. 373, Tab. 22.
125 Lichter, Notenbankpolitik, S. 225–230.
126 In diese Richtung geht auch Ziegler, Preußische Bankordnung, S. 318; ders., ›Steinzeit‹, S. 497 f.
127 Dazu die Nachweise oben, Anm. 16.

Hans-Peter Ullmann

[6.]

Gebr. Bethmann und die österreichische Anleihe von 1778

Die Inhaberschuldverschreibung revolutioniert
den Frankfurter Kapitalmarkt

a. 1779: Gebr. Bethmann legt ein innovatives Anlagepapier auf

»*Das bey denen Herren Gebrüder Bethmann eröffnete Anlehen vor den Kaiserl. Königlichen Hof, bleit annoch offen. Die Obligationes sind jede von fl. 1000. im 20 Gulden=Fuß auf 8 Jahre ohnableglich à 4½ pro=Cent jährlicher Zinsen. Die Gelder werden hier in Franckfurt geschossen, auch geschieht die jedesmalige Interesse=Zahlung und seiner Zeit die Ablage auch wieder allhier im nehmlichen Werth des Geldes. Die zur Sicherheit derer Herren Darleyhere bestimmte Banco Obligatione, sind auf hiesigem Löblichen Recheney-Amt Deponirt.*« Mit dieser Annonce, die Anfang 1779 in den Frankfurter ›Frag- und Anzeigungs-Nachrichten‹ erschien, pries das Bankhaus Gebr. Bethmann interessierten Anlegern die auf den Inhaber lautenden Teilschuldverschreibungen (Partialobligationen) einer österreichischen Anleihe an. Die von ihm zur Zeichnung gestellten Inhaberschuldverschreibungen waren eine finanztechnische Innovation.[1]

Welchem Vorbild die Bankiers folgten und ob die Anleihe von 1778 die erste ihrer Art war, ist bis heute ungewiss. Die entwickelte Schuldenwirtschaft Englands, die seit der ›Financial Revolution‹ an der Wende vom 17. zum 18. Jahrhunderts in vielem als Muster galt, dürfte zwar bei der öffentlichen Anleihe als neuer Verschuldungsform Pate gestanden, nicht aber ihre Ausgestaltung als Obligationenanleihe beeinflusst haben, da das Land nur Buch- und keine Briefschulden kannte. Auch das Kurfürstentum Sachsen, das bei der Finanzreform nach dem Siebenjährigen Krieg (1756–63) als erstes deutsches Territorium Inhaberschuldverschreibungen einführte, bot offenbar kein nachahmenswertes Beispiel. Wahrscheinlich ist, dass sich Gebr. Bethmann am Amsterdamer Kapitalmarkt orientierte. Dafür sprechen die Tradition von Inhaberpapieren in

Holland, die Erfahrung von Bankiers und Maklern mit der Emission derart verbriefter Anleihen sowie die wirtschaftliche Verflechtung zwischen den beiden Städten, die einen Transfer von Know-how begünstigte. Die Einführung der Inhaberschuldverschreibung in Frankfurt muss man sich nicht als einmaligen Akt, sondern als einen Prozess vorstellen, der mehrere Etappen durchlief: zunächst die Zerlegung der Anleihesumme in einzelne Schuldverschreibungen, die anfangs von befreundeten Bankhäusern übernommen wurden; dann die Vereinheitlichung der Anleihebedingungen und die Reduzierung des Nennwerts der Partialobligationen, sodass diese vertret- und damit handelbar sowie für einen größeren Kreis von Anlegern attraktiv wurden; schließlich die öffentliche Ausschreibung der Inhaberpapiere zur Zeichnung und die Formalisierung des Emissionsverfahrens. Nur soweit diese Linien in der österreichischen Anleihe von 1778 zusammenliefen, kann sie als die Geburtsstunde der Inhaberschuldverschreibung gelten.[2]

Die öffentliche Anleihe gegen Partialobligationen revolutionierte den Frankfurter Kapitalmarkt, denn sie verknüpfte vier Neuerungen zu einem innovativen System staatlicher Verschuldung: Dieses beruhte erstens auf versachlichten Schuldverhältnissen (Abschnitt b), zweitens auf einer neuen Technik öffentlicher Verschuldung (Abschnitt c), drittens auf einem Funktionswandel der Finanzinstitutionen (Abschnitt d) und viertens auf einem aufnahmefähigen, sich börsenmäßig organisierenden Kapitalmarkt (Abschnitt e). Zusammengenommen führten diese Neuansätze zu einem nachhaltigen Kommerzialisierungsschub (Abschnitt f).

b. Die Versachlichung der Schuldverhältnisse

Die öffentliche Anleihe gegen Inhaberschuldverschreibungen versachlichte die Schuldverhältnisse. Sie kam nicht mehr durch eine persönliche Vereinbarung zwischen zwei bekannten Personen zustande, sondern »*durch ein System menschlicher Einrichtungen zwischen einander unbekannten Personen nach objektiven Normen und schematisierten Formen*«. Bis zur Einführung der Inhaberschuldverschreibung im ausgehenden 18. Jahrhundert war das anders. Die vorher gebräuchlichen Schuldarten lassen sich als grundlegende Varianten einer persönlichen Verschuldungsform begreifen: des Darlehns. Dieses stellte rechtlich gesehen »*die – entgeltliche oder unentgeltliche – Überlassung eines bestimmten Kapitals, meist einer Geldsumme, zu zeitweiliger Nutzung*« dar. Schuldner und Gläubiger schlossen dazu einen Darlehnsvertrag, dessen Konditionen sie frei festlegten. Im Darlehnsschuldschein bestätigte der Darlehnsnehmer, vom Darleiher ein Darlehen erhalten zu haben, und versprach dessen Rückzahlung. Der Schuldschein lautete auf den Namen des Gläubigers; er diente Beweiszwecken, war eine Beweisurkunde. Da sich diese allein durch förmliche Zession übertragen ließ, konnte sie nur schwer zirkulieren. Hinzu kamen unterschiedliche Beträge, Zinsfüße und Rückzahlungstermine. Den Schuldscheinen fehlte es folglich an Vertretbarkeit und damit an Marktgängigkeit, sodass der Kreis potenzieller Gläubiger klein und territorial begrenzt blieb.[3] Auf diese Weise gaben etwa die oberdeutschen ›Merchant Bankers‹ im 16. Jahrhundert und die Hofjuden im 17. und 18. Jahrhundert Kredite an Kaiser und territoriale Gewalten.

Die Nachteile des Darlehns beseitigte die öffentliche Anleihe gegen Inhaberschuldverschreibungen.[4] Ihren Dreh- und Angelpunkt bildete mit dem Wertpapier eine Urkunde, »*die ein Privatrecht in einer Weise verbrieft, daß es ohne diese Urkunde nicht geltend gemacht werden kann*«. Wertpapiere wie Inhaberschuldverschreibungen verknüpften das verbriefte Recht so mit einem Papier, dass sich Forderungsrechte zwischen einander fremden Personen herstellen und einfach übertragen ließen; sie ›objektivierten‹ das Schuldverhältnis. Deshalb gründete die öffentliche Anleihe gegen Inhaberschuldverschreibungen zunächst auf einer anderen Art von Rechtsgeschäft: nicht der Überlassung von Kapital zur zeitweiligen Nutzung wie beim Darlehen, sondern dem Verkauf von Teilschuldverschreibungen an eine Reihe von Anlegern. Sodann waren die Begebungstechniken andere. Die öffentliche Anleihe kam nicht durch einen individuell ausgehandelten Darlehnsvertrag zustande; sie beruhte vielmehr auf der Massenemission von Forderungstiteln. Dadurch entstand ferner keine persönliche Kreditbeziehung zwischen Schuldner und Gläubiger; an deren Stelle trat ein versachlichtes Schuldverhältnis zwischen dem Emittenten der Anleihe und einer Vielzahl ihm unbekannter Personen, dem Publikum. Dieses erwarb anteilige Forderungsrechte an einem Gesamtschuldverhältnis; jene Rechte wurden nicht mehr durch einen Schuldschein beurkundet, sondern waren in einem Wertpapier ›verkörpert‹, das in aller Regel auf den Inhaber lautete.[5] Für die ›Obligationen au porteur‹, wie sie auch genannt wurden, waren drei Merkmale charakteristisch:

(1.) Jeder Inhaber der Obligation konnte das in ihr verbriefte Recht geltend machen; die bloße Innehabung der Urkunde legitimierte ihn dazu. Darum ließ sich die Forderung wie eine Ware durch bloße Einigung und Übereignung des Papiers übertragen. Das erleichterte die Formalisierung der Schuldverschreibungen: Beträge, Zinsfuß und Zinstermine, Laufzeiten und Rückzahlungsmodalitäten wurden vereinheitlicht, sodass die Obligationen voll vertretbar waren, sich für Börsen- und Spekulationsgeschäfte eigneten.

(2.) Das Inhaberpapier löste den Widerspruch zwischen dem Liquiditätsbedürfnis der Kreditoren, die kurze Fristen bevorzugten, und dem Interesse der staatlichen Schuldner, Gelder auf längere Zeit geliehen zu bekommen. Konnte der einzelne Gläubiger seine Forderung durch den Verkauf des Papiers leicht liquidieren, spielte die Laufzeit der Anleihe für ihn nur bei der Berechnung der Rentabilität noch eine Rolle.

(3.) Die ›Obligationen au porteur‹ mobilisierten und konzentrierten in- und ausländisches Kapital. Sie wirkten wie »*ein großes Pumpwerk, welches das Geld aus allen Teilen der Volkswirtschaft herausholt und in einem großen Reservoir vereinigt*«. Durch die Zerlegung der Anleihesumme in viele kleine Teile sprach die öffentliche Anleihe gegen Inhaberschuldverschreibungen bisher nicht erreichte Anleger an und erweiterte so den Kreis der Kreditoren. Zugleich erleichterte die Zirkulation der Effekten einen marktmäßigen Ausgleich von Kreditnachfrage und -angebot.[6]

c. Eine neue Technik der öffentlichen Verschuldung

Die Anleihe gegen Inhaberschuldverschreibungen brachte eine neue Technik der öffentlichen Verschuldung auf den Weg. Ausgehend von der österreichischen Anleihe des Jahres 1778 bürgerte sich ein bewährtes Emissionsverfahren ein. Dabei wurde nicht mehr der Emittent selbst, sondern in seinem Auftrag ein Bankhaus tätig. Am Anfang einer solchen Fremdemission stand deshalb ein Begebungs- oder Effektenübernahmevertrag. Er kam meist nach längeren Verhandlungen mit einem oder mehreren Bankiers zustande. In der Regel wurde die Anleihe per Submission an den Meistbietenden vergeben, auch wenn eingespielte Geschäftsbeziehungen, persönliche Verpflichtungen oder Nebenabsprachen dieses Vergabeprinzip immer wieder durchbrachen. Im ausgehandelten Vertrag verpflichtete sich das Emissionshaus, für den Emittenten eine Anleihe gegen Inhaberschuldverschreibungen aufzulegen. Dabei trat der Bankier meist nur als Anleihekommissionär auf. Er führte die Emission also nicht für eigene Rechnung, sondern kommissionsweise für jene des Emittenten aus. Diesem blieb das Absatzrisiko, wenn die Anleihe nicht fest, sondern ohne Obligo übernommen wurde. Der Begebungsvertrag legte außer Volumen und Konditionen, Rückzahlungsfristen sowie Tilgungsmodalitäten die Emissionsbedingungen und die Provisionen fest, welche die Bankiers für das Emissionsgeschäft erhielten. Aufgrund dieses Kontrakts schrieb das Bankhaus die Anleihe zur öffentlichen Zeichnung aus. Dazu wurde der Zeichnungsprospekt in Zeitungen veröffentlicht, und es ergingen Rundschreiben an Korrespondenten, die ihr geschäftliches Netzwerk nutzten, um die Obligationen abzusetzen. Die Subskription erstreckte sich auf beliebig hohe, stets aber der Stückelung der Anleihe angepasste Teilbeträge. Entsprechend ihrer Zeichnung wurden den Subskribenten die Partialobligationen zugeteilt. Gegenüber dem Emittenten rechnete das Bankhaus laufend über die eingegangenen Beträge ab. Da in der Regel keine festen Subskriptionstermine vereinbart waren, zog sich die Platzierung der Stücke über Monate, bisweilen auch über Jahre hin. Deshalb bevorschusste das Bankhaus meist den Verkauf der Partialobligationen. Auch nach dem Abschluss der Emission setzte sich die Geschäftsbeziehung zwischen Emittent und Emissionshaus fort: Die Bank zahlte in seinem Auftrag die jeweils fälligen Zinsen und sorgte dafür, dass die Anleihe termingerecht getilgt wurde.[7]

    Die Ausfertigung der Inhaberschuldverschreibungen folgte bestimmten Regeln. Vor, manchmal auch während oder erst nach Abschluss der Subskription stellte der Emittent eine Gesamtschuldverschreibung aus. Diese enthielt die üblichen Angaben wie Schuldner und Verschuldungsgrund, Anleihevolumen und Emissionshaus, Zinsfuß und Zinsperiode, Tilgungsfristen und -modalitäten, General- und Spezialhypothek sowie andere rechtliche Sicherungsklauseln. Außerdem ermächtigte sie den Bankier, die Hauptobligation in einen Anzahl von Partialobligationen aufzuteilen. Diese waren auf den Inhaber gestellt und mit Zinscoupons versehen. Je nach Absatzmöglichkeit und anvisiertem Anlegerkreis schwankte die Stückelung der Anleihe. Zunächst lauteten die Partialen auf gleiche Beträge, meist 1.000 Gulden. Später kamen auch unterschiedlich gestückelte Serien und kleinere Stücke von 500, 250 oder sogar 100 Gulden in Gebrauch. In der Regel fertigte das Emissionshaus die Inhaberschuldverschreibungen aus. Deshalb trugen diese häufig dessen Namen. So hießen die Partialen der österreichischen Anleihe von 1778 kurz ›Bethmännische Obligationen‹. Ein Notar bürgte dafür, dass die ausgestellten Inhaberschuldverschreibungen den Gesamtbetrag der Anleihe nicht überstiegen. Statt des Emissionshauses konnte aber auch der Emittent die Teilschuldverschreibungen ausstellen und sie dem Unternehmer zur Platzierung übergeben. In jedem Fall war es üblich, das Original der Hauptobligation beim Frankfurter Rechneiamt, der reichsstädtischen Finanzverwaltung, zu deponieren und den Partialobligationen einen Abdruck der Hauptschuldverschreibung beizugeben.[8]

Höhe und Ausstattung der Anleihen waren naturgemäß verschieden, wiesen aber bestimmte Regelmäßigkeiten auf. Das Volumen einer Anleihe überstieg im ausgehenden 18. Jahrhundert selten einige hunderttausend Gulden; erst zu Beginn des 19. Jahrhunderts kamen Millionenanleihen auf. Das unterstreicht den Mobilisierungs- und Konzentrationseffekt der Obligationenanleihe. Der Zinssatz bewegte sich nominal zwischen 4½ und sechs Prozent; fünf Prozent waren das Übliche. Da die Stücke oft unter pari emittiert oder Prämien gewährt wurden, um ihren Absatz zu erleichtern, lag die Rendite höher. Außerdem musste zumindest der Emittent die Provisionen, die er den Bankiers zu zahlen hatte, auf die Laufzeit umlegen, wollte er seine effektive Belastung ermitteln. Provision forderte das Emissionshaus nicht nur für die Platzierung der Anleihe, sondern auch für die Einlösung der Zinscoupons und die Rückzahlung des Kapitals. Üblich waren zwei bis 2½ Prozent Platzierungs- sowie je ein halbes Prozent Zins- und Kapitalzahlungsprovision. Bei längeren Laufzeiten erhöhte sich die Provision; bei scharfer Konkurrenz oder bei Erstgeschäften konnten die Emittenten dagegen niedrigere Sätze aushandeln. Recht einheitlich stellten sich die Sicherheiten dar, die einzuräumen waren. Sie zeigen, dass sich die Vorstellung von einem öffentlichen Kredit nur langsam durchzusetzen begann. So waren außer formalen Sicherungsklauseln dingliche Sicherheiten weiterhin unerlässlich. Dabei reichte eine Generalhypothek auf sämtliche Einnahmen des Emittenten nicht aus. Noch immer wollten Bankiers und Zeichner ihre Forderungen durch eine Spezialhypothek auf ganz bestimmte Einnahmen oder die Einkünfte einzelner Landesteile gesichert wissen.[9]

Bei allen Anleihen, die auf dem Frankfurter Kapitalmarkt begeben wurden, handelte es sich um Tilgungsanleihen. Weder Schuldner noch Gläubiger konnten diese während der Laufzeit kündigen. Die Rückzahlung erfolgte durch Amortisation des Kapitals. Gesamtfällige Anleihen hätten die öffentlichen Kassen finanziell überfordert. Der sukzessiven Tilgung lag ein genauer, vorher festgelegter Plan zugrunde. Dieser sah eine vertragliche, meist aufgeschobene Tilgung vor. Die Rückzahlung setzte dann nach wenigen Freijahren ein und erfolgte in jährlich gleich hohen Raten. Fällige Stücke auszulosen, war unüblich; durchweg standen bestimmte Serien an festen Terminen zur Rückzahlung an, kleine Stücke früher als große. Die Laufzeiten schwankten, wurden aber länger. An der Wende vom 18. zum 19. Jahrhundert bewegten sich die Gesamtlaufzeiten je nach Volumen, Anzahl der Freijahre und Höhe der Tilgung zwischen zehn und 20 Jahren; die mittleren Laufzeiten waren entsprechend kürzer.[10]

d. Funktionswandel: Kreditvermittlung statt Kreditgewährung

Die öffentliche Anleihe gegen Inhaberschuldverschreibungen löste einen Funktionswandel der Finanzinstitutionen aus. An die Stelle der Kreditgewährung trat mit der

Emission von Effekten für fremde Rechnung die Kreditvermittlung. Mit der Inhaberschuldverschreibung wurde die Technik des Emissionsgeschäfts aus Holland importiert. Die zahlreichen Emissionen festverzinslicher Wertpapiere für ausländische Staaten, die Amsterdamer Bankhäuser wie Hope & Co. auf dem dortigen Kapitalmarkt unternahmen, dürften das Vorbild abgegeben haben, an dem sich die Frankfurter Bankiers orientierten. Von ihnen stieg als erstes das Bankhaus Gebr. Bethmann mit der österreichischen Anleihe von 1778 in das Effektengeschäft ein. Damit begann ein Prozess der Spezialisierung und Professionalisierung.[11]

Zunächst unterschieden sich die Geschäfte von Gebr. Bethmann nicht von denen anderer ›Merchant Bankers‹. Das Haus betrieb seit seiner Gründung im Jahre 1748 einen ausgedehnten Eigenhandel in Kaffee, Tee und Wein sowie den Farbstoffen Indigo und Cochenille, engagierte sich im Speditions- und Kommissionshandel und spekulierte mit Kolonialwaren. Bald gliederten sich Zahlungsgeschäfte, Giro- und Depositenverkehr sowie Wechselhandel und Wechselkredit an. Schließlich kam die Staatsfinanzierung hinzu. Zwischen 1754 und 1778 gewährte Gebr. Bethmann, teils allein, teils zusammen mit anderen ›Merchant Bankers‹, verschiedenen kleineren und mittleren Territorien insgesamt 30 Darlehen. Deren Umfang blieb bescheiden: knapp 2½ Mio. Gulden in mehr als 20 Jahren. Erst als Gebr. Bethmann die öffentliche Anleihe gegen Inhaberschuldverschreibungen auf dem Frankfurter Markt einführte, expandierte das Emissionsgeschäft. Mehrere Jahrzehnte lang monopolisierte das Bankhaus die Platzierung von Effekten für das Kaiserhaus Österreich; sämtliche Anleihen auf dem Frankfurter Kapitalmarkt wurden von ihm zur Zeichnung aufgelegt. Auch bei den übrigen Emittenten sicherten sich die Bankiers einen Konkurrenzvorsprung. Bis 1815 übernahmen sie weitere 39 Emissionen mit einem Volumen von fast 40 Mio. Gulden. Bald begannen auch andere Frankfurter Häuser, sich für das lukrative Emissionsgeschäft zu interessieren. Benjamin Metzler seel. Sohn & Co. sowie Johann Ludwig Willemer & Co. platzierten Effekten für die Krone Preußens; Rüppell & Harnier legte Anleihen verschiedener deutscher Territorien zur Zeichnung auf; und Meyer Amschel Rothschild & Söhne gab sein Debüt mit der Emission dänischer Papiere.[12]

Das Emissionsgeschäft war für die Frankfurter Bankhäuser hoch attraktiv. Denn sie brauchten den öffentlichen Schuldnern nicht mehr selbst Kredite zu gewähren und dabei eigene wie fremde Mittel mit erheblichem Risiko auf längere Zeit festzulegen. Stattdessen traten die Emissionsbanken nur noch als Kreditvermittler auf. Den Emittenten stellten sie Dienstleistungen und ihren abstrakten Emissionskredit zur Verfügung; dem Publikum boten sie Anlagemöglichkeiten für disponible Geldvermögen sowie Informationen über den Schuldner und übernahmen eine gewisse moralische Verpflichtung für dessen Bonität. Damit beschränkte sich die Tätigkeit der Banken im Wesentlichen auf drei Funktionen: Zum einen berieten sie den Emittenten in Fragen der Anleiheausstattung und des Emissionszeitpunkts. Zum anderen trugen die Bankhäuser das Emissionsrisiko, wenn sie eine Anleihe oder Teile von ihr fest übernahmen und nicht lediglich als Kommissionäre tätig wurden. Schließlich vertrieben die Banken die Effekten und sorgten später für Zahlung der Zinsen sowie Tilgung des Kapitals. Indem sie solche Beratungs-, Risiko- und Vertriebsfunktionen übernahmen, verminderte sich das eingesetzte Kapital. Trotzdem ließen sich beim Emissionsgeschäft hohe Gewinne erzielen, die oft höher waren als bei direkt gewährten Krediten. Allein die Provisionen, welche für die Platzierung der Anleihe sowie für die Zahlung von Zins und Kapital anfielen, warfen bereits stattliche Erträge ab, und einträgliche Nebengeschäfte kamen hinzu. Entscheidend für die Attraktivität der Emissionstätigkeit war aber, dass sie sich nahtlos in die bisherige Geschäftspolitik der ›Merchant Bankers‹ einfügte. Wie die Finanzierung von Warengeschäften oder der Wechselhandel stellte die Emission von Effekten eine kurzfristige, selbstliquidierende und gewinnbringende Operation dar. Insofern unterschied sich das Emissionsgeschäft, zumal wenn es auf Kommissionsbasis erfolgte, von den angestimmten Transaktionen dieser Häuser im Gegenstand, der gehandelt, nicht aber in der Technik, die angewendet wurde.[13]

e. Ein aufnahmefähiger, sich börsenmäßig organisierender Kapitalmarkt

Die öffentliche Anleihe gegen Inhaberschuldverschreibungen ließ in Frankfurt seit den 1770er-Jahren einen aufnahmefähigen Kapitalmarkt entstehen, dessen Struktur von den Marktteilnehmern geprägt wurde. Das waren einerseits die Emittenten, jene großen Schuldner, die Anleihen auflegten, andererseits die Anleger oder Gläubiger, welche die Anleihen zeichneten oder bereits emittierte Papiere erwarben. Beide, Nachfrager wie Anbieter, trugen dazu bei, dass sich der Kapitalmarkt in einer Effektenbörse institutionalisierte.[14]

Auf dem Frankfurter Kapitalmarkt traten zwischen 1770 und 1815 über zwei Dutzend Staaten, Territorien und Städte als Emittenten auf. Dem Emissionsvolumen nach stand Österreich mit weitem Abstand an der Spitze. Von 1778 bis 1796 legte es Effekten im Nennwert von über 43 Mio. Gulden auf. Rechnet man die Konversionsanleihe von 1803/04 hinzu, bei der alte Anleihen in neue umgeschuldet wurden, waren es fast 80 Mio. Gulden. Neben Österreich zählten Dänemark mit 16 Mio., Preußen mit 14 Mio. und Bayern mit 13 Mio. Gulden zur Spitzengruppe. Die anderen Schuldner folgten mit Emissionen zwischen acht und 3,5 Mio. Gulden in mehr oder minder großem Abstand: die Stadt Frankfurt, das benachbarte, chronisch überschuldete Hessen-Darmstadt, die verschiedenen nassauischen Territorien, Baden sowie Leiningen. Westfalen, der napoleonische Modellstaat, Schweden sowie Kurmainz zählten schon zu den kleineren Emittenten. Alle anderen weltlichen und geistlichen Territorien, Reichskreise und Reichsstädte nahmen weniger als eine Million Gulden auf.[15]

Die Zusammensetzung der Emittenten veränderte sich vom ausgehenden 18. zum beginnenden 19. Jahrhundert. Bis in die Neunzigerjahre beherrschten die österreichischen Emissionen unangefochten den Markt. Von 1778 an legte Österreich mit nur einer kurzen Unterbrechung Jahr für Jahr zunächst eine, dann mehrere Anleihen auf. Ihr Volumen war mit 240 000 Gulden jährlich am Anfang noch verhältnismäßig klein, stieg aber bald auf 1,2 Mio. Gulden und erreichte zur Zeit des Ersten Koalitionskriegs (1792–97) im Jahre 1795 mit 13,5 Mio. Gulden einen Höchststand. Zwei Jahre später brach die Emissionstätigkeit ab. Österreichische Effekten ließen sich beim Publikum nicht mehr unterbringen, da der Schuldendienst stockte und die Einlösungspflicht für Noten des Wiener Stadtbanco aufgehoben worden war. Bis zu diesem Zeitpunkt hatte das Kaiserreich 55 Anleihen auf dem Frankfurter Markt platzieren können. Das Ende des Österreichgeschäfts machte den Weg frei für dänische, preußische und bayerische

Anleihen. Sie füllten die Lücke aus, die der Rückzug des Habsburgerreichs hinterlassen hatte.[16]

Zu den Marktteilnehmern zählten zweitens die Anleger. Über sie liegen nur spärliche Informationen vor, da die Einführung der Inhaberschuldverschreibung eine Anonymisierung der Gläubiger zur Folge hatte. Immerhin lassen sich zwei Tendenzen erkennen: Erstens wurde nur ein kleiner, vermutlich abnehmender Teil der auf dem Frankfurter Kapitalmarkt emittierten Wertpapiere in der Reichsstadt untergebracht. Zwar zeichneten die in Frankfurt ansässigen ›Merchant Bankers‹ Posten neu aufgelegter Papiere. Sie dienten der kurzfristigen Anlage, um Schwankungen von Angebot und Nachfrage auf dem Geldmarkt auszugleichen, oder der Spekulation. Selten suchten die Bankiers jedoch eine längerfristige Anlage in Staatspapieren. Das hätte ihrer Unternehmenspolitik widersprochen, die auf einen häufigen Umschlag, nicht aber auf eine Festlegung des eingesetzten Kapitals zielte.[17] Größer war das langfristige Anlagebedürfnis bei den Verwaltern von Stiftungen, Mündelgeldern und Familienfideikommissen. Sie gehörten zu den wichtigsten professionellen Investoren in der Stadt. Schließlich zeichneten Kaufleute, Gewerbetreibende und andere wohlhabende Privatpersonen Partialobligationen. Diese gewannen als Kapitalanlage im ausgehenden 18. Jahrhundert gegenüber den privaten Darlehen gegen Schuldschein, den so genannten Gülten, an Bedeutung.[18]

Eine zweite Tendenz lässt sich ebenfalls mit einiger Sicherheit feststellen. In erheblichem, vor allem wachsendem Umfang müssen Gläubiger außerhalb von Frankfurt Anleihen gezeichnet oder Effekten gekauft haben. Denn wenn die öffentliche Anleihe gegen Inhaberschuldverschreibungen die Staatsfinanzierung auch für breitere Anlegerkreise attraktiv machte, kann doch das Kapitalangebot aus der Reichsstadt allein weder die Expansion des Wertpapiermarktes noch seine Aufnahmefähigkeit am Ende des 18. Jahrhunderts erklären. Aufschluss geben die Geschäftsbücher der Frankfurter Bankiers. Sie zeigen, dass zahlreiche Firmen und Privatpersonen Konten bei ihnen unterhielten und dort ihre Wertpapierdepots verwalten ließen. Allein das Bankhaus Gebr. Bethmann führte im frühen 19. Jahrhundert 1.611 Konten. Davon entfielen auf Personen und Firmen in Deutschland 53 Prozent, in Holland 16 Prozent, in Frankreich zehn Prozent und in Österreich acht Prozent. Außerdem bestanden Geschäftsverbindungen mit Italien und England, Russland und der Schweiz sowie nach Übersee. Der Absatz der Effekten folgte den Bahnen dieser Geschäftsverbindungen. Auf dem Gebiet des Alten Reichs zählte zu den Effektenkäufern mit Sicherheit die höhere Beamtenschaft. Zu den Zeichnern gerade der österreichischen Anleihen müssen darüber hinaus die traditionell zum Kaiserhaus neigenden adeligen und kirchlichen Kreise Süd- und Mitteldeutschlands gerechnet werden. Schließlich gab es auf dem Frankfurter Kapitalmarkt einen Anleger, der alle anderen überragte: den Landgrafen und späteren Kurfürsten von Hessen-Kassel. Seine großen, ständig nach Anlage suchenden Gelder gingen auf den lukrativen Soldatenhandel, vor allem auf die Subsidienverträge mit England zurück. Anfangs legte das Kriegszahlamt, das die landgräflichen Gelder verwaltete, diese in Form von Schuldscheindarlehen bei zahlreichen deutschen Territorien an. Kurz vor der Jahrhundertwende begann es dann, öffentliche Anleihen zu zeichnen, die auf dem Frankfurter Kapitalmarkt emittiert wurden. Hier war der Fürst mit jährlichen Neuinvestitionen von knapp einer Million Gulden sowie der Wiederanlage zurückgezahlter

Kapitalien in Höhe von fast 1,5 Mio. Gulden zwischen 1801 und 1806 der mit Abstand größte Anleihezeichner.¹⁹

Der Frankfurter Kapitalmarkt expandierte aber nicht nur als Primär-, sondern auch als Sekundärmarkt, der dem Handel bereits platzierter Effekten diente. Solange die Umsätze im Effektenhandel gering blieben, erfolgte dieser noch in unorganisierter Form. Das änderte sich spätestens in den 1780er-Jahren. Die wachsende Kreditnachfrage, die immer schnellere Abfolge von Anleiheemissionen sowie die wechselnden politischen Konjunkturen zogen Kursrückgänge, Emissionen unter pari und Baissespekulationen nach sich. Parallel dazu nahm der Organisationsgrad des Markts zu. Indem dieser die alte Frankfurter Wechselbörse nutzte, begann der Effektenmarkt, sich institutionell zu verfestigen. Er griff dabei auf den bewährten und eingespielten Apparat des hoch organisierten Geldmarkts zurück. So wurden an der Börse neben Wechseln seit etwa 1780 auch Wertpapiere gehandelt. Später als der Effektenhandel setzte die Kursnotierung ein. Sie knüpfte ebenfalls an die Praktiken der Wechselbörse an. Ende des 18. Jahrhunderts fingen vereidigte wie nichtvereidigte Wechselmakler an, neben den Wechselkursen auch Effektenkurse festzusetzen und auf eigenen Kurszetteln zu veröffentlichen. Die laufende Kursnotierung lässt spätestens seit der Wende vom 18. zum 19. Jahrhundert auf einen regen Handel in Staatspapieren schließen.²⁰

f. Die Kommerzialisierung der öffentlichen Schuld

Die Anleihe gegen Inhaberschuldverschreibungen, die das Bankhaus Gebr. Bethmann 1778 für das Kaiserhaus Österreich auflegte, stieß einen Prozess der Kommerzialisierung der öffentlichen Schuld an. Dieser brachte nicht nur eine Versachlichung der Schuldverhältnisse und ihre ›Verkörperung‹ in Wertpapieren sowie eine neue Technik öffentlicher Verschuldung mit sich, sondern führte auch zu einer Professionalisierung des Emissionsgeschäfts in der Hand von Effektenbanken sowie zum Aufstieg eines aufnahmefähigen Kapitalmarkts, der den Kreis der Anleger erweiterte. Das alles waren langfristige Prozesse, welche die Anleihe von 1778 entweder anschob oder beschleunigte, in jedem Fall aber in ein neuartiges System öffentlicher Verschuldung überführte. Dieses gehört nicht nur zur »*Kommerzialisierung des Wirtschaftslebens*«, die Werner Sombart beschrieben hat; es war auch, selbst wenn seine Entstehung anderen Zeitrhythmen folgte, auf vielfache Weise mit dem Aufkommen moderner Staatlichkeit während der »*Sattelzeit*« (Reinhart Koselleck) in den Jahrzehnten um 1800 verschränkt.²¹

Doch hatte die Einführung der Inhaberschuldverschreibung Folgen, die weit über die Zeit an der Wende vom 18. zum 19. Jahrhundert hinausreichten. Denn die neue Form der Verschuldung entwickelte sich zum vorherrschenden Finanzierungsinstrument der öffentlichen Hände seit dem 19. Jahrhundert und wurde zur tragenden Säule des ›Fiscal State‹ im 20. Jahrhundert.²² Zu dessen hervorstechendsten Merkmalen zählen ein hohes Ausgabenniveau, bestimmt durch Militär-, vor allem aber durch Wohlfahrtsaufwendungen, ein entwickeltes, auf möglichst hohes Aufkommen gerichtetes und zugleich wirtschaftliches Wachstum förderndes Steuersystem mit Einkommen- und Umsatzsteuern sowie eine leistungsfähige Schuldenwirtschaft, die auf nationale wie internationale Märkte zurückgreifen kann und die Verschuldung bei niedrigen Zinsen sowie fehlendem Zwang zur Reduktion der Verbindlichkeiten in einem bisher ungekannten Maß auszuweiten in der Lage ist. Diese *»dynamic interaction of expenditure, revenue and credit«* erlaubt es, den Anteil des Staates am Sozialprodukt in einem Prozess des *»self-sustained growth«* evolutiv derart zu vergrößern, dass sich eine Reduktion der Staatsquote nur unter größten Schwierigkeiten politisch durchsetzen lässt. Ohne die Inhaberschuldverschreibung, die das Bankhaus Gebr. Bethmann auf dem Frankfurter Kapitalmarkt eingeführt hat, wäre diese Expansion des ›Fiscal State‹ nicht möglich gewesen. Darin ist die bis in die Gegenwart fortwirkende Bedeutung der Finanzinnovation des Jahres 1778 zu sehen.

1 Zit. n. Belli, Leben, S. 149.
2 England: Dickson, Revolution, S. 457 ff. – Sachsen: Däbritz, Staatsschulden, S. 52 ff. – Amsterdam: Riley, Finance, S. 35 ff.; Neal, Rise, S. 44 ff.; Hecht, Beitrag; Buist, Spes, S. 19 ff. – Amsterdam-Frankfurt: Dietz, Handelsgeschichte IV/2, S. 620 ff.; ders., ›Geld- und Börsengeschäfte vor 1854‹, in: Aktionär vom 3. Januar 1940, S. 4–7, hier S. 6; Ehrenberg, Vermögen I, S. 131 ff.; Heyn, Banking, S. 42 ff. – Einbürgerung: Dietz, Handelsgeschichte IV/2, S. 626 ff.; Handelskammer zu Frankfurt am Main, Geschichte, S. 1092 ff.
3 ›Versachlichung‹: Sombart, Kapitalismus II/2, S. 1077 ff.; ders., Volkswirtschaft, S. 189 ff.; ders., Juden, S. 62 (Zitat). – Definition: Larenz, Lehrbuch I, S. 241 ff. (Zitat: S. 241). – Entwicklung: Stobbe, Handbuch III, S. 293 ff.; Gierke, Privatrecht III, S. 575 ff. – Schuldschein: Hueck/Canaris, Recht, S. 1 ff.
4 Aus juristischer Perspektive Rinjes, Anleihen, S. 117 ff.
5 Zöllner, Wertpapierrecht, S. 2 ff. (Zitat: S. 18); Lutter, Wertpapierrecht.
6 Kuntze, Lehre; Freund, Rechtsverhältnisse (Zitat: S. 1); aus heutiger Sicht Zöllner, Wertpapierrecht, S. 20 ff.; Hueck/Canaris, Recht, S. 27 ff.
7 Einzelheiten bei Ullmann, Staatsschulden, S. 74 ff., 268 ff. – Emission: Dreißig, Technik, S. 78 ff.; Freund, Rechtsverhältnisse, S. 81 ff.; Nebenius, Kredit, S. 395 ff.; Lotz, Technik, S. 6 ff.
8 Vgl. Handelskammer zu Frankfurt am Main, Geschichte, S. 1095 ff., mit einer Liste der beim Rechneiamt deponierten Originalhauptschuldverschreibungen; Dietz, Handelsgeschichte IV/2, S. 753 ff.; Bansa, Bankiersgewerbe, S. 90 ff.
9 Entwicklung des öffentlichen Kredits: Landmann, Entwicklungsgeschichte. – Sicherheiten: Nebenius, Kredit, S. 392 ff.; Wagner, Staatsschulden, S. 33 ff.; Freund, Rechtsverhältnisse, S. 157 ff.
10 Nebenius, Kredit, S. 414 ff.; Gönner, Staats-Schulden, S. 105 ff.; Wagner, Staatsschulden, S. 19 ff.; Freund, Rechtsverhältnisse, S. 177 ff.
11 Banken: Klein, Anfängen, S. 249 ff. – Effektenbanken: Metzler, Studien. – Hope & Co.: Buist, Spes. – Gebr. Bethmann: Pallmann, Simon Moritz Bethmann; Helbig, Bethmanns; Bethmann, Bankiers; Dietz, Handelsgeschichte IV/2, S. 620 ff.; Achterberg, Bankherren, S. 33 ff.; Forstmann, Simon Moritz von Bethmann; Heyn, Banking.
12 Pallmann, Simon Moritz Bethmann, S. 567 ff.; Dietz, Handelsgeschichte IV/2, S. 629 f., 768 f. – Frankfurter Emissionshäuser: ebd., S. 620 ff.; Voelcker, Geschichte; Müller, Johann Jakob Willemer; Sauer, Finanzgeschäfte, S. 85 ff.; Berghoeffer, Meyer Amschel Rothschild; Conte Corti, Aufstieg; Gille, Histoire; Ferguson, Geschichte I.
13 Lotz, Technik; Friedrich, Begebung; Sattler, Effektenbanken; Dreißig, Technik, S. 78 ff.
14 Holtfrerich, Finanzplatz, S. 110 ff.; Ullmann, Kapitalmarkt.
15 Berechnet nach Dietz, Handelsgeschichte IV/2, S. 753 ff. (alle Angaben im 24-Guldenfuß).
16 Brandt, Neoabsolutismus I, S. 47 ff.; Ullmann, Finanzkrise.
17 Heyn, Banking, S. 237 ff.; Landes, Bankers, S. 2 ff.
18 Institut für Stadtgeschichte Frankfurt am Main, Nachlassakten 1813–1920.
19 Heyn, Banking, S. 189 ff.; Zerres, Wechselplätze; Zellfelder, Kundennetz; Sauer, Finanzgeschäfte, S. 3 ff., 82 ff.

20 Spekulation: Handelskammer zu Frankfurt am Main, Geschichte, S. 1094 f., 1101 ff.; Samuel, Effektenspekulation; Neidlinger, Studien, S. 39 ff.; Bansa, Bankiergewerbe, S. 76 ff. – Wertpapierbörse: Holtfrerich, Finanzplatz, S. 110 ff.; Kaufhold, Übergang, S. 108 ff.; Wormser, Frankfurter Börse, S. 8 ff.; Trumpler, Geschichte. – Kurse: Institut für Stadtgeschichte Frankfurt am Main, Handel, Kurse der Staatspapiere 1797–1812.

21 ›Kommerzialisierung‹: Sombart, Kommerzialisierung; Weber, Wirtschaftsgeschichte, S. 238 ff. – Staatsbildung und Finanzentwicklung: Ullmann, Steuerstaat, S. 13 ff.

22 Ormrod/Bonney: Crisis, S. 1–21 (Zitate S. 18).

Thorsten Wehber

[7.]

Das preußische Sparkassenreglement von 1838

Individuelle finanzielle Vorsorge in kommunaler Regie

a. Sparkassengesetz und Sparkassenentwicklung

Als König Friedrich Wilhelm III. am 12. Dezember 1838 das ›Reglement, die Einrichtung des Sparkassenwesens betreffend‹ unterzeichnete, konnten die Sparkassen in Preußen bereits auf eine zwanzigjährige Geschichte zurückblicken. Die Gründung der ersten deutschen Sparkasse in Hamburg (zugleich die älteste Sparkasse der Welt) lag sogar schon 60 Jahre zurück. Preußen war auch nicht der erste deutsche Staat, der den Sparkassen besondere Aufmerksamkeit widmete. Jedoch war er der erste, der für sie einen gesetzlichen Rahmen mit Normen für die Geschäftstätigkeit, die Organisation und die staatliche Beaufsichtigung schuf und dadurch einen starken Impuls für die weitere Verbreitung kommunaler Sparkassen gab.

Der Aufsatz schildert zunächst (Abschnitte b und c) die Entwicklung der frühen Sparkassen, die Gegenstand der Regulierung von 1838 wurden, dann (Abschnitt d) das Reglement und seine Begründung selbst und schließlich (Abschnitt e) die durch das Gesetz mit ausgelöste Expansion der Sparkassen im weiteren Verlauf des 19. Jahrhunderts sowie die Fortgeltung des Gesetzes im 20. Jahrhundert.

b. Die frühen Sparkassen: Gründungen ›von oben‹ im Zeichen der Aufklärung

Die Sparkassenidee entwickelte sich in Deutschland in enger Beziehung zur Aufklärung und der in ihr wirksamen Vorstellung einer rationalen Ordnung von Staat und Gesellschaft. Als die ständisch geordnete, vorindustrielle Welt allmählich modernen Strukturen Platz machte, entstanden neue Konzepte, wie sozialen Missständen – vor allem der Armut großer Bevölkerungsteile – besser und humaner begegnet werden könnte. Angeregt durch Knappschaftskassen, wie sie seit langem im Bergbau bestanden, skizzierte der Ökonom Johann Heinrich Justi schon 1761 einen Plan, in jeder großen Stadt eine ›Manufaktur-Armen-Casse‹ einzurichten, in die jeder Arbeiter wöchentlich eine kleine Geldsumme einzahlen sollte.[1] Bei Justi findet sich erstmals der Begriff ›Spahr-Casse‹ im Zusammenhang mit einer Institution zur finanziellen Vorsorge.[2]

Die praktische Umsetzung des Sparkassengedankens gelang 17 Jahre später in der Freien Reichsstadt Hamburg. Dort hatte sich 1765 die ›Gesellschaft zur Beförderung der Künste und nützlichen Gewerbe‹ (›Patriotische Gesellschaft‹) konstituiert.[3] In ihr hatten sich fortschrittlich gesinnte Mitglieder der städtischen Oberschicht zusammengeschlossen, um soziale und ökonomische Probleme ihres Gemeinwesens durch bürgerschaftliches Engagement anzugehen. 1778 gründete die Gesellschaft eine ›Allgemeine Versorgungs-Anstalt‹, die zehn verschiedene Vorsorgetarife – ›Classen‹ genannt – in sich vereinigte.

Neben Erlebens-, Todesfall- und Sterbegeldversicherungen umfasste die Versorgungsanstalt eine als ›Ersparungs-Classe‹ bezeichnete Sparkasse.[4] Anders als die übrigen Tarife war sie nicht für Angehörige der Mittelschicht bestimmt. Vielmehr wurde sie *»zum Nutzen geringer fleißiger Personen beyderley Geschlechts, als Dienstboten, Tagelöhner, Handarbeiter, Seeleute, und dergleichen errichtet, um ihnen Gelegenheit zu geben, auch bei Kleinigkeiten etwas zurückzulegen, und ihren sauer erworbenen Noth- oder Brautpfennig sicher zu einigen Zinsen belegen zu können«.*[5] Die Höhe des Gesamtguthabens eines Sparers war nach oben auf 150 Mark (Hamburgisch Courant) und nach unten auf 15 Mark begrenzt.[6] Gemessen an den Verdienstmöglichkeiten der Zielgruppen kann die Mindesteinlage keineswegs als klein bezeichnet werden. Sie war aber offenbar so gering, dass sie anderswo nicht oder nur unter Schwierigkeiten sicher und zinsbringend platziert werden konnte.[7] Insofern war die ›Ersparungs-Classe‹ eine institutionelle Innovation: Sie gab auch Menschen mit geringem und prekärem Einkommen den Anreiz und die Möglichkeit, regelmäßig und langfristig zu sparen.

Die ›Ersparungs-Classe‹ bestand erfolgreich bis in die Napoleonische Zeit. 1810 erreichte ihr Einlagenbestand eine Million Mark. Als Hamburg im selben Jahr in das französische Kaiserreich eingegliedert wurde, kündigten die Sparer jedoch panikartig ihre Einlagen. Die Kasse musste geschlossen und anschließend liquidiert werden.[8]

Für die Verbreitung der Sparkassenidee waren die Netzwerke der Aufklärung entscheidend: der intensive Wissens- und Gedankenaustausch zwischen Intellektuellen, Beamten und den vielerorts bestehenden gelehrten und gemeinnützigen Sozietäten, der über persönliche Kontakte und zahlreiche Zeitschriften erfolgte.[9] 1782 wurde die Hamburger ›Ersparungs-Classe‹ in den auflagenstarken ›Stats-Anzeigen‹, die der Göttinger Professor August Ludwig Schlözer herausgab, einem großen Publikum vorgestellt.[10] Die Gründung einer am Hamburger Muster orientierten ›Ersparungs-Casse‹ für das Herzogtum Oldenburg 1786 verdankte sich engen Beziehungen zwischen den in Hamburg aktiven Reformern und der herzoglichen Regierung.[11]

Zum Zentrum der frühen Sparkassenbewegung entwickelte sich das unter dänischer Herrschaft stehende Schleswig-Holstein. Dort entstanden um die Wende zum 19. Jahrhundert neben zwei Gutssparkassen[12] Institute in Kiel (1796) und Altona (1801), die von den in Hamburg und Oldenburg bereits bestehenden Sparkassen beeinflusst waren. Die von der ›Gesellschaft freiwilliger Armenfreunde‹ in Kiel gegründete Sparkasse wich jedoch in zwei wichtigen Punkten von diesen ab. Zum einen verzichtete sie auf eine Begrenzung der Zielgruppe auf Angehörige der Unterschicht. Vielmehr konnten »*Alle und jede, welche von ihrem Lohne oder sonstigem ehrlichem Erwerbe erübrigen oder zurüklegen [sic] wollen*«, Kunden werden.[13] Zum anderen war schon bei Gründung der Sparkasse auch die Errichtung einer Leihkasse vorgesehen, die 1799 auch erfolgte. Sie hatte den Zweck, den »*Mitbürgern in der gewerbsamen Klasse in der Betreibung ihres Handwerkes oder ihrer Kunst den Ankauf von Materialien, Geräthschaften oder sonst eine erhebliche Auslage durch mäßigen Kredit oder Vorschus ohne Unterpfand [...] zu erleichtern.*«[14]

Nachdem bei der Kieler Spar- und Leihkasse die Verbindung einer Spareinrichtung für jedermann mit einem Kreditinstitut speziell für den gewerblichen Mittelstand praktiziert worden war, brachte die 1801 in Göttingen gegründete ›Spar- und Leih-Casse‹ eine andere richtungsweisende Neuerung. Sie wurde durch den Magistrat errichtet, der auch die Verwaltung des Instituts beaufsichtigte. Für die bei der städtischen Lombardkasse angelegten Kapitalien der Einleger garantierte die Stadtkämmerei.[15] Es handelte sich mithin um die erste kommunale Sparkasse.

Obwohl es eine Reihe von weiteren Projekten in verschiedenen deutschen Regionen gab,[16] wurden bis zum Ende der Napoleonischen Zeit nur wenige Sparkassen und sparkassenähnliche Institute gegründet, so in der Grafschaft Lippe-Detmold 1804 eine ›Leihbank‹, die auch »*kleine Capitalien*« annahm,[17] und in Darmstadt 1808 durch den Großherzog von Hessen eine ›Ersparungskasse‹.

Für die Entstehung der Sparkassen spielte der Umstand eine entscheidende Rolle, dass die Kreditwirtschaft im 18. und frühen 19. Jahrhundert wenig entwickelt war. Privatbankiers tätigten ihre Geschäfte vor allem in Handels- und Residenzstädten und bedienten eine vermögende adlige und bürgerliche Kundschaft. Von den in vielen Territorien existierenden staatlichen oder ständischen Kreditinstituten standen insbesondere die Pfandhäuser auch der breiten Bevölkerung zur Verfügung. Ihre soziale Aufgabe war die Hilfe bei schon eingetretenen finanziellen Notlagen, aber nicht deren Vorbeugung.[18] Zu erwähnen sind schließlich auch Witwen- und Waisenkassen, die die Vermögensanlage und -verwaltung für ihre Klientel bezweckten. Waisenkassen, wie sie vor allem in Südwestdeutschland existierten, werden zuweilen – ebenso wie Leihhäuser – als Vorläufer der Sparkassen angesehen. Allerdings war ihr Kundenkreis auf verwaiste Kinder und Jugendliche begrenzt.[19]

Über dem Mangel an Banken darf nicht übersehen werden, dass den Menschen andere Wege offen standen, Kapital zu leihen oder anzulegen. Neben gewerbsmäßigen Geldverleihern fungierten Klöster und Stifte, städtische Kassen sowie kirchliche und andere mildtätige Stiftungen als Kreditgeber. Neuere Forschungen belegen zudem die immense Bedeutung des privat organisierten Kredits.[20] Wenn jemand Kapital benötigte, wandte er sich in der Regel zuerst an Verwandte, Nachbarn und andere Personen im engeren sozialen und lokalen Umfeld.

Umgekehrt war ein privat vergebenes Darlehen ein gebräuchliches Instrument, um vorhandenes Kapital anzulegen. Angehörige der städtischen und ländlichen Unterschichten deponierten Ersparnisse oft bei ihren Arbeitgebern oder anderen als vertrauenswürdig geltenden Personen.[21] Diese Praktiken waren allerdings mit unkalkulierbaren

Verlustrisiken behaftet, sodass die durch ihren Gewährträger abgesicherte Sparkasse einen großen Vorzug besaß.

Die vor 1815 errichteten Sparkassen standen konzeptionell in enger Beziehung zueinander. Dennoch gab eine Reihe von Unterschieden zwischen ihnen. Gründer und Träger waren entweder private Vereinigungen, Landesherren beziehungsweise staatliche Institutionen oder Kommunen. Der Kreis der Einleger war zumeist auf ›minderbemittelte‹ Gruppen am unteren Gesellschaftsrand begrenzt, doch manche Kassen öffneten sich schon für alle Bevölkerungsklassen.[22] Schließlich nahmen einige Institute nicht nur Spargelder an, sondern vergaben über mit ihnen verbundene Leihkassen oder Pfandhäuser auch Kredite.

Allen Sparkassen gemeinsam war, dass es sich bei ihnen nicht um Selbsthilfeeinrichtungen nach Art der Genossenschaften handelte. Vielmehr herrschte das ›elitäre‹ oder paternalistische Prinzip vor – der Grundsatz einer Gründung ›von oben‹ durch Personen, die selbst zu den höheren Ständen der Gesellschaft zählten.[23] Motiviert wurden diese primär durch philanthropische, karitative und sozialreformerische Anschauungen und erst in zweiter Linie durch ein ökonomisches Kalkül.[24] Die Sparkassen dienten dem gemeinnützigen Zweck, die Armut einzudämmen, indem sie von Verarmung bedrohten Grenzexistenzen die Möglichkeit zur individuellen finanziellen Vorsorge boten. Wenn dadurch die Ausgaben für die öffentliche Armenfürsorge zurückgingen, so war das ein durchaus gewünschter Effekt. Im Vordergrund stand aber der Gedanke, Hilfe zur Selbsthilfe zu leisten. Die Einleger aus der Unterschicht sollten zu einem eigenverantwortlichen Leben und zum sozialen Aufstieg befähigt werden. Der materielle Nutzen des Sparens war dabei nur eine Seite der Medaille. Mindestens ebenso wichtig war die erhoffte sittlich-erzieherische Wirkung: Durch Einübung der bürgerlichen Tugend der Sparsamkeit, die sowohl Selbstbeschränkung als auch vorausschauende Planung erforderte, sollte eine umfassende ›Verbürgerlichung‹ der Zielgruppen erreicht werden.

c. Die Innovation ›Sparkasse‹ setzt sich durch (1815–38)

Erst als das von Kriegen, tiefgreifenden politischen Veränderungen und ökonomischen Krisen geprägte Vierteljahrhundert zwischen dem Beginn der Französischen Revolution und dem Sturz Napoleons I. beendet war, setzte sich die Innovation ›Sparkasse‹ überall in Deutschland durch.

In wirtschaftlicher Hinsicht brachten die Jahrzehnte nach 1815 für die große Mehrheit der Deutschen keine nachhaltige Verbesserung ihrer Lebenssituation. Die um 1770 einsetzende Bevölkerungsexpansion dauerte an, aber weder die Landwirtschaft noch die in den Kinderschuhen steckende Industrie war in der Lage, der stetig wachsenden Bevölkerung genügend auskömmliche Arbeitsmöglichkeiten zu bieten. Die in vielen Staaten durchgeführten Reformen wie die ›Bauernbefreiung‹ und die Einführung der Gewerbefreiheit verschärften die Schwierigkeiten eher, als dass sie zu einer Entspannung beitrugen. Massenarmut und -verelendung waren daher im ›Vormärz‹ eine allgegenwärtige Realität, welche die gebildeten Zeitgenossen mit dem aus Großbritannien übernommenen Begriff ›Pauperismus‹ bezeichneten.

Nach Großbritannien richtete sich auch der Blick, wenn es darum ging, Lösungen für das Armutsproblem finden. Er traf dort auf eine rasant fortschreitende Sparkassenbewegung, die mit Gründungen im schottischen Ruthwell (1810) und im englischen Bath (1815) begonnen hatte. 1817 erließ das englische Parlament ein Gesetz, das die Verbreitung von ›Banks for Savings‹ fördern sollte und deren gemeinnützigen Charakter festschrieb.[25] Um 1820 existierten schon fast 500 Institute in England, Schottland und Irland.[26]

Die britische Gründungswelle strahlte auf ganz Europa aus und trug auch in Deutschland zum Wiederaufleben der Sparkassenbewegung bei. Zwischen 1815 und 1843 entstanden Sparkassen in allen Staaten des Deutschen Bundes.[27] Ihre Zahl blieb jedoch hinter der in Großbritannien zurück. Die erste – noch lückenhafte – Statistik listete für 1836 281 Institute in Deutschland (ohne Österreich und das Herzogtum Schleswig) auf, davon 80 in Preußen, 62 in Bayern, 32 in Württemberg sowie 29 in Holstein und Lauenburg.[28]

Obwohl die meisten Sparkassen ihre Entstehung weiterhin der Initiative bürgerlicher Honoratioren verdankten, übernahm in vielen Territorien der Staat eine wichtige Rolle, wenn es darum ging, Gründungen anzuregen und zu erleichtern. An erster Stelle ist Bayern zu nennen. Während der Hungerkrise von 1816 erging dort eine Königliche Verordnung, in der die kommunalen Armenfürsorgeeinrichtungen aufgefordert wurden, »*nach Umstand für die Bildung von Sparkassen für Zeiten des Alters und der Not zu sorgen.*«[29] 1821 nahm in Nürnberg die erste bayerische Sparkasse ihre Geschäfte auf. Die dadurch in Gang gesetzte Gründungswelle förderte der Staat, indem er 1823 die Staatsschuldentilgungskasse verpflichtete, von kommunalen Sparkassen Gelder in unbegrenzter Höhe anzunehmen.[30] Den Gemeinden war dadurch die Sorge genommen, eine risikoarme und rentierliche Anlageform für die Spareinlagen zu finden.

Auch in anderen Staaten forcierten die Regierungen durch Aufrufe und Empfehlungen die Errichtung von Sparkassen. Darüber hinaus traten staatliche Instanzen oder die Herrscherfamilien selbst als Sparkassengründer in Erscheinung.[31] Das bedeutendste Beispiel ist Königin Katharina von Württemberg. Unter dem Eindruck der ›Savings Banks‹, die sie bei einem Aufenthalt in England kennen gelernt hatte, und nach dem Vorbild der Oldenburger Ersparungskasse rief sie 1818 die landesweit tätige Württembergische Sparkasse ins Leben.[32]

Der preußische Staat trat bei der Verbreitung der Sparkassen lange Zeit weniger stark in Erscheinung.[33] Schon vor 1815 hatte Preußen die rechtlichen Voraussetzungen für die Gründung kommunaler Sparkassen geschaffen. Das Allgemeine Landrecht von 1794 kodifizierte die Armenfürsorge als staatliche Aufgabe, deren Durchführung und Finanzierung den Kommunen oblag. Die Städteordnung von 1808 gab den Stadtgemeinden das Recht, die für die Erfüllung dieser Aufgabe für notwendig erachteten Einrichtungen zu gründen. Auf der Grundlage dieser Bestimmung wurde 1818 in Berlin die erste preußische Sparkasse eröffnet. Obwohl nach der Städteordnung die Errichtung von kommunalen Sparkassen ohne die Genehmigung übergeordneter Behörden zulässig war,[34] beschäftigte sich Innenminister Friedrich von Schuckmann persönlich mit der Berliner Gründung.[35] Auch in anderen Fällen zeigte der Minister Interesse an Sparkassenfragen. Von Schuckmann verzichtete aber darauf, die Gründung von Sparkassen aktiv zu betreiben, weil er überzeugt war, dass jede behördliche Einflussnahme im Widerspruch zur kommunalen Selbstverwaltung stand, die durch die Städteordnung eingeführt worden war. Die Bürger der Städte sollten selbst entscheiden, ob sie Sparkassen einrichten wollten.[36]

Während die preußische Staatsregierung zurückhaltend agierte, fand die Sparkassenidee bei den Behördenchefs einiger Provinzen und Regierungsbezirke tatkräftige Befürworter. Hervorzuheben ist der Oberpräsident von Westfalen, Ludwig Freiherr von Vincke. Er war nicht nur in die Gründung einiger früher Sparkassen in seiner Provinz involviert.[37] Auf seine Pläne ging auch die Errichtung einer Provinzial-Hülfskasse im Jahre 1832 zurück. Diese nahm seit 1834 Sparkassengelder an[38] und hatte somit dieselbe Funktion wie die Staatsschuldentilgungskasse in Bayern.

Das vielerorts nachweisbare Engagement staatlicher Stellen trug dazu bei, dass nach 1815 die Mehrheit der Sparkassen in Deutschland als kommunale Institute entstand. Maßgeblich für diese Entwicklung war außerdem, dass die aus den örtlichen Oberschichten stammenden Gründerpersönlichkeiten häufig in der kommunalen Selbstverwaltung tätig waren. Es lag also nahe, dass sie sich darum bemühten, die Kommune zum Träger zu machen, zumal diese das für den Erfolg der Sparkasse wesentliche absolute Sicherheitserfordernis erfüllte.[39] Darüber hinaus versprach eine Sparkasse, langfristig Vorteile für die Gemeindewirtschaft zu erbringen. Außer der präsumtiven Entlastung bei den Ausgaben für die Armenfürsorge zählten dazu die Möglichkeiten, Kredite aufzunehmen und von Überschüssen der Sparkasse zu profitieren.

In der ersten Hälfte des 19. Jahrhunderts entstanden Sparkassen also noch weit überwiegend in den Städten. Ihr potenzielles Geschäftsgebiet war räumlich auf das Stadtgebiet und dessen fußläufiges Umland begrenzt. Abgesehen von Landessparkassen gab es größere Flächen erfassende Institute zuerst – seit 1822 – in Württemberg in Form von Oberamtssparkassen.[40] In Preußen machte 1824 die Ständische Sparkasse für das Markgraftum Niederlausitz den Anfang.[41] Die erste preußische Kreissparkasse wurde 1831 im Regierungsbezirk Erfurt gegründet.[42] Zu einer außergewöhnlichen Entwicklung kam es im Regierungsbezirk Aachen, wo der ›Aachener Verein zur Beförderung der Arbeitsamkeit‹ seit 1834 ein Netz von privaten Spar- und Prämienkassen errichtete.[43]

Dass Sparkassen einen kommunalen Träger hatten und vorwiegend in Städten anzutreffen waren, gehörte zu ihren typischen Merkmalen. Ein weiteres war die Begrenzung der Einlagen nach unten und oben. Bei einer Analyse der im Jahr 1825 bestehenden Institute stellte Josef Wysocki fest, dass alle in ihren Statuten eine – zumeist recht niedrige – Mindestgrenze festgesetzt hatten.[44] Ursächlich hierfür war vermutlich in der Regel ein pragmatischer Grund: Man wollte den durch kleinste Einzahlungen verursachten Arbeitsaufwand unter Kontrolle behalten.

Die meisten Satzungen enthielten ebenfalls Einlagenhöchstgrenzen. Deren Einführung konnte aus der Erwägung resultieren, das Haftungsrisiko des Trägers zu mindern und Anlage- oder Liquiditätsprobleme zu verhindern, die ein überreicher Einlagenzufluss hervorrief. Mancherorts spielte auch das Bestreben eine Rolle, Personen aus höheren Einkommens- und Vermögensklassen von der Benutzung der Sparkasse fernzuhalten.[45]

Freilich waren die meisten Sparkassen schon um 1825 keine Institute lediglich für die ärmeren Segmente der Bevölkerung. Die große Mehrheit der von Wysocki untersuchten 110 Sparkassen definierte ihre Zielgruppe nicht eindeutig oder verzichtete sogar gänzlich auf eine satzungsmäßige Eingrenzung.⁴⁶ Selbst dort, wo die Statuten explizit besagten, dass eine Sparkasse nur für ›Arme‹, ›Minderbemittelte‹ oder Angehörige bestimmter Berufsgruppen da sein sollte, erstreckte sich der tatsächliche Kundenkreis oft bis in die Mittel- oder sogar die Oberschicht – sei es, weil die Verwaltung die Bestimmungen großzügig auslegte, sei es, weil die Kunden sie geschickt umgingen.⁴⁷

Während die Kundschaft der Sparkassen sozial nach oben offen war, umfasste sie nach unten vor allem Geringverdiener mit einem mehr oder weniger regelmäßigen Einkommen wie Handwerker, Dienstboten und Tagelöhner. Jedoch bildeten diese Gruppen – die ursprünglichen Adressaten der Sparkassen – im Regelfall nicht die Mehrheit der Kunden.⁴⁸ Ihre Sparfähigkeit wurde von den Gründern allgemein überschätzt.⁴⁹ Gänzlich ausgeschlossen blieb die große Zahl der ›Bettelarmen‹, also alle, die ihren Lebensunterhalt nicht selbst bestreiten und folglich auch nicht sparen konnten.

Typisch für die seit 1815 entstehenden Sparkassen war schließlich, dass sie sich nicht auf ihre Kernaufgabe beschränkten, kleine Kapitalsummen als Spareinlagen anzunehmen, sondern ebenfalls Kredite vergaben.⁵⁰ Neben sicheren Hypotheken und Pfanddarlehen waren Personalkredite auf Schuldschein übliche Formen des Aktivgeschäfts.

Auch das Kreditgeschäft hatte eine gesellschaftspolitische Funktion. Die 1834 gegründete ›Spar- und Leihkasse für die Kreise Gießen und Grünberg‹ sollte beispielsweise Personen, »*welche zu kleineren Kapitalaufnahmen zum Betriebe ihres Gewerbes oder des Ackerbaus genötigt sind, die Möglichkeit [...] verschaffen, alsbald und ohne Wucherern in die Hände zu fallen, Vorschüsse zu erhalten, welche sie auch in kleineren Raten abzutragen, Gelegenheit haben.*«⁵¹ Anders als beim Sparkonto standen die Sparkassen jedoch bei der Darlehensvergabe in einem intensiven Wettbewerb insbesondere mit dem privat organisierten Kredit.⁵²

d. Sicherung der Spareinlagen und Risikobegrenzung für die Gemeinden – das Reglement von 1838

Obwohl in Preußen die Zahl der Sparkassen noch relativ gering war, sah sich das Staatsministerium in den 1830er-Jahren zu einer intensiveren Befassung mit Sparkassenfragen veranlasst.⁵³ Einen ersten Anstoß dazu gab das 1833 in Kraft getretene Schuldverschreibungsgesetz, das die Ausgabe von Inhaberpapieren von einer königlichen Genehmigung abhängig machte. Strittig war, ob die neue Rechtslage die bei vielen Sparkassen übliche Praxis berührte, Sparbücher auf den Inhaber, also anonym, auszustellen. Die Frage wurde 1836 dahingehend entschieden, dass bestehende Sparkassen diese Praxis beibehalten durften, sie neu errichteten Instituten aber nicht erlaubt sein sollte.

Ein weiterer Impuls ging von den westfälischen Provinzialständen aus. Sie legten dem Staatsministerium 1833 den Entwurf eines ›Normalstatuts für Spar- und Leihkassen‹ zur Genehmigung vor, das als Grundlage für die Errichtung von Kreissparkassen dienen sollte. Zwar kam es damals noch nicht zum Erlass einer solchen Mustersatzung. Die langwierigen Beratungen darüber führten dem Staatsministerium aber vor Augen, dass ihm kein ausreichendes Material über das Sparkassenwesen vorlag. Deshalb leitete der Innenminister 1836 eine Enquete ein, in deren Rahmen sich die Ober- und Regierungspräsidenten zu einigen Fragen von grundsätzlicher Bedeutung äußern sollten. Darüber hinaus forderte er Informationen über den Geschäftsbetrieb der einzelnen Sparkassen an. Obwohl die Enquete keine Hinweise auf Missstände bei den bestehenden Sparkassen ergab,[54] entschloss sich das Staatsministerium, allgemeine Vorschriften zu erlassen. Auf der Basis der Enqueteresultate entstand in der Folgezeit das ›Reglement, die Einrichtung des Sparkassenwesens betreffend‹ vom 12. Dezember 1838.[55]

Gegenstand des Reglements waren die von Städten und *»größeren Landestheilen«*[56] (zum Beispiel Kreisen) errichteten Institute, nicht jedoch private Sparkassen. Der Gesetzgeber verfolgte insbesondere zwei Anliegen. Zum einen ging es ihm um die Sicherheit der bei den kommunalen Sparkassen angelegten Kapitalien und damit um die Interessen der Sparer. Zum anderen wollte er die Risiken begrenzen, die dem Gemeindehaushalt durch das Unterhalten einer Sparkasse entstehen konnten. Zur Sicherstellung dieser Ziele beschränkte sich das Reglement darauf, *»einen allgemeinen gesetzlichen Rahmen aufzustellen für die Organisation und den Geschäftsbetrieb sowie für die staatliche Beaufsichtigung der Sparkassen«*.[57] Wie die Angelegenheiten einer Sparkasse im Detail geordnet wurden, blieb Aufgabe der jeweiligen Satzung. Das ließ Freiraum für Regelungen, die sich an den örtlichen Gegebenheiten orientierten.

Die Aufgabe, die Errichtung von Sparkassen zu genehmigen und deren Statuten zu bestätigen, wies das Reglement den Oberpräsidenten der Provinzen zu.[58] Gemeinsam mit den Bezirksregierungen übten sie die Sparkassenaufsicht aus und waren verpflichtet, *»sich von der Zweckmäßigkeit und Ordnung des Betriebes zu überzeugen, außerordentliche Kassenrevisionen vorzunehmen und anzuordnen und wo sie Unordnungen und Mißbräuche bemerken, mit Ernst auf deren Abstellung zu dringen.«*[59] Von den Sparkassenverwaltungen jährlich einzureichende *»Nachweisungen über den Geschäftsbetrieb und die Resultate«*[60] sollten die Aufsicht erleichtern und eine landesweite Statistik ermöglichen. Die Nachweisung war im örtlichen Anzeige- oder Amtsblatt zu publizieren,[61] sodass sich auch die Kunden und die lokale Öffentlichkeit über die wirtschaftliche Lage einer Sparkasse informieren konnten.

Das Reglement forderte, dass eine Sparkasse *»hauptsächlich auf das Bedürfniß der ärmeren Klasse, welcher Gelegenheit zur Anlegung kleiner Ersparnisse gegeben werden soll, berechnet«* sein musste.[62] Der Mindestbetrag für Einzahlungen sollte deshalb in der Satzung so niedrig wie möglich bestimmt werden und ebenso der Betrag, ab dem eine Verzinsung gewährt wurde.[63] Diese im Reglement zum Ausdruck gebrachte Vorstellung vom sozialpolitischen Zweck der Sparkassen entsprach allerdings nicht den auch in Preußen real anzutreffenden Verhältnissen.

Neben weiteren Vorschriften für das Spargeschäft (unter anderem über die Rechtsnatur des Sparbuchs und das Aufgebotsverfahren) enthielt das Reglement Normen für das Aktivgeschäft, die den Sparkassen große Spielräume ließen. Die Einlagen durften nicht nur auf erstrangige Hypotheken, inländische Staatspapiere und Pfandbriefe angelegt werden, sondern auch *»auf andere völlig sichere Art«*.[64] Damit war auch die Vergabe von Personalkrediten erlaubt.[65] Ferner konnten die Kommunen die Kapitalien der Sparkassen verwenden, um Leihhäuser zu dotieren und eigene Schuldobligationen einzulösen. Der Möglichkeiten der Gemeinden, ihre Sparkasse als Finanzierungsinstrumente zu nutzen, wurde freilich dadurch beschränkt, dass Kredite an den Träger der Genehmigung durch den Oberpräsidenten bedurften.[66]

Das zentrale Anliegen, die Sicherheit der Spareinlagen zu gewährleisten, schlug sich außer in den Anlagevorschriften vor allem in der Bestimmung nieder, dass *»die Sparkasse einen besonderen, von anderen Kassen der Stadtverwaltung unvermischt zu erhaltenden Fonds bilden«* musste.[67] Eine eigene Rechtspersönlichkeit besaßen die preußischen Sparkassen deswegen aber nicht. Sie galten als unselbstständige Einrichtungen der Gemeindeverwaltung.[68]

Um die finanziellen Belastungen für den Kommunalhaushalt zu begrenzen, schrieb das Reglement eine gewinnorientierte Führung der Sparkassengeschäfte vor. Die Zinsspanne musste so bemessen sein, dass daraus alle Kosten gedeckt und zusätzlich ein *»angemessener Reservefonds«* gebildet werden konnte.[69] Diese Sicherheitsrücklage sollte verhindern, dass die Kommune als Gewährträger für Verluste der Sparkasse eintreten musste. Erst wenn der Reservefonds hinreichend dotiert war, durfte die Gemeinde Überschüsse der Sparkasse *»zu anderen öffentlichen Zwecken«* verwenden.[70] Hierfür war allerdings die Genehmigung der Aufsichtsbehörde erforderlich. Diese verfuhr nach dem Grundsatz, dass Überschüsse nur für *»außerordentliche Bedürfnisse«* und nicht für gesetzlich gebotene Aufgaben einzusetzen waren.[71] Dadurch sollte einer Entlastung der – vermögenden – Steuerzahler auf Kosten der Sparer vorgebeugt werden. Die Genehmigungspraxis bei der Verwendung von Überschüssen verdeutlicht, dass der Staat die im Reglement formulierte Zweckbestimmung der Sparkassen ernst nahm. Diese galten primär als gemeinnützige Vorsorgeeinrichtungen für die wirtschaftlich schwächeren Bevölkerungsschichten und erst in zweiter Linie als ›Unternehmen‹ innerhalb der Kommunalwirtschaft.

Das preußische Reglement beeinflusste die Sparkassengesetze und -verordnungen, die andere deutsche Staaten im 19. Jahrhundert erließen.[72] Den Anfang machten 1843 Bayern und 1844 Österreich. Die bayerische ›Verordnung betreffend die Grundbestimmungen der Sparkassen‹ war insofern bemerkenswert, als sie den Einlegerkreis und die Geschäftsmöglichkeiten außerordentlich stark eingrenzte. Dies mag dazu beigetragen haben, dass Bayern in den folgenden Jahrzehnten hinsichtlich der Zahl der Institute, der Verbreitung von Sparbüchern und des Einlagenaufkommens vergleichsweise hinterherhinkte.[73]

e. Impuls Sparkassenreglement: Zur Entwicklung der Sparkassen nach 1838

Mit dem Erlass des Reglements gab der preußische Staat seine Zurückhaltung gegenüber den Sparkassen auf und ging dazu über, mit einer Mischung aus Anleitung und Druck die Gründung kommunaler Institute zu forcieren.[74] Der Erfolg zeigte sich rasch. Gab es 1839 in Preußen nur 85 Sparkassen, so hatte sich ihre Zahl 1850 auf 234 erhöht. Bis 1860 fand eine Verdoppelung auf 471 statt, und 1900 zählte die (infolge der deutschen Einigungskriege beträchtlich erweiterte) Monarchie 1.490 Sparkassen.[75]

Auch die Marktdurchdringung der preußischen Sparkassen nahm zu. 1839 kam eine Sparkassenstelle auf rund 175.000 Einwohner. Die Relation verbesserte sich bis 1860 auf circa eins zu 34.000. 1900 schließlich betrug die Sparstellendichte circa eins zu 8.000.[76] Ein anderes Indiz für die verbesserte Marktdurchdringung ist die Verbreitung von Sparkassenbüchern. 1850 besaßen nur zwei von hundert Einwohnern ein solches. 1870 hatte sich ihr Anteil auf sechs erhöht. Im Jahr 1900 schließlich war jeder vierte Preuße im Besitz eines Sparbuchs.[77] Eindrucksvoll ist auch die Zunahme der Einlagen: Sie wuchsen von 18 Mio. Mark im Jahr 1840 auf über 5,7 Mrd. Mark im Jahr 1900 an.[78]

Mitverantwortlich für dieses Wachstum war, dass die Staatsregierung seit den späten 1840er-Jahren die Gründung von Kreissparkassen massiv förderte. Ihre Zahl stieg von 21 im Jahr 1847 auf 220 im Jahr 1867.[79] Dadurch erhielt auch die Landbevölkerung einen besseren Zugang zu den Angeboten der Sparkassen.

In den übrigen deutschen Staaten expandierte das Sparkassenwesen ebenfalls.[80] An der Spitze standen Hamburg und Bremen sowie das besonders stark industrialisierte und urbanisierte Sachsen. Sie übertrafen Preußen sowohl bei der Verbreitung von Sparkassenbüchern als auch bei den Einlagen pro Kopf der Bevölkerung. Aggregierte Daten für das Deutsche Reich liegen erstmals für das Jahr 1900 vor. Damals bestanden 2.685 Sparkassen, die über 14 Mio. Sparbücher ausgegeben hatten und Einlagen in Höhe von 8,8 Mrd. Mark verwalteten.[81]

Neben staatlichen Organen engagierte sich auch das sozialreformerisch gesinnte Bürgertum weiterhin für die Sparkassen. Diese galten ihm nach wie vor als Einrichtungen, welche die Integration der Unterschichten in die bürgerliche Gesellschaft erleichtern sollten. Nach der Revolution von 1848/49 trat zu dieser liberalen, emanzipatorischen Idee einer Verbürgerlichung durch Sparen die konservative Vorstellung, dass Sparkassen zur Stabilisierung der Gesellschaft beitrügen.[82] Paradigmatisch wurde dieser Gedanke 1865 im ›Deutschen Staats-Wörterbuch‹ von Johann Caspar Bluntschli formuliert: »*Zugleich ist eine Sparkasseneinlage ein Damm gegen kommunistische Gelüste und revolutionäre Gedanken, wie sie in denen auftauchen, welche nichts zu verlieren haben. Es ist gewiß nicht zufällig, daß unter den Arbeitern, welche 1848 in der französischen Revolution gefallen sind, kein einziger sich befand, der ein Sparkassenbuch besaß.*«[83]

Die Überzeugung, dass die Existenz von Sparkassen gewaltsamen sozialen Umwälzungen vorbeuge, verband die Sozialreformer und den Staat. Es kam daher zu einer für die Sparkassen fruchtbaren Zusammenarbeit. Der ›Centralverein für das Wohl der arbeitenden Klassen‹, 1844 als Dachverband der bürgerlichen Sozialreform gegründet, übernahm dabei die »*Rolle eine Anregers und Multiplikators*«.[84] Er versorgte Aufsichtsbehörden und Sparkassenverwaltungen mit Informationen und mit Vorschlägen, wie diese insbesondere das Sparen der Unterschichten wirksamer fördern konnten.[85]

Sowohl Statistiken über die soziale Herkunft der Sparer als auch Aussagen von Zeitgenossen belegen, dass die Sparkassen zwar von der Mittelschicht gut angenommen wurden. Aber nach wie vor erreichten sie ihre eigentliche Zielgruppe der ›Minderbemittelten‹, die mehr und mehr auch Industriearbeiter umfasste, nicht im gewünschten Maß.[86] Fehlender Sparwillen und mangelnde Sparfähigkeit können dies allein nicht erklären. Die Sparkassen selbst erschwerten das Sparen oder machten es kaum anziehend: Sie richteten zu wenig Sparstellen ein; ihre Öffnungszeiten waren zu kurz oder lagen ungünstig; die Verzinsungsmodalitäten waren oft wenig attraktiv und die Sparzinsen zu niedrig, die Mindesteinzahlungen hingegen zu hoch und die Kündigungsfristen zu lang.[87]

Die Vorschläge der bürgerlichen Sozialreformer zielten darauf ab, solche Hemmnisse zu beseitigen. So sollten durch die Gründung von Schul-, Jugend- und Pfennigsparkassen, den Verkauf von Sparmarken sowie durch die Einführung des Abholverfahrens die

Spargelegenheiten vermehrt werden.⁸⁸ Die Organisation eines Übertragungsverkehrs zwischen den Sparkassen war eine Antwort auf die zunehmende Mobilität der Bevölkerung und sollte verhindern, dass den Sparkassen Kunden infolge von Ortswechseln verloren gingen.⁸⁹ Indem viele Institute diese und andere Reformvorschläge umsetzten, trugen sie dazu bei, dass das Sparbuch immer populärer wurde. Freilich blieb es bis zur Jahrhundertwende dabei, dass die Arbeiterschaft in der Kundschaft unterproportional vertreten war.

Die starke Expansion der Sparkassen schlug sich auch in deren Aktiva nieder. Allein in Preußen wuchs das verzinslich angelegte Vermögen zwischen 1856 und 1900 von 92 Mio. Mark auf fast sechs Milliarden Mark an.⁹⁰ Über den gesamten Zeitraum wurden davon stets 30 bis 40 Prozent in Inhaberpapieren (Staats- und Kommunalanleihen) und bei öffentlichen Anstalten und Körperschaften angelegt.⁹¹ Der verbleibende Teil wurde vor allem an Private und Unternehmen ausgeliehen. Innerhalb dieses Segments kam es jedoch zu einer Verschiebung. Betrug der Anteil der Hypothekarkredite am gesamten Aktivgeschäft schon 1856 über 40 Prozent, so stieg er bis 1900 auf 58 Prozent.⁹² Die Personalkredite (Darlehen gegen Schuldschein, Faustpfand oder Wechsel) dagegen verloren in Relation zu den anderen Anlageformen dramatisch an Bedeutung. Ihr Anteil sank von 20 auf unter vier Prozent.⁹³ Verantwortlich für diese nicht auf Preußen beschränkte Entwicklung war hauptsächlich das Streben der Sparkassenverwaltungen nach Sicherheit, denn die Vergabe von Hypothekarkrediten war im Vergleich zu Personalkrediten risikoärmer.⁹⁴

Dass die Sparkassen den Personalkredit weitgehend vernachlässigten, begünstigte die Entstehung und Verbreitung der Kreditgenossenschaften seit der Jahrhundertmitte. Später ergab sich gleichsam eine Arbeitsteilung: Die Sparkassen konzentrierten sich auf das Hypothekengeschäft; die Genossenschaften bedienten vor allem die Nachfrage nach kürzerfristigen Darlehen.⁹⁵

Mit dem stetigen Wachstum und der zunehmenden Marktdurchdringung der Sparkassen stieg deren volkswirtschaftliche Bedeutung. Indem die Sparkassen die ›Spargroschen‹ der Bevölkerung einsammelten und dem Kapitalmarkt zuführten, vermehrten sie die für Investitionszwecke zur Verfügung stehenden Mittel.⁹⁶ In der Periode von 1851 bis 1910, in der sich Deutschland zur Industriegesellschaft wandelte, betrug ihr Anteil am gesamtwirtschaftlichen Finanzierungsbeitrag der Kreditinstitute 26,6 Prozent und entsprach damit dem der Kreditbanken.⁹⁷ Die Mittel der Sparkassen flossen dem privaten Wohnungsbau, der Landwirtschaft, Handel, Handwerk und Industrie sowie der Bautätigkeit und anderen Investitionen der öffentlichen Hand zu und leisteten einen großen Beitrag zum enormen Wirtschaftswachstum der Zeit.⁹⁸ Mit den Geldern, die sie bei den Sparkassen aufnahmen, und den Überschüssen, die diese abführten, bauten Städte, Gemeinden und Kreise die Verkehrswege aus, sie organisierten eine moderne Versorgungswirtschaft und verbesserten das Schul- und das Gesundheitswesen sowie die soziale Fürsorge.⁹⁹ Dass die Sparkassen regional breit gestreut waren und somit eine einigermaßen gleichförmige Kreditversorgung gewährleisteten, trug erheblich zur Entstehung einer relativ homogenen räumlichen Wirtschaftsstruktur in Deutschland bei.¹⁰⁰ Vielerorts wirkten die Sparkassen geradezu als »*regionale Entwicklungsagenturen*«.¹⁰¹

Am Ende des 19. Jahrhunderts hatten sich die Sparkassen von einer institutionellen Innovation zu einer festen Größe der Kreditwirtschaft entwickelt. Durch die Gründung des ›Deutschen Sparkassenverbandes‹ (1884) und weiterer Verbände in den Einzelstaaten und Provinzen hatten die Sparkassen den Weg zu einer gemeinsamen Interessenvertretung und einer engeren Kooperation beschritten.

Das Reglement von 1838 hatte großen Anteil am Aufschwung des Sparkassenwesens in Preußen und – dank seines Vorbildcharakters – in ganz Deutschland.[102] Mit ihm vollzog der preußische Staat den Übergang zu einer aktiven Förderung der Sparkassen. Die Sparkassen agierten seitdem auf der Basis eines klaren gesetzlichen Regelwerks, das sämtliche Bereiche ihrer wirtschaftlichen Betätigung erfasste. Entscheidend war insbesondere, dass das Reglement den Sparkassen eigene Kreditgeschäfte erlaubte und dadurch den Weg für ihre spätere Entwicklung zu Universalbanken ebnete.

Das Reglement galt bis zur Auflösung Preußens im Jahre 1945, in den ehemals preußischen Teilen Nordrhein-Westfalens sogar bis zum Inkrafttreten des Landessparkassengesetzes von 1958.[103] Diese erstaunliche Dauerhaftigkeit erklärt sich vor allem aus dem Umstand, dass das Reglement nur einen allgemeinen gesetzlichen Rahmen setzte, innerhalb dessen sich das Sparkassenrecht schwerpunktmäßig in den individuellen Satzungen der Institute weiterentwickelte.[104]

Als ein Schwachpunkt stellte sich freilich fast ein Jahrhundert nach dem Erlass des Reglements die überaus enge Verbindung zwischen Sparkassen und Kommunen heraus. Da die Sparkassen rechtlich unselbstständig waren, konnten sie sich in der Weltwirtschaftskrise kaum dagegen wehren, dass Städte und Gemeinden sie immer stärker als Kapitalgeber heranzogen.[105] Die Bestimmung des Reglements, dass Kredite an den Träger von der Aufsichtsbehörde genehmigt werden mussten, erwies sich in Preußen als zu schwach, um diese Praxis wirksam einzudämmen. Der ganze Ernst der Situation zeigte sich in der Bankenkrise 1931, als eingefrorene Kredite an überschuldete Kommunen die Liquidität der gesamten Sparkassenorganisation gefährdeten. Darüber hinaus beeinträchtigte die Abhängigkeit von den klammen Kommunen das Vertrauen der Sparer in die Sparkassen.

Die Reichsregierung zog daraus Konsequenzen und griff im Sommer und Herbst 1931 erstmals selbst unmittelbar in das Sparkassenrecht ein.[106] Die tiefgreifendste Maßnahme war in einer Notverordnung vom 6. Oktober 1931 enthalten: Um die Einflussnahme der Kommunen zu beschränken, wurden die Länder zur Umwandlung der Sparkassen in rechtlich selbstständige Anstalten des öffentlichen Rechts verpflichtet, für deren Verbindlichkeiten die Kommunen als Gewährträger haften. Auf dieser neuen rechtlichen Grundlage konnten sich die Sparkassen im weiteren Verlauf des 20. Jahrhunderts zu eigenständigen Wirtschaftsunternehmen mit öffentlichem Auftrag und kommunaler Bindung weiterentwickeln.

---

1   Justi, Grundfeste, S. 408 f., zit. n. Peters, Sparen, S. 30.
2   Ebd., S. 28.
3   Boehart, »… nicht brothlos«, S. 48 ff.
4   Ebd., S. 54 ff.
5   Hamburgische Addreß-Comtoir Nachrichten vom 12. November 1778, S. 707, zit. n. Wysocki, Untersuchungen, S. 198.
6   Ebd.
7   Ebd., S. 20 f.

8 Boehart, »… nicht brothlos«, S. 64; Trende, Geschichte, S. 33.
9 Vgl. dazu im Einzelnen Kopitzsch, Sparkassenrealität; Peters, Sparen, S. 32 ff.
10 Kopitzsch, Sparkassenrealität; Peters, Sparen, S. 32 ff.
11 Kopitzsch, Sparkassenrealität; Peters, Sparen, S. 32 f.
12 Trende, Geschichte, S. 50 f.
13 Ankündigung der Gesellschaft freiwilliger Armenfreunde, die Errichtung einer Spar= und Leihkasse betreffend, 1796 zit. n. Wysocki, Untersuchungen, S. 203.
14 Ebd., S. 204.
15 Trende, Geschichte, S. 56.
16 Beispielsweise in Bremen, Lübeck, Frankfurt am Main und Nürnberg (vgl. ebd., S. 53, 57 ff.).
17 Wysocki/Wehrmann, Lippe, S. 119 ff. – Bereits 1786 war in Detmold eine ›Leihekasse‹ gegründet worden, die auch Einlagen entgegennahm. Ob die ›Lippische Leihekasse‹ als Sparkasse bezeichnet werden kann, ist jedoch strittig. Vgl. ebd., S. 59 ff.; Wysocki, Gutachten; Ashauer, Ersparungscasse, S. 59.
18 Ashauer, Ersparungscasse, S. 39.
19 Ebd.
20 Vgl. dazu die Beiträge in Clemens, Schuldenlast; ferner die Lokalstudie über das frühneuzeitliche Hannover Sturm, »…wat ich schuldich war«.
21 Mathy, Capitalansammlung, S. 341.
22 In Göttingen nahm die mit der Sparkasse kombinierte Leihkasse »*von einem Jeden ohne Ausnahme kleine Capitalien*« entgegen (Plan über die Einrichtung einer Spar= und Leih=Kasse zu Göttingen, 1801, abgedruckt in Wysocki, Untersuchungen, S. 213).
23 Ebd., S. 35.
24 Ebd., S. 22 ff.; Sommer, Geistesgeschichte, S. 12 ff.
25 Gosden, Großbritannien, S. 155 f.; Unverzagt, Sparkassengesetz, S. 420 ff.
26 Gosden, Großbritannien. S. 156.
27 Vgl. die Übersicht bei Ashauer, Ersparungscasse, S. 74 f.
28 Malchus, Sparcassen, S. 186, 191.
29 Allgemeine Verordnung das Armenwesen betreffend vom 23. November 1816 zit. n. Krüger, Geschichte, S. 302.
30 Ashauer, Ersparungscasse, S. 92 f.; Krüger, Geschichte, S. 303.
31 Vgl. die Übersicht bei Ashauer, Ersparungscasse, S. 90 f.
32 Boelcke, Sparkassen, S. 243 f. – Katharinas erster Ehemann war ein Sohn Herzogs Peter Ludwig Friedrich von Oldenburg, unter dessen Herrschaft die Ersparungskasse errichtet worden war.
33 Dass der preußische Staat sich gegenüber den Sparkassen »abstinent« verhalten habe (Ashauer, Bedeutung, S. 68), ist übertrieben.
34 Knebel Doeberitz, Sparkassenwesen, S. 5. – Erst infolge der Revidierten Städteordnung von 1831 wurde die staatliche Genehmigung obligatorisch.
35 Peters, Sparen, S. 63.
36 Ebd., S. 60 f.
37 Thomes, Diffusion, S. 193 ff.
38 Trende, Geschichte, S. 101 f; Pohl, WestLB, S. 19.
39 Wysocki, Untersuchungen, S. 154 f.
40 Wysocki/Ellgering, Sparkassen, S. 11.
41 Boelcke, Sparkasseninstitute, S. 160 f.
42 Wysocki/Ellgering, Sparkassen, S. 16.
43 Die Prämienkassen boten Menschen aus den unteren sozialen Schichten einen besonderen Anreiz zum Sparen, indem sie innerhalb eines bestimmten Zeitraums erzielte Sparerfolge mit einer Prämie belohnten. Vgl. Pohl, Geschichte (2010), S. 66.
44 Wysocki, Untersuchungen, S. 26 ff.
45 Ebd.
46 Ebd., S. 28 f.

47 Insbesondere die vielerorts anzutreffende Regelung, dass Kinder als Sparer zugelassen waren, nutzten wohlhabendere Familien offenbar, um Gelder bei einer Sparkasse anzulegen. Vgl. ebd., S. 77 f.
48 Wysocki schätzt, dass zwischen 1815 und 1839 »die unteren Einkommens- und Gesellschaftsschichten allenfalls zwischen 40 und 50 % der Gesamtheit [der Sparer, Anm. d. Verf.] ausgemacht haben« (vgl. ebd. S. 78).
49 Vgl. dazu die Ausführungen ebd., S. 45 ff., und exemplarisch Wixforth, Bielefeld, S. 59 f.
50 Wysocki, Untersuchungen, S. 38 f.
51 Zit. n. Mura, Entwicklungslinien I, S. 159 f.
52 Vgl. exemplarisch am Beispiel der Städtischen Sparkasse Soest Fertig, Kreditmärkte, S. 170 f.
53 Zur Vorgeschichte des Reglements vgl. Schraut, Vorgeschichte; Trende, Geschichte, S. 103 ff; ders., Werdezeit, S. 354 ff.
54 Eine Zusammenfassung (»Extrakt«) der Enqueteergebnisse ist abgedruckt bei Trende, Werdezeit, S. 398–410.
55 Reglement, die Errichtung des Sparkassenwesens betreffend, in: Gesetz-Sammlung für die Königlich Preußischen Staaten 1839, S. 5–14.
56 Sparkassenreglement, Nr. 21.
57 Knebel Doeberitz, Sparkassenwesen, S. 6.
58 Sparkassenreglement, Nr. 2. – Die Statuten von »Sparkassen größerer Landestheile« mussten vom König genehmigt werden (Nr. 21).
59 Sparkassenreglement, Nr. 19
60 Sparkassenreglement, Nr. 20.
61 Ebd.
62 Sparkassenreglement, Nr. 4c.
63 Sparkassenreglement, Nr. 11.
64 Sparkassenreglement, Nr. 5.
65 Knebel Doeberitz, Sparkassenwesen, S. 89 ff.
66 Sparkassenreglement, Nr. 8; Knebel Doeberitz, Sparkassenwesen, S. 130 ff.
67 Sparkassenreglement, Nr. 6.
68 Knebel Doeberitz, Sparkassenwesen, S. 112 ff.
69 Sparkassenreglement, Nr. 7 und 9.
70 Sparkassenreglement, Nr. 7.
71 Knebel Doeberitz, Sparkassenwesen, S. 127 ff. – Wie in anderen deutschen Staaten wurden auch in Preußen Sparkassenüberschüsse realiter zur Deckung regulärer Ausgaben verwendet. Die kommunalen Träger waren allgemein daran interessiert, dass ihre Sparkassen Überschüsse erwirtschafteten. Vgl. Wysocki, Untersuchungen, S. 156 ff.
72 Albrecht, Sparkassengesetze; Mura, Geschichte, S. 6 ff.
73 Krüger, Geschichte, S. 331 ff.; Ashauer, Ersparungscasse, S. 110 ff.
74 Thomes, Diffusion, S. 197 f.
75 Höpker, Entwicklung, S. 80.
76 Zahlen nach Ashauer, Bedeutung, S. 61 (dort nicht gerundet).
77 Höpker, Entwicklung, S. 82.
78 Ebd., S. 80.
79 Thomes, Diffusion, S. 202.
80 Vgl. die Tabellen bei Höpker, Entwicklung, S. 80 ff.
81 Ebd.
82 Schulz, Sozialreform, S. 78.
83 Laspeyres, Sparkassen, S. 600.
84 Schulz, Sozialreform, S. 82. – Der ›Centralverein‹ gab 1864 auch eine umfassende Darstellung über ›Das Sparkassenwesen in Deutschland und den außerdeutschen Landestheilen Oestrichs und Preußens‹ heraus. Vgl. Centralverein in Preußen für das Wohl der arbeitenden Klassen, Sparkassenwesen.
85 Schulz, Sozialreform, S. 82; Reulecke, Debatte.
86 Wysocki, Untersuchungen, S. 78 ff; Ashauer, Ersparungscasse, S. 127 ff.

87 Ashauer, Ersparungscasse; S. 131 ff.
88 Der ›Centralverein‹ setzte sich zudem für die Errichtung von Fabriksparkassen in den Industriebetrieben ein. Vgl. Schulz, Sozialreform, S. 90 ff.
89 Ashauer, Ersparungscasse; S. 135 f.
90 Höpker, Entwicklung, S. 82. – Das verzinslich angelegte Sparkassenvermögen setzte sich aus Spareinlagen und Rücklagen zusammen.
91 Ebd.
92 Ebd.
93 Ebd.
94 Ashauer, Ersparungscasse, S. 141 f.
95 Ebd., S. 143.
96 Ebd., S. 145.
97 Wysocki, Untersuchungen, S. 117 ff.
98 Ebd., S. 129 f.; ferner zur Finanzierung von Gewerbebetrieben Thomes, Kreissparkasse Saarbrücken, S. 266 ff.
99 Wysocki, Untersuchungen, S. 163; Ashauer, Ersparungscasse, S. 144.
100 Ebd., S. 134 ff.
101 Gräser, Sparkassen, S. 98.
102 Vgl. zur historischen Würdigung des Reglements vor allem Gugelmeier, Sparkassenarbeit, S. 388 ff.
103 Mura, Entwicklungslinien I, S. 123.
104 Ebd., S. 108. – Dennoch gab es Ende des 19. Jahrhunderts Bestrebungen, ein neues Sparkassengesetz zu erlassen, das auch in den Gebieten Geltung haben sollte, die erst in der zweiten Jahrhunderthälfte preußisch geworden waren. Die Initiative scheiterte am Widerspruch der Kommunen und Sparkassen gegen im Gesetzentwurf enthaltene Einschränkungen der Sparkassengeschäfte. Vgl. Knebel Doeberitz, Sparkassenwesen, S. 23 ff.
105 Piorkowski, Sparkassenorganisation, S. 70 ff.
106 Ebd., S. 96 ff.; Ashauer, Ersparungscasse, S. 250 f.

Peter Gleber

[8.]

Die Oehringer Privatspar- und Leih-Kasse von 1843

Der Mittelstand greift zur Selbsthilfe

a. Oehringen 1843: Die älteste selbstständige Kreditgenossenschaft der Welt entsteht

Genossenschaftsbanken sind private Kreditinstitute, die der Förderung ihrer Mitglieder dienen. Im 19. Jahrhundert sind in Belgien, Polen, vor allem aber in Deutschland eine Vielzahl von lokalen und regionalen Leihkassen und Sparvereinen entstanden. Auch wenn Ursprung und Verbleib dieser Institute heute historisch nicht mehr nachvollziehbar sind, so kann man sie doch zugleich als Vorläufer und Antrieb der spezifisch deutschen Form der Kreditgenossenschaft verstehen.[1]

Im Jahr 1843 gründeten, organisiert vom örtlichen Oberamtspflegeverweser Albert Neuffer, 50 Bürger der württembergischen Kleinstadt Öhringen die heute älteste selbstständige Kreditgenossenschaft der Welt.[2] Als Gewerbebank kam die Oehringer Privatspar- und Leih-Kasse von 1843, die heute als Volksbank Hohenlohe firmiert, mit ihren Prinzipien der Selbsthilfe und Selbstverantwortung dem späteren Geschäftsmodell Schulze-Delitzschs am nächsten. Um 1845 zählte man in Württemberg bereits 65 gewerbliche Einrichtungen dieser Art. Die Öhringer Kasse sammelte bei den Handwerkern und Gewerbetreibenden Spareinlagen ein und vergab Hypothekar- und Personalkredite. In der Rechtsform eines ›Vereins auf Gegenseitigkeit‹ wurden in Öhringen somit genossenschaftliche Prinzipien konkretisiert, noch bevor sie von Hermann Schulze-Delitzsch ›kanonisiert‹ und zur Grundlage seines Geschäftsmodells und des auf seinen Entwürfen basierenden Preußischen Genossenschaftsgesetzes von 1867 erhoben wurden. Öhringen ist nur eine von vielen privaten Kassen, die in Deutschland vor 1850 gegründet wurden. Allerdings überstand wohl nur die Öhringer Leihkasse die schwere Wirtschaftskrise von 1847/48 und legte zusammen mit weiteren Gründungen gewerblicher und ländlicher Kreditgenossenschaften um die Jahrhundertmitte die Saat der kreditgenossenschaftlichen Idee in Deutschland. Diese frühen Genossenschaften folgten keiner gemeinsamen Wertebasis. Allein die Gründungsmotive waren die gleichen: es galt, die Wettbewerbsnachteile der Handwerkerschaft im Zuge der Gewerbefreiheit und die Kreditklemme zu mildern. Selbsthilfeorganisationen entstanden häufig dort, wo im engeren Umkreis bereits Leihkassen und Handwerkerassoziationen erfolgreich arbeiteten. In Öhringen schaute man sich beispielsweise das Selbsthilfemodell des Privatsparvereins im benachbarten Künzelsau ab.[3]

Dieser Beitrag gibt einen chronologischen Überblick über die Geschichte der gewerblichen Kreditgenossenschaften bis in das letzte Drittel des 20. Jahrhunderts. Abschnitt b erörtert die Entwicklung der kreditgenossenschaftlichen Grundprinzipien im Denken Schulze-Delitzschs – weg von der Mildtätigkeit, hin zur Selbsthilfe kapitalstarker und nur die Mitglieder versorgender Primärbanken. Abschnitt c schildert das Ringen um Zentralstrukuren; am Ende der Weimarer Republik standen schließlich neben dem Deutschen Genossenschaftsverband als nationalem Spitzenverband zwei Systeme des Liquiditätsausgleichs zwischen den Primärgenossenschaften (Dresdner Bank und Deutsche Genossenschaftskasse). Die – durchaus uneinheitliche – Gleichschaltung der Primärgenossenschaften und des Spitzenverbandes im Dritten Reich ist Gegenstand des Abschnitts d. Abschnitt e schließlich erörtert, wie der dreistufige Aufbau des gewerblichen Kreditgenossenschaftssystems bis zur Neuordnung des gesamten genossenschaftlichen Kreditsektors im zunehmenden Wettbewerb mit den anderen Institutsgruppen, vor allem mit den Sparkassen, voranschritt: mit zunehmend größeren Primärbanken auf lokaler, wenigen Zentralbanken für den Geldausgleich auf regionaler und Spezialdienstleistern auf nationaler Ebene; ein Seitenblick auf die Eingliederung der Kreditgenossenschaften in die staatliche Kreditlenkung der DDR vervollständigt das gesamtdeutsche Nachkriegsbild.

b. Selbsthilfe und Pflichtmitgliedschaft: Hermann Schulze-Delitzschs Modell starker Primärgenossenschaften

Die Ideen der modernen Selbsthilfeorganisationen sind in England und Frankreich entwickelt worden. 1844 hatten 28 Weber im englischen Rochdale mit der Gesellschaft der redlichen Pioniere den Grundstein für die weltweite Entwicklung der Konsumgenossenschaften gelegt.[4] Als originäre deutsche Entwicklung ging jedoch der Typ der Kreditgenossenschaft in die Geschichte ein. Ausgehend von den durch Friedrich Wilhelm Raiffeisen im Westerwald gegründeten ländlichen Waren- und Kreditgenossenschaften brachte die Entwicklung neben den hier im Vordergrund stehenden gewerblichen Kreditgenossenschaften auch das in seiner Ausbreitung bald weit bedeutendere ländliche Genossenschaftswesen hervor.

Seit diesen Anfängen nehmen die Genossenschaftsbanken für sich in Anspruch, demokratische Werte mit sozialer Verantwortung und marktwirtschaftlichen Prinzipien zu verbinden. Somit sind Kreditgenossenschaften wie auch die privaten Geschäftsbanken zwar zunächst Wirtschaftsakteure, ihre historische Bedeutung ist jedoch in ihrer sozialen Funktion begründet, die ihnen – ähnlich wie den öffentlich-rechtlichen Sparkassen – zukam und auf die sich die Genossenschaftsorganisation auch heute noch beruft.[5] Zur historischen Leistung der Genossenschaften gehört ihre Rolle als Schulen »*für Gemeinde und Staat*« beziehungsweise als »*Schulen der Demokratie*«,[6] die sie durch die gleichberechtigte Teilhabe der Mitglieder ausfüllten. Ihre Wurzeln gründen in der christlichen Soziallehre und im sozialen Liberalismus des 19. Jahrhunderts.[7]

Die einsetzende Industrialisierung und die Einführung der Gewerbefreiheit gaben den mittelständischen Handwerkern und Gewerbetreibenden zwar neue technische Möglichkeiten, aber sie bargen auch wirtschaftliche und finanzielle Risiken – der Konkurrenzdruck wuchs. Die wenigsten von ihnen verfügten über das Kapital und die Beziehungen, um Rohstoffe und Vorprodukte in größeren Mengen zu günstigeren Preisen zu kaufen. Stattdessen waren sie vielfach auf Zwischenhändler angewiesen, von denen sie die Materialien auf Kredit erwarben. Gewerbetreibende und Handwerker kamen in eine Kreditklemme, wenn sie nicht in der Lage waren, geforderte Grundsicherheiten zu stellen. Verarmende Mittelschichten belasteten zunehmend die Armenkassen, was schließlich einige deutsche Staaten veranlasste, Kreditprogramme aufzulegen, die vor Ort zur Gründung öffentlich-rechtlicher Hilfskassen führte.[8]

Im Gegensatz zu den öffentlichen Kassen wurde die Selbsthilfe von keiner der vielen deutschen Regierungen gefördert. Offensichtlich war das staatliche Misstrauen gegenüber der demokratischen Selbstbestimmtheit breiter bürgerlicher Schichten ein wichtiger Grund. Das zeigt die Politik der Bayerischen Staatsregierung, die eine Steuerung örtlicher Kreditvereine durch die Gemeindeverwaltung und durch zuverlässige Honoratioren verlangte. An die Spitze der Genossenschaften sollten solvente Honoratioren treten, die Kassen durch mildtätige Spenden unterstützen sollten. Antragsteller von Krediten sollten örtlich bekannt sein, sowie sich durch Sparsamkeit, Fleiß und Wirtschaftlichkeit auszeichnen.[9] Dieses Modell bestimmte zunächst auch Schulze-Delitzschs Denken. Als Mitglied der Handwerkerkommission der Preußischen Nationalversammlung sah er sich 1848 mit der Krise des Kleingewerbes konfrontiert, die unter anderem aus einer Kreditklemme resultierte. Schulze-Delitzsch erkannte, dass regionale Zusammenschlüsse (›Associationen‹) nach englischem und französischem Vorbild Wettbewerbsnachteile des Mittelstandes gegenüber Großbetrieben ausgleichen konnte. Bereits in den Jahren zuvor hatte Schulze-Delitzsch in seiner Heimatstadt Delitzsch, wo er als Patrimonialrichter tätig war, Institutionen für Handwerker gegründet, die in der Mischung aus Selbst- und Fremdhilfe dem bayerischen Modell ähnelten. Im Jahr nach dem Scheitern der Nationalversammlung setzte er diese Bemühungen fort und übertrug mit der Initiative eines mildtätigen Kreditvereins das Konzept auch auf den Bankensektor. Wohlhabende Delitzscher Mitbürger sicherten das Vereinskapital durch Spenden oder zinsfreie Darlehen, da die Beiträge der mehrheitlich bedürftigen Mitglieder nicht ausreichten. Eine gemeinsame Haftpflicht der Mitglieder gab es zu diesem Zeitpunkt noch nicht. Auch fehlte der genossenschaftlich-demokratische Zug der Gleichberechtigung der Mitglieder ebenso wie das Prinzip der solidarischen Selbsthilfe.[10]

1851 riefen dann der Mediziner Anton Bernhardi und der Schneidermeister Ernst Bürmann in Eilenburg einen Vorschussverein nach genossenschaftlichen Prinzipien ins Leben. Bernhardi war Vorsitzender der Eilenburger Demokratischen Partei und als Abgeordneter der Preußischen Nationalversammlung ein Weggefährte Schulze-Delitzschs. Das Eilenburger Modell orientierte sich an bankwirtschaftlichen Grundsätzen und rückte die Prinzipien Selbsthilfe und Selbstverantwortung in den Fokus. Der Kreditverein beschaffte sich das notwendige Kapital durch Mitgliedsbeiträge zum Ansparen von Geschäftsanteilen sowie durch Darlehen und Publikumseinlagen. Auch Nichtmitglieder konnten Einlagen tätigen – der Verein verzinste sie höher als die örtliche Sparkasse. Die Kreditzinsen beliefen sich damals auf 14,3 Prozent pro Jahr.[11] Was für uns heute unvorstellbar hoch ist, galt damals auf den unterentwickelten ländlichen und kleinstädtischen Kapitalmärkten als niedrig. Trotzdem gelang es dem Verein, die Kapitalzinsen, die Verwaltungskosten und den Reservefonds – einen Sicherungsfonds für Kreditausfälle – zu bedienen und zugleich den Anteilseignern eine Dividende zu zahlen.

Der Delitzscher Vorschussverein war bis 1851 auf 30 zahlende Mitglieder abgeschmolzen und schien kaum überlebensfähig.[12] Schulze-Delitzsch griff die Eilenburger Erfahrungen auf und formulierte 1852 ein überarbeitetes Statut, das die Pflichtmitgliedschaft einführte. Dadurch kam es zur stärkeren Kapitalbildung durch Geschäftsanteile und zum Wegfall der Kreditgewährung an Nichtmitglieder. Der soziale Charakter wurde durch das Prinzip der Selbsthilfe ergänzt. In seinem im März 1853 erschienenen ›Assoziationsbuch für deutsche Handwerker und Arbeiter‹ stellte Schulze-Delitzsch die Bedeutung branchenübergreifender Vorschussvereine heraus.[13] Das galt insbesondere für kleinere Städte, in denen die Anzahl der Handwerker in einzelnen Sparten so gering war, dass sich branchenspezifische Genossenschaften nicht ausbilden konnten. Diese Heterogenität ist auch der Hauptgrund, warum anders als in der Landwirtschaft im gewerblichen Sektor nur sehr wenige Waren-Kreditgenossenschaften gegründet wurden.

1855 veröffentlichte Schulze-Delitzsch mit seinem Werk ›Vorschussvereine als Volksbanken‹[14] den ersten Leitfaden zur Gründung von Genossenschaftsbanken und prägte dabei auch den Begriff ›Volksbank‹. Unterstützt durch Vorträge und durch zahlreiche publizistische Beiträge Schulze-Delitzschs kam es zu einer wahren Gründungswelle – die Zahl der Vorschussvereine stieg bis 1865 auf rund 1.000 an.[15] In dieser Phase hemmten jedoch fehlende zentrale Strukturen die weitere Entwicklung der Genossenschaften. Schulze-Delitzsch berief 1859 den ersten ›Vereinstag Deutscher Vorschuss- und Kreditvereine‹ nach Weimar ein. Diese Tagung gilt nicht nur als Gründungsdatum des ersten deutschen Genossenschaftsverbands, sie ist auch die Geburtsstunde des ersten nationalen Bankenverbands. Die Vertreter von 29 Vereinen[16] beschlossen die Einrichtung eines Centralkorrespondenzbureaus der deutschen Vorschuss- und Kreditvereine, das allerdings erst 1861 eingerichtet wurde.[17] Drei Jahre später wurde das Büro in eine Anwaltschaft deutscher Erwerbs- und Wirtschaftsgenossenschaften umgewandelt und Schulze-Delitzsch zum ersten Anwalt bestimmt.[18] Der Begriff des Anwalts spielte zum einen auf Schulzes Berufsstand an, setzte sich aber zugleich als spezifische Bezeichnung für das Präsidentenamt des gewerblichen Genossenschaftsverbands durch. Zu diesem Zeitpunkt hatten sich bereits erste Landes- und Provinzialverbände gebildet, die die Anwaltschaft unterstützten. Weitere zwei Jahre später ging aus ihr der Allgemeine Verband der auf Selbsthilfe beruhenden deutschen Erwerbs- und Wirtschaftsgenossenschaften hervor, dem mittlerweile 337 Vorschuss- und Kreditvereine und 55 andere Genossenschaften angehörten.[19]

Verbandsstruktur der gewerblichen Genossenschaften

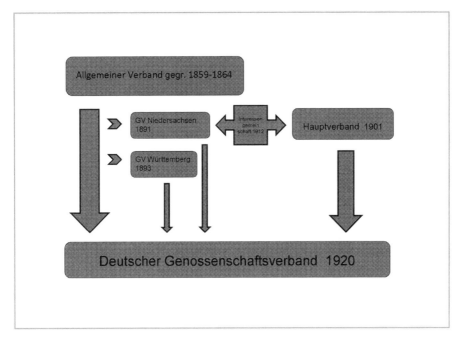

Als Anwalt des gewerblichen Genossenschaftswesens vertrat Schulze-Delitzsch nachhaltig die Maxime der ausschließlichen Selbsthilfe und der Ablehnung staatlicher Einflussnahme: »*Der Staat*«, stellte der Sozialreformer fest, »*ist ein gewaltiges Röhrensystem, das Einkommensteile abwechselnd aus den Taschen der Bürger heraus- und in sie hineinpumpt.*«[20] Die Selbstverantwortung der Primärbanken wurde durch ein hohes Eigenkapital und die unbeschränkte Haftung gewährleistet.[21] Aufgrund dieser hohen Hürden gründeten sich im gewerblichen Sektor weniger, aber leistungsfähigere Banken als im Bereich der Landwirtschaft. Doch gerade weil die landwirtschaftlichen Kassen mit weniger Kapital ausgestattet und außerdem den saisonalen Schwankungen des natürlichen Zyklus unterworfen waren, sind dort Fragen des Geldausgleichs der Primärbanken lebenswichtig gewesen. Sehr viel früher als im gewerblichen Sektor benötigten die ländlichen Kreditgenossenschaften den Geldausgleich durch regionale Zentralbanken.

c. Ein Spitzenverband und zwei Systeme des Liquiditätsausgleichs: Zentralstrukturen entwickeln sich

Schulze-Delitzsch lehnte Zentralbanken der Genossenschaften ab, anfänglich ließ er die Gründungen Raiffeisens sogar gerichtlich verbieten.[22] Er organisierte den Geldausgleich zunächst auf Verbandsebene und übertrug die Aufgabe schließlich auf die 1864 in Berlin gegründete Deutsche Genossenschaftsbank von Soergel, Parrisius & Co. KG auf Actien. Als erstes regionales Ausgleichsinstitut entstand 1872 in Köln die Rheinisch-Westfälische Genossenschaftsbank. Beide Banken waren privatwirtschaftlich organisierte Gesellschaften, die neben dem genossenschaftlichen Geldausgleich auch private Zusatzgeschäfte tätigten, die schließlich ihre wirtschaftliche Existenz gefährdeten.²³

Schulze-Delitzschs Modell starker Primärgenossenschaften und eines privatwirtschaftlich organisierten Geldausgleichs hemmte die Gründung neuer Bankgenossenschaften. 1880 waren etwa drei Viertel der 2.500 Selbsthilfeorganisationen im Kreditbereich gewerbliche Banken, 20 Jahre später hatte sich dieses Bild umgekehrt. Von den etwa 11.477 Banken waren 9.793 Dorfkassen.²⁴ Mit dem ›Reichsgesetz betreffend die Erwerbs- und Wirtschaftsgenossenschaften‹, das am 1. Mai 1889 verabschiedet wurde, waren Genossenschaften mit beschränkter Haftung und die Bildung von Zentralgenossenschaften gestattet.²⁵

Friedrich Schenk und Hans Crüger, Schulze-Delitzschs Nachfolger als Anwälte des Allgemeinen Verbands, lehnten diese Neuerungen ab. In der Zentralbankfrage entwickelte sich zunächst der Direktor des Niedersächsischen Genossenschaftsverbands, Louis Glackemeyer, zu Schenks beharrlichem Gegenspieler. 1891 spaltete er den niedersächsischen Bezirk vom Allgemeinen Verband ab. Drei Jahre später gründete er die Freie Vereinigung der deutschen Creditgenossenschaften. Im gleichen Jahr nahm die Zentralgenossenschaftskasse für Niedersachsen²⁶ in Hannover ihre Tätigkeit auf.

In Württemberg kam es 1893 aus den gleichen Gründen zum Bruch mit dem Allgemeinen Verband.²⁷ Folgerichtig gründete auch dieser Verband eine Geldausgleichsstelle für die Primärbanken: die Zentralkasse Württembergischer Genossenschaften e.G.m.b.H. mit Sitz in Ulm.²⁸ Bereits 1894 entstand die Zentralkasse für das Königreich Sachsen in Dresden. Erst 1903 nahm die Bayerische Central-Handwerker-Genossenschaftskasse e.G.m.b.H. in München²⁹ ihren Betrieb auf. Die meisten gewerblichen Zentralinstitute bildeten sich in Preußen. Zwei Banken in Heide und Allenstein waren gegen den Willen des Allgemeinen Verbands von Primärbanken gegründet worden, arbeiteten aber mit dem Spitzenverband und der Soergelbank zusammen.³⁰

Alle anderen zentralen Kreditinstitute³¹ nahmen mit der 1895 gegründeten Preußischen Central-Genossenschaftskasse (kurz: Preußenkasse) Verbindung auf. Die Preußenkasse war ein typisches Kind der Gründerkrise von 1873 beziehungsweise der bis 1890 andauernden Phase stagnierenden Wachstums im Deutschen Reich. Das Versprechen von Reichtum und Aufstieg für alle schien mit der Gründerkrise gescheitert. Die Krise markiert das Ende des Manchesterliberalismus und den Beginn einer staatlich gelenkten Marktwirtschaft. In Kreisen kleiner Bauern, Handwerker und Geschäftsleuten stand nunmehr die Angst vor dem sozialen Abstieg durch die industrielle Konkurrenz im Vordergrund. Die Krise vernichtete Kapital, auf das der Mittelstand angewiesen war. Sie führte auch zu einer Kreditklemme. Landwirtschaftliche Betriebe und mittelständische Unternehmen benötigten dringend Kapital zu angemessenen Zinsen.

Auf Initiative in Berlin als Anstalt des öffentlichen Rechts errichtet, arbeitete die neue ›staatliche‹ Preußenkasse zunächst ausschließlich mit den regionalen genossenschaftlichen Zentralbanken zusammen. Die Vorteile für die Genossenschaften lagen auf der Hand: Kredite waren zum Teil billiger als bei der Reichsbank, Anlagen dagegen günstiger verzinst. Die Preußenkasse war ein staatliches Subventionsinstrument zur Förderung von Genossenschaften. Im beratenden Ausschuss des Instituts saß neben dem Hannoveraner Glackemeyer auch Karl Korthaus, ein Gründer gewerblicher Genossenschaften aus Osnabrück. Der christlich-konservative Wanderlehrer und Zentrumspolitiker[32] propagierte die staatliche Unterstützung von Genossenschaften und unterstützte gewerbliche Genossenschaftsgründungen auf Basis niedriger Geschäftsanteile und einer beschränkten Haftpflicht. Im Dezember 1901 schlossen sich jene gewerblichen Selbsthilfeorganisationen, darunter etwa 250[33] Bankgenossenschaften, zum Hauptverband der deutschen gewerblichen Genossenschaften zusammen und wählten Korthaus zum ersten Präsidenten. 1912 bildete sich eine Interessengemeinschaft mit dem niedersächsischen Verband.[34] Das Nebeneinander zweier gewerblicher Nationalverbände sollte fast zwei Jahrzehnte anhalten, bevor auf den Verbandstagen 1920 ein Aufgehen des Hauptverbandes sowie eine Rückkehr der gewerblichen Verbände Niedersachsens und Württembergs in den Allgemeinen Verband beschlossen wurden.[35] Im gleichen Jahr erfolgte die Namensänderung in Deutscher Genossenschaftsverband (DGV).

Begünstigt wurde die Einigung auf dem Bankensektor durch die gewachsene Kompromissbereitschaft in der Zentralkassenfrage.[36] 946 Primärbanken kamen vom Allgemeinen Verband. Darunter befanden sich auch berufsständische Sonderformen, wie zum Beispiel der Kredit-Verein Deutscher Apotheker e.G.m.b.H. in Danzig (KREDA)[37], Spar- und Darlehnskassen der Eisenbahnvereine[38] sowie Beamtenspar- und Darlehnsvereine[39]. 459 Primärbanken und zwölf Zentralbanken waren Korthaus'sche Gründungen. Letztere hatten allerdings weitaus weniger Mitglieder und eine deutlich geringere Bilanzsumme als die Primärbanken des Allgemeinen Verbands.[40] Dem neuen Verband gehörten somit insgesamt 1.417 Kreditgenossenschaften an. Die meisten Institute gab es unmittelbar nach der Weltwirtschaftskrise: 1932 waren es 2.295 Volksbanken.

Im DGV gab es fortan zwei Systeme des Liquiditätsausgleichs. Die Genossenschaftsabteilungen der Dresdner Bank in Berlin und Frankfurt am Main arbeiteten unmittelbar mit einzelnen Genossenschaftsbanken zusammen: 1928 standen mit ihr rund 1.200 Volksbanken direkt in Verbindung. Die sich auf Korthaus berufenden gewerblichen Genossenschaften organisierten ihren Geldausgleich über regionale Zentralbanken mit der Berliner Preußenkasse. 1932 wurde sie Anstalt des Deutschen Reiches und weitete ihr Geschäftsgebiet auf Süddeutschland aus. Sie firmierte als Deutsche Zentralgenossenschaftskasse (kurz: Deutschlandkasse). Bereits während der wirtschaftlichen Notzeiten in den 1920er-Jahren waren in Südwestdeutschland weitere genossenschaftliche Zentralbanken gegründet worden.[41]

Zwischen 1927 und 1928 kam es zu ersten Zusammenbrüchen von Genossenschaftsbanken. Um einen Vertrauensverlust beziehungsweise einen Wechsel der Sparer zu den Sparkassen zu verhindern, deren Einlagen durch die öffentliche Gewährträgerhaftung geschützt waren, entwickelte der DGV zwischen 1934 und 1938 mit dem ›Garantiefonds‹ eine Geldsammelstelle zur Stützung in Not geratener Kreditinstitute. Seitdem waren Sparer bei den dem Verband angehörigen Kreditinstituten vor dem Verlust ihrer Einlagen geschützt. Die Sicherungseinrichtung der gewerblichen Genossenschaftsbanken ist das Vorbild aller privatwirtschaftlichen Einlagensicherungen der Welt.[42]

Erspartes zu sichern war wichtig geworden, denn mit der Massengesellschaft kam in den Zwanziger- und Dreißigerjahren des letzten Jahrhunderts auch das Sparen breiter Bevölkerungsschichten auf. Neben den Sparkassen und den ländlichen Darlehnskassen organisierten die gewerblichen Genossenschaftsbanken das Massensparen. Sparen war lange Zeit die wichtigste Anlageform – die Gewerbebanken hatten diesbezüglich im handwerklich-gewerblichen Mittelstand einen bedeutenden ›Erziehungsauftrag‹.

Erwachsenen musste durch die Leihspardose, das Sparbuch, den Sparverein, den Sparschrank und verschiedene Haushaltsleitfäden das Sparen beigebracht werden. Schüler lernten es im Unterricht – mit einer Gemeinschaftsspardose der Genossenschaftsbank.[43]

Um das Massengeschäft bewältigen zu können, wurden gewerbliche Verbundunternehmen gegründet – gewerbliche Dienstleister, die die Banken in ihrer täglichen Arbeit unterstützten. 1920 entstand in Berlin der Deutsche Genossenschafts- und Handwerks-Verlag für Druckerzeugnisse der gewerblichen Genossenschaften.[44] Die ebenfalls in Berlin ansässige, auf Initiative der Preußenkasse gegründete Deutsche Genossenschafts-Hypothekenbank AG war als Realkreditinstitut für Gewerbebanken und die ländlichen Spar- und Darlehnskassen tätig.[45] Heute hat sie als DG HYP ihren Sitz in Hamburg und ist zusammen mit zwei landwirtschaftlich geprägten Hypothekenbanken für die genossenschaftliche Finanzgruppe zuständig.[46]

1931 gründeten Kölner Handwerker die Deutsche Bausparer AG, Bau-, Spar- und Entschuldungskasse als Grundstein der heutigen Bausparkasse Schwäbisch Hall.[47] Schrittweise beteiligten sich die Deutsche Zentralgenossenschaftskasse, die gewerblichen Zentralkassen und die Volksbanken und nannten das Unternehmen Bausparkasse der deutschen Volksbanken. 1924 gründete die Zentralkasse südwestdeutscher Volksbanken die FIDUCIA Revisions- und Treuhandinstitut AG in Karlsruhe. Heute ist sie die größere der beiden Rechenzentralen der Volksbanken und Raiffeisenbanken.[48]

d. Gebrochene Gleichschaltung: die gewerblichen Kreditgenossenschaften im ›Dritten Reich‹

Mit der Machtübernahme der Nationalsozialisten änderte sich zunächst der Ton der Führung des DGV. In der Verbandszeitschrift wurde Hermann Schulze-Delitzsch als »*der erste Kämpfer gegen den Marxismus*« und das Genossenschaftswesen als antikapitalistisch[49] uminterpretiert. Der NS-Staat möge »*die viel zu weit ausgebreitete Organisation der überwiegend jüdisch orientierten Großbanken eindämmen.*«[50] Mit diesen Anbiederungsversuchen an den NS-Staat wollte der Verband offensichtlich einer drohenden Auflösung beziehungsweise der Integration der gewerblichen Kreditgenossenschaften in NS-Mittelstandsorganisationen entgegenwirken, die im Bereich der landwirtschaftlichen Genossenschaften vollzogen wurde. Schließlich gelang die Anerkennung als gruppenübergreifender Prüfungsverband unter Einbeziehung der Verbände der Post-Spar- und Darlehnsvereine und der Eisenbahn-Spar- und Darlehnskassen. Der seit 1932 amtierende liberale Anwalt Johann Lang blieb ununterbrochen bis 1961 in diesem Spitzenamt. Seit der Machtergreifung war der DGV Vorwürfen mangelnder Regimetreue ausgesetzt. Die Reichsführung der SS beklagte das defensive Verhalten des Verbands in nationalsozialistischen Kernfragen, wie zum Beispiel beim Verhalten der Banken gegenüber jüdischen Mitgliedern und Kunden. 1936 setzte das Regime dem Verband Theodor Adrian von Renteln als Präsident vor. Das bedeutete eine Entmachtung der bisherigen Verbandsspitze.[51] Johann Lang blieb Anwalt, musste sich jedoch fortan auf die Leitung des Prüfungsverbands beschränken. Von Renteln hatte vor 1933 als NS-Mittelstands- und Finanzexperte schnell Karriere gemacht. Nach der Machtergreifung wurde er Präsident des Deutschen Industrie- und Handelstages und hatte parallel dazu weitere Ämter in der gewerblichen Wirtschaft inne. Sein Verständnis von Verbandsarbeit erschöpfte sich in der »*Durchführung der Weisungen und der Anordnungen* […]*, die wir von oben erhalten.*«[52] Damit war zumindest die formale Gleichschaltung abgeschlossen. 1941 wurde er schließlich zum Generalkommissar in Litauen ernannt. Lang übernahm wieder die Gesamtleitung des Verbands.[53]

Auf der Primärebene arrangierten sich viele Gewerbebanken mit dem System, indem sie zusätzlich Parteigänger in die Gremien wählten[54] oder indem Gremienmitglieder NSDAP-Mitglied wurden.[55] Bereits im Frühjahr 1933 riet der DGV den Instituten, ihre Vorstands- und Aufsichtsgremien mehrheitlich mit Vertretern der NSDAP zu besetzen, um die Unterstützung des Staates nicht aufs Spiel zu setzen. Der in Rastatt ansässige Verband der Badischen Kreditgenossenschaften empfahl seinen Mitgliedern den raschen Eintritt in die NS-Handelsorganisation (NS-HAGO). In Freiburg wurde diese Empfehlung bereits am 3. Mai 1933 übernommen.[56] Dagegen dauerte das Gezerre mit der örtlichen Parteiführung in Gießen bis 1934. Acht von 12 Aufsichtsratsmitgliedern mussten ihren Posten räumen.[57] In Emmendingen wurde bereits im April 1933 der jüdische Aufsichtsratsvorsitzende nicht mehr wiedergewählt. Der Prozess der Gleichschaltung der gewerblichen Kreditgenossenschaften war somit insgesamt heterogen, zumal ihnen – anders als den sozialdemokratischen Konsumgenossenschaften – gestattet wurde, die Gleichschaltung selbst umzusetzen. Nach dem Gesetz schieden jüdische Mitglieder zum 31. Oktober 1938 aus den gewerblichen Kreditgenossenschaften aus. Auffällig ist, dass viele Satzungen der gewerblichen Banken – anders als die Regelwerke der landwirtschaftlichen Selbsthilfeorganisationen – keinerlei politische und rassistische Inhalte aufwiesen.[58] Rassismus spielte bis 1938 bei den Gewerbebanken eine geringere Rolle als bei den stärker von der Kommunalpolitik bestimmten Sparkassen und Raiffeisenbanken.[59] Neben ihrer engen Verflechtung mit den kommunalpolitisch aktiven Dorfeliten waren die Raiffeisenbanken auch durch die Eingliederung in den Reichsnährstand näher am NS-Regime als die gewerblichen Kreditinstitute.[60] Im April 1938 wurde den Banken allerdings auferlegt, jüdische Vermögen über 5.000 RM offenzulegen. Drei Tage nach der Reichspogromnacht legte Hermann Göring fest, dass Juden automatisch zum 31. Dezember des Jahres aus allen Genossenschaften ausscheiden.[61] Spätestens zu diesem Zeitpunkt gerieten alle Banken, die jüdische Kunden und Mitglieder aufwiesen, in das Räderwerk der ›Arisierung‹ und der Ausschaltung der Juden aus der deutschen Gesellschaft. Der Fall des Freiburger Viehhändlers Jacob Uffenheimer zeigt exemplarisch, dass der Raub von Staats wegen organisiert und umgesetzt wurde. Genossenschaftsbanken waren überwiegend engmaschig kontrollierte Handlanger des Unrechtsstaats. Die meisten Banken versuchten in der Regel nicht aufzufallen, um ihren Tagesgeschäften nachgehen zu können.[62]

Während der Zugriff des NS-Regimes auf die dezentral organisierte genossenschaftliche Primärebene komplex war, stand die Deutschlandkasse in Berlin stärker im Fokus des NS-Regimes. Beim genossenschaftlichen Spitzeninstitut versuchte man trotzdem nach 1933 fachliche Kontinuität zu wahren. Der als kompetent und politisch unabhängig geltende Dr. Hans Helferich war von 1931 bis 1945 im Amt – 1933 wurde ihm allerdings mit Bankdirektor Ernst Günther ein Parteigenosse als Stellvertreter zur Seite gestellt.[63] 1939 übernahm die Deutschlandkasse durch Vertrag die genossenschaftliche Abteilung der Dresdner Bank. Bislang waren bei der Deutschlandkasse nur die landwirtschaftlichen Genossenschaften und die gewerblichen Genossenschaften organisiert, die ursprünglich dem von Korthaus gegründeten Hauptverband der deutschen gewerblichen Genossenschaften entstammten. Auf Betreiben der Reichsregierung waren erstmals alle Genossenschaften unterschiedlicher Provenienz in einem nationalen Spitzeninstitut gebündelt.

Im Krieg wurden Teile der Deutschlandkasse nach Gotha beziehungsweise nach Marburg verlagert und schließlich von den amerikanischen Besatzungsbehörden aufgelöst, weil sie keine über kommunale Gebietsgrenzen tätige Zentralbank duldeten. Das Institut hatte nicht nur seinen im sowjetisch besetzten Ost-Berlin gelegenen Firmensitz verloren, sondern auch nahezu das gesamte Bankvermögen, das fast ausschließlich aus praktisch wertlosen Anleihen des untergegangenen Reiches bestand.[64]

e. Die ersten 25 Nachkriegsjahre: Organisationsausbau bei verschärftem Wettbewerb

Die neue Zentralbank wurde im gleichen Monat gegründet, in dem auch das Grundgesetz verabschiedet wurde. Im Mai 1949 rief der Wirtschaftsrat der amerikanischen und britischen Besatzungszone die Deutsche Genossenschaftskasse mit Sitz in Frankfurt am Main ins Leben. Unter der Präsidentschaft von Georg Draheim wurde die Umwandlung der Anstalt des Öffentlichen Rechts in eine Bank vorangetrieben. Mit dem Gesetz über die DG BANK Deutsche Genossenschaftsbank wurde 1975 die rechtliche Grundlage für die Gründung von Niederlassungen im In- und Ausland geschaffen. Fortan war auch die Übernahme der Geschäfte regionaler Zentralbanken möglich.[65]

Auch der Spitzenverband der gewerblichen Genossenschaften verlagerte im Krieg Teile seiner Geschäftsstelle zunächst nach Gotha. Auf dem Genossenschaftstag des DGV, der 1948 in Wiesbaden stattfand, wurde Johann Lang erneut zum Anwalt bestimmt. Die Neugründung des Verbands fand schließlich 1949 in den Räumen der Wiesbadener Bank statt, nachdem dort bereits ein Jahr zuvor die Arbeitsgemeinschaft gewerblicher Genossenschaften gegründet wurde. 1952 wurde eine Geschäftsstelle in der Bonner Poppelsdorfer Allee eingerichtet, zwei Jahre später verlagerte sich der Verbandssitz dorthin.[66]

Drei Jahre nach Ende des Zweiten Weltkrieges waren in Westdeutschland bereits 739 gewerbliche Genossenschaftsbanken wieder eröffnet worden. Vor dem Krieg, im Jahre 1938, hatte es insgesamt 1.457 Banken gegeben. Durch den Verlust der deutschen Ostgebiete und durch die Abtrennung der Sowjetischen Besatzungszone beziehungsweise der DDR halbierte sich die Anzahl der Unternehmen.[67] Vom ›Wirtschaftswunder‹, das die Bundesrepublik Deutschland seit der Währungsreform bis Anfang der Siebzigerjahre erfasste,[68] konnten die Kreditgenossenschaften zunächst weniger profitieren als die Großbanken und die Sparkassen. Ihr Marktanteil sank von 15 Prozent vor dem Zweiten Weltkrieg auf sieben bis elf Prozent in den Jahren zwischen 1948 und 1966.[69] Ursache hierfür war das geringe Wirtschaftswachstum des Handwerks, des Handels und des Kleingewerbes. Die Industrie und die zunehmende Zahl der bei ihr beschäftigten Arbeiter und Angestellten profitierten dagegen überdurchschnittlich von den Gründerjahren der Bundesrepublik. Die Gewerbebanken brauchten neue Kunden, zumal die Sparkassen den Mittelstand für sich entdeckt hatten[70]. Es entstand ein verschärfter Wettbewerb, der sich in offensiven Werbestrategien ausdrückte.[71] Um neue Kunden zu gewinnen, musste die Nähe zum Kunden verbessert werden. Zwischen 1948 und 1971 sank die Zahl der Banken von 739 auf 686. Zugleich vervielfachte sich die Zahl der Zweigstellen von 266 auf 3.656.[72] Die Genossenschaftsbanken expandierten in der Fläche, denn insgesamt verdichtete sich ihr Bankstellennetz.

Auch das Dienstleistungsangebot diversifizierte sich. Neue Verbundunternehmen entstanden: 1956 gründeten elf Privatbanken und drei Zentralkassen der Volksbanken die später ausschließlich genossenschaftliche Fondsgesellschaft Union Investment.[73] Seit den Fünfzigerjahren boten die Volksbanken ihren Kunden Produkte der Raiffeisen Versicherungen an. Seit 1958 firmiert das Verbundunternehmen, das seine Wurzeln in der Landwirtschaftlichen Genossenschaftsbewegung hat, als Raiffeisen- und Volksbankenversicherung. Aus den regional beziehungsweise berufsständisch organisierten Gewerbebanken entwickelte sich schrittweise eine Gruppe regionaler Universalbanken, deren lokales Angebot durch national tätige Verbundunternehmen und Zentralinstitute unterstützt wurde. Neue Anlagemöglichkeiten wie das Bau- und Gewinnsparen wurden entwickelt. Auch wenn in den Sechzigerjahren die Sparkassen unumstrittene Marktführer im passiven Privatkundengeschäft waren, so gewannen insbesondere die Volksbanken Marktanteile im Spargeschäft. Außerdem traten sie durch die Einführung des Sparbriefs als Initiatoren neuer Bankprodukte auf.[74]

In der genossenschaftlichen Mittelstufe blieben bis 1968 getrennte regionale Zentralbanken für den ländlichen und gewerblichen Bereich nebeneinander bestehen. Eine Ausnahme bildete das französisch besetzte Saarland, wo bereits 1946 die Gründung einer gemeinsamen Zentralbank für beide Genossenschaftsbereiche erfolgte. Seit dem Beitritt des Saarlandes zur Bundesrepublik im Jahre 1957 gab es 18 Zentralinstitute. Ab 1968 begann mit dem Zusammenschluss der beiden ländlichen Zentralkassen aus Koblenz und Köln zur Genossenschaftlichen Zentralbank Rheinland eGmbH eine Fusionswelle auf regionaler Ebene.[75]

In der Bundesrepublik schützt das Grundgesetz die Bildung von Genossenschaften als Vereinigungen zur Wahrung und Förderung der Arbeits- und Wirtschaftsleistungen.[76] Auch in der DDR hatten die Genossenschaften Verfassungsrang: *»Die Konsum-, Erwerbs- und Wirtschaftsgenossenschaften sowie die landwirtschaftlichen Genossenschaften und deren Vereinigungen sind unter Berücksichtigung ihrer Verfassung und Eigenart in die Gemeinwirtschaft einzugliedern.«*[77] Anders als in der Bundesrepublik waren in der DDR jedoch Banken gesellschaftliches Eigentum. Sie dienten der *»Zerschlagung der kapitalistischen Ausbeutergesellschaft«*[78] und waren ein wichtiges Kontrollwerkzeug der sozialistischen Planwirtschaft. Die Sowjetische Militäradministration schloss unmittelbar nach dem Einmarsch ihrer Truppen die Privatbanken und bereitete schließlich deren Enteignung vor. Den Volksbanken gestatteten sie dagegen bereits im Januar 1946 die Wiederaufnahme ihrer Geschäftstätigkeit.[79] Als Rechtsgrundlage wurde ein Musterstatut erarbeitet, das sich an das Genossenschaftsgesetz von 1889 anlehnte. Neben dem ländlichen Sektor, den Bäuerlichen Handelsgenossenschaften und der Deutschen Bauernbank (ab 1968 Bank für Landwirtschaft und Nahrungsgüterwirtschaft) bildeten die Gewerbebanken die zweite Säule des genossenschaftlichen Bankwesens. Zu den Aufgaben der seit April 1946 als Genossenschaftsbanken für Handwerk und Gewerbe bezeichneten Institute zählte insbesondere die Förderung und Entwicklung des Handels, des Handwerks und anderen Kleingewerbes. Sie unterstanden einem nationalen Prüfungsverband, der wiederum dem Ministerium für Finanzen untergeordnet war.[80]

Wie die Bäuerlichen Handelsgenossenschaften wurden auch die Gewerbebanken sukzessive in das sozialistische Planungssystem eingebunden.[81] Die zentrale maschinelle Datenverarbeitung bot den staatlichen Stellen seit 1964 Möglichkeiten, die Geldflüsse zu kontrollieren. Nach dem neuen Musterstatut von 1970 waren die Genossenschaftsbanken Instrumente staatlicher Wirtschaftspolitik.[82] Danach hatten die Banken im Rahmen ihrer Geschäftsbeziehungen »*auf die Lösung der mit dem Volkswirtschaftsplan gestellten Aufgaben aktiv Einfluss zu nehmen*«. Unter Anleitung staatlicher Organe sollten sie die Vorgaben der staatlichen Finanz- und Kreditpolitik durchsetzen und »*den freiwilligen Zusammenschluss individuell arbeitender Handwerker und ihrer Beschäftigten zu Produktionsgenossenschaften des Handwerks (PGH) fördern*«. Darüber hinaus wurden die Genossenschaftsbanken der Aufsicht der örtlichen Kreistage beziehungsweise der Stadtverordnetenversammlungen unterstellt. Da sich die Geschäftsgebiete der Kassen nicht mit den politischen Strukturen des SED-Staats deckten, kam es ähnlich wie in der Bundesrepublik seit Ende der Sechzigerjahre zu Anpassungen und Zusammenschlüssen. Dem Veränderungsdruck in der DDR lagen weniger marktwirtschaftliche Motive, sondern zunehmende finanzielle Engpässe und Kontrollabsichten des Staates zugrunde.[83]

In den Sechzigerjahren des letzten Jahrhunderts war der Veränderungsdruck bei den gewerblichen Genossenschaftsbanken in der Bundesrepublik Deutschland spürbar geworden. Seit den Zwanzigerjahren prophezeite Georg Draheim – er gilt als der bedeutendste genossenschaftliche Bankier des 20. Jahrhunderts[84] – eine Konzentrationsentwicklung im Genossenschaftssektor, die im Wesentlichen erst durch die Neuordnung der genossenschaftlichen Verbandsstrukturen im Jahre 1971 begann. Die Genossenschaftsbanken hatten im 19. Jahrhundert in den Kleinstädten spezifische Nischen besetzt. Regionales Sonderbewusstsein, Kleinstaaterei und ein unterentwickeltes Finanzsystem hatten anfänglich die lokale Selbsthilfe in Deutschland befördert. Im 20. Jahrhundert hatte sich nicht nur ein einheitlicher Wirtschaftsraum herausgebildet. Die mittelständischen Lebenswelten wandelten sich, Sozialmilieus brachen auf, die Sparkassen begannen sich als Konkurrenten zu etablieren.[85] Die Genossenschaftsbanken mussten die »*Zwangsjacke der Dogmen*«[86] überwinden und ihre Strukturen an die radikal veränderten wirtschaftlichen und sozialen Verhältnisse anpassen. Die Zahl der Selbstständigen nahm in den Jahrzehnten nach Gründung der Bundesrepublik stetig ab. Nun galt es, mit einem breiter ausgerichteten Allfinanzkonzept neue Kunden im Bereich der kontinuierlich wachsenden Zahl der abhängig Beschäftigten zu gewinnen. Im Vergleich zu den ländlichen Spar- und Darlehnskassen wie auch zu den Raiffeisenbanken waren die Volksbanken besser aufgestellt. Der gewerbliche Finanzsektor zeichnete sich Ende der 1960er-Jahre durch größere und professionellere Primärbanken sowie durch leistungsfähige Spezialdienstleister aus. Trotzdem galt es, die starke Zersplitterung im genossenschaftlichen Finanzsektor zu überwinden, Zentralbanken zu fusionieren und die Leistungsfähigkeit durch gemeinsame Spitzenorganisationen zu steigern – der größte strategische Anpassungs- und Konzentrationsprozess stand unmittelbar bevor.

1 Hier bietet Faust, Geschichte, S. 29–32, eine Fülle von Informationen, die im wissenschaftlichen Anhang durch ein reichhaltiges Reservoir an Primär- und Sekundärquellen ergänzt werden. Dennoch bietet die Frühphase, vor allem im lokal- und regionalgeschichtlichen Segment, noch viel Potenzial für weitere wissenschaftliche Qualifizierungsarbeiten.
2 Volksbank Öhringen, 125 Jahre, S. 15, S. 19, 54 f.; Volksbank Künzelsau, 1870–1970, S. 19. – Als älteste gewerbliche Wurzel wird häufig die deutlich jüngere Volksbank Delitzsch genannt. Deren erste, nach wirtschaftlichen Prinzipien gestaltete Vorläufer sind die Darlehnskassenvereine in Bad Düben (1849) und Eilenburg (1850). Vgl. Gleber, Wurzeln, S. 10 ff.
3 Volksbank Öhringen, 125 Jahre, S. 15, 19, 52 ff.; Volksbank Hohenlohe, 150 Jahre, S. 7 ff. – Wann genau der Privatsparverein aufhörte zu existieren, ist nicht überliefert, jedoch nahmen die Bürger erst 1870 einen neuen Anlauf und gründeten die Landwirtschafts- und Gewerbebank Künzelsau. Vgl. Volksbank Künzelsau, 1870–1970, S. 22 f.
4 Faust, Geschichte, S. 73 ff., 129 ff.
5 Fröhlich, Genossenschaften, S. 464.
6 Zit. n. Maxeiner, Zitate, S. 11; vgl. ferner Gärtner, Genossenschaftsbewegung, S. 37.
7 Kluge, Geschichte, S. 15.
8 Kluge, Genossenschaft, S. 17 ff.
9 Ebd., S. 19.
10 Volksbank Delitzsch, 150 Jahre, S. 13 f.; Kluge, Geschichte, S. 46 f.
11 Schulze-Delitzsch, Vorschuß-Vereine, S. 61.
12 Kluge, Bankgenossenschaften, S. 47.
13 Schulze-Delitzsch, Associationsbuch, S. 115.
14 Schulze-Delitzsch, Vorschuß-Vereine.
15 Dülfer, Organisationskonzept, S. 81. – Von diesen 1.000 Banken hatten 455 ihren Jahresabschluss an Schulze-Delitzsch eingesandt; vgl. ferner Schulze-Delitzsch, Schriften I, S. 170.
16 Schulze-Delitzsch, Mittheilungen (1859), S. 3.
17 Zit. n Faust, Geschichte, S. 223.
18 Dem Verband gehörten 1862 186 Kreditgenossenschaften und 28 Rohstoffgenossenschaften an. Vgl. Schulze-Delitzsch, Mittheilungen (1862), S. 19.
19 1864 gehörten neben den Banken auch 40 Rohstoff-, Magazin- und Produktivgenossenschaften sowie 15 Konsumvereine zum Verband. Vgl. Faust, Geschichte, S. 223; Stappel, 125 Jahre, S. 4.
20 Zit. n. BVR, Zitate, S. 41.
21 Zit. n. Faust, Geschichte, S. 225.
22 Ebd., S. 350 f.; Stappel, 125 Jahre, S. 5.
23 Die Rheinisch-Westfälische Genossenschaftsbank A.G. verlegte 1893 ihren Sitz nach Berlin und gab damit die rheinisch-westfälische Genossenschaftssparte auf. 1890 entstand in Düsseldorf die Rheinisch-Westfälische Genossenschaftsbank e.G.m.b.H., die 1912 liquidiert wurde. Vgl. WGZ BANK, 1884–1984, S. 22. – Als die Soergelbank nach empfindlichen Verlusten aus Spekulationsgeschäften in Bedrängnis geriet, wurde ihre genossenschaftliche Abteilung 1905 von der Dresdner Bank übernommen.
24 Gleber, Provinz, S. 33.
25 Stappel, 125 Jahre, S. 8.
26 Zentralkasse Nordwestdeutscher Volksbanken, 75 Jahre, S. 12, 15.
27 Württembergischer Genossenschaftsverband, Besinnung, S. 55 ff.
28 Genossenschaftliche Zentralbank Stuttgart, 100 Jahre, S. 13.
29 Stappel, 125 Jahre.
30 Vor 1898: Ost- und Westpreußische Verbandskasse e.G.m.b.H. (Allenstein/Ostpreußen); 1898: Nordwestdeutsche Verbandskasse e.G.m.b.H. (Heide). Vgl. Zentralkasse Nordwestdeutscher Volksbanken, 75 Jahre, S. 26; Kluge, Geschichte, S. 273.
31 1889: Zentralgenossenschaftsbank für Hessen-Nassau e.G.m.b.H. Vgl. Zentralkasse Südwestdeutscher Volksbanken, 40 Jahre, S. 102. – 1895: Rheinische Genossenschaftsbank e.G.m.b.H.

(Köln); 1897: Hannoversche Genossenschaftsbank e.G.m.b.H. (Osnabrück), Westfälische Genossenschaftsbank e.G.m.b.H. (Münster); 1898: Provinzialgewerbebank e.G.m.b.H. (Kiel). Vgl. Zentralkasse Nordwestdeutscher Volksbanken, 75 Jahre, S. 26.

32 Korthaus war von 1921 bis 1924 Reichstagsabgeordneter und Mitglied der Zentrumsfraktion. Von 1925 bis 1933 war er als Vertreter der Handwerkergenossenschaften Mitglied im vorläufigen Reichswirtschaftsrat. Vgl. hierzu die Online-Datenbank des Zentrums für Historische Sozialforschung der Universität Köln (http://biosop.zhsf.uni-koeln.de/ParlamentarierPortal/biorabwr_db/biorabwr_db.php; abgerufen am 28. Februar 2012).

33 DZ BANK, Zeitreise, S. 41.

34 Zentralkasse Nordwestdeutscher Volksbanken, 75 Jahre, S. 27.

35 Ebd., S. 31; Zentralkasse Südwestdeutscher Volksbanken, 40 Jahre, S. 56.

36 Gleichzeitig kam es zu einer Bereinigung des Allgemeinen Verbandes, weil die noch verbliebenen Konsumgenossenschaften zum Zentralverband Deutscher Konsumvereine übertraten, der nach dem Ausschluss zahlreicher Konsumvereine aus dem Allgemeinen Verband im Jahr 1902 gebildet worden war.

37 Das Institut wurde 1902 in Danzig gegründet und verlagerte 1920 seinen Sitz nach Berlin. 1948 wurde in Düsseldorf die Westdeutsche Apothekerbank e.G.m.b.H. neu gegründet, die heute als Deutsche Apotheker- und Ärztebank e.G.m.b.H. in der genossenschaftlichen Finanzgruppe für Kunden aus der Gesundheitsbranche tätig ist. Vgl. Volrad Deneke, Ärzte- und Apothekerbank, S. 210 ff.

38 1896 entstand in Karlsruhe der Spar- und Vorschuss-Verein der badischen Eisenbahnbeamten, danach gründeten sich in allen deutschen Eisenbahndirektionsbezirken Darlehnskassen. Heute gibt es zwölf regional tätige selbstständige Spardabanken. Vgl. Olten, Zeitreise, S. 25.

39 Seit der Jahrhundertwende entstanden überall in Deutschland genossenschaftliche Beamten-Sparvereine, die heute in der 1921 gegründeten BBBank (Karlsruhe) gebündelt sind. Vgl. Lamprecht, 40 Jahre, S. 12 f.

40 So hatten die 946 Gründungen nach Schulze-Delitzsch bei einer Bilanzsumme von 3.802 Mio. RM 565.203 Mitglieder, während die 459 Korthaus'schen Kassen nur 91.451 Mitglieder hatten und eine Bilanzsumme von 741 Mio. RM aufwiesen. Vgl. hierzu Baerbaum, Korthaus, S. 63–66.

41 1923: Badische Landesgewerbebank A.G. (Karlsruhe); 1924: Hessische Handwerker-Zentralgenossenschaft gem. A.G. Landesgewerbebank (Darmstadt), Pfälzische Zentralgenossenschaftskasse e.G.m.b.H. (Neustadt an der Haardt). Vgl. Zentralkasse Südwestdeutscher Volksbanken, 40 Jahre, S. 8, 10 f., 103, 107 f.

42 Schulze-Kimmle, Sicherungseinrichtungen, S. 33–96.

43 Gleber, Pfennig, S. 56 ff.

44 DG Verlag, ZwischenBilanz, S. 10 ff.

45 DG HYP, Fünfzig Jahre, S. 11; DG HYP, 75 Jahre, S. 8 f.

46 Münchner Hypothekenbank (gegr. 1896 als Bayerische Landwirtschaftsbank); WL BANK AG Westfälische Landschaft Bodenkreditbank, Münster (gegr. 1877 als Westfälische Landschaft).

47 Faust, Geschichte, S. 303.

48 Seit 1958 steht sie als Buchungsgemeinschaft den badischen Volksbanken zur Verfügung. Heute ist sie der größte IT-Dienstleister für Volksbanken und Raiffeisenbanken. Vgl. Dube, Computer, S. 215 f.

49 [o. V.], Genossenschaftsbanken, S. 379.

50 Ebd., S. 380.

51 Deutscher Genossenschaftsverband, 100 Jahre, S. 70; Ten Haaf, Kreditgenossenschaften, S. 242–248.

52 Von Rentelnin seiner Eröffnungsrede auf dem 71. Deutschen Genossenschaftstag. Vgl. Deutscher Genossenschaftsverband, Mitteilungen, S. 12 f.

53 Deutscher Genossenschaftsverband, 100 Jahre, S. 68 ff.

54 Wiesbadener Volksbank, 1860–2010, S. 91.

55 Krauß, Bank, S. 75.

56 Siebold/Schindelbeck, Bank (2007), S. 53.

57 Volksbank Mittelhessen, 1858–2008, S. 111.

58 Ten Haaf, Kreditgenossenschaften, S. 503 ff. – Als exemplarisches Beispiel dient die Satzung der Neustadter Volksbank, Neustadt an der Haardt (3. November 1933 bis 23. April 1940), wo nach 1933 ausschließlich bank- und wirtschaftsspezifische, aber keine politischen Inhalte nachgepflegt wurden. Vgl. Stiftung GIZ, GD-00065.

59 Vgl. dazu die in Siebold/Schindelbeck, Bank (2007), S. 59, geschilderten Verhältnisse in Freiburg; Ten Haaf, Kreditgenossenschaften, S. 505, attestiert dem DGV, dass er bis November 1938 die Ortsbanken in keiner Weise antisemitisch beeinflusst habe.

60 Ebd., S. 498.

61 Verordnung über die Ausschaltung der Juden aus dem deutschen Wirtschaftsleben vom 12. November 1938.

62 Siebold/Schindelbeck, Bank (2007), S. 62 f.

63 Kreitz, Draheim, S. 85.

64 DZ BANK, Zeitreise, S. 48.

65 Ebd., S. 50.

66 DGV, Jahrbücher 1949, S. 13 f.; 1959, S. 77 f.; 1954, S. 101.

67 Kluge, Bankgenossenschaften, S. 472 f.

68 Buchheim, Aufwärtstrends, S. 34.

69 Bley, Fittest, S. 29 f.

70 Konrads, Mittelstandsförderung.

71 Sandmann, Geschichte, S. 45.

72 DGV, Jahrbuch 1948, S. 39; 1971, S. 71.

73 Baehring, Investment, S. 14 ff.

74 Schulz, Sparkassen, S. 353. – Der Sparbrief ist eine Erfindung der Vereinsbank Wiesbaden (heute: Wiesbadener Volksbank) und wurde erstmals am 15. April 1964 ausgegeben. Zunächst profitierten die Volksbanken von dieser Innovation. Ab 1967 imitierten die Sparkassen das Produkt und platzierten es als Sparkassenbrief am Markt. Später setzten es auch Privatbanken ein. Vgl. Wiesbadener Volksbank, 1860–2010, S. 116.

75 Kluge, Geschichte, S. 281; WGZ BANK, 1884–1984; S. 80 ff.; Kubista, Volksbanken und Raiffeisenbanken, S. 50 f.

76 Art. 9 (3) GG: »*Das Recht, zur Wahrung und Förderung der Arbeits- und Wirtschaftsbedingungen Vereinigungen zu bilden, ist für jedermann und für alle Berufe gewährleistet. Abreden, die dieses recht einschränken oder zu behindern suchen, sind nichtig, hierauf gerichtete Maßnahmen sind rechtswidrig.*«

77 Art. 27 (4) Verfassung der DDR: »*Die Konsum-, Erwerbs- und Wirtschaftsgenossenschaften sowie die landwirtschaftlichen Genossenschaften und deren Vereinigungen sind unter Berücksichtigung ihrer Verfassung und Eigenart in die Gemeinwirtschaft einzugliedern.*«

78 Staatsbank DDR, Bankwesen, S. 5.

79 SMAD-Befehl Nr. 14 vom 15. Januar 1946; vgl. ferner Brendel, Anpassung, S. 42 ff.

80 Brendel, Rationalisierungsbestrebungen, S. 16.

81 Brendel, Kreditgenossenschaften DDR, S. 99.

82 Brendel, Rationalisierungsbestrebungen, S. 17 f.

83 Ebd., S. 18 ff.

84 Draheim, Spitzenorganisationen; ders., Genossenschaft.

85 Konrads, Mittelstandsförderung.

86 Draheim, Spitzenorganisationen, S. 124.

Timothy W. Guinnane
(aus dem Englischen von Claus Sprick)

[9.]

Die Raiffeisen-Kreditgenossenschaften 1864

Die Expansion des genossenschaftlichen Kredits im 19. Jahrhundert

a. 1864: Die Genossenschaftsbewegung expandiert in den ländlichen Raum

Das so genannte Drei-Säulen-Modell, das heißt die seit der Mitte des 19. Jahrhunderts bestehende »*institutionelle Segmentierung* [in] *Geschäftsbanken, Sparkassen und Genossenschaftsbanken*«, unterscheidet das deutsche von anderen nationalen Bankensystemen.[1] Charakteristisch für die zuletzt genannte Säule ist, von den Größenunterschieden sowohl der Einzelinstitute als auch des Finanzverbunds gegenüber den Geschäftsbanken und Sparkassen einmal abgesehen, die eigenständige Funktion der Kreditgenossenschaften als Finanzdienstleister für Privathaushalte sowie für kleinere und mittelständische Unternehmen. Den deutschen Kreditgenossenschaften vergleichbare Institute gedeihen weltweit in vielen – sowohl reicheren als auch ärmeren – Ländern, seien es afrikanische Mikrofinanz-Genossenschaften, kanadische ›Caisses Desjardins‹ oder US-amerikanische ›Credit Unions‹. Viele dieser Kreditgenossenschaften verdanken ihre Strukturen und Praktiken direkt oder mittelbar dem deutschen Modell, dessen Anfänge (um die Mitte des 19. Jahrhunderts) und die Weiterentwicklung Gegenstand der folgenden Ausführungen sein werden.

Die deutschen Kreditgenossenschafen gingen aus einer umfassenderen Bewegung hervor, zu der auch die Gründungen von Produktions- und Absatzgenossenschaften zählten, die Landwirten, Handwerkern und Kleinhändlern helfen sollten, beim Erwerb ihrer Betriebsmittel und der Vermarktung ihrer Erzeugnisse von Mengenvorteilen zu profitieren wie sie sonst nur relativ große Organisationen bieten konnten. Zur Genossenschaftsbewegung gehörten ferner Konsum- und Baugenossenschaften. Da die Kreditgenossenschaften nicht selten die Hauptfinanzierungsquelle für die anderen

Genossenschaften waren, entwickelten sie sich aus unterschiedlichen Wurzeln heraus schon bald zur bedeutendsten Einzelkomponente des Genossenschaftswesens. Die städtisch-gewerblichen Kreditgenossenschaften gingen auf die Initiative von Hermann Schulze-Delitzsch zurück, der auf die Nöte von Handwerkern und Händlern reagierte, als er in den Vierziger- und Fünfzigerjahren des 19. Jahrhunderts genossenschaftliche Kreditvereine (so genannte Vorschussvereine) gründete. Die genossenschaftlichen Spar- und Darlehnskassen Friedrich Raiffeisens stellten – mehr noch als ihre Vorläufer, die Schulze-Delitzsch'schen Genossenschaften, die ihren Sitz zumeist in Groß- und Mittelstädten hatten – ihr Geschäftsmodell speziell auf die Bedürfnisse der Landbevölkerung ab. Die Gründung dieser ländlichen Genossenschaftsbanken hatte ihre Wurzel in den Bestrebungen, den wirtschaftlichen und sozialen Verhältnissen auf dem Land, insbesondere der Armut und der Überschuldung bäuerlicher Betriebe, entgegenzuwirken. Vor der Einführung von Kreditgenossenschaften waren Kleinbauern und Personen ohne Grundbesitz auf Kredite von informellen Darlehensgebern – zum Beispiel Händlern – angewiesen. Diese Finanzierungsquellen konnten mitunter sehr kostspielig sein, denn die Darlehensgeber setzten häufig Bedingungen durch, die schließlich zu Kreditkosten führten, die über den verhandelten Zinssatz hinausgingen. Eine dritte größere Genossenschaftsgruppe um Wilhelm Haas folgte zunächst dem Ansatz der ländlichen Bewegung, brach aber später mit den Vorstellungen Raiffeisens, um einen weniger dogmatischen Ableger der Bewegung aufzubauen.

Das Jahr 1864 stellt einen Meilenstein in der deutschen Genossenschaftsgeschichte dar. Zwar war es weder das Gründungsjahr der ersten Genossenschaften – denn zu diesem Zeitpunkt waren die Schulze-Delitzsch'schen Genossenschaften bereits weit verbreitet – noch das Jahr, in dem die größte Genossenschaftsgruppe entstand – denn gegen Ende des 19. Jahrhunderts hatte die von Wilhelm Haas gegründete Gruppe die von Raiffeisen sowohl an Größe und Zahl als auch an räumlicher Verbreitung in den Schatten gestellt. Aber die Gründung des Heddesdorfer Darlehnskassenverein durch Raiffeisen im Jahr 1864 stellte die Weichen für die Ausbildung der ersten bedeutenden ländlichen Genossenschaftsgruppe. Während der darauf folgenden Gründungswelle von Kreditgenossenschaften in ländlichen Gebieten stellten sich die Institute der Genossenschaftsbewegung mehr und mehr in den Dienst der Bedürfnisse dieser Bevölkerungsgruppe, die weit größer war als alles, was zuvor der Schulze-Delitzsch'schen Gruppe angehört hatte. Anders formuliert: Die heutige Säule der Kreditgenossenschaften in Deutschland wäre viel kleiner und hätte eine andere soziale und wirtschaftliche Zusammensetzung, wenn die Bewegung des 19. Jahrhunderts in erster Linie städtisch geblieben wäre.

Den deutschen Genossenschaften, gleichgültig, ob aus städtisch-gewerblichen oder ländlichen Wurzeln erwachsen, waren grundlegende Organisationsmerkmale gemeinsam, die sich aus den rechtlichen Rahmenbedingungen ergaben, mit denen wir uns im Folgenden befassen werden: (1.) Die Genossenschaften waren Eigentum ihrer Mitglieder und gewährten nur diesen Kredite, auch wenn sie Einlagen von jedermann annahmen. (2.) Sie wurden von Geschäftsführern (später von einem Vorstand und einem Aufsichtsrat) geleitet, die von der Gesamtheit der Mitglieder gewählt wurden. Es gab allerdings auch bedeutende Unterschiede zwischen den städtisch-gewerblichen und den ländlichen Kreditgenossenschaften. Die städtischen Kreditgenossenschaften der Schulze-Delitzsch'schen Gruppe glichen eher kleinen Banken, denn sie wiesen hohe

Geschäftsanteile auf, die sie mit attraktiven Dividenden bedienten, und sie waren bestrebt, Kapital zu bilden, um ihre Abhängigkeit von Einlagen zur Finanzierung ihrer Ausleihungen zu verringern. Zudem waren die Möglichkeiten des Erwerbs von Geschäftsanteilen darauf ausgerichtet, die ärmeren und abhängig arbeitenden Schichten davon abzuhalten, Mitglieder zu werden. Die städtischen Genossenschaften beschränkten sich in der Regel darauf, kurzfristige Kredite zu vergeben und Wechsel zu diskontieren. Ländliche Kreditgenossenschaften gaben üblicherweise kleine Anteile aus, zahlten keine Dividenden und finanzierten die – wie wir noch erörtern werden – zumeist relativ langfristigen Ausleihungen durch Einlagen; nicht wenige wiesen deshalb eine hohe Fremdkapitalquote aus.

Bei Ausbruch des Ersten Weltkriegs bildeten die den Gruppen um Schulze-Delitzsch, Raiffeisen und Haas angeschlossenen Kreditgenossenschaften die große Mehrheit derartiger Institute in Deutschland. Es gab sehr viel mehr ländliche als städtische Kreditgenossenschaften, aber diese Institute waren im Allgemeinen viel kleiner als ihre Schulze-Delitzsch'schen Pendants – sowohl hinsichtlich der Mitgliederzahl als auch des Kapitals. Die überlieferten Statistiken beruhen zum Teil auf Schätzungen, sie sind für die nachstehenden Ausführungen jedoch hinreichend genau. Standen den 1.400 städtischen Kreditgenossenschaften im Jahr der Reichsgründung 1871 nur etwa 100 ländliche gegenüber, so gab es bei Ausbruch des Ersten Weltkriegs rund 2.000 städtische und mehr als 17.000 ländliche Kreditgenossenschaften. Gegen Ende des 19. Jahrhunderts lag der Anteil der Kreditgenossenschaften an allen deutschen Genossenschaften durchweg zwischen etwa 50 und 60 Prozent. Die Zahl der Genossenschaften lässt aber nicht die weit bedeutendere Größe der städtischen Institute erkennen, die 1914 durchschnittlich je rund 500 Mitglieder zählten, im Gegensatz zu kaum mehr als 100 bei den ländlichen Instituten. Was die Finanzkraft betraf, war der Unterschied noch bedeutender. Die städtischen Kreditgenossenschaften verfügten als Gruppe über Kapitalmittel, die fast neun mal so groß waren wie diejenigen der weit zahlreicheren ländlichen Genossenschaften.[2]

Im Folgenden werden vier Funktionsbedingungen erörtert, unter denen sich die Kreditgenossenschaften insgesamt, vor allem aber die landwirtschaftlichen Kreditgenossenschaften bis zum Ersten Weltkrieg entwickelten: Es handelt sich sowohl um staatliche Regelungs- beziehungsweise Fördermaßnahmen, welche die gewerblichen wie die landwirtschaftlichen Kreditgenossenschaften gleichermaßen betrafen, sowie um strukturelle Merkmale, die besonders die letzteren auszeichneten. Abschnitt b erörtert das Preußische Genossenschaftsgesetz von 1867, das den Genossenschaften Rechts- und Vertragsfähigkeit in eigenem Namen verlieh. Abschnitt c geht auf das Reichsgenossenschaftsgesetz von 1889 ein, das den Genossenschaften unter anderem die beschränkte Haftung ermöglichte und Ausfluss des Systemstreits war, den ländliche und gewerbliche Kreditgenossenschaften um die Ausgestaltung eines geeigneten Zentralinstituts führten. Die staatlich geförderte und ebenfalls zwischen den Gruppen umstrittene Preußische Central-Genossenschaftskasse von 1895 ist Gegenstand von Abschnitt d. Abschnitt e schließlich erörtert den strukturellen Wettbewerbsvorteil vor allem der landwirtschaftlichen Kreditgenossenschaften, nämlich in einem überschaubaren örtlichen Raum über besondere Informations- und Sanktionsmöglichkeiten zu verfügen.

b. Das Preußische Genossenschaftsgesetz von 1867:
   Ein eigenständiger Unternehmenstyp entsteht

Auf ihrem Weg zu Organisationen mit eigenständiger Rechtspersönlichkeit hatten die Genossenschaften erhebliche rechtliche Hürden zu überwinden. Schulze-Delitzsch, der Abgeordneter des Preußischen Landtags (und später des Reichstags) war, kritisierte, dass eine Organisation wie eine Genossenschaft nach dem Allgemeinen Landrecht für die Preußischen Staaten allenfalls als eine »*erlaubte Privatgesellschaft*« galt. Laut Gesetz waren die Behörden zudem befugt, sämtliche Gruppierungen zu verbieten, die eine Gefahr für die öffentliche Ordnung darstellten. So sahen sich die Genossenschaften, nicht zuletzt, weil sie mit den Liberalen und anderen, die die gescheiterte Revolution von 1848 unterstützt hatten, identifiziert wurden, immer wieder obrigkeitlichen Schikanen, zumeist Aufsichts- und Kontrollmaßnahmen unterschiedlichen Ausmaßes, ausgesetzt. Eine weitere Herausforderung, die die Genossenschaftsbewegung zu überwinden hatte, war das Fehlen der rechtlichen Anerkennung, derer eine Genossenschaft bedurft hätte, um im eigenen Namen, das heißt als Kollektivorgan und nicht als eine Vielzahl von Einzelpersonen, aufzutreten. Nach dem Gesetz hatten die Genossenschaften Dritten gegenüber keine juristische Existenz. Dieses Fehlen einer eigenen Rechtspersönlichkeit benachteiligte die Genossenschaften, denn es hatte zur Folge, dass sie ›Verträge‹ nicht – wie andere Wirtschaftsunternehmen – im eigenen Namen schließen konnten. In der Zeit vor dem Jahr 1867 mussten die Genossenschaften zu Kunstgriffen Zuflucht nehmen, die es ihnen erlaubten, dieses Hindernis zu umgehen. So erteilten die Genossenschaftsmitglieder beispielsweise den Geschäftsführern Vollmachten für wichtige Geschäfte.[3] Dies setzte entweder eine notarielle Beurkundung oder aber das persönliche Erscheinen vor einer Amtsperson voraus; beides konnte mit hohen Kosten verbunden sein. Zwei Merkmale machten dieses rechtliche Problem für die Genossenschaften weitaus gravierender als etwa für Personenhandelsgesellschaften: Schon um die Mitte der Sechzigerjahre des 19. Jahrhunderts hatten die meisten Genossenschaften mehr als 100 Mitglieder und einige sogar ein Mehrfaches davon. Angesichts dieser Zahlen konnte eine Vollmacht leicht unwirksam sein, was eine Genossenschaft wiederum dazu zwingen konnte, gerichtliche Klagen, zum Beispiel zur Beitreibung einer Forderung, erneut einreichen zu müssen. Außerdem hatten Genossenschaften von Natur aus einen ständig wechselnden Mitgliederbestand. Jedes Mal, wenn jemand der Genossenschaft beitrat oder aus ihr ausschied, mussten die mit der Erstellung der Vollmacht anfallenden Kosten erneut aufgebracht werden; davon abgesehen erhöhte jede Veränderung des Mitgliederbestandes das Risiko fehlerhafter Urkunden.

Bis 1861 hatte dieses Problem auch für Personenhandelsgesellschaften bestanden. In jenem Jahr übernahmen die meisten Staaten des Deutschen Bundes jedoch das Allgemeine Deutsche Handelsgesetzbuch (ADHGB), das Personengesellschaften die Möglichkeit eröffnete, sich in das Handelsregister eintragen zu lassen. Sie konnten so das Recht erwerben, die meisten Geschäfte als juristische Person einzugehen. Genossenschaften waren indes keine Handelsgesellschaften und konnten deshalb die Vorteile des neuen ADHGB nicht nutzen. Eines der großen Verdienste von Schulze-Delitzsch um das deutsche Genossenschaftswesen bestand darin, seine Stellung im Preußischen Abgeordnetenhaus zu nutzen, um ein Sondergesetz zu fordern, das Genossenschaften als eine Gesellschaftsform anerkannte. Das daraus resultierende Preußische Genossenschaftsgesetz von 1867 löste das Problem, indem es den neuen Status einer eingetragenen Genossenschaft (eG) schuf. Das Gesetz führte ein neues, dem Handelsregister ähnliches Genossenschaftsregister ein. Genossenschaften, die sich eintragen ließen und bestimmten Regeln folgten, erhielten neben anderen Vorrechten das Recht, als juristische Personen aufzutreten. Ein großer Teil der Terminologie des Genossenschaftsgesetzes war unmittelbar dem Teil des ADHGB entlehnt, der sich mit der offenen Handelsgesellschaft (oHG) befasste. Max Joël bemerkt, dass das ADHGB ein neues Prinzip geschaffen hatte, nämlich das der Anerkennung der Rechte von Gebilden, die nicht als eigenständige Rechtssubjekte galten.[4] Schulze-Delitzsch war es zu verdanken, dass dieses Prinzip auch auf Genossenschaften angewandt wurde.

Der Ansatz, der durch das Preußische Genossenschaftsgesetz von 1867 verwirklicht wurde, zeichnete sich dadurch aus, dass er das Genossenschaftswesen in einem besonderen Gesetz regelte (obwohl das Genossenschaftsgesetz mitunter wegen der Einzelheiten bestimmter Punkte schlicht auf das ADHGB verwies), während die Genossenschaften jener Zeit außerhalb von Preußen gesetzlich als eine besondere Form der Kapitalgesellschaft behandelt wurden; dies traf beispielsweise auf die meisten Staaten der USA zu, aber auch auf Frankreich und zahlreiche südeuropäische Staaten. Diesem Ansatz folgten auch Bayern und Sachsen, die (vor der Reichsgründung) ein Genossenschaftsrecht einführten, das Genossenschaften als eine Variante der Aktiengesellschaft betrachtete. Obwohl Aktiengesellschaften in der Regel größer sind und andere Ziele verfolgen als Einzelgenossenschaften, bestehen starke formale Ähnlichkeiten: Beide sind juristische Personen, deren Inhaber gemeinschaftliches Kapital aufbringen, das durch Anteile repräsentiert wird. In beiden Fällen besteht keine enge Bindung der Investoren an das Unternehmen und die Gesellschaftsanteile sind frei übertragbar.[5] Dessen ungeachtet, behandelt das deutsche Recht selbst heute noch die Genossenschaft als einen eigenständigen Unternehmenstyp und weniger als eine Kapitalgesellschaft.

Warum entschied Preußen sich für diesen Ansatz? Es gibt zwei Gründe, die beide auf die Initiative Schulze-Delitzschs zurückgehen. Wie viele deutsche Liberale verfolgte auch er das Geschehen in England und ließ sich bei seinen Gesetzesvorschlägen von den dortigen Gesetzen über die ›Hilfsvereine auf Gegenseitigkeit‹ (›Friendly Societies Acts‹) inspirieren. Diese Gesetze schufen ein besonderes Register für ›Hilfsvereine auf Gegenseitigkeit‹ außerhalb des Wirtschaftsrechts. Schulze-Delitzsch befürchtete, dass die preußischen Genossenschaften, würden sie dem Recht der Kapitalgesellschaften unterstellt, der gleichen Überwachung und Einmischung ausgesetzt wären, die der Staat typischerweise bei Aktiengesellschaften ausübte. Und tatsächlich, als ob Schulze-Delitzsch es vorausgeahnt hätte, wurden im Jahr nach seinem Tod weitreichende Reformen der Aktiengesellschaft verabschiedet. Die Aktienrechtsnovelle von 1884 stellte eine Reaktion auf die Missstände der Siebzigerjahre dar. Man kann nur spekulieren, wie die Regierung die Genossenschaften behandelt hätte, wenn sie im Recht der Kapitalgesellschaften geregelt worden wären.

c. Das Reichsgenossenschaftsgesetz von 1889: Die beschränkte Haftung wird ermöglicht

Das Preußische Genossenschaftsgesetz von 1867 fand kurz nach 1871 im gesamten Reich Anwendung. Mit der Geltung dieser Kodifikation hatten die Genossenschaften ihre hauptsächlichen (rechtlichen) Schwierigkeiten überwunden. Einige Punkte blieben jedoch offen, darunter solche, in denen Schulze-Delitzschs großer Einfluss sich gegenüber anderen Ansichten in der Genossenschaftsbewegung durchgesetzt hatte. So kam sowohl innerhalb als auch außerhalb der Genossenschaftsbewegung erhebliche Kritik an verschiedenen genossenschaftlichen Praktiken auf, die schließlich in die Forderung nach einer Reform mündete.

Ein wichtiger Kritikpunkt betraf die schon von Schulze-Delitzsch vorgebrachte Ablehnung der Raiffeisen- und anderen ländlichen Genossenschaften. Die Kritik richtete sich dabei schon auf den weithin als unzweckmäßig angesehenen Ansatz, dass sich in ländlichen Kreditgenossenschaften weitgehend unvermögende Personen organisierten, deren Einkünfte und Kreditbedürfnisse korrelierenden Gefahren ausgesetzt waren. Wenn beispielsweise eine Missernte oder Viehseuche zu einer lokalen Notlage führte, sähe sich die dort ansässige Genossenschaft gleichzeitig sowohl einem Einlagenverlust als auch einem erhöhtem Kreditbedarf gegenüber. Für Schulze-Delitzsch und seine Anhänger galt ein derartiger Mitgliederverbund nicht als solide Grundlage für ein Kreditinstitut. Darüber hinaus lehnte er weitere Praktiken ab, die spezifisch für das Raiffeisen'sche Genossenschaftswesen waren. Die Auseinandersetzung um derlei Fragen mündete in den berühmten Systemstreit. 1876 feuerte Schulze-Delitzsch mit einer ›Interpellation‹ im Reichstag die Eröffnungssalve ab.[6] Er wies darauf hin, dass die Raiffeisen'schen Genossenschaften drei Praktiken eingeführt hätten, die den städtisch-gewerblichen Genossenschaften fremd seien und die er als Verstöße gegen das Gesetz von 1867 werte. So hatten viele der Raiffeisen'schen Genossenschaften keine Geschäftsanteile ausgegeben. Zwar verlangte das Gesetz eindeutig Geschäftsanteile, weil es aber keinen Mindestanteilwert vorschrieb, erntete Schulze-Delitzschs allgemein gefasster Vorwurf einigen Widerspruch. Des Weiteren kritisierte Schulze-Delitzsch die übermäßige Abhängigkeit der ländlichen Genossenschaften von geliehenem Geld. Dieses Argument war durchaus zutreffend, denn, wie zuvor schon ausgeführt, wiesen die ländlichen Genossenschaften typischerweise eine weit höhere Fremdkapitalquote auf als ihre städtischen Pendants. Schulze-Delitzschs wirkungsvollster Kritikpunkt betraf indes das Vorgehen der Raiffeisen-Gruppe bei der Bildung eines genossenschaftlichen Zentralinstituts. Denn dieses war seinerseits eine Genossenschaft mit unbeschränkter Haftung, und deren Eigentümer waren ebenfalls unbeschränkt haftende Genossenschaften. Schulze-Delitzsch machte geltend, dass diese Konstruktion gesetzwidrig sei. Das Gesetz, so wandte er ein, sehe vielmehr vor, dass die Geschäftsführung einer Genossenschaft aus Mitgliedern (und zugleich natürlichen Personen) bestehen müsse, während das Zentralinstitut aber keine natürlichen Personen als Mitglieder hätte. Weiterhin verwies er auf das Problem der Haftungsstruktur. Wenn die Zentrale zahlungsunfähig werde, würden ihre Eigentümer, das heißt die lokalen Genossenschaften, für alle ausstehenden Verbindlichkeiten haften müssen. Diese Sachlage führe schließlich dazu, dass die Mitglieder lokaler Kreditgenossenschaften unter Umständen für die vergleichsweise hohen Verbindlichkeiten einer regionalen Zentralgenossenschaft haftbar wären. Schulze-Delitzsch brachte seinen Einwand in Form einer Rechtsfrage vor, aber der Hintergrund seiner Intervention betraf die Kreditgenossenschaften im Allgemeinen. Die Schulze-Delitzsch'schen Kreditgenossenschaften glichen kleinen städtischen Banken. Sie wiesen erhebliche Geschäftsanteile auf und hielten in aller Regel einen großen Teil ihrer Gewinne zunächst zurück, um das Eigenkapital der Institute zu stärken und die Fremdkapitalquote zu senken. Darüber hinaus waren die städtischen Kreditgenossenschaften aufgrund ihrer Strategie kurzfristiger Ausleihungen weniger illiquide.[7]

Dass die ländlichen lokalen Genossenschaften die ersten waren, die eine regionale Genossenschaftszentrale schufen, verwundert nicht. Dieses Zentralinstitut konnte Einlagen von Mitgliedern entgegennehmen, die über vergleichsweise hohe Barbestände verfügten, und notleidenden Mitgliedern Kredite gewähren. Die Idee, die einer solchen Zentrale zugrunde lag, war das Bestreben, mit einem regionalen Institut einige der Nachteile auszugleichen, die mit kleinen lokalen Genossenschaften notwendigerweise verbunden waren. Diese zentrale Ausgleichsfunktion blieb bis in das 20. Jahrhundert hinein ein innerhalb der Genossenschaftsbewegung kontrovers diskutierter Aspekt. Die städtischen Genossenschaften waren der Auffassung, dass eine gut geführte Kreditgenossenschaft keines größeren genossenschaftlichen Instituts bedürfe. Wenn eine Kreditgenossenschaft Bankdienstleistungen benötige, solle sie vielmehr mit einer herkömmlichen Geschäftsbank zusammenarbeiten. So arbeiteten viele der Schulze-Delitzsch'schen Genossenschaften mit der Deutschen Genossenschaftsbank von Soergel, Parrisius & Co. KG auf Actien zusammen, bei der es sich um eine Bank handelte, die zwar von einigen Leitern städtischer Genossenschaften gegründet worden war, aber in erster Linie eine Geschäftsbank darstellte. Als sie 1906 zusammenbrach, wurde sie von der Dresdner Bank AG übernommen, die in der Folge eine Genossenschaftsabteilung einrichtete.[8] Die meisten Leiter ländlicher Genossenschaften waren dagegen der Auffassung, dass eine Geschäftsbank ungeeignet sei, die Funktion zu übernehmen, die örtliche Genossenschaften verlangten. Inmitten einer Finanzkrise, so wurde eingewandt, würde eine gewinnorientierte, nicht von den Genossenschaften beherrschte Bank beispielsweise ihre eigenen Interessen wahrnehmen müssen anstatt sich um das Wohlergehen der Genossenschaftsbewegung zu kümmern.

Der Systemstreit zwischen der städtischen und der ländlichen Genossenschaftsbewegung war Ausdruck realer und aufrichtiger Meinungsverschiedenheiten darüber, was für die Mitglieder das Beste sei. Er nahm aber zuweilen Formen an, die geeignet waren, in der Öffentlichkeit Zweifel aufkommen zu lassen, ob Kreditgenossenschaften überhaupt noch als solide Institute anzusehen seien. Eine Standardtaktik der Polemik in der genossenschaftlichen Publizistik bestand darin, ein Versagen der einen genossenschaftlichen Gruppe als einen Hinweis auf die allgemeine Schwäche des von ihr vertretenen Ansatzes zu interpretieren. Nicht zuletzt als Reaktion auf derartige Verlautbarungen gab es mehrere Versuche im Reichstag, radikale Änderungen des Genossenschaftsrechts herbeizuführen, um die Genossenschaften der strengen Kontrolle durch die Regierung zu unterwerfen. So wurden mit dem Reichsgenossenschaftsgesetz von 1889 Maßnahmen eingeführt, die die Genossenschaften sicherer machen sollten – allerdings nicht in der Art und Weise, wie Kritiker es gefordert hatten.

Mit dem Tod Schulze-Delitzschs im Jahr 1883 verlor die deutsche Genossenschaftsbewegung zwar einen ihrer herausragenden Vertreter, aber dies machte zugleich den Weg frei für einen internen Dialog darüber, wie ein neues Gesetz aussehen sollte. Das Gesetz von 1889 war zum Teil eine Reaktion auf Kritik, die außerhalb der Genossenschaftsbewegung geäußert worden war, zum Teil aber auch auf allgemeine Diskussionen in verwandten Bereichen des Handelsrechts. In erheblichem Umfang folgte das Gesetz aber auch den Wünschen führender Genossenschaftsvertreter. Die Genossenschaften hatten sich etabliert und der Staat traute ihnen weitgehend zu, ihre Angelegenheiten selbst zu regeln. Das neue Gesetz von 1889 führte drei wichtige Neuerungen ein. Die erste verlangte, dass Genossenschaften sich mindestens alle zwei Jahre einer externen Rechnungsprüfung unterzogen. Eine zweite ließ Genossenschaften mit beschränkter Haftung der Mitglieder zu. Und die dritte Neuerung ließ Genossenschaften zu, deren Mitglieder andere Genossenschaften waren, und legalisierte somit die Zentralkassen, die Schulze-Delitzsch beanstandet hatte.

Schon vor 1889 formalisierte das Erfordernis von Rechnungsprüfungen eine weit verbreitete genossenschaftliche Praxis. Die Rechnungsprüfungen sollten nicht zuletzt als Argument dienen, um Forderungen nach einer Aufsicht durch die Regierung abzuwenden. Von Anfang an hatten sich Geschäftsführer von Genossenschaften für regionale Verbände eingesetzt, deren Aufgabe es sein sollte, untereinander Informationen auszutauschen und bei der Regierung Lobbyarbeit für rechtliche Änderungen zu leisten, die es wiederum einfacher machen sollten, Genossenschaften zu gründen, zu betreiben und neue Genossenschaften zu fördern. Nicht zuletzt sollten die regionalen Verbände dazu beitragen, eine Art informeller Rechnungsprüfung bei den ihnen angeschlossenen Genossenschaften einzuführen.[9] Als die genossenschaftliche Bewegung wuchs, machten einige genossenschaftliche Verbände regelmäßige Rechnungsprüfungen zur Voraussetzung der Mitgliedschaft. Aber diese Rechnungsprüfungen waren bis 1889, als das neue Gesetz vorschrieb, dass jede Genossenschaft alle zwei Jahre geprüft werden musste, gesetzlich nicht geregelt. Das Gesetz von 1889 bestimmte schließlich die genossenschaftseigenen Verbände zu Prüfern und vermied so eine staatliche Kontrolle der Genossenschaftsbewegung, zugleich stellte es aber eine externe Aufsicht über die Genossenschaften sicher.

Die umstrittenste Änderung der Novelle von 1889 betraf die Haftung der Mitglieder von Genossenschaften gegenüber deren Gläubigern. Vor 1889 hafteten alle deutschen Genossenschaften unbeschränkt, so wie auch die meisten deutschen Unternehmen. Nach dem Gesetz von 1889 konnten Genossenschaften zwischen drei Haftungssystemen wählen. Sie konnten wie zuvor die unbeschränkte Haftung vorsehen, sie konnten ihre Haftung ähnlich wie eine Aktiengesellschaft beschränken, oder aber sie konnten eine dritte, neuartige Form wählen, die als unbeschränkte Nachschusspflicht bezeichnet wurde. Die Befürworter einer beschränkten Haftung von Genossenschaften verwiesen gewöhnlich auf eine Reihe tragischer Vorfälle, bei denen der Bankrott einer unbeschränkt haftenden Genossenschaft eine ganze Gemeinschaft in den Abgrund gezogen hatte. Ein weiteres Argument, das oftmals für eine Haftungsbeschränkung vorgebracht wurde, beruhte auf der Annahme, dass Wohlhabendere aus Furcht, bei einer Insolvenz ihr Vermögen zu verlieren, keiner Genossenschaft beitreten würden. Solche potenziellen Mitglieder wurden aber als wertvoll angesehen, vor allem für ländliche

Genossenschaften der östlichen Provinzen, in denen der Wohlstand besonders ungleich verteilt war.

Frühere Untersuchungen zur Genossenschaftsgeschichte haben einem interessanten Aspekt der Haftungsdebatte im Zusammenhang mit dem Gesetz von 1889 nicht genügend Beachtung geschenkt. Der damals führende Gesellschaftsrechtler, Levin Goldschmidt, hatte die Auffassung vertreten, dass weniger die unbeschränkte Haftung das Problem gewesen sei, sondern dass es das Genossenschaftsrecht den Gläubigern zu leicht gemacht habe, unmittelbar gegen einzelne Genossenschaftsmitglieder gerichtlich vorzugehen, ohne dass sich ein Liquidator die Mühe machen musste, einen Vergleich zwischen allen Gläubigern und allen Mitgliedern auszuhandeln. So nannte er die vor 1889 geltenden Regeln bezeichnenderweise auch »*Direkthaftung*« und wies darauf hin, dass die meisten Vorkommnisse, bei denen Einzelpersonen durch ihre Mitgliedschaft in einer Genossenschaft ruiniert worden waren, auf den Umstand der unbeschränkten Haftung zurückzuführen waren. Das Gesetz von 1889 änderte die Regeln für den Konkurs unbeschränkt haftender Genossenschaften, um diese Direkthaftung auszuschließen. Infolgedessen fand die beschränkte Haftung weit weniger Verbreitung als viele vorausgesagt hatten. Nur wenige Kreditgenossenschaften änderten ihre Organisationsform, selbst in den Genossenschaftsgruppen um Schulze-Delitzsch oder Haas, die die Auffassung vertraten, die Entscheidung solle jeder einzelnen Genossenschaft überlassen bleiben (den Raiffeisen-Genossenschaften hatte der eigene Verband es untersagt, die beschränkte Haftung zu wählen). Noch 1902 unterlagen 62 Prozent aller städtischen Kreditgenossenschaften der unbeschränkten Haftung. Die Vergleichszahl jenes Jahres für ländliche Genossenschaften betrug 90 Prozent.[10] Bis 1889 stand Deutschland hinsichtlich der Haftungsregeln in Europa nahezu allein da. Fast überall sonst war die beschränkte Haftung von Genossenschaften entweder eine Option oder die Norm. Dieser Unterschied spiegelt teilweise die oben erwähnte Behandlung der Genossenschaften als Kapitalgesellschaften wider.

Die mit dem Gesetz von 1889 geschaffenen Genossenschaften mit beschränkter Haftung machten den Weg für eine weitere wesentliche Veränderung frei. Vor 1889 waren die Zentralen auf einer von zwei Grundlagen errichtet worden. Die eine war der Ansatz, den Schulze-Delitzsch mit seiner Interpellation im Reichstag als gesetzwidrig angegriffen hatte. Die andere bestand darin, die Zentrale in der Form einer der nach dem ADHGB zugelassenen Handelsgesellschaften zu errichten. So hatte beispielsweise eine Gruppe ländlicher Genossenschaften im Münsterland ihre genossenschaftliche Zentralbank 1884 als Aktiengesellschaft gegründet. Die mit den Schulze-Delitzsch'schen Genossenschaften verbundene Soergelbank hatte die Rechtsform einer Kommanditgesellschaft auf Aktien. Genossenschaften und andere Investoren hielten lediglich Anteile an diesem Unternehmen. Erst das Gesetz von 1889 ermöglichte es den Genossenschaften eine Zentrale in der Form einer beschränkt haftenden Genossenschaft zu errichten, an der jedes Mitgliedsinstitut einen Genossenschaftsanteil hatte.

d. Staatlich subventioniert und umstritten: Die Preußische Central-Genossenschaftskasse

Die Zentralinstitute blieben ein Diskussionsthema.[11] Die Vertreter städtischer Genossenschaften hielten nach wie vor an ihrer Skepsis gegenüber den Zentralbanken fest, während die Vertreter ländlicher Genossenschaften zunehmend von der Notwendigkeit zumindest regionaler genossenschaftlicher Zentralbanken überzeugt waren. Hierfür gab es mehrere Gründe. Die Verbreitung der Genossenschaftsidee in einigen Teilen Deutschlands hatte zur Folge, dass die lokalen Kreditgenossenschaften immer häufiger mehr Einlagen einsammelten als sie auszuleihen bereit waren. Zwar waren diese Kreditgenossenschaften in der Lage, unmittelbar Kredite an andere Arten von Genossenschaften (Molkerei- und Lagergenossenschaften hatten zum Beispiel einen besonders hohen Kreditbedarf) zu vergeben. Dennoch erwies es sich als sinnvoller, Kredite über regionale Zentralinstitute zu vergeben, da die unmittelbare Vergabe von Ausleihungen nämlich ein schlecht diversifiziertes und illiquides Kreditportfolio zur Folge hatte. Zum einen stellten die saisonal bedingten Einbrüche des Kreditbedarfs wie auch der Kreditmittel für lokale Genossenschaften, seien es Kreditgenossenschaften oder andere, eine Bedrohung dar. Zum anderen hatten einige Kreditgenossenschaften riskante Investitionen in Wertpapiere – zum Beispiel in Staatsanleihen – getätigt. Die regionalen Genossenschaftszentralen boten den lokalen Genossenschaften hingegen fachkundige Beratung und solide Anlagemöglichkeiten.

Ein zweiter kontrovers diskutierter Punkt betraf die Unterstützung der Genossenschaften durch den Staat. Gegen Ende des 19. Jahrhunderts galten die Genossenschaften längst nicht mehr als liberal gesonnene potenzielle Staatsfeinde, sondern bereits als zuverlässige Bollwerke gegen unterschiedliche politische Strömungen – einschließlich der Sozialdemokratie. Allerdings war die den Genossenschaften gewährte Staatshilfe, beispielsweise in Gestalt günstiger Kredite, in der Summe zu gering, um die These zu stützen, dass die staatliche Unterstützung der Genossenschaftsbewegung von Bedeutung gewesen wäre. Zumindest jedoch war diese – durchaus auch umstrittene – Unterstützung ein klares Signal für die staatliche Billigung des Genossenschaftsgedankens. Schulze-Delitzsch lehnte allerdings jegliche staatliche Unterstützung von Genossenschaften vehement ab, und auch nach seinem Tod blieben seine Nachfolger dieser Linie treu. Die Auseinandersetzungen um dieses Thema entbrannten erneut, als die preußische Regierung 1895 die Preußische Central-Genossenschaftskasse (kurz: Preußenkasse) errichtete. Das neue Institut war eine Anstalt des öffentlichen Rechts. Das Errichtungsgesetz sah vor, dass der preußische Staat »*der Anstalt für die Dauer ihres Bestehens als Grundkapital eine Einlage von 5 Millionen Mark in dreiprozentigen Schuldverschreibungen nach dem Nennwerthe*« gewährte.[12] In den ersten Jahren nach ihrer Gründung arbeitete die Preußenkasse als eine Art ›Zentrale der Zentralen‹ fast ausschließlich mit den regionalen Genossenschaftszentralen zusammen, indem sie Einlagen entgegennahm und Kredite vergab. Später weitete das Institut seinen Geschäftsbereich aus und kooperierte dabei auch mit Sparkassen und anderen Instituten.[13]

Die Preußenkasse war in der Genossenschaftsbewegung heftig umstritten. Die Debatten anlässlich ihrer Gründung lassen erkennen, warum dies so war. Einige Befürworter sahen das Institut als ein Gegengewicht zu den Vorteilen, die das Großkapital dank seines Zugangs zu großen Banken naturgemäß genoss, und verglichen sie mitunter mit der Rolle der Zentralbank, das heißt der Reichsbank.[14] Ein Mitglied des Preußischen Abgeordnetenhauses, Karl Friedrich Oskar Freiherr von Gamp-Massaunen, hob in der Debatte während der ersten Lesung des Gesetzes über die Errichtung der Preußenkasse genau diesen Punkt hervor: »[D]*ie große politische Bedeutung dieser Vorlage erblicke ich vorzugsweise darin, dass hier zum ersten Mal ein Anerkenntnis der Staatsregierung vorliegt, dass die Reichsbank zur Befriedigung des Kreditbedürfnisses der Landwirtschaft und des Handwerks ungeeignet ist, ferner, dass die Staatsregierung anerkennt, dass diese Gewerbezweige, die Landwirtschaft und das Handwerk, den gleichen Anspruch auf die Förderung ihres Kreditbedürfnisses durch den Staat haben wie die Großindustrie, der Großhandel und die Börse.*«[15] Andere Verfechter des genossenschaftlichen Zentralbankwesens hoben die Ausgleichsfunktion der Preußenkasse hervor und legten dar, dass das Institut aufgrund seiner geografischen Reichweite und seiner Kapitalausstattung für diese Aufgabe besser geeignet sei als die regionalen Zentralkassen. Wieder andere machten geltend, die neue Bank werde als eine Art Entwicklungsbank tätig werden, indem sie Kredite an neue Genossenschaften in Regionen vergebe, in denen es schwierig sei, Einlagen einzusammeln. Der Wunsch des preußischen Finanzministers Johannes von Miquel, die Bank einzusetzen, um die Zahl der Genossenschaften in Preußen deutlich zu steigern, entsprach diesem Gedanken: »*Wir müssen dahin kommen, dass wir im Grossen und Ganzen eine Darlehnskasse haben, in jeder Gemeinde der ganzen Monarchie. An diesen Darlehnskassen müssen sich die anderen Produktivgenossenschaften, die Einkaufs- und Verkaufsgenossenschaften anschließen, dass das ein großes Netz werde, namentlich für den mittleren und kleineren Grundbesitz, aber auch, wie der Geschäftsverkehr mit den landschaftlichen Kreditkassen erweist, in erheblichen Maße nützlich auch für den größeren Grundbesitz.*«[16] Miquels Engagement und seine Argumentation stimmten viele Genossenschaftler bedenklich, vor allem diejenigen, die den Ansichten Schulze-Delitzschs folgten. Indem sie die Gründung neuer Genossenschaften förderte, würde die Regierung, so befürchtete man, bestenfalls nutzlose Institute schaffen, die nur künstlich am Leben erhalten werden könnten. Deren Existenz würde die Bewegung im Ganzen schwächen und sie noch stärker auf staatliche Hilfe angewiesen sein lassen. Auch war die Existenz der Preußenkasse, wie einige Historiker argumentiert haben, eng mit dem Bestreben der Regierung verknüpft, die ›richtige‹ Art von Genossenschaften zu fördern, nämlich diejenigen, die ihrerseits die Politik der Regierung unterstützen würden.

Der tatsächliche Einfluss der Preußenkasse auf das Genossenschaftswesen ist schwer einzuschätzen. Da die Institutsführung es entschieden vorzog, mit regionalen Zentralkassen statt mit einzelnen lokalen Genossenschaften zusammenzuarbeiten, begünstigte sie vermutlich deren Entwicklung. Sie wären aber dank der Änderungen des rechtlichen Rahmens durch das Gesetz von 1889 möglicherweise auch allein weitergekommen. Ländliche Genossenschaften, die anfänglich von der neuen Kreditfazilität begeistert waren, wurden in ihren Hoffnungen rasch ernüchtert. So fiel der Protest der enttäuschten Vertreter der Haas'schen Genossenschaften unerwartet heftig aus, nachdem die Preußenkasse den Kreditzins kurz zuvor um nahezu zwei volle Prozentpunkte angehoben hatte. Insgesamt hatte die Existenz der Preußenkasse vermutlich nur geringe Auswirkungen auf diejenigen Genossenschaften, die vor 1914 entstanden waren. Denn das Institut war bis dahin fast immer Nettokreditnehmer der Genossenschaften gewesen und zudem hatte sich der Umfang seines Geschäfts mit den Sparkassen für die Zusammenarbeit mit den Genossenschaften nicht gerade als zuträglich erwiesen.

e. Information und Sanktion: Effizienzvorteile des (ländlichen) Genossenschaftskredits

Der wohl bemerkenswerteste Aspekt der zunehmenden Verbreitung und Stärke der deutschen Kreditgenossenschaften im 19. Jahrhundert ist der Umstand, dass sich dieses Phänomen in einem Land zeigte, das für sein Bankensystem berühmt war. Mit anderen Worten: Warum blühten die Genossenschaften auf, obwohl Deutschland bereits mit mehreren unterschiedlichen Arten von Finanzvermittlern bestens ausgestattet zu sein schien? Die Verfechter des Genossenschaftsgedankens argumentierten, dass die Kreditgenossenschaften florierten, weil sie gegenüber konkurrierenden Instituten einen Effizienzvorteil hätten, der sowohl auf zuverlässigen Informationen über die Kreditnehmer beruhe als auch auf der Möglichkeit, fällige Zahlungen mittels Sanktionen beizutreiben, die anderen Bankinstituten nicht zur Verfügung stehen würden, beruhe. Diese zeitgenössische Argumentation scheint durchaus stichhaltig zu sein, denn für einen Kreditgeber kann der Nutzen aus diesen Vorteilen den Unterschied zwischen einem gewinn- oder verlustbringenden Kreditgeschäft ausmachen. Dies zeigte sich sehr deutlich bei den ländlichen Kreditgenossenschaften, die ihre Geschäftstätigkeit bewusst auf eine kleine Zahl von Kunden und einen örtlich eng begrenzten Bereich beschränkten. Die Raiffeisen-Organisation berichtete 1913, dass sich 80 Prozent ihrer Genossenschaften in Gebieten mit höchstens 3.000 Einwohnern befänden.[17] In einer Genossenschaft, die auf einen kleinen geografischen Bereich wie etwa auf ein Dorf oder einige Weiler begrenzt war, waren die tatsächlichen und potenziellen Mitglieder mit den Gewohnheiten, dem Charakter und dem Potenzial der jeweils anderen bestens vertraut. Die Mitglieder der Genossenschaften konnten die Integrität künftiger Kreditnehmer ohne Zweifel sehr zutreffend einschätzen und zugleich diejenigen, die bereits Kredite erhalten hatten, im Rahmen ihrer eigenen Alltagsbeschäftigung im Auge behalten. Louis Fagneux bezeichnete diese kleinen Dörfer als Orte, »wo man mit wachsamen Augen verfolgt, was sich bei den Nachbarn tut«.[18] Die Genossenschaften nahmen weder alle Bewerber als Mitglieder auf noch vergaben sie grundsätzlich Kredite an alle Mitglieder, die darum nachsuchten. Sie hatten außerdem das Recht, Mitglieder auszuschließen, gleichgültig ob sie Kreditnehmer waren oder nicht, beispielsweise wenn diese tranken oder sich sonst in einer Weise benahmen, die sie als Geschäftspartner unerwünscht werden ließ. Ein Mitglied, das seinen Kredit nicht zurückzahlte und in der Folge von seiner Genossenschaft ausgeschlossen wurde, war nicht nur künftig von jeglichem Genossenschaftskredit abgeschnitten, sondern es musste auch Konsequenzen aus der allgemeinen Kenntnis über die Gründe für diesen Ausschluss fürchten. Darüber hinaus waren die Genossenschaften ortsgebunden, das heißt sie nahmen keine Mitglieder auf, die außerhalb ihres eigenen Bezirks ansässig waren.

In den im 19. Jahrhundert geführten Diskussionen darüber, inwiefern ländliche Kreditgenossenschaften dazu geeignet seien, andere Kreditgeber zu ersetzen, betonten die Befürworter des Genossenschaftswesens nicht zuletzt, die ›Alleinstellungsmerkmale‹

der neuen Institute gegenüber anderen Kreditgebern und Finanzvermittlern. Im Prinzip standen vier Möglichkeiten als Alternativen zu den Kreditgenossenschaften zur Wahl. Dazu zählten zum einen die großen, etablierten Privatbanken, die in neueren Untersuchungen zum deutschen Bankensystem so große Beachtung gefunden haben. Zwar konkurrieren diese Banken mit Kreditgenossenschaften heute sowohl im Einlagen- als auch im Kreditgeschäft auf Augenhöhe. Im 19. Jahrhundert hingegen stellten die Banken für die Kreditgenossenschaften jedoch noch keine Konkurrenz dar, denn die Großbanken bemühten sich gar nicht erst um Einlagen und noch weniger um Kreditkunden aus ländlichen Bevölkerungsschichten.

Bei den Sparkassen sah die Situation schon anders aus, denn einige von ihnen waren ernsthafte Mitbewerber im Einlagengeschäft, auch wenn sich die meisten dieser Institute in Städten befanden und erst nach dem Ersten Weltkrieg ländliche Filialen errichteten. Damals gehörte es zur Politik der Sparkassen, ihre Geldmittel in städtischen Immobilien und Staatspapieren anzulegen. Sie vergaben nur im geringen Maße Kleinkredite. Somit stellten die Sparkassen für die Kreditgenossenschaften zwar eine Konkurrenz im Einlagengeschäft dar, aber kaum eine Bedrohung auf dem Kreditmarkt. Die Intensität des Einlagenwettbewerbs hing zudem entscheidend vom Standort der Genossenschaft ab. Viele ländliche Genossenschaften waren weit von jedem anderen Finanzvermittler entfernt, während diejenigen in den Städten Zinsen zahlen mussten, die hoch genug sein mussten, um den Sparen für das Fehlen einer Staatsgarantie einen gewissen Ausgleich zu bieten.

Eine dritte Alternative zur Kreditgenossenschaft war der Privatbankier. Der Einfluss dieser Banken ist in der wirtschaftshistorischen Literatur häufig vernachlässigt worden. Die wenigen veröffentlichten Forschungen über Privatbankiers befassen sich leider vorrangig mit ihrer Rolle in der Industriefinanzierung und im internationalen Handel, das heißt in Bereichen, in denen sie gewiss nicht mit Kreditgenossenschaften konkurrierten. Vereinzelte Hinweise in der Genossenschaftsliteratur lassen jedoch vermuten, dass die Privatbankiers in ländlichen Gefilden mit den Genossenschaften um die größten, erstklassigen Kredite wetteiferten, die diese auszuleihen bereit waren. In den Städten waren sie Mitbewerber in einem Teil des Kreditgeschäfts, obwohl die seltenen Hinweise auf Privatbankiers darauf hindeuten, dass die Genossenschaften dies nicht als ernsthaftes Problem ansahen. Privatbankiers bemühten sich in der Regel nicht um Einlagen von Kleinkunden, sodass sie auch in dieser Hinsicht keine Konkurrenz darstellten. Einige Kommentare legen sogar nahe, dass Privatbankiers gewisse Anstrengungen unternahmen, Kreditgenossenschaften beizustehen, indem sie deren überschüssige Einlagen entgegen nahmen oder Kredite an sie vergaben, insbesondere bevor die genossenschaftlichen Zentralkassen diese Aufgabe seit den 1870er-Jahren übernahmen.

Die wichtigste Alternative zu Kreditgenossenschaften auf dem Kreditmarkt waren indes die Geldverleiher, entweder Spezialisten oder aber Geschäftsleute, die Kredite als Teil ihrer sonstigen Tätigkeit – wie zum Beispiel des Vieh- oder Düngemittelverkaufs – vergaben. Die Literatur über Geldverleiher ist leider nicht selten polemisch und stützt sich weitgehend auf anekdotische Evidenz. Viele Geldverleiher waren Juden und manche Kritik an ihnen war zweifellos reiner Antisemitismus. Weiterführend sind dagegen die Informationen, die in zwei Berichten des Vereins für Socialpolitik zusammengefasst sind und dem Anspruch einer Erhebung noch am ehesten nahe kommen.[19] Diese

Berichte lassen darauf schließen, dass die meisten Geldverleiher in oder in der Nähe von Gemeinden ansässig waren, in denen sie ihr Geschäft zwar betrieben, aber üblicherweise nicht mehr als Geringschätzung erfuhren. Soweit dies zutrifft, können wir davon ausgehen, dass ein außerhalb der örtlichen Gemeinschaft stehender Geldverleiher weniger solide Informationen hatte als die Mitglieder einer Genossenschaft und zudem über weit schlechtere Beitreibungsmöglichkeiten verfügte als diese. Die Geschäftsführer ländlicher Genossenschaften sahen Geldverleiher dennoch als Hauptkonkurrenten an, den es zu verdrängen galt.

Insgesamt waren die hier genannten Alternativen kaum dazu geeignet, die Vorteile, die die Kreditvergabepolitik der Genossenschaften bot, aufzuwiegen. Bereits zeitgenössische Beobachter des europäischen Agrarkreditwesens des 19. Jahrhunderts merkten nicht selten an, dass die Geschäftsbanken für die Bedürfnisse der Kleinbauern und der ärmeren Landbevölkerung ungeeignet waren. Sie wiesen, ebenso wie die Bankenkritiker in der Genossenschaftsbewegung, insbesondere auf die Beschränkung der Geschäftsbanken auf kurzfristige Kredite hin, die im Kreditwesen des 19. Jahrhunderts geradezu als Dogma und als eine notwendige Anpassung an eine unzureichende Informationslage galt.[20] Für die Kreditnehmer waren diese Kredite aber mit verschiedenen Kosten verbunden, die die ländliche Bevölkerung in der Regel nicht aufbringen konnte. Dies waren zum einen die Kosten, die aus der alle drei Monate erforderlichen Erneuerung des Kredits erwuchsen. Der Kreditnehmer musste zudem Reisekosten auf sich nehmen und verlor Arbeitszeit, wenn er die entfernt liegende Bank aufsuchte. Diese Kosten waren noch höher, wenn es einen Mitzeichner gab, der die Bank ebenfalls aufsuchen musste, um den Kredit zu erneuern. Zum anderen stellten ständig zu erneuernde Kredite zwar einen gewissen Schutz vor der Zahlungsunfähigkeit des Kreditnehmers dar, hinderten aber gerade hierdurch landwirtschaftliche Kreditnehmer daran, in Vorhaben zu investieren, die ihre Einnahmen langfristig hätten steigern können.

Für die landwirtschaftlichen Kreditgenossenschaften hingegen stellte die Vergabe langfristiger Kredite kein ernsthaftes Problem dar. Sie war in den Augen der Geschäftsführer von Genossenschaften vielmehr ein gewichtiger Bestandteil ihrer Daseinsberechtigung. Ohne hier zu sehr in die Tiefe gehen zu wollen, kann auf quantitative Angaben verwiesen werden, um aufzuzeigen, dass die Genossenschaften diesen Teil ihrer Aufgabe erfüllten. Eine Analyse der Jahresberichte der Raiffeisen'schen Genossenschaftsgruppe zeigt, dass Kredite überwiegend mit Laufzeiten von einem Jahr oder länger vergeben wurden, davon fast die Hälfte für zehn Jahre und mehr. 1901 zum Beispiel hatten 21 Prozent aller ausstehenden Kredite von Raiffeisen-Kreditgenossenschaften eine Laufzeit von zehn oder mehr Jahren. Weitere 70 Prozent wiesen Laufzeiten von einem Jahr bis zehn Jahren auf.

Eine andere Quelle belegt, dass diese langfristige Kreditpolitik schon früher bestanden hatte. Die statistischen Übersichten in der eingehenden Untersuchung der frühen Raiffeisen'schen Genossenschaften von Theodor Kraus[21] verzeichnen die Laufzeitstruktur von Krediten, die 98 ländliche Genossenschaften in den Jahren 1870/71 vergeben hatten, und zwar nach Kreditsummen und nicht nach der Anzahl der einzelnen Kredite. Nur 13 Prozent aller Kredite – bezogen auf das Gesamtvolumen – hatten eine ursprüngliche Laufzeit von weniger als einem Jahr. Die Untersuchung belegt außerdem, dass diese ländlichen Kreditgenossenschaften schon in der Lage waren, langfristige Kredite zu vergeben, noch bevor sie auf die Liquiditätshilfen regionaler Zentralgenossenschaftsbanken zurückgreifen konnten.

Auch Unterschiede in der Kreditvergabepolitik zwischen ländlichen und städtischen Kreditgenossenschaften bestätigen die Effizienz der erstgenannten Institute. Städtische Kreditgenossenschaften wiesen eine ähnliche Struktur wie ländliche auf, hatten aber eine weit größere Zahl von Mitgliedern und waren in Städten tätig, in denen die Mitglieder vergleichsweise weniger Kontakt untereinander hatten und, wenn überhaupt, nur selten die engen wirtschaftlichen und sonstigen Beziehungen zueinander unterhielten, die für die Mitglieder der ländlichen Genossenschaften charakteristisch waren.[22] Infolgedessen glich ihre Kreditvergabepolitik eher derjenigen der Banken. Die meisten Kredite der städtischen Genossenschaften hatten kurze Laufzeiten und nicht selten war die Diskontierung von Wechseln die gebräuchlichste Kreditform. Dieser grundlegende Unterschied im Umfeld und in der Kreditvergabepolitik bestärkt die Annahme, dass die ländlichen Genossenschaften sich ihren Informationsvorsprung und ihre Beitreibungsmöglichkeiten zunutze machten.

Warum gediehen aber auch die städtischen Kreditgenossenschaften? Uns fehlen detaillierte historische Studien über diese Institute, sodass unsere Antworten hier spekulativer ausfallen müssen. Da sie in einem vergleichsweise anonymen städtischen Umfeld tätig waren, verfügten sie eindeutig über weniger Informationen als ihre ländlichen Entsprechungen. Aber ›weniger Informationen‹ bedeutet nicht ›keine Informationen‹. Bankiers verlegten sich auf kurzfristige Kredite, um ihr Verlustrisiko einzugrenzen. Die städtischen Kreditgenossenschaften konnten das, was sie über ihre Kreditnehmer, deren Berufe und die Risiken des betreffenden Geschäftszweiges wussten, dazu verwenden, ihre Risiken noch mehr einzugrenzen.[23]

f. Zusammenfassung

Die wesentlichen Konturen der deutschen Kreditgenossenschaften hatten sich bis zum Ausbruch des Ersten Weltkrieges herausgebildet. Das System hatte sich aus lokalen, unabhängigen ›Primärgenossenschaften‹ heraus entwickelt, die mit einer Vielzahl regionaler und nationaler Institute zusammenarbeiteten, um die Vorteile der lokalen und aus erster Hand stammenden Kenntnisse über ihre Kunden mit den Vorzügen zu verbinden, die nur ein größeres Institut bieten konnte. Als Meilenstein kennzeichnet das Jahr 1864 den Zeitpunkt, an dem Kreditgenossenschaften sich in ländliche Bereiche ausdehnten und das schufen, was der bedeutendste Teil der gesamten Bewegung werden sollte. Die frühen Debatten zwischen Schulze-Delitzsch, Raiffeisen und ihren Anhängern spiegeln die verschiedenen Auffassungen und unterschiedlichen Ziele innerhalb der Bewegung wider. Zwei wichtige gesetzgeberische Maßnahmen schufen 1867 und 1889 den rechtlichen Rahmen, der es den Genossenschaften erlaubte, als unabhängige Einrichtungen tätig zu werden und dennoch weiterhin den rechtlichen Schutz zu genießen, der gewerblichen Unternehmen gewährt wurde. Diese grundlegende Struktur hat sich bis zum heutigen Tag erhalten und stellt eine der Säulen des erfolgreichen und eigenständigen deutschen Bankensystems dar.

1 Hardach, Entstehung, S. 13. – Der Verfasser dankt Carsten Burhop für hilfreiche Anmerkungen zu einem früheren Entwurf.
2 Die Zahlen wurden Kluge, Geschichte, S. 471–476, Tab. 4, S. 481–484, Tab. 6, S. 497 ff., Tab. 9, S. 502–506, Tab. 11, entnommen.
3 Crüger, Zulassung, S. 394.
4 Joël, Gesetz, S. 420.
5 Vgl. zu weiteren Einzelheiten und weiterführender Literatur Guinnane/Martínez Rodríguez, Cooperatives.
6 Den größten Teil seiner Argumentation trug er dem Reichstag im Laufe der Debatte am 19. Januar 1876 vor. Vgl. Stenographische Berichte Deutscher Reichstag, 2. Leg.-Per. 1875/76,2, S. 768–774.
7 Mehrere zeitgenössische Kommentatoren wiesen auf einen Umstand hin, den Schulze-Delitzsch nicht gelten lassen wollte: Auch wenn Genossenschaften stets unbeschränkt für ihre Verbindlichkeiten hafteten, verfügten sie doch in erheblichem Maße über haftendes Kapital, das in ihren Bilanzen nicht ausgewiesen war, nämlich in Gestalt der Höfe und sonstiger Vermögenswerte ihrer Mitglieder. Dieses Kapital war zwar in einer Krise nicht leicht zu aktivieren, bedeutete aber immerhin, dass die ländlichen Genossenschaften eine geringere effektive Fremdkapitalquote aufwiesen als es den Anschein hatte.
8 Vgl. allgemein zur Deutschen Genossenschaftsbank von Soergel, Parrisius & Co. Thorwart, Deutsche Genossenschafts-Bank von Soergel, Parrisius & Co.
9 Beham, Pflichtprüfungswesen, S. 16 ff.; Guinnane, ›Friend and Advisor‹.
10 Kluge, Geschichte, S. 497 ff., Tab. 9.
11 Grundlegend hierzu und zu Folgendem Guinnane, Selbsthilfe.
12 Zit. n. ebd., S. 80.
13 Guinnane, State Support.
14 Die Reichsbank hatte Genossenschaften seit langer Zeit Kredite zu den gleichen Konditionen wie gegenüber anderen Unternehmen und Banken gewährt. In der Praxis bedeutete dies aber, dass ihre Ausleihungen an Genossenschaften aus den bereits genannten Gründen begrenzt blieben.
15 Vgl. 77. Sitzung am 18 Juni 1895, in: Stenographische Berichte Haus der Abgeordneten, 1895,4, S. 2416.
16 Miquel äußerte dies 1897 im Abgeordnetenhaus bei der Debatte über den Haushalt der Preußenkasse. Zit. n. Busche, Gründungsgeschichte, S. 89.
17 Winkler, Kreditgenossenschaften, S. 65.
18 Fagneux, Caisse de crédit Raiffeisen, S. 39.
19 Verein für Socialpolitik, Zustände; ders., Wucher.
20 Kurzfristige Ausleihungen waren bei den Banken Standard. Die Konzernbilanz 1907 der Deutschen Bank, um nur ein Beispiel herauszugreifen, wies rund 80 Prozent der Aktiva als Forderungen aus kurzfristigen Krediten aus. Vgl. National Monetary Commission, Banking.
21 Kraus, Darlehnskassenvereine.
22 1914 hatte eine Raiffeisen'sche Kreditgenossenschaft durchschnittlich 110 Mitglieder und eine Haas'sche 71 (Genossenschaft mit beschränkter Haftung) beziehungsweise 95 (Genossenschaft mit unbeschränkter Haftung). Die durchschnittliche Schulze-Delitzsch'sche Kreditgenossenschaft hatte 743 Mitglieder (Genossenschaft mit beschränkter Haftung) beziehungsweise 568 Mitglieder (Genossenschaft mit unbeschränkter Haftung). Vgl. Mitteilungen der Preußischen Central-Genossenschaftskasse 1918, S. 66*, Tab. III.b.
23 Guinnane, Cooperatives.

Elke Pfnür

[10.]

Die Einführung des Pfandbriefsystems in Bayern 1864

Ein Produkt wird kapitalmarktfähig.

a. Einleitung

Der Pfandbrief hatte seinen Durchbruch im 18. und 19. Jahrhundert. Das Pfandbriefgeschäft in Bayern begann im Jahr 1864. Seither entwickelte sich der »*Begleiter des modernen Geld- und Bankwesens*«[1] zu einem der beliebtesten Investments und hat bis heute nichts an Attraktivität verloren. In erster Linie zur Finanzierung der Landwirtschaft und des Wohnungsbaus gedacht, hat das Produkt einen glänzenden Aufstieg als Wertpapier erlebt. Gesetzlich fixierte Standards[2] und das sehr eng miteinander verflochtene Passiv- und Aktivgeschäft sind die entscheidenden Kriterien für den Erfolg. Regelungen zum Deckungsprinzip, zur Wertermittlung, zum Konkursvorrecht, zu den Beleihungsgrenzen sowie zur Mündelsicherheit und Versicherungspflicht sorgen für die hohe Sicherheit des deutschen Pfandbriefs, sowohl für die Investoren als auch für die ausgebende Stelle. Hinzu kommen die zahlreichen Veröffentlichungspflichten, die das Produkt für den Anleger transparent machen.[3]

Ein Pfandbrief ist gemäß dem Pfandbriefgesetz (PfandBG) eine gedeckte Schuldverschreibung,[4] die von Kreditinstituten, die eine Erlaubnis zur Ausübung des Pfandbriefgeschäfts haben (so genannte Pfandbriefbanken),[5] emittiert und platziert wird. In einer Urkunde wird festgehalten, dass der Herausgeber des Pfandbriefs die Rückzahlung und die Verzinsung einer bestimmten Geldsumme zu bestimmten Bedingungen an die Gläubiger leisten muss. Neben der allgemeinen Bankenaufsicht kontrolliert die Bundesanstalt für Finanzdiestleistungsaufsicht (BaFin) auch speziell die Einhaltung des PfandBG, dessen Verordnungen sowie die Deckungsmasse der Pfandbriefinstitute.

Pfandbriefe gehören zu den am Rentenmarkt gehandelten Wertpapieren. International zählen sie zur Gruppe der ›Covered Bonds‹.

Es gibt unterschiedliche Arten von Pfandbriefen, je nachdem, welche Kredite oder Forderungen als Deckungswerte genutzt werden können.[6] Die drei klassischen Pfandbriefarten sind: Hypothekenpfandbriefe, Öffentliche Pfandbriefe und Schiffspfandbriefe. Zudem gibt es in Deutschland noch – seit dem 19. Juli 2005 – Flugzeugpfandbriefe.[7] Pfandbriefe werden auch nach Platzierungsvolumen klassifiziert: Neben privaten Platzierungen in Form von Namens- wie auch von Inhaberpapieren gibt es Benchmarkanleihen (mit einem Emissionsvolumen größer als 500 Mio. Euro) und Jumbo-Pfandbriefe.[8]

Dieser Beitrag beschreibt die Geschichte, die Entwicklung und die Bedeutung dieses »*Markenartikels am Rentenmarkt*«[9] und zeigt auf, wie das Produkt in Bayern so strukturiert wurde, dass es sich am Kapitalmarkt international behaupten konnte.

b. Die Anfänge des Pfandbriefgeschäfts

Die Ursprünge des deutschen Pfandbriefs liegen in Preußen. Nach dem Siebenjährigen Krieg waren Güter und Ländereien reichlich vorhanden, aber häufig zerstört, heruntergekommen oder durch Erbabfindungen verschuldet.[10] Geldgeber gewährten dem Adel kaum noch Kredit. In dieser Situation überzeugte der Berliner Kaufmann Dietrich Ernst Bühring den preußischen König Friedrich II., den Pfandbrief einzuführen. Dieser Vorschlag war durch Erfahrungen mit festverzinslichen Schuldverschreibungen in anderen europäischen Ländern inspiriert.

In Europa gab es bereits ab dem 17. Jahrhundert Schuldverschreibungen als Instrument für die Gewährung von hypothekarisch gesicherten Darlehen. Das Bankhaus Monte dei Paschi aus Siena verkaufte zum ersten Mal am 2. November 1624 so genannte Luoghi. Diese Schuldverschreibungen garantierten einen festen Zins und waren durch die Verpfändung der fürstlichen Ländereien gedeckt. Das eingenommene Geld wurde als Kredit an die Pächter der Ländereien wieder ausgegeben.[11] Um den Wiederaufbau der Stadt Kopenhagen nach einem Brand im Jahr 1795 zu finanzieren, legte die ›Kreditkassen for Husejerne i Kjobenhavn‹ eine erste gedeckte Anleihe auf. In den Niederlanden dienten um die Mitte des 18. Jahrhunderts so genannte Kolonialobligationen als Instrument für die Beschaffung von Investitionskapital, unter anderem für Pflanzungen in Übersee.[12]

Am 29. August 1769 gab Friedrich der Große in einer Cabinets-Ordre die Regeln für die Ausgabe von Pfandbriefen bekannt. Dieses Dokument macht ihn zum Stammvater des Pfandbriefs. Friedrich erlaubte den ›Landschaften‹, einer Art genossenschaftlichem Zusammenschluss von adligen Großgrundbesitzern in einer bestimmten Region, die Ausgabe von Pfandbriefen als Refinanzierung für die Vergabe von Krediten. Am 9. Juli 1770 wurde die ›Schlesische Landschaft‹ mit Sitz in Breslau gegründet. Mitglied konnten nur Adlige werden, die ein Rittergut im Wert von mindestens 10.000 Reichstalern besaßen.

Beim ›preußischen Pfandbrief‹ wandte sich der Adlige, der einen Kredit brauchte (Darlehensnehmer) und Mitglied in der Kooperation der Rittergutsbesitzer (›Landschaft‹) war, mit seinem Kreditwunsch an die ›Landschaft‹. Er erhielt kein Bargeld, sondern eine Schuldverschreibung, die Pfandbrief genannt wurde. In diesem Pfandbrief war sein Rittergut als Pfand eingetragen. Der Darlehensnehmer konnte, um an Bargeld zu kommen, sich maximal bis zur Hälfte des Wertes seines Gutes eine Summe leihen und den Pfandbrief verkaufen. Er zahlte Zinsen (4,5 bis fünf Prozent) für den Pfandbrief an die ›Landschaft‹, die die Zinsen (vier Prozent) an denjenigen weitergab, der den Pfandbrief gekauft hatte (Pfandbriefgläubiger). Die Zinsdifferenz deckte die Verwaltungskosten der ›Landschaft‹. Als gemeinnützige Einrichtung strebte man keinen Gewinn an.[13]

Zwischen der attraktiven Refinanzierungsmethodik der Aktienbanken in der Mitte des 19. Jahrhunderts, wie der der Bayerischen Hypotheken- und Wechsel-Bank (kurz: Hypo-Bank), und dem Pfandbriefsystem Friedrichs gab es erhebliche Unterschiede.[14] Ein entscheidender Unterschied betrifft die Sicherheit beziehungsweise die Haftung. Wer einen Pfandbrief nach preußischem System erworben hatte, wurde aufgrund der besonderen Haftung Gläubiger eines Grundstückspfandrechts an einem bestimmten eingetragenen Rittergut. Als zusätzliche Sicherheit haftete zudem die Genossenschaft. Franz Steffan nennt diese Pfandbriefe nicht ›gedeckte Schuldverschreibungen‹ sondern zu Recht »*Teil-Grundschuldbriefe auf den Inhaber*«.[15] Im Gegensatz dazu waren die ›bayerischen Pfandbriefe‹ durch Kreditportfolios gedeckt. Eine direkte Zuordnung war somit nicht mehr möglich.

Die Platzierung wurde ebenfalls anders gehandhabt: Mangels eines organisierten Kapitalmarktes musste der Darlehensnehmer den Verkauf seines Pfandbriefs selbst in die Hand nehmen. Während der Entscheidungsphase trug er das Platzierungsrisiko. Später übernahm dies die emittierende Bank. Ein dritter Unterschied betrifft den Emittenten: Der ›bayerische Pfandbrief‹ wurde von privatrechtlich gewinnorientierten Instituten herausgegeben.

Pfandbriefe waren im 18. und beginnenden 19. Jahrhundert keine wirklichen, global handelbaren Wertpapiere. Sie konnten nur im regional und ständisch begrenzten Schuldnerkreis verkauft und gekauft werden. Der Anlegerkreis beschränkte sich auf adlige Grundbesitzer.[16]

Ein modernes Element hatte der preußische Pfandbrief: Bei Konkurs eines Ritters ging dessen Gut auf die ›Landschaft‹ über. Bis zur vollständigen Befriedigung von Zins und Tilgung blieb das Gut im Besitz der ›Landschaft‹.[17] Das Konkursvorrecht der Pfandbriefgläubiger deutet sich hier bereits an, das dann 1899 im Hypotehekenbankgesetz (HBG) festgeschrieben wurde.

Mit der Auflösung der ständischen Ordnung in Preußen ab 1850 wurden aus den ›Landschaften‹ regional tätige Kreditinstitute. Das preußische Pfandbriefsystem war jedoch zu unbeweglich. Die gesetzlichen Regelungen, wie die vom 6. Juli 1862, waren schwerfällig. Der Pfandbriefumlauf durfte zum Beispiel ein 20-faches des Aktienkapitals nicht überschreiten. Eine Modifikation des Gesetzes im Jahr 1867 änderte nicht viel. Hinzu kam, dass selbst innerhalb Preußens die Rechtsvorschriften keineswegs einheitlich waren.[18] Die bayerische Konkurrenz hatte 1864 durch die Einführung des modernen Pfandbriefsystems, die einheitlichen Regeln sowie die strengen staatlichen Kontrollen deutliche Vorteile im Pfandbriefgeschäft.[19]

c. Die Einführung des Pfandbriefs in Bayern 1864

1822 erließ die bayerische Regierung ein Hypothekengesetz, das die rechtliche Seite der Aufnahme von Kredit auf Grund und Boden regelte. Ein erster Versuch, den Pfandbrief mittels eines Kreditvereins der bayerischen Grundbesitzer im Jahr 1825 einzuführen, scheiterte jedoch. Anders als bei den ›Landschaften‹ in Preußen fehlte es in Bayern schlicht an potenten Mitgliedern, um ein Pfandbriefsystem auf gegenseitige Haftung einzuführen.[20]

Zur Kreditversorgung der bayerischen Landwirtschaft wurde 1835 die Bayerische Hypotheken- und Wechsel-Bank als Aktiengesellschaft gegründet,[21] ein ›gemischtes Institut‹, dem neben Bankgeschäften auch das langfristige Hypothekenbankgeschäft erlaubt war. Die bayerische Regierung schränkte die Geschäftstätigkeit der Hypo-Bank stark ein. Nur drei Fünftel des Grundkapitals[22] durften mit einem festgelegten Zinssatz von vier Prozent als Hypothekendarlehen ausgegeben werden. Die königlichen Behörden hatten den Kreditbedarf allerdings zu gering eingeschätzt, und der Bank fehlte es an Refinanzierungsmöglichkeiten. Bereits 1848 wurde der begrenzte Hypothekenbestand um zwei Millionen Gulden überschritten. Das Geschäft stagnierte, und der politische Wille, die Hypo-Bank zu einem Instrument des Fortschritts in Bayern zu machen, drohte zu scheitern. Wie Johann Baptist Stroell, der als Sohn von Bauern mit den Kreditproblemen der bayerischen Landwirtschaft vertraut und der 1850 zum stellvertretenden ›Dirigenten‹ (Leiter) der Hypothekenabteilung ernannt worden war, feststellte, war »*mit 12 Mill. [...] bei den Dimensionen des bayerischen Hypothekarkredits nichts ausgerichtet*«.[23]

Der Banker erkannte die Kreditklemme und entwarf eine Lösung. Er schlug vor, in Bayern ein Wertpapier namens Pfandbrief einzuführen, wie er 1855 in einem 53 Seiten umfassenden Werk mit dem Titel ›Bemerkungen‹ niederlegte.[24] Die Bank sollte mit Hilfe des Pfandbriefs die Finanzierungsmöglichkeiten erhöhen. Das eingenommene Geld konnte dann als ›Hypothekar-Kredit‹ vergeben werden. Stroell wies in seinen ›Bemerkungen‹ unter anderem auf die Haftungsproblematik hin. In Bayern gab es viele kleine Bauernanwesen, die – im Gegensatz zu den Großgrundbesitzern in Preußen – keine Haftung auf Gegenseitigkeit übernehmen konnten. Seine Lösung: die Aufhebung der dinglichen Haftung eines Besitzes für einen bestimmten Pfandbrief. So bezeichnete das Pfandbriefsystem nach Stroell keine bestimmten Höfe, und im Grundbuch wurden keine Belastungen durch Pfandbriefe notiert. Eine gegenseitige Haftung der Darlehensnehmer bestand nicht; der Inhaber eines Pfandbriefs hatte seinen Anspruch nur gegenüber der Hypothekenbank. So wurde der Pfandbrief zu einer Schuldverschreibung, zu einem global handelbaren Wertpapier mit einer bestimmten Laufzeit und mit regelmäßigen Zinserträgen. Das Pfandbriefsystem nach Stroell galt als besonders sichere Anlageform, denn der Wert war mit der Darlehensforderung der Bank gedeckt, die wiederum mit Grundpfandrechten besichert war.

Es gelang jedoch nicht, Strölls Entwürfe in Bayern rasch umzusetzen. Am 31. Dezember 1857 legte Stroell seinen ›Entwurf eines Pfandbriefsystems der Bayerischen Hypotheken- und Wechsel-Bank‹ sowie sein Konzept der ›Organisation des Hypothekarkredits in Bayern‹[25] vor. Beides reichte der ›Landwirtschaftliche Verein‹, der bereits 1855 vergeblich die Gründung eines Pfandbriefinstituts im Landtag beantragt hatte,[26] am 17. Mai 1858 im Bayerischen Staatsministerium des Handels ein und bat um Genehmigung.

Der Antrag wurde zunächst nicht bearbeitet und dann am 25. Februar 1861 mit der Begründung abgelehnt, das Anliegen habe »*nicht jene Garantie aufzufinden vermocht, welche eine ersprießliche Realisierung des beabsichtigten Zweckes mit Sicherheit erwarten lasse*«.[27]

Während sich die Zulassung des Pfandbriefsystems in Bayern somit verzögerte, tat sich im Ausland parallel einiges. Der 1852 als Aktiengesellschaft gegründete Crédit Foncier de France (CFF) entwickelte analog zu Stroells Idee ein Konzept, das Aktiv- und Passivgeschäft rechtlich verband und somit die konkret dingliche Haftung eines Gutes für einen bestimmten Pfandbrief aufhob. Inwieweit Stroell sich von den französischen Ideen beeinflussen ließ oder ob die Franzosen sich mit Stroells Idee auseinandersetzten, ist unklar. Die Kontakte zwischen Frankreich und Bayern waren in dieser Zeit gut, und so liegt es nahe, dass auch die Finanzwelt ihre Ideen austauschte. 1860, fünf Jahre nach den ›Bemerkungen‹ und zwei Jahre, nachdem das Stroell-Konzept dem bayerischen Staat vorgelegen hatte, erlaubten die französischen Politikverantwortlichen, das ›moderne‹ Konzept in die Praxis umzusetzen. Fortan bestand der Anspruch bei der ›Obligation‹ nur gegenüber dem CFF. Die französische Variante des Pfandbriefs wurde – ganz im Sinne von Stroell – zu einer gedeckten Schuldverschreibung.

Ähnliche Vorgänge sind im deutschsprachigen Gebiet zu beobachten. Am 8. Dezember 1862 wurde in Frankfurt am Main die erste reine Hypothekenbank mit Pfandbriefrecht, die Frankfurter Hypothekenbank AG, gegründet.[28] Die Frankfurter Hypothekenbank legte am 3. März 1863 eine Obligation auf, die sie aber im Verkauf Pfandbrief nannte. Sie hatte das Recht, Stückelungen von 100, 500 und 1.000 Gulden zum Zins von vier Prozent anzubieten.[29] »*Gesichert durch die erworbenen Hypotheken, das Actiencapital und die übrigen Aktiven der Bank*«,[30] so ließ es die Bank auf die effektiven Stücke drucken. Die Bank haftete mit dem gesamten Vermögen. Den Pfandbriefen standen als Deckung die von der Bank erworbenen Hypotheken gegenüber. Diese Pfandbriefe waren gedeckte Schuldverschreibungen, wie Stroell sie plante. Die Forderung nach der Konzession datierte auf 1856, ein Jahr zuvor hatte Stroell seine ›Bemerkungen‹ verfasst. Dass sich die Gründer Moritz von Bethmann und Raphael Erlanger von Stroells Idee haben inspirieren lassen, ist unbewiesen. Ein Zusammentreffen der Banker aus Süddeutschland ist aber gut möglich. Weitere deutsche Pfandbriefbankengründungen folgten: die Deutsche Hypothekenbank in Meiningen (1862), der Creditverband der Provinz Sachsen (1864) oder die Erste Preußische Hypothekenbank (1863).

Der bayerische Staat hatte die Gelegenheit verpasst, 1858 mit der Hypo-Bank die erste moderne Pfandbriefbank in Europa zu gründen. Dafür gab es offenbar verschiedene Gründe. So lehnte der Staat den Antrag ab, weil er gegen einen zusätzlich beantragten Punkt war: die Ausweitung des Notenumlaufs von acht auf 15 Mio. Gulden.[31] Nachdem das bayerische Ministerium keine Erweiterung der Banknotenausgabe hatte zugestehen wollen, ließ die Bank 1862 diese Forderung fallen. Dennoch tat sich nichts in Sachen Genehmigung.[32]

Dafür mag eine Rolle gespielt haben, dass die Bevölkerung der Bank kritisch gegenüberstand und ihr vorwarf, »*in allen ihren Unternehmungen betreibe sie nur Finanzspekulation*«.[33] Dieser Stimmung konnte sich die Regierung vor dem Hintergrund ihres damaligen Machtkampfes mit dem Bayerischen Landtag nicht entziehen und versuchte daher, die Bedeutung der Hypo-Bank einzudämmen.[34] Zudem wollten die Politiker das Vorhaben der Bank nutzen, um ihre Interessen durchzusetzen. Die Hypo-Bank erhielt die Berechtigung für das Pfandbriefgeschäft erst, als sie der Forderung zustimmte, den bei ihr eingelegten Sparkassengeldern eine höhere Verzinsung im Kontokorrent-Geschäft anzubieten.[35]

Per Dekret vom 24. Januar 1864 genehmigte Max II. schließlich die Einführung des ›modernen‹ Pfandbriefsystems in Bayern. Die Hypo-Bank durfte zunächst Pfandbriefe bis zu einem Wert von 30 Mio. Gulden ausgeben. Bereits zu dieser Zeit war die staatliche Aufsicht und Kontrolle ein Eckpfeiler der Produktqualität. Die Frankfurter Hypothekenbank hingegen legte die Bedingungen für die Emission von Obligationen selbst durch ihre Statuten fest;[36] einer staatlichen Regelung wurde sie erst durch das Hypothekenbankgesetz von 1899 unterworfen.

Die Hypo-Bank veröffentlichte ihre Statuten[37] und legte am 18. April 1864 den ersten bayerischen Pfandbrief auf. Die Pfandbriefe wurden an allen bayerischen Börsen gehandelt. Die Stückelung reichte von 50 über 100 und 500 bis zu 1.000 Gulden. Der Zins betrug vier Prozent. Die Zinszahlung erfolgte halbjährlich durch ›Coupons‹, die bei allen Kassen der Bank, ihren Filialen, aber auch in Versicherungsagenturen eingereicht werden konnten. Der Inhaber des Wertpapiers konnte – wie dies heute auch noch der Fall ist – innerhalb der Laufzeit nicht kündigen. Die Rückzahlung erfolgte durch Laufzeitende oder Verlosung.[38] Die erste Verlosung fand am 1. Mai 1865 statt. Die Kursentwicklung in den ersten Monaten schwankte zwischen 99 und 96 Prozent.[39]

Die Hypo-Bank emittierte Hypothekenpfandbriefe. Die Schuldverschreibungen wurden mit der Gesamtzahl ihrer Hypothekendarlehen, den Mitteln des Tilgungsfonds und mit dem gesamten Vermögen der Bank garantiert. Die Hypo-Bank ging in der Deckung noch weiter als der CFF und die Frankfurter Hypothekenbank, indem sie einen Spezial-Reservefonds bildete, der für die Deckung der Kapitalverluste, zum Beispiel durch Kreditausfälle, genutzt werden konnte. Der Gedanke des Fonds ist in den heutigen Überdeckungsanforderungen zu finden.[40]

Der Pfandbrief etablierte sich als Wertpapier und wurde rege gehandelt. Weite Kreise der bayerischen Bevölkerung legten ihre Ersparnisse in Pfandbriefen an. Er war beliebter als das Sparbuch der Sparkassen und erfreute sich besonders wegen der kleinen Stückelung von 50 Gulden als Sparmöglichkeit des ›kleinen Mannes‹. Sogar Sparkassen, Gemeinden und Stiftungen investierten ihr Kapital in Pfandbriefe, nachdem sie am 28. März 1864 hierzu die behördliche Erlaubnis erhalten hatten. Es entstand ein regelrechter Pfandbrief-Boom. Neben der staatlich anerkannten ›Stiftungstauglichkeit‹ wurde der bayerische Pfandbrief bereits im Juli 1864 auch als mündelsicher genehmigt.[41] Diese besonderen Privilegien, heute Standard, kannte damals nur der ›bayerische‹ Pfandbrief.

Stroell förderte den Boom noch, indem er bayernweit in den Versicherungsagenturen der Bank so genannte Pfandbriefkommissionslager[42] einrichtete und so ein flächendeckendes Vertriebsnetz spannte. Das machte wett, dass die Hypo-Bank mit Hauptsitz in München 1864 nur drei Bank-Filialen besaß: Augsburg (seit 1837), Lindau (seit 1857) und Kempten (seit 1861).[43] Durch die Pfandbriefkommissionslager konnten die Banker den Vertrieb in der Fläche forcieren. Bis Ende 1865 hatte die Bank 92.000 Pfandbriefe mit einem Volumen von knapp 31 Mio. Gulden emittiert.[44] Aufgrund der großen Nachfrage erhöhte die bayerischen Behörden die Grenze des Pfandbriefumlaufs. 1866 betrug sie schon 60 Mio. Gulden.[45] Die Hypo-Bank hatte im Hypothekenbankgeschäft so gut wie keine Konkurrenz in Bayern. Erst der wirtschaftliche Aufstieg Bayerns führte ab 1869 zu weiteren bayerischen Bankgründungen mit Pfandbriefausgaberecht. Als Stroell, mittlerweile in den persönlichen Adelsstand erhoben, 1885 in den Ruhestand ging, betrug die Pfandbriefumlaufgrenze der Hypo-Bank 363 Mio. M.[46] 1896 erweiterte die Hypo-Bank ihr Pfandbriefgeschäft auf das gesamte deutsche Reichsgebiet.

Durch das neue Pfandbriefsystem konnten Geldanlagen mobilisiert werden, die im Rahmen der herkömmlichen Kreditgeschäfte nie hätten aufgebracht werden können. Das ermöglichte der bayerischen Landwirtschaft den Schritt in die Moderne, der bayerischen Wirtschaft den Einstieg in die Industrialisierung. Kritiker hingegen sahen dies weniger positiv und warnten vor der Verschuldung des Realbesitzes in Bayern.[47] Stroells Grundgedanke der ›verbrieften Sicherheit‹ war verwirklicht und avancierte über Bayern hinaus zum Vorbild für deutsche Realkreditinstitute. Die Hypo-Bank hatte damit ein Produkt, das im 18. Jahrhundert vom Preußenkönig entworfen worden war, an das aktiengesellschaftliche Bankwesen angepasst. Es war ein volkswirtschaftlicher Entwicklungsgedanke ersten Ranges, ein Sonderrecht der privilegierten Klassen zu demokratisieren.[48]

d. Der Pfandbrief im Wandel der Zeiten

Das Deutsche Kaiserreich: Der Pfandbrief etabliert sich am Kapitalmarkt
und übersteht erste Krisen

In der Zeit nach dem gewonnenen Krieg gegen Frankreich 1870/71 hatte der Pfandbrief gegenüber der Aktie kaum eine Chance. Eine optimistische Grundstimmung durch die Schaffung einer deutschen Nation, reichlich vorhandenes Kapital, unter anderem aus Reparationen, und ein liberales Aktienrecht (das unter anderem 1870 die Aktiengesellschaften vom staatlichen Genehmigungszwang befreite) sorgten dafür, dass zahlreiche Industriefirmen und Banken an die Börse gingen. Die Kurse der Aktien stiegen schnell; die Anleger konnten scheinbar sehr gute Gewinne machen. Trotz der ›Treue des kleinen Mannes‹, der vor allem in Bayern den Pfandbrief als Alternative zum Sparbuch sah, beeinträchtigte die Spekulationslust den Pfandbriefhandel. Im Frühjahr 1873 kühlte der Aktienmarkt ab, und allmählich sanken die überbewerteten Aktienkurse. Nach der so genannten Gründer- und Immobilienmarktkrise erinnerten sich die Investoren dann wieder an den Pfandbrief.[49] Beflügelt wurde diese Entwicklung durch zahlreiche neue Emittenten. Ende 1869 gab es in Deutschland bereits vierzehn Pfandbriefinstitute. In Bayern wurden 1869 die Bayerische Vereinsbank und die Bayerische Handelsbank gegründet, zwei Jahre später die Süddeutsche Bodenkreditbank und die Vereinsbank in Nürnberg. Mit der Hypo-Bank gab es nun allein in Bayern fünf Hypothekenbanken mit dem Recht der Pfandbriefausgabe. In den bayerischen Städten wuchs die Bevölkerung. Immer mehr Menschen zogen vom Land in die Städte, viele Wohnungen mussten gebaut werden. Der Pfandbrief wurde als Produkt zur Finanzierung des Wohnungsbaus entdeckt. Als langfristiges Refinanzierungsinstrument ermöglichte er es den Kommunen, Kredit aufzunehmen. Die Deckungsmasse der Schuldverschreibungen, die auch Kommunalschuldverschreibung, -anleihe oder -obligation genannt wurden, bestand aus

Forderungen gegenüber der öffentlichen Hand. Heute wird meist der Begriff ›Öffentlicher Pfandbrief‹ verwendet.

Im Jahr 1893 wurde das Pfandbriefrecht in Preußen neu gefasst, das heißt unter anderem die Beleihungsgrenze statt nach veralteten Steuermesswerten nach Ertrags- und Verkaufswerten festgesetzt.[50] Das Gesetz war allerdings nur sieben Jahre lang gültig, denn bereits am 1. Januar 1900 wurde es durch das Hypothekenbankgesetz für das Deutsche Reich abgelöst.[51] Mit dem HBG wurden zahlreiche Pfandbriefregelungen reichsweit festgeschrieben und der Anlegerschutz verstärkt. Unter anderem vereinheitlichte dieses Gesetz die Bewertungsvorschriften für Beleihungsobjekte und setzte eine Obergrenze für Pfandbriefemissionen fest. Die Deckungsmasse war dem Zugriff der Gläubiger entzogen und im Konkursfall besonders geschützt. Nicht im Gesetz festgeschrieben wurde die Mündelsicherheit. Reichsweit waren nur Staatsanleihen als mündelsicher eingestuft. Der Pfandbrief der bayerischen Banken durfte aber – aus Tradition – seine Mündelsicherheit und Stiftungsmäßigkeit behalten.[52]

1908 überschritt der Pfandbriefumlauf der Hypo-Bank die Milliardengrenze. Die bayerische Bank war die Nummer eins aller deutschen Pfandbriefinstitute.[53] 1912 war der Pfandbriefumlauf aller bayerischen Hypothekenbanken fünfmal höher als die Summe der bayerischen Spareinlagen und erreichte ein Drittel des Pfandbriefumlaufs in Deutschland.[54] Der Pfandbrief galt als das Anlagepapier schlechthin für weite Schichten der Bevölkerung. Eine Schätzung geht davon aus, dass sich vor dem Ersten Weltkrieg 90 Prozent der Pfandbriefe in unmittelbarem Privatbesitz befanden.[55] Sie wurden zu Hause oder in Banksafes aufbewahrt. Die Anleger bevorzugten langfristige Pfandbrieflaufzeiten. Bis zum Ersten Weltkrieg hatte sich der Pfandbrief am Kapitalmarkt etabliert.

Der Erste Weltkrieg war ein schlechter Nährboden für die Emission und den Absatz von Pfandbriefen. Rüstung und Kriegführung drängten ›friedliche‹ Investitionen wie den Wohnungsbau und damit die Nachfrage nach Hypothekendarlehen zurück. Zudem ließ nicht nur die Investitionsbereitschaft der Bevölkerung spürbar nach, sondern es drängte sich der Staat zur Kriegsfinanzierung mit Staatsanleihen in den Vordergrund.[56] Die Berliner Regierung legte Kriegsanleihen auf, die mit fünf Prozent Verzinsung attraktiver waren als die vier- oder 3½-prozentigen Pfandbriefe. Erst gegen Ende des Krieges belebte sich die Nachfrage nach Pfandbriefen wieder, zunächst mit dem wachsenden Geldumlauf, dann mit den Verlusten bei den staatlichen Kriegsanleihen. Der Kurs der vierprozentigen Pfandbriefe stieg über pari.

Die Weimarer Republik: Der Pfandbrief in Zeiten von Inflation und Krise

Unmittelbar nach dem Ersten Weltkrieg sah es für das Pfandbriefgeschäft gut aus. Neben Hypothekenpfandbriefen boomten die Öffentlichen Pfandbriefe. Das lässt sich auch daran ablesen, dass die größte deutsche Hypothekenbank, die Hypo-Bank, 1919 erstmals Kommunalobligationen – also Öffentliche Pfandbriefe – ausgab. Auch die Deckungsmassen der auf Grundstückshypotheken basierenden Pfandbriefe waren – mit Ausnahme der Beleihungen in den durch den Versailler Vertrag verlorenen Gebieten – intakt. Zudem kam es 1918 zu zahlreichen Bankgründungen, die sich mit Schiffsfinanzierungen beschäftigten und so genannte Schiffspfandbriefe auflegten. Diese waren durch – mit Schiffshypotheken besicherte – Darlehensforderungen gedeckt.

Die Nachkriegsinflation brachte dann jedoch massive Beeinträchtigungen für den Pfandbrief mit sich. Getreu dem Grundsatz ›Mark gleich Mark‹ lösten sich viele Schuldner durch Papiergeldzahlungen von ihren Hypothekenverpflichtungen. Die Gläubigerbanken waren dagegen machtlos. Zwar versuchten die Banken gerichtlich Sperrfristen zu erwirken, doch das misslang. Die Banken verloren dadurch in der Inflationszeit fast ihre gesamten Aktiva, während der Pfandbriefumlauf zunächst gleich blieb.[57] Die Pfandbriefe drohten wertlos zu werden. Am 23. Juni 1923 bestätigte das Gesetz über wertbeständige Hypotheken das Recht, wertbeständige Geschäfte durch Ausgabe von Getreide- und Goldpfandbriefen auf der Basis von Hypotheken zu tätigen. Um den Wert der Pfandbriefe zu halten, wurden sie durch Roggen, Weizen oder Gold gesichert. Der Staat regulierte den Markt, um ihn stabil zu halten.

Mit der Währungsreform 1923, die eine Billion Mark auf eine Reichsmark umstellte,[58] wurden die Pfandbriefschuldner zunächst schuldenfrei und die Pfandbriefinhaber quasi enteignet, obwohl der Staat 1924 bereits die gesetzliche Aufwertung auf 15 Prozent des Goldmarkbetrags angesetzt hatte. Das Vertrauen der Anleger in den Pfandbrief baute sich aber erst wieder mit dem Aufwertungsgesetz vom 16. Juli 1925 auf, das die Benachteiligung der Pfandbriefanleger mildern sollte. Alle Pfandbriefe wurden im Durchschnitt auf 20,9 Prozent des Goldmarkbetrags aufgewertet. Die Auswirkungen waren positiv, wie das Neugeschäft in Pfandbriefen der Hypo-Bank zeigte.

Die Rechtssicherheit wurde 1927 durch das Gesetz über Pfandbriefe und verwandte Schuldverschreibungen öffentlich-rechtlicher Kreditinstitute (ÖPG) verbessert, das am 21. Dezember in Kraft trat.[59] Der Staat regelte nun neben den privaten Hypothekenbanken auch den Pfandbriefmarkt für die öffentlich-rechtlichen Kreditinstitute, zum Beispiel die Sparkassen. Die Rechtssicherheit trug allerdings nicht zur Beruhigung der Rentenmärkte bei. Die Unbeständigkeit zeigte sich vor allem an den schwankenden Zinssätzen. Die Zinsen, die nach Eintritt der Weltwirtschaftskrise 1929 für einen Pfandbrief gezahlt wurden, variierten von fünf bis zehn Prozent. Die Anleger waren verunsichert. Dass Aktienkurse sich stark und täglich veränderten, kannten die Investoren; doch bei einer gedeckten Schuldverschreibung erwarteten sie mehr Stabilität. Die Stabilität erhöhte sich auch nicht durch die Notverordnung vom 8. Dezember 1931,[60] die als Reaktion auf die Wirtschafts- und Bankenkrise erlassen wurde und die Zinsen für alle Rentenpapiere, auch für den Pfandbrief, auf sechs Prozent pro Jahr senkte. Der Kursabschlag wurde trotzdem größer. Der Kurs der Pfandbriefe lag nach dieser Zwangskonversion nur noch bei 70 Prozent. Im Jahr 1932 erreichten die Pfandbriefkurse der privaten Realkreditinstitute zeitweise einen Tiefstand von 61 Prozent, die der öffentlich-rechtlichen Kreditinstitute sogar 50,5 Prozent.[61] Die Bankenkrise 1931 hatte den Kapital- und Immobilienmarkt nach unten gezogen und damit auch den Pfandbriefhandel negativ beeinflusst.

Das ›Dritte Reich‹: Der Pfandbrief trifft auf eine ›ambivalente Stimmung‹

Die NS-Zeit brachte dem Pfandbriefhandel sowohl Vor- als auch Nachteile. Von Vorteil war, dass die Geschäfte der Schiffsbanken am 14. August 1933 durch das Schiffsbankgesetz geregelt wurden.[62] Nun war das Pfandbriefgeschäft für alle drei klassischen Arten per Gesetz geregelt. Darüber hinaus forcierte der von 1933 bis 1939 amtierende Reichsbankpräsident Hjalmar Schacht die Zusammenarbeit der Pfandbriefbanken und unterstützte 1934 die Gründung der ›Arbeitsgemeinschaft Deutscher Pfandbriefinstitute‹, bei der sowohl öffentlich-rechtliche Kreditanstalten als auch private Banken Mitglieder werden konnten. Die Arbeitsgemeinschaft sollte den Pfandbrief stärker in der Öffentlichkeit bekannt machen, das Ansehen des Pfandbriefs fördern, aber auch den staatlichen Einfluss auf die Emittenten verstärken. Diese Kontrolle war für die NS-Regierung wichtig, denn die Pfandbriefbanken hatten jederzeit freien Zugang zum Kapitalmarkt, verkauften ihr Produkt auch ins Ausland und zogen damit ausländisches Kapital beziehungsweise Einfluss nach Deutschland. Auf Antrag der Arbeitsgemeinschaft erließ die Reichsregierung am 7. Mai 1940 eine Verordnung, die alle im Deutschen Reich emittierten Pfandbriefe und verwandten Schuldverschreibungen mündelsicher machte.[63] Dieser Schritt stärkte die Wertpapiergruppe deutschlandweit enorm. In Bayern war sie ja bereits seit 1864 mündelsicher.

Der NS-Staat griff allerdings auch massiv in den freien Pfandbriefhandel ein. Hintergrund war, dass sich der Staat den Kapitalmarkt zum Zwecke der Rüstungsfinanzierung reservieren und die wachsende Geldmenge – zwecks Inflationsvermeidung – vom Gütermarkt fern halten wollte. Das ›Gesetz zur Durchführung einer Zinsermäßigung bei privaten Kreditanstalten‹[64] setzte 1935 die sechs- oder höherprozentigen Pfandbriefe auf 4,5 beziehungsweise vier Prozent herab. Die Regierung genehmigte neue Emissionen nur unter strengen Auflagen. 1936 wurde sogar eine Emissionssperre angeordnet. Der Wunsch, Pfandbriefe zu erwerben, war nach wie vor vorhanden, konnte aber nur noch begrenzt bedient werden. 1938 existierten 28 Hypothekenbanken mit Pfandbriefrecht und einem nominalen Pfandbriefumlauf von sechs Milliarden Mark. Der Staat ordnete 1941 weitere Zinssenkungen an, 1942 beschloss er schließlich einen Kursstopp für Pfandbriefe. Diese Maßnahmen, aber auch der Rückgang des Wohnungsbaus führten dazu, dass der Pfandbriefhandel stagnierte.

Das ›Dritte Reich‹ lehrte außerdem, dass Wertpapiere nicht vor Enteignung geschützt sind. Aufgrund der elften Verordnung zum Reichsbürgergesetz vom 25. November 1941[65] verloren aus rassistischen Gründen vom Staat Verfolgte ihr gesamtes Vermögen. Pfandbriefe wurden zugunsten des Deutschen Reiches eingezogen und bei der Reichsbank in Berlin verwahrt.[66] Nach dem Krieg wurden die Pfandbriefe in der DDR für wertlos erklärt; in der Bundesrepublik kam es zu Entschädigungszahlungen.[67]

Die Bundesrepublik Deutschland: Der Pfandbrief bekommt neue Investorenkreise und mehr Konkurrenz

Anders als in der sowjetischen Besatzungszone beziehungsweise der DDR, in der Pfandbriefe weder gehandelt noch neu emittiert wurden, setzte sich das Pfandbriefgeschäft bei den Regionalbankinstituten wie der Hypo-Bank und der Bayerischen Vereinsbank (BV) unmittelbar nach dem Krieg fort. Bereits 1945 wurde in der amerikanischen Besatzungszone die Frankfurter Börse wieder eröffnet. Das Thema einer Tagung westdeutscher Hypothekenbanken im April 1947 lautete: ›Der Pfandbrief und dessen Rolle beim Wiederaufbau.‹ Man erinnerte sich wieder an das Refinanzierungsinstrument, das den Wohnungsbau im 19. Jahrhundert wesentlich vorangebracht hatte.

Erneut erschütterte eine Währungsreform das Vertrauen vieler privater Pfandbriefanleger. Die alten, auf Reichs- oder Goldmark ausgestellten Pfandbriefe konnten gemäß dem Wertpapierbereinigungsgesetz vom 20. Juli 1949[68] nur im Verhältnis zehn Reichsmark zu einer D-Mark in neue Pfandbriefe umgetauscht werden. 75 Prozent der Deckungswerte waren noch vorhanden. Es liegt die Vermutung nahe, dass die nötige Wertminderung deutlich niedriger als 90 Prozent war. Die Pfandbriefanleger büßten jedoch durch diese Abwertung 90 Prozent ein.[69] Außerdem wurde durch das Gesetz und die damit einhergehenden Änderungsgesetze die Emission von Pfandbriefen nur unter bestimmten Auflagen vom Staat genehmigt. 1949 wurden zwar insgesamt 128 Mio. DM in Pfandbriefen umgesetzt; von 1,373 Mio. DM Neuemissionen konnten aber nur 55 Prozent verkauft werden. Privatleute erwarben damals kaum Pfandbriefe. Sie brauchten ihr Geld für das Nötigste und konnten keine Rücklagen bilden.[70] Mit der Währungsreform 1948 setzte eine Entwicklung ein, die für das Pfandbriefgeschäft bis heute charakteristisch ist: Nicht mehr private, sondern institutionelle und öffentliche Anleger kaufen Pfandbriefe.

Der private Anleger blieb gegenüber dem Pfandbrief skeptisch, auch als 1952 und 1953 neue Gesetze erlassen wurden. Das Kapitalmarktförderungsgesetz[71] befreite Zinserträge aus Pfandbriefen von der Einkommens- und Körperschaftssteuer. Das ›Altsparergesetz‹,[72] das offiziell als ›Gesetz zur Milderung der Härten der Währungsreform‹ bezeichnet wurde, wertete alle vor dem 1. Januar 1940 entstandenen Forderungen auf 20 Prozent ihrer ursprünglichen Höhe. Beide Gesetze regten jedoch die Bereitschaft der Bürger, in Pfandbriefe zu investieren, nicht wie erhofft an. Die vorsichtige Haltung der privaten Anleger sollte nun durch verstärkte Öffentlichkeitsarbeit verändert werden. Die 1948 gegründete ›Arbeitsgemeinschaft des privaten Hypothekenbankgewerbes‹[73] warb mit Slogans wie »*Verbriefte Sicherheit*« und »*Pfandbriefkauf baut Häuser auf*«. Aber auch das führte nicht zu dem gewünschten Erfolg des Massenkundengeschäfts.

Verheißungsvoller für das Produkt war die fortschreitende Marktliberalisierung. So konnten die deutschen Emittenten ab 1958 beispielsweise Nominalzins und Ausgabekurs ihrer Pfandbriefe weitgehend selbst bestimmen. Hauptabnehmer der Pfandbriefe waren Kreditinstitute und Kapitalsammelstellen, zum Beispiel Sozial- und Privatversicherungsträger. Obwohl zunächst noch wenig Geld im Umlauf war, wurde dank dieser Kundengruppe der Pfandbrief in den 1950er-Jahren wieder zu einem bedeutsamen Segment der festverzinslichen Wertpapiere. Erneut refinanzierten Pfandbriefe die Wohnungswirtschaft, halfen beim Wiederaufbau der westdeutschen Städte und brachten zunehmend die Kommunen, die Bundesländer und die Industrie voran. Der Pfandbrief hatte seine volkswirtschaftliche Bestimmung wiedergefunden.

Allerdings veränderten die institutionellen Kunden auch die Struktur der Rentenmärkte. Zum einen kam es im Pfandbriefhandel zu einer gewissen Intransparenz, denn die meisten Papiere wurden nun außerbörslich gehandelt. Zum anderen führte die dominierende Rolle der institutionellen Anleger zu einer Verkürzung der Laufzeiten der Pfandbriefe. Es fanden vorzeitige Verlosungen umlaufender Stücke und Ratentilgungsversuche statt, um den Pfandbrief für institutionelle Anleger attraktiver zu machen.[74] Der Trend zu kürzeren Laufzeiten verstärkte sich, als die Kurs- und Zinsbewegungen wieder extremer wurden – zunächst in der Rentenmarktkrise 1965/66, dann in den 1970er-Jahren, in denen die Zinssätze für Pfandbriefe zwischen fünf und zehn Prozent schwankten. Die lange Laufzeit von über dreißig Jahren wurde zum Nachteil. Um Verkäufe unter Wert zu vermeiden, brachten die Pfandbriefinstitute nun auch Pfandbriefe mit Laufzeiten von zehn oder gar nur fünf Jahren auf den Markt.

Der direkte Verkauf von Pfandbriefen an Privatkunden ging also in den 1960er-Jahren weiter zurück, sogar in Bayern, wo der Pfandbrief für die Sparer nach wie vor den Status einer ›Volksobligation‹ inne hatte. So verkaufte im ersten Halbjahr 1960 die Hypo-Bank noch 67 Prozent des gesamten Neuabsatzes an Pfandbriefen, vor allem in ländlichen Gebieten, an Privatkunden.[75] Der direkte Pfandbriefabsatz über den Schalter, das so genannte Tafelgeschäft, spielte nur noch bei den Hypothekenbanken in Bayern eine Rolle. Doch auch hier ging der Anteil der privaten Anleger zurück. 1968 betrug er 305 Mio. DM, also nur noch rund 30 Prozent des Gesamtumsatzes – immerhin noch zehn Prozent mehr als im Bundesgebiet.[76] Für die rückläufige Entwicklung des Pfandbriefabsatzes an Privatkunden spielte eine Rolle, dass seit Anfang der 1960er-Jahre Konkurrenzprodukte auf den Markt kamen, wie zum Beispiel die zehnjährige Staatsanleihe, Sparbriefe oder Investmentfonds. Gleichwohl dominierten bis 1969 die Hypothekenpfandbriefe mit einem Anteil von 32 Prozent am deutschen Rentenmarkt, gefolgt von Kommunalobligationen mit einem Anteil von 30 Prozent.

Die Entwicklung der Pfandbriefnachfrage war zudem durch Veränderungen am Rentenmarkt beeinflusst, die damit zusammenhängen, dass der deutsche Staat in den Jahren 1966/67 zum so genannten Deficit Spending überging. Als die Bundesrepublik 1969 Bundesschatzbriefe einführte, brach der Pfandbriefmarkt ein. Der Verband privater Hypothekenbanken beklagte die »*laute Werbung*« des Bundesfinanzministers »*für den Bundesschatzbrief*«. Wenn er dessen fehlendes Kursrisiko betone, werfe er »*ein falsches Bild auf den Pfandbrief*«.[77] 1980 führte die Bundesrepublik mit den Bundesobligationen ein weiteres Konkurrenzprodukt zum Pfandbrief ein; der Staat war vom wichtigsten Geldgeber zum größten Schuldner am Kapitalmarkt geworden.[78]

Bei den Privatkunden – auch in Bayern – verstärkte sich in den 1980er-/90er-Jahren der Trend weg vom Pfandbrief und hin zum privaten Wertpapiersparen, obwohl Pfandbriefe in der Hochzinsphase der 1980er-Jahre eine durchschnittliche Rendite von 8,5 Prozent brachten. Das Investmentsparen traf den Massengeschmack besser. Private Anleger kauften verstärkt Produkte, die von professionellen Fondsmanagern zusammengestellt und betreut wurden. Sofern Fonds Pfandbriefanteile enthielten, kam auf diesem Weg der Pfandbrief wieder ins private Portfolio. Aber auch die direkten Aktienkäufe von Privatanlegern nahmen in den 1990er-Jahren zu. Vielfach verdrängte das Ertragsdenken den Sicherheitsaspekt.[79] Die Pfandbriefinvestoren waren nun Fondsmanager, Vermögensverwalter und institutionelle Anleger. Das zeigte auch der Erfolg des Jumbo-Pfandbriefs, der aufgrund der treibenden Kraft des so genannten Münchner Kreises 1995 in Deutschland entwickelt wurde.[80] Dessen hohe Liquidität (jederzeitige Verkaufs- und Ankaufsmöglichkeit zu fairen Konditionen) machte und macht ihn für diese Anlegerkreise besonders interessant. Insgesamt hatte der deutsche Pfandbrief im Jahr 2000 mit einem Marktvolumen von über eine Billion Euro einen Anteil von rund 17 Prozent an allen umlaufenden Anleihen am europäischen Rentenmarkt; er überragte damit alle Sektoren privater und staatlicher Emittenten.[81] Es war an der Zeit, die Gesetze rund um den Pfandbrief zu bündeln. 2005 beschloss die Regierung ein PfandBG, welches das HBG, das ÖPG und das Gesetz über Schiffspfandbriefbanken (SchBkG) ablöste. Eine neue Epoche der deutschen Finanzgesetzgebung begann. Für die weitere Entwicklung des Pfandbriefmarktes gewann zudem die Rolle der international tätigen Ratingagenturen wie Moody's, Fitch oder Standard & Poor's an Bedeutung.

Ab 2007 kommen deutsche Pfandbriefbanken ins Wanken. So musste die Hypo Real Estate, mit einem Pfandbriefvolumen von rund 45 Mrd. Euro einer der wichtigsten Pfandbriefemittenten, 2009 verstaatlicht werden. Ihre Schieflage und die anderer Pfandbriefemittenten rief beim Investor Zweifel an der Ausfallsicherheit des Pfandbriefs hervor. Die Krise der reinen Hypothekenbanken hing aber weniger mit dem Pfandbriefgeschäft als mit anderen Geschäften der Banken zusammen, die vom Zusammenbruch der US-Immobilienpreise und dem Einbruch der staatlichen Anleihen in der europäischen Staatsschuldenkrise beeinträchtigt wurden. Zum deutschen Pfandbrief schrieb die Financial Times Deutschland 2010 jedoch, er bleibe »*auch während der Krise das Aushängeschild der Covered Bonds auf den Kapitalmärkten*«.[82] Die Ratingagenturen schlossen sich dieser Meinung an, wobei sie inzwischen das Risikoprofil des Emittenten (Asset-Liability-Mismatch – ALMM) verstärkt in die Bewertung der Pfandbriefe einbeziehen. Rund 90 Prozent der heute von Ratingagenturen bewerteten Pfandbriefe gelten als Triple-A-Papiere, das heißt als Anlage von höchster Bonität. Für das Produkt Pfandbrief spricht auch, dass im April 2009 ein weiterer großer Emittent in den deutschen Markt eintrat: Die Deutsche Bank bekam die Lizenz für die Ausgabe von Pfandbriefen und legte am 2. Juni 2009 ihren ersten Jumbo-Pfandbrief auf. Das Produkt mit einem Emissionsvolumen von eine Milliarde Euro, einer Laufzeit von sieben Jahren und einem Nominalzins von 3,75 Prozent, war bei der Emission fünffach überzeichnet. 64 Prozent des Volumens wurden in Deutschland, der Rest bei anderen europäischen Investoren platziert.[83]

e. Die Internationalisierung des Pfandbriefs

Europa: Der Pfandbrief überzeugt

Der deutsche Pfandbrief wurde als eines der wenigen Finanzprodukte nicht angelsächsischen Ursprungs bezeichnet, die sich international durchsetzen konnten.[84] Tatsächlich war die gedeckte Schuldverschreibung allerdings schon immer ein europäisches Wertpapier – seine Anfänge hatte es in Italien, den Niederlanden, Dänemark und Frankreich.[85] Und wie die Investorenstruktur Mitte der 1920er-Jahre zeigte, war das Produkt bereits seit langem international gefragt gewesen.[86]

Einen erheblichen Bedeutungszuwachs erlebte der deutsche Pfandbrief in Europa Anfang der 1990er-Jahre. Einen ersten Anstoß gab die zweite Bankenrechtskoordinierungs-Richtlinie vom 15. Dezember 1989, die es einer in einem Mitgliedstaat zugelassenen Bank erlaubte, ihre Geschäfte auch in jedem anderen Mitgliedstaat der EG auszuüben. Die deutschen Banken, beispielsweise die Hypo-Bank oder die Bayerische Vereinsbank, konnten ihre Pfandbriefe damit auch im EG-Ausland emittieren. Begünstigt wurde die Verbreitung des Pfandbriefs auch durch die Einführung des Euro, denn der Wegfall des Währungsrisikos machte es für die Anleger noch einfacher, in das Produkt zu investieren.

Zudem wurde die deutsche Grundidee der gedeckten Refinanzierung von Banken beispielgebend für zahlreiche europäische Länder. Die Compagnie de Financement Foncier emittierte bereits 1993 in Frankreich eine erste großvolumige, gedeckte Anleihe mit 533 Mio. Euro (äquivalent). Es folgten: Spanien (1999), Luxemburg (2000), Irland, Österreich und UK (2003), Finnland, Niederlande (2005) und Italien (2005 und 2008), Ungarn und Portugal (2006), Norwegen (2007), Dänemark (2008), Griechenland (2009), Belgien (2012). Die gesetzlichen Regelungen zu den europäischen Varianten des deutschen Pfandbriefs unterscheiden sich jedoch deutlich vom PfandBG, jedoch ließ man sich auch vom deutschen Recht inspirieren: Zum Beispiel in der Bestimmung, dass die Deckungswerte in bestimmten Registern geführt und Treuhänder bestellt werden, die diese überwachen sollen.[87] Die Idee der gedeckten großvolumigen Anleihe war in Kontinentaleuropa angekommen.

Auf dem größten europäischen Finanzmarkt, dem angelsächsischen, spielten vor allem pfandbriefähnliche Anleihen der britischen Bankengruppe Halifax Bank Of Scotland (HBOS) eine Vorreiterrolle.[88] Sie wurden als Covered Bonds bezeichnet und 2003 das erste Mal aufgelegt. Der Deckungsstock bestand zu 100 Prozent aus Hypothekarkrediten britischer Wohnungen. Im Gegensatz zu deutschen und vielen anderen europäischen Papieren verzichtete die britische Bank auf die gesetzliche Grundlage, die normalerweise einen Pfandbrief auszeichnet. Sie strukturierte die Papiere jedoch so, dass sie aufgrund der vertraglichen Vereinbarungen als insolvenzfest galten. Im Zuge der Finanzkrise ab 2007 verschmolz HBOS mit der Lloyds Banking Group, einer der größten Bankengruppen der Welt. Ihre Covered Bonds blieben stabil. Dennoch entschloss sich die britische Regierung 2008, eine ›Regulated Covered Bond Regulation‹ (RCB) einzuführen. Nun können auch die britischen Banken auf der Basis eines gesetzlichen Ordnungsrahmens gedeckte Schuldverschreibungen emittieren.[89] Der Pfandbrief hatte sich damit auch im europäischen Finanzzentrum London etabliert.

Weltweit: Der Pfandbrief schafft den internationalen Durchbruch

Die Emission von Jumbo-Pfandbriefen war für den Erfolg des Pfandbriefs auf den globalen Märkten verantwortlich. Im Jahr 2000 hatte ihr Volumen die 330-Milliarden-Euro-Grenze überschritten. Die Investorenstruktur war bereits global; amerikanische Pensionsfonds, asiatische und russische Zentralbanken kauften Pfandbriefe. Der nächste Entwicklungsschritt, vom Anleger zum Emittenten, war nur noch eine Frage der Zeit.

Am 19. September 2006 legte erstmals ein US-Institut Covered Bonds auf. Die Emission die der Washington Mutual (WaMu) wurde mit privaten Hypothekardarlehen gedeckt und als Jumbo platziert. Am 25. September 2008 brach die Washington Mutual unter der Last der Finanzkrise zusammen. Das Covered-Bonds-Geschäft, die Deckungsmasse und die ausstehenden Anleihen wurden vom Finanzkonzern J. P. Morgan Chase übernommen. Das Produkt blieb stabil. Die Ratingagentur Fitch bestätigte im Oktober 2012 die Einstufung der Covered Bonds der WaMu mit ›AA-‹.

Als zweiter amerikanischer Emittent platzierte am 27. März 2007 die Bank of America ihren ersten Covered Bond. Es blieb bei den zwei US-Emittenten. Die Covered Bonds waren in den USA in einer schwierigen Zeit angekommen. Für den US-Finanzminister Henry Paulson stellten Covered Bonds eine Alternative zum ›System Fannie

& Freddie‹ dar. Paulson erließ einen Leitfaden, um die Hypothekenkrise in den Griff zu bekommen, worin es hieß: »*Covered Bonds haben das Potenzial, die Hypothekenfinanzierung anzukurbeln, Risikostandards zu erhöhen und die US-Finanzinstitutionen zu stärken*«.[90] Um dem Covered-Bonds-Markt einen guten Start zu ermöglichen, veröffentlichte das Finanzministerium eine Reihe von Richtlinien, und die US-Notenbank Fed unterstützte diese Initiative, indem sie die Covered Bonds als Sicherheit anerkannte. Anders als Deutschland und viele andere europäische Länder verzichtet der amerikanische Staat auf die gesetzliche Grundlage, die normalerweise Covered Bonds auszeichnet. Die europäische Idee der gedeckten Schuldverschreibung hat sich in den USA noch nicht durchgesetzt.

Ganz anders stellt sich die Situation auf dem kanadischen, neuseeländischen und australischen Markt da. Hier waren vor allem die Covered Bonds der Briten ein wichtiges Vorbild. Die ersten kanadischen Covered Bonds wurden 2007 als Jumbo von der Royal Bank of Canada aufgelegt. Im Jahr 2008 emittierten bereits zwei weitere kanadische Banken gedeckte Anleihen: die Canadian Imperial Bank of Commerce und die Bank of Montreal; 2010 folgten die Bank of Nova Scotia und die Toronto Dominion Bank. Als 2011 auch die National Bank of Canada und die Caisse Centrale Desjardins du Quebec einstiegen, zählte man in Kanada bereits sieben Covered-Bonds-Institute.

2010 trat Neuseeland mit den Jumbos der BNZ International Funding in den Covered Bonds Markt ein; 2011 legte die Australia and New Zealand Banking Group ihren ersten Jumbo in Australien auf.

Der internationale Markt für Covered Bonds belief sich im Jahr 2012 auf rund 2,5 Billionen Euro. Davon entfielen rund 525 Mrd. Euro auf Deutschland.[91] Der große Erfolg in Kanada, Neuseeland und Australien bestärkte die Entwicklung der Pfandbriefe beziehungsweise der Covered Bonds zu einem weltweit anerkannten und geschätzten Finanzinstrument.[92]

f. Schlussbemerkungen

Sieht man sich das Produkt seit seiner Einführung in Bayern 1864 an, ja seit seiner Entwicklung 1770 in Preußen, stellt man fest, dass sich der Pfandbrief als Instrument zur Refinanzierung von langfristigen Krediten in Deutschland bewährt hat. Er entwickelte sich von einem elitären Finanzierungsmittel zu einer soliden und globalen Anlagemöglichkeit. Sowohl die Banken als auch der Gesetzgeber waren immer flexibel genug, um das Pfandbriefsystem zu sichern. Das Vertrauen, das das Produkt innerhalb der unterschiedlichen Kundengruppen genießt, die sich dem Pfandbrief zuwandten, wurde durch einen rechtlichen, vom Staat kontrollierten Rahmen gestützt; er garantiert bis heute die Qualität des Produkts. Es bleibt allerdings abzuwarten, wie der Pfandbrief sich weiterhin entwickeln wird.

Die Idee, Kreditausfallderivate (so genannte Credit Default Swaps) auf Pfandbriefe und andere mit Hypotheken oder Staatskrediten unterlegte Bankanleihen zu konstruieren, konnte sich noch nicht durchsetzen. Der Wunsch, zur Absicherung gegen Zins- und Währungsschwankungen auch derivative Geschäfte in die Deckungsmasse einzubeziehen, ist dagegen bereits im Markt angekommen.

Die jüngste Idee, mit SMEs-Loans gedeckte Covered Bonds zu emittieren, lässt aufhorchen. Die Deckung durch Finanzforderungen gegen Small and Medium-sized Enterprises (SMEs), also mittelständische Unternehmen, birgt eine gewisse Unsicherheit gegenüber der Qualität der zugrunde liegenden Werte.

Es ist die Frage, inwieweit die neuen Entwicklungen, wie die Definition neuer Deckungswerte, den Pfandbriefmarkt verändern werden. Bereits heute ist die Nachfrage institutioneller Investoren hoch und das bei einem knappen Angebot. Möglicherweise wird sich der Investorenkreis zukünftig erneut verändern, vielleicht werden auch risikofreudige Hedgefonds-Anleger angelockt. Es bleibt abzuwarten, ob der ›gute alte, solide Pfandbrief‹ seinen Ruf verteidigen kann.

---

1 Walter, Bedeutung, S. 13.
2 Neben dem Pfandbriefgesetz regeln in Deutschland weitere Verordnungen das Produkt Pfandbrief: Pfandbrief-Barwertverordnung (PfandBarwertV), Beleihungswerteermittlungsverordnung (BelWertV), Deckungsregisterverordnung (DeckRegV), Schiffsbeleihungswerteermittlungsverordnung (SchiffsBelWertV), Verordnung über die Ermittlung der Beleihungswerte von Flugzeugen (FlugBelWertV), Kreditwesengesetz (KWG), Refinanzierungsregisterverordnung (RefinRegV) – Stand: September 2009.
3 § 28 PfandBG.
4 § 1 Abs. 1 PfandBG.
5 Ebd.
6 §§ 12, 19–21, § 26a, 26f PfandBG.
7 § 1 Abs. 3 PfandBG.
8 Als Jumbo-Pfandbrief bezeichnet man großvolumige Emissionen von mindestens einer Milliarde Euro, bei denen sich mindestens fünf Banken zum gemeinsamen Market Making verpflichten. Vgl. vdp (Hrsg.), Mindeststandards für Jumbo-Pfandbriefe (http://www.pfandbrief.de/cms/_internet.nsf/tindex/de_1311.htm, abgerufen am 28. Februar 2012).
9 Richardi, Hypothekenpfandbrief, S. 207.
10 Marzi, Recht, S. 26.
11 Pscherer, Thomas, ›Die Hypotheken-Geschichte beginnt schon im Jahr 1624‹, in: Das Wertpapier Nr. 21 vom 9. Oktober 1992, S. 18
12 Als Modell für Preußen dienten vor allem die niederländischen Kolonialobligationen vor 1740. Vgl. Pleyer/Bellinger, Recht, S. 8 f.
13 Ebd., S. 27, 35.
14 Hartwig, Deutsche Hypothekenbank, S. 54 ff.; Marzi, Recht, S. 201.
15 Steffan, Handbuch, S. 821.
16 Marzi, Recht, S. 34.
17 Ebd, S. 28.
18 1866 kam Frankfurt am Main zu Preußen. Die Frankfurter Hypothekenbank durfte ihre Statuten behalten und musste sich zum Beispiel nicht an die starren, vom preußischen Staat festgelegten Regeln halten.
19 Dannenbaum, Hypothekenbanken, S. 2.
20 Jungmann-Stadler, Vor 125 Jahren, S. 227.
21 Jungmann-Stadler, Gründung, S. 885 ff. – Die Hypo-Bank ist eines der zahlreichen Vorgängerinstitute der UniCredit Bank AG und gilt als eine der ältesten europäischen Hypothekenbanken auf Aktienbasis.
22 Das Grundkapital wurde anfangs auf zehn Millionen Gulden festgesetzt und durfte auf 20 Mio. Gulden erhöht werden. Aufgrund der Drei-Fünftel-Regel durfte die Bank zwölf Millionen Gulden für Hypothekendarlehen verwenden. Vgl. Pronold, Geldvermittlerin, S. 334.
23 Stroell, Reorganisation, S. 6.

24 Jungmann-Stadler, Vor 125 Jahren, S. 228; HA UniCredit Bank AG, D-Hypo; Stellungnahme von Stroell anhand Sitzungsprotokoll der Direktion vom 15. Januar 1856; Korrespondenzen 1857–62.
25 HA UniCredit Bank AG, D-Hypo, Entwurf & Organisation 1857.
26 Jungmann-Stadler, Vor 125 Jahren, S. 228; Pronold, Geldvermittlerin, S. 335 f.
27 HA UniCredit Bank AG, D-Hypo-KOM-PUB-025, S. V f.
28 Sie gilt als eine der zahlreichen Vorgängerbanken der heutigen Hypothekenbank Frankfurt AG (früher Eurohypo).
29 Klass, Frankfurter Hypothekenbank, S. 16 f.
30 Ebd., S. 6 f.
31 Durch die Reorganisation der Hypo-Bank zur Pfandbriefbank würden der Bank höhere Verwaltungskosten entstehen. Diese sollten – wie der Entwurf vorsah – durch eine Ausweitung des Notenumlaufs kompensiert werden. Vgl. Pronold, Geldvermittlerin, S. 336.
32 HA UniCredit Bank AG, D-Hypo, Sitzungsprotokolle der Direktion vom 8. und 15. Mai 1862.
33 Pronold, Geldvermittlerin, S. 342.
34 Ebd., S. 345 ff.
35 Ettenhuber, Stadtsparkasse München, S. 79 f.
36 Klass, Frankfurter Hypothekenbank, S. 16.
37 HA UniCredit Bank AG, D-Hypo, Pfandbrief-Statuten vom 17. März 1864.
38 Nach dem Zufallsprinzip konnte der Pfandbrief früher als zum Laufzeitende zurückgezahlt werden. Eingehende Tilgungen und außerordentliche Rückzahlungen von Darlehen nutzte die Hypo-Bank im genau gleichen Umfang zur Rückzahlung von Pfandbriefen im Wege der Verlosung.
39 Pronold, Geldvermittlerin, S. 383.
40 § 4 Abs. 1 PfandBG.
41 HA UniCredit Bank AG, D-Hypo, Sitzungsprotokoll der Direktion vom 18. August 1864.
42 Der Agent (Kommissionär) schloss den Wertpapierverkauf in eigenem Namen für die Rechnung der Bank ab und erhielt dafür eine Provision.
43 Die Hypo-Bank gab 1875 diese Filialen auf, um die Jahrhundertwende begann die Bank wieder eigene Filialen in Bayern zu eröffnen.
44 HA UniCredit Bank AG, D-Hypo-KOM-PUB-031, S. 10.
45 HA UniCredit Bank AG, D-Hypo-KOM-PUB-031, S. 5.
46 HA UniCredit Bank AG, D-Hypo-KOM-PUB-051, S. 8.
47 HA UniCredit Bank AG, D-Hypo-KOM-PUB-031, S. 3 ff., 11 f.
48 HA UniCredit Bank AG, D-Hypo-KOM-PUB-080, S. 11.
49 Hypo-Bank, 1835–1990, S. 30.
50 Marzi, Rechte der Pfandbriefe, S. 43.
51 Hypothekenbankgesetz (HBG) vom 13.7.1899, in: RGBl. I, S. 375. Das HBG hatte bis zur Einführung des PfandBG im Jahr 2005 bestand.
52 Der bayerische Staat bestätigte 1905 ausdrücklich per Verordnung nochmals die Stiftungsmäßigkeit der bayerischen Pfandbriefe. Vgl. Dannenbaum, Hypothekenbanken, S. 52, 68; Bayerisches Gesetz- und Verordnungsblatt, § 461 Ziffer 20 c vom 13. Mai 1905.
53 HA UniCredit Bank AG, D-Hypo-KOM-PUB-075, S. 4.
54 HA UniCredit Bank AG, D-BV, Presseinformation August 1969.
55 Zit. n. Brestel, Heinz, ›Nach zweihundert Jahren‹, in: Frankfurter Allgemeine Zeitung vom 28. August 1969.
56 Marzi, Recht, S. 171.
57 Hypo-Bank, 1835–1990, S. 54; Dannenbaum, Hypothekenbanken, S. 7.
58 Die Hypo-Bank prüfte 1,2 Mio. alte Pfandbriefe und stellte sie auf die neue Währung um. Vgl. Hypo-Bank, 1835–1990, S. 55.
59 RGBl. I (1927), S. 294.
60 RGBl. I (1931), S. 699.
61 Schwarzer, Otto, ›Pfandbrief im Wandel‹, in: Süddeutsche Zeitung vom 30./31. August 1969.
62 Schiffsbankgesetz (SchBG) vom 14. August 1933, in: RGBl. I (1933), S. 583.

63 Verordnung über die Mündelsicherheit der Pfandbriefe und verwandten Schuldverschreibungen (MündlPfandBrV) vom 7. Mai 1940, in: RGBl. I (1940), S.756.
64 Gesetz über die Durchführung einer Zinsermäßigung bei Kreditanstalten (Konversionsgesetz) vom 24. Januar 1935, in: RGBl. I (1935), S.45.
65 11. Verordnung des Reichsbürgergesetzes vom 25. November 1941, in: RGBl. I (1941), S. 772.
66 Dies aufgrund der Verordnung über die Anmeldung des Vermögens von Juden vom 26. April 1938, in: RGBl. I (1938), S. 414.
67 Vgl. Bundesergänzungsgesetz (BErG) vom 1. Oktober 1953, in: BGBl. I (1953), S. 1387; Bundesentschädigungsgesetz (BEG) vom 29. Juni 1956, in: BGBl. I (1956), S. 559–562; Bundesrückerstattungsgesetz (BRüG) vom 19. Juli 1957, in: BGBl. I (1957), S. 734; Novellierung der Bundesentschädigungsgesetze von 14. September 1965, in: BGBl. I (1965), S. 1315.
68 Wertpapierbereinigungsgesetz (WPapBerG) vom 19. August 1949, in: WiGBl. (1949), S. 295.
69 Das Wertpapierbereinigungsschluss-Gesetz vom 28. Januar 1964, in: BGBl. I (1964), S. 45, bestimmte als Schlusstag für die Wertpapierbereinigung den 31. Dezember 1964. Für die Fälle unverschuldeter Fristversäumung sah das Gesetz eine Entschädigungsregelung vor. Ansprüche auf Entschädigung mussten beim Präsidenten des Bundesausgleichsamts geltend gemacht werden. Gemäß § 11 des Gesetzes zum Abschluss der Währungsumstellung vom 12. Dezember 1975 konnten derartige Anträge nur bis zum 30. Juni 1976 gestellt werden. Danach konnten Ansprüche aus Pfandbriefen, die vor 1945 ausgegeben wurde, nicht mehr geltend gemacht werden.
70 Marzi, Recht, S. 181.
71 Erstes Gesetz zur Förderung des Kapitalmarktes vom 15. Dezember 1952, in: BGBl. I (1952), S. 793.
72 BGBl. I (1953), S. 495.
73 Ab 1952 hieß er ›Verband deutscher Hypothekenbanken‹, heute ›Verband deutscher Pfandbriefbanken‹.
74 Schwarzer, Otto, ›Pfandbrief im Wandel‹, in: Süddeutsche Zeitung vom 30./31. August 1969.
75 Richardi, Hypothekenpfandbrief, S. 209.
76 HA UniCredit Bank AG, D-BV, Presseinformation, August 1969.
77 So die Kritik von Carl Schmitz-Morkramer, dem Vorsitzenden des Verbandes privater Hypothekenbanken, an Bundesfinanzminister Franz Josef Strauß. Vgl. Schmitz-Morkramer, Carl, ›Die Realkreditinstitute sind Vermittler und Verteiler langfristiger Gelder‹, in: Die Welt Nr. 200 vom 29. August 1969, S. 6.
78 HA UniCredit Bank AG, D-BV, Kundenzeitschrift der Pfandbrief-Dienst, hrsg. vom Gemeinschaftsdienst der Boden- und Kommunalkreditinstitute, Frankfurt am Main November 1980, S. 4.
79 Marzi, Recht, S. 203.
80 Beim so genannten Münchner Kreis handelt es sich um einen Gesprächskreis von Bankern aus den führenden Pfandbriefinstituten. 1994/95 stagnierte der Pfandbriefabsatz und sie versuchten, den Absatz durch eine höhere Liquidität des Produktes zu erhöhen.
81 Köller, Begrüßung, S. 8.
82 Fälschle, Christian, ›Pfandbriefe sind nur so gut wie ihr Rating‹, in: FTD-Online vom 20. Dezember 2010 (http://www.ftd.de/finanzen/:bewertungskriterien-in-der-kritik-pfandbriefe-sind-nur-so-gut-wie-ihr-rating/50206724.html, abgerufen am 4. September 2011)
83 HA Deutsche Bank, Pressemitteilung der Deutschen Bank vom 2. Juni 2009.
84 Grün, Karl, ›The World is a City. Die angelsächsische Finanzmarktkultur als Ausdruck und Katalysator der Globalisierung‹, in: Börsen-Zeitung vom 21. Oktober 1999, S. 7.
85 Marzi, Recht der Pfandbriefe, S. 51 ff.
86 Die deutschen Banken verkauften damals ganze Pfandbriefserien ins Ausland. Vgl. Dannenbaum, Hypothekenbanken, S. 70.
87 Stöcker, Reformländer, S. 104.
88 Birkett, Kirsten, ›First English Covered Bond: HBOS paves the Way‹, in: Practical Law Publishing Limited Online vom 30. Juli 2003 (http://finance.practicallaw.com/1-102-3934, abgerufen am 4. September 2011).
89 Koppmann, Schuldverschreibungen, S. 60.
90 Bayer, Tobias / Bräuer, Sebastian / Osman, Yasmin, ›Paulson macht Anleihe beim Alten Fritz‹, in:

FTD Online vom 29. Juli 2008 (http://www.ftd.de/finanzen/maerkte/marktberichte/:pfandbrief-goes-usa-paulson-macht-anleihe-beim-alten-fritz/391610.html, abgerufen am 4. September 2011).

91 Zit. n. Statistischen Angaben der Deutschen Bundesbank und des European Covered Bond Councils – Stand: Dezember 2012.

92 Weltweit emittierten nun weitere Banken solche Papiere, zum Beispiel die südkoreanische Kookmin Bank, die 2009 einen Covered Bond ausgab.

Carsten Burhop

[11.]

Die Gründung der Commerz- und Disconto-Bank 1870

Aktienbanken als Pfeiler des Universalbankensystems

a. Aktienkreditbanken: Ein neuer Bankentyp ab Mitte des 19. Jahrhunderts

Bei Ausbruch des Ersten Weltkriegs waren Aktienkreditbanken die wichtigsten Finanzintermediäre im Deutschen Reich. Auf sie entfiel rund ein Viertel der gesamten Aktiva der in Deutschland tätigen Kreditinstitute.[1] Darüber hinaus waren Aktienkreditbanken wichtige Vermittler zwischen Börse und Publikum: Die Aktienkreditbanken führten den größten Teil der an deutschen Börsen gehandelten Aktien und Anleihen am Wertpapiermarkt ein. Diese doppelte Funktion hob die Aktienkreditbanken von vielen anderen in Deutschland im 19. Jahrhundert tätigen Kreditinstituten ab. Sparkassen und Genossenschaftsbanken nahmen zwar ebenso wie die Aktienkreditbanken Spareinlagen entgegen und vergaben Kredite, waren aber nicht im Wertpapieremissionsgeschäft tätig. Hypothekenbanken wiederum emittierten zwar Wertpapiere – in der Regel Pfandbriefe –, aber nahmen nur selten Depositen entgegen. Universalbanken, die sowohl Spar- und Sichteinlagen entgegennahmen als auch Kredite vergaben und Wertpapiere emittierten, waren vornehmlich die Aktienkreditbanken sowie einige größere Privatbanken.

Zwischen der Mitte des 19. Jahrhunderts und dem Ausbruch des Ersten Weltkriegs verdrängten die Aktienkreditbanken die Privatbanken nach und nach. 1860 war die Bilanzsumme der Privatbanken fast viermal, 1880 immerhin noch fast doppelt so hoch wie die Bilanzsumme der Aktienkreditbanken. Zur Jahrhundertwende hatte sich das Verhältnis umgekehrt: Nun war die Bilanzsumme der Aktienkreditbanken doppelt so hoch wie die Bilanzsumme der Privatbanken. Kurz vor Ausbruch des Weltkriegs war das Verhältnis auf fünfeinhalb zu eins angestiegen.[2] Universalbanken waren 1913 somit die wichtigsten Finanzintermediäre im Deutschen Reich und innerhalb der Gruppe der Universalbanken hatten die Aktienkreditbanken die Privatbanken erst überholt und anschließend weit hinter sich gelassen.

Der Aufstieg der Aktienkreditbanken begann zwar bereits 1835 mit der Gründung der Bayerischen Hypotheken- und Wechsel-Bank und beschleunigte sich während der 1850er-Jahre, aber zu einer wahren Hochkonjunktur kam es erst in den Jahren 1870 bis 1873, den so genannten Gründerjahren, als sich innerhalb von wenigen Jahren die Zahl wie auch die Bilanzsumme der Aktienkreditbanken rasant erhöhten. In der darauffolgenden, die Jahre 1873 bis 1879 umfassenden Gründerkrise, schlossen zwar zahlreiche Aktienkreditbanken ihre Schalter, aber es hatte sich eine strukturelle Änderung im deutschen Bankensystem ergeben: Viele Institute, die für das moderne deutsche Finanzsystem von herausragender Bedeutung waren, wurden zwischen 1870 und 1873 gegründet: Die Commerzbank, die Deutsche Bank und die Dresdner Bank.

Im Verlauf des 19. Jahrhunderts wurden in zwei Wellen die bedeutsamen Aktienkreditbanken geschaffen, die seit dem späten 19. Jahrhundert das deutsche Geschäftsbankenwesen dominierten. Die erste Aktienkreditbank ohne Notenausgaberecht wurde im März 1848 errichtet: Der Abraham Schaaffhausen'sche Bankverein.[3] Dessen Gründung war jedoch eine Notlösung, denn ohne die Umwandlung von Schulden in Aktien wäre die gleichnamige Kölner Privatbank bankrott gewesen.[4] Gleichwohl läutete der Bankverein eine erste kleine Gründungswelle von Aktienbanken ein, denn in rascher Folge wurden zwischen 1851 und 1856 weitere Institute gegründet. Darunter befanden sich zahlreiche Banken, die für die Entwicklung des deutschen Finanzsystems große Bedeutung bekommen sollten. Genannt seien die im Januar 1851 geschaffene ›Direction‹ der Disconto-Gesellschaft, die im April 1853 gegründete Darmstädter Bank für Handel und Industrie, die im Juli 1856 ins Leben gerufene Berliner Handelsgesellschaft sowie die im August 1856 begründete Norddeutsche Bank.

Die Aktienkreditbanken der ersten Generation wurden unter teilweise widrigen Bedingungen geschaffen. Die Direction der Disconto-Gesellschaft und die Berliner Handelsgesellschaft konnten nicht als Aktiengesellschaft konstituiert werden, weil die preußische Regierung die Schaffung von Bankaktiengesellschaften – mit Ausnahme der Notfallgründung des Schaaffhausen'schen Bankvereins – grundsätzlich ablehnte. Die beiden Institute mussten daher als Kommanditgesellschaft auf Aktien errichtet werden, sodass zumindest ein Gesellschafter für die Geschäfte der Bank mit seinem gesamten Privatvermögen haftete. Reine Aktienbanken wurden daher zunächst ausschließlich außerhalb Preußens gegründet, beispielsweise die Bank für Handel und Industrie in der hessischen Provinzstadt Darmstadt. In diesem Fall hatten nicht nur die Konzessionspolitik des preußischen Staates, sondern auch mächtige Frankfurter Privatbankiers verhindert, dass sich ein Institut mit beschränkter Haftung und großer Kapitalkraft in einem Finanzzentrum niederließ. Von den genannten Instituten der ersten Gründungswelle konnte einzig die Norddeutsche Bank ohne größere Hindernisse im wirtschaftsliberalen Hamburg errichtet werden.[5]

In Hamburg nahm in gewisser Weise die zweite große Gründungswelle im deutschen Bankwesen ihren Ausgangspunkt. Im Januar 1870 wurde in Hamburg die Internationale Bank gegründet, rund einen Monat später folgte die Commerz- und Disconto-Bank. Während erstere keine zehn Jahre überlebte, spielt letztere bis heute eine wichtige

Rolle im deutschen Finanzsystem. Daher markiert die Gründung der Commerz- und Disconto-Bank ebenso wie die nahezu zeitgleiche Erschaffung der Deutschen Bank in Berlin einen wichtigen Schritt auf dem Weg zum modernen deutschen Bankensystem. Darüber hinaus war die Commerz- und Disconto-Bank von vornherein als Universalbank angelegt, während die Deutsche Bank wie auch die Internationale Bank hauptsächlich das Auslandsgeschäft betreiben sollten.[6]

b. Die Gründung der Commerzbank

Bis zur Mitte des 19. Jahrhunderts wurde das Bankwesen in Hamburg, dem Gründungsort der Commerz- und Disconto-Bank, von zumeist aus Handelsfirmen hervorgegangenen Privatbankiers dominiert. Manche dieser Firmen existierten bereits seit einigen Jahrhunderten – beispielsweise Johann Berenberg & Gossler – andere kamen im Verlauf des 18. Jahrhunderts hinzu. Dazu gehörten unter anderem M. M. Warburg & Co. (gegründet 1798), Conrad Hinrich Donner (gegründet 1798), H. J. Merck & Co. (gegründet 1799) und L. Behrens & Co.[7] Des Weiteren bestand in Hamburg seit 1619 und bis zur Ablösung durch die Reichsbank im Jahre 1876 mit der Hamburger Bank eine Art Zentralbank, die vor allem den Zahlungsverkehr zwischen den Banken ermöglichte und Buchgeld emittierte.[8]

Trotz dieser Vielzahl an Instituten galt das Hamburger Bankwesen in der Mitte des 19. Jahrhunderts – insbesondere im Vergleich zu England – als rückständig. Dies zeigte sich vor allem bei den Schwierigkeiten, große Projekte – genannt seien die Hamburg-Berliner Eisenbahn im Jahre 1844 und die Hamburg-Amerikanische Packetfahrt Actien-Gesellschaft (HAPAG) im Jahre 1847 – zu finanzieren.[9] In diesen Jahren unternahmen daher Hamburger Kaufleute den Versuch, eine Aktienbank mit Notenausgaberecht zu gründen. Das Projekt scheiterte aber im Hamburger Senat, der keine Bank mit Notenausgaberecht schaffen wollte, weil er eine Konkurrenz zur Hamburger Bank befürchtete.[10] Im Juni 1855 wurde das Vorhaben zur Schaffung einer großen Geschäftsbank wieder aufgenommen und einige Hamburger Kaufleute bereiteten die Gründung der Norddeutschen Bank vor. Auch dieses Projekt lief zunächst auf Grund, denn die Gründer stritten erneut mit dem Senat über das Recht zur Banknotenausgabe und sie konnten sich untereinander nicht auf die Verteilung der jeweiligen Beteiligungen einigen. Eine Einigung der Gründer untereinander und mit der Stadt wurde durch die überraschende Errichtung der Vereinsbank in Hamburg Ende Juli 1856 quasi erzwungen, wollte man das Feld nicht der Konkurrenz überlassen. Bereits im August 1856 konstituierte sich die Norddeutsche Bank in Hamburg als Aktienkreditbank ohne Notenausgaberecht.[11] Damit fügte sich die Entwicklung in Hamburg in die gesamtdeutsche Tendenz ein: In vielen Orten im Land wurden in der Mitte der 1850er-Jahre Aktienkreditbanken ins Leben gerufen. In Hamburg, wie auch in den anderen Landesteilen endete die Gründungswelle in der 1857 über Deutschland hereinbrechenden ersten Weltwirtschaftskrise.[12] Diese Krise wurde erst während der zweiten Hälfte der 1860er-Jahre nachhaltig überwunden.

Erneut im Trend mit der gesamtdeutschen Entwicklung wurden auch in Hamburg Anfang der 1870er-Jahre zahlreiche neue Aktienkreditbanken geschaffen – insgesamt 14 an der Zahl.¹³ Allerdings war der Finanzplatz Hamburg in diesen Jahren nicht Mitläufer, sondern Vorreiter. Ausgangspunkt der zweiten Gründungswelle war die Vermutung, dass man zur Finanzierung des wachsenden deutschen Außenhandels international tätige und vernetzte Banken benötigte. Daher begannen im Juli 1869 Gespräche zwischen Hamburger und Berliner Bankiers, eine Deutsch-Überseeische Bank zu schaffen. Diese Gespräche zogen sich jedoch lange hin, insbesondere weil in Preußen Aktienkreditbanken nur auf Grundlage einer staatlichen Konzession gegründet werden durften. Diese Restriktion bestand in Hamburg nicht, sodass die beteiligten Hamburger Bankiers die Gespräche mit ihren Berliner Kollegen abbrachen und ab Januar 1870 die Gründung der Internationalen Bank in Hamburg vorantrieben.¹⁴ Führende Kräfte bei diesem Vorhaben waren einerseits große Hamburger Überseehandelshäuser, andererseits Hamburger Privatbankiers sowie die beiden bestehenden Aktienkreditbanken. Insbesondere übernahm die Norddeutsche Bank zehn Prozent des Aktienkapitals des neuen Instituts.¹⁵ Zudem teilten die Norddeutsche Bank und die Internationale Bank das Geschäft in der Hansestadt unter sich auf: Die Internationale Bank sollte keine Bankgeschäfte in Hamburg betreiben und erhielt dafür personelle und organisatorische Starthilfe durch die Norddeutsche Bank. Die Internationale Bank war somit praktisch die Auslandsabteilung der Norddeutschen Bank.¹⁶

Langfristig erlangten jedoch nicht die bereits 1879 liquidierte Internationale Bank, sondern zwei der im Umfeld ihrer Gründung geschaffenen Institute einen entscheidenden Einfluss auf die deutsche Bankengeschichte. Erstens schufen die Berliner Mitglieder der Projektgruppe ›Deutsch-Überseeische Bank‹ im März 1870 die Deutsche Bank. Zweitens wurde in Hamburg am 26. Februar 1870 die Commerz- und Disconto-Bank gegründet.¹⁷ Im Kreis der Gründer gab es keine Überschneidungen zwischen der Internationalen Bank und der Commerz- und Disconto-Bank.¹⁸ Es fällt jedoch auf, dass der Gründerkreis der Internationalen Bank von Hamburger Bankiers und Aktienbanken dominiert wurde, wohingegen der Gründerkreis der Commerz- und Disconto-Bank von Hamburger Kaufleuten, auswärtigen Bankiers und Hamburger Bankiers bestimmt wurde.¹⁹

Auf die nahezu zeitgleich erfolgte Gründung der Internationalen Bank, der Commerz- und Disconto-Bank, wie auch der Deutschen Bank folgte der beinahe parallele Zugang zum Kapitalmarkt. Auf diesem Gebiet war die Commerz- und Disconto-Bank der Vorreiter: Ihre Aktien wurden am 2. und 3. März 1870 zur Zeichnung aufgelegt. Es folgten die Aktien der Deutschen Bank (24. und 25. März 1870) sowie der Internationalen Bank (Juni 1870).²⁰ Daher kann die Schaffung der Commerz- und Disontobank aus vier Gründen als Wegscheide der deutschen Bankengeschichte gelten: Erstens beeinflusste sie im Gegensatz zur Internationalen Bank die deutsche Bankengeschichte langfristig, zweitens wurde sie vor der Deutschen Bank gegründet, drittens ging sie als erstes der drei Bankprojekte an die Börse, viertens war nur sie von vornherein als Universalbank konzipiert.

c. Die Commerz- und Disconto-Bank und die Entwicklung der Aktienkreditbanken bis zum Ersten Weltkrieg

Die ersten Jahre nach der Gründung der Commerz- und Disconto-Bank waren von einem beispiellosen Gründerboom gekennzeichnet. Nachdem die Gründungtätigkeit bei Ausbruch des deutsch-französischen Kriegs zunächst erlahmte, wurden nach siegreicher Beendigung der Kampfhandlungen in rascher Folge zahlreiche Aktienkreditbanken gegründet: 48 im Jahre 1871 und 80 im Jahre 1872. In den darauffolgenden beiden Jahren folgte jeweils nur eine Bank. Damit hatte sich die Zahl der Aktienkreditbanken, die Ende 1870 im zukünftigen Deutschen Reich 26 betrug, binnen zweier Jahre auf 154 erhöht. Des Weiteren erhöhten sowohl die 1870 bereits bestehenden als auch einige der neu gegründeten Institute im Verlauf dieses kräftigen Aufschwungs ihr Aktienkapital. Insgesamt vervierfachte sich das Kapital der Aktienkreditbanken zwischen Ende 1870 und Ende 1873 von rund 240 Mio. Mark auf fast 1,1 Mrd. Mark.[21]

Auch das Aktienkapital der Commerz- und Disconto-Bank wurde in diesen Jahren kräftig erhöht. Bei Gesellschaftsgründung wurden Aktien im Nennwert von umgerechnet 15 Mio. Mark (Reichswährung) ausgegeben und mit zunächst 40 Prozent eingezahlt.[22] Eine partielle Einzahlung des Nennwerts durch die Aktionäre war in jenen Jahren gang und gäbe. Später konnte die Gesellschaft dann ihre Aktionäre zu weiteren Einzahlungen auffordern – sofern das Geld im Geschäftsbetrieb benötigt wurde. Tatsächlich wurden 1871 und 1872 die Aktien der ersten Serie nach und nach voll eingezahlt. Schließlich erhöhte die Bank im Februar 1873 ihr Kapital auf nunmehr 20,9 Mio. Mark (Reichswährung) und brachte diese Aktien, entgegen warnender Worte einiger Verwaltungsratsmitglieder, im Mai 1873 auf dem bereits überhitzten Aktienmarkt in Umlauf.[23]

Allgemein betrachtet war der Gründerboom der frühen 1870er-Jahre zwar in Berlin konzentriert, aber auch in Hamburg wurden zahlreiche neue, aber zumeist kurzlebige Aktienkreditbanken gegründet. 1871 wurden dort die Waaren-Credit-Anstalt, die Hypothekenbank in Hamburg, die Anglo-Deutsche Bank, die Hamburger Wechslerbank und die Maklerbank gegründet. 1872 folgten der Hamburger Verein, die Hamburg-Berliner Bank, eine Niederlassung der Provinzial-Disconto-Gesellschaft sowie die Deutsch-Brasilianische Bank. Die im Jahre 1872 gegründeten Banken wurden allesamt noch im Verlauf der 1870er-Jahre liquidiert, während die 1871 errichteten Institute zumindest mehrere Jahrzehnte aktiv waren.[24] Dies illustriert, dass die Bankgründungen zunehmend spekulativer wurden und dass die Markteintrittsbedingungen aufgrund des ab 1872 zu dicht besetzten Marktes deutlich schlechter wurden. Die Ursachen für den beispiellosen Erstemissionsboom der Jahre 1870 bis 1873 sind vielfältig: Die optimistische Stimmung nach dem gewonnenen Krieg und die dadurch ermöglichte Gründung des Deutschen Reichs spielte sicherlich ebenso eine Rolle wir die Abschaffung des Konzessionssystems im Aktienrecht wie auch die immensen Reparationszahlungen, die in den Jahren 1871 bis 1873 aus Frankreich nach Deutschland flossen.[25]

Zur Jahreswende 1872/73 drehte die Stimmung an der Börse. Eine Ursache war sicherlich, dass viele der neuen börsennotierten Firmen auf keiner soliden Basis standen: Zu viele Firmen drängten auf einen begrenzten Markt, einige Firmen wurden mit betrügerischer Absicht gegründet. Noch Jahrzehnte später erinnerten sich Bankiers an die Gründerzeit. So stellte Jacob Riesser, Vorstandsmitglied der Darmstädter Bank für

Handel und Industrie, mehr als drei Dekaden nach der Krise fest: »*Eine Reihe von strafgerichtlichen Untersuchungen aus der verflossenen Krisis hat nicht einmal die Verfasser und Veröffentlicher der Prospekte auf Grund derer zur Zeichnung oder Abnahme der Aktien aufgefordert wurde, ermitteln können.*«[26]

Der Niedergang der Börse im Jahre 1873 hatte unmittelbare Auswirkungen auf den Bankensektor, da einerseits Umsätze und Gewinne aus dem bisher lebhaften Aktienemissionsgeschäft wegfielen und andererseits die Bilanzwerte der im Besitz von Banken befindlichen Aktien der Kursentwicklung angepasst werden mussten, denn das bis 1884 gültige Handels- und Aktienrecht schrieb die Bewertung von Vermögensgegenständen zu aktuellen Marktpreisen vor. Daher konnten in Zeiten steigender Kurse Buchgewinne als Dividende und Tantieme ausgeschüttet werden, in Zeiten fallender Kurse aber mussten Verluste verbucht werden. Infolgedessen hatten die Banken, die damals rund ein Fünftel ihrer Aktiva im Börsengeschäft investiert hatten, einen Großteil ihrer Erträge im Effekten-, Beteiligungs- und Konsortialgeschäft erwirtschaftet. Die in ihrem Portfolio befindlichen Aktien wurden bei steigenden Kursen täglich wertvoller. Auf dem Höhepunkt der Prosperitätsphase wurden mehr als die Hälfte der Erträge der Aktienkreditbanken im Wertpapiergeschäft erwirtschaftet.[27] Ab 1873 brachen in diesem Geschäftsfeld die Erträge ein und die Risikoaufwendungen schossen in die Höhe. Gegenüber 1872 gingen die Erträge um zwei Drittel zurück, während sich die Risikoaufwendungen um den Faktor 22 steigerten. Insgesamt mussten die Aktienkreditbanken in den Jahren 1873 bis 1878 rund 16 Prozent ihrer Bilanzsumme abschreiben. Diese Verluste resultierten zum überwiegenden Teil aus dem Börsengeschäft, aber auch das reguläre Kreditgeschäft hatte einen großen Anteil daran, denn ab Mitte der 1870er-Jahre nahmen die Konkurse außerhalb des Bankensektors zu, sodass die Aktienkreditbanken zunehmend Verluste im Kreditportfolio erlitten.[28] Die fallenden Renditen führten zu einer Marktbereinigung. Einige Banken, beispielsweise die Hamburg-Berliner Bank und die Internationale Bank in Hamburg, gaben ihr Geschäft mehr oder weniger freiwillig auf und wurden mit Konkursquoten von über 100 Prozent liquidiert.[29] Andere Banken gingen mit teilweise sehr niedrigen Konkursquoten bankrott oder wurden von stärkeren Instituten übernommen.[30] Insgesamt wurden zwischen 1874 und 1879 70 Aktienkreditbanken aus verschiedenen Gründen aufgelöst. Im Wesentlichen erfolgte dieser Bereinigungsprozess 1874, 1875 und 1876, als nämlich 22, 16 und noch mal 16 Banken aus dem Markt ausschieden.[31] Die überlebenden Institute schließlich verkleinerten in der Regel ihren Geschäftsbetrieb. Insgesamt fiel die Bilanzsumme der Aktienkreditbanken zwischen 1872 und 1878 von 1,96 Mrd. Mark auf 1,27 Mrd. Mark, also um rund ein Drittel.[32] Auch das Kreditvolumen ging in diesen Jahren um rund ein Drittel zurück – eine gefürchtete Kreditklemme trat ein.[33] Über den Kreditkanal konnte sich die Börsen- und Bankenkrise auf die Realwirtschaft auswirken.

Wachstum und Krise spiegeln sich auch im Geschäftsverlauf der Commerz- und Disconto-Bank wieder.[34] Die Bilanzsumme stieg zunächst deutlich von 9,2 Mio. Mark im Rumpfgeschäftsjahr 1870 auf 37,3 Mio. Mark im Geschäftsjahr 1873 an. Danach pendelte sie sich bis 1878 auf einem Niveau von rund 32 Mio. Mark ein. Die Bank hatte somit den Wachstumsprozess mitgemacht, zeigte sich in der Krise aber deutlich fester als der Gesamtmarkt. Dies lag daran, dass sich die Commerz- und Disconto-Bank, ebenso wie die Norddeutsche Bank und die Vereinsbank, kaum an den Auswüchsen des

Entwicklung der nominalen Bilanzsumme aller Aktienkreditbanken, der Deutschen Bank und der Commerz- und Disconto-Bank (1871–1913; 1870=1)

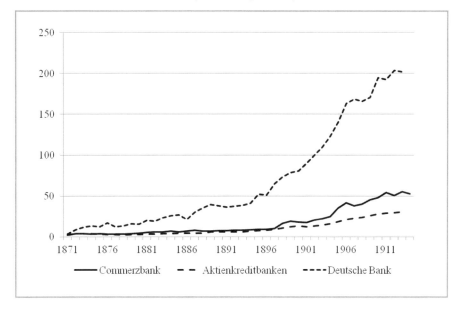

Börsengeschäfts beteiligt hatte. Sie investierte nur einen geringen Anteil ihrer Aktiva in Wertpapiere und die Effektengeschäfte betrafen im Wesentlichen relativ sicherere Staatsanleihen.[35] Im Gegensatz zu den beiden großen Hamburger Konkurrenten wandte sich die Commerz- und Disconto-Bank aber dem Kontokorrentkreditgeschäft anstelle des Wechselkreditgeschäfts zu.[36] Die meisten Kunden der Commerz- und Disconto-Bank waren kleinere und mittelständische Einzelunternehmer, Offene Handelsgesellschaften und Kommanditgesellschaften, die während der 1860er-Jahre gegründet worden waren und vornehmlich im Überseehandel tätig waren. Die meisten Unternehmen hatten kleinere Kredite bis 100.000 Mark bei der Bank. Gleichwohl gab es einige wenige Großengagements mit Kreditbeträgen von über einer Million Mark. Generell scheute die Commerz- und Disconto-Bank übermäßig große Risiken. Vielmehr etablierte sie sich bereits in den 1870er-Jahren als Finanzier mittelständischer Firmen. Die älteren und größeren Unternehmen hatten ihre Bankverbindung hingegen bei der Norddeutschen Bank und der Vereinsbank.[37] Trotz der insgesamt soliden Geschäftspolitik blieb auch die Commerz- und Disconto-Bank nicht völlig von den Auswüchsen der Gründerzeit verschont. Ein herausragendes Beispiel ist sicherlich ein Betrugsfall in der Wechselstube der Bank, der zu einer Abschreibung von rund 180.000 Mark und zur Entlassung der beiden Vorstandsmitglieder führte.[38] Nachdem diese Episode im Sommer 1876 ausgestanden war, konnte sich die Bank mit neuem Personal an der Spitze stetig fortentwickeln.

Die folgende Abbildung illustriert diesen Prozess. Sie zeigt die Entwicklung der nominalen Bilanzsumme der Commerz- und Disconto-Bank im Vergleich zur Entwicklung der nominalen Bilanzsumme der Deutschen Bank sowie aller Aktienkreditbanken während der Jahre 1871 bis 1913 im Vergleich zum Jahr 1870.[39] Da die durchschnittliche Inflationsrate über diesen Zeitraum relativ niedrig war, impliziert der deutliche Anstieg der nominalen Bilanzsumme einen signifikanten Anstieg der realen Bilanzsumme. Die deutschen Aktienkreditbanken sind zwischen 1871 und 1913 nominal, real wie auch in Bezug auf das Sozialprodukt deutlich gewachsen. Zwischen den einzelnen Instituten gab es jedoch gravierende Unterschiede. Die langfristig erfolgreichste Bank – wenn man die Bilanzsumme als Erfolgsmaßstab verwenden möchte – war die Deutsche Bank. Sie wuchs seit den 1870er-Jahren deutlich schneller als der Gesamtmarkt: Die aggregierte Bilanzsumme der deutschen Aktienkreditbanken betrug 1913 das 30-fache der aggregierten Bilanzsumme des Jahres 1870. Die Deutsche Bank konnte ihre Bilanzsumme während dieses Zeitraums um den Faktor 200 steigern. Aber auch die Commerz- und Disconto-Bank wuchs, zumindest ab Mitte der 1890er-Jahre, rascher als der Gesamtmarkt. Zwischen 1870 und 1913 konnte sie ihre Bilanzsumme um den Faktor 50 steigern.

Ein wesentlicher Faktor hinter dem überdurchschnittlichen Wachstum einzelner Institute im Vergleich zum Gesamtmarkt dürfte die zunehmende Unternehmenskonzentration im Bankwesen gewesen sein.[40] Die Deutsche Bank war in dieser Hinsicht Vorreiter, denn sie begann bereits während der Gründerkrise mit der Übernahme anderer Institute. 1873 wickelte sie die Allgemeine Depositenbank ab, im Frühjahr 1874 folgte die Elberfelder Disconto- und Wechselbank und zur Jahreswende 1875/76 übernahm die Deutsche Bank sowohl den Berliner Bankverein als auch die Deutsche Union Bank. Insbesondere die beiden letztgenannten Übernahmen waren mit hohen Risiken verbunden, denn die beiden Übernahmeziele hatten zusammen eine ebenso große Bilanzsumme und einen ebenso hohen Börsenwert wie die Deutsche Bank selbst. Mit den Übernahmen ging die Deutsche Bank zugleich ein Rentabilitäts- und ein Liquiditätsrisiko ein, denn die Deutsche Union Bank war aufgrund mangelhafter Rentabilität zum Übernahmeziel geworden, der Berliner Bankverein aufgrund niedriger Liquidität. Letztendlich ging das Geschäft für die Deutsche Bank auf: Über Nacht hatte man sich von einer Spezialbank für das Auslandsgeschäft zu einer großen inländischen Geschäftsbank gewandelt. Die Bilanzsumme stieg 1876 gegenüber 1875 um mehr als 40 Prozent, die Anzahl der Kundenkonten sogar um mehr als 50 Prozent.[41]

Externes Unternehmenswachstum war auch für die Abkopplung der Commerz- und Disconto-Bank vom Wachstumstrend der anderen Aktienkreditbanken ab Mitte der 1890er-Jahre verantwortlich: 1897 übernahm sie das Bankhaus J. Dreyfus & Co., 1905 folgte die Berliner Bank. In gewisser Weise reagierte die Commerz- und Disconto-Bank damit auf die Expansionsbestrebungen anderer Institute. 1892 hatte die Dresdner Bank die Anglo-Deutsche Bank in Hamburg erworben und begründete auf dieser Grundlage eine Filiale. 1895 fusionierte die alteingesessene Norddeutsche Bank mit der Direction der Disconto-Gesellschaft.[42] Damit waren nun neben der Deutschen Bank, die bereits 1872 eine Filiale in Hamburg gegründet hatte, zwei weitere Berliner Großbanken in Hamburg vertreten, wodurch sich die Wettbewerbssituation für die Commerz- und Disconto-Bank deutlich veränderte. Die Bank reagierte, indem sie ihr Geschäftsfeld auch institutionell über die Stadtgrenze Hamburgs hinaus ausdehnte. Dazu übernahm sie im Dezember 1897 für zehn Millionen Mark das in Frankfurt und Berlin tätige Privatbankhaus J. Dreyfus & Co. Dies war ein gewaltiger Expansionsschritt, weil das Aktienkapital der Commerz- und Disconto-Bank vor der Übernahme lediglich 30 Mio. Mark betrug.[43]

Des Weiteren begann die Commerz- und Disconto-Bank in diesen Jahren, dabei vor allem der Deutschen Bank wie auch der Dresdner Bank folgend, mit dem Aufbau eines Geschäftsstellennetzes. Die Deutsche Bank hatte bereits 1876 ihre erste Depositenkasse in Berlin errichtet.[44] Andere folgten im Verlauf der 1880er-Jahre. In Hamburg übernahm ebenfalls die Deutsche Bank die Vorreiterrolle: Sie eröffnete dort 1896 die erste Depositenkasse der Stadt. Bis 1905 wuchs deren Zahl auf zehn an.[45] Die Commerz- und Disconto-Bank begann den Aufbau eines Depositenkassennetzes relativ spät, nämlich erst 1899. Gleichwohl konnten die Kunden auch vor 1899 Depositen bei der Bank einzahlen – und zwar in der Zentrale der Bank. Anzumerken ist auch, dass die erste Depositenkasse nicht in Hamburg, sondern in Berlin eröffnet wurde. In dieser Hinsicht blieb Berlin bis zum Ersten Weltkrieg wichtiger als Hamburg. 1914 besaß die Commerz- und Disconto-Bank 17 Depositenkassen in Hamburg und 44 in Berlin. Damit hatte die Bank in Berlin nach der Deutschen Bank und der Dresdner Bank das drittdichteste Depositenkassennetz.[46]

Den vorläufigen Abschluss der räumlichen Expansion der Commerz- und Disconto-Bank bildete die Fusion mit der Berliner Bank im Jahre 1905. Die Fusion war nicht ohne Risiken, denn die Berliner Bank hatte in der schweren Finanz- und Wirtschaftskrise des Jahres 1901 substantielle Verluste erlitten, von denen sich das Institut in den folgenden Jahren nicht erholen konnte. Infolgedessen nahm sie mit verschiedenen Instituten, unter anderem mit der Deutschen Bank sowie der Commerz- und Disconto-Bank, im Jahre 1904 Fusionsverhandlungen auf. Zur Jahreswende 1904/05 wurden die Fusionsverhandlungen mit der Commerz- und Disconto-Bank erfolgreich abgeschlossen. Sie erhöhte ihr Aktienkapital von 50 auf 85 Mio. Mark und verwendete den Erlös zum Kauf aller Aktien der Berliner Bank sowie zur Finanzierung von erheblichen Abschreibungen auf die Aktiva des Übernahmeziels.[47] Diese Fusion katapultierte die Commerz- und Disconto-Bank in andere Größenverhältnisse: Ihre Bilanzsumme betrug Ende 1905 rund 324 Mio. Mark gegenüber lediglich 230 Mio. Mark im Jahr zuvor.[48]

d. Der Schritt der Universalbank zur Großbank

Die institutionelle Innovation der Universalbank in der Rechtsform der Aktiengesellschaft hat sich seit dem 19. Jahrhundert in Deutschland durchgesetzt. Die ersten als Aktiengesellschaft organisierten Banken ohne Notenausgaberecht waren vornehmlich Spezialbanken für das Wertpapieremissionsgeschäft. Erst seit der zweiten Gründungswelle Anfang der 1870er-Jahre waren Aktienkreditbanken regelmäßig als Universalbanken tätig. In dieser Hinsicht übernahm die im Februar 1870 in Hamburg gegründete Commerz- und Disconto-Bank eine Vorreiterrolle. Sie ist die älteste der bis heute tätigen Universalbanken und sie bildet bis heute einen wichtigen Pfeiler des deutschen Universalbankensystems. Anhand der Entwicklung der Commerz- und Disconto-Bank lässt sich die Evolution des deutschen Bankensystems im Kaiserreich illustrieren. Noch im dritten Viertel des 19. Jahrhunderts waren Privatbankiers wichtiger als Aktienkreditbanken. Die als Aktiengesellschaften organisierten Banken wuchsen seit den 1870er-Jahren schneller als die Privatbankiers. Schließlich kam es gegen Ende des Jahrhunderts zu einer Übernahmewelle: Zahlreiche Privatbanken wurden von den kapitalkräftigeren Aktienkreditbanken übernommen. Auch die Commerz- und Disconto-Bank beteiligte sich an diesem Prozess und übernahm 1897 das Bankhaus J. Dreyfus & Co. Des Weiteren dehnten sich die Aktienkreditbanken durch die Errichtung von Depositenkassen geografisch aus, wohingegen die Privatbanken auf einen Standort beschränkt blieben. 1899 gründete die Commerz- und Disconto-Bank ihre erste Depositenkasse. Damit unternahm sie diesen Schritt mehr als zwei Jahrzehnte später als der Marktführer, die Deutsche Bank. Gleichwohl dehnte die Commerz- und Disconto-Bank ihr Depositenkassennetz bis zum Ersten Weltkrieg rasch aus und sie war auch in dieser Hinsicht eine der führenden Banken in Deutschland. Schließlich begann zur Jahrhundertwende ein Konzentrationsprozess unter den Aktienkreditbanken. Die größeren Aktienkreditbanken übernahmen die kleineren Aktienkreditbanken. Dadurch dehnten die übernehmenden Banken vor allem in geografischer Hinsicht ihre Reichweite aus. Auch an diesem Prozess beteiligte sich die Commerz- und Disconto-Bank, indem sie 1905 die Berliner Bank übernahm. Mit diesem Schritt trat das Institut in den Kreis der Großbanken ein – eine Position, die sie bis heute innehat.

---

1 Guinnane, Monitors, S. 8; Fohlin, Universal Banking, S. 328. – Ich bedanke mich bei Rea Frenken und Julian Becker für ihre Unterstützung bei der Vorbereitung dieses Beitrags.
2 Berechnet nach Fohlin, Finance Capitalism, S. 67.
3 Auch die 1835 als Aktienbank gegründete Bayerische Hypotheken- und Wechsel-Bank hatte eine Kreditabteilung. Der Schwerpunkt des Instituts, das auch Notenbank war, lag aber auf der Vergabe von Hypothekendarlehen.
4 Pohl, Konzentration, S. 49–61.
5 Vgl. zur ersten Gründungswelle Burhop, Kreditbanken, S. 80–89.
6 Ebd., S. 91–95.
7 Pohl, Hamburger Bankengeschichte, S. 31, 49 f.; Krause, Commerz- und Disconto-Bank, S. 49.
8 Schneider, Münz- und Geldgeschichte, S. 53 f.
9 Ahrens, Vorgeschichte, S. 323.
10 Schmidt, Bankwesen, S. 87–110.
11 Ahrens, Vorgeschichte, S. 331; Pohl, Hamburger Bankengeschichte, S. 98 f., 102. Burhop, Kreditbanken, S. 86 f.
12 Vgl. Tilly, Geld, S. 114 f., und die dort genannte Literatur.
13 Pohl, Hamburger Bankengeschichte, S. 85 ff.
14 Burhop, Kreditbanken, S. 90.
15 Ebd., S. 90 f..
16 Krause, Commerz- und Disconto-Bank, S. 53.
17 Ebd., S. 54 f.; Burhop, Kreditbanken, S. 95 f.
18 Krause, Commerz- und Disconto-Bank, S. 370 f., führt die Gründer der Banken auf.
19 Burhop, Kreditbanken, S. 90 f., 96.
20 Ebd., S. 96.
21 Zusammengestellt nach den Angaben in ebd., S. 263–267.
22 Ebd., S. 96. – Die Commerz- und Disconto-Bank hatte laut ihrer Statuten ein Kapital von 20 Mio. Mark Banco. Davon wurden zunächst allerdings nur zehn Millionen Mark Banco in Umlauf gesetzt. Bis zum 15. Februar 1873 galt in Hamburg die Mark Banco, die an diesem Tag mit einem Wechselkurs von 1 Mark Banco = 1,45 Mark Reichswährung umgestellt wurde.

23   Krause, Commerz- und Disconto-Bank, S. 80. – Selbst damit war das ursprünglich geplante Aktienkapital von 20 Mio. Mark Banco = 29 Mio. Mark Reichswährung nicht erreicht.
24   Vgl. die Übersicht in Krause, Commerz- und Disconto-Bank, S. 79; ferner die Darstellungen zur Entwicklung der Anglo-Deutschen Bank und der Hamburg-Berliner Bank in Burhop, Kreditbanken, S. 99–102.
25   Vgl. zur gesamtwirtschaftlichen Entwicklung in diesen Jahren Baltzer, Kapitalmarkt. Einen Überblick über die Aktienrechtsentwicklung gibt Hopt, Grundlagen.
26   Riesser, Großbanken, S. 264.
27   Burhop, Kreditbanken, S. 64, 70.
28   Ebd., S. 70, 73.
29   Ebd., S. 136, 147.
30   Pohl, Konzentration, S. 119 ff., schildert diesen Prozess. Das wichtige Beispiel der Deutschen Bank wird von Pohl, Deutsche Bank, geschildert.
31   Eigene Berechnung nach Burhop, Kreditbanken, S. 263–267.
32   Ebd., S. 48.
33   Ebd., S. 59, 61, mit Angaben zum Kontokorrent- und Wechselkreditbestand.
34   Vgl. dazu den kurzen Überblick in ebd., S. 132–135, sowie ausführlich Krause, Commerz- und Disconto-Bank, S. 79–110.
35   Burhop, Kreditbanken, S. 133; Krause, Commerz- und Disconto-Bank, S. 89–104.
36   Ebd., S. 81.
37   Ebd., S. 83 ff.
38   Ebd., S. 117; Burhop, Kreditbanken, S. 132; Krause, Anfänge, S. 34.
39   Die Bilanzdaten der Commerz- und Disconto-Bank sowie der Deutschen Bank wurden dem Anhang von Reitmayer, Bankiers, entnommen. Die aggregierte Bilanzsumme aller Aktienkreditbanken für die Jahre 1870 bis 1882 ist Burhop, Entwicklung, entnommen, die Daten für die Jahre 1883 bis 1913 stammen aus Deutsche Bundesbank, Geld- und Bankwesen, S. 55 ff.
40   Vgl. dazu allgemein Pohl, Konzentration.
41   Burhop, Kreditbanken, S. 164–168, sowie die dort genannte Literatur.
42   Krause, Commerz- und Disconto-Bank, S. 176.
43   Ebd., S. 178–180.
44   Gall, Deutsche Bank, S. 20.
45   Krause, Commerz- und Disconto-Bank, S. 182.
46   Ebd., S. 182 f., 233 f.
47   Ebd., S. 231 f.
48   Ebd., S. 380.

Dieter Ziegler

[12.]

Die Entstehung der Reichsbank 1875

Die erste deutsche Einheitswährung und der Goldstandard

a. Gründung der Reichsbank in der Gunst der Stunde

Am 1. Januar 1876, wenige Jahre nach der Gründung des Deutschen (Kaiser-) Reiches, öffnete die Reichsbank als Zentralnotenbank der neuen Mark- (Gold-) Währung ihre Pforten: mit der Reichshauptbank in Berlin und Zweiganstalten in den größeren Städten des Reiches. Ein solch radikaler Schnitt in der Währungsverfassung war vielleicht nur während eines kurzen Zeitfensters nach der Reichsgründung überhaupt möglich. Denn er setzte einerseits voraus, dass das Münzregal als fiskalisch und symbolisch wichtiges Recht der deutschen Einzelstaaten zugunsten einer umfassenden Reichszuständigkeit aufgegeben wurde. Andererseits wurde das Bankgesetz vom 18. März 1875, auf dessen Grundlage die Reichsbank als Zentralnotenbank errichtet wurde, zu einer Zeit verabschiedet, als die Begeisterung über die Einigung der deutschen Staaten und die Gründung des Reiches schon wieder etwas abgekühlt war und insbesondere in den süddeutschen Staaten Baden, Württemberg und Bayern die Angst vor der preußischen Dominanz in diesem Reich die Oberhand zu gewinnen begann. Denn die Reichsbank war nur juristisch eine Neugründung. Materiell stellte sie die Fortführung der Zentralnotenbank Preußens, der im Jahr 1847 gegründeten Preußischen Bank, dar. Die Einzelstaaten mussten zwar in Folge der Reichsbankgründung ihre Notenbanken nicht schließen, aber erstens durften in Deutschland nun keine neuen Notenbanken mehr gegründet werden und zweitens war das Recht auf die Ausgabe von Banknoten der bestehenden Notenbanken soweit eingeschränkt, dass diese über kurz oder lang gezwungen waren, sich andere Geschäftsfelder zu suchen, wenn sie überleben wollten. Zwölf der insgesamt 32 deutschen Notenbanken taten dies sofort, indem sie ihr Recht auf die Ausgabe von

Banknoten aufgaben, weitere 16 folgten dann bis 1905. Vor dem Ersten Weltkrieg existierte neben der Reichsbank nur noch in Baden, Bayern, Sachsen und Württemberg jeweils eine Notenbank. Die Geldpolitik der Reichsbank unterlaufen konnten diese wie auch die anderen der ursprünglich verbliebenen 20 Notenbanken von Anfang an nicht.

Die Währungspolitik war damit vollständig in die Zuständigkeit des Reiches übergegangen. Das unterschied sie von anderen wichtigen Politikfeldern wie der Eisenbahn- und der Steuerpolitik. Auf der Einnahmeseite des Reichshaushalts blieb das Reich nämlich bis zum Ersten Weltkrieg als ›Kostgänger‹ noch weitgehend von den deutschen Einzelstaaten abhängig. Die Erhebung eigener (Reichs-) Steuern, mit denen das Reich seine Ausgaben unabhängig hätte bestreiten können, hatten die Einzelstaaten weitgehend erfolgreich verhindern können; mit der Zahlung so genannter Matrikularbeiträge entschieden sie weitgehend über die Finanzausstattung des Reiches. Auch in der Eisenbahnpolitik ließen sich die Länder trotz einer reichsfreundlichen Formulierung in der neuen Verfassung nicht das Heft des Handelns aus der Hand nehmen, was nicht nur verkehrspolitisch, sondern auch fiskalisch wichtig war: Seit den späten 1870er-Jahren entwickelten sich die (verstaatlichten) Eisenbahnen immer mehr zu einer der wichtigsten Einnahmequellen der Länder, insbesondere Preußens. Otto von Bismarcks Versuch, sich diese Einnahmequelle durch ein Reichsbahngesetz für das Reich zu sichern, scheiterte trotz seiner sich aus der Doppelfunktion als Reichskanzler und preußischer Ministerpräsident ergebenden Machtfülle etwa zu derselben Zeit, als die Reichsbank gegründet wurde.

Es spricht deshalb einiges dafür anzunehmen, dass es nicht zur Gründung der Reichsbank gekommen wäre – jedenfalls nicht mit dieser fast vollständigen Übertragung der währungspolitischen Zuständigkeit auf das Reich –, wenn man sich 1875 nicht auf das Bankgesetz im Reichstag und zwischen Reichstag und Bundesrat geeinigt, sondern weiter über die Währungsverfassung des Reiches gestritten und die Entscheidung weiter vertagt hätte. Der Reformdruck war wegen der dramatischen Finanzmarktkrise des Jahres 1873, die gerade zu einer in diesem Ausmaß noch unbekannten konjunkturellen Krise der Realwirtschaft überzugehen begann, offenbar zu groß, um abzuwarten. Davon abgesehen war aber auch die Entscheidung über eine neue, reichseinheitliche Währung, die Gold basierte Mark, schon lange vorher gefallen, ja die Münzen waren sogar schon im Umlauf, als die Entscheidung über die Errichtung der Reichsbank fiel, sodass dieser Gründungsakt nur den Schlussstein einer radikalen Reform der Währungsverfassung darstellte.

Die folgende Darstellung verfolgt die Entstehung nationalen Geldes in Deutschland in drei Schritten: Abschnitt b beschreibt die – schwierigen, aber schließlich erfolgreichen – Versuche Preußens, mithilfe der Preußischen Bank – durch deren Umwandlung die Reichsbank entstand – den Banknotenumlauf im größten deutschen Staat zu regulieren. Abschnitt c behandelt den Weg zur Einheit und Goldbasierung der deutschen Währung. Abschnitt d schildert die Errichtung der Reichsbank als Abschluss der neuen Währungsordnung und die Bewährung der neuen Institution in der Zeit des Goldstandards.

b. Die Etablierung der Preußischen Bank als Zentralnotenbank in Preußen

Um die Mitte des 19. Jahrhunderts können die Währungsverhältnisse in Deutschland nur als primitiv bezeichnet werden und zwar sowohl im Vergleich zur zweiten Hälfte des 19. Jahrhunderts in Deutschland als auch im Vergleich zur Situation in England seit dem 18. Jahrhundert. Im Umlauf waren fast ausschließlich Metallmünzen, meist Silbermünzen, deren Metallgehalt und damit deren Wert alles andere als verlässlich war. Denn die von fast allen deutschen Kleinstaaten geprägten Münzen hatten irgendwann einmal dazu gedient, den jeweiligen Landesherrn aus einer finanziellen Klemme zu befreien, indem dieser den eigentlich garantierten Metallgehalt ›verschlechterte‹, indem er also aus einer bestimmten Menge Silber mehr Münzen schlagen ließ als zulässig. Im alten Deutschen Reich gab es keine Instanz, die ihn davon hätte abhalten können. In Anbetracht der Münzvielfalt in Deutschland war der ›Devisen‹-Verkehr folglich mit einer hohen Unsicherheit für den interregionalen Handel belastet. Die Ausgabe von Banknoten war in den meisten Staaten nicht gestattet und auch der Wechselverkehr war nur sehr schwach entwickelt.

Obwohl mit der Gründung der Bayerischen Hypotheken- und Wechsel-Bank im Jahr 1835 die erste Aktienbank mit dem Recht auf eine begrenzte Ausgabe von Banknoten gegründet worden war,[1] kamen die wesentlichen Impulse für eine der Industrialisierung des 19. Jahrhunderts in Deutschland angepasste Währungsverfassung mit einer Zentralnotenbank als Hüterin der Währungsstabilität und als ›Bank der Banken‹ aus Preußen. Denn neben Sachsen besaß Preußen die wichtigsten früh industrialisierten Regionen. Deshalb war Preußen auch früher als andere deutsche Staaten gezwungen, eine Währungsverfassung zu entwickeln, die einerseits flexibel genug war, um den industrialisierungsbedingt steigenden Zahlungsmittelbedarf zu befriedigen, andererseits aber auch die Stabilität der Währung zu gewährleisten.

Nach den Befreiungskriegen hatte der preußische Staat aber zunächst seine vorrangige Aufgabe darin gesehen, in allen Landesteilen und insbesondere in den auf dem Wiener Kongress hinzugewonnenen Territorien überhaupt erst einmal eine einheitliche Währung zu etablieren. Das Münzgesetz von 1821 war zwar ein erster Schritt in diese Richtung; in allen Landesteilen sollte nun der Taler im 14-Taler-Fuß (aus einer Gewichtsmark feinem Silber sollten 14 Taler geschlagen werden) zu 30 Silbergroschen zu je zwölf Pfenningen gelten. Aber es sollte noch mehr als ein Jahrzehnt dauern, bis sich der Taler als einheitliche Silberwährung im gesamten Staatsgebiet durchgesetzt hatte. Insbesondere im Rheinland wurde noch sehr lange in ›ausländischen‹ Währungen fakturiert.[2]

In den Dreißigerjahren wurde dann mit der einsetzenden Industrialisierung in mehreren Landesteilen ein neues Problem fühlbar. Die monetäre Basis der reinen Metallwährung kam zunehmend in Konflikt mit dem steigenden Zahlungsmittelbedarf. Denn die (Edel-) Metallmenge konnte bei weitem nicht so schnell ausgeweitet werden, wie es der wachsende Zahlungsverkehr des Landes erforderte. Die preußische Regierung reagierte auf diese Herausforderung jedoch nicht mit einer Flexibilisierung der Geldmenge, sondern sie versuchte den monetären Sektor durch eine Drosselung der industriewirtschaftlichen Dynamik zu stabilisieren, um so einer tief greifenden Reform der Währungsverfassung zu entgehen.[3]

Die zumeist liberalen Unternehmer des Landes sahen diese Politik mehrheitlich kritisch und entwickelten Anfang bis Mitte der 1840er-Jahre erste Initiativen zur Gründung von privaten Notenbanken in den preußischen Provinzen und in den kleineren Nachbarstaaten Preußens. Deren Noten sollten in preußischen Talern denominiert sein und auf diese Weise der Zahlungsmittelknappheit innerhalb Preußens abhelfen. Während die Regierung Bankgründungen innerhalb Preußens verhindern konnte, waren die Nachbarstaaten frei, solche Bankgründungen zuzulassen. Denn durch mehrere einzelstaatliche Münzgesetze und zwischenstaatliche Münzverträge war nach der Gründung des Zollvereins der preußische Taler mit seinen 16,714 gr. Feinsilbergehalt (14-Taler-Fuß) – außer in den Hansestädten Lübeck, Hamburg und Bremen – zur einzigen Währung im gesamten norddeutschen Raum erhoben worden. Der 14-Fuß-Taler war demzufolge nicht nur die preußische Währung, sondern etwa auch die Währung des Fürstentums Anhalt. Die nord- und mitteldeutschen Kleinstaaten konnten deshalb Taler-Banknoten emittieren und vor allem im unterversorgten Preußen umlaufen lassen; dies versprach Gewinn, da die ausgebenden Notenbanken kaum zu befürchten brauchten, dass ihnen besonders die kleingestückelten Banknoten jemals zur Einlösung präsentiert würden.

Wenn die preußische Regierung also das unkontrollierte Einsickern ›ausländischer‹ Talernoten nach Preußen verhindern wollte, musste sie endlich auch die Emission von Talernoten im Inland zulassen. Denn nur dann ließ sich die Geldmenge im damaligen Verständnis noch kontrollieren. Im April 1846 ließ sie deshalb erstmals durchblicken, dass sie ihrer weitgehend funktionslosen Königlichen Giro- und Lehnbanco in absehbarer Zeit die Ausgabe von Banknoten gestatten werde. Die Voraussetzung dafür war allerdings eine erhebliche Stärkung der ›Betriebsmittel‹. Da der Staat jedoch aufgrund der preußischen Staatsschuldenverordnung von 1820 für diesen Zweck keine Kredite aufnehmen durfte, musste das Kapital für eine Notenbank anders aufgebracht werden. Zu diesem Zweck wurde die Königliche Bank zwar nicht in eine Aktiengesellschaft umgewandelt, sondern blieb ein öffentlich-rechtliches Institut, kam dieser äußerlich aber sehr nahe: Es wurden Aktien ausgegeben, die von privaten Interessenten gezeichnet werden sollten. Die Vertreter dieser Aktionäre wurden an der Geschäftsführung der Bank aber nur in einem ›Zentralausschuss‹ genannten Gremium ›beratend‹ beteiligt, wofür den Aktionären im Gegenzug eine Mindestdividende von 3,5 Prozent garantiert wurde.[4]

In der – ein halbes Jahr später verabschiedeten – Preußischen Bankordnung wurde die Frage der Deckungsvorschriften genauso pragmatisch gelöst wie die Frage der Eigenkapitalausstattung. Um eine Geldmengenanpassung an die Erfordernisse des Zahlungsverkehrs zu ermöglichen, musste die nun als Preußische Bank firmierende ehemalige Königliche Bank nur mindestens ein Drittel der umlaufenden Banknoten durch Silber decken, der Rest konnte durch Wechsel gedeckt werden (›Dritteldeckung‹), wie es die Theorie der so genannten Banking School erlaubte. Da jedoch die Bank of England als Zentralnotenbank des mit Abstand wichtigsten Währungsraums der Welt nur zwei Jahre zuvor von den Prinzipien der Banking School abgerückt war, bekam die preußische Regierung offenbar Angst vor der eigenen Courage und führte zusätzlich eine Obergrenze für die umlaufenden Banknoten ein. Damit unterlag die Notemission der Preußischen Bank noch restriktiveren Deckungsregeln als die reformierte Bank of England. Diese kontingentierte nämlich nur die durch Metall nicht gedeckte (›fiduziäre‹) Notenemission.[5]

Was jedoch in Großbritannien leidlich funktionierte, weil es dem Weltfinanzzentrum London immer wieder gelang, durch Zinserhöhungen Gold anzuziehen und damit die Menge der umlaufenden Banknoten zu erhöhen, ohne die nicht durch Metall gedeckte Geldmenge auszuweiten, scheiterte in Preußen sofort. Bereits in der ersten Krise erwies sich die Preußische Bank wegen ihres engen Korsetts von Dritteldeckung und Kontingentierung nicht als die erhoffte Hilfe für die preußischen Geschäftsbanken. Die fast alle Staaten der industrialisierenden Welt erfassende Krise von 1847 hatte sicherlich viele Ursachen, in Preußen gehörte das Fehlen einer Bank der Banken, die im Notfall Liquidität in den Markt pumpen konnte (›Lender of Last Resort‹), aber sicherlich zu den wichtigeren. Als sich in den Fünfzigerjahren die Konjunktur wieder erholt hatte und die Wirtschaft in Preußen zu einem neuen Höhenflug ansetzte, ohne dass die Zahlungsmittelversorgung sich spürbar gegenüber der Mitte der 1840er-Jahre verbessert hatte, verlegten sich desillusionierte liberale Unternehmer erneut auf die Gründung von privaten Notenbanken im benachbarten ›Ausland‹.

Tatsächlich zirkulierten im Jahr 1856 in Preußen Noten von insgesamt zwölf ›ausländischen‹ Banken (die sich in Deckungsgrundsätzen und Geschäftstätigkeit unterschieden) im Wert von etwa 20 Mio. Talern. Das entsprach fast der Menge aller umlaufenden Preußischen Bank-Noten zu dieser Zeit. Aus der Sicht der preußischen Regierung war damit das Münzregal, das Monopol des Staates auf die Ausgabe von Zahlungsmitteln, nicht mehr nur gefährdet wie Mitte der 1840er-Jahre, sondern schon nicht mehr existent. In einer novellierten Bankordnung wurde die Kontingentierung des Notenumlaufs deshalb noch im gleichen Jahr ganz abgeschafft. Dadurch war die Zahlungsmittelversorgung endlich auch durch ›preußisches Geld‹ möglich, sodass die ausländischen Noten schnell aus der Zirkulation gedrängt werden konnten.[6]

In den folgenden Jahren erlernte die Bankleitung schnell den richtigen Umgang mit dem neu gewonnenen Interventionsspielraum und schon in den Krisenwochen des Jahres 1866 (und später auch in den Jahren 1870 und 1873) erwies sich die Preußische Bank als eine unverzichtbare und im Gegensatz zu den Notenbanken in den anderen deutschen Staaten auch zuverlässige Refinanzierungsquelle für die Finanzmärkte. Die moderne Forschung betont deshalb mit Recht, dass die frühzeitige Annahme der ›Lender of Last Resort‹-Funktion durch die Preußische Bank eine wichtige Voraussetzung für das Funktionieren des entstehenden Universalbanksystems gewesen ist.[7]

Trotz ihrer Erfolge war die Preußische Bank jedoch nicht unumstritten. Für die liberalen Vorkämpfer der ›Bankfreiheit‹ – also die Freiheit, so viele private Notenbanken ohne Beschränkung der Notenemission gründen zu dürfen, wie der Markt verträgt – ging es jedoch bestenfalls in zweiter Linie um geldtheoretische Überlegungen. An erster Stelle stand das tief sitzende und durch den preußischen Verfassungskonflikt der ersten Hälfte der 1860er-Jahre noch verstärkte Misstrauen gegenüber dem preußischen Staat. Diese Motive formulierte der liberale Staatsrechtler Johann Ludwig Tellkampf 1867 in aller Offenheit: Eine »*Staatsbank*« könne von der Regierung immer missbraucht werden, um sich »*Geldmittel zu verschaffen, ohne die Landesvertretung zu fragen*« und damit »*deren Steuerbewilligungsrecht*« auszuhebeln.[8]

In Kenntnis der deutschen Geschichte des 20. Jahrhunderts kann man diese Einschätzung nur als prophetisch bezeichnen. Allerdings sollte es im 20. Jahrhundert weniger um das Ausheben der ›Landesvertretungen‹ gehen – diese ließen sich meist gerne für den Missbrauch der Zentralnotenbank einspannen –, sondern vielmehr um das Ruinieren der Währung. An eine Inflation des Ausmaßes der Jahre 1922/23 oder 1947/48 dachte in den 1860er-Jahren noch niemand. Es ging um Hegemonie – entweder der Regierung gegenüber dem Parlament oder Preußens gegenüber den kleineren deutschen Staaten.

Da die Einführung von ›Bankfreiheit‹ unrealistisch war, setzten die Kritiker auf die Wiedereinführung der Kontingentierung. Denn besser als jedes andere Instrument schien sie geeignet, einer unerwünschten Kreditschöpfung über die Notenpresse vorzubeugen. Nahrung erhielt die Kontingentierungsforderung durch die Banknotenexpansion, welche die deutschen Notenbanken in den Jahren 1870 bis 1873 betrieben: Im Jahre 1870 hatte der Norddeutsche Bund ein Gesetz erlassen, das die Gründung weiterer Notenbanken in den Mitgliedsstaaten untersagte (›Banknotensperrgesetz‹). Als nächsten Schritt erwarteten die privaten Notenbanken, dass die Höhe ihrer Notenausgabe beschränkt werden würde, um der Preußischen Bank die völlige Kontrolle über die Geld- und Währungspolitik im norddeutschen Talerraum zu sichern. In Großbritannien war bei ähnlicher Gelegenheit einige Zeit zuvor der Durchschnitt der Notenzirkulation der einzelnen Notenbank während eines bestimmten Zeitraums vor Verkündung des entsprechenden Gesetzes zur Grundlage für die Festlegung des noch zulässigen Notenumlaufs herangezogen worden. Um sich für einen solchen Fall ein möglichst großes Stück des ›Kuchens‹ zu sichern, versuchten die deutschen Notenbanken nun, durch extrem niedrige Kreditzinsen ihre Noten in die Zirkulation zu pressen. Ein gewisser inflationärer Effekt konnte dabei nicht ausbleiben, der die Hochkonjunktur der ›Gründerjahre‹ 1871 bis 1873 noch zusätzlich anheizte.[9] Diese Erfahrungen verstärkten den Wunsch, in Preußen und später im Reich eine üppige Geldschöpfung – etwa um den Kreditbedarf des Staates zu befriedigen – zu verhindern. Die Frage, inwieweit der Geldumlauf durch Kontingentierung der Notenemission zu begrenzen sei, wurde daher ein zentraler Punkt bei den Beratungen über die Errichtung der Reichsbank (siehe Abschnitt d).

c. Die Einführung der Mark als neue Reichswährung

Die bis zum Beginn der 1870er-Jahre in Deutschland umlaufenden Währungen waren überwiegend Silberwährungen. In zwei Verträgen hatten sich die Staaten des Zollvereins Ende der 1830er-Jahre auf ein für den gesamten Zollverein gültiges Währungssystem geeinigt. Danach sollte der Geldumlauf mittelfristig auf zwei Währungen beschränkt werden: den Taler in den norddeutschen Staaten und den Gulden in den süddeutschen Staaten. Beide Währungen wurden in einem bestimmten Quantum Feinsilber definiert, sodass ein fester Wechselkurs bestand. Da zusätzlich die Menge der von den Einzelstaaten auszugebenden Scheidemünzen beschränkt wurde, waren von diesem Zeitpunkt an die Unsicherheiten über den Wert der umlaufenden Münzen beseitigt, wodurch der Handel und der Geldverkehr innerhalb des Zollvereins entscheidend erleichtert wurden. Als Symbol für die erreichte deutsche Währungseinheit (zunächst sogar unter Einschluss Österreichs) wurde seit 1857 in allen deutschen Staaten ein ›Vereinstaler‹ im Wert von einem norddeutschen Taler beziehungsweise 1,75 süddeutschen Gulden oder 1,5 österreichischen Gulden geprägt. Mit dieser Münze konnten in ganz Deutschland und Österreich Zahlungen geleistet werden, unabhängig davon, welcher Landesherr die Vorderseite der Münze zierte.

Das Zentrum des norddeutschen Talerraumes war Berlin – mit der Preußischen Bank seit den 1850er-Jahren als beherrschender Notenbank. Eine vergleichbare Institution existierte im süddeutschen Guldenraum nicht. Ein mit Preußen im Norden vergleichbarer süddeutscher Hegemonialstaat existierte ebenfalls nicht und das unbestrittene Finanzzentrum des Guldenraumes, die Freie Stadt Frankfurt am Main, gehörte zu keinem der größeren süddeutschen Staaten. Und mit der Annexion Frankfurts durch Preußen im Jahr 1866 verlor der süddeutsche Währungsraum sein Zentrum. Denn mit der Einführung des Talers in der Stadt errichtete die Preußische Bank dort auch ihre erste Niederlassung in Süddeutschland. Damit war der Weg der Preußischen Bank zur Zentralnotenbank des gesamten deutschen Währungsraums – seit 1867 ohne Österreich – praktisch vorgezeichnet.[10]

Zu dieser Zeit existierten auch schon erste Initiativen zur Errichtung eines internationalen Währungssystems, bei denen zunächst Frankreich die Führung innehatte. Im Jahr 1865 war unter seiner Führung die ›Lateinische Münzunion‹ gegründet worden, an der neben Frankreich auch Belgien, die Schweiz, Italien und wenig später Griechenland beteiligt waren. Den Kern dieser Währungsunion bildete eine auf Kurantmünzen aus Gold und Silber fußende Doppelwährung (›Bimetallismus‹), wobei das Wertverhältnis der Gold- zu den Silbermünzen vertraglich geregelt wurde. So entsprachen zwei silberne Fünf-Franc-Stücke (à 22,5 gr. Feinsilber) einem goldenen Zehn-Franc-Stück à 2,9 gr. Feingold. Das entsprach einem Wertverhältnis von 15,5 Teilen Silber zu einem Teil Gold, dem durchschnittlichen Wertverhältnis zwischen beiden Edelmetallen in den letzten Jahrzehnten. Der Vorteil dieses Systems gegenüber einer Monometallwährung war die breitere Metallbasis der Währung. Der Nachteil bestand in der notwendigen Festlegung des Wertverhältnisses von Gold zu Silber, das durch Angebots- und Nachfrageschwankungen auf den Weltedelmetallmärkten (etwa durch die Entdeckung neuer ergiebiger Lagerstätten) erheblich unter Spannung gesetzt werden konnte.[11]

Da Großbritannien, das zu diesem Zeitpunkt einzig wichtige Land auf der Welt mit einer reinen Goldwährung, keinerlei Anstalten unternahm, seine Währungsverfassung dem lateinischen Vorbild anzupassen, existierten um 1870 also zwei Optionen für ein künftiges Weltwährungssystem. Denn obwohl das Taler-Gulden-System recht gut funktioniert hatte, war es kaum vorstellbar, dass im Reich auf Dauer zwei Währungen umlaufen konnten. Ein Anschluss an die Lateinische Münzunion und die Einführung einer Doppelwährung hätte die weniger radikale Reform bedeutet. Denn dann hätten die Silbermünzen – nun für ganz Deutschland als Taler- beziehungsweise Frankenmünzen umgeprägt – im Verkehr bleiben und durch Goldmünzen ergänzt werden können.[12]

Gegen den Anschluss an die Lateinische Münzunion sprach allerdings, dass die anderen Mitgliedsländer trotz der vertraglichen Regelungen den inneren Wert ihrer Währungen dadurch aushöhlen konnten, dass sie ihre abgenutzten Goldmünzen nicht durch neue, vollwertige ersetzten oder nicht einlösbares Papiergeld in den Umlauf brachten.[13] Damit hätte das Reich seine Kontrolle über die umlaufenden Zahlungsmittel in ähnlicher Weise aus der Hand gegeben, wie es Preußen mit den kleinstaatlichen Talernoten in den Fünfzigerjahren ergangen war (Abschnitt b) und was zur Novellierung der Preußischen Bankordnung von 1856 geführt hatte. Davon abgesehen war ein Beitritt zu einem von Frankreich dominierten Währungssystem in Anbetracht des siegreich beendeten Krieges ohnehin nur schwer vorstellbar. So entschied sich die Reichsregierung mit dem Beitritt zum monometallischen Goldstandard nach britischem Vorbild zu dem radikaleren Schnitt. Dabei war der Zeitdruck erheblich. Denn nach dem Sieg floss Silber in erheblichen Mengen in den deutschen Währungsraum, wodurch der ohnehin schwierige Übergang zu einer reinen Goldwährung noch weiter erschwert wurde. Im Juli 1871 untersagte die Regierung deshalb zunächst den Silberankauf durch die preußischen Münzprägestätten. Das bedeutete aber, dass sehr schnell die Möglichkeit der Ausprägung von Goldmünzen geschaffen werden musste. Das geschah dann auch durch Gesetz vom 8. Dezember 1871, wobei noch nicht entschieden wurde, ob die alten Taler- beziehungsweise Guldenwährungen weitergeführt werden würden. Deshalb wählte man für die neue Standardmünze nur die Bezeichnung ›Reichsgoldmünze‹, deren zehnter Teil, die Mark, nun die neue Recheneinheit im Reich bildete. Diese Recheneinheit war so gewählt worden, dass nach dem Gold-Silber-Kurs eins zu 15,5 die alte Talerwährung vergleichsweise einfach in die neue Markwährung einbezogen werden konnte. Denn drei Mark (Gold) entsprachen einem preußischen Taler (Silber).

Diese Währungsreform ließ die Möglichkeit einer Doppelwährung damit durchaus noch offen, was zu diesem Zeitpunkt zweifellos vernünftig war. Denn nach der Münzreform waren weit mehr Silbermünzen im Umlauf als Goldmünzen. Außerdem floss wegen des konjunkturbedingt großen Handelsbilanzdefizits der Jahre 1871 bis 1874 ein Großteil der neu ausgeprägten Goldmünzen in das Ausland, insbesondere in den Währungsraum der Lateinischen Münzunion, ab.[14] Unter normalen Umständen hätte der Taler-Mark-Bimetallstandard wohl über Jahrzehnte beibehalten werden müssen. Aber die in Gold zu zahlende französische Kriegskontribution erlaubte eine vergleichsweise zügige Ausprägung von Goldmünzen, wodurch der Übergang zu einer reinen Goldwährung trotz der Abflüsse praktisch enorm erleichtert wurde. Das Münzgesetz vom 8. Juli 1873 bestimmte dann die zunächst noch nebenher laufende, auf Gold lautende Markwährung spätestens zum 1. Januar 1876 zur alleinigen Reichswährung. Und ab Mitte 1875 verzichtete die Preußische Bank auf die Möglichkeit, ihre Noten in Silber zu bezahlen, sondern garantierte, allen ihren Verpflichtungen in Gold nachzukommen.[15]

Ein großes Problem stellte die ›Entsilberung‹ des Geldumlaufs dar. Theoretisch hätte man die Silbermünzen sukzessive einziehen, auf dem Londoner Silbermarkt verkaufen, Gold zum Gegenwert kaufen und dann ausprägen lassen können. Doch wegen des Überangebots an Währungssilber, das noch durch den Übergang anderer Staaten von einer Silber- zu einer Goldwährung (Niederlande, Schweden, Dänemark) verstärkt wurde, verfiel der Silberpreis, während Gold gleichzeitig immer knapper wurde und damit das Verhältnis von 15,5 zu eins nicht zu halten war. Allein in Deutschland wurden bis Mai 1879 3,25 Mio. t Silber demonetisiert. Das entsprach etwa 160 Prozent der Weltsilberproduktion eines ganzen Jahres. Die Entsilberung des Währungsumlaufs war mit einem erheblichen fiskalischen Verlust für das Reich verbunden, da deutlich weniger Goldmünzen ausgeprägt werden konnten als Silbermünzen eingezogen worden waren. Im Jahr 1879 sah sich das Reich deshalb gezwungen den Silberverkauf einzustellen. Das führte zwar zwischenzeitlich zu einer gewissen Beunruhigung an den Märkten, weil es unsicher schien, wie ernst die Reichsregierung den Monometallismus noch nahm.[16] In den folgenden Jahren zeigte sich aber, dass nur noch etwa 20 Prozent der Metallgeldmenge aus Silberkurantgeld bestand, sodass in Anbetracht der mittlerweile auch durch die Reichsbank übernommenen Selbstverpflichtung, ihre Noten nur in Gold einzulösen, alle Zweifel am monometallischen Charakter der Mark-Währungen mit der Zeit verflogen. Da die Silbermünzen noch bis zum Beginn des 20. Jahrhunderts als Kurantmünzen im Umlauf blieben, wird die deutsche Mark-Währung heute als ›hinkende Goldwährung‹ bezeichnet. Praktisch war dies aber schon in den 1880er-Jahren ohne Bedeutung. Während der letzten Jahrzehnte des 19. Jahrhunderts schlossen sich sukzessive immer mehr Staaten dem Goldstandard an, darunter auch die USA und Russland. So entstand ein internationales Währungssystem, das bis zum Ersten Weltkrieg leidlich funktionierte und noch mehrere Jahrzehnte nach seinem Zusammenbruch 1914 – oftmals verklärend – als Modell für eine künftige Währungsordnung angesehen wurde.

d. Die Reichsbank: Gründung und Bewährung

Nach der Münzreform der Jahre 1871 bis 1873 war die Frage der Zentralnotenbank und der Deckungsregeln ihrer Notenausgabe weiterhin ungeklärt. Das Banknotensperrgesetz war zunächst 1872 auf das gesamte Reichsgebiet ausgedehnt worden, nachdem man zunächst noch abgewartet hatte, bis sich auch die bisher ganz durch die Frankfurter Banken versorgten südwestdeutschen Staaten Baden und Württemberg je eine Notenbank zugelegt hatten. Aber trotz dieses Entgegenkommens war die Errichtung einer Zentralnotenbank für das Reich nicht unumstritten. Die Vorteile eines solchen Institutes gegenüber einzelstaatlichen Notenbanken waren aber kaum wegzudiskutieren: die Einheitlichkeit einer stabilitätsorientierten Geldpolitik; ein Besitz an Goldreserven, der groß genug war, um nicht jeder Verringerung der Goldreserven mit einer Erhöhung des Diskontsatzes begegnen zu müssen; die Finanzkraft, um auch einmal Gold bei schwachem Wechselkurs kaufen zu können. Die liberalen Kritiker um die Reichstagsabgeordneten John Prince-Smith und Johann Ludwig Tellkampf verlegten sich deshalb darauf, der neu zu schaffenden Reichsbank strengere Regeln als der Preußischen Bank seit der Bankgesetznovelle von 1856 zu verordnen und setzten sich in zwei entscheidenden Fragen auch entscheidend durch: Das Bankgesetz von 1875,[17] das wesentlich die Handschrift zweier Nationalliberaler trug, des Reichstagsabgeordneten Ludwig Bamberger und des Vortragenden Rats im Reichskanzleramt Otto Michaelis, führte erstens die Kontingentierung der Notenemission im Grundsatz wieder ein und wertete zweitens den Zentralausschuss als Vertretungsorgan der Anteilseigner insofern auf, als alle außergewöhnlichen Geschäfte der Reichsbank mit den Finanzverwaltungen des Reiches oder den Bundesstaaten durch ihn blockiert werden konnten.[18]

Während die Stärkung der Rechte der Anteilseigner in erster Linie der Instrumentalisierung der Reichsbank durch die Finanzminister einen Riegel vorschieben sollte, zeigt die Modellierung der neuen Kontingentierungsvorschriften, dass hier weniger die Geldpolitik der Preußischen Bank, sondern eher die Praxis der privaten Notenbanken die Negativfolie bildete, die aufgrund einzelwirtschaftlicher Interessen eine inflationäre Niedrigzinspolitik betrieben hatten. Deshalb bekamen die privaten Notenbanken ein festes Notenkontingent zugeteilt, das sie in keinem Fall überschreiten durften. Die neue Reichsbank hingegen erhielt einen Interventionsspielraum, der nur keinen Anreiz bieten durfte, die Geldmenge (damals noch weitgehend verstanden als Münzgeld und umlaufende Banknoten) über Gebühr zu erhöhen. Auch der Reichsbank wurde ein Notenkontingent zugewiesen, das sie über die Höhe ihres ›Baarvorraths‹, also vor allem der Goldreserve, hinaus emittieren durfte. Aber ihr war es im Gegensatz zu den anderen Notenbanken gestattet, dieses Notenkontingent zu überschreiten, sofern nur die bewährte ›Dritteldeckung‹ eingehalten wurde. In diesem Fall musste sie allerdings für den überschießenden Betrag eine Notensteuer in Höhe von fünf Prozent pro anno abführen. Aufgrund der Notensteuer wurde erwartet, dass die Reichsbank bei Überschreiten des Kontingents ihren Diskontsatz so hoch ansetzen würde, dass kaum jemand bei ihr Kredit nachfragte. Dadurch sollte schnell eine Beruhigung der angespannten Situation eintreten, sodass die Kontingentgrenze wieder unterschritten wurde. In diesem Fall hatte dann die Reichsbank ein Interesse daran, die Zinsen möglichst bald wieder auf ein erträgliches Niveau zu senken, um ihr darniederliegendes Diskontgeschäft zu beleben.

Tatsächlich bewährte sich diese Regelung in den Augen der meisten Zeitgenossen sehr gut. Das Preisniveau war von kleineren Schwankungen abgesehen recht stabil, was allerdings als eine Folge von Notendeckungsregeln und Wechselkursstabilität angesehen wurde und insofern keiner gesonderten Aufmerksamkeit seitens der Währungs- und Geldpolitik bedurfte.[19] Insbesondere im Ausland wurde die Flexibilisierung der ›Geldmengen‹-Kontingentierung als eine gelungene Weiterentwicklung des englischen Systems gewertet. Denn dort musste wegen des fehlenden Flexibilisierungsmechanismus die Peel'sche Bankakte dreimal suspendiert werden, um der Bank of England eine höhere Emission von Banknoten zu gestatten. Nach 1866 hatte die Bank of England allerdings gelernt, mit ihrem Leitzins so geschickt umzugehen und so frühzeitig die richtigen Signale an den Markt zu senden, dass ein solcher Eingriff in die Währungsverfassung seitdem bis 1914 nicht mehr erforderlich wurde.

Für den Erfolg der ›Geldmengen‹-Steuerung in England waren allerdings zwei Bedingungen ausschlaggebend, von denen mindestens eine für keine andere Zentralnotenbank der Welt zutraf.[20] Denn als institutioneller Kern der City of London, dem Weltfinanzzentrum des 19. Jahrhunderts, war die Bank of England jederzeit in der Lage, durch eine Leitzinserhöhung kurzfristig hinreichend Gold (beziehungsweise Gold basierte Devisen) in die Stadt und dann in ihre Tresore zu lenken; mit der zusätzlichen Golddeckung konnte sie die nicht durch Gold gedeckte Notenzirkulation reduzieren, ohne die Notenzirkulation insgesamt reduzieren zu müssen.

Wenn die Gefahr bestand, dass dieser Sicherungsmechanismus einmal nicht ausreichen würde, wie im Falle der Baring-Krise des Jahres 1890, waren die anderen Zentralnotenbanken, allen voran die mit einer großen Metallreserve gesegnete Banque de France, nur zu gerne bereit, der Bank of England durch Goldlieferungen außerhalb des beschriebenen Marktmechanismus beizuspringen, um eine auch für sie unerwünschte Gefährdung des Weltwährungssystems im Vorfeld zu verhindern. Obwohl die Reichsbank mit der schnell wachsenden Bedeutung des Deutschen Kaiserreichs im Welthandel einen rasanten Bedeutungszuwachs erfuhr und nach der Bank of England und der Banque de France (sowie in Ermangelung einer Zentralnotenbank der USA) am Ende des 19. Jahrhunderts zum drittwichtigsten Akteur des Weltwährungssystems aufgestiegen war, war in Deutschland allen informierten Beobachtern klar, dass die Reichsbank diesen Zugang zu Auslandsgeld nicht hatte. Das galt auch für die Zentralnotenbanken aller anderen Goldstandardländer der Welt. Für diese Länder waren daher Regeln wie die deutschen attraktiv, welche der Notenemission weniger starre Grenzen als das englische Verfahren setzten.[21]

Die zweite Bedingung für das Funktionieren des englischen Vorbilds war nicht ganz so exklusiv, sollte sich aber mittelfristig als die Achillesferse des Weltwährungssystems erweisen und dieses nach einem versuchten Neustart in den 1920er-Jahren endgültig zu Fall bringen. Das gesamte System des Goldstandards löste sich zu spät von der ursprünglich richtigen, aber zunehmend der Realität nicht mehr entsprechenden Vorstellung, dass die Geldmenge eines Landes mit dem umlaufenden Metallgeld sowie den umlaufenden Banknoten identisch sei und dass es deshalb ausreiche, wenn die Zentralnotenbank nur über eine bestimmte Metallreserve verfügen müsse, um die Forderungen gegen sie in Gold einlösen zu können. Als sich das Prinzip der ›Dritteldeckung‹ in den 1830er-Jahren durchzusetzen begann, war der bargeldlose Zahlungsverkehr selbst im hoch entwickelten England noch sehr schwach ausgeprägt. Gerade die Begrenzung des Bargeldumlaufs durch die strengen Kontingentierungsregelungen hatte aber dazu geführt, dass sich der Scheck als ›Geld‹-Surrogat im Geschäftsverkehr sehr schnell verbreiten konnte. In Deutschland erreichte der Scheck im 19. Jahrhundert zwar zu keinem Zeitpunkt auch nur annähernd die Bedeutung im Zahlungsverkehr wie in England. Aber das bedeutet nicht, dass der bargeldlose Zahlungsverkehr nicht auch hier die Banknote als Zahlungsmittel immer weiter verdrängt hätte. Schon die Preußische Bank, aber seit 1876 dann verstärkt die Reichsbank förderten dank ihrer dichten Filialnetze den Überweisungsverkehr innerhalb des Reichsgebietes, um den Zahlungsverkehr zwischen Geschäftsbanken an verschiedenen Orten zu ermöglichen, ohne auf den aufwändigen Transport von Bargeld angewiesen zu sein.

Unter diesen Bedingungen wäre es ein logischer Schritt gewesen, nicht nur die umlaufenden Banknoten in einem bestimmten Verhältnis durch Gold zu decken, sondern auch die bei den Geschäftsbanken sich ansammelnden und durch Schecks beziehungsweise im Giroverkehr in Zahlungsmittel verwandelbaren Kundenguthaben. Ein solches Unterfangen wäre jedoch vollkommen aussichtslos gewesen. Trotz der gegen Ende des 19. Jahrhunderts deutlich gestiegenen Weltgoldproduktion hätte alles Gold der Welt dafür nicht einmal im Ansatz ausgereicht. Die Einlösepflicht aller Forderungen gegen die Zentralnotenbanken der Goldstandardländer in Gold war damit schon bald zu einer Illusion geworden. Daran änderten auch die Versuche mehrerer Goldstandardländer – darunter auch Deutschlands – nichts, den Geldumlauf zu ›entgolden‹ und das im Land vorhandene Gold als Währungsreserve in der Zentralnotenbank zu konzentrieren. Im August 1914 brach das ›Kartenhaus‹ deshalb zusammen. Als zu erwarten war, dass viele Bürger in das Gold als sichere Anlageform ›fliehen‹ würden, musste die Goldeinlösepflicht der Zentralnotenbanken de facto aufgehoben werden. Damit endeten nicht nur im wörtlichen, sondern auch im übertragenen Sinn die ›goldenen Jahre‹ der Reichsbank.

---

1   Jungmann-Stadler, Gründung.
2   Tilly, Institutions; Martin, Probleme.
3   Leiskow, Spekulation; Kubitschek, Börsenverordnung, S. 58 f.
4   Ziegler, ›Steinzeit‹, S. 490 f.; Lichter, Notenbankpolitik, S. 96–114.

5   Ziegler, ›Latecomer‹, S. 86 f.
6   Lichter, Notenbankpolitik, S. 203–221.
7   Tilly, Banking Institutions; ders., Germany, S. 181–184; Ziegler, ›Steinzeit‹, S. 497 ff.; Otto, Entstehung, S. 367–379.
8   Tellkampf, Prinzipien, S. 94.
9   Thorwart, Entwicklung, S. 210, 248 f.; Otto, Entstehung, S. 384, Abb. 7.
10 Holtfrerich, Monetary Unification Process; Sprenger, Geld, S. 154–162.
11 Flandreau, Glitter, S. 183 ff.; Eichengreen, Capital, S. 8–12.
12 Koch-Mehrin, Währungsunion, S. 156–162; Thiemeyer, Internationalismus, S. 82–93.
13 Lindenlaub, Glaubwürdigkeit, S. 35 f.
14 Ebd., S. 29.
15 Borchardt, Währung, S. 6–9; Sprenger, Geld, S. 175–180; Kroha, Währungsreform, S. 80–120.
16 Borchardt, Währung, S. 34 ff.; Nocken, Deflation.
17 Reichsbankgesetz vom 14. März 1875, in: RGBl. 15 (1875), S. 177–189.
18 Ziegler, ›Latecomer‹, S. 93 f.; James, Reichsbank, S. 29–46.
19 Lindenlaub, Suche, S. 120.
20 Vgl. zum Folgenden Dutton, Bank of England; De Cecco, Gold Standard; Eichengreen, Capital, S. 6–42; Mosbacher, Reichsbank; Seeger, Politik.
21 McGouldrick, Operations; Giovannini, ›Rules of the Game‹.

Boris Barth

[13.]

Die Deutsche Bank und die Bagdadbahn seit 1888

Internationale Finanzbeziehungen in der Ära des Imperialismus

a. Die beschränkte Erklärungskraft nationaler Geschichtsschreibung

Noch in den 1960er- und 1970er-Jahren war es in großen Teilen der deutschen Geschichtsschreibung üblich, die Wirtschaftstätigkeit von Unternehmen und Banken im 19. Jahrhundert vorwiegend in einem nationalen Bezugsrahmen zu deuten. Dieser Sichtweise zufolge dienten Investitionen deutscher Firmen im Ausland grundsätzlich auch deutschen politischen Interessen. Diese nationale Perspektive war lange Zeit keineswegs auf die Geschichte des Deutschen Reiches beschränkt. Auch theoretisch anspruchsvolle Darstellungen des ökonomischen britischen Imperialismus haben lange Zeit einen derartigen Rahmen benutzt, während seit einigen Jahren gerade die kosmopolitische und multinationale Rolle der City of London im 19. Jahrhundert herausgestellt wird.[1]

Derart national geprägte Interpretationen von Wirtschaftsbeziehungen wurden häufig in einer betont neorankeanischen Terminologie, das heißt in einer Sprache formuliert, die Staaten als die einzigen Subjekte der Geschichte betrachtete. Derartige Sichtweisen hatten ihren Ursprung erstens sicherlich in der Diplomatiegeschichtsschreibung, wie gerade das Beispiel der Bagdadbahn zeigt, die lange Zeit primär als Problem der staatlichen Außenpolitik interpretiert wurde. Die Bagdadbahn wurde noch in den 1980er-Jahren häufig als ein nationales und imperialistisches Prestigeobjekt des Deutschen Reiches gedeutet, und folglich vor allem aus der Perspektive der diplomatischen Rangeleien und Konkurrenzkämpfe untersucht – spezifische Bankinteressen traten deutlich dahinter zurück. Zweitens aber bauen diese Interpretationen auch auf den Vorstellungen der deutschen historischen Schule der Nationalökonomie des späten 19. Jahrhunderts auf, die – ungeachtet ihrer sonstigen erheblichen Verdienste – nationalen Interpretationen von ökonomischen Systemen deutlich Vorschub geleistet hat. Beispielsweise wurde umfassend versucht, den deutschen, französischen oder englischen Kapitalexport quantitativ zu bestimmen und zu analysieren, um dann Rückschlüsse auf die Wirtschaftskraft, auf das Wachstum oder auf die Exportfähigkeit der jeweiligen Länder beziehungsweise Volkswirtschaften zu ziehen. Als Quelle hierzu dienten meist diejenigen Daten, die von zeitgenössischen statistischen Behörden erhoben worden waren.

Die nationale Geschichtsdeutung hat jedoch in der Vergangenheit den Blick für die historischen Realitäten nicht nur des 19. Jahrhunderts eher vernebelt als geschärft. Zwar stellte der nationale Staat die Rahmenbedingungen auch für Bankaktivitäten. Übersehen wurde jedoch vor allem, dass – modern gesprochen – die internationalen Finanzbeziehungen seit der Mitte, beziehungsweise spätestens seit dem Ende des 19. Jahrhunderts bereits weitgehend globalisiert waren. Diese finanzielle Globalisierung, die den informierten Zeitgenossen weitgehend bewusst war, stand unverbunden neben dem Nationalstaat, der zunehmend an Bedeutung gewann. Als Beispiel für die engen ökonomischen Vernetzungen, die sich durch gouvernementale Maßnahmen nicht nationalisieren ließen, kann die berühmte deutsche Börsengesetzgebung dienen, die – gegen den erklärten Widerstand zahlreicher deutscher Banken – 1896 Warentermingeschäfte an deutschen Börsen faktisch untersagte. Die zuvor lebendige Spekulation wanderte jedoch einfach von Berlin nach London ab, und entzog sich damit dem Zugriff der deutschen Regierung. Auch die gesamten, sehr umfangreichen Goldgeschäfte mit den Burenrepubliken, die vor der Jahrhundertwende bei deutschen Investoren auf erhebliches Interesse stießen, wurden von den deutschen Banken vollständig über den Londoner Markt abgewickelt, auf dem die Gesetze zur Regelung des Goldhandels deutlich liberaler waren als im Deutschen Reich; daher taucht diese Sparte auch in keiner deutschen Statistik auf. Weitere Beispiele, bei denen Nationalstaaten vergeblich versuchten, die internationalen finanziellen Aktivitäten ihrer Untertanen zu lenken und zu kontrollieren, sind leicht zu finden.

Wegen dieser hochgradigen Transparenz der europäischen Märkte vor 1914 und der liberalen Börsengesetzgebung in London ist es kaum möglich, präzise die ›nationale‹ Herkunft bestimmter Kapitalien zu bestimmen, selbst dann nicht, wenn man einzelne Transaktionen minutiös aus Bankarchiven rekonstruieren kann. Ökonomische Prozesse im finanziellen Bereich liefen und laufen nach eigenen Regeln ab, die sich nationalstaatlichen Deutungsmustern weitgehend, seit dem Ende des 19. Jahrhunderts fast vollständig entziehen. Es dürfte auch auf den Ersten Weltkrieg und seine Folgen zurückzuführen sein, dass dieses Faktum, das zentral für das Verständnis der europäischen Kapitalmärkte und Bankinvestitionen im 19. Jahrhundert ist, lange Zeit übersehen wurde. Erst im Ersten Weltkrieg wurden zwangsweise nationale Märkte geschaffen, die sich in den 1920er-Jahren bei weitem nicht wieder so internationalisierten und liberalisierten, wie in der Zeit zuvor. Aber erst die Große Depression der 1930er-Jahre schuf vollkommen neue Rahmenbedingungen und führte sowohl in den meisten europäischen Staaten, als auch in den USA eine nahezu vollständige Nationalisierung von Märkten und Kapital herbei.

Die langen und komplexen Konflikte um die Bagdadbahn bieten erstens ein gutes Beispiel dafür, wie ursprünglich rein ökonomische Entwicklungen und Konflikte zunehmend politisiert wurden. Dies war ein Kennzeichen des Zeitalters des Imperialismus seit den 1880er-Jahren, da Staaten und Regierungen versuchten, formelle und informelle

Einflusssphären mit ökonomischen und besonders mit finanziellen Mitteln zu erwerben oder zu erweitern. Zweitens aber ist im Rückblick bemerkenswert, wie unabhängig letztlich die internationalen Kapitalmärkte trotz aller, teilweise massiver politischer Interventionen blieben, und wie wenig Finanziers und Investoren ihre Geschäftspolitik an den erklärten ›nationalen‹ Interessen ihrer Regierungen ausrichteten. Trotz aller extremen nationalistischen Rhetorik, die sich auch bei Bankiers finden lässt, kann man von einem Primat des kaufmännischen Rechnens gegenüber der Politik sprechen.

Dieser Aufsatz beschreibt den Vorrang kaufmännischer Gesichtspunkte vor allem anhand des Orientengagements der Deutschen Bank und dies in mehreren Schritten: bei der Wahrnehmung neuer Marktchancen im Osmanischen Reich seit Mitte der 1880er-Jahre (Abschnitt b), bei der Beachtung strikter Risikobegrenzung (Abschnitt c) und bei der Reaktion auf zunehmenden Konkurrenzdruck im letzen Jahrzehnt vor Ausbruch des Weltkriegs (Abschnitt d); das Fazit (Abschnitt e) stellt noch einmal das Bagdadbahn-Engagement der Bank als Beispiel finanzieller Globalisierung und multinationaler Bankenkooperation heraus.

b. Mitte der 1880er-Jahre: Neue Marktchancen im Osmanischen Reich

Die Gründe, die zum Entschluss der Deutschen Bank führten, industrielle Investitionen in türkische Eisenbahnen zu tätigen, werden in der Forschung nicht kontrovers diskutiert.[2] Seit den 1830er-Jahren bemühte sich im Osmanischen Reich eine islamische Elite, teilweise unter dem Einfluss westlicher Ideen, um vorsichtige politische, soziale und ökonomische Reformen; sie wollte Anschluss an Westeuropa halten, wo die Industrialisierung langsam eingesetzt hatte. Die unstrittigen Erfolge, die diese so genannten Tanzimat Reformen erbrachten, wurden allerdings wieder in imperialen Großmachtabenteuern verspielt. Die Niederlage im Krieg gegen Russland in den 1870er-Jahren versetzte den ohnehin instabilen Finanzen des Landes den Todesstoß und führte direkt in den Staatsbankrott. Im Dekret von Mouharrem von 1881 musste die Pforte den auswärtigen Gläubigern die Errichtung einer internationalen Caisse de la dette publique Ottomane zugestehen, der die Verwaltung der türkischen Auslandsschulden übertragen wurde.[3] Dieses Gremium wurde mit Bankiers aus den Gläubigerstaaten besetzt, das heißt die Finanzen wurden privaten Personen übertragen, die wiederum von den jeweiligen nationalen Schuldnerkomitees benannt wurden. Da die Staatsfinanzen der Verwaltung des Sultans damit zum größten Teil entzogen worden waren, war die ehemalige Großmacht Osmanisches Reich bestenfalls noch teilweise souverän, und der finanzielle Spielraum des Staates wurde erheblich eingeengt. Mehrfach versuchten die europäischen Großmächte diese Schuldenverwaltung für ihre eigenen außenpolitischen und diplomatischen Interessen zu instrumentalisieren. In den folgenden Jahren entwickelte sich die Caisse de la dette publique Ottomane jedoch keineswegs nur zum Handlanger der europäischen imperialistischen Mächte, sondern sie verfolgte eine Art von Entwicklungs- und Stabilisierungspolitik, die auch dem türkischen Staat direkt und indirekt zugute kam.

Der herrschenden osmanischen Elite war die Notwendigkeit weiterer Reformen, industrieller Investitionen und vor allem des schnellen Ausbaus der Infrastruktur aus ökonomischen und aus militärischen Gründen vollständig bewusst, doch stand sie zugleich vor einem Dilemma. Einerseits war es notwendig, weiteres ausländisches Kapital und technisches Know-how ins Land zu locken, andererseits bestand die Gefahr, dass sich hierdurch die Abhängigkeiten weiter verstärkten, sodass das Land endgültig zum Spielball des internationalen Finanzimperialismus werden würde. Zurückhaltung gab es aber auch auf der Gläubigerseite: Nach dem Staatsbankrott war vor allem in Großbritannien die Neigung privater Investoren und des breiten Börsenpublikums gering, in scheinbar hochriskante osmanische Papiere einzusteigen, beziehungsweise neue Projekte zu finanzieren. Britische Anleger hatten erhebliche Summen eingebüßt und schreckten vor neuen Risiken zurück. Da vor allem innerhalb des Empires, in den USA, in Südamerika und in Westeuropa zahlreiche Alternativen für attraktive Anlagen bestanden, blieb dieses Desinteresse des britischen Börsenpublikums dauerhaft bestehen.

Vor dem Hintergrund dieser Situation ergaben sich seit der Mitte der 1880er-Jahre Marktchancen für deutsche Firmen und Banken, deren Interesse am Osmanischen Reich bis dahin gering gewesen war. Der osmanische Schuldendienst hatte sich durch die Aktivitäten der Caisse de la dette publique Ottomane stabilisiert. Um die Attraktivität für Investoren zu erhöhen, war die Pforte bereit, weiterhin Kilometergarantien für Bahnbauten zur Verfügung zu stellen, das heißt dem Anleger wurde eine bestimmte Gewinnsumme pro errichtetem Kilometer einer Eisenbahnlinie vertraglich zugesichert, unabhängig davon, ob wirklich Gewinne erwirtschaftet wurden. Investitionen deutscher Institute waren der Pforte auch deshalb hochwillkommen, weil deutsche Banken bis dahin keine politischen Ambitionen an den Tag gelegt hatten und die Hoffnung bestand, ihre Tätigkeit als Gegengewicht gegen weitergehende französische, britische und vor allem russische außenpolitische und imperiale Aspirationen nutzen zu können. Der Entschluss der Deutschen Bank, Ende der 1880er-Jahre in das türkische Eisenbahngeschäft einzusteigen, hatte deshalb von Anfang an eine starke politische Nebenbedeutung, die den Leitungsgremien der Bank vollständig bewusst war. Georg Siemens (später von Siemens), der Chef der Deutschen Bank, stand in einer linksliberalen Tradition und war deshalb – eher untypisch für einen Bankier im deutschen Kaiserreich – eng mit politischen Problemen vertraut.

Das Jahr 1888, in dem sich die Deutsche Bank zum ersten Mal erheblich im osmanischen Eisenbahnbau engagierte, markiert vor diesem Hintergrund eine Zäsur, die auch von den Zeitgenossen wahrgenommen wurde. Die Deutsche Bank begann, die Aktien der so genannten Orientbahnen des Barons Maurice de Hirsch zu kaufen, der ein Bahnnetz auf dem Balkan errichtet hatte, und sie erwarb gleichzeitig von der osmanischen Regierung die Konzession zum Bau einer Anatolischen Eisenbahn. Diese Geschäfte lagen weit außerhalb des bisherigen Tätigkeitsfeldes der Deutschen Bank. Allerdings hegte die Bank nur begrenzte Absichten: Zwar erhielt sie gleichzeitig eine Option, die Linie gegebenenfalls in das Innere Kleinasiens hinein zu verlängern, doch war dies zu diesem Zeitpunkt utopisch, und niemand in der Bank dachte ernsthaft an das konfliktreiche Projekt, das später unter dem Namen Bagdadbahn berühmt werden sollte.

c. Das Geschäftsprinzip: Schrittweise Investitionen mit begrenztem Risiko

Der Einstieg der Deutschen Bank in die türkischen Eisenbahngeschäfte erfolgte mit einiger Vorsicht, doch sind bei diesen Investitionen strategische Grundmuster zu erkennen, die in den folgenden Jahren beibehalten wurden. Die Bank verfolgte stets begrenzte, aber scharf kalkulierte Projekte, die zum Teil außerordentlich hohe Renditen abwarfen. Das Direktorium widerstand wiederholt dem politisch motivierten Druck, der von den unterschiedlichsten Seiten ausgeübt wurde, eine Verlängerung der Eisenbahnen bis Bagdad und zum Persischen Golf in Angriff zu nehmen, da die politischen und finanziellen Risiken nicht präzise abschätzbar waren. So scheiterte beispielsweise 1902/03 der Versuch, unter der Führung der Deutschen Bank ein internationales Gesamtkonzept für dieses Vorhaben zu erarbeiten, am massiven Widerstand der britischen Presse. Erst seit 1908/09 war die Deutsche Bank bereit, die Idee einer Bagdadbahn ernsthaft zu betreiben, als sich die gesamten Rahmenbedingungen in Folge der jungtürkischen Revolutionen vollständig verändert hatten. Bis dahin galten für die Eisenbahnprojekte im Osmanischen Reich folgende Prinzipien, die allerdings nicht in großen Strategiepapieren ausformuliert, sondern eher ad hoc von Fall zu Fall entwickelt worden waren.

(1.) Die Deutsche Bank verfolgte bei ihren Eisenbahnbauten im Osmanischen Reich seit den späten 1880er-Jahren kein umfassendes Gesamtprojekt, sondern ging einzelne Unternehmungen an, die allerdings aufeinander aufbauten, beziehungsweise sich ergänzten. Auf diese Weise blieb das Risiko stets überschaubar. Dies galt für den Kauf der so genannten Orientbahnen des Baron Hirsch seit 1888, für den Bau der Anatolischen Eisenbahn Anfang der 1890er-Jahre, einer 1896 fertig gestellten Linie nach Angora (Ankara) in das Innere Kleinasiens hinein, für den Bau einer südlichen Nebenstrecke nach Konia, die später zum ersten Teilstück der Bagdadbahn werden sollte und für die Verlängerung dieser Strecke bis zum Fuße des Taurusgebirges. Auch wenn im Nachhinein der Eindruck einer zielstrebig verfolgten langfristigen Strategie entsteht, zeigt eine detaillierte Betrachtung der Quellen zu den einzelnen Projekten, dass kein großer Plan für eine umfassende Expansion bestand, sondern stets neu von Fall zu Fall entschieden wurde. Dies ist gerade dann gut sichtbar, wenn die zahlreichen intensiv diskutierten, aber schließlich verworfenen Projekte in die Betrachtung mit einbezogen werden, zu denen fast ein Jahrzehnt auch die Bagdadbahn gehörte.

(2.) Von Anfang an bemühte sich die Deutsche Bank darum, ein Maximum an diplomatischer Unterstützung der deutschen Regierung für ihre Projekte zu erhalten. Dem Direktorium waren die politischen Unwägbarkeiten dieser Eisenbahnbauten bewusst. Risiken ergaben sich nicht nur aus den jeweiligen geostrategischen Interessen der Großmächte, sondern auch aus den latenten Instabilitäten im Osmanischen Reich. Zwar gelang es nicht, eine offizielle Beteiligung der Seehandlung, der preußischen Staatsbank, zu erreichen, doch waren das Auswärtige Amt und andere Institutionen in wachsendem Maße bereit, deutsche finanzielle und industrielle Unternehmungen im Osmanischen Reich direkt und indirekt zu fördern. Die Tätigkeit der deutschen Botschaft, die in vielen Fällen Druck auf osmanische Institutionen ausübte und einen engen informellen Informationsaustausch mit der

Bank pflegte, erleichterte es der Deutschen Bank, ihre Wünsche und Forderungen in Konzessionsverträgen durchzusetzen beziehungsweise Konkurrenten zuvorzukommen. Diese enge Anlehnung an die deutsche Diplomatie erwies sich jedoch als ein zweischneidiges Schwert, weil seit der Jahrhundertwende unter dem Einfluss der wilhelminischen Weltpolitik die deutsche Regierung permanent versuchte, eigene Vorstellungen einzubringen, die keineswegs immer im Interesse der Bank waren, beziehungsweise bei denen außenpolitische, nicht ökonomische Interessen im Vordergrund standen. Nur mit äußerster Mühe konnte das Direktorium der Bank in steten Debatten den Primat der Ökonomie in der Entscheidungsfindung aufrechterhalten.

(3.) Bei aller politischen Anlehnung an das Auswärtige Amt bemühte sich die Deutsche Bank, die Finanzierung ihrer Unternehmen auf eine möglichst breite internationale Basis zu stellen. Österreichische verbündete Banken waren von Anfang an in dem Projekt vertreten, das wohlwollend auch von der österreichischen Diplomatie gefördert wurde. Doch konnten weder britische Banken noch britisches Kapital interessiert werden, und damit stand der wichtige Markt der City of London für Emissionen nur sehr indirekt zur Verfügung. Neben einem wirtschaftlichen Desinteresse spielte seit 1902/03 auch der massive Widerstand der britischen Regierung und der veröffentlichten Meinung eine zentrale Rolle dabei, dass britische Investoren sich zurückhielten. Aus verschiedenen kleinen Anfängen entstand aber schon seit Mitte der 1890er-Jahre eine stabile Entente mit mehreren französischen Banken, die – trotz erheblicher und permanenter politischer Krisen – faktisch bis zum Ausbruch des Ersten Weltkrieges hielt.[4] Auf diese Weise war Kapital aus Frankreich in erheblichem Maße stets in den deutschen Unternehmen präsent, auch wenn es sich um politische oder um finanzimperialistische Prestigeprojekte handelte. Trotz der erklärten Gegnerschaft der französischen Regierung, die mehrfach versuchte, derartige Transaktionen zu behindern, trafen die französischen Banken unter der Führung der Banque Impériale Ottomane ihre Investitionsentscheidungen nicht nach politischen, sondern nach ökonomischen Gesichtspunkten. Sie vermittelten auf verschiedenen Wegen Papiere, die von dem wohlhabenden französischen Rentierspublikum erworben und oft langfristig gehalten wurden, selbst wenn diese niemals zum Handel an den französischen Börsen zugelassen wurden. Bei den politisch hochsensiblen Bagdadanleihen der Serien II und III lässt sich nachweisen, dass mindestens ein Drittel des investierten Kapitals aus Frankreich stammte. Auch bei der primär politisch motivierten deutsch-österreichischen Zollanleihe von 1910, die sich direkt gegen erklärte französische imperialistische Interessen im Osmanischen Reich richtete, waren französische Anleger beteiligt.

(4.) Organisatorisch schuf die Deutsche Bank ein kompliziertes Netzwerk von Firmen und Unternehmen, wobei sie besonders die Schweiz als neuen Stützpunkt entdeckte. Die Schweiz bot – abgesehen von der politischen Neutralität, vom Steuerrecht und von der sehr liberalen Gesetzgebung – weitere Vorteile: Die Dominanz der Deutschen Bank trat nicht so offensichtlich in Erscheinung und der Zugang zu internationalem, vor allem französischem Kapital, war leichter möglich als im Deutschen Reich. Zudem machte das überaus verschachtelte Netzwerk von Firmen, Baugesellschaften und – modern gesprochen – Holding-Gesellschaften, das die Deutsche Bank schuf, es Außenstehenden unmöglich, einzelne Transaktionen im Detail nachzuvollziehen. Auf diese Weise konnten mehrfach erhebliche Zusatzgewinne, die sich beim Bahnbau und -betrieb ergaben, vor der türkischen Seite verschleiert werden.

(5.) Politisch wenig spektakulär, vom Standpunkt des Bankgeschäftes aber bedeutsam waren die gezielten Bestrebungen der Deutschen Bank und ihrer Gruppe, im Umkreis der Eisenbahnen Rohstoffvorkommen zu erkunden und zu erschließen, beziehungsweise mit eigenem Kapital industrielle Unternehmungen zu initiieren und voranzutreiben. Bekannte Beispiele sind der Ausbau des Hafens von Haidar Pascha und die großzügig angelegten Bewässerungsarbeiten in der fruchtbaren Ebene von Konia, durch die die landwirtschaftliche Produktion rationalisiert, deutlich erhöht und zugleich die Rentabilität der Eisenbahnen durch die Bereitstellung von agrarischen Exportprodukten verbessert werden sollten. Noch wichtiger als diese Unternehmungen wurden seit 1908/09 die in Mesopotamien vermuteten, aber noch gänzlich unerschlossenen großen Erdölvorkommen. In direkter Konkurrenz zur nur scheinbar übermächtigen Standard Oil Company John D. Rockefellers versuchte die Deutsche Bank, einen multinationalen Erdölkonzern aufzubauen, der zunächst auf den Vorkommen in Rumänien basierte. Bei den Verhandlungen von 1913/14 mit Großbritannien über die Bagdadbahn spielten die Lagerstätten im Osmanischen Reich eine zentrale Rolle, und schließlich wurde ein Kompromiss über die Ausbeutung und die Verteilung der Produktionsmengen gefunden, bei denen die Engländer der Deutschen Bank weit entgegen kamen. Das mesopotamische Erdöl hätte für die Deutsche Bank zu einem zentralen industriellen Standbein werden können, wenn der Erste Weltkrieg nicht alle Konzepte zerschlagen hätte.

(6.) In enger Verbindung mit diesen industriellen Vorhaben und den Bahnbauten betrieb die Deutsche Bank eine gezielte Exportförderung für diejenigen deutschen Unternehmen, mit denen sie enge Geschäftsbeziehungen unterhielt. Dies betraf nicht nur die Lieferung von Schienen, Lokomotiven und Eisenbahnmaterial, sondern auch zahlreiche weitere Aufträge, die sich indirekt aus den Bahnbauten und den darauf aufbauenden Projekten ergaben. Da die Deutsche Bank in Konstantinopel über ausgezeichnete Beziehungen nicht nur zur deutschen Botschaft, sondern bis zur jungtürkischen Revolution von 1908/09 auch zur osmanischen Regierungsbürokratie verfügte, wurde sie nahezu automatisch zum ersten Ansprechpartner für deutsche Firmen, die Geschäfte im Osmanischen Reich tätigen wollten. Besonders die Finanzierung einiger Rüstungsgeschäfte der Firma Krupp entpuppte sich als profitabel. Allerdings hat Krupp gemäß der Firmentradition stets darauf geachtet, nicht von einer Bank alleine abhängig zu werden und sich stets noch weitere Optionen offen zu halten.

(7.) Kennzeichnend für diese industriellen Unternehmungen, von denen weitere kleine hier nicht genannt werden können, war ferner, dass – modern gesprochen – langfristige Entwicklungskonzepte verfolgt wurden. Die Gruppe der Deutschen Bank hat stets ihren direkten finanziellen Vorteil im Auge gehabt, hat aber auch erkannt, dass ein reiner Raubkapitalismus, wie ihn einige westeuropäische Investoren vor den 1890er-Jahren im Osmanischen Reich verfolgt hatten, mittel- und langfristig kontraproduktiv sein würde. Deshalb achtete sie darauf, dass auch für die türkische Seite finanzielle und ökonomische Vorteile entstanden.

(8.) Die Direktion der Deutschen Bank war sich auch nach der Jahrhundertwende stets bewusst, dass die Aggressivität, mit der in Deutschland in der Öffentlichkeit eine weitere imperialistische Expansion des Deutschen Reiches gefordert wurde, eine direkte Bedrohung ihrer ökonomischen Projekte darstellte. Mit erheblicher Mühe, dem Einsatz einiger Geldmittel und der Hilfe des Auswärtigen Amtes gelang es der Bank, die Bagdadbahn weitgehend aus der kolonialen Diskussion hinauszuhalten. Allerdings zeigt dieser Fall auch die Grenzen auf, die der Beeinflussung der veröffentlichten Meinung in einer zwar autoritären, in der Presse aber relativ offenen Gesellschaft gesetzt sind. Trotz wiederholter massiver Interventionen verschwanden Themen wie die deutsche Kolonisation Anatoliens, die etwa im Umkreis des Alldeutschen Verbandes diskutiert wurde, oder die Erweiterung der deutschen imperialen Machtstellung durch die Bahnbauten im Osmanischen Reich, niemals ganz aus der öffentlichen Diskussion im Deutschen Reich.

d. Das letzte Jahrfünft vor dem Weltkrieg: Zunehmender Wettbewerb und politische Instabilität

Zwischen der jungtürkischen Revolution von 1908/09 und dem Ausbruch des Ersten Weltkrieges wurde die Geschichte des Osmanischen Reiches in bisher unbekanntem Ausmaß von Krisen und außenpolitischen Katastrophen bestimmt. 1911 zettelte die italienische Regierung einen Angriffskrieg an, und 1912 brach im Ersten Balkankrieg die europäische Türkei zusammen, die bis dahin den ökonomisch wichtigsten Teil des Imperiums dargestellt hatte. Auch innenpolitisch stabilisierte sich das Osmanische Reich nicht wirklich, sondern wurde durch eine Serie von Putschen und Gegenputschen erschüttert. Zudem wurde die außenpolitische Lage wegen der wachsenden Kriegsgefahr zwischen den europäischen Großmächten, sichtbar vor allem in der Agadirkrise von 1911, zunehmend unübersichtlicher. Diese Entwicklungen spiegeln sich auch in den Korrespondenzen der Deutschen Bank wider: Nicht mehr die primär finanziellen Fragen, sondern der Umgang mit den politischen Rahmenbedingungen nahmen dort einen rapide wachsenden Umfang ein.

Die Multinationalität der Bankinvestitionen im Osmanischen Reich wurde von diesen Ereignissen berührt, gerade wenn die Bankiers nach wie vor häufig Interessen verfolgten, die nicht deckungsgleich mit denjenigen der Diplomaten waren. In den Jahren vor dem Ersten Weltkrieg machten außerdem zunehmend andere deutsche Bankgruppen und Konsortien der Deutschen Bank Konkurrenz. Sehr zum Missvergnügen des Direktoriums der Deutschen Bank gelang es der Dresdner Bank kurz vor dem Ersten Weltkrieg, die Finanzierung einer Rüstungsanleihe der Firma Krupp zu übernehmen. Die Dresdner Bank konnte dabei gegenüber dem Auswärtigen Amt mit der enormen politischen Bedeutung dieser Rüstungsgeschäfte punkten. Die Deutsche Bank hielt – vergeblich – dagegen: Bei einer Rüstungsanleihe geriete die Finanzierung der national bedeutsameren Bagdadbahn in ernsthafte Schwierigkeiten; für beide Anleihen sei der deutsche Markt zu klein. Beide Finanzinstitute versuchten unter dem Vorwand, nur sie verträten wirklich die ›nationalen‹ Interessen, das Auswärtige Amt für sich zu gewinnen. Diese politischen Argumente sind vor allem in Folge der Fischer-Kontroverse auch von Historikern in Deutschland ernst genommen worden, doch waren sie eindeutig vorgeschoben.[5] Es handelte sich um eine typische Auseinandersetzung zwischen zwei starken Bankgruppen, die versuchten, dem jeweiligen Konkurrenten ein wichtiges Marktsegment abzujagen.

Ähnliche Auseinandersetzungen entstanden zwischen der Deutschen Orientbank und der Deutschen Bank, auch wenn hier die Ebene der großen Politik nur gestreift wurde. Die 1906 gegründete Deutsche Orientbank, die zur Gruppe der Dresdner Bank gehörte, wurde in den Jahren vor dem Ersten Weltkrieg zu einem ernsthaften Konkurrenten, weil sie im gesamten Mittelmeerraum ein ausgedehntes Filialnetz aufbaute.[6] Als Handelsbank, die sich auf die regionalen und lokalen Märkte spezialisiert hatte, konnte sie vielen deutschen Firmen attraktivere Konditionen als die Deutsche Bank anbieten. Zwischen 1911 und 1913 entstanden harte Auseinandersetzungen zwischen beiden Instituten um die Finanzierung des Ausbaus des öffentlichen Nahverkehrs in Konstantinopel. Die Orientbank, die hier in einem belgischen Konsortium vertreten war, hatte eine finanziell attraktive Konzession für den Bau von Vorort- und Untergrundbahnen erhalten. Die Deutsche Bank war in diesem Geschäftsfeld in Konstantinopel zwar nicht direkt interessiert, aber sie versuchte, die deutschen Märkte für türkische Emissionen vollständig zu kontrollieren. Daher bedeutete die Konzession indirekt einen Einbruch in ihre Domäne; die Deutsche Bank bekämpfte diese Konzession mit fast allen ihr zur Verfügung stehenden Mitteln, zu denen auch scharfe Interventionen bei der deutschen Botschaft gehörten.[7]

Wegen der Instabilitäten und Kriege, verbunden mit den permanenten Interventionen der europäischen Großmächte, erwies es sich nach 1912 als fast unmöglich, die bis dahin für die Banken befriedigende multinationale Kooperation fortzuführen. In komplizierten teils finanziellen, teils diplomatischen Verhandlungen wurden 1913/14 bilateral nationale Interessensphären im Osmanischen Reich festgelegt. Berücksichtigt man die Komplexität der Materie und die Vielzahl der beteiligten Akteure, so fällt vor allem auf, dass den internationalen Bankiers eine Einigung bei den rein ökonomischen Problemen relativ schnell und reibungslos gelang. Die Bereitschaft, Kompromisse zu schließen und dem potenziellen Geschäftspartner entgegenzukommen, war hier sehr viel ausgeprägter als bei den politischen Akteuren, die auf verschiedene innen- und wirtschaftspolitische Pressuregroups Rücksicht nehmen mussten. Das Schlussstück der geplanten Bagdadbahn, die Strecke am persischen Golf, wurde an eine britische Gruppe abgetreten. Formal wurde die deutsch-französische Bankentente zwar aufgelöst, zur Erleichterung der Deutschen Bank wurde aber eine Formel gefunden, die es der französischen Gruppe ermöglichte, zumindest indirekt weiterhin engagiert zu bleiben. Die Frage ist offen, ob diese bilateralen Vereinbarungen, bei denen es schwer ist zu entscheiden, ob es sich um private Verträge oder um zwischenstaatliche Abkommen handelte, eine tragfähige Basis für die Errichtung der gesamten Strecke der Bagdadbahn dargestellt hätten. Die türkische Seite war bisher nicht eingebunden worden, und es ist kaum vorstellbar, dass die Jungtürken, die ein zunehmend diktatorisches Regime mit ausgeprägten nationalistischen Zügen aufbauten, die Aufteilung des Osmanischen Reiches in ökonomische Interessensphären der europäischen Großmächte einfach hingenommen hätten. Der

Ausbruch des Ersten Weltkrieges beendete ohnehin alle weiteren Planungen, und die deutschen Auslandsvermögen gingen im Versailler Vertrag verloren.

e. Fazit: Die Bagdadbahn als Beispiel finanzieller Globalisierung und multinationaler Bankenkooperation

Die Bagdadbahn stellte ein besonders exponiertes Beispiel für die Multinationalität der europäischen finanziellen Expansion vor 1914 dar, die in einigen Fällen zu finanzimperialistischer Durchdringung mit erheblichen politischen Folgen wurde. Starke, multinational zusammengesetzte Bankgruppen konkurrierten auch in anderen Teilen der Welt miteinander und nahmen, wenn ihre Geschäfte in Gefahr gerieten, gerne die Hilfe der jeweiligen Diplomatie in Anspruch. In China kooperierten beispielsweise viele Jahre lang die Deutsch Asiatische Bank in zahlreichen Projekten mit der britischen Hongkong & Shanghai Banking Corporation, obwohl in dieser Region erhebliche politische Spannungen zwischen Großbritannien und dem Deutschen Reich auch in ökonomischen Fragen existierten. Bankgruppen kooperierten und konkurrierten in anderen Teilen der Welt, wie in Südamerika, in Südafrika oder innerhalb Europas direkt mit- und gegeneinander, ohne viel Rücksicht auf die politischen Vorgaben zu nehmen, die ihre jeweiligen Regierungen ihnen aufzuerlegen versuchten. Die prinzipielle Transparenz der europäischen Kapitalmärkte, die durch den Goldstandard zumindest begünstigt wurde, erleichterte Transaktionen jenseits des Nationalstaates. Das Kapital war vor 1914 nicht an nationale Grenzen gebunden, ein inzwischen in der Forschung allgemein akzeptiertes Faktum, das man auch als Kennzeichen für einen hohen Grad von Globalisierung der Finanzmärkte interpretieren kann.

Eben diese Globalisierung macht übergreifende quantitative Schätzungen des ›deutschen‹ Kapitalexportes oder ›deutscher‹ Auslandsinvestitionen aber so schwierig bis unmöglich. Portfolioinvestitionen und ihre geografische Verteilung sind in der Vergangenheit vorbildlich und mit einiger Akribie untersucht worden.[8] Doch bedeutet die Tatsache, dass eine bestimmte Anleihe von einem deutschen Konsortium an deutschen Börsen emittiert wurde keineswegs, dass die entsprechenden Titel auch fest im deutschen Publikum platziert worden sind. Wie sich gerade am Beispiel der Bagdadbahn zeigen lässt, war das Gegenteil der Fall. Auch quantitative Schätzungen des Auslandsengagements der Deutschen Bank oder aller deutscher Großbanken sind kaum möglich. Nur in den seltensten Fällen hielten die Banken die Titel selbst, vielmehr agierten sie mit relativ geringem Eigenkapital, stießen also die von ihnen kreierten oder übernommenen Aktien, Anleihen etc. so schnell wie möglich wieder ab, um aktionsfähig für neue Transaktionen zu bleiben.

Zumindest ein Teil der neueren Debatten zur finanziellen Globalisierung vor 1914 ist eher quantitativ ausgerichtet. Betont werden hier die positiven Rahmenbedingungen, die seit den 1880er-Jahren das Wachstum und die Verflechtungen der Weltwirtschaft begünstigten. Bedingt durch den Goldstandard blieben die Zinsen in den Industrieländern konstant niedrig, die formelle und informelle Hegemonie in einigen weniger entwickelten Ländern (zum Beispiel die Caisse de la dette publique Ottomane im Osmanischen Reich) garantierte stabile Verhältnisse, und hierdurch wiederum wurde die Risikobereitschaft bei vielen Gläubigern gegenüber besser verzinslichen Direktinvestitionen gesenkt. Globalisierung ergab sich in dieser Perspektive vor allem durch marktwirtschaftliche Automatismen, die aus dem wachsenden Vertrauen in die internationalen Finanzstrukturen entstanden. Hierzu kommt ein weiterer Aspekt, der bisher nur zum Teil erklärt worden ist. Anders als im Falle der zweiten Globalisierungswelle seit den 1990er-Jahren floss vor 1914 sehr viel mehr Kapital von den reichen in die armen Länder: Fast die Hälfte der gesamten Auslandsinvestitionen der Industrieländer vor 1914 wurde in weniger entwickelte Regionen der Welt geleitet, nach 1990 dürften es wahrscheinlich kaum mehr als zehn Prozent gewesen sein. Damit war damals die Vermittlung von Kapital für weniger entwickelte Staaten offenbar viel effektiver als im Falle der heutigen Globalisierung.[9]

Unter dem Aspekt der Wendepunkte in der Bankgeschichte wird demgegenüber in diesem Aufsatz aber an dem kleinen Beispiel der Bagdadbahn die Ebene der Akteure und ihr aktives Handeln hervorgehoben. Das Direktorium der Deutschen Bank hat zu keinem Zeitpunkt blind den angeblich stabilen und sicheren Schuldverhältnissen vertraut. Im Gegenteil: Nicht nur bei der Bagdadbahn sondern bei vielen anderen Transaktionen in Asien, den USA, in Lateinamerika und in Südafrika ist ein vorsichtiges, schrittweises Vorgehen zu erkennen. Fast immer wurde bei ausländischen Transaktionen auf internationale Kooperation und auf eine internationale Minimierung des Risikos hingearbeitet. Weitere Forschungen zur Akteursebene könnten dazu beitragen, das keineswegs nur quantitativ erfassbare Phänomen der finanziellen Globalisierung weit besser als bisher zu verstehen. Möglicherweise liegt hier zumindest auch eine Teilerklärung für die bisher nur unzureichend erklärten Unterschiede zwischen der ersten und der zweiten Welle der finanziellen Globalisierung.

---

1 Vgl. Cain/Hopkins, Imperialism; ferner zur Multinationalität Michie, London Stock Exchange.
2 Die folgenden Ausführungen basieren im Wesentlichen auf Barth, Hochfinanz; vgl. ferner Gall/Feldman/James/Holtfrerich/Büschgen, Deutsche Bank; Lodemann/Pohl, Bagdadbahn; Seidenzahl, 100 Jahre.
3 Die beste zeitgenössische Darstellung hierzu stammt aus der Feder eines österreichischen Bankiers. Vgl. Charles Morawitz, Die Türkei im Spiegel ihrer Finanzen, Berlin 1903; ferner Pamuk, Ottoman Empire; Schölch, Durchdringung; Mommsen, Finanzimperialismus.
4 Barth, Ententes financières, S. 15–37.
5 Vgl. etwa die entsprechenden Kapitel bei Fischer, Krieg.
6 Vgl. zur Deutschen Orientbank Schwanitz, Gold.
7 Barth, Hochfinanz, S. 353 ff.
8 Schaefer, Portfolioinvestitionen.
9 Schularick, Globalisierung, S. 9, 19, 23.

Richard H. Tilly

[14.]

Der Ruin des Bankhauses Hirschfeld & Wolff und das Börsengesetz von 1896

Aktienspekulanten, Betrüger und staatlicher Anlegerschutz

Das Börsengesetz von 1896 galt lange und gilt noch unter Historikern als ›Jahrhundertgesetz‹. Dieser Beitrag stellt eine Kurzfassung der Geschichte des Gesetzes dar. Er will diese Geschichte nicht auf die Formel ›Wirtschaftsproblem – Problemlösung‹ reduzieren, sondern sowohl das Zustandekommen als auch die Wirkung des Gesetzes als Ergebnis einer Interaktion mehrerer historischer Prozesse verstehen.[1] Die ›kleine Bankenkrise‹ von Herbst 1891 führte direkt zur Börsenenquete von 1892/93. Der Gesetzgebungsprozess, der darauf folgte, war jedoch von weiteren ›zufälligen‹ Ereignissen geprägt, die ein anderes Gesetz entstehen ließen als es die Enquete empfohlen hatte. Auch dieses Ergebnis wirkte anders – negativer – als erwartet und wurde schließlich zwölf Jahre später unter dem Einfluss weiterer historischer Ereignisse zum Besseren modifiziert. Die Struktur des Beitrags reflektiert die eben geschilderte Chronologie. Im Abschnitt a werden die Ursprünge der Enquete problematisiert, im Abschnitt b der Gesetzgebungsprozess, bis einschließlich der 1908 erfolgenden Novellierung, und im Abschnitt c folgt eine kurze Diskussion der Wirkung des Börsengesetzes; anders als die Abschnitte zuvor behandelt dieser Teil nur die Wertpapier-, nicht auch die Warenbörse. Ein knappes Resümee schließt den Beitrag.

a. Die Entstehung der Börsenenquete

Am 3. November 1891 wurde bekannt, dass das hochangesehene Berliner Bankhaus Hirschfeld & Wolff insolvent war. Diese Nachricht schlug in der Berliner Geschäftswelt wie eine Bombe ein, zumal diese durch die seit August immer wieder gemeldeten Fälle von Veruntreuung von Depots und Börsenfehlspekulationen verunsichert war, auch wenn sich die Verluste bis dahin in Grenzen gehalten hatten.² Der Fall Hirschfeld & Wolff wog ungleich schwerer, denn die Firma mit ihrer vornehmen Kundschaft zählte bis zu diesem Zeitpunkt zu den ›ersten Adressen‹ des Finanzplatzes.³ Wenige Tage später stellte sich zudem heraus, dass der Inhaber Anton Wolff seinen aufwendigen Lebensstil seit Jahren skrupellos durch Veruntreuung der Einlagen und Wertpapierdepots der Kundschaft finanziert hatte.⁴ Verbindlichkeiten von acht Millionen Mark stand schließlich ein Vermögen von lediglich drei Millionen Mark gegenüber. Es fehlten ferner Depots in Höhe von 6,5 Mio. Mark. Die Börsenkurse gaben nach – man nannte die Rückgänge sogar »panikartig« – und es setzte ein Run auf die Privatbankhäuser ein, der schon am 7. November den Zusammenbruch der durch fehlgeschlagene Börsengeschäfte geschwächten Berliner Wechselbank Hermann Friedländer & Sommerfeld sowie am 14. November beim Charlottenburger Bankhaus Eduard Maass die Zahlungseinstellung zur Folge hatte.⁵

Der gemeinsame Nenner dieser Fälle war die Verbindung der Banken zu Börsengeschäften. Die Reaktion der Politik passte jedenfalls zu dieser Interpretation. Schon am 5. November, das heißt unmittelbar nach dem Zusammenbruch von Hirschfeld & Wolff, schnitt der Kaiser in einem Artikel des Westfälischen Merkurs die Frage nach der Notwendigkeit einer Intervention des Staates an, um den »mit der Börse verbundenen Übelständen« zu begegnen, und wenige Tage später regte er die Beratung dieser Frage auf Kabinettsebene an.⁶ Gewünscht war eine Beratung sowohl der Neuregelung der von Banken verwalteten Wertpapierdepots als auch des Börsenwesens insgesamt. Die zweite Reaktion war stärker von populistischen Strömungen in der Öffentlichkeit geprägt. Sie ging vom Reichstag aus. Abgeordnete des Zentrums und der beiden konservativen Parteien unterstützten am 19. und 20. November Anträge, die eine »*wirksame staatliche Aufsicht*« über die Börse und deren Geschäftsverkehr, eine schärfere Regelung von »*Zeitgeschäften*« (das heißt des Terminhandels) sowie eine Neuregelung des Wertpapierdepotgeschäfts der Banken forderten.⁷ Damit war der Weg zu einem Depotgesetz und zu einem Reichsbörsengesetz schon deutlich vorgezeichnet. In der Retrospektive hat es somit den Anschein, als ob der Zusammenbruch des Bankhauses Hirschfeld & Wolff als Auslöser der Börsenreform gelten kann. Dieses allein auf die Chronologie der Ereignisse gestützte Bild ist jedoch ergänzungsbedürftig. Vor allem lässt es die Elemente der Ideologie und Emotionen missen, die im Kaiserreich die Diskussion um Bank- und Börsenfragen anheizen konnten. In der Darstellung von Johann Christian Meier zur Entstehung des Börsengesetzes wird zutreffend die zeitgenössische Stimme eines Konservativen zum Zusammenbruch von Hirschfeld & Wolff zitiert, die die Bedeutung dieser Elemente eindrücklich illustriert:⁸ »*Die Ursache der Wolffschen Verbrecherwirtschaft liegt, wenn wir von dem rein Persönlichen absehen, in der unsittlichen Auffassung des Geldgeschäftes, welche auch an der Börse die herrschende ist, wenn sie auch nicht öffentlich gebilligt wird. Es ist in der That kein moralischer Unterschied zwischen der Aneignung fremder Depots und dem Abjagen des Kursgewinns durch Überlistung, durch falsche (oder halbwahre) Gerüchte und durch gewaltsame Beeinflussung der Kurse, zu der es hundert erprobte und täglich ausgeübte Mittel giebt.*« Die hier erkennbare börsenfeindliche Einstellung muss im historischen Kontext gesehen werden.

Seit der Gründerkrise der 1870er-Jahre wurde immer deutlicher, dass in Deutschland der Liberalismus als wirtschaftspolitische Leitlinie seinen Höhepunkt überschritten hatte. Verantwortlich für diese Entwicklung waren nicht zuletzt agrarische Interessen, insbesondere des preußischen Landadels, vertreten durch die 1876 gegründete ›Vereinigung der Steuer- und Wirtschaftsreformer‹, die das Ziel verfolgte, »*die materiellen und berufsständischen Belange der landwirtschaftlichen Groß- und Mittelbetriebe gegen die Übermacht des Handels-, Bank-, Börsen- und Industriekapitals*« zu verteidigen.[9] Wie Knut Borchardt anmerkt, dürften der schnell wachsende Reichtum von Bankiers und Börsenhändlern sowie die dadurch steigenden Ansprüche an die Lebenshaltung, insbesondere des Großbürgertums, für die ländliche Aristokratie unübersehbar gewesen sein. Zugleich dürfte der zwangsläufige Versuch des Landadels, mit dieser Entwicklung Schritt zu halten, mit größten Schwierigkeiten verbunden gewesen sein.[10] Angesichts ihrer drohenden Deklassierung werteten viele Landadlige – sowie ihre mittelständischen Verbündeten – die materiellen Erfolge der Bankiers und Börsenhändler als Ergebnis von Betrug und unehrlichen Geschäftspraktiken ab und verurteilten diese öffentlich mit moralisch-sittlichen Argumenten. Dabei wurden nicht selten antisemitische Ressentiments, für die auch weite Teile des Mittelstandes empfänglich waren, auch gegen die Börse verwendet.[11] Im Grunde ging es aber um nicht weniger als um den Kampf um die soziale, ökonomische und politische Führerschaft in Deutschland. Dies zeigte sich besonders in der Auseinandersetzung über die Institution der Börse.

Die Börsenfeindschaft in Agrarkreisen war schon in den 1880er-Jahren deutlich gestiegen. Mehrmals wurde die Forderung nach dem Eingreifen des Staates beziehungsweise nach einem Börsengesetz laut. Sicherlich spielten dabei die fallenden Agrarpreise in den 1880er-Jahren eine Rolle, die den Agrariern die begrenzte Effektivität des Schutzes durch Zölle deutlich vor Augen führte.[12] Die Einrichtung von Waren- beziehungsweise Produktbörsen, gerade in dieser Zeit, bot eine zusätzliche Angriffsfläche für den Agrarprotest. Ein erstes Ergebnis der Agrarbewegung gegen die Börse war der Erlass einer Börsenumsatzsteuer im Jahr 1881, die 1885 durch eine Börsentransaktionssteuer ersetzt wurde.[13] Diese Feindschaft intensivierte sich mit der so genannten Kaffeeschwänze von 1888, die das agrarische Ressentiment vor allem gegen die Produktbörsen, insbesondere gegen den Terminhandel, lenkte.[14] Dass die Agrarpreise nach einer kurzen Pause gegen Ende 1891 erneut fielen, trug zweifellos dazu bei, den Pegel der agrarischen Börsenkritik – auch nach dem Abebben der durch den Zusammenbruch von Hirschfeld & Wolff ausgelösten Vertrauenskrise – hochzuhalten.[15]

Vor diesem historischen Hintergrund ist der Zusammenhang zwischen der Pleite von Hirschfeld & Wolff und der Börsenreform zu sehen: Die durch den Zusammenbruch der Bank ausgelöste ›kleine Bankenkrise‹ erleichterte die Mobilisierung eines schon beträchtlichen, bislang meist latenten Ressentiments gegenüber der Institution Börse. So entstand ein Druck in Richtung eines Börsengesetzes, der zunächst zur Börsenenquete von 1892/93 führte, deren Ergebnisse wiederum weitgehend als Grundlage des Börsengesetzes von 1896 dienten.

b. Die Börsenenquete und der Gesetzgebungsprozess

Die Verhandlungen der Börsenenquete dauerten von April 1892 bis November 1893.[16] Erst Ende 1893 wurden die Vorschläge der Kommission veröffentlicht. Die folgende Übersicht fasst die Vorschläge zusammen.

Zusammenfassung der Vorschläge der Börsenenquetekommission

Problembereiche	Vorschläge
Organisation, Rechtslage	Aufsicht über die Börsen bei den Landesregierungen Bestellung eines Kommissars der Landesregierungen »Moralische« Einschränkungen bei der Zulassung zur Börse Börsen-Ehrengericht
Emissionswesen	Bildung einer Emissionsbehörde Prospektzwang bei Emissionen Haftung der Emissionshäuser, beschränkt auf »grobes Verschulden«
Maklerwesen, Kursfeststellung	Einheitskursmethode (Berliner Börse als Vorbild) Beibehaltung der vereidigten Makler und der amtlichen Kursfeststellung
Terminhandel	Voraussetzung: Eintragung in das Terminregister Recht des Bundesrats, Terminhandel zu untersagen
Kommissionsgeschäft	Beibehaltung des Selbsteintrittsrechtes durch Kommissionäre

Quelle: Wetzel, Auswirkungen, S. 44.

Die Vorschläge enthielten wenig Neues, wahrscheinlich weil die Kommission von zwei gegensätzlichen, aber nahezu gleichgewichtigen Fraktionen geprägt war, die eine Einigung nur bei relativ geringen Änderungen zuließen: Auf der einen Seite standen die Verfechter der »*Handelsfreiheit*« und des Status quo der Börsenregulierung. Ihnen standen die Börsenkritiker, insbesondere die Agrarier, gegenüber, die eine strenge staatliche Kontrolle des Börsenhandels anstrebten.[17] Dass der Terminhandel – eine bête noire der Agrarier – überhaupt auf die Vorschlagsliste kam, resultierte vermutlich aus einer Entscheidung des Reichsgerichtes im März 1892, die es leichter machte, Termintransaktionen als nicht einklagbare ›Wettspiele‹ zu klassifizieren.[18]

Insgesamt jedenfalls befriedigten die Vorschläge der Enquetekommission weder die Freunde noch die Feinde der Börse. Zu den qualifiziertesten Kritikern der Börsenenquete zählte Max Weber, der vor allem bemängelte, dass die Reformempfehlungen der Kommission nicht auf die Stärkung der Preisbildungsfunktion und der Kapitalkraft der Börse, sondern im Wesentlichen auf den Anlegerschutz zielten.[19] Die Reaktion in der Öffentlichkeit fiel weniger fundiert, dafür aber umso parteiischer aus. Als besonders schlagkräftig erwiesen sich dabei die Attacken der ›Börsenfeinde‹, vor allem des 1893 gegründeten Bunds der Landwirte (BdL), der sowohl die Stimmen der Agrarier als auch der Antisemiten zu integrieren wusste und so die breite Öffentlichkeit gegen eine freie Börse mobilisierte. Schon in den Reichstagswahlen von 1893 verschoben sich so die politischen Gewichte im Reichstag zugunsten der Börsengegner. In der Folge fand schließlich auch die als agrarfeindlich verstandene Wirtschaftspolitik in der Ära des Reichskanzlers Leo von Caprivi ihr Ende.[20]

Der Entwurf eines Börsengesetzes, den der Bundesrat erst im Dezember 1895 einbrachte, wich nur in wenigen Punkten von den Vorschlägen der Börsenenquete ab. Er sah vor: dem Bundesrat einen ›Börsenausschuss‹ als Ratgeber beizugeben, einen ›Staatskommissar‹ als Oberaufseher einzusetzen, die Regulierung von »unkontraktlichen« Warentermingeschäften, Einschränkungen der Börsenbesucher und anderes mehr.

Im Reichstag kam es indes zu bedeutenden Veränderungen, die mitunter nichts anderem als dem Zufall zuzuschreiben waren. Eine dieser ›Zufälligkeiten‹ hatte sich schon im Oktober 1895 ereignet, als auf der Berliner Getreidebörse ein Termingeschäft eines jüdischen Händlers aufgeflogen war, das mit zweifelhaften Roggenlieferungs- und Lagergeschäften zusammenhing und den Roggenpreis »nachweislich« nach unten manipuliert hatte. Dieser Skandal beeinflusste zwar den eingebrachten Gesetzesentwurf zunächst nicht, bei den Beratungen im Reichstag nahmen jedoch vor allem die Agrarier darauf immer wieder Bezug.[21]

Die Beratungen des Entwurfs zogen sich bis zum Juni 1896 hin. Bereits im März hatte die Kommission, in der die Beratungen geführt wurden, dem Reichstag einen Vorschlag zur Abstimmung vorgelegt, der stellte bereits eine gewisse Verschärfung gegenüber den Empfehlungen der Enquete darstellte. Die Situation spitzte sich weiter zu, als Ende April sowohl die Nationalliberalen als auch die Zentrumspartei aus Angst vor dem Verlust ihrer landwirtschaftlichen Wählerschaft – entgegen ihrer vorherigen Haltung – nicht mehr gegen den Kurs des BdL, sondern für ein Verbot des Terminhandels mit Getreide und Mühlenfabrikaten stimmten.[22] Ein Verbot des Terminhandels mit Aktien von Bergwerks- und Fabrikunternehmen und anderer Unternehmen mit einem Kapital von weniger als 20 Mio. Mark war schon in den Vorschlägen der Kommission vorgesehen und wurde ebenfalls verabschiedet.[23]

Kaum trat das – am 22. Juni 1896 verabschiedete – Börsengesetz am 1. Januar 1897 in Kraft, formierte sich schon der Protest dagegen. Max Weber, einer der besten Kenner der damaligen Börsengeschäfte, urteilte dazu: »*In der Gesamtbeurteilung muss nach allem Vorstehenden das Börsengesetz als eines der formal schlechtesten, seinem Inhalt nach unglücklichsten Produkte agrarischer Gesetzgebung erscheinen.* […] *Das gesetzliche Verbot des Getreideterminhandels, ohne Vorbehalt eines internationalen Übereinkommens, ist der schwerste Fehler des Gesetzes.*«[24] Mit dem Verweis auf das Verbot des Terminhandels identifizierte Weber auch die Hauptzielscheibe des Protests gegenüber der Waren- wie der Wertpapierbörse.[25] Als den Produktenhändlern die Tragweite des Terminhandelsverbots bewusst wurde, kam es im Dezember 1896 zum so genannten Börsenstreik und schließlich zur ›freiwilligen‹ Auflösung der wichtigsten Börsen in Halle, Köln, Berlin und Stettin.[26] Bald darauf hatte sich ein guter Teil des deutschen Getreidehandels ins benachbarte Ausland verlagert.[27] An den Wertpapierbörsen drängte vor allem der Registerzwang, den die Banken und Börsenhändler mehrheitlich vermieden, den Terminhandel sehr stark zurück. Es gab verschiedene Versuche, ohne Eintragung ins Register Terminhandel zu betreiben. Da die damit verbundenen Transaktionen gemeinhin als ›Spiele‹ galten und somit nicht einklagbar waren, erlangten nichteingetragene Transaktionen nur eine geringe Verbreitung.²⁸ Als verschiedene Reichsgerichtsentscheidungen der Jahre 1898/99 schließlich auch die Umgehungsversuche formell als ›Spiele‹ definierten, ebbten die nichteingetragenen Transaktionen fast vollständig ab.²⁹

Neben den Börsenhändlern waren es die seit März 1901 im ›Centralverband des Deutschen Bank- und Bankiergewerbes‹ organisierten Bankiers, die eine effektive Opposition zum Börsengesetz in Gang setzten. Inwieweit der Erfolg der im BdL zusammengeschlossenen Agrarier den Bankiers als Vorbild diente, ist ungewiss. Erwiesen ist jedoch, dass die Bankiers seit 1904 vom ›Central Verband Deutscher Industrieller‹ unterstützt wurden, der nunmehr auf Distanz zu seinen früheren Verbündeten aus der Landwirtschaft gegangen war. Wieder einmal war es aber ein historischer Zufall, der entscheidend zur Novellierung des Börsengesetzes führte. Nachdem Reichskanzler Bernhard von Bülow im Dezember 1906 mit einem Nachtragshaushaltsantrag im Reichstag eine Niederlage erlitten hatte, kam es zur Auflösung des Reichstages und Anfang 1907 zu Neuwahlen – den so genannten Hottentottenwahlen. Die Bildung einer neuen Regierungskoalition erfolgte ohne die Zentrumspartei, die nach wie vor gegen eine Liberalisierung des Börsengesetzes war. Bülow, angetrieben von Kaiser Wilhelm II., legte im November 1907 dem Reichstag den Novellierungsentwurf vor.³⁰ Die Beratungen endeten im April 1908 mit der Verabschiedung der Novelle, die das Terminhandelsverbot an der Wertpapier- und der Getreidebörse aufhob. Dieses Ergebnis war vermutlich auch von der Baisse und der Finanzkrise, die das Jahr 1907 prägten, positiv beeinflusst worden.³¹

c. Die Wirkung des Börsengesetzes von 1896

Angesichts der Schärfe des politischen Streits um das Börsengesetz könnte man vermuten, dass dessen volkswirtschaftliche Auswirkungen recht bedeutend waren. Zeitgenossen, die das Gesetz befürwortet hatten, glaubten, nach 1896 eine größere Stabilität der ehemaligen Terminpapiere feststellen zu können als zuvor. Zeitgenössische Gegner des Gesetzes diagnostizierten dagegen eine Zunahme der Instabilität. Sie sahen außerdem im Verbot des Terminhandels die Ursache eines größeren Kapitalbedarfs für Börsengeschäfte, einer Konzentration der Börsengeschäfte bei den Großbanken und einer Kapitalwanderung ins Ausland, zum Beispiel nach London.³² Tatsächlich ist aber der Nachweis einer signifikanten volkswirtschaftlichen Wirkung des Börsengesetzes sehr schwierig. Zum Schluss soll diese Problematik angesprochen und es sollen einige empirische Studien dazu kommentiert werden. Zunächst kann eine Abbildung der zyklischen Aktienkursbewegungen in dieser Zeit dazu beitragen, die Problematik zu veranschaulichen.

Die Darstellung zeigt den Kursverfall, der die Krise von 1891 begleitete. Man sieht, dass sowohl die Verhandlungen der Börsenenquete als auch das Börsengesetz in den langen Konjunkturaufschwung der späten 1890er-Jahre einzuordnen sind. Eine fundierte Aussage zur Wirkung des Börsengesetzes erlaubt der Blick auf den dargestellten Kurvenverlauf jedoch nicht. Dazu ist eine andere Vorgehensweise erforderlich.

Christoph Wetzel hat den Versuch unternommen, am Beispiel der Berliner Börse – die zu jener Zeit mit Abstand wichtigste deutsche Börse – die möglichen Wirkungen des Börsengesetzes systematisch und statistisch zu überprüfen.³³ Organisatorische Regeln

Die Entwicklung des deutschen Aktienkurses (in Vierteljahrsdaten, 1870–1914) und das Börsengesetz von 1896

Quelle: Donner, Kursbildung. – Der Pfeil zeigt die Verabschiedung des Börsengesetzes Zeitpunkt im Juni 1896 an.

Auswirkungen des Börsengesetzes (1883–1911)

Wirkungsfeld	Indikatoren	Test	N
Wertpapierkurse	Aktien- und Rentenindizes[1]	Regressionen auf Indizes[2]	29
Wertpapierzulassungen	Zahl und Wert der Emissionen[3]	Regressionen auf Indizes[2]	29
Umsätze (Terminhandel)[4]	Gesamtumsätze (geschätzt)	Regressionen auf Indizes[5]	29
Bankenkonzentration	Großbankenanteil an Börsengeschäften, Großbankengewinne	Regressionen auf Indizes[6]	29
›Spekulation‹ (Terminhandel)	Kursstabilität an Varianz gemessen	Varianzzerlegung, Regressionen auf Indizes[7]	29,73
Informationseffizienz	Volatilität der Aktienrendite	Varianz und Regressionen[8]	72

1) Markt-, Banken-, Berg-/Hütten-, Industrie- und Bahn- und Rentenindex
2) NSP, Industrieproduktion, Rentenrendite, 1883–1911 und DUMMY (bis 1896=0, ab 1897=1)
3) Gesamt-, Inlands- und Auslandsemissionen, 1883–1911
4) Berlin, Frankfurt und Hamburg, 1885–1913
5) NSP. Emissionen. BKV-Inkasso und Zeit. 1885–1911 und DUMMY (wie oben)
6) Aktienindex, Umsatz, Zulassungen, Eigenkapital, Provisionen, 1883–1911 und DUMMY (wie oben)
7) Berg-Hüttenindex, Monatsdaten, 1894–99, Jahresdaten, 1883–1911, DUMMY (1894–6= 0, ab 1897=1 und 1883–1911 wie oben)
8) auf Aktienrendite t-n (Autokorrelation) und 3 ›Ereignisse‹
Quelle: Wetzel, Auswirkungen.

und Institutionen des Börsengesetzes, die sich kaum änderten, aber gleichwohl für das Funktionieren der Börse wichtig waren, wurden dabei in ihrer Wirkung nicht statistisch überprüft.[34] Die fünf ausgewählten ›Wirkungsfelder‹ sind mitsamt der Indikatoren und Tests in der obigen Tabelle zusammengefasst.

Wetzels Ergebnisse können wie folgt resümiert werden: Das Börsengesetz hatte keine messbare Wirkung auf die Börsenpreisbildung und somit auf die Wertpapierkurse. Auch die ›Informationseffizienz‹ wurde vom Börsengesetz nicht beeinflusst. Was die Kursstabilität (›Spekulation‹ beziehungsweise ›Volatilität‹) angeht, scheint das Gesetz eine größere Stabilität bei den ehemaligen Terminpapieren ermöglicht zu haben. Börsenumsätze dagegen wurden vom Terminhandelsverbot negativ beeinflusst, während ihre Konzentration bei den Großbanken zunahm.[35] Alle diese Ergebnisse stehen allerdings unter dem Vorbehalt einer geringen Stichprobengröße (29 Jahresbeobachtungen, 36 beziehungsweise 73 Monatsangaben). Außerdem ist die verwendete Dummyvariable bestenfalls ein grobes Instrument, das viele unbekannte Einflüsse verbergen kann. Erwartungen können hierbei kaum eine Rolle spielen. Gleichwohl hat Wetzel die wissenswerten Größen gut identifiziert.

Weniger breit angelegt, aber zielgenauer, ist der souveräne Beitrag von Sergey Gelman und Carsten Burhop, der die ›Informations-Effizienz‹ der Berliner Börse mit Tagesdaten zum Aktienkurs von 27 Unternehmen für den Zeitraum vom Dezember 1891 bis zum Dezember 1913 ökonometrisch überprüft.[36] Die Studie kann keine nennenswerten Einflüsse von Änderungen der Börsensteuer oder Börsengesetzgebung identifizieren.[37] Lediglich die Leipziger Bankenkrise von Juni 1901 ließ in diesem Zeitraum Spuren einer signifikanten Störung erkennen.

Erwähnenswert sind auch einige weitere Arbeiten. Ein Aufsatz von Caroline Fohlin zum Beispiel deutet an, dass das Börsengesetz vermutlich weniger zur Konzentration von Bankgeschäften bei den Großbanken beigetragen hat als die Transaktionssteuer von 1894.[38] In einem Aufsatz von Thomas Gehrig und Fohlin zur Entwicklung von Aktienkursen an der Berliner Börse (mit Tagesdaten für 43 bis 165 Aktiengesellschaften für die Jahre 1880, 1890, 1900 und 1910) werden tendenziell fallende Transaktionskosten und eine zunehmende ›Informations-Effizienz‹ geschätzt – ein Befund, der kaum Raum für eine spürbare Wirkung des Börsengesetzes übrig lässt.[39] Ähnlich muss auch die Studie von Anja Weigt bewertet werden, denn die Autorin, die einen Aktienindex mit Monatsdaten für den gesamten Zeitraum von 1871 bis 1914 präsentiert, kann weder im ›Primärmarkt‹ (für neue Emissionen) noch im ›Sekundärmarkt‹ (für schon gehandelte Aktien) quantitative Spuren einer Wirkung des Börsengesetzes von 1896 erkennen.[40]

Das Fazit dieses Abschnittes muss lauten: Das Börsengesetz von 1896 hat nach neueren Forschungsergebnissen die Leistungsfähigkeit der wichtigsten deutschen Wertpapierbörsen kaum beeinflusst. Die bewirkten Veränderungen – das Terminhandelsverbot, die Zulassungs- und Besuchereinschränkungen sowie neue Aufsichtsregeln – scheinen hauptsächlich Umverteilungswirkungen zugunsten der Großbanken gehabt zu haben. Offen muss die Frage bleiben, ob und gegebenenfalls inwiefern diese Wirkungen vom Gesetzgeber intendiert waren.[41] Wenn nicht, wäre es keineswegs abwegig, anzumerken, dass Banken das deutsche Finanzierungssystem bis zum Ende des 20. Jahrhunderts so stark dominiert haben, dass Fachbeobachter von einem ›bankorientierten System‹ gesprochen haben, das deutlich von den ›marktorientierten Systemen‹ Großbritanniens und den USA abwich. Dieser Kontrast verschwand erst, als das ›Jahrhundertgesetz‹ von 1896 gegen Ende des 20. Jahrhunderts abgelöst wurde.[42]

d. Schluss: Die Börsengesetzgebung – umkämpfte Entstehung und begrenzte Wirkung

Wie wir sahen, lässt sich die Börsengesetzgebung des hier betrachteten Zeitraums als das Resultat einzelner historischer Ereignisse vorstellen, die eine scheinbar unumkehrbare Entwicklung vorangetrieben haben. Das Börsengesetz von 1896 war aber auch das Ergebnis mehrerer historischer Prozesse, die zum Teil gleichzeitig, aber mit unterschiedlicher Geschwindigkeit abliefen. Banken- und Börsenkrisen zum Beispiel waren Teile eines Anpassungsprozesses des Finanzsystems an die Wirtschaft; sie wiederholten sich fast periodisch im 19. Jahrhundert. Aber die Bankenkrise von 1891 legte auch Finanzschwächen offen, die im Kollaps des Bankhauses Hirschfeld & Wolff in besonders dramatischer Form die öffentliche Aufmerksamkeit auf die Börse lenkten. Mit dem Industrialisierungsprozess kam spätestens seit der Mitte des 19. Jahrhunderts eine Umverteilung der sozialen, ökonomischen und politischen Macht in Deutschland zu Ungunsten der traditionellen Agrarelite in Gang. Schritt um Schritt mobilisierte diese Elite daraufhin weite Teile des Agrarsektors gegen die offensichtlich verwundbarsten Symbole des Bürgertums – Börsenhändler und Bankiers, die ›nichts Konkretes‹ produzierten. Die Vereinheitlichung des Rechtswesens in Deutschland stellte einen weiteren Einflussfaktor dar, weil sie die Integration auch des Börsenrechtes notwendig machte. Schließlich spielte die politische Institution der Wirtschaftsverbände zu dieser Zeit eine wichtige Rolle, zunächst zugunsten einiger Beschränkungen der Börsengeschäfte, dann zugunsten einer teilweisen Rücknahme der Beschränkungen.

Während Zeitgenossen das Börsengesetz kontrovers beurteilten, haben Wirtschaftshistoriker dem Gesetz allenfalls eine bescheidene Wirkung auf den deutschen Kapitalmarkt im relevanten Zeitraum (circa 1890 bis 1914) bescheinigt. Damit stellt sich die Frage, ob die Zeitgenossen die von ihnen so hart umkämpften Börsenregeln nicht überschätzt haben; sie verfügten schließlich nicht über die systematischen Kapitalmarktdaten, die heute vorliegen. Es könnte aber auch sein, dass es bei den Kontroversen weniger um die ökonomische Funktionsfähigkeit der Börse ging als um etwas anderes, zum Beispiel um die Verteilung der sozialen und politischen Macht im damaligen Deutschland. Diese Frage muss hier allerdings offen bleiben.

---

1   In gewisser Weise illustriert diese Geschichte die ›Pfadabhängigkeit‹ des wirtschaftspolitischen Handelns, die wiederum helfen kann, suboptimale Lösungen ökonomischer Probleme zu erklären. Das Börsengesetz repräsentierte eine solche suboptimale Lösung anstehender Probleme, die allerdings im Gegensatz zum ›klassischen‹ Fall des ›QWERTY‹ kostengünstig revidierbar war. Den Locus classicus der ›Pfadabhängigkeit‹ (›Path Dependence‹) beschreibt David, Clio; vgl. ferner zur neueren Diskussion ders., Path Dependence.

2   Vgl. zum Beispiel die Meldungen in Der Deutsche Ökonomist vom 6. August 1891 und 7. November 1891; ferner Meier, Entstehung, S. 94 f. – Hohe Verluste im Geschäft mit ausländischen

Wertpapieren (Argentinien, Griechenland, Portugal) seit 1890 dürften auch eine negative Rolle gespielt haben. Vgl. hierzu Schaefer, Portfolioinvestitionen, S. 323 f., 336 ff., 452 ff.

3   Meier, Entstehung, S. 95, schreibt hierzu: »*...unter ihnen hohe Beamte und Angehörige der Hofgesellschaft, man munkelte, sogar Mitglieder der kaiserlichen Familie*«.

4   Der Fall flog auf, als ein hoher Offizier sich durch seine Versetzung dazu veranlasst sah, die Aushändigung seines ganzen Effektendepots zu fordern – eine Forderung, die unerfüllbar war und die Zahlungsunfähigkeit einleitete. Vgl. Der Deutsche Ökonomist vom 7. November 1891.

5   Berliner Börsen-Courier Nr. 566 vom 7. November 1891; 570 vom 10. November 1891; ferner Meier, Entstehung, S. 96 f.

6   Ebd., S. 108 ff.

7   Ebd., S. 98 f.

8   Ebd., S. 97. – Die Quelle des Zitats, die Kreuzzeitung vom 12. November 1891, war ein Organ der Konservativen; soe agierte gegen die ›Großfinanz‹, insbesondere im Sinne der Landadligen (Hervorhebung im Original).

9   Rosenberg, Depression, S. 163.

10 Vgl. Borchardt, Einleitung, S. 57 f., wo auch Max Weber mit diesem Argument zitiert wird.

11 Die Integration von antisemitischen Strömungen und Börsenkritik sowie von Landadligen und Mittelstand wurde »*vorbildlich*« im Bund der Landwirte organisiert. Vgl Puhle, Interessenpolitik, S. 111 ff.; ferner Borchardt, Einleitung, S. 57 f.; Meier, Entstehung, S. 40 ff.

12 Borchardt, Einleitung, S. 59 ff.

13 Ebd., S. 56 f.

14 1887 wurde in Hamburg der Terminhandel mit Kaffee eröffnet. Es gelang einer Gruppe Haussiers, soviel der gehandelten Terminkontrakte in Kaffee aus dem Handel zu halten, dass die Kaffeepreise vorübergehend auf die dreifache Höhe anstiegen und die ›Baissiers‹ (Leerverkäufer) in Verlegenheit gerieten. Vgl. ebd., S. 59; Meier, Entstehung, S 59 f.

15 Für den »*extrem hohen*« Preisanstieg in der Zeit von 1888 bis 1891 haben Agrarier aber auch den Terminhandel verantwortlich gemach, weil 1891 ein Getreidehändler eine »Schwänze« versucht hatte. Vgl. Borchardt, Einleitung, S. 61.

16 Meier, Entstehung, S. 111 ff. – Die Verhandlungen sind in sieben Bänden (in Folioformat) auf über 3.600 Seiten festgehalten worden. Die Befragung und Aussagen der 115 Sachverständigen sind hier wortwörtlich wiedergegeben worden.

17 Meier, Entstehung, S. 123 f.

18 Borchardt, Einleitung, S. 63–66.

19 Ebd S. 52 f., 58 f.; Tilly, Max Weber, S. 199–201.

20 Puhle, Interessenpolitik, S. 74, 203 ff.; Meier, Entstehung, S. 214 ff. – Von Caprivi wurde erst im Oktober 1894 als Reichskanzler abgelöst.

21 Borchardt, Einleitung, S. 74.

22 Ebd S. 78 ff.

23 Wetzel, Auswirkungen, S. 70 f. – Nach der Verabschiedung tagte noch der ›Provisorische Börsenausschuss‹ und bewirkte einige Veränderungen bezüglich der Zulassung von Wertpapieren zum Börsenhandel, die der Bundesrat in seiner Bekanntmachung veröffentlichte. Vgl. Borchardt, Einleitung, S. 84.

24 Ebd., S. 867.

25 Auf die zuweilen dramatischen Formen des Protests an den Warenbörsen kann hier nicht näher eingegangen werden. Vgl. hierzu Meier, Entstehung, S. 327 ff.; Borchardt, Einleitung, S 86 ff.

26 Ebd., S. 782 f.

27 Ebd., S. 607 f., 653.

28 Diese waren handelsrechtliche Lieferungsgeschäfte, bei denen die Fälligkeit bis auf den Ultimo verlängert werden konnte. Vgl. Meier, Entstehung, S. 338 f.

29 Ebd., S. 337–41; Meier nennt für 1903 309 Registereintragungen (S. 340).

30 Den Kaiser beunruhigte unter anderem das Argument, das Börsengesetz habe Kapital und Börsenschäfte nach London vertrieben und somit Großbritanniens Finanzkraft auf Kosten

| 31 | des deutschen Kapitalmarktes gestärkt. Vgl. Meier, Entstehung, S. 354 f. – Dies könnte aber auch eine späte Frucht der Kritik von Max Weber gewesen sein. Vgl. Borchardt, Einleitung, S. 91.
| 31 | Damit fiel auch quasi-automatisch das verhasste Börsenregister weg. Vgl. Meier, Entstehung, S. 356 ff.
| 32 | Vgl. zu den Gegnern ebd., S. 341; ferner zu den Befürwortern und Gegnern Wetzel, Auswirkungen, S. 274 f., wo Prion, Preisbildung, S. 120–125, als Publikation eines Befürworters zitiert wird.
| 33 | Wetzel, Auswirkungen, S. 167 ff., 329 ff.
| 34 | Von besonderer Bedeutung im internationalen Vergleich dürfte hier die Kursfeststellung durch die amtlichen Makler (Einheitskursmethode) gewesen sein, wodurch die Berliner Börse wohl einen prägenden und bis Ende des 20. Jahrhunderts andauernden Einfluss auf die deutsche Börsengeschichte ausgeübt hat.
| 35 | Damit ging ein Rückgang der Teilnahme der freien Makler und Privatbankiers am Börsengeschäft einher, da sich diese hauptsächlich mit dem Terminhandel beschäftigt hatten. Vgl. Wetzel, Auswirkungen, S. 287 ff.
| 36 | Gelman/Burhop, Taxation.
| 37 | Ebd., S. 54 ff.
| 38 | Fohlin, Regulation.
| 39 | Gehrig/Fohlin, Trading Costs.
| 40 | Weigt, Kapitalmarkt, S. 51–59, 181–186, 197 ff.
| 41 | Wetzel, Auswirkungen, S. 402, zum Beispiel beschreibt die Verbesserung der Wettbewerbsposition der Großbanken im Börsengeschäft als »*sicherlich nicht gewollt*«.
| 42 | Vgl. Conti, Markets; ferner zum langen Überleben der im Börsengesetz verankerten amtlichen Kursfeststellung Tilly, Kursnotierung; Tilly, Geld, S. 207–210. – Die amtliche Kursfeststellung durch Kursmakler entfiel erst mit dem Vierten Finanzmarktförderungsgesetz von 2002.

Thomas Hartmann-Wendels

[15.]

Das Hypothekenbankgesetz von 1899

Regelungen mit Benchmark-Charakter

a. Entstehung des Hypothekenbankgesetzes

Das am 13. Juli 1899 verkündete Hypothekenbankgesetz (HBG) war ein Meilenstein für die Regulierung von Banken. Es gab zwar auch schon vorher Regulierungen im Bankensektor wie zum Beispiel das Reichsbankgesetz von 1875, das Genossenschaftsgesetz von 1889 sowie verschiedene Sparkassengesetze, mit dem Hypothekenbankgesetz von 1899 wurde aber zum ersten Mal ein Gesetz geschaffen, das für einen Teilbereich des Bankwesens reichseinheitliche Vorschriften umfasste, die Errichtung von staatlichen Aufsichtsorganen regelte und Bestimmungen enthielt, die den Geschäftsbetrieb einer Reglementierung unterwarfen.[1] Mit dem Hypothekenbankgesetz wurden zugleich Vorschriften festgeschrieben, die gut 30 Jahre später auch für alle anderen Banken Bedeutung erlangten. Zahlreiche Bestimmungen des Hypothekenbankgesetzes, das am 1. Januar 1900 in Kraft trat, sind wegweisend geworden für die Regulierung von Banken und finden sich in ihren Grundstrukturen heute noch in den aufsichtlichen Vorschriften wieder. Bis heute überdauert haben nicht nur wichtige Regelungen des Hypothekenbankgesetzes, sondern auch die Diskussionen und kontroversen Standpunkte über die Notwendigkeit und die Ausgestaltung der Bankenaufsicht.

Ende des 19. Jahrhunderts gab es im Deutschen Reich vierzig Hypothekenbanken, von denen elf so genannte gemischte Hypothekenbanken waren, die neben dem Pfandbriefgeschäft auch andere Bankgeschäfte betrieben. Die älteste und größte Hypothekenbank war die 1835 gegründete Bayerische Hypotheken- und Wechsel-Bank, der 1864 zur Refinanzierung ihrer Hypothekarkredite die Ausgabe von Pfandbriefen erlaubt wurde. In den Siebziger- und Neunzigerjahren des 19. Jahrhunderts kam es zu einer Vielzahl von Neugründungen, um den zunehmenden Bedarf an Realkrediten, insbesondere zur Finanzierung des städtischen Wohnungsbaus zu decken. Der Gesamtdarlehensbestand aller Hypothekenbanken im Deutschen Reich betrug am 31. Dezember 1897 knapp sechs Milliarden Mark, der Nennwert der umlaufenden Pfandbriefe 5,6 Mrd. Mark. Das Eigenkapital der Hypothekenbanken belief sich auf 672 Mio. Mark. Die gewährten Hypothekardarlehen dienten ganz überwiegend der Finanzierung städtischer Grundstücke, auf sie entfielen circa 85 Prozent des Darlehensbestandes.

Das Geschäftsmodell der Hypothekenbanken bestand darin, grundpfandrechtlich gesicherte Kredite zu vergeben und diese durch die Ausgabe von festverzinslichen Pfandbriefen zu refinanzieren, wobei die ausgereichten Realkredite die Sicherheit für die Pfandbriefgläubiger darstellten. Die Bedeutung, die das Hypothekarkreditgeschäft im Verlauf der zweiten Hälfte des 19. Jahrhunderts erlangt hatte, war ein wesentlicher Grund dafür, dass eine gesetzliche Regelung sowie eine Beaufsichtigung dieser Institute für notwendig erachtet wurden. Aus sozialpolitischen Erwägungen heraus erschien es unentbehrlich, mit dem Pfandbrief ein Instrument zu schaffen, das es breiten Bevölkerungsschichten ermöglichte, Geld sicher anzulegen. Daneben wurde auch die Gefahr systemischer Risiken gesehen: Durch die Schieflage eines Instituts könnte das Vertrauen in die Sicherheit der Pfandbriefe insgesamt erschüttert werden, sodass weite Kreise der Bevölkerung geschädigt würden und zudem die Versorgung der Realwirtschaft mit Krediten gefährdet wäre.[2]

Vor der Verabschiedung des ersten, für das gesamte Reichsgebiet geltenden Hypothekenbankgesetzes hatte es einige Anläufe gegeben, das Hypothekenbankenwesen gesetzlich zu normieren. Bereits 1868 wurde eine reichsgesetzliche Regelung in Angriff genommen, um den damals herrschenden Kreditmangel zu beheben.[3] Um die Gründung von Hypothekenbanken zu fördern, sollte die Ausgabe von Hypothekenpfandbriefen von der Genehmigungspflicht, die damals für die Ausgabe von Inhaberschuldverschreibungen galt, ausgenommen werden.[4] Da die Situation sich aber in der Folgezeit wieder entspannte, wurden diese Bestrebungen nicht weiter verfolgt. In den Jahren 1879 und 1880 wurde dem Reichstag der Entwurf eines Gesetzes vorgelegt (Gesetz, betreffend das Faustpfandrecht für Pfandbriefe und ähnliche Schuldverschreibungen), das sich ausschließlich mit der rechtlichen Sicherstellung der Pfandbriefgläubiger befasste. Die Pfandbriefgläubiger sollten ein Pfandrecht an den Hypotheken erhalten, die mit dem Erlös aus der Emission der Pfandbriefe erworben wurden. Der Gesetzesentwurf regelte die Voraussetzungen und Wirkungen einer Pfandbestellung sowie die Vertretung der Pfandgläubiger durch einen Pfandhalter, also ausschließlich die privatrechtlichen Aspekte des Pfandbriefwesens, wohingegen Fragen einer Aufsicht über die Hypothekenbanken nicht angesprochen wurden.[5] Den Hypothekenbanken sollte frei gestellt werden, sich den gesetzlichen Regelungen zu unterwerfen. Von einer weiteren Verfolgung dieses Gesetzesvorhabens wurde abgesehen, weil die Arbeiten an der Entwicklung eines Bürgerlichen Gesetzbuches (BGB) mittlerweile in Angriff genommen wurden und es absehbar war, dass es Schnittstellen zwischen beiden Gesetzen geben würde. Daher wurde die Erstellung eines Hypothekenbankgesetzes hinausgeschoben, bis die Entstehung des Bürgerlichen Gesetzbuches so weit vorangeschritten war, dass beide Gesetze gleichzeitig in Kraft treten konnten. In der Zwischenzeit wurden in einigen Bundesstaaten des

Deutschen Reiches Vorschriften erlassen, die allerdings nur zum Teil Gesetzescharakter hatten.[6]

Erwähnenswert sind die 1863 erlassenen preußischen Normativbestimmungen, die ausschließlich für Hypothekenbanken galten, die in diesem Jahr in Preußen ihren Sitz hatten.[7] Die Normativbestimmungen enthielten keine Regelungen über die Rechtsstellung der Pfandbriefgläubiger; stattdessen zielten sie darauf ab, den Gläubigerschutz zu realisieren, indem der Geschäftsbetrieb der Hypothekenbanken, insbesondere die Fähigkeit, Pfandbriefe auszugeben, beschränkt wurden. Das Ausgabevolumen der Pfandbriefe war auf das Zehnfache (1867 auf das 20-fache erweitert[8]) des bar eingezahlten Eigenkapitals begrenzt, daneben schränkten vor allem die niedrigen Beleihungsgrenzen die Geschäftstätigkeit der preußischen Hypothekenbanken ein[9]. So durfte der Kapitaldienst bei Liegenschaften zwei Drittel des jährlichen Reinertrags, bei Gebäuden ein Viertel (ab 1864 ein Drittel) des jährlichen Nutzungswerts nicht übersteigen. 1867 wurden die Normativbestimmungen nochmals ergänzt, indem der Darlehensbetrag bei Liegenschaften auf das 20-fache des jährlichen (Grundsteuer-) Reinertrags und bei Gebäuden auf das Zehnfache des jährlichen (Gebäudesteuer-) Nutzungswerts beschränkt wurde.[10] Mit den Normativbestimmungen von 1893 wurden die einengenden Beleihungsgrenzen aufgehoben, dafür wurde eine staatliche Aufsicht eingerichtet, die allerdings praktisch kaum Bedeutung erlangte.[11]

Der Beitrag beschreibt im Folgenden zunächst die wichtigsten Bestimmungen des Hypothekenbankgesetzes von 1899 (Abschnitt b). Dann erörtert er, inwiefern sich diese Bestimmungen (und die sie begleitenden Diskussionen) auch in der späteren Gesetzgebung zur Bankenregulierung wiederfinden (Abschnitt c): zuerst speziell in der Regulierung der Pfandbriefausgabe, dann in der Bankenregulierung und Bankenaufsicht allgemein und schließlich auch in den aktuellen Kontroversen zur Bankenaufsicht. Abschnitt d geht abschließend der Frage nach, inwieweit sich das Hypothekenbankgesetz in der Praxis bewährt hat.

b. Inhalt des Hypothekenbankgesetzes von 1899

Ein Großteil der Vorschriften im Hypothekenbankgesetz von 1899 dient dem Schutz der Pfandbriefgläubiger. Allerdings beschränken sich die Vorschriften des Gesetzes nicht nur auf die Regelung der Rechtsposition der Pfandbriefgläubiger, vielmehr soll der Gläubigerschutz auch durch Regelungen, die einen sachgemäßen und zuverlässigen Geschäftsbetrieb gewährleisten, sicher gestellt werden.

Genehmigungspflicht

So ist in § 1 festgelegt, dass Hypothekenbanken zur Ausübung ihres Geschäftsbetriebs eine Genehmigung benötigen. Diese Genehmigung erteilt im Regelfall der Bundesrat; für den Fall, dass eine Hypothekenbank nur in einem einzigen Bundesstaat tätig wird, ist die Zentralbehörde des betreffenden Bundesstaates für die Erteilung der Genehmigung zuständig.[12] Mit Ausnahme der Beschränkung der Rechtsform auf Aktiengesellschaften und Kommanditgesellschaften auf Aktien werden im Gesetz keine Voraussetzungen genannt, an die die Erteilung der Genehmigung geknüpft ist. In der Gesetzesbegründung wird als Grund für die Erlaubnispflicht angeführt, dass diese notwendig sei, um einer übermäßigen Zunahme der Hypothekenbanken vorbeugen zu können. Es bestand die Befürchtung, dass zu viel Wettbewerb zu unseriösen Geschäftspraktiken führe. Im Gesetz selbst ist zwar kein Passus enthalten, der eine Bedürfnisprüfung als Voraussetzung für die Erlaubniserteilung nennt. Aus der parlamentarischen Debatte über den Gesetzesentwurf geht aber hervor: Es war für alle offensichtlich, dass der Bundesrat vor Erteilung der Erlaubnis eine Bedürfnisprüfung durchführt.[13]

Spezialbankprinzip

Dem Schutz der Pfandbriefgläubiger diente die Vorschrift, dass die Hypothekenbanken außer der Gewährung hypothekarisch gesicherter Darlehen und Kommunaldarlehen sowie der Ausgabe von Pfandbriefen nur einen genau umrissenen Katalog an Bankgeschäften betreiben durften. Zu diesen Ausnahmen gehörte unter anderem auch die hypothekarisch besicherte Darlehensvergabe an Kleinbahnen, wobei hier ausnahmsweise die Verpfändung der Bahn, also mobiler Sachwerte, zugelassen war. Mit der Beschränkung der Geschäftstätigkeit sollte verhindert werden, dass Risiken aus der Vergabe nicht gesicherter Kredite oder aus Wertpapiergeschäften die Sicherheit der Pfandbriefgläubiger gefährden können. Für bestehende Institute gab es eine Ausnahmeregelung, die auch den Weiterbetrieb anderer Bankgeschäfte erlaubte. Die Bayerische Hypotheken- und Wechsel-Bank kam noch bis zur Fusion mit der Bayerischen Vereinsbank im Jahre 1998 in den Genuss dieser Ausnahmeregelung.

Bestimmungen über die Ausgabe von Pfandbriefen

Im Insolvenzfall werden die Pfandbriefgläubiger bevorrechtigt aus den im Hypothekenregister eingetragenen Hypotheken und Wertpapieren befriedigt.[14] Mit der Gewährung einer bevorrechtigten Befriedigung im Konkursfall schlug das Hypothekenbankgesetz einen anderen Weg ein als die Gesetzesentwürfe von 1879 und 1880. Diese hatten die Bestellung eines Pfandrechtes an den gesamten Hypotheken, die zur Deckung der Pfandbriefe dienten, zugunsten der Pfandbriefgläubiger vorgesehen.[15] Dieser Weg erwies sich indessen nicht als praktikabel: Entweder hätte die Pfandbriefanstalt mit jedem ihrer Hypothekenschuldner eine Vereinbarung über die Ausstellung eines Hypothekenbriefs treffen müssen, oder aber jede einzelne Hypothek hätte in das Grundbuch eingetragen werden müssen. Die erste Möglichkeit war offensichtlich viel zu umständlich, die zweite Möglichkeit scheiterte daran, dass zu dieser Zeit Grundbücher nicht flächendeckend im Deutschen Reich geführt wurden.

Um sicher zu stellen, dass die Sicherheiten der Bank ausreichen, um die Ansprüche der Pfandbriefgläubiger zu befriedigen, wurde daher nun in Anlehnung an die preußischen Normativbestimmungen das Deckungsprinzip vorgeschrieben. Es besagt, dass der Gesamtbetrag der im Umlauf befindlichen Hypothekenpfandbriefe in Höhe des Nennwertes jederzeit durch Hypotheken von mindestens gleicher Höhe und mindestens gleichem Zinsertrag gedeckt sein muss (§ 6 HBG). Die zur Deckung der Hypokenpfandbriefe bestimmten Hypotheken mussten in ein Register (Hypothekenregister) eingetragen werden. Das Deckungsprinzip wurde durch eine Reihe von flankierenden Maßnahmen ergänzt: Hypothekenpfandbriefe durften nicht zu einem den Nennwert übersteigenden Betrag zurückgezahlt werden, sodass der Anspruch der Pfandbriefgläubiger nie höher als der Nennwert der Pfandbriefe sein konnte. Um die Werthaltigkeit der Sicherheiten zu gewährleisten, wurde eine Beleihungsgrenze in Höhe von 60 Prozent des Grundstückswertes festgesetzt, für die Beleihung landwirtschaftlicher Grundstücke konnte diese Grenze auf zwei Drittel angehoben werden. Für die Ermittlung des Beleihungswertes gab es weitere Vorschriften, die eine vorsichtige Bewertung des Grundstücks sicherstellen sollten.[16] Der zusätzlichen Sicherheit der Pfandbriefgläubiger diente die Begrenzung des Gesamtvolumens an Hypothekenpfandbriefen auf das 15-fache des Eigenkapitals der Hypothekenbank. Unklar ist, inwieweit man sich bei der Festlegung dieser Umlaufgrenze an den tatsächlichen Verhältnissen orientiert hat. Es fällt immerhin auf, dass bei der Preußischen Central-Bodenkredit-Aktiengesellschaft als damals zweitgrößter Hypothekenbank die umlaufenden Pfandbriefe Ende 1897 ziemlich genau das 15-fache des eingezahlten Aktienkapitals zuzüglich der Gesamtreserven betrugen. Hypothekenpfandbriefe und Kommunalobligationen zusammen durften das 18-fache des Kapitals nicht überschreiten. Die Umlaufgrenze wurde später mehrfach angehoben und betrug zuletzt im Hypothekenbankgesetz von 1998 das 60-fache des haftenden Eigenkapitals (beziehungsweise das 48-fache für gemischte Hypothekenbanken). Zum Schutz der Pfandbriefgläubiger ist darüber hinaus die Bestellung eines Treuhänders sowie eines Stellvertreters vorgeschrieben. Der Treuhänder hat darauf zu achten, dass die vorschriftsmäßige Deckung jederzeit vorhanden ist und dass die Eintragungen in das Hypothekenregister erfolgen. Das Vorliegen beider Sachverhalte muss bei der Ausgabe von Pfandbriefen vom Treuhänder bestätigt und auf den Pfandbriefen vermerkt werden. Der Treuhänder verwahrt die Urkunden über die in das Hypothekenregister eingetragenen Hypotheken. Er ist befugt, jederzeit in die Bücher der Bank einzusehen, soweit diese sich auf die Pfandbriefe und die in das Register eingetragenen Hypotheken beziehen.

Schutz der Schuldner

Das Hypothekenbankgesetz diente nicht nur dem Gläubigerschutz, sondern es sollten auch die Schuldner vor unlauteren Praktiken der Banken geschützt werden. So darf sich die Hypothekenbank bei einem Amortisationsdarlehen (Hypothekardarlehen mit einem immer gleichen jährlichen Zins- und Tilgungsbetrag) kein generelles Kündigungsrecht ausbedingen, umgekehrt darf das Kündigungsrecht des Hypothekarschuldners für maximal zehn Jahre ausgeschlossen werden.[17] Für den Fall, dass die beliehenen Grundstücke an Wert verlieren, darf die Bank nur in Höhe der Wertminderung eine vorzeitige Rückzahlung verlangen. Die Zinsen dürfen nur auf die jeweilige Restschuld bezogen werden. Damit war es den Hypothekenbanken verboten, sonstige Gebühren, die wirtschaftlich gesehen Zinscharakter haben, zusätzlich als laufende Belastung zu erheben, um so die effektive Zinshöhe zu verschleiern. Der Hypothekenschuldner muss über die Art der Darlehensauszahlung, über Abzüge der Bank, über Höhe und Fälligkeit der Zinsen, über sonstige Leistungen des Schuldners, über den Beginn der Tilgung, über die Kündigung sowie über die Rückzahlung des Darlehens informiert werden. Auf sein

Verlangen hin muss ihm die Bank nach Veröffentlichung der Jahresbilanz mitteilen, welcher Betrag des Darlehens getilgt ist.

Risikobegrenzung

Hypothekenbanken durften maximal für zehn Jahre auf die Rückzahlung der Pfandbriefe verzichten und maximal zehn tilgungsfreie Jahre mit dem Hypothekenschuldner vereinbaren. Damit waren die Voraussetzungen geschaffen, die vergebenen Hypothekarkredite laufzeitkongruent zu refinanzieren, um Zinsänderungsrisiken zu begrenzen. Allerdings gab es keine Verpflichtung zu einer laufzeitkongruenten Refinanzierung, vielmehr vertraute man darauf, dass die Banken aus eigenem Interesse diese Kongruenz beachten.[18] Um Liquiditätsrisiken zu begrenzen, durfte den Pfandbriefgläubigern kein Kündigungsrecht eingeräumt werden.

Bilanzierungsvorschriften

Das Hypothekenbankgesetz enthält spezielle Bilanzierungsvorschriften, die zusätzlich zu den allgemeinen Bilanzierungsvorschriften für Aktiengesellschaften und Kommanditgesellschaften auf Aktien zu beachten sind. Demnach muss die Bilanz unter anderem Angaben enthalten zu den Hypotheken und Wertpapieren, die zur Deckung der Pfandbriefe dienen, zum Gesamtwert der Grundstücke, zu rückständigen Hypothekenzinsen sowie zu den umlaufenden Hypothekenpfandbriefen. Ein Disagio aus der Ausgabe von Hypothekenpfandbriefen, das heißt ein Abschlag vom Nominalwert, darf zu vier Fünfteln aktiviert werden und ist über die folgenden vier Jahre abzuschreiben, um so eine periodengerechte Verteilung des Abschlags zu ermöglichen. Um sicherzustellen, dass die Abschreibung des Disagios aus den künftigen Zinserträgen gewährleistet ist, darf der Gesamtbetrag aller aktivierten Disagien das Doppelte des Zinsüberschusses abzüglich eines Viertel Prozents der Gesamtsumme der Hypotheken nicht überschreiten. Ein Agio (Aufgeld auf den Nominalwert) ist zu passivieren und über die Zeitspanne, über die die Rückzahlung der Pfandbriefe ausgeschlossen ist, zu verteilen. Dadurch wird sichergestellt, dass die Hypothekenbank das Aufgeld nicht im Jahr der Pfandbriefausgabe in voller Höhe als Zinsertrag verbuchen kann. Hat die Bank das Recht, den Pfandbrief jederzeit zurückzahlen, so kann das Agio unmittelbar vereinnahmt werden, da das Aufgeld durch Kündigung als Ertrag realisiert werden kann. In der Gewinn- und Verlustrechnung sind die vereinnahmten Hypothekenzinsen und Darlehensprovisionen sowie die gezahlten Pfandbriefzinsen gesondert auszuweisen. Bilanz oder Geschäftsbericht müssen unter anderem zusätzliche Angaben zu den Hypotheken, zu Zwangsversteigerungen, zu rückständigen Zinsen sowie zu den Rückzahlungen der Hypotheken enthalten.

Befugnisse der Bankenaufsicht

Im Hypothekenbankgesetz sind auch die Zuständigkeiten und Befugnisse der Bankenaufsicht geregelt. Zuständig für die Aufsicht ist demnach derjenige Bundesstaat, in dem die Hypothekenbank ihren Sitz hat. Diese Regelung war umstritten: So wurde befürchtet, dass es einen Wettbewerb um eine möglichst lockere Beaufsichtigung geben könnte. Insbesondere kleine Bundesstaaten könnten versucht sein, die Bankenaufsicht nur oberflächlich auszuüben, wenn die in ihrem Bereich beheimateten Hypothekenbanken ihre Geschäfte vornehmlich in anderen Bundesstaaten tätigen. Das Hypothekenbankgesetz schrieb zwar die Kompetenzen der Aufsichtsbehörde fest, es fehlte aber an ergänzenden Vorschriften darüber, wie die Aufsichtsbehörden diese Vorgaben in konkretes aufsichtliches Handeln umzusetzen hatten.[19] Der Umfang der Beaufsichtigung erstreckte sich auf den gesamten Geschäftsbetrieb der Bank. Die Aufsichtsbehörde war befugt, alle erforderlichen Anordnungen zu treffen, um sicher zu stellen, dass alle satzungsmäßigen und gesetzlichen Anforderungen erfüllt werden. Insbesondere hatte die Aufsichtsbehörde umfangreiche Informations- und Auskunftsrechte, daneben durfte sie an den Generalversammlungen sowie an den Sitzungen der Verwaltungsorgane teilnehmen und die Einberufung solcher Sitzungen verlangen. Die Ausführung von Beschlüssen oder Anordnungen, die gegen Gesetz oder Satzung verstießen, durfte von der Aufsicht untersagt werden. Die Befugnisse der Bankenaufsicht waren zwar weitgehend, blieben aber weit hinter dem Ausmaß an Eingriffsrechten zurück, die die Bankenaufsicht heute hat. Eine allgemeine Aufsichtspflicht, die den Geschäftsbetrieb der Hypothekenbanken in allen Einzelheiten überwacht, wurde abgelehnt, weil dies dazu führen würde, dass die Pfandbriefgläubiger allein auf die staatliche Aufsicht vertrauen und selbst keine Anstrengungen mehr unternehmen, die Vertrauenswürdigkeit der ausgebenden Bank zu prüfen. Auf eine so weit reichende Fürsorge des Staates habe niemand Anspruch, sie würde auch den Staat überfordern.[20]

c. Auswirkungen des Hypothekenbankgesetzes von 1899 auf die Bankenregulierung

Die Regulierung der Pfandbriefausgabe

Das Hypothekenbankgesetz von 1899 ist im Laufe der Zeit mehrfach geändert und um weitere Gesetze ergänzt worden. Wichtige Ergänzungen waren das Gesetz über die Pfandbriefe und verwandten Schuldverschreibungen öffentlich-rechtlicher Kreditanstalten (ÖPG) vom 21. Dezember 1927 sowie das Gesetz über Schiffspfandbriefbanken (SchBkG) vom 14. August 1933. Mit der jüngsten Novelle aus dem Jahr 2005 wurde das Hypothekenbankgesetz in Pfandbriefgesetz umbenannt. Damit einher ging die Aufgabe des Spezialbankprinzips, das heißt grundsätzlich kann nun jedes Kreditinstitut unter Einhaltung der Bestimmungen des Pfandbriefgesetzes Pfandbriefe emittieren.

Trotz der zahlreichen Modifikationen sind wesentliche Elemente des Hypothekenbankgesetzes von 1899 auch heute noch Bestandteil des Pfandbriefgesetzes. Dies betrifft insbesondere die Regelungen über die Ausgabe von Pfandbriefen: Der Regelungszusammenhang zwischen dem Deckungsprinzip, dem Deckungsregister, der Beleihungsgrenze, der Wertermittlung und dem Befriedigungsvorrecht der Pfandbriefgläubiger ist bis heute im Kern erhalten geblieben. Auch das Pfandbriefgesetz von 2005 schreibt Deckungskongruenz vor; zusätzlich zum Hypothekenbankgesetz von 1899 wird eine übersichernde Deckung in Höhe von zwei Prozent, bezogen auf den Barwert der umlaufenden Pfandbriefe, verlangt. Die Deckungswerte, die zur Sicherung der Ansprüche der Pfandbriefgläubiger dienen, werden weiterhin einzeln in ein Deckungsregister eingetragen; Neueintragungen in das Register müssen nach wie vor im ersten Monat jedes Kalenderhalbjahres der Aufsichtsbehörde übermittelt werden. Die Beleihungsgrenze liegt immer noch bei dem ursprünglichen Wert von 60 Prozent des Beleihungswertes. Auch die Grundsätze, nach denen der Beleihungswert zu ermitteln ist, sind im Kern erhalten geblieben: Der Beleihungswert darf den möglichen Verkaufswert nicht überschreiten; bei der Festlegung des Verkaufswertes dürfen nur die nachhaltig geltenden Merkmale eines Objekts berücksichtigt werden. Es müssen ein Treuhänder sowie ein Stellvertreter bestimmt werden, die im Wesentlichen die gleichen Aufgaben und Befugnisse haben, wie sie im Gesetz von 1899 festgelegt sind. Im Fall der Insolvenz der Bank sind die Ansprüche der Pfandbriefgläubiger in besonderem Maße gesichert. Dabei sind die ursprünglichen Vorschriften weiterentwickelt worden. Die Deckungswerte bilden nun eine eigene Vermögensmasse, die vom restlichen Vermögen der Pfandbriefbank getrennt ist und nicht zur Insolvenzmasse gehört. Dieses Trennungsprinzip ermöglicht es, diejenigen Teile der Bank, die die Deckungswerte umfassen, als Pfandbriefbank mit beschränkter Geschäftstätigkeit weiterzuführen, deren Geschäftszweck ausschließlich darin besteht, das insolvenzfreie Vermögen so zu verwalten, dass die Ansprüche der Pfandbriefgläubiger fristgerecht erfüllt werden.

Dass die Regelungen über die Ausgabe von Pfandbriefen bis heute in den Grundstrukturen erhalten geblieben sind, liegt daran, dass sich der Pfandbrief als Erfolgsmodell erwiesen hat. Mit einem Umlaufvolumen von knapp 600 Mrd. Euro im Jahre 2011 ist der Markt für Hypothekenpfandbriefe eines der wichtigsten und liquidesten Segmente im Markt für festverzinsliche Wertpapiere.

Neben den Regeln für die Pfandbriefemission haben sich noch weitere Bestandteile des ersten Hypothekenbankgesetzes bis heute erhalten. So ist das Pfandbriefgeschäft erlaubnispflichtig. Die Voraussetzungen, die für die Erteilung der Erlaubnis erfüllt sein müssen, werden in § 2 des Pfandbriefgesetzes von 2005 genannt. Dem Pfandbriefgläubiger darf kein Kündigungsrecht eingeräumt werden; im Pfandbrief müssen alle wesentlichen Vertragsinhalte, die die Rechtsverhältnisse zwischen Bank und Pfandbriefgläubiger betreffen, aufgeführt sein. Auch die in § 28 Pfandbriefgesetz genannten Transparenzvorschriften gehen auf das Hypothekenbankgesetz von 1899 zurück, soweit sie die Angaben über die zur Deckung der Pfandbriefe bestimmten Hypotheken betreffen.

Während die Vorschriften über die Emission von Pfandbriefen bis heute in wesentlichen Teilen unverändert gelten, wurden die Vorschriften über den Geschäftsrahmen, das heißt über die zulässigen Haupt-, Neben- und Hilfsgeschäfte sowie über die Umlaufgrenze, mehrfach grundlegend novelliert.[21] Das Hypothekenbankgesetz von 1899 beschränkte die Geschäftstätigkeit der Hypothekenbanken auf die hypothekarische Beleihung von inländischen Grundstücken sowie auf einige Nebengeschäfte. Hierzu zählten unter anderem die Gewährung nicht hypothekarischer Darlehen an inländische Körperschaften sowie die Darlehensgewährung an Kleinbahnunternehmen gegen Verpfändung der Bahn. Während die Staatsfinanzierung 1899 eher von untergeordneter Bedeutung war, entwickelte sie sich im Laufe der Zeit zu einem zweiten Standbein der Geschäftstätigkeit der Hypothekenbanken. Während die Finanzierung von Kleinbahnen wegfiel, wurde 1933 die Ausgabe von Schiffspfandbriefen gesetzlich geregelt;[22]

seit 2009 eröffnet die Ausgabe von Flugzeugpfandbriefen den Hypothekenbanken ein weiteres Geschäftsfeld. Als Deckungswerte werden seit 1991 auch Forderungen aus dem Auslandsgeschäft anerkannt; daneben dürfen in begrenztem Umfang auch Forderungen gegen geeignete Kreditinstitute sowie barwertige Ansprüche aus Derivativgeschäften einbezogen werden. Mit der Gesetzesnovelle 2005 wurde das Spezialbankprinzip, das die Ansprüche der Pfandbriefgläubiger vor einer Gefährdung durch andere bankwirtschaftliche Risiken schützen sollte, aufgegeben; seitdem kann grundsätzlich jedes Kreditinstitut, sofern es die zusätzlichen Anforderungen des Pfandbriefgesetzes erfüllt, Pfandbriefe ausgeben. Die schrittweise Ausweitung der Geschäftsmöglichkeiten im Hypothekarkreditgeschäft wurde ermöglicht durch den Ausbau der Anforderungen an das Risikomanagement. Dahinter steckt die Vorstellung, dass man auf eine Risikoabschirmung durch die Vorgabe pauschaler Beschränkungen umso mehr verzichten kann, je präziser die Risiken durch entsprechende Risikomanagementmethoden gemessen und gesteuert werden können. Die erweiterten Anforderungen an die Risikosteuerung gelten heute für alle Banken und sind daher Bestandteil des Kreditwesengesetzes und der daran anknüpfenden Verordnungen.

Auswirkungen auf die Bankenregulierung und Bankenaufsicht allgemein

Eine Reihe von Vorschriften, die später fester Bestandteil der für alle Kreditinstitute geltenden Regelungen des Kreditwesengesetzes geworden sind, haben ihre Wurzeln im Hypothekenbankgesetz von 1899. Ein wesentliches Motiv für die Einführung einer Bankenaufsicht war damals das Ziel, die Funktionsfähigkeit des Hypothekenbankwesens zu sichern. Diese sah man – wie der damalige Staatssekretär des Reichsjustizamts Rudolf Arnold Nieberding betonte – als gefährdet an, weil aufgrund zahlreicher Neugründungen der Konkurrenzdruck wachse und dies die Banken zu einer unsoliden Geschäftspolitik verleiten könne.[23] Aufgrund der großen Bedeutung der Hypothekenbanken für die Kreditversorgung wären schwerwiegende Nachteile für weite Kreise der Bevölkerung zu befürchten, wenn eine Bank als Folge einer unsoliden Geschäftsführung in Schieflage geriete.[24] Unmittelbar gefährdet wären die Ansprüche der Pfandbriefgläubiger; darüber hinaus würde der Verlust an Vertrauen in die Solidität der Banken weiteren Schaden anrichten, indem diese ihren Funktionen in der Kreditversorgung nicht mehr nachkämen. Regulatorischer Handlungsbedarf wurde schließlich auch gesehen, um die Kreditnehmer vor unlauteren Geschäftspraktiken der Hypothekenbanken zu schützen. Wenn wenige mächtige Banken zahlreichen kapitalschwachen Grundbesitzern gegenüberstehen, sei – so Staatssekretär Nieberding – die Gefahr groß, dass sich »*Verhältnisse entwickeln können zum Nachteil der Schuldner, denen vorzubeugen und entgegenzuwirken die Gesetzgebung die Pflicht hat*«.[25] Das Hypothekenbankgesetz war damit auch die Wiege des Verbraucherschutzes, wobei die Schutzwirkung sich sowohl auf den Verbraucher als Bankgläubiger als auch auf den Verbraucher als Kreditnehmer erstrecken sollte.

Die Instrumente, die im Hypothekenbankgesetz von 1899 vorgesehen waren, um die Funktionsfähigkeit der Kreditwirtschaft sowie den Gläubiger- und Kreditnehmerschutz zu gewährleisten, waren richtungsweisend für alle späteren bankaufsichtlichen Vorschriften. Neben den bereits oben dargestellten speziellen Vorschriften zum Schutz der Pfandbriefgläubiger, die bis heute in den wesentlichen Grundzügen unverändert geblieben sind, gehören die im Hypothekenbankgesetz von 1899 enthaltenen, noch sehr rudimentär ausgeprägten Regeln zur Risikobegrenzung zu den Vorschriften, die im weiteren Verlauf der Bankenregulierung überragende Bedeutung erlangten.

Die im Jahre 1951 von der Bank deutscher Länder erlassenen Kreditrichtsätze sowie die im März 1962 (in Umsetzung des Kreditwesengesetzes von 1961) veröffentlichten Grundsätze über das Eigenkapital und die Liquidität der Kreditinstitute griffen die in der Vorgabe einer Umlaufgrenze enthaltene Idee auf, das Geschäftsvolumen der Banken an die Höhe des vorhandenen Eigenkapitals zu binden. Anders als im Hypothekenbankgesetz entschied man sich bei der Formulierung der Grundsätze nicht für die Passivseite, sondern für die Aktivseite als Bezugsgröße für das Eigenkapital. Hierdurch war es möglich, den unterschiedlichen Risikogehalt der Aktivpositionen durch eine entsprechende Gewichtung zu berücksichtigen. Hieraus ergibt sich aber kein prinzipieller Unterschied zur Umlaufgrenze des Hypothekenbankgesetzes; denn dieses Gesetz band das Volumen der umlaufenden Pfandbriefe (Passivseite) ja an die Höhe der Deckungswerte (der Hypothekarkredite, Aktivseite). Der Grundsatz I in der Fassung vom 8. März 1962 bestimmte, dass die Kredite an Wirtschaftsunternehmen, Private und Kreditinstitute und die Beteiligungen eines Kreditinstituts abzüglich der Sammelwertberichtigungen das 18-fache des haftenden Eigenkapitals nicht übersteigen sollen.[26] In der Folgezeit wurde dieser Grundsatz mehrfach überarbeitet und durch die Ergänzung um die Eindeckungsrisiken aus Derivativgeschäften zu einer Vorschrift ausgebaut, die alle Adressenausfallrisiken begrenzt. Auch bei der Festlegung von Obergrenzen für Preisrisiken im Grundsatz Ia orientierte man sich am vorhandenen haftenden Eigenkapital. Die Grundsätze I und Ia sind mittlerweile (2006) in die Solvabilitätsverordnung eingegangen. Diese beruht auf dem Grundgedanken der Risikobegrenzung durch Eigenmittelunterlegung von Risikopositionen; der Solvabilitätskoeffizient von acht Prozent ist aber letztlich nichts anderes als eine Begrenzung der Risikopositionen auf das 12,5-fache des Eigenkapitals. Mit der Einführung einer für alle Banken geltenden Begrenzung der Risikopositionen in Abhängigkeit vom vorhandenen Eigenkapital kam der Umlaufgrenze als hypothekenbankspezifische Vorschrift nur noch ein ergänzender Charakter zu; mit zunehmendem Ausbau der Vorschriften zur Eigenmittelunterlegung verlor sie schließlich gänzlich an Bedeutung und wurde 2005 aus dem Pfandbriefgesetz gestrichen.

Auch die Notwendigkeit, die Fristentransformation und damit Zinsänderungs- und Liquiditätsrisiken zu begrenzen, wird im Hypothekenbankgesetz bereits – in rudimentärer Weise – angesprochen. Pfandbriefgläubigern darf weiterhin, wie bereits im Hypothekenbankgesetz von 1901 vorgeschrieben, kein Kündigungsrecht eingeräumt werden. Damit wird verhindert, dass die Bank in Liquiditätsschwierigkeiten geraten kann, weil Pfandbriefgläubiger – zum Beispiel als Folge von Gerüchten über eine mögliche Schieflage – in großem Umfang Gelder abziehen. Diese Vorschrift besteht auch heute noch fort, obwohl es im weiteren Verlauf mit den Finanzierungsgrundsätzen II und III sowie heute mit der Liquiditätsverordnung umfangreich ausgebaute Regelwerke zur Begrenzung von Liquiditätsrisiken gab beziehungsweise gibt. Diese Regelwerke sind allerdings im Hinblick auf das klassische Bankgeschäft, das heißt auf Kredit- und Einlagengeschäft konstruiert: Banken, die dieses Geschäft betreiben, kommt die wichtige Aufgabe zu, Liquidität durch Fristentransformation bereitzustellen; um diese Aufgabe zu erfüllen, werden Regeln benötigt, die ein Übermaß an Fristentransformation beschränken, nicht aber die Fristentransformation gänzlich ausschließen. Hypothekenbanken dagegen kommt nicht die Aufgabe der Liquiditätsbereitstellung zu; daher waren und sind die Regeln über die Liquiditätssicherung, die für alle Banken gelten, für Hypothekenbanken unzureichend.

Der Schutz der Verbraucher in ihrer Eigenschaft als Kreditnehmer nimmt heute einen wichtigen Stellenwert in der Gesetzgebung ein; die einschlägigen Vorschriften sind mittlerweile Bestandteil des Bürgerlichen Gesetzbuches geworden. Auch im Hypothekenbankgesetz von 1899 finden sich einige Vorschriften, die den Schuldner vor unlauteren Geschäftspraktiken schützen sollten. So musste dem Schuldner das Recht eingeräumt werden, das Darlehen ganz oder teilweise zu kündigen und zurückzuzahlen; dieses Recht konnte für maximal zehn Jahre ausgeschlossen werden. Diese Zehnjahresfrist gilt auch heute noch (§ 489 BGB). Weitere Vorschriften zum Schutze der Bankschuldner im Hypothekenbankgesetz von 1899 beschränkten das Recht der Bank, den Kredit zu kündigen und begrenzten den Kapitaldienst auf Zins- und Tilgungszahlungen und die Bemessung der Zinszahlungen auf die Restschuld. Die Kündigungsrechte von Darlehensgeber und Darlehensnehmer nehmen auch heute einen breiten Raum in den besonderen Vorschriften für Verbraucherdarlehensverträge ein, wobei im Laufe der Zeit der Verbraucherschutz immer weiter ausgeweitet wurde.

Das Hypothekenbankgesetz von 1899 sah spezielle Bilanzierungsvorschriften für Hypothekenbanken vor. Diese Vorschriften betrafen zum einen den Bilanzausweis und zum anderen die Erfolgsverbuchung eines Agios beziehungsweise Disagios aus der Ausgabe von Pfandbriefen. Ziel dieser Vorschriften war es, durch eine vorsichtige Gewinnermittlung einen übermäßigen Kapitalabzug in Form von Ausschüttungen zu verhindern. Aus diesem Grund war eine sofortige Erfolgsverbuchung eines Agios untersagt; stattdessen musste das Agio passiviert und über die Laufzeit der Pfandbriefe Erfolg erhöhend aufgelöst werden. Ein Disagio durfte dagegen sofort als Aufwand verbucht werden. Auch heute noch kennt das deutsche Bilanzrecht – anders als die internationalen Bilanzierungsstandards (›International Financial Reporting Standards‹ – IFRS) – spezielle Bilanzierungsvorschriften für Banken. Diese betreffen zum einen den Bilanzausweis, für den es Formblattvorschriften gibt, und zum anderen die Bewertung, die es Banken gestattet, in besonderem Maße stille Reserven durch eine Unterbewertung von Aktiva zu bilden. Die stillen Reserven sollen als zusätzlicher Verlustpuffer dem Schutz der Bankgläubiger dienen. Die besonderen Bilanzierungsvorschriften für Banken waren früher im Kreditwesengesetz verankert, heute sind sie Bestandteil des Handelsgesetzbuches.

Kontroversen um die Bankenaufsicht

Der Verabschiedung des Hypothekenbankgesetzes ging eine intensive Debatte im Reichstag voraus. Obwohl das Gesetz grundsätzlich von allen Parteien begrüßt wurde, gab es doch zu Einzelfragen kontroverse Meinungen, die den Umfang der Regulierung und die Ausgestaltung der Bankenaufsicht betrafen. Einige der Themen haben die Diskussion über die Regulierung des Bankwesens über lange Zeit hinweg beschäftigt, manche Kontroversen sind heute wieder aktuell geworden.

Eine erste Frage betrifft den Aspekt, ob eine Bedürfnisprüfung mit den marktwirtschaftlichen Prinzipien vereinbar sei. Von mehreren Abgeordneten wurde eingewendet, dass eine Bedürfnisprüfung überflüssig sei und dass keine Gewähr bestünde, dass diese fair und objektiv durchgeführt würde.[27] Dennoch erwies sich die im Gesetz faktisch implizierte Bedürfnisprüfung als ein Regulierungsinstrument von erstaunlicher Hartnäckigkeit. Erst 1958 fiel aufgrund eines Urteils des Bundesverfassungsgerichts die staatliche Bedürfnisprüfung bei der Neugründung von Kreditinstituten sowie bei der Errichtung von Zweigstellen auch für die Hypothekenbanken weg. Die Bundesbank äußerte sogleich die Befürchtung, dass die daraufhin einsetzende deutliche Zunahme an Bankstellen zu ernsten Störungen in der Kreditwirtschaft führen müsse.[28] Weitere Wettbewerb beschränkende Eingriffe wie zum Beispiel die Zinsverordnung blieben aber noch bis in die Sechzigerjahre hinein bestehen.

Während die Erlaubniserteilung für solche Hypothekenbanken, die in mehr als nur einem Bundesstaat tätig waren, vom Bundesrat erteilt wurde, lag die Aufsicht über die Hypothekenbanken bei den Landesbehörden. Zuständig waren die Behörden desjenigen Bundesstaates, in dessen Bereich die Hypothekenbank ihren Sitz hatte. Diese Regelung galt für alle Hypothekenbanken, also auch für diejenigen, die Bankgeschäfte in anderen Bundesstaaten betrieben. Diese Zuständigkeitsregelung für die laufende Bankenaufsicht erinnert an die Sitzlandregelung innerhalb der Europäischen Union (EU). Die Zulassung einer Bank gilt europaweit (so genannter Europa-Pass), zuständig für die Bankenaufsicht ist die Aufsichtsbehörde des jeweiligen Sitzlandes.

Die Vorbehalte, die in der parlamentarischen Debatte gegen die im Hypothekenbankgesetz von 1899 vorgesehene Zuweisung der Bankenaufsicht an die Landesbehörden geäußert wurden, erinnern an die Diskussionen, die aktuell in Folge der Finanzkrise hinsichtlich der europaweiten Organisation der Bankenaufsicht geführt werden. Befürchtet wurde, dass insbesondere die kleinen Bundesstaaten (als Beispiel wurde meist der damals kleinste Bundesstaat ›Reuß ältere Linie‹ genannt, in dessen Hauptstadt Greiz die Mitteldeutsche Bodenkreditanstalt ihren Sitz hatte[29]) einen Anreiz haben könnten, den bei ihnen beheimateten Hypothekenbanken einen Wettbewerbsvorteil zu verschaffen, indem sie die Bankenaufsicht sehr großzügig ausüben. Da die Mitteldeutsche Bodenkreditanstalt in Greiz ihr Kreditgeschäft hauptsächlich in anderen (großen) Bundesstaaten ausübte, hätten – so wurde befürchtet – die großen Bundesstaaten die Folgen einer zu oberflächlichen Bankenaufsicht zu tragen.[30] Dass derartige Befürchtungen nicht haltlos sind, hat die Finanzmarktkrise deutlich werden lassen: Einige EU-Staaten wie zum Beispiel Irland haben durch eine großzügige Handhabung der Bankenaufsicht bewirkt, dass Bankgeschäfte wie zum Beispiel die Tätigkeit von Zweckgesellschaften, die dem Ankauf von Verbriefungstranchen dienten, in dieses Land verlagert wurden. Die Folgen, die aus dem Zusammenbruch dieser Gesellschaften resultierten, mussten aber zu einem großen Teil von den Ländern getragen werden, in denen die Banken, die diese Zweckgesellschaften gegründet haben, ihren Sitz hatten. Um diesen Missständen entgegenzuwirken, hat ab 2011 die neu gegründete europäische Bankenaufsichtsbehörde ›European Banking Authority‹ (EBA) deutlich mehr Kompetenzen erhalten als die Vorgängerbehörde ›Committee of European Banking Supervisors‹ (CEBS).

Trotz der erheblichen Vorbehalte blieb es dabei, dass das Hypothekenbankgesetz von 1899 die Aufsicht über die Hypothekenbanken den Bundesstaaten übertrug. Erst mit der Verabschiedung des Kreditwesengesetzes 1934 wurde die Bankenaufsicht einheitlich geregelt und die Aufsicht über die Kreditinstitute dem neu geschaffenen Reichsaufsichtsamt für das Kreditwesen übertragen. Konflikte um die Zentralisierung flammten dann noch einmal bei der Verabschiedung des Kreditwesengesetzes von 1961 auf: Der Bundesrat lehnte den Gesetzentwurf ab, weil darin die Zentralisierung der Bankenaufsicht beim Bundesaufsichtsamt für das Kreditwesen vorgesehen war. Erst nachdem das Bundesverfassungsgericht die Vereinbarkeit dieser Regelung mit dem Grundgesetz festgestellt hatte, konnte das Kreditwesengesetz in Kraft treten.

d. Wie erfolgreich war das Hypothekenbankgesetz?

Obwohl das Hypothekenbankgesetz weitreichende Vorkehrungen zum Schutz der Pfandbriefgläubiger enthält, sind vereinzelte Schieflagen von Hypothekenbanken nicht ganz ausgeblieben. Bereits im Oktober 1900 kam es zu einer ersten krisenhaften Zuspitzung, als die zum so genannten Spielhagen-Konzern[31] gehörende Preußische Hypotheken-Aktien-Bank und die Deutsche Hypothekenbank in Schwierigkeiten gerieten. Die Ursache dieser Krise reicht bis in die Neunzigerjahre des 19. Jahrhunderts zurück, als die Preußische Hypotheken-Aktien-Bank mehrere Tochterfirmen gründete, die teilweise Nebengeschäfte tätigten, teilweise Realkredite vergaben, ohne dabei den engen Preußischen Normativbestimmungen zu unterliegen; zur Refinanzierung wurden Realobligationen ausgegeben, die keine Pfandbriefe waren. Eine dieser Tochtergesellschaften war die Deutsche Hypothekenbank, die zwar satzungsgemäß in der Regel erststellige hypothekarisch gesicherte Kredite vergeben sollte, tatsächlich aber überwiegend zweitstellige Hypothekarkredite vergab.[32] Vorkommnisse wie die Finanzierung spekulativer Objekte gepaart mit persönlicher Bereicherung von Bankvorständen, nicht transparente gegenseitige Kreditgewährungen und Bilanzmanipulationen – so wurden Anteile an Tochterfirmen als Forderungen bilanziert und Erträge rückdatiert – wurden im Spätsommer 1900 publik und kulminierten am 30. Oktober 1900 zu einem Kursverfall der Aktien der beiden Institute auf 40 Prozent (Preußische Hypotheken-Aktien-Bank) beziehungsweise elf Prozent (Deutsche Hypothekenbank) ihres Nominalwertes.[33] Die Deutsche Hypothekenbank, die zwar nicht den Preußischen Normativbestimmungen, wohl aber dem neuen Hypothekenbankgesetz unterstand, ging daraufhin in Konkurs. Dies ist bis heute die einzige Insolvenz einer Bank, die die Vorschriften des Hypothekenbankgesetzes zu beachten hat, geblieben. Die Aktiva der Deutschen Hypothekenbank wurden auf die eigens zu diesem Zweck gegründete Neue Boden AG übertragen, die Pfandbriefgläubiger erhielten für je 100 Mark Realobligationen 25 Mark Aktien sowie 25 Mark Obligationen der übernehmenden Gesellschaft und zusätzlich 1,50 Mark in bar.[34] Die Preußische Hypotheken-Aktienbank konnte saniert werden, indem die Pfandbriefgläubiger auf 20 Prozent des Nennwertes ihrer Pfandbriefe verzichteten und dafür in Höhe von 15 Prozent des Nennwertes der Pfandbriefe Aktien der Bank erhielten.[35]

Obwohl die Krise der Spielhagen-Banken auf Verfehlungen in der Zeit vor Inkrafttreten des Hypothekenbankgesetzes zurückzuführen sind, verursachten die Vorkommnisse dennoch eine Vertrauenskrise am Pfandbriefmarkt. Der Pfandbriefabsatz ging zurück und die Verzinsung der Pfandbriefe stieg leicht an.[36] Die Hypothekenbanken versuchten, dem durch die Krise der Spielhagen-Banken verursachten Vertrauensverlust durch öffentliche Erklärungen, in denen die Solidität der eigenen wirtschaftlichen Verhältnisse versichert wurde, entgegenzuwirken.[37]

Am 1. September 1901 eskalierte die Situation bei der Pommerschen Hypotheken-Actien-Bank und ihrer Tochter, der Mecklenburg-Strelitzschen Hypotheken-Actien-Bank, nachdem bereits am 18. Mai 1901 zwei ihrer Direktoren verhaftet worden waren. Die Aktien der Pommerschen Hypothekenbank notierten zu diesem Zeitpunkt bei 24 Prozent des Nennwertes, die Pfandbriefe zu 77 Prozent.[38] Die Kurse der Aktien und Pfandbriefe der Mecklenburg-Strelitzschen Hypothekenbank waren sogar bis auf neun Prozent beziehungsweise 49 Prozent gefallen. Diese Situation markierte den Endpunkt einer langen Entwicklung, die Ende der Siebzigerjahre des 19. Jahrhunderts ihren Anfang nahm und einige Ähnlichkeiten zu der Situation der Preußischen Hypotheken-Actien-Bank aufweist.[39] Die Pommersche Hypotheken Actien-Bank war vor allem im ländlichen Realkredit tätig, wo sie sich allerdings gegen die Konkurrenz der Landschaften nicht behaupten konnte und auf die Vergabe riskanter zweitstelliger Hypotheken angewiesen war.[40] Um neue Ertragsquellen zu erschließen, wurden eine Reihe von Tochtergesellschaften gegründet, unter anderem die Mecklenburg-Strelitzsche Hypotheken-Actien-Bank mit Sitz in Neustrelitz, das heißt außerhalb des Geltungsbereichs der Preußischen Normativbestimmungen. Die Mecklenburg-Strelitzsche Hypotheken-Actien-Bank war stark in der Gewährung von Baugeldhypotheken involviert, bis das Hypothekenbankgesetz von 1899 diese Geschäftstätigkeit stark einschränkte, indem Baugeldhypotheken als nicht deckungsfähig klassifiziert wurden. Eine im Juni 1901 initiierte Überprüfung der Werthaltigkeit der vergebenen Kredite ergab, dass den Beleihungen in Höhe von 72,5 Mio. Mark Grundstücks- und Gebäudewerte in Höhe von lediglich 35,8 Mio. Mark gegenüberstanden.[41] Die Schieflage der Pommerschen Hypotheken Actien-Bank und ihrer Tochtergesellschaften konnte schließlich durch ein Bankenkonsortium unter Führung der Bank für Handel und Industrie bereinigt werden, wobei die Pfandbriefgläubiger begrenzte Verluste hinnehmen mussten.[42] Auch die Ursache dieser Bankenkrise ist nicht in unzureichenden Bestimmungen des Hypothekenbankgesetzes zu sehen, sondern in Regulierungsumgehungen, die vor Inkrafttreten dieses Gesetzes ihren Anfang nahmen. Dementsprechend führten weder die Krise der Spielhagen-Banken noch die Schieflage der Pommerschen Hypotheken Actien-Bank-Gruppe zu einer Revision des Hypothekenbankgesetzes.

Die Umgehung bankaufsichtlicher Vorschriften durch die Verlagerung der Geschäftstätigkeit in einen weniger streng regulierten Rechtsraum stand auch mehr als 100 Jahre später am Beginn einer Entwicklung, die zu der volumenmäßig bislang gravierendsten Schieflage einer Hypothekenbank führte. Im Jahre 2002 verlegte die auf Staatsfinanzierung spezialisierte DEPFA Deutsche Pfandbriefbank AG ihren Hauptsitz nach Dublin. Durch »*die Abkehr von den Restriktionen des deutschen Hypothekenbankgesetzes*«[43] versprach man sich die Erschließung neuer Geschäftsbereiche. Konkret gemeint war damit die Begebung von Asset Covered Securities nach dem 2001 verabschiedeten ›Irish Asset Covered Securities Act‹. Dieses Gesetz erlaubte es in hohem Maße, Staatskredite unbesichert und kurzfristig zu refinanzieren. Von dieser Möglichkeit machte die DEPFA regen Gebrauch, im Jahre 2008 wurde ungefähr die Hälfte der langfristigen Staatskredite kurzfristig refinanziert. Infolge der 2007 ausgebrochenen Finanzkrise fiel es der DEPFA zunehmend schwerer, sich zu angemessenen Konditionen zu refinanzieren. Die Probleme eskalierten schließlich nach der Insolvenz der amerikanischen Investmentbank Lehman Brothers, als der Interbankenmarkt weitgehend zusammenbrach und die kurzfristige Refinanzierung völlig versiegte. Die Notlage der irischen DEPFA zog die deutsche Hypo Real Estate, die die DEPFA 2007 erworben hatte, mit in den Abgrund. Die Sitzverlagerung nach Irland entzog die DEPFA nicht nur dem Geltungsbereich des deutschen Hypothekenbankgesetzes, mit der Konstruktion der Obergesellschaft Hypo Real Estate als Finanzholding hatte die deutsche Bankenaufsicht auch keine Möglichkeit, das Geschäftsgebaren der irischen DEPFA zu überprüfen. Hinzu kam, dass die Liquiditätsausstattung nicht auf Gruppenebene geprüft wurde. Mit der Novelle des Pfandbriefgesetzes vom 26. März 2009 wurde die Möglichkeit geschaffen, dass künftig auch eine Finanzholding von der Bankenaufsicht erfasst wird.

Während der Finanzkrise geriet mit der Düsseldorfer Hypothekenbank AG (DHB) eine weitere Hypothekenbank in Notlage. Die DHB war nach Aufgabe des Spezialbankprinzips 2005 mit dem demselben Eigentümer gehörenden Bankhaus Bauer fusioniert worden. Da die Bank über kein Einlagengeschäft verfügte, refinanzierte sie sich kurzfristig am Geldmarkt. Mit Ausbruch der Finanzkrise war die Refinanzierung nur noch mit hohen Aufschlägen möglich. Im April 2008 wurde die Bank an den Einlagensicherungsfonds des Bundesverbandes Deutscher Banken übertragen. In der Folgezeit erlitt sie erhebliche Verluste durch Abschreibungen auf ihr Lehman-Engagement, auf Kredite, die an isländische Banken vergeben worden waren, sowie auf Staatsanleihen der so genannten PIIGS-Staaten.[44] Um einen Zusammenbruch der Bank zu verhindern, wurde im März 2009 ein Garantierahmen des staatlichen Bankenrettungsfonds (›Sonderfonds Finanzmarktstabilisierung‹ – SoFFin) in Höhe von 2,5 Mrd. Euro in Anspruch genommen. Inzwischen ist die Bank an den amerikanischen Investor Lone Star verkauft worden, der derzeit nach einer Weiterveräußerungsmöglichkeit sucht.

Die Probleme der DHB weisen auf zwei mögliche Schwachstellen des derzeitigen Pfandbriefgesetzes hin. Zum einen scheint mit der Aufgabe des Spezialbankprinzips die Gefahr gewachsen zu sein, dass Probleme im nicht deckungsfähigen Geschäft das Pfandbriefgeschäft infizieren können. Zum anderen zeichnet sich eine neue Gefahrenquelle am Horizont ab: Die Staatsfinanzierung, die bislang als zwar margenarmes, dafür aber risikoloses Kreditgeschäft galt, wird für die Hypothekenbanken zunehmend zu einem Risikofaktor. Hier scheint eine Anpassung der Regulierungsvorschriften, die immer noch von der Fiktion einer risikolosen Kreditvergabe ausgehen, dringend geboten.

---

1   Müller, Entstehung, S. 73.
2   Verband deutscher Hypothekenbanken, 100 Jahre, S. 20.
3   Wandel, Banken, S. 16; Schulte, Hypothekenbanken, S. 99 ff.
4   Ruland, Bankenaufsichtsrecht, S. 37.
5   Ebd., S. 38.
6   So zum Beispiel in Coburg-Gotha das ›Gesetz, betreffend die Sicherstellung der Rechte der Besitzer von Pfandbriefen‹ vom 4. April 1885, in Bayern das ›Gesetz, betreffend die Pfandrechte für Schuldverschreibungen auf den Inhaber‹ vom 23. April 1892. Weitere einzelstaatliche Gesetze beziehungsweise Verordnungen wurden in Elsaß-Lothringen, Mecklenburg-Schwerin, Mecklenburg-Strelitz und in Schwarzburg-Sondershausen erlassen. Vgl. ebd., S. 40.

7   Wittenberg, Beiträge, S. 10.
8   Schulte, Hypothekenbanken, S. 84.
9   Dannenbaum, Hypothekenbanken, S. 2.
10 Schulte, Hypothekenbanken, S. 58–69.
11 Ruland, Bankenaufsichtsrecht, S. 45 f.
12 Dannenbaum, Hypothekenbanken, S. 103–110.
13 Verband der Hypothekenbanken, 100 Jahre, S. 138.
14 Vgl. Dannenbaum, Hypothekenbanken, S. 161–186; ferner ausführlich zur rechtlichen Konstruktion des Pfandbriefs Schulte, Hypothekenbanken, S. 182–186.
15 Ruland, Bankenaufsichtsrecht, S. 38.
16 Dannenbaum, Hypothekenbanken, S. 46 ff.
17 Schulte, Hypothekenbanken, S. 187.
18 Verband deutscher Hypothekenbanken, 100 Jahre, S. 36 f.
19 Vgl. zur unterschiedlichen Ausgestaltung der Aufsicht über die Hypothekenbanken in den einzelnen Bundesstaaten Dannenbaum, Hypothekenbanken, S. 31–35.
20 Verband deutscher Hypothekenbanken, 100 Jahre, S. 27.
21 Goedecke/Kerl/Scholz, Hypothekenbanken, S. 74.
22 Bereits seit 1918 wurden von Schiffskreditanstalten mit staatlicher Genehmigung Anleihen ausgegeben, die als Schiffspfandbriefe bezeichnet wurden. Obwohl diese Schiffspfandbriefe nicht dem Hypothekenbankgesetz unterlagen, war die Sicherheit der Pfandbriefgläubiger in ähnlicher Weise gesichert, da die Satzungen der Schiffskreditanstalten dem Hypothekenbankgesetz vergleichbare Regelungen enthielten. Vgl. Verband deutscher Hypothekenbanken, 100 Jahre, S. 281.
23 Ebd., S. 112.
24 Ebd., S. 20.
25 Zit. n. ebd., S. 113.
26 Deutsche Bundesbank, Monatsbericht März 1962, S. 6.
27 Verband deutscher Hypothekenbanken, 100 Jahre, S. 122, 135, 137.
28 [o. V.], Entwicklung, S. 60.
29 Verband deutscher Hypothekenbanken, 100 Jahre, S. 125.
30 Ebd., S. 118.
31 Benannt nach einem früheren Generaldirektor der Bank.
32 Der Aktionär vom 2. Dezember 1900, S. 596; 9. Dezember 1900, S. 607.
33 Der Aktionär, 4. November 1900, S. 556; 2. Dezember 1900, S. 596; Liman, Ursachen, S. 10–21, Baumert, Spielhagenbanken.
34 Dannenbaum, Hypothekenbanken, S. 101.
35 Ebd., S. 100.
36 Der Aktionär vom 16. Dezember 1900, S. 619.
37 Der Aktionär vom 23. Dezember 1900, S. 634; 9. Januar 1901, S. 11 f.
38 Liman, Ursachen, S. 31.
39 Ebd., S. 30–51.
40 Wittenberg, Beiträge, S. 11.
41 Bernhardt, Bauplatz, S. 61.
42 Ebd.
43 DEPFA-Bank, Zwischenbericht September 2002, S. 23.
44 Die fünf Euro-Staaten Portugal, Italien, Irland, Griechenland und Spanien.

Christian Dirninger

[16.]

Der bargeldlose Zahlungsverkehr der Sparkassen 1908

Ein Finanzverbund entsteht

a. Impuls Zahlungsverkehr

Im ersten Drittel des 20. Jahrhunderts bildete sich in dem bis dahin weitgehend regional und lokal orientierten Sparkassenwesen eine letztendlich dreistufige Verbundorganisation heraus; sukzessive entstanden die so genannte Sparkasseneinheit und ein im modernen Sinn institutionalisierter Sparkassensektor.[1] Für diese Entwicklung ist wesentlich die vom Reichsscheckgesetz vom 11. März 1908 ausgehende Einführung und Durchsetzung des bargeldlosen Zahlungsverkehrs bei den deutschen Sparkassen verantwortlich. Das zeigt die inzwischen umfangreiche Forschung zur deutschen Sparkassengeschichte, auf die sich der vorliegende Beitrag stützen kann.[2] Dabei ist der Einschätzung Josef Wysockis, dass der Einführung des Giroverkehrs für die Entwicklung des Sparkassengeschäftes »*die Rolle einer Schlüsselinnovation zuzuweisen*« sei, ebenso zuzustimmen, wie seiner Feststellung, dass der Giroverkehr »*den Sparkassenverbund nicht nur möglich, sondern notwendig machte.*«[3] Dieser institutionelle Formierungsprozess, der in der Bankenkrise 1931 mit der Erlangung eines öffentlich-rechtlichen Status aller drei Ebenen des Sparkassen-Finanzverbundes zu einem vorläufigen Abschluss kam, soll im Folgenden (Abschnitte b bis h) chronologisch in knapper Form nachgezeichnet werden.[4]

b. Ansatzpunkte für bargeldlosen Zahlungsverkehr, Verbandswesen und Zentralinstitut bis 1908

Ansatzpunkte für den bargeldlosen Zahlungsverkehr und für die verbandsmäßige Struktur des Finanzverbundes gab es bereits seit dem späten 19. Jahrhundert. Einer davon war der so genannte Übertragbarkeitsverkehr, im Zuge dessen Spareinlagen, etwa bei Wohnortwechsel des Einlegers, von einer Sparkasse auf eine andere überörtlich transferiert werden konnten. Dies geschah nicht zuletzt auch als Reaktion auf die gegen Ende des 19. Jahrhunderts bereits weit verbreitete Einrichtung der Postanweisung und des Postgiroverkehrs über so genannte Postscheckämter.[5] Jedoch verbreitete sich der Übertragungsverkehr bei den Sparkassen zunächst nur relativ zögerlich. So hatten sich 1907 erst 29 Prozent aller deutschen Sparkassen dem Übertragbarkeitsverkehr angeschlossen. Hans Pohl sieht eine wesentliche Ursache dafür in der damals noch nicht flächendeckenden verbandsmäßigen Organisation der Sparkassen.[6] Der Scheckverkehr wurde bei Sparkassen zwar in Einzelfällen, so etwa seit 1883 von der Landessparkasse des Fürstentums Lippe und ab 1889 von der Kreissparkasse Krefeld, praktiziert, konnte sich in jener Zeit aber nicht in größerem Ausmaß durchsetzen. Dies nicht zuletzt deshalb, weil er aus Sicht der Aufsichtsbehörden den ursprünglichen Aufgaben der Sparkassen nicht entsprechend beziehungsweise der Sicherheit der Spareinlagen abträglich erschien. Erst im Jahr 1897 gestattete ein Erlass des preußischen Innenministeriums den Sparkassen die Aufnahme des Scheckverkehrs, jedoch ausschließlich mit der Preußischen Central-Genossenschaftskasse.[7]

Im Verlauf des letzten Drittels des 19. Jahrhunderts drängten die geschäftliche Entwicklungsdynamik und das konkurrierende geld- und kreditwirtschaftliche Umfeld die Sparkassen immer stärker zu einer über die lokalen Wirkungs- und Geschäftsbereiche der einzelnen Institute hinaus reichenden Organisation in regionalen Sparkassenverbänden auf Landes- oder Provinzebene.[8] Der 1884 gegründete Deutsche Sparkassenverband, der zunächst noch nicht das gesamte Reichsgebiet umfasste, sondern nur einen regional begrenzten Mitgliederstand und Wirkungskreis hatte, wurde 1892 zum Dachverband der regionalen Sparkassenverbände.[9] Zu dieser Zeit wurde auch das Projekt einer ›Deutschen Sparkassenbank‹ verfolgt, die zum einen in Krisenzeiten die Liquidität der einzelnen Sparkassen sichern und zum anderen als zentrale Clearingstelle für den Übertragbarkeits- und Überweisungsverkehr fungieren sollte. Jedoch verweigerte das zuständige Preußische Ministerium des Innern derartigen Plänen die Genehmigung.[10]

Neben den auf Geldausgleich, Liquiditätssicherung und Überweisungsverkehr bezogenen Motiven der Sparkassen beziehungsweise der Sparkassenverbände gab es aber auch ein anderes, von den kommunalen Gewährträgern forciertes Motiv zur Errichtung gemeinsamer Finanzinstitute:[11] die Mobilisierung von langfristigem Finanzierungspotenzial über Kommunalanleihen. Zentralinstitute, so die Erwartung, wären in der Lage, größere langfristige Kommunalanleihen zu einheitlichen Konditionen in einem überregionalen Markt zu begeben. Damit sollte die Zersplitterung und regionale Begrenztheit der kommunalen Kapitalmärkte überwunden werden; diese Zersplitterung behinderte insbesondere die Finanzierung der kleineren Gemeinden. Es wurde das durchaus ambitionierte Projekt einer ›Deutschen Kommunalbank‹ entwickelt, die in der Rechtsform einer Aktiengesellschaft zugleich auch als Zentralinstitut der deutschen Sparkassen, unter anderem als Girozentrale, fungieren sollte. Doch auch diese Bank kam nicht zustande. Maßgeblich dafür waren wohl auch Interventionen der Geschäftsbanken, die in einem derartigen Institut eine potenzielle Konkurrenz sehen konnten.

Was letztendlich möglich war, war im Jahr 1909 die Gründung einer ›Geldvermittlungsstelle des Deutschen Städtetages‹. Diese Geldvermittlungsstelle kann mit ihrer

Funktion als Transferstelle für den interkommunalen Zahlungsverkehr und als Vermittler beim Kommunalkredit in gewisser Weise als Vorläuferinstitution der späteren Deutschen Girozentrale gesehen werden; die Girozentrale übernahm dann ja auch die Funktion der interkommunalen Geldvermittlungsstelle.[12] Der entscheidende Anstoß für die nachhaltige Etablierung von Verbundstrukturen kam dann aber von der Etablierung des bargeldlosen Zahlungsverkehrs im Zusammenhang mit der Erteilung der passiven Scheckfähigkeit für die Sparkassen im Jahr 1908.

c. Die Etablierung des Giroverkehrs der Sparkassen mit dem ›Sächsischen Modell‹ ab 1908

Im bargeldlosen Zahlungsverkehr (Giroverkehr) wird – zum Beispiel mittels Scheck oder Überweisung – Buchgeld von einem Girokonto auf ein anderes übertragen. Die Zahlungsmöglichkeit ohne Bargeld gewann im Kaiserreich dadurch zusätzlich an Bedeutung, dass sie der Reichsbank bei wachsender Wirtschaft und Kreditnachfrage die Einhaltung der gesetzlichen Notendeckungsvorschriften erleichterte; denn nur die von ihr ausgegebenen Banknoten, nicht das Buchgeld, waren zu einem Drittel durch den »Baarvorrath«, vor allem Gold, zu decken. Besonders dringlich wurde der Ruf nach unbaren Zahlungsmitteln, als in der Kreditkrise des Jahres 1907 bei stark steigenden Zinsen die Bardeckung der Banknoten an ihre gesetzliche Untergrenze stieß.[13] Vor allem auch die Wirtschaftsverbände forderten in dieser Situation die Forcierung der »*bargeldschonenden Zahlungsweise*«, also des Scheck- beziehungsweise Girowesens.[14] Auf Anregung der Reichsbank wurde eine Bankenenquete veranstaltet. Die Bankenenquete mündete – das war eines ihrer wesentlichen Ergebnisse – in das Reichsscheckgesetz vom 11. März 1908, das eine bis dahin fehlende einheitliche und gesamtstaatlich verbindliche Regelung für den Scheckverkehr brachte.[15] Indem es ihnen mit der passiven Scheckfähigkeit die Entgegennahme von Schecks erlaubte, ermöglichte es den Sparkassen die Geldübertragung zwischen Girokonten und damit die Teilnahme am bargeldlosen Zahlungsverkehr. Die Umsetzung in jeweiliges Landesrecht nahm in der Regel längere Zeit in Anspruch. In Preußen war dies im Jahr 1909 mit einem Erlass der Fall, in dem zwischen »*Scheckverkehr auf Sparguthaben*« und »*Scheckverkehr in Verbindung mit Depositen- und Kontokorrentverkehr*« mit jeweils detaillierten Bestimmungen hinsichtlich Begrenzung und Besicherung unterschieden wurde.[16]

Für die endgültige Durchsetzung des Girogedankens bei den Sparkassen erwies es sich nun als ein glücklicher Umstand, dass sich die erforderliche Übernahme der passiven Scheckfähigkeit in Landesrecht – wie in anderen deutschen Ländern – auch in Sachsen zunächst verzögerte: Ursache der Verzögerung war hier ein mehrjähriger Konflikt zwischen den Sparkassen und der Staatsregierung, in dem die Staatsregierung die Sparkassen aufforderte, mehr Gelder in Staatspapieren anzulegen. Im Zuge dieses Konfliktes wurde der seit Mitte der 1880er-Jahre weitgehend inaktive Sächsische Sparkassenverband 1907 wieder reaktiviert. Und dieser Sparkassenverband wurde unter dem Vorsitz des Bürgermeisters der sächsischen Kleinstadt Nossen, Johann Christian Eberle, in der Folge zur »*Plattform für die Einführung des Giroverkehrs*«,[17] wobei die Giroüberweisung

(Überweisungsverkehr) angesichts der Verzögerung der landesrechtlichen Genehmigung des Scheckverkehrs zunächst eigentlich als Interimslösung verstanden wurde.

Eberle, der immer wieder auch als »*Vater der Giroidee innerhalb der Sparkassenorganisation*«[18] bezeichnet wird, hat sein umfangreiches und nachhaltig wirksames Engagement für die Sparkassen vor allem im Zusammenhang mit seinem intensiven Einsatz für den gewerblichen Mittelstand, so etwa an führender Position des ›Reichsdeutschen Mittelstandsverbandes‹, entwickelt.[19] Die entscheidende Verbindung lag in der Bedeutung, die Eberle den Sparkassen für die Verbesserung der Kapitalversorgung des gewerblichen Mittelstandes, vor allem im Bereich des Personalkredits, beimaß und wofür er in der Einführung des Giroverkehrs eine wesentliche Grundlage sah.[20] Dies insofern, als zu erwarten war, dass ein wachsendes Gironetz auch die Kreditschöpfungsmöglichkeiten der Sparkassen deutlich erhöhen würde.[21] Diese Kapitalversorgungsleistung für den Mittelstand vermisste Eberle bei den Depositenkassen, die von den Geschäftsbanken seit den 1870er-Jahren in wachsender Zahl – jedenfalls in den größeren Städten – als Nebenstellen eingerichtet wurden. Diese dienten, so seine Feststellung, der Einsammlung von Spareinlagen, die dann für die Veranlagung im kurz- und langfristigen Bankgeschäft zur Verfügung standen. Eberle kritisierte diese Institute als »*Aufsaugapparate*«, die »*die Spargroschen der Kleinen an sich reißen, um sie den Großen darzubieten*«.[22] Er sah in ihnen eine spezielle Bedrohung der Sparkassen. Da die Depositenkassen darüber hinaus auch die bargeldlose Zahlung anboten, was ihnen zusätzliche Attraktivität gegenüber den Sparkassen verlieh, legte es Eberle darauf an, diesen Vorsprung insbesondere im Hinblick auf den gewerblichen Mittelstand auszugleichen. Die Essenz der umfangreichen Aufklärungs- und Werbetätigkeit Eberles für den Giroverkehr bei den Sparkassen und seines dafür in zahlreichen in Reden und Schriften entwickelten Konzeptes findet sich in der 1911 veröffentlichten und weit verbreiteten Broschüre ›Die geldlose Zahlung und die Sparkassen‹.[23] So war es denn auch insbesondere Eberles Initiative, die zu dem ›Sächsischen Modell‹ führte, das in der Folge zum Ausgangspunkt für die Etablierung des Girowesens bei den Sparkassen generell wurde und in Zusammenhang damit den sukzessiven Ausbau eines institutionellen Finanzverbundes der Sparkassen im Sinne der ›Sparkasseneinheit‹ entscheidend prägte.

Erforderlich für ein funktionierendes Girosystem war jedenfalls die Schaffung eines speziellen verbandsmäßigen Zusammenschlusses der Sparkassen beziehungsweise der kommunalen Gewährträger und in Verbindung damit die Schaffung einer gemeinsamen bankmäßigen Einrichtung zur operativen kontenmäßigen Abwicklung der bargeldlosen Verrechnung. So wurde der ›Giroverband Sächsischer Gemeinden‹, der seine Tätigkeit am 2. Januar 1909 begann, am 5. Oktober 1908 auf einer Versammlung in Dresden gegründet, an der – eine beachtliche Zahl – 151 Kommunalvertreter teilnahmen; Basis der Gründung war eine unter Eberles Vorsitz im Sächsischen Sparkassenverband ausgearbeitete Satzung, die, begünstigt durch die gerade zu jener Zeit durchgeführte Neuordnung des sächsischen Gemeinderechtes, vom Innenministerium genehmigt worden war.[24] Zu beachten ist, dass der Giroverband somit rechtlich ein kommunaler Verband mit solidarischer Haftung aller Mitgliedsgemeinden war, da ja die Sparkassen zu dieser Zeit noch keine eigene Rechtspersönlichkeit hatten. Die operative Funktion einer Girozentrale, also die Kassenführung für den Giroverband, wurde bis 1911 zunächst noch über entsprechende Konten der Mitgliedssparkassen bei der Sächsischen Bank A.G. abgewickelt, danach über eine eigene Anstalt, jedoch ebenfalls ohne selbstständige Rechtspersönlichkeit. Auf der Ebene der einzelnen Sparkassen war eine strenge organisatorische und in der Regel auch räumliche Trennung von Sparkassen und den bei diesen geführten Girokassen intendiert. Da jedoch beide Bereiche im Tagesgeschäft in der Regel in Personalunion erledigt wurden, kam es bald zu einer »*Verwischung der Grenzen zwischen beiden Geschäftssparten*«, was »*Eberle nur notgedrungen und mißbilligend in Kauf genommen*« hat.[25]

Im Jahre 1911 hatten – in schrittweisem Ausbau – von den insgesamt 361 Sparkassen in Sachsen bereits 183 derartige Girokassen errichtet.[26] Damit war eigentlich die institutionelle Grundstruktur eines Sparkassen-Girosystems mit bargeldloser Zahlung im Wege der Überweisung von Konto zu Konto über eine zentrale Verrechnungsstelle installiert, die in weiterer Folge »*für die Entwicklung des gesamten deutschen Zahlungsverkehrs bestimmend*« wurde.[27] Dieses Girosystem blieb quantitativ zunächst noch relativ bescheiden. So hatten die Girogelder bei den deutschen Sparkassen im Jahr 1913 an den gesamten Einlagen gerade mal einen Anteil von 0,33 Prozent.[28] Funktionell jedoch wirkte das Girosystem – im Sinne eines Modells – sehr rasch als Vorbild für analoge Einrichtungen in anderen Ländern des Reiches. So entstanden im Wesentlichen nach dem sächsischen Vorbild am 20. April 1912 der ›Kommunale Giroverband Pommern‹ und in den folgenden Jahren in Posen, Schleswig-Holstein, Breslau, Brandenburg und Hannover weitere derartige regionale Giroverbände mit entsprechenden Verbands-Girozentralen.[29] Eine quantitative Ausweitung des bargeldlosen Zahlungsverkehrs setzte noch im Verlauf des Ersten Weltkrieges ein, wobei die ursprüngliche Begrenzung der Giralgelder in Relation zu den Spareinlagen mit entsprechenden landesgesetzlichen Bestimmungen ausgeweitet wurde. So wurde etwa in Preußen im Jahr 1917 die bisherige Begrenzung von zehn auf 25 Prozent angehoben.[30]

d. Duplizität und Rivalität bei der Formierung der zweiten Ebene des Finanzverbundes

Die von den Sparkassen- beziehungsweise Giroverbänden, in der Regel bei einer größeren Sparkasse im Verbandsgebiet, speziell eingerichteten Girozentralen gerieten jedoch nicht selten in Rivalität zu den seit Längerem bestehenden Landesbanken.[31] Denn die aus den früheren Provinzialhilfskassen hervorgegangenen Landesbanken waren, wie Hans Pohl festhält, speziell nach dem Reichsscheckgesetz von 1908, in der Regel »*mit der Abwicklung und Förderung des überörtlichen Zahlungsverkehrs der Sparkassen ihres Geschäftsbereiches, mit dem Geld- und Liquiditätsausgleich zwischen den Sparkassen, mit der Kredithilfe für Sparkassen und der Kreditgewährung an die öffentliche Hand und an Privatpersonen betraut*«[32] und damit eben auch für die Übernahme der Funktion einer Girozentrale prädestiniert. Auch für ein verstärktes Angebot im langfristigen Kommunalkredit, eine ebenfalls den regionalen Girozentralen zugedachte Aufgabe, brachten die Landesbanken aufgrund ihrer bisherigen Entwicklung gute Voraussetzungen mit.

e. Die dritte Ebene

Der nächste Schritt in der Formierung des Finanzverbundes, die Herausbildung von zentralen Institutionen (Verband und Girozentrale) auf Reichsebene, fiel im Wesentlichen in die Zeit des Ersten Weltkrieges; in ihr kam der »Bargeldschonung«, also der Ausdehnung des Girowesens, als Element des Kriegsfinanzierungssystems, auch bei den Sparkassen besondere Bedeutung zu. Im Zusammenhang damit wurde im Jahr 1916, als bereits insgesamt zwölf regionale Giroverbände der Sparkassen beziehungsweise Kommunen (mit regionalen Girozentralen) bestanden, hervorgehend aus einer ›Arbeitsgemeinschaft der deutschen Giroverbände‹, eine Dachorganisation in Form eines ›Deutschen Zentral-Giroverbandes‹ gegründet, der zu dieser Zeit bereits den größten Teil des deutschen Reichsgebietes umfasste und im Jahr 1917 seine Tätigkeit aufnahm.[33] Im Februar 1918 wurde sodann eine von den regionalen Giroverbänden mit Betriebskapital ausgestattete Deutsche Girozentrale (DGZ) eingerichtet, für die diese, so wie auch für den Verband selbst, die solidarische Haftung trugen. Hauptaufgabe der DGZ, die ab April 1918 auch die Funktion der bisherigen Geldvermittlungsstelle des Deutschen Städtetages übernahm, war *»die Förderung des Geldausgleichs der Giro- und Kommunalverbände«*; darüber hinaus sollte sie Gelder, welche die Verbände bei ihr angelegt hatten, dem Kapitalmarkt in Form von Krediten wieder zur Verfügung stellen.[34] Besonderes Gewicht kam dabei dem Kommunalkredit zu.[35]

Auf diese Weise wurde mit der Deutschen Girozentrale zwar einerseits, wie dies Josef Wysocki ausdrückt, *»der Schlußstein in das Gebäude der Sparkassen-Giroorganisation eingefügt«*,[36] andererseits aber – und das ist wesentlich für den damaligen Entwicklungsstand des Finanzverbundes – setzte sich auf der nun dritten, zentralen Ebene die vorhin angesprochene rivalisierende Duplizität mit den Landesbanken fort, indem sich diese nicht an der Deutschen Girozentrale beteiligten – so die Landesbanken im Großherzogtum Hessen, in Braunschweig und in den preußischen Westprovinzen Hessen-Nassau, Rheinland, Westfalen. Jedenfalls aber war am Ende des Ersten Weltkrieges der Finanzverbund der Sparkassen in seinen Grundelementen auf drei Ebenen etabliert; er hat sich in den Herausforderungen der Nachkriegs- beziehungsweise Zwischenkriegszeit durchaus bewährt und damit auch weiter entwickelt.

f. Girowesen und Verbund in der Zeit der Inflation bis zur Währungsstabilisierung

Die erste derartige Herausforderung war die große Nachkriegsinflation und die nachfolgende Währungsstabilisierung, als Giroverkehr und Verbund nach Einschätzung Josef Wysockis *»zur Grundlage des Überlebens«*[37] der Sparkassen wurden. Die sich nach dem Kriegsende rasch beschleunigende und schließlich in eine Hyperinflation mündende Geldentwertung führte einerseits zu einem massiven Einbruch bei den traditionellen Spareinlagen, andererseits aber zu einer signifikanten Zunahme des bargeldlosen Zahlungsverkehrs, insbesondere im so genannten Eilüberweisungsverkehr.[38] Hans Pohl verweist darauf, dass sich, nachdem 1921 die an den Spareinlagen bemessene Begrenzung der Girogelder gefallen war, das Verhältnis von Spar- zu Giroeinlagen bei den deutschen

Sparkassen von sieben zu eins Ende 1921 auf vier zu eins Ende 1922 verringerte und im Oktober 1923 auf eins zu elf umkehrte.[39]

Zudem schufen Lockerungen im normativen Rahmen rechtliche Voraussetzungen für den Ausbau alternativer Geschäftsbereiche. So erhielten die Sparkassen, ausgehend von entsprechenden Ansätzen bei den Kriegsanleihen, die Berechtigung zum An- und Verkauf von Wertpapieren auf fremde Rechnung sowie zu deren Beleihung. Mehr noch als bei den Sparkassen selbst, kam diese ›bankmäßige‹ Erweiterung der Geschäftsbereiche bei deren Girozentralen zum Tragen.[40] Dies wiederum stand in Zusammenhang mit der deutlichen Zunahme des Giroverkehrs zwischen den Sparkassen beziehungsweise innerhalb der Sparkassenorganisation. Die DGZ führte zwar für ihre eigenen Kunden derartige Überweisungen auch durch, war aber in den interregionalen bargeldlosen Zahlungsverkehr nur in indirekter Weise eingebunden, indem sich die regionalen Girozentralen im Bedarfsfall bei ihr mit Liquidität versorgen konnten. Insofern spielte sich der überwiegende Teil des Sparkassengiroverkehrs auf den beiden unteren Ebenen des Verbundes ab. Dabei verfügten die Girozentralen in der Regel über geringe Eigenmittel. Sie waren daher zur Finanzierung ihres Aktivgeschäftes insbesondere auch an einer Zunahme der Mittelzuflüsse aus dem Giroverkehr interessiert; möglichst alle Sparkassen ihres Geschäftsbezirks sollten an diesem teilnehmen. Diesem Ziel diente die Propagierung des Giroverkehrs bei den Sparkassen selbst, aber auch auf überregionaler Ebene, wofür es sogar eine reichsweit agierende ›Propaganda-Kommission‹ gab. Einen wesentlichen Impuls für den Ausbau des Sparkassengiroverkehrs stellte ab 1919 die Eröffnung von Girokonten der preußischen Staatskassen bei den Sparkassen sowie die Abwicklung von Gehaltszahlungen, Lieferantenrechnungen und Gebührenverrechnung der Kommunen über diese dar.[41]

Die durch die Giralgeldschöpfung bewirkte Ausweitung der Kreditkapazitäten konzentrierte sich, den prekären Geldwertverhältnissen entsprechend, in überwiegendem Ausmaß auf den kurzfristigen Kontokorrentkredit, während der langfristige Hypothekarkredit fast völlig zum Erliegen kam. Auch die Unterbringung langfristiger Kommunalanleihen war unter den Bedingungen der Inflation äußerst schwierig und innerhalb des Sparkassenverbundes eigentlich nur auf dessen zentraler Ebene, also bei der DGZ, möglich. Die DGZ legte, nachdem ihr das Recht zur Ausgabe von Inhaberschuldverschreibungen und zur Gewährung von langfristigen Kommunalkrediten verliehen worden war, im Jahr 1919 erstmals eine ›Deutsche Kommunal-Anleihe‹ auf. Weitere Anleihen folgten. Wenn diese Anleihen auch immer schwieriger unterzubringen waren:[42] Die kommunale Finanzierung stärkte die Position und Funktion der DGZ als zentrales Element des Sparkassen-Finanzverbundes wesentlich. Das fand nicht zuletzt auch darin Niederschlag, dass dem Deutschen Zentral-Giroverband 1919 der Status einer öffentlich-rechtlichen Körperschaft verliehen und in Verbindung damit die DGZ als eine wirtschaftlich selbständige öffentliche Bankanstalt anerkannt wurde.[43]

Indem ein nicht geringer Teil der von der DGZ ausgegebenen ›Kommunal-Sammelanleihen‹ von den Sparkassen gezeichnet wurde und deren Erlös an die regionalen Girozentralen und sonstigen öffentlich-rechtlichen Kreditanstalten verliehen·wurde, ergab sich im Finanzverbund ein Finanzierungskreislauf. Die Landesbanken mit ihrer Funktion als Girozentralen gehörten weiterhin nicht dem Deutschen Zentral-Giroverband an, sondern hatten sich im ›Verband deutscher öffentlich-rechtlicher Kreditanstalten‹

organisiert, der jedoch im Verwaltungsrat und im Vorstand des Deutschen Zentral-Giroverbandes vertreten war. Dazu kam dann noch 1921 die Gründung des ›Deutschen Verbandes der kommunalen Banken e.V.‹ durch die in den Kriegs- und Nachkriegsjahren insbesondere in den östlichen preußischen Provinzen zahlreich entstanden Kommunalbanken. Somit ergab sich, dass zu Beginn der 1920er-Jahre »*drei Verbände existierten, die sich mit dem kommunalen Geld- und Kreditverkehr befassten.*«[44]

Ungeachtet dieser Friktionen entwickelte sich die DGZ in den schwierigen ersten Nachkriegsjahren auch in organisatorischer Hinsicht zur zentralen Institution des Sparkassen-Finanzverbundes. Wesentlich dafür war zum einen die personelle Verknüpfung der Führungsebene des Deutschen Zentral-Giroverbandes und der DGZ als dessen Geschäftsstelle und Bankanstalt. Zum anderen übernahm die DGZ viele Aufgaben des Verbandes und baute dabei ihre zentralen Funktionen für die Sparkassenorganisation beziehungsweise deren Finanzverbund aus. So etwa mit der Einrichtung einer volkswirtschaftlichen Abteilung mit den Unterabteilungen Presse, Statistik, Archiv, Bücherei, Buchbinderei und Hausdruckerei sowie der Herausgabe der Verbandszeitschrift ›Wirtschaftspolitische Umschau‹.

g. Giroverkehr und Finanzverbund der Sparkassen in den 1920er-Jahren

Nach der Währungsstabilisierung setzten sich die Ausweitung der Geschäftsfelder der Sparkassen und damit auch der Ausbau des dreistufigen Sparkassenverbundes zügig fort. Die traditionellen Geschäftsfelder der Entgegennahme von Spareinlagen und der langfristigen Kreditfinanzierung erstarkten neu. Die in der Inflation stark ausgebauten Geschäftszweige des kurzfristigen Kreditgeschäfts, des Wertpapiergeschäfts und des bargeldlosen Zahlungsverkehrs wuchsen weiter. Besonders der Giroverkehr nahm stark zu, nicht zuletzt infolge einer intensiven Werbetätigkeit der Sparkassenverbände.[45] Er war es, der neben und in Verbindung mit den anderen Geschäftszweigen im Verlauf der 1920er-Jahre zu einer deutlichen Ausweitung des Kundenkreises der Sparkassen führte; in einer von verschärfter Konkurrenz gekennzeichneten kreditwirtschaftlichen Landschaft stärkte das die Position der Sparkassenorganisation.

Parallel dazu wurde nach der Währungsstabilisierung die Organisation des Verbundes weiterentwickelt. Bereits 1923 wurde beim DGZ eine zentrale Revisionsstelle für die Bankanstalten der Mitgliedsverbände, also insbesondere für die regionalen Girozentralen geschaffen. Ein ganz wesentlicher Entwicklungsschritt in der Konsolidierung des Verbundsystems, insbesondere an der Spitze, aber auch im dreistufigem Aufbau insgesamt, war im Jahr 1924 der Zusammenschluss des ›Deutschen Sparkassenverbandes‹, des ›Deutschen Zentral-Giroverbandes‹ und des ›Deutschen Verbandes der kommunalen Banken‹ zum ›Deutschen Sparkassen- und Giroverband‹ (DSGV). Die Deutsche Girozentrale wurde unter Erweiterung des Namens um den Begriff ›Deutsche Kommunalbank‹ zur – zunächst rechtlich weiterhin unselbstständigen – Bankanstalt des nunmehrigen Einheitsverbandes. Als solche war sie von der Geschäftsstelle des Verbandes organisatorisch getrennt, wobei auch das Vermögen der Bank vom Verbandsvermögen getrennt wurde. Aber bei ihren wesentlichen Aufgaben, bei der Vermittlung des Geldausgleichs der Mitgliedsverbände und der sonstigen Kommunalverbände sowie bei der

Förderung des bargeldlosen Zahlungsverkehrs bei den Sparkassen, Kommunalbanken und Kommunalverbänden, bestand weiterhin eine enge funktionelle Verbindung. Für die dem Verband und der DGZ angeschlossenen 13 regionalen Girozentralen wurden einheitliche Geschäftsbedingungen erlassen. DSGV und DGZ bildeten nunmehr das organisatorische Dach eines dreistufigen Haftungs- und Finanzdienstleistungsverbundes, der von den Kommunen, Kreisen und Ländern ausging und sich über deren regionale Sparkassenverbände und Girozentralen fortsetzte.[46]

Bedeutsam für die institutionell-organisatorische Festigung des Verbundsystems war sicherlich die vom DSGV vorangetriebene Vereinheitlichung des Verrechnungs- und Formularwesens, speziell im Giroverkehr in der Sparkassenorganisation. So waren 1920 noch vom Deutschen Zentral-Giroverband ›Leitsätze für die Ausgestaltung des Überweisungsverkehrs‹ herausgegeben worden; sie flossen in die ab 1. August 1927 im DSGV geltenden ›Grundsätze für den Spargiroverkehr‹ ein.[47] Wesentliche technische Instrumente waren dabei einheitliche Überweisungsformulare sowie ein einheitliches Verrechnungssystem bei Sparkassen und Girozentralen mit einem, amerikanischen Vorbildern nachgebildeten, Kenn-Nummernsystem.[48]

Die organisatorische Durchstrukturierung des kommunalen Sparkassen-Finanzverbundes schloss in der Folge auch die Klärung des Verhältnisses zu den Landesbanken ein. Ein erster Zusammenschluss zwischen einer Girozentrale und einer Landesbank war 1923 noch vor der Gründung des DSGV in Posen-Westpreußen erfolgt: als Körperschaft öffentlichen Rechts, an der der dortige Giroverband und die Provinz je zur Hälfte beteiligt waren. Analoge Zusammenschlüsse kamen daraufhin in Pommern (1924), in Oberschlesien (1926), in Brandenburg (1927), in der Provinz Sachsen samt Thüringen und Anhalt (1928) und in Hessen (1929) zustande. Des Weiteren wurden die vier in der Rheinprovinz und in Westfalen bestehenden vier Landesbanken sowie die beiden nassauischen Landesbanken in Wiesbaden und Kassel in das Gironetz des DSGV integriert.[49] 1929 schließlich trafen DGZ und Deutsche Landesbankenzentrale ein Abkommen über eine gegenseitige Kapitalbeteiligung und über die Regelung des Wettbewerbs im Bereich des Kommunal- und Realkredits: Die DGZ sollte sich auf die Emission von Kommunalanleihen und den Geldverkehr mit Sparkassen und Kommunen konzentrieren, die Deutsche Landesbankenzentrale auf die Ausgabe von Pfandbriefen beschränken. Darüber hinaus schloss die DGZ analoge Abkommen über eine Aufteilung der Geschäftsbereiche mit den Girozentralen des Brandenburgischen Giroverbandes und der Stadtgemeinde Berlin.[50]

In Verbindung mit der starken Stellung des Sparkassenverbundes im Bereich des Kommunalkredits erlangte die Liquiditätssicherung zunehmende Bedeutung für dessen weitere funktionelle Ausgestaltung. Trotz der oben erwähnten Ansätze waren die regionalen Girozentralen und auch die DGZ bis 1927/28 nur in vergleichsweise geringem Maße auch Liquiditätszentralen. Das änderte sich, als mit der auf einem Konzept des DSGV basierenden preußischen Mustersatzung des Jahres 1927, die in der Folge auch auf die Sparkassen anderer Länder übertragen wurde, bestimmt wurde, dass die Sparkassen mindestens zehn Prozent ihrer gesamten Einlagen als Liquiditätsreserven bei den Girozentralen beziehungsweise Landesbanken zu unterhalten hatten.[51]

Wurden damit also hinsichtlich der Liquiditätssicherung die beiden unteren Ebenen des dreistufigen Finanzverbundes gleichsam auf gesetzlicher Basis stärker miteinander verbunden, so traf dies für die oberste Ebene, also die DGZ, die in diese Vorschrift nicht unmittelbar einbezogen war, zu jener Zeit nicht zu. Dennoch nahm das Gewicht der DGZ im Verbund sichtlich zu: zum einen, weil die Sparkassen und regionalen Girozentralen zunehmend (freiwillig) liquide Mitteln bei ihr anlegten, zum anderen, weil die DGZ das eigene Geschäftsspektrum, etwa im Emissions- und Kommunalkreditgeschäft, ausweitete; wichtig dabei war auch, dass die DGZ in der Refinanzierung der Sparkassen wachsende Bedeutung gewann. In der langfristigen Kommunalfinanzierung sah sich die DGZ mit der relativen Enge des deutschen Kapitalmarktes konfrontiert; sie wich daher 1926 und 1927 mit zwei Dollaranleihen auf den amerikanischen Kapitalmarkt aus.[52]

Der dreistufige Finanzverbund erwies sich in den 1920er-Jahren als wesentlicher Faktor bei der Behauptung des Sparkassensektors in einem sich sukzessive verschärfenden Konkurrenzklima; er war die Antwort vor allem auf die Anforderungen, welche die Zunahme des bargeldlosen Zahlungsverkehrs, der Kommunalfinanzierung und der Liquiditätssicherung an die Sparkassen stellte. Die Angriffe des ›Centralverbandes des Bank- und Bankiersgewerbes‹ auf die Sparkassen setzten insbesondere beim Privatkreditgeschäft und beim Giroverkehr an. Der Deutsche Sparkassen- und Giroverband machte es daher zu einer seiner Hauptaufgaben, dem dabei vehement vorgetragenen Argument entgegenzutreten, diese Geschäftsfelder gehörten nicht zu den angestammten Aufgaben der Sparkassen, nämlich der Aufnahme von Spareinlagen und der Vergabe von Hypothekar- und Kommunalkrediten. Zugleich bemühte sich der Verband, das Vordringen der Banken in das kleinteilige Spareinlagengeschäft abzuwehren. Immerhin gelang es 1927 in einem Wettbewerbsabkommen, den Status quo festzuschreiben und damit den erreichten Entwicklungsstand des Sparkassensektors abzusichern.[53]

In besonderer Weise erwies sich der Finanzverbund als Stabilisierungsgerüst des Sparkassensektors dann in der Bankenkrise 1931; in ihrem Verlauf kam die seit dem späten 19. Jahrhundert laufende Entwicklung der ›Sparkasseneinheit‹ auch zu einem vorläufigen Abschluss.

h. Festigung des dreistufigen Finanzverbundes der Sparkassen in der Bankenkrise 1931

Zunächst konnten die Sparkassen, die Girozentralen und auch die DGZ die vom New Yorker Börsenkrach 1929 ausgelöste und die durch ausländische Kapitalabzüge rasch verschärfte Finanzkrise trotz deutlichem Rückgang des Einlagenwachstums noch vergleichsweise gut bewältigen. Von der Zuspitzung der Bankenkrise im Jahr 1931 wurde aber auch der Sparkassen-Finanzverbund stark betroffen. Der Run auf die Bankschalter löste auch im Sparkassensektor eine akute Liquiditätskrise aus; nun war der Verbund vorrangig in seiner Eigenschaft als Liquiditätsverbund gefordert. Auf der Passivseite der Sparkassenbilanzen ging der Liquiditätsdruck von den massiven Kontenabhebungen aus, auf der Aktivseite wurde er wesentlich durch ›Einfrierung‹ von Kommunalkrediten verstärkt; denn die Gemeinden waren zahlungsunfähig geworden.

Zunächst reichte den Sparkassen noch der Rückgriff auf ihre Liquiditätsreserven bei den Girozentralen. Bald mussten die Zentralen indessen auf ihre Reserven bei der DGZ zurückgreifen; sie gaben damit gewissermaßen den Liquiditätsdruck nach oben weiter.

In der Folge musste die Zahlungsfähigkeit der regionalen Girozentralen durch einen über die Deutsche Girozentrale aufgenommenen Sonderlombardkredit der Reichsbank aufrecht erhalten werden. Außerdem wurde der Sparkassenorganisation Zentralbankkredit über die kurzfristig errichtete Garantie- und Akzeptbank (welche die von den Sparkassen eingereichten Wechsel reichsbankfähig machte) zugeführt; die Girozentralen fungierten dabei zum Teil als Vermittlungsagenturen der Sparkassen, zum Teil waren sie aber auch selbst Empfänger. Auf diese Weise gelang es, die akute Zahlungskrise im Sparkassenverbund zu überwinden.[54] Der Spargiroverkehr konnte mit kurzen Unterbrechungen und einigen Einschränkungen auch auf dem Höhepunkt der Krise innerhalb des Verbundes aufrechterhalten werden; über die Deutsche Girozentrale hatten sich die Sparkassen zu diesem Zweck an den als Selbsthilfeorganisation von allen Banken gegründeten Überweisungsverband e.V. angeschlossen.[55]

In das Kreditgeschäft der Sparkassen griff die Reichsregierung mit der präsidialen Notverordnung vom 5. August 1931 ein; sie verbot die Vergabe neuer Kommunalkredite. Die ›Notverordnung zur Sicherung von Wirtschaft und Finanzen‹ vom 6.Oktober 1931 prolongierte dieses Kommunalkreditverbot, enthielt aber außerdem zwei für die weitere Entwicklung des Sparkassen-Finanzverbundes überaus bedeutsame Bestimmungen. Sie verlieh erstens den Sparkassen und den Girozentralen sowie der DGZ den Status eigener Rechtspersönlichkeit (als juristische Personen des öffentlichen Rechts). Zweitens normierte sie die vorrangige Funktion der Girozentralen als Institutionen der Liquiditätssicherung der Sparkassen: Die Sparkassen mussten in Zukunft zehn Prozent ihrer Spareinlagen und 20 Prozent ihrer sonstigen Einlagen als Liquiditätsreserven bei den regionalen Girozentralen deponieren. Die Girozentralen hatten die Liquiditätsreserven gesondert auszuweisen und durften sie nicht mehr für die Vergabe von Darlehen verwenden; darüber hinaus mussten sie die Hälfte davon zur eigenen Liquiditätssicherung bei der Deutschen Girozentrale hinterlegen. Die Deutsche Girozentrale wiederum wurde verpflichtet, mindestens die Hälfte der bei ihr von den Girozentralen deponierten Mittel von der Reichsbank verwalten zu lassen. Somit war »*erstmals ein durchgehender Liquiditätszug von den Sparkassen bis zur Zentralbank etabliert worden.*«[56] Dies war nicht zuletzt auch eine Konsequenz daraus, dass die Girozentralen die bei ihnen von den Sparkassen eingelegten Gelder zu einem nicht geringen Teil illiquide angelegt hatten.

Dieser Liquiditätszug sowie der öffentlich-rechtliche Status, der eine nachhaltige normative Verankerung des Sparkassenverbundes auf allen drei Ebenen bedeutete, trugen wesentlich dazu bei, den nach Ende der akuten Krise erneut und in der Bankenenquete des Jahres 1933 massiv vorgetragenen Forderungen nach Rückführung der Sparkassen auf deren ›traditionelle‹ Geschäftsbereiche erfolgreich zu begegnen.[57] Und im Zentrum der Kritik der Banken stand wiederum gerade auch der bargeldlose Zahlungsverkehr der Sparkassen, der seit dem Jahre 1908 wesentlicher Antriebsfaktor der Entstehung und Entwicklung des Finanzverbundes der Sparkassen war. Dessen inzwischen erreichte Konsistenz wurde aber nicht mehr erschüttert: weder durch die Sparkassenreform, die 1931/32 wesentlich auf Betreiben der Reichsbank zustande kam, noch durch die restriktiven Bestimmungen (strikte Trennung zwischen Giroeinlagen und nicht überweisungsfähigen Spareinlagen), die das Kreditwesengesetz von 1934 dem bargeldlosen Zahlungsverkehr der Sparkassen auferlegte.

1 Vgl. zum Begriff der ›Sparkasseneinheit‹ als Ausdruck für die Zielsetzung der Entwicklung des Sparkassenwesens zu einer gemeinsamen funktionalen Organisation seit dem letzten Drittel des 19. Jahrhunderts Hoffmann, Sparkasseneinheit.
2 Grundlegend Wysocki, Untersuchungen; Pohl/Rudolph/Schulz, Wirtschafts- und Sozialgeschichte; Mura, Entwicklungslinien I und II.
3 Wysocki, Entwicklung (1987), S. 37.
4 Ausführlichere Darstellungen bei Wagner-Braun, Deutsche Girozentrale; Fries, Girozentralen; Langschied, Sparkassenverbund; Zweig, Deutsche Girozentrale.
5 Wysocki, Sparkassenorganisation, S. 27. – Eine reichsweite Postscheckordnung trat dann am 1. Januar 1909 in Kraft.
6 Pohl, Entwicklung, S. 26.
7 Wysocki, Sparkassenorganisation, S. 25 f.
8 Pohl, Entwicklung S. 24 ff.
9 Wagner-Braun, Deutsche Girozentrale, S. 22 f.
10 Pohl, Entwicklung, S. 28 f.; Wagner-Braun, Deutsche Girozentrale, S. 23 f.
11 Thomes, Sparkassen (1997).
12 Wagner-Braun, Deutsche Girozentrale, S. 24 ff.
13 Lindenlaub, Suche, S. 129 ff., 145, 147
14 Wysocki, Zahlungsverkehr, S. 55, 63; Pohl, Entwicklung, S. 30 f.
15 Spengler, Entstehung.
16 Wysocki, Sparkassenorganisation S. 24 f.
17 Wysocki, Zahlungsverkehr, S. 64; ders., Sparkassenorganisation, S. 27 f.
18 Wagner-Braun, Deutsche Girozentrale, S. 26; Hillen, Neue Zeiten.
19 Hillen, Sparkassenreformer.
20 Wysocki, Sparkassenorganisation, S. 29 f.
21 Lindenlaub, Suche, S. 131.
22 Zit. n. Wysocki, Zahlungsverkehr, S. 87.
23 Eberle, Zahlung.
24 Wysocki, Sparkassenorganisation, S. 27 f.; Pohl, Entwicklung, S. 31 f.
25 Wysocki, Entwicklung (1987), S. 38
26 Wysocki, Sparkassenorganisation, S. 27 f.
27 Wysocki, Zahlungsverkehr, S. 66.
28 Pohl, Sparkassen, S. 68.
29 Pohl, Entwicklung, S. 31; Wagner-Braun, Deutsche Girozentrale, S. 26 f.
30 Pohl, Sparkassen, S. 69.
31 Brüggestrat, Landesbanken; Pohl, Entwicklung; Wysocki, Entwicklung (1991).
32 Pohl, Entwicklung, S. 17.
33 Wysocki, Sparkassenorganisation, S. 30 f., 35 f.
34 Wagner-Braun, Deutsche Girozentrale, S. 43.
35 Caesar, Kredit.
36 Wysocki, Entwicklung (1991), S. 46.
37 Ebd., S. 48 f.
38 Wagner-Braun, Deutsche Girozentrale, S. 35.
39 Pohl, Sparkassen, S. 69.
40 Wysocki, Entwicklung (1987), S. 40 f.
41 Wagner-Braun, Deutsche Girozentrale, S. 52 f.
42 Wysocki, Entwicklung (1991), S. 48 f.
43 Wagner-Braun, Deutsche Girozentrale, S. 44.
44 Ebd., S. 29.
45 Mura, Sparkassenorganisation, S. 40 f.; Hentschel, Entwicklung, S. 54.
46 Ebd., S. 55; Wagner-Braun, Deutsche Girozentrale, S. 38 f.

47 Ashauer, Ersparungscasse, S. 237
48 Mura, Sparkassenorganisation, S. 36 ff.
49 Hentschel, Entwicklung, S. 55 f.
50 Wagner-Braun, Deutsche Girozentrale, S. 62.
51 Hentschel, Entwicklung, S. 57.
52 Wagner-Braun, Deutsche Girozentrale, S. 32 f.; Hentschel, Entwicklung, S. 59.
53 Wagner-Braun, Deutsche Girozentrale, S. 36, 46 f.
54 Hentschel, Entwicklung, S. 54, 62 f.; Wagner-Braun, Deutsche Girozentrale, S. 75 ff.
55 Mura, Sparkassenorganisation, S. 42.
56 Hentschel, Entwicklung, S. 63 f.
57 Mura, Sparkassenorganisation, S. 42, 49.

Carl-Ludwig Holtfrerich

[17.]

Die Große Inflation 1914–23

Ihre Wirkung auf die Struktur des deutschen Kreditgewerbes

a. Faktoren des Strukturwandels: Das Zurechnungsproblem

Die folgenden Ausführungen spielen im Konzert mit den anderen Beiträgen in diesem Band insofern eine Sonderrolle, als letztere fast ausnahmslos die Folgen von Innovationen, geschäftspolitischen Umorientierungen oder gesetzgeberischen Maßnahmen auf die Banken- und Finanzgeschichte in Deutschland untersuchen. Das waren jeweils unternehmerische oder staatliche Entscheidungen, die auf Änderungen in der Geschäftstätigkeit des Bank- und Finanzgewerbes direkt abzielten. In diesem Beitrag geht es aber um Änderungen im Kreditgewerbe als Folgen der Großen Inflation von 1914 bis 1923. Die finanz- und geldpolitischen Entscheidungen, welche diese Inflation herbeiführten, wurden zum Zweck zunächst der Kriegsfinanzierung und seit dem Kriegsende der Finanzierung strukturell defizitärer Reichshaushalte getroffen. Die Entscheidungsträger in der Reichsregierung und Reichsbank mögen zwar die potenziellen Auswirkungen der inflationären Politik auf die Geschäftstätigkeit des Kreditgewerbes, vielleicht auch besorgt, gesehen haben. Definitiv haben sie aber die Große Inflation nicht zum Zweck ihrer Auswirkungen auf die deutsche Banken- und Finanzgeschichte in Szene gesetzt.

Ziel des Beitrages ist es, die Auswirkungen der Großen Inflation auf die Struktur des deutschen Kreditgewerbes während der Zwischenkriegszeit darzustellen. Änderungen der Kaufkraft des Geldes, in deflationärer oder inflationärer Richtung, besonders wenn sie entgegen den vorherrschenden Erwartungen und – wie in der Großen Inflation – bis zum zuvor unvorstellbaren Exzess stattfinden, hinterlassen bei Finanzinstituten stärkere Spuren als bei anderen, nicht-finanziellen Unternehmen. Denn Finanzinstitute handeln sowohl auf der Aktiv- als auch auf der Passivseite ihrer Bilanzen mit Geld (Kreditforderungen und Kreditschulden). Extreme Inflationen in Ländern mit hoch entwickelten Finanzsektoren kommen indessen sehr selten vor. Dementsprechend sind auch die Möglichkeiten rar, ihre Auswirkungen auf das Kreditgewerbe empirisch zu erforschen.

Unter Strukturwandel im Bankwesen werden »*längerfristige Änderungen der Geschäftsstruktur, der Geschäftspolitik und der Marktanteile einzelner Institutsgruppen verstanden.*«[1] Bereits 1964 wies Wolfgang Stützel auf die Schwierigkeit hin, Strukturänderungen im Kreditgewerbe als Folge von außergewöhnlichen Ereignissen, wie Krieg und Währungszusammenbruch, von denen zu unterscheiden, die mit dem säkularen Wandel der Wirtschaft verbunden oder auf institutionelle, vor allem gesetzgeberische, Neuerungen zurückzuführen sind.[2] Stützels Studie befasst sich mit der westdeutschen Entwicklung nach dem Zweiten Weltkrieg. Aber seine Unterscheidung der drei Stränge von Strukturwandlungen lässt sich natürlich auch auf die Zeit und den Währungszusammenbruch nach dem Ersten Weltkrieg in Deutschland anwenden.

Eine Schwierigkeit liegt darin, das Zurechnungsproblem zu lösen. Welcher Anteil des insgesamt zu beobachtenden Strukturwandels ist jeweils auf eine der drei Kategorien zurückzuführen? Die Wirkung institutioneller Änderungen auf den Strukturwandel im Finanzsektor nach dem Ersten Weltkrieg festzustellen, ist fast unmöglich, weil um den Ersten Weltkrieg herum sowohl den Wettbewerb fördernde als auch hemmende institutionelle Neuerungen stattfanden, deren Wirkungen sich möglicherweise neutralisiert haben, jedenfalls im Einzelnen kaum abzuschätzen sind. So kam es noch vor dem Ersten Weltkrieg zur Gründung der so genannten Stempelvereinigung, ein von der Reichsbank in der Bankenquete von 1908/09 angeregtes Konditionenkartell zur Beschränkung des Zinswettbewerbs unter den Berliner Großbanken.[3] Etwa 100 örtliche Bankenvereinigungen außerhalb Berlins spielten eine ähnliche wettbewerbshemmende Rolle im Kreditsektor.[4] Andererseits gab es wettbewerbsfördernde Liberalisierungsmaßnahmen – heute würde man dazu auch Deregulierungsmaßnahmen sagen: so die Verleihung der passiven Scheckfähigkeit an die Sparkassen durch das Reichsscheckgesetz vom 11. März 1908 sowie den Einstieg der Sparkassen in das allgemeine Wertpapiergeschäft durch Regierungserlasse vom 9. Oktober 1920 und vom 15. April 1921.[5]

Überhaupt dürfte in der turbulenten Kriegs- und Inflationszeit die Wirkung institutioneller Änderungen auf den Strukturwandel geringer gewesen sein als diejenige der beiden anderen Faktoren. Ich werde deshalb den Strukturwandel im Kreditgewerbe zum einen Teil als »*säkular*« bedingt zu identifizieren versuchen und zum anderen Teil als – in Stützels Terminologie – »*regenerationsbedingt*« nach den monetären Einbrüchen, die die Finanzierung des Ersten Weltkriegs, die Nachkriegsinflation und in der Endphase die Hyperinflation bewirkt hatten. Um dieses Zurechnungsproblem zu lösen, gibt es zwei Möglichkeiten:

(1.) Die Beobachtung des »*säkularen*« Strukturwandels im deutschen Kreditgewerbe im Kaiserreich vor dem Kriegsausbruch und der Inflation und die Extrapolation dieser Entwicklungslinie in die Zwischenkriegszeit. Der Unterschied zum tatsächlichen Strukturwandel kann dann als von Krieg und Inflation verursacht, als »*regenerationsbedingt*« interpretiert werden.

(2.) Insoweit unabhängig vom Ersten Weltkrieg nur die Wirkung der Großen deutschen Nachkriegsinflation auf die Struktur des deutschen Kreditgewerbes festgestellt werden soll, ist ein Vergleich der deutschen Entwicklung mit der in anderen am Krieg beteiligten Ländern erforderlich, besonders mit Großbritannien und den USA, in denen keine größere Nachkriegsinflation stattfand.

Stützel hat auch darauf hingewiesen, dass die »*regenerationsbedingten*« Strukturwandlungen hinsichtlich bestimmter Typen von Kreditgeschäften von unterschiedlicher Dauer sind. Die »*Auffüllungsphase*«, meint er, ist nur dort kurz, »*wo sich die Bestände verhältnismäßig rasch umschlagen. Bei allen langlebigen Objekten aber, wie etwa bei Anlagen, Bauten oder langfristigen Darlehensverträgen, dauert es naturgemäß sehr lange, bis in der Struktur der vorhandenen Bestände, vor allem auch in ihrem Altersaufbau, ihrer Alters-›Pyramide‹, die Folgen von Krieg und Währungszusammenbruch nicht nur vernarbt, sondern ganz geheilt sind. […] Im Bereich von Banken, Kapital und Kredit aber findet sich sehr Unterschiedliches nebeneinander in enger Verzahnung: einmal Bestände mit raschem Umschlag und entsprechend kurzer Auffüllungsphase, wie Zahlungsmittelbestände und kurzfristige Kredite; daneben Bestände mit mittlerer Umschlagszeit und entsprechend längerer Auffüllungsphase; schließlich Bestände mit sehr langer Umschlagszeit und entsprechend langen Fristen bis zur Wiederherstellung einer kriegsstörungsfreien Größen- und Altersstruktur. So ist es hier auch schwieriger, noch kriegsbedingte Strukturverschiebungen von jenen zu unterscheiden, in denen längerfristige Wandlungen zum Ausdruck kommen.*«[6]

Im Folgenden werde ich vor allem statistische Zeitreihen auswerten, um den Strukturwandel im deutschen Kreditgewerbe darzustellen und um festzustellen, wie viel davon zum einen »*säkularen*« und zum anderen »*regenerationsbedingten*« Entwicklungen zuzurechnen ist. Ich behandle zunächst die Entwicklung der Marktanteile verschiedener Institutsgruppen (Abschnitt b), danach die Änderungen der Geschäftsstruktur anhand von Bilanzdaten (Abschnitt c) und der Geschäftspolitik im Zusammenhang mit der Liquiditätsquote (Abschnitt d).[7] Vor dem Hintergrund der »*säkularen*« Entwicklung in den Jahrzehnten vor dem Ersten Weltkrieg werde ich jeweils versuchen, die Strukturänderungen zu identifizieren, die den Sondereinflüssen Kriegs- und Nachkriegsinflation zugerechnet werden können. Der abschließende internationale Vergleich der Entwicklung in Deutschland mit derjenigen in den USA und Großbritannien (Abschnitt e) soll ebenfalls zur Lösung des Zurechnungsproblems beitragen.

b. Marktanteile verschiedener Institutsgruppen

Vor dem Ersten Weltkrieg hatte sich eine klare Arbeitsteilung zwischen den verschieden Institutsgruppen herausgebildet, die in der folgenden Tabelle dargestellt ist.

Die typischen Geschäfte verschiedener Bankengruppen vor 1914

Aktiva	Passiva
Aktienkreditbanken (Universalbanken)	
– kurzfristige Finanzierung: Wechsel- und Kontokorrentkredit – langfristige Finanzierung (besonders für Verkehrs- und Industrieinvestitionen): Emission von Wertpapieren – Kapitalexport	Depositen
Privatbankiers	
– internationales Geldgeschäft – Finanzierung einzelner Unternehmen – Effektenplatzierung	Depositen
Kreditgenossenschaften	
– ausschließlich Personalkredit an Landwirtschaft, Einzelhandel und Handwerk	Spargelder
Sparkassen	
– Realkredit (Hypotheken) – nur wenig Personalkredit	Spargelder
Bodenkreditinstitute	
Realkredit	Pfandbriefe

Quelle: Ausschuss zur Untersuchung der Erzeugungs- und Absatzbedingungen der deutschen Wirtschaft, Bankkredit, S. 3f.

Für die Inflationsperiode selbst und für die Privatbankiers auch für die Zeit vorher und nachher[8] existieren keine oder nur unvollständige statistische Informationen zum Geschäftsvolumen der verschiedenen Kreditinstitutsgruppen.[9] Die in der Tabelle genannten Institutsgruppen unterscheiden sich nicht nur durch ihre Aktivgeschäfte, sondern dementsprechend auch durch die Fristigkeit der auf der Passivseite ihrer Bilanzen aufgenommenen Mittel. Vom Eigenkapital jeweils abgesehen repräsentieren die Pfandbriefe der Bodenkreditinstitute die Mittelbeschaffung mit der längsten Fristigkeit. Die Spargelder der Sparkassen und Kreditgenossenschaften mit ihren typischen Kündigungsfristen stellen ein weniger langfristiges Mittelaufkommen dar. Die Depositen der Aktienkreditbanken bestehen demgegenüber vorwiegend aus kurzfristigen Einlagen, das heißt vor allem aus täglich fälligen Kontokorrent- und kurzfristigen Termineinlagen.

Statistiken über die Bilanzsummen verschiedener Institutsgruppen im Deutschen Reich aus den Jahren 1883 bis 1913 und 1924 bis 1939 hat die Deutsche Bundesbank zusammengestellt.[10] Ich habe diese an anderer Stelle wiedergegeben und wie folgt ausgewertet.[11] 1883 dominierten die Bodenkreditinstitute mit ihrem Geschäftsvolumen eindeutig vor den anderen Institutsgruppen. 1924 waren sie weit hinter die Aktienkreditbanken und auch hinter die Sparkassen zurückgefallen. Es ist natürlich die Fristigkeit der Geschäfte, die dieses Phänomen erklärt.

Blicken wir zurück: In den Jahrzehnten vor dem Ersten Weltkrieg herrschte die Große Deflation mit Preisrückgängen von 1874 bis 1895 und danach eine Periode steigenden Preistrends bis 1913. In der Periode bis 1895 gab es nur geringe Strukturverschiebungen im Geschäftsvolumen zwischen den großen Gruppen Bodenkreditinstitute, Sparkassen und Aktienkreditbanken. Die Ersteren behielten ihre führende Rolle. Ihre Bilanzsumme wuchs zwischen 1883 und 1895 um 106 Prozent, die der Sparkassen sogar um 113 Prozent. Die Aktienkreditbanken mit ihrem kurzfristigen Einlagengeschäft demgegenüber wuchsen in dieser Periode mit 101 Prozent am wenigsten. In der anschließenden Periode mit steigender Preistendenz (1895–1913) ist die Rangfolge des Wachstums der Institute – entsprechend der unterschiedlichen Fristigkeit ihrer Aktiv- und Passivgeschäfte – umgekehrt. Die jeweilige Bilanzsumme der Aktienkreditbanken wuchs um 313 Prozent, der Sparkassen um 192 Prozent und der Bodenkreditinstitute um nur 120 Prozent. Wenn dies typisch ist für den Einfluss von Inflation auf die Veränderung der Marktanteile der Institutsgruppen, so ist zu erwarten, dass die Große Inflation der Jahre 1914 bis 1923 den Marktanteil der Aktienkreditbanken mit ihrem überwiegend kurzfristigen Geschäften vergrößert, den Anteil der Bodenkreditinstitute mit ihren ausschließlich langfristigen Geschäften am stärksten reduziert und den Anteil der Sparkassen mit ihren überwiegend langfristigen Geschäften ebenfalls deutlich schrumpfen lässt. Tatsächlich war die Bilanzsumme der Aktienkreditbanken 1925 auf 46 Prozent des Standes von 1913 gesunken, das der Sparkassen auf 15 Prozent und das der Bodenkreditinstitute auf elf Prozent.

Die für die Kreditinstitutsgruppen jeweils typische Fristigkeit der Geschäfte prägte auch die Dauer der eingangs erwähnten Auffüllungsphase. Die Aktienkreditbanken insgesamt hatten schon 1928 ihr nominales Geschäftsvolumen von 1913 fast wieder erreicht, darunter die Berliner Großbanken schon 1926. In den Jahren der Deflation nach 1929 schrumpfte ihre Bilanzsumme dann wieder auf fast die Hälfte. Die Bodenkreditinstitute hatten 1928 erst 42 Prozent ihrer Bilanzsumme von 1913 wiederaufgefüllt. Sie wuchsen in den folgenden zwei Jahren noch kräftig weiter und konnten sich dann in den Jahren bis zum Zweiten Weltkrieg auf einem Niveau von etwa 56 Prozent ihrer Bilanzsumme von 1913 halten. Die Sparkassen erreichten 1928 51 Prozent ihres Geschäftsvolumens von 1913. Auch sie wuchsen in den folgenden zwei Jahren kräftig weiter, hielten ihre Bilanzsumme in den zwei schlimmsten Jahren der Weltwirtschaftskrise, 1931 und 1932, konstant und legten ab 1933 wieder so stark zu, dass sie erstmals 1937 ihre Bilanzsumme von 1913 überschritten. Sie hatten nun von allen Institutsgruppen den mit Abstand größten Marktanteil am deutschen Kreditgeschäft. Dazu kam noch das seit 1925 enorm gewachsene Geschäftsvolumen ihrer Girozentralen und Landesbanken. 1938 betrug die Bilanzsumme der Sparkassen 22,5 Mrd. RM, die der Girozentralen und Landesbanken 9,7 Mrd. RM gegenüber 10,4 Mrd. RM bei den Aktienkreditbanken und 11,8 Mrd. RM bei den Bodenkreditinstituten. Diese hatten 1913 knapp vor den Sparkassen gelegen. Die Aktienkreditbanken waren 1913 mit ihrem Geschäftsvolumen bis auf 82 Prozent dem der Sparkassen schon sehr nahe gekommen.

Die bisherigen quantitativen Angaben basieren auf undeflationierten Bilanzzahlen. Aber nicht nur während, sondern auch nach der Großen Inflation war die Kaufkraft des

Geldes in Deutschland niedriger als 1913. Setzt man das nominale Geschäftsvolumen der Institutsgruppen ins Verhältnis zum Volkseinkommen in laufenden Preisen in den betrachteten Jahren, wird dieser Tatsache Rechnung getragen. In dieser Art realer Rechnung lässt sich auch erkennen, dass die Wiederauffüllung der Bilanzsummen bei allen Kreditinstitutsgruppen wesentlich länger dauerte als bis zum Erreichen des nominalen Bilanzvolumens von 1913.

1913 betrug das deutsche Volkseinkommen 48,8 Mrd. Mark.[12] Die Bilanzsumme der Aktienkreditbanken machte davon ein Drittel und der Sparkassen knapp 41 Prozent aus. 1928, als die Aktienkreditbanken das Vorkriegsvolumen ihrer Bilanzsumme nominal fast erreicht hatten, entsprach dies nur knapp 20 Prozent des Volkseinkommens von 78,2 Mrd. RM. 1937, als die Sparkassen erstmals ihr nominales Bilanzvolumen von 1913 übertrafen, kam ihr Geschäftsvolumen auf nur noch rund 25 Prozent des deutschen Volkseinkommens von 79,1 Mrd. RM. Der Anteil der Bilanzsummen am Volkseinkommen von 1913 wurde in der Bundesrepublik Deutschland erst nach zwei Jahrzehnten ›Wirtschaftswunder‹ wieder erreicht, und zwar bei den Aktienkreditbanken 1968. Die Sparkassen lagen in demselben Jahr mit einem Anteil ihres Geschäftsvolumens von nur knapp 36 Prozent noch deutlich unter ihren knapp 41 Prozent vom Jahr 1913. Die Zerrüttung des Geld- und Kreditwesens im Zweiten Weltkrieg hatte die nur teilweise wieder aufgefüllten Bankbilanzen erneut leer laufen lassen und einen zweiten Wiederauffüllungsprozess erforderlich gemacht.[13]

Zwar erklärt die Fristigkeit der typischen Geschäfte der verschiedenen Institutsgruppen wohl hauptsächlich die unterschiedliche Dauer der Wiederauffüllungsphasen nach dem Ende der Hyperinflation im November 1923. Zusätzlich spielt allerdings auch die Tatsache eine Rolle, dass die Inflation von 1914 bis 1923 große Auswirkungen auf die Verteilung des deutschen Volkseinkommens gehabt hatte.[14] In der Vorkriegszeit hatten die Bezieher von Einkommen aus Kapitalvermögen (im Unterschied zu Einkommen aus Unternehmertätigkeit) am stärksten zur volkswirtschaftlichen Ersparnisbildung beigetragen. Denn im Gegensatz zum Arbeitseinkommen (Lohn und Gehalt) wurde es nur zum geringsten Teil für Konsum verwendet. Bezieher von Einkommen aus Kapitalvermögen, das 1913 12,5 Prozent des Volkseinkommens ausgemacht hatte, hatten mit der totalen Entwertung der Mark in der Großen Inflation zunächst alles verloren. Aufgrund der ›Aufwertungsgesetzgebung‹ von 1924 und 1925 floss ihnen 1925 wieder zwei Prozent des Volkseinkommens zu. Bis 1931 stieg dieser Anteil in kleinen Schritten auf 5,3 Prozent.

Keine andere Einkommenskategorie hatte derartig hohe Verluste als Folge der Inflation erlitten. Die Arbeitnehmer demgegenüber bezogen in den Jahren von 1925 bis 1931 einen um zehn bis zwölf Prozentpunkte höheren Anteil am Volkseinkommen, nämlich rund 56 Prozent gegenüber 45 Prozent 1913. Auch das trägt zur Erklärung dafür bei, warum die Bodenkreditinstitute im Wiederaufbau ihres Geschäfts nach der Inflation mit den Sparkassen, deren Hauptaktivgeschäft ja ebenfalls der Hypothekenkredit war, nicht mithalten konnten. Die geldvermögenden Schichten, die die langfristige Kapitalanlage gepflegt und zu den traditionellen Anlegern in Pfandbriefe der Bodenkreditinstitute gehört hatten,[15] waren durch die Wirkung der Großen Inflation in ihren Kapitalbildungsmöglichkeiten enorm geschwächt worden. Die Sparkassen demgegenüber sammelten vor allem die Spargroschen der Arbeitnehmer, deren Anteil am Volkseinkommen und dementsprechend auch deren Sparfähigkeit nach der Inflation relativ höher war als vorher.[16] Das Geschäftsvolumen der Aktienkreditbanken wuchs in der zweiten Hälfte der 1920er-Jahre vor allem deshalb so stark, weil sie mit dem hohen Kapitalimport Deutschlands Auslandsgelder hereinnahmen, die bei den Sparkassen keine Rolle spielten.

d. Änderungen der Geschäftsstruktur

Passivgeschäfte

Die Eigenkapitalquote (das heißt die Summe der eigenen Mittel in Prozent der Bilanzsumme) der Kreditinstitute in Deutschland war mit der starken Expansion des Kreditgeschäfts schon in den zwei Jahrzehnten vor dem Ersten Weltkrieg tendenziell gesunken, von 39,2 Prozent 1893 auf 23,0 Prozent 1913 bei den Aktienkreditbanken besonders stark. Mit der Aufblähung der Bankbilanzen durch die Inflation seit 1914 sank die Quote dramatisch, bei den Berliner Großbanken auf nur noch rund vier Prozent in den ersten drei Nachkriegsjahren und im Zuge der Hyperinflation auf nur noch 0,7 Prozent zum Jahresende 1922.[17] Mit der Währungsstabilisierung trat jedoch wieder eine realistischere Bewertung der Bilanzposten ein. Nun zeigte sich, in welchem Ausmaß die Inflation am Eigenkapital gezehrt hatte. Während es sich bei allen Banken 1913 noch auf 7,1 Mrd. Mark summiert hatte, betrug die Summe 1924 nur noch 1,9 Mrd. RM. Sie stieg zwar im folgenden Jahr auf 2,3 Mrd. RM,[18] lag aber auch 1928 noch erheblich unter dem Wert von 1913.[19]

Die geschrumpfte Eigenkapitalbasis der deutschen Banken lässt Probleme des Bankensektors in den Zwischenkriegsjahren allerdings größer erscheinen als sie tatsächlich waren. Vor allem die Berliner Großbanken hatten während der Inflation in großem Umfang stille Reserven gebildet, die zulasten der Aktivposten Wertpapiere, Beteiligungen sowie Grundstücke und Gebäude gingen. Das hing mit den Bilanzierungsgewohnheiten beziehungsweise -vorschriften nach dem Niederstwertprinzip zusammen. Danach werden Vermögenswerte, die sowohl zum historischen Anschaffungswert als auch zum Marktwert am Bilanzstichtag aktiviert werden dürfen, grundsätzlich mit dem jeweils niedrigeren Wert in die Bilanz eingestellt. In einer Großen Inflation bedeutet dies, dass mit den Anschaffungspreisen, die nur noch einen verschwindenden Bruchteil des jeweiligen Marktwerts ausmachen, bilanziert wird. Die stillen Reserven, besonders bei den Berliner Großbanken, die traditionell einen großen Teil ihrer Mittel in Beteiligungen und Wertpapieren anlegten, müssen erheblich gewesen sein.[20] In der jüngsten Studie zu den Auswirkungen der Großen Inflation auf die drei größten Berliner Banken ist dementsprechend auch festgestellt worden, dass vom Jahresende 1913 bis zum Jahresanfang 1924 unter Berücksichtigung der stillen Reserven die Eigenkapitalverluste der Dresdner Bank 61 Prozent, der Deutschen Bank 54 Prozent und der Commerzbank sogar nur 18 Prozent betrugen,[21] in allen Fällen weniger als die oben bezifferten Eigenkapitalverluste aller Banken.

Die Eigenkapitalquoten brachen in der Inflation nicht so stark ein wie die Eigenkapitalsumme. 1924 lag jene Quote (Kapital plus Reserve minus nicht eingezahltes Kapital) für alle Banken (ohne Privatbankiers, Bausparkassen und Geldinstitute der Post) mit 13,9 Prozent sogar höher als 1913 mit 10,6 Prozent; denn die Bilanzsummen waren prozentual noch stärker geschrumpft als das Eigenkapital. 1926 dagegen war die Quote mit 9,2 Prozent unter das Niveau von 1913 gefallen. Sie sank in den folgenden Jahren bis 1929 weiter auf 7,2 Prozent.[22] Das war das Resultat der Wiederauffüllung der Bankbilanzen und dabei insbesondere des starken Wachstums des Einlagengeschäfts zwischen Inflation und Weltwirtschaftskrise.

Allerdings war der Rückgang der Eigenkapitalquote nach 1924 nicht nur ein Ergebnis des Schrumpfens der Eigenkapitalbasis während der Großen Inflation, sondern setzte einen Trend fort, der sich schon in der Vorkriegszeit gezeigt hatte und der in der Zeit nach 1945 in der Bundesrepublik andauern sollte. Unter dem Gesichtspunkt der Fristigkeit ist Eigenkapital das langfristigste Mittelaufkommen, über das Banken verfügen können. Deshalb zeigt der Rückgang der Eigenkapitalquoten besonders während, aber auch nach der Großen Inflation die Umschichtung der Fristigkeitsstrukturen der den Banken zur Verfügung stehenden Mittel an, wie sie von einem Geldentwertungsprozess typischerweise ausgeht, nämlich in Richtung einer Präferenz für die kürzerfristige Geldanlage.

Der bereits dargestellte überproportionale Verlust von Marktanteilen, den die Realkreditinstitute als Ergebnis der Inflation erlitten hatten, kommt auch in dem dramatisch gesunkenen Anteil der Schuldverschreibungen (Pfandbriefe und Kommunalobligationen) an der Bilanzsumme aller Banken nach der Inflation zum Ausdruck. Nach dem Eigenkapital gehören diese zu den langfristigsten Mitteln, die Banken zur Finanzierung ihrer Aktivgeschäfte mobilisieren können. Der Anteil dieses Passivpostens an der Bilanzsumme aller Banken, der 1913 27,7 Prozent ausgemacht hatte, war 1924 auf 4,8 Prozent gesunken. Er erholte sich zwar bis 1931 auf 21,5 Prozent, fiel anschließend aber wieder kontinuierlich bis auf 10,9 Prozent 1940 zurück.[23] Auch in der Bundesrepublik hat jener Anteil die Größenordnung von 1913 nicht wieder erreicht. Dazu kommt die stärkere Hinwendung zu weniger langfristigen Geldanlagen auch innerhalb der Kategorie der Schuldverschreibungen: Die übliche Laufzeit der emittierten Rentenwerte hatte vor 1914 30 Jahre betragen, seitdem aber nur noch zehn Jahre, wie schon bei den Reichskriegsanleihen im Ersten Weltkrieg.

Dem im Vergleich zur Vorkriegszeit gesunkenen Anteil des Eigenkapitals und der Schuldverschreibungen an der Bilanzsumme aller Banken stand 1924 bis 1930 die starke Zunahme des Anteils der Kreditoren (einschließlich der Guthaben anderer Banken) gegenüber. Ihr Anteil betrug 1925 76,0 Prozent gegenüber 55,1 Prozent 1913. Trotz eines allmählichen Rückgangs – wie bei der Eigenkapitalquote – lag der Anteil auch 1930 noch bei 63,4 Prozent. Im Jahr der Bankenkrise 1931 und in den beiden folgenden Jahren war er auf fast den Prozentsatz der Vorkriegszeit zurückgefallen, um danach allmählich wieder anzusteigen, bis auf fast 65 Prozent im Jahr vor dem Ausbruch des Zweiten Weltkriegs.

Die kürzere Fristigkeit der fremden Gelder der Kreditinstitute kommt vor allem darin zum Ausdruck, dass der Anteil der Spareinlagen von 35,8 Prozent 1913 auf nur noch 5,7 Prozent 1924 drastisch zurückgefallen war, sich in den folgenden Jahren zwar allmählich erholte, aber bis 1938 nur 30,3 Prozent erreichte.[24] Das geschah trotz der Tatsache, dass auch die Aktienkreditbanken seit Ende 1927 verstärkt ins Spargeschäft eingestiegen waren.[25] Auch hierin kommt zum Ausdruck, dass die Große Inflation eine starke Beeinträchtigung der inländischen Ersparnis- und Kapitalbildungsmöglichkeiten bewirkt hatte. Dies und der Entzug von Mitteln aus Deutschland aufgrund der Reparations- und steigender Zinszahlungen für Auslandskredite bewirkten, dass die Zinssätze im Inland 1924 bis 1932 wesentlich höher lagen als in den Herkunftsländer deutscher Kapitalimporte, nämlich USA und Großbritannien.[26] Dies motivierte ausländische Banken zur Geldanlage in Berlin, nachdem die neue deutsche Währung, die Reichsmark, 1924 wieder an das Gold gebunden worden war. Der größte Teil der Guthaben anderer Banken in den Bilanzen der Berliner Großbanken nach 1924 bestand aus Auslandseinlagen, und zwar als Devisen-, nicht als Reichsmarkverpflichtungen.[27]

Hinsichtlich der Fälligkeit der anteilig stark erhöhten Sicht- und Termineinlagen sind für die Zeit nach der Großen Inflation einige aufschlussreiche Informationen verfügbar, vor allem in den 1930 und 1933 veröffentlichten Bankenqueten; der Anteil dieser Einlagen an der Bilanzsumme aller Banken war von 13,3 Prozent (1913) auf 55,4 Prozent (1924) gestiegen und nahm 1932 bis 1938 allmählich wieder auf 20 Prozent ab.[28] Auch die Fälligkeitsdaten zeigen, dass die Große Inflation die Bereitschaft zur längerfristigen Geldanlage stark reduziert hatte und dass diese Bereitschaft in der Periode 1924 bis 1929 nur allmählich wieder anstieg, aber auch 1929 das Vorkriegsniveau bei weitem noch nicht wiedererreicht hatte. Am eindeutigsten ist dieses Bild bei den städtischen Kreditgenossenschaften.

Fälligkeit der Einlagen der städtischen Kreditgenossenschaften
(1913 und 1924–29 in Prozent der Gesamteinlagen)

Fälligkeit	1913	1924	1925	1926	1927	1928	1929
innerhalb von sieben Tagen	20,8	72,3	57,3	53,1	45,5	40,7	36,3
bis zu drei Monaten	21,0	21,3	31,5	30.8	32,7	33,7	34,2
nach drei Monaten	58,2	6,4	11,2	16,1	21,8	25,6	29,5
	100,0	100,0	100,0	100,0	100,0	100,0	100,0

Quelle: Ausschuss zur Untersuchung der Erzeugungs- und Absatzbedingungen der deutschen Wirtschaft, Bankkredit, S. 53 f.

Fälligkeit der Einlagen der Berliner Großbanken (1913 und 1924–29 in Prozent der Gesamteinlagen)

Fälligkeit	1913	1924	1925	1926	1927	1928	1929
innerhalb von sieben Tagen	58,6	57,5	51,6	50,1	42,9	42,9	43,4
bis zu drei Monaten	29,0	40,0	44,5	45,9	50,8	52,3	53,3
nach drei Monaten	12,4	2,5	3,9	4,0	6,3	4,8	3,3
	100,0	100,0	100,0	100,0	100,0	100,0	100,0

Quelle: Ausschuss zur Untersuchung der Erzeugungs- und Absatzbedingungen der deutschen Wirtschaft, Bankkredit, S. 53 f.

Bei den Berliner Großbanken ist die gleiche Tendenz nur bei den Einlagen mit mehr als drei Monaten Laufzeit zu erkennen. Bei ihnen war in den Jahren nach 1913 der Anteil der Einlagen mit Fälligkeit innerhalb von sieben Tagen nicht gestiegen, sondern nur der Anteil mit Fälligkeit bis zu drei Monaten.[29] Der Enqueteausschuss führte dies auf folgende Ursachen zurück:

- Die starke Hereinnahme von kurzfristigen Auslandsgeldern fiel vor allem in die Kategorie der bis zu drei Monaten fälligen Gelder.
- Das Bankpublikum war in der Nachkriegszeit zinsbewusster geworden und bankmäßig besser geschult,[30] sodass es auf bis zu drei Monaten anlegte, was vor dem Krieg den Banken als täglich fällige Einlage zur Verfügung stand.
- Mittel, die vor dem Krieg in Wertpapieren angelegt worden wären, wurden – nach den schlechten Erfahrungen damit während der Großen Inflation – ab 1924 bevorzugt in kurzfristigen Termingeldern bis zu drei Monaten angelegt. Damit wird auch die gestiegene Bedeutung dieser Einlagenkategorie bei den Kreditgenossenschaften und den Sparkassen erklärt.[31]

Aktivgeschäfte

Die inflationsbedingte Änderung der Fristenstruktur hin zu kürzerfristigen Positionen auf der Passivseite der Bankbilanzen hat ihr Gegenstück auf deren Aktivseite. Der Anteil des langfristigsten Darlehenspostens, der Hypothekenkredite, an der Summe der Aktiva aller wie oben erfasster Banken schrumpfte dramatisch von 46,0 Prozent 1913 auf 5,2 Prozent 1924. Berücksichtigt man, dass nach Schätzungen etwa ein Drittel der gesamten Hypothekenkredite in Deutschland vor 1914 aus privaten Direktkrediten bestand,[32] so wird die überragende Bedeutung deutlich, die das Hypothekengeschäft auf dem gesamten Kreditmarkt des Deutschen Kaiserreichs einnahm. Die Wiederauffüllungsphase war bei diesem Bilanzposten besonders langfristig und reichte bis weit in die Wiederaufbauphase der Bundesrepublik hinein. 1932 war in einem kontinuierlichen Entwicklungsprozess bereits wieder ein Anteil von 28,3 Prozent erreicht, ein Niveau, das sich bis 1938 kaum noch veränderte.[33] Die dominierende Bedeutung, die das Hypothekengeschäft am gesamten Bankgeschäft des Kaiserreichs gehabt hatte, ist jedoch bis heute nicht wieder erreicht worden.[34]

Bemerkenswert ist auch der im Vergleich zu 1913 vorübergehend sehr niedrige Anteil der Bilanzpositionen ›Wertpapiere‹ und ›Kommunaldarlehen‹, die beide ja auch zu den langfristigen Anlagen zählen. Dem steht ein stark erhöhter Anteil der kurzfristigen Anlagen gegenüber, namentlich ›Wechsel‹ und ›Forderungen an andere Kreditinstitute‹. Der Großteil der letztgenannten Forderungen bestand – wie schon während der großen Nachkriegsinflation[35] – aus Devisenforderungen gegenüber ausländischen Banken. Auch dies war ein Ergebnis der Inflation, die große Teile der Wirtschaft veranlasste, in Devisen zu rechnen und zu zahlen. Darüber hinaus hatte die Inflation die Stellung der Mark als internationales Zahlungsmittel nachhaltig geschwächt, sodass der deutsche Außenhandel ab 1924 in stärkerem Maße als 1913 in Devisen abgewickelt werden musste.

Auch die Nichtbanken-Debitoren (Forderungen an Nichtbanken), die ebenfalls zum kurzfristigen Geschäft zählen, hatten aufgrund der Inflation stark an relativer Bedeutung gewonnen, bei allen Banken von 18 Prozent der Bilanzsumme 1913 auf 41 Prozent 1924 und 1925. Dieser Anteil sank im Zuge der Wiederauffüllung der Bankbilanzen allmählich. Ab 1935 unterschritt er sogar den Prozentsatz von 1913.[36] Während die Aktienkreditbanken für das Debitorengeschäft mit Nichtbanken immer schon einen relativ hohen Anteil ihrer Aktiva verwendet hatten, zeigt sich die Umschichtung zu dieser kurzfristigen Anlage bei den Sparkassen besonders deutlich. Sie hatten 1913 das Debitorengeschäft fast gar nicht betrieben und damals noch etwa zwei Drittel ihrer Mittel in Hypothekenkrediten und den Rest hauptsächlich in Kommunaldarlehen und Wertpapieren, also fast alles langfristig angelegt. 1924 bis 1928 übertraf das Debitorengeschäft bei den Sparkassen deren Hypothekengeschäft und blieb auch daran anschließend einer der Hauptposten in deren Aktivgeschäft.[37]

Sachkundige Zeitgenossen haben drei Ursachen für diese Entwicklung genannt: »*1. Das allgemeine Bestreben* [der Sparkassen, Anm. d. Verf.] *zur bankmäßigen Betätigung, 2. die Wandlung der Passivseite der Sparkassenbilanz, das teils absolute, teils relative Überwiegen der kurzfristigen Giroeinlagen über die langfristigen Spareinlagen, 3. in den Jahren 1924 und 1925 das Widerstreben der Kreditnehmer, den hohen Zinsfuß auf lange Frist zu gewähren, d.h. langfristigen Kredit bei den gegebenen Zinssätzen in Anspruch zu nehmen.*«[38] Alle drei genannten Ursachen haben sich hauptsächlich aus der Großen Inflation ergeben, die beiden ersten Ursachen zum geringeren Teil auch daraus, dass das Reichsscheckgesetz von 1908 den Sparkassen die passive Scheckfähigkeit ermögliche.

e. Zur Geschäftspolitik: die Liquiditätsquote

Die Liquiditätsquote deutscher Banken war schon in der Vorkriegszeit langfristig gesunken. Die Deckung der Depositen durch Kasse (plus Giroguthaben) betrug bei sämtlichen Aktienkreditbanken 1900 10,3 Prozent, 1905 8,6 Prozent, 1910 7,6 Prozent und 1913 7,5 Prozent.[39] Diese Entwicklung war von der Reichsbank als besorgniserregend angesehen worden und war ein Hauptgrund für die Bankenquete von 1908/09.[40] Bei den Berliner Großbanken, die wegen ihrer zentralen Funktion schon immer über eine höhere Liquiditätsquote verfügten als die Provinzbanken, entwickelten sich verschieden definierte Liquiditätsquoten in den Jahren 1924 bis 1930 im Vergleich zu 1913 wie in folgender Tabelle angegeben.[41]

Die Liquiditätsverhältnisse bei den Berliner Großbanken 1913 und 1924 bis Mitte 1930

Jahresende	Kasse + Giroguthaben	Spalte 1 + Nostroguthaben	Spalte 2 + Wechsel + Reports und Lombards	Kreditoren innerhalb von sieben Tagen fällig + Guthaben deutscher Banken	Gesamtverpflichtungen*	Barliquiditätsquote: Spalte 1 in Prozent von Spalte 4	Erweiterte Barliquiditätsquote: Spalte 2 in Prozent von Spalte 4	Gesamtliquiditätsquote: Spalte 3 in Prozent von Spalte 5
	1	2	3	4	5	6	7	8
	in Millionen Mark beziehungsweise Reichsmark					in Prozent		
1913	334	634	2.948	2.696	5.503	12,4	23,3	53,6
1924	183	800	1.680	1.869	3.132	9,8	42,8	53,6
1925	229	859	2.193	2.344	4.649	9,8	36,6	47,4
1926	246	1.005	3.234	3.137	6.149	7,8	32,0	52,6
1927	309	1.298	3.637	3.333	7.712	9,3	38,9	47,2
1928	369	1.493	4.615	4.595	9.847	8,0	32,5	46,9
1929	382	1.553	4.857	4.892	11.446	7,8	31,7	42,4
Mitte 1930	261	1.224	4.718	5.205	11.677	5,0	23,5	40,4

* Gesamtsumme der Kreditoren zuzüglich Akzepte und ›Seitens der Kundschaft bei Dritten benutzte Kredite‹.
Quelle: Ausschuss zur Untersuchung der Erzeugungs- und Absatzbedingungen der deutschen Wirtschaft, Bankkredit, S. 137.

Die Daten zeigen, dass die Barliquiditätsquote weiter fiel, besonders im Übergang von 1913 zu 1924. Das kann allerdings nicht als von der Inflation verursacht angesehen werden, weil der Rückgang dem Vorkriegstrend entsprach. Dieser erklärt sich aus der Zunahme der Kreditschöpfungsmöglichkeiten der Banken als Folge des wachsenden Anteils des bargeldlosen Zahlungsverkehrs und des stärkeren Vertrauens auf die Refinanzierungsmöglichkeiten bei der Reichsbank.[42]

Von den anderen beiden Liquiditätsmaßen der Tabelle – die Erweiterte Barliquiditätsquote und die Gesamtliquiditätsquote – lagen in den Jahren nach der Großen Inflation die eine höher als 1913 und die andere in den ersten Nach-Inflationsjahren ungefähr auf der Höhe von 1913. Dieses Ergebnis ist nicht überraschend, wenn man bedenkt, dass die Inflation die Kreditinstitute veranlasste, ihre Aktiva in viel größerem Ausmaß als vor dem Ersten Weltkrieg kurzfristig anzulegen, was die Liquidität der Banken tendenziell stärken musste.

Noch deutlicher als bei den Berliner Großbanken tritt diese Entwicklung bei einer Auswertung der Bilanzen aller Banken zutage, für die wir die Gesamtliquiditätsquote berechnen können. 1913 betrug diese Quote 18,3 Prozent, 1924 46,3 Prozent und 1925 40,1 Prozent.[43] Dies ist das Ergebnis der Tatsache, dass bei allen deutschen Kreditinstituten nach der Inflation die Fälligkeit der Passiva gegenüber 1913 wesentlich verkürzt war und deshalb eine größere Liquidität der Aktiva oberstes Gebot der Geschäftspolitik war.

f. Vergleich mit der Entwicklung der Bankenstruktur in den USA und Großbritannien

Herausragendes Merkmal der Bankenstrukturentwicklung im internationalen Vergleich ist die starke Bankenkonzentration, die während und nach dem Ersten Weltkrieg in allen größeren Industrieländern stattfand. Das gilt für Deutschland, das eine Hyperinflation durchmachte, ebenso wie für Frankreich, das in der Nachkriegszeit bis zur De-facto-Stabilisierung des Franc 1926 eine ›trabende‹ Inflation erfuhr, und für die angelsächsischen Länder, die – wie die USA auch während ihrer Kriegsteilnahme – den Goldstandard formal nicht verlassen hatten, oder – wie Großbritannien – mit Hilfe einer Deflationspolitik 1925 zur Vorkriegsparität Pfund-Gold zurückkehrten.[44] Der während der Inflation in Deutschland abgelaufene Konzentrationsprozess, insbesondere die Expansion der Berliner Großbanken auf Kosten der Provinzbanken, kann deshalb nicht als von der Inflation verursacht angesehen werden.

In Großbritannien und den USA hat es derart große Verschiebungen in den Marktanteilen einzelner Institutsgruppen, wie in Deutschland nach 1913, nicht gegeben. Allerdings waren die dortigen Bankstrukturen auch vorher nicht die gleichen wie in Deutschland gewesen.[45] Das gilt sowohl für die Marktanteile verschiedener Typen von Kreditinstituten als auch für die Entwicklung der Geschäftsstrukturen.[46] Für die USA in den 1920er-Jahren im Vergleich zur Vorkriegszeit fällt vor allem auf, dass die Hypothekenkredite überdurchschnittlich stark anwuchsen. Damit war eine Strukturverschiebung auf der Aktivseite der Bankbilanzen zugunsten der längerfristigen Kredite und auf der Passivseite zugunsten der längerfristigen Einlagen verbunden.[47] Dies ist das Gegenteil der Änderungen der Fristenstruktur in den Bilanzen der deutschen Kreditinstitute, die für die Nachinflationszeit im Vergleich zu 1913 beobachtet wurden. Dass die Fristenstrukturverschiebungen in erster Linie von der Preisentwicklung abhängen, wird also sowohl durch den intertemporalen Vergleich innerhalb Deutschlands als auch durch den internationalen Vergleich bestätigt. Einen derartigen »*Auffüllungsbedarf*«, wie er sich im Fall Deutschland nach der Hyperinflation zeigte, hat es weder in den USA noch in Großbritannien gegeben. Daraus lässt sich auch der Schluss ziehen, dass der »*regenerationsbedingte*« Wiederauffüllungsbedarf primär ein Ergebnis der Nachkriegsinflation war und nicht des Ersten Weltkriegs, den ja auch die angelsächsischen Staaten zum größten Teil über Kreditaufnahme finanziert hatten.

---

1   Mühlhaupt, Strukturwandlungen, S. 1.
2   Stützel, Banken, S. 527 ff.

3   Deutsche Reichsbank, Reichsbank, S. 35 f.
4   Ausschuss zur Untersuchung der Erzeugungs- und Absatzbedingungen der deutschen Wirtschaft, Bankkredit, S. 25–28.
5   Ebd., S. 40; Pohl, Konzentration, S. 273, 304.
6   Stützel, Banken, S. 527 f.
7   Born, Beginn, S. 72–96, benutzt eine ähnliche Einteilung für seine Betrachtung des Wandels der Bankenstruktur als Folge der Inflation. Er beurteilt Entwicklungen allerdings ohne ein Bewusstsein für das Wirken »säkularer« Trends. James, Strukturwandel, S. 165–176, beobachtet für die Jahre zwischen Inflation und Weltwirtschaftskrise demgegenüber nicht die statistisch erfassbaren Änderungen der Bankenstruktur, sondern behandelt vor allem die Frage, wie tonangebende Bankiers der Weimarer Republik auf die geänderten Gegebenheiten im Finanzsektor reagiert haben.
8   Siehe die wenigen Angaben in Deutsche Bundesbank, Geld- und Bankwesen, S. 118 f., 122.
9   Die Berliner Großbanken bilden eine Ausnahme. Vgl. die fortlaufenden Bilanzstatistiken in Whale, Joint Stock Banking, S. 185–248, 340–353. Noch reicher, speziell für die Inflationsperiode, ist die Studie Goldschmidt, Großbankkapital, S. 59–62 (Tabellen). Die statistische Forschungslücke hinsichtlich der anderen Institutsgruppen, mit Ausnahme der Privatbankiers, während der Inflationsperiode konnte großenteils geschlossen werden von Holtfrerich, Inflation, S. 48–60 (Tabellen 10–18).
10 Deutsche Bundesbank, Geld- und Bankwesen, passim.
11 Holtfrerich, Auswirkungen, S. 191–196.
12 Vgl. Hoffmann, Wachstum, S. 509; dort auch für das anschließend verwendete Volkseinkommen von 1928 und 1937. Die von Hoffmann zusammengestellten Daten sind vielfach kritisiert worden. Neuschätzungen kommen zu höheren Werten, Vgl. zum Beispiel für die Periode 1851 bis 1913 Burhop/Wolff, Compromise Estimate, S. 635, 651 f. Für 1913 schätzen sie das Volkseinkommen auf zwischen 51,5 und 55,6 Mrd. Mark.
13 Vgl. zu den Geschäftsvolumina 1968 Deutsche Bundesbank, Geld- und Bankwesen, S. 164, 176.
14 Vgl. die Daten zur prozentualen Verteilung in der Zeit von 1925 bis 1931 im Vergleich zu 1913 in Statistisches Reichsamt, Volkseinkommen, S. 84.
15 Borchardt, Realkredit- und Pfandbriefmarkt, S. 122.
16 Tewaag, Zerrüttung, S. 551, weist sogar darauf hin, »dass die Spartätigkeit der Arbeiterfamilien vergleichsweise stärker war als die der Angestellten«.
17 Holtfrerich, Eigenkapitalausstattung, S. 27.
18 Statistisches Reichsamt, Banken, S. 179.
19 Ausschuss zur Untersuchung der Erzeugungs- und Absatzbedingungen der deutschen Wirtschaft, Bankkredit, S. 198–203.
20 Whale, Joint Stock Banking, S. 225.
21 Lampe, Bankbetrieb, S. 369.
22 Deutsche Bundesbank, Geld- und Bankwesen, S. 74 f.
23 Ebd.
24 Ebd.
25 Ausschuss zur Untersuchung der Erzeugungs- und Absatzbedingungen der deutschen Wirtschaft, Bankkredit, S. 41.
26 Diehl, Ursachen, S. 915–920.
27 Die Risiken, die damit verbunden waren, behandeln Bonn, Wirkung, S. 382–385; Döring, Kreditmärkte, S. 402–405.
28 Deutsche Bundesbank, Geld- und Bankwesen, S. 74 f.
29 Während der Nachkriegsinflation (1918–1923) war die Entwicklung allerdings auch bei den Berliner Großbanken ganz inflationstypisch. Die kurzfristigen Einlagen stiegen von rund 60 Prozent auf über 90 Prozent der Gesamteinlagen. Die Einlagen bis zu drei Monaten sanken von rund 26 Prozent auf 3,3 Prozent und die Einlagen mit mehr als drei Monaten Fälligkeit gingen von rund 13 Prozent auf vier Prozent zurück. Vgl. die jährlichen Angaben in Whale, Joint Stock Banking, S. 218; Goldschmidt, Großbankkapital, S. 78.

30 Die Erfahrung der Inflation dürfte dazu beigetragen und das gegenüber 1913 stark erhöhte Zinsniveau dazu angereizt haben.
31 Ausschuss zur Untersuchung der Erzeugungs- und Absatzbedingungen der deutschen Wirtschaft, Bankkredit, S. 52 f.
32 Borchardt, Realkredit- und Pfandbriefmarkt, S. 117. Der damalige Geschäftsführer des Centralverbands des Deutschen Bank- und Bankiersgewerbes Carl Tewaag beziffert den Anteil der Privathypotheken am Gesamtvolumen der Hypothekenkredite für 1913 auf 40,2 Prozent und für 1930 auf immer noch 19,5 Prozent genauer. Vgl Tewaag, Zerrüttung, S. 561.
33 Alle Daten zum Anteil des Hypothekenkredits sind entnommen aus Deutsche Bundesbank, Geld- und Bankwesen, S. 74 f.
34 Ebd., S. 136, 147. Dort sind nur die langfristigen (mehr als vier Jahre) ›Buchkredite und Darlehen‹ ausgewiesen, von denen die Hypothekenkredite nur einen Teil ausmachen. Der Anteil der langfristigen ›Buchkredite und Darlehen‹ betrug 1964 36,3 Prozent und 1974 35,9 Prozent des jeweiligen Geschäftsvolumens aller Banken. Wie Daten der Bundesbank ausweisen, liegt auch heute der Anteil der Hypothekenkredite an der Bilanzsumme aller Banken mit nur noch 13,8 Prozent 2010 erheblich niedriger, also weit unter dem Anteil von 1913.
35 Whale, Joint Stock Banking, S. 221, 227.
36 Deutsche Bundesbank, Geld- und Bankwesen, S. 74 f.
37 Ebd., S. 102.
38 Statistisches Reichsamt, Banken; Hoffmann, Anlagegeschäft.
39 Ausschuss zur Untersuchung der Erzeugungs- und Absatzbedingungen der deutschen Wirtschaft, Bankkredit, S. 136.
40 Lansburgh, Maßnahmen.
41 Vgl. zur Liquiditätssituation während der Weltwirtschaftskrise Blatz, Bankenliquidität; ferner zu den Auswirkungen der Inflation auf die Liquidität der Banken Born, Bankenkrise, S. 21 f.; Nordhoff, Liquiditätsfrage; Lampe, Bankbetrieb, S. 174–177, 304–312; Henning, Liquidität, S. 88–92, zieht für die Jahre der Weltwirtschaftskrise die Liquiditätsquoten in Großbritannien, Frankreich und den USA zum Vergleich heran.
42 Lindenlaub, Suche, S. 129–134, 144–147.
43 Deutsche Bundesbank, Geld- und Bankwesen, S. 74 f.
44 Born, Geld, S. 443–473.
45 Mackenzie, Banking Systems.
46 Vgl. für die USA Goldsmith, Structure, S. 288 (für Statistiken zu den Marktanteilen verschiedener Banktypen), 291–301 (für Statistiken zur Entwicklung der Geschäftsstruktur). Diese Studie liegt auch in einer deutschen Fassung vor (ders., Bankkredit). Ausführliche Statistiken sowohl zu den Marktanteilen als auch zur Geschäftsstruktur der US-Banken enthalten Board of Governors of the Federal Reserve System, Banking and Monetary Statistics; Board of Governors of the Federal Reserve System; Statistics; ferner zusammenfassend U.S. Bureau of the Census, Statistics, S. 1021–1029.
47 Goldschmidt, Bankkredit, S. 126, Tabelle 13; ders., Intermediaries, S. 138, 145.

Paul Thomes

[18.]

Die ›Fusion der Elefanten‹ 1929

Zur Konzentration von Kapital und Macht in der Weimarer Republik am Beispiel der Disconto-Gesellschaft und der Deutschen Bank

a. Die Konzentrationsbewegung bei den Aktienkreditbanken: einige Fakten

Als die beiden größten deutschen Kreditinstitute, die Deutsche Bank und die Disconto-Gesellschaft, 1929 fusionierten, kam das einer Sensation gleich: eine wahre ›Elefantenhochzeit‹, die in der Bankenwelt gemischte Gefühle produzierte – sowohl in Wirtschaftskreisen als auch innerhalb der beiden Banken selbst. Erstaunen mischte sich mit Ehrfurcht, Konkurrenzangst und Zweifeln an der Funktionsfähigkeit des neuen Giganten, für den die gerade aufkommende Weltwirtschaftskrise eine erste elementare Herausforderung darstellte.[1]

Ganz so überraschend, wie es auf den ersten Blick scheinen mochte, kam die Fusion freilich nicht. Im Gegenteil: Sie lässt sich als eine Konsequenz des allgemeinen Trends zur Konzentration von Kapital und Macht interpretieren. Der Zusammenschluss war der vorläufige Höhepunkt einer Bewegung, die seit dem Ende des 19. Jahrhunderts Regionalbanken und überregional tätige Großbanken erfasste. Großbanken übernahmen zunächst Regionalbanken, und dann auch andere Großbanken. Die Zahl der Regionalbanken sank von 308 (1913) auf 211 (1929) beziehungsweise auf 170 (1931);[2] diese Entwicklung schloss zahlreiche Neueröffnungen und Schließungen von Banken ein. 1924 existierten noch zehn regionale Großbanken, von denen bis 1929 sechs in den Großbanken aufgingen.[3] Bis zum Ende des Ersten Weltkriegs hatten sich acht Großbanken herausgebildet. 1919 zählten dazu: Deutsche Bank, Disconto-Gesellschaft, Dresdner Bank, Bank für Handel und Industrie (Darmstädter Bank), Nationalbank für Deutschland, Berliner Handelsgesellschaft, Commerz- und Disconto-Bank und Mitteldeutsche Creditbank.[4] Bis 1929 verringerte sich ihre Zahl von acht auf fünf (bis 1931 auf vier):

Die Bank für Handel und Industrie und die Nationalbank für Deutschland fusionierten 1922 zur Darmstädter- und Nationalbank (Danat-Bank), die ihrerseits 1931 von der Dresdner Bank übernommen wurde; 1929 schlossen sich die Commerz- und Privat-Bank und die Mitteldeutsche Creditbank sowie die Deutsche Bank und die Disconto-Gesellschaft zusammen.

Dieser Beitrag thematisiert diese Konzentrationsbewegung am Beispiel der Fusion von Deutscher Bank und Disconto-Gesellschaft im Jahr 1929. Er geht zunächst auf die frühe Entwicklung der beiden – rivalisierenden – Universalbanken in ihrem wirtschaftlichen Umfeld ein (Abschnitt b), schildert dann die Fusion von 1929 als Antwort auf Finanzbedarf, Kostendruck und industrielle Konzentration seit der Währungsreform 1923/24 (Abschnitt c) und erörtert schließlich die Bewährung des neuen Großinstituts in der (Banken-) Krise und die – vielfältige – Kritik, die an ihm laut wurde (Abschnitt d).

b. Die schillernden Viten zweier Rivalen

Die Deutsche Bank und die Disconto-Gesellschaft galten vor dem Ersten Weltkrieg als selbst im Weltvergleich mächtige, international ausgerichtete Banken. Sie beherrschten die Finanzierung von Unternehmen ebenso virtuos wie diejenige des Handels und der öffentlichen Hand. Die ältere der beiden war die Disconto-Gesellschaft. Gegründet 1851 – unter maßgeblichem Einfluss des Geschäftsmanns und Politikers David Hansemann – als Direction der Disconto-Gesellschaft, einer Genossenschaftsbank auf Aktienbasis,[5] war sie 1856 in eine Kommanditgesellschaft auf Aktien umgewandelt worden. Zunächst zur Kreditvergabe an die klein- und mittelständischen Mitglieder errichtet, entwickelte sie sich zum bedeutendsten Kreditinstitut des jungen Kaiserreichs. Bezüglich der Finanzierung der Industrie, der Verkehrsinfrastruktur und der öffentlichen Hand führte kein Weg an ihr vorbei. An vielen Industriegründungen war sie maßgeblich beteiligt. Gleiches gilt für das Bodenkreditgeschäft und die Staatsfinanzierung. So führte sie das berühmte Preußenkonsortium an, das nicht nur Anleihen der Bundesstaaten oder des Reiches platzierte, sondern auch für das Ausland, wie etwa Österreich und Russland, auf den Kapitalmärkten agierte. Nicht zuletzt begleitete sie die deutsche Wirtschaft ins Ausland, ob nach Südamerika, Afrika oder Ostasien. Gleichzeitig war sie an allen wichtigen internationalen Plätzen präsent. In Deutschland operierte sie lange ohne Filialen von Berlin aus, ehe sie 1901 in Frankfurt am Main in der Nachfolge des liquidierten Hauses M.A. Rothschild & Söhne eine solche errichtete. 1895 hatte die Disconto-Gesellschaft bereits die große, regional tätige Norddeutsche Bank erworben, freilich ohne mit ihr zu fusionieren. Bis 1913 folgten nur noch zwei weitere kleinere Übernahmen.

Zu dieser Zeit stand sie bereits in heftiger Konkurrenz zum jüngeren ›Emporkömmling‹ Deutsche Bank.[6] Jene hatte ihrer älteren Konkurrentin als Resultat einer beeindruckenden Expansion – rein quantitativ gesehen – spätestens seit Beginn der 1890er-Jahre die Führungsposition streitig gemacht. Schon ein Jahr nach der Gründung durch Privatbankiers (1870) eröffnete die Deutsche Bank erste Filialen im In- und Ausland. Ihren Fokus auf der Finanzierung von Handelsgeschäften erweiterte sie rasch zum

Universalbankgeschäft. 1876 übernahm sie erstmals andere Bankinstitute und stieg in den 1880er-Jahren groß ins internationale Eisenbahngeschäft (in den USA beziehungsweise im Nahen Osten) und in die Unternehmensfinanzierung ein. So beteiligte sie sich 1887 an der Gründung der AEG, einige Jahre später an den Mannesmann Röhrenwerken und auch an der Überführung des aufstrebenden Elektrounternehmens Siemens & Halske in eine Aktiengesellschaft. Auch bei allen wichtigen kommunalen und staatlichen Emissionen mischte sie, ganz wie die Disconto-Gesellschaft, vorübergehend mit.[7]

In Deutschland war sie 1901 nur an sechs Standorten mit Filialen präsent. Erst seit 1897 erwarb sie ähnlich der Disconto-Gesellschaft weitere Anteile an Regionalbanken, so je einen 75 Prozent Anteil an der Bergisch-Märkischen Bank in Elberfeld und am Schlesischen Bankverein in Breslau, was ihr Aktienkapital um ein Drittel auf 150 Mio. Mark erhöhte. In diese Zeit fiel auch der intensive Ausbau der Beziehungen zum boomenden rheinisch-westfälischen Industrierevier, wo sie in der Unternehmensfinanzierung der eher konservativ agierenden Disconto-Gesellschaft immer öfter das Nachsehen ließ.[8] Weitere wichtige Bankbeteiligungen in allen Teilen des Reiches folgten noch vor dem Krieg.

Davon abgesehen standen beide Institute in einem beharrlichen Wettbewerb, gerade wenn es um die Übernahme von Konsortialführungen ging – etwa bei der Begebung von Anleihen der Industrie. In einer solchen Situation schlug August Thyssen im Jahr 1903, um den sich neuerlich anbahnenden Zwistigkeiten der beiden Rivalen aus dem Weg zu gehen, eine Vereinigung in Form einer so genannten Interessengemeinschaft (IG) vor. In einer solchen Kooperationsform verfolgen die Unternehmen zwar gemeinsame Ziele, bleiben aber rechtlich unabhängig. Diese Interessengemeinschaften waren seinerzeit gang und gäbe. Der Zeitpunkt für eine Kooperation schien günstig, denn die beiden führenden Köpfe der Banken, Georg von Siemens und Adolph von Hansemann, der Sohn David Hansemanns, waren 1901 beziehungsweise 1903 verstorben; und mit Alexander Schoeller stand nunmehr ein Mann an der Spitze der Disconto-Gesellschaft, der sein Handwerk bei der Konkurrentin erlernt hatte.

Die Zeit aber war noch nicht reif für eine solche weit reichende Aktion, in der es zweifelsohne einen Primus inter Pares hätte geben müssen. Zudem gaben die Märkte der liberalen Weltwirtschaftsära der Hochindustrialisierung beiden Instituten mehr als genügend Entwicklungsspielraum, als dass sich eines hätte unterordnen wollen oder gar müssen; und das wäre an den in den Bilanzen ausgewiesenen Debitoren gemessen, bei einem Verhältnis von 352 Mio. Mark zu 208 Mio. Mark, eindeutig die ältere Disconto-Gesellschaft gewesen. Sie wollte eben nicht zurückstecken, wie ein anderes Beispiel aus dem Jahr 1903/04 belegt. Seinerzeit lieferte sie sich ein Duell mit der Deutschen Bank um die Finanzierung des zukunftsträchtigen rumänischen Erdölgeschäfts – und verlor es, obwohl sie seit langem den rumänischen Staat finanziert hatte. Aber wie gesagt, es gab genügend andere lukrative Betätigungsfelder und noch eine Reihe kleinerer Kreditinstitute, über deren Einverleibung man seine Marktposition stärken und gegebenenfalls auch die Machtverhältnisse entsprechend verschieben konnte.

1914 erreichte die Rivalität der beiden Marktführer ein neues Stadium. In diesem Jahr gliederte die Deutsche Bank die Bergisch-Märkische Bank mit einem Aktienkapital von 80 Mio. Mark vollends in das Unternehmen ein und war seither unter eigener Firma auch an Rhein und Ruhr deutlich sichtbar präsent. Die Disconto-Gesellschaft, die wegen des Deutsche Bank-Deals gewissermaßen unter strategischem Zugzwang stand, erwarb derweil nur wenig später die Mehrheit am traditionsreichen Schaaffhausen'schen Bankverein. Er galt mit einem Aktienkapital von 145 Mio. Mark als größte deutsche Regionalbank, die – als Finanzpartner des Ruhrreviers schlechthin – zahlreiche wertvolle Industriebeteiligungen im Portefeuille hielt. Die Aktion wirkt aus heutiger Sicht geradezu als Befreiungsschlag und Kampfansage an den Marktführer, selbst wenn sich ein direkter Zusammenhang beider Transaktionen nicht nachweisen lässt.

Wie dem auch sei: Die Frankfurter Zeitung betitelte die Deutsche Bank am Vorabend des Ersten Weltkrieges 1914 als größte Bank der Welt, »*die längst über ihre privatwirtschaftlichen Interessen hinausgewachsen*« sei.[9] Im direkten Vergleich der Rivalen war die Deutsche Bank eindeutig das größere Institut, wenn auch immer noch die etwas weniger noble Adresse. Im Übrigen nahmen beide Institute – mit Geschäften in wahrhaft gigantischen Größenordnungen – nun eine alles beherrschende Stellung ein: Ohne sie ging keine bedeutende Finanztransaktion über die Bühne, sie beeinflussten die Politik und – über ihre Präsenz in den Aufsichtsräten der Großunternehmen – die produzierende Wirtschaft.

Der Erste Weltkrieg veränderte die Lage nicht wesentlich. Angesichts der technischen und wirtschaftlichen deutschen Dominanz dachte kaum einer an eine Niederlage.[10] Die hitzige Binnenkonjunktur tat im Verein mit der wachsenden Liquidität ein Übriges. So gliederte die Disconto-Gesellschaft bis 1918 reichsweit fünf weitere Regionalbanken ihrem Imperium an, darunter die dem A. Schaaffhausen'schen Bankverein nahestehende und ebenfalls auf die Industriefinanzierung spezialisierte Rheinische Bank in Mülheim an der Ruhr. Die Deutsche Bank begnügte sich mit zwei Akquisitionen in Königsberg und Schlesien, investierte aber weitblickend beispielsweise auch in die sich entwickelnden neuen Medienindustrien, wie in die 1917 gegründete Universum-Film-Aktiengesellschaft (Ufa) – auch ein politisches Prestigeobjekt. Ähnlich agierten die übrigen Großbanken, sodass sie ihr Gewicht gegenüber den Regionalbanken bezogen auf das Eigenkapital während des Krieges von 46 Prozent auf über 52 Prozent ausdehnen konnten; beim Indikator Fremdmittel kamen sie 1918 gar auf fast 66 Prozent – eigentlich eine gute Ausgangssituation.[11]

Nach dem verlorenen Krieg gestaltete sich die Situation für unsere beiden Protagonisten zwiespältig.[12] Einerseits brachten die frühen Inflationsjahre und die wieder auflebende Investitionstätigkeit das Inlandsgeschäft in Schwung, andererseits litten gerade die beiden großen international stark engagierten Institute unter dem weitgehenden Verlust des Auslandsgeschäfts und unter den kriegsbedingten Liquidationen, sodass es nicht mehr gelang, an die hohen Vorkriegsstandards anzuknüpfen.

Umso mehr richtete sich ihr Blick auf den Binnenmarkt und wurde das Fusionskarussell auf der Suche nach Marktanteilen in Gang gehalten. Die Disconto-Gesellschaft nahm zwischen 1919 und 1921 mindestens ein Stuttgarter und zwei Breslauer Bankhäuser auf. Die Deutsche Bank fusionierte 1920 mit drei Firmen in Hannover, Braunschweig und Gotha, übernahm fünf weitere lokale Häuser in Rheinland-Westfalen und erhöhte nicht zuletzt ihren Anteil am Kapital der bedeutenden regionalen Institute Essener Credit-Anstalt, Württembergische Vereinsbank und Rheinische Creditbank. Im Übrigen fusionierten mit der Nationalbank für Deutschland und der traditionsreichen Darmstädter Bank für Handel und Industrie (Darmstädter Bank) im Jahr 1922 erstmals zwei Großbanken zur Danat-Bank, um die Nachkriegsturbulenzen besser zu meistern. In dem neuen Institut entstand ein ernstzunehmender Mitbewerber, der mit Jacob Goldschmidt und Hjalmar Schacht zwei prominente Finanzfachleute in seinen Reihen hatte.[13]

Die Hyperinflation, die das Geld schließlich aller seiner Funktionen beraubte, hinterließ bei den Banken zweierlei Wirkungen: Sie baute einen erheblichen Kosten- und Rationalisierungsdruck auf, indem sie die Zahl der Filialen und sehr viel stärker noch die der Mitarbeiter steigen ließ – ein Spiegel vor allem auch des nominal explodierenden Geschäftsumfangs. Bei der Deutschen Bank stieg beispielsweise die Zahl der Filialen von 15 (Ende 1913) auf 102 (1917), 143 (1920) und 150 (Ende 1922), die der Beschäftigten von 6.638 (1913) auf 13.529 (1918), 26.286 (1922) und 35.868 (1923).[14] Das Filialnetz der Großbanken insgesamt wucherte in diesem Zeitraum von 182 auf rund 1.200 Filialen. Eine weitere Hinterlassenschaft der Inflation war, dass die Banken einen beträchtlichen Teil ihres Eigenkapitals und den größten Teil ihrer Geschäftsgrundlage – ihres Kredit- und Einlagenvolumens – verloren; die Deutsche Bank büßte bis zum Ende der Inflation (gegenüber 1913) 54 Prozent ihres Eigenkapitals ein; ihre Eröffnungsbilanz lautete auf 550 Mio. Goldmark, was in etwa dem Stand von 1894/95 entsprach.[15]

c. Eine Bankenfusion zwischen Inflationsbewältigung und industrieller Konzentration

Die Banken standen nach der Währungsreform 1923/24 vor der doppelten Aufgabe, ihre Geschäfte zu konsolidieren und die neuen Chancen zu nutzen.[16] Sie begegneten dieser Herausforderung unter anderem mit einer Fortführung ihrer Fusionsstrategie. Bei Konsum und Investitionen gab es Nachholbedarf und die deutschen Unternehmen fassten auf dem Weltmarkt wieder Fuß. Mit dem Chemie-Konzern IG Farbenindustrie, den Vereinigten Stahlwerken und Daimler-Benz, um nur drei Beispiele zu nennen, entstanden ebenfalls durch Fusionen wieder internationale Adressen; die IG Farben galt seinerzeit hinter US Steel und Esso als drittgrößtes Unternehmen der Welt.[17]

Die Deutsche Bank integrierte 1924/25 den Württembergischen Bankverein, die Essener Credit-Anstalt und die Siegener Bank komplett; 1927/28 übernahm sie die Lübecker Privatbank und die Hildesheimer Bank. Die Disconto-Gesellschaft konterte 1925 mit der Bank für Thüringen, einem bedeutenden regionalen Industriefinanzier, und 1928 mit der Deutschen Hansabank in München.[18] Diese Entwicklungen dokumentieren einmal mehr die Schärfe des Wettbewerbs, das Streben der Banken nach Größe und ihr Bemühen, stärker als bisher in der Fläche und damit näher beim Privatkunden präsent zu sein, um ihre inflationsgeschwächte Kapitalbasis und die Liquidität zu stärken. Anderseits minderten die dadurch verursachten Kosten die Margen – eine Art Schub oder Teufelskreis, je nachdem, in Richtung einer weiteren Oligopolisierung des Finanzmarkts.

Der weitere Weg zur Fusion unserer beiden Protagonisten ist kaum erklärbar ohne den enormen industriellen Finanzbedarf jener Jahre. 1925 galt es, das gescheiterte Stinnes-Imperium abzuwickeln, und 1926 schufen die Banken mit den Vereinigten Stahlwerken eine neue dominante montanwirtschaftliche Größe.[19] Aber auch neue Wachstumsindustrien bedurften der Hilfe. Maßgeblich die Deutsche Bank begleitete 1926 die Fusion der beiden notleidenden Aushängeschilder der Automobilbranche Daimler und Benz weitsichtig als Wachstumsinvestment. Eine alle deutschen Marken umfassende IG Autoindustrie, wie sie im Gespräch war, kam nicht zustande; auch weil bei dem auf gut 250 Mio. RM geschätzten Projekt beide Banken hätten mitmachen müssen, es aber nicht wollten oder konnten.[20] Vielleicht spielte beim Verzicht auf die große Lösung auch eine gewisse Rolle, dass die Deutsche Bank (zusammen mit der Danat-Bank) gleichzeitig eine andere Megatransaktion, den Zusammenschluss der chemischen Industrie zur IG Farben 1925/26 (Aktienkapital: 1,1 Mrd. RM) maßgeblich begleitete.[21] Ebenfalls entscheidend getrieben durch die Deutsche Bank gelang im Januar 1926 die Gründung der Deutschen Luft Hansa Aktiengesellschaft als Zusammenschluss zweier notleidender Unternehmen.

Zur Deckung des Finanzbedarfs bedienten sich die kapitalschwachen Großbanken gerne des vor allem aus den USA nach Deutschland strömenden Kapitals. 1929 kamen auf einen Teil Eigenkapital etwa sechs Teile – zudem überwiegend kurzfristiges – Fremdkapital.[22] Gleichzeitig ließ der Finanzbedarf, gepaart mit Kostendruck, nicht nur die Großen die Kleinen beäugen. Auch die Großen selbst beobachteten sich spätestens seit 1924 wieder intensiv, um sich bietende Chancen zur Marktbereinigung zu nutzen und ihren Einfluss zu wahren. Das galt auch für die Deutsche Bank und die Disconto-Gesellschaft. Die Vorgeschichte ihrer Fusion ist deshalb aufschlussreich, weil sie Einblicke in die Strategien und in das Funktionieren des Geschäfts gibt, das sich infolge der typischen Universalbankstruktur – wie gezeigt – aufs engste mit industriellen Interessen verflocht.

Ob, wie Feldman vermutet, die Rivalität zwischen beiden Banken schon im Kontext der Währungsreform nachließ, darf man durchaus bezweifeln. Denn die Kooperation zwischen der Disconto-Filiale A. Schaaffhausen'scher Bankverein und der Deutschen Bank im Rheinland in Konsortialgeschäften zur Finanzierung von Unternehmen und Kommunen, die Vereinbarung beider Banken über regelmäßige Konsultationen und den Informationsaustausch über mögliche Fusionen im Südwesten 1924/25 (Rheinische Creditbank und Süddeutsche Disconto-Gesellschaft) scheinen zunächst einmal eher strategischer Natur. Man hatte sich auch früher immer wieder verständigt. Und nun, in den kapitalarmen Zeiten, ging es mehr denn je darum, einen ›Kampf aller gegen alle‹ zu vermeiden.[23] Die Vereinbarungen lassen sich als unausgesprochener Nichtangriffspakt interpretieren – auf der Basis kartellistisch-korporativistischer Ansätze zweckorientiert, um das Beste aus der unübersichtlichen Situation zu machen.

Angesichts der skizzierten industriellen Großfusionen gingen die Gespräche 1926 nicht von ungefähr in eine neue Runde und offenbar einmal mehr von der Deutschen Bank aus. Interessant und bezeichnend zugleich in diesem Zusammenhang ist die Tatsache, dass wenig vorher Gerüchte über eine Kooperation zwischen Deutscher Bank und Danat-Bank die Runde machten, die eines realen Hintergrunds nicht entbehren. Die Deutsche Bank spielte jedenfalls gleichzeitig ein zweites Blatt, sie sah aber auch die Gefahr, dass sich in einer Gegenreaktion Disconto-Gesellschaft und Dresdner Bank finden könnten, womit der mächtigste Gegenspieler nicht beseitigt gewesen wäre, im Gegenteil. Im Urlaub und quasi auf neutralem Gebiet, sondierte man in Italien informell das Thema. Die ausgetauschten Argumente dokumentieren noch einmal deutlich den direkten Zusammenhang mit den seinerzeit aktuellen Themen: Kostensenkung und Rentabilitätsoptimierung sowie eine bessere Kapitalausstattung, um im Zuge der industriellen Konzentrationstendenzen die Handlungsfähigkeit und eine Position der Stärke zu bewahren. Die Banken fürchteten angesichts der expandierenden Industriegiganten ein Wegbrechen ihres Einflusses und ihres Geschäfts. Aus Sicht der Deutschen Bank konnte nur eine ›unumgehbare Größe‹ dies verhindern, wobei sie sich selbst wiederum in der Position sah, in einem solchen Prozess den Gang der Handlung zu bestimmen. Dass der potenzielle Partner die Sachlage differenziert bewertete, erstaunt nicht, zumal es scheinbar die eine oder andere persönliche Animosität in den Vorständen gegeben hatte. Auch wenn der Kostendruck weiter zunahm und die Konkurrenten der Disconto-Gesellschaft näher rückten, um sie wie die Danat-Bank und Dresdner Bank Ende 1926 gar zu überflügeln, waren dies für die in sich ruhende Disconto-Gesellschaft keine Gründe, nervös zu werden. Sie hielt vorerst an ihrer bewährten, qualitativ orientierten Geschäftspolitik fest, was sich nicht zuletzt in einer relativ hohen Eigenkapitalquote manifestierte. Die Zeit war schlicht noch nicht reif für die Verschmelzung zweier dominanter, in langjähriger Konkurrenz zueinander stehender Spieler, denen mit einer Fusion ja auch ein Motivationselement abhandenkommen würde.

1928/29 veränderte sich die Situation insofern, als 1927 ein kleiner Börsencrash die Finanzwelt aufgeschreckt hatte, die Konjunktur abzukühlen begann, auch dynamische Unternehmen wie die Ufa in Schwierigkeiten gerieten und die Lage auf den Finanzmärkten sich zunehmend diffiziler gestaltete. Fritz Seidenzahl kommentiert den im März 1929 vorgelegten Geschäftsbericht der Disconto-Gesellschaft für das Jahr 1928, in dem diese nüchtern analysierend die Auslandsverschuldung für eine *»Betriebsamkeit«* verantwortlich machte, *»die sich wie ein Schleier über die Dinge breite«*, als Zeichen dafür, dass den *»Geschäftsinhabern der Mut schwand.«* Die Aussage mag freilich eher als realistische Einschätzung einer Lage gelten, in der eine Fusion tatsächlich qualitativen Mehrwert erzeugen könnte. Es spricht jedenfalls vieles dafür, dass der Disconto-Vorstand die heraufziehenden Gefahren gesehen oder doch zumindest geahnt hat.[24]

Zuvor, im Februar 1929, hatte die Fusion der Konkurrenten Commerz- und Privat-Bank und Mitteldeutscher Creditbank das Publikum bereits aufhorchen lassen. Die Commerz- und Privat-Bank, wie sie nach wie vor hieß, sah sich mit über 75 Mio. RM Aktienkapital gut gerüstet für die drohenden Fährnisse, zumal die Kulisse die Verschmelzung gemeinhin als sinnvolle synergetische Maßnahme bewertete.[25] Vielleicht schob der Vorgang auch den Annäherungsprozess unserer beiden Protagonisten wieder an, und zwar erneut auf Initiative der Deutschen Bank und diesmal mit Erfolg. Auch sie hatten mit den allgemeinen Problemen zu kämpfen. Die prekäre Ertragslage in Kombination mit einem hohen Personalbestand, dem dichten Filialnetz, hohen Ausfallrisiken und der Auslandsabhängigkeit, bauten einen regelrechten *»Zwang zur Rationalisierung«* auf, wie ihr Sprecher, Oscar Wassermann, anlässlich der Fusion formulieren sollte.[26]

Im Sommer 1929 jedenfalls verhandelten in Pontresina Eduard Mosler als Geschäftsinhaber für die Disconto-Gesellschaft und Oscar Schlitter als Vorstandsmitglied der Deutschen Bank offiziell im Auftrag beider Institute. Es hatte also ein Gesinnungswandel in der Disconto-Gesellschaft stattgefunden, sodass es schnell gelang, Übereinstimmung zu erzielen. Jedenfalls handelte man im kleinen Kreis einen Verschmelzungsvertrag aus. Die Aufsichtsräte genehmigten ihn am 26. September 1929, und nach Zustimmung der Generalversammlungen am 28. und 29. Oktober trat er in Kraft.

Tatsächlich gelang es, die Sache bis zum 26. September unter der Decke zu halten. So platzte die Fusionsnachricht dann vollkommen überraschend: ein regelrechter Coup. Der Berliner Börsen-Courier bezeichnete sie als »*Explosion*«.[27] Beide Banken galten ja traditionell als Konkurrenten mit durchaus unterschiedlichen Organisationsstrukturen, Geschäftspolitiken beziehungsweise Unternehmenskulturen, wobei persönliche Animositäten der führenden Köpfe, ob unterstellt oder real, der Sache noch die besondere Regenbogenwürze gaben. Andererseits ließen sich Synergiepotenziale nicht von der Hand weisen. Wenn man Unterschiede herausarbeiten will, ließe sich argumentieren, dass die Deutsche Bank eher ertragsorientiert arbeitete, während die Disconto-Gesellschaft Liquiditätsaspekten einen höheren Stellenwert gab. So gesehen erschien das neue Institut recht gut ausbalanciert. Tatsächlich überstand es die folgenden Krisen vergleichsweise unbeschadet.

Davon abgesehen brodelte die Gerüchteküche heftiger denn je. Weitere Bankfusionen wurden hektisch gehandelt – bis hin zum Einstieg der National City Bank in das neue Institut. Glamour und Größe passten eben auch seinerzeit gut zusammen und angesichts der gigantischen transatlantischen Kapitaltransfers lag eine solche Option gar nicht so fern. Letztlich erwiesen sich die Gerüchte jedoch als gegenstandslos. Am 27. September publizierte die Presse dann die offizielle Mitteilung der Elefantenhochzeit. Es war eine Fusion unter Gleichen, freiwillig und ohne akute wirtschaftliche Zwänge. Die Deutsche Bank fungierte, weil größer, als das aufnehmende Institut. Der Aktienumtausch erfolgte auf der Basis eins zu eins ohne Kapitalerhöhung. Sowohl der Doppelname ›Deutsche Bank und Disconto-Gesellschaft‹, bald gerne kurz als ›DeDi-Bank‹ abgekürzt, als auch die quasi paritätische Besetzung der Leitungsgremien unterstrichen deutlich die Qualität des Akts als Entscheidung von Partnern auf Augenhöhe. Das Amt des Vorstandssprechers blieb beim erfahrenen 60-jährigen Oscar Wassermann, den Aufsichtsratsvorsitz teilten sich Max Steinthal von der Deutschen Bank und Arthur Salomonsohn von der Disconto-Gesellschaft.[28] Im Resultat entstand für deutsche Verhältnisse in der Tat ein Institut völlig neuer Dimension, das alles bisher Dagewesene in den Schatten stellte. Mit einem Aktienkapital von 285 Mio. RM war es umfangreicher kapitalisiert als die verbliebenen Großbanken zusammen (263 Mio. RM); deren größte, die Dresdner Bank kam auf 100 Mio. RM. Es zählte über 800.000 Kunden, war mit über 400 Niederlassungen und Zweigstellen im Land präsent und beschäftigte 24.600 Mitarbeiterinnen und Mitarbeiter. Diese Struktur kam auch deshalb zustande, weil die bis dato rechtlich selbstständigen Tochtergesellschaften A. Schaaffhausen'scher Bankverein, Norddeutsche Bank, Rheinische Creditbank und Süddeutsche Disconto-Gesellschaft im Zuge der Fusion voll in der neuen Bank aufgingen.[29]

Abseits des Theaterdonners und der Spekulation schien das Institut bilanzmäßig solide aufgestellt und mit ausgewiesenen Experten an der Spitze. So gesehen war es aus Sicht der Banken in der Tat eine Hochzeit nach Maß. Dem Finanzplatz Deutschland gab sie überdies ein neues Gesicht und sie verkürzte die Distanz zu den weltgrößten anglo-amerikanischen Instituten (wieder). Die Zahl der deutschen Großbanken hatte sich in diesem turbulenten Jahr um zwei und diejenige der regionalen Großbanken um vier verringert. Am Beginn der Weltwirtschaftskrise, die seinerzeit nur die Wenigsten erahnten, prägte die Bankenlandschaft ein wahrhafter ›Elefant‹ an der Spitze: unübersehbar massig – aber auch effizient und solide? Die heraufziehende Krise musste es beweisen.

d. Krisenbewährung und Kritik

Es ist klar, dass solche Dimensionen nicht nur Zustimmung, sondern mehr noch Bedenken generierten – angefangen bei den Beschäftigten, denen der Rationalisierungsdruck ja seit Jahren bekannt war, über die verbliebenen Mitbewerber, die das erreichte Maß an Konzentration nur schwer ertrugen, bis hin zur industriellen Kundschaft, welche die Angebotsmacht der Bank als geradezu erdrückend empfinden mochte.

Tatsächlich verfügte die neue DeDi-Bank in den Bankenkonsortien der großen Konzerne – ob AEG, Krupp, Gelsenberg, IG Farben, Vereinigte Stahlwerke – generell über die höchste Quote, was ihr wiederum ein hohes Maß an Einfluss sicherte. Entsprechend versuchten die Konkurrenten, die neue Bank zu Konzessionen zu bewegen. Tatsächlich blieb dies nicht ganz ohne Erfolg. Große Quotenbereinigungen fanden freilich nicht statt. In der Realität kam nach wie vor kein bedeutendes Finanzierungsgeschäft an der DeDi-Bank vorbei zustande. Der Einfluss der Banken auf die Industrie beziehungsweise deren Abhängigkeit von den Banken war vor allem deshalb hoch, weil die Banken vielfach eine Doppelfunktion innehatten: als Kreditgeber und als Eigentümer in Form beachtlicher Aktienpakete.[30]

Insbesondere die Arbeitnehmer gaben in den über die Fusion abstimmenden Generalversammlungen am 28./29. Oktober ihren Zukunftssorgen Ausdruck. Schließlich war zuvor oft genug von verantwortlicher Seite geäußert worden, dass eine Fusion nur in Kombination mit Strukturverschlankungen und einem Stellenabbau einen Sinn ergab. Wo blieb jedoch die gesamtwirtschaftliche Verantwortung, wenn tatsächlich 5.000 bis 7.000 Stellen in einer schwierigen wirtschaftlichen Situation gestrichen würden, wie die Presse kolportierte? Die Einlassung des Vorstands, dass der Abbau auch über 300 Direktoren und Prokuristen treffen würde, zeitigte nur wenig Wirkung, ebenso wenig wie die Hinweise der Arbeitnehmervertreter auf die wachsenden Gefahren der Radikalisierung und zunehmender politischer Risiken Wirkung bei den Aktionären und Vorständen zeigten. Letztlich standen nur etwa 3.000 von den rund 21.000 Stellen der vereinten Bank zur Disposition.

Jedenfalls verhinderte die Kritik weder die überwältigende Zustimmung der Generalversammlungen noch vermochte sie die entschlossene Zuversicht der Entscheider zu untergraben. Der Kurssturz an der New Yorker Börse am 24. Oktober 1929, dem ›Schwarzen Donnerstag‹, wurde von den deutschen Experten mehrheitlich als technische Korrektur einer überhitzten Spekulation gewertet.[31] Dennoch war der Erfolg der Verschmelzung keineswegs eine ausgemachte Sache, denn es galt, wie angedeutet, zwei Unternehmenskulturen möglichst reibungsarm zu synchronisieren. Dies gelang dann auch – und zwar vielleicht nicht zuletzt infolge des sich dramatisch verschlechternden Geschäftsumfelds, das einen enormen äußeren Druck aufbaute.

Geschäftlich konnte es der Bank in der aktuellen Situation, anders als zuvor kolportiert, nicht vorrangig darum gehen, in neuer Stärke den US-amerikanischen Kapitalmarkt weiter zu erschließen. Im Gegenteil: es galt dringlich, die als äußerst kritisch empfundene Abhängigkeit von diesen Geldern, deren Zufluss zudem mit der Krise versiegte, zu reduzieren. Nicht von ungefähr startete man bereits im November ein Projekt, das auf die Gewinnung von Kleinsparern aus der Sparkassen- und Genossenschaftskundschaft zielte. Zu diesem Zweck offerierte die Bank zum Beispiel auf nur 50 RM lautende Sparbriefe und richtete, wie es hieß, »nach amerikanischem Vorbild« in kleineren Orten Agenturen ein. Letztere schlugen zwei Fliegen mit einer Klappe, da sie nebenbei auch die fusionsbedingten Entlassungen abzufedern mochten, indem ehemalige Beschäftigte zu Agenturinhabern wurden.[32]

Wichtiger aus Sicht der Bank war zweifelsohne die Tatsache, dass die akribisch ausgearbeiteten Rationalisierungsmaßnahmen griffen. Seidenzahl beziffert die Einsparungen unspezifiziert auf 70 Mio. RM. Kostendisziplin erwies sich als umso dringlicher, da jede Reichsmark zum Erhalt der Liquidität gebraucht wurde, nachdem ausländische Investoren spätestens seit den starken Stimmenzugewinnen der NSDAP bei der Reichstagswahl im September 1930 das in Deutschland gesetzte politische Vertrauen zu verlieren begannen.[33] In der Folge versiegte nicht nur der Zufluss neuer Gelder; vielmehr wurden nun auch fällige Kredite, die ja überwiegend kurzfristiger Natur waren, nicht prolongiert; erschwerend kam hinzu, dass in der Regel in Devisen gezahlt werden musste.

Gezwungenermaßen suchten die Banken, den eigenen Debitorenbestand zu reduzieren, sprich: Kredite zu kündigen, was aber nicht im nötigen Umfang gelang, da eine hohe Quote langfristig in der Industrie und im Immobilienkredit angelegt war. Die Wirtschaft wiederum litt bereits 1930 unter akutem Nachfrage- und Absatzmangel und wurde deshalb selbst wegen Überbrückungskrediten vorstellig, während sich ihre eigenen Aktiva in Form von Waren, Rohstoffen oder Immobilien ebenfalls nicht angemessen liquidieren ließen. Zudem verloren mit der Krise auch die im Eigenbesitz der Banken gehaltenen Effektenbestände an Wert.[34] Im Ergebnis waren in den Bilanzen massive Abschreibungen fällig. Mit den Börsenkursen sank der Wert des eigenen Unternehmens. Phasenweise wurden die Aktien unter pari gehandelt; das bewog die Unternehmen, zur Kursstützung eigene Aktien aufzukaufen, was aber wiederum ihre Liquidität reduzierte. Die DeDi-Bank erwarb allein im Sommer 1930 eigene Aktien im Wert von 35 Mio. RM an – ein Teufelskreis.

Die enge Verflechtung mit der Großindustrie und das opulente Effektenkonto – Geschäftsfelder, die immer als Asset gesehen wurden – entwickelten sich nun zum Bumerang. Die Zeitumstände machten eine strukturierte Kreditpolitik quasi unmöglich, zumal weder die Politik (zum Beispiel durch ein Kreditmoratorium) noch die Reichsbank (über zusätzliche Kredite) entlastende Maßnahmen treffen wollten oder konnten. Die sich anbahnende Dramatik verdeutlicht auch die Tatsache, dass in Deutschland zwischen Herbst 1928 und Herbst 1930 bereits 357 Kreditinstitute aller Couleur insolvent wurden. In der anschließenden Bankenkrise[35] schritt die Bankenkonzentration weiter fort. Die Danat-Bank, die mit ihrem Schalterschluss am 13. Juli 1931 einen Run auf die Kreditinstitute, Bankfeiertage und eine Reorganisation der Kreditwirtschaft mittels umfassender staatlicher Hilfe ausgelöst hatte, ging im Frühjahr 1932 rückwirkend zum 1. Januar 1931 in der ebenfalls angeschlagenen und massiv gestützten Dresdner Bank auf; vorher hatten andere Institute, darunter auch die DeDi-Bank abgewunken. Die deutsche Bankenlandschaft war um einen weiteren traditionsreichen Akteur ärmer.

Neben der Fusion der beiden Notleidenden sticht vor allem der krisenhafte Bereinigungsprozess ins Auge, der die Zahl der privaten Kreditinstitute zwischen Ende 1930 und 1932 von rund 1.400 auf 929 schrumpfen ließ.[36]

Die junge DeDi-Bank überstand diese bislang tiefgreifendste Krise der modernen Kreditwirtschaft relativ glimpflich. Zwar musste auch sie zeitweise Liquiditätshilfen und eine Staatsbeteiligung in Anspruch nehmen, konnte sich aber aufgrund ihrer vergleichsweise vorausschauenden Geschäftspolitik ein erhebliches Kapital erhalten. Konkret legte die Bank ihr Aktienkapital im Gefolge der Krise um die Hälfte zusammen, nämlich von 285 auf 144 Mio. RM, wovon sich die Hälfte im eigenen Bestand befand. Die Reserven berichtigte sie gar von 160 auf 25,5 Mio. RM – ein wahrhaft herber Schritt, aber es blieb eben doch genug Substanz für den Neuanfang. Die Reichsbank wiederum erwähnte anlässlich einer Revision im Jahr 1932 ausdrücklich auch die positiven Effekte der fusionsbedingten Einsparungen.[37]

Damit schließt sich in gewisser Weise der thematische Kreis. Es stellt sich zunächst die Frage: Macht schiere Größe ein Unternehmen krisensicherer? Vermutlich hätte der DeDi-Bank ihre ›Systemrelevanz‹, wie man heute formulieren würde, im Zweifelsfall das Überleben gesichert. Aber sie bedurfte dieser Art von Hilfe kaum, wozu die solide Geschäftsstruktur der Disconto-Gesellschaft wesentlich beigetragen haben dürfte. 1929 hatten sich eben zwei gut aufgestellte Institute in einer Art Vernunftehe gefunden, in der das bewährte Führungspersonal an Bord und die Bodenhaftung erhalten blieben.

Zur Bewertung der Konzentration von Kapital und Macht lässt sich folgendes festhalten: Die geschilderte Konstellation beförderte nicht die rechtzeitige antizyklische Politikwende, zu einem Zeitpunkt, da der Keynes'sche Deficit Spending-Ansatz noch nicht salonfähig war; das gilt ausdrücklich auch für Großbritannien und die USA. Interessant ist vor diesem Hintergrund die zeitgenössische politische Folgerung, dass man die Gestaltungsspielräume des Finanzdienstleistungssektors gesetzlich einschränken müsse, was dann ja im Kreditwesengesetz von 1934 auch in gewisser Weise geschah. Eine weitere im Raum stehende Forderung, die Zerschlagung der Großbanken, blieb aus gutem Grund ohne Erfolg. Die Kritik, das durch Großbanken dominierte System bevorzuge einseitig die Großindustrie, überzeugte nur eingeschränkt.[38] Die deutsche Wirtschaft war und ist bekanntlich vom Mittelstand geprägt, der neben den Großbanken in den Sparkassen und Genossenschaftsbanken leistungsfähige Partner hatte und hat.[39]

Ein Weniger an Konzentration hätte die wirtschaftliche Entwicklung der 1920er- und frühen 1930er-Jahre mit hoher Wahrscheinlichkeit nicht wesentlich anders verlaufen lassen. Dies zeigt auch ein Vergleich mit der nicht minder anfälligen, aber kleinteiligen US-amerikanischen Kreditwirtschaft. Überdeutlich machen die Ereignisse allerdings generell die Zweischneidigkeit hoch integrierter Systeme. Ihnen wohnt unter anderem eine enorme Eigendynamik inne, die in Wachstumsphasen blendende Ergebnisse zeitigt und den Abwärtstrend in einem defensiven Umfeld rasant verstärkt. Deutschland hatte zweifellos lange von den kartellistisch-korporativen Strukturen, welche nicht nur die gesamte Wirtschaft prägten, maßgeblich profitiert, und das sich herausbildende spezifisch deutsche Universalbankmodell trug ebenfalls seinen Teil zu den phasenweise stupenden ökonomischen Erfolgen bei. Es kommt unter Wohlfahrtsaspekten auf die Existenz konkurrierender, ausgleichend wirkender Geschäftsmodelle in Verbindung mit einer geerdeten, langfristig orientierten Geschäftspolitik an – eine Tradition, die insbesondere der heute in Vergessenheit geratene Disconto-Stamm des seit 1937 nicht von ungefähr als Deutsche Bank firmierenden Kreditinstituts pflegte.

1   Was die Informationslage angeht, so existiert ein Übergewicht zugunsten der Deutschen Bank, da sie als das tonangebende Institut stärker das Interesse der Forschung auf sich gezogen hat, die Entwicklung aus ihrem Blickwinkel interpretiert wurde und möglicherweise auch mehr Unterlagen die Zeiten überdauert haben. Im Folgenden wird nur die zum Verständnis wichtigste Literatur zitiert. Die zentrale Informationsquelle bilden die Unternehmensgeschichten Seidenzahl, 100 Jahre, und Feldman, Deutsche Bank; ferner Pohl, Festigung.
2   Born, Beginn, S. 78; Müller, Enstehung.
3   Württembergische Vereinsbank, Essener Credit-Anstalt, Barmer Bankverein, Allgemeine Deutsche Credit-Anstalt, A. Schaaffhausen'scher Bankverein, Norddeutsche Bank, Rheinische Creditbank, Süddeutsche Disconto-Gesellschaft, Bayerische Hypotheken- und Wechsel-Bank, Bayerische Vereinsbank. Einige von ihnen, wie etwa der A. Schaaffhausen'sche Bankverein, waren bereits Tochtergesellschaften der Berliner Großbanken.
4   Born, Beginn, S. 49
5   Dazu und zum Folgenden Seidenzahl, 100 Jahre; Pohl, Festigung; Riesser, Großbanken; Thomes, Sparkassen (2007); allgemein Wehler, Gesellschaftsgeschichte III.
6   Vgl. hierzu und zu Folgenden die Literatur in der vorgehenden Anmerkung; ferner Feldman, Deutsche Bank.
7   Eine vergleichende Emissionschronik liegt vor in Seidenzahl, 100 Jahre, S. 194–200.
8   Vgl. zum Konzentrationsprozess im Rheinland Thomes, Sparkassen (2007); ferner allgemein dazu Riesser, Großbanken.
9   Zit. n. Seidenzahl, 100 Jahre, S. 229.
10 Vgl. zu den Rahmenbedingungen vgl. Wehler, Gesellschaftsgeschichte IV; ferner zur Geschäftspolitik Lampe, Bankbetrieb, dort auch zum Folgenden.
11 Pohl, Festigung.
12 Vgl. zum Folgenden im Wesentlichen Feldman, Deutsche Bank; Seidenzahl, 100 Jahre; Pohl, Festigung.
13 Pohl, Festigung; Born, Beginn; vgl. ferner zu den beiden Bankiers Jurk, Goldschmidt; Scholtyseck, Schacht.
14 Lampe, Bankbetrieb.
15 Ebd.; vgl. ferner zum Vorgehenden Born, Beginn; Seidenzahl, 100 Jahre; Feldman, Deutsche Bank.
16 Für die Kreditwirtschaft insgesamt endete der Konsolidierungsprozess zwar in der Reduktion der Institute, nicht aber der Bankstellen: 1925 existierten 27.300 Kreditinstitute mit knapp 33.000 Geschäftsstellen – und damit mehr als im bevölkerungsreicheren Kaiserreich. 1929 wies die Statistik noch 26.500 Institute mit 32.500 Standorten aus, fast so viele wie 1925. Vgl. Born, Geld; ders., Beginn.
17 Kolb, Weimarer Republik; Wehler, Gesellschaftsgeschichte IV.
18 Pohl, Festigung.
19 Feldman, Deutsche Bank; ders., Stinnes; Born, Beginn; Reckendrees, ›Stahltrust‹-Projekt; Seidenzahl, 100 Jahre.
20 Das Familienunternehmen Opel, ein guter Kunde der Disconto-Gesellschaft, ging in der Folge an General Motors.
21 Köhler, Geschichte.
22 Vgl. zur Diskussion um die Eigenkapitalstrukturen Bähr, Banken- und Währungskrise.
23 Vgl. dazu und zum Folgenden Feldman, Deutsche Bank, S. 258 ff.; Seidenzahl, 100 Jahre, S. 312 ff., dort auch zu den folgenden Zitaten.
24 Born, Beginn; Seidenzahl, 100 Jahre, S. 311 (Zitat).
25 Pohl, Festigung.
26 Feldman, Deutsche Bank, S. 261.

27 Seidenzahl, 100 Jahre, S. 317 (Zitat).
28 Barkai, Wassermann.
29 Pohl, Festigung.
30 Born, Bankenkrise.
31 Vgl. zur Weltwirtschaftskrise unter anderem Born, Beginn; Kindleberger, Weltwirtschaftskrise; James, Deutschland.
32 Feldman, Deutsche Bank.
33 Vgl. zum Kontext Kolb, Weimarer Republik.
34 Ebd.; Deutsche Bundesbank, Währung.
35 Vgl. zur Bankenkrise Born, Bankenkrise; ferner mit einer intensiven literaturkritischen Aufarbeitung Bähr, Banken- und Währungskrise; Fischer, Landesbank.
36 Born, Beginn.
37 Seidenzahl, 100 Jahre; Feldman, Deutsche Bank, S. 309 f.
38 Born, Beginn; Deutsche Bundesbank, Währung; Müller, Entstehung.
39 Vgl. zur Kreditstruktur der Deutschen Bank Feldman, Deutsche Bank, S. 308.

Albert Fischer

[19.]

Die Bankenkrise von 1931

Anstoß zur staatlichen Bankenregulierung

Am 1. Juli 1931 stellte die größte deutsche Landesbank, die Rheinische Landesbank, ihre Zahlungen ein. Zwölf Tage später öffnete eine der größten deutschen Aktienbanken, die Darmstädter- und Nationalbank KGaA (Danat-Bank), ihre Schalter nicht mehr. Hatte die Illiquidität der primär im Interbankengeschäft agierenden Landesbank noch vor der Öffentlichkeit verborgen werden können, so machte die Nachricht vom Zusammenbruch der mit zahlreichen Filialen in ganz Deutschland vertretenen Aktienbank in Windeseile die Runde. Panik brach im ganzen Land aus und es kam zum Run. Kunden stürmten Banken und Sparkassen und verlangten die Auszahlung ihrer Gelder. Das Finanzwesen stand vor dem Zusammenbruch. Die ›deutsche Bankenkrise‹ war ausgebrochen. Wie sie entstanden war und wie sie verlief (Abschnitt a), welche Maßnahmen die Regierung unmittelbar (Abschnitt b) und zur Vermeidung künftiger Krisen (Abschnitt c) ergriff, welche Folgen die Krise und das Regierungshandeln zeitigten und welche Nachwirkungen all dies – namentlich in Gestalt der damals implementierten und in ihren Grundzügen noch heute gültigen Bankengesetzgebung – bis in die Gegenwart entfaltet (Abschnitt d), dem gelten die folgenden Ausführungen.

a. Krise und Kollaps

Der Bankenkollaps des Jahres 1931 kann nicht ohne einen Blick auf seine Vorgeschichte betrachtet werden: Die Krise der deutschen Banken begann nämlich keineswegs erst im Sommer 1931. Sie bahnte sich bereits lange vorher an und sie war selbstredend untrennbar verknüpft mit der krisenhaften Entwicklung der Wirtschaft als solcher – seit der

Epochenwende des Ersten Weltkrieges und insbesondere seit der Hyperinflation und den Währungsreformen der Jahre 1923/24. Zwar zogen die seinerzeitige Wirtschaftsentwicklung und überhaupt die Rahmenbedingungen, in denen Bankmanager in jenen Jahren zu agieren hatten, den Kollaps nicht zwangsläufig nach sich; ein den Rahmenbedingungen nicht adäquates Handeln der ›Banker‹ war für ihn in nicht unerheblichem Maße mitverantwortlich.[2] Es waren jedoch beide Faktoren, die in Kombination miteinander die Geschehnisse des Juli 1931 möglich machten, und eben deshalb sind sie hier aufzuzeigen.

Zu jenen Rahmenbedingungen gehören zuvorderst die Folgewirkungen von Krieg und Inflation. Die deutsche Volkswirtschaft hatte in den so genannten Goldenen Zwanzigerjahren schwer an dieser Hypothek zu tragen. Zwar wuchs die Wirtschaft bis zum Ausbruch der Weltwirtschaftskrise. Doch fiel dieses Wachstum weit niedriger aus als in den Vorkriegsjahren. Im Jahr 1929 erreichte das Sozialprodukt real gerade einmal den Stand des letzten Vorkriegsjahres 1913. Die deutsche Wirtschaft konnte in jenen Jahren nicht an die Exporterfolge der Vorkriegsära anknüpfen – die Handelsbilanz war fast durchgängig passiv –, wegen einer gesunkenen Wettbewerbsfähigkeit, wegen der im Kriege verlorenen Auslandsniederlassungen, Patente und Absatzmärkte, wegen eines schon vor der Weltwirtschaftskrise um sich greifenden Protektionismus und wegen anderem mehr. Die Eigenkapitalrentabilität der deutschen Industrie sank dramatisch. Die Investitionsquote war niedrig. Zugleich litt die deutsche Wirtschaft an massivem Geldkapitalmangel. Mit einem umfänglichen Kapitalimport wurde dem begegnet. Dies wiederum ließ Devisen ins Reich fließen, die allerdings, unter anderem in Gestalt milliardenschwerer Reparationszahlungen, sogleich wieder abflossen.[3]

Die deutsche Wirtschaft war also bereits vor der Weltwirtschaftskrise in hohem Maße krisenanfällig, dies in einem instabilen und durch massive monetäre wie realwirtschaftliche Ungleichgewichte gekennzeichneten internationalen Umfeld. Mit dem Ausbruch der Krise im Jahr 1929 verschlechterte sich dann ihre Lage wie auch die des chronisch finanzklammen Staates zunehmend. Das Sozialprodukt schrumpfte. Unternehmen – die Klientel der Privatbanken – gerieten ebenso in Schwierigkeiten wie Kommunen – die Klientel der öffentlichen Institute. Auf einen Nenner gebracht: Das Umfeld, in dem sich die Banken vor 1931 bewegten, war von Beginn an ein diffiziles, ein krisenbehaftetes, um nicht zu sagen: ein riskantes.

Dabei war das deutsche Kreditwesen selbst durch die Kriegs- und Inflationsjahre in seinen Grundfesten erschüttert worden. Waren die Geschäftsvolumina der Banken und Sparkassen nach 1913 zunächst noch nominal angeschwollen, preisbereinigt waren die Bilanzsummen und insbesondere die Eigenkapitalien bereits in den Kriegsjahren zurückgegangen. In der unmittelbaren Nachkriegszeit war diese Entwicklung eskaliert. Die Reichsregierung hatte sich der Notenpresse bedient, um ihre steigenden Ausgaben – darunter Kriegsfolgelasten und Reparationszahlungen – zu finanzieren. Die Mark hatte immer schneller an Wert verloren. Mit der Währungsreform, der Einführung der Rentenmark im Oktober 1923 und der Reichsmark im August 1924, hatte das Finanzwesen dann eine vernichtende Bilanz zu ziehen. Die Bilanzsummen der deutschen Banken und Sparkassen waren gegenüber Ende 1913 um vier Fünftel gesunken, das Eigenkapital um über 70 Prozent (Ende 1924).[4]

In der zweiten Hälfte der Zwanzigerjahre konnte sich das Kreditwesen zwar prima vista wieder erholen, jedenfalls hinsichtlich seines Geschäftsumfangs: Die aggregierte Bilanzsumme aller deutschen Banken und Sparkassen erreichte Ende 1930 mit 63,3 Mrd. RM fast wieder das Niveau des letzten Vorkriegsjahres (Ende 1913: 66,4 Mrd. Mark). Doch lag das (Rekonstruktions-) Wachstum des Bankensektors damit nicht nur erheblich unter dem nominalen Zuwachs des Sozialprodukts (dieses belief sich in laufenden Preisen 1930 auf 82,4 Mrd. RM nach 52,4 Mrd. Mark im Jahr 1913).[5] Es verharrten auch die Eigenkapitalquoten auf deutlich niedrigerem Niveau als vor dem Krieg.[6] Vor allem aber ruhten nun die Kreditgebäude auf instabilerem Fundament als früher. Der deutsche Kapitalmarkt war im Zuge der Inflation völlig zerstört worden. Zudem war nicht nur der Bestand an Geldkapital verloren gegangen. Auch die Kapitalbildung blieb seither hinter den Erfordernissen zurück. Anleihen und Pfandbriefe konnten daher nur in geringem Umfang und nur zu – im Vergleich zur Vorkriegszeit ebenso wie im Vergleich zu anderen Ländern – überaus hohen Effektivzinsen untergebracht werden.

Zweierlei Konsequenzen zog dies nach sich. Erstens betätigten sich die Banken in immer höherem, will sagen: gefährlich hohem Maße als Fristentransformatoren. Sie verschafften sich Kurzgelder und leiteten diese, de facto, auf lange Sicht an Industriebetriebe weiter oder, so geschehen bei einigen Landesbanken, an Gebietskörperschaften. Kreditinstitute sammelten erhebliche Bonitätsrisiken an – Großbanken in Form von riskanten Großkrediten sowie von umfangreichen Aktienpaketen, die bei fallenden Börsenkursen einen erheblichen Abschreibungsbedarf entfalten konnten,[7] öffentliche Banken in Form von (Groß-) Krediten an überschuldete Kommunen. Obendrein, das zweite Moment, verschuldeten sich die Kreditinstitute in erheblichem Umfang im Ausland. Zu erheblichen Bonitätsrisiken gesellten sich somit umfängliche Liquiditätsrisiken. Würden die betreffenden, kurzfristig geliehenen und langfristig verliehenen Mittel abgerufen, so der Stand vor dem Kollaps, drohte den Banken die Zahlungsunfähigkeit.

Grund-/Stammkapital und Großengagements zweier Banken im Mai/Juni 1931

Darmstädter- und Nationalbank KGaA		Rheinische Landesbank	
Grundkapital:	60 Mio. RM	Stammkapital:	40 Mio. RM
Kredite an den Nordwolle-Konzern:	48 Mio. RM	Kredite an die Stadt Köln:	89 Mio. RM

Im Juli 1931 war eben das der Fall. 1929 war der Zustrom an ausländischem Kapital endgültig abgeebbt. Nach dem nationalsozialistischen Wahlerfolg im September 1930 hatte er sich ins Gegenteil verkehrt. Umfängliche Mittel waren seither aus Deutschland abgezogen worden. Die Devisenvorräte der Reichsbank waren ebenso rasch geschrumpft wie die liquiden Positionen der Banken. In den Folgemonaten hatte der Abfluss angedauert. Nach dem Zusammenbruch der größten österreichischen Kreditbank, der Credit-Anstalt für Handel und Gewerbe, im Mai 1931 hatte sich die Situation dann weiter verschärft. Die Kapitalflucht hatte sich beschleunigt. Immer mehr Kreditinstitute hatten immer höhere ausländische und inzwischen auch inländische Einlagen zurückzahlen müssen, ihr Vermögen aber, eben wegen seines langfristigen Charakters, nicht mehr in hinreichendem Umfang verflüssigen können;[8] im Falle namhafter Aktienbanken waren liquide Mittel und haftendes Kapital in jenen Monaten obendrein dadurch reduziert worden, dass in erheblichem Umfang eigene Aktien aufgekauft worden waren.[9] Schließlich begann das fragile Gebäude, in sich zusammenzustürzen. Wie erwähnt: Am 1. Juli stellte die Rheinische Landesbank ihre Zahlungen ein. Zwölf Tage später sollte ihr die Darmstädter- und Nationalbank folgen.

In den Geschäften beider Banken wird die Rolle der jeweils praktizierten – weder durch eine spezifische Bankengesetzgebung noch durch eine institutionalisierte Bankenaufsicht regulierte beziehungsweise kontrollierte[10] – Geschäftspolitik für den Zusammenbruch deutlich. Das Expansionsstreben der Landesbankmanager hatte sich in einer in hohem Maße fristeninkongruenten Kreditierung überschuldeter Kommunen manifestiert; obendrein hatte sich die Landesbank dabei über Auslandsmärkte refinanziert – eine in jenen Jahren bekanntermaßen hochriskante und für öffentliche Banken eben deshalb verbotene Refinanzierungsvariante. Bei der Danat-Bank hatten sich zur Fristeninkongruenz und zur Auslandsfinanzierung ein hoher, in jenen Jahren einerseits verlustträchtiger, andererseits kaum verkäuflicher Effektenbestand gesellt; dazu kam ein gefährlich hoher, das haftende Eigenkapital vermindernder Bestand an eigenen Aktien (nominal 28 von 60 Mio. RM). Schließlich war das Schicksal der Danat-Bank aufs Engste mit dem Wohl und Wehe, das heißt mit der Solvenz oder Insolvenz, einiger weniger, vor allem in der Textilbranche beheimateter Großschuldner verknüpft worden.

Am 17. Juni 1931 hatte die Öffentlichkeit von einem vergleichsweise niedrigen Verlust (24,05 Mio. RM) des Nordwolle-Konzerns erfahren, der sich wenig später als ein totaler Zusammenbruch entpuppen sollte. Verlusten von 200 Mio. RM stand ein Vermögen von nur 140 Mio. RM gegenüber.[11] Hauptkreditgeber und bedeutender Aktionär der Norddeutschen Wollkämmerei und Kammgarnspinnerei AG war niemand anders als die Danat-Bank. Der Kollaps des Textilgiganten traf diese ins Mark, unmittelbar und mittelbar. Zu den Verlusten im Aktivgeschäft (fast 50 Mio. RM) kamen bei der Danat-Bank explodierende Abforderungen auf der Passivseite der Bilanz. Im Juni 1931 erreichten sie mit 355,4 Mio. RM einen Umfang von 17,2 Prozent des gesamten Kreditorenbestandes. Im Juli setzte sich der Prozess weiter fort und brachte das Traditionshaus zum Einsturz. Am Montag, den 13. Juli, öffnete es seine Pforten nicht mehr.

Nun gab es für die Kunden der deutschen Banken kein Halten mehr. Dass an allen Danat-Filialen (die am 13. Juli ihre Schalter geschlossen hielt) eine Erklärung angeschlagen wurde, der zufolge die Reichsregierung für die Sicherheit aller Einlagen (der Danat-Bank) einstehen werde, und noch am selben Tage eine entsprechende Notverordnung zur Veröffentlichung gelangte, wurde kaum wahrgenommen. Die Massen stürmten die Kassenschalter und verlangten die Auszahlung möglichst all ihrer verfügbaren Gelder. Die Privatbanken stellten in zahlreichen Filialen schon um die Mittagszeit ihre Geschäfte ein. Die Topmanager der Großbanken flehten den Reichskanzler um Hilfe an, und der handelte sofort. Seine Regierung erklärte die beiden folgenden Tage, den 14. und den 15. Juli, zu Bankfeiertagen. Alle Banken mit Ausnahme der Reichsbankfilialen blieben geschlossen; die offene und vollständige Zahlungseinstellung der meisten deutschen Kreditinstitute wurde so vermieden. Die Regierung wusste freilich, dass ihr damit allenfalls eine kurze Atempause beschieden war. Sogleich nach der Ausrufung der Bankfeiertage machte sie sich daran, durchgreifende Hilfsmaßnahmen in die Wege zu leiten.

b. Krisenbekämpfung und Staatshilfen

Zunächst schob sie den exorbitanten Auslandsabhebungen und der Kapitalflucht einen Riegel vor. Zum einen wurde mittels dreier Notverordnungen die Devisenzwangswirtschaft installiert (15. Juli 1931).[12] Fortan durfte nur mehr die Reichsbank ausländische Zahlungsmittel an- oder verkaufen, und außerdem hatte ihr jede natürliche oder juristische Person, die Devisen ihr eigen nannte, deren Umfang mitzuteilen und sie ihr auf Wunsch jederzeit zu veräußern. Devisenkäufe waren nun förmlich bei den aus Landesfinanzämtern und Reichsbankfilialen gebildeten Devisenbewirtschaftungsstellen zu beantragen. Zum anderen kam es zum Baseler Stillhalteabkommen (19. August 1931), in dem die privaten Auslandsgläubiger gegen Fortzahlung der Zinsen eine zunächst halbjährige Stillhaltung ihrer ab dem 1. August fälligen oder fällig werdenden kurzfristigen Forderungen zugestanden.[13] Im Frühjahr 1932 folgte eine ähnliche Vereinbarung für die in Basel unberücksichtigt gebliebenen öffentlichen Schuldner. In den Folgejahren wurden beide Abkommen dann immer wieder verlängert. Die meisten kurzfristigen Auslandseinlagen der Banken wurden also faktisch in mittel- und langfristige transformiert.

Den zweiten wesentlichen Schritt verkörperte die Wiederingangsetzung des Zahlungsverkehrs. Das Dilemma bestand unverändert darin, dass der de jure liquide Mittelbestand der Banken größtenteils eingefroren war. Am 25. Juli 1931 wurde deshalb die Akzept- und Garantiebank AG (später: Akzeptbank AG) gegründet. Mit ihrer Hilfe konnten Banken und Sparkassen ihre eingefrorenen Buchforderungen zur Kreation verflüssigbarer Wechsel nutzen. Die Kreditinstitute zogen Wechsel auf ihre Kunden oder umgekehrt und ließen diese unter Inpfandgabe von Effekten mit dem Giro der Akzeptbank versehen. Die Wechsel waren damit ›rediskontfähig‹: Sie konnten bei der Reichsbank zum Rediskont eingereicht, die Banken und Sparkassen sich damit Zentralbankgeld beschaffen.[14]

In der Folge konnte der Zahlungsverkehr, der zunächst noch mannigfaltigen Einschränkungen unterworfen geblieben war, am 5. August bei den Geschäftsbanken und am 20. August bei den Sparkassen wieder freigegeben werden. Barauszahlungen und Überweisungen waren wieder in unbeschränkter Höhe möglich. Da die Kreditinstitute wieder auszahlungsfähig wurden und blieben, beruhigten sich die Einleger allmählich; die Abhebungen ebbten ab und hörten schließlich ganz auf. Bis Ende 1931 ›vermittelte‹ die Akzeptbank Kredite im Umfang von insgesamt 1.577 Mio. RM und gewährte solche in Höhe von 48 Mio. RM. Zu ihren größten Einzelkunden zählten neben der Darmstädter- und Nationalbank die Dresdner Bank (Ende 1931: 444,8 Mio. RM) und die Landesbank der Rheinprovinz.[15]

Blieb der dritte Schritt, das Verlustproblem zu lösen. Es galt, die maroden Banken abzuwickeln beziehungsweise zu rekonstruieren. Im Mittelpunkt standen wiederum Danat-Bank und Dresdner Bank. Sie verschlangen den Löwenanteil der hierfür vom Reich bereitgestellten Millionen. Noch im Sommer 1931 hatte sich das Reich mit 300 Mio. RM an der Letzteren beteiligt. Im Zuge der zwangsweise durchgeführten Fusion beider Häuser (11. März 1932) verzichtete dann der Reichsfinanzminister auf 195,5 Mio. RM. Später verlor das Reich nochmals eine erkleckliche Summe. Das Führungspersonal der Großbank wurde, nicht zuletzt auf Betreiben des Reichskanzlers Heinrich Brüning, fast komplett ausgewechselt. Ähnlich wie bei Danat-Bank und Dresdner Bank verhielt es sich bei der Commerz- und Privatbank (später: Commerzbank) und anderen gestützten privaten Kreditinstituten. Auch ihnen wurden erhebliche Summen als verlorene Zuschüsse oder in Form von Krediten zugeführt. Auch sie befanden sich nach dem Sanierungsvorgang mindestens partiell in Staatsbesitz – die Commerz- und die Dresdner Bank zu über 90 Prozent, die Deutsche Bank zu 30 Prozent –, und auch ihr Führungspersonal wurde ausgewechselt.

Mittel der öffentlichen Hand zur Stützung des Bankwesens (1. April 1932; in Mio. RM)

	privates Bankwesen	öffentliches Bankwesen
Reichsschatzanweisungen:	736,1	62,5
bare Mittel:	174,2	0
Summe	910,3	62,5
davon Aktienkapital:	132,4	0
davon zurück zu erstatten:	242,0	62,5
davon verloren:	535,9	0

Zum Vergleich: Gesamteinnahmen des Reiches an Einkommen- und Körperschaftsteuer (1932): 456,3 Mio. RM

Quelle: Fischer, Landesbank, S. 54, 492.

Insgesamt brachte die öffentliche Hand für das private Bankwesen bis zum Frühjahr 1932 910 Mio. RM auf, wovon 536 Mio. RM endgültig verloren waren. Nach ihrem Stützungsentscheid in Sachen Danat-Bank hatten sich Regierung und Reichsbank mithin ausgesprochen generös gezeigt. Nicht nur die Höhe der überlassenen Gelder, auch die Selbstverständlichkeit und Schnelligkeit, in der die selbst am Rande der Zahlungsfähigkeit balancierende Reichsregierung und insbesondere die Reichsbank ihre Kassen geöffnet hatten, waren augenfällig. Ganz anders im Falle des öffentlichen Bankwesens: Nur widerwillig und erst nach massivem Zureden der Regierung hatte sich die Reichsbankleitung bereit erklärt, den Sparkassen mit Liquiditätskrediten die Wiederaufnahme des vollen Zahlungsverkehrs zu ermöglichen.

Dabei war es um die öffentlichen Banken im Allgemeinen deutlich besser gestanden. Sie waren zwar, wie erwähnt, im Gefolge des allgemeinen Runs ebenfalls in Liquiditätsengpässe geraten. Sie vermeldeten jedoch, verglichen mit den Privaten, die nach Reichsbank-Angaben über eine Milliarde Reichsmark gänzlich verloren und damit abzuschreiben hatten, nur geringe Verluste. Die Probleme fast aller öffentlich-rechtlichen Institute waren daher bereits mit ihrer Anbindung an die Akzept- und Garantiebank behoben. Speziell zu den Sparkassen ist überdies anzumerken, dass sie im Gegensatz zu den gestrauchelten Privatbanken in der Tat weitgehend ohne eigenes Verschulden in Kalamitäten geraten waren.[16] Dass ihre Geschäfte – anders als die der Privatbanken – schon lange vor der Bankenkrise durch Gesetzesvorgaben der Länder und durch so genannte Mustersatzungen reguliert worden waren, schien sich also in der Krise auszuzahlen. Selbst als im Folgejahr 1932 ihre Klientel, die Kommunen, auf breiter Front in Zahlungsschwierigkeiten geriet und nach und nach ihren Kapitaldienst einstellte, erlitt keine einzige Sparkasse nennenswerte Verluste. Verlorene Zuschüsse brauchte der Staat ihnen daher zu keinem Zeitpunkt zu gewähren. Die Missstände im öffentlichen Bankwesen konzentrierten sich vor allem auf ein Institut: die Rheinische Landesbank.

c. Krisenvorbeugung und Regulierung

Neben der Beseitigung der aufgetretenen Schäden widmete sich die Regierung von Anfang an der Vermeidung künftiger. In einer Aktienrechtsnovelle (19. September 1931)[17] wurde der Erwerb eigener Aktien streng begrenzt: auf den Fall, dass er zur »*Abwendung eines schweren Schadens*« erforderlich war, und auch dann auf höchstens zehn Prozent des Grundkapitals. Fraglos war diese Norm, obschon nicht nur für Aktienbanken, sondern für alle Aktiengesellschaften gültig, ein Kind der Bankenkrise. Zur Erinnerung: Bis zum Sommer 1931 hatten die vier deutschen Großbanken fast die Hälfte ihres Aktienkapitals in ihr eigenes Portefeuille genommen und damit sowohl ihr haftendes Kapital als auch ihre liquiden Mittel erheblich reduziert.[18]

In der Novelle wurden Aktiengesellschaften ferner verpflichtet, ihren Jahresabschluss künftig vor der Vorlage an die Generalversammlung durch einen Wirtschaftsprüfer oder eine Wirtschaftsprüfungsgesellschaft prüfen zu lassen. Auch hier standen die Erfahrungen der Bankenkrise Pate. Vorkommnisse wie namentlich in den Fällen Nordwolle und Danat-Bank sollten ein für allemal ausgeschlossen werden. Bilanzverschleierungen und Bilanzfälschungen sollten mindestens erschwert, wenn nicht unmöglich gemacht werden.

Endlich sollten die Banken einer ständigen Kontrolle unterworfen werden. Dieserhalb wurde am 19. September 1931 per Notverordnung eine institutionalisierte Bankenaufsicht geschaffen. Einem bei der Reichsbank angesiedelten Kuratorium und dem Reichskommissar für das Bankgewerbe – der Letztere wurde dem Reichswirtschaftsminister unterstellt – oblag es künftig, die deutschen Banken zu kontrollieren. Der Reichskommissar durfte von den Banken fortan jederzeit Auskünfte über »*alle Geschäftsangelegenheiten*« anfordern, ihre Bücher einsehen, an Generalversammlungen, Aufsichtsrats- und Vorstandssitzungen teilnehmen und sogar deren Einberufung verlangen; die Adressaten hatten seinen Begehren unter Androhung von Geld- oder Gefängnisstrafen nachzukommen.[19]

Außerhalb des Einflussbereiches des Reichskommissars verblieb vorerst noch das öffentliche Bankwesen. Dafür waren weiterhin die einzelnen Landesregierungen zuständig. Nichtsdestoweniger nahm die Reichsregierung auch hier einige grundlegende Änderungen in Angriff. Zuerst wurde den öffentlichen Kreditinstituten auf Betreiben des Reichsbankdirektoriums bis auf Weiteres die Vergabe von Kommunalkrediten untersagt (5. August 1931). So dann wurden die Sparkassen insofern dem Zugriff ihrer Gewährträger entzogen, als sie unter Fortbestand der bisherigen Haftungsverhältnisse zu selbstständigen Anstalten des öffentlichen Rechts erhoben wurden (6. Oktober). Ebenso avancierten die regionalen Girozentralen und die Deutsche Girozentrale zu Anstalten mit eigener Rechtspersönlichkeit.[20]

Zur selben Zeit, mithin lange bevor den privaten Häusern derartige Vorgaben auferlegt wurden, legte die Reichsregierung den Sparkassen geschäftspolitische Zügel an. Um erneuten Liquiditätsgefahren vorzubeugen, hatten die Sparkassen ab sofort mindestens 30 Prozent ihrer Spar- und wenigstens 50 Prozent ihrer sonstigen Einlagen in flüssigen Werten anzulegen. Dabei waren dann mindestens zehn Prozent aller Spar- und wenigstens 20 Prozent aller sonstigen Einlagen der örtlichen Girozentrale zuzuleiten, welche die ihr anvertrauten Liquiditätsreserven von nun an mindestens zur Hälfte bei der Deutschen Girozentrale unterzubringen hatte, die sie wiederum zur Hälfte bei der Reichsbank anlegen musste. Das Düsseldorfer Negativbeispiel vor Augen, wurde den Landesbanken und Girozentralen die Darlehensausreichung aus Mitteln jener Liquiditätsreserven gänzlich verboten – die Rheinische Landesbank hatte ebendies getan.[21]

In der Folgezeit intervenierte die Reichsregierung weiter und zwar massiv. Sie erzwang eine Herabsetzung der Kapitalmarktzinsen und presste sämtliche Kreditinstitute in ein Zwangskartell, den Zentralen Kreditausschuss (8. Dezember 1931). Der sollte neben anderem eine einheitliche und »*gesamtwirtschaftlich günstige*« Zinsgestaltung herbeiführen und überhaupt den aus der vielbeklagten »*Übersetzung*« resultierenden Wettbewerb entschärfen. Augenscheinlich zeitigte die Intervention den gewünschten Effekt. Das kurzfristige Zinsniveau sank spürbar, nicht nur, aber auch wegen des Wirkens des Kreditausschusses.[22]

Die entscheidenden Reformen in der deutschen Kreditwirtschaft initiierte jedoch der ›Untersuchungsausschuß für das deutsche Bankwesen‹. Im letzten Quartal des Jahres 1933 konferierten unter diesem Signet renommierte deutsche Bankleiter und -wissenschaftler unter dem Vorsitz des Reichsbankpräsidenten Hjalmar Schacht. Ihre Beratungen über die Ursachen der Bankenkrise und die daraus zu ziehenden Folgerungen mündeten in das ›Reichsgesetz über das Kreditwesen‹ (KWG) vom 5. Dezember 1934.[23] Die Kompetenzen des Reichskommissars für das Kreditwesen und des Aufsichtsamtes für das Kreditwesen, so die neuen Bezeichnungen, wurden präzisiert und ausgeweitet; das KWG machte es möglich, der deutschen Bankwirtschaft ganz erhebliche Vorgaben und Restriktionen aufzuerlegen. Die neuen Bestimmungen beschränkten sich auch nicht mehr nur auf die Privatbanken; das KWG und die Bankenaufsicht schlossen nun auch den Sparkassensektor mit ein.

Das Aufsichtsamt hatte jetzt allgemein die Befugnis, »*für die Beseitigung im Kreditwesen auftretender Mißstände zu sorgen*« (§ 32) und insofern umfassende Eingriffsrechte. Zu den Einzelregelungen zählte beispielsweise, dass die Eröffnung neuer Bankgeschäfte oder -filialen ab sofort des Plazets des Reichskommissars bedurfte oder dass dieser die Schließung bestehender Bankgeschäfte anordnen konnte (§§ 3–7). Es gab Vorschriften über die persönliche Eignung der Geschäftsleiter (§ 4) und über Revisionen. Die Publizitätsvorschriften (§§ 20, 21) wurden ausgeweitet. § 9 unterwarf alle Kredite über eine Million Reichsmark einer Meldepflicht an den Reichskommissar, wenn sie innerhalb eines Monats an einen einzelnen Kreditnehmer gegeben wurden; § 13 verpflichtete die Kreditinstitute, sich bei größeren Krediten die wirtschaftlichen Verhältnisse des Kreditnehmers offenlegen zu lassen. Das Aufsichtsamt wurde in einer Reihe von Normativbestimmungen ermächtigt, Eigenkapital- und Liquiditätsrichtlinien zu erlassen (was es allerdings im Laufe des ›Dritten Reiches‹ nicht tat): einen Betrag festzusetzen, um den die Gesamtverpflichtungen das haftende Eigenkapital nicht überschreiten durften (§ 11); einen Betrag, der bei den von einem Kreditinstitut an denselben Kreditnehmer gewährten Krediten nicht überschritten werden durfte (§ 12); einen Betrag, der (als Prozentsatz der Kundeneinlagen) als Kasse oder Guthaben bei der Reichsbank zu halten war (§ 16, Mindestreserve); einen Betrag, bis zu dem gänzlich illiquide Anlagen und Dividendenpapiere gehalten werden durften (§ 17).[24] Bei alldem standen die Erfahrungen des 13. Juli unverkennbar Pate.[25]

d. Krisenfolgen und Fortentwicklung

Die Bankenkrise hinterließ tiefe Spuren im deutschen Bankwesen, im Faktischen wie im Normativen. Die Zahl der Banken schrumpfte erheblich. Von den sechs Berliner Großbanken (1929) überlebten fünf (1932), von 211 Provinzbanken und lokal beschränkten Kreditbanken 157. Von den rund 1.100 Privatbankiers verblieben nur 709. Lediglich die Anzahl der Genossenschaftsbanken und die der öffentlichen Institute hielten sich in etwa auf dem Vorkrisenniveau.[26] Die wirkliche Dramatik des Geschehens kam indes nicht in diesen Ziffern, sondern in den Veränderungen der Geschäftsvolumina zum Ausdruck. Das Eigenkapital der privaten Kreditbanken sank von 1,74 Mrd. RM Ende 1930 auf 1,17 Mrd. RM Ende 1932. Ohne die Kapitalspritzen der Reichsregierung wäre sogar die Milliardengrenze unterschritten worden. Die fremden Mittel waren von 18,1 Mrd. RM auf 12,2 Mrd. RM zusammengeschmolzen.[27]

Die gesamtwirtschaftlichen Folgen der Bankenkrise waren eklatant. Das Kreditvolumen schrumpfte; die von allen Kreditinstituten vergebenen kurzfristigen Kredite an Nichtbanken sanken um 27 Prozent von 18,8 Mrd. RM (1930) auf 13,8 Mrd. RM (1932), die der Groß- und Provinzbanken um 36 Prozent von 8,7 Mrd. RM (1930) auf 5,6 Mrd. RM (1932). Die Wechselkredite speziell der Berliner Großbanken verringerten sich binnen zweier Jahre sogar um mehr als die Hälfte, von 2,6 auf 1,2 Mrd. RM, ihre Debitoren (Kontokorrentkredite) von 9,6 auf 5,6 Mrd. RM.[28] Die daraus resultierende unzureichende Kreditversorgung der Wirtschaft, überhaupt die drastische Geldmengenkontraktion – von Juli 1931 bis Februar 1932 umgerechnet 24 Prozent pro anno – verschärften den Konjunkturrückgang, und man »kann mit einigem Recht sagen, daß *die Bankenkrise erst das katastrophale Ausmaß der Depression in der deutschen Wirtschaft herbeigeführt hat«.*[29]

Das Nettosozialprodukt zu Faktorkosten, das in den Jahren 1929 und 1930 gegenüber seinem Höchststand 1928 in laufenden Preisen um insgesamt neun Prozent gesunken war, verminderte sich in Folgejahren 1931 und 1932 (gegenüber 1930) um nicht weniger als 37 Prozent. Der reale Rückgang der Industrieproduktion hatte sich 1929 und 1930 auf insgesamt elf Prozent belaufen. Bis Ende 1932 sank er um weitere 34 Prozent. Im Durchschnitt des Jahres 1932 verzeichnete die Statistik 5,6 Millionen Arbeitslose. Der Kollaps des Bankwesens verschärfte die Wirtschaftskrise somit unmittelbar. Obendrein ließ er das Vertrauen, das Tal der Depression wieder verlassen zu können, die Hoffnung auf eine konjunkturelle Wende, auf einen Tiefpunkt absinken. Zu den ökonomischen Effekten gesellten sich schließlich die politischen. Der Ruin der Banken erschien vielen

Zeitgenossen auch als der Ruin des Kapitalismus und trug zur Diskreditierung der bestehenden politischen Ordnung bei. 1933 war es mit dieser dann vorbei.

Im Gefolge des nationalsozialistischen Wirtschaftsaufschwungs schien sich der Bankensektor zu erholen. Die Hilfskredite wurden nach und nach zurückgezahlt. Ende 1933 vermeldeten Reichs- und Akzeptbank nur noch 97 Mio. RM Kredite an die Sparkassenorganisation, nach 886,8 Mio. Ende 1932 und 1,1 Mrd. Ende 1931. Bis zum 31. Mai 1936 wurde das Gesamtengagement der Akzeptbank dann auf ganze sieben Millionen Reichsmark zurückgeführt. Ebenso wurden die de facto sozialisierten Großbanken reprivatisiert. Die Anteile der öffentlichen Hand an Dresdner, Commerz- und Deutscher Bank wurden seit dem November 1933 an die betroffenen Häuser selbst, an eigens dafür kreierte Konsortien oder unmittelbar über die Börse verkauft, letzteres insbesondere, nachdem die Kurse der Bankaktien sich erholt hatten. Ende 1937 war auch dieses Kapitel abgeschlossen.[30] Die Geschäftsvolumina wuchsen wieder, wenn auch nicht in dem Ausmaß, das die gesamtwirtschaftlichen Daten nahegelegt hätten. Während das Sozialprodukt von 1932 bis 1938 (nominal) um 77 Prozent anwuchs, verlängerten sich die Bilanzsummen der Kreditinstitute um ganze 37 Prozent.[31]

Dieser relative Bedeutungsverlust des Bankensektors war sicherlich auch eine Krisenfolge. Wenn die deutschen Kreditinstitute trotz des Booms bis 1936, die Berliner Großbanken sogar bis 1937, kontinuierlich sinkende Debitoren vermeldeten und zu guter Letzt, so eine Klage des Vorstandssprechers der Deutschen Bank, geradezu »*nach guten Debitoren suchen*« mussten,[32] resultierte dies auch aus dem – aus den bitteren Erfahrungen der Krisenzeit gespeisten – Bemühen und der – im Aufschwung tatsächlich gegebenen – Möglichkeit ihrer industriellen Kunden, Schulden rasch abzutragen und Neuinvestitionen fürderhin aus eigener Kraft zu finanzieren.[33]

Der relative Bedeutungsverlust war aber vor allem auch eine Folge der Finanz-, der Wirtschafts- und der Bankenpolitik der Regierung Hitler. Als diese ihr Amt angetreten hatte, waren die Marktmechanismen bereits in Teilen außer Kraft gesetzt. Wie erwähnt: Der Devisenverkehr war im Juli 1931 staatlicher Zwangswirtschaft unterworfen, der Kapitalmarkt durch diverse Interventionen der Reichsregierung reguliert und speziell die Banken dem beschriebenen Zugriff des Reiches unterworfen worden. Die Regierung Hitler scheute sich in der Folgezeit nicht, die damit verbunden Möglichkeiten zu nutzen und das Kreditwesen in ihrem Sinne zu instrumentalisieren. Versicherungen, Banken und Börsen hatten von jetzt an vorrangig die Bedürfnisse des Staates zu befriedigen, konkret: Mittel erst für die Aufrüstung, dann für die Kriegsführung bereitzustellen.[34]

Mit ermöglichen sollten dies weitere, vom NS-Regime selbst erlassene Normen, so das ›Gesetz zur Vorbereitung des organischen Aufbaus der Wirtschaft‹,[35] das die deutschen Kreditinstitute in eine dem Reichswirtschaftsministerium unterstellte Zwangsorganisation (die ›Reichsgruppe Banken‹) überführte, oder das Anleihestockgesetz, das in letzter Konsequenz dazu diente, den Kapitalmarkt und insbesondere die Börse den Emissionen der öffentlichen Hand vorzubehalten.[36] Auch das erwähnte, in veränderter Form noch heute gültige Kreditwesengesetz konnte, obschon es zuvorderst einer neuerlichen Bankenkrise vorbauen sollte, zu den genannten Zwecken missbraucht werden. In welchem Ausmaß dies geschehen konnte, sollte sich spätestens nach dem Ausbruch des Zweiten Weltkrieges offenbaren. Banken und Versicherungen mutierten dann zu bloßen Kapitalsammelstellen des Reiches. Im Zuge der ›geräuschlosen‹ Kriegsfinanzierung investierten sie ein immer höheres Quantum der ihnen anvertrauten Einlagen in Staatspapiere. Ihre Bilanzentwicklung ähnelte daher bald derjenigen, die bereits während des Ersten Weltkrieges zu beobachten gewesen war. Die Bilanzen wurden nominell immer länger, aufgebläht von eben jenen Staatspapieren. Realiter aber wurden ihre Werte ein zweites Mal zerstört. Die Offenlegung dieses Prozesses, das Losbrechen der vorerst noch zurückgestauten Inflation, war von da an nur mehr eine Frage der Zeit.

Die normativen ›Spuren‹ der Bankenkrise verlaufen, wie bereits angesprochen, weit über die Ära des ›Dritten Reiches‹ hinaus, bis in die Gegenwart. Das Kreditwesengesetz bestand nach dem Kriege bruchlos fort (im ›Kontrollratsgesetz Nr. 1 betreffend die Aufhebung nationalsozialistischer Gesetze‹ wurde es bewusst nicht aufgehoben, in Art. 123 Abs. 1 des Grundgesetzes seine Fortgeltung bekräftigt[37]). Lediglich die Bankenaufsicht wurde nach 1945 vorübergehend auf die Länder übertragen und von deren Finanz- beziehungsweise Wirtschaftsministerien und den jeweiligen Landeszentralbanken ausgeübt.[38] Allerdings wurde mit der Neufassung des KWG im Jahr 1961 die Bankenaufsicht in Gestalt des neu geschaffenen ›Bundesaufsichtsamtes für das Kreditwesen‹ (§ 5 KWG; kurz: BaKred) wieder zentralisiert. Die materiell-rechtlichen Bestimmungen des KWG – unter anderem zur Konzessionierung von Kreditinstituten, zu Auskunfts- und Publizitätspflichten, zur Eigenkapitalausstattung und zur Liquiditätsvorsorge – wurden jetzt im Detail überarbeitet, im Grundsatz aber fanden sie sich allesamt im neuen Gesetz wieder.[39] Das im Gefolge der Bankenkrise des Jahres 1931 geschaffene Regelwerk verkörperte mithin einen wesentlichen Baustein auch bundesrepublikanischer Bankenregulierung.

e. Fazit

Im Sommer des Jahres 1931 kollabierte das deutsche Bankwesen. Es war der Staat respektive die Reichsregierung, die ihm zu Hilfe eilte. Die Regierung ergriff Sofortmaßnahmen: Die Folgetage, der 14. und der 15. Juli, wurden zu Bankfeiertagen erklärt; der Run wurde also gestoppt, indem die Schalter aller deutschen Banken und Sparkassen auf staatliche Anordnung hin geschlossen blieben. Angeschlagene und insolvente Kreditinstitute wurden vom Staat gestützt und übernommen oder abgewickelt. Die Regierung handelte strategisch: Sie leitete eine Regulierung des deutschen Kreditwesens in die Wege, um eine Wiederholung einer solchen Bankenkrise für die Zukunft auszuschließen.

Dass die bis dahin als konjunkturelle Krise wahrgenommene Wirtschaftskrise spätestens jetzt – im Gefolge und auch wegen des Zusammenbruchs des deutschen Kreditwesens – zur strukturellen Krise mit den bekannten Ausmaßen mutierte, konnte die Regierung mit all dem nicht verhindern. Ihre Interventionen verhinderten aber einerseits einen völligen Zusammenbruch des Wirtschaftslebens, der unweigerlich eingetreten wäre, wenn der Bankensektor in jenen Tagen und Wochen sich selbst überlassen worden wäre. Andererseits wurden die deutschen Kreditinstitute in ihrer Gesamtheit zum ersten Mal einer umfassenden Regulierung unterworfen. Es wurde eine Bankenaufsicht installiert und das – in veränderter Form – bis heute gültige Kreditwesengesetz erlassen.

Die sich aus der Regulierung ergebenden Einfluss- und Zugriffsmöglichkeiten des Staates konnten missbraucht werden. Dies geschah in der nationalsozialistischen Ära, in der Banken und Sparkassen mehr und mehr zu Staatsfinanziers degenerierten. Die Regulierung konnte aber auch positive Effekte entfalten, zur Stabilität des Finanzsektors beitragen und dazu, neuerliche Krisen zu vermeiden oder doch zumindest in ihrem Ausmaß zu begrenzen. Die nationale und internationale Stabilität des Bankensektors vor der Deregulierungswelle des ausgehenden 20. Jahrhunderts dürfte auch darauf zurückzuführen sein. Auch deshalb ist die Bankenkrise von 1931 in ihrer Bedeutung kaum zu überschätzen.

1   Born, Bankenkrise.
2   Fischer, Schuld, S. 181 ff.; Balderston Banking, S. 554 ff.
3   James, Deutschland.
4   Statistisches Reichsamt, Banken, S. 179, Tab. 34; Holtfrerich, Inflation, S. 167 ff.
5   Deutsche Bundesbank, Geld- und Bankwesen, S. 6 f.
6   Ebd., S. 75; Eigenkapital (inklusive offener Reserven) 1930: 4,8 Mrd. RM (Bilanzsumme: 63,3 Mrd. RM); 1913: 7,1 Mrd. M (Bilanzsumme: 66,4 Mrd. M).
7   Ende 1930 hielten die deutschen Großbanken Aktien im Buchwert von 340 Mio. RM im eigenen Portefeuille; ihr Eigenkapital belief sich seinerzeit auf 553 Mio. RM.
8   James, Reichsbank, S. 185 ff.
9   Wettberg, Rückkauf, S. 57, Abb. 3.1.
10 Einer staatlichen Aufsicht unterstanden bis zur Bankenkrise von 1931 lediglich die Hypothekenbanken (seit dem Hypothekenbankgesetz von 1899). Allerdings wurden diese ebenso wie alle öffentlichen Kreditinstitute nicht von einer institutionalisierten Bankenaufsicht kontrolliert, sondern von den Regierungen beziehungsweise Innenministerien der Einzelstaaten (Länder).
11 Feldman, Deutsche Bank, S. 294.
12 Notverordnungen vom 15. Juli, 18. Juli und 1. August 1931, in: RGBl. I (1931), S. 366, 373, 421.
13 Wegerhoff, Stillhalteabkommen, S. 53 ff.
14 Pohl, Liquiditätsbanken.
15 Fischer, Landesbank, S. 272.
16 Blatz, Bankenliquidität, S. 217 f.
17 Verordnung des Reichspräsidenten über Aktienrecht, Bankenaufsicht und über eine Steueramnestie vom 19.09.1931, in: RGBl. I (1931), S. 497 ff.
18 Danat-Bank: 58,3 Prozent, Dresdner Bank: 55 Prozent, Commerz- und Privatbank: 49 Prozent, Deutsche Bank: 37 Prozent.
19 Paersch, Maßnahmen, S. 35 ff.
20 Kleiner, Sparkassengesetzgebung, S. 184–230.
21 Ebd.; Esser, Liquiditätspolitik, S. 49 ff.
22 Irmler, Bankenkrise, S. 298 f.
23 RGBl. I (1934), S. 1203 ff.; ferner ausführlich hierzu Müller, Entstehung, passim.
24 Ebd.; ferner Riedl, Bankenaufsicht, S. 127 ff.
25 Gewiss war über einzelne der nun beschlossenen Vorgaben schon im Vorfeld der Bankenkrise nachgedacht worden. Lindenlaub verweist unter anderem auf die von Reichsbankseite bereits lange zuvor erhobene Forderung nach einer Mindestreservehaltung der Banken. Vgl. Lindenlaub, Suche, S. 144 ff.; ferner Müller, Entstehung, S. 79 ff.; Manâa, Wirtschaftskrise, S. 112 ff.; Riedl, Bankenaufsicht, S. 97 ff. – Dass die Erfahrungen der Bankenkrise für die Implementierung des Regelwerks ursächlich waren, steht gleichwohl außer Frage.
26 Untersuchungsausschuss für das Bankwesen 1933 II, S. 9.
27 Ebd., S. 64 ff.
28 Deutsche Bundesbank, Geld- und Bankwesen, S. 78.
29 Born, Beginn, S. 138.
30 Reinhart, Banken, S. 183; Kopper, Marktwirtschaft, S. 199 ff.

31 Deutsche Bundesbank, Geld- und Bankwesen, S. 7, 74.
32 Mosler, Gegenwartsfragen, S. 139.
33 Spoerer, Scheingewinne, passim.
34 Kopper, Bankenpolitik, S. 156 ff.
35 Gesetz vom 27. Februar 1934, in: RGBl. I (1934), S. 185 ff.
36 Im Anleihestockgesetz vom 4. Dezember 1934, in: RGBl. I (1934), S. 1222 f., und den ergänzenden Verordnungen wurden die Ausschüttungsmöglichkeiten der Aktiengesellschaften eng begrenzt.
37 Müller, Entstehung, S. 454.
38 Bruckhoff, Entwicklung, S. 194.
39 Müller, Entstehung, S. 456, konstatiert zu Recht: »*Insgesamt hatten somit die im KWG 1934 für die Geschäftsführung der Kreditinstitute aufgestellten Grundsätze den Nationalsozialismus, die Besatzungszeit und die Frühphase der Bundesrepublik überdauert und sind durch das KWG 1961 übernommen worden.*«; vgl. ferner Tilly, Bankenregulierung, S. 17 f.

Ingo Köhler

[20.]

Das Ende des Hauses Mendelssohn 1938

Aderlass durch ›Arisierungen‹

a. Die Marginalisierung des Privatbanksektors durch Verdrängung und ›Arisierung‹

Die Verdrängung jüdischer Bankiers aus dem Wirtschaftsleben hat das Erscheinungsbild des deutschen Bankwesens seit 1933 nachhaltig verändert. Sicherlich, die in der Tradition der Hof- und Handelsbankiers stehenden Privatbanken hatten schon seit dem letzten Drittel des 19. Jahrhunderts in der Industrie- und Staatsfinanzierung tendenziell an Bedeutung verloren. Die von den Privatbankiers oft selbst gegründeten Aktienfilialbanken drangen als modernere, weil wesentlich kapitalkräftigere Konkurrenten in zentrale Geschäftsfelder ein. Im Konzentrationsprozess der ersten beiden Dekaden des 20. Jahrhunderts gingen zahlreiche Privatbanken in den aufstrebenden Groß- und Regionalbanken auf. Zugleich sahen sich Einzel- und Personenunternehmen immer mehr auf Funktionsfelder der Finanzvermittlung, der Vermögensverwaltung und des Börsengeschäfts verwiesen – eine Nische, die sie zum Teil allerdings durchaus erfolgreich besetzten.[1] Aber wirklich an den Rand des deutschen Banksystems gerieten die Privatbanken erst durch die Verdrängung der jüdischen Bankiers im ›Dritten Reich‹. Inwiefern?

Am Vorabend der nationalsozialistischen Machtergreifung bestanden noch weit über eintausend Privatbankunternehmen auf deutschem Gebiet. Hinsichtlich ihrer Größen- und Geschäftsstruktur waren sie grob in drei Gruppen einzuteilen: Bei rund der Hälfte handelte es sich um spezialisierte Börsenbanken. Sie betrieben mit oft geringem Eigenkapital Effekten- und Devisenarbitragegeschäfte an den wichtigsten deutschen Finanz- und Börsenplätzen – allen voran in Berlin.[2] Einen zweiten Typus bildeten genuine Bankgeschäfte mittlerer Größe (mit einem Eigenkapital von ein bis zehn

Millionen Reichsmark). Aufgrund ihrer besonderen persönlichen Geschäftsführung und langfristig angebahnten Kontakten behaupteten sie sich im Beteiligungs- und Finanzierungsgeschäft für eine meist regional abgesteckte Industrie- und Handelsklientel. Um nur eine Auswahl zu erwähnen, zählten hierzu so traditionsreiche Häuser wie H. Aufhäuser (München), E. A. Bamberger (Mainz), Bass & Herz (Frankfurt am Main), Z. H. Gumpel (Hannover), Gebr. Stern (Hanau), Jacob S. H. Stern (Frankfurt/M.), Straus & Co. (Karlsruhe), A. E. Wassermann (Bamberg/Berlin) oder Bett, Simon & Co., Georg Fromberg & Co. und Jacquier & Securius (Berlin). Eine dritte Kategorie von Privatbankunternehmen ragte aus diesem breiten Fundament von kleinen und mittleren Bankbetrieben heraus: An der Spitze der Branche standen fünf Privatbanken mit nationaler und internationaler Bedeutung. Namentlich handelte es sich um Oppenheim jr. & Cie aus Köln, das Hamburger Bankhaus M. M. Warburg & Co., das Essener Bankgeschäft E. Hirschland und die beiden Berliner Bankhäuser Gebr. Arnhold/S. Bleichröder (Dresden-Berlin) und Mendelssohn & Co. Sie alle verfügten über ein Eigenkapital von jeweils über 50 Mio. RM. Nach dem Ersten Weltkrieg hatten sie über ihre weitreichenden, oft durch familiäre Bande abgesicherten Auslandskontakte dringend benötigte ausländische Kredite an Industrie, Staat und Kommunen vermittelt. Sie agierten im industriellen Anleihe- und Beteiligungsgeschäft nahezu auf Augenhöhe mit den Großbanken. Ihre Inhaber waren als ›big linker‹ in zahlreichen Aufsichtsräten des personellen Banken-Industrie-Netzwerkes in Deutschland vertreten.[3] Max M. Warburg, Heinrich Arnhold oder Rudolf Loeb (Mendelssohn & Co.) zählten unbestritten zu den führenden Vertretern der deutschen Bankenelite mit großer öffentlicher Präsenz auch im politischen und wirtschaftlichen Leben der Weimarer Republik – und noch eines hatten sie gemeinsam: Aufgrund der mehrheitlichen religiös-ethnischen Herkunft ihrer Leiter galten alle fünf großen Privatbanken als ›jüdisch‹.[4] Sie repräsentierten die deutsch-jüdische Hochfinanz im Allgemeinen und einen Bankensektor, der nach der Lesart der Nationalsozialisten im Speziellen als besonders ›verjudet‹ schien. Tatsächlich befand sich rund jede zweite Privatbank in Deutschland in Besitz und unter der Leitung von ein oder mehreren jüdischen Inhabern. In den Finanz- und Handelszentren Berlin, Frankfurt am Main und Hamburg belief sich der Anteil ›nichtarischer‹ Bankfirmen sogar auf bis zu 70 Prozent.[5] Das Privatbankwesen geriet somit in den besonderen Fokus der NS-Judenverfolgung. Und diese im Zeitraum von 1933 bis 1938 schrittweise vollzogene Ausschaltung jüdischer Unternehmer aus dem Wirtschaftsleben hatte, wie schon angedeutet, langfristig verheerende Konsequenzen für den gesamten Sektor: Sie führte zur Marginalisierung des Privatbanksektors innerhalb des deutschen Bankensystems, das nach der NS-Herrschaft niemals mehr an seine vormalige Bedeutung anknüpfen konnte. Zu groß war der Substanzverlust an Unternehmen und führenden Bankierspersönlichkeiten, den die ›Arisierung‹ der Branche hinterließ.

Im Folgenden sollen die wesentlichen Formen und Strukturen des Verdrängungsprozesses jüdischer Privatbankiers dargestellt (Abschnitt b) und letztlich am Beispiel der ›Arisierung‹ des Bankhauses Mendelssohn im so genannten Schicksalsjahr für die jüdische Wirtschaftstätigkeit 1938 exemplifiziert werden (Abschnitt c). Ein kurzes Fazit zu den Handlungsspielräumen bei der ›Arisierung‹ und ihrer Nutzung (Abschnitt d) schließt den Beitrag.

b. ›Arisierung‹: Von der Diskriminierung zur Ausschaltung

Die ›Entjudung‹ des Bankwesens war ein steter, vielschichtiger Prozess. Gesellschaftliche Diskriminierung, wirtschaftliche Ausgrenzung, der Verlust des gewerblichen Besitzes und schließlich die Konfiskation des verbliebenen privaten Eigentums bildeten ein eng miteinander verwobenes Drohszenario, das sich seit der NS-Machterlangung 1933 immer drohender über die betroffenen jüdischen Privatbankiers legte. Die ›Arisierung‹ im engeren Sinne, also der Übergang jüdischen Unternehmensbesitzes in ›arische‹ Hände oder auch die zwangsweise Liquidation, bettete sich in eine komplexe Verfolgungsgeschichte ein. Der Verlust des Unternehmens bildete lediglich eine zentrale Wegmarke, nicht aber den Endpunkt der wirtschaftlichen Beraubung – und erst recht nicht der persönlichen Repressionen der menschenverachtenden NS-Judenpolitik.

Zunächst waren es alltägliche Diskriminierungen und Diskreditierungen, welche die Geschäftstätigkeit der jüdischen Bankiers erschwerten und vielfach bereits unmöglich machten. Zwar wurden die Banken von offizieller Seite als sensibler Bereich eingestuft und daher von den organisierten Boykottmaßnahmen des 1. April 1933 ausgenommen. Die neue Regierung fürchtete eine volkswirtschaftlich destabilisierende Wirkung, den weiteren Rückzug ausländischer Kapitalgeber, Probleme bei der Kreditversorgung der Industrie sowie – ganz pragmatisch – Störungen bei den Lohnauszahlungen der vielen großen und mittelständischen Betriebe, falls ihre Hausbanken zu Zielen für die Übergriffe von SA- und Parteichargen würden. Im Umfeld des Boykotts machte die Reichskanzlei auf Bitten von Reichswirtschaftsminister Hjalmar Schacht deutlich, dass »*mit allen zur Verfügung stehenden Mitteln dafür gesorgt werde, dass jeder Eingriff in das öffentliche und private Bankwesen unterbleibe und [...] gegen etwa zuwiderhandelnde Parteiangehörige [...] mit aller Rücksichtslosigkeit eingeschritten werde.*«[6] Einem funktionierenden Bank- und Finanzwesen wurde zunächst offenbar Vorrang vor den radikal-antisemitischen Forderungen der NS-Parteibasis nach einer raschen Ausschaltung der Juden aus der Wirtschaft eingeräumt. Auch wenn diese Zurückhaltung des Staates bei gesetzlichen Maßnahmen zur Forcierung der ›Arisierung‹ letztlich sogar einige Jahre anhielt, bedeutete dies keineswegs, dass die jüdischen Bankinhaber von Repressionen verschont blieben – im Gegenteil: Aus dem Zusammenspiel zwischen Alltagsdiskriminierungen und vielfältigen Schikanen regionaler Partei-, Wirtschafts- und Verwaltungsbehörden entwickelte sich früh ein breites Spektrum von Ein- und Übergriffen gegenüber jüdischer Wirtschaftstätigkeit.

Im ganzen Reichsgebiet fanden sich in der NS-Presse ständige Diffamierungen gegenüber den ›Wucherjuden‹.[7] Sie setzten gezielt darauf, mit der geschäftlichen Reputation eine der wichtigsten Geschäftsgrundlagen der Bankhäuser zu zerstören. Zahllose Fälle sind bekannt, in denen Kunden beim Betreten der Ladenlokale behindert oder durch namentliche Nennungen in Parteipostillen und Schaukästen aufgefordert wurden, ihre Konten aufzulösen. Auch für Industriekunden war es bald nicht mehr opportun, eine jüdische Bank als Kontoverbindung anzugeben, wenn sie nicht selbst geschäftliche Einbußen riskieren wollten.[8] Als Folge verloren die Privatbankiers zahlreiche Geschäftsverbindungen. Allein in den ersten beiden Jahren des Regimes verringerten sich die Kundschaftskredite aller jüdischen Bankhäuser um 179 Mio. RM. Dies bedeutete einen durchschnittlichen Rückgang um rund 60 Prozent. Zugleich verloren sie rund ein Drittel ihrer Depositen und Einlagen in Höhe von circa 82 Mio. RM, während ihre ›arischen‹ Konkurrenten ein deutliches Plus aufweisen konnten. Die Kundenwanderungen separierten sich nach rassischen Kriterien. Wie in der gesamten Volkswirtschaft destillierte sich auch im Bankwesen mehr und mehr ein ›jüdischer Wirtschaftssektor‹ heraus. Er beschränkte den Aktionsradius jüdischer Bankiers stark – und dies in einer Phase, in der viele der betroffenen Bankgeschäfte noch um eine Konsolidierung nach der Bankenkrise von 1931 kämpften.

Mit dem Verlust der Geschäftsbeziehungen verband sich eine zunehmende Verdrängung jüdischer Bankiers aus den Aufsichtsratsgremien deutscher Industrie- und Handelsunternehmen. Indem sie seit 1933 schrittweise aus den Finanzierungskonsortien für die Industrie ausgeschlossen wurden, büßten sie massiv an Präsenz im personellen Netzwerk der Banken-Industrie-Verflechtung ein. Bereits zwischen Oktober 1932 und Herbst 1933 verloren die jüdischen ›big linker‹ mit 128 Positionen ein Viertel, bis Frühjahr 1935 sogar rund die Hälfte ihrer vormals 492 Aufsichtsratsmandate. Ende 1937 bekleideten sie nur noch eine Handvoll Positionen und waren damit nicht nur von zentralen Informationskanälen abgeschnitten und aus vielen oft über Jahrzehnte etablierten Geschäftsverbindungen gedrängt, sondern auch der einträglichen Einkommensquelle von Mandatstantiemen beraubt.[9]

Ähnliche Diskriminierungen fanden sich auf regionaler Ebene durch den Ausschluss von öffentlichen Finanzierungsaufträgen. Viele Städte berücksichtigten jüdische Banken nicht mehr bei der Platzierung kommunaler Anleihen. Zugleich versuchten sie, bestehende Verpflichtungen abzulösen, um sich als unabhängig vom ›jüdischen Finanzkapital‹ zu erklären. Auf Reichsebene setzte diese Verdrängung aus dem Anleihegeschäft erst später ein. Zunächst bedurfte man noch des Engagements der jüdischen Banken, um etwa im Juni 1933 ein Arbeitsbeschaffungsprogramm mit 40 Mio. RM zwischenzufinanzieren. In dem unter der Führung der Dresdner Bank gebildeten Anleihekonsortium zeichneten jüdische Privatbankiers eine Quote von 25 Prozent und platzierten damit Staatspapiere im Wert von rund zehn Millionen Reichsmark unter ihren Kunden. Ab 1935 wurden dann aber auch die größeren jüdischen Bankunternehmen aus dem Reichsanleihekonsortium ausgeschlossen, was einer weiteren Einengung ihres Geschäftsfeldes gleichkam.[10]

Gleichwohl bleibt zu berücksichtigen, dass es nicht nur solche direkten Verdrängungsmaßnahmen waren, die den jüdischen Banken zusetzten. Das traditionelle Bankgeschäft verlor im ›Dritten Reich‹ generell an Boden. So entwickelte sich das Außenhandelsgeschäft stark rückläufig. Ein Grund war die verschärfte Devisenbewirtschaftung. Parallel sorgten Konjunkturförderprogramme und eine nach 1933 verbesserte Ertragslage bei den inländischen Industrieunternehmen für eine erhöhte Liquidität. Mit den erhöhten Selbstfinanzierungsressourcen ging die Nachfrage der Industrie nach kurzfristigen Wechsel- und Kontokorrentkrediten zurück. Auch die Börsen boten den Banken keine Kompensation für diesen Rückgang in dem ehemals lukrativen Geschäftsfeld. Der bereits in der Bankenkrise als Hort der Spekulation verbotene Terminhandel wurde nicht wieder erlaubt. Zudem schränkte die Kapitalmarktregulierung des NS-Staates die Emission von Industrieobligationen und die Vergabe von Börsenkrediten ein. Insbesondere den zahlreichen jüdischen Effektenkommissionshäusern setzten die Zurückdrängung privater Investoren und die Umfunktionierung der Börsen zu einem primären Instrument der staatlichen Kreditschöpfung massiv zu.[11] In Kombination mit rassischen Diskriminierungen nahmen diese strukturellen Beschränkungen kleinen und mittleren jüdischen Privatbanken frühzeitig ihre wirtschaftlichen Existenzräume. Der Zeitpunkt, an dem sich ihre Inhaber vor die Entscheidung zur Geschäftsaufgabe gestellt sahen, hing in dieser Frühphase des Regimes vom Geschäftsprofil und der Unternehmensgröße, viel mehr aber noch von der Verfolgungsintensität ab, der sie sich in ihrem regionalen Umfeld ausgesetzt sahen.

Anhand einer empirischen Auswertung der Bestandsentwicklung jüdischer Privatbankiers zeigt sich, dass bereits in den Jahren 1933 bis 1935 nahezu jedes fünfte Bankhaus seinen Geschäftsbetrieb einstellte oder in ›arischen‹ Besitz überführt wurde. In einigen Wirtschaftsbezirken wie Mittelelbe/Thüringen, Sachsen oder Franken, in denen lokale Parteistellen besonders rigide gegen jüdische Wirtschaftstätigkeit vorgingen, lagen die Verdrängungsquoten mit Werten zwischen 25 und 33 Prozent zum Teil noch deutlich höher. Dies galt auch für Berlin, wo eine Vielzahl kleinerer und mittlerer Börsenbankiers keine Chance auf eine wirtschaftliche Rekonvaleszenz nach der Bankenkrise erhielt und ihre Tore schloss.[12]

Zwischen 1935 und 1937 setzte sich der Aderlass des jüdischen Bankwesens in erhöhtem Tempo fort. Noch bevor der Staat 1938 die Initiative übernahm und direkte gesetzliche Maßnahmen zur Ausschaltung der Juden aus dem Wirtschaftsleben verabschiedete, waren rund die Hälfte aller Branchenunternehmen ›arisiert‹ oder liquidiert worden. Das deutliche Fortschreiten des ›Arisierungsprozesses‹ lässt keine ›Schonzeiten‹ erkennen, wie sie noch von der älteren Forschung angenommen wurden. Im Gegenteil steigerte sich die Härte des eingesetzten Instrumentariums kontinuierlich.[13]

Seit 1934/35 sahen sich die jüdischen Bankiers vermehrt durch Wirtschaftsstrafprozesse bedroht. In diese wurden sie meist durch regionale Partei- und Verwaltungsstellen verwickelt. Denunziationen und kleinste Verdachtsmomente reichten als Anlass, um den Geschäftsbetrieb durch langwierige Gerichtsprozesse, Verhöre, wiederholte Bilanzprüfungen und Hausdurchsuchungen zu stören. Insbesondere die Verschärfung der Devisenbestimmungen gab den Behörden eine willkommene Gelegenheit, um die Bankinhaber zu kriminalisieren. Bei kleinsten Verstößen gegen die immer komplexeren Vorschriften drohten die Devisenstellen der Finanzämter, die Konzession zum Handel mit ausländischen Zahlungsmitteln zu entziehen. Dabei war der Verlust der so genannten Devisenbankeigenschaft gleichbedeutend mit einem Ausschluss vom Auslandsgeschäft, was für viele der gerade in diesem Feld besonders aktiven jüdischen Unternehmen gleichbedeutend mit dem Ende ihrer Geschäftstätigkeit war. Selbst wo diese Drohung noch nicht wahr gemacht wurde, bildeten Devisenprüfungen einen Hebel, um massiv in die Betriebsleitungsstrukturen einzugreifen. Beispielhaft ist der Fall des Berliner Bankhauses Jacquier & Securius, in dem die Reichsbank auf Veranlassung der örtlichen Devisenstelle durchsetzte, dass ein ›arischer‹ Teilhaber in das Unternehmen aufgenommen werden musste. Begründet wurde die Forderung mit dem unverhohlen antisemitischen Vorwurf, dass nur auf diesem Wege die Redlichkeit in der Ausführung der Bankgeschäfte wiederhergestellt werden könne.[14]

Aufgrund derartiger Anfeindungen gingen seit Mitte der 1930er-Jahre eine Reihe von Unternehmen auch ohne direkte Aufforderung der Behörden dazu über, nichtjüdische Prokuristen oder Mitinhaber aufzunehmen, die sämtliche Außenkontakte betreuten. Die jüdischen Bankiers zogen sich dagegen weitgehend aus der wirtschaftlichen und gesellschaftlichen Öffentlichkeit zurück, um sich aus dem Schussfeld zu nehmen. Nicht selten bereiteten diese ersten Veränderungen in den Besitz- und Leitungsstrukturen bereits die spätere ›Arisierung‹ vor.

Im Hinblick auf die verfahrenstechnische Abwicklung sind mehrere Formen der wirtschaftlichen Ausschaltung zu unterscheiden. Der mit 82 Prozent weitaus größte Teil entfällt auf Liquidationen. Allein 376 der 467 als ›jüdisch‹ deklarierten Bankfirmen gingen Konkurs oder traten zwangsweise in den Status der Geschäftsabwicklung. Neben vielen Kleinst- und Börsenbanken finden sich hierunter auch zahlreiche traditionsreiche Privatbanken, die wie Bondi & Maron (Dresden), Heinrich Emden & Co. (Hannover), Z. H. Gumpel (Hannover), Veit L. Homburger (Karlsruhe) oder Anton Kohn (Nürnberg) das Vollbankgeschäft betrieben und ihre Tätigkeit, ohne veräußert zu werden, einstellten.[15]

Zu ›Arisierungen‹ im engeren Sinne einer Besitzübertragung kam es dagegen nur bei rund jedem fünften jüdischen Bankhaus. In reichsweit 59 Fällen handelte es sich um Eigentümerwechsel auf ›arische‹ Bankiers, die die Firmen als Einzel- oder Personengesellschaften unter ›rassisch‹ angepassten Besitz- und Leitungsverhältnissen – und meist unter neuem Namen – weiterführten. Oftmals stammten die Erwerber aus dem Umfeld der Banken, rekrutierten sich aus dem Kreis der Prokuristen und leitender Angestellten. Sie profitierten direkt von der Verfolgungslage ihrer ehemaligen Vorgesetzten. Meist unterstützt von externen Kapitalgebern gelang ihnen der berufliche Karrieresprung in die prestigeträchtige Rolle eines selbstständigen Bankbesitzers – ein Schritt, der ihnen unter normalen Umständen meist kaum möglich gewesen wäre. Gleichwohl konnte die personelle Neubesetzung mit Personen, die den Altinhabern bekannt und loyal verbunden waren, aber auch eine letztmögliche Verteidigungsstrategie gegen die drohende Geschäftsschließung darstellen. Wie in den Fällen M. M. Warburg & Co., Sal. Oppenheim & Cie. und A. E. Wassermann (Berlin/Bamberg) verband sich mit einer derartigen Vorgehensweise die Hoffnung der jüdischen Betroffenen, ihre Traditionsunternehmen in die Hände integrer Berufskollegen zu legen, die sie als Statthalter durch die Zeit des Nationalsozialismus führten und so ihre Weiterexistenz garantierten.[16]

Der Verkauf an Konkurrenzunternehmen – die zweite ›Arisierungsvariante‹ –, verband sich dagegen zwangsläufig damit, dass die ursprünglichen Bankhäuser aufgelöst und von den jeweiligen Erwerberfirmen einverleibt wurden. In 32 und damit nur 6,9 Prozent aller Fälle kam es zu derartigen Übernahmen. Als Käufer traten überwiegend Privatbanken sowie Regional- beziehungsweise Provinzbanken auf. Sie nutzten die ›Arisierungen‹, um ihr Geschäfts- und Kundenfeld zu erweitern und sich Filialen anzugliedern. Großbanken traten nur in drei ›Arisierungsfällen‹ als Erwerber jüdischer Privatbanken auf. Dieser Befund überrascht, stellten doch die amerikanischen Besatzungsbehörden nach 1945 in ihren Ermittlungen zum Prozess der ›Entjudung‹ der deutschen Wirtschaft fest, dass die »*Privatbanken, die sich in nicht ›arischem‹ Besitz befanden* […], *eine leichte Beute*« für die Deutsche und Dresdner Bank geworden seien.[17] Dass die Großbanken lange im Zentrum der Debatten standen, war nicht ihrer besonders extensiven Beteiligung, sondern eher dem Umstand geschuldet, dass die von ihnen vollzogenen Transaktionen besonders spektakulär waren. Mit Gebr. Arnhold/S. Bleichröder, Simon Hirschland und Mendelssohn & Co. gingen allein drei der fünf größten Privatbanken in ihren Besitz über.

c. Die Mendelssohn-Übernahme: Einblicke in die Praktiken der ›Arisierung‹

Die Umstände, die im Herbst 1938 zur Übertragung des Bankgeschäfts Mendelssohn auf die Deutsche Bank führten, sind viel diskutiert. Den Anstoß hierfür gab eine Studie des DDR-Historikers Eberhard Czichon vor nun mehr als dreißig Jahren. Hierin warf er der Großbank enge Kooperation mit dem Regime und eine rücksichtslose Beteiligung an der Enteignung jüdischen Vermögens vor. Im Zentrum der Kritik stand das Verhalten von Hermann Josef Abs, der seinerzeit die Verhandlungen mit den jüdischen Inhabern geführt hatte und in der Nachkriegszeit zum Kanzlerberater und prominentesten Bankier der Bundesrepublik avancierte.[18] Auf die Vorwürfe folgte eine Reihe gerichtlicher Auseinandersetzungen, in deren Zuge auch die wissenschaftliche Untersuchung des Falls voranschritt. Die Urteile der Historiker schwankten: Einige attestierten der Deutschen Bank eine ›freundschaftliche Übernahme‹, andere verwiesen auf die zahllosen Ungereimtheiten bei der ›Arisierung‹.[19] Die Schwierigkeiten, den Fall Mendelssohn zu bewerten, führen zum Kern der Fragen, die bei der Analyse des wirtschaftlichen Verdrängungsprozesses gestellt werden müssen: Welche Handlungsspielräume boten sich Erwerbern und Verkäufern im ›Arisierungsfall‹? Auf welche Weise wurden die Übernahmen vollzogen? Wurden dabei die Firmenwerte korrekt bemessen? Hielten sich die ›Arisierer‹ an tradierte kaufmännische Standards, machten sie nur passiv von den Chancen Gebrauch, die sich aus der Verfolgungssituation ihrer Verhandlungspartner ergaben? Oder agierten sie offensiv, indem sie die Diskriminierungen selbst verschärften und skrupellos zu ihrem eigenen wirtschaftlichen Vorteil ausnutzten? Wie schwierig es ist, aus der lückenhaften Quellenüberlieferung dingfeste Indizien zu ziehen, um die Akteure in das von Frank Bajohr entwickelte Kategorisierungsschema ›freundschaftliche Erwerber‹, ›stille Teilhaber‹ und ›aktive Profiteure‹ einzuordnen, vermag das Beispiel Mendelssohn zu verdeutlichen.[20]

Das Berliner Bankhaus zählte in den ersten Dekaden des 20. Jahrhunderts zu den wenigen deutschen Privatbanken mit internationaler Bedeutung. Neben dem Emissions- und Anleihegeschäft war es auf die Außenhandelsfinanzierung spezialisiert und verwaltete 1935 noch Auslandskredite in einer Größenordnung von 27 Mio. RM.[21] Die Gelder unterlagen den 1931 in der Weltwirtschafts- und Bankkrise geschlossenen Stillhaltevereinbarungen für politische (Reparationen) und kommerzielle deutsche Auslandsschulden. Die internationalen Gläubiger hatten sich zu einem Transfermoratorium verpflichtet. Trat allerdings der Fall ein, dass sich die Leitungs- und Besitzverhältnisse ihrer deutschen Partnerbanken änderten, so konnte neu über den Verbleib der dort eingefrorenen Devisenforderungen verhandelt werden. Es drohte der Abzug der Auslandskredite. Diesem Umstand war es zu verdanken, das sich Mendelssohn & Co. erst relativ spät, im Frühjahr 1938, mit konkreten Forderungen zur Abtretung ihres Bankhauses konfrontiert sah. Angesichts der Devisenknappheit des Reiches hatten die Reichsbank und das Reichswirtschaftsministerium zunächst Zurückhaltung geübt, um den Verlust von Auslandsgeldern entgegenzuwirken. Der Primat gesamtwirtschaftlicher

Interessen vor ideologischen Zielen, der – wie erwähnt – nur in wenigen Fällen international agierender Privatbanken spürbar war, hatte sich aufgelöst und einer stringenten Verdrängungspolitik auch auf Reichsebene Platz gemacht. Die dem Stillhalteabkommen unterliegenden Auslandsverpflichtungen spielten jedoch weiter eine zentrale Rolle bei den Verhandlungen um das Schicksal des Unternehmens.

Mit der Diskussion um den Ausschluss auch von Mendelssohn aus dem Reichsanleihekonsortium verdichteten sich ab Winter 1937 die Anzeichen für eine Bedrohung der Bank. Ganz konkret wies die Reichsbank den Seniorchef Rudolf Loeb im März 1938 darauf hin, dass sich die Gesellschafter des als ›gemischtrassisch‹ geltenden Unternehmens mit einer baldigen, unvermeidlichen ›Arisierung‹ auseinandersetzen müssten. Neben Loeb und den beiden ebenfalls jüdischen Teilhabern Paul Kempner und Fritz Mannheimer verteilte sich der Firmenbesitz auf die beiden nach NS-Lesart so genannten ›Mischlinge‹ Robert und Marie von Mendelssohn sowie auf die ›arischen‹ stillen Gesellschafterinnen Giulietta von Mendelssohn und Elsa Mendelssohn-Bartholdy. Mit der Aufforderung zur ›Entjudung‹ der Besitz- und Leitungsverhältnisse verband sich die Empfehlung der Reichsbank, die Privatbank auf die parteinahe Reichskreditgesellschaft zu überführen. Dieses Ansinnen lehnten die Inhaber geschlossen ab – zu groß war ihre Befürchtung, bei einem solchen Geschäftspartner den Einfluss auf die Zukunft ihres Familienunternehmens vollständig zu verlieren.

Stattdessen entwickelten sie ein eigenes Übernahmekonzept. Sie planten, dass das Bankhaus unter der Leitung der ›nichtjüdischen‹ Teilhaber in stille Liquidation trat. In diesem Abwicklungsstatus sollte es sich als Rumpfgesellschaft unter der Leitung von Robert von Mendelssohn ausschließlich der Verwaltung des umfangreichen Familienvermögens widmen. Zugleich waren alle aktiven, laufenden Geschäfte auf ein ›arisches‹ Kreditinstitut zu übertragen.[22] Hinter dem Plan verbargen sich mehrere Überlegungen: Die Grundidee war, das Geschäft der Bank in eine Art ›Schlafmodus‹ zu versetzen, um es zu erhalten und wenn möglich, nach der NS-Zeit wieder aufleben zu lassen. Daneben sollte unbedingt verhindert werden, dass ein externer Teilhaber in die Bank einrückte und damit Zugriff auf das hier verwaltete Familieneigentum erhielt. Stattdessen forderte Loeb in den Verhandlungen mit der Reichsbank offensiv, sich aus dem Kreis ihrer langjährigen Geschäftskontakte selbst einen möglichst kapitalstarken Käufer für die Geschäftssubstanz auszuwählen. Wichtigste Voraussetzung war, dass der potenzielle Partner bereit und in der Lage war, in die im Portfolio vorhandenen Auslandsverpflichtungen einzutreten. Diese Haltung war mehr als verständlich, da die Bankiers im Falle ihrer Auswanderung unter Umständen mit ihrem Privatvermögen für die Stillhaltegelder haftbar gemacht werden konnten, falls man sich zuvor mit den ausländischen Gläubigern nicht darauf verständigen würde, die Kredite umzulagern.

Vor diesem Hintergrund trat die Inhaberfamilie selbst an die Deutsche Bank heran.[23] Für die Großbank versprach die Übernahme der umfangreichen Industriebeteiligungen, Kreditbeziehungen und Kreditoren ein interessantes Geschäft. So kam es im Sommer 1938 relativ rasch zu einer grundsätzlichen Einigung zwischen den beiden Verhandlungspartnern Loeb und Abs. Einer Realisierung des Transfers standen jedoch zahlreiche Widerstände entgegen. Sie zeigen, wie stark regionale und überregionale Gutachter- und Genehmigungsinstanzen von außen in die ›Arisierungsverfahren‹ eingegriffen.

Formell unterlagen Geschäftsübernahmen aus jüdischem Besitz bis 1938 konventionellen Gesetzes- und Rechtsvorschriften. Auch noch in der Rückschau der 1940er-Jahre betonte die NS-Betriebswirtschaftslehre ausdrücklich den privatwirtschaftlichen Charakter der ›Arisierungen‹, bei denen Partei und Staat lediglich für eine Einhaltung der politischen, oder besser der rassischen Belange Sorge tragen sollten. Auf informeller Ebene waren die Verfahren allerdings schon seit spätestens Mitte der 1930er-Jahre stark reglementiert. Mit den Gauämtern, Gauwirtschaftsberatern, DAF-Dienststellen, Industrie- und Handelskammern, Gewerbe- und Finanzämtern schalteten sich mehrere Stellen in die Verhandlungen ein, ließen sich Übernahmeverträge vorlegen und formulierten konkrete Begutachtungsrichtlinien. So machten die meist regionalen Instanzen ihre Zustimmung zu einer Geschäftsübernahme von der politischen und charakterlichen Eignung des Erwerbers und der Entlassung sämtlicher jüdischer Mitarbeiter abhängig. Zudem formulierten sie Vorgaben für die Berechnung der Kaufpreise, indem sie etwa die Zahlung jeglichen Goodwills negierten. Sowohl die Handlungsspielräume der jüdischen Verkäufer als auch der Erwerber wurden durch derartige Eingriffe eingeengt.[24]

Im Fall Mendelssohn griffen insbesondere der DAF-Betriebsobmann Erich Kluge und der DAF-Fachamtsleiter Banken Rudolf Lencer durch zahlreiche Eingaben an übergeordnete Behörden in den Übernahmeprozess ein. Ihr auch im Betrieb geschürter Protest richtete sich gegen den Plan, das Bankhaus an einen Vertreter des ›anonymen Finanzkapitals‹ zu transferieren. Stattdessen sei es unter rassisch angepassten Besitzverhältnissen als selbstständiges Unternehmen zu erhalten. Ansonsten – so ihre Argumentation – würde man den Vermögensinteressen der jüdischen Bankiers nachkommen und zugleich drohende Arbeitsplatzverluste und Lohnkürzungen für die Belegschaft in Kauf nehmen. Mit dem Vorwurf, die jüdischen Inhaber würden mit dem Privatbesitz ins Ausland flüchten, um von dort »*rücksichtslos zur Auflösung der Firma in Berlin zu schreiten*«,[25] nährte die DAF Skepsis bei der Reichsbank, dem Reichswirtschaftsministerium (RWM) und dem Bankenkommissar Friedrich Ernst. Dementsprechend torpedierten auch diese Institutionen zunächst die Verhandlungen Loebs mit der Deutschen Bank.

Dass die Transaktion an die Großbank dennoch durchgeführt wurde, war dem Verhandlungsgeschick der Geschäfts-›Partner‹ geschuldet: Loeb und Abs trieben ihre Übernahmepläne trotz vehementer Angriffe von außen und aus dem Bankbetrieb selbst gemeinsam voran. Durch informelle Verhandlungen bewegten sie die Auslandsgläubiger dazu, ihre Forderungen nicht zu kündigen, wenn die Wirtschaftsbehörden zustimmten, sie auf die Deutsche Bank umzulegen. Für den Fall, dass dies nicht geschah, drohten die Mendelssohn-Inhaber offen mit Geschäftsschließung, die ausländischen Kreditgeber mit dem Abzug ihrer Gelder aus Deutschland. Da die Regierungsstellen die Auslandskredite nicht gefährden wollten und sich zudem kein geeigneter Kandidat für einen alternativen Teilhaberwechsel fand, verwarfen sie die ›Arisierungspläne‹ der DAF und der lokalen Gaudienststellen.[26] Anfang September 1938 erhielt Loeb die offizielle Zustimmung der Reichsbank und des Reichswirtschaftsministeriums, das laufende Geschäft der Privatbank »*ohne jede Gegenleistung*« und – als Zugeständnis an die Betriebszelle – die Pensionsverpflichtungen sowie die ›arischen‹ Angestellten zu »*besonders günstigen Bedingungen*« auf die Deutsche Bank zu transferieren.[27]

Während die Kooperation zwischen Käufern und Verkäufern in der Geschäftsanbahnungsphase zunächst für eine ›freundschaftliche‹ Atmosphäre spricht, in der sich die

Großbank für die Interessen der Betroffenen einsetzte, ist bis heute fraglich, ob ein ähnliches Urteil auch für die Festlegung des Übernahmepreises in der Transaktionsphase des Firmenbesitzes getroffen werden kann. Fest steht, dass die Übernahme rein technisch in der für Betriebsverkäufe allgemein gängigen Form eines so genannten Sachkaufs beziehungsweise Asset Deals durchgeführt wurden. Dies bedeutete, dass die materiellen und immateriellen Bestandteile des Verkaufsobjekts jeweils einzeln auf den neuen Besitzer übertragen wurde. Hierzu wurde jede Aktiva- und Passiva-Position wertmäßig beurteilt und in eine Übernahmebilanz eingestellt, aus der sich in einer Abrechnung von Forderungen und Verbindlichkeiten der Kaufpreis ergab. Für den Käufer hatte ein Asset Deal den Vorteil, dass er risikoreiche Engagements von vorneherein aus der Transaktion ausschließen und nur die für ihn verwertbaren Vermögensteile übernehmen konnte. Im Fall Mendelssohn & Co. wurde der Asset-Deal zu einem Null-Summen-Spiel aufgerechnet: Jeweils 68 Mio. RM Aktiva standen übernommene Verbindlichkeiten und Sicherungsleistungen in gleicher Höhe gegenüber, sodass sich kein gesonderter Erlös für die jüdischen Verkäufer ergab.[28]

Rein äußerlich verwundert dieser Umstand und lässt den kritischen Beobachter zweifeln, ob bei der Kaufpreisfindung für eine der größten deutschen Privatbanken tatsächlich alles in kaufmännisch fairer Manier vonstatten ging. Anders als bei besser dokumentierten Fällen, wie der Veräußerung von Gebr. Arnhold an die Dresdner Bank und Hardy & Co., fehlt hier ein genauer Einblick in die Wertstellungen. Dies gilt insbesondere für die Debitoren, die in Höhe von 18,4 Mio. RM in die Übernahmebilanz eingestellt wurden. So ist unklar, ob die Großbank für transferierte Kreditforderungen gegenüber den meist jüdischen Kunden von Mendelssohn fadenscheinige Sonderabschläge oder Risikorücklagen einforderte, die sich aus der Verfolgungssituation der Schuldner vordergründig leicht legitimieren ließen – eine Vorgehensweise, die von nicht wenigen Erwerbern eingeschlagen wurde, um die Kaufpreise der ›Arisierungsobjekte‹ abzusenken.[29] Offenbar wurden zumindest die über 30 Mio. RM Effekten und 11,5 Mio. RM Wechsel bankkaufmännischen Standards entsprechend zum börsennotierten Tageskurs transferiert. Ein darüber hinausgehender Goodwill für die Reputation, die miteinander verknüpften Geschäftsengagements und die eingespielte Organisation wurde vermutlich nicht gezahlt – und eine solche Zahlung war aufgrund der Vorgaben der Gutachter- und Genehmigungsinstanzen offiziell auch nicht mehr möglich. Ganz im Gegenteil hatten die Mendelssohn-Inhaber Zusatzbelastungen, wie einen mit sieben Millionen Reichsmark gut ausgestatteten Pensionsfond für rund 90 ›arische‹ Rentenempfänger einzubringen und die Verpflichtungen gegenüber ihren entlassenen jüdischen Altangestellten und Pensionären aus ihrem privatem Vermögen zu schultern. Die später vonseiten der Deutschen Bank immer wieder vorgebrachte Beteuerung, man habe einen Teil dieser Leistungen für emigrierte ehemalige Angestellte übernommen und auf diesem Wege versteckte Goodwillzahlungen an die Altinhaber geleistet, lässt sich bis heute nicht stichhaltig verifizieren.[30]

Diese Umstände machen es letztendlich schwierig, dass Verhalten der Großbank in diesem ›Arisierungsfall‹ zu beurteilen. Sie machen allerdings deutlich, dass es Grauzonen des Handelns gab, die einer strikten Kategorisierung nach fairen Erwerbern, stillen Teilhabern und Profiteuren entgegen stehen.

d. Fazit

Zieht man ein kurzes Fazit zum allgemeinen ›Arisierungsprozess‹ und dem gezeigten Beispiel, kann man zurzeit zweierlei sagen: erstens gab es innerhalb der schrittweisen Verdrängung jüdischer Wirtschaftstätigkeit im Bankwesen Handlungsspielräume im ›Arisierungsprozess‹ sowohl für die Käufer als auch die Betroffenen. Die Chancen, einen fairen Geschäfts-›Partner‹ zu finden und einen korrekten Kaufpreis zu erlangen, verengten sich jedoch im Lauf der 1930er-Jahre. Der Verlauf und die Formen der ›Arisierung‹ waren individuell abhängig vom Ort und der lokalen Verfolgungsintensität, von der Firmengröße und gesamtwirtschaftlichen Bedeutung sowie letztlich vom Zeitpunkt der avisierten Übernahme. Zweitens ist – wenn auch gebührend quellenkritisch – heranzuziehen, dass Rudolf Loeb und Robert von Mendelssohn in den Spruchkammerverfahren nach 1945 ihrem Gegenüber Abs ein korrektes Verhalten bescheinigten und beteuerten, dass der Geschäftsabschluss in ›gegenseitigem Einvernehmen‹ zustande kam. Dass die Unterstützung, die Abs – wie vielleicht auch manch anderer Erwerber – den jüdischen Privatbankiers im Umgang mit den Genehmigungsbehörden und in der Kernfrage der Stillhalteverpflichtungen zukommen ließ, vermutlich durch eigene ökonomische Interessen an einem Geschäftszuwachs motiviert war, steht zu diesen Stellungnahmen nicht im Widerspruch.

Ebenso wenig sollte aber aus den Augen verloren werden, dass es sich, wenn auch um eine ›freundschaftliche Übernahme‹, so doch nie um eine ›freiwillige‹ Übergabe handelte: Es bleibt der Fakt, dass die Transaktionen nur durch die diskriminierenden antijüdischen Rahmenbedingungen ermöglicht wurden. Sie verloren für die Eigentümer nie den Schrecken eines schmerzhaften Verlustes ihres geschäftlichen und oft familiären Existenzmittelpunktes. Für die Erwerber eröffneten sich dagegen Geschäftschancen. Beteiligten sie sich an ›Arisierungen‹, profitierten sie automatisch von den antijüdischen Verfolgungsmaßnahmen des NS-Regimes – unabhängig von der Art ihres individuellen Verhaltens beim Firmenkauf.

Mit der Eröffnung des Übernahmekontos zum 31. Dezember 1938 trat die traditionsreiche Firma Mendelssohn & Co. als eine der letzten jüdischen Privatbanken in Deutschland in Liquidation. Zur geplanten Wiederbelebung des Geschäftes kam es nie. Der Aderlass durch die ›Arisierungen‹ der Privatbanken hinterließ tiefe Lücken, deren Auswirkungen in der Struktur des deutschen Bankwesens weit über die NS-Zeit hinaus sichtbar waren. Die langfristigen Folgen dieser Art der Weichenstellung sind gleichwohl nur schwer abzuschätzen. So sprechen einerseits gute Gründe für die Annahme, dass sich die deutschen Privatbanken ohne die politisch bedingte Verdrängung der jüdischen Branchenmitglieder auch nach 1945 weiterhin wirtschaftlich zentraler in der deutschen Bankenlandschaft hätten behaupten können: Obwohl auf vielen Gebieten durch kapitalkräftigere Rivalen bedrängt, hatten sich zahlreiche Privatbanken schon in den 1920er-Jahren im Auslandsgeschäft, der privaten Vermögensverwaltung und dem Investment Banking Erfolg versprechende Ausgangspositionen geschaffen, an die sie ohne die ›Arisierung‹ vielleicht ähnlich wie Institute in Frankreich und England hätten anknüpfen können. Andererseits – und dies steht der These entgegen – waren die Nischen, die das deutsche Universalbanksystem und allen voran die Konkurrenz zu den Aktienbanken den Privatbanken ließen, schon in struktureller Hinsicht recht schmal.[31] Mit größerer Sicherheit lässt sich freilich sagen, dass das deutsche Bankwesen mit der Ausschaltung ihrer jüdischen Vertreter einen nur schwer zu kompensierenden Brain Drain zu verschmerzen hatte. Mit den vielen regional und national bedeutenden Bankierspersönlichkeiten gingen Erfahrung, Kompetenz und Know-how sowie gerade im internationalen Geschäft unverzichtbare persönliche Kontakte und Geschäftsverbindungen verloren, die in der Nachkriegszeit erst wieder neu aufgebaut werden mussten.

1   Ziegler, Spezialisierungen; Ulrich, Aufstieg, S. 95 ff.
2   Köhler, Verdrängung, S. 202 f.
3   Wixforth/Ziegler, Privatbanken, S. 215 ff.
4   Die Inhaberfamilie des Bankhauses Oppenheim war bereits in zweiter Generation zum christlichen Glauben konvertiert, wurde aber dennoch in der Reichsbankstatistik weiterhin als ›jüdisch‹ geführt. Ähnliches gilt für das Bankhaus Mendelssohn, das eine ethnisch-religiös gemischte Eigentümerstruktur aufwies. Vgl. Stürmer/Teichmann/Treue, Wägen, S. 368 ff.
5   Köhler, ›Arisierung‹, S. 88 f.
6   Vgl. BA Berlin, R 43 II/1195, Bl. 279 f., Schreiben des Staatssekretärs der Reichskanzlei Lammers an Staatssekretär Reinhardt im Reichsfinanzministerium vom 27. April 1933; ferner Heiber, Akten, Dok. 10062.
7   Vgl. beispielhaft ›Arons nimmt 500 % – Gebr. Arons, ein Bankgeschäft‹, in: Fridericus 44 (November 1934).
8   BA Berlin R 25.01/6790, Bl. 311, Volkswirtschaftliche und Statistische Abteilung der Reichsbank: Über den jüdischen Anteil am deutschen Privatbankgewerbe, April 1936.
9   Köhler, ›Arisierung‹, S. 134 ff.
10 Ebd., S. 121 ff., 140; Ulrich, Aufstieg, S. 293 ff.
11 Kopper, Marktwirtschaft, S. 148 ff.
12 Vgl. Köhler, ›Arisierung‹, S. 101, Tab. 7; ferner zu Berlin ders., Verdrängung, S. 211.
13 Genschel, Verdrängung, S. 267 ff.; gegen diese Position stellten sich bereits Barkai, Boykott; Fischer, Schacht.
14 ArchWDÄ, 84 WGA 4035/51, Bd. 2, Bl. 12, Brief des Wirtschaftsprüfers H. Ullmann an das Landgericht Berlin vom 14.7.1958.
15 Vgl. die Übersicht in Köhler, ›Arisierung‹, S. 590 ff.
16 Ulrich, Aufstieg, S. 328; Kleßmann, M. M. Warburg & Co., S. 97.
17 OMGUS, Ermittlungen gegen die Dresdner Bank, S. 79; Ermittlungen gegen die Deutsche Bank, S. 66 f.
18 Eine Wiederholung der Aussagen findet sich in Czichon, Bank.
19 Zu einem für die Großbank recht positivem Urteil kamen unter anderem Treue, Fall; James, Deutsche Bank (2001), S. 70 ff.; dagegen siehe auch Schoeps, Julius H.: ›Wie die Deutsche Bank Mendelssohn & Co. schluckte‹, in: Frankfurter Rundschau vom 27. November 1998; ferner abwägender Gall, Man; Ulrich, Aufstieg, S. 333 ff.
20 Bajohr, ›Arisierung‹, S. 315 ff.
21 BA Berlin, R 31.01/15515, Bl. 263, Bericht des Betriebsobmanns Kluge an das RWM vom 2. Juni 1938.
22 BA Berlin R 31.01/15515, Bl. 289, Stellungnahme der DAF zum Arisierungsplan des Bankhauses Mendelssohn & Co. [undatiert, 11. Januar 1939].
23 Vgl. hierzu die im Jahre 1968 zusammengestellten Aufzeichnungen von Hermann J. Abs über die Verhandlungen mit Rudolf Loeb in der Zeit vom März bis Dezember 1938, abgedruckt in Treue, Bankhaus Mendelssohn, S. 76 ff., sowie James, Deutsche Bank (2001), S. 71.
24 Köhler, Werten, S. 316.
25 BA Berlin, R 31.01/15515, Bl. 289, Stellungnahme der DAF zum Arisierungsplan des Bankhauses Mendelssohn & Co. [undatiert, 11. Januar 1939].
26 Ebd.
27 BA Berlin, R 31.01/15515, Aktenvermerk des RWM vom 8. 9.1938.

28 Vgl. hierzu Aufzeichnungen Hermann J. Abs über die Verhandlungen mit Rudolf Loeb in der Zeit vom März bis Dezember 1938, abgedruckt in Treue, Bankhaus Mendelssohn, S. 78.
29 Köhler, ›Arisierung‹, S. 207 ff.
30 Gall, Bankier, S. 64 f.
31 Angeschnitten wird die Frage der potenziellen Zukunftsfähigkeit der deutschen Privatbanken auch bereits im Abschnitt ›Diskussion‹ in Privatbankier, bes. S. 62 f.

Harald Wixforth

[21.]

Die Errichtung der Reichsgruppe Banken 1934

Gleichschaltung, Anpassung und Mittäterschaft
der Banken im NS-Regime

Nach der Machtübernahme im Januar 1933 bildete die grundlegende Neugestaltung der Wirtschaftsordnung eines der wesentlichen Ziele Hitlers und seiner Regierung. Alte korporatistische Strukturen sollten beseitigt und durch neue, ›ständische‹ und der NS-Ideologie entsprechende ersetzt werden. Die reine Wettbewerbswirtschaft entsprach nach Ansicht des NS-Ideologen nicht dem ›deutschen Volkscharakter‹. Zudem hatte sich ihrer Meinung nach während der Weltwirtschaftskrise deutlich gezeigt, welche verheerenden Auswirkungen diese Wirtschaftsordnung für Wirtschaft und Gesellschaft in Deutschland hatte. Die ›neue‹, gelenkte Wirtschaft sollte dies vermeiden. Die Zerschlagung alter Interessenorganisationen und die Schaffung neuer Organe in einer klar gegliederten Wirtschaftsstruktur sollten die ersten Schritte auf dem Weg in die ›neue Wirtschaft‹ sein.[1] Diese Zielsetzung machte auch vor der deutschen Kreditwirtschaft nicht Halt. Was ist daraus geworden?

Der Beitrag beschreibt die ›Gleichschaltung‹ der kreditwirtschaftlichen Interessenvertretung im Jahre 1934 (Abschnitt a) als Ausgangspunkt einer Reihe von Maßnahmen, mit denen sich die Banken an die neue Wirtschaft des ›Dritten Reiches‹ anpassten: der Übernahme neuer ›Geschäftsfelder‹ (Abschnitt b) und der Bildung institutsspezifischer Allianzen mit dem neuen Regime (Abschnitt c). Abschließend (Abschnitt d) fasst er das Verhalten der Banken noch einmal unter dem Gesichtspunkt zusammen, inwiefern sich aus ihm eine ›Mittäterschaft‹ an der Politik des ›Dritten Reiches‹ ergibt.

a. Die Errichtung der Reichsgruppe Banken und die Gleichschaltung der Kreditwirtschaft

Seit der großen Bankenkrise des Sommers 1931 war die deutsche Kreditwirtschaft deutlich geschwächt. Nur mit Hilfe massiver staatlicher Interventionen ließ sich ihre Funktionsfähigkeit aufrechterhalten. Die Dresdner Bank sowie die Commerz- und Privat-Bank standen unter staatlicher Kontrolle, einige Landesbanken und Regionalinstitute hatten nur mit Hilfe der öffentlichen Hand den Bankrott vermeiden können. Ein tiefgreifender Umbau des deutschen Bankensystems schien unumgänglich zu sein. Eine groß angelegte Bankenenquete sollte dafür die Vorbereitungen treffen.[2]

Zwar gelang es der privaten Kreditwirtschaft, die in der Öffentlichkeit und in der Fachpresse oft gestellten Forderungen nach einer ›Zerschlagung oder Sozialisierung der Großbanken‹ abzuwehren, doch befand sie sich angesichts der nicht verstummenden Kritik von NS-Ideologen und selbst von Bankfachleuten weiterhin in einer Defensivposition. Daher besaßen weder die privaten Banken, noch der Centralverband des Deutschen Bank- und Bankiersgewerbes als ihre Interessenvertretung die Möglichkeit, sich gegen den von Hitler und seiner Regierung geforderten ›Umbau des deutschen Bankwesens‹ zur Wehr zu setzen.[3]

Die konkreten Maßnahmen zur Neugestaltung der Wirtschaftsstruktur waren im ersten Kabinett Hitlers durchaus umstritten. Die beiden ersten Wirtschaftsminister Alfred Hugenberg und Curt Schmitt – beides prominente Manager aus der Wirtschaft – verfolgten zunächst einen pragmatischen Kurs, während NS-Ideologen wie Gottfried Feder eine möglichst rasche und umfassende Umstrukturierung forderten. Zudem belasteten Auseinandersetzungen zwischen Parteiorganisationen und Regierung die Ausarbeitung eines stringenten Konzepts. Dennoch wurden ab Anfang 1934 Gesetze verabschiedet mit dem Ziel, die Wirtschaftsstruktur neu zu ordnen.[4]

Mit dem Gesetz zur ›Vorbereitung des organischen Aufbaus der deutschen Wirtschaft‹ vom 27. Februar 1934 wurde verfügt, dass in jeder Wirtschaftsbranche nur noch eine große Interessenvertretung, eine Reichsgruppe, existieren sollte. Sieben Reichsgruppen waren für die Industrie vorgesehen, fünf weitere für das Handwerk und den Dienstleistungssektor, darunter eine für das Kreditgewerbe.[5] Wenige Tage zuvor am 22. Februar 1934 hatte der Centralverband seine Auflösung und seine Umwandlung zur Wirtschaftsgruppe Privates Bankgewerbe beschlossen. Nach kurzer interner Diskussion kam er damit der Gesetzesinitiative der Reichsregierung zuvor.[6]

Im März 1934 wurde Otto Christian Fischer, seit 1925 Vorstandsmitglied der staatseigenen Reichs-Kredit-Gesellschaft, zum Leiter der Reichsgruppe Banken ernannt, während Friedrich Reinhart aus dem Vorstand der Commerz- und Privat-Bank diese Funktion für die Wirtschaftsgruppe Privates Bankgewerbe und die Fachgruppe Aktienbanken übernahm. Dem Kölner Privatbankier Kurt von Schröder wurde dagegen die Leitung der Fachgruppe Privatbankiers übertragen.[7]

Erst durch eine Verordnung vom 27. November 1934, die auf eine direkte Intervention des seit August amtierenden Wirtschaftsministers Hjalmar Schacht zurück ging, begannen die Reichsgruppen tatsächlich mit ihrer Arbeit. Fortan standen sie unter der direkten Kontrolle des Reichswirtschaftsministeriums. Mit dieser Regelung hatte der nun gleichgeschaltete Centralverband jeglichen Handlungsspielraum verloren und war ein Teil der neuen Wirtschaftsordnung geworden. Wie sehr er nach diesem Schritt ›gleichgeschaltet‹ worden war, lässt sich an seiner formalrechtlichen ›Überführung‹ in die Wirtschaftsgruppe Privates Bankgewerbe ablesen. In einem Schreiben an das Reichswirtschaftsministerium beantragte der Centralverband selber, dass seine Umwandlung in die Wirtschaftsgruppe nicht durch einen Beschluss der dafür zuständigen Gremien erfolgen solle, sondern durch eine formlose Verordnung der Berliner Behörde. Eine längere Diskussion und Beschlussfassung hielt man nicht mehr für vereinbar mit dem nun herrschenden ›Führerprinzip‹. Das Reichswirtschaftsministerium ließ sich natürlich nicht lange bitten und sanktionierte diesen Schritt durch eine Verordnung vom 6. März 1935.[8]

Andere Segmente der deutschen Kreditwirtschaft zeigten weniger vorauseilenden Gehorsam. Der Deutsche Sparkassen- und Giroverband unternahm selbst wenige Schritte, um sich unter das Dach der Reichsgruppe Banken zu begeben. Erst mit einer Anordnung Schachts beziehungsweise seines Staatssekretärs Hans Ernst Posse vom 26. Juni 1935 wurde die neue Wirtschaftsgruppe Sparkassen gebildet. An ihre Spitze berief Schacht einen Mann seines Vertrauens, den langjährigen Leiter der Abteilung Geld-, Bank- und Börsenwesen im Reichswirtschaftsministerium, Johannes Heintze. Dieser sollte die Wirtschaftsgruppe nach den Vorstellungen des Reichswirtschaftsministeriums im Allgemeinen und Schachts im speziellen führen und ihre Tätigkeit in den Dienst des neuen Staates stellen.[9]

Seitdem erkannte diese Wirtschaftsgruppe ebenso wie die des privaten Bankgewerbes die neuen Strukturen in der deutschen Wirtschaft rückhaltlos an. Beide Gruppen dürften jedoch kaum größere Handlungsspielräume besessen haben. Sie legten zwar eine Fülle von Memoranden und Arbeitspapieren vor. Ebenso versorgten sie ihre Mitglieder regelmäßig mit Rundschreiben zu währungs- und devisenrechtlichen Fragen, zu steuerrechtlichen Problemen und zu Organisationsfragen im Bankgewerbe. Konkrete Forderungen und Anliegen zum Aufbau des Kreditgewerbes waren aber nicht mehr zu vernehmen. Die Reichsgruppe Banken wurde daher zunehmend eine Informationsagentur für ihre Mitglieder ohne wirkliche Gestaltungsmacht.

b. Die Banken in der ›neuen Wirtschaft‹ – neue Strategien und neue Geschäftsfelder

Die Gleichschaltung ihrer Interessenorganisation und die Eingliederung des Bankwesens in die ›neue Wirtschaft‹ bedeutete vor allem für die privaten Institute bei weitem keine Entwarnung vor der Gefahr weiterer staatlicher Interventionen. Zwar waren die Angriffe der neuen Machthaber und ihrer Ideologen nach 1934 weniger lautstark als später während des Zweiten Weltkriegs, doch sahen sich die Berliner Großbanken und einige große Regionalinstitute immer wieder Attacken aus den Reihen der NSDAP ausgesetzt. Nicht nur deren Ideologen, sondern auch einige Referenten und Abteilungsleiter im Reichswirtschafts- und Reichsfinanzministerium, ab 1936 auch aus der unter der Kontrolle Hermann Görings stehenden Vierjahresplan-Behörde, machten keinen Hehl daraus, dass sie eine umfassende ›Neuordnung‹ der deutschen Kreditwirtschaft bei einer gleichzeitigen Stärkung der Sparkassen und Kreditgenossenschaften weiterhin für erforderlich hielten.[10]

Die weiter existierende Bedrohung ihrer Stellung in der NS-Wirtschaft wurde von den Berliner Großbanken und ihrem Führungspersonal sehr wohl wahrgenommen. Zwar mussten auch die neuen Machthaber erkennen, dass ein weniger ideologiebehafteter, dafür aber pragmatischer Kurs in der Wirtschafts- und Finanzpolitik verfolgt werden musste, wenn man die ehrgeizigen Ziele in der heimischen Wirtschaft, vor allem aber im Hinblick auf die territoriale Expansion und die Schaffung neuen ›Lebensraumes‹ realisieren wollte; dazu brauchte man auch die Kreditwirtschaft, vor allem die Berliner Großbanken. Aber das Kreditwesengesetz von 1934 bot die Möglichkeit, die Kreditvergabe und die Haftungsbedingungen wesentlich stärker als bisher zu reglementieren. Die Großbanken berücksichtigten diesen Sachverhalt, indem sie schnell zu Konzessionen gegenüber den neuen Machthabern mit Blick auf ihre zukünftige Kredit-, vor allem aber ihre Personalpolitik bereit waren.

Konzessionen machten die Banken vor allem in ihrer Personalpolitik. Viele Institute waren willfährig bereit, ihre jüdischen Direktoren und Angestellten zu entlassen, um sich dadurch das Wohlwollen der NS-Ideologen und der Berliner Ministerien zu erkaufen. Die ›Entjudung‹ des deutschen Kreditgewerbes bildet den ersten Schritt in der Strategie der privaten Institute, Allianzen mit den Partei- und Staatsorganen herzustellen. Bei der Deutschen Bank, der Commerz- und Privat-Bank und vor allem der Dresdner Bank wurden jüdische Direktoren und Abeilungsleiter gezielt entlassen. Dieser Prozess vollzog sich nicht abrupt, sondern dauerte mitunter mehrere Jahre. Die ›Verdrängung‹ der Juden aus ihren Funktionen war die erste große Konzession der Banken an die neuen Machthaber.[11]

Dabei besaßen die Institute durchaus Handlungsspielräume. Einigen jüdischen Direktoren und Abteilungsleitern gelang es, eine Zeit lang ihre Position zu behalten oder eine Nischenfunktion in ihrem Institut einzunehmen, sofern sie Unterstützung von ihren ›arischen‹ Vorstandskollegen bekamen. Im Ergebnis jedoch schreckte fast keine Berliner Großbank davor zurück, verdiente Mitglieder des Vorstands oder des Aufsichtsrats sowie versierte Abteilungsdirektoren und Filialleiter zu entlassen, nur weil sie Juden waren. In den Vorstandsetagen und der Belegschaft der Berliner Institute verbreitete sich daher zunehmend eine Atmosphäre der Angst und der Unsicherheit, die sich noch steigerte, als überzeugte Nationalsozialisten in den Führungsgremien der großen Banken Schritt für Schritt Schlüsselpositionen einnahmen.[12]

Soweit erkennbar, fand die Entlassung jüdischer Mitarbeiter bei den großen öffentlichen Instituten nicht in dem Umfang statt wie bei der privaten Konkurrenz. Zum einen waren bei der Reichs-Kredit-Gesellschaft und der Deutschen Girozentrale – Deutschen Kommunalbank – (DGZ) weitaus weniger jüdische Mitarbeiter beschäftigt als bei den privaten Banken. Das Personal dieser beiden öffentlichen Institute bestand überwiegend aus Beamten, die aus den Berliner Ministerien und Behörden rekrutiert worden waren; schon deshalb war der Anteil jüdischer Angestellter vergleichsweise gering. Zudem besaßen beide Institute keine Filialen, sodass die Beschäftigtenzahl insgesamt deutlich unter derjenigen der großen Berliner Banken lag. Zum anderen aber lassen sich bei der DGZ auch Fälle nachweisen, in denen sich ihr Direktorium gegen die Entlassung einiger jüdischer Angestellter aussprach. Das scheiterte zwar am Veto des eigenen Betriebsrats, in dem NSDAP-Aktivisten den Ton angaben, sowie des Reichswirtschaftsministeriums. Dennoch ist der Fall ein Indiz dafür, dass selbst Führungsgremien öffentlicher Institute zu Beginn des NS-Regimes der Meinung waren, gegenüber den Berliner Behörden noch Handlungsspielräume bei der Gestaltung ihrer Personalpolitik zu besitzen.[13]

Trotz aller Konzessionen gegenüber den neuen Machthabern mussten sowohl die Berliner Großbanken als auch die bedeutenden Regionalinstitute nach 1934 zur Kenntnis nehmen, dass ihre Position in der deutschen Kreditwirtschaft deutlich geschwächt war. Zum einen lag dies an den Vorgaben der Behörden, denen sich die Institute in staatlichem Besitz oder unter staatlicher Kontrolle ausgesetzt sahen, zum anderen an den wirtschafts- und währungspolitischen Zielsetzungen der neuen Machthaber. Vom regulären Bankgeschäft im alten Reichsgebiet waren daher in der Zukunft kaum größere Wachstumsimpulse zu erwarten. Die Industriefinanzierung alter Prägung stieß in der gelenkten Wirtschaft des ›neuen Staates‹ bald an ihre Grenzen. Die Kreditinstitute mussten daher neue Geschäftsfelder entwickeln, um ihre Ertragslage zu verbessern. Drei Geschäftsfelder schienen den Banken dabei besonders aussichtsreich zu sein: (1.) Die Beteiligung an großen Konsortialkrediten und ›Kreditaktionen‹; (2.) die Beteiligung an der Rüstungsfinanzierung; (3.) die Einschaltung in die Konfiskation und ›Verwertung‹ jüdischen Vermögens – die ›Arisierung‹.

Mit der Wiedereröffnung der Börsen für Kapitalbeschaffungsmaßnahmen privater Unternehmen, vor allem aber zur Finanzierung des Vierjahresplans und der damit zusammenhängenden Maßnahmen zur Sicherung der Autarkie und zur Verbesserung der Infrastruktur ab Herbst 1936 waren auf dem deutschen Kapitalmarkt große Summen aufzubringen. Dies war nur in Form großer Konsortialkredite möglich, wobei die Konsortien häufig unter der Führung der Berliner Großbanken standen, vor allem der Deutschen Bank und der Dresdner Bank. Aber auch fast alle wichtigen Regionalbanken sowie die prominenten Privatbankhäuser drängten sich danach, möglichst hohe Quoten in den Konsortien zu bekommen. Da die meisten Konsortialkredite durch Garantien des Reichsfinanzministeriums oder anderer Berliner Behörden abgesichert waren, sahen sich die Kreditinstitute nur mit einem geringen Risiko konfrontiert. Zwar waren die Zinseinnahmen aus den einzelnen Kredittranchen nicht üppig, doch dafür stetig und kalkulierbar, sodass eine Beteiligung an großen Konsortialkrediten vielen Instituten durchaus attraktiv erschien.[14]

Mit der Expansion des NS-Regimes nach Mittel- und Osteuropa nahm das Volumen sowohl der Infrastrukturmaßnahmen als auch der dafür benötigten Konsortialkredite zu. In Österreich, im Sudetenland, in den einzelnen Gebieten des besetzten Polens, aber auch in den Reichskommissariaten Ostland und Ukraine wurden großen Summe zur Ausbeutung der Rohstoffvorkommen, aber auch zur Verbesserung der Infrastruktur über Konsortialkredite benötigt. An diesen großen ›Kreditaktionen‹ waren fast alle wichtigen privaten Institute, aber auch die großen öffentlichen Institute wie die Reichs-Kredit-Gesellschaft, die DGZ oder die Preußische Staatsbank beteiligt.[15]

Ähnlich lukrativ wie die Beteiligung an Konsortialkrediten stuften viele Banken ein Engagement bei der Rüstungsfinanzierung ein. Mit dem Ausbau der Rüstungswirtschaft ab 1936 mussten viele Konzerne aus der Schwerindustrie, aus dem Maschinenbau, aber auch der chemischen Industrie und der Luftfahrtindustrie ihre Produktionsanlagen deutlich erweitern, wozu sie Kredite brauchten. Eine große Zahl von Instituten wetteiferte darum, Krupp, den Reichswerken Hermann Göring, den Junkers-Werken oder den Henschel-Flugzeugwerken in Berlin Kredite zur Verfügung zu stellen. Vielfach waren diese Kredite ebenfalls durch Reichsbürgschaften gesichert, sodass die Risiken für die Banken hier vergleichsweise gering, die Aussichten auf regelmäßige Zinseinnahme aber umso größer waren.[16]

Dasjenige neue Geschäftsfeld, in dem eine Reihe von Instituten schon bald in scharfer Konkurrenz zueinander stand, war jedoch die ›Arisierung‹. Aufgrund des steigenden politischen Druckes sahen sich ab 1934 immer mehr jüdische Gewerbetreibende gezwungen, ihren Betrieb zu veräußern. Nach dem Novemberpogrom 1938 und den danach erlassenen Verordnungen stieg der Verkaufsdruck immens an. Die Vermittlung und ›Verwertung‹ jüdischen Besitzes schien vielen Banken daher ein ausgesprochen lukratives Geschäftsfeld zu sein, in dem sie zunächst im alten Reichsgebiet, später auch in den angeschlossenen und vom NS-Regime annektierten Territorien gute Provisionen verdienen und eine Reihe neuer Kunden auch für andere Geschäfte akquirieren konnten. Die Deutsche Bank und die Dresdner Bank wiesen ihre Filialleiter explizit darauf hin, sich unbedingt in die ›Arisierung‹ jüdischen Vermögens einzuschalten und dadurch neue Geschäfte an sich zu ziehen.[17] Mehr noch: Die Dresdner Bank und die Deutsche Bank richteten in ihren Zentralen eigene Abteilungen ein beziehungsweise rekrutierten ›Arisierungsspezialisten‹, welche die ›Arisierungstätigkeit‹ der Filialen koordinieren und den Informationsfluss zwischen Zentrale und Niederlassungen effizienter gestalten sollten. Im harten Kampf um besonders lukrative ›Arisierungsobjekte‹ hoffte man, dadurch Wettbewerbsvorteile gegenüber der Konkurrenz zu bekommen.[18]

Die Banken betrieben die ›Vermittlung und Verwertung‹ jüdischer Betriebe und Vermögenswerte nicht nur auf Rechnung ihrer Kundschaft, sondern auch für eigene Rechnung. Sowohl die Berliner Großbanken, als auch einige Regionalinstitute und prominente Privatbankhäuser waren allzu gerne bereit, jüdische Bankfirmen zu günstigen Preisen zu erwerben und die geschwächte Verhandlungsposition des Verkäufers für den Ausbau ihrer eigenen Wettbewerbsposition auszunutzen. Auch öffentliche Institute wie die Reichs-Kredit-Gesellschaft schreckten davor nicht zurück, auch wenn ihre Akquisitionen nicht das Ausmaß wie bei der privaten Konkurrenz erreichten.[19]

Über das Verhalten der Kreditinstitute bei der ›Arisierung‹ wurde in der Forschung intensiv gestritten. Einige Autoren vertreten die Ansicht, die Banken hätten sich bei der ›Vermittlung und Verwertung‹ jüdischen Vermögens in der Mehrheit der Fälle fair verhalten, sie seien sogar bei schwierigen Arisierungen der ›ruhende Pol‹ gewesen, der die gesamte Transaktion zum Abschluss gebracht habe.[20] Andere Forscher werfen den Banken dagegen vor, sie hätten sich gezielt und aus strategischem Kalkül in die ›Arisierung‹ eingeschaltet und seien an möglichst vielen und günstigen Akquisitionen für ihre ›arische‹ Kundschaft mehr interessiert gewesen als an einem fairen Verhalten gegenüber dem Verkäufer.[21] Ein generelles Urteil ist nur schwer zu fällen, da sich Beispiele finden lassen, bei denen sich die Banken halbwegs fair gegenüber einem jüdischen Verkäufer verhielten, aber auch Beispiele, bei denen sie rigide die Zwangslage eines jüdischen Kunden ausnutzten, um ihre Beziehungen zur ›arischen Klientel‹ zu festigen oder auszubauen.[22] Eine exakte Gewichtung dieser Fälle ist zur Zeit ebenso schwer möglich wie eine genaue Schätzung der Gewinne, die den Banken aus der ›Arisierung‹ zuflossen. Es lässt sich aber sagen, dass sich viele Banken bei der Vermittlung und Verwertung jüdischen Vermögens allzu gerne und in der Hoffnung beteiligten, dadurch ihre Ertragslage deutlich zu verbessern. Allein dadurch verstrickten sie sich in die menschenverachtende nationalsozialistische Arisierungspolitik.

Die Expansion des NS-Regimes vor allem in die Länder Mittel- und Osteuropas bot den Banken zudem die Möglichkeit, Wachstumsschranken im ›Altreich‹ zu umgehen und eine neue Phase der Geschäftsausdehnung einzuleiten. Wachsende Marktanteile im neuen deutschen Herrschaftsraum sollten eine neue Wachstumsdynamik für die großen Institute aus Berlin und der ›Provinz‹ entfalten.[23] Die erste Gelegenheit, diese Strategie in die Tat umzusetzen, bot sich beim ›Anschluss‹ Österreichs und seiner hoch entwickelten Wirtschaft im März 1938. Dabei zeigte sich, dass vor allem die Deutsche Bank und die Dresdner Bank intensiv nach ›Brückenköpfen‹ in Gestalt von österreichischen Kreditinstituten suchten, mit deren Hilfe sie ihr Geschäft ausbauen konnten. Vor allem diese beiden Institute drängten bei den zuständigen Behörden in Berlin und Wien darauf, eine österreichische Bank übernehmen oder sich an ihr maßgeblich beteiligen zu dürfen.[24]

Der gleiche Wettbewerb zwischen der Deutschen Bank und der Dresdner Bank um die rentabelsten Kreditinstitute wiederholte sich im Sudetenland, im Protektorat Böhmen und Mähren, im besetzten Polen, aber auch auf dem Balkan und im Reichskommissariat der Niederlande. Während die Dresdner Bank vor allem im Sudetenland, im Protektorat, im Warthegau und im Generalgouvernement ihre Interessen durchsetzte, konnte die Deutsche Bank ihre Vorstellungen in Oberschlesien, auf dem Balkan und im Reichskommissariat der Niederlande verwirklichen. Alles in Allem profitierten die Dresdner Bank und die Deutsche Bank von der Expansion in die besetzten Gebiete. Die neuen Filialen und Affiliationen bargen zwar Aufbaurisiken und -kosten, bedeuteten aber auch eine deutliche Geschäftsausweitung. Das Wachstum der beiden Institute ab 1938 lässt sich zu einem großen Teil auf ihre Expansion im neuen deutschen Herrschaftsbereich zurückführen. Die Commerzbank und einige größere Regionalinstitute, die aus der territorialen Expansion des NS-Regimes nur einen geringeren Nutzen ziehen konnten, wiesen dagegen eine geringe Wachstumsdynamik auf und fielen in ihrem Geschäftsumfang deutlich hinter die Deutsche Bank und die Dresdner Bank zurück.[25]

c. Allianzen mit dem Herrschaftsapparat als Basis für den Geschäftserfolg

Angesichts der nicht verstummenden Kritik an der Rolle des privaten Bankwesens in der ›neuen Wirtschaft‹ aus den Reihen der NSDAP und angesichts der Gleichschaltung der alten Interessenorganisationen wuchs in den Vorstandsetagen einiger Berliner Institute und Regionalbanken die Erkenntnis, dass mit einer weitreichenden ›Entsolidarisierung‹ in der deutschen Kreditwirtschaft zu rechnen sei. Eine neue Form der Interessendurchsetzung, die sich nicht mehr auf eine intensive Verbandsarbeit stützte, schien daher erforderlich zu sein. Einige Banken hielten neue strategische Allianzen und neue personelle Netzwerke mit den Entscheidungsträgern in den Berliner Ministerien und den Organisationen der NSDAP für notwendig. Diese Institute wählten bewusst Personen in ihre Aufsichtsgremien, die über intensive Kontakte zu Funktionsträgern im NS-Herrschaftsapparat verfügten und offen ihre Sympathie für die NS-Ideologie zeigten. Durch neue Allianzen mit dem Regime wollten sich die Banken Möglichkeiten eröffnen, ihre spezifischen Interessen bei Funktionsträgern des Herrschaftsapparates zu artikulieren, ja sogar mit Unterstützung der Berliner Behörden oder der NS-Organisationen vor Ort in die Tat umzusetzen. Sie erhofften sich dadurch entscheidende Wettbewerbsvorteile gegenüber der Konkurrenz.[26]

Zu den neuen ›Netzwerkspezialisten‹ im deutschen Kreditgewerbe zählte sicherlich Otto Christian Fischer aus dem Vorstand der Reichs-Kredit-Gesellschaft, ab 1934 ›Führer‹ der Reichsgruppe Banken. Bereits vor der ›Machtübernahme‹ zeigte Fischer offen seine Sympathie für die NS-Ideologie. Vor allem die aggressiven außenpolitischen Zielsetzungen der NSDAP, aber auch ihre antisemitische Rhetorik fanden seine Zustimmung.[27] Dies lässt sich auch für Friedrich Reinhart aus dem Vorstand der Commerzbank feststellen, bis 1943 Vorsitzender der Wirtschaftsgruppe Privates Bankgewerbe. Reinhart wurde zudem zum Präsidenten der Berliner Börse ernannt und besaß damit zwei Schlüsselpositionen in der Kreditwirtschaft. Zusammen mit seinem Vorstandskollegen Karl Hettlage repräsentierte er bei der Commerzbank den Flügel, der sich bewusst bei Funktionsträgern des NS-Regimes anbiederte; in einigen Fällen gab es auch den erhofften geschäftspolitischen Nutzen, so in der zum großen Teil gelungenen Expansion der Commerzbank im besetzten Polen.[28] Reinharts Nachfolger als Vorsitzender der Wirtschaftsgruppe Privates Bankgewerbe, der Kölner Privatbankier Kurt von Schröder vom Bankhaus J. H. Stein, hatte seit der ›Machtergreifung‹ gezielt und aus Überzeugung mit den neuen Machthabern paktiert. Als er im Dezember 1943 sein neues Amt antrat, sah er endlich seine Chance gekommen, sich als der führende Nationalsozialist im deutschen Bankgewerbe zu profilieren.[29]

Bei der Dresdner Bank zogen mit der Berufung Emil Meyers und Karl Rasches zwei Bankiers in den Vorstand ein, die aus gezieltem geschäftspolitischem Kalkül, aber auch aus persönlicher Überzeugung die Nähe zu Funktionsträgern des NS-Regimes suchten. Während Meyer, Schwager von Hitlers Wirtschaftsberater Wilhelm Keppler, wohl als überzeugter Nationalsozialist anzusehen ist, war Karl Rasche ein rücksichtsloser Karrierist und Opportunist, der seine Wahl in den Vorstand der Dresdner Bank als ungeheure Karrierechance begriff. Während Meyer enge Allianzen zwischen der Dresdner Bank und der SS mit ihren Organisationen herstellte, war Rasche für die gezielte und massive Einschaltung des Instituts in die aggressive Expansions- und Germanisierungspolitik des Regimes in Mittel- und Osteuropa verantwortlich. Dafür schmiedete er Allianzen mit Funktionsträgern aus den Berliner Ministerien, der Vierjahresplan-Behörde und den Wirtschaftsverwaltungen in den besetzten Gebieten. Sein Kalkül ging auf: In großen Teilen des neuen deutschen Herrschaftsbereichs konnte die Dresdner Bank ihre Interessen besser durchsetzen als ihre Konkurrenz.[30]

Rasche und Meyer waren bei der Dresdner Bank keine Einzelfälle. Zwar verhielten sich einige Vorstandsmitglieder wie etwa Gustav Overbeck dem Regime gegenüber reservierter,[31] doch lassen sich einige Abteilungsdirektoren und Filialleiter finden, die ebenfalls daran interessiert waren, strategische Allianzen mit Funktionsträgern aus dem Herrschaftsapparat herzustellen beziehungsweise sich mit diesen um jeden Preis zu vernetzen. Zu nennen wäre hier vor allem Reinhold Freiherr von Lüdinghausen, zunächst Leiter der Dresdner Bank-Filiale in Dresden, dann der neugeschaffenen Gebietsdirektion in Reichenberg, ab 1939 Vorstandsmitglied der Böhmischen Escompte-Bank und Creditanstalt (Bebca) in Prag, die im Zuge der ›Neuordnung‹ des Bankwesens im Protektorat Böhmen und Mähren der Dresdner Bank zugesprochen wurde.[32] Auch Heinrich Ansmann, Referatsleiter in der Konsortialabteilung der Dresdner Bank und Fachmann für ›Arisierungen‹, sowie Harald Kühnen, der Nachfolger Ansmanns auf diesem Posten, suchten den Kontakt zu Entscheidungsträgern des Regimes. Sie alle kooperierten mit diesen, wenn es ihrer eigenen Karriere nutzte.[33]

Auch bei der Deutschen Bank lassen sich einige Vorstandsmitglieder und Direktoren mit diesem Verhaltensmuster finden. Eine zentrale Rolle spielte hier wohl Emil Georg von Stauß, der bis 1932 Vorstands- und dann Aufsichtsratsmitglied des Instituts war. Als wichtigster Kontaktmann zur NSDAP und ihren Organen unterhielt von Stauß enge Beziehungen zu Hermann Göring und anderen wichtigen Parteigrößen, sodass er für die Deutsche Bank eine Scharnierfunktion zum NS-Herrschaftsapparat und den Staatsorganen besaß, bei denen er vielfach geschickt die Interessen seines Instituts durchsetzen konnte.[34] Karl Ritter von Halt, Vorstandsmitglied der Deutschen Bank und ehemaliger NS-Sportfunktionär, war ebenfalls für die gezielte Netzwerkbildung des Instituts mit politischen Entscheidungsträgern von großer Bedeutung, auch wenn er im operativen Geschäft der Deutschen Bank keine herausragende Rolle spielte.[35]

Selbst Vorstandsmitglieder der Deutschen Bank mit einer großen Verantwortung für das Tagesgeschäft scheuten vor Allianzen mit wichtigen politischen Funktionsträgern nicht zurück, so besonders Oswald Rösler und Karl Kimmich als Sprecher des Vorstands, aber auch Mitglieder des Gremiums wie Johannes Kiehl. Im Vorstand der Deutschen Bank für die Geschäfte in Oberschlesien zuständig, gelang es Kiehl in Verbindung mit einigen Filialleitern vor Ort, enge Beziehungen zur Gauleitung, zum Gauwirtschaftsberater, aber auch zur Haupttreuhandstelle Ost, Treuhandstelle Kattowitz herzustellen. Auf dieser Grundlage konnte die Deutsche Bank sowohl bei der Umgestaltung des oberschlesischen Kreditwesens, als auch bei der ›Neuordnung‹ der Montanindustrie im dortigen Revier eine exponierte Rolle einnehmen und ihre Interessen zu einem großen Teil durchsetzen.[36]

Umstritten ist dagegen bis heute die Rolle von Hermann Josef Abs als Vorstandsmitglied während der NS-Diktatur. Während einige Forscher ihm vorwerfen, er habe ebenfalls die Nähe zu Entscheidungsträgern des Regimes gesucht und wie einige seiner Vorstandskollegen persönliche Kontakte als Grundlage für die Interessendurchsetzung seines Instituts benutzt, sind andere Autoren mit einem solchen Urteil vorsichtiger. Sie attestieren ihm ein geschicktes Taktieren nach allen Seiten und sehen darin einen deutlichen Unterschied etwa zum Verhalten eines Emil Georg von Stauß oder eines Johannes Kiehl. Eine bessere Einschätzung über die Rolle von Abs in der NS-Diktatur wird wahrscheinlich erst anhand neuer Quellen möglich sein.[37]

Die gezielte Vernetzung mit politischen Entscheidungsträgern blieb jedoch keineswegs ein Privileg der Berliner Großbanken. Zwar wurde das Verhalten des Führungspersonals der wichtigen Regionalbanken und der öffentlichen Institute im letzten Jahrzehnt längst nicht so intensiv durchleuchtet wie das der Großbanken. Soweit erkennbar, versuchte aber auch der Vorstandsvorsitzende der Allgemeinen Deutschen Credit-Anstalt (ADCA) aus Leipzig, Felix Bassermann, bewusst und intensiv strategische Allianzen zu Entscheidungsträgern aus dem Reichswirtschaftsministerium, dem Reichskommissariat für das Kreditwesen, aber auch zur sächsischen Gauleitung herzustellen. Dabei kam ihm zugute, dass sich im Reichswirtschaftsministerium Abteilungsdirektoren wie Kurt Lange als Gegner der Großbanken und Verfechter des Regionalbankprinzips entpuppten und den Wünschen und Forderungen der ADCA durchaus wohlwollend gegenüberstanden.[38] Auch Friedrich Döhlemann, der Vorstandsvorsitzende der Bayerischen Gemeindebank (ein Institut aus der Sparkassenorganisation), verstand es geschickt, sich mit den Entscheidungsträgern der NSDAP in Bayern zu vernetzen und damit die Grundlage für die Realisierung von Interessen seines Instituts gegenüber denen der Großbanken zu schaffen.[39]

Der Blick auf das Führungspersonal der anderen großen öffentlichen Banken bietet ein unterschiedliches Bild. Rudolf Lencer, der Vorstandsvorsitzende der Bank der Deutschen Arbeit, war ein überzeugter Nationalsozialist, der intensiv Allianzen mit den Berliner Ministerien und dem NS-Herrschaftsapparat vor allem in den besetzten Gebieten schmiedete. Dies eröffnete dem Institut aus dem Interessenbereich der Deutschen Arbeitsfront vor allem ab 1941 die Möglichkeit, eine ausgesprochen aggressive und rücksichtslose Expansionspolitik durchzuführen.[40] Dagegen gelang es Max Sentz als Vorstandsvorsitzendem der DGZ ebenso wie einigen seiner Vorstandskollegen, ein gewisses Maß an Distanz zur NSDAP und ihren Organisationen zu bewahren. Dies überrascht zunächst, war das Spitzeninstitut der Sparkassenorganisation doch unmittelbar der Kontrolle des Reichswirtschaftsministeriums unterstellt. Offenbar besaßen aber selbst Führungskräfte öffentlicher Institute noch Handlungsspielräume, um sich einer zu rigiden Einflussnahme der NSDAP und des Staatsapparates auf deren Geschäftspolitik zu widersetzen.[41]

Dennoch, mit Fortdauer des Zweiten Weltkriegs erschien vielen Bankiers die Einbindung in soziale Kontakte und Verkehrskreise mit führenden NS-Funktionsträgern zunehmend wichtig. Wer bewusst und intensiv den Kontakt zu diesen Funktionären sowohl im ›Altreich‹ als auch in den besetzten Gebieten suchte, konnte die Interessen seines Instituts besser durchsetzen als Bankiers, die von dieser Art der Netzwerkbildung absahen. Mit der zunehmenden Brutalisierung der Herrschaftspraxis trat diese Erfahrung im Laufe des Kriegs gerade in den besetzten Gebieten immer deutlicher zutage. Neben den oben erwähnten Vorstandsmitgliedern der großen Institute waren es dabei vor allem deren jüngere Abteilungsdirektoren und Filialleiter, die letzte moralische Bedenken beiseite schoben und ihre eigene Karriere durch möglichst intensive Geschäfte mit den Organen des Regimes befördern wollten.[42]

Der Untergang der NS-Herrschaft beendete zwangsläufig diese Form der Interessenartikulation und -durchsetzung. Nähe zum und die Einbindung in den NS-Herrschaftsapparat wurde nun für viele Bankiers zu einer schweren Hypothek. Wer während des NS-Regimes ein Netzwerkspezialist mit engen Kontakten zu wichtigen Funktionsträgern war, wurde nach Kriegsende vielfach zu einer Belastung für den Wiederaufbau des Bankgeschäfts. Allerdings endeten nicht alle Karrieren abrupt. Heinrich Ansmann und Harald Kühnen aus der Konsortialabteilung der Dresdner Bank starteten nach dem Ende des Zweiten Weltkriegs auch unter anderen politischen Vorzeichen eine erfolgreiche Karriere als Bankier, ebenso wie ihre ehemaligen Kollegen Alfred Hölling, Hugo Zinßer und Hermann Richter aus dem Vorstand des Instituts. Auch bei der Deutschen Bank finden sich ähnliche Beispiele. Dennoch: Die wirklich belasteten Bankiers wurden von ihren Instituten nach Kriegsende schnell fallen gelassen, sodass ihre Karriere beendet war.[43]

d. Regimenähe und Mittäterschaft

Die engen Allianzen zwischen Entscheidungsträgern aus der Politik einerseits und Vorstandsmitgliedern der Banken andererseits bildeten auch die Basis für ein großes Maß an Regimenähe der deutschen Kreditwirtschaft. Diese war vielfach gewollt und keineswegs nur eine Konsequenz der vom Regime durchgesetzten neuen Rahmenbedingungen. In den Vorstandsetagen der deutschen Kreditwirtschaft erkannte man schon bald, dass ein ›persönlicher Faktor‹ in Gestalt enger persönlicher Allianzen und damit auch intensiver Regimenähe die Grundlage für den Geschäftserfolg des eigenen Instituts bildete. Wer nicht davor zurückschreckte, verdiente jüdische Mitarbeiter zu entlassen, wer sich direkt oder indirekt zur NS-Ideologie bekannte und wer die Zielsetzungen des Regimes nicht nur tolerierte, sondern bei deren Umsetzung aktive Mithilfe signalisierte, der konnte mit einer bevorzugten Behandlung durch die Berliner Ministerien sowie durch die neuen lokalen Organe des Herrschaftsapparates vor Ort bei der Abwicklung großer Finanztransaktionen oder der Eröffnung von Konten rechnen. Mit der Expansion des Regimes in Europa und der damit einhergehenden Barbarisierung der Herrschaftspraxis gewann ein solches Verhaltensmuster weiter an Intensität. Nun musste man sich in den Vorstandsetagen der Kreditwirtschaft eingehend fragen, ob man bereit war, letzte moralische Bedenken und Skrupel beiseite zu schieben, um die lang ersehnte Steigerung des Geschäftsumfangs im neuen deutschen Herrschaftsraum zu verwirklichen.[44]

Wer sich nun nicht scheute, die Rüstungswirtschaft zu finanzieren oder mit der Vierjahresplan-Behörde und anderen Ministerien zu paktieren, wer bei der Ausplünderung der europäischen Juden tatkräftig Hilfestellung leistete, wer sogar den intensiven Geschäftskontakt mit der SS, ihrem Wirtschaftsimperium, aber auch mit ihrem Vernichtungsapparat suchte, der verstrickte sich nicht nur mit der Herrschaftspraxis der NS-Organe, sondern geriet an die Schwelle einer direkten Mittäterschaft oder überschritt diese sogar. Ein solches Verhalten lässt sich keineswegs nur für die beiden Vorstandsmitglieder der Dresdner Bank Karl Rasche und Emil Meyer nachweisen, deren enge Beziehungen zur SS und zu den Organen der Kriegsrüstung besonders offenkundig waren. Auch andere Vorstandsmitglieder des Instituts wie Carl Lüer oder Hans Pilder sowie Abteilungsdirektoren und Leiter von Affiliationen wie Walter Teichmann oder Reinhold Freiherr von Lüdinghausen zeigten eine ähnliche Bereitschaft, intensiv mit den Organen des Herrschaftsapparates zu paktieren.[45]

Die Deutsche Bank und die Commerzbank verhielten sich in ihrer grundsätzlichen Zielrichtung keineswegs anders – wenn sich auch ihre Netzwerke und ihre Allianzen vielfach als weniger tragfähig erwiesen als die der Dresdner Bank. Bei einigen großen, aber auch heiklen Geschäftstransaktionen wie etwa Emissionen für Unternehmen der Luftrüstung oder der Finanzierung von SS-Betrieben mussten sie deshalb dem Institut aus der Berliner Behrensstraße den Vortritt lassen.[46]

Die Regimenähe und deren intensive Form, die Mittäterschaft, waren bei allen Banken kaufmännisch begründet und hatten ihre Ursachen nicht in einer seit langem gehegten Sympathie für das NS-Regime. Das geschäftspolitische Kalkül aller Berliner Großbanken war wohl durchdacht, ihre unternehmerische Strategie sorgsam geplant. Das Verhalten der Banken war daher nicht nur eine Folge der politischen Rahmenbedingungen, sondern auch des bewussten Ausnutzens von Handlungsspielräumen: von denen, welche die Politik der Kreditwirtschaft gerade in den abhängigen und besetzten Gebiete bot, und solchen, die vielfach auf persönlichen Beziehungen beruhende Macht- und Kräftekonstellation vor Ort eröffnete. Das geschäftspolitische Verhalten der Banken kann rational erklärt werden, macht aber auch das Fehlen übergeordneter moralischer Wertvorstellungen deutlich.[47]

Dabei lag einem solchen Verhalten keineswegs ein nicht zu ändernder Automatismus zugrunde. Alle Banken besaßen den Handlungsspielraum, eine andere Geschäftspolitik zu verfolgen, wie das Beispiel der Berliner Handelsgesellschaft zeigt. Dieses Institut, das lange Zeit zu den Berliner Großbanken zählte, hatte die Bankenkrise von 1931 mit am besten überstanden, hatte ab 1933 aufgrund seiner Geschäfts- und Eigentümerstruktur jedoch nur wenig Ambitionen gezeigt, sich in den Dienst des NS-Regimes zu stellen. Es musste daher Marktanteile an die Dresdner Bank und die Deutsche Bank ebenso abgeben wie an Institute in öffentlichem Besitz. Dafür zahlte die Berliner Handelsgesellschaft einen hohen Preis. An Ende des NS-Regimes hatte sie gegenüber konkurrierenden Instituten deutlich an Boden verloren und war in ihrer Bedeutung innerhalb der deutschen Kreditwirtschaft geschwächt. Ihre Konkurrenz, die mit dem Regime paktierte, bei heiklen Transaktionen wie der Finanzierung von SS-Betrieben oder andern Organen des Herrschaftsapparates sogar zu Mittätern wurde, nutzte die wirtschaftlichen Handlungsspielräume und die politischen Rahmenbedingungen rigide aus und profitierte daher von den Zielsetzungen und Maßnahmen in der ›neuen Wirtschaft‹ des NS-Regimes. Sie gehörte daher zu den Profiteuren des Unrechts und zu den Mitwissern bei Verbrechen des NS-Regimes, in einigen Fällen – wie etwa bei der Dresdner Bank – sogar zu Mittätern daran.

1   Barkai, Wirtschaftssystem, S. 103–149; Tooze, Ökonomie, S. 113–125; Abelshauser, Markt, S. 128–131.
2   Born, Bankenkrise; Lüke, Geheimnis.
3   James, Verbandspolitik, S. 61–76; Kopper, Marktwirtschaft, S. 115–128; Müller, Entstehung.
4   Kopper, Marktwirtschaft, S. 110 ff.; James, Verbandspolitik, S. 78–88.
5   Gesetz vom 27. Februar 1934, in: RGBl. I (1934), S. 185.
6   James, Verbandspolitik, S. 76–79; Kopper, Marktwirtschaft, S. 104–109, 144–149.
7   Vgl. RGVA Moskau, Fond 1458, Findbuch 12, Akte 10, Bl. 63, Aktennotiz des Reichswirtschaftsministeriums vom 15. Mai 1934; Bl. 185 f., Arbeitsbericht der Wirtschaftsgruppe Privates Bankgewerbe für die Jahre 1933 bis 1936; ferner James Verbandspolitik, S. 79 f.
8   Vgl. RGVA Moskau, Fond 1458, Findbuch 12, Akte 10, Bl. 58 f., Brief des Centralverbands und der Wirtschaftsgruppe Privates Bankgewerbe an das Reichswirtschaftsministerium vom 21. Februar 1935; Bl. 60, Anordnung des Reichswirtschaftsministeriums betreffend die Wirtschaftsgruppe Privates Bankgewerbe vom 5. März 1935; ferner James, Verbandspolitik, S. 85 f.; Kopper, Marktwirtschaft, S. 108–114, 145.
9   Ebd., S. 110 ff.
10 Ebd., S. 118–122, 57; Bähr, ›Bankenrationalisierung‹, S. 79–89.
11 Ziegler, Verdrängung, S. 187–216; James, Deutsche Bank (2001), S. 42–63; Weihe, Verdrängung, S. 45–53.
12 Ebd., S. 48–52; Ziegler, Verdrängung, S. 190–202; James, Deutsche Bank (2001), S 51–58.
13 Wixforth, Folgen, S. 115–119.
14 James, Deutsche Bank (2003), S. 31–38; Schneider, Rohstoffkredite, S. 302–315; Bähr, Dresdner Bank, S. 383–395; Wixforth, Reichswerke Hermann Göring, S. 345–359.

15   Ausführlich dazu Wixforth, Expansion (2006); ders., Folgen, S. 150–157; James, Deutsche Bank (2003), S. 118–127.
16   Ahrens, Finanzierung, S. 330–344; Wixforth, Reichswerke Hermann Göring, S. 348–358; ders., Folgen, S. 158–160.
17   James, Deutsche Bank (2001), S. 42–52; Ziegler, Dresdner Bank, S. 254–258; Herbst, Banker, S. 104–130; vgl. ferner Sächsisches Staatsarchiv Leipzig, 21006/127, Rundschreiben der Direktion der Dresdner Bank an die Direktionen aller Niederlassungen vom 2. Juli 1938.
18   Ziegler, Dresdner Bank, S. 177–210, 255 ff.; Herbst, Banker, S. 110–121; James, Deutsche Bank (2003), S. 49–51.
19   Köhler, ›Arisierung‹; Wixforth, Expansion (2009), S. 1–25.
20   Herbst, Banker, S. 135 ff.
21   Ziegler, Dresdner Bank, S. 255 ff.; Feldman, CA, S. 277 f.; James, Deutsche Bank (2001), S. 212–216.
22   Vor allem in einigen der besetzten Gebieten in Mittel- und Osteuropa nutzten die Banken mit ihren Tochtergesellschaften rigide den Verkaufsdruck ihrer jüdischen Kundschaft aus und besaßen nur wenig Skrupel, sich an der ›Arisierung‹ zu beteiligen, sofern ihnen die Behörden vor Ort dafür Spielraum boten. Beispiele dafür finden sich in einzelnen Kapiteln von Wixforth, Expansion (2006), aber auch bei Loose, Kredite, S. 143–146, 322–372.
23   Kopper, Marktwirtschaft, S. 361 f.; James, Deutsche Bank (2001), S. 237/28; ders., Deutsche Bank (2003), S. 101–176; Wixforth, Expansion (2006), S. 880–892; Feldman, CA, S. 324–550; Wixforth, Banken (2012), S. 185–207.
24   Feldman, Eigentümerschaft; James, Deutsche Bank (2001), S. 129–138; Ziegler, ›Germanisierung‹, S. 15–41.
25   Wixforth, Expansion (2006), S. 878–889; ders., Banken (2012), S. 201–206; James, Deutsche Bank (2003), S. 177 f.; Kucera, Expansionist, S. 33–55.
26   Bähr, Dresdner Bank, S. 477–487: James, Deutsche Bank (2003), S. 180 f.: ders., Deutsche Bank (2001), S. 25–29; ders., Verbandspolitik, S. 57–61.
27   Die Angaben beruhen auf den Ergebnissen einer Studie des Autors zur Reichs-Kredit-Gesellschaft.
28   Vgl. James, Verbandspolitik, S. 215; ferner RGVA Moskau, Fond 1458, Findbuch 15, Akte 123, Bl. 29, Brief Karl Hettlages an Ministerialrat Kurt Wolf vom Reichskommissariat für das Kreditwesen vom 8. September 1939; Bl. 36, Aktennotiz Wolfs vom 11. September 1939 über einen Besuch Hettlages vom 7. September 1939.
29   RGVA Moskau, Fond 1458, Findbuch 12, Akte 12, Bl. 423, Aktenvermerk des Reichswirtschaftsministers Walter Funk über die Ernennung Kurt von Schröders zum neuen Leiter der Wirtschaftsgruppe Privates Bankgewerbe [undatiert]; Bl. 424, Brief Funks an von Schröder vom 20. Dezember 1943.
30   Ahrens, Rasche, S. 343–356; Wixforth, Expansion (2006), S. 882–889; Kopper, Bankiers, S. 83–97, 99–119.
31   Ebd., S. 121–126; Wixforth, Banken (2004), S. 56–74.
32   Ebd., S. 58–74; Wixforth, Expansion (2006), S. 223–393.
33   Ebd., S. 110–179, 223–242; Janetzko, ›Arisierungsvermittlung‹, S. 182–187; Kopper, Bankiers, S. 121–133.
34   James, Deutsche Bank (2003), S. 85–100; Kopper, Bankiers, S. 135–149; Wixforth, von Stauß, S. 403–417.
35   James, Deutsche Bank (2003), S. 51–71, 85–100; Kopper, Bankiers, S. 151–161.
36   Vgl. Wixforth, Expansion (2006), S. 446–481; James, Deutsche Bank (2003), S, 148–156; Loose, Kredite, S. 124–156; ferner speziell zur Tätigkeit der Haupttreuhandstelle Ost Rosenkötter, Treuhandpolitik.
37   James, Deutsche Bank (2001), S. 101–108; ders. Deutsche Bank (2003), S. 221, Gall, Man, S. 123–175; Kopper, Bankiers, S. 165–181.
38   Wixforth, Expansionist, S. 23–56; Bähr, Dresdner Bank, S. 80–88.
39   Bähr, Bayerische Gemeindebank, S. 143–149.
40   Kreutzmüller/Loose, Bank der Deutschen Arbeit, S. 1–32.
41   Ausführlich dazu Wixforth, Folgen, S. 168 ff.

42 Wixforth, Expansion (2006), S. 893–898; ders., Banken (2004), S.66–73; James, Deutsche Bank (2003), S. 51–61.
43 Ansmann eröffnete in Düsseldorf ein lange Zeit florierendes Privatbankhaus, Kühnen wurde Teilhaber des Kölner Privatbankhauses Sal. Oppenheim & Cie und sogar Vorsitzender des Bundesverbandes deutscher Banken. Zinßer, Hölling und Richter waren lange Jahre Vorstands- und Aufsichtsratsmitglieder der rückverflochtenen Dresdner Bank AG mit Sitz in Frankfurt am Main. Vgl. Ralf Ahrens, Dresdner Bank; ferner Kopper, Bankiers, S. 221–242; Krause, Filialen, S. 87–119.
44 Wixforth, Expansion (2006), S. 895; ders., Banken (2012), S. 205 f.; James, Deutsche Bank (2003), S. 208–215.
45 Wixforth, Expansion (2006), S. 893–898; Bähr, Dresdner Bank, S. 587–592.
46 James, Deutsche Bank (2003), S. 211–215.
47 Wixforth, Expansion (2006), S.898–901; James, Deutsche Bank (2003), S. 210–215; Loose, Kredite, S. 451 ff.

Dieter Lindenlaub

[22.]

Die Errichtung der Bank deutscher Länder und die Währungsreform von 1948

Die Begründung einer stabilitätsorientierten Geldpolitik

a. Das Jahr 1948: Weichenstellung inwiefern?

Als die D-Mark zum 1. Januar 1999 durch den Euro abgelöst wurde, galt sie als eine der stabilsten Währungen der Nachkriegszeit. Sie hatte von 1948 bis 1998 im Jahresdurchschnitt zwar 2,8 Prozent an Kaufkraft verloren; dieser Kaufkraftverlust war aber deutlich geringer als in den meisten anderen Industrieländern. Die D-Mark wurde zum Symbol für die Wirtschaftskraft der Bundesrepublik Deutschland; ihre Anziehungskraft war daher auch eine der Triebkräfte der deutschen Wiedervereinigung 1990. Das Ansehen der Währung übertrug sich auf die Institution, die für ihre Stabilerhaltung zu sorgen hatte: Die Deutsche Bundesbank wurde zum Vorbild für viele Zentralbanken der Welt, auch für die Euro-Zentralbanken. Im Euro-System finden sich wesentliche Merkmale der Bundesbank wieder: die Vorrangigkeit des Preisstabilitätsziels, die Weisungsunabhängigkeit von politischen Stellen, das Verbot der direkten Haushaltsfinanzierung, die relativ dezentrale Zusammensetzung des obersten Entscheidungsgremiums und die Berücksichtigung der Geldmengenentwicklung bei den geldpolitischen Entscheidungen. Am Anfang der D-Mark steht die Währungsreform, am Anfang der Bundesbank steht die Errichtung der Bank deutscher Länder (die Bundesbank ging 1957 – nach acht Jahre langen Beratungen – aus dieser hervor), beide im Jahre 1948. Aber wurden damals auch die Weichen für die spätere Zukunft gestellt? Welche Linien führen von den institutionellen Arrangements des Jahres 1948 zu den Merkmalen des ›Modells Bundesbank‹ der 1980er-Jahre? War für die Stabilitätsorientierung der weisungsunabhängigen deutschen Zentralbank, wie sie sich Ende der 1980er-Jahre darstellte, das Jahr 1973, als der im Festkurssystem von Bretton Woods bestehende Zwang zum Geldmengen erhöhenden

Devisenankauf wegfiel, nicht eventuell das wichtigere Ausgangsdatum?[1] Weiter: Inwieweit knüpften die Festlegungen von 1948 an frühere Institutionen und Überlegungen an? Und schließlich: Ist die Bundesbank, wie sie sich Ende der 1990er-Jahre darstellte, lediglich das Produkt einer – misslichen – pfadabhängigen Entwicklung, nämlich einer 1948 einseitig motivierten Stabilitätsorientierung?[2] Diesen Fragen geht der vorliegende Beitrag nach. Er skizziert zunächst die Errichtung der Bank deutscher Länder und die Währungsreform im Jahre 1948 und beschreibt dabei, inwieweit beide Vorgänge Elemente enthielten, aus denen sich die Charakteristika des ›Modells Bundesbank‹ entwickeln konnten (Abschnitt b). Dann erörtert er die gesetzliche und faktische Entwicklung dieser Merkmale (und ihrer stabilitätspolitischen Wirkungen) im Längsschnitt: die Verfolgung des Preisstabilitätsziels (Abschnitt c), die Einbindung der Geldmengenentwicklung in die geldpolitische Strategie (Abschnitt d), die Weisungsunabhängigkeit (und das Verbot der Finanzierung öffentlicher Defizite; Abschnitt e) sowie die dezentrale Entscheidungsstruktur (Abschnitt f). Ein Schlussabschnitt (Abschnitt g) bilanziert knapp Stabilitätserfolg und dessen realwirtschaftliche Wirkungen, konkretisiert, in welcher Form das ›Prinzip Bundesbank‹ in das Eurosystem Eingang gefunden hat und formuliert ein Ergebnis zum Weichenstellungscharakter des Jahres 1948.

b. Die Errichtung der Bank deutscher Länder und die Währungsreform

Die Neuordnung des Geld- und Notenbankwesens nach dem Zweiten Weltkrieg lag – dem Potsdamer Abkommen vom 2. August 1945 entsprechend – in der Hand der Alliierten. Die Errichtung der Bank deutscher Länder und die Durchführung der Währungsreform im Jahre 1948 – also vor der Gründung der Bundesrepublik Deutschland im Jahre 1949 – beruhten daher auf Gesetzen der westlichen Militärregierungen. Diese Gesetze waren – entgegen einer landläufigen Meinung – allerdings keineswegs ein Oktroi, der durchweg gegen den Widerstand der damaligen deutschen Sachverständigen durchgesetzt werden musste beziehungsweise an dem deutsche Stellen nur mit der Ausarbeitung technischer Details beteiligt waren. Wie war die Bank deutscher Länder verfasst, wie war die Währungsreform konzipiert, und welche Überlegungen der alliierten und deutschen Stellen lagen beidem zugrunde?

Nach Kriegsende 1945 wurde die Deutsche Reichsbank, die Zentralnotenbank des Deutschen Reiches, faktisch aufgelöst. An ihre Stelle trat zum 1. März 1948 aufgrund alliierter Militärgesetze (zunächst für die Bizone; die französische Zone trat zum 25. März 1948 bei) die Bank deutscher Länder als Spitzeninstitut des westdeutschen Zentralbanksystems;[3] damit war rechtzeitig eine Institution geschaffen, der die Sorge für das in der anstehenden Währungsreform zu schaffende neue Geld übertragen werden konnte. Die Kernelemente des neuen Zentralbanksystems waren:

– Als Ziel des Zentralbanksystems formulierte die Präambel des Bank deutscher Länder-Gesetzes unter anderem, »*die Währung sowie das Geld- und Kreditsystem zu festigen*«. Diese sehr allgemeine Zielsetzung scheint unter den Alliierten und in den deutschen, an der Diskussion beteiligten Sachverständigengremien nicht strittig gewesen zu sein.

- Einen Kompromiss nach einer kontroversen Diskussion – wenn auch mit ausgesprochen föderativer Ausrichtung – dagegen stellte die Organisationsstruktur des Systems dar: Das System bestand aus Landeszentralbanken (LZBen), die im Eigentum der Länder und in ihrer Verwaltung selbständig waren und deren Präsidenten von den Ministerpräsidenten der Länder ernannt wurden; dem Zentralbankrat (ZBR) als oberstem Entscheidungsgremium; sowie der im Eigentum der Landeszentralbanken befindlichen Bank deutscher Länder mit ihrem als Exekutivorgan konzipierten Direktorium. Der Zentralbankrat konnte den Landeszentralbanken und dem Direktorium kreditpolitische Anweisungen geben. Er setzte sich – extrem dezentral – zusammen aus den Präsidenten der Landeszentralbanken und den von diesen gewählten Präsidenten des Zentralbankrat und des Direktoriums; die vom Zentralbankrat gewählten Mitglieder des Direktoriums hatten Sitz, aber nicht Stimme im Zentralbankrat. Für den extrem föderalen Charakter des Systems waren die Amerikaner verantwortlich: Sie fürchteten von starken zentralen Instituten die Wiederkehr nationalsozialistischer Zustände und orientierten sich am föderalen System ihrer eigenen Notenbank. Die Briten setzten die Bank deutscher Länder als operativ tätiges Zentralinstitut, das Bankgeschäfte ausführen konnte, durch; für sie hatte die operative Effizienz, wie sie sie in der Bank of England und in der Reichsbank verkörpert sahen, vorrangige Bedeutung. Die deutschen Stellen fürchteten bei einem extrem dezentral zusammengesetzten Zentralbankrat die Dominanz von Länderinteressen zulasten des Gesamtinteresses in der Geldpolitik; auf ihren Einfluss geht es zurück, dass der Zentralbankrat um zwei Nicht-Landeszentralbank-Präsidenten erweitert wurde: die Präsidenten des Zentralbankrats und des Direktoriums.[4]
- Das Gesetz stellte die Bank deutscher Länder (in Art. I,3) von Anweisungen deutscher politischer Stellen frei, unterwarf sie aber – in Gestalt der Anordnungsbefugnisse der Allied Bank Commission (ABC) – der alliierten Kontrolle (Art. I,6/7). Die alliierten Motive dieser Regelung sind unklar; vermutlich sind substantiell eher die Amerikaner für die Weisungsunabhängigkeit der Bank deutscher Länder gegenüber deutschen Stellen eingetreten als die Briten und die Franzosen, deren Notenbanken kurz nach dem Kriege verstaatlicht worden waren.[5] Für die spätere Betrachtung wichtiger sind indessen die Äußerungen der deutschen Sachverständigen, die 1947/48 über die Errichtung einer Zentralbank berieten. Auch sie sind mager und verwirrend. Aber sie zeigen nicht nur ein striktes Votum gegen eine Kontrolle durch die ABC, sondern sie deuten auch auf eine mehrheitliche Zustimmung zur Unabhängigkeit der Bank von deutschen politischen Stellen hin. Von einem Oktroi gegen »*den fast einhelligen Widerstand deutscher Sachverständiger einschließlich Ludwig Erhards*«[6] kann jedenfalls keine Rede sein. Erhards Position ist vergleichsweise deutlich überliefert. Er hielt es einerseits für ausgeschlossen, dass sich künftig die Zentralbank bei steigender Arbeitslosigkeit »*wieder auf das hohe Ross*« setze und sich »*gleichgültig*« zeige; insofern ziehe »*in letzter Instanz immer die Politik*«. Andererseits setzte er einem Weisungsrecht des bizonalen Wirtschaftsrates gegenüber der Zentralbank ein klares Nein entgegen. In Augen Erhards schlossen sich die gegenseitige Abstimmung und die Möglichkeit zur Konfrontation nicht aus.[7] Diese – später charakteristische – Verknüpfung von Weisungsunabhängig-

keit und Zusammenarbeit (von Zentralbank und Regierung) spiegelt sich auch in anderen Stellungnahmen dieser frühen Zeit. So wurde die Weisungsbefugnis der ABC gegenüber der Bank deutscher Länder vor allem deswegen abgelehnt, weil sie die »*Koordination von Notenbank-Politik und Wirtschaftspolitik*« unmöglich mache.[8]
– Nicht durchgesetzt hat sich das Unabhängigkeitsargument bei der Suche nach einem Sitz der Bank deutscher Länder. Die amerikanische Militärregierung setzte Frankfurt durch, das gleichzeitig bizonale Verwaltungsstellen beherbergte und als Sitz einer künftigen Bundesregierung galt. Die Briten und die deutschen Notenbankvertreter hatten mit dem Unabhängigkeitsargument für das regierungsferne Hamburg plädiert – nicht ahnend, das ein Jahr später Bonn die Hauptstadt der Bundesrepublik wurde.[9]

– Das Bank deutscher Länder-Gesetz begrenzte den kurzfristigen Kredit der Bank deutscher Länder an die Zentralregierung auf eine bestimmte Summe, die der Zentralbankrat nur mit Dreiviertelmehrheit bis zu einer bestimmten Höhe erweitern durfte. Diese Begrenzung der monetären Staatsfinanzierung ging auf ein deutsches Petitum zurück: Man fürchtete, dass auch eine unabhängige Notenbank sich ohne gesetzliche Schranken einem von der Öffentlichkeit unterstützten, aber währungspolitisch bedenklichen Kreditbegehren der öffentlichen Hand auf die Dauer nur schwer versagen könne.[10]

Die Währungsreform des Jahres 1948[11] beseitigte den Geldüberhang, den die Kriegsfinanzierung des ›Dritten Reiches‹ und die ersten Nachkriegsjahre hinterlassen hatten. Der Geldüberhang war entstanden, weil Preisstopp, Warenrationierung und Devisenbewirtschaftung das Geldvolumen weit schneller als die verfügbare Gütermenge hatten ansteigen lassen. Das legal nicht verwendbare Geld drängte in den illegalen Schwarzmarkthandel; außerdem wurde der Handel zunehmend zum reinen Warentausch. Das Geld hatte seine Funktion als allgemeines Tauschmittel verloren. Man strebte nach Waren-, nicht nach Gelderwerb. Aus der Geldwirtschaft war weitgehend eine die Produktion beeinträchtigende Tauschwirtschaft geworden.

Ohne kaufkräftiges und stabiles Geld war keine anhaltende Produktionsbelebung, ohne Beseitigung des Geldüberhangs war kein kaufkräftiges und stabiles Geld zu erwarten. Der Geldschnitt, der den Geldüberhang beseitigte, vollzog sich in zwei Etappen: Die drei ersten ›Gesetze zur Neuordnung des Geldwesens‹ traten am 20. beziehungsweise 27. Juni 1948 in Kraft. Am 20. Juni konnte man neues Geld eintauschen, ab dem 21. Juni mit ihm bezahlen; von diesem Tag an galt die Deutsche Mark-Währung. Von den Reichsmark-Altgeldguthaben wurden zunächst nur fünf Prozent freigegeben (eingeschlossen ein Kopfbetrag von 60 DM, von dem aber 20 DM erst im August ausgezahlt werden sollten); der große Rest wurde entweder vorläufig blockiert (fünf Prozent), in der Schwebe gehalten (20 Prozent) oder endgültig gestrichen (70 Prozent). Dieser Geldschnitt sollte es möglich machen, in etwa das neue Preisniveau ›rekurrent‹ an das alte anzuschließen, aber nicht mehr bei amtlich gestoppten, sondern – vertrauensbildend – bei zunehmend freien Preisen; denn die parallel zur Währungsreform durchgeführte Wirtschaftsreform entließ einen großen Teil der Waren aus der Preisbindung und Bewirtschaftung. Der Erfolg der Währungsreform schien allerdings gefährdet, als in den Folgemonaten die Verbraucherpreise um 30 Prozent anstiegen; gesetzliche Geldschöpfung, Kreditexpansion und erhöhte Umlaufsgeschwindigkeit des Geldes (hier machte sich der aufgestaute Konsumbedarf bemerkbar) ließen die monetäre Gesamtnachfrage schneller als das verfügbare Warenangebot steigen. In dieser Situation verfügte das ›Festkontogesetz‹ vom 4. Oktober 1948, dass von den im Juni blockierten Altgeldguthaben nur ein kleiner Teil freigegeben wurde; insgesamt wurden 100 RM auf 6,50 DM umgestellt (wobei 0,50 DM erst zu einem späteren Zeitpunkt ausgezahlt werden sollten). Diese Begrenzung der gesetzlichen Geldschöpfung bewirkte zusammen mit Maßnahmen der Bank deutscher Länder zur Kreditrestriktion und (infolge der Marshallplan-Hilfe) steigender Warenerzeugung, dass die Verbraucherpreise ab Dezember 1948 wieder fielen.

Die Militärregierungen legten der Währungsreform einen ursprünglich amerikanischen, dann aber im Alliierten Kontrollrat modifizierten Plan zugrunde. Sie gaben ihm den Vorzug vor dem ›Homburger Plan‹, den deutsche Sachverständige in der (der bizonalen Verwaltung für Wirtschaft angegliederten) ›Sonderstelle Geld und Kredit‹ ausgearbeitet hatten. Sie beauftragten die deutschen Sachverständigen lediglich damit, ihren Reformplan in Gesetze und Verordnungen zu gießen. Das geschah im so genannten Konklave in Rothwesten (bei Kassel). Die deutschen Sachverständigen haben aber durchaus nicht nur die organisatorischen Voraussetzungen für die Durchführung der Reform geschaffen.[12] Sie haben die Reformgesetze vielmehr auch materiell beeinflusst.[13]

Welche Überlegungen zur Umstellung der privaten Geldbestände (die übrigen Regelungen bleiben hier außer Betracht) trafen aufeinander und haben sich durchgesetzt? Der alliierte und der deutsche Plan wollten die Geldmenge so begrenzen, dass eine Inflation vermieden würde. Beide Pläne unterschieden sich jedoch – angesichts der unsicheren Datenlage über die Höhe der vorhandenen Geldbestände, des realen Sozialprodukts und der zu erwartenden Umlaufsgeschwindigkeit des Geldes – in der Einschätzung der inflationären Gefahrenmomente. Der alliierte Plan sah eine relativ großzügige Anfangsversorgung der Bevölkerung mit Geld (Freiquote von zehn Prozent) vor. Die restlichen Altgeldguthaben empfahl er dagegen größtenteils zu streichen; würden sie lediglich blockiert oder in der Schwebe gehalten, so die Befürchtung, so liefen sie Gefahr, später unter politischem Druck auf dem Wege der Geldschöpfung ausgezahlt zu werden. Der Homburger Plan erblickte dagegen die eigentliche Inflationsgefahr in einer zu hohen Anfangsversorgung mit Geld; er empfahl daher eine Freiquote von nur fünf Prozent, allerdings in einer sozialen Ausgestaltung (der Kopfbetrag sollte zusätzlich ausgezahlt werden). Die restlichen Bankguthaben sollten größtenteils an einem späteren Lastenausgleich zur Entschädigung von Vermögensverlusten im Kriege teilnehmen.

Die Reformgesetze wiesen stabilitätsorientierte Elemente beider Pläne auf: Die ersatzlose Streichung des größten Teils der Altgeldbestände folgte dem alliierten Plan. Die relativ knappe Anfangsversorgung mit Geld kam dagegen den Vorstellungen der deutschen Sachverständigen, ab März 1948 auch durch die Bank deutscher Länder repräsentiert, nahe. Dies gilt nicht nur für die Juni-Freiquote von fünf Prozent, sondern auch für die im Oktober 1948 gefundene Regelung, nur noch ein weiteres Prozent der Altgeldbestände auszuzahlen; die Alliierten hatten zwei Prozent gewünscht. Die deutsche Seite wollte sogar von jeglicher zusätzlicher gesetzlicher Geldschöpfung absehen.[14] Das Kennzeichen der deutschen Vorstellungen in diesen Monaten ist: Die Geldversorgung ist sozial auszugestalten, vor allem aber knapp zu halten.

Die Errichtung der Bank deutscher Länder und die Währungsreform zeigen tatsächlich deutliche Ansätze des späteren Modells Bundesbank. Wie ordnen sich diese Ansätze in die Entwicklung der deutschen Zentralbankverfassung und -politik im 20. Jahrhundert ein?

c. Preisstabilität: Ziel und Zielverfolgung

Mit dem Bank deutscher Länder-Gesetz von 1948 taucht das Ziel der Währungsfestigung zum zweiten Mal explizit in der deutschen Zentralbankgesetzgebung auf: Schon das Reichsbankgesetz vom 15. Juni 1939 nannte die »*Sicherstellung des Wertes der deutschen Währung*« als Ziel (das allerdings nicht ernsthaft verfolgt wurde); die Reichsbankgesetze von 1875 und 1924 dagegen hatten nur die »*Regelung des Geldumlaufs*« als Zielformulierung gewählt. Das Bundesbank-Gesetz vom 26. Juli 1957 stellte der Bundesbank die Aufgabe, den Geldumlauf mit dem Ziel, »*die Währung zu sichern*«, zu regeln. Die Gesetze von 1948 und 1957 ließen offen, ob die Zentralbank die Stabilität der inneren oder der äußeren Kaufkraft des Geldes anstreben solle; erst im Jahre 1997 wurde – in Anpassung an die Vorschriften für die Europäische Währungsunion – die Gewährleistung der Preisstabilität als vorrangiges Ziel ausdrücklich in das Bundesbank-Gesetz hineingeschrieben.

Bank deutscher Länder und Bundesbank haben aber die Sicherung der Währung von Anfang an als Sicherung der Preisstabilität interpretiert und auch durchgehend als vorrangiges Ziel verfolgt. Für diese Grundorientierung ist das Jahr 1948 der Anfang, nicht der März 1973, als das Bretton Woods-System weltweit fester Wechselkurse zusammenbrach. Die Bedeutung des März 1973 für die Bundesbank liegt darin, dass ihr geldpolitischer Handlungsspielraum massiv erweitert wurde: Im System fester Wechselkurse und (seit 1959) konvertibler Währungen musste die Bundesbank die Devisen, die ihr aus Leistungsbilanzüberschüssen und/oder zins- und spekulationsbedingten Kapitalzuflüssen angeboten wurden, zu festen Kursen aufnehmen und dafür – die Geldmenge ausweitend – D-Mark in Umlauf geben; die gesamte Zunahme des deutschen Geldvolumens von Anfang 1967 bis März 1973 zum Beispiel kann man aus der Geldschöpfung aus Auslandstransaktionen erklären. Wollte die Bundesbank mit Zinserhöhungen die inländische Kreditnachfrage dämpfen, so lockte sie damit Auslandsgelder an; senkte sie die Zinsen, so stieß sie Auslandsgeld ab, regte aber die Binnennachfrage an. In beiden Fällen kam es tendenziell zu Preissteigerungen. Geldpolitische Disziplin verstärkte die ausländischen Inflationsimpulse, geldpolitische Lockerung die inländischen; Preisstabilität war nur erzielbar, wenn auch das Ausland Währungsdisziplin übte und keinen Anlass zu Devisenabfluss nach Deutschland gab. Der Wegfall der Devisenankaufpflicht im März 1973 befreite die Bundesbank von diesem ›Dilemma‹ und machte sie in der Verfolgung des Preisstabilitätsziels sehr viel autonomer. Aber das vorrangige Ziel der Geldpolitik wurde nicht jetzt erst auf Preisstabilität umgestellt.[15] Und Kontinuität hat auch der ›Pragmatismus‹, mit dem die deutsche Zentralbank das Preisstabilitätsziel verfolgte. Nicht nur vor, sondern auch nach 1973 hat sie wiederholt – stabilitätswidrig – Rücksicht auf Wechselkurs und Konjunktur genommen. ›Pragmatismus‹ bei stabilitätsorientierter Grundhaltung ist ein durchgehender Grundzug der deutschen Geldpolitik seit 1948; er wird uns in ähnlicher Weise bei der Erörterung der Weisungsunabhängigkeit und der geldpolitischen Strategie begegnen.

Inwieweit haben Bank deutscher Länder und Bundesbank – durchgehend – das Ziel der Preisstabilität mit Abstrichen gegenüber Wechselkurs- und Konjunkturstabilisierung, aber doch vorrangig verfolgt?

Zunächst zum Wechselkurs. Hier ergibt sich: Auch im Bretton Woods-System (stufenflexibler) fester Wechselkurse, dem die Bundesrepublik von 1952 bis 1973 angehörte, hat die deutsche Zentralbank das vorrangige Ziel Preisstabilität nie aus den Augen verloren; nach 1973 hat sie andererseits hin und wieder Konzessionen an die Wechselkursstabilität zulasten der Preisstabilität gemacht. Im Festkurssystem gab es nicht durchweg einen Konflikt zwischen Preis- und Wechselkursstabilität: Bis 1956 wurde das Inflationspotenzial, das in den (durch Leistungsbilanzüberschüsse verursachten) Devisenzuflüssen steckte, vor allem durch die Stilllegung von Haushaltsüberschüssen (Juliusturm) neutralisiert;[16] Von 1965 bis 1967 war zuerst bei Hochkonjunktur und Leistungsbilanzdefizit gleichermaßen eine restriktive, dann bei Konjunkturrückgang und Leistungsbilanzüberschuss eine eher expansive Geldpolitik im Stabilitätssinne am Platze; und 1969 sorgte das höhere ausländische Zinsniveau für Kapitalexporte, welche die inflationsträchtigen Devisenzuflüsse neutralisierten. In diesen Phasen war die Geldpolitik außenwirtschaftlich nicht eingeengt; sie hat diesen Spielraum auch genutzt. In den anderen Phasen war sie in der Verfolgung des Preisstabilitätsziels machtlos; sie stabilisierte mit vergleichsweise niedrigen Zinsen, die aber die inländische Kreditnachfrage inflationär anregten, den Wechselkurs. Warum hat sich die Bundesbank aber, wenn Preisstabilität ihr vorrangiges Ziel war, von Ende der 1950er-Jahre an, als die Devisenzuflüsse ein Preisstabilitätsproblem zu werden begannen, fast ein Jahrzehnt lang gegen eine Aufwertung der D-Mark (dem Aufwertungsansinnen des Bundeswirtschaftsministers Erhard Anfang 1961 stimmte sie erst in letzter Minute zu[17]) oder den Übergang zu flexiblen Wechselkursen gesträubt? Damit hätte sie ihre Geldpolitik aus der Gefangenschaft des Wechselkurses befreien können. Der Schlüssel liegt in der in der Bank lange Zeit vorherrschenden Vorstellung von der monetären Disziplinierungskraft des Festkurssystems. Diese Vorstellungen sind besonders gut bei Karl Blessing, dem Präsidenten der Bundesbank von 1958 bis 1969, greifbar. Blessing vertraute – unter Berufung auf den klassischen Goldstandard – darauf, dass das Festkurssystem jedes Land zu einer restriktiven Geldpolitik zwinge, durch die Inflation und Zahlungsbilanzdefizite vermieden würden; denn andernfalls drohe der Verlust von Währungsreserven.[18] Dass dieses Vertrauen unberechtigt war, dass zum Beispiel die Inflationsunterschiede der Länder und das amerikanische Zahlungsbilanzdefizit laufend zunahmen, war eine für Blessing bittere Erfahrung der 1960er-Jahre. Blessings und der Bank Problem war weniger mangelndes Bekenntnis zum Preisstabilitätsziel, sondern die lange vorhaltende Illusion über die Fähigkeit des damaligen Festkurssystems, dieses Ziel zu erreichen. Als diese Illusion in der zweiten Hälfte der 1960er-Jahre endgültig zerstob, drängte die Bundesbank die Bundesregierung – wiederum im Interesse der Preisstabilität – zur Aufwertung der D-Mark (1968) und zur Entbindung von der Devisenankaufspflicht (1973).

In Europa trat an die Stelle des weltweiten Bretton Woods-Systems ein europäisches Festkurssystem, ab 1979 das Wechselkurssystem im Europäischen Währungssystem (EWS), das durch die auf Preisstabilität ausgerichtete Bundesbank dominiert wurde;

die D-Mark wurde zur ›Ankerwährung‹ des Systems. Die Bundesbank hielt ihren Zins vergleichsweise hoch und scheute vor Aufwertungen nicht zurück. Wollten die Länder mit höheren Inflationsraten nicht ihre Währungsreserven verlieren oder ihre Währungen abwerten, so mussten sie sich der restriktiven Geldpolitik der Bundesbank – auch gegen ihre konjunkturellen Interessen – anschließen. Alle diese Varianten traten bis Ende der 1980er-Jahre ein;[19] sie weckten aber in den anderen Ländern den Wunsch, das Zinsdiktat aus Frankfurt durch gemeinsame geldpolitische Entscheidungen im Rahmen einer Währungsunion zu ersetzen.

Der (in den EWS-Krisen von 1992 und 1993 fortgesetzten) Beharrlichkeit der Bundesbank im europäischen Festkurssystem stehen ab 1973 Wechselkurskonzessionen im System der weltweit freien Wechselkurse gegenüber. Mit dem Zusammenwachsen der Finanzmärkte lösten sich die Finanz- immer mehr von den Warenströmen, gewannen Zinsdifferenzen und Spekulation gegenüber den Kaufkraftparitäten immer mehr Einfluss auf die Wechselkurse. Die Wechselkurse waren nun zwar frei, zeigten sich aber auch höchst volatil. Das war unerwartet und unerwünscht. Es entstand ein Konsens, die Wechselkursausschläge gezielt zu glätten und damit »geordnete Marktverhältnisse« herzustellen.[20] Die Bundesbank hat zweimal (1975–78 und 1987/88) dazu beigetragen, durch Zinssenkungen und Dollarankäufe die Abwertung des Dollars und die Aufwertung der D-Mark zu dämpfen. Diese Maßnahmen schufen – durch das Ziel überschreitende Geldmengenausdehnung – Inflationspotenzial für die jeweiligen Folgejahre; sie zeigen ›Pragmatismus‹ in der Preisstabilitätsorientierung der Bundesbank.

Deutlichen Vorrang, aber nicht immer mit letzter Strenge, gab die deutsche Zentralbank dem Preisstabilitätsziel auch im Konflikt mit dem Beschäftigungs- und Konjunkturziel, und auch dies durchgehend seit 1948, und zwar auch über 1973 hinaus. Drei Fragen sollen hier berührt werden: Warum Vorrang für das Preisstabilitätsziel? Inwiefern Konflikt mit den realwirtschaftlichen Zielen? Wie haben sich Vorrang und Konflikt in der praktischen Geldpolitik niedergeschlagen?

Die Betonung des Preisstabilitätsziels gegenüber konjunkturpolitischen Zielen gehörte zu den Reichsbanktraditionen der Goldstandardzeit[21]. Das Bekenntnis der deutschen Geldpolitiker nach 1948 erhielt jedoch deutlich Schubkraft durch die Erfahrungen mit den beiden großen Inflationen des Jahrhunderts, der offenen nach dem ersten und der zurück gestauten im und nach dem Zweiten Weltkrieg; dem steht nicht entgegen, dass andere Länder mit Stabilitätsorientierung solche Erfahrungen nicht hinter sich hatten,[22] es dafür also auch noch andere Ursachen geben kann. Die beiden Inflationen hatten das Geld seiner Funktionen beraubt; die Preise hatten ihre Funktion, die Produktionsfaktoren in die bestmögliche Verwendung zu lenken, verloren; die Geldvermögen und mit ihm die Investitionskapitalien waren vernichtet worden. Wilhelm Vocke, der Präsident des Direktoriums der Bank deutscher Länder, hielt daher weder den sozialen noch den wirtschaftlichen Aufbau ohne das Fundament einer gesunden Währung für möglich:[23] Immer seien die breiten Massen die Opfer der Inflation;[24] und ohne stabile Währung wird »weder gearbeitet und gespart, sondern höchstens geschoben und gehamstert«.[25] Und Blessings ständiges Credo in den 1960er-Jahren war, dass »anhaltendes Wachstum nur auf der Grundlage stabilen Geldes erreicht werden kann«.[26] Ein wichtiges Motiv war anfangs – als es um den Aufbau von Währungsreserven ging – auch, im Festkurssystem mittels Preisdisziplin das Ausland preislich zu unterbieten und so den beschäftigungswirksamen Export zu stärken,²⁷ Diese Überlegungen verloren in den 1950er-Jahren jedoch rasch an Gewicht, als sich herausstellte, dass die deutsche Exportstärke besonders auf der relativ preisunsensiblen Nachfrage nach Investitions- und Produktionsgütern beruhte,²⁸ und als die stabilitätsgefährdenden Devisenüberschüsse das beherrschende Problem der Leistungsbilanzentwicklung wurden. Vocke warnte schon 1955 vor der trügerischen Erwartung, man könne im Außenhandel von der inflatorischen Schwäche eines anderen Landes profitieren²⁹. Und Blessing wünschte sich – zwecks Vermeidung permanenter Leistungsbilanzungleichgewichte – Preisstabilität in allen Ländern.³⁰ Maßgeblich für die deutsche Geldpolitik blieben die allgemeinen Begründungen des Preisstabilitätsziels.

Die Preisstabilität war gefährdet, wenn die Zentralbank etwa zur Erzielung von Vollbeschäftigung eine Kreditexpansion zuließ, welche die Gesamtnachfrage über das Angebot, das deutlich unausgelastete Produktionskapazitäten möglich machten, ausdehnte. Die dann steigenden Preise regen Produktion und Beschäftigung an, aber nur solange, bis die Kosten, vor allem die Löhne, sich angepasst haben; erneute Kreditexpansion wird bald nur noch sich beschleunigende Preissteigerungen, nicht aber zusätzliche Beschäftigung hervorrufen, da die Kosten, vor allem die Löhne, sich vorauseilend anpassen. Nicht monetäre Expansion und schleichende Inflation, sondern Sachkapital, Wirtschaftsstruktur, Humankapital und technischer und organisatorischer Fortschritt sind die Antriebskräfte nachhaltigen Wachstums;³¹ die Geldpolitik kann für das Wachstum nicht Besseres tun, als für stabiles Geld zu sorgen. Es war die Furcht vor der schleichenden Inflation, welche bei der Zentralbank die Verfolgung konjunktur- (aber auch verteilungs-) politischer Ziele in Konflikt mit dem Preisstabilitätsziel brachte. Schon für Vocke war es daher klar, dass die Vollbeschäftigung nicht in die Verantwortung der Zentralbank fallen könne;³² er brachte sich damit in klaren Gegensatz zum Wissenschaftlichen Beirat beim Bundeswirtschaftsministerium (1954) und auch zur Begründung des Bundesbankgesetzes (August 1956), die von der Zentralbank auch die Berücksichtigung (unter anderem) der Vollbeschäftigung einforderten.³³ Und diese Sichtweise schloss den Willen ein, eine erwartete oder eingetretene schleichende Inflation mit harten Maßnahmen zu bekämpfen – unter bewusster Inkaufnahme einer rückläufigen Konjunktur.³⁴ Mit ihrer Weigerung, schleichende Inflation als Mittel zu nachhaltigen Hebung der Beschäftigung anzuerkennen und zu dulden, hat die deutsche Zentralbank in ihren ersten zwei Jahrzehnten ein Konzept entwickelt, das Bestand hatte und sich in scharfen Gegensatz zum angelsächsischen, keynesianisch geprägten Zentralbankdenken jener Zeit stellte: dass man Arbeitslosigkeit und Inflation gegeneinander austauschen könne und eine leichte Inflation (unter Verzicht zum Beispiel auf eine scharfe Zinspolitik) daher hinzunehmen habe.³⁵

In ihrer Praxis zeigt die deutsche Zentralbank – durchgehend – zwei Gesichter. Einerseits war ihre Geldpolitik (ohne dass das Festkursdilemma dazu gezwungen hätte) der Konjunkturstützung zuliebe zeitweise lockerer, als mit ihrem Ziel der Preisstabilität vereinbar: So bremste sie 1956 den Preisauftrieb relativ spät ab.³⁶ Der Ankauf von Staatsschuldverschreibungen, zu dem sie sich in der ersten deutschen Nachkriegskrise 1967 (dann doch) verpflichtete, belastete die Stabilitätspolitik der Folgejahre.³⁷ Die Zinssenkungen der Jahre 1975–78 und 1986/87, waren nicht nur wechselkurs-, sondern auch konjunkturpolitisch motiviert; die Ziel überschreitenden Geldmengenausdehnungen, die sie ermöglichten, waren zwar (unter dem Schutz der D-Mark-Aufwertung) nicht unmittelbar, aber in den Folgejahren stabilitätsgefährdend.[38] Und schließlich sollte auch die trippelschrittweise Vorgehensweise, die die Bank in Perioden der Inflationsbekämpfung bevorzugte (so 1967, 1979, 1990/91), kurzfristig negative Wirkungen auf Produktion und Beschäftigung niedrig halten.[39] Alle diese Vorgänge gehören zum Pragmatismus der deutschen Zentralbank und sind ein Teil der Erklärung, warum das gesteckte Preisstabilitätsziel (worunter bereits in den 1960er-Jahren eine jährliche Inflationsrate von unter zwei Prozent verstanden wurde) längst nicht immer erreicht wurde.

Auf der anderen Seite hat die deutsche Zentralbank in zahlreichen Fällen, mehrfach auch in die beginnende Konjunkturabschwächung hinein, den beginnenden beziehungsweise sich beschleunigenden Preisauftrieb mit zielstrebigen Zinssatzerhöhungen (und dem Einsatz anderer geldpolitischer Instrumente) gebrochen[40] und dabei zum Teil scharfe Rückgänge von Produktion (beziehungsweise Produktionsanstieg) und Beschäftigung in Kauf genommen: im Koreaboom 1950 (Diskontsatzerhöhung von vier auf sechs Prozent); im Jahre 1956 (Diskont von 4,5 auf 5,5 Prozent); 1965 und 1966, nach Jahren der Anpassungsinflation (Diskont von 3,5 auf fünf Prozent); im Nachkrisenboomjahr 1969/70 (Diskont von drei auf 7,5 Prozent); in den Jahren 1972–74, in die auch der erste Ölpreisanstieg und massive Lohnerhöhungen fielen (Diskont von drei auf sieben Prozent); 1979–82, nach dem zweiten Ölpreisschub (Diskont von drei auf 7,5 Prozent); 1988–90 in Umkehr der lockeren Geldpolitik der Vorperiode (Diskont von 2,5 auf sechs Prozent); im Wiedervereinigungsboom 1991/92 (Diskont von sechs auf 8,75 Prozent). Außerdem vollzog die Bank in Lockerungsphasen die Zinssenkungen, um den Stabilisierungserfolg der Vorperiode nicht zu gefährden, meist nur in Trippelschritten (so 1967, 1970–72, 1974/75, 1982/83, 1992–94).[41] Alle diese Vorgänge zeigen die deutsche Zentralbank stabilitätsorientiert und tragen maßgeblich zur Erklärung bei, warum die D-Mark deutlich stabiler als die meisten anderen Währungen blieb.

d. Inflationsbekämpfung als Ressort der Geldpolitik

Zu den Markenzeichen der Bundesbank am Vorabend der EWU gehörte die indirekte Geldmengenstrategie, zu der sie 1973 übergegangen war, als die Befreiung von der Devisenankaufspflicht im Festkurssystem eine bessere Kontrolle der Geldmenge ermöglichte. Die Bank wählte die Geldmenge als Zwischenziel und Indikator ihrer Geldpolitik aufgrund der Überlegung, dass mittelfristig zwischen der Entwicklung von Geldmenge und Preisniveau ein enger Zusammenhang bestehe, und dass sie die Entwicklung der Geldmenge indirekt, das heißt durch ihr geldpolitisches Instrumentarium, vor allem durch den Zins, mittelfristig steuern könne. Sie kündigte (ab 1975) der Öffentlichkeit ihre jährlichen Geldmengenziele an und tat damit kund, welches Geldmengenwachstum sie unter Berücksichtigung der Entwicklung von Produktionspotenzial und Umlaufsgeschwindigkeit des Geldes inflationsfrei für möglich hielt und zulassen wollte; sie wollte dadurch die Inflationserwartungen und das Anspruchsverhalten von Tarifpartnern und öffentlicher Hand begrenzen. Die Bundesbank hat ihre Geldmengenziele (ab 1979 waren es nicht mehr Punktziele, sondern Bandbreiten) nur in zwölf von 23 Jahren erreicht; besonders stark ging das Geldmengenwachstum 1986–89 und 1992/93 über die gesetzten Ziele hinaus. Aber die Bank kehrte mittelfristig immer wieder auf den Zielpfad zurück und hat alles daran gesetzt, der Öffentlichkeit die Abweichungen zu erklären (etwa durch Hinweise auf Wechselkurszwänge, Wiedervereinigung, zinsbedingte Geldumschichtungen). Die ›monetaristische‹ Geldmengenstrategie war insofern durchaus ›pragmatisch‹; sie hat aber alles in allem offenbar auf die Geldpolitik der Bank selbst wie auf das Nachfrageverhalten der Wirtschaftsteilnehmer disziplinierend gewirkt und ist insofern auch eine Teilerklärung für den relativen Stabilitätserfolg in diesen Jahrzehnten.[42]

Was hat die geldpolitische Strategie des Jahres 1973 mit der Bank deutscher Länder und der Währungsreform des Jahres 1948 zu tun? Dass erstens die Grundüberlegung dieser Strategie in dieser Frühzeit der westdeutschen Geldpolitik verwurzelt ist und dass sich zweitens daraus Konsequenzen für die – ebenfalls ununterbrochene – Zuweisung der Preisstabilisierungsaufgabe an die deutsche Zentralbank ergaben! Neu an der geldpolitischen Strategie des Jahres 1973 waren die Orientierung an einem jährlich neu festgelegten Geldmengenziel und die Erwartungssteuerung der Wirtschaftsteilnehmer durch die Ankündigung dieses Ziels. Kein Bruch mit der Vergangenheit war hingegen die quantitätstheoretische Grundüberzeugung, dass die Geldmenge mittelfristig nur in Proportion zum realen Wirtschaftswachstum ausgedehnt werden dürfe, wenn Inflation vermieden werden solle, und dass es die Aufgabe der Zentralbank sei, sie zu kontrollieren. Diese Überzeugungen waren in der deutschen Nachkriegs-Zentralbank seit Anbeginn gegenwärtig; sie hatten sich auch schon in der Reichsbank der Weimarer Jahre eingenistet, als noch die Golddeckung der Banknoten das offizielle Zwischenziel der Geldpolitik war.[43] Die inflationsfreie Bemessung der Geldmenge im Hinblick auf die erwartete Wirtschaftsleistung war das zentrale Thema der Währungsreform 1948; das Verhältnis von Geldmengen- und Wirtschaftswachstum blieb – den Geschäftsberichten der Bank deutscher Länder zufolge – Gegenstand sorgsamer Beobachtung auch in den Folgejahren. Ständig vor Augen hatte die deutsche Zentralbank – mehr als die Zentralbanken anderer Länder – die Bedeutung der Geldmenge für die Geldwertentwicklung, als ab Mitte der 1950er-Jahre die unfreiwilligen Devisenüberschüsse für inflationsträchtiges Geldmengenwachstum sorgten.[44] Und als seit Anfang der 1960er-Jahre realwirtschaftliche Inflationstheorien diskutiert wurden, stellte die Bundesbank klar heraus, dass sie in der Inflation ein monetäres Phänomen sah: Keine Inflation, sei sie durch Nachfrageschub oder Kostendruck ausgelöst, könne ohne Geldschöpfung der Banken und – in letzter Instanz – der Zentralbank in Gang gehalten werden.[45]

Ohne Kontrolle der Geldmenge durch die Zentralbank kein stabiles Geld! Die Bank deutscher Länder sah von Beginn an ihre primäre Aufgabe darin, »*die Geldmenge stabilitätsorientiert zu steuern*«[46] und übernahm damit den Hauptpart in der Inflationsbekämpfung. Mit der Formulierung, die Bundesbank solle »*den Geldumlauf und die Kreditversorgung der Wirtschaft mit dem Ziel*« regeln, »*die Währung zu sichern*«, brachte der Gesetzgeber diese monetaristische Aufgabenzuweisung in das Bundesbankgesetz von 1957 ein.[47] An dem Ziel, zwecks Sicherung der Währung das Geld- und Kreditvolumen zu steuern, änderte sich auch nichts, als die Bank Ende der 1950er-Jahre dazu überging, dieses Ziel durch die Einflussnahme auf die Bankenliquidität (Steuerung der Freien Liquiditätsreserven) zu erreichen.[48] Und diesem Aufgabenverständnis steht auch nicht entgegen, dass die Aufgabenerfüllung für kurze Zeit (durch Stilllegung von Haushaltsüberschüssen im ›Juliusturm‹) überflüssig und anschließend zeitweise (durch die unkontrollierbaren Devisenzuflüsse) unmöglich gemacht wurde. Der Bundesbank hat ihre ›monetaristische Vergangenheit‹ 1973 den Übergang zur Strategie der indirekten Geldmengensteuerung erleichtert. Die Zentralbanken der USA und Englands, die sich später und kürzer der Geldmenge als geldpolitischem Zwischenziel zuwandten, hatten diese Vergangenheit nicht; sie sahen in den 1960er- und 1970er-Jahren die Inflation als hauptsächlich realwirtschaftlich verursacht an und räumten zu ihrer Bekämpfung der Einkommenspolitik (Lohn- und Preiskontrollen) eine große, der Geldpolitik eine geringe Rolle ein.[49]

So sehr sich die deutsche Zentralbank für die Preisstabilität zuständig hielt, so sehr hat sie – durchgehend (mit kurzer Unterbrechung 1973/74) – doch auch die Mitverantwortung der Lohn- und Finanzpolitik betont. Warum? Sie konnte zwar eine Steigerung der Gesamtnachfrage bremsen, indem sie die Kreditnahme der Wirtschaft (in der sich steigende Lohn- und Gewinnansprüche niederschlugen) und der öffentlichen Hand teurer machte. Je höher aber die inflationstreibende Kreditnachfrage war, umso restriktiver musste die Bank vorgehen, umso mehr drosselte sie aber auch die Wirtschaftstätigkeit. Von der Kreditnachfrage der Wirtschaft und der öffentlichen Hand (allerdings auch von der Art der Verwendung von Haushaltsüberschüssen) konnte also eine unterschiedliche Belastung für die Geldpolitik ausgehen.

Die geldpolitische Praxis begann im Währungsreformjahr 1948, von der Bank aufmerksam registriert,[50] mit der Unterstützung durch einen zurückhaltenden Lohnanstieg, aber auch mit einem expansiven Ausgabeverhalten der öffentlichen Hand. Dann wechselten Perioden der Ent- und Belastung der Geldpolitik einander ab. Dabei war das Jahr 1973 keine grundsätzliche Wegscheide; sie trennte nicht frühe Jahre, in denen Tarif- und Finanzpolitik auch die Verantwortung für die Preisstabilität übernahmen, von den späteren Jahren, in denen das nicht der Fall war.[51] Die Finanzpolitik vor 1973 war kaum antizyklisch motiviert (im ›Juliusturm‹ wurden 1953–56 Rücklagen für künftige Rüstungsausgaben gebildet); andererseits zogen Haushaltskonsolidierung und Geldpolitik nach 1982 für mehrere Jahre am gleichen Strang. Den oben – für den Gesamtzeitraum – beschriebenen geldpolitischen Restriktionsphasen wiederum, in denen die Bank in Konflikt mit der Konjunktur- und Beschäftigungskonsolidierung geriet, waren meist übermäßige Lohnerhöhungen und expansive Staatsausgaben vorausgegangen oder sie wurden von ihnen begleitet. Die Bank fühlte sich ungenügend unterstützt; die Restriktionsmaßnahmen fielen schärfer, die Stabilitätserfolge aber auch geringer aus, als das sonst der Fall gewesen wäre.[52] Nicht nur Rücksichtnahme auf Wechselkurs und Konjunktur, sondern auch Lohn- und Finanzpolitik trugen zu Abstrichen beim Stabilitätserfolg bei.

e. Unabhängigkeit: de jure und de facto

Die gesetzliche Unabhängigkeit von Weisungen der Regierung gilt als institutionelles Fundament der deutschen Zentralbank. Wie ordnen sich ihre Ansätze im Jahr 1948 in die Zentralbankgesetzgebung des 20. Jahrhunderts ein, wie ist sie diskutiert worden und welche Rolle spielte sie bei der Durchsetzung der geldpolitischen Konzeption?

Die Freistellung der Bank deutscher Länder von Weisungen deutscher politischer Stellen im 1948 hatte bereits eine deutsche ›Tradition‹, wenn auch eine sehr junge: Die Weisungsbefugnis des Reichskanzlers gegenüber der Reichsbank wurde 1922 auf Druck der alliierten Reparationskommission beseitigt, die davon einen größeren Widerstand gegen die Hauptquelle der Inflation, das Kreditbegehren des Reiches an die Reichsbank, erwartete. Das Bankgesetz von 1924 ließ – ähnlich wie die Regelung von 1948 – die Reichsbank von Weisungen der Reichsregierung frei, unterwarf sie aber internationaler Aufsicht; im Jahre 1937 wurde die Reichsbank wieder dem Reichskanzler (Adolf Hitler) unterstellt.

Auf die Weisungsrechte, die sie sich im Jahre 1948 einräumten, verzichteten die Alliierten im Jahre 1951. Der deutsche Gesetzgeber ersetzte sie im Überleitungsgesetz vom 10. August 1951 nicht durch solche der Bundesregierung; das Bundesbankgesetz vom 26. Juli 1957 bekräftigte die Weisungsunabhängigkeit, indem es sie ausdrücklich formulierte. Zur Unterstützung der Wirtschaftspolitik der Bundesregierung war die Bank (nur) verpflichtet, soweit ihre Aufgabe der Währungssicherung dies zuließ. Eingeschränkt wurde die Weisungsunabhängigkeit insofern, als der Zentralbankrat seine Beschlüsse auf Verlangen der Bundesregierung bis zu zwei Wochen (1951–57: bis zu acht Tagen) aussetzen musste (aufschiebendes Veto); diese Einschränkung entfiel 1997 mit der Anpassung des Bundesbankgesetzes an die Vorschriften der Europäischen Währungsunion. In den nach dem Grad der institutionellen Unabhängigkeit aufgestellten Ranglisten rangierte die Bundesbank bis in die Mitte der 1990er-Jahre abwechselnd mit der Schweizerischen Nationalbank auf Platz eins oder zwei.[53]

Die Notwendigkeit der politischen Weisungsunabhängigkeit wurde anfangs – ähnlich wie 1922 – auch damit begründet, dass der unbegrenzte Zugang des Staates zum Zentralbankkredit für die großen Inflationen des Jahrhunderts verantwortlich gewesen sei.[54] Dem direkten Zentralbankkredit an den Staat schob allerdings bereits – ähnlich wie schon eine Vorschrift des Bankgesetzes von 1924 – eine andere Vorschrift des Bank deutscher Länder-Gesetzes einen Riegel vor. Das Bundesbankgesetz von 1957 schrieb diese Einschränkung fort, indem es nur noch kurzfristige, in der Höhe begrenzte Kassenkredite und den Ankauf öffentlicher Schuldverschreibungen nur zur Regelung des Geldmarktes erlaubte. Die Bundesbank hat die letztere Vorschrift nicht durchgehend zweifelsfrei befolgt. Aber sie ist nach kurzen Abweichungen in einigen Krisenjahren jeweils wieder auf den sicheren Regelkurs zurückgekehrt: 1967/68 kaufte die Bank zur Stützung des Zweiten Konjunkturprogramms Bundesanleihen (einschließlich Anleihen der Bahn und der Post, Bestand Ende 1967 8,7 Prozent des Gesamtumlaufs) und bezog ab August 1967 für anderthalb Jahre die vierjährigen Kassenobligationen des Bundes in die Geldmarktsteuerung (Ankaufspflicht) ein.[55] Und von Juli bis Oktober 1975 kaufte die Bank am offenen Markt – wiederum zur Unterstützung des staatlichen Konjunkturprogramms – zu einem festgehaltenen Kurs Bundesanleihen in Höhe von schließlich 20,8 Prozent des Gesamtumlaufs.[56] Die Aktionen wurden in ihrer Zeit im Zentralbankrat kontrovers diskutiert: Eine anfängliche Mehrheit verteidigte die Kursstützungskäufe als gesetzeskonforme, konjunkturpolitisch notwendige Maßnahmen zur Erhöhung der Bankenliquidität; eine Minderheit sah in ihnen vor allem unerlaubte Interventionen zur Niedrighaltung der Kapitalmarktzinsen – mit einer problematischen Verbindung zur Staatsfinanzierung. Mit zunehmendem Volumen verloren die Käufe den argumentativen Rückhalt im Zentralbankrat; sie wurden (bei den Bundesbankanleihen sehr rasch) wieder eingestellt.

Aber nicht die Verhinderung der direkten und indirekten Staatsfinanzierung, sondern die Wirkungen der von der Zentralbank gesetzten allgemeinen Kreditkonditionen auf Preisstabilität und Beschäftigung (und natürlich auch auf die Staatsfinanzierung) traten in den Mittelpunkt der Diskussionen über die Weisungsunabhängigkeit der deutschen Zentralbank. Diese Unabhängigkeit war in Politik und Wissenschaft immer umstritten. Ihre ausdrückliche Formulierung im Bundesbankgesetz kam gegen den ausdrücklichen Widerstand zum Beispiel Bundeskanzler Adenauers zustande, der von einer Zentralbank, die sich nicht in die Wirtschaftspolitik der Regierung einfüge, einen Staat im Staate befürchtete; Adenauer wünschte sich auch – vergeblich – eine Sitzverlegung der Bank von Frankfurt nach Köln/Bonn, damit die Bank »*vom richtigen Geist getragen*« werde.[57] In der Wirtschaftswissenschaft wurde eine Theorie zur Stützung der Zentralbankunabhängigkeit erst seit Ende der 1970er-Jahre entwickelt, sozusagen in Vollzug der praktischen Erfahrung mit Zentralbanken wie der Bundesbank:[58] dass unabhängige Zentralbanken Preisstabilität zieltreuer (zeitkonsistenter) verfolgen als Regierungsbanken, die Wahlen und damit kurzfristigen Beschäftigungsinteressen ausgesetzt sind.[59] Einwände wurden hingegen – zum Teil von Anfang an – in mehrfacher Hinsicht erhoben: Für Keynesianer ist die Unabhängigkeit deutscher Prägung schädlich und undemokratisch, da sie nicht nur für die Instrumentenanwendung, sondern auch für die Zielentscheidung der Geldpolitik gilt; sachgerecht und demokratisch wäre dagegen, wenn sich alle Rollenträger der wirtschaftspolitischen Leitlinie der gewählten Regierung unterwürfen.[60] Auf der anderen Seite hielt man in der ordoliberalen Freiburger Schule Zentralbanken (generell) für untauglich, den Geldwert zu sichern; Walter Eucken wollte sich hier nur auf »*automatisch wirkende Stabilisatoren*« (so eine Waren-Reserve-Währung), nicht auf die Ermessensentscheidungen von Personen verlassen.[61] Als untauglich beziehungsweise nicht hinreichend erscheint die gesetzliche Unabhängigkeit auch in der Parteigänger-Hypothese innerhalb der Theorie des politischen Konjunkturzyklus; sie befreie die Zentralbank nicht von den parteipolitischen Präferenzen der Zentralbankführung.[62] Und schließlich wurde als alles entscheidender Faktor für die Durchsetzung der Preisstabilität (anstelle der gesetzlichen Unabhängigkeit) das Stabilitätsbewusstsein der Bevölkerung herausgestellt.[63]

Welche Rolle hat die gesetzliche Unabhängigkeit – auch vor dem Hintergrund dieser Lehrmeinungen – für die deutsche Zentralbank de facto gespielt? Sie ist tatsächlich vorwiegend stabilitätsorientiert genutzt worden und dies, wie 1948 angelegt, in einer Mischung aus Zusammenarbeit und Konfrontation im Verhältnis zur Bundesregierung.

Eine von Weisungen der Regierung unabhängige Zentralbank ist nicht von sich aus schon stabilitätsorientiert; das klassische Gegenbeispiel in der deutschen Währungsgeschichte ist die Inflationspolitik der unabhängigen Reichsbank in den Jahren 1922 und 1923. In Bank deutscher Länder und Bundesbank hat sich jedoch, unterstützt von einer relativ langen und wiederholbaren, gesetzlich verankerten Amtszeit der Zentralbankrats-Mitglieder, offenbar ein stabilitätsorientierter Corpsgeist entwickelt, der mitgebrachte persönliche Parteipräferenzen in den Hintergrund treten ließ (Becket-Effekt[64]). Dieses ›unpolitische‹ Amtsverständnis kam deutlich in den zinspolitischen Abstimmungen des Zentralbankrats zum Ausdruck: Die Zentralbankrats-Mitglieder entschieden sich – entgegen der Parteigängerhypothese – in Vorwahlperioden überwiegend stabilitätsorientiert und gegen die kurzfristigen Interessen der politischen Parteien, denen sie nahestanden.[65]

Die Bank deutscher Länder und die Bundesbank haben das Preisstabilitätsziel – unter Inkaufnahme von Abstrichen – über weite Strecken in Zusammenarbeit mit der Bundesregierung verfolgt – dies auch, weil die Unabhängigkeit (bis 1992) durch einfaches Gesetz hätte wieder aufgehoben werden können. Eine ›oppositionslustige‹ oder obstruktive Notenbank, meinte der Präsident des Direktoriums der Bank deutscher Länder Vocke 1950, würde ihre Unabhängigkeit sofort wieder verlieren.[66] Die ehemaligen Chefvolkswirte der Bundesbank, Heinrich Irmler und Helmut Schlesinger, betonten zum Beispiel im Rückblick, dass die Zentralbank sich »*nie im luftleeren Raum*« bewege, und hoben die »*Abstimmung*« mit der Bundesregierung bei der Beschlussfassung über die jährlichen Geldmengenziele hervor.[67] Und generell hatte sich das ›verlorene Veto‹ eingebürgert: Die Bundesbank verschob – auf gewichtigen Wunsch der Bundesregierung – geldpolitische Beschlüsse um 14 Tage; im Gegenzug verzichtete die Regierung nach Ablauf dieser Frist auf das ihr zustehende Veto.

Die Bedeutung der gesetzlichen Unabhängigkeit und das Ungenügen einer laufenden demokratischen Kontrolle der Währungsinstitution werden aber in den Konflikten deutlich, in denen Bank deutscher Länder und Bundesbank geldpolitische Entscheidungen gegen den Widerstand der Bundesregierung fällten. Diese Konflikte traten typischerweise dann auf (der viel besprochene Konflikt um die Neubewertung der Goldreserven 1997 war durchaus atypisch), wenn die Zentralbank im Interesse der Preisstabilität und zu Lasten kurzfristiger Konjunkturstabilisierung die Zinsen erhöhte oder hohe Zinsen beibehielt. Diese Situationen (1950, 1956, 1965–67, 1979–82, 1991/92) gehören zu denjenigen Stabilisierungsphasen mit Zielkonflikten, die oben schon beschrieben wurden. Die Bank ist auch in diesen Stabilisierungsphasen Kompromisse eingegangen. Blessing resümierte zum Beispiel für das Jahr 1967, man habe »*unter dem Druck der damaligen Stagnation und dem Verlangen von Bonn*« das staatliche Konjunkturprogramm dann doch – stabilitätswidrig – unterstützt.[68] Aber im Ganzen hat die Bank die genannten Auseinandersetzungen im Stabilitätssinne erfolgreich durchgestanden. Und dies hätte sie ohne die gesetzliche Unabhängigkeit nicht vermocht; ihr Stabilitätsversprechen wäre unglaubwürdiger geworden.

Die gesetzliche Unabhängigkeit und nicht die – stabilitätsbewusste – öffentliche Meinung war in diesen Konflikten der verlässliche Rückhalt der Bank.[69] Das in Deutschland tatsächlich vergleichsweise starke – durch Inflationserfahrungen und die Öffentlichkeitsarbeit der Bank genährte – Stabilitätsbewusstsein der Bevölkerung spielte eine wichtige, aber nicht eindeutige Rolle für die Zentralbank. Es hat die Unabhängigkeit und Stabilitätspolitik generell gestützt, zum Beispiel auch dadurch, dass es die Bundesregierung davon abhielt, die Abschaffung der Unabhängigkeit per Gesetz zu betreiben. Aber in den einzelnen Konfliktfällen war die öffentliche Meinung kein verlässlicher Bundesgenosse für die Bank. Meinungsumfragen, so spärlich sie auch sind, zeigen, dass in Beschäftigungskrisen auch das deutsche Stabilitätsbewusstsein labil war.[70] Die Zentralbank hatte im Einzelfall mit dem labilen Stabilitätsbewusstsein nicht nur der Interessengruppen, sondern auch der breiten Öffentlichkeit zu rechnen. Daher war die – 1948 neu auf den Weg gebrachte – gesetzliche Unabhängigkeit stabilitätspolitisch nicht entbehrlich; sie hat zum – relativen – Stabilitätserfolg der deutschen Zentralbank beigetragen.

f. Dezentrale Organisationsstruktur – Stärkung von Unabhängigkeit und Stabilitätsorientierung?

Kein Punkt des Bundesbankgesetzes von 1957 war so umstritten wie die Organisationsstruktur der neuen Bank;[71] Machtkonflikte zwischen Bund und Ländern schlugen sich hier nieder. Im Ergebnis verlor das 1948 begründete westdeutsche Zentralbanksystem seinen extrem föderativen Charakter (der einen scharfen Bruch mit der Reichsbankvergangenheit bedeutet hatte). Die Landeszentralbanken gingen von Länder- in Bundesbesitz über und wurden Hauptverwaltungen der Bundesbank. Im Zentralbankrat erhielten nun auch die nun von der Bundesregierung vorgeschlagenen Mitglieder des Direktoriums Stimmrecht. Aber nach wie vor hatten im Zentralbankrat die von den Ländern vorgeschlagenen Landeszentralbank-Präsidenten zahlenmäßig das Übergewicht; daran änderte sich auch nach der Einbeziehung der neuen Bundesländer in das Zuständigkeitsgebiet der Bundesbank 1990 nichts. Die (1957 abgeschwächte) dezentrale Zusammensetzung des obersten Entscheidungsgremiums war (bis 2002) durchgehendes Merkmal der deutschen Zentralbankverfassung in der Nachkriegszeit.

In Bundesstaaten und Staatenverbünden ist eine föderativ verfasste Zentralbank immer eine Option. Aber hatte die dezentrale Organisationsstruktur eine spezielle Bedeutung für die Unabhängigkeit und Stabilitätsausrichtung von Bank deutscher Länder/ Bundesbank? In der Bank gab es unterschiedliche Auffassungen. Sie trafen wie in einem Brennpunkt aufeinander, als Anfang 1970 Karl Blessing und Heinrich Troeger, kurz nach Ende ihrer Amtszeit als Präsident und Vizepräsident der Bundesbank, in einem Memorandum – ohne Erfolg – die Abschaffung der Landeszentralbanken forderten:[72] Die Mitwirkung der Landeszentralbank-Präsidenten im Zentralbankrat sei ineffektiv und Geldpolitik sei keine regionalpolitische Angelegenheit. Der Zentralbankrat dagegen, der auf das Gutachten antwortete,[73] sah in der Pluralität der Ernennungsinstanzen (Bund und Länder) für die Zentralbankrats-Mitglieder das institutionelle Fundament der Unabhängigkeit; der Gesetzgeber habe der Bank nur deswegen »*eine so weitgehende Unabhängigkeit*« zugestehen können, weil diese nicht »*durch ein alleiniges Vorschlagsrecht einer Instanz ausgehöhlt werden*« konnte. Eine verwandte Erklärung schlägt die politische Theorie vor: Eine Vielzahl von ›Veto-Spielern‹ begünstige die Delegation von Macht; für die Bundesregierung sei eine Abschaffung der gesetzlichen Zentralbankunabhängigkeit mit hohen politischen Kosten verbunden gewesen, da der Widerstand des am Vorschlagsrecht der Länder interessierten Bundesrates hätte überwunden werden müssen.[74] Die These von der föderalen Absicherung der Unabhängigkeit in Deutschland verliert allerdings dadurch an Gewicht, dass das Bundesbank-Gesetz ein ›einfaches‹ Gesetz war, dessen Änderung der Bundesrat zwar durch Einspruch erschweren, aber nur schwer verhindern konnte.[75] Außerdem konkurriert sie mit der These von der Schutzschildfunktion der öffentlichen Meinung.

Eine andere Frage ist, ob die dezentrale Zusammensetzung die geldpolitischen Entscheidungen des Zentralbankrats in ihrer Stabilitätsorientierung gestärkt oder geschwächt hat, oder ob sie dafür unerheblich war, da der Becket-Effekt alle Mitglieder gleichermaßen traf. Die Frage ist offen. Augenblicklich liegen nur partielle und uneinheitliche Beobachtungen vor: Einerseits wichen die Mitglieder des Direktoriums beziehungsweise der Bankspitze in den zinspolitischen Beschlüssen der Jahre 1948–61 im Unterschied zu den Landeszentralbank-Präsidenten von der Mehrheitsentscheidung eher mal in die ›harte‹ Richtung ab;[76] andererseits zeigten sich in den ersten Jahren nach 1957 die Direktoriumsmitglieder auch mehrfach (in weniger zentralen Entscheidungen) ›regierungsfreundlicher‹ als die Landeszentralbank-Präsidenten.[77] Eine durchgehende systematische Verhaltensanalyse der einzelnen Zentralbankrats-Mitglieder bei den zentralen geldpolitischen Entscheidungen steht aus.

g. Bilanz

Die ›Bilanz‹ berührt vier abschließende Fragen: Inwieweit ist die angestrebte Preisstabilität erreicht worden? Hat die Zentralbank Wachstum und Beschäftigung positiv beeinflusst? In welcher Form haben Bank deutscher Länder und Bundesbank ihre Prinzipien an die EZB weitergegeben? War – zusammenfassend – das Jahr 1948 tatsächlich eine Weichenstellung für die deutsche Geldpolitik und die europäische Zentralbankverfassung am Ende des 20. Jahrhunderts?

Die Stabilitätsbilanz fällt differenziert aus. Die niedrige Inflationsrate von zwei Prozent, welche die Bundesbank seit den 1960er-Jahren mit Preisstabilität gleichsetzte, ist im Durchschnitt der Jahre 1950–98 (2,8 Prozent) und zeitweise auch deutlich verfehlt worden. Die D-Mark verlor jedoch deutlich weniger an Kaufkraft als die Währungen der meisten anderen Industrieländer; die ›Große Inflation‹ im Umfeld der beiden Ölpreiskrisen (1973–83) hat es in Deutschland nicht gegeben.[78] Die Bilanz spiegelt die Ent- und Belastungen, die Kompromissbereitschaft und den Stabilitätswillen der deutschen Geldpolitik wider: Ent- und Belastungen durch Wechselkurs-, Finanz- und Lohnpolitik; Rücksichtnahme auf kurzfristige Beschäftigungs- und Konjunkturinteressen und gleichzeitig eine im internationalen Vergleich herausragende Standfestigkeit bei der Bekämpfung von Inflation und Inflationsrisiken.[79]

Preisstabilität ist kein Selbstzweck. Die Prinzipien der Bundesbank wären nicht auf die EWU übertragen worden, wenn man nicht auch von den günstigen realwirtschaftlichen Wirkungen der Stabilitätspolitik überzeugt gewesen wäre. Tatsächlich schützte die relativ stabile D-Mark Sparer und Bezieher fester Einkünfte vor massiven Geldentwertungsverlusten. Und negative Wirkungen der Stabilitätspolitik auf Wachstum und Beschäftigung zeichnen sich langfristig auch nicht ab; mehr als den Geldwert stabil zu halten, kann die Zentralbank für Wachstum und Beschäftigung offenbar nicht tun. Allerdings: Ein erster vergleichender Blick auf die Entwicklung von Inflation, Wirtschaftswachstum und Beschäftigungsentwicklung verwirrt. Einerseits kann zum Beispiel der sprunghafte Produktionsanstieg im zweiten Halbjahr 1948 gut damit begründet werden, dass erst die Währungs- und Wirtschaftsreform die volle Nutzung der vorhandenen Ressourcen möglich machte. Die Preisstabilität der 1950er-Jahre war von einem – auch im internationalen Vergleich – ausgesprochen starken Wachstum des Bruttoinlandsprodukts (BIP; durchschnittliche jährliche Wachstumsrate acht Prozent) begleitet. Und die Inflationsjahre 1973–82 brachten gegenüber dem vorhergehenden Jahrzehnt Wachstumseinbußen in allen betroffenen Ländern. Andererseits stieg in den zweieinhalb Jahrzehnten nach Auflösung des Bretton Woods-Systems (1973–98) das BIP in Deutschland (bei 1973–92 deutlich niedrigeren Inflationsraten!) – im Jahresdurchschnitt (2,2 Prozent) etwas langsamer als in anderen Ländern (Großbritannien 2,3 Prozent, Frankreich 2,5 Prozent, USA 3,1 Prozent, OECD 3,0 Prozent[80]); (nur) pro Kopf der Bevölkerung gerechnet bewegte es sich international auf einer Linie (um die zwei Prozent). Und die deutschen Arbeitslosenquoten stiegen in den Krisen heftig an (1975 auf vier Prozent, 1983 auf 8,1 Prozent, 1994 auf 9,6 Prozent), um dann auf einem hohen Sockel zu verharren. Die deutsche Zentralbankpolitik ist im Lichte dieser Vorgänge kritisch beurteilt worden: Ihre Stabilitätsorientierung wurde für die relative Wachstums- und Beschäftigungsschwäche der letzten Jahrzehnte mitverantwortlich gemacht; die seit Ende der 1970er-Jahre infolge niedriger Inflationsraten hohen Realzinsen zum Beispiel hätten die Investitionen entscheidend behindert.[81] Dem kann aber entgegengehalten werden, dass die deutsche Geldpolitik realwirtschaftlich restriktiv nur insofern war, als sie – nach deutschen Maßstäben – ausgesprochen hohe Inflationsraten unter Inkaufnahme von Wachstums- und Beschäftigungseinbrüchen zurückführte. Die anhaltende relative Wachstums- und Beschäftigungsschwäche lässt sich – im internationalen Vergleich – vermutlich gut anders erklären: durch Bevölkerungsrückgang und eine niedrige Erwerbsfähigkeitsquote, durch hohe lohn- und arbeitsmarktpolitisch bedingte Einstellungshemmnisse und durch einen – die Investitionen beeinträchtigenden – Rückstand bei den Sachkapitalrenditen.[82] Ein systematischer, alle relevanten Einflussfaktoren berücksichtigender und die Rolle der Geldwertstabilität herausarbeitender Ländervergleich steht indessen aus.[83]

Die wichtigsten Merkmale der deutschen Zentralbankverfassung fanden, begleitet von der Kritik der Bundesbankkritiker,[84] Eingang in die EWU: auf deutschen Druck, aus Anerkennung ihrer Stabilitätsleistung, aus organisatorischer Zweckmäßigkeit und dies bemerkenswerterweise zum Teil in verschärfter Form. Schärfer als das Bundesbank-Gesetz formulierte der Maastricht-Vertrag das Ziel der EZB als Preisstabilität (nicht: Sicherung der Währung), die Weisungsunabhängigkeit (ohne aufschiebendes Veto einer Regierung) und das Verbot der Kreditvergabe an öffentliche Haushalte (ohne die Ermöglichung von Kassenkrediten). Die föderale Struktur des Europäischen Systems der Zentralbanken ist eine Mischung aus Bank deutscher Länder (die EZB ist ein Tochterinstitut der nationalen Zentralbanken) und Bundesbank (Zusammensetzung des EZB-Rates aus den Mitgliedern des Direktoriums und den Präsidenten der nationalen Zentralbanken). Die Geldmengenorientierung findet sich in der zweiten Strategie-Säule der EZB wieder. Der 1997 verabschiedete Stabilitäts- und Wachstumspakt spiegelt die durchgehende Forderung der deutschen Zentralbank nach stabilitätspolitischer Mitwirkung der öffentlichen Hand. Und Bundeskanzler Helmut Kohl setzte 1993 Frankfurt am Main als Sitz der EZB durch, um die Deutschen von der Anknüpfung an die Stabilitätstradition der D-Mark zu überzeugen.[85]

War – zusammenfassend – das Jahr 1948 ein Schlüsseljahr für die Geldpolitik in Deutschland (und darüber hinaus)? Tatsächlich waren in den Reformen dieses Jahres alle diejenigen Prinzipien angelegt, welche die deutsche Geldpolitik bis 1998 bestimmten und darüber hinaus – in der Verfassung der EZB und anderer Zentralbanken –

Schule machten: Preisstabilitätsziel, Unabhängigkeit, Verbot der Haushaltsfinanzierung, Geldmengenorientierung, dezentrale Organisation, außerdem die Einforderung stabilitätspolitischer Mitverantwortung von Lohn- und Finanzpolitik. Zur dezentralen Zentralbankorganisation bedurfte es 1948 ausdrücklich internationalen Anstoßes; die anderen Prinzipien konnten sich (auch) auf deutsche Erfahrungen beziehungsweise Wünsche stützen. Die Verfolgung der Prinzipien über die Jahrzehnte ist durch Kontinuität und Weiterentwicklung gekennzeichnet; auch 1973 gab es keinen Bruch. Die Prinzipien waren aber kein Selbstläufer; sie hatten nur Bestand, weil sie praktiziert und in der Öffentlichkeit beworben wurden. Grundzug der Zentralbankpolitik in der Verfolgung der Prinzipien war von Anfang an eine Mischung aus Konsensbereitschaft (gegenüber Regierung beziehungsweise kurzfristigen Wechselkurs-, Beschäftigungs- und Konjunkturinteressen) und Standfestigkeit in der Verfolgung des Stabilitätsziels. Ergebnis war ein im internationalen Vergleich herausragender Stabilitätserfolg; dass die deutsche Geldpolitik sich dabei in eine Pfadabhängigkeit begeben hätte, die realwirtschaftlich in eine Sackgasse mündete, ist nicht zu sehen. Das Jahr 1948 steht am Anfang einer ›Stabilitätskultur‹, mit der sich Deutschland erstmals in der Geschichte, für ein halbes Jahrhundert und mit Fernwirkungen vom internationalen Umfeld abhob.

Durchschnittliche jährliche Inflationsraten in Deutschland (1950–98; Verbraucherpreisindex, Veränderungen gegen Vorjahr)

1950	-6,2	1960	1,5	1970	3,2	1980	5,5	1990	2,7
1951	7,5	1961	2,2	1971	5,4	1981	6,4	1991	3,6
1952	2,0	1962	2,9	1972	5,4	1982	5,2	1992	4,0
1953	-1,6	1963	3,1	1973	7,2	1983	3,2	1993	3,6
1954	0,0	1964	2,4	1974	6,9	1984	2,4	1994[1]	2,6
1955	1,6	1965	3,0	1975	5,8	1985	2,2	1995	1,6
1956	2,8	1966	3,8	1976	4,4	1986	-0,1	1996	1,4
1957	2,0	1967	1,5	1977	3,6	1987	0,3	1997	1,9
1958	1,9	1968	1,5	1978	2,7	1988	1,1	1998	1,9
1959	1,1	1969	2,1	1979	4,0	1989	2,8		

I) Bis 1994 Westdeutschland, dann Deutschland.
Quelle: Tabellen zur Wirtschaftsentwicklung in Deutschland seit 1950 (www.bundesbank.de).

Durchschnittliche jährliche Inflationsraten in verschiedenen Ländern (1950–98; Verbraucherpreisindex, Veränderungen gegen Vorjahr)

	1950–98	1950–59	1960–67	1969–72	1973–82	1983–92	1993–98
Deutschland	2,8	1,1	2,6	4,4	5,2	2,2	2,0
Frankreich	5,8	6,3	3,6	5,6	11,0	4,4	1,6
Schweiz	3,0	1,1	3,3	4,4	4,9	3,2	1,2
Großbritannien	6,4	4,1	3,2	7,0	14,2	5,5	2,7
Italien	7,1	3,3	4,1	3,7	16,6	7,5	3,6
USA	4,0	2,1	1,7	4,6	8,8	3,8	2,5

Für Italien 1950–67 wird nicht der allgemeine Verbraucherpreisindex, sondern hilfsweise der Verbraucherpreisindex für die Arbeitnehmerhaushalte verwendet.
Quelle: Ursprungsdaten nach Angaben des Statistischen Bundesamts; BIZ; Office for National Statistics (UK); U.S. Department of Commerce.

---

1 Den Entwicklungsbruch betonen Holtfrerich, Geldpolitik, S. 432 f.; ders., Policy, S. 37 ff.; Buchheim, Geschichte, S. 22–26.
2 So Holtfrerich, Policy, S. 33–37.
3 Darstellungen sind Horstmann, Kontinuität; Buchheim, Errichtung; [o. V.], Zentralbankrat; Bibow, (Re-)Etablierung.
4 [o. V.], Zentralbankrat, S. 23.
5 Für Bibow, (Re-)Etablierung, S. 498–500, 577 f., war den Amerikanern in der Bank deutscher Länder die unabhängige weitaus weniger wichtig als die dezentrale Entscheidungsfindung; die gefundene Regelung sei der Verlegenheit entsprungen, dass noch keine deutsche Regierungsgewalt vorhanden war, welche die Kontrolle des föderal strukturierten Zentralbanksystems hätte regeln können.
6 Buchheim, Geschichte, S. 22 f.; ders., Unabhängigkeit, S. 6 ff.
7 [o. V.], Zentralbankrat, S. 25 f.; Lindenlaub, Stabilitätsbewusstsein, S. 80 f.; BA Koblenz, Z 32/1-11, Sonderstelle Geld und Kredit, Sitzungen am 2. und 10. Januar 1948 (Zitate Erhard). – Erhard leitete die Sonderstelle.
8 HA Bundesbank, B 330/4582, Gutachten der Sachverständigen-Kommission zum Gesetz über die Errichtung der Länderunionbank.
9 Holtfrerich, Finanzplatz, S. 232–242
10 HA Bundesbank, B 330/4582, Gutachten der Sachverständigen-Kommission zum Gesetz über die Errichtung der Länderunionbank; ferner Deutsche Bundesbank, Zentralbankrat, S. 23 f.
11 Jüngere Gesamtdarstellungen sind Buchheim, Errichtung; ders., Währungsreformen; Brackmann, Krieg; Tribe, Reform.
12 So aber Buchheim, Währungsreformen, S. 158; ders., Errichtung, S. 129; Tribe, Reform, S. 43.
13 Dazu grundlegend und detailliert Weick, Plan.
14 Ebd., S. 141–147.
15 So aber Buchheim, Geschichte, S. 1024; Holtfrerich, Geldpolitik, S. 432; ders., Policy, S. 38.
16 Holtfrerich, Geldpolitik, S. 387; Kitterer, Finanzen, S. 204 f.
17 Die Kompetenz zur Festsetzung des Wechselkursregimes und zur Paritätenänderung innerhalb eines Festkurssystems lag bei der Bundesregierung. Das Votum der reputierten Bundesbank hatte aber hohe Bedeutung.

18 Vgl. zu Blessings geld- und währungspolitischen Vorstellungen Lindenlaub, Blessing.
19 Vgl. zur Stellung der D-Mark und der Bundesbank im EWS den Überblick bei Bernholz, Bundesbank, S. 797–815
20 Dies ist ein zentrales Thema bei Emminger, D-Mark; zum Grundsätzlichen ebd., S. 316 ff.
21 Vgl. zur Interpretation des Zielbündels der Reichsbank Lindenlaub, Suche, S. 119–126.
22 So aber Bofinger/Pfleger/Hefeker, Stabilitätskultur, S. 156; ebenso Holtfrerich, Policy, S. 33 f., der argumentiert, die Bank deutscher Länder habe das Inflationstrauma nur benutzt, um der Bevölkerung ihre harten, im Exportinteresse liegenden Restriktionsmaßnahmen schmackhaft zu machen.
23 Vortrag am 4. September 1952, in: Vocke, Geld, S. 77.
24 Ebd., S. 80.
25 Rundfunkgespräch am 30. Oktober 1953, in: ebd., S. 95
26 Vortrag am 8. September 1964, in: Blessing, Kampf, S. 184.
27 Holtfrerich, Policy, S. 34–37, sieht in dieser Art des »*monetären Merkantilismus*« den Schlüssel zur Erklärung des Preisstabilitätsziels überhaupt; vgl. auch schon früher unter anderem Riese, Geldpolitik.
28 Vgl. etwa Bank deutscher Länder, Geschäftsbericht 1956, S. 8; ferner zur fehlenden Unterbewertung der D-Mark in den 1950er-Jahren Buchheim, Wiedereingliederung, S. 176–179; Bittner, Wirtschaftswachstum, S. 158.
29 Vortrag am 7. November 1955, in: Vocke, Geld, S. 128.
30 Vgl. zum Beispiel Vorträge am 15. November 1961 8. September 1964, in: Blessing, Kampf, S. 78, 183 f.
31 Diese Herleitungen finden sich zum Beispiel im Vortrag am 6. April 1962, in Blessing, Kampf, S. 97–102; Vortrag am 21. Juni 1967, in: Irmler, Geldwertstabilität, S. 43 ff. – Heinrich Irmler war damals Chefvolkswirt der Bundesbank.
32 So Vocke in der Frankfurter Allgemeinen Zeitung vom 4. Februar 1955.
33 Einige Quellen sind abgedruckt in Deutsche Bundesbank, 30 Jahre, S. 202–205.
34 Vgl. zum Beispiel Vortrag am 23. März 1955, in: Vocke, Geld, S. 112; Vortrag am 24. Februar 1966, in: Blessing, Kampf, S. 279; Pressearchiv der Deutschen Bundesbank, Rede Blessing am 24. Juni 1966.
35 Vgl. zu England in den 1950er- und 1960er-Jahren King, Policy, S. 62; zu den USA seit Anfang der 1960er-Jahre Meltzer, Learning, S. 284, 289, 293, 300; Issing, Development, S. 182.
36 Holtfrerich, Geldpolitik, S. 392.
37 Lindenlaub, Blessing, S. 20.
38 Baltensperger, Geldpolitik, S. 498–510.
39 Schmid, Targeting, S. 2.
40 Vgl. in diesem Beitrag zur Entwicklung der jährlichen Inflationsraten die Tabelle ›Durchschnittliche jährliche Inflationsraten in Deutschland (1950–98)‹, S. 316.
41 Vgl. zur Zinspolitik der Bank deutscher Länder und der Bundesbank in den einzelnen Phasen die Aufsätze von Holtfrerich, Geldpolitik; Hagen, Geldpolitik; Baltensperger, Geldpolitik.
42 Überblicke über die Geldmengenstrategie der Bundesbank sind Issing, Einführung, S. 272–294; Neumann, Geldwertstabilität, S. 339–342; Baltensperger, Geldpolitik; Schmid, Targeting; Schlesinger, Bundesbank; Posen, Lessons; vgl. ferner zur Auffassung, dass die Bundesbank in Wirklichkeit nie eine Geldmengenstrategie betrieben habe, zum Beispiel Svensson, Economists.
43 Vgl. Lindenlaub, Suche, S. 120. – Im ›Dritten Reich‹ setzte sich die Einsicht, dass die (von der Goldversorgung unabhängige) stabilitätsgerechte Geldmenge sich in einem angemessenen Verhältnis zur Gütermenge entwickeln müsse, offenbar nur deswegen nicht in eine den Geldwert regulierende Geldpolitik um (die Verantwortung für den stabilen Geldwert wurde stattdessen der Lohn- und Preispolitik übertragen), weil klar erkannt wurde, dass der damalige Anspruch des Staates an die Geldversorgung die Preisstabilität gefährdete. Vgl. zu diesen Überlegungen die Beiträge von Möller, Puhl, Bayrhoffer, Timm, Jessen und Muhs zum Sammelband ›Deutsche Geldpolitik‹ aus dem Jahr 1941.
44 Vgl. zu den frühen Geldmengenerörterungen auch Schlesinger, Bundesbank, S. 138 f.
45 Vgl. zum Beispiel Vortrag am 6. April 1962, in: Blessing, Kampf, S. 100 ff.; Vortrag am 21. Juni 1967, in: Irmler, Geldwertstabilität, S. 44.

46 Schlesinger, Geldpolitik, S. 563; Bank deutscher Länder, Geschäftsbericht 1948/49, S. 1; Vortrag am 17. Mai 1951, in: Vocke, Geld, S. 58 f.
47 Schlesinger, Bundesbank, S. 139.
48 Vortrag am 23. Dezember 1961, in: Blessing, Kampf, S. 85.
49 Vgl. zu den USA Meltzer, Learning, S. 289, 292, 296 f.; Issing, Development, S. 182; Laidler, Successes, S. 13 f.; zu England Bean, Consensus, S. 167 f.; [o. V.], ›Große Inflation‹, S. 119.
50 Bank deutscher Länder, Geschäftsbericht 1948/49, S. 6.
51 So aber Holtfrerich, Geldpolitik, S. 432; ders., policy, S. 32–39.
52 Vgl. zu den Reaktionen der Geld- auf die Lohn- und Finanzpolitik Kitterer, Finanzen; Holtfrerich, Geldpolitik; Hagen, Geldpolitik; Baltensperger, Geldpolitik.
53 Vgl. dazu die Tabellen bei Bofinger/Reischle/Schächter, Geldpolitik, S. 310.
54 In diese Richtung gehen die Bemerkungen Vockes über den Missbrauch der Zentralbank durch den Staat. Vgl. Vocke, Geld, S. 31 f., 127, 137.
55 Vgl. zum Ankauf der Bundesanleihen Deutsche Bundesbank, Geldpolitik, S. 118; Irmler, Rolle, S. 95; HA Bundesbank B330 /21843, Tabelle ›Rentenmarktinterventionen und Bruttoabsatz von Bundesanleihen‹; ferner zu den internen Diskussionen HA Bundesbank, Protokolle der ZBR-Sitzungen im Juli, August und September 1967; eine scharfe Kritik am Anleiheankauf ist HA Bundesbank, B 330/464/4, Schreiben Wagenhöfer (LZB-Präsident Bayern) an ZBR-Mitglieder vom 7. August 1967; vgl. zur Kritik an der Einbeziehung der Kassenobligationen in die Geldmarktregulierung zum Beispiel HA Bundesbank, B330/463, Schreiben Irmler an ZBR vom 22. Juni 1967; zu beiden Aktionen auch [o. V.], Tendenzen, S. 17 f.
56 Zur Rechtfertigung der Aktion (als gesetzeskonform) nach außen HA Bundesbank, B330/7892, Protokoll der Pressekonferenz der Bundesbank nach der ZBR-Sitzung am 25. September 1975; HA Bundesbank B330/21843, Antwort des Bundesministers der Finanzen an den Präsidenten des Bundestages zu einer Kleinen Anfrage der Fraktion der CDU/CSU vom 6. November 1975; Irmler, Zentralbank, S. 6 f.; Deutsche Bundesbank, Geldpolitik, S. 117 f.; zur internen Diskussion HA Bundesbank, B330/7890, 7891,7893, Protokolle der ZBR-Sitzungen am 3. Juli, 14. und 28. August, 9. und 23. Oktober 1975.
57 Zit. n. Buchheim, Unabhängigkeit, S. 27 f.; vgl. ferner zu den Kontroversen bei der Entstehung des Bundesbankgesetzes ebd.; Hentschel, Entstehung; Bibow, (Re-)Etablierung.
58 Issing, Development, S. 186.
59 Vgl. zum Beispiel den Überblick bei Berger, Debatte; ders./de Haan/Eijffinger, Central Bank.
60 Bibow, (Re-)Etablierung, S. 540, 562, 577 f.; Holtfrerich, Policy, S. 33, 44.
61 Bibow, (Re-)Etablierung, S. 522–538, 577.
62 Vaubel, Public-Choice-Analyse, S. 68.
63 So zum Beispiel Hayo, Inflation Culture.
64 Thomas Becket vertrat (ab 1162) als Erzbischof von Canterbury die Interessen der Kirche gegen den englischen König, dessen Kanzler er vorher gewesen war.
65 Neumann, Geldwertstabilität, S. 320–329.
66 Ansprache am 12. März 1950, in: Vocke, Geld, S. 32; vgl. zum Beispiel auch Berger, Konjunkturpolitik, S. 200 f.
67 Irmler, Einführung, S. 71; Schlesinger, Bundesbank, S. 148.
68 Interview mit Karl Blessing, in: Industriekurier vom 15. Juli 1969; vgl. ferner zum teilweisen Nachgeben der Bundesbank Berger et al., Reaction.
69 Ausführlich zu diesem Komplex Lindenlaub, Stabilitätsbewusstsein.
70 Vgl. zur nicht verlässlichen Unterstützung der Bundesbank durch die öffentlichen Meinung auch Wolz, Konflikte, S. 221–225.
71 Hentschel, Entstehung; Deutsche Bundesbank, 30 Jahre.
72 Vgl. HA Bundesbank, N2/263, Blessing/Troeger: Zwölf Jahre Bundesbank, 14. Januar 1970; ferner Dyson, Bundesbank, S. 141, der provinzielle Züge in der Bundesbankpolitik (zum Beispiel Distanz gegenüber der Finanzmarktliberalisierung) als Ausfluss der föderalen Struktur des ZBR ausmacht.
73 HA Bundesbank, N2/263, Entwurf, 10. März 1970. – Die Argumente wurden wieder aufgegriffen,

als 1991 die Zusammenlegung von LZB-Bereichen diskutiert wurde. Vgl. Kloten, Anpassung; Nemitz, Unabhängigkeit.

74 Lohmann, Federalism; dies., Institutions, S. 19 ff.
75 Vgl. auch die Kritik von Vaubel, Comment.
76 Vgl. Berger, Konjunkturpolitik, S. 178, Tab. 20; ferner Einzelbeobachtungen bei Holtfrerich, Geldpolitik, S. 363; [o. V.], Zentralbankrat, S. 30 f.
77 Wolz, Konflikte, S. 211 f., 227.
78 Vgl. in diesem Beitrag die Tabelle ›Durchschnittliche jährliche Inflationsraten in verschiedenen Ländern (1950–98)‹. S. 316.
79 Vgl. für den Zeitraum 1979–96 auch das ähnliche Urteil bei Baltensperger, Geldpolitik, S. 549–552.
80 Datenquelle: Website der Deutschen Bundesbank (www.bundesbank.de).
81 So zum Beispiel prononciert Holtfrerich, Jobs, S. 76, 230–235.
82 Vgl. zur Bedeutung dieser Faktoren im internationalen Vergleich Grossekettler, 40 Jahre, S. 251–255; Walwei/Werner, ›Beschäftigungswunder‹, S. 1–8
83 Vgl. auch Neumann, Geldwertstabilität, S. 314 f.
84 Vgl. zum Beispiel Interview mit Paul Krugman in: Wirtschaftswoche vom 24. April 1997: »*Inzwischen wird [...] klar, dass die Bundesbank die Bedingungen für die Währungsunion diktiert [...]. Europäische Banker versichern mir laufend, der Euro werde noch stärker als die Mark. Da kann ich nur sagen: Genau das habe ich befürchtet.*«
85 Tietmeyer, Herausforderung, S. 213 ff.

André Steiner

[23.]

Die Errichtung der Deutschen Emissions- und Girobank in der Sowjetischen Besatzungszone 1948

Aufstieg und Fall des einstufigen Bankensystems einer sozialistischen Planwirtschaft

a. Einleitung: Einstufiges Bankensystem am Beispiel der DDR

Mit der Gründung der Deutschen Emissions- und Girobank in Berlin am 21. Mai 1948 begann die SBZ und dann ab 1949 die DDR den Weg hin zu einem einstufigen Banksystem, wie es für sozialistische Planwirtschaften charakteristisch war. In einstufigen Bankensystemen ist die Zentralbank nicht nur für die (inflations- und deflationsfreie) Geldversorgung zuständig, sondern zugleich als Geschäftsbank tätig. Kredite an die Wirtschaft, die Konsumenten und den Staat werden von ihr oder ihren Filialen oder von ihr beauftragten und angeleiteten Bankinstituten vergeben. Damit liegen aber auch die Bargeld- und Giralgeldschöpfung allein bei der Zentralbank. Idealtypisch sind eigenständige Geschäftsbanken – wie in einem marktwirtschaftlichen System – nicht vorgesehen. In der SBZ/DDR erfüllten zunächst die Deutsche Notenbank, in welche die Deutsche Emissions- und Girobank kurz nach ihrer Gründung umgewandelt wurde, und später die Staatsbank der DDR – mit einer Unterbrechung – all diese Aufgaben. Dabei waren sie an die Vorgaben der zentralen staatlichen Wirtschaftsplanung gebunden und damit schon aus diesem Grund politisch nicht unabhängig.

Der vorliegende Beitrag widmet sich der Entwicklung dieses Systems und seinen Reorganisationsversuchen in der DDR. Dabei geht es zunächst darum, wie das überkommene Bankensystem zerschlagen und ein weitgehend staatliches Bankensystem etabliert wurde – begleitet von einer entsprechenden Währungsreform (Abschnitt b). Danach geht der Beitrag der Integration des einstufigen Bankensystems in die sich etablierende sozialistische Planwirtschaft nach (Abschnitt c). Abschnitt d erörtert, wie im Zuge der auf eine gewisse Liberalisierung zielenden Wirtschaftsreform der 1960er-Jahre

›Geschäftsbanken‹ und damit zeitweise ein allerdings beschränktes zweistufiges Bankensystem eingerichtet wurden. Abschließend wird die Wiederherstellung des einstufigen Bankensystems nach 1971 dargestellt (Abschnitt e). Im Mittelpunkt des Beitrags soll dabei die Frage nach der Funktionalität eines einstufigen Bankensystems in einer zentral geleiteten Planwirtschaft stehen.

b. Zerschlagung und Enteignung: die Transformation des Bankensystems bis 1948

Die Umgestaltungen des bestehenden Bankensystems begannen in der SBZ noch in den letzten Kriegstagen, als sowjetische Kommandanten in Berlin und andernorts befahlen, alle Bankgeschäfte einzustellen und die bestehenden Konten zu sperren.[1] Weil das offenbar nicht überall durchgesetzt wurde,[2] verhängte die Sowjetische Militäradministration in Deutschland (SMAD) Ende Juli 1945 noch einmal ein Auszahlungsverbot. Zugleich wurden damit bis auf wenige Ausnahmen alle Banken in der SBZ geschlossen und angeordnet, in den Ländern und Provinzen je eine Landes- oder Provinzialbank zu errichten.[3] Mit ihnen entstanden Universalbanken, die an Gewerbe und Handel Kredite vergeben und deren Einlagen aufnehmen sollten. Sie hatten den Zahlungs- und Verrechnungsverkehr abzuwickeln. Sie durften aber keine Banknoten emittieren, was aufgrund des aufgeblähten Geldumlaufs auch nicht notwendig erschien. Hinter diesen Maßnahmen stand nicht so sehr ein Sozialisierungsimpetus, sondern ausschlaggebend waren dringende kurzfristige finanzpolitische Erfordernisse. Zum einen musste ein Run der Anleger auf die verbliebenen Kassenbestände verhindert werden. Zugleich wurden mit dem Auszahlungsverbot Geldmittel eingefroren und die Inflation eingedämmt. Durch die Kriegsfinanzierung des ›Dritten Reiches‹ war die Geldmenge bis Ende April 1945 gegenüber 1939 auf das Siebenfache gestiegen; dieser Anstieg »*entsprach in keiner Weise […] dem drastisch geschrumpften realen Sozialprodukt*«.[4] Der durch die sowjetische Besatzungsmacht aus der nationalsozialistischen Kriegswirtschaft übernommene Preisstopp allein konnte die sich daraus ergebende Inflationsgefahr nicht bannen. Entscheidend für die Schließung der Banken und das Auszahlungsverbot war wohl aber, dass die Rote Armee beim Einmarsch alle greifbaren Kassenbestände beschlagnahmt hatte, was einen radikalen Neuanfang der Geldinstitute erforderlich machte.

Die Abwicklung der alten Banken zog sich allerdings bis ins Frühjahr 1946 hin, da die Regeln dafür unklar blieben und der Inhalt von Tresoren und Schließfächern durch die Sowjets wiederholt willkürlich beschlagnahmt wurde. Letztlich mussten die Gläubiger der Banken auf den Großteil der bis Kriegsende eingezahlten Einlagen verzichten, hingegen hatten die Schuldner ihre Verbindlichkeiten weiter zu bedienen. Im Oktober/November 1946 wurde das Vermögen der geschlossenen privaten Banken an die neu gegründeten Landes- und Provinzialbanken übertragen.[5] Von den zunächst noch bestehenden 25 Privatbanken blieb mit der fortschreitenden Etablierung der Planwirtschaft bis 1952 nur eine, das Leipziger Bankhaus Meyer & Co., übrig. Sein Überleben bis zur ›Restsozialisierung‹ im Jahr 1972 war vor allem der Verfolgung jüdischer Familienmitglieder im ›Dritten Reich‹ geschuldet.[6]

Das Filialnetz der Landesbanken reichte allerdings für den Bedarf an Bankleistungen nicht aus. Deshalb wurden insbesondere Sparkassen neu gegründet.[7] Sie sollten sich darauf konzentrieren, die freien Geldmittel der Bevölkerung zu sammeln sowie Konsumentenkredite und Kredite für den privaten Wohnungsbau auszureichen. Sie waren nicht die Rechtsnachfolger der alten Sparkassen, knüpften aber personell und räumlich an diese an.[8] Daneben wurden Genossenschaftsbanken im Agrar- und Kleingewerbebereich zugelassen. Darüber hinaus konnten zwei kirchliche Spar- und Kreditinstitute ihre Tätigkeit aufnehmen, die die Konten für eine Reihe von Kircheneinrichtungen und für mit diesen verbundenen Privatpersonen führten. Ihr Tätigkeitsbereich bewegte sich aber im engen Rahmen staatlicher Reglementierung und wurde im Verlauf der DDR-Geschichte weiter eingeschränkt.[9]

Stufenweise kam auch der Verrechnungsverkehr innerhalb der Länder und Provinzen und dann in der SBZ insgesamt wieder in Gang. Um die Finanzströme zwischen Brandenburg, Mecklenburg, Sachsen, Sachsen-Anhalt und Thüringen sowie der Stadt Berlin bargeldlos abzuwickeln, wurde im September 1945 eine zentrale Verrechnungsstelle bei der (späteren) Emissions- und Girobank für das Land Brandenburg in Potsdam eingerichtet und unter Leitung der SMAD bis 1948 betrieben.[10]

Neben diesem neuen Bankensystem stand eine formal nach deutschem Recht privatrechtlich organisierte Filiale der Staatsbank der UdSSR auf deutschem Boden: die Garantie- und Kreditbank AG.[11] Sie war quasi die ›Hausbank‹ der SMAD und der Sowjetischen Aktiengesellschaften (SAG). Sie beschaffte Kredite und wickelte die Bankgeschäfte für die SAG und die sowjetischen Handelsgesellschaften ab. Außerdem wurden bei ihr Besatzungskosten und Reparationen verrechnet sowie die Reparationsproduktion zu günstigen Konditionen kreditiert. Darüber hinaus überwachte und steuerte sie bis 1949 den gesamten Außenhandel der SBZ. Die Garantie- und Kreditbank hatte ihren Sitz in Berlin und Filialen in den wichtigsten ostdeutschen Industriestandorten. Mit der schrittweisen Rückgabe der SAG wurden auch die entsprechenden Filialen geschlossen. Die Zentrale stellte ihre Tätigkeit schließlich 1956 ein.

Dieses System wurde im Februar 1947 auf Grundlage des Befehls Nr. 37 der SMAD ergänzt, wonach in den fünf Ländern Emissions- und Girobanken zu gründen waren.[12] Sie sollten den Geldumlauf regeln und den Zahlungsverkehr in den Ländern organisieren. Die bestehenden Landes- und Provinzialbanken wurden in Landes- und Provinzialkreditbanken umgewandelt und übernahmen damit die Aufgaben bei der Finanzierung der Wirtschaft. Darüber hinaus hatten die Emissions- und Girobanken die Banken und Sparkassen der betreffenden Länder zu refinanzieren. Zudem wurde mit gleichem Befehl die im Juli 1945 für die SBZ gegründete Deutsche Zentralfinanzverwaltung (DZFV)[13] ermächtigt, verbindliche Anweisungen an die Kreditinstitute zu geben, um so eine abgestimmte Kreditpolitik zu sichern. Das kann als Ansatzpunkt für die spätere Zentralisierung betrachtet werden. Mit der Refinanzierungsaufgabe übernahmen die neu gegründeten Emissions- und Girobanken auch Zentralbankfunktionen in den Ländern. Aufgrund des bestehenden hohen Geldüberhangs hatten die neuen Institute jedoch kaum Einfluss auf den Geldumlauf und ihre Bedeutung blieb zunächst gering. Diese quasi Landeszentralbanken erschienen daher dem bestehenden System ›künstlich aufgepfropft‹ und konnten die ihnen zur Verfügung gestellten geld- und kreditpolitischen Instrumente erst nach einer Währungsreform erfolgreich einsetzen. Es ist vermutet worden, dass die Sowjets damit ihrem Interesse an einer Währungsreform und der Schaffung einer deutschen Zentralbank Ausdruck geben wollten, nachdem in der amerikanischen und französischen Zone bereits Landeszentralbanken gegründet worden waren.¹⁴

Bereits wenige Monate später, im Juni 1947 stimmte die SMAD der Bildung einer gewichtigen zonenbezogenen Wirtschaftsinstanz, der Deutschen Wirtschaftskommission (DWK) zu, die aber zunächst eher ein Koordinationsinstrument zwischen den wirtschaftlichen Zentralverwaltungen darstellte und keine durchgreifenden Kompetenzen besaß. Eine solche Institution war angesichts der nach wie vor schlechten Wirtschaftslage als erforderlich und wegen entsprechender Schritte in den Westzonen jetzt auch als möglich angesehen worden.¹⁵ Ähnliche Entwicklungen waren aber auch im Banksektor zu beobachten: Schon im Herbst 1945 hatte die DZFV mit der SMAD über die Bildung einer zentralen Bank als Refinanzierungsquelle für die anderen Kreditinstitute verhandelt.¹⁶ Dergleichen lehnte die SMAD jedoch bis 1947 mit Verweis auf notwendige gesamtdeutsche Regelungen ab. Im Dezember 1947 – als sich die separate westliche Währungsreform abzeichnete – bestätigte der Ministerrat der UdSSR eine Verordnung, nach der in der SBZ eine Emissionsbank zu bilden sei. Daraufhin beauftragte die SMAD die DZFV, einen entsprechenden Entwurf auszuarbeiten.¹⁷ Im Februar 1948 berieten führende Offiziere der Finanzverwaltung der SMAD mit der Führung der DZFV – anwesend waren auch die Präsidenten der Emissions- und Girobanken der ostdeutschen Länder – über die Gründung einer zonalen Bank.¹⁸ Für die Währungsreform war aber eine Zentralbank mit Emissionsrecht erforderlich. Zudem war vermutlich bekannt, dass in den Westzonen die Gründung der Bank deutscher Länder vorbereitet wurde¹⁹ und deshalb verfolgte man ein ähnliches Ziel.

Auf der Grundlage eines von der DZFV vorgelegten Entwurfs für den Gründungsbefehl und die Satzung ordnete der Oberste Chef der SMAD am 21. Mai 1948 an, die Deutsche Emissions- und Girobank zu gründen, um die Tätigkeit der Emissions- und Girobanken der Länder zu koordinieren sowie um den Geldumlauf und den Kredit- und Zahlungsverkehr zu regeln. Allerdings hatte diese Bank nur eingeschränkt die Funktionen einer Zentralbank: Anders als ihr Name vermuten lässt, erhielt sie nicht das Recht, Banknoten zu emittieren.²⁰ Vermutlich wollte die sowjetische Seite (noch) nicht enthüllen, wie weit ihre Vorbereitungen für die Währungsreform gediehen waren.

Der Geldüberhang und die mangelnde Akzeptanz des Geldes als Zahlungsmittel machten eine Währungsreform zwingend erforderlich. Zwar verfolgten zunächst sowohl die Westalliierten als auch die Sowjetunion das Ziel der währungspolitischen Einheit Deutschlands, aber beide Seiten hatten dabei eine Doppelstrategie, mit der »*auf Basis der eigenen Vorstellungen auch die Kompromissfähigkeit der jeweils anderen auszuloten*« war. Man wollte »*im Fall des Scheiterns der Viermächteverhandlungen die Schuld für die mit separaten Währungsreformen einhergehende endgültige Spaltung Deutschlands von sich selbst abwälzen*«.²¹ Anscheinend hatten sich beide Seiten bereits Anfang 1948 auf separate Währungsreformen festgelegt. Als schließlich die Westalliierten am 17. Juni 1948 für den 20. Juni die Währungsreform in den Westzonen ankündigten, verboten die Sowjets, das neue Westgeld in der SBZ zirkulieren zu lassen. Zugleich mussten im Osten schnell ähnliche, längst vorbereitete Maßnahmen ergriffen werden, da ansonsten die Gefahr bestand, dass die im Westen wertlosen Reichsmarknoten nach Ostdeutschland fließen würden. Wegen fehlender neuer Banknoten wurde der Währungsschnitt in der SBZ in zwei Stufen durchgeführt. Zunächst wurden die alten Reichsmarkbanknoten mit Spezialkupons beklebt. Diese lösten sich infolge des schlechten Leims oft von den Banknoten, weshalb die ›Kupon-Mark‹ im Volksmund ›Tapeten-Mark‹ hieß. Ab dem 24. Juni erhielten die Einwohner der SBZ und Berlins (einschließlich der Westsektoren) 70 ›Kupon-Mark‹ zum Kurs von eins zu seins gegen die alte Währung. Weiteres Bargeld sollte auf Konten eingezahlt und im Verhältnis zehn zu eins umgetauscht werden, aber erst später verfügbar sein. Preise, Löhne, Gehälter, Pensionen, Renten und Stipendien sowie Steuern wurden eins zu eins umgestellt. Zwischen dem 25. und dem 28. Juli erfolgte dann ein zweiter Bargeldumtausch, in dem die ›Kupon-Mark‹ eins zu eins gegen die Deutsche Mark der Deutschen Notenbank ausgewechselt wurde. Diese war nun das ausschließliche gesetzliche Zahlungsmittel in der SBZ, der späteren DDR. Dazu war am 16. Juli 1948 durch die DWK die Deutsche Emissions- und Girobank in die Deutsche Notenbank (DNB) umbenannt und ihr das ausschließliche Emissionsrecht verliehen worden. Erst am 20. Juli 1948 erfolgte ein entsprechender Befehl der SMAD. Letztlich bestand die Deutsche Emissions- und Girobank damit nur zwei Monate.[22]

Die Währungsreform blieb im Osten – vor allem aufgrund politisch motivierter Ausnahmeregeln – unzureichend und hinter den Ergebnissen im Westen zurück. Beim Bargeldumtausch wurde lediglich in einem Verhältnis von 6,8 zu eins abgewertet; die umlaufende Menge an Bargeld je Kopf der Bevölkerung war in der SBZ anderthalbmal so hoch wie in den Westzonen. Ungenügend blieb auch die Umbewertung der Einlagen bei den Kreditinstituten. Schon im Mai 1945 hatte die sowjetische Besatzungsmacht mit der Kontensperre die bis dahin gebildeten Guthaben blockiert. Da bei diesen ›Uraltkonten‹ der ›rechtmäßige Erwerb‹ nachzuweisen war, wurde im Rahmen der Währungsreform nur ein unbedeutender Teil der Guthaben umgewertet. Die seit dem 8. Mai 1945 entstandenen Spareinlagen stellte man nach differenzierten Sätzen um, um die Kleinsparer besser zu stellen: Bis zu 100 RM waren sie eins zu eins, bis 1.000 RM zwei zu eins, bis 5.000 RM fünf zu eins und ab 5.000 RM zehn zu eins umzutauschen. Alle anderen Einlagen, also Nicht-Spareinlagen, sollten im Prinzip zehn zu eins abgewertet werden. Die laufenden öffentlichen Haushalte und das Eigenkapital der Banken wurden jedoch gesondert eins zu eins umbewertet. Konten von Naziaktivisten und Kriegsverbrechern annullierte man. Die innere Reichsschuld, also die Forderungen der privaten Haushalte und Unternehmen an das Reich, wurde gestrichen. Gravierend waren die Ausnahmeregeln: Staatliche Betriebe, politische Parteien und Verbände sowie Gewerkschaften (auch sowjetische Institutionen) konnten ihre Einlagen eins zu eins umstellen. Derweil hatten private Unternehmer all ihre Einlagen zehn zu seins abzuwerten. Damit gewährte man den staatlichen Betrieben bessere Startchancen. Im Resultat lagen auch die Pro-Kopf-Einlagen im Bankensystem nach der Währungsreform in der SBZ höher als im Westen. Die gesamte Geldmenge je Kopf der Bevölkerung war im Osten schließlich doppelt so groß wie die der Westzonen.[23]

Die westliche Währungsreform hatte – selbst abgesehen von ihren die Privatwirtschaft nicht diskriminierenden Umstellungsbestimmungen – einen gänzlich anderen Charakter, weil mit ihr zugleich die staatliche Preisregulierung und Bewirtschaftung im Grundsatz aufgehoben und damit wieder eine Marktwirtschaft etabliert wurde. In der SBZ stand die Währungsreform im Zusammenhang mit einer Reihe von Schritten, die den Weg zu einer zentral geleiteten Planwirtschaft nach sowjetischem Muster markierten: Die DWK wurde 1948 mit weitgehenden Weisungsrechten als zentrale Lenkungsinstitution neu konstituiert, in die man auch die Zentralfinanzverwaltung eingliederte, und man begann längerfristige Pläne, wie den Zweijahrplan, auszuarbeiten.[24] Dementsprechend war die DWK auch der DNB übergeordnet.[25] Zudem sollte laut Satzung der Bankpräsident vom Leiter der DWK-Hauptverwaltung Finanzen vorgeschlagen werden. Nicht zuletzt hatte die Notenbank nunmehr »*die Wirtschaftsplanung mit allen Mitteln der Geld- und Kreditpolitik aktiv zu unterstützen*«.[26] Das Zusammentreffen dieser ordnungspolitischen Schritte bestätigte den Eindruck der Zeitgenossen, dass mit den separaten Währungsreformen in West und Ost die Spaltung Deutschlands immer offener zu Tage trat.

Als in der ersten Phase der Transformation 1945/46 die bis dahin existierenden Banken stillgelegt und faktisch enteignet und zugleich ein neues System von Landes- und Provinzialbanken sowie Sparkassen und Kreditgenossenschaften etabliert wurden, folgte dies noch eher pragmatischen Erfordernissen, wenngleich damit faktisch bereits das private Unternehmertum im Bankenbereich ausgeschaltet wurde. Mit den Veränderungen im Jahr 1948 begab man sich auf den Weg, auf dem auch das Bankensystem zu einem Instrument zur Durchsetzung der zentralistischen, staatlich bestimmten Planwirtschaft und schließlich zu einem Teil von ihr wurde.[27]

c. Die Integration des Bankensystems in die Planwirtschaft 1948–63

Der DNB wurden 1950 die Emissions- und Girobanken und Landesbanken eingegliedert und damit das Bankensystem weiter zentralisiert. Die Notenbank unterstand de facto der Aufsicht des Finanzministeriums und war somit nicht unabhängig,[28] was auch den Grundcharakteristika der Planwirtschaft sowjetischen Typs widersprochen hätte, wie sie inzwischen offen angestrebt wurde. Ebenso richtete sich die Personalpolitik immer mehr an den Erfordernissen einer politisch kontrollierten Zentralbank aus: Der Einfluss der SED wurde nach und nach ausgebaut. Hatte man zunächst noch Wert auf Fachleute im Direktorium der DNB gelegt, so wurden 1950 verschiedene Mitglieder dieses Gremiums entlassen, weil sie als politisch unzuverlässig galten. Im Dezember 1950 berief man schließlich Greta Kuckhoff auf die Position der Präsidentin der DNB, die beide Voraussetzungen erfüllte: Sie war überzeugte Kommunistin und im Widerstand gegen das ›Dritte Reich‹ tätig gewesen, aber zugleich ausgebildete Volkswirtin.[29] In ihrer Funktion als Bankpräsidentin war sie Mitglied des Ministerrates, was gesetzlich festgeschrieben wurde.[30]

Als ›Hausbank des Staates‹ und als ›Bank der Banken‹[31] durfte die DNB laut Satzung vom Sommer 1948 zur Notendeckung Wechsel, Anleihen und Schatzanweisungen von »*Organen staatlichen Charakters, Gebietskörperschaften oder sonstigen öffentlichen Institutionen*« heranziehen, was die politisch intendierte Geldemission ermöglichte.[32] Neben dem alleinigen Recht zur Emission von Banknoten war die DNB – ein wesentliches Merkmal des einstufigen Bankensystems – für das kurzfristige Kreditgeschäft zuständig und Anfang 1949 wurde ihr die Abwicklung der Außenhandelsgeschäfte von der Garantie- und Kreditbank übertragen.[33]

Um die finanzielle Seite des Wirtschaftsprozesses in die Planwirtschaft einzubeziehen, musste das Bankensystem in diese integriert und als deren Instrument eingesetzt werden. Zum einen wollte man mit seiner Hilfe den Zahlungsverkehr der Wirtschaft kontrollieren: Zu diesem Zweck wurden die Betriebe bereits 1948 verpflichtet, Konten zu führen, Zahlungen – bis auf Lohnzahlungen und Kleinhandelsumsätze – nur noch bargeldlos durchzuführen und Bargeldeingänge unverzüglich auf Konten einzuzahlen. Nur private (natürliche) Personen waren fortan berechtigt, Bargeld abzuheben.[34] Zum anderen sollte der Bankkredit schon mit der Einführung der Kreditplanung im Jahr 1949 als Mittel der Plankontrolle angewandt werden.[35] Jedoch stand das in der Praxis oft nur auf dem Papier und erst ab 1952 mit der Einführung der wirtschaftlichen Rechnungsführung konnte die Kontrolle der Finanzpläne der Betriebe durch die Bank – was etwas verschleiernd als »*Kontrolle durch die Mark*« bezeichnet wurde – nach und nach durchgesetzt werden.[36] Damit wurde die DNB zum »*Finanzierungs- und Verrechnungszentrum der gesamten Volkswirtschaft sowie oberste Kontrollinstanz der zentral geplanten monetären und realwirtschaftlichen Prozesse*«.[37]

Neben der DNB wurden weitere Bankinstitute mit speziellen Aufgaben ins Leben gerufen, die zunächst der Hauptverwaltung Finanzen der DWK und dann dem Finanzministerium der DDR nachgeordnet waren. Langfristige Kredite vergaben seit 1948 die Deutsche Investitionsbank und seit 1950 die Deutsche Bauernbank. Erstere entstand im Oktober 1948 auf Befehl der SMAD durch eine Anordnung der DWK.[38] Sie sollte die langfristige Kreditierung von Investitionen in die Hand nehmen. Da sie die Anlagemittel aus den zentralen Haushalten erhielt und die Verteilung der Mittel sowie die Verwendungsüberwachung bei den zentralen Planbehörden lag, war sie quasi eine ausführende Institution im Planungsablauf: Sie konnte die Mittelverwendung zunächst weder aktiv steuern noch mit finanziellen Anreizen beeinflussen. Vor allem hatte sie die Investitionen der nominell ›volkseigenen‹, de facto staatlichen Betriebe zu finanzieren, die wiederum ihre Abschreibungsmittel zunächst nahezu vollständig an den Staatshaushalt abführen mussten.[39] Erst im Zuge der Reformen der 1960er-Jahre erhielt sie eine stärkere wirtschaftliche Stellung. Ähnliche Aufgaben hatte – bezogen auf die Landwirtschaft – die Deutsche Bauernbank.[40] Sie nahm dem traditionellen Genossenschaftswesen die eigene Kreditsparte (die landwirtschaftlichen Kreditgenossenschaften) und trat praktisch an deren Stelle.[41] Darüber hinaus hatte sie die Landwirtschaftlichen Produktionsgenossenschaften (LPG) – also die Kollektivierung der Landwirtschaft – zu fördern und finanzwirtschaftlich zu lenken.[42] Weiterhin entstand 1956 – in staatlichem Eigentum – die Deutsche Handelsbank AG, die die mit dem zunehmenden Außenhandel mit westlichen Ländern verbundenen Bankgeschäfte abwickeln sollte. Damit reagierte man darauf, dass die DNB in diesem Geschäftsfeld wiederholt in Interessenkollisionen geriet.[43]

Von der funktionalen Abgrenzung zwischen den verschiedenen Kreditinstituten wurden 1951 auch die Sparkassen erfasst. Sie sollten jetzt nur noch für Privatkunden und privates Handwerk und Gewerbe bis zu zehn Beschäftigten zuständig sein. Sie hatten vor allem die Bevölkerung zum Sparen zu animieren. Die Auflösung der Länder und die Einführung der Bezirks- und Kreisstruktur wurde 1952 dazu genutzt, die starken Landesverbände der Sparkassen zu zerschlagen und deren Geschäftsaktivitäten zunehmend der Lenkung des Finanzministeriums zu unterwerfen. Mit dem Sparkassenstatut von 1956 wurden die Sparkassen weiter in die Lenkungshierarchie der Planwirtschaft integriert.[44] Insgesamt war damit ein zentralisiertes und funktional differenziertes, aber auch konsequent segmentiertes Bankensystem entstanden, das jeglichen Wettbewerb ausschloss.[45]

Praktisch hatte die DNB aber nur einen begrenzten Spielraum, um ihren Aufgaben gerecht zu werden. Gegenüber der Regierung wies sie zwar immer wieder auf den ausufernden Geldumlauf hin, konnte diesen ebenso wie die zugrunde liegenden wirtschaftlichen Entscheidungen aber nicht selbst konsequent beeinflussen, weil ihr dazu die Kompetenzen fehlten.[46] 1956/57 eskalierte die Situation so weit, dass Kuckhoff gegenüber dem Regierungschef die »Währungssituation als ernst« bezeichnete. Der Geldumlauf, insbesondere der des Bargeldes, war stark angestiegen. Kurzfristige Kredite – auch zur Finanzierung des Staatshaushaltes – waren überwiegend zu Lasten der Geldemission ausgegeben worden. Für langfristige Kredite wurden auf Anweisung des Finanzministeriums jederzeit kündbare Spareinlagen der Bevölkerung herangezogen. In den Fällen ungenügender Liquidität bei den Sparkassen musste wiederum die Notenbank zu Lasten der Emission eingreifen. Das Hauptproblem aus der Sicht der Verantwortlichen bestand aber darin, dass der bei der Bevölkerung vorhandenen Kaufkraft kein entsprechendes Warenangebot gegenüberstand, was dazu führte, wie Kuckhoff ausführte, »*dass viele Bürger bedeutende Geldbeträge in der Tasche mit sich herumtragen, um bei sich bietender Gelegenheit schwer erhältliche Waren kaufen zu können.*« Außerdem wurde mehr und mehr DDR-Geld illegal in die Bundesrepublik und Westberlin verbracht.[47] All das schuf in den Augen der Verantwortlichen Momente des Unkalkulierbaren und Nichtgeplanten.

Daraufhin bereitete das Finanzministerium einen Umtausch der alten gegen neue Banknoten vor, der am 13. Oktober 1957 ohne Vorankündigung durchgeführt wurde. Offiziell sollte damit das nach Westberlin und in die Bundesrepublik abgeflossene Geld entwertet werden, weshalb man den Vorgang auch als ›Aktion Schiebertod‹ propagierte. Getroffen wurden aber auch jene DDR-Bürger, die größere Bargeldmengen besaßen und nun deren rechtmäßigen Erwerb nachweisen mussten. Das waren vor allem Einzelbauern, Privatunternehmer und Selbstständige. Ein erklecklicher Teil des Bargeldes wurde daraufhin nicht zum Umtausch eingereicht – sei es, weil es sich im Westen befand, oder sei es, weil die Besitzer der Überprüfung aus dem Weg gehen wollten – und nur ein geringer Teil des Bargeldes wurde im Zuge des Überprüfungsverfahrens als wertlos erklärt. Im Ergebnis wurde der Bargeldumlauf so um 27 Prozent reduziert. Da aber ein Teil des Bargeldes beim Umtausch auf Konten eingezahlt werden musste, wurde die gesamte Geldmenge nur um etwa ein Zehntel verringert. Jedoch stieg der Geldumlauf schon 1958 wieder an.[48] Das war auch nicht überraschend; schließlich wurden die systemimmanenten Ursachen des Geldüberhangs nicht beseitigt, die an erster Stelle in der weichen Budgetbeschränkung der Betriebe zu suchen war. Diese beruhte darauf, dass sich der Staat, schon um die Vollbeschäftigung zu sichern und um die Überlegenheit des eigenen Wirtschaftssystems gegenüber dem westlichen zu beweisen, verpflichtet sah, keinen Betrieb in Konkurs gehen zu lassen und den Finanzbedarf der Betriebe – selbst bei negativen wirtschaftlichen Ergebnissen – zu decken. Darüber hinaus begünstigte das allgegenwärtige Primat politischer Erwägungen gegenüber wirtschaftlichen Opportunitäten strukturell das Entstehen eines Geldüberhangs. Bezeichnend für den Stellenwert der DNB innerhalb des Institutionengefüges war jedoch, dass dieser Geldschnitt an der Spitze der Notenbank vorbei organisiert wurde und diese vor vollendete Tatsachen gestellt wurde.⁴⁹

Zugleich nahmen die Banken die zugebilligten Kontrollaufgaben gegenüber den Betrieben nicht wie gedacht wahr: Zum einen fehlten die entsprechenden Anreize und zum anderen die personellen und qualifikationsseitigen Voraussetzungen. So war es auch nicht erstaunlich, dass – laut einer internen Analyse vom Herbst 1960 – die Banken die Kontrolle des Betriebsgeschehens lediglich als zusätzliche Arbeit ansahen. Eine Ursache dafür wurde in der »*ressortmäßigen, engen, ›nurgeldmäßigen‹ Betrachtung der Wirtschaft*« gesehen. Dagegen wurde gefordert, die Finanzpolitik vollständig in die Wirtschaftspolitik der SED einzuordnen. Zudem beklagte die DNB die Zersplitterung der Aufgaben zwischen ihr und der Deutschen Investitionsbank und verlangte beide Banken zu verschmelzen.⁵⁰ Diese Konsequenz wurde allerdings erst in Erwägung gezogen, als die SED-Spitze infolge der existenziellen Wirtschaftskrise 1960/61 ab 1963 Reformen in Angriff nahm.

d. Wirtschaftliche Reformen und die Etablierung eines zweistufigen Bankensystems 1963–71

Die Wirtschaftsreform sollte der Planwirtschaft zu mehr Effizienz verhelfen und die Volkswirtschaft modernisieren, indem vor allem finanziellen Anreizen (›Ökonomische Hebel‹) eine größere Rolle zugebilligt wurde und die Branchenleitungen (VVB) mehr wirtschaftliche Kompetenzen erhielten.⁵¹ Da damit dem Kredit und den Zinsen mehr Bedeutung zukommen sollte, musste auch das Bankensystem ins Blickfeld der Reformer rücken. Organisatorisch sollten zunächst 47 Industriebankfilialen die direkten Beziehungen zwischen den VVB und der DNB stärken.⁵² Zugleich hatten die Banken jetzt strengere Wirtschaftlichkeitsprüfungen für zu vergebende Kredite und die damit zu finanzierenden Vorhaben durchzuführen. Jedoch nutzten die Banken die ›komplexe Bankenkontrolle‹ dazu, von den Betrieben eine Vielzahl ›ungerechtfertigter Berichte‹ zu verlangen. Zugleich fehlte den Bankmitarbeitern auch die Qualifikation, um die Projekte inhaltlich überprüfen zu können.⁵³ Alles in allem lösten sich die Banken in den Anfangsjahren der Reform nur teilweise von ihrer Rolle als Verrechnungs- und Kontrollstelle für die Umverteilung der Finanzmittel in der Volkswirtschaft, was weitere Veränderungen erforderte.

Zunächst wurde 1966 die Deutsche Außenhandelsbank AG gebildet, bei der man das gesamte Auslandsbankengeschäft konzentrierte. Zugleich blieb aber die Deutsche Handelsbank AG bestehen und entwickelte sich de facto zunehmend zur Hausbank des Bereiches ›Kommerzielle Koordinierung‹ und seiner klandestinen Geschäfte. Die Außenhandelsbank stellte faktisch den Mittler zwischen dem abgeschotteten Binnenmarkt der DDR und den Weltmärkten dar; sie wickelte vor allem Devisenhandels- und Kreditgeschäfte ab und war für die Abrechnung der Exporterlöse und Bezahlung der Importe zuständig.

Um die Banken dazu zu zwingen, wirtschaftlichen Aspekten auch auf dem Binnenmarkt stärker Rechnung zu tragen und um die neue Rolle der Kreditpolitik besser abzusichern, wurde schließlich 1967/68 das Bankensystem insgesamt umgestaltet. Bis dahin war die DNB als Zentralbank und gleichzeitig in bestimmten Geschäftsbereichen tätig. Daneben befasste sich die Deutsche Investitionsbank mit der Finanzierung, Kreditierung und Kontrolle der Investitionen. Bei der Durchsetzung der ›Eigenwirtschaftung der Mittel‹ für die Betriebe erschien es sinnvoll, die Finanzierung und Kreditierung des gesamten Reproduktionsprozesses bei – wie es in der Vorlage für die SED-Spitze hieß – einer »*sozialistischen Geschäftsbank*« zu konzentrieren. Zunächst sollte diese Aufgabe die reformierte DNB übernehmen, in die die Investitionsbank einzugliedern war. Diese wäre dann – quasi als konsequenteste Form eines einstufigen Bankensystems – Zentralbank und Geschäftsbank in einem gewesen.[54] Das wurde als möglich angesehen, weil Geldumlauf und Währungsstabilität im Selbstverständnis der SED-Spitze über die staatliche Planung in ihren verschiedenen Facetten direkt durch den Staat gewährleistet würden.[55] Das Politbüro beschloss aber – anders als die Vorlage – eine Geschäftsbank für Industrie, Bauwesen, Handel und Verkehr, die Industrie- und Handelsbank, aus Investitionsbank und den Geschäftsbereichen der DNB zu bilden und die DNB – dann als Staatsbank bezeichnet – ausschließlich als Zentralbank zu etablieren,[56] was zum 1. Januar 1968 geschah. Wirtschaftlich entscheidend für diese Reorganisation war wohl die Überlegung, dass die Banken gegenüber den Branchen und Betrieben nicht nur als staatliche Kontrollinstitutionen auftreten, sondern mit eigenen wirtschaftlichen Interessen agieren sollten. Dazu hatten sie nach der ›wirtschaftlichen Rechnungsführung‹ zu arbeiten, womit sie im Rahmen vorgegebener Regeln ihre Aufwendungen aus ihren Erlösen decken, also erlösorientiert tätig werden sollten. Damit schien eine Trennung von Zentralbank und ›Geschäftsbank‹ wirtschaftlich sinnvoll, wenngleich nicht zwingend. Später wurde als Argument für diese Meinungsänderung angeführt, dass die Absicht bestanden habe, »*die völkerrechtliche Anerkennung der DDR auch von dieser Seite her zu fördern*«.[57] Das hieße, man wollte sich mit der Wirtschaftsreform auch im Westen empfehlen. Gleichwohl wäre auch eine einheitliche Gesamtbank im Rahmen dieses Reformmechanismus denkbar gewesen.

Die Staatsbank übernahm gegenüber den ›Geschäftsbanken‹ eine herausgehobene Position, da sie die zentrale Verrechnungs- und Kontrollstelle blieb.[58] Die Industrie- und Handelsbank sollte mit den Betrieben ›Geschäftsbeziehungen‹ unterhalten und gleichzeitig deren gesamten Wirtschaftsprozess – unabhängig von aufgenommenen Krediten – kontrollieren, wobei sie selbst unter zentraler Aufsicht stand und sich bei der Staatsbank refinanzieren konnte. Damit entstand »*eine Art zweistufiges Bankensystem*«,[59] in dem die Industrie- und Handelsbank mit einer »*aktiven Kreditpolitik*« vor allem die Durchführung der von der Zentrale bestimmten Strukturpolitik zu unterstützen hatte. Dort als prioritär benannte Vorhaben sollten vorrangig und zu Vorzugsbedingungen finanziert werden. Im Gegensatz zur bisherigen Praxis waren Kredite nur nach dem Nutzeffekt, gemessen an Rentabilität, Produktivität und Umschlagszahl zu gewähren und von einem Mindesteinsatz eigener Mittel der Kreditnehmer abhängig zu machen. Sie sollten verweigert werden, wenn den Effektivitätsanforderungen ungenügend entsprochen wurde, die Erzeugnisse eine schlechte Qualität hatten und ihr Absatz nicht gesichert war. Darüber hinaus hatte die Industrie- und Handelsbank auf der Basis eigener Berechnungen und Einschätzungen den Betrieben Vorschläge zur Effizienzsteigerung zu machen und für die entsprechenden Schritte Kredite anzubieten.[60] In den Worten ihres damaligen

Präsidenten sollte sie also »*zugleich Geschäftspartner, Berater und gesellschaftlicher Kontrolleur der Betriebe*« sein.[61] Für diese Mitverantwortung benötigte sie jedoch Mitarbeiter, die volks- und betriebswirtschaftliche Kenntnisse ebenso wie technisch-ökonomisches Branchenwissen mitbrachten, was ein Problem darstellte.[62] Darüber hinaus taten sich zwischen ›Geschäftsinteresse‹ und Kontrollaufgaben der Bank Widersprüche auf: Sie hatte als ›Geschäftsbank‹ zu agieren, also im Eigeninteresse hohe Kredite zu vergeben und Zinsen einzunehmen, um ihren Gewinnplan zu erfüllen. Da sie zugleich über ein Monopol – mit der Staatsbank als Refinanzierungsquelle im Hintergrund – verfügte, hatte sie aber als Gesamtinstitution praktisch kein und die einzelnen Filialen nur ein begrenztes Geschäftsrisiko zu tragen.[63] Damit war die Bank auch nicht daran interessiert, die ohnehin übersteigerte Kreditnachfrage der Betriebe zu begrenzen, was 1969/70 die Diskrepanzen zwischen monetären Mitteln und materiellen Ressourcen entscheidend verschärfte und auch die Konflikte zwischen Gesamtplanung und einzelwirtschaftlicher Kreditsteuerung deutlich machte. Diese Widersprüche hatten ihren Anteil daran, dass die Wirtschaftsreform schließlich abgebrochen wurde.

Mit ihr war strukturell ein zweistufiges Bankensystem – mit der Staatsbank als Zentralbank und den verschiedenen ›Geschäftsbanken‹ (neben der Industrie- und Handelsbank die Deutsche Außenhandelsbank und die 1968 geschaffene Bank für Landwirtschaft und Nahrungsgüterwirtschaft) – geschaffen worden. Aber dieser Struktur lag nicht die Funktionalität eines marktwirtschaftlichen Bankensystems zugrunde. Dafür fehlten wesentliche Elemente: die Kapital- und Geldmärkte ebenso wie der Wettbewerb zwischen verschiedenen Instituten. Darüber hinaus waren die ›Geschäftsbanken‹ der Staatsbank administrativ unterstellt.[64] Zudem hatten auch die Widersprüche der Reform – wie der zwischen dem gewachsenen Stellenwert finanzwirtschaftlicher Steuerungsmechanismen und der Beibehaltung der Planung – ihre Konsequenzen für die Position der Banken.

e. Die Rezentralisierung des Bankensystems nach 1971

Nach dem Abbruch der Reform endete auch die Episode der relativen Eigenständigkeit der Banken und der Zweistufigkeit des Systems: Zunächst wurde der Spielraum der Banken eingeengt und der Kredit seit 1971 wieder eng an den Plan gebunden. Damit verschwanden schrittweise die geschäftsbankbezogenen Besonderheiten der Industrie- und Handelsbank.[65] 1974 wurde die Industrie- und Handelsbank dann auch institutionell wieder in die Staatsbank eingegliedert. Zur Begründung wurde unter anderem angeführt, dass damit eine Besonderheit der DDR im Ostblock beseitigt werden würde, da ein solches zweistufiges Bankensystem nirgendwo anders existieren würde und man sich – so wie auch auf anderen Gebieten – wieder stärker an die Erfahrungen der Sowjetunion anlehnen wolle.[66] Damit war die Staatsbank für die Ausgabe von Geldzeichen zuständig und stellte zugleich wieder die Kredite für die Volkswirtschaft (außer dem Agrarbereich) zur Verfügung; auch den Zahlungsverkehr und Verrechnungen wickelte sie ab. Sie verantwortete damit die Finanzierung, Kontoführung und Finanzkontrolle der staatlichen Betriebe, wofür sie ein umfangreiches Filialnetz (41 Industriebankfilialen, 180 Kreisfilialen und mehr als 100 Zweigstellen) betrieb.[67] Zudem führte sie die

Einlagen der anderen Kreditinstitute und refinanzierte diese, was ihre zentrale Stellung zusätzlich festigte. Mit einem neuen Staatsbankgesetz wurden im Dezember 1974 diese Aufgaben und ebenso wie die Position der Staatsbank als ›Organ des Staates und Teil des Staatsapparates‹ festgeschrieben.[68]

Diese Abhängigkeit der Staatsbank fand auch ihren Ausdruck in dem nur schwachen Einfluss, den sie auf die Wirtschaftspolitik in der Honecker-Ära nehmen konnte. So hat sie mehrfach – erfolglos – vor deren Konsequenzen auf den Geldumlauf und die Westverschuldung gewarnt.[69] Sie erreichte letztlich keine Änderungen dieser Politik, die den wirtschaftlichen Niedergang der DDR beschleunigte und damit auch deren Zusammenbruch mit verursachte.

---

1 Befehl des Chefs der Besatzung der Stadt Berlin Nr. 1 vom 28. April 1945, in: Deckers, Transformation, S. 126 ff.
2 Vgl. die Beispiele für Auszahlungen in Ahrens, Transformation, S. 125 f.
3 Befehl 01 der SMAD vom 23. Juli 1945 in: Kohlmey/Dewey, Bankensystem, S. 115–118. – Anders als von Zschaler, Währungsreform, S. 198, Anm. 20, behauptet, existierte dieser Befehl offenbar, wenn auch seine Nummerierung unklar ist. Jan Foitzik hat ihm die provisorische Nummer 16 gegeben. Vgl. Foitzik, Inventar, S. 66.
4 Zschaler, Währungsreform, S. 193 f.
5 Siehe dazu und zu den Folgen Ahrens, Transformation, S. 130–135.
6 Hummel, Kreditwesen, S. 368 ff.
7 Ebd., S. 361.
8 Wysocki/Günther, Geschichte, S. 37 f.; Hummel, Kreditwesen, S. 362 f.
9 Hummel, Kreditwesen, S. 363–366.
10 Ebd., S. 360 f. – Die Sonderentwicklung in Berlin ist hier nicht zu behandeln. Vgl. dazu Pollems, Bankplatz.
11 Hierzu und zum Folgenden Karlsch, Garantie- und Kreditbank, S. 69–84.
12 Hierzu und zum Folgenden Befehl Nr. 37 vom 19. Februar 1947, in: Kohlmey/Dewey, Bankensystem, S. 128 f.
13 Siehe dazu Zschaler, Entwicklung, S. 102–106.
14 Deckers, Transformation, S. 71 ff.; Hummel, Kreditwesen, S. 370 f.; Ahrens, Transformation, S. 140.
15 Vgl. zum Hintergrund Steiner, Länderpartikularismus, S. 32–39.
16 Ahrens, Transformation, S. 140.
17 Laufer, UdSSR, S. 476 f.
18 Zschaler, Emissions- und Girobank, S. 59 ff. – Ob die Führung der DZFV, wie ebd., S. 61, behauptet, bis dahin die Gründung einer zonalen Bank abgelehnt hatte, muss angesichts der sonstigen Bestrebungen der SBZ-Zentralverwaltungen stark bezweifelt werden. Bei dem von Zschaler angeführten Beleg handelt es sich wohl eher um einen rhetorischen Kotau vor der sowjetischen Besatzungsmacht.
19 Buchheim, Errichtung, S. 111 f.
20 Vgl. Befehl Nr. 94, in: Kohlmey/Dewey, Bankensystem, S. 151; ferner dazu und zu weiteren Details Zschaler, Emissions- und Girobank, S. 63 f.
21 Vgl. Buchheim, Errichtung, S. 127; ferner zum Folgenden Laufer, UdSSR.
22 Vgl. SMAD-Befehl Nr. 122/1948 vom 20. Juli 1948, in: Kohlmey/Dewey, Bankensystem, S. 158, ferner Zschaler, Emissions- und Girobank, S. 65.
23 Vgl. Steiner, Plan, S. 62. – Die Tabelle dort ist leicht korrigiert gegenüber den Angaben bei Zschaler, Währungsreform, S. 207–219.
24 Steiner, Plan, S. 57 ff.
25 SMAD-Befehl Nr. 122/1948 vom 20. Juli 1948, in: Kohlmey/Dewey, Bankensystem, S. 158.
26 Zit. n. Zschaler, Emissions- und Girobank, S. 65.

27 Ahrens, Transformation, S. 142.
28 Hummel, Kreditwesen, S. 381.
29 Zschaler, Emissions- und Girobank, S. 65 ff.
30 Gesetz über die Deutsche Notenbank vom 31. Oktober 1951, in: Kohlmey/Dewey, Bankensystem, S. 171 ff. – Dies blieb – außer in der Zeit von 1966 bis 1974 – bis zum Ende der DDR so.
31 Thieme, Notenbank, S. 612.
32 Zit. n. Zschaler, Emissions- und Girobank, S. 65.
33 Thieme, Notenbank, S. 613.
34 Anordnung der DWK vom 7. Juli 1948, in: Kohlmey/Dewey, Bankensystem, S. 234 f. – Dies wurde bekräftigt und verschärft im Gesetz über die Regelung des Zahlungsverkehrs vom 21. April 1950, in: ebd., S. 325–328.
35 Deutsche Wirtschaftskommission, Anordnung vom 26. Januar 1949, in: Kohlmey/Dewey, Bankensystem, S. 284 f.; Wysocki/Günther, Geschichte, S. 72 f.
36 Roesler, Herausbildung, S. 66 ff.
37 Thieme, Notenbank, S. 613.
38 Befehl 153/1948 der SMAD vom 10. September 1948, in: Kohlmey/Dewey, Bankensystem, S. 159 ff.; Anordnung vom 13. Oktober 1948, in: ebd., S. 161–166.
39 Steiner, Lenkungsverfahren, S. 278 f.
40 Gesetz vom 22. Februar 1950, in: Kohlmey/Dewey, Bankensystem, S. 167 ff.
41 Verordnung vom 14. Februar 1952, in: Kohlmey/Dewey, Bankensystem, S. 176 f.
42 Hummel, Kreditwesen, S. 389 f.
43 Ebd., S. 395.
44 Ebd., S. 386-389
45 Wysocki/Günther, Geschichte, S. 79 f.
46 Vgl. beispielsweise SAPMO-BA, NY4090/336, Bl. 36 f., DNB, Kuckhoff an Otto Grotewohl: Entwicklung des Geldumlaufs, 8. Juli 1954.
47 SAPMO-BA, NY4090/336, Bl. 67–73, Kuckhoff an Grotewohl, 6. Juni 1957.
48 Teils berechnet nach Ermer, Reichsmark, S. 188–200. Die Angaben dort sind widersprüchlich (S. 190, 199); vgl. ferner Thieme, Notenbank, S. 623, der noch andere Zahlen, allerdings ohne genaue Quelle präsentiert. Auch hier sind weitere Untersuchungen erforderlich.
49 Zschaler, Emissions- und Girobank, S. 67; Ermer, Reichsmark, S. 194 ff.
50 SAPMO-BA, DY30 IV 2/2029/155, Bl. 94–106, DNB, Präsident an Vorsitzenden der Wirtschaftskommission beim Politbüro des ZK der SED, Erich Apel: Die Entwicklung der DNB zum Hauptinstrument des Finanzsystems, 26. November 1960.
51 Vgl. zur Reform und zu den einzelnen Regelungen Steiner, DDR-Wirtschaftsreform.
52 BA Berlin, DE1/45339, SPK: Übersicht über den Stand der Maßnahmen zur Einführung des Systems ökonomischer Hebel, 3. September 1964.
53 SAPMO-BA, NY4182/970, Rumpf und Böhm an Ulbricht, 14. April 1964; DY30 IV A2/2021/339, Deutsche Investitionsbank: Maßnahmen zur weiteren Qualifizierung der Arbeit der Deutschen Investitionsbank in der 2. Etappe des NÖSPL, 2. November 1966.
54 SAPMO-BA, DY30 J IV 2/2A/1208, MdF, DNB, DIB, SPK: Vorlage für das Politbüro: Vorschläge über die neue Rolle und den zweckmäßigen Aufbau des Bankensystems, 23. Februar 1967.
55 SAPMO-BA, DY30 IV A2/2021/426, Abt. Planung und Finanzen: Stellungnahme zur Politbürovorlage ›Über die neue Rolle und den zweckmäßigen Aufbau des Banksystems‹, 23. Februar 1967.
56 SAPMO-BA, DY30 J IV 2/2A/1208, Protokoll Nr. 9/67 der Sitzung des Politbüros des ZK der SED am 28. Februar 1967.
57 SAPMO-BA, DY30/2773 Abt. Planung und Finanzen: Material zur Arbeitsweise und Struktur der Banken in der DDR, 16. Juni.1972. – Diese Erklärung ist aber zu problematisieren, da sie nach Abbruch der Reformen möglicherweise gerade die wirtschaftlichen Motive, die nicht an Bedeutung verloren hatten, verdunkeln sollte. Insofern sind die Gründe für diese Meinungsänderung noch zu untersuchen.
58 Zusammenfassend Lang/Ruban, Veränderungen, S. 401 ff.
59 Thieme, Notenbank, S. 629.

60 SAPMO-BA, DY30 J IV 2/2A/1320, Protokoll der Politbürositzung am 23. Juli 1968, Anlage 3: Grundlinie für die Durchführung der Kreditpolitik bis 1970 gegenüber volkseigenen, konsumgenossenschaftlichen und Außenhandelsbetrieben (Beschluss des PMR vom 19. Juni 1968); Verordnung über Grundsätze für die Gewährung von Krediten an volkseigene, konsumgenossenschaftliche und Außenhandelsbetriebe – Kreditverordnung sozialistische Betriebe – vom 19. Juni 68, in: Gbl. 1968, II, S. 653ff.
61 Zit. n. Seidenstecher, Wirtschaftsreformen, S. 139.
62 Lang/Ruban, Veränderungen, S. 410.
63 Steiner, DDR-Wirtschaftsreform, S. 484–489.
64 Hummel, Kreditwesen, S. 408 f.
65 Steiner, DDR-Wirtschaftsreform, S. 534 f.; Busch, Strukturreform, S. 221.
66 SAPMO-BA, DY30/2773Abt. Planung und Finanzen: Material zur Arbeitsweise und Struktur der Banken in der DDR, 16. Juni 972.
67 Haase, Bankwesen, S. 145.
68 Busch, Strukturreform, S. 223.
69 Steiner, Plan, S. 192 f.; Hertle, Diskussion, S. 318.

Joachim Scholtyseck

[24.]

Das Londoner Schuldenabkommen 1953

Das Tor zur Welt öffnet sich wieder

a. Das Doppelproblem: Materielle Schulden und moralische Schuld

Das Londoner Schuldenabkommen als ›Quasi-Friedensschluss‹ nach dem Zweiten Weltkrieg kann in seiner Bedeutung für die Rückkehr des westlichen Teils Deutschlands auf die internationale Bühne kaum überschätzt werden, obwohl es von der Öffentlichkeit, aber auch von der wissenschaftlichen Forschung lange Zeit ausgesprochen stiefmütterlich behandelt wurde und zum Teil noch wird. Die Vernachlässigung hat ihren Grund zweifellos in der ausgesprochen trocken wirkenden Zahlenmaterie, die, mit juristischen Elementen angereichert, nicht gerade eine spannende Lektüre bietet. Auch die in den Protokollen dokumentierten Verhandlungen auf Expertenebene lassen jegliches Kolorit vermissen, das Nicht-Fachleute anlocken könnte.[1] Dennoch lohnt eine intensivere Beschäftigung mit jenen Vorgängen der frühen 1950er-Jahre. Erst diese in der britischen Hauptstadt unterzeichneten Vereinbarungen schufen die Voraussetzungen für die »*Wiederherstellung des deutschen Kredits*«[2] in einem doppelten Wortsinn: zum einen mit Blick auf die moralische Glaubwürdigkeit, zum anderen hinsichtlich der dauerhaften Wiedereingliederung des deutschen Kapitalmarktes in das internationale Finanzierungsgeschäft. Pekuniäre und moralische Fragen blieben während der Verhandlungen eng aneinander gekoppelt, obwohl in den eigentlichen Gesprächen komplexe Sachfragen im Vordergrund standen und die Überlegungen zu Schuld und Verantwortung für die Vorgänge im ›Dritten Reich‹ nur implizit mitbedacht und noch weniger offiziell thematisiert wurden. Auf der Konferenz ging es vornehmlich um deutsche Schulden aus der Vorkriegs- und Nachkriegszeit, also gerade nicht um die materiellen Kosten des Zweiten Weltkrieges. Ausblenden ließ sich die nur wenige Jahre zurückliegende deutsche Gewaltherrschaft über weite Teile Europas jedoch nicht, und so bildeten die dahinterliegenden Fragen ein permanentes Hintergrundgeräusch: Ließ sich das vom NS-Regime begangene Unrecht finanziell aufwiegen und wie und mit welchen Mechanismen waren die immensen Kosten zu verteilen, die im Verlauf des Zweiten Weltkriegs entstanden waren? Untrennbar verbunden mit den finanziellen Fragen war daher das ›Grundproblem‹ einer materiellen Wiedergutmachung, nämlich »*die Umwandlung von Schuld in Schulden*«,[3] die eine politisch-moralische Voraussetzung dafür war, die Deutschen wieder dauerhaft in den Kreis der zivilisierten Nationen aufzunehmen. Die Regelung der Auslandschulden, dies machten die Siegermächte ein ums andere Mal unmissverständlich deutlich, war eine Grundbedingung für jegliche Revision des Besatzungsstatuts.

Dieser Beitrag skizziert zunächst die Hürden, die sich der Kreditwürdigkeit und damit der internationalen Einbindung der bundesdeutschen Wirtschaft entgegenstellten (Abschnitt b). Er erörtert dann zwei Aspekte der Londoner Schuldenverhandlungen: die Schuldenreduktion (Abschnitt c) und das Junktim zwischen Schuldenreduktion und Wiedergutmachung (Abschnitt d). Er schließt mit einem Blick auf Kritik und Wirkung des Abkommens (Abschnitt e).

b. Wirtschaftswachstum bei fehlender Kreditwürdigkeit

Die Verhandlungen und der erfolgreiche Abschluss des Londoner Schuldenabkommens sind nur vor dem Hintergrund der vollständigen Kriegsniederlage des Deutschen Reiches 1945 zu verstehen, mit der die staatliche Souveränität der Großmacht Deutschland zugunsten einer vollständigen Abhängigkeit von den Siegermächten beseitigt worden war. In den von den Westalliierten besetzten Zonen stellte sich allerdings schon bald heraus, dass die Demontagepolitik und die zunächst vorgesehene Zerschlagung der deutschen industriellen und finanziellen Basis, die noch im Morgenthauplan vorgesehen war, an den realpolitischen Erfordernissen scheitern würden. Die »*Beibehaltung alter Strukturen und ihre Indienststellung für den Wiederaufbau*«[4] waren unabdingbar, wenn das besiegte Land den Besatzern keine hohen Kosten verursachen und im heraufziehenden Kalten Krieg ein Bollwerk gegen den sowjetischen Machtblock bilden sollte.

Bis zur Währungsreform 1948 blieb die Lage in den westlichen Zonen trotz einiger positiver Tendenzen durch Mangelwirtschaft und einen blühenden Schwarzmarkt gekennzeichnet. Die mit der Rückkehr zur Marktwirtschaft einhergehende Währungsreform führte sodann eine »*institutionelle Sicherung von Geldknappheit*« durch eine faktische ›Massenenteignung‹ herbei, denn große Vermögensbestände wurden mit einem Schlag entwertet. Die meisten Deutschen mussten nun ihren Lebensunterhalt ausschließlich durch Arbeit sichern; die Unternehmen wiederum sahen sich einem »*Produktions- und Vermarktungszwang*«[5] unterworfen. Beides zog einen sprunghaften Anstieg der industriellen Leistung nach sich. Nun erwies sich, dass die Auswirkungen der Bombenschäden für die deutsche Industrie weniger bedeutsam waren als gemeinhin angenommen.[6] Ein bedeutender Teil der noch in den letzten Kriegsjahren ausgebauten Substanz war erhalten geblieben und die westdeutsche Industrie ging »*mit einem bemerkenswert großen und neuen Kapitalstock*« in die Wiederaufbauphase.[7] Ein modernisierter Maschinenpark wurde von leistungsbereiten Arbeitern genutzt, von denen viele nach

Flucht und Vertreibung hoch motiviert auf einen Neuanfang setzten. Da die USA Europa als ihren wichtigsten Absatzmarkt betrachteten und zugleich die westeuropäischen Demokratien vor kommunistischer Unterwanderung schützen wollten, entschlossen sie sich, Wiederaufbauhilfe zu gewähren. Die Marktwirtschaft trat nach amerikanischem Vorbild ihren Siegeszug an: mit der Liberalisierung der Weltwirtschaft, mit dem Abbau der Zollschranken und mit dem Aufbau eines internationalen Währungssystems mit festgelegten Wechselkursen und dem US-Dollar als Leitwährung.[8] Mit dem nach dem amerikanischen Außenminister benannten Marshallplan – offiziell ›European Recovery Program‹ (ERP) – wurden den europäischen Staaten insgesamt 15 Mrd. US-Dollar zur Verfügung gestellt und damit ›Hilfe zur Selbsthilfe‹ geleistet.

Die Bundesrepublik Deutschland gehörte neben 13 weiteren europäischen Staaten zwar zu den Empfängern dieser Hilfe,[9] aber die junge Bonner Republik blieb für die Alliierten noch geraume Zeit ein ›verdächtiger‹ Staat. Der Ausbruch des Koreakriegs im Jahr 1950 stellte insofern geradezu einen Glücksfall für Westdeutschland dar. Die Verwicklung vorwiegend amerikanischer Streitkräfte in Asien führte aufgrund der Wiederaufnahme der Rüstungsproduktion zu Kapazitätsengpässen in der amerikanischen Wirtschaft und, damit verbunden, zu einer erhöhten Nachfrage nach deutschen Investitionsgütern. Der ›Korea-Boom‹ bescherte der Bundesrepublik dank der unterbewerteten D-Mark eine Sonderkonjunktur und gilt als eine Initialzündung des deutschen Wirtschaftswunders.[10] Zudem überzeugte die politisch-militärische Entwicklung in Asien die Amerikaner und Briten vom Nutzen einer nachgiebigeren und flexibleren Haltung gegenüber Bonn. Bis dahin waren vor allem die USA als inzwischen unbestrittene Weltführungsmacht bestrebt gewesen, Deutschland ökonomisch unter Kontrolle zu halten. Jetzt aber schienen deutsche Produkte auf einem insgesamt expandierenden Weltmarkt leichter tolerierbar, zumindest dann, wenn sich die Bundesrepublik an den wachsenden Kosten im Kalten Krieg beteiligte und – eine weitere Bedingung – wenn sie sichtbare Signale setzte, um die erheblichen Vorbehalte der zivilisierten Welt gegenüber den Deutschen abzubauen.[11]

Wie groß dieses Misstrauen noch immer war, zeigte sich nicht zuletzt auf dem Finanzsektor. Eine alliierte ›Intergovernmental Study Group on Safeguarding Foreign Interest‹ legte 1948 den Finger in die Wunde, wenn sie an die schlechte Zahlungsmoral erinnerte, die Deutschland in den 1920er- und 1930er-Jahren an den Tag gelegt habe, ein Verhalten, das durch die Politik des NS-Regimes noch einmal akzentuiert worden sei: Es gebe, so lautete die Einschätzung, eine lange Geschichte ›unbefriedigenden‹ Verhaltens der deutschen Privatanleger und Institutionen, und es sei zu befürchten, dass sich die Praxis wiederholen werde, wenn die Deutschen ihre Unabhängigkeit wiedererlangen würden.[12]

Bundeskanzler Konrad Adenauer wurde noch im Herbst 1949 vom ehemaligen Präsidenten der Weltbank, dem amerikanischen Hochkommissar John McCloy, informiert, dass Westdeutschland noch keineswegs als kreditwürdiger Verhandlungspartner galt: Neue Privatkredite für die deutsche Wirtschaft werde es beispielsweise erst dann wieder geben, wenn die Angelegenheit der erheblichen deutschen Vorkriegsschulden vom Tisch sei. Trotz solcher Vorbehalte, die von der Alliierten Bankkommission geteilt wurden, hofften führende Vertreter der deutschen Bankenwelt, unter ihnen Paul Marx aus dem ehemaligen Vorstand der Commerzbank, Carl Goetz, der ehemalige

Aufsichtsratsvorsitzende der Dresdner Bank, und Hermann Josef Abs als Vertreter der ehemaligen Deutsche Bank-Gruppe, in einer Denkschrift vom November 1949 aber bereits auf eine »*volle Wiederherstellung der alten Leistungsfähigkeit*« der Großbanken, was ihrer Meinung nach nur durch eine Stärkung, also eine Rezentralisierung möglich war.[13] Dies korrespondierte mit flankierenden Maßnahmen, die das internationale Vertrauen in die Bundesrepublik stärken und den ökonomischen Wiederaufbau des Landes fördern sollten: Im Oktober 1949 wurde die Bundesrepublik in die Organisation for European Economic Co-operation (OEEC) aufgenommen, die 1950 gegründete Europäische Zahlungsunion (EZU) erfolgte unter westdeutscher Beteiligung, mit dem 1951 unterzeichneten Montanunion-Vertrag wurde das Ruhrstatut abgelöst und Bonn wurde gleichberechtigter Partner der Europäischen Gemeinschaft für Kohle und Stahl (EGKS). Noch im gleichen Jahr trat die Bundesrepublik dem General Agreement on Tariffs and Trade (GATT) zur Harmonisierung des Welthandels bei. Diese Marschroute entsprach dem auch von der Bank deutscher Länder angeregten »*Eindringen in das kontinentale System*«, wie es der deutsche ERP-Arbeitsstab im Februar 1950 forderte[14] – eine im Nachhinein wohl zu sehr auf das rein Monetäre bezogene Sichtweise.

c. Die Londoner Verhandlungen zur Schuldenreduktion

In der Bundesrepublik riefen die immer deutlicher zu vernehmenden alliierten Forderungen nach Begleichung der Schulden gemischte Gefühle hervor: Die Angelegenheit war mit zahlreichen offenkundigen Unwägbarkeiten befrachtet, zumal zunächst nicht einmal bekannt war, um welche Belastungen es eigentlich gehen sollte. Letztlich handelte es sich um ein ganzes Paket möglicher verschiedener Forderungskategorien:

— insgesamt fünf Anleihen Preußens und des Reiches aus der Zeit der Weimarer Republik, die überwiegend von institutionellen beziehungsweise privaten Gläubigern aus den USA gehalten wurden,
— die so genannten ›Stillhaltekredite‹, die ebenfalls ihren Ursprung in den Jahren vor 1933 hatten und deren Gläubiger mehrheitlich britische Banken waren,
— Schulden, die nach dem Zusammenbruch der NS-Diktatur entstanden waren, vor allem Gelder des Marshallplans und der so genannten GARIOA-Hilfe, also Gelder, die als ›Government Appropriation and Relief for Import in Occupied Areas‹ vornehmlich für dringend notwendige Lebensmittel zur Verfügung gestellt worden waren,
— so genannte ›Clearingschulden‹ in erheblicher Höhe aus der Zeit des ›Dritten Reiches‹,
— Reparationen und Wiedergutmachungen für Schäden, die im Lauf des Zweiten Weltkrieges durch die Herrschaft des ›Dritten Reiches‹ und die Besatzung durch die Wehrmacht in Europa entstanden waren.

Die gigantischen Dimensionen der Herausforderungen standen allen Beteiligten vor Augen. Sie riefen bei den meisten Beteiligten unweigerlich ungute Erinnerungen an die gescheiterte Lösung des Schuldenproblems durch die Versailler Nachkriegsordnung wach. Letztlich wurden in London in einer bemerkenswerten Selbstbeschränkung lediglich für die drei erstgenannten Punkte Lösungen vereinbart und gefunden, also Angelegenheiten, die ganz konkret die deutschen Auslandsschulden der Vor- und Nachkriegszeit betrafen. Die Clearing-Angelegenheiten und die Reparationsfragen wurden nicht behandelt: Schon im Vorfeld der Konferenz wurde beschlossen, eventuelle finanzielle Forderungen der Kriegsjahre 1939 bis 1945 auszuklammern. Dies hat bisweilen später zu Kritik geführt, wobei allerdings häufig vergessen wird, dass schon die Verhandlungen über die Vor- und Nachkriegsschulden, an der zeitweise Vertreter von über 20 Regierungen in einem wahren Verhandlungsmarathon von Juni 1951 bis Februar 1953 beteiligt waren, einen Kraftakt darstellten. Im harten Verhandlungspoker stand die Konferenz mehrfach vor einem Scheitern. Hätten die beteiligten Mächte auch noch die komplexen Zusammenhänge des Clearings und der Reparationen behandeln müssen, wären angesichts des immensen Ausmaßes des deutschen Schuldenbergs eine Überbürdung und ein Scheitern nicht auszuschließen, ja sogar wahrscheinlich gewesen: Das Clearingsystem, an dem bis 1945 schließlich 18 europäische Länder teilgenommen hatten,[15] war ein Vehikel der wirtschaftlichen Ausbeutung gewesen. Die aus ihm entstandenen Forderungen an das Reich betrugen schätzungsweise über 30 Mrd. RM. Rechnete man Besatzungskosten in Höhe von geschätzten 88 Mrd. RM hinzu, so ergab sich ein noch sehr viel höherer Wert.[16] Wären diese Beträge in London berücksichtigt worden, hätte dies die Schuldensumme »*in astronomische Höhen getrieben*«[17] und damit das ganze Verfahren obsolet gemacht.

Im Zentrum der alliierten Überlegungen standen vor allem die bis 1933 aufgelaufenen Vorkriegsschulden, die, anders als später immer wieder kolportiert, zunächst gar nichts mit der NS-Zeit zu tun hatten. Bei den fraglichen Angelegenheiten handelte es sich um drei Anleihen des Reiches, nämlich die Dawes-Anleihe aus dem Jahr 1924, die Young-Anleihe aus dem Jahr 1930 – beide hatten vor allem die deutschen Reparationszahlungen nach dem Ersten Weltkrieg erleichtern sollen – sowie die ebenfalls im Jahr 1930 begebene schwedische Zündholz-Anleihe, die als so genannte ›Kreuger-Anleihe‹ bekannt war. Daneben waren zwei Anleihen Preußens aus den Jahren 1926 beziehungsweise 1927 zu behandeln. Die deutschen Fachleute bestritten keinesfalls die Notwendigkeit, diese Anleiheschulden aus der Zeit der Weimarer Republik zu tilgen, auch wenn sie angesichts der desolaten Finanzlage auf eine Reduzierung der Zahlungsmodalitäten hofften. Sie selbst waren in erster Linie an einer Lösung der Frage der ›Stillhaltekredite‹ interessiert. Damit waren die vom Stillhalteabkommen im Sommer 1931 in Basel und in Nachfolgevereinbarungen betroffenen privaten Auslandsschulden gemeint, das heißt Kredite, die ausländische Institute deutschen Banken und Industrieunternehmen gewährt hatten und die im Baseler Abkommen mit Rücksicht auf die deutsche Devisenknappheit gestundet worden waren.[18] Schon im November 1948 wurde auf einer von der Bank deutscher Länder einberufenen Fachkonferenz beschlossen, zur Lösung der Frage der ›Stillhaltekredite‹ einen Ausschuss zu gründen. Wenn dieses Schuldenproblem beseitigt sei, so lautete in deutschen Bankenkreisen die Hoffnung, werde man auch neue ausländische Kreditlinien bekommen.[19]

Bei der Lösung der Schuldenfrage blieben die Amerikaner und Briten zunächst noch ganz unter sich, während die Deutschen lediglich als Zaungäste ihre Meinung äußern konnten, wovon sie jedoch regen Gebrauch machten. Die deutsche Industrie-

und Finanzwelt wies beharrlich auf die drohenden Gefahren für das zart erblühende deutsche Wirtschaftswunder hin, falls die Bundesrepublik durch kontinuierliche Zahlungsverpflichtungen dauerhaft geschwächt werde. Es war allen Beteiligten klar, dass die durch Kriegsschäden und Demontagen erheblich geschädigte Bundesrepublik, die aktuell durch eine schwerwiegende Zahlungsbilanzkrise zusätzlich beeinträchtigt war, nicht einmal in der Lage sein würde, die erheblichen Nachkriegsforderungen vollständig zu erfüllen.[20]

Die Evozierung dieses Szenarios und das energische Drängen der federführenden Lobbyisten Abs, Goetz und Marx zeigte Wirkung, denn die Außenminister der USA, Frankreichs und Großbritanniens signalisierten bei einem Treffen im September 1950 in New York ihre Bereitschaft, die Wiederherstellung der deutschen Kreditwürdigkeit als Ziel einer Schuldenregulierung anzustreben. Die Deutschen bissen freilich mit ihrem Begehren auf Granit, das deutsche Auslandsvermögen zu berücksichtigen und in den Verhandlungen auf die Schulden anzurechnen: Im so genannten Pariser Reparationsabkommen hatten sich bereits Anfang 1946 zahlreiche am Krieg beteiligte Staaten durch den Zugriff auf deutsche Vermögenswerte im Ausland befriedigt. Bis zum Abschluss des Abkommens rief die Nichtbeachtung des konfiszierten deutschen Auslandsvermögens in der Bundesrepublik immer wieder heftigen Protest hervor. Rückblickend betrachtet war es hingegen ein Vorteil, dass dieses Thema nicht mitbehandelt wurde, denn es hätte unweigerlich die Frage der Reparationen und Entschädigungen mit ihren finanziellen und moralischen Unwägbarkeiten auf die Tagesordnung gebracht.

Die Bundesrepublik gab nach schwierigen Verhandlungen in Abstimmung mit der Alliierten Hohen Kommission am 6. März 1951 gegenüber dem amtierenden Vorsitzenden des alliierten Hochkommissariats, André François-Poncet, eine Erklärung ab, für die gesamten privaten und öffentlichen Auslandsschulden des Reiches zu haften – eine wichtige Vorentscheidung, denn mit dieser ›Schulderklärung‹ stand Bonn auch für diejenigen Verbindlichkeiten ein, die theoretisch von der DDR hätten übernommen werden sollen. Die Bundesregierung machte somit deutlich, den ›Alleinvertretungsanspruch‹ auch in seinen pekuniär nachteiligen Aspekten ernst zu nehmen. Immer deutlicher entwickelte sich Hermann Josef Abs zu einem in der komplexen Materie versierten, selbstbewussten und mit der notwendigen Kombination von diplomatischer Verbindlichkeit und Härte ausgestatteten deutschen Verhandlungsführer, der nur selten von seiner Generallinie abwich. Unter seiner Federführung, zunächst noch in seiner Eigenschaft als Mitglied im Verwaltungsrat der Kreditanstalt für Wiederaufbau, begannen im Juli 1951 die Vorbesprechungen über die Auslandsschulden. Abs beharrte zwar auf seine Unabhängigkeit, gehörte aber mittlerweile zum engeren Kreis des Bonner Machtzentrums. Sein Einfluss reichte bis ins Kanzleramt und an den Kabinettstisch.[21] Neben Abs als Sprecher der deutschen Delegation waren Vertreter unter anderem des Auswärtigen Amts, der beiden Bundesministerien für Wirtschaft und Finanzen sowie Männer der Wirtschaft beteiligt. Obwohl sich die politisch-ökonomischen Interessen Adenauers und der Bankiers weitgehend überschnitten, blieben Spannungen und Meinungsunterschiede über das Procedere nicht aus.

Erst seit Februar 1952 waren die Deutschen an den Gesprächen der Alliierten offiziell beteiligt. Sie spielten nach Wahrnehmung amerikanischer Beobachter die Rolle »ehrenhafte[r] *Leute, die unglücklicherweise nicht viel Geld zum Bezahlen*« hatten.[22] Die nichtdeutschen Juristen und Volkswirte hatten ein gutes Gedächtnis: Selbst nicht erfüllte Forderungen Belgiens aus dem Ersten Weltkrieg und Kosten deutscher Sabotageakte gegen Ziele in den Vereinigten Staaten im Jahr 1917 wurden präsentiert und erforderten von den deutschen Delegierten ein akribisches Einlesen in die unvertraute und komplexe Materie, bei der zudem noch die Zinsen und Amortisationen zu bedenken waren.

Angesichts der inzwischen offenkundigen Exporterfolge der Bundesrepublik, die Adenauer kaum verbergen konnte, aber aus innenpolitischen Gründen angesichts des bevorstehenden Wahljahres 1953 auch nicht verschweigen wollte, erforderte dies von Abs eine gewisse Schlitzohrigkeit. Dem Bankenexperten, der die gesamte Klaviatur des Verhandelns beherrschte, gelang es, diese Ambivalenzen so geschickt zu verbrämen, dass die immer wieder betonte prekäre Finanzlage der Bundesrepublik kaum ernsthaft in Zweifel gezogen wurde. Seit einiger Zeit hatte sich herauskristallisiert, dass die Regelung der kommerziellen Schulden Vorrang vor anderen Forderungen haben würde und ein besonderes Augenmerk zunächst nicht den Vorkriegs-, sondern den Nachkriegsschulden gelten sollte.²³

Die Londoner Konferenz verhandelte um die deutschen Vorkriegsschulden, deren Höhe auf zunächst 13,5 Mrd. DM angesetzt wurde und um die Nachkriegsschulden, die zunächst auf 16 Mrd. DM taxiert wurden. Die Regelung der letztgenannten Kategorie über die Marshallplan-Hilfe und die GARIOA-Hilfe machten die Alliierten übrigens noch ganz unter sich aus. Der eigentliche Verhandlungspoker fand in zwei Runden statt, zunächst vom 28. Februar bis zum 4. April 1952 und dann erneut vom 20. Mai bis zum 8. August 1952. Die Pause erklärt sich durch eine Krise in der ersten Gesprächsrunde, in der ein Scheitern zeitweise nicht ausgeschlossen schien. Zwar war allen Beteiligten klar, dass es um eine Reduzierung der im Raum stehenden Summen ging, aber die deutsche Seite hatte zunächst die Nennung konkreter Zahlen vermieden. Im Mai 1952 konfrontierte Abs die Gläubiger mit einer Offerte, die für die Schulden des Reiches und Preußens einen Kapitalschnitt von 50 Prozent vorsah und auch in den anderen Modalitäten seinen Verhandlungspartnern als lächerlich gering erschien und von ihnen »*schockiert zur Kenntnis*« genommen wurde.²⁴ Nur das professionelle Verhandlungsgeschick auf beiden Seiten verhinderte einen Eklat und das Ende der Gespräche.

Seit dem Frühsommer 1952 zeichnete sich eine Einigung ab. Ein Erfolg für die deutsche Seite war das Aushandeln eines günstigeren Zinses und der Verzicht auf die Berechnung von Zinseszinsen. Unter anderem hierdurch wurde die Gesamtforderung für die Vorkriegsschulden schließlich auf einen Betrag von 7,3 Mrd. DM heruntergehandelt. Eine Minderung in ähnlichem Umfang ergab sich für die Nachkriegsschulden, die schließlich auf rund sieben Milliarden D-Mark reduziert wurden. Allein die USA verzichteten aus den ERP- und ›Government and Relief in Occupied Areas‹-Programmen auf Forderungen von zwei Milliarden Dollar und stellten nur noch 1,2 Mrd. Dollar in Rechnung. Das finanziell angeschlagene Großbritannien, das von Washington massiv gedrängt wurde und sich als ehemaliger Partner der Kriegsallianz mehrmals demütigen lassen musste, reduzierte seine Rechnung aus dem UK-Contributions-Funds schließlich von 814 auf 605 Mio. Dollar; Frankreich, das auf seine symbolische Beteiligung nicht verzichten wollte, stellte statt der ursprünglich geforderten 16 Mio. Dollar nun zwölf Millionen Dollar in Rechnung,²⁵ ein Betrag, der in Westdeutschland trotz des geringen

Umfangs besonders vehement abgelehnt wurde, weil umstritten war, ob die von Paris in Rechnung gestellten Gelder überhaupt als ›Hilfe‹ gewertet werden sollten. Dem Nachbarn jenseits des Rheins wurde unterstellt, lediglich eigennützig gehandelt und, wie ein SPD-Abgeordneter während der Ratifizierungsdebatten ausführte, die französische Besatzungszone »*systematisch ausgeraubt*« zu haben. Die Verstimmung über Frankreich war so groß, dass das Verabschiedungsverfahren im Bundestag beinahe gescheitert wäre und schließlich durch einen Verfahrenstrick gerettet werden musste.[26]

Die Tilgung wurde mit Rücksicht auf die Finanzkraft der Bundesrepublik auf 20 bis 25 Jahre festgelegt. Für die Vorkriegs- und Nachkriegsschulden wurde ein jährlicher Schuldendienst in Höhe von 576 Mio. DM vereinbart, der vom 1. Januar 1953 an aufgenommen werden sollte – ein durchaus akzeptables Ergebnis für die deutsche Seite, die zu Beginn der Verhandlungen einen Betrag von höchstens einer halben Milliarde D-Mark angepeilt hatte. Vom Jahr 1958 an sollten die Annuitäten der Alliierten auf 750 Mio. DM steigen und von diesem Zeitpunkt an auch die Tilgungen einschließen. Abs und seine Mitstreiter konnten durchsetzen, dass dem Schuldner in den ersten fünf Jahren entweder nur Zinsen oder nur Tilgungen, nicht jedoch beides gleichzeitig auferlegt wurde. Langfristig ebenso wichtig war, dass die Zahlungen nur durch im laufenden Export verdiente Devisen abgedeckt werden durften; hier lag ein Anreiz für die Gläubigerstaaten, den deutschen Export durch die Stärkung der multilateralen handelspolitischen Zusammenarbeit und die Wiederherstellung der Konvertibilität der Währungen zu fördern. Einen weiteren Erfolg der Verhandlungskünste der deutschen Delegation stellte die Umstellung der Goldklausel, mit der die Schuldverpflichtungen bei ihrer Entstehung versehen worden waren, auf eine Dollarklausel dar: Bewertungsmaßstab der Schulden wurde nicht deren seinerzeitiger Goldwert, sondern der (1933 abgewertete) Dollar zum Stichtag 1. August 1952; die oben erwähnte Reduktion der Vorkriegsschulden auf 7,3 Mrd. DM geht zum Teil auf diese Wertminderung zurück.

Diese Vereinbarungen stellten, wie es Abs selbstbewusst dem Kabinett am 12. August 1952 darlegte, einen unbestreitbaren Erfolg für den Kriegsverlierer Deutschland dar, obwohl es in London nicht gelungen war, unter Hinweis auf die Zerstückelung des Deutschen Reiches eine entsprechende Kürzung des Nominalbetrags der Vorkriegsschulden durchzusetzen. Hier beharrten die Gläubiger auf ihrem Standpunkt, dass die territoriale Verkleinerung bereits durch Zinsermäßigungen, die Hinausschiebung der Zahlungstermine sowie die Verlängerung der Amortisationsleistungen in die Gesamtüberlegungen ›eingepreist‹ worden sei. Ebenso vergeblich blieb der deutsche Versuch, eine Haftung für Zahlungen von Schuldnern an die ›Konversionskasse‹ abzulehnen, wenn dies nicht zur Bundesrepublik gehörende Gebiete betraf. Auch dieses Spezialproblem betraf die Vorkriegsschulden: Mit einem ›Gesetz über Zahlungsverbindlichkeiten gegenüber dem Ausland‹ vom 9. Juni 1933 hatte das devisenschwache Deutsche Reich unter anderem dekretiert, dass auf ausländische Bonds geleistete Tilgungsraten nicht mehr an ausländische Gläubiger, sondern fortan an die nun eingerichtete ›Konversionskasse für deutsche Auslandsschulden‹ zu überweisen waren, was einem einseitig verkündeten Transfermoratorium gleichgekommen war und zu massiver Verstimmung bei den ausländischen Geldgebern geführt hatte. Da die Zahlungsverpflichtung de jure auf das Reich übergegangen war, das in den folgenden Jahren die ausländischen Gläubiger immer häufiger mit Schuldverschreibungen abfand, und da im Zweiten Weltkrieg schließlich Zinszahlungen nur noch für neutrale Staaten erfolgten, stand die Bundesrepublik nach Ansicht der Alliierten auch in diesem Bereich in der Pflicht. Bonn sagte deshalb in London zu, die im Zusammenhang mit der Tätigkeit der Konversionskasse aufgelaufenen Zins- und Tilgungsrückstände zu bezahlen, was durch den Umtausch in Konversions- und Fundierungsschuldverschreibungen der Bundesrepublik Deutschland geschah.

Die abschließenden ›Empfehlungen‹ der in der britischen Hauptstadt versammelten Delegierten stellten letztlich einen gelungenen Kompromiss dar, der in einem mehrere Einzelabkommen umfassenden Vertragswerk besiegelt wurde. Mit der im Londonderry House stattfindenden Unterzeichnung des Londoner Schuldenabkommens wurde am 27. Februar 1953 eine schwierige multilaterale Schuldenkonferenz erfolgreich beendet, deren Scheitern von vielen Seiten prophezeit worden war. Das nüchtern formulierte Abkommen verlangte keine formelle Schulderklärung – eine Konsequenz aus den negativen Auswirkungen, die der in erster Linie juristisch gedachte, aber in der Weimarer Republik vielfach als moralische Verurteilung interpretierte Kriegsschuldartikel 231 des Versailler Vertrages gehabt hatte. Bonn nahm zwar faktisch die Beschlagnahmung des deutschen Auslandsvermögens hin, hatte aber im Gegenzug durchsetzen können, dass Entschädigungsforderungen erst nach Abschluss eines Friedensvertrages auf der Tagesordnung stünden. Der in London 1953 festgesetzte Betrag, der die Forderungen von 70 Staaten abdeckte – insgesamt 13,73 Mrd. DM –, mochte sich zunächst nach einer ungeheuren Summe anhören. Angesichts des erheblichen Schuldenstands des Deutschen Reiches fiel sie jedoch vergleichsweise niedrig aus, was nicht zuletzt dem Verhandlungsgeschick der deutschen Politiker und Bankfachleute zu verdanken war. Das Abkommen wurde schließlich in Deutschland am 24. August 1953 ratifiziert; es trat am 16. September 1953 in Kraft, nachdem auch die anderen beteiligten Staaten in London die entsprechenden Ratifikationsurkunden hinterlegt hatten.

d. Schuldendienst und Reparationen: Eine schwierige Beziehung

Bisweilen wurde, wie etwa der Staatssekretär im Bundeskanzleramt Otto Lenz in seinem Tagebuch verzeichnete, das Abkommen durchaus als ›Reparationsabkommen‹ verstanden.[27] In den offiziellen Gesprächen beharrte die deutsche Seite jedoch darauf, wie im Vorfeld vereinbart, Fragen über Kriegsschulden und Reparationszahlungen grundsätzlich auszuklammern und auf die Zeit der endgültigen Regelung der deutschen Frage und eines ordnungsgemäßen Friedensvertrages zu verschieben. Die ehemaligen Feindstaaten akzeptierten dies, zumal Abs immer wieder die Warnung aussprach, ein Abkommen sei nicht tragfähig, wenn Bonn gezwungen werde, zusätzlich noch Reparationszahlungen zu leisten. In manchen der europäischen Staaten, deren Regierungen mit Hitler-Deutschland kollaboriert hatten, wurde die Ausklammerung sogar mit Erleichterung quittiert. Damit wurde das Problem erst einmal auf die lange Bank geschoben. Vor dem politischen Hintergrund der so genannten ›Stalinnoten‹ 1952 und des Arbeiter- und Volksaufstands in der DDR 1953 erschienen Wiedervereinigung und Friedensvertrag den Beteiligten der Konferenz auf absehbare Zeit als zunehmend unrealistisch. De facto regelte das Londoner Schuldenabkommen »*den Konflikt um deutsche Reparationsleistungen zugunsten ihres faktisch unbefristeten Aufschubs.*«[28]

Am 18. März 1953 erklärte sich die Bundesrepublik in einem in Luxemburg abgeschlossenen Wiedergutmachungsabkommen mit Israel zur Zahlung von Entschädigungen an Verfolgte der nationalsozialistischen Herrschaft bereit.[29] Die schwierigen Gespräche waren in Den Haag meist weitgehend parallel zu den Londoner Verhandlungen geführt worden, basierend auf im Jahr 1950 aufgenommenen informellen Kontakten zwischen der Bundesregierung, dem Jüdischen Weltkongress und Vertretern Israels und standen in einem untrennbaren Zusammenhang mit den Schuldenverhandlungen. Sie gestalteten sich wegen der psychologischen und moralischen Komponenten jedoch weitaus komplexer als die Londoner Gespräche, die einen stark technizistischen Charakter hatten. Der erst 1948 gegründete Staat Israel befand sich in einer ökonomischen Krise und war auf massive Geldzufuhr angewiesen. Vor der Aufnahme offizieller Verhandlungen über finanzielle Transferleistungen wurde jedoch eine Erklärung der Bundesregierung erwartet, mit der ein genereller Anspruch auf Wiedergutmachung anerkannt wurde. Dieser Forderung entsprach Adenauer schließlich am 27. September 1951 durch eine Erklärung im Bundestag.[30] Sie enthielt ein Bekenntnis zur materiellen Wiedergutmachung für die »*unsagbare*[n] *Verbrechen*«, die »*im Namen des deutschen Volkes*« an den Juden begangen worden waren. Verbunden war dies mit der Bereitschaft, »*eine Lösung des materiellen Wiedergutmachungsproblems herbeizuführen*«.[31] Letztlich stand ein Betrag von 1,5 Mrd. US-Dollar im Raum, von dem die Bundesrepublik eine Milliarde Dollar, umgerechnet also 4,2 Mrd. DM, und die DDR den Restbetrag übernehmen sollte. Allerdings entzog sich die Sowjetunion einem solchen Ansinnen. Die ›Jewish Claims Conference‹, ein Zusammenschluss verschiedener jüdischer Organisationen, machte eine eigene Rechnung auf und präsentierte eine weitere Summe über eine halbe Milliarde Dollar. Abs war ein harter Kritiker der mit ungewissem Ausgang stattfindenden Verhandlungen mit Israel und wollte die Londoner Verhandlungen zu einem Abschluss bringen, bevor ein Wiedergutmachungsübereinkommen vereinbart würde, das mögliche weitere Verpflichtungen der Bundesrepublik nach sich ziehen konnte. Der Bankier wollte die unabdingbare Manövriermasse für die diffizilen Verhandlungen in der britischen Hauptstadt nicht durch voreilige Festlegungen gegenüber Israel und den jüdischen Organisationen aus der Hand geben. Er legte es zeitweise sogar darauf an, die akute Finanznot Israels zu instrumentalisieren – eine Taktik, die der Bundeskanzler jedoch nicht mittragen wollte. Für den Fall eines Scheiterns der Verhandlungen sah Adenauer die Gefahr, dass die Bundesrepublik »*vor der Welt in den Ruf des Antisemitismus*« komme. Es müsse deshalb alles daran gesetzt werden, »*den Faden zu Israel nicht abreißen zu lassen.*«[32]

Adenauer machte eine Gesamtsumme von einer Milliarde Dollar zur Grundlage für offizielle Verhandlungen – eine eigenmächtige Zusicherung, die er allerdings ohne Rücksprache mit seinem Kabinett (und Abs) traf, was zu monatelangem hinhaltenden Widerstand vor allem des Bundesfinanzministeriums führte. Da es der Bundesregierung auch in diesen Verhandlungen darauf ankommen musste, ihre begrenzte Zahlungsfähigkeit zu demonstrieren, war das Junktim mit den – finanziell bedeutenderen – Londoner Schuldenverhandlungen offenkundig, wie Adenauer betonte: »*Wiederherstellung unseres Kredits in der Welt hängt von dem Erfolg beider Verhandlungen ab. Das aber ist der Zweck des Ganzen.«*[33]

Die beiden Delegationen hielten von Beginn an engen Kontakt. Trotz aller Bedenken des Bundesfinanzministeriums gegen zu hohe Geldzusagen wurde bei den entscheidenden Bonner Verhandlungen am 10. Juni 1952 ein Betrag von 3,4 bis 3,5 Mrd. DM als an Israel zu zahlender Betrag avisiert. Auch die deutsche Wirtschaft beugte sich der Notwendigkeit, der moralischen in einer finanziellen Wiedergutmachung Ausdruck zu geben. Der Vertragsentwurf wurde schließlich im September 1952 unterzeichnet und, nachdem er Bundesrat und Bundestag passiert hatte, am 21. März 1953 im Bundesgesetzblatt verkündet.

Der Fall der Mauer, das Ende der DDR und die Wiedervereinigung im Jahr 1990 verliehen dem Londoner Schuldenabkommen noch einmal eine unerwartete Aktualität. Alle Bundesregierungen hatten in den vorangegangenen Jahrzehnten immer wieder zivilrechtliche Ansprüche ehemaliger Zwangsarbeiter unter Hinweis auf Artikel 5 Absatz 2 des Londoner Schuldenabkommens zurückgewiesen, in dem entsprechende Regelungen auf die Zeit nach einem Friedensvertrag verschoben worden waren.[34] Zum Zeitpunkt des Londoner Abkommens waren, von gelegentlichen Initiativen der Niederlande und Norwegens einmal abgesehen, Fragen der Moral von fast allen Beteiligten pragmatisch *»den materiellen Interessen untergeordnet«*[35] worden. Dies mochte aus wirtschaftlicher Perspektive zwar nachvollziehbar sein, wurde jedoch von einer kritischen Öffentlichkeit zunehmend als moralisch fragwürdig wahrgenommen. In dieser komplexen Angelegenheit boten die Regelungen der Abmachungen mit Israel aus dem Jahr 1953, die schon zeitgenössisch mehr als eine symbolische Geste der ›Wiedergutmachung‹ waren,[36] einen praktikablen Ausweg. Sie waren geradezu zur Blaupause für weitere Verhandlungslösungen ähnlichen Zuschnitts geworden, die in der ›Stiftungsinitiative der deutschen Wirtschaft‹ zur Entschädigung von Zwangsarbeitern ihren sichtbarsten Ausdruck fand.[37] Die verwandte Problematik eventueller staatlicher Reparationsansprüche, die in London ebenfalls ausgeklammert und auf die Zeit eines Friedensvertrages hinausgeschoben worden war, wurde dadurch gelöst, dass der Zwei-plus-Vier-Vertrag vom 3. September 1990 den Verzicht auf einen förmlichen Friedensvertrag implizierte. Reparationsforderungen, beispielsweise für Schäden und andere Kosten während des Ersten Weltkrieges und der deutschen Besatzung im Zweiten Weltkrieg, waren nach deutscher Rechtsauffassung damit obsolet und wurden im zeitlichen Umfeld der Wiedervereinigung auch nicht geltend gemacht.

Zahlungsverpflichtungen nach der Wiedervereinigung ergaben sich dagegen aus Artikel 25 des Londoner Schuldenabkommens. Hier war, unter Berücksichtigung der verringerten Wirtschaftskraft des verkleinerten Bundesgebietes, vereinbart worden, die Zahlung rückständiger Zinsen auf die bereits erwähnten beiden Anleihen Preußens und die drei Anleihen des Deutschen Reiches bis zur Wiedervereinigung aufzuschieben. Die Anleihen selbst waren zu diesem Zeitpunkt bereits vorzeitig zurückgezahlt worden, zuletzt die Dawes-Anleihe im Jahr 1969 und die Young-Anleihe im Jahr 1980. Nun, nach der Wiedervereinigung, sammelte die Bundesregierung die in eine ›Schattenquote‹ eingebrachten Zinsrückstände der Preußen-Anleihen aus den Jahren von 1937 bis 1952 und den Reichsanleihen aus den Jahren 1945 bis 1952 in ›Fundierungsanleihen‹. Sie machten insgesamt eine überschaubare Summe von 250 Mio. DM[38] aus, die bis zum 3. Oktober

2010 getilgt wurde. Damit waren die finanziellen Angelegenheiten des Londoner Schuldenabkommens abschließend geregelt.

e. Das Londoner Schuldenabkommen: Kritik und Leistung

In langwierigen Verhandlungen war die ursprüngliche Summe der deutschen Vorkriegs- und Nachkriegsschulden in einem zähen Verhandlungspoker von ursprünglich etwa 30 Mrd. DM auf knapp 14 Mrd. DM reduziert worden, eine weitsichtige Lösung, die angesichts des immer noch weitverbreiteten Misstrauens vor allem gegenüber privaten deutschen Schuldnern nicht selbstverständlich war. Einer der amerikanischen Befürworter des Abkommens sprach zu Recht während der parlamentarischen Debatte im amerikanischen Senat davon, es sei nicht an der Zeit, »*to take a Versailles Treaty approach on Germany.*«[39]

Die Abmachung erwies sich für die Bundesrepublik gerade aus diesem Grund als wirtschaftlich tragfähig. Ihre »*Erfolgsgeschichte*« war, so ist in der bisher gründlichsten Studie zum Thema ausgeführt worden, »*sozusagen der finanziell-ökonomische Teil des deutschen Wirtschaftswunders, der sich in stiller Effizienz weitgehend unbemerkt vollzog.*«[40] Das Abkommen wurde von der öffentlichen Meinung der Bundesrepublik im Jahr 1953 hingegen, aus heutiger Sicht geradezu befremdlich, keineswegs einhellig begrüßt, sondern in weiten Kreisen als unnötige Demütigung angesehen. In der damaligen Presselandschaft galten die Vereinbarungen selbst manchen seriösen Blättern als ›Ausverkauf‹ deutscher Interessen, und sogar das böse Wort von ›Versailles‹ machte wieder die Runde. Entsprechend schmal war der Grat, auf dem die deutsche Delegation zu balancieren hatte. Abs hat diese Schwierigkeit später mit dem Bonmot ausgekleidet, Bundesfinanzminister Fritz Schäffer habe ihm im Vorfeld gesagt: »*Herr Abs, wenn Sie es schlecht machen, werden Sie an einem Birnbaum aufgehängt und wenn Sie es gut machen, an einem Apfelbaum.*«[41] Abs, der »*wie ein Wanderprediger*«[42] durch Deutschland reiste, versuchte in zahlreichen Vorträgen in der deutschen Wirtschafts- und Finanzwelt für die Ergebnisse zu werben. Der jüngst kritisierte angeblich »*kleinkrämerisch-juristische Charakter der deutschen Verhandlungsführung*«[43] in London war notwendig, um das Abkommen der deutschen Öffentlichkeit überhaupt akzeptabel erscheinen zu lassen.

Die Kritik an den Vereinbarungen blieb nicht auf Deutschland beschränkt. In den USA, die zähneknirschend den bereits erwähnten Forderungsverzicht von zwei Milliarden Dollar akzeptierten, wurde mit Einwänden gegen die Verhandlungsergebnisse ebenfalls nicht gespart; die Ergebnisse wurden als zu mager angesehen. Auf Kosten der Steuerzahler würden, so lautete das Argument, vor allem privaten Vorkriegsschuldnern Geschenke gemacht. Letztlich gelang es nur mit Mühe, eine entsprechende Mehrheit im Kongress in Washington zu erlangen – ausschlaggebend dafür war das Bewusstsein, dass eine kreditfähige Bundesrepublik langfristig für die Vereinigten Staaten eine kostengünstigere Variante war als ein Staat, der aufgrund seines Schuldendienstes dauerhaft am Tropf des amerikanischen Steuerzahlers hängen werde.

Die Rückzahlungen, die bereits 1953 aufgenommen wurden, hatten weniger dramatische Auswirkungen auf die Wirtschaftskraft als zunächst vielfach befürchtet worden war. 1952 war der Durchbruch zum selbsttragenden Wirtschaftswachstum gelungen. Es zahlte sich nun aus, dass die Marshallplan-Hilfe für Investitionen verwendet worden war; andere europäische Länder hatten eher den Konsum angekurbelt, was sich jetzt als gravierender Nachteil für ihre Wettbewerbsfähigkeit erwies. Nach kurzer Zeit war offenkundig, dass die Bundesrepublik »*keine Mühe haben würde, ihre Zahlungen aus den steigenden Devisenerträgen ihres florierenden Außenhandels*« zu begleichen.[44] Die erste Rate in Höhe von 576 Mio. DM machte weniger als vier Prozent der Exporterlöse aus. Auch die weiteren Raten, die vereinbarungsgemäß nach fünf Jahren stiegen, vermochten den Wirtschaftsboom bei soliden Außenhandelsüberschüssen nicht zu beeinträchtigen. Die Ertragskraft der deutschen Wirtschaft war so groß, dass es möglich war, durch Vorauszahlungen in den Jahren 1959 und 1961/62 sowie eine Restzahlung im Jahr 1966 diese Schulden vorzeitig zu tilgen.[45]

Der Erfolg des Londoner Schuldenabkommens zeigte sich nun in einem spürbar zunehmenden Außenhandel, der durch wichtige flankierende Effekte zusätzlichen Auftrieb erhielt. Eine »*investitionsfreundliche Steuergesetzgebung*« förderte die Kapitalbildung in den deutschen Unternehmen.[46] Adenauers Politik einer »*Verzahnung von Westintegration und Souveränitätsgewinn*«[47] trug weitere Früchte. Der Beitritt der Bundesrepublik zum Internationalen Währungsfonds, der mit einem Gesetzentwurf im April 1952 vorbereitet worden war und im August 1952 erfolgte, sowie der zeitgleiche Beitritt zur Weltbank komplettierten den Verbund von Maßnahmen zur Wiederherstellung von politischer Souveränität und Kreditwürdigkeit. Während die jetzt wieder freigiebig gewährten ausländischen Lieferantenkredite den Import ankurbelten, wurden Waren mit der Aufschrift ›Made in Germany‹ erneut zum Exportschlager. Mit ihnen konnte nun wiederum weitgehend problemlos das immer umfangreichere Auslandsgeschäft finanziert und ausgedehnt werden, bei dem die Banken wieder ins Geschäft kommen wollten.[48] Durch den starken Export getragen, waren nun Devisenzugänge zu verzeichnen, die, von kurzen Phasen des Rückgangs abgesehen, bis 1970/71 anhielten.[49]

Es war kein Zufall, dass zeitgleich mit den sich über fast zwei Jahre hinziehenden Londoner Verhandlungen die Phase der schwachen D-Mark ihr Ende fand. Die Geldwertstabilität wurde von der unabhängig agierenden Bank deutscher Länder, ab 1957 von der Bundesbank garantiert. Das Londoner Schuldenabkommen, das für die Lösung des Schuldenproblems eine signifikante Reduzierung kodifizierte und statt der theoretisch sofort fälligen Bezahlung praxistaugliche Tilgungsraten vorsah, schuf ein Regelvertrauen, weil es einen dosierten und aus den laufenden Überschüssen der Exporterlöse bezahlbaren Schuldendienst ermöglichte. Die vereinbarten Rückzahlungsraten gaben der westdeutschen Seite vor allem Planungssicherheit – ganz anders als in der Zeit des Versailler Vertrags von 1919 und des Londoner Reparationsabkommens von 1921, bei denen schwindelerregend hohe Summen dekretiert, dann aber selbst in den zahlreichen Nachfolgevereinbarungen nicht eindeutig festgelegt worden waren. Die Einigung im Jahr 1952 hingegen kam allen Seiten zugute: Sie signalisierte den Handelspartnern Westdeutschlands, dass Bonn sich dauerhaft auf einen ordnungsgemäßen Schuldendienst verpflichtet hatte und nahm der westdeutschen Wirtschaft die Sorge, bei unkontrollierbaren Kapitalrückflüssen ins Ausland seine Währungsreserven zu verlieren.

Diese Sicherheit, die nach den Erfahrungen der erst 20 Jahre zurückliegenden Weltwirtschaftskrise in ihrer psychologischen Bedeutung kaum zu überschätzen war, machte es einfacher, den Kapitalverkehr weiter zu liberalisieren. Der Transfer von Kapitalerträgen ins Ausland wurde bereits im Januar 1954 freigegeben. Im September des gleichen Jahres wurden die seit 1931 bestehenden Sperrmarkguthaben in ›Liberalisierte Kapitalguthaben‹ umgewandelt. Dies waren Zeichen, dass das Londoner Schuldenabkommen auch einen entscheidenden Schritt auf dem Weg zur vollständigen Konvertibilität der westdeutschen Währung auf dem internationalen Kapitalmarkt ermöglicht hatte. Die Devisenkontrollwirtschaft, die durch heute kaum noch bekannte Begriffe wie ›Sperrmark‹, ›Beko-Mark‹ und ›Libka-Mark‹ gekennzeichnet war,[50] gehörte Ende der 1950er-Jahre endgültig der Vergangenheit an. Zwei Jahre nach Inkrafttreten des Londoner Abkommens konnte Abs rückblickend in einem Vortrag vor der Frankfurter Industrie- und Handelskammer in der Paulskirche die Bedeutung der Vereinbarungen für den Wiedereintritt der deutschen Wirtschaft in den internationalen Kapitalverkehr würdigen: *»Das Vertrauen, das jeder haben muss, um Geld und Kapitalien im Ausland anzulegen oder Geld und Kapitalien vom Ausland zu erwarten, hängt eben von der Behandlung auch im rechtlichen Sinne des privaten Eigentums nun einmal ab. Aus dem Grunde gerade hat es in Deutschland eine so große Bedeutung, wie wir in Deutschland jedes Unrecht wieder gutzumachen suchen, das im deutschen Namen an privatem Eigentum geschehen ist.«*[51] Die Londoner Schuldenkonferenz öffnete in dieser Hinsicht der deutschen Wirtschaft das Tor, um wieder als globaler Akteur aufzutreten.

1 Die wissenschaftliche Vernachlässigung ist inzwischen überwunden durch die grundlegende Studie von Rombeck-Jaschinski, Londoner Schuldenabkommen.
2 Schwarz, Wiederherstellung.
3 Goschler, Schuld, S. 161.
4 Feldenkirchen, Wirtschaft, S. 105.
5 Plumpe, Entscheidung, S. 464 f.
6 Abelshauser, Wirtschaftsgeschichte, S. 68.
7 Ebd., S. 72.
8 Kaelble, Krieg, S. 30 ff.
9 Hogan, Marshall Plan; Mausbach, Morgenthau; Schröder, Marshallplan.
10 Abelshauser, Wirtschaftsgeschichte, S. 154–162.
11 Buchheim, Errichtung.
12 Buchheim, Londoner Schuldenabkommen, S. 220.
13 Zit. n. Gall, Bankier, S. 208.
14 Zit. n. Dickhaus, Bundesbank, S. 114.
15 Vgl. zu den verschiedenen Mechanismen Frech, Clearing, S. 32–36.
16 Vgl. Boelcke, Kosten, S. 109; Höpfner, Clearing-Defizite, S. 138; ferner die Berechnung in Occhino/Oosterlinck/White, Victor, S. 43 f.
17 Rombeck-Jaschinski, Londoner Schuldenabkommen, S. 184.
18 Born, Beginn, S. 126–128.
19 Dickhaus, Bundesbank, S. 112.
20 Abelshauser, Wirtschaftsgeschichte, S. 231.
21 Horstmann, Alliierten, S. 208.
22 Zit. n. Goschler, Schuld, S. 154.
23 Ebd., S. 153.
24 Rombach-Jaschinski, Londoner Schuldenabkommen, S. 295 f.
25 Abelshauser, Wirtschaftsgeschichte, S. 231; Deutsche Bundesbank, Geld- und Bankwesen, S. 336–341.
26 Rombeck-Jaschinski, Londoner Schuldenabkommen, S. 431–438.

27 Lenz, Zentrum, S. 462.
28 Gall, Bankier, S. 184.
29 Wolffsohn, Globalentschädigung.
30 Zum schwierigen Neubeginn Jelinek, Deutschland, S. 117–124.
31 Jena, Versöhnung.
32 Adenauer in der Sondersitzung des Kabinetts vom 20. Mai 1952. Vgl. Bundesarchiv, Kabinettsprotokolle V, S. 640.
33 Zit. n. Goschler, Schuld, S. 166.
34 Féaux de la Croix, Schadensersatzansprüche.
35 Rombeck-Jaschinski, Londoner Schuldenabkommen, S. 414.
36 Hockerts, Wiedergutmachung.
37 Hense, Entstehung.
38 Rombeck-Jaschinski, Londoner Schuldenabkommen, S. 457.
39 Zit. n. ebd., S. 439 f.
40 Ebd., S. 443.
41 Zit. n. Abs, Londoner Schuldenabkommen, S. 7; grundsätzlich auch ders., Entscheidungen.
42 Gall, Bankier, S. 197.
43 Primor/Korff, Juden, S. 17.
44 Abelshauser, Wirtschaftsgeschichte, S. 232.
45 Bundesministerium der Finanzen, Entschädigung, S. 336–341; grundsätzlich auch Glasemann, Vierzig Jahre.
46 Plumpe, Industrieland, S. 383; Abelshauser, Wirtschaftsgeschichte, S. 151.
47 Plumpe, Industrieland, S. 393.
48 Grünbacher, Reconstruction.
49 Tilly, Geld, S. 199.
50 Buchheim, Londoner Schuldenabkommen, S. 223.
51 Zit. n. Gall, Bankier, S. 188.

Ralf Ahrens

[25.]

Die Rezentralisierung der Großbanken 1957/58

Bankenmacht-Debatte und Strukturwandel der Kreditwirtschaft in der Bundesrepublik

a. Einleitung: ›Bankenmacht‹ und Großbankenpolitik

Die Tage zwischen dem 20. und dem 23. Mai 1957 erfüllten die Vorstände der Hamburger Kreditbank, der Rhein-Main Bank und der Rhein-Ruhr Bank »*mit Genugtuung und Zuversicht*«: Knapp 85 Jahre nach ihrer Gründung feierte eine altehrwürdige deutsche Großbank schon fast einen zweiten Geburtstag, indem die Hauptversammlungen die ›Wiedervereinigung‹ ihrer drei ›Nachfolgeinstitute‹ zur Dresdner Bank AG absegneten. Den aus diesem Anlass publik gemachten Stolz auf »*zähe Lebenskraft, die alle Eingriffe von hoher Hand nicht zu zerstören vermochten*«,[1] dürften die Vorstände der einen Monat zuvor nach ähnlichem Muster entstandenen Deutsche Bank AG und der erst 1958 ›wiedervereinigten‹ Commerzbank geteilt haben – war es doch auch ihr ganz persönlicher Widerstand gegen die Dezentralisierungspolitik der drei Westalliierten, der hier seine formelle und abschließende Bestätigung fand. Die amerikanischen Bemühungen um eine Beschneidung wirtschaftlicher ›Macht‹ der drei Kreditinstitute durch ihre Zerlegung in kleinere Einheiten, die bald nach Kriegsende begonnen und die deutsche Bankengeschichte der Besatzungszeit wesentlich geprägt hatten, waren endgültig gescheitert.[2]

Der zähe Kampf der drei Filialgroßbanken um ihre Rekonstitution war nur eine von drei politischen Auseinandersetzungen um ihre Existenzberechtigung im ›Zeitalter der Extreme‹: Nach der Bankenkrise von 1931 standen sie in der frühen NS-Zeit im Zentrum einer Bankenenquete; in den Siebzigerjahren führte die Kritik an der ›Macht‹ der großen Universalbanken, die bis zu Verstaatlichungsforderungen reichte, erneut zur Einsetzung von Untersuchungskommissionen. Es liegt also nahe, nach Grundmustern und Unterschieden der Großbankenkritik sowie nach deren Folgen zu fragen. Da auf die Entwicklung dieser Gruppe von Kreditinstituten in früheren Jahrzehnten an anderer Stelle in diesem Band eingegangen wird, konzentriert sich der vorliegende Beitrag vor allem auf die Vierziger- bis Siebzigerjahre und endet mit einem kurzen Ausblick bis in die Gegenwart. Er behandelt dabei nicht nur Bankenpolitik und bankenkritische Diskurse, sondern erörtert auch die Entwicklung der Großbanken im Strukturwandel der deutschen Kreditwirtschaft. Als ›Großbanken‹ werden dabei jeweils diejenigen Kreditinstitute verstanden, die historisch unter diesem unscharfen Terminus zusammengefasst wurden; im Fall der Bundesrepublik also die drei eingangs genannten großen Universalbanken mit flächendeckendem Filialnetz, die auch die Kritik an der ›Bankenmacht‹ immer wieder ins Visier nahm.³

Dieser Topos hat eine lange Geschichte. Der Historiker Jakob Tanner hat vor einiger Zeit darauf aufmerksam gemacht, dass dabei »*die Argumentation mit der ›Macht‹ immer selbst eine Komponente in der Auseinandersetzung um die Macht war (und ist)*.« Das galt nicht nur für die pseudoökonomische Trennung zwischen ›schaffendem‹ und ›raffendem‹ Kapital, die ein zentrales Moment des nationalsozialistischen Antisemitismus darstellte; sondern auch für Rudolf Hilferdings bekannte These vom wachsenden Einfluss des Bankensektors in entwickelten kapitalistischen Gesellschaften oder deren Fortsetzung in anderen marxistisch geprägten Ansätzen. Macht kann jedoch auch als funktionale Notwendigkeit eines modernen, ausdifferenzierten Wirtschaftssystems begriffen werden, die erst dann zum Problem wird, wenn einzelne Banken ihre Einfluss- und Kontrollmöglichkeiten auf dem Markt für Finanzdienstleistungen oder gegenüber Nichtbanken so weit ausdehnen, dass die Wahrnehmung ihrer Interessen gesamtwirtschaftliche Nachteile oder Schäden für einzelne Kunden zu zeitigen droht – wenn also Machtmissbrauch stattfinden kann.⁴

In der Realität vermischten sich wohl zu jeder Zeit, wenn auch mit unterschiedlicher Gewichtung und mit unterschiedlichen Intentionen, fundamentale und funktionale Aspekte der Bankenkritik. Die folgenden Abschnitte skizzieren unter diesem Blickwinkel zunächst die Rolle der Großbanken bis 1945 und ihre Interpretation durch die amerikanische Besatzungsmacht, die 1947/48 in der Dezentralisierung der Großbanken mündete (Abschnitt b), sowie die Rezentralisierung 1952–1957/58 und ihre wirtschaftliche Bedeutung (Abschnitt c). Es folgen zwei Abschnitte zur Stellung der Großbanken im Gefüge der bundesdeutschen Kreditwirtschaft (Abschnitt d) und zu neuen Vorwürfen der ›Bankenmacht‹ seit den Sechzigerjahren (Abschnitt e); ein knappes Fazit zum Wandel der Machtkritik (Abschnitt f) beschließt den Beitrag.

b. Deutsche Großbankentradition, alliierte Bankenkritik und die Dezentralisierung 1947/48

Die amerikanischen Vorwürfe gegen die ›Big Six‹, die so genannten Berliner Großbanken der NS-Zeit – neben den drei Filialgroßbanken wurden dazu die Reichs-Kredit-Gesellschaft, die Berliner Handelsgesellschaft und die Bank der Deutschen Arbeit gerechnet –, waren deutlich von einer kritischen Grundeinschätzung des deutschen Universalbanksystems beeinflusst. In den USA war die Trennung zwischen Commercial Banking und

Investment Banking, die auch das britische Bankwesen prägte, als Reaktion auf die zahlreichen Bankenzusammenbrüche der Weltwirtschaftskrise durch den Glass-Steagall-Act 1933 sogar gesetzlich verankert worden. Im Gegensatz dazu waren in Kontinentaleuropa während der Industrialisierung kapitalstarke Aktienbanken entstanden, die ungeachtet des ›Gründerkrachs‹ der 1870er-Jahre bis zur Jahrhundertwende ihre Marktposition ausbauen konnten und sich zugleich zu Universalbanken entwickelten, also sowohl das Einlagen- und Kreditgeschäft als auch die Emission von und den Handel mit Wertpapieren betrieben. Trotz ihrer Bedeutung für die Mobilisierung von Industriekapital und ihrer Beteiligung an Industrieunternehmen hielten sich jedoch die Einfluss- und Kontrollmöglichkeiten dieser Institute aufgrund des Wettbewerbs offenbar in Grenzen, und zwar im Kaiserreich ebenso wie unter den schwierigen Finanzierungsbedingungen der 1920er-Jahre. Zumindest gilt dies für wesentliche Teile der Schwerindustrie und einige andere Großunternehmen; solide Studien zu anderen Branchen und zur Abhängigkeit mittelständischer Unternehmen von den Banken stehen noch aus.[5]

Durch Kapitalkraft und Leistungsbreite drängten die Großbanken vor allem kleinere Privatbankiers aus dem Markt. Die beiden anderen Institutsgruppen des deutschen ›Drei-Säulen-Modells‹ hingegen, die Sparkassen und Genossenschaftsbanken, näherten ihr Geschäftsprofil auf einigen Feldern – zunächst im bargeldlosen Zahlungsverkehr, sodann im Wertpapierhandel und im kurzfristigen Kreditgeschäft – den Universalbanken an, auch wenn die Kundenkreise zunächst deutlich segmentiert blieben. Nicht nur im Wettbewerb mit Sparkassen und Genossenschaftsbanken, sondern auch innerhalb des Geschäftsbankensektors wurde die Position der Großbanken außerdem durch die Bankenkrise von 1931 geschwächt, weil Großkredite mit hohen Verlusten abgeschrieben werden mussten. Überdies nahm der staatliche Einfluss durch vorübergehende substanzielle Kapitalbeteiligungen an der Dresdner Bank, der Commerzbank und in geringerem Maße der Deutschen Bank tendenziell zu, auch wenn er sich nicht unmittelbar auf die Geschäftspolitik erstreckte. Mit der Reichs-Kredit-Gesellschaft war überdies in den späten Zwanzigerjahren ein staatseigenes Institut in den Kreis der Großbanken aufgerückt.[6]

Die Teilverstaatlichungen wurden in den folgenden Jahren rückgängig gemacht, und die Angriffe nationalsozialistischer Mittelstandsideologen auf die Großbanken in der Bankenenquete 1933/34 blieben folgenlos; das im Dezember 1934 verabschiedete Reichsgesetz über das Kreditwesen betraf alle Kreditinstitute gleichermaßen. Verbessern konnten die Großbanken ihre Marktposition im ›Dritten Reich‹ gegenüber den Zwanzigerjahren jedoch nicht, obwohl sie durch die Besetzung einiger Vorstands- und Aufsichtsratssitze mit Nationalsozialisten und die Ausgrenzung jüdischer Führungskräfte politische Anpassungsbereitschaft demonstrierten. Aus der personellen Verflechtung mit dem NS-Regime lässt sich nicht der Umkehrschluss eines wachsenden politischen oder wirtschaftlichen Einflusses ziehen. Die Geschäftsentwicklung spricht auch nicht für zunehmende wirtschaftliche Macht: In der Konsolidierungsphase nach der Weltwirtschaftskrise blieb das Wachstum der Großbanken nicht nur hinter der gesamtwirtschaftlichen Entwicklung zurück, sondern auch hinter den Sparkassen; die Rüstungskonjunktur des ›Dritten Reiches‹, deren Finanzierung in hohem Maße auf Staatskrediten und Staatszuschüssen basierte, machte die Industrie unabhängiger von den Banken; die staatliche Beschneidung des Kapitalmarkts schränkte eines ihrer wichtigsten Geschäftsfelder massiv ein. Bei der ›Arisierung‹ von Privatbanken und Industriebetrieben aus jüdischem Besitz sowie bei der Expansion in die während des Krieges besetzten oder ›angeschlossenen‹ Gebiete waren die Großbanken zwar willige Profiteure. Doch die neuen Geschäftsfelder, die die nationalsozialistische ›Rassenpolitik‹ und die militärische Aggression eröffneten, boten nur einen begrenzten Ausgleich für die Einschränkungen des traditionellen Kerngeschäfts und waren nur von kurzer Dauer.[7]

Die amerikanischen Nachkriegsplaner und Besatzungsoffiziere überschätzten zwar den Einfluss vor allem der Deutschen und der Dresdner Bank auf die nationalsozialistische Politik und die Rüstungsindustrie. Aber sie nahmen durchaus zurecht die herausgehobene Position der Großbanken gegenüber Sparkassen oder Genossenschaftsbanken in den Blick, die sich zwar nicht in einer entsprechenden Entwicklung der Gewinne und Bilanzsummen niedergeschlagen hatte – wohl aber in der hochrangigen politischen Vernetzung, in der Mitwirkung an spektakulären ›Arisierungs‹-Fällen und der Partizipation an der Ausbeutung besetzter Gebiete durch eigens gegründete Tochtergesellschaften. Es war diese unterstellte Ausübung von Bankenmacht in Komplizenschaft mit dem NS-Regime, auf die insbesondere die Finanzabteilung der amerikanischen Militärregierung, in der sich Personal aus dem Umfeld des US-Finanzministers Henry Morgenthau sammelte, reagieren wollte – und zwar gleichzeitig mit der Bestrafung des Führungspersonals und mit ordnungspolitischer Prävention: Die Ermittlungsberichte der Finanzabteilung gegen die Deutsche und die Dresdner Bank verlangten sowohl die Liquidierung der beiden größten privaten Kreditinstitute und eine weitgehende Dezentralisierung des gesamten Bankwesens als auch die Strafverfolgung der leitenden Manager (bis hin zu einzelnen Filialleitern) als Kriegsverbrecher.[8]

Gemessen an den ursprünglichen Zielen, blieben die Ergebnisse von Entnazifizierung und Strafverfolgung allerdings bescheiden. Am Gesamteindruck personeller Kontinuität bei den Banken ändert wenig, dass in der Besatzungszeit zumindest eine kleine Gruppe nationalsozialistisch Belasteter aus Schlüsselpositionen verdrängt wurde.[9] Mit der Beharrungskraft des alten Führungspersonals und dem Aufrücken von Vertretern der ›zweiten Reihe‹ in die Spitzenpositionen konnten zugleich die Beziehungen zur Großindustrie fortgeführt werden, die sich seit dem 19. Jahrhundert herausgebildet hatten. Nicht zuletzt erleichterten die mittelfristig geringen Auswirkungen der ›Säuberungen‹ auf die Zusammensetzung des Führungspersonals dessen Resistenz gegen die alliierte Großbankenpolitik.

Wirklich fundamental und nachhaltig war diese Politik nur in der Sowjetischen Besatzungszone und Ost-Berlin, wo die Schließung und anschließende Enteignung aller privaten Banken Teil einer radikalen Transformation des Wirtschaftssystems war.[10] Im Gegensatz zur sowjetischen beziehungsweise ostdeutschen Seite strebten die Amerikaner keineswegs einen antikapitalistischen Systembruch an. Die beabsichtigte Dezentralisierung des Bankwesens fügte sich vielmehr in den Rahmen ihrer allgemeinen Politik der Demokratisierung und Föderalisierung, die sich 1948 auch in der Errichtung des westdeutschen Zentralbanksystems manifestierte; dessen Entscheidungsgremium, der Zentralbankrat, war ausgesprochen dezentral zusammengesetzt. Für die drei Filialgroßbanken hätte indes auch die föderalistische Ausrichtung der amerikanischen Bankenpolitik bei einer konsequenten Umsetzung das Ende ihrer Existenz bedeutet. Die radikalen Besatzungsplaner der Finanzabteilung gerieten zwar schon 1945 in die Defensive, und in den folgenden Jahren gewann der wirtschaftliche Wiederaufbau Westdeutschlands auch auf amerikanischer Seite jene hohe Priorität, die er in der britischen Besatzungspolitik schon früh genossen hatte.[11] Die Dezentralisierung der drei Filialgroßbanken aber blieb weiterhin eine hartnäckig verfolgte amerikanische Forderung, der sich auch der britische Pragmatismus gerade in der Bankenpolitik beugen musste.

Nachdem die Schließung der Berliner Großbankenzentralen durch die Rote Armee von den nachrückenden Westalliierten bestätigt worden war, hatten die Banken zunächst improvisierte Zentralstrukturen in den drei Westzonen aufgebaut. In der britischen Zone waren sie damit einigermaßen erfolgreich gewesen, in der amerikanischen hingegen früh auf das Misstrauen der Besatzungsmacht gestoßen, die im März 1946 schließlich die Auflösung der Zentralstellen verfügte und zugleich die Entgegennahme von Anweisungen aus anderen Besatzungszonen verbot. Nachdem die Filialleitungen und das in den Westen geflüchtete Führungspersonal der alten Zentralen längere Zeit hinhaltenden Widerstand geleistet und ihre Organisation flexibel dem politischen Druck angepasst hatten, erließ die amerikanische Militärregierung per 6. Mai 1947 das Gesetz Nr. 57. Die endgültige Form der Dezentralisierung blieb darin allerdings den deutschen Landesregierungen überlassen, die sich bislang ebenfalls zögerlich verhalten und eher auf die Seite der Banken gestellt hatten. Das Gesetz schrieb den Ländern die Einsetzung von Verwaltern vor, die vorläufig über Vermögen und Geschäftsführung aller Filialen jeweils einer Großbank in einem Land verfügen sollten. Die zukünftige Organisationsform und Rechtsnatur der Banken blieb ungeklärt; die Verwalter hatten zunächst nur die Firmennamen in den einzelnen Ländern so zu ändern, dass sie nicht mehr an die alten Institute erinnerten. In den Ländern der französischen Besatzungszone wurde der Inhalt des amerikanischen Gesetzes zum 1. Oktober 1947 übernommen. Die britische Militärregierung, die angesichts der Wiederaufbaukosten in ihrer Zone und der eigenen knappen Kassen vor allem an einem funktionierenden Bankensystem interessiert und an der Dezentralisierung entsprechend desinteressiert gewesen war, übernahm sie mit einigen Abwandlungen zum 1. April 1948, nachdem die Amerikaner ihr mit der Bank deutscher Länder ein operativ tätiges Zentralinstitut im westdeutschen Zentralbanksystem und die Beteiligung an ihren Besatzungskosten zugestanden hatten.[12]

Dadurch entstanden aus der Deutschen Bank zehn, aus der Dresdner Bank elf und aus der Commerzbank neun Filialbezirke, die formal unabhängig voneinander und von ihren früheren Zentralgremien agieren mussten. Aktienrechtlich blieben diese neuen Firmen aber Filialen der weiterhin existierenden Großbanken, die mitnichten »*faktisch zerschlagen*«[13] waren. Zwar fungierten die alten Berliner Zentralen im Westen der geteilten Stadt nur noch als ›ruhende Altbanken‹, die lediglich Forderungen und Verbindlichkeiten aus der Reichsmark-Zeit abarbeiteten, bevor sie sukzessive selbst abgewickelt und Jahrzehnte später formell liquidiert wurden. In den Westzonen und der Bundesrepublik jedoch koordinierten die so genannten Nachfolgeinstitute der drei Filialgroßbanken ihre Geschäftspolitik weiterhin über Länder- und Zonengrenzen hinweg und wurden dabei von den Verwaltern nicht gestört; die Loyalität zu den alten Führungsriegen und deren Autorität blieben schon dadurch gewahrt, dass sie auf die Geschäftsleitungen der Länderinstitute verteilt wurden.[14]

c. Die Rezentralisierung und ihr wirtschaftlicher Stellenwert

In engem Zusammenwirken mit der Bundesregierung, einem Großteil der Landesregierungen und vor allem mit der Bank deutscher Länder wurde von dieser Position aus bald die Reorganisation der Filialgroßbanken in Angriff genommen und durch die staatliche Eigenständigkeit der Bundesrepublik erleichtert. In langen Verhandlungen schälte sich schließlich der Kompromiss einer ›Dreier-Lösung‹ heraus: Gemäß dem Gesetz über den Niederlassungsbereich von Kreditinstituten vom März 1952 (geläufiger als ›Großbankengesetz‹) erhielten die Gremien der alten Berliner Großbanken die Möglichkeit, aus diesen Instituten jeweils drei Aktiengesellschaften ›auszugründen‹, sie mit Grundkapital auszustatten und in Westdeutschland bestehende Forderungen und Verbindlichkeiten auf sie zu übertragen. Diese nunmehr nur noch drei Nachfolgeinstitute hatten jedoch ihren Aktionsradius jeweils auf Nordrhein-Westfalen, die süddeutschen oder die norddeutschen Bundesländer zu beschränken.[15]

Trotz aller Eigeninteressen der Länder und Landeszentralbanken war die grundsätzliche politische Unterstützung für die Banken nicht sonderlich überraschend: Im Gegensatz zum US-amerikanischen, auf den bundesstaatlichen Rahmen beschränkten Trennbankensystem, das der amerikanischen Dezentralisierungspolitik auch in manchen Detailwünschen offenkundig als Vorbild diente, waren die Filialgroßbanken historisch tief im deutschen Universalbanksystem verwurzelt. Das Großbankengesetz erschien nicht nur notwendig, um den rechtlichen Schwebezustand der Nachfolgeinstitute zu beseitigen; sein Zustandekommen beruhte auch darauf, dass die Notwendigkeit kapitalkräftiger und mit dem Ausland vernetzter Universalgroßbanken von den maßgeblichen Stellen nicht infrage gestellt wurde. Deren endgültige Rezentralisierung durch die Fusion der Nachfolgeinstitute war schon zu dieser Zeit nur die Frage einer gewissen Anstandsfrist; sie fand schließlich auf der Basis des Gesetzes zur Aufhebung der Beschränkung des Niederlassungsbereichs von Kreditinstituten vom Dezember 1956 statt.[16]

Die Banken waren es bis dahin nicht müde geworden, die hohen Kosten der Dezentralisierung und die Einschränkung ihrer geschäftspolitischen Handlungsspielräume zu beklagen. Eine differenziertere Betrachtung zeigt indes zunächst, dass die größten Belastungen ihrer Bilanzen nicht aus den Folgen der amerikanischen Bankenpolitik, sondern aus der Enteignung im sowjetischen Besatzungsgebiet und in Ost-Berlin herrührten. Diese Verluste waren zwar quantitativ gravierend, doch im Boom des ›Wirtschaftswunders‹ durchaus zu verschmerzen. Die Selbstwahrnehmung der Fusionen als ›Wiedervereinigung‹ zeugte bereits vom Arrangement mit den neuen Rahmenbedingungen des Kalten Krieges, da die alten Berliner Zentralen und die östlichen Filialbezirke damit dauerhaft abgeschrieben wurden. Die Dezentralisierung im Westen brachte zweifellos zusätzliche Kosten mit sich, wirtschaftlich existenzbedrohend aber war sie ebenfalls nicht (zu berücksichtigen ist dabei allerdings, dass die geringere Größe der Nachfolgeinstitute längerfristig zumindest das Auslandsgeschäft beeinträchtigt hätte).[17]

Die wirtschaftlich entscheidende Zäsur jedenfalls war auch für die Nachfolgeinstitute der Großbanken nicht das Kriegsende oder die Dezentralisierungsgesetzgebung, sondern die Währungsreform im Juni 1948. Die Wiederherstellung des Geldwerts trennte eine Phase relativer Stagnation von einem sprunghaften Anstieg der Bilanzsummen, der lange vor der vollständigen Rezentralisierung in ein gemäßigteres, aber im Vergleich zur Gesamtwirtschaft immer noch überproportionales Wachstum überging.[18]

Gegenüber anderen Institutsgruppen verloren die Großbanken dabei jedoch (weiter) an Boden: Ihr Anteil an den gesamten Einlagen ging zwischen 1951 und 1957 von knapp 20 auf 15,5 Prozent zurück, der Anteil an den gesamten Krediten an Nichtbanken von 20,8 auf 14,7 Prozent.[19] Im Gegensatz zu den Kosten der Dezentralisierung, deren Gewicht sich mangels vergleichbarer Gewinnstatistiken nicht beurteilen lässt, kann dieser Verlust an Marktanteilen kaum der alliierten Bankenpolitik zugeschrieben werden – weder für die Einleger noch für die Kreditnehmer bot diese einen Anlass, die Hausbank zu wechseln, die ja weiterhin die alten Leistungen mit einem Großteil des alten Personals anbot und trotz des geänderten Namens als Teil des alten Instituts wahrgenommen wurde. Die Rekonstitution der drei Filialgroßbanken spielte sich vielmehr vor dem Hintergrund ihrer sinkenden gesamtwirtschaftlichen Bedeutung ab, die sich in einen langfristigen Trend einordnete.

d. ›Bankenmacht‹ und Marktanteile: Die Großbanken im Strukturwandel der Kreditwirtschaft

Bei diesem Verlust an quantitativer ›Bankenmacht‹ muss allerdings zwischen den verschiedenen Geschäftsfeldern differenziert werden. Industrie-, Auslands- oder Börsengeschäft blieben vorläufig Domänen der Großbanken, größerer Regionalbanken und der verbliebenen großen Privatbankiers. Der Anteil der Banken an der Unternehmensfinanzierung nahm sogar um 1960 spürbar zu, nachdem die Industrieinvestitionen vorher zu einem außergewöhnlich hohen Teil aus den Unternehmensgewinnen finanziert worden waren. Doch mit dem Auslaufen der Angebotskonjunktur des ›Wirtschaftswunders‹ wuchsen auch die Risiken dieses Geschäftsfeldes wieder. Das klassische Industriefinanzierungsgeschäft verlor überdies durch den allgemeinen Strukturwandel an Gewicht, in dem der Dienstleistungssektor gegenüber der Industrie eine wachsende gesamtwirtschaftliche Rolle spielte; in den frühen Siebzigerjahren schlug sich dies noch deutlicher in einer rückläufigen Bedeutung des Industriekredits am gesamten Bankgeschäft nieder.[20]

Massiv an Bedeutung gewann hingegen das so genannte Massengeschäft. Sparkassen, Girozentralen und Genossenschaftsbanken profitierten stärker als die Großbanken von den schnellen Lohnzuwächsen mittlerer und unterer Einkommensgruppen, von wachsenden Konsumansprüchen sowie der zunehmenden Verbreitung von Lohn- und Gehaltskonten, Spargutaben und bargeldlosem Zahlungsverkehr. Da diese Geschäftsfelder vor allem auf der Einlagenseite einen stabilen Wachstumsmarkt darstellten, interessierten sich auch die Großbanken seit den späten Fünfzigerjahren zunehmend dafür. Die Ausgründung von Investmentfondsgesellschaften in der Mitte der Fünfzigerjahre markierte einen weiteren Versuch, an der wachsenden privaten Vermögensbildung teilzuhaben. Seit 1959 boten die Großbanken standardisierte Konsumentenkredite an; auch diese Erweiterung der Produktpalette zielte wesentlich darauf, Einlagen von Privatkunden anzuziehen.[21]

Die Anstrengungen der Großbanken im »Wettlauf um den Einleger«[22] waren zunächst von recht begrenztem Erfolg, dennoch schien die extensive und kostenträchtige

Wachstumsstrategie unvermeidbar. Der zunehmende Wettbewerbsdruck wurde zum einen seit 1967 durch die Zinsliberalisierung – bis dahin waren die Zinssätze für Einlagen behördlich limitiert worden – und die Aufhebung von Werbungsbeschränkungen für Kreditinstitute noch verschärft.[23] Zum anderen traten neue Konkurrenten auf den Plan. Anfang 1969 entstand aus der Fusion der rheinischen und der westfälischen Girozentrale faktisch eine neue Großbank, die Westdeutsche Landesbank Girozentrale, die zwar weiterhin die Privilegien eines öffentlich-rechtlichen Kreditinstituts besaß, aber dezidiert den Ausbau zur Universalbank verfolgte. Vor allem das Wachstum des Industriekreditgeschäfts, der Einbruch in die Emissionskonsortien der Großbanken und der schnelle Ausbau des Beteiligungsbesitzes kündeten von diesen Ambitionen.[24] Auch die 1972 durch Fusion zweier öffentlich-rechtlicher Institute gegründete Bayerische Landesbank expandierte über die Finanzierung öffentlicher Aufgaben hinaus in die verschiedenen Geschäftsfelder der Universalbanken,[25] und die Bank für Gemeinwirtschaft (BfG) sowie die beiden großen bayerischen Regionalbanken, die Bayerische Vereinsbank und die Bayerische Hypotheken- und Wechsel-Bank, waren auf ähnlichem Wachstumskurs.[26]

Die historisch gewachsene Segmentierung der Märkte wurde also aufgeweicht, indem sich auch andere Institute tendenziell zu Universalbanken entwickelten. Modernisierungs- und Rationalisierungsanstrengungen vom Kosten- und Personalmanagement bis zum Corporate Design kündeten von dem zunehmenden Zwang, vor allem im Massengeschäft die Standardisierung der Geschäftsabläufe mit der Etablierung neuer Alleinstellungsmerkmale zu vereinbaren.[27] Der Strukturwandel des bundesdeutschen Kreditwesens ging dabei weiterhin zu Lasten der Großbanken. Ihre Marktanteile sanken zwar nicht mehr in demselben dramatischen Tempo wie während der Fünfzigerjahre. Doch 1977, 20 Jahre nach der endgültigen Rezentralisierung, war ihr Anteil am Nichtbanken-Kreditgeschäft auf 9,7 Prozent geschrumpft; der Rückgang der Quote bei den Einlagen auf 12,6 Prozent war immerhin moderater ausgefallen.[28]

Das änderte aber nichts daran, dass ›Bankenmacht‹ weiterhin vor allem den Großbanken zugeschrieben wurde. Die entscheidende Rolle spielte dafür nicht die rein quantitative gesamtwirtschaftliche Bedeutung, sondern vor allem der vermutete Einfluss auf einzelne Marktsegmente und insbesondere auf große Industriekunden. Dieser Bereich war in der Tat immer noch eine Bastion der drei Filialgroßbanken, bei denen sich 1974 laut einer umfangreichen Erhebung 41 Prozent der gesamten Beteiligungen von Banken an Nichtbankenunternehmen konzentrierten (ihr Anteil an der Zahl der gemeldeten Beteiligungen betrug hingegen nur 13 Prozent).[29] Doch nicht nur die Besitzkonzentration nährte den Verdacht, Banken könnten ihre eigenen Interessen über diejenigen ihrer Industriekunden stellen, sondern auch die Abhängigkeit mancher Großunternehmen von der Liquiditätsversorgung durch Großkredite. In den Sechzigerjahren kam dies deutlich in der Kritik an der Dresdner Bank nach dem Konkurs des Schlieker-Konzerns, der Zerschlagung der beiden Stinnes-Konzerne und der Beinahe-Pleite des Aktienspekulanten Hermann Krages zum Ausdruck.[30]

e. Neue Initiativen zur Begrenzung von ›Bankenmacht‹ seit den 1960er-Jahren

Etwa gleichzeitig gerieten die Großbanken erneut wegen ihrer Industriebeteiligungen, wegen des Vollmachtstimmrechts für Depotkunden und der Verflechtung mit Großkunden über Aufsichtsratsmandate unter wettbewerbspolitischen Beschuss; diese Debatte überschnitt sich wiederum mit einer Diskussion über ökonomische Vor- und Nachteile des Universalbanksystems. Seit den Sechzigerjahren gingen mehrere wettbewerbspolitische Gutachten der Konzentration von Verfügungsrechten bei den Großbanken nach und kamen zu durchaus kritischen Urteilen.[31] Die Siebzigerjahre waren überdies bis hinein in die Sozialdemokratie, die in ihrem 1975 verabschiedeten ›Orientierungsrahmen ›85‹ eine deutlich verschärfte Bankenaufsicht und die staatliche Lenkung von Bankinvestitionen verlangte, von Forderungen nach einer Instrumentalisierung der Banken zu gesamtwirtschaftlichen Planungszwecken oder gar nach ihrer Verstaatlichung geprägt.[32]

Die umfangreichste Untersuchung der ›Bankenmacht‹ zog sich mehr als vier Jahre hin, obwohl den Instituten von ihr wohl die geringste Gefahr drohte: Zusätzlich motiviert durch eine Vertrauenskrise des deutschen Bankensystems im Gefolge des Herstatt-Bankrotts, berief Bundesfinanzminister Hans Apel im November 1974 die Studienkommission ›Grundsatzfragen der Kreditwirtschaft‹ (nach dem Namen des Vorsitzenden, des früheren Abteilungsleiters im Bundesjustizministerium Ernst Geßler, häufig auch als ›Geßler-Kommission‹ bezeichnet). Neben der Frage angemessener Eigenkapitalausstattung zum Schutz gegen Insolvenzen bildete die wettbewerbspolitisch motivierte Kritik am Universalbanksystem einen Kern der Kommissionsarbeit. In diesem Themenfeld galt wiederum möglichen »*Machtanhäufungen und Machtmissbrauch*« der »*Großbanken und einige[r] mit ihnen gleichzusetzende[r] Institute*« besonderes Augenmerk, weil hier durch die Kombination von Aufsichtsratsmandaten, Kapitalbeteiligungen und Depotstimmrecht sowie die gleichzeitige Aktivität im Kredit- und Wertpapiergeschäft das größte Potenzial für Wettbewerbsverzerrungen und für die Ausnutzung von Informationsvorsprüngen bei Interessenkonflikten zwischen Banken und Kunden vorhanden schien.[33]

Die Reformvorschläge der Kommission, deren umfangreicher Abschlussbericht 1979 veröffentlicht wurde, hielten sich in engen Grenzen. Unter anderem kam sie zur der »*Auffassung, dass die Kreditinstitute mit ihren Beteiligungen an anderen Banken nicht das Ziel verfolgen, ihre Macht zu konzentrieren*«, und zu ähnlichen Ergebnissen hinsichtlich ihrer Industriebeteiligungen. Da allerdings ein Teil der Experten das Risiko eines Machtmissbrauchs aufgrund kumulativer Einflussmöglichkeiten sah, lautete das abschließende Votum auf eine Begrenzung des Anteilsbesitzes an Nichtbanken auf 25 Prozent zuzüglich einer Aktie; die Banken sollten also nur noch Sperrminoritäten, aber keinen Mehrheitsbesitz an Nichtbanken halten können.[34] Grundsätzliche Änderungen am Universalbanksystem als traditionellem Kern der deutschen Finanzierungslandschaft oder gar der Übergang zur Trennung von Einlagen- und Kreditgeschäft einerseits, Wertpapiergeschäft andererseits wurden hingegen nicht vorgeschlagen. Dass ein wesentlicher staatlicher Einfluss auf die Geschäftspolitik der Banken oder gar deren Verstaatlichung ebenfalls abgelehnt wurden, erstaunte wohl niemanden. Der Wirtschaftspresse galt angesichts der Zusammensetzung der Kommission – Mitglieder waren unter anderem ein Vorstandsmitglied der Deutschen Bank und der Vorstandschef der BfG, grundsätzlich bankenkritische Stimmen waren auch von den beiden wissenschaftlichen Vertretern kaum zu erwarten – schon vorher als ausgemacht, dass sie lediglich Vorschläge für »*kosmetische Eingriffe*« anbieten würde.³⁵ Letzten Endes hatte der Kommissionsbericht keinerlei gravierende Veränderungen zur Folge: Eine darauf basierende Novellierung des Kreditwesengesetzes verzögerte sich bis ins Jahr 1984 und setzte die Reformvorschläge zu Beteiligungsbesitz und Depotstimmrecht nicht mehr um.³⁶

Neuerliche Forderungen nach »*Begrenzung der Machtkonzentration bei Kreditinstituten*« in den Neunzigerjahren blieben ebenfalls folgenlos.³⁷ Nicht solche bankenkritischen Initiativen, sondern die geschäftspolitischen Strategien der Banken selbst waren es, die Zweifel an der bemerkenswerten Beharrungskraft des deutschen Universalbanksystems weckten. Schon in den Siebzigerjahren hatte sich mit der Gründung internationaler Bankenkooperationen und der Filialexpansion in Übersee angedeutet, dass die Großbanken ihre traditionellen Wettbewerbsvorteile im grenzüberschreitenden Geschäft ausbauten. Der Einstieg ins globalisierte Investmentbanking im folgenden Jahrzehnt markierte nichtsdestoweniger einen qualitativ neuen Schritt.³⁸ In den Neunzigerjahren schließlich förderten der grenzüberschreitende Wettbewerb und die Liberalisierung des ›Finanzplatzes Deutschland‹ eine Tendenz zur ›Vermarktlichung‹ der Finanzbeziehungen, die perspektivisch das traditionelle deutsche Hausbankensystem als wichtigste Säule der Industriefinanzierung in Frage stellen könnte.³⁹

Die Aufwertung des kurzfristig renditeträchtigeren Investmentbankings gegenüber dem herkömmlichen Kreditgeschäft schien zugleich die Stellung der Banken im Gefüge der ›Deutschland AG‹ zu verändern. Signalwirkung hatte in dieser Hinsicht die Ankündigung der Deutschen Bank vom März 2001, dass Vorstandsmitglieder des größten deutschen Kreditinstituts künftig keine Aufsichtsratsvorsitze bei anderen Unternehmen mehr übernehmen würden. Dieser freiwillige Rückzug aus einer Position, die bislang als sichtbarster Ausdruck von Bankenmacht gegolten hatte, demonstrierte ebenso wie das Verhalten der Deutschen Bank im Übernahmekampf zwischen Mannesmann und Vodafone, dass man eine Neupositionierung als neutraler, renditeorientierter Marktteilnehmer anstrebte, statt langfristig von Hausbankpositionen zu profitieren. Auch der Abbau von wenig liquiden Kapitalbeteiligungen an Industrieunternehmen erscheint aus der traditionellen Perspektive der Großbankenkritik als freiwillige Abgabe von Macht. Er lässt sich aber auch als Rückzug aus der Verantwortung für andere Unternehmen, und damit letztlich für die Gesamtwirtschaft, interpretieren. Stattdessen scheint ›Macht‹ auf anonyme Märkte überzugehen.⁴⁰

f. Fazit: Machtkritik und ihre Folgen

Ob es sich bei diesem Rückzug aus Personal- und Kapitalverflechtungen um eine Entwicklung handelt, die auf die gesamte deutsche Kreditwirtschaft ausstrahlt und die Beziehungen zwischen den Banken und ihren Firmenkunden dauerhaft auf andere Grundlagen stellt, bleibt abzuwarten. Jedenfalls ist kaum anzunehmen, dass die Debatte um Bankenmacht dadurch beendet wäre; ihr Fokus dürfte sich aber erneut verschieben. Die Grundsatzkritik an den deutschen Großbanken im 20. Jahrhundert weist zwar deutliche Kontinuitäten auf, weil sie sich stets auf die Kombination von Unternehmensgröße und universaler Leistungspalette bezog. Unter den verschiedenen politischen Rahmenbedingungen kamen jedoch höchst unterschiedliche Ansätze der Kritik mit unterschiedlichen Ergebnissen zum Zuge. In der frühen NS-Zeit schien kurz die Gelegenheit für die Umsetzung antisemitischer und mittelstandsideologischer Ressentiments gegen ›raffendes‹ oder ›anonymes‹ Kapital gekommen. Aus den bankenpolitischen Auseinandersetzungen resultierten jedoch keine ordnungspolitischen Maßnahmen speziell gegen die Großbanken, sondern das Ergebnis war ein allgemeinverbindliches Kreditwesengesetz.

Erst die Partizipation an den Verbrechen des NS-Regimes und die anschließende amerikanische Besetzung schienen die Großbanken zeitweilig in eine wirklich dramatische Lage zu bringen: Unter den Ausnahmebedingungen der Besatzungszeit konnten Maßnahmen ins Werk gesetzt werden, die zumindest vorübergehend ihr Weiterbestehen in der bisherigen Form infrage stellten. Die Auswirkungen der Dezentralisierung auf das Bankgeschäft erwiesen sich indes als durchaus tragbar. Die schrittweise Wiedererlangung politischer Souveränität erlaubte in der Bundesrepublik jedoch auch die Rückkehr der drei Filialgroßbanken, deren Existenzberechtigung und ökonomische Zweckmäßigkeit politisch nicht (oder nicht mehr) grundsätzlich zur Debatte standen. Der historische Stellenwert der Rezentralisierung 1957/58 liegt insofern vor allem darin, dass sie nachdrücklich die Ablehnung radikaler ordnungs- oder strukturpolitischer Eingriffe in die historisch gewachsene deutsche Bankenlandschaft demonstrierte – ein Bekenntnis zur Kontinuität, das dem Selbstverständnis der erfolgreich ›wiedervereinigten‹ Filialgroßbanken entsprach.

In der Bankenkritik der Sechziger- und Siebzigerjahre spielte denn auch die Existenz der Großbanken an sich eher eine randständige Rolle, da ihre Verstaatlichung zu keiner Zeit mehrheitsfähig war. Stattdessen traten wettbewerbspolitische Fragen in den Vordergrund; die Diskussion kreiste darum, ob große Universalbanken ihre Marktposition, Informationsvorsprünge und kumulierte Möglichkeiten der Einflussnahme auf andere Unternehmen möglicherweise zum Schaden dieser Kunden einsetzten oder daraus gesamtwirtschaftliche Ineffizienzen resultierten. Insofern lässt sich eine gewisse Verschiebung der Machtkritik von der fundamental-politischen zur funktional-ökonomischen Perspektive konstatieren. Was die konkreten Folgen dieser Kritik betrifft, so waren allgemeine ordnungspolitische Trends, ökonomischer Strukturwandel und die Veränderung von Wettbewerbsbedingungen mittelfristig ohnehin von größerer Bedeutung. Die jüngste internationale Finanzkrise legt eher die Frage nahe, ob nicht in der Ohnmacht der Banken gegenüber selbst produzierten, unbeherrschbar gewordenen Risiken das eigentliche Problem zu suchen ist. Die Debatte über abstrakte Bankenmacht könnte sich dadurch endgültig in eine Diskussion über konkrete gesamtwirtschaftliche Risikobegrenzungen verwandeln. Wie die in den letzten Jahren gelegentlich vernehmbaren Forderungen nach Einführung eines deutschen Trennbankensystems zeigen, schließt das eine erneuerte Kritik an den Universalgroßbanken aber keineswegs aus.

1   Gemeinsame Erklärung der Vorstände der Dresdner Bank Nachfolgeinstitute zum Verschmelzungsvertrag vom April 1957 zit. n. Meyen, 120 Jahre, S. 163; der Verschmelzungsvertrag ebd., S. 162.
2   Grundlegend dazu Horstmann, Alliierten; vgl. ferner zu den einzelnen Instituten Holtfrerich, Deutsche Bank; Ahrens, Dresdner Bank; Krause, Commerzbank. – Die entsprechenden Hauptver-

sammlungen der Nachfolgeinstitute der Deutschen Bank fanden im April 1957 statt, die der Commerzbank-Nachfolger erst im Oktober 1958.

3   Vgl. dazu im Überblick Büschgen, Großbanken, S. 9–80. – Auf die Feinheiten der Abgrenzung zwischen Universal- und Trennbankensystem muss hier nicht eingegangen werden; vgl. dazu etwa ders., Universalbankensystem; Krümmel, Universal Banking, S. 35 ff.
4   Vgl. Tanner, ›Bankenmacht‹ (Zitat S. 23); ferner den Überblick bei Wixforth, Macht, S. 4–14.
5   Ebd., S. 24–29; Wixforth, Banken (1995); Wellhöner, Großbanken; Burhop, Kreditbanken; Feldman, Deutsche Bank, S. 231–249.
6   Vgl. Hardach, Entstehung; zur Bankenkrise immer noch das Standardwerk von Born, Bankenkrise, sowie aus den jüngsten Beiträgen Bähr, Banken- und Währungskrise.
7   Vgl. dazu vor allem Bähr, Dresdner Bank, und Kopper, Marktwirtschaft; zur Bankenenqete Müller, Entstehung; zur Rolle der Großbanken bei der ›Arisierung‹ Ziegler, Dresdner Bank; James, Deutsche Bank (2001); Herbst/Weihe, Commerzbank; zur Expansion in die besetzten Gebiete Wixforth, Expansion (2006); Loose, Kredite; zur Sonderrolle der von der nationalsozialistischen Deutschen Arbeitsfront betriebenen Bank der Deutschen Arbeit Kreutzmüller/Loose, Bank der Deutschen Arbeit.
8   Vgl. OMGUS, Ermittlungen gegen die Dresdner Bank; Ermittlungen gegen die Deutsche Bank; zu Inhalt und Hintergrund Ahrens, Dresdner Bank, S. 80–94.
9   Ziegler, Strukturwandel; Ahrens, Dresdner Bank, S. 39–65, 114–130; ders., Exempelkandidat; Scholtyseck, USA.
10 Pollems, Bankplatz; Zschaler, Reorientierung; Ahrens, Dresdner Bank, S. 133–155.
11 Vgl. Horstmann, Alliierten, S. 54–75, 83–96; ferner zur amerikanischen Wirtschaftspolitik gegenüber Westdeutschland ausführlich Mausbach, Morgenthau.
12 Horstmann, Alliierten, S. 110–153; der deutsche Wortlaut des Gesetzes 57 bei Holtfrerich, Deutsche Bank, S. 475.
13 Gall, Bankier, S. 134.
14 Horstmann, Alliierten, S. 155–177; Holtfrerich, Deutsche Bank, S. 483–486; Ahrens, Dresdner Bank, S. 195–221.
15 Die Nachfolgeinstitute firmierten als Norddeutsche Bank AG, Rheinisch-Westfälische Bank AG und Süddeutsche Bank AG (Deutsche Bank-Gruppe); Rhein-Main Bank AG, Rhein-Ruhr Bank AG und Hamburger Kreditbank AG (Dresdner Bank-Gruppe); Commerz- und Disconto-Bank AG, Bankverein Westdeutschland AG sowie Commerz- und Credit-Bank AG (Commerzbank-Gruppe).
16 Horstmann, Alliierten, S. 189–295; Holtfrerich, Deutsche Bank, S. 495–544; Ahrens, Dresdner Bank, S. 241–256; Gall, Bankier, S. 207–227.
17 Das letztere Argument bei Gall, Bankier, S. 481, Anm. 2, gegen die ansonsten plausible Argumentation von Horstmann, Alliierten, S. 182–187.
18 Vgl. Ahrens, Dresdner Bank, S. 251–266; knapper bereits Holtfrerich, Deutsche Bank, S. 545 f.
19 Einlagen und Kredite nach: Deutsche Bundesbank, Fünfzig Jahre (CD-ROM), Tab. 4.2.1, 4.2.2, 6.2.1 und 6.2.2. Die Daten schließen die drei neu gegründeten Berliner Tochterunternehmen der Nachfolgeinstitute ein.
20 Vgl. Tilly, Geschäftsbanken, S. 325–334; zur Kapitalbildung der Unternehmen im ›Wirtschaftswunder‹ Plumpe, »*Wir sind wieder wer!*«, S. 255.
21 Leopold, Wandlungstendenzen; Mülhaupt, Strukturwandlungen; Büschgen, Deutsche Bank, S. 770–773; Sattler, ›Investmentsparen‹.
22 Mülhaupt, Strukturwandlungen, S. 395.
23 Pohl/Jachmich, Verschärfung, S. 207 f., 223, 238 ff.; Büschgen, Problemfelder, S. 397–405.
24 Pohl, WestLB, S. 224–233; Girke/Kopplin, Beteiligungspolitik, S. 62–95.
25 Drecoll, 1960er Jahre, S. 225 f., 241–245, 262–292.
26 Pohl, Entwicklung (1983), S. 241–245.
27 Ahrens, Identitätsmanagement.
28 Eigene Berechnung nach Deutsche Bundesbank, Fünfzig Jahre (CD-ROM), Tab. 4.2.1, 4.2.2, 6.2.1 und 6.2.2 (einschließlich Berliner Tochterinstitute).
29 Krümmel, Universal Banking, S. 47. In die Erhebung einbezogen wurden 336 Kreditinstitute,

erhoben wurden Beteiligungen von mehr als zehn Prozent; Bundesministerium der Finanzen, Bericht, S. 501.
30 Tilly, Trust; Sattler, Matthiensen, S. 207–239.
31 Büschgen, Problemfelder, S. 361.
32 Ebd., S. 354–367; Büschgen/Steinbrink, Verstaatlichung; Busch, Staat, S. 108 f.
33 Vgl. Bundesministerium der Finanzen, Bericht (Zitat S. 74), sowie die Zusammenfassung des Kommissionsmitglieds Krümmel, Universal Banking.
34 Bundesministerium der Finanzen, Bericht, S. 89 (Zitat), 91–98, 267.
35 ›Keine Zerstörung des Universalbanksystems. Im nächsten Frühjahr wird das Bankenstruktur-Gutachten vorgelegt‹, in: Frankfurter Allgemeine Zeitung vom 28. Juni 1978, S. 12 (Zitat); Walter Kannengießer, ›Die Macht der Banken im Visier. Die Bankenstrukturkommission steht vor dem Abschluß ihrer Beratungen‹, in: Frankfurter Allgemeine Zeitung vom 21. Februar 1979, S. 12; Hahn, Energiekrise, S. 256.
36 Busch, Staat, S. 128.
37 Titel eines rheinland-pfälzischen Gesetzentwurfs im Bundesrat 1997 zit. n. Busch, Staat, S. 135; vgl. ferner zu den Debatten der Neunzigerjahre Brickwell, Einflusspotenzialen.
38 Erste Ansätze einer historischen Einordnung bei Kobrak, Deutsche Bank, S. 421–485, und Wixforth, ›Global Players‹.
39 Lütz, Infrastruktur; dies., Staat.
40 Vgl. aus den zahlreichen neueren Arbeiten zur Transformation der ›Deutschland AG‹ etwa Beyer, Deutschland AG.

Johannes Bähr

[26.]

Die Errichtung von Investmentgesellschaften und die Einführung des persönlichen Kleinkredits 1956/59

Beginnender Massenwohlstand und der Wettbewerb um den Privatkunden

a. Einleitung: Die Universalbanken auf dem Wege zu ›Banken für Jedermann‹

Als die nach dem Zweiten Weltkrieg dezentralisierten Großbanken, die Deutsche Bank, die Dresdner Bank und die Commerzbank, 1957 wieder entstanden, hatte sich ihr Dienstleistungsangebot gegenüber der Vorkriegszeit kaum verändert. Das Kerngeschäft bildeten weiterhin die Industriefinanzierung und der Wertpapierhandel. Neben den Firmenkunden gab es auch Privatkunden, doch handelte es sich dabei um eine vermögende oder zumindest gut situierte Klientel. ›Normalverbraucher‹ konnten zwar bei den Banken Giro- und Sparkonten eröffnen, doch gab es für sie hier kein Dienstleistungsangebot. Für das breite Publikum waren nach der traditionellen Arbeitsteilung des deutschen Kreditgewerbes die Sparkassen zuständig. Sie galten als die ›Bank des kleinen Mannes‹.

Zum Zeitpunkt der Rezentralisierung der Großbanken begann sich die Auflösung dieser Trennlinie aber bereits abzuzeichnen. Die Banken gingen nun daran, neue Produkte für alle Einkommensschichten anzubieten. Dies zeigte sich bei der Gründung der Investmentgesellschaften, die im Vorfeld des Gesetzes über Kapitalanlagegesellschaften vom 16. April 1957 entstanden. Am 2. Mai 1959 folgte die Einführung des persönlichen Kleinkredits, mit der das standardisierte Privatkundengeschäft, das Retailgeschäft, begann, auch wenn diese Begriffe damals noch nicht verwendet wurden – das neue Produkt lief unter der Bezeichnung ›Massengeschäft‹ oder ›Mengengeschäft‹.

Beide Vorgänge werden in diesem Beitrag gemeinsam behandelt, weil sie eine übereinstimmende Zielsetzung hatten. Sie sollten neue Kunden aus Schichten mit mittlerem und kleinem Einkommen anziehen. Die Anfänge des Retailgeschäfts und die

Gründung von Investmentgesellschaften bildeten wichtige Schritte in einem langfristigen Prozess, in dessen Verlauf sich die deutschen Universalbanken zu ›Banken für Jedermann‹ wandelten. Im Folgenden werden die Ursachen und Auswirkungen dieser Veränderungen an der Schwelle der 1960er-Jahre näher untersucht: zunächst die Anfänge des Investmentsparens (Abschnitt b), dann die des persönlichen Kleinkredits (Abschnitt c). Die Endfünfzigerjahre bildeten tatsächlich eine wichtige Zäsur. Zwar waren die damals von den deutschen Kreditinstituten eingeführten Finanzprodukte für den ›Normalverbraucher‹ keineswegs völlig neu. Es gab sie in den USA schon lange und auch im Vergleich mit Großbritannien oder der Schweiz war Deutschland hier lediglich ein Nachzügler, bedingt durch die Folgen der beiden Weltkriege und der Kapitallenkung im ›Dritten Reich‹. Wichtig für die Einführung des persönlichen Kleinkredits und des Investmentsparens in der Bundesrepublik war jedoch vor allem, dass nun – bei steigendem Massenwohlstand – ein intensiver Wettbewerb innerhalb des Kreditgewerbes um den Privatkunden entstand. Beide Vorgänge zeigen dabei – praktisch als Fallbeispiele –, welchen Grundmustern die Einführung von Dienstleistungsangeboten im Privatkundengeschäft unterliegt; das Fazit (Abschnitt d) geht darauf noch einmal gesondert ein.

b. Entstehung und Anfänge der Investmentgesellschaften in der Bundesrepublik

Die Geschichte der Investmentfonds reicht bis ins 18. Jahrhundert zurück. Schon damals kam in den Niederlanden die Idee auf, durch Fondsanteile einen preisgünstigen Zugang zum Aktienmarkt zu ermöglichen, der mit geringeren Risiken verbunden ist als der Erwerb von Einzelaktien. In den USA, in Großbritannien und in der Schweiz hatte sich diese Anlageform in den Jahrzehnten vor dem Zweiten Weltkrieg fest etabliert. In Deutschland scheiterten die ersten, in den Zwanzigerjahren entstandenen Investmentgesellschaften an den ungünstigen wirtschaftlichen und rechtlichen Rahmenbedingungen. Die nationalsozialistische Kapitallenkung ließ dann weitere Anläufe dieser Art nicht zu.[1]

Als Ende 1949 in München die Allgemeine Deutsche Investment-Gesellschaft (ADIG) als erste Investmentgesellschaft der Bundesrepublik gegründet wurde, war der rechtliche Rahmen dieser neuen Anlageform noch in keiner Weise geklärt. Die ADIG, an der zunächst vier Banken unter Federführung der Bayerischen Staatsbank beteiligt waren, legte 1950 die beiden ersten deutschen Investmentfonds, den Mischfonds Fondra und den Aktienfonds Fondak auf.[2] Der Kauf von Fondsanteilen sollte eine Alternative zum Sparkonto bilden und wurde daher als ›Investmentsparen‹ bezeichnet.[3] In der Finanzbranche beobachtete man dieses Experiment überwiegend skeptisch, obwohl der deutsche Wertpapiermarkt dringend einer Belebung bedurfte. Von den Großbanken stieg lediglich die Commerzbank-Gruppe durch eine Beteiligung an der ADIG in das Fondsgeschäft ein. Die Aussichten für das Investmentsparen waren damals in der Tat nicht gerade günstig. Nachdem wenige Jahre vorher durch die Währungsreform in Westdeutschland ein großer Teil der Spareinlagen verlorengegangen war, konnten es sich nur wenige Bundesbürger leisten, in neue Finanzprodukte zu investieren. Die Banken wiederum waren angesichts des bestehenden Kapitalmangels primär an neuen Spareinlagen interessiert. Auch wurden die Investmentfonds durch das geltende Steuerrecht benachteiligt, da sie – anders als Einzelaktien – einer Dreifachbesteuerung (Körperschafts-, Gewerbe- und Vermögenssteuer) unterlagen. Doch erhielt das Investmentsparen nachhaltige Unterstützung aus der Politik. Hier setzte sich besonders der CDU-Abgeordnete August Neuburger, der enge Verbindungen zur Deutschen Bank-Gruppe hatte, für eine Förderung des Investmentsparens ein.[4] Neuburger und andere Politiker der Regierungsparteien sahen darin ein Instrument zur Vermögensbildung breiter Schichten, vor allem in der Arbeitnehmerschaft. Die Kleinsparer sollten auf diese Weise am raschen Wachstum der westdeutschen Industrie beteiligt werden. Ein derartiges Konzept entsprach vermögenspolitischen Vorstellungen, die in der CDU während der Ära Adenauer sehr verbreitet waren und in mehrere Gesetze Eingang fanden.[5]

Im Frühjahr 1953 reichte Neuburger im Bundestag den Entwurf eines Gesetzes über Kapitalanlagegesellschaften ein. Erst vier Jahre später konnte das Gesetz dann verabschiedet werden, nachdem Widerstände aus den Reihen der Gewerkschaften, der Länder und der Lebensversicherungen überwunden worden waren. Das Gesetz über Kapitalanlagegesellschaften (KAGG) vom 16. April 1957 stellte Investmentfonds steuerlich den Einzelaktien gleich und schrieb für sie das Prinzip der Risikomischung vor.[6] Als zusätzliche Absicherung für die Anleger erhielten die Fondsanteile den Schutz eines Sondervermögens. Sie waren dadurch vom Vermögen der jeweiligen Investmentgesellschaft getrennt. Zudem mussten die Fondsanteile bei einer Depotbank verwahrt werden. Die Bestimmungen des KAGG vom April 1957 bilden auch heute noch das Fundament des in der Bundesrepublik geltenden Investmentrechts. In den letzten Jahrzehnten veränderte sich freilich ihr Regelungsgehalt, da immer neue Anlageobjekte hinzukamen; kritisch wurde dabei eine »Überfrachtung« angemerkt und dass sich das KAGG »von einem Schutzgesetz für Privatanleger zu einem allgemeinen Kapitalmarktgesetz gewandelt« habe.[7]

Schon im Vorfeld des KAGG hatten mehrere Geschäftsbanken, aber auch die Sparkassenorganisation und die Genossenschaftsbanken Investmentgesellschaften gegründet, um das neue Geschäftsfeld zu besetzen. Im Dezember 1955 errichtete die Rhein-Main-Bank, eines der drei Vorgängerinstitute der späteren Dresdner Bank AG, den Deutschen Investment-Trust Gesellschaft für Wertpapieranlagen mbH (DIT). Im Januar 1956 entstand die Union Investment GmbH, an der zwölf Privatbanken, die Deutsche Effecten- und Wechselbank und drei Zentralkassen der Volksbanken beteiligt waren. Drei Monate später folgte die Deutsche Bank-Gruppe, indem sie gemeinsam mit anderen Kreditinstituten die Deutsche Gesellschaft für Wertpapiersparen mbH (DWS) errichtete. Im August 1956 gründete schließlich auch die Sparkassenorganisation eine eigene Investmentgesellschaft, die Deutsche Kapitalanlagegesellschaft mbH (Deka).[8] Innerhalb von neun Monaten hatten sich damit die Gesellschaften herausgebildet, die zusammen mit der ADIG für lange Zeit die Investmentbranche in der Bundesrepublik dominierten. Mit Ausnahme des DIT wurden diese Gesellschaften nicht von einzelnen Banken, sondern von ganzen Konsortien getragen, was nicht nur eine Streuung der Risiken ermöglichte, sondern auch vielfältigere Vertriebskanäle sicherte, da der Verkauf von Fondsanteilen – deren Preis zwischen 50 und 100 DM lag – über die Gesellschafterbanken der jeweiligen Investmentgesellschaft erfolgte.

Die Gründung der Investmentgesellschaften DIT, Union Investment, DWS und Deka verlief in Form einer Kettenreaktion, an der alle großen Gruppen des Kreditgewerbes beteiligt waren. Dazu kam es keineswegs nur, weil das Investmentsparen – angesichts der im Laufe der 1950er-Jahre wieder ansteigenden Sparfähigkeit der Bevölkerung – als ein lukratives Geschäft mit großem Wachstumspotenzial angesehen wurde, sondern auch, weil aus Konkurrenzgründen keine Gruppe beiseite stehen wollte. Bei der Deutschen Bank-Gruppe fiel die Entscheidung zur Gründung der DWS im April 1956, weil man sich durch die massive Werbekampagne der Dresdner Bank-Gruppe für den ersten DIT-Fonds Concentra unter Druck gesetzt sah.[9] Allerdings hatte Franz Heinrich Ulrich vom Vorstand der Norddeutschen Bank (ab 1957 Deutsche Bank AG) schon länger auf die Errichtung einer Investmentgesellschaft hingearbeitet. Ulrich hatte frühzeitig erkannt, dass die Großbanken neue Produkte benötigten, mit denen sie den Sparkassen beim breiten Publikum erfolgreich Konkurrenz machen konnten. Eine derartige Chance sah er im Vertrieb von Investmentfonds ebenso wie in der Gewährung persönlicher Kleinkredite.[10]

Die Gründung der Union Investment GmbH war wohl ebenfalls schon länger geplant, erfolgte dann aber erst zwei Monate, nachdem die Investmentgesellschaft der Dresdner Bank-Gruppe entstanden war. Initiatoren waren die Genfer Privatbank Hentsch & Cie. (heute Lombard Odier Darier Hentsch & Cie.) und das Bankhaus Friedrich Hengst in Offenbach, die beide über eine hohe Wertpapierexpertise verfügten. Die Genossenschaftsorganisation, die mit drei Zentralkassen der Volksbanken beteiligt war, sollte zunächst nur die Vertriebsbasis stellen.[11]

Die Sparkassenorganisation machte keinen Hehl daraus, dass sie sich nur aus Gründen des Wettbewerbs mit den Großbanken dazu entschlossen hatte, eine eigene Investmentgesellschaft zu errichten. Fritz Butschkau, der Präsident des Deutschen Sparkassen- und Giroverbandes (DSGV), sprach bei der Gründung der Deka von einer »verbandspolitischen Notmaßnahme«.[12] Aus der damaligen Sicht der Sparkassen stand das Investmentsparen ebenso wie der Konsumentenkredit in einem Widerspruch zum Kontensparen. Man befürchtete hier, dass jede Werbung für den Aktienmarkt das Vertrauen in das Ansparen von Geldwerten erschüttern könnte. Noch größer als diese Bedenken war freilich die Sorge, dass Kunden zu den Großbanken oder den Volksbanken abwandern würden, wenn die Sparkassen keine Investmentfonds anbieten konnten. Aus diesem Grund entschloss sich die DSGV-Führung nach längerem Zögern dann doch, eine eigene Investmentgesellschaft zu errichten. Für den ersten Investmentfonds der Deka, den Deka-Fonds I, wurde allerdings aus Rücksicht auf die Kontensparer nicht geworben.[13] Die Deka profitierte deshalb nur sehr begrenzt vom Gewicht des Sparkassensektors. Sie lag dem Fondsvermögen nach lange hinter den Konkurrentinnen DIT, DWS und ADIG an vierter Stelle.

Bei den aufgelegten Investmentfonds handelte es sich – mit Ausnahme des bereits seit 1950 bestehenden Mischfonds der ADIG – zunächst durchweg um Aktienfonds mit deutschen Werten. Erst nach einigen Jahren erweiterte sich die Palette des Angebots. Die Produkte der Kapitalanlagegesellschaften wurden nun unaufhaltsam immer vielfältiger und deckten immer neue Anlageformen ab. Nach Fonds für europäische und nordamerikanische Aktien entstanden Anfang 1966 die ersten deutschen Rentenfonds. Schon 1959 war der erste offene Immobilienfonds der Bundesrepublik, der iii-Fonds Nr. 1, aufgelegt worden.

Die Entwicklung des Fondsgeschäfts war in den ersten Jahren durch hohe Zuwächse gekennzeichnet. Ende 1959 war schon jeder hundertste Bürger der Bundesrepublik ein Investmentsparer.¹⁴ Statistiken über die Zusammensetzung der Anleger zeigen aber, dass hier vor allem solche Kunden stark vertreten waren, die bereits länger über ein Wertpapierdepot verfügt hatten, sich mit Kapitalanlagen auskannten und von der gesetzlichen Rentenversicherungspflicht befreit waren. Nach Angaben der ADIG waren unter den Anlegern »*Kreise mit gehobenem Einkommen und freie Berufe am stärksten beteiligt*«, besonders »*Rechtsanwälte, Notare, Steuerberater und Steuerprüfer*«.¹⁵ Daten über die berufliche und soziale Struktur der Investmentsparer in der Bundesrepublik, die von der Bundesregierung veröffentlicht wurden, bestätigen dies. Auffällig hohe Anteile entfielen aber auch auf Hausfrauen und Rentner. So waren Ende 1959 25 Prozent der Fondsanleger in der Bundesrepublik Selbstständige, 20 Prozent Hausfrauen und elf Prozent Rentner, während der Anteil der Arbeitnehmer bei 40 Prozent lag.¹⁶ Dabei belief sich der Anteil der Selbstständigen an den Erwerbstätigen in der Bundesrepublik damals auf rund 13 Prozent, der Anteil der Arbeitnehmer hingegen auf rund 75 Prozent und die Zahl der Arbeitnehmer lag zweieinhalbmal so hoch wie die Zahl der Hausfrauen.¹⁷

Die Arbeitnehmer dürften damit unter den Fondsanlegern zwar immer noch stärker vertreten gewesen sein als unter den Inhabern von Einzelaktien. Bedenkt man allerdings, dass die Investmentgesellschaften darauf gesetzt hatten, mit den Fonds ein breites Publikum zu erreichen, dann war das vermögenspolitische Ziel des Investmentsparens eben nur in sehr begrenztem Maße erreicht worden. Die ersten Werbekampagnen des DIT hatten sich zum Beispiel speziell an den »*Mann mit mittlerem und kleinem Einkommen*« gerichtet.¹⁸ In der Börsen-Zeitung waren die Zertifikate im März 1956 sogar ausdrücklich als ›Volkseffekten‹ bezeichnet worden, eine Vorwegnahme des wenige Jahre später, bei der Privatisierung der Preussag (1959) und des Volkswagenwerks (1961), aufkommenden Begriffs der ›Volksaktie‹.¹⁹ Die Arbeiterschaft, zu der damals noch fast 50 Prozent aller Erwerbstätigen in der Bundesrepublik zählten, konnte mit solchen vermögenspolitischen Vorstellungen kaum erreicht werden. Dies wird deutlich, wenn man nicht die Zahl der Anleger, sondern deren Anlagevolumen betrachtet. Nur fünf Prozent des deutschen Fondsvermögens befanden sich Ende 1957 im Besitz von Arbeitern.²⁰ Statistiken der Sparkassen zeigen, dass die Ersparnisse der Arbeiter damals zwar zunahmen, aber immer noch recht bescheiden waren und es kaum erlaubten, in Zertifikate zu investieren; außerdem war man hier mit anderen Anlageformen als dem Sparbuch auch gar nicht vertraut. Bei den Sparkassen hatten Arbeiter im Herbst 1959 ein durchschnittliches Sparguthaben von 702 DM. Die Sparguthaben von Freiberuflern lagen dagegen im Durchschnitt bei 2.535 DM.²¹

Es sollte noch lange dauern, bis die Investmentfonds zu einer Anlageform für alle Einkommensschichten wurden. Eine wichtige Voraussetzung dafür war, dass sich die soziale Zusammensetzung der Kundschaft bei den Großbanken durch die Einführung des standardisierten Privatkundengeschäfts im Mai 1959 nach und nach veränderte. Ende der Sechzigerjahre waren immerhin schon zwölf Prozent des deutschen Fondsvermögens im Besitz von Arbeitern.²² Populär wurden Investmentfonds in Deutschland letztlich aber erst mit der in den Achtzigerjahren einsetzenden Diskussion um die Alterssicherung. Die Begründer des Investmentwesens in der Bundesrepublik hätten es für abwegig gehalten, in den Fondsanlagen ein Instrument zur Verbesserung der Altersversorgung zu sehen, weil diese für das Gros der Bevölkerung durch die staatliche Rente gesichert war. Der Wirtschaftsjournalist Rudolf Herlt schrieb 1958 in Die Welt: »*Die Altersversorgung* über Rentenpapiere ist ein Märchen aus fernen Tagen. Die Vorsorge für das Alter hat heute für die meisten Menschen der Staat übernommen.«[23] Ab den Achtzigerjahren hat dann der Vertrauensverlust in das staatliche Rentensystem den Investmentfonds in Deutschland eine stärkere Nachfrage eingebracht als jeder Börsenboom, gerade auch bei Arbeitnehmern mit mittleren und kleinen Einkommen. 1988 lag das deutsche Fondsvermögen erstmals bei über 100 Mrd. DM. Heute verwalten die deutschen Investmentgesellschaften allein in ihren Publikumsfonds ein Vermögen von 651 Mrd. Euro (Ende 2011).[24] Der Anteil der direkten Investmentfondsanlagen am Geldvermögen der privaten Haushalte in der Bundesrepublik lag 2009 bei 11,4 Prozent.[25] Beim Investmentfondsvermögen pro Kopf der Bevölkerung liegt Deutschland mit 8.648 Euro nach wie vor weit hinter den USA (29.081 Euro) zurück, aber auch hinter Frankreich (19.427 Euro) und Großbritannien (11.000 Euro).[26]

c. Die Einführung des persönlichen Kleinkredits

Privatkunden hatte es bei den deutschen Großbanken schon seit den Anfängen des Depositengeschäfts in den 1870er-Jahren gegeben. Für die Banken war diese Kundschaft, die häufig einen gewerblichen Hintergrund hatte, wegen ihrer wirtschaftlichen Stellung und als Käufer von Wertpapieren interessant. Unter den Bankkunden befanden sich auch ›Normalverbraucher‹, die lediglich Ersparnisse einzahlten.[27] Doch gab es für diese Gruppe kein Dienstleistungsangebot. Das Selbstverständnis und das Erscheinungsbild der großen Geldinstitute waren ganz auf das Firmengeschäft ausgerichtet. Im Spargeschäft machten die Universalbanken allerdings seit Ende der Zwanzigerjahre den Sparkassen gezielt Konkurrenz, indem sie auch um Kleinsparer warben. Die Spareinlagen in Deutschland nahmen in der NS-Zeit stark zu, vor allem während des Krieges. In der Währungsreform wurden sie abgewertet und gingen größtenteils verloren, doch stieg die Zahl der Sparer in den Fünfzigerjahren wieder rasch an. Der weitaus größte Teil der Spareinlagen entfiel nach wie vor auf die Sparkassen. Allerdings waren die Großbanken an der Zunahme der Spareinlagen in dieser Zeit überproportional stark beteiligt.[28] Die Zahl der Privatkunden lag dagegen zum Beispiel bei der Deutschen Bank noch 1957 kaum höher als bei Kriegsende.[29]

Dass sich dies in den folgenden Jahren änderte, war durch mehrere Faktoren bedingt. An erster Stelle ist hier die Zunahme des privaten Geldvermögens in der Bundesrepublik zu nennen. Während des ›Wirtschaftswunders‹ der Fünfzigerjahre stieg das Geldvermögen der privaten Haushalte um ein Mehrfaches an, von 22 Mrd. DM (1950) auf 88 Mrd. DM (1958).[30] Ein großer Teil dieses Vermögenszuwachses wurde auf Sparkonten angelegt, doch war ein wachsender Anteil der Bundesbürger ab 1957/58 auch in der Lage, langfristige Gebrauchsgüter anzuschaffen und größere Urlaubsreisen zu unternehmen. So stieg zum Beispiel zwischen 1958 und 1961 der Anteil bundesdeutscher Haushalte mit Kühlschränken von 19 auf 39 Prozent. 1957 hatten erst 7 Prozent der Haushalte ein Fernsehgerät angemeldet, 1960 bereits 25 Prozent.[31] In der Gesellschaft der Bundesrepublik begann das Zeitalter des Massenkonsums.

Vor diesem Hintergrund nahm die Nachfrage nach Kleinkrediten zu und es kam auch eine neue Einstellung zu persönlichen Darlehen auf. Dass sich private Haushalte verschuldeten, war in Deutschland – anders als in den USA – immer noch verpönt. Mit den Vermögenszuwächsen der Fünfzigerjahre begann sich dies zu ändern, denn wer über einen gesicherten Hintergrund verfügte, konnte es sich eben auch leisten, Kredite für Anschaffungen aufzunehmen. Private Verschuldung galt nicht mehr zwangsläufig als ein Zeichen von Not oder des leichtfertigen Umgangs mit Geld, sondern auch als ein Mittel, Kaufwünsche rascher realisieren zu können.

Anders als in den USA und in England – wo die Midland-Bank seit 1954 Konsumentenkredite anbot – wurde die wachsende Nachfrage nach Kleinkrediten in der Bundesrepublik weder von den Banken noch von den Sparkassen abgedeckt. Die Banken vergaben keine personenbezogenen Blankokredite und die Sparkassen waren nur gegen Sicherheiten – eine Bürgschaft oder eine Sicherheitsübereignung – bereit, einen ›Kaufkredit‹ zu gewähren.[32] Gerade bei den Sparkassen gab es starke Vorbehalte gegen die Einführung eines Blanko-Konsumentenkredits, weil man davon – ähnlich wie von den Investmentfonds – eine Schwächung des Spargeschäftes befürchtete. Von dieser Marktlücke profitierten die Teilzahlungsbanken, von denen es 1958 in der Bundesrepublik nicht weniger als 174 gab. Diese Institute waren Verkaufsfinanzierungsgesellschaften, die zweckgebundene Kredite vergaben, vor allem zur Finanzierung von Ratenzahlungsgeschäften im Automobilhandel.[33] Persönliche Blanko-Kredite wurden damals nur von privaten Geldverleihern angeboten, die angesichts der großen Nachfrage die Konditionen nach Belieben diktieren konnten, zumal sie nicht der Bankenaufsicht unterlagen. Bei Kleinkrediten waren hier Zinsen von 60 bis 90 Prozent pro Jahr üblich.[34]

Neben der wachsenden Nachfrage gab es für die Einführung persönlicher Kleinkredite bei der Deutschen Bank, der Dresdner Bank und der Commerzbank noch weitere Gründe. Der Anteil der Großbanken an den Krediten für die Industrie war im Laufe der Fünfzigerjahre deutlich zurückgegangen. Ende 1951 hatte der Großbankensektor noch 20,8 Prozent des gesamten Kreditvolumens für Nichtbankenunternehmen bestritten. Sechs Jahre später lag dieser Anteil nur noch bei 14,7 Prozent, da die Sparkassenorganisation und die Gemeinwirtschaftsbanken den Großbanken im Firmenkreditgeschäft erfolgreich Konkurrenz machten.[35] Der Anstieg der Spareinlagen führte zwangsläufig dazu, dass die Sparkassen und ihre Girozentralen verstärkt ins Kreditgeschäft drängten. Gleichzeitig nahm die Nachfrage nach Firmenkrediten ab, da die Industrie über mehr Liquidität verfügte und verstärkt auf Eigenfinanzierung setzte. Die Großbanken waren dadurch gezwungen, sich im Kreditgeschäft neue Felder zu erschließen.

Eine wichtige Rolle spielte schließlich auch die Einführung der bargeldlosen Lohn- und Gehaltszahlungen im Jahr 1957. Durch das Gleichberechtigungsgesetz vom Juni 1957 war es zudem Ehefrauen nun erstmals möglich, eigenständig ein Konto zu führen. Die Banken hatten schon durch die wachsende Zahl von Sparern zahlreiche neue Kunden gewonnen. Jetzt kamen weitere Neukunden aus der Arbeitnehmerschaft hinzu. Es war nur naheliegend, dass die Banken für die Kunden aus mittleren und unteren Einkommensschichten ein spezielles Dienstleistungsangebot entwickelten. Erleichtert wurde dies durch ein Urteil des Bundesverwaltungsgerichts, das die Bedürfnisprüfung für Zweigstellengründungen aufhob. Eine Ausweitung des Filialnetzes, wie sie das standardisierte ›Mengengeschäft‹ erforderte, war nun problemlos möglich.

Weniger entscheidend dürfte für die Banken dagegen der häufig zitierte Appell von Bundeswirtschaftsminister Ludwig Erhard gewesen sein. Im Oktober 1958 schrieb

Erhard in einem Brief an den IX. Deutschen Bankierstag in Köln, der dort von Robert Pferdmenges, dem Präsidenten des Bundesverbands deutscher Banken, verlesen wurde: *»Es gehört nach meinen Vorstellungen nun einmal zu den Aufgaben eines Bankiers, dass man bei ihm auch als Privater ein paar hundert Mark leihen kann, ohne dafür Haus und Hof verpfänden zu müssen.«*[36]

Konsumentenkredite waren also nicht nur wirtschaftlich, sondern auch politisch erwünscht, doch Erhards Appell stieß bei den Bankiers alter Schule auf unverhohlene Skepsis. Mit der Vorstellung, dass die Banken Blanko-Kleinkredite für jedermann anboten, konnte sich der Privatbankier Robert Pferdmenges ebenso wenig anfreunden wie Hermann J. Abs, der Vorstandssprecher der Deutschen Bank. Von beiden wird berichtet, sie hätten Erhards Aufforderung »mit amüsiert-abfälligen Bemerkungen« kommentiert.[37] Abs hielt das ›Mengengeschäft‹ mit Kleinkrediten für wenig rentabel und befürchtete, dass die Deutsche Bank bei ihren Großkunden aus der Industrie an Ansehen verlieren würde, wenn bei ihr auch der ›kleine Mann‹ einen Kredit beantragen konnte.[38]

Gerade bei der Deutschen Bank gab es aber auch andere Stimmen im Vorstand. Franz Heinrich Ulrich, der auch bei der Gründung der Investmentgesellschaft DWS eine wichtige Rolle spielte, war davon überzeugt, dass es sich die Großbanken nicht länger leisten konnten, die Kreditwünsche der ›Normalverbraucher‹ zu ignorieren. Der norddeutsche Vorstand der Deutschen Bank um Ulrich und Manfred Oheimb von Hauenschild führte im Raum Hamburg Anfang 1958 versuchsweise persönliche Kleinkredite bis zu 1.000 DM ein, die von einer fahrenden Depositenkasse vergeben wurden. Die Ergebnisse waren so positiv, dass sie dazu beitrugen, die Widerstände innerhalb des Gesamtvorstands zu überwinden.[39] Auch bei der Dresdner Bank und der Commerzbank sperrten sich die Vorstände im Herbst 1958 nicht mehr gegen die Einführung von Konsumentenkrediten. Ausschlaggebend dafür dürften weniger Erhards mahnende Worte an den Bankierstag gewesen sein, als die Tatsache, dass beim Deutschen Sparkassen- und Giroverband damals neue Richtlinien für Kleinkredite ausgearbeitet wurden, die eine Erhöhung des Höchstbetrags von 600 auf 2.500 DM vorsahen.[40] Wenn die Großbanken dieses Geschäft nicht den Sparkassen und Teilzahlungsbanken überlassen wollten, mussten sie jetzt schnell handeln.

Wie sehr sich die Banken hier in Konkurrenz zu den Sparkassen sahen, wird schon daran deutlich, dass die Deutsche Bank, die Dresdner Bank und die Commerzbank ihr Vorgehen untereinander abstimmten. Der Hamburger Dresdner Bank-Vorstand Hans Rinn nahm mit seinen Kollegen von den beiden anderen Großbanken deshalb im Herbst 1958 Kontakt auf.[41] Im Januar 1959 einigte man sich darauf, personenbezogene Blanko-Kleinkredite als standardisiertes Produkt zu gleichen Konditionen und zu einem gemeinsamen Zeitpunkt einzuführen. Am 2. Mai wurden von den Niederlassungen aller drei Großbanken erstmals solche Konsumentenkredite angeboten. Andere Geschäftsbanken, aber auch die Sparkassen und die Genossenschaftsbanken folgten, allerdings mit weniger Publizität. Jedermann konnte nun einen persönlichen Barkredit von 300 DM bis 2.000 DM mit einer Laufzeit von bis zu 24 Monaten erhalten. Die Zinsen beliefen sich auf 0,4 Prozent pro Monat. Hinzu kamen 2,0 Prozent Antragsgebühr.[42] Um einen persönlichen Kleinkredit zu erhalten, waren kaum Sicherheiten notwendig. Es genügte die Vorlage eines Personalausweises und einer Verdienstbescheinigung. Für die Bewilligung war es nicht erforderlich, ein Konto bei der betreffenden Bank zu eröffnen. Die Kredite wurden schnell bearbeitet und konnten ohne Auflage verwendet werden. Um sich abzusichern, traten die Banken der Schutzgemeinschaft für allgemeine Kreditsicherung (Schufa) bei.

Das neue Produkt wurde gut angenommen. Bei der Deutschen Bank wurden schon in den ersten zwei Monaten rund 81.000 Kleinkredite beantragt, die Commerzbank vergab bis Ende 1959 45.000 Kleinkredite.[43] Bald zeigte sich, dass die Abschreibungsquote bei diesen Krediten niedriger lag als zunächst erwartet worden war. Allerdings wurde in der ersten Zeit ein relativ hoher Anteil der Anträge – bei der Dresdner Bank waren es 38 Prozent – abgelehnt.[44] Genutzt wurden die Konsumentenkredite überwiegend von Altersgruppen unter 40 Jahren, besonders von jungverheirateten, kinderlosen Ehepaaren.[45]

Große Erträge wurden im Retailgeschäft zunächst nicht erzielt, doch gewannen die Banken dadurch zahlreiche neue Kunden. Dies mussten auch Bankdirektoren anerkennen, die den Kleinkrediten skeptisch gegenübergestanden und sie als ›Kleingärtnergeschäft‹ abgetan hatten.[46] Bei der Commerzbank verdoppelte sich die Zahl der Kunden zwischen 1960 und 1965 von 500.000 auf eine Million. Die Deutsche Bank konnte durch die persönlichen Kleinkredite innerhalb von fünf Jahren über 700.000 neue Kunden gewinnen.[47]

1961 führten die Sparkassen ein neues Produkt für das ›Mengengeschäft‹ ein, das persönliche Anschaffungsdarlehen, das wenig später auch von den Banken angeboten wurde. Anschaffungsdarlehen konnten bis zu einem Betrag von 6.000 DM vergeben werden.[48] Die Großbanken waren mit diesem Produkt erfolgreicher als die Sparkassen, während die Sparkassen und Kreditgenossenschaften nun bei den Kleinkrediten stärker vertreten waren.[49] Bis Ende 1965 gewährten die drei Großbanken persönliche Kleinkredite und persönliche Anschaffungsdarlehen in Höhe von insgesamt 8,6 Mrd. DM. Bei den Sparkassen, Girozentralen und Kreditgenossenschaften beliefen sich die vergebenen Kleinkredite und Anschaffungsdarlehen zu diesem Zeitpunkt auf insgesamt 8,4 Mrd. DM.[50] 1968 kamen weitere Produkte hinzu: das persönliche Hypotheken-Darlehen und der Dispositionskredit.

Für die Banken war der Einstieg in das standardisierte Privatkundengeschäft mehr als nur eine Erweiterung ihres Dienstleistungsangebots. Da mit den neuen Produkten ein breites Publikum erreicht werden sollte, erforderte dieses Geschäft ein völlig neues Marketing, die Errichtung neuer Filialen und neue Formen der Mitarbeiterschulung.[51] Langfristig veränderte sich dadurch das Selbstverständnis der Institute. Bei der Deutschen Bank wurde mit Einführung des privaten Kleinkredits eine zentrale Werbe- und Marketingabteilung aufgebaut. Ein Prospekt in Millionenauflage wurde an die deutschen Haushalte verteilt – eine Werbeaktion, wie sie früher unvorstellbar gewesen wäre.[52] Dass die Banken nun in Zeitungsanzeigen für das neue Angebot warben, galt damals noch als geradezu unseriös.[53] Erstmals seit dem Krieg bedienten sich die Banken jetzt auch der Kinowerbung. Fernsehwerbung blieb hier noch bis Mitte der Siebzigerjahre verpönt, dann fiel auch dieses Tabu.

Das wachsende Privatkundengeschäft entwickelte eine Dynamik, die zu immer neuen Veränderungen zwang. So wurden die Filialnetze der Großbanken in den Sechzigerjahren sprunghaft ausgeweitet – bei der Deutschen Bank stieg die Zahl der Filialen von 364 (1959) auf 1.000 (1969), bei der Commerzbank entstanden im gleichen Zeitraum fast 500 neue Geschäftsstellen. Die Dresdner Bank hatte 1967 658 Geschäftsstellen gegenüber 265 im Jahr 1957.[54] Ab Mitte der Sechzigerjahre wurde auch die Ausbildung der Bankangestellten an die neuen Anforderungen angepasst. Hatten sich die Bankangestellten in den Filialen bis dahin noch vorwiegend als ›Schalterbeamte‹ verstanden, so sollten sie nun zu Kundenberatern werden, die auch im Verkauf geschult waren. Die Deutsche Bank schickte allein im Jahr 1967 3.000 Mitarbeiter in spezielle Verkaufsseminare, die Dresdner Bank errichtete 1971 ein eigenes Schulungszentrum, das den Wandel vom ›Bankbeamten‹ zum ›Bankkaufmann‹ befördern sollte.[55] In den Siebzigerjahren setzten sich dann neue Formen des Corporate Design durch, es entstanden neue Firmenzeichen und auch das Erscheinungsbild der Niederlassungen wurde den Erfordernissen des wachsenden Privatkundengeschäfts angeglichen. An Stelle der klassischen, auf Distanz angelegten Schalterhallen traten kleinräumige Servicebereiche mit Beratungstischen und Teppichböden.[56]

Die Zahl der Kunden und die Vielfalt der Produkte nahmen im Privatkundengeschäft kontinuierlich zu. Zwar gelang es den Großbanken erst allmählich, mit ihren standardisierten Angeboten von allen Schichten der Gesellschaft angenommen zu werden. Doch langfristig veränderte sich die Kundenstruktur der Großbanken durch das ›Mengengeschäft‹ grundlegend. Daten für die Dresdner Bank zeigen, dass der Anteil der Arbeiter an den Neukunden 1966 erst bei zehn Prozent lag, 1968 dagegen bei 40 Prozent.[57] 50 Jahre nach Einführung des Persönlichen Kleinkredits hatte allein die Deutsche Bank 14,6 Mio. ›vermögensbildende‹ Privatkunden, die Commerzbank (einschließlich der ehemaligen Dresdner Bank) elf Millionen.[58]

d. Fazit: Mitmachen oder Verlieren

Dass die deutschen Großbanken in der zweiten Hälfte der 1950er-Jahre daran gingen, sowohl bei den Kapitalanlagen als auch im Kreditgeschäft neue, standardisierte Produkte für alle Einkommensschichten anzubieten, stellt langfristig gesehen einen Nachholprozess gegenüber den USA, Großbritannien und anderen westlichen Industrieländern dar. Doch gingen die entscheidenden Anstöße von spezifischen Faktoren der westdeutschen Entwicklung in den Jahren des ›Wirtschaftswunders‹ aus. Im Fall der Investmentgesellschaften waren dies vermögenspolitische Zielsetzungen, die von den Regierungsparteien vertreten und von der Finanzbranche mitgetragen wurden. Bei der Einführung der persönlichen Kleinkredits spielten der Anstieg des Geldvermögens der privaten Haushalte und die zunehmenden Konsumwünsche der Bundesbürger eine entscheidende Rolle, aber auch die Veränderungen im Firmenkreditgeschäft und der Übergang zu bargeldlosen Lohn- und Gehaltszahlungen. Ein zentrales Motiv war in beiden Fällen die Erkenntnis, dass die Großbanken langfristig nur dann ihre Position innerhalb des Kreditgewerbes behaupten konnten, wenn sie die Arbeitnehmer mit mittleren und kleinen Einkommen nicht weiterhin den Sparkassen überließen.

Mit den neuen Produkten waren die Großbanken recht erfolgreich. Sie gewannen innerhalb weniger Jahre jeweils Hunderttausende neuer Kunden. Doch sollte es noch länger dauern, bis sich das Retailbanking zu einem bedeutenden Geschäftsfaktor entwickelten. Dazu trug bei, dass das standardisierte Privatkundengeschäft die Banken auf vielen Gebieten vor völlig neue Anforderungen stellte, an die sie sich erst allmählich anpassten; dieser Prozess dauerte bis weit in die Siebzigerjahre hinein an. Das Geschäft mit Investmentfonds hatte zwar ebenfalls von Anfang an hohe Zuwächse und trug auch dazu bei, den Banken neue Kundenkreise zu erschließen. Doch wurden die Zertifikate nicht zum Wertpapier des kleinen Mannes. Die vermögenspolitischen Ziele, die sich mit dieser Anlageform anfangs verbanden, wurden nur zum Teil erreicht. Erst im Lauf mehrerer Jahrzehnte etablierten sich Investmentfonds in allen Einkommensschichten als eine mit dem Sparbuch konkurrierende Anlageform.

Mit der Einführung des standardisierten Privatkundengeschäfts veränderte sich ab Ende der Fünfzigerjahre der Wettbewerb innerhalb des deutschen Kreditgewerbes. Die Banken und die Sparkassen konkurrierten nun, viel stärker als zuvor schon im Spargeschäft, um die ›Normalverbraucher‹. Die Trennlinien zwischen den einzelnen Gruppen des Kreditgewerbes begannen zu verwischen, da nun alle im ›Mengengeschäft‹ tätig waren. In diesem Geschäft konnten die Kunden aber rasch wechseln, wenn die Konkurrenz über neue, attraktive Produkte verfügte. Der persönliche Kleinkredit wurde daher im Mai 1959 sowohl von den Großbanken als auch von den Sparkassen und den Genossenschaftsbanken eingeführt. Schon bei der Gründung der Investmentgesellschaften in den Jahren 1955/56 hatte sich ein ähnlicher Wettbewerbsmechanismus gezeigt. Hier zog die Deutsche Bank-Gruppe rasch gegenüber der Dresdner Bank-Gruppe nach und weder die Genossenschaftsbanken noch die Sparkassen konnten es sich leisten, dieses Geschäft den Kreditbanken zu überlassen. Anders als bei technischen Innovationen kann der Vorsprung bei der Einführung eines standardisierten Finanzprodukts schnell von der Konkurrenz aufgeholt werden. Es gehört daher zu den Mechanismen des Wettbewerbs im ›Mengengeschäft‹, dass neue Produkte allenfalls kurzfristig Vorteile gegenüber der Konkurrenz ermöglichen. Die Banken machten in diesem Geschäft die Erfahrung, »*dass die Einführung neuer Dienstleistungen uns grundsätzlich keinen oder nur einen geringen Wettbewerbsvorteil bringt.*«[59] Doch lernten sie auch, dass es im Retail Banking gar keine andere Wahl gab, als dem Trend zu neuen Produkten zu folgen, da Kunden andernfalls zur Konkurrenz gehen beziehungsweise wechseln würden: »*Folgen wir den Bedürfnissen des Marktes nicht, so muss sich zwangsläufig unsere Marktposition schwächen.*«[60]

---

1 Rouwenhorst, Origins; Bähr, Entstehung.
2 An der Gründung der ADIG waren neben der Bayerischen Staatsbank noch die Bayerische Hypotheken- und Wechsel-Bank, das Bankhaus Seiler & Co. (1954 rückfirmiert in H. Aufhäuser) und die Jüdische Wiedergutmachungsbank beteiligt. Vgl. zur Gründung und Entwicklung der ADIG Allgemeine Deutsche Investment-Gesellschaft, 10 Jahre; Krause, ADIG.
3 Vgl. zu den Anfängen der deutschen Investmentgesellschaften in den Fünfziger- und Sechzigerjahren Sattler, ›Investmentsparen‹.
4 Müller, DWS, S. 45 f.
5 Dietrich, Eigentum.
6 Gesetz über Kapitalanlagegesellschaften vom 16.4.1957, in: BGBl. I (1957), S. 378–384.
7 Diskussionsbeitrag von Wolfgang Gerke, in: Investmentgesellschaften in Geschichte – Gegenwart – Zukunft, S. 49; Schwark, Ordnungsrahmen, S. 23.
8 Vgl. zur Entstehung und Entwicklung dieser vier Investmentgesellschaften Bähr, 50 Jahre; Sattler, Matthiensen, S. 154 ff.; Union Investment, 25 Jahre; Müller, DWS; Büschgen, Deutsche Bank, S. 798 ff.; Beckers, Gründung; ferner Sattler, ›Investmentsparen‹.

9   Müller, DWS, S. 19.
10 Ebd., S. 14.
11 Union Investment, 25 Jahre, S. 142 ff.
12 Beckers, Gründung, S. 261.
13 Ebd., S. 260–269.
14 ›Erfolgreiche Investment-Bilanzen für 1959‹, in: Frankfurter Allgemeine Zeitung vom 23. Januar 1960.
15 Allgemeine Deutsche Investment-Gesellschaft, 10 Jahre, S. 15. – Ähnliche Daten für die Käufer des ersten DWS-Fonds Investa finden sich in Müller, DWS, S. 60.
16 Bähr, 50 Jahre, S. 28.
17 Berechnet nach den Daten in: Statistisches Bundesamt, Statistisches Jahrbuch für die Bundesrepublik Deutschland 1961, S. 142. Die Angabe für die ›Hausfrauen‹ stützt sich auf die Daten des Mikrozensus 1959 für 20- bis 60-jährige Frauen aus der Kategorie ›nicht am Erwerbsleben beteiligte Personen/Angehörige‹.
18 Ebd., S. 18.
19 Claus Schrempf, ›Vermögensanlage durch Investment‹, in: Börsen-Zeitung, vom 17. März 1956; vgl. ferner zum Konzept der ›Volksaktie‹ Edelmann, Privatisierung.
20 Bähr, 50 Jahre, S. 29.
21 Schulz, Sparkassen, S. 295, Tab. III ›Durchschnittsguthaben am 31.10.1959‹.
22 Bähr, 50 Jahre, S. 29.
23 Rudolf Herlt, ›Investment auf schiefer Ebene‹, in: Die Welt vom 28. Februar 1958.
24 Zeitreihe Publikums- und Spezialfonds sowie Vermögen außerhalb von Investmentfonds 1950–2011 (Jahresultimo; für 1988 in DM rückberechnet), in: BVI-Investmentstatistik online (http://www.bvi.de/de/statistikwelt/Investmentstatistik; abgerufen am 26. November 2011).
25 Zentrum für Europäische Wirtschaftsforschung, Bedeutung, S. 3 f.
26 Stand Ende 2010. Vgl. Bundesverband Investment und Asset Management, Investment 2011, S. 75.
27 Seidenzahl, 100 Jahre, S. 410; Ashauer, Betrachtung.
28 Der Anteil der Großbanken an den Spareinlagen der deutschen Kreditinstitute lag Ende 1951 bei 7,6 Prozent und damit bereits deutlich höher als 1941 (4,5 Prozent). Bis Ende 1960 stieg er auf neun Prozent, doch lag der Anteil der Sparkassen zu diesem Zeitpunkt immer noch bei rund 63 Prozent. Vgl. Ahrens, Dresdner Bank, S. 263; Obst/Hintner, Geld-, Bank- und Börsenwesen, S. 420.
29 Die Deutsche Bank hatte 1945 rund 250.000 Privatkunden (ohne Spargeschäft), 1957 verwaltete sie rund 259.000 Privatkundendepots. Vgl. Frost, Wünsche, S. 33; Büschgen, Deutsche Bank, S. 795.
30 Wolf, Großbankengesetz, S. 144.
31 Wildt, Konsum, S. 283; Schildt, Beginn, S. 481; Wildt, Beginn.
32 Hierzu und zu Folgendem vor allem Gonser, Kapitalismus; Schulz, Sparkassen, S. 310.
33 Über Tochtergesellschaften waren auch die Großbanken am Teilzahlungsgeschäft beteiligt. Insgesamt entfielen 1959 rund 20 Prozent des Teilzahlungsgeschäfts auf Institute, die den Großbanken nahe standen. Vgl. ›Schulden ohne Pfand‹, in: Der Spiegel vom 13. Mai 1959, S. 24. – Die zur Dresdner Bank-Gruppe gehörende Teilzahlungsbank Diskont und Kredit AG konnte ihre Bilanzsumme in den Fünfzigerjahren auf mehr als das Achtfache steigern. Vgl. Bähr/Schneider, Teilzahlung, S. 160 f.
34 ›Die Krawattenmacher‹, in: Der Spiegel vom 12. November 1958, S. 40 ff.
35 Ahrens, Dresdner Bank, S. 265.
36 Büschgen, Deutsche Bank, S. 776; Frost, Wünsche, S. 43 f
37 ›Schulden ohne Pfand‹, in: Der Spiegel vom 13. Mau 1959, S. 23.
38 Frost, Wünsche, S. 45.
39 Ebd., S. 48 ff.
40 ›Die Krawattenmacher‹, in: Der Spiegel vom 12. November 1958, S. 40 ff. – Das Echo auf Erhards Brief wurde in späteren Darstellungen oft überschätzt. Vgl. dagegen Meyen, 120 Jahre, S. 230. Demnach stieß Erhards Mahnung bei den Teilnehmern des Bankierstags »*kaum auf Interesse*«.
41 ›Schulden ohne Pfand‹, in: Der Spiegel vom 13. Mai 1959, S. 23.

42 Frost, Wünsche, S. 54 ff.; Büschgen, Deutsche Bank, S. 770 ff.; Meyen, 120 Jahre, S. 231; Krause, Commerzbank, S. 102 f.
43 Frost, Wünsche, S. 66; Krause, Commerzbank, S. 103.
44 Meyen, 120 Jahre, S. 231.
45 Frost, Wünsche, S. 17.
46 Ebd., S. 158.
47 Hartwig, Geschäft, S. 132; Büschgen, Deutsche Bank, S. 777; Frost, Wünsche, S. 67.
48 Frost, Wünsche, S. 68; Schulz, Sparkassen, S. 311.
49 Historisches Archiv der Commerzbank, 500/17622–2000, Dresdner Bank, Betriebswirtschaftliches Büro, Entwicklung des Kleindarlehensgeschäfts in der BRD seit 1959, 18. August 1966.
50 Ebd.
51 Vgl. hierzu Gonser, Kapitalismus; Frost, Wünsche.
52 Frost, Wünsche, S. 241 ff.
53 Weiss, Betrachtung, S. 25.
54 Büschgen, Deutsche Bank, S, 777; Frost, Wünsche, S. 198; Krause, Commerzbank, S. 103; Meyen, 120 Jahre, S. 177.
55 Frost, Wünsche, S. 179 ff.; Ahrens, Identitätsmanagement, S. 85.
56 Ahrens, Identitätsmanagement, S. 89 ff.; Frost, Wünsche, S. 202 ff.
57 Historisches Archiv der Commerzbank, 500/17622–2000, Vermerk Feldbausch betr. Massengeschäft [undatiert, 1969].
58 Deutsche Bank, Geschäftsbericht 2009; Commerzbank, Geschäftsbericht 2009.
59 Historisches Archiv der Commerzbank, 500/17622–2000, Vermerk Feldbausch betr. Massengeschäft [undatiert, 1969].
60 Ebd.

Stephan Paul

[27.]

Die Aufhebung der Zinsverordnung 1967

Das Kreditwesen kommt in der Marktwirtschaft an

a. Einleitung: Die ›Sonderrolle‹ der Banken in der Marktwirtschaft

Unternehmerische Handlungsfreiheit in der Absatzpolitik erscheint in den Marktwirtschaften westlicher Prägung heutzutage als Selbstverständlichkeit: freie Standortwahl, weite produktpolitische Gestaltungsmöglichkeiten, Preissetzung ohne staatliche Schranken, offenes Spektrum der Kommunikationspolitik. Doch speziell für die Kreditwirtschaft war der Weg in die Marktwirtschaft ein besonders langer. Die Dispositionsmöglichkeiten der Bankleitungen wurden hier traditionell deshalb stärker als in anderen Branchen eingeschränkt, da man der Kreditwirtschaft eine volkswirtschaftliche ›Sonderrolle‹ beimaß. Diese wurde zum einen in der Funktion als ›Transmissionsriemen‹ der Geldpolitik, zum anderen darin gesehen, dass Störungen ihrer Funktionsfähigkeit besonders schwere gesamtwirtschaftliche Konsequenzen nach sich ziehen könnten – von einem Stillstand des Zahlungsverkehrs über eine Austrocknung der Liquiditätsversorgung der Unternehmen bis hin zu existenziellen Vermögensverlusten gerade für (Klein-) Einleger.

Neben einer ausgebauten Bankenaufsicht wurden Kreditinstituten daher in allen gewichtigen Finanzmärkten absatzpolitische Beschränkungen auferlegt. Ein besonders markantes Beispiel hierfür waren die USA. Dort wurde

– als Konsequenz der Weltwirtschaftskrise durch den Glass-Steagall Act 1933 das Trennbankensystem eingeführt, das die Sortimente der Kreditinstitute in das Commercial Banking einerseits, das Investment Banking andererseits separierte. Erst 1999 wurden diese produktpolitischen Beschränkungen im Gramm-Leach-Bliley Act beseitigt.

- ebenfalls 1933 mit der Regulation Q der Preiswettbewerb im Passivgeschäft limitiert. Die Regulation Q war Teil des US Code of Federal Regulations und des Federal Reserve Act. Sie ermächtigte den Federal Reserve Board, Zinsobergrenzen für Termin- und Spareinlagen festzusetzen. Und sie verbot gänzlich Zinsen auf Sichteinlagen. Unternehmerischer Dispositionsspielraum eröffnete sich hier erst wieder nach einem halben Jahrhundert: Der Depository Institutions Deregulation and Monetary Control Act von 1980 verfügte die stufenweise Aufhebung der Habenzinsgrenzen bis 1986; der Dodd-Frank Wallstreet Reform and Consumer Protection Act von 2010 hob noch ein Vierteljahrhundert später das Verbot der Verzinsung von Spareinlagen auf.
- bereits 1874 im National Banking Act und fortgeführt 1927 im McFadden Act die Niederlassungsfreiheit stark eingeschränkt. Die Möglichkeiten einer umfangreicheren Filialisierung und geschäftlichen Betätigung auch in mehreren Bundesstaaten wurde den Banken erst im Riegle-Neal Interstate Banking and Branching Efficiency Act von 1994 eröffnet.[1]

In Deutschland bestanden traditionell weichere gesetzliche Sortimentsbeschränkungen, sodass sich früh der Prototyp der Universalbank herausbildete.[2] Darüber hinaus wurde bereits 1958 die so genannte Bedürfnisprüfung für die Errichtung von Niederlassungen und Neugründungen der Kreditinstitute und damit die wesentliche standortpolitische Barriere beseitigt. Beinahe ein weiteres Jahrzehnt verging jedoch, bis 1967 die Einschränkungen aufgehoben wurden, die der freien Zinsbildung entgegenstanden. Man wollte »*die Form der Preisbildung im deutschen Kreditgewerbe der marktwirtschaftlichen Ordnung anpassen.*«[3] Im Rückblick erweist sich diese (im Vergleich mit den USA schnellere) Liberalisierung als entscheidende Weichenstellung für eine moderne, anderen Branchen in ihrem Aktionsradius vergleichbare Absatzpolitik der Kreditinstitute (Abschnitt d). Um dabei den Parameter ›Preis‹ sinnvoll einsetzen zu können, waren moderne Kalkulationssysteme erforderlich, zu deren Entwicklung ebenfalls der wesentliche Impuls gegeben wurde (Abschnitt c). Doch so zukunftsweisend die Zinsfreigabe heute wirkt, so umstritten war sie in ihrer Zeit (Abschnitt b). Und auch derzeit, nach der schwersten Finanz- und Wirtschaftskrise der Nachkriegszeit, zeigt sich der unverändert ›politische‹ Charakter von Bankpreisen (Abschnitt e).

b. Mehr Freiheit wagen? Die Diskussion über die Schutzwirkung der Zinsreglementierung

Der ersten Institutionalisierung einer staatlichen Zinsreglementierung gingen zwar reichsbankgetriebene, aber freiwillige Zinskartelle voraus:[4] »*Maßgeblich wirkte dabei die anregende und fördernde Einflußnahme*« durch den »*spürbare[n] Druck*«, den die Reichsbank entfaltete. Nach regional beschränkten Konditionsabsprachen einzelner Institutsgruppen kam im Mai 1913 die erste Allgemeine Abmachung der Vereinigungen von Banken und Bankiers zustande; Sparkassen und Kreditgenossenschaften fanden parallel zu einem preislichen Gleichklang innerhalb ihrer Organisationen. Mit dem Konditionenkartell von 1913 wurden elastische Untergrenzen für Debetzinsen und Obergrenzen für Einlagenzinsen vereinbart, auch wenn die Abmachungen formlos und ohne zeitliche Bindung waren, ein Verstoß nicht sanktioniert wurde. Als Motive wurden schon zu dieser Zeit die Furcht vor einem »*ungezügelten Wettbewerb*« und der »*Wunsch nach einer Gesunderhaltung des Bankgewerbes*« genannt. Für die Reichsbank stand die Verbesserung der Ertragslage der Banken im Vordergrund.[5] Die Kreditinstitute sollten damit einen Ausgleich dafür erhalten, dass sie ihre Barliquidität erhöhten, die mit der Verbreitung des bargeldlosen Zahlungsverkehrs und durch die zunehmende Konzentration (aus Reichsbanksicht) dramatisch gesunken war und die Wirksamkeit der Geldpolitik gefährdete. Doch die Abmachung hatte weder in Bezug auf die Zinsbindung (nur wenige Geschäftsbereiche waren erfasst, die Zahl der Außenseiter war zu groß) noch die Erhöhung der Barliquidität durchschlagenden Erfolg.

Nach der Beendigung der Inflation und der Währungsreform 1923 wollte die Reichsbank Zinsabsprachen unter den Banken zu einem anderen Zweck nutzen. Um auch ihrem »*zweiten*« Ziel neben dem der »*Währungssicherung*«, nämlich der »*Nutzbarmachung verfügbaren Kapitals*«, gerecht zu werden, versuchte sie, die Geld- und Kapitalmarktzinsen auf einem die Wirtschaft stimulierenden, niedrigen Niveau zu halten, ohne mit ihrem Diskont stabilitätsgefährdend zu weit hinunter gehen zu müssen. Ihre Bemühungen um Absprachen unter den Berliner Banken, dann auch den regionalen und lokalen Kreditinstituten im Deutschen Reich konzentrierten sich zunächst auf die direkte Fixierung der Sollzinsen (zwei Prozent, dann ein Prozent über Diskontsatz). Da dies jedoch nur begrenzten Erfolg hatte, bemühte man sich um eine indirekte Beeinflussung der Sollzinsen durch Fixierung der Habenzinsen. Während im Winter 1930/31 in den östlichen Provinzen Deutschlands eine Reihe solcher Abkommen zustande kamen, scheiterten die Bemühungen der Reichsbank in den Westprovinzen. Und letztlich brachen diese Vereinbarungen endgültig in der Bankenkrise Sommer/Herbst 1931 zusammen.

Die Notverordnung vom 8. Dezember 1931 beauftragte den (durch Notverordnung vom 19. September 1931 geschaffenen) Reichskommissar für das Bankgewerbe, Vereinbarungen der Kreditinstitute über Soll- und Habenzinsen herbeizuführen; der Reichskommissar konnte diese Vereinbarungen für allgemeinverbindlich erklären, sich aber auch durch eigene Zinsfixierungen über sie hinwegsetzen.[6] In Durchführung dieser Verordnung kam es am 9. Januar 1932 zu einem – zinssenkenden – ›Zinsabkommen‹, in dem die Kreditwirtschaft[7] Höchstsätze für Habenzinsen, ›Normalsätze‹ für Sollzinsen vereinbarte. Deutschland besaß gegen Ende 1931 das weltweit höchste Zinsniveau, was als wesentliche Hürde für einen Wiederaufschwung nach der schweren Wirtschaftskrise gesehen wurde.[8]

Die dem Reichskommissar am 8. Dezember 1931 eingeräumten Befugnisse wurden im §38 des neuen Reichsgesetzes über das Kreditwesen (KWG) vom 5. Dezember 1934 fortgeschrieben.[9] Das KWG war die rechtliche Grundlage für das ›Habenzinsabkommen‹ und das ›Sollzinsabkommen‹ vom 22. Dezember 1936, in denen sich die Kreditwirtschaft auf fixe Höchstsätze bei den Habenzinsen und auf einen Zinssatz von 4½ Prozent über dem Diskontsatz der Reichsbank für die kurz- und mittelfristigen Kontokorrentkredite einigte, um die Voraussetzung für eine die Aufrüstungspolitik des Nationalsozialismus unterstützende Kreditpolitik des ›billigen Geldes‹ zu schaffen.[10] Das Zinsabkommen erklärte der Reichskommissar am 23. Dezember 1936 für allgemeinverbindlich; es trat am 1. Januar 1937 in Kraft. – Nach dem Zweiten Weltkrieg oblag die Zinsfestlegung zunächst den Bankaufsichtsbehörden der Länder. Zur Koordinierung wurde ein ›Sonderausschuss Banken‹ eingerichtet, in dem Vertreter der Länder, des Bundes und der Bank deutscher Länder beziehungsweise der Bundesbank zusammenarbeiteten. Die Empfehlungen des Ausschusses waren nicht rechtsverbindlich, wurden aber von den Länderbehörden befolgt.[11]

Das neue Kreditwesengesetz von 1961 sah im § 23 (anders als 1934) davon ab, Vereinbarungen der Kreditwirtschaft zur Basis für die Festlegung der Zinssätze zu machen. Stattdessen konnte das Bundeswirtschaftsministerium – nach Anhörung der Bundesbank und der Spitzenverbände der Kreditwirtschaft – nun direkt Anordnungen treffen. Die Zinsverordnung vom 5. Februar 1965, die auf diese Weise zustande kam, lehnte sich materiell eng an die Zinsabkommen von 1936 an, lockerte aber zum Beispiel die Habenzinsbestimmungen: Die Sollzinsen blieben an den Diskontsatz der Zentralbank geknüpft (Kontokorrentzinsen 4½ Prozent über Diskont). Die fixen Sätze für Einlagenzinsen bezogen sich nur noch auf Einlagen mit einer Laufzeit bis zu 2½ Jahren (statt vier Jahren); 1966 entfielen die Höchstsätze für Großeinlagen.[12]

Um attraktive Einlagenzinsen zu bieten, suchten die Kreditinstitute speziell im Geschäft mit Großkunden nach Wegen der Regulierungsarbitrage.[13] Eine Möglichkeit boten Pensionsgeschäfte mit Wertpapieren zwischen Banken und Nichtbanken, bei denen Ver- und Rückkaufskurse sowie die Laufzeit so festgelegt wurden, dass ein Effektivzins über der staatlich festgesetzten Grenze resultierte. Alternativ dazu wurden Kassenobligationen begeben beziehungsweise Termingelder hereingenommen, die formal langfristig waren, deren tatsächliche Laufzeit aber durch Nebenabreden von vornherein begrenzt wurden. Auch waren Koppelgeschäfte anzutreffen, bei denen für Einlagen zwar nur die Höchstsätze vergütet, den (Firmen-)Kunden jedoch gleichzeitig niedrige Sollzinsen berechnet wurden. – Neben diesen Umgehungen besaßen Großunternehmen im ›Industrie-Clearing‹ die Möglichkeit, untereinander zu ungebundenen Konditionen Geld zu disponieren, wodurch den Kreditinstituten Anlagemittel entgingen.

Der Aufhebung der Zinsverordnung zum 1. April 1967[14] ging eine intensive Diskussion voraus, die im Wesentlichen um die auch zuvor schon genannten ›Schutz-Argumente‹ kreiste. Zum einen wurden die fehlenden Leitplanken für die Transmission monetärer Impulse thematisiert. In zeitlicher und quantitativer Hinsicht sei es künftig unsicher, inwiefern Veränderungen des Diskontsatzes der Bundesbank auf die kontrahierten Soll- und Habenzinsen ›durchschlagen‹ und die gewünschten gesamtwirtschaftlichen Effekte auslösen würden (Währungsschutz im weiteren Sinne).[15] Zum anderen wurde die Gefahr gesehen, dass eine liberalisierte Zinspolitik zu einem ›übersteigerten‹, gar ruinösen Wettbewerb führen könne, der die Kreditinstitute zu risikoreicheren Kreditentscheidungen verleiten, die Bankrentabilität nachhaltig schwächen und – um Schieflagen einzelner Häuser aufzufangen – verstärkt Fusionen hervorrufen würde. Eine so ausgelöste Konzentrationswelle gelte es aber gerade zum Schutz ›kleinerer‹ Kreditnehmer beziehungsweise Sparer zu verhindern, die ansonsten der ›Marktmacht‹ zunehmend größer werdender Institute ausgeliefert seien.[16]

Bis zur Zinsliberalisierung besaß der Risikoschutz somit klare Priorität vor dem Wettbewerb.[17] Nach der Aufhebung der Zinsverordnung erwiesen sich die Befürchtungen in Bezug auf eine Beeinträchtigung der Geldpolitik als »gegenstandslos«.[18] Auch ohne die Möglichkeiten der direkten Zinsregulierung[19] wurde die Wirksamkeit der Geldpolitik der Bundesbank, die fortan verstärkt auf andere Instrumente setzte (zunächst Mindestreserve-, dann Offenmarktpolitik) nicht beeinträchtigt. Für die Beseitigung der Höchstzinssätze war es eine bedeutende Voraussetzung, dass die Notenbank ihre Bedenken weitgehend aufgegeben hatte.[20]

Aber hat die Zinsliberalisierung die Rentabilität des deutschen Kreditgewerbes beeinträchtigt? Tatsächlich ging die Rentabilität in der Folgezeit wenn auch nicht abrupt, so doch strukturell zurück. Sie war nicht mehr staatlich garantiert, sondern musste im Wettbewerb unter den Banken, der sich erst allmählich voll entfaltete, verteidigt werden. Die sinkende Rentabilität spiegelte sich auch im Konzentrationsprozess der Banken wider: Die Zahl von 8.000 rechtlich selbstständigen Kreditinstituten in Deutschland Anfang der 1970er-Jahre war im internationalen Vergleich ungewöhnlich hoch. Sie halbierte sich in den folgenden 20 Jahren, aber dennoch sprach Ulrich Cartellieri, Vorstandsmitglied der Deutschen Bank, von den Banken als der *»Stahlindustrie der 1990er-Jahre«*,[21] also einer Branche mit erheblichen Überkapazitäten. Auch wenn diese Prophezeiung (nicht zuletzt wegen der positiven wiedervereinigungsbedingten Sonderkonjunktur) zunächst nicht eintrat, hat die deutsche Kreditwirtschaft wiederum 20 Jahre später trotz einer erneuten Halbierung der Institutszahl auf noch knapp 2.000 ihr Rentabilitätsproblem nicht bewältigt: die branchendurchschnittliche Zinsmarge[22] liegt bei nur noch gut ein Prozent (im Vergleich zu zwei Prozent Mitte der 1980er-Jahre).

Die Zinsliberalisierung hat jedoch die Konzentrationstendenz nicht verursacht, sondern allenfalls beschleunigt. Angesichts der Globalisierung, des gestiegenen internationalen Wettbewerbs sowie der Technisierung wären die in den ersten beiden Jahrzehnten der Nachkriegszeit (wieder-) aufgebauten Strukturen des Bankensektors ohnehin nicht dauerhaft zu verteidigen gewesen. Und die Freigabe der Preispolitik hat auch nicht ansatzweise zu *»Unruhe und Unsicherheit unter der Bevölkerung«*[23] geführt, wie im Vorfeld von Branchenvertretern prognostiziert. Allerdings hat sich deren *»beschauliche[s] Leben«*[24] nachhaltig verändert. Daher kämpften prominente Vertreter des Kreditwesens auch lange für die Fortführung der staatlichen Regulierung durch die Vorgabe von ›Orientierungsgrößen‹ oder zumindest für eine abgestimmte Politik unter den Kreditinstituten.[25]

c. Zinsfreigabe als Weichenstellung zu modernen Kalkulationssystemen

Bis weit in die 1960er-Jahre wurde der Nutzen einer Bankkalkulation von der Praxis bestritten. So vertrat Hans Janberg, Vorstandsmitglied der Deutschen Bank, die Ansicht, dass *»die Kalkulation [...] die Führungsinstrumente der Bankleitung nicht bereichern«* könne.[26] Dementsprechend wurde den Banken empfohlen, sich auf eine Ex-Post-Erfolgskontrolle im Rahmen der Gesamtzinsspannenrechnung zu beschränken. Als Begründung wurden *»bankeigentümliche Probleme«* der Kosten- und Erlösrechnung genannt:

(1.) Die globale Geldbeschaffung mache es unmöglich, bestimmten Aktivgeschäften einzelne Refinanzierungsquellen und damit -kosten zuzurechnen.

(2.) Die in Dienstleistungsunternehmen wie Kreditinstituten typischerweise weitgehend fixen Personal- und Sachkosten ließen eine verursachungsgerechte Aufteilung nicht zu.

Indes bestanden auch angesichts der auskömmlichen und garantierten Margen kaum Anreize zur Entwicklung einer fundierten Preiskalkulation einerseits und einer Ex-post-Erfolgsrechnung andererseits. Solche Anreize entstanden in spürbarer Form erst durch die Zinsfreigabe und den dadurch ausgelösten wettbewerblichen Druck. Kreditinstitute waren – so Joachim Süchting – fortan gezwungen, trotz der genannten kostenrechnerischen Probleme »*durch die Kalkulation die Ansatzpunkte für den überlegten Gebrauch der absatzpolitischen Instrumente zu finden.*«[27]

In der Kalkulation des den »*Wertbereich*«[28] prägenden Zinsgeschäfts konzentrierte man sich zunächst darauf, die Ex-ante-Preisuntergrenze beziehungsweise den Ex-post-Zinserfolg mit Hilfe immer differenzierterer Formen der traditionellen ›Schichtenbilanzmethode‹ zu berechnen. Das führte für die Aktivgeschäfte zu einer fingierten Zurechnung von Geldeinstandskosten, bei den Passivgeschäften zu einer fingierten Zurechnung von Erlösen aus der Geldanlage. Dominierendes Schichtungskriterium war das Rentabilitätsprinzip, das heißt den höchst verzinslichen Aktiva wurden die höchst verzinslichen Passiva gegenübergestellt.[29] Die berechtigte Kritik richtete sich gegen den willkürlich ermittelten Verrechnungszins, der auf der einen Seite die Kosten der Geldbeschaffung, auf der anderen den Nutzen aus der Geldanlage repräsentieren sollte. Die insofern im Verrechnungszins begründeten Ungenauigkeiten pflanzten sich in all denjenigen Teilrechnungen fort, in denen die Erfolgsermittlung für Kredit- und Einlagenbestände eine Rolle spielt: bei der Erfassung der Erfolgsbeiträge der Sparten, Filialen und Zweigstellen sowie der Konten- und Kundenbeziehungen. Sie betrafen zum einen die geschäftspolitische Steuerung dieser Bezugsgrößen, zum anderen die Kontrolle der Sparten- und Filialleiter sowie der Kundenbetreuer, sofern sie auf der Basis des ihnen zugerechneten Erfolgsbeitrags Rechenschaft legen sollten.

In Zeiten eines vergleichsweise stabilen, sich zumindest nicht abrupt ändernden Zinsumfeldes war diese Vorgehensweise zwar immerhin ein »*rettender Strohhalm*«.[30] Das theoretische Unbehagen gegenüber diesem Verfahren bestand jedoch schon lange. Daher forderte Süchting 1967 bei der Bestimmung einer Preisuntergrenze im Kreditgeschäft »*die Aufmerksamkeit des Bankiers weg von den Zinskosten der Passivseite*« zu lenken. »*Nach dem Opportunitätskostenprinzip muss die neue Fragestellung lauten: Auf welchen Erfolg verzichte ich, wenn ich diesen Kredit (und nicht eine andere [...] Anlage) hinauslege? [...] Eine bevorzugte Mittelverwendung* [ist] *nur dann überlegen* [...]*, wenn sie einen höheren Gewinn bringt als die durch sie verdrängte Mittelverwendung. Es wird bereits deutlich, daß die neue Blickrichtung sich ganz von der Rechts-links-Betrachtung in der Bilanz löst und ausschließlich auf die Aktivseite, den Absatzmarkt für Liquidität, abstellt.*«[31]

Erst das zunehmend volatilere Zinsumfeld ausgangs der 1970er-Jahre trug jedoch dazu bei, dass sich die Marktzinsmethode, die diesen Grundgedanken aufgriff, ab Mitte der 1980er-Jahre in der Bankpraxis durchsetzte.[32] Dabei werden alle (potenziellen) Geschäftsabschlüsse im Aktiv- und alle Geschäfte im Passivbereich jeweils für sich mit den Zinsen, wie sie sich an den Märkten bilden, verglichen. Gemäß Opportunitätskonzept wird bei einem (geplanten) Geschäftsabschluss im Kreditbereich gefragt: Welchen Zins hätte die Bank bei einer zinsbindungs-kongruenten Anlage (einer Anlage, deren Zinssatz die gleiche Laufzeit/Haltefrist aufweist) am Geld- beziehungsweise Kapitalmarkt erzielen können? Die Bewertung orientiert sich an der Differenz zwischen dem mit dem Kunden abgeschlossenen und dem am Markt erzielbaren Zins. Im Passivgeschäft lautet die Frage entsprechend: Welchen Vorteil bringt die mit einem Kunden zu einem bestimmten Zins vereinbarte Einlage gegenüber einer zinsbindungs-kongruenten Refinanzierung am Geld- beziehungsweise Kapitalmarkt? Die Qualität des Geschäfts stellt ab auf die Kostenersparnis, die die Bank durch das betreffende Kundengeschäft realisieren kann.

Vergleichsgrößen sind also jeweils die Zinssätze, die an den Geld- und Kapitalmärkten tatsächlich zustande kommen. Im Gegensatz zum Verrechnungszins nach der Schichtenbilanzmethode sind sie nicht fingiert, da sie auf konkrete Alternativen für die Geldanlage und -aufnahme verweisen. Auf eine gleiche Zinsbindungsdauer ist deshalb abzustellen, weil nur dann aus der Vielzahl der an den Geld- und Kapitalmärkten anzutreffenden Zinssätze ein Marktzins herausgefunden werden kann, der eine im Hinblick auf das Zinsänderungsrisiko vergleichbare Alternative repräsentiert.

Die Qualität der Bilanzgeschäfte, der Kredit- und Einlagensparten, der Geschäftsstellen und Kundenbeziehungen wird an den Mehrerlösen beziehungsweise den Kostenersparnissen gegenüber dem Markt als Benchmark gemessen. Dies gilt ebenso für die erfolgsorientierte Beurteilung der Spartenverantwortlichen, Filialleiter und Kundenbetreuer. Sie können den Mehrwert der von ihnen abgeschlossenen Geschäfte und damit ihren eigenen Nutzen für die Bank aktuell ermitteln, indem sie die von ihnen verhandelten Konditionen mit den Marktzinsen für entsprechende Fristenkategorien vergleichen (Kundenkonditionsbeitrag).

Neben dem Kundenkonditions- wird im System der Marktzinsmethode ein Fristentransformationsbeitrag ausgewiesen. Dieser Erfolgsbeitrag resultiert aus bewusst in Kauf genommenen Laufzeitinkongruenzen zwischen Aktivanlagen und Passivmitteln und berechnet sich dementsprechend als Differenz der volumengewichteten Opportunitätszinssätze der beiden Bilanzseiten. Er wird kalkulatorisch den Verantwortlichen für diese Entscheidungen zugerechnet, nämlich derjenigen zentralen Dispositionsstelle, die in der Bank das Bilanzstrukturmanagement (auch Aktiv/Passiv-Steuerung, Asset-/Liability-Management oder Treasury genannt) so betreibt, dass die Fristentransformation (und damit die dem Zinsänderungsrisiko ausgesetzte offene Position) nicht überzogen wird.

Dreh- und Angelpunkt für eine möglichst saubere Abgrenzung dieser beiden Erfolgsquellen ist die Bestimmung der den Kundengeschäften im Hinblick auf die Zinsbindung adäquaten Opportunitäten. Im Festzinsbereich sind die Alternativen an den Geld- und Kapitalmärkten leicht aufzufinden und werden daher auch von den Bankverkäufern akzeptiert. Dagegen wirft die Suche umso größere Probleme auf, je unbestimmter die Charakteristika des Kundengeschäfts in Bezug auf Laufzeit und Verzinsung sind. Im Vergleich zur Methode der Bilanzschichtung zeigt sich daher für die Marktzinsmethode, dass die klassische Zuordnungsproblematik in Teilbereichen des Sortiments nur verlagert wird, nicht aber entfällt. Über die Ermittlung der korrekten Bezugsbasis (gebundenes Kapital) hinaus lässt sich im variabel verzinslichen Kundengeschäft eine Opportunität nur mit Hilfe von stets der Diskussion unterworfenen Annahmen und

Prämissen finden, sie ergibt sich nicht automatisch und ist daher auch nicht ›objektiv‹ richtig wie im Falle des Festzinsgeschäfts. Statt einer institutsinternen wird demnach eine institutsexterne Zuordnungsproblematik aufgeworfen, da nun nach dem möglichst adäquaten Marktzins zu suchen ist.

Im Übrigen verbleibt der ›Geburtsfehler‹ der Marktzinsmethode, der aus ihrem größten Vorteil resultiert: Die als ›Befreiungsschlag‹ gefeierte Einzelbewertung von Geschäften vernachlässigt die Einbindung der Positionen in das Gesamtportefeuille der Bank und damit sämtliche Verbundeffekte, weshalb zentrale Steuerungsmaßnahmen aus Bilanzstrukturüberlegungen beziehungsweise bankaufsichtlichen Gründen (neben Boni/Mali vor allem auch Limite) notwendig, aber wiederum erfolgsrechnerisch problematisch sind.

Anfang der 1990er-Jahre thematisierten die aufkommenden ›Shareholder-Value-Ansätze‹[33] auch mit Blick auf Kreditinstitute die Notwendigkeit, das (traditionelle) Ziel der Steigerung des Unternehmenswerts methodisch neu zu fundieren. Um den Gesamtbeitrag eines Kundengeschäfts zum Unternehmenswert zu ermitteln, war dabei eine Erweiterung der Marktzinsmethode notwendig, die ja den Zinserfolg nur für eine Periode berechnet. Das Barwertkonzept verdichtet hingegen den Erfolg eines Geschäfts über seine gesamte Laufzeit im Zeitpunkt des Geschäftsabschlusses. Dem Bankverkäufer soll damit bereits während des Kundengesprächs bewusst sein, was er in der laufenden Periode und der Zukunft an dem abzuschließenden Geschäft verdient. Ebenso soll eine Nulllinie für die Zentraldisposition definiert werden, von der aus ihre Entscheidungen im Hinblick auf die Fristentransformation beurteilt werden. Zu diesem Zweck wird das Grundmodell der Marktzinsmethode dynamisiert: Wie in der allgemeinen Investitionsrechnung üblich, werden sämtliche Zahlungsströme aus Kunden- und Opportunitätsgeschäft mit Hilfe der zum Kalkulationszeitpunkt geltenden Zinsstrukturkurve auf den Entscheidungszeitpunkt diskontiert (»*Die Marktzinsmethode wird erwachsen.*«[34]).

Dieses Vorgehen wirft jedoch zum einen praktische Probleme dann auf, wenn die Cashflows nur unzureichend planbar sind (wie zum Beispiel bei Kontokorrentkrediten). An dieser Stelle muss also mit mehr oder weniger zuverlässigen Schätzungen der Zahlungsströme (und damit dann auch der Erfolgsbeiträge) gearbeitet werden. Zum anderen darf sie aus theoretischer Sicht nur bei einem vollkommenen Kapitalmarkt eingesetzt werden, auf dem die für die investitionsrechnerischen Verfahren notwendige Arbitragefreiheitsbedingung zwar erfüllt ist, Banken als Intermediäre indes ihre Existenzberechtigung verlieren.

d. Zinsfreigabe als Weichenstellung der Absatzpolitik

Noch 1968 stellte Jörg-Engelbrecht Cramer in seiner Dissertation fest: »*In der Fachliteratur über das Bankwesen ist das Wort ›Marketing‹ praktisch nirgends zu finden.*«[35] Während die Zahl wissenschaftlicher Beiträge zu diesem Gebiet schnell anwuchs, nahm der Prozess der Anpassung an die veränderten Rahmenbedingungen in der Praxis deutlich längere Zeit in Anspruch, wie das nachfolgende ausführliche Zitat von Joachim Süchting noch 1982 zeigt: »*Die an den Kundenbedürfnissen orientierte Grundeinstellung der Unternehmensleitung (Marketing-Philosophie) hat sich dagegen erst in jüngerer Zeit stärker herausgebildet. Bis zum Ende der 50er Jahre unseres Jahrhunderts dominierte im Kreditgewerbe eine eher angebotsorientierte, zurückhaltende Einstellung der Geschäftsleitungen. Ursache dafür war vor allem, daß nach der Weltwirtschaftskrise geschaffene staatliche Zins- und Wettbewerbsabkommen sowie Bedürfnisprüfungen für Zweigstellen zu einer Situation der Verkäufermärkte geführt hatten, auf denen die Bank dem Nachfrager nur die Wahl ließ, zu den von ihr gesetzten Bedingungen zu akzeptieren oder auf die angebotene Leistung zu verzichten. – Erst seit Beginn der 60er Jahre hat sich die Situation grundlegend verändert. Die staatlicherseits nun geförderte Liberalisierung der Bankenmärkte mit dem Wegfall der genannten Abkommen, die auf diese Weise intensivierte Konkurrenz der Kreditinstitute unter Einschluß auch der ausländischen, die Hinwendung zum Mengengeschäft mit der breiten Bevölkerung haben Käufermärkte und einen intensiven Kampf um die Marktanteile entstehen lassen. Im Zusammenhang damit widmet man sich heute in den Bankleitungen sehr viel stärker dem Marktgeschehen; das aber bedeutet nichts anderes, als sich zunehmend an den Bedürfnissen und Wünschen der Kundschaft auszurichten. Das zielgerichtete, planvolle und systematische Vorgehen in der Absatzpolitik (Marketing-Management) ist ebenfalls vor dem Hintergrund der Veränderung der Bankenmärkte von Verkäufer- zu Käufermärkten zu sehen.«*[36]

Wenn von Weichenstellung für die Absatzpolitik die Rede ist, muss demnach auch auf die Beseitigung des Wettbewerbsabkommens verwiesen werden. Hier ist wiederum das Jahr 1967 offenbar ein Schlüsseljahr. Die mit Bekanntmachung vom 23. November aufgehobene Vorschrift stammte ebenfalls vom 22. Dezember 1936 und basierte auch auf den Befugnissen, die § 38 KWG von 1934 dem Reichskommissar einräumte. Es verbot zum Beispiel die Werbung mit dem Spareinlagenzins. Es ist also wohl die Aufhebung der Zinsverordnung und des Wettbewerbsabkommens, die (neben dem Fallenlassen der Bedürfnisprüfung bei der Errichtung von Zweigstellen) nun Marketing ermöglichte.

Nach der Zinsfreigabe und dem Wegfall der Werbeeinschränkungen versuchten die Kreditinstitute ihre preispolitischen Spielräume weniger durch Produktinnovationen auszuweiten, was aufgrund der Spezifika der Bankleistung auch schwieriger als in anderen Branchen ist. Stattdessen setzten sie den in den 1960er-Jahren begonnenen Ausbau ihrer Filialnetze fort, um speziell bei den Nachfragern des Mengengeschäfts Präferenzen durch örtliche Nähe zu schaffen beziehungsweise zu erhalten.[37] Zwischen 1967 und 1977 nahm die Zahl der Filialen aller deutschen Banken von 26.000 auf 38.000 zu. Im folgenden Jahrzehnt stagnierte diese Zahl, um erst wiedervereinigungsbedingt auf deutlich über 45.000 anzusteigen. Wie zuvor schon angesprochen, wurden damit jedoch Überkapazitäten aufgebaut, die seither unter großen Anstrengungen wieder reduziert werden müssen. Im Jahre 2010 bewegte sich die Filialzahl mit knapp 39.000 fast wieder auf dem Niveau von 1977, lag in Relation zur Einwohnerzahl international aber immer noch an der Spitze.

Wesentlicher Treiber für die zunehmenden Probleme der Kreditwirtschaft, ihre Vertriebskapazitäten auszulasten, war die Revolution in der Informations- und Kommunikationstechnologie. Sowohl im Back-office der Banken als auch im direkten Kundenkontakt wurde zunehmend menschliche Arbeitskraft durch technische Lösungen substituiert. Anfangs der 1980er-Jahre wurden zunächst Geldausgabeautomaten, Kontoauszugsdrucker und einfache Multifunktionsterminals eingesetzt. Dieser Beginn des Selbstbedienungs-Bankings entsprach auch dem Wunsch vieler Kunden nach Bankleistungen außerhalb der starren, für viele Nachfrager ungünstigen Öffnungszeiten. Neben die persönliche Betreuung trat damit bei bestimmten Leistungen des Zahlungsverkehrs die anonyme, automatisierte Abwicklung. Gleichzeitig wurden im Rahmen des dezentralen Vertriebs die Außendienstaktivitäten auf- beziehungsweise ausgebaut, um insbesondere vermögendere Privatkunden in dem von ihnen gewünschten Umfeld zu der von ihnen bevorzugten Zeit individuell betreuen zu können.

Mit zuvor ungeahnter Dynamik konnten sich im Übergang zu den 1990er-Jahren dann neue Formen des Vertriebs mittels Technik etablieren – ebenfalls ein direkter, aber zentralisierter Absatzweg. Die Kundenansprache erfolgte dabei zunächst brieflich über Direct-Mail-Aktionen, später immer stärker über Telefon und Telefax und ab 1995 über das Homebanking mit Hilfe des Internet.[38] Zu dieser Zeit entstanden erste ›Direktbanken‹, die auf einen stationären Vertrieb vollständig verzichteten.

Speziell das Internet hat – zumindest bei weitgehend standardisier- und damit vergleichbaren Produkten – zu einem Quantensprung in der Preistransparenz für die Nachfrager nach Bankleistungen geführt. Da die Nachfrager im Vergleich zu 1967 im Durchschnitt auch vermögender, ökonomisch besser aufgeklärt und anspruchsvoller geworden sind, hat sich die Produktwelt vor allem auf der Passivseite der Banken verändert: 1970 konnten sich die deutschen Kreditinstitute noch zu 25 Prozent der Bilanzsumme über Spareinlagen – vergleichsweise günstig – refinanzieren; 40 Jahre später lag deren Anteil bei nur noch gut acht Prozent. Bei Sparkassen gingen in dieser Zeit die Spareinlagen sogar von gut 60 Prozent auf rund 30 Prozent der Bilanzsumme zurück. Stattdessen gewannen flexiblere Anlageformen für den Nachfrager an Bedeutung.

Darüber hinaus haben sich die preispolitischen Spielräume verringert, da den Nachfragern Konditionenvergleiche mit minimalen Transaktionskosten möglich sind. Für die Preiskalkulation bedeutet dies, dass die traditionelle Methode ›Kosten plus Gewinnaufschlag‹ immer häufiger durch das Target Costing abgelöst werden muss.[39] Bei diesem marktorientierten Zielkostenmanagement wird nach der Festlegung der Leistungseigenschaften zunächst ein durchsetzbarer Verkaufspreis ermittelt, der die Vorstellungen der Kunden sowie das Preissetzungsverhalten der Wettbewerber berücksichtigt. Von dem insoweit ›erlaubten‹ Preis wird ein gewünschter Gewinn abgezogen. Die Einhaltung der daraus resultierenden ›erlaubten‹ Kosten, die häufig von den Standardkosten des Anbieters abweichen dürften, ist durch zahlreiche Einzelmaßnahmen des Kostenmanagements anzustreben. Dieses im Vergleich zur traditionellen Zuschlagskalkulation retrograde Prinzip ›Market into Company‹ kann formuliert werden als: »*It's got to sell for x, let's work backwards to make sure we can achieve it.*«[40]

Die Bemühungen um eine nachhaltige Rentabilitätssteigerung der Branche werden somit zur Gratwanderung: Einerseits werden die Kreditinstitute den technischen Vertrieb auch über neue soziale Medien sowohl aufgrund der Nachfragerbedürfnisse als auch zur Entlastung des Kostenapparats weiter forcieren. Dadurch verringert sich jedoch zugleich der direkte Kundenkontakt zum Bankberater als zentralem Präferenzträger.[41] Für diese tendenziell weniger werdenden ›Momente der Wahrheit‹ ist es dann aber wichtig, eine im Vergleich zum Status quo höhere Beratungsqualität als im Vorfeld der Finanzmarktkrise sicherzustellen – bevor dies der Gesetzgeber mit immer weiter gehenden Maßnahmen des Verbraucherschutzes tut, die in den Instituten die Verwaltungskosten weiter anschwellen lassen. Ein solches staatliches ›Comeback‹ wird als Krisenkonsequenz vielfach gefordert. Bedenkt man indes, dass die Bankbranche auch heute schon eine der am stärksten (wenn auch nicht immer adäquat) regulierten Branchen ist, dann muss darauf geachtet werden, die Kredit- nicht wieder aus der Marktwirtschaft zu entlassen.

e. Ausblick: Bankpreise zwischen Markt und Staat

Die Befreiung der Kreditwirtschaft von ihren preislichen Fesseln hat die Branche ohne Zweifel in die Marktwirtschaft geführt. Als Relikt der staatlichen Reglementierung stehen Bankpreise in der Öffentlichkeit jedoch unter besonderer Beobachtung. Auch mit Blick auf das Kreditgeschäft gilt, was Dietrich Köllhofer prononciert für die ›Gebühren‹ im Zahlungsverkehr als das Problem »*politische*[r] *Preise*« beschreibt: »*Auch wenn preistheoretisch nicht nachvollziehbar, haben Kreditinstitute mit dieser Einstellung der Öffentlichkeit zu rechnen und diese bei ihren Preisgestaltungen zu berücksichtigen, wenn sie nicht Gefahr laufen wollen, Imageeinbußen, Boykottaufforderungen und ähnliches hinnehmen zu müssen, ohne daß dies sogleich auch zu spürbaren Kundenabgängen führen muß. Letztlich resultiert aus dieser Erwartungshaltung der Öffentlichkeit ein Begründungszwang für die geforderten Preise. Hier ist also eine überzeugende und plausible Öffentlichkeitsarbeit zu leisten, die sich allerdings auf einem schmalen Grat bewegt und im übrigen nie die Stärke des Kreditgewerbes war: Eine zu einseitige Rechtfertigung mit Kostenargumenten oder partiellen, sozial begründeten Zugeständnissen verfestigt in der Öffentlichkeit oft die irrige Meinung, daß für Banken und Sparkassen die allgemeinen Prinzipien der Marktpreisbildung nicht gelten.*«[42] Die Diskussion über Basel II und nun III, in denen Staat (via Regulierung) und Banken vielfach zu einer dem ›Mittelstandsschutz‹ dienenden Zinspolitik aufgefordert werden,[43] zeigt, dass Bankpreise auch künftig in den Augen der Öffentlichkeit eine ›Sonderrolle‹ im marktwirtschaftlichen System der Bundesrepublik spielen werden.

---

1   Vgl. Bonn, Bankenkrisen, Kap. 3.
2   Pohl, Entstehung.
3   Looff, Auswirkungen, S. 9.
4   Vgl. ausführlich Krümmel, Bankzinsen, S. 268 ff.; Kalkstein, Geschichte (Zitate). – Heinz Kalkstein war 1967 Präsident des Bundesaufsichtsamtes für das Kreditwesen.
5   Vgl. ausführlich Lindenlaub, Suche, S. 137 f.
6   Müller, Entstehung, S. 84–102.
7   Dieses Zinsabkommen war auch die Geburtsstunde des ›Zentralen Kreditausschusses‹ der Spitzenverbände des deutschen Kreditgewerbes.
8   Müller, Entstehung, S. 95.
9   Ebd., S. 421 ff.
10 Kopper, Marktwirtschaft, S. 157 f.
11 Looff, Auswirkungen, S. 16.
12 Vgl. im Detail ebd., S. 16 ff.
13 Vgl. zu diesen Möglichkeiten ebd., S. 20 ff.
14 Verordnung über die Aufhebung der Zinsverordnung und von Bestimmungen über die Kosten der Teilzahlungsfinanzierungskredite vom 21. März 1967.
15 So etwa Claus Köhler, ›Hat sich die Zinsfreigabe bewährt?‹, in: Der Volkswirt Nr. 20 vom 17. Mai

1968, S. 27. – Claus Köhler war später Mitglied des Sachverständigenrats der Bundesregierung und Mitglied des Direktoriums der Deutschen Bundesbank.
16 So etwa Janberg, Freiheit. – Hans Janberg war damals Mitglied des Vorstands der Deutschen Bank AG.
17 Vgl. ausführlich Franke, Finanzmarktregulierung, S. 8 ff.
18 Ebd., S. 10.
19 Looff, Auswirkungen, S. 92 ff., zeigt empirisch, dass der Bundesbank mit der Zinsfreigabe der direkte Einfluss auf die Sollzinssätze teilweise, die Habenzinssätze nahezu vollständig genommen wurde.
20 Vgl. indirekt ebd., S. 21 f.
21 Cartellieri, Perspektiven.
22 Bruttozinsspanne, berechnet als Zinsüberschuss im Verhältnis zur durchschnittlichen Bilanzsumme.
23 So Helmut Geiger, ›Für schrittweise Zinsliberalisierung‹, in: Industriekurier Nr. 30 vom 25. Februar 1967. – Helmut Geiger war Geschäftsführer, Hauptgeschäftsführer und später Präsident des Deutschen Sparkassen- und Giroverbands.
24 Franke, Finanzmarktregulierung, S. 1.
25 So etwa Jürgen Ponto, Sprecher der Dresdner Bank AG, noch 1970. Vgl. ›Ponto setzt sich für Kredit-Eckzins ein‹, in: Frankfurter Allgemeine Zeitung vom 14. April 1970.
26 Janberg, Bankpreispolitik.
27 Süchting, Kontroverse, S. 15.
28 Vgl. Rudolph, Geschichte, Kap. 5 zur Entwicklung der Kalkulation im Betriebsbereich und Kap. 6 zum Wertbereich.
29 Vgl. eine ausführliche Darstellung unterschiedlicher Varianten bei Paul, Lenkungssysteme, S. 28–46.
30 Flechsig/Flesch, Wertsteuerung, S. 455.
31 Süchting, Kontroverse, S. 18; später ähnlich Slevogt, Lenkpreisrechnung.
32 Grundlegend Droste/Faßbender/Pauluhn/Schlenzka/Löhneysen, Ergebnisinformationen, sowie – diese Methode verbreitend – Schierenbeck, Bankmanagement.
33 Rappaport, Shareholder Value.
34 Benke/Gebauer/Piaskowski, Marktzinsmethode.
35 Cramer, Marketing, S. 9.
36 Süchting, Bankmanagement, S. 332 f.
37 Die Entwicklungslinien im Bankmarketing mit den klassischen Schwerpunkten Produkt-, Preis-, Vertriebs- und Kommunikationspolitik werden ausführlicher als an dieser Stelle möglich behandelt bei Paul, Marketing.
38 Süchting/Paul, Bankmanagement, S. 277–282.
39 Paul/Reckenfelderbäumer, Preispolitik, S. 225 ff.
40 Frederic Worthy, ›Japan's Smart Secret Weapon‹, in: Fortune vom 12. August 1991, S. 48–51, hier S. 50.
41 Süchting, Theorie, S. 25 f.
42 Köllhofer, Preispolitik, S. 148; ähnlich Süchting, Preise, S. 550 f.
43 Vgl. die Beispiele bei Paul, Basel II, sowie aktuell Arbeitsgemeinschaft mittelständischer Wirtschaftsorganisationen in Bayern, Kreditversorgung.

Bernd Kubista

[28.]

Die Neuordnung der Genossenschaftsverbände 1972

Voraussetzung für die Konsolidierung und Modernisierung der genossenschaftlichen Bankengruppe

a. 1972: Gewerbliche und landwirtschaftliche Kreditgenossenschaften unter einem Dach

Die Struktur des genossenschaftlichen Bankensektors war seit seinen Anfängen um die Mitte des 19. Jahrhunderts vom Nebeneinander verschiedener Gründungstraditionen gekennzeichnet. Diese prägten die Kreditgenossenschaften sowohl geschäftlich als auch institutionell sowie in ideeller Hinsicht. Zwar hatte sich zwischen den Gruppierungen nicht zuletzt in Gestalt der Verbundinstitute eine gewisse Klammer entwickelt. Aber erst die Zusammenführung der in der Tradition von Hermann Schulze-Delitzsch und Friedrich Wilhelm Raiffeisen stehenden gewerblichen und ländlichen Kreditgenossenschaften in einem gemeinsamen Bankenverband war die entscheidende Weichenstellung dafür, dass Volksbanken und Raiffeisenbanken zu der genossenschaftlichen Bankengruppe zusammenwuchsen, die als schlagkräftiger Verbund rechtlich selbstständiger Kreditinstitute am Markt agieren konnte. Die Neuordnung der Verbände war daher aus genossenschaftlicher Sicht durchaus eine ›Jahrhundertentscheidung‹.[1]

Seit der zweiten Hälfte der 1950er-Jahre war das Umfeld, in dem sich Volksbanken und Raiffeisenbanken bewegten, von starkem wirtschaftlichen Wachstum, neuen Kundenbedürfnissen, sprunghaft zunehmender ›Bankfähigkeit‹ breiter Bevölkerungsschichten sowie von einem intensiver werdenden Wettbewerb geprägt. Die Konkurrenzsituation verschärfte sich in der zweiten Hälfte der Sechzigerjahre nochmals, nachdem die aus den Dreißigerjahren stammenden Zins- und Wettbewerbsabkommen der Banken 1967 aufgehoben worden waren. Die Werbung der Banken wurde intensiver, die Zinskonditionen entwickelten sich zunehmend zum Wettbewerbsfaktor.[2] Gleichzeitig wurde das Verbot, Kreditgeschäfte mit Nichtmitgliedern zu betreiben, mehr und mehr zum Wettbewerbsnachteil für die Kreditgenossenschaften.[3] Belastend wirkten sich zudem die sukzessive Rücknahme ihres Steuerprivilegs und die kostenträchtige Automatisierung im Bankgewerbe aus.[4]

Der erhöhte Wettbewerbsdruck führte nicht nur zur Herausbildung von Gruppenwettbewerb – insbesondere zwischen den Sparkassen und den Kreditgenossenschaften –, sondern zwang auch zur Rationalisierung und Konsolidierung innerhalb der Gruppen. Nicht nur jede einzelne Kreditgenossenschaft, sondern auch die sie unterstützenden Zentralbanken und Verbände standen vor neuen Herausforderungen, die ein Überdenken der überkommenen Strukturen nahelegten.[5] Auch der Wandel in der Kunden- und Mitgliederstruktur der Raiffeisenbanken, die nicht mehr allein auf ihre angestammte ländliche Klientel ausgerichtet waren, machte deutlich, dass die organisatorische Trennung und der separate Marktauftritt der Volksbanken und Raiffeisenbanken, die sich landauf landab einen »*erbitterten Konkurrenzkampf*«[6] lieferten, nicht mehr im Interesse beider Gruppen liegen konnte.[7]

Daher nahmen der Deutsche Raiffeisenverband (DRV) und der Deutsche Genossenschaftsverband (DGV) am 12. April 1967 offizielle Verhandlungen über eine Neuordnung der ländlichen und gewerblichen Genossenschafts-Organisationen auf.[8] Hauptmotiv war, »*den Volksbanken und Raiffeisenbanken vorhandene Möglichkeiten der Fusion und der Kooperation zu eröffnen*«[9] sowie die Verbundorganisation effizienter zu gestalten und die internen strukturellen Rationalisierungspotenziale zu erweitern.[10] DRV und DGV sahen »*die Verpflichtung, von historischen und personal geprägten Verbandsstrukturen abzugehen und sich bei der Neuordnung ausschließlich vom Streben nach Effizienzsteigerung der Volksbanken und Raiffeisenbanken leiten zu lassen und so zu einer geschlossenen Einheit zu finden.*«[11]

Obwohl gemeinsame ideelle und rechtliche Grundlagen[12] gute Voraussetzungen für einvernehmliche Lösungen boten, kamen die Verhandlungen nur schleppend und nicht ohne Krisen voran. Dies lag nicht zuletzt daran, dass der DRV alle Pläne ablehnte, die sich auf eine organisatorische Zusammenführung der Kreditgenossenschaften beschränkten.[13] Diese hätten aus Sicht des DRV die Trennung von ›Geld‹ und ›Ware‹ bedeutet, deren »*organische Verbindung*«[14] die Grundlage und Stärke der Raiffeisen-Organisation darstellte. So konnten die Verhandlungen erst im Oktober 1971 mit der Vorlage eines Kooperationsvertrages abgeschlossen werden.[15] Dieser sah die Gründung eines alle Bereiche der gewerblichen und ländlichen Genossenschaften umfassenden Dachverbandes mit dem Namen ›Deutscher Genossenschafts- und Raiffeisenverband‹ (DGRV) sowie die Schaffung dreier fachlich ausgerichteter Bundesverbände vor: des ›Bundesverbandes der Deutschen Volksbanken und Raiffeisenbanken‹ (BVR), des ›Bundesverbandes der Raiffeisen-Warengenossenschaften‹ (BRW) und des ›Zentralverbandes der genossenschaftlichen Großhandels- und Dienstleistungsunternehmen‹ (Zentgeno).

Dem grundlegenden Anliegen des DRV, den bewährten Verbund zwischen ›Geld‹ und ›Ware‹ sicherzustellen, wurde durch die Gründung des DGRV sowie durch eine personelle Verklammerung in den Organen des BVR und des BRW Rechnung getragen.[16] Aus dem gleichen Grund bestand der DRV auf der Bildung ›gemischter‹ Regionalverbände und lehnte den Vorschlag des DGV, die auf Bundesebene getroffene Regelung auch für die Regionen vorzusehen, ab.[17] Nachdem die Gremien des DRV und des DGV dem Kooperationsvertrag zugestimmt hatten, konnte am 15. Dezember 1971 die Gründung des DGRV, des BVR und des BRW erfolgen.[18]

Im Folgenden beschreibt Abschnitt b zunächst den BVR als strategisches Kompetenzzentrum und Träger der Sicherungseinrichtung im dezentralen genossenschaftlichen Geschäftssystem. Abschnitt c schildert den massiven Konzentrationsprozess im Bankgeschäft – nun auch zwischen Volks- und Raiffeisenbanken –, der auf die Neuordnung der Verbandsstruktur folgte. Abschnitt d behandelt die Eingliederung der Genossenschaftsbanken der DDR in die bundesdeutsche kreditgenossenschaftliche Organisation ab 1990. Abschnitt e schließlich bilanziert den Markterfolg der Kreditgenossenschaften seit 1972 als Ergebnis auch des damals vollzogenen Zusammenschlusses.

b. Der Bundesverband der Deutschen Volksbanken und Raiffeisenbanken: Teil des dezentralen Geschäftsmodells

Der BVR nahm am 3. Januar 1972 seine Arbeit als gemeinsamer Spitzenverband der gewerblichen und ländlichen Kreditgenossenschaften auf: »*Zweck des Verbandes ist die Förderung, Betreuung und Vertretung der fachlichen und der besonderen wirtschaftspolitischen und wirtschaftlichen Interessen der Mitglieder*«.[19] Der BVR war damit mehr als nur eine Interessenvertretung, er war von Anfang an als ›Stabsstelle des Verbundes‹ konzipiert, die Verbundleistungen eigener Art erbringt.[20]

Zunächst war die Arbeit des BVR darauf gerichtet, die Integration der beiden Gruppen voranzutreiben und die organisatorischen Barrieren für die Zusammenführung und Kooperation der gewerblichen und ländlichen Kreditgenossenschaften zu beseitigen. Um eine möglichst störungsfreie Weiterarbeit der Volksbanken und Raiffeisenbanken zu ermöglichen, blieben DRV und DGV als Träger ihres jeweiligen Vermögens zunächst bestehen.[21] Dies galt auch für eine Reihe von Einrichtungen der beiden vormaligen Spitzenverbände. Zunächst gelang 1975 die Neuordnung des genossenschaftlichen Verlags- und Druckereiwesens.[22] 1977 folgten die Sicherungseinrichtungen[23] und im darauffolgenden Jahr die Schulungseinrichtungen, die zur Akademie Deutscher Genossenschaften ADG e.V. fusionierten.[24] Die beiden Arbeitgebereinrichtungen wurden erst im Jahre 1979 zum ›Arbeitgeberverband der Deutschen Volksbanken und Raiffeisenbanken e.V.‹ verschmolzen.

Neben seinen satzungsmäßigen Aufgaben im engeren Sinne fiel dem BVR die Rolle zu, den demokratischen Willensbildungsprozess zu koordinieren und die Weiterentwicklung der Gruppe voranzutreiben. Als integraler Bestandteil des dezentralen Geschäftsmodells der Volksbanken und Raiffeisenbanken[25] übernahm er unter anderem die Verantwortung für die gemeinsame Werbe- und Kommunikationsstrategie. So war es eine seiner ersten Aufgaben, durch eine entsprechende Kampagne über die vollzogene Zusammenführung der beiden Bankengruppen zu informieren und das Bild von Bedeutung und Größe der so entstandenen neuen Gruppe in der Öffentlichkeit zu verankern.[26] Daher wurde bereits 1972 ein gemeinsames Firmenzeichen, das so genannte Doppelzeichen – bestehend aus dem geflügelten »V« für die Volksbanken und den gekreuzten Pferdeköpfe für die Raiffeisenbanken – entwickelt. 2001 war die Gruppe dann soweit zusammengewachsen, dass es an der Zeit war, dies auch durch die Symbolik des

Markenzeichens zu demonstrieren. Das Doppelzeichen, das zwischenzeitlich mehrmals modernisiert worden war, wurde zu einem Zeichen verschmolzen. Dabei wurden die charakteristischen Elemente beider Zeichen beibehalten und auf das Wesentliche reduziert.

Vor dem Hintergrund sich schnell wandelnder Märkte, sprunghaft zunehmender technischer und finanzwirtschaftlicher Innovationen sowie sich verändernden Kundenverhaltens wuchs dem BVR in immer stärkerem Maße die Rolle des Moderators und Impulsgebers in strategischen Fragen der Gruppe zu. Sie erstreckte sich sowohl auf die Verbundstruktur, das heißt die Frage des zwei- beziehungsweise dreistufigen Aufbaus der Bankengruppe als auch auf die künftigen Rahmenbedingungen und Herausforderungen für die Ortsbanken. Letztere rückten insbesondere in der zweiten Hälfte der Neunzigerjahre in den Fokus der strategischen Überlegungen. Als Ergebnis legte der BVR Ende April 1999 seine umfassende Untersuchung ›Bündelung der Kräfte: Ein Verbund – eine Strategie‹ vor. Die Antwort auf die Marktentwicklung war nicht die Aufgabe der dezentralen Struktur der Gruppe, sondern deren größtmögliche Dezentralität dauerhaft zu sichern. Ziel war es, eine Strategie für den Verbund zu entwickeln, die es ermöglichte, die Marktausschöpfung zu erhöhen und die Kostenstruktur zu verbessern. Leistungsfähigkeit und Ertragskraft der Volksbanken und Raiffeisenbanken sowie aller Unternehmen des Verbundes sollten auf Dauer gestärkt werden.[27] Die Mitgliederversammlung des BVR folgte diesem Ansatz und beschloss – nach einer Phase intensiver Projektarbeit – im Juni 2001 knapp 60 konkrete Maßnahmen. Diese bezogen sich unter anderem auf die Intensivierung der Marktbearbeitung, die Bereinigung von Marktgebieten, die Koordinierung der Produktentwicklung, die Vereinheitlichung der IT-Systeme, die verstärkte Qualifizierung der Mitarbeiter und die Ausweitung der direkten Beteiligung der Ortsbanken an den Verbundunternehmen. Diese Maßnahmen sollten von den Mitgliedern der Gruppe in ihrem jeweiligen Verantwortungsbereich mit hoher Priorität realisiert werden. Hinzu kamen die vom BVR parallel vorangetriebenen Konzeptionen zur Gesamtbanksteuerung und zur Optimierung der Geschäftsprozesse.[28]

Da bei der Erarbeitung der gemeinsamen Strategie die Struktur der Verbände weitestgehend ausgeklammert worden war, regte der BVR 2001 im Präsidium des DGRV das Projekt ›Bündelung der Kräfte auf Verbandsebene‹ an. Dieses Vorhaben scheiterte allerdings in dem Versuch, eine umfassende Reform der genossenschaftlichen Bundesverbände auf den Weg zu bringen. Sie erbrachte jedoch eine effizientere Gestaltung der Organe des BVR. Zudem erhielt der Verband nun qua Satzung die Funktion eines strategischen Kompetenzzentrums. Damit bildet der BVR auch formal die »*Plattform, auf der zu strategischen Fragen, die den Großteil der Kreditgenossenschaften betreffen, Antworten entwickelt, formuliert und umgesetzt werden sollten.*«[29]

Als Träger der Sicherungseinrichtung hat der BVR auch die Aufgabe, die Bonität der genossenschaftlichen Bankengruppe sicherzustellen.[30] Daher hat der BVR die Statuten dieser für das Geschäftsmodell der genossenschaftlichen Bankengruppe existenziellen Einrichtung immer wieder den Herausforderungen der Märkte angepasst und weiterentwickelt. So beschloss die Mitgliederversammlung des BVR im Juni 1985 unter dem Eindruck zahlreicher Sanierungsfälle ein neues Statut, das es der Sicherungseinrichtung ermöglichte, schädliche Entwicklungen bei einzelnen Banken bereits frühzeitig aufzudecken und zu bekämpfen.[31] Im Herbst 2000 wurde das Statut erneut grundlegend novelliert. Die Sorgfaltspflichten der Banken wurden präzisiert. Gleichzeitig wurden Unterrichtungspflichten gegenüber dem BVR und abgestufte Präventivmaßnahmen gegenüber der betroffenen Bank definiert.[32] Die Präambel des neuen Statuts enthielt zudem den Auftrag, ein Klassifizierungsverfahren für die Mitgliedsbanken, das heißt ein internes Ratingverfahren, zu entwickeln, das die Grundlage für Präventionsmaßnahmen zur Vermeidung von Sanierungsfällen bilden sollte. Dieses Klassifizierungsverfahren wurde Ende 2002 von der Mitgliederversammlung angenommen. Im Frühjahr 2003 sprach sich der Verbandstag dafür aus, ab dem 1. Januar 2004 die Beiträge zum Garantiefonds nach der Bonität zu staffeln. Die Spreizung des Beitrags lag zwischen 90 Prozent und 140 Prozent des Normalbeitrages. Gleichzeitig entschied der Verbandstag, das bis dahin zentral und dezentral bestehende Garantiefondssystem zusammenzuführen.[33] Vor dem Hintergrund der weltweiten Finanzkrise wurde das Statut der Sicherungseinrichtung durch Beschluss der Mitgliederversammlung im September 2009 erneut überarbeitet. Kern der Reform war eine Erweiterung der Beitragsbemessungsgrundlage. Erstmals werden ab dem 1. Januar 2010 auch Adressrisiken aus Wertpapierpositionen in die Bemessungsgrundlage einbezogen.[34] Gleichzeitig wurde die Beitragsspreizung auf 80 bis 140 Prozent erweitert.[35]

Die Sicherungseinrichtung des BVR schützt die ihr angeschlossenen Institute selbst, sie gewährleistet insbesondere deren Liquidität und Solvenz. Daher hat der deutsche Gesetzgeber diese als so genannte institutsichernde Einrichtung anerkannt. Für die ihr angehörenden Institute entfällt die Verpflichtung, einer gesetzlichen Entschädigungseinrichtung anzugehören.[36] Gleichzeitig ist die Sicherungseinrichtung ein Sicherungssystem im Sinne des Kreditwesengesetzes. Damit erfüllt die genossenschaftliche Bankengruppe die vom Gesetzgeber verlangten Voraussetzungen für die Nullgewichtung gruppeninterner Kredite. Die deutsche Bankenaufsicht hat daher 2006 die der Sicherungseinrichtung angeschlossenen Institute von der Verpflichtung, gruppeninterne Kredite mit Eigenkapital zu unterlegen, freigestellt.[37]

c. Massiver Konzentrationsprozess

Wie angedeutet stand die Neuordnung der Verbandsorganisation 1972 im Wechselverhältnis mit dem massiven Konzentrationsprozess innerhalb der genossenschaftlichen Bankengruppe. Besonders zügig verlief dieser auf der Ortsebene. Bis Ende 1971 waren in der Regel nur Fusionen zwischen Volksbanken einerseits und Raiffeisenbanken andererseits üblich. Durch die Neuorganisation der Verbände wurden die bis dahin bestehenden Barrieren beseitigt. Zentralbanken und regionale Verbände verhielten sich zunächst weitaus zögerlicher. Die massiv rückläufige Zahl der Ortsbanken machte aber auch hier eine Konsolidierung unausweichlich.

Ende 1972 waren 5.753 Kreditgenossenschaften, die insgesamt 18.790 Bankstellen unterhielten, Mitglied im BVR. 3.783 Banken betrieben auch das Warengeschäft. Einen Schub bekam der Konzentrationsprozess insbesondere bei den kleineren, ländlichen Instituten 1976 durch die Einführung des Vier-Augen-Prinzips.[38] Der Trend zu größeren Einheiten wurde aber auch durch zunehmende regulatorische Veränderungen wie zum Beispiel die Einführung von Basel II und andere administrative Belastungen verstärkt.

Bis Ende 1990 sank die Zahl der Ortsbanken in der alten Bundesrepublik auf 3.037. Die Konsolidierung wurde bis Anfang der Achtzigerjahre von einer Ausweitung der Zahl der Bankstellen begleitet, sodass die Versorgung mit Bankdienstleistungen in der Fläche nicht abnahm, sondern sich im Gegenteil deutlich verbesserte. Erst in der zweiten Hälfte der Achtzigerjahre ging mit der Zahl der Banken auch die Zahl der Bankstellen zurück. Sie sank von 19.769 im Jahre 1980 bis 1990 auf 18.764.

Entwicklung der genossenschaftlichen Bankengruppe

	Anzahl der Banken(I)	Anzahl der Bankstellen	Anzahl der Banken mit Warengeschäft	Zahl der Mitglieder (in Mio.)	Anzahl der Zentralbanken(II)	Anzahl der Verbände(III)
1972	5.753	18.790	3.783	6,9	12	18
1975	5.196	19.200	3.366	7,8	11	17
1980	4.226	19.769	2.577	9,1	10	16
1985	3.660	19.689	2.073	10,3	8	16
1990	3.037	18.764	1.479	11,4	6	14
1990	3.344	20.744	1.479	11,7	6	15
1995	2.589	19.724	779	13,4	4	13
2000	1.794	17.490	424	15,0	4	13
2005	1.290	14.122	222	15,7	2	9
2010	1.138	13.474	152	16,7	2	7
2011	1.121	13.350	146	17,0	2	7

Ab 1990 (zweiter Wert) einschließlich der neuen Bundesländer.
(I) Volksbanken, Raiffeisenbanken, Sparda-Banken, PSD-Banken und sonstige Kreditgenossenschaften.
(II) einschl. DG Bank beziehungsweise DZ BANK.
(III) einschließlich der zwei Fachprüfungsverbände.
Quelle: Angaben des BVR.

Im Zuge der deutschen Wiedervereinigung stieg 1990 die Zahl der Ortsbanken wieder auf 3.344 und die der Bankstellen auf 20.744. Danach setzte sich der Konsolidierungsprozess fort, denn der Druck auf die Genossenschaftsbanken, größere, effizientere und leistungsfähigere Betriebsgrößen zu schaffen, hielt unvermindert an. Der EU-Binnenmarkt führte dazu, dass ausländische Banken zunehmend eine Rolle auch auf den heimischen Märkten spielten. Die Direktbanken stellten mit ihrem intensiven Konditionenwettbewerb die Filialbanken vor neue Herausforderungen. Verstärkt wurde dies durch die schnelle Ausbreitung des Internets ab Ende der Neunzigerjahre.[39] Bis Ende 2011 sank die Zahl der Ortsbanken auf 1.121, die der Bankstellen auf 13.350. Im Zuge des Fusions- und Konzentrationsprozesses gaben immer mehr Banken das Warengeschäft auf. Der Anteil der Banken mit Warengeschäft sank von 65,8 Prozent (1972) auf 13 Prozent im Jahre 2011.

Dieser Konzentrationsprozess fand sein Pendant auf Ebene des genossenschaftlichen Zentralbankwesens, setzte dort allerdings erst später ein. 1972 bestanden neben der Deutschen Genossenschaftskasse (DGK) als Spitzeninstitut noch elf regionale Zentralbanken, von denen vier so genannte gemischte Zentralbanken waren, fünf betreuten ausschließlich Raiffeisenbanken und zwei nur Volksbanken. Bis Ende 1980 kam es lediglich zu zwei Fusionen regionaler Zentralbanken, obwohl parallel zur Gründung des BVR intensiv darüber diskutiert worden war, ob die regionalen Zentralbanken mit der DGK zu einem Spitzeninstitut fusionieren sollten. Die Mehrheit der Zentralbanken neigte damals der Zweistufigkeit zu. Um diese Entwicklung voranzutreiben, gründete das Spitzeninstitut mit acht Zentralbanken im Februar 1972 zunächst die ›Rationalisierungs-Gesellschaft mbH‹ mit Sitz in Frankfurt am Main. Dieser war die Aufgabe zugedacht, die Fusion der genossenschaftlichen Zentralbanken mit der DGK zu einer gemeinschaftlichen Zentralbank für das Bundesgebiet vorzubereiten. Am 12. Juli 1972 wurde dann von sieben regionalen Zentralbanken zusammen mit der DGK die Deutsche Zentralgenossenschaftsbank AG gegründet.[40] Auf diese sollten die Geschäfte der Zentralbanken und der DGK übertragen werden. Denn eine Fusion der Zentralbanken auf die DGK war rechtlich nicht möglich, da diese keine Zweigniederlassungen unterhalten durfte. Die Widerstände gegen dieses Projekt waren jedoch so groß, dass es nicht realisiert wurde.

Die Situation änderte sich 1975, als die Bemühungen der DGK, das für sie geltende Gesetz durch eine moderne Fassung zu ersetzen, mit dem ›Gesetz über die Deutsche Genossenschaftsbank‹ einen erfolgreichen Abschluss fanden.[41] Die DG BANK wurde Körperschaft des öffentlichen Rechts, gleichzeitig entfielen noch bestehende Restriktionen bezüglich ihrer Geschäftstätigkeit. Sie konnte nun »*Bankgeschäfte aller Art betreiben, die unmittelbar oder mittelbar ihrer Zweckerfüllung dienen*«.[42] Ab sofort durfte das Institut Niederlassungen im In- und Ausland unterhalten. Letzteres eröffnete auch die für die Verbundstruktur relevante Möglichkeit, die Geschäfte regionaler Zentralbanken zu übernehmen und in Niederlassungen fortzuführen. 1998 wurde die DG BANK dann in eine AG umgewandelt.[43] Der verbleibende Kapitalanteil der Bundesrepublik Deutschland wurde von Genossenschaftsbanken übernommen.[44]

Das Thema Zweistufigkeit wurde aber trotz der veränderten Rechtslage erst wieder aufgegriffen als die Bayerische Raiffeisen-Zentralbank in Schwierigkeiten geriet und 1985 ihr Bankgeschäft auf die DG BANK übertrug. Ein Jahr später entschloss sich die Bayerische Volksbanken AG, diesem Beispiel zu folgen. Damit war erstmalig für einen Teil der genossenschaftlichen Bankengruppe die Zweistufigkeit realisiert. Nachdem die DG BANK dann im Sommer 1988 ›Vorschläge für ein gemeinsames Oberbau-Institut der genossenschaftlichen Bankengruppe‹ vorgelegt hatte und diese auf ein geteiltes Echo gestoßen waren, wurde der BVR mit einer Untersuchung über die künftige Verbundstruktur beauftragt. Dabei sollten neben der dreistufigen Struktur auch Modelle eines zweistufigen Aufbaus geprüft werden.⁴⁵ Das im Juli 1989 vom BVR präsentierte Gutachten ›Verbundstruktur für die Zukunft – Gemeinsam die Märkte von morgen gewinnen‹ bildete die Basis für die ›Verbund-Konvention der genossenschaftlichen Bankengruppe‹, die im Dezember desselben Jahres vom Verbandsrat einstimmig verabschiedet wurde.⁴⁶ Diese stärkte die Mitwirkungs- und Kontrollrechte der Ortsbanken und sah vor, dass regionale Zentralbanken, die dies wünschten, nach einheitlichen Modalitäten ihre Bankgeschäfte auf die DG BANK übertragen konnten. Die Verbund-Konvention ermöglichte somit ein geordnetes und kooperatives Nebeneinander von zwei- und dreistufigen Strukturen.⁴⁷ Die Norddeutsche Genossenschaftsbank und die Raiffeisen-Zentralbank Kurhessen übertrugen entsprechend der Verbund-Konvention ihre Bankgeschäfte noch im selben Jahr auf die DG BANK.⁴⁸

Als die DG BANK, die 1990 auch die Zentralbankfunktion für die neuen Bundesländer übernommen hatte, 1991 Verluste aus Wertpapiertransaktionen zu verkraften hatte, kam der Konzentrationsprozess zunächst zum Stillstand. Die Zentralbankstruktur mit einem zweistufigen Aufbau in Nord-, Ost- und Süddeutschland sowie mit – zumindest formalen – drei Stufen in West- und Südwestdeutschland blieb ein Jahrzehnt unverändert. Erst 2000 kam die Entwicklung wieder in Gang, als sich SGZ Bank und die Genossenschaftliche Zentralbank Stuttgart zur GZ-Bank zusammenschlossen. Nach dem die DG BANK erneut in Turbulenzen geraten war, fusionierte sie 2001 mit der GZ-Bank zur DZ BANK AG Deutsche Zentral-Genossenschaftsbank. Seitdem besteht mit dem Nebeneinander von DZ BANK und WGZ BANK faktisch Zweistufigkeit im gesamten Bundesgebiet.

Auch die regionalen Prüfungsverbände konnten sich dem Konzentrationsprozess nicht entziehen. 1972 waren noch 16 regionale Prüfungsverbände sowie die Fachprüfungsverbände der heutigen Sparda-Banken und PSD-Banken Mitglied im BVR. Das Ziel des Kooperationsvertrages, auf der regionalen Ebene ›gemischte‹ Verbände zu schaffen, war 1972 bei fünf Verbänden realisiert, sechs Verbände waren Raiffeisen- und fünf Schulze-Delitzsch-Verbände. Im Saarland war ein gemeinsamer Verband bereits kurz nach dem Kriegsende auf der Grundlage der französischen Gesetzgebung gebildet worden. In Baden, in Württemberg, im Rheinland und in Westfalen hatten die Schulze-Delitzsch- und die Raiffeisenverbände bereits vor 1972 fusioniert. In Berlin bestand eine Sondersituation: Hier existierte nur für die gewerblichen Genossenschaften ein Verband, der Berliner Genossenschaftsverband (Schulze-Delitzsch). Bis zur Wiedervereinigung sank die Zahl der regionalen Verbände auf zwölf. Im Zuge der Wiedervereinigung kam es 1990 zur Neugründung eines regionalen Prüfungsverbandes in Sachsen. Der letzte Raiffeisenverband, der Raiffeisenverband Kurhessen, fusionierte 1992 mit dem Genossenschaftsverband in Frankfurt am Main. Nach der Jahrtausendwende kam es parallel zum Konsolidierungsprozess auf der Ortsebene zu weiteren Verbandsfusionen, sodass auf westdeutschem Gebiet Ende 2009 nur noch fünf Regionalverbände bestanden. Dies sind der Baden-Württembergische Genossenschaftsverband, der Genossenschaftsverband Bayern, der Genossenschaftsverband (mit Sitz in Neu-Isenburg und Hannover), der Genossenschaftsverband Weser-Ems und der Rheinisch-Westfälische Genossenschaftsverband.

d. Eingliederung der Genossenschaftsbanken der ehemaligen DDR

Unterbrochen wurde der Konsolidierungsprozess der genossenschaftlichen Bankengruppe durch die im Zuge der Wiedervereinigung erfolgte Erweiterung um die Genossenschaftsbanken aus den fünf neuen Bundesländern. Im Vorfeld der deutsch-deutschen Wirtschafts-, Währungs- und Sozialunion wurde das bestehende, nach den Prinzipien der sozialistischen Kommandowirtschaft einstufig organisierte Bankensystem zum 1. April 1990 entflochten.[49] Danach bestand die genossenschaftliche Säule des Bankensystems der DDR aus:[50]

— 272 in der Vereinigung der gegenseitigen Bauernhilfe (VdgB) organisierten Bäuerlichen Handelsgenossenschaften (BHG) mit rund 2000 Bankstellen,
— im Verband der Genossenschaftskassen für Handwerk und Gewerbe der DDR zusammengeschlossenen Genossenschaftskassen für Handwerk und Gewerbe, die rund 200 Bankstellen vor allem in den Städten unterhielten, sowie zwei kirchlichen Genossenschaftsbanken und der Reichsbahner Sparkasse, sowie
— der Bank für Landwirtschaft und Nahrungsgüterwirtschaft (BLN) mit 176 Filialen in allen größeren Orten, die zum 1. April 1990 in Genossenschaftsbank Berlin (GBB) umfirmierte.

Die formale Restrukturierung der Genossenschaftsbanken vor Ort war mit tatkräftiger Hilfe aus dem Westen[51] größtenteils Ende 1990 abgeschlossen.[52] Die Genossenschaftskassen blieben in ihrer Grundstruktur bestehen. Auf ihrem Verbandstag im April 1990 beschlossen sie, künftig wieder als Volksbanken zu firmieren.[53] Bei den BHGs, die sich wieder Raiffeisenbanken nannten, war der Restrukturierungsbedarf wesentlich größer. Lebensfähige Einheiten ergaben sich häufig erst dadurch, dass die GBB rund 160 ihrer Filialen auf die BHGs übertrug. In einem harten Schnitt trennten sich die BHGs im Herbst 1990 von ihrem Warengeschäft. Die Beibehaltung hätte nach den Vorschriften des KWG und der deutsch-deutschen Währungsunion eine deutlich höhere Eigenkapitalausstattung und somit niedrigere Ausgleichsforderungen bedeutet.[54]

Parallel zur Restrukturierung der Ortsebene mussten die notwendigen Strukturen geschaffen werden, die eine systematische Betreuung der Banken auf Zentralbank- und Verbandsebene gewährleisten konnten. Die DG BANK übernahm für das gesamte Gebiet der fünf neuen Bundesländer zum 1. Juli 1990 die Zentralbankfunktion. Am 1. April 1990 hatte zunächst die GBB den Rechtsstatus als Zentralbank für die BGHs erhalten. Die DG BANK übernahm die Refinanzierung der GBB und diese teilte sich die Zentralbankfunktion zunächst mit der DG BANK.[55] Im Oktober 1990 fusionierte die GBB dann rückwirkend zum 1. Juli 1990 mit der DG BANK.[56]

Auf Verbandsebene ging es darum, sicherzustellen, dass die Volksbanken und Raiffeisenbanken in der ehemaligen DDR möglichst umgehend der Auflage, einem gesetzlichen Prüfungsverband anzugehören, nachkommen konnten.[57] »*In der DDR war für die Prüfung der BHGs die Abteilung Prüfungsdienst des VdgB zuständig, die Genossenschaftskassen wurden vom Verband der Genossenschaftskassen geprüft, der wiederum direkt der Staatsbank der DDR unterstellt war.*«[58] Die VdgB wurde auf dem Bauerntag vom im März 1990 in Suhl aufgelöst und noch im selben Monat auf dem ›Genossenschaftstag der Bäuerlichen Handelsgenossenschaften, Molkereigenossenschaften und der Winzergenossenschaften‹ der ›Raiffeisenverband der DDR‹ gegründet.[59] In rascher Reihenfolge bildeten sich acht regionale Raiffeisenverbände. Der Verband der Genossenschaftskassen beschloss auf dem Verbandstag im April 1990 seinen Namen in ›Verband der Kreditgenossenschaften der DDR‹ zu ändern.[60] Mit der Umbenennung des Verbandes war auch eine Öffnung für die Raiffeisenbanken intendiert, mit dem Ziel, regionaler Prüfungsverband für alle Genossenschaftsbanken in den fünf neuen Bundesländern zu werden.

Eine solche zentrale Verbandslösung scheiterte jedoch im weiteren Verlauf des Jahres 1990 am Widerstand der ostdeutschen Volksbanken und Raiffeisenbanken.[61] Da zudem keiner der in den neuen Bundesländern ansässigen Verbände über das notwendige Prüfungsrecht verfügte,[62] wurde auf Initiative des BVR den Banken in den neuen Bundesländern daraufhin das Angebot gemacht, die Mitgliedschaft in den angrenzenden westdeutschen Prüfungsverbänden zu erwerben. Mit Ausnahme der Banken im Freistaat Sachsen folgten die ostdeutschen Kreditgenossenschaften diesem Angebot. Die Volksbanken und Raiffeisenbanken aus Mecklenburg-Vorpommern und Sachsen-Anhalt erwarben die Mitgliedschaft in den so genannten Anrainerverbänden in Kiel und Hannover. Der Genossenschaftsverband Hessen/Rheinland-Pfalz nahm die thüringischen Volksbanken auf, während der Raiffeisenverband Kurhessen sein Betreuungsgebiet auf die Raiffeisenbanken aus Thüringen ausweitete. Die Volksbanken und Raiffeisenbanken in Berlin und Brandenburg schlossen sich im Genossenschaftsverband Berlin-Brandenburg zusammen, der aus der Fusion zwischen dem Berliner Genossenschaftsverband und dem Brandenburgischen Raiffeisenverband entstanden war. In Sachsen gingen die Genossenschaftsbanken einen eigenen Weg. Die drei süddeutschen Regionalverbände bauten in Sachsen einen leistungsfähigen Prüfungsverband auf.[63] Dieser firmiert seit 2004 unter Mitteldeutscher Genossenschaftsverband (Raiffeisen/Schulze-Delitzsch) e.V. und betreut seitdem keine Banken mehr. Die ihm bis dahin angehörenden Kreditgenossenschaften wechselten zum Genossenschaftsverband Frankfurt. Die Mitgliedschaft in einem gesetzlichen Prüfungsverband eröffnete den ostdeutschen Genossenschaftsbanken die Mitgliedschaft im BVR und somit auch in der Sicherungseinrichtung.[64] Für die zentralen Verbände in der ehemaligen DDR blieb damit kein Betätigungsfeld mehr. Konsequenterweise stellte der Raiffeisenverband der DDR die Betreuung der Raiffeisenbanken ein und der Verband der Kreditgenossenschaften löste sich auf.[65]

e. Erfolgreich am Markt

Die Zusammenführung in einem gemeinsamen Spitzenverband hat die Marktstellung der Volksbanken und Raiffeisenbanken entscheidend gestärkt. Zwar ist der geschäftliche Erfolg in erster Linie auf die Leistungen der Ortsbanken zurückzuführen, doch wäre ihr Ausbau zu leistungsstarken Universalbanken ohne die Ansätze zur Rationalisierung und zur Effizienzsteigerung, die die Neupositionierung auf der Ebene der Verbände, Zentralbanken und Verbundunternehmen eröffneten, nicht möglich gewesen.[66]

Entwicklung der Volksbanken und Raiffeisenbanken

	Anzahl der Banken	Bilanzsumme (in Mio. Euro)	Durchschnittliche Bilanzsumme (in Mio. Euro)	Kundeneinlagen (in Mio. Euro)	Kundenkredite[I] (in Mio. Euro)
1972	5.753	55.509	9,6	46.374	35.581
1975	5.196	79.169	15,2	67.500	45.668
1980	4.226	145.206	34,4	117.786	95.525
1985	3.660	210.623	57,5	170.568	132.874
1990	3.037	284.140	93,5	229.054	166.551
1990	3.344	297.888	89,1	240.089	170.360
1995	2.589	448.733	173,3	339.898	268.017
2000	1.794	534.863	298,1	375.422	332.692
2005	1.290	590.768	458,0	421.624	353.645
2009	1.156	690.479	597,3	482.242	390.173
2010	1.138	706.572	620,9	506.692	406.216
2011	1.121	729,283	650,6	524.119	424.516

(I) Buchkredite.
Quelle: Eigene Berechnungen nach Angaben des BVR und der Deutschen Bundesbank.

Die Geschäftsentwicklung der Volksbanken und Raiffeisenbanken verlief ausgesprochen dynamisch. So stieg die Bilanzsumme von (umgerechnet) 55,5 Mrd. Euro (1972) bis Ende 2011 auf 729,3 Mrd. Euro, während sich gleichzeitig die Kundeneinlagen von 46,4 Mrd. Euro auf 524,1 Mrd. Euro und die Buchkredite an Kunden von 35,6 Mrd. Euro auf 424,5 Mrd. Euro. Erhöhten. Im Zusammenspiel von geschäftlicher Expansion und Konzentrationsprozess erhöhte sich im gleichen Zeitraum die durchschnittliche Bilanzsumme der Ortsbanken von knapp zehn Millionen Euro auf gut 650 Mio. Euro.

Die Attraktivität des Geschäftsmodells und der flächendeckenden Präsenz der Genossenschaftsbanken kommen auch in den hohen und kontinuierlich steigenden Mitgliederzahlen zum Ausdruck. 1972 wurden die Volksbanken und Raiffeisenbanken von 6,2 Mio. Mitgliedern getragen. Ende 1990 zählten die Genossenschaftsbanken bereits 11,4 Mio. Mitglieder. Ende 2011 belief sich die Zahl auf 17 Mio. Mitgliedern, was die hohe Marktdurchdringung der Genossenschaftsbanken belegt.

Marktanteile der Volksbanken und Raiffeisenbanken

	Anzahl der Banken	Anteil an der Bilanzsumme aller Banken (in Prozent)	Anteil an den Krediten an inländische Nichtbanken (in Prozent)	Anteil an den Einlagen von inländischen Nichtbanken (in Prozent)
1972	5.753	8,4	9,1	12,9
1975	5.196	9,4	9,5	14,9
1980	4.226	10,9	11,9	17,8
1985	3.660	12,6	13,2	21,0
1990	3.037	11,3	12,4	20,0
1990	3.344	11,3	12,4	20,0
1995	2.589	11,7	13,8	21,6
2000	1.794	8,7	11,9	19,0
2005	1.290	8,6	12,8	18,3
2009	1.156	9,2	13,7	16,8
2010	1.138	9,6[I]	13,8	17,0
2011	1.121	9,9[I]	14,6	17,0

Ab 1990 (zweiter Wert) einschließlich der neuen Bundesländer.
(I) Ohne die ab Dezember 2010 meldepflichtigen ›Handelsbestandsderivate‹.
Quelle: Eigene Berechnungen nach Angaben des BVR und der Deutschen Bundesbank.

Im Vergleich mit den Wettbewerbern zeigt sich, dass es den Volksbanken und Raiffeisenbanken zunächst besser als den Wettbewerbern gelang, von dem schnellen Wachstum im klassischen Bankgeschäft zu profitieren. Günstig für das Kreditgeschäft wirkte sich Mitte der Siebzigerjahre die Aufhebung des Verbots, Kreditgeschäfte mit Nichtmitgliedern zu tätigen, aus. In den Achtzigerjahren verlangsamte sich der Anstieg der Marktanteile. Seit Mitte der Achtzigerjahre ging der Marktanteil gemessen an der Bilanzsumme – nicht zuletzt wegen des schnelleren Bilanzwachstums der international agierenden Groß- und Landesbanken – unter Schwankungen zurück. Bei Einlagen und Krediten konnten die Volksbanken bis Mitte der Neunzigerjahre noch weitere Marktanteile gewinnen. In der zweiten Hälfte der Neunzigerjahre und nach der Jahrtausendwende verloren die Genossenschaftsbanken aber auch hier Marktanteile. Ursächlich dafür waren die Zunahme ausländischer Konkurrenz, das Aufkommen der Direktbanken und die schnelle Verbreitung des Internetbanking. Seit 2000 wurde die Situation zudem durch eine Stagnation an den Kreditmärkten und eine im Vergleich zu früheren Jahrzehnten verringerte Spartätigkeit der privaten Haushalte belastet.⁶⁷ Zuletzt konnten die Ortsbanken trotz der Finanzkrise ihre Marktposition insbesondere im Kreditgeschäft wieder ausbauen. Auch die Finanzgruppe insgesamt kennzeichnete ein erhebliches Wachstum. So nahm die addierte Bilanzsumme von 472,8 Mrd. Euro (1991) auf 1.266,0 Mrd. Euro im Jahre 2011 zu; die konsolidierte Bilanzsumme stieg von 807,5 Mrd. Euro (2003) auf 1.058,5 Mrd. Euro (2011)⁶⁸

Die Stärke der genossenschaftlichen Bankengruppe beruht auf ihrem dezentralen Geschäftsmodell und der Funktionsfähigkeit des Verbundes. Die genossenschaftliche Bankengruppe ist kein Konzern. Ihr Leitbild ist und bleibt die rechtlich und wirtschaftlich selbstständige Genossenschaftsbank vor Ort.⁶⁹ Aus der Forderung nach maximaler Dezentralität folgt aber auch die Notwendigkeit zur Konzentration und Bündelung der Kräfte in der Region und auf zentraler Ebene.⁷⁰ Auf diesem Wege ist die Gruppe in den letzten Jahren ein gutes Stück vorangekommen. Von den Wettbewerbern wird sie – bei aller Heterogenität – wegen ihres gemeinsamen Marktauftritts zunehmend als ökonomische Einheit gesehen. Dies gilt auch für Bankenaufsicht und Rating-Agenturen. Die Aufsicht hat die Institute der Gruppe sowohl von der Mitgliedschaft in einer gesetzlichen Entschädigungseinrichtung als auch von der Pflicht, gruppeninterne Kredite mit Eigenkapital zu unterlegen, freigestellt. Auf der Basis der konsolidierten Jahresabschlüsse erteilen seit einigen Jahren führende Rating-Agenturen der genossenschaftlichen Bankengruppe hervorragende Bewertungen. Sie honorieren damit nicht nur die starke Marktposition der Genossenschaftsbanken und deren durch die Sicherungseinrichtung gewährleistete hohe Bonität, sondern auch die gemeinsame Strategie sowie die zunehmende Vernetzung der operativen und strategischen Planung durch den BVR. Für die Weiterentwicklung und den Erfolg des dezentralen Geschäftsmodells der Volksbanken und Raiffeisenbanken war die Gründung des BVR, der als gemeinsamer Verband nicht nur die Interessen der Gruppe vertritt, sondern auch wesentliche unternehmerische Funktionen für deren Erscheinungsbild, Strategie und Bonität wahrnimmt, von nicht zu unterschätzender Bedeutung.

---

1   Viehoff, Bankpolitik, S. 82.
2   Bley, Fittest, S. 29 f.
3   Kluge, Geschichte, S. 150 f.
4   Baumann, Neuordnung, S. 132
5   Schramm, Neuformierung, S. 428
6   Sonnemann, Jahrgang, S. 376
7   Schramm, Neuformierung, S. 428; Baumann/Falkenstein, Volksbanken, S. 104 f.; Viehoff, Bankpolitik, S. 82.
8   Baumann, Neuordnung, S. 131.
9   Ebd., S. 130; Baumann, Motive, S.115; Sonnemann, Raiffeisen, S.18.
10 Schramm, Neuformierung, S. 428.
11 Ebd., S.428 f.
12 Sonnemann, Jahrgang, S. 376.
13 Baumann, Neuordnung, S. 133 f.
14 Sonnemann, Ansprache, S. 24.
15 DGV/DRV, Kooperationsvertrag, S. 7 ff.
16 DRV, Jahrbuch 1971, S. 18; Sonnemann, Motive, S. 121; Viehoff, Bankpolitik, S. 84.

17 Baumann, Neuordnung, S. 135.
18 DRV, Jahrbuch 1971, S. 18.
19 DGV/DRV, Kooperationsvertrag, S. 25.
20 Schramm, Neuformierung, S. 429.
21 DGV/DRV, Kooperationsvertrag, S. 8 f.
22 BVR, Geschäftsbericht 1974/75, S. 23 f.
23 Schramm, Volksbanken, S. 76.
24 DRV, Jahrbuch 1978, S. 74.
25 Pleister, Identität, S. 64 f.; Kubista, FinanzVerbund, S. 42 ff.
26 BVR, Geschäftsbericht 1972/73, S. 55 f.
27 BVR, Jahresbericht 1998, S. 30 ff.
28 BVR-Rundschreiben vom 20. Juni 2001.
29 BVR, Jahresbericht 2004, S. 9.
30 Schramm, Neuformierung, S. 435.
31 BVR, Jahresbericht 1984, S. 10.
32 BVR, Jahresbericht 2000, S. 11 ff.
33 BVR, Jahresbericht 2003, S. 18.
34 BVR, Aktivitäten – Ergänzungen zum Jahresbericht 2009, S. 19.
35 BVR, Jahresbericht 2009, S. 13.
36 § 12 Abs. 1 Einlagensicherung- und Anlegerentschädigungsgesetz (EAEG).
37 § 10c Absatz 2 Satz 1 Kreditwesengesetz (KWG).
38 Bley, Fittest, S. 31; Kluge, Geschichte, S. 324 f.
39 Bley, Fittest, S. 31 f.
40 Faust, Geschichte, S. 622; Kluge, Geschichte, S. 282.
41 Faust, Geschichte, S. 623.
42 Gesetz über die Deutsche Genossenschaftsbank und zur Änderung des Gesetzes über die Landwirtschaftliche Rentenbank vom 22. Dezember 1975, Artikel 1
43 Gesetz zur Umwandlung der Deutschen Genossenschaftsbank (DG Bank-Umwandlungsgesetz) vom 13. August 1998
44 Stappel, 125 Jahre, S. 50.
45 BVR, Verbundstruktur, S. 1 f.
46 BVR, Verbund-Konvention, S. 1 ff.
47 BVR, Jahresbericht 1989, S. 11; BVR, Verbund-Konvention, S. 2 f.
48 BVR, Jahresbericht 1989, S. 11.
49 Kubista, Entwicklung, S. 7 ff.
50 Ehlebracht/Lange, Hilfen, S. 16.
51 Grüger, DDR-Genossenschaften, S. 2; Ehlebracht/Lange, Hilfen, S. 16 ff.; Brendel, Anpassung, S. 44.
52 Nagelschmidt/Neymanns, Wandel, S. 60 ff.
53 Blüher, 140 Jahre, S. 4.
54 Nagelschmidt/Neymanns, Wandel, S. 61 f.
55 Beck, Tradition, S. 6.
56 Pleister/Henningsen, Spitzeninstitut, S. 102
57 BVR, Jahresbericht 1990, S. 30.
58 Nagelschmidt/Neymanns, Wandel, S. 62 f.
59 DRV, Meilensteine, S.96.
60 Nagelschmidt/Neymanns, Wandel, S. 34.
61 Grüger, Genossenschaftsbanken, S. 355.
62 Kuhn, Genossenschaftsentwicklung, S. 31.
63 Grüger, Genossenschaftsbanken, S. 355 f.; BVR, Jahresbericht 1990, S. 30.
64 Ebd., S. 30.
65 Grüger, Genossenschaftsbanken, S. 356.
66 BVR, Verbundstruktur, S. 5.

67 Bley, Fittest, S. 31f.
68 BVR, Konsolidierter Jahresabschluss 2003 und 2011.
69 Präambel der BVR-Satzung vom 1. Dezember 2004
70 Schramm, Neuformierung, S. 431.

Bernd Rudolph

[29.]

Der Bankrott der Herstatt-Bank 1974

Ein Schlüsselereignis der nationalen
und internationalen Bankenregulierung

a. Herstatt und die Folgen

Am 26. Juni 1974 wurde das Bankhaus I. D. Herstatt KGaA in Köln wegen Überschuldung geschlossen: *»Gigantische Devisenspekulationen hatten die Bank in einen Verlust getrieben, der schließlich das Zehnfache des haftenden Kapitals erreichte: Bei einem Eigenkapital von 77 Millionen Mark verloren die Herstatt-Banker eine dreiviertel Milliarde Mark – durch krasse Managerfehler, zweifelhafte Geschäfte und grobes Versagen der Aufsichtsgremien.«*[1] Zusammenbruch und Schließung der Bank hatten nicht nur unmittelbare Konsequenzen für die betroffenen Manager, Mitarbeiter und Kunden der Bank, sondern auch Folgen für andere Institute, deren Refinanzierung wegen des aufkommenden Misstrauens in die Solvenz der Banken plötzlich in Frage gestellt war. Schließlich gab es markante Reaktionen der Politik wie beispielsweise die im November 1974 durch das Bundesministerium der Finanzen erfolgte Einsetzung einer Studienkommission ›Grundsatzfragen der Kreditwirtschaft‹, die mit der grundsätzlichen Prüfung der struktur- und gesellschaftspolitischen Stellung der Kreditinstitute und insbesondere der Frage der Vor- und Nachteile des bestehenden Universalbankensystems beauftragt wurde. Die Herstatt-Pleite bildete auch den Anlass für verschiedene Änderungen im nationalen Regulierungsregime wie die Einführung eines Devisengrundsatzes, eine kleine Novelle des Kreditwesengesetzes und den Ausbau der Einlagensicherungssysteme. Im internationalen Rahmen bildete Herstatt darüber hinaus den Anlass für die Ende 1974 erfolgte Einrichtung eines Ausschusses für Bankenbestimmungen und Bankenüberwachung, in dem die Zentralbankgouverneure der G10-Länder einen Informations- und Erfahrungsaustausch organisierten, um ihre Reaktionen auf aktuelle Entwicklungen an den Finanzmärkten im Einzelfall absprechen zu können. Insgesamt bildete der Bankrott der Herstatt-Bank den Anlass für wichtige nachfolgende Entwicklungen in der nationalen wie internationalen Aufsicht über die Banken: »*The demand if not the need for regulation is at its highest during and especially immediately after a severe financial crisis.*«[2] Im Fall der Herstatt-Krise hat das Fallieren einer aus heutiger Sicht vergleichsweise kleinen Bank eine ganz erstaunliche Regulierungswelle angestoßen, kann also als Schlüsselereignis in der deutschen Bankengeschichte angesehen werden. Herstatt hatte aber auch für die internationale Bankenregulierung eine Weichenstellungsfunktion. Die Einbindung von Herstatt in die internationale Bankenlandschaft hat nämlich deutlich gemacht, dass Bankenregulierung in das globale Umfeld eingebunden werden muss, in dem die Kreditinstitute tätig sind. Die Hintergründe der Herstatt-Pleite (Abschnitt b), insbesondere aber die weitreichenden Konsequenzen der Herstatt-Krise von 1974 für die Kreditwirtschaft und deren Regulierung auf nationaler wie internationaler Ebene (Abschnitte c, d und e) sind Gegenstand der folgenden Darstellung.

b. Hintergründe und Verlauf des Zusammenbruchs der Herstatt-Bank

Das Währungssystem von Bretton Woods, das in der Nachkriegszeit dem Welthandel eine Epoche fester Wechselkurse und stabiler Austauschrelationen garantiert hatte, war 1973 nach der Aufhebung der Goldeinlösungsverpflichtung in den USA und dem Ausstieg mehrerer Länder aus dem Wechselkursregime zusammengebrochen. Banken und Unternehmen wurden in der Folge mit heftigen Wechselkursschwankungen und Zinsbewegungen konfrontiert, die einerseits für die Unternehmen zu ungewohnten Risiken führten, die aber andererseits auch das »*bisher eher langweilige Devisengeschäft in vielen Banken zu einem ebenso risikoreichen wie bedeutenden Geschäftsfeld*« machten.[3] Bereits im August 1971 hatte der amerikanische Präsident Richard Nixon die Goldkonvertibilität des US-Dollars aufgehoben, sodass die Wechselkurse im Rahmen eines mehrmonatigen Floating an den Märkten durch Angebot und Nachfrage gebildet wurden. Ende 1971 wurde die Wechselkursparität wieder hergestellt, konnte aber nicht lange aufrechterhalten werden mit dem Ergebnis, dass im März 1973 die Zeit fester Währungsparitäten ganz beendet war und eine Zeit der freien Kursbildung an den Devisenmärkten begann.

Einer der Profiteure der neuen Entwicklung an den Devisenmärkten war die Herstatt-Bank in Köln, die 1955 von Iwan D. Herstatt durch die gemeinsam mit Hans Gerling finanzierte Übernahme des Bankhauses Hocker & Co. gegründet worden war und im Lauf der Jahre immer enger mit der Kölner Gesellschaft, dem ›Kölschen Klüngel‹, zusammenwuchs. Die Bank mit einem Geschäftsschwerpunkt im Auslandszahlungsverkehr und einem breiten Stamm von über 50.000 Kunden genoss national wie international einen guten Ruf.

Mit der Freigabe der Wechselkurse wurde in der Bank eine Devisenhandelsabteilung gegründet, die von Beginn an beachtliche Handelsgewinne realisieren und intern eine herausgehobene Position aufbauen konnte. Chef des Devisenhandels war Dany Dattel, der 1958 in der Bank als Lehrling angefangen und sich nach oben gearbeitet hatte. Seine Abteilung wurde intern nach einer damals bekannten Fernsehserie spöttisch, aber zugleich auch bewundernd »*Raumstation Orion*« genannt, weil sie für die damaligen Verhältnisse über eine erstaunliche Ansammlung von Telefonapparaten und Computern verfügte: »*Dattel dirigiert das Geschäft von einem großen Handelstisch aus, der die Form einer abgeschnittenen Pyramide hat; seine Mannschaft ist eine Handvoll junger Devisenhändler, in der Bank heißen sie die Goldjungs.*«[4]

Jeder ›Goldjunge‹ sollte maximal für zehn Millionen Dollar in Devisenpositionen long oder short gehen dürfen, das heißt eine Devisenforderung in dieser Höhe erwerben oder eine Devisenverpflichtung übernehmen können. Diese Restriktion wurde im Lauf der Zeit und nach anfänglichen Handelserfolgen offenbar umgangen. Dattel selbst soll bei dem Computerhersteller Nixdorf sogar eine »*Abbruchtaste*« für seinen Computer bestellt haben, die es ihm ermöglichte, Geschäfte zehn Tage »*auf Halde zu legen*«, das heißt unverbucht zu lassen, um mögliche zwischenzeitliche Verluste verschleiern zu können. Mit Hilfe solcher ›Tricks‹ wurden die von der Geschäftsleitung gesetzten Limite zeitweise um bis zu 750 Mio. DM überschritten; das behauptet jedenfalls Herstatt selbst in seinem Buch ›Die Vernichtung‹, das er, nachdem ihm eine Freiheitsstrafe wegen Untreue erlassen worden war, 1992 veröffentlichte, um sein ›Lebenswerk‹ und seine eigene Rolle in der Bank zu verteidigen. Die rechtliche Aufarbeitung blieb letztlich ohne befriedigenden Abschluss, da wichtige Beteiligte wie Hans Gerling, der nach Ansicht des Gerichts faktisch Inhaber der Bank war und deren Geschäftspolitik bestimmte, in die Verfahren nicht einbezogen worden waren.[5] Gegen Dany Dattel war 1979 ein Strafverfahren eingestellt worden, nachdem er für verhandlungsunfähig erklärt worden war.

Jedenfalls muss der Gesamtumsatz an Devisen 1973 im Milliardenbereich gelegen haben. Nach Angaben des Abschlussprüfers beliefen sich die offenen Devisenpositionen am Jahresende 1973 auf zwei Milliarden D-Mark: »*Dies war das Achtzigfache des von der Geschäftsleitung freiwillig deklarierten Limits von 25 Mio. DM.*«[6] Das im Verhältnis zur Größe und zum Eigenkapital der Bank riesige Volumen an Devisentransaktionen war am Markt im Übrigen nicht unbemerkt geblieben. Im Laufe des Jahres 1973 sollen Vertreter der Bankaufsichtsbehörden, also des damaligen Bundesaufsichtsamtes für das Kreditwesen und der Deutschen Bundesbank, von Bankenvertretern mehrfach auf die ungewöhnlich hohen Devisentermingeschäfte der Bank angesprochen worden sein[7] und Herstatt vor dem Eingehen zu hoher offener Devisenpositionen auch gewarnt haben. Die verschiedenen Nachfragen beim Abschlussprüfer führten zu weiteren Recherchen, letztlich erhielt die Bank aber ein uneingeschränktes Testat. Selbst ein zusätzliches, von der Aufsicht in Auftrag gegebenes Sondergutachten zu den Devisengeschäften der Bank und den damit verbundenen Risiken kam am 11. März 1974 zu dem Ergebnis, dass keine Anhaltspunkte vorlägen, »*die die Bildung von Drohverlustrückstellungen erforderlich machten oder gar auf eine Schieflage der Bank schließen lassen würden.*«[8]

Eine nachfolgende bankinterne Prüfung ergab dann Mitte Juni allerdings Verluste in einer Höhe von 450 Mio. bis 520 Mio. DM, woraufhin die Bankenaufsicht informiert wurde. Verhandlungen des Haupteigentümers Gerling mit den Großbanken über eine Rettung der Bank scheiterten, sodass die Aufsicht am 26. Juni 1974 um 15:30 Uhr MEZ die Schließung der Bank veranlasste und mitteilte, bei der Herstatt-Bank sei aufgrund »*starker Verluste bei Devisentermingeschäften, die in den Büchern der Bank unrichtig dargestellt wurden, eine starke Überschuldung eingetreten.*« Diese Verluste hingen zum einen mit der Überschreitung der den Devisenhändlern vorgegebenen Handelslimite zusammen, resultierten zum anderen aber aus der Fehleinschätzung der Kursentwicklung: Im

Oktober 1973 war der Anstieg, im Februar 1974 der erneute Verfall des Dollarkurses falsch eingeschätzt worden.

Mit der Schließung entzog die Aufsicht Herstatt die Erlaubnis zum Betreiben von Bankgeschäften. Am Hauptsitz der Bank in Köln kam es daraufhin zu Tumulten, weil Kunden ihr Geld abheben wollten, die Kassenschalter aber geschlossen blieben. Ein allgemeiner Run auf die Schalter anderer Banken blieb aus. Dafür war die Bank offenbar in der breiten Öffentlichkeit doch zu unbedeutend und zu unbekannt. Ausgeprägter waren die negativen Wirkungen auf die am Euromarkt tätigen Institute und die Privatbanken, die mit Refinanzierungsproblemen zu kämpfen hatten.

c. Die Folgen: Gesetzesänderungen und Initiativen zur Stabilisierung der Banken

Schieflage und Schließung des Bankhauses Herstatt haben neben einem langjährigen Strafrechtsprozess eine erstaunliche Fülle politischer und regulativer Aktivitäten in Gang gesetzt, darunter auch neue bankaufsichtliche Regulierungen. Dies belegt einmal mehr die These, dass bei der Konstruktion neuer bankaufsichtlicher Normen häufig ein spektakuläres Marktereignis den Anlass gibt: »*Bestes Beispiel für eine solche ereignisgetriebene Anpassung der Regulierung ist der 1974 erfolgte Konkurs der Herstatt Bank, auf den die Bankenaufsicht u. a. mit dem Erlass der ersten Fassung des Grundsatzes Ia – zunächst nur zur Begrenzung des Verlustrisikos aus Devisengeschäften – reagierte.*«[9]

Ein Jahr nach der Schließung des Bankhauses konnte man in der Deutschen Zeitung vom 4. Juli 1975 lesen, dass der Zusammenbruch von Herstatt »*eine neue Zeitrechnung für das Kreditgewerbe begründet habe.*« Der Hinweis auf die neue Zeitrechnung bezieht sich vermutlich auf diese Aktivitäten, die der Zusammenbruch damals in Gang gesetzt hat. Hierzu gehören neben der erwähnten Einführung des Devisengrundsatzes Ia die Gründung der Liquiditätskonsortialbank, der Ausbau der Einlagensicherungseinrichtungen der Kreditwirtschaft, die Kleine Novelle zum Kreditwesengesetz (KWG) von 1976 und aufgrund des Berichts der ebenfalls als Reaktion auf den Herstatt-Fall eingesetzten Studienkommission ›Grundsatzfragen der Kreditwirtschaft‹ die KWG-Novelle von 1985. Neben diesen auf das deutsche Bankensystem ausgerichteten Aktivitäten war dann aber auch die Gründung eines Komitees bei der Bank für Internationalen Zahlungsausgleich in Basel (BIZ) eine unmittelbare Folge der Herstatt-Krise. Das Komitee entwickelte sich zu der heute unter dem Namen Baseler Ausschuss für Bankenaufsicht weltweit maßgeblichen Instanz zur Weiterentwicklung und Koordination der Regeln für die internationalen Finanz- und Bankenmärkte.

Im Folgenden werden die wichtigsten Aktivitäten kurz vorgestellt, um deutlich werden zu lassen, dass dem Bankrott der Herstatt-Bank 1974 tatsächlich die Funktion einer Weichenstellung für nachfolgende Entwicklungen im Bankensektor zugekommen war.[10]

Einführung eines Grundsatzes für offene Devisenpositionen

Als unmittelbare Sofortmaßnahme nach der durch Devisengeschäfte ausgelösten Schieflage von Herstatt wurden alle Banken verpflichtet, jeweils zum Monatsende ihre Devisenterminpositionen zu melden, wobei neben einer Aufgliederung nach Fälligkeiten und Währungen auch die Positionen gegenüber Inländern und Ausländern gesondert angegeben werden mussten. Darüber hinaus erließ das Bundesaufsichtsamt für das Kreditwesen einen neuen Grundsatz Ia, der die offenen Devisenpositionen einer Bank auf 30 Prozent der Eigenmittel und die Unterschiedsbeträge zwischen Aktiv- und Passivpositionen, die innerhalb eines Kalendermonats und innerhalb eines Kalenderhalbjahres fällig werden, auf 40 Prozent der Eigenmittel der Bank begrenzte.[11] Ab April 1975 mussten die Banken dann nur noch den Gesamtbetrag ihrer Devisenterminpositionen ohne Aufgliederung angeben, ab 1980 wurden die Edelmetallrisiken in die Devisenpositionen eingerechnet und ab 1993 wurde der Grundsatz auf verschiedene Risikoarten ausgedehnt. Mit dem Inkrafttreten der Sechsten KWG-Novelle zum 1. Oktober 1998 gingen die Begrenzungen allerdings in den allgemeinen Restriktionen für Risikopositionen auf, sodass der Grundsatz Ia zumindest formal seine Bedeutung verlor. Bei der Ermittlung der offenen Fremdwährungs- und Edelmetallpositionen gelten seit 2007 für alle Institute die Vorschriften der Solvabilitätsverordnung.

Gründung der Liquiditätskonsortialbank

Der Fall der Herstatt-Bank zeigte, dass im Falle einer Krise auch bonitätsmäßig einwandfreie Banken in den Sog des Vertrauensschwunds gezogen werden können. So sah sich die Bundesbank gezwungen, als Lender of Last Resort die Liquidität der Banken dadurch zu stützen, dass sie die üblichen Grenzen für die Inanspruchnahme der Rediskontkontingente der Kreditinstitute aufhob und sich bereit erklärte, Lombardkredite zum normalen Satz ohne Obergrenze zu gewähren. Den besonders betroffenen Privatbankiers wurden ebenso wie den Regionalbanken zusätzliche Finanzierungsmöglichkeiten eröffnet.[12]

Die Bundesbank beteiligte sich darüber hinaus an der Gründung der Liquiditäts-Konsortialbank GmbH (kurz: Likoba), die den Auftrag bekam, vorübergehend und unverschuldet in Liquiditätsschwierigkeiten geratene Kreditinstitute bei der Überwindung ihrer Krise zu unterstützen. Banken in Liquiditätsschwierigkeiten sollten nach einer entsprechenden Kreditzusage Wechsel auf die Liquiditäts-Konsortialbank ziehen können, die dann diskontiert und im Rahmen eines besonderen Kontingents bei der Bundesbank rediskontiert werden konnten.

Bei der Rettung der SMH-Bank in Hamburg (Schröder, Münchmeyer, Hengst & Co.), die 1983 – allerdings weder vorübergehend noch unverschuldet – in Liquiditätsschwierigkeiten geraten war, hat die Likoba beispielsweise eine Linie von 150 Mio. DM zur Verfügung gestellt, die durch eine Bürgschaft des Einlagensicherungsfonds des Bundesverbandes Deutscher Banken abgesichert wurde. Ansonsten ist die Bank nur wenig in Erscheinung getreten. Mit der Einführung des Euro entfiel die besondere Funktion der Bundesbank, sodass die Likoba in der Finanzkrise ab 2007 auch nicht als ›Rettungsanstalt‹ eingesetzt wurde und stattdessen in der Presse die Forderung erhoben wurde, die Bank aufzulösen.[13] Bislang lebt die Likoba aber fort. Das eingezahlte Stammkapital der Gesellschaft, an der auch die Bundesbank beteiligt ist, beträgt 200 Mio. Euro. Die Bundesbank macht in ihrem Geschäftsbericht von 2009 darauf aufmerksam, dass aus ihrer 30-Prozent-Beteiligung für sie eine Nachschusspflicht von maximal 300 Mio. Euro erwächst.[14]

Ausbau der Einlagensicherungssysteme

Während die Kreditgenossenschaften und der Sparkassensektor bereits zur Zeit der Herstatt-Krise Institutssicherungssysteme eingeführt hatten, die prinzipiell für alle Kunden sogar den Fortbestand der angeschlossenen Institute gewährleisteten, schützte der 1966 errichtete Fonds des privaten Bankgewerbes (›Feuerwehrfonds‹) nur Konten von Privatpersonen mit einem Guthaben von weniger als 10.000 DM, später von 20.000 DM. Konten mit einem höheren Guthaben waren nicht in die Einlagensicherung einbezogen, sodass die Schließung des Bankhauses Herstatt wegen der damit verbundenen ›Fallbeilpraxis‹ für einzelne Einleger, deren Kontostand gerade die 20.000 DM-Grenze überschritten hatte, heftige Kritik laut werden ließ und eine grundsätzliche Reform der Einlagensicherungssysteme in Deutschland angemahnt wurde. Zur Vermeidung möglicher gesetzgeberischer Maßnahmen bauten die privaten Banken daraufhin schließlich im Mai 1976 ihren Feuerwehrfonds zu einem Einlagensicherungsfonds beim Bundesverband der Deutschen Banken aus, um »*alle Sicht-, Termin- und Spareinlagen von Nichtbanken zu garantieren, und zwar pro Einleger jeweils bis zu einer Höhe von 30 % des haftenden Eigenkapitals der betroffenen Bank.*«[15]

Zu einer gesetzlichen Regelung ist es in Deutschland später dennoch gekommen; sie entwickelte sich parallel zu den spezifischen Sicherungssystemen der drei Bankengruppen und ging von der Europäischen Union aus. Nachdem eine Richtlinie der Europäischen Kommission von 1986 zur Einführung von Einlagensicherungssystemen noch keine ausreichende Beachtung gefunden hatte, wurde durch die Einlagensicherungsrichtlinie von 1994 ein Mindestmaß an Harmonisierung in Europa durchgesetzt. In Deutschland wurde diese Richtlinie 1998 mit dem Einlagensicherungs- und Anlegerentschädigungsgesetz umgesetzt, das eine Mindestabsicherung der Einlagen von 100.000 Euro gewährleistet. Die Sparer sind aber doppelt abgesichert, weil ihnen neben dem gesetzlichen Anspruch wie zuvor die spezifischen Einlagensicherungseinrichtungen der Sparkassengruppe, des Genossenschaftssektors und der privaten Banken Schutz bieten.

Die internationale Finanzkrise hat nach 2007 das Thema Einlagensicherung allerdings wieder auf die Tagesordnung gesetzt, wobei das Nebeneinander von gesetzlicher und freiwilliger Einlagensicherung nicht aufgegeben werden musste. Bei den privaten Banken werden die Einlagen also im gesetzlichen Rahmen bis 100.000 Euro von der Entschädigungseinrichtung deutscher Banken gesichert. Darüber hinaus sind die privaten Banken Mitglieder im Einlagensicherungsfonds des Bundesverbandes deutscher Banken, der alle Nichtbankeneinlagen mit Beträgen über 100.000 Euro im Rahmen der Sicherungsgrenze in Höhe von 30 Prozent haftenden Eigenkapitals der Bank schützt. Bis zum Jahr 2025 wird allerdings diese Sicherungsgrenze für die geschützten Einlagen eines Bankkunden von 30 Prozent auf einen realistischeren Wert von 8,75 Prozent des Eigenkapitals zurückgenommen.

Die kleine KWG-Novelle von 1976

Ebenfalls als Reaktion auf das Herstatt-Debakel ist die Verschärfung wichtiger Einzelbestimmungen des Kreditwesengesetzes durch eine kleine KWG-Novelle von 1976 zu werten. Die Bankenaufsicht erhielt nach den neuen Vorschriften die Berechtigung, über eine Not leidende Bank ein vorübergehendes Moratorium zu verhängen (§ 46a KWG) oder eine Sonderprüfung ohne besonderen Anlass (§ 44 Abs. 1 KWG) vorzunehmen. Zu den Neuerungen gehörten außerdem die Einführung des Vieraugenprinzips bei Geschäftsleitern (§ 33 KWG) sowie eine Verschärfung der Großkreditvorschriften des § 13 KWG. Insgesamt beschränkte sich die auch als Sofort-Novelle bezeichnete Überarbeitung des KWG darauf, »*Aufsichtslücken zu schließen, die bei der Schließung des Kölner Bankhauses Herstatt im Jahr 1974 zu Tage getreten waren.*«[16] Umfassend überarbeitet wurde das KWG erst mit der 1985 in Kraft getretenen Dritten Novelle, deren Grundlage der Bericht der Studienkommission ›Grundsatzfragen der Kreditwirtschaft‹ war.

Bericht der Studienkommission ›Grundsatzfragen der Kreditwirtschaft‹

Bereits im November 1974 hatte der Bundesfinanzminister als Reaktion auf die Herstatt-Krise eine Studienkommission ›Grundsatzfragen der Kreditwirtschaft‹ einberufen und sie mit der Prüfung der struktur- und gesellschaftspolitischen Stellung der Kreditinstitute beauftragt. Die Struktur des Kreditgewerbes in der Bundesrepublik Deutschland sei in den letzen beiden Jahrzehnten zunehmend öffentlich diskutiert worden. Außerdem habe die Kreditwirtschaft im Blickpunkt des öffentlichen Interesses gestanden, »*als im Jahre 1974 eine kurzfristige Vertrauenskrise durch den aufsehenerregenden Zusammenbruch einer Bank im Zusammenhang mit Devisentermingeschäften*« eingetreten war.[17] Über Fragen der Struktur der Kreditwirtschaft und »*Machtzusammenballungen bei einzelnen Kreditinstituten*« hinaus sollten von der Kommission auch Schwachstellen des Kreditwesengesetzes untersucht werden, die mit der Eigenkapital- und Liquiditätsausstattung der Kreditinstitute zusammenhängen.

Die Kommission legte im Mai 1979 ihren Bericht vor, der sich unter anderem mit Reformvorschlägen zum Beteiligungsbesitz und den Aufsichtsratsmandaten der Banken, zu deren Vollmachtsstimmrecht und zur Verbesserung des Anlegerschutzes auf den Wertpapiermärkten befasste. Insbesondere die Vorschläge zur Eigenkapitalausstattung der Kreditinstitute bildeten aber für viele Jahre die wesentliche Grundlage der Diskussion um eine Fortbildung des Kreditwesengesetzes.[18] Im Hinblick auf die Eigenkapitalausstattung der Banken entwickelte die Studienkommission eine abstrakte Definition des Begriffs ›Haftendes Eigenkapital‹ und formulierte in Textziffer 1260 ihres Abschlussberichts einen Vorschlag zur Novellierung des § 10 KWG: »*Grundsätzlich sollten nur eingezahlte, eigene Mittel, die den Kreditinstituten dauerhaft zur Verfügung stehen und am laufenden Verlust teilnehmen, als haftendes Eigenkapital anerkannt werden (Mehrheitsentscheidung).*«[19] Es ist erstaunlich, dass diese Empfehlung im Lauf der Jahre immer weiter aufgeweicht wurde, bis schließlich die Regulierung im Zuge der Finanzkrise nach 2007 eine deutliche Verbesserung der Qualität des Bankeigenkapitals vornahm, die zu dem damals geforderten strengen Eigenkapitalbegriff zurückführte.

Im Kommissionsbericht wurde auch belegt, in welchem Umfang die Banken die Begrenzungen durch den Grundsatz I über den Aufbau so genannter Kreditpyramiden mit Hilfe von Tochtergesellschaften umgehen konnten. Nach dem damals gültigen Grundsatz I durfte das Kreditvolumen einer Bank das 18-fache des haftenden Eigenkapitals nicht überschreiten. Wenn nun ein Teil der anrechenbaren Aktiva als Beteiligung an einer Tochtergesellschaft gehalten wurde, so konnte über deren Eigenkapitalausstattung eine weitere Kreditvergabekapazität beziehungsweise eine weitere Beteiligungsmöglichkeit aufgebaut werden, die sogar über mehrere Stufen führen konnte.[20] Aufgrund dieser Möglichkeit betrug zum Jahreswechsel 1982/83 beispielsweise das durchschnittliche Kreditvolumen der Banken *»das 27,7-fache des haftenden Eigenkapitals. Die Spanne bei den auf 30 angewachsenen Luxemburger Tochterbanken im Besitz ab 50 v. H. Kapitalanteil bewegt sich zwischen dem 16,4-fachen und 46,1-fachen des haftenden Eigenkapitals. Nur zwei dieser Banken liegen mit ihrem Kreditvolumen unter dem 18-fachen des haftenden Eigenkapitals, das nach Grundsatz I für bundesdeutsche Kreditinstitute die Obergrenze des zulässigen Kreditvolumens ist.«*[21]

Die Studienkommission hatte im Anschluss an die Herstatt-Pleite mit der Untersuchung von Kreditpyramiden also ein wichtiges Phänomen aufgedeckt, das die Stabilität des Finanzsystems gefährden konnte. Kreditpyramiden haben allerdings wegen ihres grenzüberschreitenden Charakters erst Jahre später eine gesetzliche Regelung erfahren. Mit dem Dritten Gesetz zur Änderung des Kreditwesengesetzes von 1984 wurde das so genannte bankaufsichtliche Zusammenfassungsverfahren für Kreditinstitute und ihre Tochtergesellschaften eingeführt, das die Möglichkeit der Mehrfachnutzung des haftenden Eigenkapitals zum Aufbau von Kreditvolumina über Tochtergesellschaften – insbesondere solche in anderen Ländern – verhindern konnte. Mit der Einführung des Zusammenfassungsverfahrens wurde damals zugleich die Ratsrichtlinie der Europäischen Gemeinschaften von 1983 über die Beaufsichtigung der Kreditinstitute auf konsolidierter Basis in nationales Recht umgesetzt.

Anpassungen der Regulierungen auf internationaler und europäischer Ebene

Die Verwerfungen nach dem Zusammenbruch des Systems von Bretton Woods durch die Herstatt-Krise in Deutschland oder die ebenfalls mit Devisenspekulationen zusammenhängende Pleite der Franklin National Bank in den USA im Oktober 1974 wurden als Zeichen der Instabilität der Bankenmärkte gedeutet und führten zu einer tief gehenden Verunsicherung der internationalen Kapitalmärkte.[22] So wies beispielsweise die Bank für Internationalen Zahlungsausgleich in ihrem 45. Jahresbericht (für das Geschäftsjahr 1974/75) darauf hin, dass der Eurogeldmarkt durch den Zusammenbruch der Herstatt-Bank in Köln einen *»richtigen Vertrauensschock«* erlitten hatte: *»Die am Euromarkt tätigen Banken sahen ihr Einlagenvolumen unter dem Druck, dem sie während des Sommers ausgesetzt waren, effektiv schrumpfen, doch im Frühherbst begann sich die Lage wieder zu normalisieren. Hierzu trug die Entspannung der monetären Lage ebenso bei wie das Verhalten von Banken und Behörden. Die Banken verbesserten die innerbetriebliche Kontrolle des Fremdwährungsgeschäfts und legten bei der Kreditgewährung strengere Maßstäbe an; die Behörden verschärften in einer Anzahl von Ländern die Bankenaufsicht; und die Zentralbanken der Zehnergruppenländer gaben bekannt, dass sie bei Liquiditätsschwierigkeiten am*

Euromarkt als letzter Rückhalt bereitstehen würden. Insbesondere wurde vereinbart, dass für die Auslandsniederlassungen eines Kreditinstituts die Zentralbank jenes Landes zuständig sein soll, in dem das betreffende Institut seinen Hauptsitz hat.«[23] 1974 und 1975 führten Dänemark und Belgien neue Bankengesetze ein, 1976 wurde in Deutschland die erwähnte kleine Novellierung des KWG vorgenommen, und 1979 erhielt auch Großbritannien ein erstes Bankengesetz. Die Harmonisierungsbestimmungen beschleunigten den ersten großen Schritt in Richtung Binnenmarkt und führten zur Ersten Bankrechtskoordinierungsrichtlinie von 1977, deren Hauptziel die Integration des Bankenmarktes durch die Zulassung grenzüberschreitender Niederlassungen war.

d. Vom Herstatt-Risiko zum Baseler Ausschuss für Bankenaufsicht

Die Geschäfte von Herstatt an den internationalen Devisenmärkten führten bei der vom Bundesaufsichtsamt für das Kreditwesen angeordneten plötzlichen Schließung der Bank am 26. Juni 1974 um 15:30 Uhr MEZ zu massiven Störungen. Diese legten das gegenseitige Erfüllungsrisiko im Devisenhandel bei plötzlichen Handelsunterbrechungen offen, das danach auch als ›Herstatt-Risiko‹ bezeichnet wurde und einen internationalen Abstimmungsbedarf bei der Eröffnung von Bankinsolvenzen deutlich werden ließ. Zum Zeitpunkt der Schließung hatten nämlich »*mehrere Gegenparteien des Instituts größere, unwiderrufliche DM-Zahlungen an Herstatt geleistet, aber noch keine entsprechenden US-Dollar-Zahlungen erhalten, da die US-Finanzmärkte gerade erst geöffnet hatten. Die Herstatt-Schließung löste eine Kettenreaktion aus, die Störungen der Zahlungsverkehrs- und Abrechnungssysteme zur Folge hatte. Die New Yorker Korrespondenzbank des Instituts setzte sämtliche vom Herstatt-Konto zu leistenden US-Dollar-Zahlungen aus. Dadurch entstanden den Banken, die zuvor an diesem Tag DM-Zahlungen an das Bankhaus veranlasst hatten, offene Risikopositionen in der Höhe der geleisteten Zahlungen.*«[24] Damit war die Schließung der Bank der erste Fall eines Bankzusammenbruchs, bei dem noch nicht vollständig abgewickelte Devisenhandelstransaktionen zu Problemen in den internationalen Zahlungsverkehrs- und Abrechnungssystemen führten.

Nachdem die Zentralbanken 1996 verschiedene Untersuchungen angestellt und Maßnahmen zur Verminderung von Erfüllungsrisiken gefordert hatten, kam es im Jahr danach zur Gründung eines besonderen Finanzinstituts, der CLS Bank International. Die Bank sollte das ›Continuous Linked Settlement‹ umsetzen und nahm im September 2002 ihren Betrieb auf. Seitdem wickelt sie Transaktionen in allen geläufigen Währungen ab, sodass das ›Herstatt-Risiko‹ seitdem nicht mehr zu befürchten ist.

Über die Gründung der CLS Bank hinaus gab eine besonders bemerkenswerte und weitreichende internationale Reaktion auf die Herstatt-Krise, nämlich die direkt danach bereits im Jahr 1974 erfolgte Gründung des Baseler Ausschusses für Bankenbestimmungen und -überwachung (Commitee on Banking Regulation and Supervisory Practices) durch die Zentralbanken der Zehnergruppe bei der Bank für Internationalen Zahlungsausgleich. Der Ausschuss wurde 1989 in Baseler Ausschuss für Bankenaufsicht (Basel Committee on Banking Supervision) umbenannt und in seinen ersten anderthalb Jahrzehnten auch nach seinen jeweiligen Vorsitzenden als Blunden Committee (1974–77) und Cooke Committee (1977–88) bezeichnet. Das Gremium sollte dem Informationsaustausch über nationale bankaufsichtsrechtliche Vorschriften und einem Vergleich der unterschiedlichen staatlichen Überwachungssysteme dienen.[25] 1975 wurden Grundsätze für die Beaufsichtigung der ausländischen Niederlassungen von Banken niedergelegt, die durch das ›Baseler Konkordat‹ von 1983 über die Grundsätze für die Beaufsichtigung der ausländischen Niederlassungen von Banken konkretisiert wurden. Die erste wichtige Aufgabe des Komitees bestand aber in der Klärung der Frage der Abwicklung gegenseitiger Forderungen in einer Bankinsolvenz.

In der Öffentlichkeit bekannt wurde der Baseler Ausschuss aber erst durch die ›Baseler Eigenkapitalvereinbarung‹. Im Dezember 1987 legte der Baseler Ausschuss nämlich ein Konsultationspapier vor, das mit den nationalen Bankenverbänden der Länder der Zehnergruppe bis Mitte 1988 diskutiert und dann als Empfehlung des Cooke-Ausschusses über die ›Internationale Konvergenz der Eigenkapitalmessung und Eigenkapitalanforderungen‹ verabschiedet wurde.[26] Die in der Bundesrepublik Deutschland international tätigen Institute akzeptierten die Regeln auf freiwilliger Basis und meldeten seit Ende 1988 die Einhaltung der Anforderungen regelmäßig an die Deutsche Bundesbank, die ihnen die Einhaltung der Norm dann bestätigte (so genanntes Cooke-Siegel).

Die Empfehlungen des Baseler Ausschusses zielten im Sinne der Risikobegrenzungsfunktion des Eigenkapitals auf eine in allen Ländern vergleichbare eigenkapitalabhängige Obergrenze für die von den Banken übernommenen Kreditrisiken mit zwei Zielrichtungen: »*Erstens soll das neue Konzept dazu dienen, die Bonität und Stabilität des internationalen Bankensystems zu stärken; zweitens soll das Konzept ausgewogen und möglichst einheitlich in seiner Anwendung auf Banken in verschiedenen Ländern sein, um eine bestehende Quelle von Wettbewerbsverzerrungen zwischen internationalen Banken zu reduzieren.*«[27] Die später gelegentlich auch als Basel I apostrophierte Empfehlung zielte damit im Kern auf eine Funktionssicherung des Bankensystems und die Durchsetzung eines ›Level Playing Field‹. Der in Deutschland vorherrschende Einlegerschutzgedanke der Bankenaufsicht fand dagegen keine ausdrückliche Erwähnung mehr.[28]

e. Ausblick: Systemrisiken – Schritte zur Schließung einer offenen Flanke

Die Initiativen, Vorschläge und Arbeiten zur Weiterentwicklung der Aufsicht über die Kreditwirtschaft sind seit der Herstatt-Krise nur zeitweise abgeebbt und erleben aufgrund der internationalen Finanzkrise seit einiger Zeit eine wahre Renaissance.[29] Neue Risikomessverfahren und Risikobegrenzungsvorschriften werden diskutiert und zu Reformvorschlägen und konkreten Bestimmungen verdichtet. Im Dezember 2010 veröffentlichte der Baseler Ausschuss für Bankenaufsicht sein neues Regelwerk Basel III, das neue Eigenkapital- und Liquiditätsanforderungen formuliert und eine Verschuldungsobergrenze (Leverage Ratio) einführt, die auch nicht erkennbare Risiken begrenzen soll. Als Maßnahme zur Eindämmung prozyklischer Effekte der Eigenkapitalanforderungen werden ein Kapitalerhaltungspuffer sowie ein antizyklischer Eigenkapitalpuffer eingeführt, der unerwartete große Verluste auffangen soll. Große und für die Stabilität des Finanzsystems besonders wichtige Institute (systemrelevante Banken) sollen durch Zuschläge zu den Eigenkapitalanforderungen ein zusätzliches Risikopolster erhalten. Schließlich sollen nicht oder nur schwach regulierter Finanzinstitute außerhalb der

Bankenaufsicht (so genannte Schattenbanken) in Zukunft mit überwacht und reguliert werden.

Der Herstatt-Fall hat bereits in den 1970er-Jahren deutlich gemacht, dass die Gefahren aus Bankinsolvenzen nicht nur von den unmittelbaren Folgen des Bankrotts eines einzelnen Instituts ausgehen können, sondern ihre Brisanz aus den realen und informationellen Wechselwirkungen mit den Kunden, mit anderen Banken und den Finanzmärkten erhalten. Auch wenn die Funktionssicherung des Bankensystems als Folge der Herstatt-Krise bereits zur Zielsetzung der internationalen Regulierungsbemühungen erklärt wurde, ließ die systematische Umsetzung dieser Ausrichtung noch über 35 Jahre bis zur internationalen Finanzkrise ab 2007 auf sich warten. Erst die 2010 eingeführten Regeln konnten das Ziel der Aufrechterhaltung der Stabilität des Finanzsystems in konkrete Risikomess- und Risikobegrenzungsvorschriften der Bankenaufsicht umsetzen.[30]

1 ›Gespielt, getäuscht, gemogelt‹, in: Der Spiegel 13/1975, S. 124–134, hier S. 124.
2 Cassis, Crises, S. 88.
3 Kaserer, Fall, S. 167.
4 Fehr, Bruchlandung.
5 ›Beispiellose Missachtung‹, in: Der Spiegel 36/1983, S. 122.
6 Kaserer, Fall, S. 170.
7 Ebd., S. 168. – Das Bundesaufsichtsamt für das Kreditwesen (BaKred) ging am 1. Mai 2002 gemeinsam mit dem Bundesaufsichtsamt für das Versicherungswesen (BAV) und dem Bundesaufsichtsamt für das Wertpapierwesen (BAWe) in der heutigen Bundesanstalt für Finanzdienstleistungsaufsicht (BaFin) auf.
8 Ebd., S. 170.
9 Burghof/Rudolph, Bankenaufsicht, S. 103; Bonn, Bankenkrisen, S. 51 ff. – Die Grundsätze I–III waren Vorschriften zur Eigenkapitalausstattung und Liquiditätshaltung der Kreditinstitute, die das Bundesaufsichtsamt für das Kreditwesen im Einvernehmen mit der Deutschen Bundesbank zur Konkretisierung der Vorschriften des Kreditwesengesetzes erlassen hatte. Der Grundsatz I, der die Eigenkapitalausstattung regelte, wurde 2006 durch die Solvabilitätsverordnung ersetzt. Der Grundsatz Ia ergänzte den Grundsatz I für die Risiken aus Devisengeschäften. Der Grundsatz II konkretisierte die Verpflichtung der Kreditinstitute zur Einhaltung einer jederzeit ausreichenden Zahlungsfähigkeit.
10 Vgl. die tabellarische Übersicht in Burghof/Rudolph, Bankenaufsicht, S. 111.
11 BIZ, Jahresbericht 1974/75, S. 130.
12 Ebd., S. 37.
13 ›Die nutzlose Rettungsbank‹, in Handelsblatt vom 13. April 2010.
14 Deutsche Bundesbank, Geschäftsbericht 2009, S. 159.
15 [o. V.], Einlagensicherung, S. 31.
16 [o. V.], BaFin.
17 Bundesministerium der Finanzen, Bericht, S. 1.
18 Vgl. die Übersicht über die Diskussionsfelder, die in den Überlegungen der Studienkommission verankert sind, in Rudolph, Anforderungen, S. 27 ff.; Krümmel, German Universal Banking, gibt als Mitglied der Kommission einen Überblick über die inhaltlichen Ergebnisse der Arbeit der Studienkommission und deren Bericht; vgl. ferner zur Auseinandersetzung mit den Ergebnissen der Studienkommission ›Grundsatzfragen der Kreditwirtschaft‹ Philipp, Bestimmung.
19 Bundesministerium der Finanzen, Bericht, S. 399.
20 Vgl. zu den verschiedenen Möglichkeiten des Aufbaus von Kreditpyramiden und der Mehrfachnutzung des haftenden Eigenkapitals der Banken Bitz/Matzke, Bankenaufsicht, S. 329.
21 Drucksache des Deutschen Bundestages 10/1441 vom 14. Mai 1984, S. 26.

22 Cassis, Crises, S. 35, ordnet Franklin National und Herstatt zwar nicht als allgemeine Bankenkrise ein, sieht aber in beiden Fällen durchaus die Gefahr einer Systemkrise.
23 BIZ, Jahresbericht 1974/75, S. 26.
24 Galati, Erfüllungsrisiko, S. 63.
25 Vgl. für eine ausführliche Würdigung Goodhart, Basel Committee, S. 31 f.
26 Rudolph, Eigenkapitalanforderungen, S. 483–496.
27 Ausschuss für Bankenbestimmungen und –überwachung, Konvergenz, S. 2.
28 Rudolph, Bankeigenkapital, S. 70.
29 Rudolph, Finanzkrise.
30 BIS, Basel III; Baseler Ausschuss für Bankenaufsicht, Antwort.

Hartmut Schmidt

[30.]

Die Entstehung der Deutschen Terminbörse 1988 und der Deutsche Börse AG 1992

Eine international erfolgreiche Neuordnung[1]

a. Einleitung: Deutsche Börsen – Der Weg zur Weltgeltung

Deutsche Wertpapierbörsen erreichten am Ende des 20. Jahrhunderts Weltklasse. Die Deutsche Terminbörse (DTB), an der 1990 der Handel begann, entwickelte sich in neun Jahren zur größten Terminbörse der Welt. Die Deutsche Börse AG brachte acht Jahre nach ihrer Formierung ihre eigenen Aktien an die Börse und wies danach den höchsten Marktwert aller Börsen der Welt auf. Sie betreibt heute die Frankfurter Wertpapierbörse, die Terminbörse Eurex und in New York die International Securities Exchange. Weithin bekannt sind XETRA, ihr elektronisches Handelssystem für den Kassamarkt, und Clearstream International, ihre Tochter für die Geschäftsabwicklung und die Verwahrung von Wertpapieren.

Dieser Beitrag beschreibt die Entstehung der DTB und der Deutsche Börse AG. Beide entsprangen dem festen Willen Frankfurter Banken, an der weltweiten Expansion des Kassa- und Termingeschäfts[2] voll teilzuhaben. Deshalb geht es zunächst (Abschnitt b) um technische und organisatorische Fortschritte auf den internationalen Kassa- und Terminmärkten in den Jahren vor Gründung der DTB. Abschnitt c stellt die Entstehung der DTB als den Versuch dar, sich mit einem eigenen Terminmarkt in die Gesamtentwicklung einzuschalten. Abschnitt d erläutert, wie die Deutsche Börse AG 1992 aus dem Bedürfnis entstand, für den Kassa- und Terminhandel in Deutschland und Europa eine starke und zukunftsträchtige Infrastruktur zu schaffen. Abschnitt e lenkt den Blick auf den bisherigen Erfolg der DTB und der Deutschen Börse.

Schaut man zurück auf das frühe 20. Jahrhundert, stand Berlin als größte deutsche Börse ebenbürtig neben Paris, London und Wien.[3] Die großen Jahre im Termin-

und Kassahandel vor und nach dem Ersten Weltkrieg mögen bei führenden Börsianern nicht nur den Glauben an eine Renaissance der deutschen Börsen, sondern auch die Bereitschaft dazu erhalten haben, sich dafür einzusetzen.[4] Die Größe, Vielfalt und wissenschaftliche Fundierung des damaligen Börsenhandels nimmt man noch heute mit Erstaunen zur Kenntnis.[5]

b. Internationale Entwicklungslinien

Kassamarkt: Gebotspublizität über Bildschirme

Sucht man für die hier erörterte Neuorganisation des deutschen Börsenwesens einen Ausgangspunkt nach dem Zweiten Weltkrieg, so fällt es schwer, nicht gleich an die Untersuchung der Effektenmärkte in den Vereinigten Staaten durch deren Securities and Exchange Commission von 1963 zu denken.[6] Der Bericht der SEC enthält eine damals revolutionäre Anregung: Die Marketmaker[7] im außerbörslichen Handel sollten ihre Geld- und Briefkurse einem Zentralcomputer melden, damit diese An- beziehungsweise Verkaufsgebote jederzeit auf Bildschirmen im ganzen Land gesehen werden könnten.[8]

Die Vorteile einer solchen Gebotspublizität gegenüber der telefonischen Abfrage der Geld- und Briefkurse bei den einzelnen Marketmakern liegen auf der Hand. Man denke nur an die Zeitersparnis bei jeder Transaktion. Die National Association of Securities Dealers (NASD)[9] griff diese Anregung 1964 auf, entwickelte bis 1967 mit Hilfe der Beratungsfirma Arthur D. Little einen Vorschlag und fand in Bunker Ramo den einzigen Hersteller, der sich an ein solches Informationssystem für die gesamten Vereinigten Staaten heranwagte. Das System nahm am 8. Februar 1971 unter dem Namen National Association of Securities Dealers Automated Quotations (NASDAQ) seine Arbeit auf. Es deckte etwa 2.400 Aktien ab, erreichte 700 Effektenhandelsbetriebe und beantwortete schon damals 350 000 Anfragen pro Tag. Der Geschäftsabschluss erfolgte per Telefon. De facto wurde eine neue Börse geschaffen, die als neuer Wettbewerber alle anderen Börsen der USA herausforderte.[10] Diese Börse ohne Börsensaal hatte genau genommen nur Fernmitglieder und läutete für die Börsen der USA die Phase stürmischer wettbewerblicher Entwicklungen ein.

Die Börsen in Europa verstanden sich um 1970 als Schwesterbörsen.[11] Der Gedanke an einen Börsenwettbewerb lag fern. Selbst die Kommission der Europäischen Gemeinschaften tendierte eher zur Konzentration auf eine Europabörse,[12] obwohl ihr auch ein Gutachten vorlag, das vor dem Hintergrund der Erfahrungen in den Vereinigten Staaten für den Börsenwettbewerb in Europa plädierte.[13] Diesen Wettbewerb hat in Europa die britische Wettbewerbsbehörde, das Office of Fair Trading in London, erzwungen. Sie betrachtete die London Stock Exchange als Kartell und bereitete eine Klage gegen sie vor, um das Kartell zu brechen. Der Börse gelang es 1983 in Verhandlungen mit der britischen Regierung, die Klage durch das Versprechen abzuwenden, sich grundlegend selbst zu reformieren. Das Ergebnis dieser Reform war der ›Big Bang‹ vom 27. Oktober 1986. Seit diesem Datum herrscht an der Londoner Börse Provisionswettbewerb. Ihre Mitgliedsfirmen mussten auch Ausländer und Banken als Gesellschafter akzeptieren und durften für fremde und für eigene Rechnung handeln.[14] Das Gebotsanzeigesystem

SEAQ[15] nahm den Betrieb auf. Nach dem Vorbild von NASDAQ stellte es Geld- und Briefkurse der Marketmaker in den einzelnen Werten zusammen und machte sie über Bildschirme verfügbar. Als unmittelbare Folge zogen es die Börsenhändler vor, am Bildschirm über das Telefon zu handeln. Der Börsensaal in London blieb leer.[16]

Tiefgreifende Folgen zeigten sich im Ausland, als die Londoner Börse das Marktsegment SEAQ International (SEAQ I) für Auslandsaktien einrichtete. Der Handel über SEAQ I war von der Börsenumsatzsteuer befreit. Die Handelszeit war länger als an den Börsen auf dem europäischen Festland. SEAQ I erreichte große Marktanteile im Handel von schwedischen, holländischen, französischen und italienischen Aktien. In deutschen Aktien kam SEAQ I immerhin auf niedrige zweistellige Marktanteile.[17] Die Heimatbörsen auf dem Festland sahen sich herausgefordert, auf den Londoner Wettbewerbsvorstoß zu reagieren.[18]

Terminmarkt: Innovationen an den Terminbörsen
und der Schweizer Schritt zum elektronischen Handel

Als Start in den modernen Terminhandel wird oft die Eröffnung der Chicago Board Options Exchange (CBOE) im Jahre 1973 angesehen.[19] Die CBOE hatte großen Erfolg, weil für sie ein neuer Optionstyp entwickelt worden war.[20] Im Gegensatz zum traditionellen Optionstyp ist die Optionsfrist nicht fest, sondern variabel und endet an einem einheitlichen Verfalltag. Der Ausübungskurs orientiert sich nicht einfach am Kurs des Basiswertes am Abschlusstag, er muss einer zulässigen Stufe des Ausübungskurses entsprechen. Das Recht des Käufers der Option auf Bezug oder Lieferung entsteht nicht mehr gegenüber einem individuellen Stillhalter, sondern gegenüber dem Clearinghaus; der Verkäufer der Option geht eine Verpflichtung gegenüber dem Clearinghaus ein.

Bei Geschäften auf Grundlage des traditionellen Optionskontraktes entstehen unterschiedliche Optionsrechte in unbeschränkter Zahl.[21] Der Stillhalter ist über die gesamte Optionsfrist gebunden.[22] Die CBOE-Option dagegen führt zu einer begrenzten Zahl von Kombinationen von Basiswert, Verfalltag und Ausübungskurs, also zu standardisierten Optionsrechten und damit zu Optionsklassen. In diesen Optionsklassen kann sich, wie in vertretbaren Wertpapieren, ein reger börslicher Handel zu sehr geringen Transaktionskosten entwickeln.[23] Der Stillhalter kann sich jederzeit durch Käufe von Optionen derselben Optionsklasse teilweise oder ganz von seiner Verpflichtung befreien.

Die Innovation der CBOE verbreitete sich weltweit. Zunächst nahmen andere amerikanische Börsen den Handel in Optionen des neuen Typs auf. In Europa führten den neuen Optionshandel 1978 die Londoner Börse und die European Options Exchange in Amsterdam (EOE) ein. Die EOE wurde eigens für den Optionshandel gegründet. Später nahm sie nach amerikanischem Vorbild auch den Handel in Financial Futures auf.

Im Zuge der Auflösung des Bretton-Woods-Systems 1971 kam es zu erheblichen Wechselkurs- und Zinsschwankungen. Diesen Anstieg der Volatilität an den Finanzmärkten sah man in Chicago als Chance. Die Absicherung gegen Preisschwankungen durch den Warenterminhandel wurde dort bereits seit 100 Jahren gepflegt; die Erfahrungen hieraus konnten nun für den Terminhandel von Finanzinstrumenten genutzt werden. Die ersten Financial Futures waren 1972 die Devisenkontrakte der Chicago

Mercantile Exchange (CME).²⁴ Die ersten Zinsfutures wurden 1975 vom Chicago Board of Trade (CBOT) und 1976 von der CME eingeführt.²⁵ 1977 begann am CBOT der Handel eines Future auf amerikanische Staatsanleihen (T-Bond Future), der sich zum erfolgreichsten Kontrakt der Welt entwickelte.²⁶ Seit 1982 werden auch Aktienindexfutures gehandelt.²⁷ Ebenfalls 1982 wurden Optionen auf Financial Futures an den Börsen Chicagos eingeführt.

Jahr für Jahr wuchsen die Umsätze an den Terminbörsen. Das verstärkte an vielen Finanzplätzen den Wunsch, sich selbst eine Plattform für dieses anspruchsvolle und aussichtsreiche Geschäft zu schaffen.²⁸ In England entstand 1982 die London International Financial Futures Exchange (LIFFE), in Schweden 1985 der Option Market Stockholm (OM) und in Paris 1986 der Marché à Terme international de France (MATIF).²⁹

Am 15. Dezember 1986 schließlich wurde – für den deutschen Terminhandel wegweisend – in der Schweiz die SOFFEX Swiss Options and Financial Futures Exchange AG³⁰ gegründet; sie eröffnete am 19. Mai 1988 mit 52 Mitgliedern den Handel in Optionen auf elf Schweizer Aktien.³¹ Die Arbeiten der Börsen Basel, Genf und Zürich an einem Terminmarkt hatten 1983 mit der Absicht begonnen, einen Parketthandel wie an der EOE an den drei wichtigsten Börsen der Schweiz einzuführen. Aber das erschien nach reiflicher Überlegung gerade nicht attraktiv.³² Eine einzige elektronische Terminbörse mit eigener Clearingstelle gewann 1985 mehr Zustimmung. Die Entscheidung für eine einzige Börse beseitigte für die Planer das Problem, wie sich die Marktanteile auf die drei Börsen verteilen würden und wie viel dort jeweils investiert werden müsste. Mit dem Votum für eine elektronische Börse war gewährleistet, dass man an jedem der drei Börsenplätze gleich gut am Handel teilnehmen könnte. Der Standort der Börse selbst würde sich leicht wählen und wechseln lassen, ein wichtiger Aspekt wegen des Wettbewerbs der Kantone als Gesetzgeber. Die elektronische Börse wies noch andere Vorzüge auf: Bildschirmerfahrene Händler waren eher verfügbar als Parketthändler, die Informationsbedürfnisse der Händler ließen sich beim Bildschirmhandel gut erfüllen, eines Tages könnten sogar ausländische Marktteilnehmer unmittelbar an der elektronischen Börse handeln, ohne die Kosten einer Niederlassung in der Schweiz tragen zu müssen. Der letzte Gedanke nahm die später so wichtige Frage des grenzüberschreitenden Fernzugangs vorweg.³³ 1986 betrauten die drei Börsen (Association Tripartite Bourses) und die drei Großbanken – Bankgesellschaft, Bankverein und Kreditanstalt – die Unternehmensberatung Arthur Andersen & Co. mit dem Aufbau der elektronischen Terminbörse. Im selben Jahr wurde die SOFFEX als Aktiengesellschaft gegründet. Von den anderen Börsen abgekoppelt und privatrechtlich organisiert, unterlag sie keiner Börsenaufsicht.³⁴

c. Die Entstehung der Deutschen Terminbörse³⁵

Das Projekt SOFFEX als Vorbild

Was wird einen Börsianer im Herbst 1986 bewegt haben, der sich mitverantwortlich fühlte für die zukünftige Wettbewerbsposition des Wertpapierhandels in Deutschland? Es ging inzwischen um mehr als um die lange Jahre diskutierte Frage, wie man mehr

Unternehmen an die Börse bringt.[36] Die Infrastruktur für den Handel in Deutschland wurde Jahr für Jahr technisch verbessert, und 1986 versahen die acht deutschen Börsen ihre Arbeitsgemeinschaft mit einer neuen Verfassung.[37] Aber andere Finanzplätze hatten mehr dafür getan, ihre Position im internationalen Wettbewerb zu stärken und Marktanteile zu gewinnen.[38] Ab 1977 wurde in Toronto schrittweise der vollelektronische Börsenhandel eingeführt, im Juli 1986 war das kanadische Marktmodell in Paris übernommen worden (Einführung des CAC-Systems).[39] Besonders der Londoner Vorstoß mit SEAQ I war eine direkte Bedrohung und musste so schnell wie möglich pariert werden. Die deutschen Börsen mussten aufholen. Wer im Ausland nach Anregungen dafür suchte, wo in Deutschland die Chance für einen großen Schritt nach vorn bestand, für den konnte das Projekt SOFFEX eine Art Offenbarung sein, auch wenn mit dem Beginn des SOFFEX-Handels noch lange nicht zu rechnen war.[40]

Das Projekt SOFFEX zeigte, wie man einen innovativen Börsenhandel etablieren kann, auch wenn es im Lande bereits mehrere unabhängige Börsen gibt: Man gründet eine neue, vollelektronische Börse.[41] Es ist Rolf-E. Breuer zu verdanken, dass Deutschland dem Schweizer Vorbild folgte. Er wagte den Vorstoß in Deutschland, er kannte die Pläne und Überlegungen in der Schweiz. Wegen der engen Geschäftsbeziehung zwischen Deutscher Bank und der Schweizerischen Kreditanstalt hatte Breuer guten Kontakt zu Jörg Fischer,[42] dem Architekten und Strategen der Neuordnung im Schweizerischen Börsenwesen.[43] In Frankfurt konnte Breuer als Vorstandsmitglied des Branchenführers Deutsche Bank darauf bauen, dass die Wertpapiervorstände anderer großer Banken ihm folgen würden.[44] Breuer kannte 1987 auch die anfangs geheimen Pläne der LIFFE, einen Kontrakt auf Bundesanleihen einzuführen.[45] Zum Handel deutscher Wertpapiere im Ausland sagte er später: Nicht regionale Arenen, sondern Europa sei künftig das Terrain, auf dem – härter den je – um den Anleger gekämpft werden würde.[46]

Anfang 1987 fielen erste Entscheidungen. In seiner Sitzung am 19. Januar 1987 setzte der Vorstand[47] der Frankfurter Wertpapierbörse einen Arbeitsausschuss für den Optionshandel ein. In einem Schreiben an den Börsenvorstand vom 11. März 1987 schlug der Ausschuss vor, den in der Schweiz eingeschlagenen Weg zum Aufbau eines international wettbewerbsfähigen Handels in Optionen und Financial Futures für Deutschland zu prüfen und hierzu die SOFFEX-erfahrene Arthur Andersen & Co. Unternehmensberatung GmbH mit einer Studie zu beauftragen, die auch Realisierungsvorschläge beinhalten soll. Dieses Dokument, unterschrieben vom Ausschussvorsitzenden Breuer, erscheint rückblickend als die entscheidende Weichenstellung hin zur Deutschen Terminbörse. Der Börsenvorstand folgte dem Vorschlag des Ausschusses.[48]

Auf Vorschlag von Arthur Andersen & Co. (Juli 1987) wurde ein kleiner, aber repräsentativer ›Förderkreis‹ gebildet, der die notwendigen Gesetzesänderungen begleitete[49] und aus dessen Mitte die Projektarbeiten finanziert wurden; ihm gehörten mit den Genossenschaftsbanken, Geschäftsbanken und Sparkassen alle drei Sektoren der deutschen Kreditwirtschaft an.[50]

Gründung, Handelsbeginn und finanzieller Erfolg

Im Juli 1988 wurde die Trägergesellschaft der künftigen Börse – die DTB Deutsche Terminbörse GmbH – mit einem Stammkapital von zehn Millionen D-Mark gegründet.[51]

Der Förderkreis übernahm davon 81 Prozent.[52] Mit der SOFFEX wurde ein Kooperationsvertrag abgeschlossen, der die Nutzung der konzeptionellen Vorarbeiten und der Software für den Optionshandel und die Geschäftsabwicklung erlaubte.[53] Die Software für den Handel von Financial Futures musste die DTB selbst entwickeln.[54] Das Handelsverfahren bei Optionen stützte sich mehr auf die Gebote von Marketmakern[55] als auf limitierte Aufträge im DTB-Orderbuch und schrieb den Marketmakern maximale Spannen vor, während für den Handel von Financial Futures gar keine Marketmaker vorgesehen waren.[56] Als ab Juli 1988 nach längeren Vorarbeiten[57] der DAX veröffentlicht wurde, war die Voraussetzung für einen Aktienindex-Future der DTB geschaffen; federführend bei der DAX-Entwicklung war ein Expertenkreis der Arbeitsgemeinschaft.[58] Voraussetzung für den Erfolg des DTB-Projekts war es nicht zuletzt, viele erstklassige Mitarbeiter zu finden. Mit der Anzeige »*Wollen Sie Mann oder Frau der ersten Stunde sein?*« begann der DTB-Geschäftsführer Jörg Franke die Suche und stellte Absolventen aus allen Fakultäten ein.[59]

Erst mit der Börsengesetznovelle vom 11. Juli 1989 kam der Gesetzgeber der DTB in drei Punkten entgegen: Das ›Informationsmodell‹ schränkte Termin- und Differenzeinwand hinreichend ein,[60] im Börsenhandel wurden auch Willenserklärungen durch elektronische Datenübertragung gestattet, und als Gegenstand des Terminhandels wurden auch Kontrakte zugelassen, die nicht auf die Erfüllung durch Lieferung von Wertpapieren ausgerichtet sind.[61] Die Börsenumsatzsteuer wurde durch das Erste Finanzmarktförderungsgesetz vom 22. Februar 1990 zum 1. Januar 1991 abgeschafft.

Die DTB, die einzige Börse, die im 20. Jahrhundert in Deutschland entstehen würde, bedurfte der staatlichen Genehmigung. Der Träger der Börse, erstmalig für Deutschland eine Kapitalgesellschaft, musste das Genehmigungsverfahren nach dem Börsengesetz betreiben. Genehmigungsbehörde war das Hessische Ministerium für Wirtschaft und Technik (HMWT). Es gedachte seine Aufgabe »*keineswegs lediglich wie Notare zu erfüllen*«[62] und wollte sich nicht darauf beschränken, die erforderlichen öffentlich-rechtlichen Teile des Regelwerks zu prüfen. Bei der Genehmigung als Börse käme es auf das Bild der DTB insgesamt an.[63] Im Laufe des Verfahrens hatte die DTB unter anderem zur einschlägigen Rechtsprechung des Reichsgerichtes vor dem Ersten Weltkrieg Stellung zu nehmen und alle wichtigen Regelungen zum Schutz von Kundenaufträgen vor dem Eigenhandel an den Börsen in London, Paris, Chicago und an der SOFFEX darzustellen. Dabei wurde sie von den Rechtsabteilungen der Förderkreisinstitute unterstützt. Am 11. September 1989 erteilte der Minister der DTB Deutsche Terminbörse GmbH die Genehmigung, eine Börse zu errichten. Im Januar 1990 wurde der Handel an der DTB eröffnet. Breuer sprach vom »*Sprung in ein neues Börsenzeitalter*«.[64]

Ab dem 26. Januar 1990 wurden Optionen auf 14 Aktien im DAX gehandelt. Vom 16. August 1991 an konnte man neben diesen Optionen auf Einzelwerte auch die Option auf den DAX handeln,[65] die bald die Optionsumsätze dominierte. Der Handel von Financial Futures begann am 23. November 1990 in zwei Kontrakten: dem DAX-Kontrakt und dem Bund Future, der bereits an der LIFFE große Bedeutung erlangt hatte.[66] Am 4. Oktober 1991 wurde der Future auf Bundesobligationen eingeführt.[67]

Vom Beginn des Handels an brachten die Transaktionserlöse der DTB Millionengewinne, sodass die DTB schon 1992 alle ihre Bankkredite zurückzahlen konnte.[68] Das Wall Street Journal schrieb später: »*The attention to the bottom line is a novelty among exchanges.«*[69] Mit dem Betreiben einer Börse Gewinn zu erwirtschaften, das widersprach damals jeder Erfahrung. Es trug zum Umdenken bei jenen bei, die Gewinne dieser Größenordnung brauchten, um die Infrastruktur des deutschen Kassahandels zu verbessern.

Gemeinsame und unterschiedliche Interessen

Am weltweit wachsenden Termingeschäft besser teilzuhaben lag im Interesse aller, die an den Finanzmärkten handelten. Dieses Interesse in Deutschland für die DTB zu nutzen gelang dem Förderkreis, indem er an der Trägergesellschaft Banken aus allen Regionen beteiligte und allen deutschen Instituten den Zugang zur DTB öffnete. Von jedem deutschen Börsenplatz aus konnte man an der DTB handeln. Regional bedingte Konflikte kamen nicht auf.[70]

Der DTB-Handel verlagerte aber Termingeschäfte vom außerbörslichen Markt in den transparenteren börslichen Markt, was besonders bei den privaten Banken Ertragseinbußen befürchten ließ. Weitere Einbußen waren zu erwarten, falls die DTB damit beginnen sollte, Fernmitglieder im Ausland zu gewinnen. Beide Probleme konnten an der DTB, ähnlich wie in der Schweiz, durch eine starke Stellung der privaten Banken im Gesellschafterkreis und im Börsenvorstand beherrscht und behutsam gelöst werden. Der Preis hierfür war, dass zunächst nur inländische Institute teilnahmen und die DTB daher nur gedämpft wuchs, obwohl die Chance einer Wachstumsexplosion durch Aufnahme von Teilnehmern mit Sitz im Ausland bestand.

Mit der Entscheidung für das Schweizer Vorbild war auch die Entscheidung für den elektronischen Handel gefallen. Anders als in der Schweiz hatten in Deutschland die Kursmakler und Freimakler bisher wichtige Funktionen. Das elektronische Handelssystem führte die Gegenparteien ohne Makler zusammen. Das Entgelt dafür ging an die DTB GmbH. Die Börse wurde damit zum Unternehmen.[71] Die Makler verloren im elektronischen Handel an Funktion und Einkommen, mit ihrem Widerstand war von Anfang an zu rechnen, nicht aber mit der Schärfe der jahrelangen Auseinandersetzung.[72] Breuer hielt die Kursmakler für überflüssig und ging so weit, eine einheitliche EDV-Plattform für den Termin- und Kassahandel zu fordern.[73] Die empirische Kapitalmarktforschung bescheinigte den Kursmaklern dagegen die Marktnähe ihrer Kurse und einen Beitrag zum Anlegerschutz.[74]

Wie der Blick auf die Interessenlagen zeigt, hatte die Entscheidung für den elektronischen Terminhandel wichtige Auswirkungen: Sie brachte die deutschen Börsenplätze zu einem Miteinander, das sonst eher nicht gegeben war. Sie eröffnete die Chance auf einen Wachstumsschub über Auslandsfernmitgliedschaften.[75] Sie führte aber auch zu starken Spannungen zwischen Banken und Maklern.

d. Die Entstehung der Deutsche Börse AG

IBIS, MATIS und MIDAS: Die Kontroverse um den Kassamarkt der Zukunft

Schon der Optionshandel an der DTB zwang zu Anpassungen im Kassamarkt und warf damit die fundamentale Frage auf, ob der fortlaufende Kassahandel in Zukunft an einer, an mehreren Börsen oder außerbörslich[76] zu verankern sei. Anfang 1990 wurde an den deutschen Börsen nur von 11.30 bis 13.30 Uhr gehandelt. Für den Optionshandel an der DTB war aber eine längere Handelszeit[77] vorgesehen und im Januar 1990 auf 10.30 bis 15.00 Uhr festgelegt worden. Der Optionshandel kann nur florieren, wenn gleichzeitig auch am Kassamarkt gehandelt wird, und zwar möglichst so, dass auch die Geld- und Briefkurse erkennbar sind. Schon bei der Gründung der DTB wies Breuer darauf hin, der Kassahandel der Vor- und Nachbörse müsse nach dem Vorbild von NASDAQ organisiert werden.[78]

Dieses deutsche NASDAQ-System wurde von der Deutschen Wertpapierdaten-Zentrale (DWZ) entwickelt und betrieben, veranlasst durch eine Gruppe von Banken (IBIS-Sponsorenbanken). Unter dem Namen Inter-Banken-Informations-System (IBIS, später IBIS I) verbreitete es ab dem 1. Dezember 1989 von 8.30 bis 17.00 Uhr Geld- und Briefkurse[79] in den 14 Basiswerten der DTB-Optionen.[80] Abschlüsse erfolgten über das Telefon. IBIS I war ein außerbörsliches System der Sponsorenbanken und zunächst allein Banken vorbehalten.

Der Bundesverband der Kursmakler hatte zur Unterstützung des Optionshandels an der DTB eine Verlängerung der Börsenzeit vorgeschlagen. Im September 1989 unterstützten die Wirtschaftsminister der Länder einstimmig diesen Vorschlag.[81] Es fiel aber eine Entscheidung für das maklerlose IBIS. Der Verband betrieb deshalb ab dem 15. Dezember 1989 das Makler-Tele-Informationssystem (MATIS).[82] Geld- und Briefkurse für die 30 DAX-Werte, zwölf weitere Aktien und zehn Bundesanleihen wurden von 8.00 bis 17.30 Uhr über Reuters verbreitet. Abschlüsse erfolgten auch hier über das Telefon. Genau wie IBIS war MATIS ein außerbörsliches System, aber es wurde 30 Minuten vor der Börsenzeit abgeschaltet und 30 Minuten danach wieder eingeschaltet. Zum 15. Januar 1990 wurde der Börsenbeginn auf 10.30 Uhr vorgezogen.[83]

Der Bundesverband der Freien Börsenmakler stellte im August 1990 bei allen Landesregierungen Antrag auf Genehmigung seines elektronischen Handelssystems MIDAS (Marketmaker-Information-and-Dealing-System) als Börse. Schließlich wollte die Bremer Börse das System einführen.[84] 600 Titel sollten darüber gehandelt werden, auch von Teilnehmern im Ausland.[85] Der Druck aus Frankfurt hat dazu geführt, die Vorbereitungen auf MIDAS kurz vor dem geplanten Handelsbeginn zu beenden.[86]

IBIS I kostete Lehrgeld, hatte aber keinen Erfolg[87] und wurde am 5. April 1991 durch IBIS II abgelöst, das Integrierte Börsenhandels- und Informationssystem. IBIS II war bereits ein elektronisches Handelssystem, ein Segment der Frankfurter Wertpapierbörse und der Vorläufer von XETRA.[88] IBIS II bildete im Kern den fortlaufenden Handel zu Einzelkursen auf dem Parkett elektronisch nach. Marketmaker mit Quotierungspflicht wie bei NASDAQ und SEAQ gab es nicht.[89]

Weil die DTB eine längere Börsenzeit vorsah als die acht deutschen Kassabörsen, kam es zur Kontroverse darüber, welche Art von Kassamarkt die DTB begleiten und absichern sollte. Von der Antwort hing es ab, welcher deutsche Kassamarkt in Zukunft dominant sein würde und welche Marktteilnehmer davon profitieren würden. Es beim Status quo zu belassen wurde im Sommer 1989 mit der Entscheidung gegen die Börsenzeitverlängerung abgelehnt. Damit kamen elektronische Alternativen – IBIS, MATIS und MIDAS – ins Spiel. Mit der Aufgabe von IBIS I und der Integration von IBIS II zunächst in die Frankfurter Wertpapierbörse, dann aber auch in die sieben anderen

Kassabörsen[90] wurden die Weichen endgültig gestellt. Damit erhielten alle Börsenmitglieder, also auch die Makler, nach dem gegebenen Börsenrecht Zugang zum elektronischen Kassamarkt, dem deutschen Kassamarkt der Zukunft. Die Extrempositionen waren geräumt und die Rolle der Frankfurter Wertpapierbörse gestärkt.

Das deutsche Manko: Börse ohne Macht

IBIS I, MATIS und MIDAS machten deutlich, wie unkoordiniert nach dem deutschen Kassamarkt der Zukunft gesucht wurde und wie wenig die deutschen Börsen zunächst zu diesem Entdeckungswettbewerb beitrugen.[91] Die Börsen waren überfordert. Sie hatten einen öffentlich-rechtlichen Status, ohne selbstständig zu sein, und wurden von ehrenamtlichen Börsenvorständen und hauptamtlichen Syndici mit kleinem Mitarbeiterkreis geführt (an der Frankfurter Börse unter 50, sonst meist unter zehn Personen[92]). Dieses Personal für öffentlich-rechtliche Aufgaben musste mangels Rechtsfähigkeit der Börse vom Börsenträger angestellt werden, in Frankfurt von der Industrie- und Handelskammer (IHK).

Wegen dieser Lage wurden nicht öffentlich-rechtliche Börsenaufgaben teils auf den Träger,[93] teils aber sogar auf selbstständige Gesellschaften oder auf die Mitgliedsbanken übertragen. Börsennahe Betriebe wie Kassenverein und DWZ führten ein Eigenleben. Der im Juli 1989 gewählte Börsenpräsident Friedrich von Metzler formulierte, die unbefriedigende operative Leistungskraft dürfe auf keinen Fall strukturellen Charakter erlangen.[94] Die DWZ galt wegen ihrer Kosten- und Terminüberschreitungen als Hindernis für den Fortschritt.[95] Die DTB innerhalb eines so lockeren Verbundes aufzubauen wäre ein Alptraum gewesen. Sie wurde außerhalb der Frankfurter Börse mit deren Segen vom Förderkreis und Arthur Andersen geschaffen. Was im nationalen und erst recht im internationalen Wettbewerb so große Schritte wie die DTB erschwerte, machte auch kleinere Änderungen mühevoll, wenn sie zugleich Handel, Informationsströme und Abwicklung betrafen.

Erfolg im internationalen Wettbewerb konnte bei dieser Marktinfrastruktur niemand erwarten. Die Londoner Börse hatte weit über 1.000 Mitarbeiter,[96] die Pariser Börse mehr als 500.[97] Um den Finanzplatz Deutschland zu sichern, brauchte man als Träger und Kern der Börse eine ebenbürtige Institution, ein von Kaufleuten geführtes Unternehmen mit Kompetenz in allen zentralen Börsendienstleistungen.[98]

In Frankfurt bestand im Börsenvorstand schon früh ein breiter Konsens, sich möglichst bald von der Industrie- und Handelskammer als Träger zu lösen und eine Kapitalgesellschaft als neuen Träger zu errichten. Diese Vorstellung zeigte sich erstmals in der Gründung der DTB GmbH. Verstärkt wurde die Tendenz zum neuen Träger durch die Erfahrung beim Umbau des Börsengebäudes in Frankfurt von 1985 bis 1990.[99] Die Finanzierung des Umbaus durch Umlagen stieß bei den Mitgliedern auf so starke Vorbehalte, dass es nicht ratsam erschien, in Zukunft wieder auf Umlagen zurückzugreifen, zum Beispiel zur Finanzierung eines elektronischen Handelssystems. Ziel musste ein Träger sein, der die Infrastrukturinvestitionen selbst finanzieren konnte.[100]

Das Finanzierungsproblem stellte sich auch an den sieben anderen Börsenplätzen. Die Großbanken und die Institute aus dem Sparkassen- und Genossenschaftsbereich zählten an allen deutschen Börsen zu den dominierenden Mitgliedern. Sie hätten Investitionen für wettbewerbliche Vorstöße der einzelnen Börsen bezahlen müssen. Gerade bei den Wertpapiervorständen der Großbanken bestanden Anreize, sich keine Händlergruppen mehr an den Börsen außerhalb Frankfurts zu leisten. Das legte eine Konzentration, eine Bündelung aller Kräfte nahe. Das neue Trägerunternehmen könnte Kern der Frankfurter Börse, aber auch der anderen Börsen sein. Je mehr Aufgaben und Ressourcen sich in Frankfurt konzentrieren ließen, desto eher könnte die Größe, Kompetenz und Macht der Konkurrenten im Ausland erreicht werden.

Eigentlich sollte die Arbeitsgemeinschaft der Deutschen Wertpapierbörsen überregionale und internationale Fragen des Börsenhandels klären. Seit 1986 hatten die elf Vertreter der deutschen Börsen, die ihre Mitgliederversammlung bildeten, die Kompetenz, diese Fragen mehrheitlich zu entscheiden. DTB und IBIS zeigten jedoch: Die Entscheidungen fallen nicht in der Arbeitsgemeinschaft, tatsächlich liegt die Macht bei den großen Banken im Präsidium des Frankfurter Börsenvorstandes. Dem Präsidium gehören neben dem Börsenpräsidenten seine fünf Stellvertreter an, die Wertpapiervorstände der drei Großbanken, der Deutschen Girozentrale und der DG Bank.[101] Werden beim neuen Träger Börsenvertreter oder Bankenvertreter die entscheidende Rolle spielen?

Der Plan für den neuen Träger: Deutsche Wertpapierbörse

Wie sehr die Banken die Reorganisation des Effektenhandels dominierten, hatte bereits die Vereinheitlichung der Börsen-EDV und die Fusion der Kassenvereine gezeigt. Die EDV-Betreuung lag vor 1988 in den Händen der Börsen-Daten-Zentrale GmbH (BDZ) in Frankfurt und der Betriebsgesellschaft Datenverarbeitung für Wertpapiergeschäfte (BDW) in Düsseldorf. Die BDW war ein Gemeinschaftsbetrieb der Börsen Berlin, Düsseldorf, München und Stuttgart, an der BDZ waren der Frankfurter Kassenverein und der Norddeutsche Kassenverein beteiligt.[102] Alle Beteiligten waren sich einig, die beiden Rechenzentren zusammenzulegen, und die vier BDW-Börsen wollten selbst Gesellschafter bleiben.[103] Das Präsidium der Frankfurter Wertpapierbörse entschied sich aber im Herbst 1987 dafür, eine direkte Verantwortung der Banken dadurch herzustellen, dass die Kassenvereine, allesamt im Besitz der Banken,[104] fusionieren und die vier Börsen ihre BDW-Anteile an die BDZ verkaufen.[105] Am 31. Oktober 1988 wurde die BDZ[106] umfirmiert, um als DWZ Deutsche Wertpapierdaten-Zentrale GmbH die BDW aufzunehmen. Auf die Frankfurter Kassenverein AG, die danach als Deutscher Kassenverein AG[107] firmierte, wurden alle Kassenvereine der anderen Börsenplätze[108] am 29. Dezember 1989 verschmolzen.[109] Damit war der Abwicklungsbereich nicht mehr durch Beteiligungen mit den acht deutschen Kassabörsen verbunden.

Mit der Deutschen Terminbörse,[110] der Deutschen Wertpapierdaten-Zentrale und dem Deutschen Kassenverein hatte Frankfurt sein Gewicht als Börsenplatz deutlich erhöht. Seine Banken hatten an Einfluss gewonnen. Aber die Frankfurter Börse war nach wie vor auf ihren kleinen Kreis von Mitarbeitern und auf die Kammer als ihren Träger angewiesen. Wie sollte sie zu Börsen wie London und Paris aufschließen? Der Plan hierfür musste vom Börsenpräsidenten, vom Präsidium kommen. Dem Präsidium arbeitete der Präsidialarbeitskreis zu, der sich aus Vertretern der Präsidiumsmitglieder zusammensetzte. Eine wichtige Rolle spielten auch der langjährige Berater und Notar der Börse, Gerhard Laule,[111] und sein Mitarbeiter Matthias Kasch.

Börsenpräsident Friedrich von Metzler entwickelte schon bald sehr konkrete Vorstellungen zur Umstrukturierung der Frankfurter Börse. Hintergrund waren aktuelle Erfahrungen von Bankiers in London, Paris und Zürich mit den Börsenreformen dort. Auch auf die Erfahrungen seines Vaters Albert von Metzler konnte er zurückgreifen, der von 1961 bis 1967 Börsenpräsident gewesen war[112] und schon damals die Zersplitterung der Frankfurter Börse auf verschiedene Teilbetriebe bedauerte. Hintergrund war aber auch, wie bei anderen Präsidiumsmitgliedern, die Geschichte Frankfurts als Reichs- und Königsstadt und als Stadt des Deutschen Bundes, seines Bundestags und seiner Nationalversammlung. Frankfurt war größter[113] deutscher Finanzplatz in der Zeit vor dem Deutschen Reich. In Frankfurt, dem Sitz der Verwaltungen der Bizone, entstand die Deutsche Mark und dort erhielten die Bank deutscher Länder und die Bundesbank ihren Sitz.[114] In Frankfurt sollte nun auch aus der Börse eine große deutsche Institution entstehen.[115] Mit dem Plan hierfür, der in einem längeren Abstimmungsprozess entstand, befasste sich das Präsidium am 9. und 30. April 1990. Er wurde von Laule in einem Vermerk vom 25. April 1990 formuliert, der überschrieben ist: »*Deutsche Wertpapierbörse Aktiengesellschaft, Sitz: Frankfurt/Main*«.

Um finanzielle Engpässe der Frankfurter Börse zu vermeiden, bietet sich nach dem Vermerk eine Neuordnung an. Die Börse führe mit ihrem Handel und ihrer Dienstleistungsnachfrage zu bemerkenswerten Erträgen bei der Deutscher Kassenverein AG (DKV) und der DWZ.[116] Es biete sich deshalb und auch aus steuerlichen Gründen ein Verbund von Börse, DKV und DWZ in einer AG an. Dafür sei die Zustimmung der Banken in der Region erforderlich. Um diese Zustimmung zu erleichtern, könne die neue AG anbieten, als Trägerin der anderen deutschen Börsen zu dienen oder deren Träger als Tochtergesellschaften zu führen. Die Integration der Schwesterbörsen könne bei entsprechender Bereitschaft aller Beteiligten Ende 1994 abgeschlossen sein.[117] Das Zusammenlegen aller Zulassungsstellen könnte zu besonderen Rationalisierungsmöglichkeiten führen.[118] Zunächst sei eine Deutsche Wertpapierbörse AG zu errichten, die noch im Jahr 1990 die Trägerschaft von der IHK übernehmen und in ihre Gremien auch regionale Kräfte einbinden solle.[119]

Die noch kleine DTB wurde im Vermerk Laules vom 25. April 1990 noch nicht als Teil des Verbundes genannt. Führende Börsenvertreter in den USA beurteilten jedoch in Gesprächen mit von Metzler die rechtliche und organisatorische Trennung von Kassa- und Terminmarkt als Konstruktionsschwäche des amerikanischen Börsensystems. Von Metzler konnte Breuer sofort davon überzeugen, diese Schwäche in Deutschland zu vermeiden und die DTB in den Verbund einzubringen.[120] Die große Bedeutung dieser Entscheidung, einem Träger Kassabörse und Terminbörse anzuvertrauen, wurde erst nach Jahren des Wachstums der DTB deutlich. Schon im Zeitpunkt der Entscheidung war aber klar, dass die DTB zur Kernbelegschaft der AG den größten Teil beisteuern würde.

Realisierungsschritt I: Frankfurter Wertpapierbörse AG

Nachdem 1985 das Jubiläum 400 Jahre Frankfurter Wertpapierbörse gefeiert werden konnte, gab es viel Verbundenheit mit ihrem vertrauten Namen und spürbaren Widerstand dagegen, den Frankfurter Börsenträger als Deutsche Wertpapierbörse AG firmieren zu lassen. Es gab aber auch Bedenken, ob das Registergericht eine Deutsche Wertpapierbörse AG eintragen würde, da sie zunächst nur als Träger einer von neun deutschen Börsen dienen sollte. Am 22. Mai 1990 sandte der Börsenpräsident den Mitgliedern des Börsenvorstandes zur Vorbereitung der Sitzung am 5. Juli einen Zwischenbericht Laules zur Umstrukturierung.

Der zukünftige Träger wird im Zwischenbericht als FWB AG bezeichnet. Die Begründung für den Trägerwechsel ist trotz Verzichts auf das Wort ›Deutsche‹ ortsübergreifend. Die IHK Frankfurt, Träger seit 1808, habe das Gesamtinteresse der Gewerbebetreibenden allein im Kammerbezirk zu vertreten. Der technische Fortschritt habe die Börse aus der Ortsgebundenheit gelöst und zur platzübergreifenden Systemgebundenheit der Marktteilnehmer geführt.[121] Der internationale Wettbewerb verlange vom Träger beim Angebot von Börsendienstleistungen mehr, als von einem öffentlich-rechtlichen Träger wie der Kammer erwartet werden könne.[122] Die FWB AG solle von einem kleinen Kreis mit dem Mindestkapital errichtet werden und später die anderen Börsenmitglieder als Aktionäre an sich binden.[123] Die Kammer begegnete diesem Plan mit Verständnis, zumal sie im Betreiben der Börse keine zentrale Aufgabe sah.[124]

Der Börsenvorstand folgte diesen Vorschlägen am 5. Juli 1990. Am Tag darauf wurde die Frankfurter Wertpapierbörse AG (FWB AG) errichtet[125] und am 1. August 1990 in das Handelsregister eingetragen.[126] Den Aufsichtsratsvorsitz übernahm Friedrich von Metzler. Am 5. November 1990 schlossen FWB AG und IHK einen Überleitungsvertrag, nach dem der Betrieb gewerblicher Art der Frankfurter Wertpapierbörse mit allem beweglichen Vermögen, aber auch sämtlichen Verbindlichkeiten zum 1. Januar 1991 von der Kammer auf den neuen Träger überging. Der Börsenträger trat auch in alle Verträge ein, die von der Kammer für die Börse abgeschlossen worden waren.[127]

Eine außerordentliche Hauptversammlung der FWB AG am 16. November 1990 beschloss eine Grundkapitalerhöhung auf 21 Mio. DM bei einem Aufgeld von 300 Prozent. Sie stimmte dem Überleitungsvertrag zu und wählte den Aufsichtsrat neu.[128] Dem ausgeklügelten Zeichnungsschlüssel entsprechend, zeichneten die Inlandsbanken 79 Prozent der Aktien, die Auslandsbanken zehn Prozent, fünf Prozent die Kursmakler und sechs Prozent die Freimakler.[129]

Realisierungsschritt II: Deutsche Börse AG

Die Frankfurter Börse hielt an dem Ziel fest, die sieben anderen Börsen zu integrieren und den Verbund mit DTB und DKV zu schaffen. Alle Arbeiten hierzu liefen seit 1991 unter dem Namen ›Deutsche Börse AG‹, den von Metzler geprägt hatte. Er sah »*die Chance, den Grundstein für eine leistungsfähige Börsenorganisation der Zukunft zu legen.*«[130] Wollte man als Deutsche Börse AG firmieren, setzte das ein gewisses Zusammengehen mit den Börsen anderer Bundesländer voraus.[131] Sie wurden in den Frankfurter Dokumenten wieder öfter zu Schwesterbörsen.[132] Mit ihnen und den Landesministern, zu deren Ressort die Börsenaufsicht gehörte, wurden auf verschiedenen Ebenen Gespräche geführt. Diese Gespräche waren durch die bisherige Konfrontation und durch den Plan belastet, in Frankfurt möglichst schnell ein elektronisches Handelssystem einzuführen und das Parkett zu schließen, der auch in Frankfurt umstritten war und über Jahre mit wechselnder Intensität verfolgt wurde.[133] So fand sich an den anderen Börsenplätzen keine Bereitschaft, einen Träger mit Sitz in Frankfurt zu akzeptieren.[134]

Auf eine Frankfurter Muttergesellschaft für den eigenen Träger war man auch rechtlich nicht vorbereitet. Die Börsen in den Landeshauptstädten wechselten erst Jahre später von einer Trägerkammer oder einem Trägerverein zur Träger-AG. Darauf zu warten hätte die Errichtung der Deutschen Börse sehr verzögert. Darüber hinaus erwies es sich als zu schwierig, Börsenpräsidenten anderer Plätze für entsprechende Aufgaben in Frankfurt zu gewinnen. Einem Bremer Vorschlag, statt sich der FWB AG anzuschließen gemeinsam eine neue ›Deutsche Börsen AG‹ zu gründen, stimmten die Regionalbörsen zu.[135]

Ein Ausweg konnte gefunden werden. In einem Schreiben des Frankfurter Börsenpräsidiums an die Börsenpräsidenten und Börsenfachminister vom 30. September 1991[136] wurde auf den Anteil regionaler Banken von 21,9 Prozent am Grundkapital der FWB AG hingewiesen und den noch unbeteiligten Banken und Maklern an den Schwesterbörsen je zehn Aktien beziehungsweise je eine Aktie der FWB AG angeboten. Dieses Angebot erhöhte den zulässigen Anteil der Region von knapp unter 22 Prozent auf knapp darüber.[137] In dem Schreiben wurde auch angesprochen, es sei möglich, die Aktien in einem Pool zusammenzufassen.

Der Ministerpräsident Baden-Württembergs hatte 33 Prozent,[138] der Bremer Wirtschaftssenator und die Bremer Börse einen Anteil von 25,1 Prozent bis 33 Prozent gefordert.[139] Der frühe ›Integrationsvorschlag‹ der Düsseldorfer Börse akzeptierte den geplanten Verbund und sah eine direkte Beteiligung der sieben Regionalbörsen an der FWB AG vor.[140] Im Oktober bekräftigten die sieben Börsen gemeinsam mit ihren Börsenfachministern diesen Vorschlag und forderten mindestens 25 Prozent.[141] Im November 1991 bot die FWB AG den sieben Börsen zehn Prozent an. Damit kam die Region insgesamt auf fast 33 Prozent. Im Gegenzug sollte die Region den Verbund von FWB AG mit dem Kassenverein und der DTB mittragen.[142] Nach der Annahme dieses Angebotes beschloss der Vorstand der Frankfurter Wertpapierbörse, »mit den anderen Börsen die Deutsche Börse AG in Angriff zu nehmen.«[143]

Am 9. April 1992 wurde in Düsseldorf die Deutsche Börsen Beteiligungsgesellschaft mbH zu dem Zweck gegründet, als Pool der sieben Börsen zehn Prozent des Grundkapitals der Deutsche Börse AG zu halten, die durch Umbenennung der FWB AG entstehen sollte.[144] Die Anteile an diesem Pool sollten sich für die sieben Börsen[145] wider Erwarten als äußerst wertvoll erweisen und sie als Wettbewerber stärken. Zunächst stieß man aber auf die Ansicht, die sieben Börsen bezahlten den Sarg selbst, in dem sie beerdigt werden würden.[146]

Die Gefahr war gebannt, dass die Banken außerhalb Frankfurts als Aktionäre des DKV in großer Zahl gegen dessen Übernahme durch die FWB AG stimmen und damit den geplanten Verbund verhindern würden. Zugleich waren auch die Hürden dafür beseitigt, die FWB in Deutsche Börse AG umzubenennen. Für die weitere Planung musste von gegebenen Anteilen am Grundkapital ausgegangen werden: Börsenbeteiligungsgesellschaft zehn Prozent, Makler zehn Prozent und in- und ausländische Kreditinstitute 80 Prozent.[147] Als einzig gangbarer Erwerbsweg für die DKV- und DTB-Anteile bot sich deren Kauf gegen Barzahlung an. Jetzt mussten Bewertungsgutachten eingeholt, das Finanzierungskonzept erarbeitet und die Entscheidungsgremien einberufen werden.[148]

Als sehr schwierig erwies es sich, einen Termin für die außerordentliche Hauptversammlung der FWB AG abzustimmen. Auch in großen Häusern neigte man dazu, den Verbund zumindest zu verzögern. Für den 11. Dezember 1992 war seit langer Zeit eine

Sitzung des Präsidiums vereinbart. Diesen Termin konnte von Metzler schließlich für die Hauptversammlung nutzen. Sie beschloss die Umfirmierung in Deutsche Börse AG und den Kauf von 100 Prozent der Anteile an DKV und DTB. Für die Deutsche Börse AG versprach man sich einen entscheidenden Wettbewerbsvorsprung, wenn es anders als im Ausland gelänge, Kassa- und Terminmarkt mit der dazugehörigen Abwicklung optimal aufeinander abzustimmen.

Für DKV und DTB zahlte die Deutsche Börse AG je 60 Mio. DM, was durch eine Kapitalerhöhung, aus Rücklagen und mit Fremdkapital finanziert wurde.[149] Alle Anteile der Deutschen Wertpapierdaten-Zentrale GmbH und der Deutscher Auslandskassenverein AG hielt die Deutscher Kassenverein AG. Mit ihr wurden auch diese beiden Gesellschaften in die Deutsche Börse AG integriert. Aktionäre der Deutsche Börse AG waren 234 Banken und 146 Makler.[150] Der Konzern Deutsche Börse AG beschäftigte über 1.200 Mitarbeiter.[151] Endlich gab es ein Börsenunternehmen in einer Größenordnung, von der man das dauerhaft erwarten konnte, was Deutschland brauchte: eine international wettbewerbsfähige Infrastruktur für den Wertpapierhandel.

Als er sein Ziel in bemerkenswert kurzer Zeit erreicht hatte und die Deutsche Börse AG geschaffen war,[152] legte Friedrich von Metzler, wie er es selbst wünschte, seine Ämter als Vorsitzender des Aufsichtsrates und Vorsitzender des Börsenvorstandes nieder. Er war davon überzeugt, es sei für die weitere gemeinsame Modernisierung des Finanzplatzes am besten, läge der Vorsitz im Aufsichtsrat und im Börsenvorstand in den Händen eines der Marktteilnehmer, der an allen deutschen Börsen in den Leitungs- und Aufsichtsgremien vertreten ist.[153] Auf seinen Vorschlag wurde Breuer in beiden Gremien zu seinem Nachfolger gewählt.[154]

e. Zum Erfolg[155]

Woran erkennt man, ob eine Börse ihre Funktion erfüllt? Man muss den Blick auf den außerbörslichen Markt der börsengehandelten Titel richten und die börslichen mit den außerbörslichen Umsätzen vergleichen. Daran können die Börsen erkennen, wie gut sie sind,[156] abgesehen von Börsenzwängen und anderen Verzerrungen durch Marktregeln.

Woran erkennt man, wie gut ein Finanzplatz ist? Es ist ein schlechtes Zeichen, wenn Märkte im Ausland einen hohen Anteil der Umsätze in heimischen Finanztiteln gewinnen, zumal der Informationsvorsprung der Händler an den inländischen Märkten gegen Umsätze im Ausland spricht.[157] Der Erfolg von SEAQ I war ein hochwirksames Alarmzeichen für die Finanzplätze auf dem europäischen Festland. Für den Finanzplatz Deutschland viel erschreckender war aber der Erfolg der LIFFE mit dem Bund Future. Die LIFFE dominierte eindeutig den Terminhandel in Bundesanleihen. London hatte auch einen sehr großen Anteil am Kassamarkt für Bundesanleihen.[158] Heute, in der Staatsschuldenkrise seit 2010, versteht jeder, in welche Abhängigkeit selbst ein Staat geraten kann, wenn er sich auf ausländische Finanzmärkte stützen muss. Mit dem Erfolg der LIFFE nahm die Unterstützung des DTB-Projektes durch Bundesbank[159] und Bundesregierung merklich zu.

Selbst viele Fachleute gingen aber davon aus: An der Unterlegenheit des Finanzplatzes Deutschland wird sich nichts ändern. Im Mai 1988 konnte man auf der ersten Seite der Börsen-Zeitung lesen, an die DTB würden viel zu große Hoffnungen geknüpft. Die wirklich interessanten Märkte seien schon vergeben. Glaube man wirklich, der LIFFE in gut eingeführten D-Mark-Kontrakten Marktanteile abnehmen zu können?[160] Ohne politisches Eingreifen liege die Zukunft des Terminhandels in D-Mark-Papieren in London.[161]

In der Tat handelten deutsche Banken bald nach der Einführung des Bund Future am 29. September 1988 an der LIFFE in London.[162] Als die DTB dann mit dem Optionshandel begann, nannte man das einen »*Start mit den falschen Produkten*«.[163] Auf den 1.012 Seiten der Festschrift ›Die Deutsche Bank 1870-1995‹ werden der DTB zehn kritische Zeilen gewidmet. Die Bank habe sich vor 1990 für eine Terminbörse zur Stärkung der Wettbewerbsfähigkeit des Finanzplatzes Deutschland engagiert und maßgeblich den Aufbau der DTB unterstützt. Die Privatkunden der Bank nähmen die neuen Geschäftsmöglichkeiten nur wenig in Anspruch.[164]

Nach Beginn des Handels in Financial Futures an der DTB wurde der Anteil an den Umsätzen im Bund Future zum meistbeachteten Indikator für den Erfolg oder Misserfolg des Finanzplatzes Deutschland. Der DTB-Anteil stieg vom November 1990 bis zum Sommer 1991 auf gut zehn Prozent. Man sah die DTB weit abgeschlagen[165] oder sprach vom Misserfolg der DTB.[166] Noch für Jahre dominierte die LIFFE den Handel im Bund Future. Bis Ende 1996 kam die DTB nur gelegentlich über einen Anteil von 30 Prozent hinaus.[167] Auch wenn der Umsatz im Bund Future insgesamt stieg und stieg, der Anteil der DTB stagnierte fünf Jahre lang in einem Korridor zwischen 25 und 30 Prozent.[168]

Die Erwartungen der Öffentlichkeit an die DTB blieben lange gedämpft,[169] zumal es damals schwierig war, die Chancen vollelektronischer Handelsplattformen zu beurteilen. Da die DTB »*international noch bis 1997*«[170] belächelt und unterschätzt wurde, griff sie auch kein Konkurrent an. Für die DTB war das ein Vorteil. Ihr Geschäftsführer Franke stellte mehr und mehr leistungsstarke Mitarbeiter ein, denen er als Ansporn viel Freiraum ließ. Er verstand es, Aufbruchstimmung zu verbreiten und zu erhalten. Gemeinsam wollte man das Handels- und Abwicklungssystem Schritt für Schritt technisch verbessern und ökonomisch attraktiver machen, um sich im Markt durchzusetzen. Experimente konnte man wagen, zumal man nicht so genau beobachtet wurde. So entstand ein »*Hochleistungsunternehmen eigener Art*«.[171] Man kam beim Anteil an den Bund-Future-Umsätzen zwar nicht voran, führte aber neue Kontrakte ein, steigerte die Jahresüberschüsse und überflügelte andere Optionsmärkte. Schon 1991 war die DTB in Europa die größte Aktienoptionsbörse, 1992 die größte Optionsbörse.[172] Unter den Terminbörsen Europas lag sie 1994 auf dem dritten Platz hinter LIFFE und MATIF.[173]

Zu dieser Zeit sprachen sich im Börsenvorstand der DTB zunächst nur ein Mitglied und die Geschäftsführung dafür aus, DTB-Handelsbildschirme im Ausland aufzustellen, um die Zahl der Börsenteilnehmer zu erhöhen. Die Mitglieder aus den Banken waren dagegen. Sie wollten Auslandsinstitute als Kunden behalten und deren Geschäft selbst an die DTB bringen. Zugang zu DTB-Handelsbildschirmen sollten die Ausländer nicht bekommen.[174] Die umsatzerhöhenden Effekte der direkten Handelsteilnahme über Terminals waren noch wenig bekannt.[175] Erst 1992 kam die hessische Börsenaufsicht ins Spiel. Sie wollte zu Auslandsanbindungen beitragen, musste sich aber mit den Aufsichtsbehörden im Ausland abstimmen. Großbritannien blieb beim Nein.[176] Die

Niederlande und Frankreich[177] ließen die DTB schon 1993 beziehungsweise 1994 ins Land.[178]

Die Wertpapierdienstleistungs-Richtlinie der Europäischen Union vom 10. Mai 1993 stellte klar: Jede Börse in einem Mitgliedsland darf ab dem 1. Januar 1996 Börsenteilnehmer im EU-Ausland auch ohne Genehmigung der dortigen Aufsichtsbehörde zulassen. Die DTB nutzte die große Chance, die sich damit für sie ergab. Als vollelektronische Börse konnte sie durch Terminals im Ausland beliebig vielen Interessenten den direkten Zugang zum Handel ermöglichen. Da die Parkettbörse LIFFE sich solche Anbindungsmöglichkeiten nicht geschaffen hatte, lag es in der Hand der DTB, die LIFFE trotz ihres Pioniervorsprungs beim Bund Future einzuholen, indem sie viele ausländische Börsenteilnehmer anwarb. Die Mitarbeiter der DTB überzeugten Bank für Bank im Ausland davon, dass der Handel über die DTB dauerhaft erheblich günstiger sei als der an der LIFFE.[179] Untersuchungen bei Banken, die den Bund Future an der LIFFE und an der DTB handelten, hatten ergeben, dass für einen bestimmten Kontraktumsatz an der LIFFE verglichen mit der DTB die sechsfache Zahl an Mitarbeitern erforderlich war.[180] Um die Entscheidung für elektronischen Bund-Future-Handel so schnell wie möglich herbeizuführen, bot die DTB den Häusern im Ausland gegen Ende ihrer Marketingkampagne an, die Handelsterminals kostenlos bereitzustellen und zu installieren.

Die Zahl der DTB-Börsenteilnehmer stieg zwischen Dezember 1995 und Dezember 1998 von 138 auf 312. Im Jahr 1998 gab es erstmals mehr DTB-Teilnehmer im Ausland als Börsenteilnehmer mit Sitz in Deutschland. Ab Juli 1998 trugen die ausländischen Börsenteilnehmer mehr als die inländischen zum Umsatz der DTB im Bund Future bei. Ende 1997 erreichte die DTB einen Anteil von 50 Prozent, den sie 1998 so schnell ausbauen konnte, dass der Handel im Bund Future an der LIFFE Ende 1998 zusammenbrach.[181] Mit diesem Wachstum der Börsenteilnehmer und Umsätze war der weitere Aufstieg der DTB vorbereitet. 1998 rückte die DTB hinter dem Chicago Board of Trade zur zweitgrößten Terminbörse der Welt auf.[182] Die Fusion von DTB und SOFFEX zur Eurex führte zur ersten Mehrländerbörse. Das Zusammengehen wurde im September 1996 beim Bürgenstock-Treffen vereinbart. Der Eurex-Handel begann am 28. September 1998, nachdem die Eurex in beiden Jurisdiktionen sicher verankert war und alle technischen und organisatorischen Probleme gelöst werden konnten.[183] 1999 wurde die Eurex die größte Terminbörse der Welt, wozu der Bund Future, jetzt der weltweit umsatzstärkste Terminkontrakt, viel beigetragen hat.[184]

Breuer, der mit anderen Mitgliedern des DTB-Förderkreises Tennis spielte, wählte 1989 als Ansporn folgendes Bild: Die ausländischen Börsenplätze hätten den ersten ›Aufschlag‹ gemacht, der bundesdeutschen Finanzwelt bliebe der ›Return‹.[185] Der Return mit Breuers DTB ist geglückt, und auch bei der Deutsche Börse AG stimmte der Return. Sie ging Anfang 2001 an die Börse.[186] Im selben Jahr boten auch Euronext und die Londoner Börse dem Publikum ihre Aktien an. Was der Markt für eine Gesellschaft bezahlt, spiegelt zukünftige Einzahlungsüberschüsse wider und zeigt so den Nutzen, den die Kunden von ihr erwarten. Welche der drei Börsen hatte den größten Marktwert? Die Deutsche Börse lag deutlich vor Euronext und London.[187] Im März 2006 ging auch die New York Stock Exchange (NYSE) an die Börse, ein Jahr später fusionierte sie mit Euronext. Obwohl inzwischen auch andere große Börsenbetreiber notiert wurden, erreichte 2007 keiner den Marktwert der Deutschen Börse. Selbst der Marktwert von

NYSE Euronext blieb hinter dem der Deutschen Börse zurück.[188] Besonders anschaulich zeigte sich das während der Verhandlungen, die fast zur Fusion von Deutsche Börse AG und NYSE Euronext geführt hätten: Von den Anteilen an der Dachgesellschaft sollten den Aktionären der Deutsche Börse AG 60 Prozent, den Aktionären der NYSE Euronext 40 Prozent gehören.[189]

Die Gründer der Deutsche Börse AG wollten den Finanzplatz Deutschland im internationalen Wettbewerb nach vorn bringen. Nach dem Gründerwillen sollte sie für den Kassa- und Terminhandel dauerhaft eine Infrastruktur vorhalten, die Frankfurt eine respektable Position unter den Finanzplätzen der Welt sichert. Das ist – trotz oder wegen gescheiterter Fusionen – bis heute gelungen.

1   Dieser Beitrag beruht in wesentlichen Punkten auf Informationsgesprächen und auf Archivmaterial. Für Gespräche dankt der Verfasser Rolf-E. Breuer, Serge Demolière, Klaus-Jürgen Diederich, Artur Fischer, Reto Francioni, Jörg Franke, Ludger Kübel-Sorger, Friedrich von Metzler, Andreas Preuß, Hans Stoll und Manfred Zaß. Besonderen Dank schuldet der Verfasser Jörn Lindner für die Unterstützung der Arbeit an diesem Beitrag, Berenike Seib (Historisches Archiv des Bankhauses Metzler Frankfurt) und Jan A. Malysch (Archiv der Deutsche Börse AG) für den Zugang zu Archivmaterial sowie Paul Arlman und Eberhart Ketzel für wertvolle Hinweise.
2   Beim Kassageschäft entspricht die Frist zwischen Abschluss des Geschäfts und seiner beiderseitigen Erfüllung grundsätzlich der Zeit, die für die Vorbereitung und Durchführung der Erfüllung erforderlich ist, zum Beispiel zwei Werktage. Termingeschäfte zeichnen sich dagegen dadurch aus, dass die Erfüllungsfrist wesentlich länger ist als beim Kassageschäft.
3   Pöhl, Neuorientierung, S. 1.
4   Fritz Pook, der Vorsitzende der Kommission für Fragen des Terminhandels der Frankfurter Börse, kannte den Terminhandel vor 1931 noch aus eigener Anschauung. Die Kommission setzte zunächst auf die Wiedereinführung des Ultimo-Handels auf dem Parkett (Archiv der Deutsche Börse AG, Niederschrift über die Sitzung der Kommission für Fragen des Terminhandels am 11. November 1965 [unverzeichneter Bestand]), sie bereitete aber später den Optionshandel vor, der 1970 aufgenommen wurde. Ihr gehörte Wolfgang Röller von der Dresdner Bank an. Er setze sich später als Präsident des Bundesverbandes Deutscher Banken für die Errichtung der Deutschen Terminbörse ein.
5   In Hafner/Zimmermann, Option Pricing Model, wird deutlich, dass Vinzenz Bronzin schon 1908 ein wissenschaftliches Niveau erreicht hatte, wie man es erst um 1970 zum Beispiel beim späteren Nobelpreisträger Myron Scholes wiederfand.
6   Report of Special Study.
7   Ein Marketmaker ist ein Händler, der während der Geschäftszeit stets bereit ist, bestimmte Titel zu einem von ihm genannten Kurs zu kaufen (Geldkurs, Bid) oder zu einem gleichzeitig genannten höheren Kurs (Briefkurs, Ask) zu verkaufen, ohne zu wissen, ob sein nächstes Geschäft ein Kauf oder ein Verkauf sein wird.
8   Report of Special Study II, S. 668 f.; Robbins, Securities Markets, S. 207–212.
9   Die National Association of Securities Dealers, die Selbstverwaltungsorganisation des außerbörslichen Marktes, war zuständig für dessen Ordnung (Section 15A Securities and Exchange Act). Robbins, Securities Markets, S. 110–112.
10 Schmidt, Vorteile, S. 246 f.
11 Steil, Equity Markets, S. 4.
12 Wymeersch, Effektenmarktaufsicht, S. 217–231. – Die Kommission der Europäischen Gemeinschaften veranstaltete 1980 in Brüssel ein Symposium zur Errichtung einer integrierten EG-Aktienbörse. Degner, Zusammenarbeit, S. 319.
13 Schmidt, Vorteile, S. 364–371.
14 Huang/Stoll, Equity Markets, S. 2–7.
15 Stock Exchange Automated Quotations.

16 Schwartz/Francioni, Equity Markets, S. 244. – Das Bild des leeren Londoner Börsensaals war für viele der Beweis dafür, dass Börsensäle zur Welt von gestern gehören. Jede Börsenreform musste sich aus dieser Sicht gegen Börsensäle wenden.
17 Gemessen in Prozent des Umsatzes an den deutschen Börsen und an SEAQ I.
18 Archiv der Deutsche Börse AG, Niederschrift über die Sitzung des Vorstandes der Frankfurter Wertpapierbörse vom 27. Oktober 1986, S. 2 f. [unverzeichneter Bestand]; Steil, Equity Markets, S. 5–25.
19 ›First Organized Puts-and-Calls Market, Board of Trade Offshoot Opens Tomorrow‹, in: Wall Street Journal vom 25. April 1973. Zum Handel an der CBOE Cox/Rubinstein, Option Markets, S. 63–82.
20 Definitionen: Der Käufer einer Kaufoption kann vom Verkäufer (Stillhalter mit Papieren) innerhalb einer bestimmten Frist (Optionsfrist) jederzeit die Lieferung einer bestimmten Zahl Wertpapiere zu einem beim Abschluss vereinbarten Kurs (Basispreis) verlangen oder dieses Recht verfallen lassen; der Käufer zahlt dem Stillhalter für dieses Recht bei Abschluss des Optionsgeschäfts einen vereinbarten Betrag, den Optionspreis. Der Käufer einer Verkaufsoption erwirbt gegen Zahlung des Optionspreises das Recht, dem Verkäufer (Stillhalter mit Geld) binnen der Optionsfrist jederzeit eine bestimmte Zahl Wertpapiere zum Basispreis zu liefern. Wenn, wie beim Handel in Futures, keine Partei diese Wahlmöglichkeiten hat, muss der Käufer zum Termin zahlen und der Verkäufer liefern, und es liegt ein Festgeschäft vor.
21 An den deutschen Börsen wurde das Termingeschäft 1931 eingestellt und 1970 in Form des Optionshandels wieder aufgenommen. Bis 1978 wurden Optionen des traditionellen Typs gehandelt. Danach kam es zu einer schrittweisen Annäherung an den CBOE-Typ. Hierzu und zu den deutschen Usancen des Optionshandels vor der Gründung der Deutschen Terminbörse Schmidt, Wertpapierbörsen, S. 71 f., 81–87; Beer/Müller, Leitfaden. Zum Handel des traditionellen Typs in den USA Report of Special Study IV, S. 687–697.
22 Denkbar ist natürlich der Rückkauf genau des Optionsrechts, das beim Verkauf des Stillhalters entstand. Schmidt, Wertpapierbörsen, S. 71.
23 Das bringt die Bezeichnung ›traded options‹ für den CBOE-Typ zum Ausdruck.
24 Kynaston, LIFFE, S. 7–9.
25 Garbade, Securities Markets, S. 304–311.
26 Arak/McCurdy, Interest Rate Futures. Zur Frage, was einen erfolgreichen Kontrakt ausmacht, Janssen, Kontraktdesign.
27 Der Kansas City Board of Trade führte Anfang 1982 seinen Kontrakt auf den Value-Line-Index ein, die CME folgte im April mit ihrem Kontrakt auf den Standard & Poor's 500. Frowein, DAX-Kontrakt, S. 75–77.
28 Mitte der Achtzigerjahre überstieg der Umsatz in Financial Futures bereits den Umsatz im Warentermingeschäft; Janssen, Kontraktdesign, S. 2. Zur weiteren Umsatzentwicklung Book, Börsenhandel, S. 35 f.
29 Der Option Market Stockholm wird häufig als die erste elektronische Optionsbörse bezeichnet. Tatsächlich wurde ein Teil der Geschäfte elektronisch, der ganz überwiegende Teil aber zunächst mündlich zwischen den Händlern abgeschlossen und mit Kreide und Tafel notiert. Die erste vollelektronische Optionsbörse war die Swiss Options and Financial Futures Exchange. Zur Gründung weiterer Terminbörsen in Europa Franke, Deutsche Terminbörse (1992); speziell zum Entstehen der London International Financial Futures Exchange Kynaston, LIFFE, S. 20–78.
30 Die folgenden Abschnitte stützen sich auf Gespräche mit Rolf-E. Breuer am 18. November 2010 und mit Reto Francioni am 26. November 2010 sowie auf Archiv der Deutsche Börse AG, SOFFEX Swiss Options and Financial Futures Exchange AG, Management Summary, Januar 1987 [unverzeichneter Bestand].
31 Udo Rettberg, ›Erfolgreicher Soffex-Start: Die kühnsten Erwartungen wurden noch übertroffen‹, in: Handelsblatt vom 29. Juni 1988; Mollet/Dempfle/Weckherlin, SOFFEX.
32 Als Gründe wurden genannt: Zersplitterung, Kosten an drei Märkten, Mangel an Ringhändlern, Informationsbedürfnisse eines Händlers am Terminmarkt. Archiv der Deutsche Börse AG, Schreiben von Arthur Andersen an Breuer vom 19. März 1987, Anlage 1, S. 2 [unverzeichneter Bestand]; Meier/Sigrist, Big-Bang, S. 79–86, 108–113. Forstmoser/Pulver, Optionshandel, S. 5, 7 f.,

weisen aber auch darauf hin, dass die Aufnahme des Optionshandels an einer oder allen drei öffentlich-rechtlichen Börsen eine Änderung des jeweiligen kantonalen Wertpapiergesetzes erfordert hätte, derer es bei einer abgekoppelten privatrechtlichen Börsenorganisation nicht bedurfte.

33 Wie der Verfasser im Gespräch mit Reto Francioni erfuhr, wurde dieser Gedanke von Jörg Fischer von der Schweizerischen Kreditanstalt (SKA) eingebracht. Auch Francioni war damals bei der SKA tätig und daneben mit Rechtsfragen der SOFFEX befasst. Der Fernzugang über Grenzen hinweg erlangte nach dem Erlass der Wertpapierdienstleistungs-Richtlinie der Europäischen Union von 1993 große Bedeutung und trug entscheidend zum späteren Erfolg der Deutschen Terminbörse bei. Book, Börsenhandel, S. 140–147; Bessler/Book/Preuß, Handel, S. 174 ff.

34 Forstmoser/Pulver, Optionshandel, S. 5, 7 f.

35 Die Entstehung der Deutschen Terminbörse und der Deutsche Börse AG wird hier mit Blick auf den Aspekt ›Weichenstellungen‹ dargestellt. Wer eine Darstellung der Entwicklung von Börsen im betrachteten Zeitraum aus evolutions-, wettbewerbs- und organisationstheoretischer Sicht sucht, sei verwiesen auf Book, Börsenhandel; Niedereichholz, Zukunft; Prigge, Developments; Schmidt/Oesterhelweg/Treske, Strukturwandel.

36 An den deutschen Börsen waren 1983 nur noch 442 inländische Aktiengesellschaften notiert, und es gab insgesamt gerade noch 2.118 inländische Aktiengesellschaften; Arbeitsgemeinschaft der Deutschen Wertpapierbörsen, Jahresbericht 1986, S. 68; Claussen, Börse. S. 52, sprach 1980 von der »Vergreisung« der Aktiengesellschaften; zu den Reformschritten bis 1992 Schrader, Geregelter Markt.

37 Zur alten Verfassung der 1952 in Hamburg gegründeten Arbeitsgemeinschaft Degner/Flöge, Arbeitsgemeinschaft der deutschen Wertpapierbörsen. – Die Arbeitsgemeinschaft war eine Gesellschaft bürgerlichen Rechts; zu ihren Aufgaben Arbeitsgemeinschaft der Deutschen Wertpapierbörsen, Jahresbericht 1986, S. 35 f.; Röller, Neuorganisation, S. 392–395; Giersch/Schmidt, Offene Märkte, S. 84 ff. – Die Arbeitsgemeinschaft ging 1992 in der Deutsche Börse AG auf; Deutsche Börsen, Jahresbericht 1992, S. 4, 40. – Im Prüfungsbericht der KPMG Deutsche Treuhand-Gesellschaft über den Jahresabschluss zum 31. Dezember 1995 und zum Lagebericht der Deutsche Börse AG (HA B. Metzler seel. Sohn & Co Frankfurt am Main [unverzeichneter Bestand]) wird auf S. 33 erwähnt, die Liquidation der Arbeitsgemeinschaft durch die Deutsche Börse AG sei abgeschlossen.

38 ›Es ist bereits fünf nach Zwölf‹, Ein Gespräch mit Manfred Zaß, Vizepräsident der Frankfurter Wertpapierbörse und Vorstandsmitglied der Deutschen Girozentrale‹, in: Börsen-Zeitung vom 9. September 1986 (wieder abgedruckt in: Deutsche Bundesbank, Auszüge aus Presseartikeln, Nr. 60 vom 11. September 1986, S. 6–9).

39 CAC steht für Cotation Assistée en Continu. Bemerkenswerterweise wurde das kanadische CATS (Computer Assisted Trading System) auch an anderen napoleonischen Börsen (zum Beispiel Mailand, Brüssel) eingeführt. Schwartz/Francioni, Equity Markets, S. 244.

40 Nach einem Pressebericht sagte Breuer später, man sei hierzulande mit Blick auf das Schweizer Vorhaben SOFFEX aufgewacht; ›Aufgewacht?‹, in: Börsen-Zeitung vom 10. Juni 1987. – Um die schweizerische Position im internationalen Wettbewerb zu verbessern, bemühte man sich dort ab 1986 um die »*strukturelle Reform des Börsenplatzes Schweiz*«. Es kam 1991 zur Schließung von vier Börsen und 1993 zur Gründung der Schweizerischen Effektenbörse, von der die SOFFEX und die Börsen in Basel, Genf und Zürich aufgenommen wurden. Geplant wurde auch der Übergang vom Ringhandel zum elektronischen Handel, was nach mehreren Fehlschlägen 1995 zum Erfolg führte. Meier/Sigrist, Big-Bang, S. 95–104, 116–120.

41 Jörg Franke: »*It wasn't so much about technology being better than the floor. It was more about finding common ground – a place where all banks could trade, without having to think of where the physical trading floor is so you don't get the regional exchanges mad at you.*« Zit. n. Steve Zwick, ›Jörg Franke. Bringing home the Bund‹, in: Futures 10/2007, S. 30.

42 Gespräch mit Rolf-E. Breuer am 8. Februar 2011.

43 Meier/Sigrist, Big-Bang, S. 116.

44 Gespräch mit Manfred Zaß am 3. Februar 2011.

45 Kynaston, LIFFE, S. 148–152.

46 Breuer, Terminbörsen, S. 148.

47 Dem ›Börsenvorstand‹ oblag nach § 3 Abs. 1 Börsengesetz die Leitung der Börse. Durch das Zweite Finanzmarktförderungsgesetz vom 26. Juli 1994 wurde er abgeschafft und teils durch die neue Leitung der Börse, die Geschäftsführung nach § 15 BörsG, teils durch den Börsenrat (§ 12 BörsG) ersetzt.

48 Breuer erklärte in der Sitzung, vor der entscheidenden Weichenstellung solle der Börsenvorstand in die Meinungsbildung einbezogen werden. Archiv der Deutsche Börse AG, Niederschrift über die Sitzung des Vorstands der Frankfurter Wertpapierbörse am 27. März 1987, S. 14 [unverzeichneter Bestand].

49 Die Bemühungen um Gesetzesänderungen waren bereits angelaufen. Zur Änderung des Börsengesetzes im Hinblick auf den Termin- und Differenzeinwand erarbeitete das Bundesfinanzministerium das ›Informationsmodell‹. Archiv der Deutsche Börse AG, Bundesverband Deutscher Banken, Umdruckschreiben vom 14. Mai 1987 zur nächsten Sitzung des Ausschusses für Wertpapier- und Börsenfragen [unverzeichneter Bestand]. – Am 3. Juni 1987 versandte der Präsident des Bundesverbandes Deutscher Banken Wolfgang Röller unter dem Betreff ›Finanzplatz Deutschland‹ ein Memorandum an Bundesminister, Bundestagsausschussvorsitzende, Aufsichtsbehörden und Verbände, die mit den erforderlichen Gesetzesänderungen befasst sein würden, und bat sie um Unterstützung des Vorhabens. Archiv der Deutsche Börse AG [unverzeichneter Bestand]. Das Memorandum ›Stärkung des Finanzplatzes Deutschland – Aufbau eines international wettbewerbsfähigen Handels in Optionen und Futures‹ ist zu finden in Breuer, Options- und Futuresbörse, S. 368.

50 Der fünfköpfige Förderkreis hatte so das erforderliche Gewicht. Er war homogen und klein genug, um als Lenkungsausschuss zu dienen. Seine Zusammensetzung ist auch vor dem Hintergrund der Kritik zu sehen, im deutschen Börsenwesen werde seit Jahren wenig kooperativ und koordiniert gehandelt. Außerdem würden föderative und andere Hemmnisse eine konsequente, rationale Vorwärtsstrategie verzögern; ›Aufgewacht?‹ in: Börsen-Zeitung vom 10. Juni 1987.

51 Udo Rettberg, ›Neue Maßstäbe für das Börsenwesen‹, in: Handelsblatt vom 27. Juli 1988, gibt Breuers Erklärung wieder, die Eintragung der Gesellschaft sei am 26. Juli 1988 beim Registergericht beantragt worden. In DTB GmbH, Deutsche Terminbörse, S. 3, wird die DTB als Projekt zur Neuordnung des Optionshandels auf dem Parkett dargestellt.

52 Nach § 4 des Gesellschaftsvertrages (Archiv der Deutsche Börse AG [unverzeichneter Bestand]) zeichneten vom Stammkapital in Höhe von zehn Millionen D-Mark die drei Großbanken je 1,7 Mio. DM, die Deutsche Girozentrale zwei Millionen D-Mark, die DG Bank eine Million D-Mark, die Bayerische Hypotheken- und Wechsel-Bank und die Bayerische Vereinsbank je 400.000 DM, die Berliner Bank, BHF, Trinkaus, Vereins- und Westbank je 200.000 DM, Hauck, Metzler, Oppenheim, Delbrück, Merck Finck und Warburg je 50.000 DM.

53 Archiv der Deutsche Börse AG, Schreiben des Geschäftsführers der Arbeitsgemeinschaft Rüdiger von Rosen an die Mitglieder des Länder-Arbeitskreises für Börsen- und Wertpapierfragen vom 22. Juli 1988, S. 2 [unverzeichneter Bestand].

54 Breuer, Deutsche Terminbörse, S. 102.

55 Thießen, Market Maker; Daube: Marketmaker. Zur Einordnung der Handelsverfahren Schmidt/Küster Simic, Theorie, S. 139–142.

56 Franke/Imo, Anlegerschutz; zu den Maximalspannen siehe Schmidt, Terminbörse, S. 16–18, 24 f. – Die Hessische Börsenaufsicht hatte sich gegen Maximalspannen ausgesprochen; Müller, Börsenaufsicht, S. 122 f. – Die Einführung von Maximalspannen wurde nach dem ›Flash Crash‹ vom 6. Mai 2010 in den USA gefordert; Jim Kim, ›Flash Crash Market Maker rules coming soon‹, in: FierceFinanceIT vom 21. Juli 2010.

57 Artur Fischer (Frankfurter Wertpapierbörse) schuf in KISS die technischen Voraussetzungen, Serge Demolière, (Dresdner Bank) setzte sich für einen Laufindex ein und brachte ihn als Handelsobjekt eines Future ins Gespräch, Frank Mella (Börsen-Zeitung) rechnete den Index zurück und Manfred Zaß (Deutsche Girozentrale) schlug Fischer auf dem Frankfurter Börsenparkett den Namen DAX vor (Gespräch mit Serge Demolière und Artur Fischer am 15. April 2011).

58 Arbeitsgemeinschaft der Deutschen Wertpapierbörsen, Jahresbericht 1987, S. 47, 83–85; 1988, S. 56, 88 f.; ferner Janßen/Rudolph, Aktienindex.

59 ›Deutsche Terminbörse, Gespräch mit DTB-Geschäftsführer Dr. Jörg Franke‹, in: Handelsblatt vom 19./20. Januar 1990. – Am 25. Oktober 1990 gab es bereits 91 DTB-Mitarbeiter. Zur gleichen Zeit hatte die Frankfurter Wertpapierbörse 48 Mitarbeiter. Schmidt, Terminbörse, S. 6. – Wichtig war gerade zu Beginn auch die Werbung. Zur grundlegenden Information wurden 70.000 Broschüren über Termingeschäfte verteilt. Um anspruchsvolleren Informationsbedürfnissen zu entsprechen, gab es größere Veranstaltungen, zum Beispiel der Dresdner Bank und der Frankfurter Allgemeinen Zeitung gemeinsam, auf der im Juni 1989 die amerikanischen Wissenschaftler Fischer Black und Merton Miller sprachen. Die Vorträge wurden veröffentlicht in: Optionen und Futures. Initiator war Serge Demolière, »*one of the most active promoters of the new market*«; Franke, Bürgenstock, S. 18. Rückblickend auf die Veranstaltung Miller, History, S. 14.

60 Ein börslicher Terminhandel setzt voraus, dass die Pflichten aus Termingeschäften verbindlich und einklagbar sind. Der Termin- oder der Differenzeinwand gefährdete aber diese Verbindlichkeit. Die Börsengesetznovelle versuchte sie dadurch sicherzustellen, dass Anleger durch das Unterschreiben einer Informations- oder Aufklärungsschrift die Termingeschäftsfähigkeit erwarben und damit bei DTB-Geschäften weder den Termin- noch den Differenzeinwand erheben konnten.

61 Hierzu und zu fortbestehenden Hürden Franke, Deutsche Terminbörse (1989), S. 86 f. Der Aufklärungstext zu Termingeschäftsrisiken findet sich bei Knipp, Banken, S. 199–204; ausführlich zur Novelle Steuer, Börsenreform, S. 364–374.

62 Archiv der Deutsche Börse AG, HMWT-Kurzprotokoll vom 7. April 1989 über das Gespräch am 6. April mit zehn Herren von Banken, Arthur Andersen, Frankfurter Wertpapierbörse und DTB, S. 1 [unverzeichneter Bestand]. – Das HMWT war »*nicht glücklich*« über den späten Kontakt. Da es hier um den ersten Fall der Genehmigung einer Börse nach dem Börsengesetz von 1896 ging, sah die Behörde allen Grund, im Verfahren überzeugende Maßstäbe zu setzen.

63 Ebd., S. 2.

64 ›Ein neues Börsenzeitalter‹, in: Börsen-Zeitung vom 27. Januar 1990; in Arbeitsgemeinschaft der Deutschen Wertpapierbörsen, Jahresbericht 1990, S. 92, wird von einer neuen »*Epoche der deutschen Börsengeschichte*« gesprochen.

65 Arbeitsgemeinschaft der Deutschen Wertpapierbörsen, Jahresbericht 1991, S. 31. – Am selben Tag wurde auch die Option auf den Bund Future eingeführt (ebd., S. 30). Eine Option auf den DAX Future folgte am 24. Januar 1992.

66 Arbeitsgemeinschaft der Deutschen Wertpapierbörsen, Jahresbericht 1990, S. 27, 92 f., geht auch auf die Kontraktspezifikation und die kürzere Erfüllungsfrist beim Bund Future der DTB ein. Der Handel des Bund Future an der LIFFE hatte am 29. September 1988 begonnen.

67 Arbeitsgemeinschaft der Deutschen Wertpapierbörsen, Jahresbericht 1991, S. 46. Zur Diskussion vor der Entscheidung über die Einführung des Bobl Future Archiv der Deutsche Börse AG, Niederschrift über die Sitzung des Vorstands der Deutschen Terminbörse am 10. Juni 1991, S. 9 f. [unverzeichneter Bestand]. – Die LIFFE nahm später den Handel im Bobl Future auf, hatte damit aber keinen Erfolg und stellte den Handel ein. Ausführlich zu den genannten und weiteren Einführungen sowie zum Erfolg der Kontrakte Walter, Derivatisierung.

68 DTB GmbH, Jahresbericht 1992, S. 34, 45. – Bis Ende 1989 waren DM 81 Mio. in die DTB investiert und ganz überwiegend über Bankkredite finanziert worden. DTB GmbH, Jahresbericht 1991, S. 35.

69 Silvia Ascarelli, ›How Werner Seifert Shakes Up Markets From Frankfurt Base‹, in: Wall Street Journal vom 10. November 1998, S. 6.

70 Das war zu erwarten, denn es entsprach der Intention des Schweizer Vorbilds.

71 Schmidt, Exchanges, S. 108–111.

72 Öffentlich griff Breuer die Kursmakler erstmals am 14. Oktober 1987 beim Börsen-Seminar der Tandem Computers GmbH in Gravenbruch an und sprach sich dafür aus, die Kursmakler und mindestens einige der kleineren Börsen abzuschaffen. ›Breuer: Bonn fehlt das Gespür für den Kapitalmarkt‹, in: Börsen-Zeitung vom 15. Oktober 1987, S. 3. – Wegen der politischen Brisanz empfahl von Rosen Breuer im Juli 1988 proaktives Entgegenkommen gegenüber der starken Maklerlobby. Archiv der Deutsche Börse AG, Schreiben von Rosens an Breuer vom 19. Juli 1988 [unverzeichneter Bestand]. – Es ist davon auszugehen, dass der Widerstand der Makler das

Genehmigungsverfahren des HMWT belastete; Archiv der Deutsche Börse AG, HMWT-Kurzprotokoll über das DTB-Gespräch am 20. April 1989 [unverzeichneter Bestand]. – Einkommen und Vermögen der Frankfurter Kursmakler waren beneidenswert hoch.

73 Breuer, Stand, S. 22 f.; ›Rolf-E. Breuer: Einheitliche Plattform für Kassa- und Terminhandel‹, in: Handelsblatt vom 20./21. Dezember 1991, S. 25; ›Breuer ist Programm‹, in: Börsen-Zeitung vom 4. September 1992, S. 1. – Der Kursmakler wurde 2002 nominell abgeschafft. 1989 erwartete man sein Ende binnen dreier Jahre. Shirreff, Shooting.

74 Empirische Untersuchungen führten zu dem Ergebnis, dass den Anlegern bei der Ausführung ihrer Aufträge über Kursmakler bemerkenswert gute Kurse abgerechnet werden. Diese Kurse lagen sehr oft innerhalb der IBIS-Geld-Brief-Spanne. Schmidt, Rolle, S. 131 f.; ders./Iversen: Geld-Brief-Spannen; Schmidt/Oesterhelweg/Treske, Börsen; Oesterhelweg, Handelsverfahren, S. 97–206; Freihube/Kehr/Krahnen/Theissen, Kursmakler. – Der Frankfurter Börsenpräsident Hauck hielt in seiner Abschiedsansprache im Börsenvorstand am 3. Juli 1989 die Kursmakler sogar für unverzichtbar; Hauck, Kompost, S. 371.

75 Dieser Aspekt wurde kaum beachtet, nur einige Autoren sprachen ihn deutlich an. Schubert schrieb, es sei im Interesse »*des Finanzplatzes Deutschland, frühzeitig für die Integration Europas ein Handelssystem zur Verfügung zu haben, das im supranationalen Handel einsetzbar ist. [...] Daher beschäftigt sich die Bremer Börse mit dem Cross-Border-Handelssystem Midas, das das einzige verfügbare, einsatzfähige System für einen supranationalen Handel ist.*« Axel H. Schubert, ›Bremer Börse – innovativ und kooperativ‹, in: Börsen-Zeitung vom 22. Februar 1992, S. 15; ›Wachsende Kritik an der Deutschen Wertpapierdaten-Zentrale‹, in: Frankfurter Allgemeine Zeitung vom 16. April 1992, S. 25; Thomas Knipp, ›Die Börse am Bildschirm‹, in: Frankfurter Allgemeine Zeitung vom 26. Juni 1992, S. 15: »*Jener Platz wird die besten Chancen im Wettbewerb haben, der ortsfernen Investoren den schnellsten, preiswertesten und mithin effizientesten Zugriff zum Markt ermöglicht.*« Dagegen wurde zuvor daran gedacht, die deutschen und alle anderen europäischen Wertpapierbörsen in ein gemeinschaftliches Handels- und Abwicklungssystem einzubinden; Arbeitsgemeinschaft Deutscher Wertpapierbörsen, Jahresbericht 1990, S. 108 f.

76 ›Außerbörslich‹ bedeutet auch im Folgenden, dass nicht unter der Leitung einer Börse gehandelt wird.

77 Die Geschäftsführer der Frankfurter Wertpapierbörse konstatierten, eine Verlängerung der Börsenzeit liege im EG-Trend, laufe aber der Intention der Banken zuwider, möglichst viel außerhalb der Börse zu handeln. Archiv der Deutsche Börse AG, Protokoll der Geschäftsführer-Sitzung am 25. Mai 1988 [unverzeichneter Bestand].

78 ›Deutsche Terminbörse GmbH in Frankfurt gegründet‹, in: Frankfurter Allgemeine Zeitung vom 27. Juli 1988. – Später im Jahr 1988 hat sich Breuer abermals für eine außerbörsliche Lösung ausgesprochen und eine Verlängerung der Börsenzeit abgelehnt. ›Breuer: Deutsche Terminbörse im Zeit- und Kostenplan‹, in: Frankfurter Allgemeine Zeitung vom 13. Dezember 1988.

79 Die Kurse stellten Banken als ›freiwillige Marketmaker‹.

80 Gottschalk, IBIS; Schmidt/Iversen, Geld-Brief-Spannen, S. 211–214. – Ab Mai 1990 wurden alle DAX-Werte über IBIS gehandelt, ab September 1990 auch Bundesanleihen. Schmidt/Iversen, Equity Trading, S. 375.

81 Arbeitsgemeinschaft der Deutschen Wertpapierbörsen, Jahresbericht 1989, S. 103.

82 Diederich/Commichau, MATIS, S. 117.

83 Arbeitsgemeinschaft der Deutschen Wertpapierbörsen, Jahresbericht 1989, S 103.

84 ›Bremer Börse integriert das EHS ›Midas‹, Ergänzung von IBIS für den Cross-Border-Handel‹, in: Börsen-Zeitung vom 25. Oktober 1991, S. 3; Axel H. Schubert, ›Bremer Börse – innovativ und kooperativ‹, in: Börsen-Zeitung vom 22. Februar 1992, S. 16.

85 Schmidt, Terminbörse, S. 15.

86 ›Bremen, Börse, Banken‹ und ›Zentrale Aufsicht für Börsengeschäfte, Sitzung des Frankfurter Börsenpräsidiums/Drohung gegen Bremen‹, in: Frankfurter Allgemeine Zeitung vom 2. November 1991. – Das Präsidium in Frankfurt beschloss auch das Angebot an die sieben Börsen in anderen Bundesländern, sich direkt an der Deutsche Börse AG zu beteiligen. Der Vorstand der FWB AG befasste sich ebenfalls mit möglichen Sanktionen gegen die Börse in Bremen, um potenzielle

IBIS-Teilnehmer nicht zu verlieren und um die Investitionen der IBIS-Sponsorenbanken zu schützen. Archiv der Deutsche Börse AG, Vermerk zur Sitzung des Vorstands der FWB AG am 28. Oktober 1991 [unverzeichneter Bestand].

87 Franz-Joseph Ebel, ›Speerspitze in Europa?‹, in: Handelsblatt vom 24. Januar 1991, S. 23: »*Trotz aller Visionen und dem Start des Kursinformationssystems Ibis vor über einem Jahr klebt die Uhr im Bereich EDV-Kassahandel weiter auf der Stunde Null.*«; Thomas Knipp: ›Pläne zur Deutschen Wertpapierbörsen AG‹, in: Frankfurter Allgemeine Zeitung vom 16. Juni 1991, S. 12; Arbeitsgemeinschaft der Deutschen Wertpapierbörsen, Jahresbericht 1990, S. 73, 78–80. – Mit IBIS II kehrten die Sponsorenbanken in den Schoß der Börse zurück. Über ihren Gesamtplan, den sie im Falle des Erfolges von IBIS I umsetzen wollten, ist wenig bekannt geworden. Aber die ersten Schritte sollten sich streng an NASDAQ orientieren und zum Ausbau von IBIS I eine außerbörsliche Träger- und Aufsichtsorganisation schaffen. Archiv der Deutsche Börse AG, Protokoll der Sitzung des Präsidiums des Börsenvorstands der Frankfurter Wertpapierbörse am 30. Oktober 1987, S. 5 [unverzeichneter Bestand].

88 Kümpel, Aufnahme; Arbeitsgemeinschaft der Deutschen Wertpapierbörsen, Jahresbericht 1990, S. 41f.

89 Schmidt/Iversen/Treske, Parkett, S. 210f.

90 Kümpel, IBIS-Integration.

91 Die Führungsrolle hätte nach ihrer Satzung der Arbeitsgemeinschaft der Deutschen Wertpapierbörsen zugestanden. Schmidt, Rolle II, S. 237ff.

92 Schmidt, Terminbörse, S. 6.

93 Heute sind alle deutschen Börsenträger Kapitalgesellschaften, obwohl das die §§ 4–6 des Börsengesetzes nicht vorschreiben. Die Börse als Handelsveranstaltung samt deren Leitung ist dagegen nach wie vor öffentlich-rechtlich konstituiert (§ 2 Abs. 1 BörsG).

94 ›Makler verweigern von Rosen die Entlastung‹, in: Börsen-Zeitung vom 8. Juli 1992, S. 3.

95 Thomas Knipp, ›Die Börse am Bildschirm‹, in: Frankfurter Allgemeine Zeitung vom 26. Juni 1992, S. 15: »*Solange es die DWZ gibt, will daher eine noch schweigende Mehrheit der Bankenvorstände die Arbeit an der Computerbörse nicht aufnehmen.*« – Die DWZ verweigerte sich gelegentlich sogar der Börse und berief sich auf Datenschutz. Der Börsenvorstand musste durch ein DTU-Gutachten klären lassen, dass die DWZ ihre Umsätze mit Börsenmitgliedern der Börse für Planungszwecke offen zu legen hat.

96 Giersch/Schmidt, Offene Märkte, S. 85, geben 1.364 Mitarbeiter für Ende März 1985 an.

97 Archiv der Deutsche Börse AG, Gerhard Laule, Zwischenbericht an die Mitglieder des Börsenvorstandes vom 21. Mai 1990, S. 13 [unverzeichneter Bestand]. Für London werden dort 2.800 Mitarbeiter genannt.

98 Giersch/Schmidt, Offene Märkte, S. 85f., empfehlen 1986, »*nach angelsächsischem Vorbild alle Funktionen des Unternehmens Börse unter einem Dach zusammenzufassen.*«. Vgl. Deutsche Börsen, Jahresbericht 1992, S. 40f.

99 Arbeitsgemeinschaft der Deutschen Wertpapierbörsen, Jahresbericht 1987, S. 43; 1988, S. 57.

100 Gespräch mit Friedrich von Metzler am 7. Januar 2011.

101 Diese fünf Wertpapiervorstände bildeten auch den Förderkreis der DTB.

102 Otto Lersch, ›Überregionale Börsen-EDV in Düsseldorf‹, in: Börsen-Zeitung vom 23. April 1983, S. 18.

103 In einem Schreiben des Düsseldorfer Börsenpräsidenten Baron Oppenheim an den Frankfurter Börsenpräsidenten Michael Hauck wird sogar noch davon ausgegangen, dass an der neuen Börsen-EDV keine Banken, sondern nur Börsenträger beteiligt sind. Archiv der Deutsche Börse AG, Schreiben Baron Oppenheim an Michael Hauck vom 7. Mai 1987 [unverzeichneter Bestand].

104 Die Kassenvereine waren für die Verwahrung der Wertpapiere und ihre Lieferung zuständig. Aktionäre der Kassenvereine waren traditionsgemäß die größten Kreditinstitute des jeweiligen regionalen Börsenbezirks. Gellert, Kassenvereine, S. 131. – Eine Fusion zu einer »*deutschen Kassenvereins-AG*« wurde bereits 1986 gefordert von Röller, Neuorganisation, S. 394f.; zu deren Beurteilung ›The Deutscher Kassenverein‹, in: Global Custodian, June 1990.

105 Archiv der Deutsche Börse AG, Protokoll der Sitzung des Präsidiums des Börsenvorstands der

Frankfurter Wertpapierbörse am 30. Oktober 1987, S. 2; Vermerk über die Sitzung des Präsidiums am 17. Dezember 1987, S. 2 [unverzeichneter Bestand]. Zum Verkauf der BDW an die BDZ wurde von Frankfurt der Termin 15. Mai 1988 gesetzt. Der Münchener Börsenpräsident Bayer sprach von einem »*Frankfurter Termin-Diktat*«. Archiv der Deutsche Börse AG, Schreiben Bayers an die Mitglieder seines Börsenvorstands vom 22. April 1988 [unverzeichneter Bestand]. Diese Erfahrung könnte zum Hintergrund der Abschiedsansprache Haucks im Börsenvorstand im Juli 1989 gehören, in der er »*im Verhältnis zu den anderen deutschen Börsen*« eine Entwicklung »*in Frieden und Freiheit*« empfahl. Hauck, Kompost, S. 369.

106 Zu den damaligen Aufgaben der BDZ Schüller, Szenario.
107 Ab 1997 in Deutsche Börse Clearing umbenannt, 2000 mit Cedel in der Clearstream International S.A. aufgegangen.
108 Aufgenommen wurden die Bayerische Wertpapiersammelbank AG, die Berliner Kassenverein AG, die Norddeutsche Kassenverein AG, die Wertpapiersammelbank Baden-Württemberg AG und die Wertpapiersammelbank Nordrhein-Westfalen AG. Arbeitsgemeinschaft der Deutschen Wertpapierbörsen, Jahresbericht 1989, S. 116 f.
109 Die Deutscher Auslandskassenverein AG, 1970 von den Kassenvereinen gegründet, wurde damit zur Tochter in vollem Besitz der Deutschen Kassenverein AG.
110 Hintergrund der folgenden Abschnitte ist das Gespräch mit Friedrich von Metzler und Ludger Kübel-Sorger (mit dem von Metzler in seiner Bank eng zusammen arbeitete und der für ihn dem Präsidialarbeitskreis angehörte) am 7. Januar 2011.
111 Der Börsenvorstand erteilte Laule am 16. Oktober 1989 den Auftrag, die Umstrukturierung der Börse rechtlich, vermögensmäßig und betriebswirtschaftlich zu untersuchen. An Laule übergab die Deutsche Treuhand-Unternehmensberatung auch eine Reihe von Gutachten zur Klärung von Teilaspekten.
112 Ohmeis, Einblicke, S. 109 f.
113 Kaufhold, Übergang, S. 105; Wormser, Frankfurter Börse, S. VII, 1–29.
114 Holtfrerich, Finanzplatz, S. 225–243.
115 Das entsprach auch Pöhls Forderung von 1985, eine Organisation der Börsen zu schaffen, die Rang und Bedeutung des Finanzplatzes Deutschland entspricht. Pöhl, Neuorientierung, S. 1.
116 In Archiv der Deutsche Börse AG, Vermerk ›Deutsche Wertpapierbörse Aktiengesellschaft, Sitz: Frankfurt/Main‹ vom 25. April 1990, S. 10 [unverzeichneter Bestand], führt Laule aus, dass bei der Preispolitik von DKV und DWZ stärker auf die Erzielung von Gewinnen geachtet werden könne, während bisher der Vorteil der Geschäftspartner im Vordergrund gestanden habe. Das deutet auf die Abkehr von einem verbandbetrieblichen oder genossenschaftlichen Selbstverständnis hin, das gerade nicht auf Gewinne abzielt.
117 Ebd., S. 15.
118 Ebd., S. 8.
119 Ebd., S. 11 f.
120 Vermutlich fand dieses Gespräch mit Breuer vor Mitte Juni 1990 statt. Über den Plan zu einem Verbund erfuhren die Öffentlichkeit und etliche Mitglieder des Börsenvorstandes erstmals durch Thomas Knipp, ›Pläne zur Deutschen Wertpapierbörsen AG‹, in: Frankfurter Allgemeine Zeitung vom 16. Juni 1990. Dort wird auch die DTB als Teil des Verbundes genannt. In seiner Presseerklärung vom 18. Juni 1990 zu diesem Artikel (Archiv der Deutsche Börse AG [unverzeichneter Bestand]) bezeichnete der Börsenvorstand die Überlegungen zum Verbund als »nicht aktuell«.
121 Archiv der Deutsche Börse AG, Zwischenbericht Laules zur Umstrukturierung, S. 4 f., 15 f. [unverzeichneter Bestand].
122 Ebd., S. 14.
123 Laule, Umstrukturierung, S. 441.
124 In diesem Zusammenhang sei hingewiesen auf Archiv der Deutsche Börse AG, Grundsätze für die Zusammenarbeit der IHK und der FWB vom 4. Dezember 1985 [unverzeichneter Bestand].
125 Arbeitsgemeinschaft der Deutschen Wertpapierbörsen, Jahresbericht 1990, S. 40.
126 Zu den neun Gründern zählten sieben Inlandsbanken, die Kursmaklerkammer und der Freimakler Fritz Nols. Archiv der Deutsche Börse AG, Schreiben der FBW AG an die Gründer vom 8.

November 1990 [unverzeichneter Bestand]. – Jeder Gründer übernahm 400 Aktien im Nominalbetrag von je 50 DM und stellte ein Mitglied im Aufsichtsrat.

127 Archiv der Deutsche Börse AG, Überleitungsvertrag vom 5. November 1990 [unverzeichneter Bestand.

128 Archiv der Deutsche Börse AG, Tagesordnung und Pressemitteilung der Gesellschaft vom 16. November 1990 [unverzeichneter Bestand].

129 Arbeitsgemeinschaft der Deutschen Wertpapierbörsen, Jahresbericht 1990, S. 40.

130 Metzler, Finanzplatz, S. 169; ›Börsen in Europa. Frankfurt kann führende Position erlangen‹, in: Handelsblatt vom 15. Januar 1991, S. 29.

131 Archiv der Deutsche Börse AG, Gerhard Laule, Vermerk ›Deutsche Wertpapierbörse Aktiengesellschaft‹ vom 25. April 1990, S. 6 [unverzeichneter Bestand]; Axel H. Schubert, ›Bremer Börse – innovativ und kooperativ‹, in: Börsen-Zeitung vom 22. Februar 1992, S. 15.

132 Die Regionalbörsen außerhalb Frankfurts wurden gelegentlich ›Hauptstadtbörsen‹ genannt. Anders als die Frankfurter Börse hatten sie ihren Sitz in der Hauptstadt eines Bundeslandes.

133 Gerhard Eberstadt, ›Plädoyer für ein duales System von Präsenz- und Computer-Börse‹, in: Handelsblatt vom, 16. Mai 1991, S. 34; zur Auseinandersetzung Breuers und Haucks ›Wie revolutionär soll die Börsenreform sein?‹, in: Börsen-Zeitung vom 8. November 1991. – Der Frankfurter Börsenvorstand entschied sich dafür, Parketthandel und Computerhandel weiter zu entwickeln und dem Markt die Entscheidung zwischen beiden zu überlassen (Duales System). Archiv der Deutsche Börse AG, Niederschrift über die Sitzung am 20. Januar 1992, S. 9 [unverzeichneter Bestand]; ›Keine große Eile mehr mit neuem EHS‹, in: Handelsblatt vom 26. März 1992, S. 37. Thomas Knipp, ›Die Börse am Bildschirm‹, in: Frankfurter Allgemeine Zeitung vom 26. Juni 1992, S. 15, führt die plötzliche Zurückhaltung auf den Einspruch der EDV-Vorstände in den Banken zurück, die auf hohe Kosten und auf Pannen bei der DWZ hinwiesen. Zur Entwicklung der Umsatzanteile von Parkett und Computer von 1990 bis 2003 Walter, Derivatisierung, S. 53.

134 Nach Ansicht der Düsseldorfer Börse war das ein »anmaßende[r] Konfrontationsvorschlag«; ›Beteiligung an der ›Deutschen Börse AG‹‹, in: Frankfurter Allgemeine Zeitung vom 25. Juni 1991.

135 ›Bremen befürwortet eine Deutsche Börsen AG‹, in: Börsen-Zeitung vom 8. August 1991; ›Deutsche Regionalbörsen wollen Dachgesellschaft‹, in: Süddeutsche Zeitung vom 3. September 1991; ausführlich hierzu Axel H. Schubert, ›Bremer Börse – innovativ und kooperativ‹, in: Börsen-Zeitung vom 22. Februar 1992, S. 15 f.

136 Abgedruckt in Börsen-Zeitung vom 3./4. Oktober 1991, S. 3.

137 Es wurde etwa von der Hälfte der Adressaten angenommen. ›Zustimmung für Frankfurter Börsen-Angebot‹, in: Frankfurter Allgemeine Zeitung vom 8. November 1991.

138 ›Finanzplatz braucht Regionalbörsen‹, in: Börsen-Zeitung vom 13. Juli 1991, S. 5.

139 ›Nein zu zentralistischer Börsenstruktur mit ›Monopolstellung‹ Frankfurts‹, in: Handelsblatt vom 8. August 1991, S. 21. Der Hamburger Wirtschaftssenator Krupp forderte 25,5 Prozent; ›Es geht um den Finanzplatz Deutschland‹, in: Frankfurter Allgemeine Zeitung vom 11. September 1991, S. 17.

140 ›Beteiligung an der ›Deutschen Börse AG‹‹, in: Frankfurter Allgemeine Zeitung vom 25. Juni 1991.

141 ›Regionalbörsen streben Kapitalbeteiligung an‹, in: Frankfurter Allgemeine Zeitung vom 8. Oktober 1991, S. 25.

142 Franz-Josef Ebel, ›Frankfurt läutet im Disput mit den Regionalbörsen jetzt den Rückzug ein‹, in: Handelsblatt vom 7. November 1991, S. 33.

143 Archiv der Deutsche Börse AG, Niederschrift über die Sitzung am 13. Dezember 1991, S. 5 f. [unverzeichneter Bestand].

144 Archiv der Deutsche Börse AG, Niederschrift über die Sitzung des Vorstandes der Frankfurter Wertpapierbörse am 4. Mai 1992 [unverzeichneter Bestand].

145 Vom Stammkapital der GmbH hielten Düsseldorf 44 Prozent, München 18 Prozent, Hamburg und Stuttgart je 13 Prozent, Berlin sechs Prozent, Bremen und Hannover je drei Prozent. Deutsche Börsen, Jahresbericht 1992, S. 41.

146 Udo Perina/Frank Schumacher, ›Der deutsche Börsen-Filz‹, in: Die Zeit vom 27. November 1992, S. 23. Zuerst würden die Börsen in Bremen, Hannover und Hamburg schließen.

147 Archiv der Deutsche Börse AG, Niederschrift über die Sitzung des Vorstandes der Frankfurter Wertpapierbörse am 4. Mai 1992 [unverzeichneter Bestand].
148 Ebd.; ›Deutsche Börse AG wird realisiert‹, in: Börsen-Zeitung vom 9. Oktober 1992, S. 1. – Die Geschäftsführung der Deutsche Börsen Beteiligungsgesellschaft mbH wurde vom Vorstand der FWB AG mit Schreiben vom 10. November 1992 informiert.
149 ›Deutsche Börse AG wird realisiert‹, in: Börsen-Zeitung vom 9. Oktober 1992, S. 1.
150 Deutsche Börsen, Jahresbericht 1992, S. 41.
151 Deutsche Börsen, Jahresbericht 1993, S. 23.
152 Friedrich von Metzler, ›Das Ende eines Irrwegs‹, in: Börsen-Zeitung vom 15. Dezember 1992; ›Von Metzler: ›Wir haben zum Sprung in ein neues Börsenzeitalter angesetzt.‹‹, in: Handelsblatt vom 8. Oktober 1992.
153 Erklärung von Metzlers vom 2. September 1992, S. 1 (HA B. Metzler seel. Sohn & Co Frankfurt am Main [unverzeichneter Bestand]); ›Börse: Breuer soll von Metzler ablösen‹, in: Frankfurter Allgemeine Zeitung vom 3. September 1992.
154 Deutsche Börsen, Jahresbericht 1992, S. 41. – Beide Gremien wählten von Metzler zum stellvertretenden Vorsitzenden. Breuer war Aufsichtsratsvorsitzender und Börsenpräsident bis 2005.
155 Hintergrund dieses Abschnitts sind die Gespräche mit Andreas Preuß am 6. Dezember 2010 und mit Jörg Franke am 3. Februar 2011.
156 Giersch/Schmidt, Offene Märkte, S. 88. Erinnert sei an die kurze deutsche Börsenzeit vor 1990 und an den Erfolg von IBIS als börsliches Segment. Zu differenzierten Kriterien Book, Börsenhandel, S. 77–99.
157 Breuer, Stand der Börsenstrukturdiskussion, S. 19; Schwartz/Francioni, Equity Markets, S. 238 f.; weitere Quellen hierzu bei Booth/Dalgic/Kallunki, Networks, und bei Schmidt, Exchanges, S. 115 f.
158 Kynaston, LIFFE, S. 152, 194.
159 Gespräch mit Manfred Zaß am 3. Februar 2011. – Anfang der 1980er-Jahre fragte die Hamburger Börse bei der Bundesbank an, ob die Einführung des Terminhandels in Bundesanleihen mit ihrer Zustimmung rechnen könnte. Hintergrund war Interesse einer ausländischen Staatsbank in London, geäußert gegenüber dem Hamburger Börsenvorstandsmitglied Jens Uwe Müller. Die Anfrage wurde abschlägig beschieden. Damit war der geplante Vorstoß aussichtslos. Zur Bedeutung von Bundesbank und Bankenaufsicht für die Rückständigkeit der deutschen Finanzmärkte Kynaston, LIFFE, S. 148 f.
160 Frank Mella, ›Good-bye Goffex?‹, in: Börsen-Zeitung vom 6. Mai 1988, S. 1. – Die Presse verwendete statt DTB lange die Bezeichnung GOFFEX, angelehnt an das Vorbild SOFFEX, wobei das ›G‹ wohl für ›German‹ stehen sollte.
161 Die Chancen zum Eingreifen wurden auf deutscher Seite verspielt. Kynaston, LIFFE, S. 195–199.
162 Etliche Banken mit Sitz in Frankfurt am Main hatten die LIFFE ermutigt und dabei unterstützt, einen Kontrakt auf Bundesanleihen aufzulegen. Ebd, S. 148–152, 191–202.
163 Bruno Hidding, ›DTB setzt Zeichen‹, in: Börsen-Zeitung vom 20. Januar 1990, S. 1.
164 Büschgen, Deutsche Bank, S. 795. – Der Name Breuer wird auf S. 795 nicht genannt.
165 Franz-Josef Ebel, ›Speerspitze in Europa?‹, in: Handelsblatt vom 24. Januar 1991, S. 23.
166 ›Günter Franke, Schlappen vermeiden‹, in: Wirtschaftswoche vom 28. Juni 1991, S. 85.
167 Schon in diesem – nicht trivialen – Anteil, der von der Theorie her gar nicht zu erwarten war, sahen drei ausländische Wissenschaftler 1994 aber einen ermutigenden Erfolg der DTB. Vgl. Kofman/Bouman/Moser, LIF(F)E.
168 Bessler/Book/Preuß, Handel, S. 167 f.; Book, Börsenhandel, S. 129–131.
169 Steve Zwick, ›Jörg Franke. Bringing home the Bund‹, in: Futures 10/2007, S. 31.
170 Robert von Heusinger, ›Ein Denkmal für Jörg Franke‹, in: Börsen-Zeitung vom 7. September 2000, S. 1.
171 Diese Formulierung verdankt der Verfasser dem Gespräch mit Andreas Preuß am 6. Dezember 2010.
172 Arbeitsgemeinschaft der Deutschen Wertpapierbörsen, Jahresbericht 1991, S. 31; Deutsche Börse AG Jahresbericht 1993, S. 25.
173 Deutsche Börse AG, Jahresbericht 1994, S. 7. Weltweit stand die DTB unter den Terminbörsen an siebter Stelle.

174　Archiv der Deutsche Börse AG, Niederschriften über die Sitzungen des Vorstands der Deutschen Terminbörse vom 11. Juni 1990, S. 13; 16. August 1990, S. 14; 12. November 1990, S. 10; 1. Februar 1991, S. 12 f.; 10. Juni 1991, S. 16 [unverzeichneter Bestand]. – Die Banken in der Schweiz dachten genauso: Dort wurden die deutschen Banken als Kunden der SOFFEX-Mitglieder geschätzt. Trotz Kooperationsvertrags mit der DTB und vieler Anläufe kam es deshalb bis 1996 nicht zur Zusammenarbeit. Dann lockte aber dank der Wertpapierdienstleistungs-Richtlinie der EU die Chance, die SOFFEX-Leistungen über das Zusammengehen mit der DTB in der ganzen Europäischen Union anzubieten. Meier/Sigrist, Big-Bang, S. 160.

175　Gombert, Buchliquidität. – Selbst Quote machines waren anfangs noch nicht üblich, und die DTB musste sich erst einmal auf sie einstellen.

176　Steve Zwick, ›Jörg Franke. Bringing home the Bund‹, in: Futures 10/2007, S. 31.

177　Deutsche Börse AG/MATIF SA:TRADEUS, Trading, S. 9. Diese Initiative zur Aufstellung von DTB-Bildschirmen ging vom Geschäftsführer des MATIF aus, der eine Kooperation mit der DTB anstrebte. Die MATIF-Mitglieder lehnten die Verbindung zur DTB letztlich aber wegen der Installationskosten ab. Franke, Bürgenstock, S. 18 f.

178　In der Schweiz gab es keine rechtlichen Beschränkungen, sodass dort Terminals schon früher ohne Genehmigung aufgestellt werden konnten. Zu den USA Jackson/Fleckner/Gurevich, Trading Screens.

179　Andreas Preuß eröffnete dem Verfasser im November 1997, der Marktanteil der DTB am Bund Future werde binnen weniger Monate deutlich über 50 Prozent liegen. Mit ausreichend vielen guten Adressen sei die Teilnahme am DTB-Handel bereits jetzt vereinbart. – Preuß war damals Marketingchef der DTB und ›rechte Hand‹ Frankes. Robert von Heusinger, ›Ein Denkmal für Jörg Franke‹, in: Börsen-Zeitung vom 7. September 2000, S. 1.

180　[o. V.], Hall of Fame, S. 18; differenzierter Book, Börsenhandel, S. 136–139.

181　Bessler/Book/Preuß, Handel, S. 167 f., 176–178.

182　Silvia Ascarelli: ›How Werner Seifert Shakes Up Markets From Frankfurt Base‹, in: Wall Street Journal vom 10. November 1998, S. 1.

183　Meier/Sigrist, Big-Bang, S. 160 f.; ferner zum Entstehen der Eurex Geiger, Konsolidierung. – Träger der öffentlich-rechtlichen Börse Eurex Deutschland, der Nachfolgerin der DTB, wurde die Eurex Frankfurt AG, eine Tochter der Börse Eurex Zürich AG, die lange zu gleichen Teilen der Deutschen Börse AG und der SWX Swiss Exchange AG gehörte. Aufgrund eines Vertrages mit der SIX Group AG und SIX Swiss Exchange AG vom 7. Juni 2011 hat die Deutsche Börse AG aber am 30. April 2012 auch die bisher Schweizer Hälfte der Anteile an der Eurex Zürich AG erworben; ›Deutsche Börse schließt Eurex-Übernahme ab‹, Presseerklärung der Deutsche Börse AG vom 30. April 2012.

184　Meier/Sigrist, Big-Bang, S. 162; Franke, Bürgenstock, S. 22; Udo Rettberg, ›Wunderkind: Die Eurex schreibt Geschichte‹, in: Handelsblatt vom 25. März 1999, S. 37.

185　Breuer, Terminbörsen, S. 148.

186　Bereinigt betrug der Ausgabekurs 16,75 Euro, was einem Marktwert der AG von 2,7 Mrd. Euro entsprach. Der höchste Marktwert wurde Ende 2007 mit 26,3 Mrd. Euro erreicht. Vgl. [o. V.], 10 Jahre Deutsche Börse.

187　Schmidt, Exchanges, S. 112, nennt für Ende Oktober 2002 für die Deutsche Börse 4,0 Milliarden Euro, für Euronext und LSE 2,4 beziehungsweise 1,6 Mrd. Euro. Ähnliche Werte nennt Walter, Derivatisierung, S. 264, für Mitte Dezember 2001. Der Marktwert der Deutsche Börse AG wurde von keiner anderen börsennotierten Börse erreicht.

188　Ende 2007 betrug der Marktwert der NYSE Euronext 23,3 Mrd. US-Dollar, der der Deutsche Börse AG 39,5 Mrd. US-Dollar (Ende 2010 7,8 beziehungsweise 13,6 Mrd.). Ende 2010 hatten Hongkong Exchange, CME und Bovespa höhere Marktwerte als die Deutsche Börse AG. Für diese Angaben bedankt sich der Verfasser bei der Boston Consulting Group GmbH.

189　›Deutsche Börse und NYSE Euronext besiegeln den Zusammenschluss‹, in: Börsen-Zeitung vom 16. Februar 2011, S. 5. – Zum Scheitern der Fusion sei verwiesen auf ›EU-Kommission untersagt Zusammenschluss von Deutsche Börse und NYSE Euronext‹, Presseerklärung der Deutsche Börse AG vom 1. Februar 2012.

Otmar Issing

[31.]

Die Einführung des Euro 1999

Zäsur der internationalen Währungsgeschichte

a. Der Euro im Jahre 2012

Die Einführung des Euro am 1. Januar 1999 hat das Gesicht Europas weit über den monetären Bereich hinaus verändert. Die Schaffung einer europäischen Gemeinschaftswährung stellt gleichzeitig das bedeutendste Ereignis im Weltwährungssystem der Zeit nach dem Zweiten Weltkrieg dar. Heute, im Jahre 2013, ist der Euro die gemeinsame Währung von 17 Ländern mit über 330 Mio. Einwohnern. Die meisten der übrigen Mitgliedstaaten der Europäischen Union verfolgen das Ziel, in mehr oder weniger naher Zukunft ebenfalls dem Euroraum beizutreten.

Mit der Ausgabe der auf Euro lautenden Banknoten und Münzen Anfang 2002 sind die ehemals nationalen Währungen aus dem Verkehr verschwunden. Ihre Namen zieren nur noch die Geschichtsbücher. In Deutschland bedeutete der Abschied von der D-Mark einen tiefen Einschnitt in der Geschichte. Zweimal in einer Generation hatten die Deutschen als Folge der Inflation 1922/23 und 1948 ihr Geldvermögen eingebüßt. Mit der D-Mark konnten sie erstmals wieder, bis 1990 allerdings nur in Westdeutschland, die Vorteile einer stabilen Währung erfahren.[1] Die Deutsche Bundesbank als Garant der Stabilität der Währung genoss höchstes Ansehen. Die Übertragung der geldpolitischen Kompetenz auf eine europäische Institution brachte eine tiefgreifende Veränderung des Staatsgefüges mit sich.

Zwölf Jahre nach seiner Geburt kann der Euro auf eine beeindruckende Erfolgsgeschichte zurückblicken. Mit einer jahresdurchschnittlichen Preissteigerungsrate von rund zwei Prozent verdient der Euro das Prädikat einer stabilen Währung. Das gilt sowohl im historischen als auch im internationalen Vergleich. In weltweiter Perspektive ist der Euro fest etabliert als zweitwichtigste Währung nach dem US-Dollar. Auf einigen Gebieten, wie im Anteil von rund 27 Prozent an den Weltwährungsreserven, folgt er dem US-Dollar (rund 67 Prozent) mit weitem Abstand; auf anderen Gebieten, vor allem als Kreditwährung, steht der Euro mehr oder weniger pari mit der amerikanischen Währung. Anleger aus aller Welt schenken dem Euro ihr Vertrauen und legen ihr Geld langfristig in auf Euro lautenden Titeln an. Konstante Inflationserwartungen auf niedrigem Niveau spiegeln die Wertschätzung eines stabilen Euro wider und sind die Grundlage für historisch außerordentlich niedrige langfristige Nominalzinsen.

Diese Erfolgsgeschichte steht in krassem Gegensatz zu vielen Prognosen, die der Einführung des Euro vorausgegangen sind. Skeptiker haben entweder schon den Start der Währungsunion ausgeschlossen, ein frühes Scheitern oder zumindest eine inflationäre Entwicklung vorhergesagt. Nichts davon ist eingetreten. Waren also alle Besorgnisse unberechtigt? Oder bestätigt nicht die Krise, die seit nunmehr rund drei Jahren die Diskussion bestimmt, die Bedenken, die nicht nur in Deutschland von den meisten Ökonomen im Vorfeld geäußert worden waren?[2]

Der vorliegende Beitrag beschreibt zunächst die Vorgeschichte der gemeinsamen Währung (Abschnitt b) und legt dann die Hauptelemente des den Euro konstituierenden Maastricht-Vertrages dar (Abschnitt c). Anschließend skizziert er die geldpolitische Strategie, mit welcher die EZB das Ziel der Preisstabilität verfolgt (Abschnitt d). Zum Abschluss geht er auf die Frage ein, inwieweit die Währungsunion ohne Ergänzung durch eine Politische Union bestehen kann (Abschnitt e).

b. Der lange Weg zum Euro

Die Einführung des Euro ist der Höhepunkt eines Integrationsprozesses, der bald nach dem Ende des Zweiten Weltkrieges seinen Anfang nahm. Die ursprüngliche Absicht dieses Integrationsprozesses war politischer Natur, darauf ausgerichtet, die Jahrhunderte alte Feindschaft zwischen Frankreich und Deutschland zu beenden und einen erneuten Krieg in Europa so gut wie unmöglich zu machen. Dieser politische Wille war besonders deutlich zu erkennen bei der Montanunion, der Europäischen Gemeinschaft für Kohle und Stahl. Die Produktion von Kohle und Stahl, in der Vergangenheit die ökonomische Grundlage des Krieges, sollte aus der nationalen Sphäre herausgenommen und einer europäischen Institution (Hohe Behörde) unterstellt werden.

Als ehrgeizige politische Pläne, wie die Europäische Verteidigungsgemeinschaft, scheiterten, verlagerten sich die Integrationsbemühungen auf das gesamte Feld der Wirtschaft. Die Europäische Wirtschaftsgemeinschaft von 1958 erwies sich schon bald als Erfolgsmodell. Der Abbau aller Schranken im Wirtschaftsverkehr zwischen den Mitgliedstaaten kulminierte schließlich in der Schaffung des einheitlichen Binnenmarktes (1992). Aus der ursprünglich kleinen Gruppe der Sechs ist inzwischen, auch dank des Falls des Eisernen Vorhangs, die EU der 28 geworden.

Sehr früh schon gab es Bestrebungen, die wirtschaftliche Integration durch die Integration auf monetärem Gebiet zu ergänzen. So kamen die Staats- und Regierungschefs auf der Gipfelkonferenz vom 1./2. Dezember 1969 in Den Haag überein, einen Stufenplan für die Einrichtung einer Wirtschafts- und Währungsunion ausarbeiten zu lassen. Die mit diesem Auftrag betraute und nach ihrem Vorsitzenden benannte ›Werner Gruppe‹ – Pierre Werner war der damalige Ministerpräsident von Luxemburg – legte ihren Bericht im Herbst 1970 vor. Danach sollte das Projekt einer Europäischen Wirtschafts- und Währungsunion binnen zehn Jahren vollendet werden. Diese ehrgeizige Absicht war im Grunde von Anfang an zum Scheitern verurteilt. Zum einen sollte das internationale Umfeld in den Folgejahren mit großen Turbulenzen aufwarten. So war mit der Freigabe des DM-Kurses zum US-Dollar am 19. März 1973 das Festkurssystem von Bretton-Woods endgültig zusammengebrochen, und zwischen den europäischen Partnern gab es erhebliche Meinungsverschiedenheiten über Grundfragen des Wechselkurssystems. Zum anderen arbeitete der Werner-Plan zwar erstmals die notwendige Parallelität zwischen den wirtschaftspolitischen sowie institutionellen Voraussetzungen und der währungspolitischen Konvergenz heraus, doch blieben die Positionen relativ vage und kontrovers. Vor allem aber fehlte es an der politischen Bereitschaft, diese Parallelität auch in konkreter Form voranzutreiben.

Es folgten Jahre, die dominiert waren von Wechselkursrisiken auf globaler Ebene wie im europäischen Kontext. Nach einer deutsch-französischen Initiative zur Überwindung des Stillstandes beschloss der Rat am 5. Dezember 1978 das Abkommen über das Europäische Währungssystem (EWS), das am 13. März 1979 in Kraft trat. Im Rückblick markiert dieses Datum einen Wendepunkt in der währungspolitischen Integration. Es bestätigt insoweit die ›monetaristische Position‹, die vor allem von französischen Kreisen vertreten wurde und auf die im Faktischen wirksamen Konsequenzen vorauseilender währungspolitischer Vereinbarungen setzte. Im Kern lautet die These: Sind erst einmal die Wechselkurse fixiert, wird die weitere monetäre Konvergenz quasi erzwungen. In den anschließenden Währungskrisen, einer nicht enden wollenden Folge von Auf- und Abwertungen, meist verbunden mit harten politischen Auseinandersetzungen, erwies sich freilich die Relevanz der ›ökonomistischen Position‹, als deren Anhänger wichtige Politiker wie Karl Schiller und so gut wie alle führenden deutschen Ökonomen gelten können. Nach dieser Auffassung schafft die (voreilige) Fixierung von Wechselkursen unvermeidlich Spannungen, die sich schließlich in abrupten, erheblichen Wechselkursänderungen entladen. Wechselkursstabilität kann auf Dauer nur erreicht werden, wenn zumindest die nationalen Geldpolitiken zuverlässig aufeinander abgestimmt sind.

Wie sich schon bald herausstellen sollte, erwies sich das EWS als ein auf die stärkste Währung gegründetes System, kurzum als ›DM-Block‹. Nachdem die zweite Ölpreiskrise einen starken Preisdruck ausgeübt hatte, waren die Konsequenzen dieses Währungssystems bald zu beobachten: Die Deutsche Bundesbank bekämpfte mit einer klaren stabilitätsorientierten Geldpolitik die Inflationsgefahren und ersparte der Bundesrepublik damit eine Wiederholung der Abfolge von Inflation und Stagflation wie im Gefolge der ersten Ölpreiskrise der Siebzigerjahre. Die Länder, die in diesem Disinflationsprozess nicht mithalten konnten oder wollten, mussten – gezwungen durch krisenhafte Zuspitzungen bei der Verteidigung der Parität – ihre Währungen immer wieder abwerten. Zur Gefolgschaft in der Geldpolitik mit der Deutschen Bundesbank oder Abwertungen der eigenen Währung gab es in diesem System keine Alternative. Die zunehmenden Spannungen im Europäischen Währungssystem eskalierten dann in den Krisen der Jahre 1992 und 1993.[3] In den Turbulenzen 1992/93 hatte die Abwertung der italienischen Lira um mehr als 30 Prozent gegenüber der D-Mark zu schlagartigen

Veränderungen der Wettbewerbspositionen im gegenseitigen Handel geführt, sodass ernsthaft einzelstaatliche Abwehrmaßnahmen diskutiert wurden. Mehr und mehr bestand die Gefahr, dass in der nächsten Währungskrise wesentliche Errungenschaften der wirtschaftlichen Integration, wie der freie Austausch von Gütern, Diensten und Kapital bedroht waren.

c. Der Maastricht-Vertrag und die EZB

Die Währungskrise von 1992/93 lieferte gewissermaßen die Bestätigung dafür, dass der monetäre Status quo in Europa keine geeignete Grundlage für die Fortsetzung des Integrationsprozesses war. Damit fühlten sich die Verantwortlichen in ihrem Vorhaben bestärkt, eine Europäische Währungsunion zu schaffen. Diese Entscheidung war bereits am 9. und 10. Dezember 1991 in Maastricht gefallen. Dort hatten die Staats- und Regierungschefs beschlossen, mit der zweiten Stufe der Wirtschafts- und Währungsunion am 1. Januar 1994 das Europäische Währungsinstitut (EWI) zu gründen. Dem EWI wurden keinerlei geld- oder währungspolitische Befugnisse übertragen. Es war vielmehr als zentrale Institution für die Vorbereitung der dritten Stufe der Währungsunion vorgesehen. (Die erste Stufe begann bereits am 1. Juli 1990 mit der grundsätzlichen Beseitigung aller Beschränkungen des Kapitalverkehrs zwischen den Mitgliedstaaten.)

Der Beginn der dritten Stufe wurde mit dem Maastricht-Vertrag, der mit der Ratifizierung durch alle Mitgliedstaaten am 1. November 1993 in Kraft trat, auf den 1. Januar 1999 festgelegt. Ferner wurde bestimmt, dass nur die Länder teilnehmen dürfen, die folgende so genannte Konvergenzkriterien erfüllen:

(1.) eine niedrige Inflationsrate;
(2.) solide öffentliche Finanzen;
(3.) Teilnahme am Festkurssystem ohne Spannungen für mindestens zwei Jahre;
(4.) Annäherung der langfristigen Nominalzinsen an das Niveau der (höchstens) drei Länder mit den niedrigsten Preissteigerungsraten.

Darüber hinaus war zu prüfen, inwieweit die innerstaatlichen Rechtsvorschriften der einzelnen Mitgliedstaaten einschließlich der Satzung der jeweiligen nationalen Zentralbank mit den Vertragsbedingungen – dazu zählt vor allem die Unabhängigkeit der nationalen Notenbank – im Einklang stehen.[4]

Diese Bedingungen für den Eintritt in die Währungsunion lösten außerordentliche Anstrengungen aus, die schließlich zur Aufnahme folgender Länder in die Währungsunion führten: Belgien, Deutschland, Finnland, Frankreich, Irland, Italien, Luxemburg, Niederlande, Österreich, Portugal, Spanien. Allerdings verfehlten Belgien und Italien das Kriterium ›Stand der öffentlichen Verschuldung‹ in Prozent des Bruttoinlandsprodukts von nicht mehr als 60 Prozent bei weitem. Es war also letztlich eine politische Entscheidung der Staats- und Regierungschefs am 2. Mai 1998 in Brüssel, mit den genannten elf Ländern zu starten. An diesem Tag wurde auch nach schwierigen Auseinandersetzungen Willem F. Duisenberg zum ersten Präsidenten der Europäischen Zentralbank bestimmt; weiter wurden der Vizepräsident sowie die vier anderen Mitglieder des Direktoriums ernannt.

Die Europäische Währungsunion ruht auf zwei Pfeilern, der Stabilität der Währung und soliden öffentlichen Finanzen. Die erste Bedingung wird durch das Statut der Europäischen Zentralbank (EZB) gesichert. Solide öffentliche Finanzen sollen durch den Stabilitäts- und Wachstumspakt gewährleistet werden. Die Bestimmungen über die Europäische Währungsunion und die EZB sind im Vertrag über die Europäische Union enthalten (Artikel 105 ff.), die weiteren Vorschriften über die Satzung des Europäischen Systems der Zentralbanken (ESZB) und der Europäischen Zentralbank in einem Protokoll, das integraler Bestandteil des Vertrags ist. Nach Artikel 105.2 des Vertrags und 3.1 des Protokolls hat das Eurosystem folgende grundlegende Aufgaben:

— die Geldpolitik der Gemeinschaft festzulegen und auszuführen;
— Devisengeschäfte im Einklang mit Artikel 111 des Vertrags durchzuführen;
— die offiziellen Währungsreserven der Mitgliedstaaten zu halten und zu verwalten;
— das reibungslose Funktionieren der Zahlungssysteme zu fördern.

Die EZB besitzt das Monopol der Banknotenausgabe, das heißt sie hat das ausschließliche Recht, die Ausgabe von Banknoten innerhalb des Euroraumes zu genehmigen. Sie hat ferner die Befugnis, die für die Geldpolitik nötigen statistischen Daten zu erheben. Das Eurosystem trägt schließlich zur reibungslosen Durchführung der von den zuständigen Behörden auf dem Gebiet der Aufsicht über die Kreditinstitute und der Stabilität des Finanzsystems ergriffenen Maßnahmen bei. Die Geldpolitik der EZB steht – rechtlich gesehen – auf drei Pfeilern:

— Unabhängigkeit;
— Priorität für die Preisstabilität;
— Verbot der monetären Finanzierung der öffentlichen Haushalte.

Artikel 108 des Vertrags regelt die Unabhängigkeit der EZB und der nationalen Notenbanken: *»Bei der Wahrnehmung der ihnen durch diesen Vertrag und die Satzung des ESZB übertragenen Befugnisse, Aufgaben und Pflichten darf weder die EZB noch eine nationale Zentralbank noch ein Mitglied ihrer Beschlussorgane Weisungen von Organen oder Einrichtungen der Gemeinschaft, Regierungen der Mitgliedstaaten oder anderen Stellen einholen oder entgegennehmen. Die Organe und Einrichtungen der Gemeinschaft sowie die Regierungen der Mitgliedstaaten verpflichten sich, diesen Grundsatz zu beachten und nicht zu versuchen, die Mitglieder der Beschlussorgane der EZB oder der nationalen Zentralbanken bei der Wahrnehmung ihrer Aufgaben zu beeinflussen. Jeder Mitgliedstaat stellt sicher, dass spätestens zum Zeitpunkt der Errichtung des ESZB seine innerstaatlichen Rechtsvorschriften einschließlich der Satzung seiner Zentralbank mit diesem Vertrag sowie mit der Satzung des ESZB im Einklang stehen.«* Diese Vorschriften gehen weiter als dies in entsprechenden nationalen Gesetzen üblich war und verbieten sogar den Versuch der Einflussnahme. Wie die Erfahrung zeigt, kann man allerdings nicht behaupten, dieses Verbot habe sich als sehr wirksam erwiesen.

Von fundamentaler Bedeutung ist die Unabhängigkeit der Notenbank bei ihren geldpolitischen Entscheidungen und deren Durchführung. Dies setzt die Unabhängigkeit der handelnden Personen voraus. Die personelle Unabhängigkeit wird gewahrt durch langfristige Kontrakte, die nicht vorzeitig beendet werden können. Diese Bedingungen der personellen Unabhängigkeit sind im Statut der EZB erfüllt. Die Amtszeit der Mitglieder des Direktoriums beträgt acht Jahre. Wiederernennung ist nicht möglich.

Ein institutionelles Arrangement, das der Notenbank die Unabhängigkeit einräumt, kann nicht das Ziel der Notenbank offen lassen. Artikel 105 des Vertrags bestimmt: »*Das vorrangige Ziel des ESZB ist es, die Preisstabilität zu gewährleisten. Soweit dies ohne Beeinträchtigung des Zieles der Preisstabilität möglich ist, unterstützt das ESZB die allgemeine Wirtschaftspolitik in der Gemeinschaft, um zur Verwirklichung der in Artikel 2 festgelegten Ziele der Gemeinschaft beizutragen.*« Da das ESZB aus der Europäischen Zentralbank und den Zentralbanken der Mitgliedsstaaten (nationale Notenbanken) der EU besteht, waren die Verfassungsväter offenbar von der Vorstellung ausgegangen, dass von Anfang an alle Mitgliedstaaten der EU auch Mitglieder der Währungsunion sein werden. Dies ist bekanntlich nicht der Fall. Von den 15 Mitgliedsstaaten der EU gehörten Dänemark, Griechenland, Schweden und das Vereinigte Königreich beim Start am 1. Januar 1999 nicht der Währungsunion an. (Inzwischen umfassen die EU 27 und die Währungsunion 17 Staaten.) Um Unklarheiten zu vermeiden, hat die EZB den Terminus Eurosystem eingeführt. Dieses besteht aus der EZB und den Zentralbanken der EU-Länder, die der Währungsunion angehören. Sitz der EZB ist Frankfurt am Main.

Nach Art. 9.3 des Statuts verfügt die EZB über zwei Beschlussorgane, den EZB-Rat und das Direktorium. Dazu kommt der Erweiterte Rat. Der EZB-Rat ist das oberste Beschlussorgan der EZB. Er setzt sich aus den Mitgliedern des Direktoriums und den Präsidenten der nationalen Notenbanken zusammen und trifft die geldpolitischen Entscheidungen. Das Direktorium der EZB besteht aus dem Präsidenten, dem Vizepräsidenten und vier weiteren Mitgliedern. Es ist das operationale Entscheidungsgremium der EZB. Dem Erweiterten Rat gehören der Präsident, der Vizepräsident der EZB sowie die Präsidenten der Notenbanken aller EU-Länder an. Der Erweiterte Rat hat keine geldpolitischen Kompetenzen. Er berät vor allem die EU-Länder, die noch nicht der Währungsunion angehören, bei der Vorbereitung auf den Beitritt.

d. Die Geldpolitik der EZB

Im Oktober 1998, also schon vor dem Start der Währungsunion, hat der EZB-Rat seine stabilitätsorientierte geldpolitische Strategie bekanntgegeben. Diese Strategie enthält folgende Elemente:

(1.) Eine quantitative Festlegung des vorrangigen Zieles der einheitlichen Geldpolitik in Höhe eines jährlichen Anstiegs des harmonisierten Preisindex für das gesamte Währungsgebiet von unter zwei Prozent. Dieses Ziel soll mittelfristig erreicht werden.

(2.) Eine ›Zwei-Säulenstrategie‹. Dabei werden zum einen in der monetären Analyse die Entwicklungen der Geldmenge und des Kreditvolumens in allen Facetten erfasst, die für die Preisentwicklung auf mittlere bis lange Sicht bestimmend sind. Die ökonomische Analyse beurteilt die Aussichten für die kurz- bis mittelfristige Preisentwicklung auf breiter Basis anhand aller wichtigen Faktoren wie der Löhne, der öffentlichen Finanzen, des Wechselkurses etc.

Im so genannten Cross-Checking werden die beiden Analysen zu einer einheitlichen Beurteilung der Risiken für die Preisentwicklung zusammengeführt, auf deren Grundlage der EZB-Rat seine geldpolitischen Entscheidungen trifft. Dabei bedient er sich eines flexiblen und schlagkräftigen Instrumentariums.[5]

e. Der Euro – Währung ohne Staat

Im ›Normalzustand‹ fallen Staatsgebiet und Währungsraum zusammen. Die Einführung des Euro schuf daher eine historisch einmalige Situation. Auf der einen Seite steht eine Währung, der Euro, und eine Währungsbehörde, die EZB mit der Aufgabe, die Preisstabilität im gesamten Währungsraum zu sichern. Auf der anderen Seite befinden sich anfänglich elf, und inzwischen 17 Staaten und nationale Regierungen, deren Kompetenzen an den Grenzen des Staatsgebietes enden.

Der Euro ist also eine Währung für zahlreiche Länder, aber gleichzeitig eine Währung ohne Staat im eigentlichen Sinne.[6] Diese singuläre Konstellation hat schon weit vor dem Start die Frage aufgeworfen, ob dieses besondere institutionelle Arrangement Erfolg und Bestand haben kann. Oder anders gewendet: Kann der Euro ohne Politische Union überleben? Folgt man dem ehemaligen Bundeskanzler Helmut Kohl, muss die Antwort ›Nein‹ lauten. Er betonte nämlich in seiner Regierungserklärung vom 6. November 1991 im Deutschen Bundestag: »*Man kann dies nicht oft genug sagen. Die Politische Union ist das unerlässliche Gegenstück zur Wirtschafts- und Währungsunion. Die jüngere Geschichte, und zwar nicht nur die Deutschlands lehrt uns, dass die Vorstellung, man könne eine Wirtschafts- und Währungsunion ohne Politische Union auf Dauer erhalten, abwegig ist.*« Diese Ansicht wurde weithin geteilt, und anscheinend bestätigt die schwere Krise der Währungsunion, die seit drei Jahren mit immer neuen Hiobsbotschaften aufwartet, diese Bedenken. Schließlich kann von einer Politischen Union, wie immer im Einzelnen definiert, heute so wenig die Rede sein wie beim Start. Die Antwort auf die Frage, wie es zu dieser Entwicklung kommen konnte, ist in der Analyse der Ursachen zu suchen.[7]

Stabilität der Währung und solide öffentliche Finanzen müssen auf Dauer zusammengehen. Die EZB mit ihrem Statut ist Garant der Währungsstabilität und ist mit ihrer Geldpolitik in den ersten dreizehn Jahren ihrer Aufgabe gerecht geworden. Die Inflationsrate wurde niedrig gehalten, die Inflationserwartungen blieben fest auf einem Niveau verankert, das mit Preisstabilität vereinbar ist.

Die Bedingung solider öffentlicher Finanzen sollte nicht zuletzt durch den Stabilitäts- und Wachstumspakt garantiert werden. Diese Erwartung hat sich allenfalls zeitweise erfüllt. Die europäische Kontrolle durch ein Gremium, das sich aus den Finanzministern der Mitgliedsstaaten zusammensetzt, hat sich nicht als robust gegenüber politischer Einflussnahme erwiesen und Verletzungen der Regel nicht sanktioniert. Dies wurde vor allem in den Jahren 2003/04 deutlich, als Deutschland und Frankreich gegen die Regeln verstießen und unter der Mithilfe Italiens eine politische Mehrheit gegen den Erlass von Sanktionen organisierten.

Schließlich haben makroökonomische Divergenzen zu gravierenden Spannungen geführt. Dafür verantwortlich sind zum einen anhaltende Unterschiede in der Entwicklung der Lohnstückkosten und Preissteigerungsraten zwischen den einzelnen Ländern, die zu einer beträchtlichen Verschlechterung der Wettbewerbsposition einer Reihe von Mitgliedsstaaten führten. Zum anderen brach vor allem in Irland und Spanien der Bausektor nach massiven Überinvestitionen zusammen, was wiederum bedrohliche Gefährdungen des Bankystems zur Folge hatte.

Mit einer Reihe von finanziellen Hilfen hat die Union krisengeschüttelte Länder unterstützt und sie gleichzeitig auf Reformmaßnahmen verpflichtet. Die als vorübergehende Einrichtung geplante Europäische Finanzmarktstabilisierungsfazilität (EFSF) wurde durch einen auf Dauer angelegten Fonds (Europäischer Stabilitätsmechanismus – ESM) abgelöst, aus dem Mitgliedsstaaten auch in der Zukunft unter Auflagen im Krisenfalle Hilfe erhalten können. Damit wird die Frage aufgeworfen, ob die Währungsunion mehr und mehr durch eine Fiskalunion ergänzt wird, in der am Ende die Steuerzahler Träger einer Art Finanzausgleich zwischen den Mitgliedsstaaten werden. Verläuft dieser Prozess ohne Mitwirkung der Parlamente und Wähler, stellt er die demokratische Legitimierung und am Ende die Akzeptanz durch die Bürger selbst in Frage. Als Alternative zur Fiskalunion bleibt eine grundlegende Stärkung des Regelwerkes. Dazu zählen strikte sanktionsbewehrte Regeln für die Einhaltung der fiskalpolitischen Vorgaben und eine laufende Überwachung der makroökonomischen Entwicklung. Es wird sich zeigen, ob die Politik die Chance nutzt, das Regelwerk so zu stärken, dass der Währungsunion eine Wiederholung einer Krise dieser Dimension erspart bleibt. Die Europäische Währungsunion als in der Währungsgeschichte einmalige Konstellation bleibt wohl noch für lange Zeit ein vor allem politisch begründetes Experiment.

---

1   Deutsche Bundesbank, Fünfzig Jahre, passim. – Der Verfasser dankt Herrn Marcel Bluhm für wertvolle Kommentare.
2   Umfassend Issing, Euro (2006).
3   Tietmeyer, Herausforderung.
4   Issing, Euro (2006).
5   Ebd.; Europäische Zentralbank, Geldpolitik.
6   Issing, Euro (2008).
7   Issing, Krise.

Stefan Schmid

[32.]

Die Fusion zwischen der HypoVereinsbank und der UniCredit Group 2005

Grenzüberschreitende Akquisitionen und Fusionen
in der Bankenbranche

a. Der Zusammenschluss der HypoVereinsbank und der UniCredit Group

Ende 2005 kam es zur bis dahin größten grenzüberschreitenden Bankenfusion Europas – dem Zusammenschluss zwischen der deutschen HVB Group, deren Kern die HypoVereinsbank bildete, und der italienischen UniCredit Group.[1] Als Resultat der Fusion entstand damals eine der größten europäischen Banken. Die folgende Tabelle zeigt die sich aus der Fusion ergebende Position der neuen UniCredit Group innerhalb der weltweit größten Kreditinstitute.

Beide Fusionspartner blicken auf eine turbulente Zeit des Wachstums bereits vor ihrem ›Merger‹ zurück. Die HypoVereinsbank war selbst das Ergebnis einer erst 1998 vollzogenen Fusion, in deren Rahmen sich die traditionsreichen Institute Bayerische Vereinsbank und Bayerische Hypotheken- und Wechsel-Bank zusammenschlossen. Im Jahre 2000 übernahm die HypoVereinsbank die österreichische Bank Austria Creditanstalt, die ihrerseits aus einer Akquisition der österreichischen Creditanstalt durch die Bank Austria im Jahre 1997 hervorgegangen war. Seit dieser Zeit firmierte die Bank unter der Bezeichnung HVB Group. Vor allem aufgrund von Schwierigkeiten im Immobiliengeschäft verlor die HVB Group im Jahre 2004 ihre Position als bis dahin (nach Bilanzsumme) zweitgrößte Bankengruppe Deutschlands – eine Position, die sie zwar 2005 zurückerobern konnte, allerdings ohne profitabel zu wirtschaften.[2]

Die UniCredit Group beziehungsweise deren Vorgängerinstitut Gruppo UniCredito Italiano entstand in den Neunzigerjahren des letzten Jahrhunderts,[3] als in Italien die vormals existierende Trennung zwischen Großbanken, Genossenschaftsbanken und Sparkassen aufgrund mehrerer Gesetzesänderungen ins Wanken geriet. 1998 fusionier-

Die fusionierte UniCredit Group innerhalb
der weltweiten Top 20-Kreditinstitute nach Kernkapital

	Kreditinstitut	Heimatland	Kernkapital (in Mrd. US-$) [I]	Bilanzsumme (in Mrd. US-$) [I]	Marktkapitalisierung (in Mrd. US-$) [II]	Vollzeit-Mitarbeiter (in Tausend) [I]
1	Citigroup	USA	79,4	1.494,0	242,0	299,0
2	HSBC Holdings	Großbritannien	74,4	1.502,0	195,4	284,0
3	Bank of America	USA	74,0	1.291,8	218,6	176,6
4	JP Morgan Chase	USA	72,5	1.198,9	141,1	168,0
5	Mitsubishi UFJ Financial Group	Japan	63,9	1.508,5	128,3	80,0
6	Crédit Agricole Groupe	Frankreich	60,6	1.380,6	53,0	134,3
7	Royal Bank of Scotland	Großbritannien	48,6	1.337,5	101,8	137,0
8	Sumitomo Mitsui Financial Group	Japan	39,6	881,6	71,1	40,7
9	Mizuho Financial Group	Japan	38,8	1.226,6	88,8	27,5
10	Santander Central Hispano	Spanien	38,4	954,5	85,3	129,2
11	China Construction Bank	China	35,6	521,8	95,5	275,0
12	HBOS	Großbritannien	35,6	931,3	66,2	55,4
13	UniCredit Group	Italien	34,0	928,4	75,7	132,9
14	Barclays Bank	Großbritannien	32,5	1.591,5	71,7	113,3
15	ABN Amro Bank	Niederlande	32,3	1.039,1	k. A.	80,4
16	Ind. and Commercial Bank of China	China	31,7	799,7	k. A.	361,6
17	Bank of China	China	31,3	592,5	k. A.	209,3
18	UBS	Schweiz	30,4	1.567,6	113,0	69,6
19	Wells Fargo	USA	29,9	481,7	112,4	153,5
20	Rabobank Group	Niederlande	29,3	597,2	k. A.	45,6

(I) Stand: Ende des Geschäftsjahres 2005.
(II) Stand: 16. Juni 2006.
Quelle: Timewell, World Banks, S. 179–182; Daten aus den Geschäftsberichten der Unternehmungen; Direktauskünfte der Unternehmungen.

ten unter anderem die damalige italienische Großbank Credito Italiano, die Regionalbank Rolo Banca, die drei kurz vorher zur Unicredito zusammengeschlossenen Regionalsparkassen Banca CRT, CariVerona Banca und Cassamarca sowie zwei weitere Regionalsparkassen, CRTrieste Banca und Caritro. Keines dieser einzelnen Institute gehörte vor dieser ›Vereinigung‹ zu den größten Wettbewerbern in Italien; vielmehr handelte es sich bei den meisten von ihnen um mittelgroße ›Player‹.[4] Vor allem durch Neugründungen und Akquisitionen – insbesondere in Osteuropa – entwickelte sich die UniCredit Group bis 2005 zur (nach Bilanzsumme) zweitgrößten italienischen Bankengruppe, die sich gleichzeitig auch durch vergleichsweise hohe Profitabilität auszeichnete.[5]

Die folgende Tabelle kontrastiert die beiden Banken vor der Fusion. Sowohl die UniCredit Group als auch die HVB Group hatten damals im Ausland ihre Schwerpunkte in Osteuropa; durch den Zusammenschluss wollten die Institute unter anderem ihre Stärken in Osteuropa bündeln und weiter ausbauen.

Die HVB Group und die UniCredit Group vor der Fusion

	UniCredit Group	**HVB Group**
Zahl der Mitarbeiter 2004	68.800	57.800
Zahl der Bankfilialen 2004	ca. 4.400	ca. 2.000
Zins- und Provisionsüberschuss 2004	8,5 Mrd. Euro	8,5 Mrd. Euro
Jahresüberschuss/-fehlbetrag 2004	+2,1 Mrd. Euro	-2,3 Mrd. Euro
Position weltweit nach Kernkapital 2004	39	29
Dominante Auslandsmärkte 2005[(I)]	Kroatien, Bulgarien, Bosnien und Herzegowina, Polen, Slowakei, Türkei	Polen, Bulgarien, Bosnien und Herzegowina, Kroatien, Rumänien, Slowakei, Tschechien, Serbien, Slowenien

(I) Die einzelnen Auslandsmärkte sind für beide Unternehmungen in absteigender Bedeutung (gemessen am jeweiligen Marktanteil im Auslandsmarkt nach Bilanzsumme) aufgeführt.
Quelle: Daten und Informationen aus Schmid/Kotulla, UniCredit Group, S. 443 ff., 447–450, sowie den dort zitierten Quellen.

Mit der Fusion im Jahre 2005 war die Expansion der UniCredit Group noch nicht beendet. So wurde im Jahre 2007 beispielsweise die italienische Capitalia Gruppo Bancario, die ihrerseits aus der Banca di Roma sowie der Gruppo Bipop-Carire hervorgegangen war, über den Weg einer Fusion in die UniCredit Group integriert. Die folgende Übersicht zeichnet wesentliche Schritte im Wachstumsprozess der UniCredit Group ab Mitte der Neunzigerjahre des letzten Jahrhunderts im Zeitablauf nach. Es wird deutlich, dass die deutsche HVB Group zwar juristisch mit der UniCredit Group verschmolzen wurde, dass es sich betriebswirtschaftlich gesehen aber eher um eine Akquisition (der HVB Group durch die UniCredit Group) als um eine Fusion (zwischen der HVB Group und der UniCredit Group) handelte.[6]

Die Fusion zwischen der HVB Group und der UniCredit Group ist nur ein kleiner Ausschnitt aus dem ›Akquisitions- und Fusionskarussell‹, welches sich in der

Das Wachstum der UniCredit Group durch Akquisitionen und Fusionen seit Mitte der 1990er-Jahre

	1996	1997	1998	1999	2000	2001	2002	2003	2004	2005	2006	2007/2008/2009/2010
Credito Italiano (I)												
Rolo Banca (I)												
CariVerona Banca (I)												
Banca CRT (I)												
Cassamarca (I)												
Caritro (I)												
Cassa di Risparmio di Trieste (I)												
Banca dell'Umbria (I)												
Cassa di Risparmio di Carpi (I)												
Bank Pekao (PL)												
Pol'nobanka/UniBanka (SK)												
Bulbank (BG)												
Zagrebačka (HR)												
Demirbank Romania (RO)												
Živnostenská Banka (CZ)												
Yapi Kredi (TR)												
Bayerische Vereinsbank (D)												
Bayerische Hypotheken- und Wechsel-Bank (D)												
Österreichische Creditanstalt (A)												
Bank Austria (A)												
Bank Biochim (BG)												
Splitska Banka (HR)												
Hebros Bank (BG)												
Eksimbanka (SRB)												
Banca Țiriac (RO)												
Nova Banjalucka Banka (BIH)												
Cassa di Risparmio di Roma (I)												
Banco di Santo Spirito (I)												
Banco di Roma (I)												
Mediocredito Centrale (I)												
Banco di Sicilia (I)												
Gruppo Bipop-Carire (I)												
ATF Bank (KZ)												
Uksotsbank (UA)												

Regions shown in the chart: Gruppo UniCredito Italiano (I); HVB Group (D); Bank Austria Creditanstalt (A); HypoVereinsbank (D); Banca di Roma (I); Capitalia Gruppo Bancario (I); UniCredit Group (I).

A	Österreich	CZ	Tschechische Republik	I	Italien	RO	Rumänien	TR	Türkei
BG	Bulgarien	D	Deutschland	KZ	Kasachstan	SK	Slowakei	UA	Ukraine
BIH	Bosnien-Herzegowina	HR	Kroatien	PL	Polen	SRB	Serbien		

Hinweis: Die gestrichelte Linie gibt an, dass die Gruppo UniCredito Italiano 2005 in UniCredit Group „umbenannt" wurde, nachdem zwischenzeitlich auch der Name UniCredit Banca (teilweise mit Namenszusätzen für einzelne Divisionen/Segmente) existierte.

Quelle: Daten und Informationen aus Schmid/Kotulla, UniCredit Group, S. 443–452; Homepage der UniCredit Group; eigene Recherchen.

Bankenbranche – wie in vielen anderen Branchen – offenbar immer schneller dreht. Weitere prominente Beispiele im internationalen Kontext stellen die Fusion zwischen der schwedischen Nordbanken und der finnischen Meritabanken im Jahre 1998, die Akquisition des US-amerikanischen Bankers Trust durch die Deutsche Bank im Jahre 1999, die Übernahme der United California Bank durch die französische BNP Paribas 2001 oder der Kauf der britischen Abbey National durch die spanische Banco Santander Central Hispano im Jahre 2004 dar.[7] Auch wenn viele der Transaktionen in der Bankenbranche immer noch innerhalb eines Landes stattfinden, wie der Zusammenschluss zwischen BNP und Paribas in Frankreich, die Fusion zwischen der Mitsubishi Bank und der UFJ in Japan, die Akquisition von Merrill Lynch durch die Bank of America oder der Kauf der Postbank durch die Deutsche Bank zeigen,[8] so hat sich auch die Zahl der grenzüberschreitenden Transaktionen in jüngerer Vergangenheit deutlich erhöht.[9]

Der vorliegende Beitrag widmet sich in seinem weiteren Verlauf wichtigen generellen Aspekten des grenzüberschreitenden Akquisitions- und Fusionsgeschehens in der Bankenbranche. Zunächst soll verdeutlicht werden, dass Akquisitionen und Fusionen andere mögliche internationale Markteintritts- und Marktbearbeitungsstrategien von Banken im Zeitablauf ergänzten beziehungsweise teilweise ablösten (Abschnitt b). Anschließend werden die Gründe und Motive für Akquisitionen und Fusionen (Abschnitt c) deren Risiken und Problemen (Abschnitt d) gegenübergestellt. Schließlich wird diskutiert, welche ›äußeren‹ Faktoren die internationale Konsolidierung in der Bankenbranche förderten und weiterhin fördern (Abschnitt e).

b. Akquisitionen und Fusionen als internationale Markteintritts- und Marktbearbeitungsstrategien

Internationale Aktivitäten sind in der Bankenbranche keineswegs ein neues Phänomen.[10] Allerdings wurden früher in der Bankenbranche oftmals nicht grenzüberschreitende Akquisitionen und Fusionen, sondern andere Strategien des internationalen Markteintritts und der internationalen Marktbearbeitung gewählt.[11] Besonders bedeutsam war seit jeher der Export von Dienstleistungen, wie zum Beispiel von Darlehen. Gleichzeitig wurden Unternehmungen als Kunden der Banken bei ihren Internationalisierungsschritten durch entsprechende Dienstleistungen, die beispielsweise die Abwicklung des Auslandsgeschäfts betrafen, in das Ausland begleitet.[12] Aber auch Konsortien, Strategische Partnerschaften (etwa in Form der so genannten grenzüberschreitenden Bankenclubs wie ABECOR, Europartners oder EBIC), Joint Ventures, Minderheitsbeteiligungen sowie Neugründungen von Repräsentanzen, Filialen und Niederlassungen im Ausland haben in der Bankenbranche durchaus eine lange Tradition.[13] Mit der Intensivierung der Akquisitions- und Fusionstätigkeit – teilweise im Ausmaß so genannter Mega-Akquisitionen und Mega-Fusionen[14] – ging die Internationalisierung des Bankgeschäfts in den letzten zwanzig Jahren jedoch verstärkt mit umfassenden (und nicht mehr nur marginal relevanten) Direktinvestitionen einher.[15] Dabei gilt zu beachten, dass Direktinvestitionen in der Bankenbranche gegenüber dem Export von Dienstleistungen keine vollständig substitutive, sondern eine oftmals komplementäre Funktion haben.[16]

Wie lassen sich nun Akquisitionen und Fusionen voneinander abgrenzen?[17] Eine grenzüberschreitende Akquisition liegt in der Bankenbranche dann vor, wenn eine inländische Bank eine ausländische Bank vollständig oder zumindest mehrheitlich, das heißt mit mehr als 50 Prozent der Anteile (Stimmrechts- oder Kapitalbetrachtung), übernimmt.[18] Dabei existieren neben freundlichen auch so genannte unfreundliche Akquisitionen, bei denen das Management (und zuweilen sogar die Eigentümer) des zu übernehmenden Instituts der Transaktion gegenüber negativ eingestellt sind.[19] Von einer grenzüberschreitenden Fusion spricht man dann, wenn sich eine inländische mit einer ausländischen Bank zusammenschließt. Mindestens eine der Banken gibt dabei im Rahmen der Fusion ihre rechtliche und wirtschaftliche Selbstständigkeit auf, und es findet eine Vereinigung ›unter einem Dach‹ statt, wobei juristisch die ›Fusion durch Aufnahme‹ von der ›Fusion durch Neubildung‹ unterschieden werden kann.[20] Aus betriebswirtschaftlicher Sicht ist es jedoch – anders als aus juristischer Sicht – nicht immer so leicht, Akquisitionen von Fusionen abzugrenzen. Auch deswegen werden beide Strategien des Markteintritts und der Marktbearbeitung zuweilen in der Wissenschaft (und noch öfter in der Praxis) unter dem Terminus ›Mergers & Acquisitions‹ (M&A) zusammengefasst.[21]

c. Gründe und Motive für Akquisitionen und Fusionen

Die Gründe und Motive, die zu Akquisitionen und Fusionen führen, sind vielfältig. Es existieren zahlreiche unterschiedliche Klassifikationen beziehungsweise Systematisierungen, die versuchen, die in der Praxis vorzufindenden Gründe und Motive in eine Ordnung zu bringen.[22] Dieser Beitrag greift auf die (aus primär kapitalmarktorientierter Perspektive vorgenommene) Einteilung von Beitel zurück, bei der zunächst zwischen ökonomischen und strategischen Faktoren differenziert wird und bei der die ökonomischen Faktoren nochmals in wertmaximierende und nicht-wertmaximierende Faktoren unterteilt werden (siehe Abbildung ›Gründe und Motive für Akquisitionen und Fusionen‹).

Als wichtigstes wertmaximierendes Motiv gilt das Synergiemotiv. Es wird erwartet, dass Akquisitionen und Fusionen den beteiligten Transaktionspartnern Kosteneinsparungen (Kostensynergien) und/oder Erlöserhöhungen (Erlössynergien) ermöglichen. Dabei wird insbesondere auf die so genannten Economies of Scale (zum Beispiel durch Zusammenlegung von Back-Office-Funktionen im Zahlungsverkehr oder in der Wertpapierabwicklung) und auf die so genannten Economies of Scope (zum Beispiel durch wechselseitige Nutzung der Vertriebskanäle, wie etwa Filialnetze beider Bankpartner, zum Absatz der Produkte und Dienstleistungen) abgezielt. Auch wenn inzwischen bekannt ist, dass die Möglichkeit der Synergieerzielung in der Bankenbranche geringer ist als in anderen Branchen, so spielt dieses Argument bei vielen Transaktionen in der Praxis dennoch eine wichtige Rolle.[23] Im Falle des Zusammenschlusses der HVB Group mit der UniCredit Group bezog sich die Synergieerwartung unter anderem auf die zentral- und osteuropäischen Märkte und die potenziellen Kosteneinsparungen und Erlöserhöhungen.

Dem Effizienzmotiv liegt die Überlegung zugrunde, dass im Zuge einer Akquisition oder einer Fusion ein (neues) Management Einzug hält, welches beispielsweise

Gründe und Motive für Akquisitionen und Fusionen

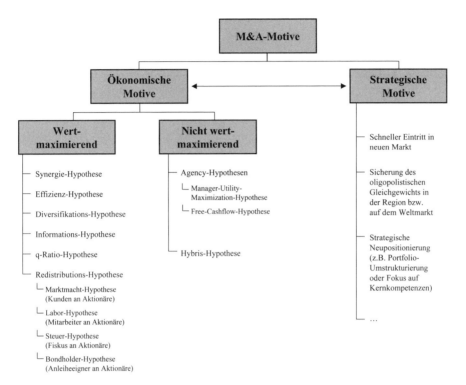

Quelle: Eigene Darstellung in Anlehnung an Beitel, Akquisitionen, S. 17.

durch optimalen Einsatz (anstelle von vormals suboptimalem Einsatz) von Ressourcen Effizienzgewinne verbuchen kann. Im Bankenbereich werden dabei als Maßnahmen etwa eine bessere Organisation von Abläufen (zum Beispiel von Kreditbewilligungsprozessen), eine adäquatere Nutzung existierender Kundenbeziehungen (zum Beispiel durch Ausschöpfen der Kaufbereitschaftspotenziale) oder eine stärkere Motivation der Mitarbeiter angeführt. Es wird angenommen, dass die entsprechenden Kosteneinsparungen oder Erlössteigerungen nichts mit den oben bereits genannten Synergien zu tun haben.[24] Wie beim Synergiemotiv so ist allerdings auch beim Effizienzmotiv eine realistische Einschätzung angebracht; denn bisherige Studien scheinen beispielsweise nicht übereinstimmend zu bestätigen, dass alle Akquisitionsobjekte vormals ineffizienter operierten als ihre Akquisiteure.[25]

Banken können (wie andere Unternehmungen auch) durchaus das Ziel haben, selbst zu diversifizieren, anstatt die Diversifikation ausschließlich dem Anleger zu überlassen. Dies gilt umso mehr im internationalen Kontext, in dem sich für Banken zusätzlich zu anderen existierenden Dimensionen (wie zum Beispiel unterschiedlichen Geschäftsfeldern, Produkten, Branchen oder Branchensegmenten) die geografische Dimension als

Möglichkeit der Diversifikation bietet. Hinter dem Diversifikationsmotiv verbirgt sich das Ziel, das gemeinsame unternehmerische Risiko der beteiligten Akquisitions- oder Fusionspartner durch die Transaktion zu reduzieren,[26] indem etwa das Portfolio an Ländermärkten verbreitert wird.

Doch es gibt noch weitere Gründe, die in der einschlägigen Literatur angeführt werden. Gemäß der Informationshypothese kommt es deswegen zu Akquisitionen und Fusionen, weil eine Bank nicht-öffentliche Informationen, die sie etwa im Rahmen von Geschäftsbeziehungen erhalten hat, nutzt, um unterbewertete Kauf- oder Fusionsobjekte zu identifizieren.[27] Nach der durchaus fragwürdigen q-Ratio-Hypothese kann unter bestimmten Bedingungen der Kauf einer anderen Bank oder die Fusion mit einer anderen Bank im Hinblick auf eine Kapazitätserweiterung günstiger sein als der eigene Aufbau zusätzlicher Kapazitäten.[28] Und schließlich besagt die Redistributions-Hypothese, dass durch Akquisitionen oder Fusionen zusätzlicher Wert bei Aktionären entstehen kann – allerdings auf Kosten anderer Stakeholder, wie zum Beispiel Kunden, Mitarbeiter, Gläubiger oder des Fiskus.[29] So lässt sich beispielsweise aufgrund einer gestiegenen Marktmacht die Möglichkeit von Preiserhöhungen für Produkte und Dienstleistungen ins Auge fassen, was sich zu Gunsten der Aktionäre der Bank, aber zu Lasten der Kunden auswirken kann.[30]

Nicht zwingend liegt allen Akquisitionen und Fusionen eine wertmaximierende Motivation zugrunde. So ist bekannt, dass Manager, die über einen hohen freien Cashflow[31] verfügen, eher Transaktionen tätigen, die nicht wertmaximierend im Sinne der Aktionäre sind, als Manager, denen nur ein geringerer freier Cashflow zur Verfügung steht. Ebenso spielen (gerade im Bankensektor) Macht, Prestige, Ansehen und Vergütung eine besondere Rolle.[32] Insofern ist davon auszugehen, dass manche Bankmanager (auch) an ihren eigenen Nutzen denken, wenn sie Akquisitionen und Fusionen planen beziehungsweise durchführen. Dazu zählt unter anderem das Streben nach Größe von Instituten, da diese in der Regel, wie empirisch bestätigt, mit Macht, Prestige, Ansehen und Vergütung einhergeht, was das zuweilen zu beobachtende ›Empire-Building‹ von Managern erklären kann.[33] Dem früheren CEO der UniCredit Group, Allessandro Profumo, wurde von vielen Branchenbeobachtern beispielsweise immer wieder ausgeprägtes Machtstreben attestiert. Hinzu kommt, dass die Größe von Banken auch ein Indikator für deren ›Systemrelevanz‹ ist, was die Überlebenschancen im Krisenfall – etwa wegen des Zugangs zu nationalen und internationalen Sicherungsnetzen – erhöht. Dies wird in der einschlägigen Literatur auch als ›Too-big-to-fail-Argument‹ diskutiert.[34] Als Hybris bezeichnet man darüber hinaus den Glauben von Managern, aufgrund ihrer persönlichen Fähigkeiten einen zusätzlichen Wert aus Kauf- oder Fusionsobjekten ›herausholen‹ zu können. Oftmals wird aufgrund einer damit einhergehenden Fehleinschätzung im Sinne einer ›Überschätzung‹ der eigenen Fähigkeiten eine überhöhte Transaktionsprämie gezahlt, die sich später als nicht gerechtfertigt herausstellt.[35]

Da strategische Motive je nach Konstellation ganz unterschiedlicher Natur sein können, werden diese in der vorstehenden Abbildung ›Gründe und Motive für Akquisitionen und Fusionen‹ nur exemplarisch aufgeführt. Dabei ist ohnehin davon auszugehen, dass die strategischen Motive eine Auswirkung auf die ökonomischen Motive haben (und umgekehrt), was durch die Pfeile in der Abbildung ausgedrückt wird. Besonders wichtig erscheint gerade in der Bankenbranche das Argument des schnellen

Markteintritts durch Akquisitionen und Fusionen. Im Retail-Banking würde es beispielsweise bei Rückgriff auf andere Strategiealternativen im Ausland (wie zum Beispiel Neugründungen) oftmals Jahre oder Jahrzehnte dauern, bis eine entsprechende Marktdurchdringung erreicht werden könnte. Auch die Wiederherstellung eines oligopolistischen Gleichgewichts in einer Region oder auf dem Weltmarkt kann als Motiv hinter einer grenzüberschreitenden Akquisition oder Fusion stehen. Entweder über so genannte Follow-the-Leader-Investments oder über Cross-Investments im Ausland soll verhindert werden, dass Konkurrenten zu stark werden und die eigene Marktstellung gefährdet wird.[36]

Wie man erkennen kann, sind viele der Gründe und Motive für Akquisitionen und Fusionen nicht nur im internationalen, sondern auch im nationalen Kontext relevant. Es sollte aber bereits bisher klar geworden sein, dass mit den Alternativen von grenzüberschreitenden Transaktionen der Entscheidungs- und Handlungsspielraum (etwa zur Erreichung von Synergien, von Effizienz oder von Risikoreduktion durch Diversifikation) jedenfalls weiter ausgebaut wird. Welche ›Treiber‹, das heißt welche ›äußeren‹ Rahmenbedingungen, gerade die grenzüberschreitende Akquisitions- und Fusionstätigkeit in den letzten Jahrzehnten forciert haben, wird ferner in Abschnitt e des vorliegenden Beitrags diskutiert. Zuvor soll allerdings aufgezeigt werden, dass den Gründen und Motiven für Akquisitionen und Fusionen auch erhebliche Probleme und Risiken gegenüberstehen.

d. Probleme und Risiken von Akquisitionen und Fusionen

Probleme und Risiken können in allen Phasen des Akquisitions- und Fusionsprozesses auftreten. Die Literatur liefert uns zahlreiche Vorschläge für Phasenmodelle, die helfen können, die verschiedenen Probleme und Risiken systematisch zu erfassen.[37] Vereinfachend kann zwischen der Akquisitions- beziehungsweise Fusionsphase an sich und der sich daran anschließenden Integrationsphase differenziert werden. In der Akquisitionsbeziehungsweise Fusionsphase kommt es zunächst zur Formulierung einer Akquisitions- oder Fusionsstrategie, dann zur Suche nach Übernahme- oder Fusionskandidaten sowie zur Prüfung und Bewertung der Partner (›Due Diligence‹), bevor die Verhandlungen und letztlich der Vertragsabschluss anstehen. Für die Integrationsphase existiert kein idealtypischer Ablauf, da die Integration in noch höherem Maße fallspezifisch erfolgen muss. Wichtig ist es aber in allen Fällen, vorab Entscheidungen hinsichtlich des Integrationsgrads, des Integrationstempos, der Integrationsverantwortlichen und der Integrationsmechanismen zu treffen.[38]

Ein in der Praxis zu beobachtendes Problem besteht darin, dass nicht alle Akquisitionen und Fusionen das Ergebnis einer klaren, auf strategischen Analysen beruhenden Akquisitions- und Fusionsstrategie darstellen. So mancher Transaktion scheint eine eindeutige Ausrichtung zu fehlen, mit der die oben angesprochenen ökonomischen und strategischen Ziele zu erreichen sind. Bei der Suche und Bewertung der Übernahmekandidaten kommt es immer wieder zu Fehleinschätzungen – etwa im Hinblick auf die erreichbaren Synergien,[39] auf die möglichen Effizienzgewinne oder auf die aus einer geografischen Diversifikation resultierende mögliche Risikoreduktion. Nicht selten wird trotz eines offenkundigen Mangels an idealen Akquisitions- und Fusionskandidaten an der Strategie des externen Wachstums festgehalten und auch bei den Verhandlungen ein zu hoher Preis akzeptiert. Dies kann zwar den Vertragsabschluss beschleunigen, aber im Falle einer Akquisition zu viele Ressourcen (ob an Barmitteln oder an eigenen Aktien) ›verschlingen‹ sowie im Falle einer Fusion ein ungünstiges Umtauschverhältnis nach sich ziehen.

Auf weitere Probleme weist die Erfahrung hin, dass gerade in der Bankenbranche in der Vergangenheit viele bereits angekündigte Akquisitionen und Fusionen schließlich doch nicht – oder nicht in geplantem Ausmaß – zustande gekommen sind.[40] Einer der Gründe dafür liegt in wettbewerbsrechtlichen und dabei insbesondere in kartellrechtlichen sowie bankenaufsichtsrechtlichen Bedenken.[41] Ferner können Überfremdungsängste und Aversionen in bestimmten Ländern und Gesellschaften vor allem dann aufkommen, wenn ausländische Banken eine Akquisition oder Fusion planen. Immer wieder haben derartige Reaktionen in der Gesellschaft dazu beigetragen, dass geplante Transaktionen im Vorfeld gescheitert sind. In anderen Fällen werden Transaktionen zwar letztlich realisiert – allerdings nur unter erheblichen Schwierigkeiten: Das Squeeze-out der ehemaligen Minderheitsaktionäre der Bayerischen Hypo- und Vereinsbank, welches die UniCredit Group 2007 beschloss, und die zahlreichen Anfechtungsklagen von freien HVB-Aktionären stellen dafür ein gutes Beispiel dar.

Noch häufiger jedoch kommt es zu Problemen – oder gar zum Scheitern – in der Integrationsphase. Ein wesentlicher Grund hierfür besteht darin, dass die Integration in vielen Fällen schlechter geplant ist beziehungsweise werden kann als die Akquisition oder Fusion an sich. Das (Top-) Management antizipiert und steuert Integrationsprozesse in vielen Fällen unzureichend. So wird beispielsweise immer wieder von Fällen berichtet, bei denen nach einer Akquisition oder Fusion eine Abwanderung von Managern und Mitarbeitern auch zu einem Abfluss von Wissen führt. Im Kontext des Uni-Credit/HVB-Zusammenschlusses kam es beispielsweise zu einer Abwanderung mehrerer Top-Manager.[42] Abwanderungen von Kunden können unter anderem das Resultat der starken Binnenorientierung der Bank sein, die sich nach einer Akquisition oder Fusion einstellt – etwa in Form einer umfassenden Reorganisation der unternehmungsinternen Prozesse – und die dazu führt, dass Belange der Kunden vernachlässigt werden.[43] Große Probleme bei der Integration von Strategien, Strukturen und Systemen sind im Falle von Akquisitionen und Fusionen an der Tagesordnung; nur in wenigen Fällen sind die Strategien, Strukturen und Systeme der beteiligten Transaktionspartner weitgehend oder völlig kompatibel. Ähnliches gilt für die Integration von zwei oftmals völlig unterschiedlichen Unternehmungskulturen, was insbesondere im Falle eines anvisierten hohen Integrationsgrads problematisch sein kann.[44] Im Falle von grenzüberschreitenden Transaktionen kommen Differenzen in den Landeskulturen der beteiligten Akteure hinzu, die adäquat zu handhaben sind.[45] Exemplarisch soll in der folgenden Abbildung anhand der Strukturproblematik gezeigt werden, dass sich die HVB Group im Rahmen der Fusion an die Struktur der früheren UniCredit Group anpassen musste. Die Veränderungen in der Gesamtstruktur zogen damals auch sehr viele Konsequenzen im Detail nach sich, wie beispielsweise die Neuorganisation von Abteilungen und Gruppen, die Umgestaltung von Prozessen oder die Neubesetzung von Positionen.

Die Integration der UniCredit Group und der HVB Group im Rahmen der Fusion

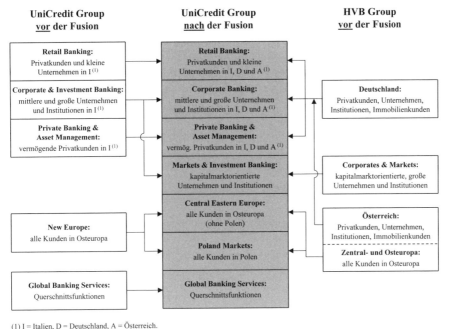

(1) I = Italien, D = Deutschland, A = Österreich.

Quelle: Informationen aus Schmid/Kotulla, UniCredit Group, S. 453; sowie aus den Geschäftsberichten der Unternehmungen.

Angesichts der bisherigen Ausführungen überrascht es nicht, dass – trotz der Existenz zahlreicher Handbücher und Ratgeber[46] – nicht alle grenzüberschreitenden Akquisitionen und Fusionen als erfolgreich gelten.[47] Unabhängig davon, dass es ohnehin schwer ist, Erfolg zu definieren,[48] kommen empirische Studien zu gemischten Resultaten.[49] Es wird davon gesprochen, dass mehr als die Hälfte der durchgeführten Akquisitionen und Fusionen nicht erfolgreich ist. Dabei soll – schenkt man empirischen Studien Glauben – die Bankenbranche noch schlechtere Erfolgswerte aufweisen als andere Branchen, was unter anderem daran liegen könnte, dass das Ausschöpfen von Synergiepotenzialen für Banken schwieriger ist als für Unternehmungen vieler anderer Branchen.[50]

e. Konsolidierungstendenzen in der Bankenbranche

Die in der Praxis zu beobachtenden grenzüberschreitenden Akquisitionen und Fusionen treiben, wenn auch nicht immer mit finanziellem Erfolg für die Anteilseigner (und wenn auch nicht zwingend mit ausschließlich positiven Konsequenzen für alle weiteren Stakeholder), die Konsolidierung im europäischen und internationalen Bankensektor voran.[51] Dabei wäre es jedoch falsch, bezogen auf die Bankenbranche von so genannter umfassender Globalisierung zu sprechen.⁵² Im Vergleich zu anderen Branchen ist die Bankenbranche vor allem in Bezug auf ihr Retail-Geschäft in vielen Ländern noch immer stark national – und teilweise sogar lokal – ausgerichtet. Dies ist beispielsweise durch die Existenz unterschiedlicher nationaler Bankensysteme zu erklären. In Deutschland lässt sich beispielsweise bis heute eine große Dominanz von öffentlich-rechtlichen Instituten, wie vor allem Sparkassen und Landesbanken, sowie von genossenschaftlich organisierten Instituten, wie vor allem Volksbanken und Raiffeisenbanken, feststellen.⁵³ Und selbst die meisten Großbanken, die sich (wie etwa die UniCredit Group) stark über Ländergrenzen hinweg betätigen, können nicht als ›Global Player‹ bezeichnet werden. So wurde empirisch herausgefunden, dass sich die meisten Banken im Rahmen ihrer Auslandsaktivitäten – und dabei vor allem im Retail-Geschäft – auf Länder konzentrieren, die ihrem jeweiligen Heimatland geografisch und kulturell vergleichsweise nahe sind, ohne ihre Aktivitäten auf die gesamte Welt auszudehnen.⁵⁴ Insofern ist im Hinblick auf die Präsenz der Banken stärker von einer Regionalisierung als von einer Globalisierung auszugehen.

Abschließend stellt sich die Frage, welche die wesentlichen ›Treiber‹ für den internationalen Konsolidierungsprozess in der Bankenbranche – wenn auch vor allem auf regionaler Ebene – sind.⁵⁵ Gemeint sind damit die ›äußeren‹ und dabei etwa politischen und wirtschaftlichen Rahmenbedingungen, unter denen die in Abschnitt c erörterten Motive der Akquisitionen und Fusionen erst (verstärkt) ihre Wirkung entfalten konnten. Zunächst gehören die zunehmenden Deregulierungstendenzen in der Finanzmarktbranche an sich dazu: Die Entmonopolisierung und Liberalisierung des Wettbewerbs in vielen Ländern hat grenzüberschreitende Transaktionen begünstigt, etwa in Form einer Privatisierung vormals staatlicher oder teilweise staatlicher Institute, bei der auch ausländische Käufer ›zum Zuge kamen‹; ferner wurde durch die Deregulierung der Akquisitions- und Fusionsdruck auf ineffizient wirtschaftende Institute verstärkt. Darüber hinaus gelten die zunehmenden Kooperations- und Integrationstendenzen innerhalb von Wirtschaftsräumen, wie etwa in Europa in Form der Europäischen Union, als entscheidender Faktor: Gerade Banken haben auf die Schaffung eines gemeinsamen Marktes mit freiem Kapitalverkehr und auf die Einführung einer gemeinsamen Währung (auch) mit internationalen Akquisitionen und Fusionen reagiert.

Die Öffnung ehemaliger Planwirtschaften sowie das Auftreten neuer Wettbewerber auf dem Weltmarkt hat das ›Akquisitions- und Fusionskarussell‹ weiter beschleunigt. So wurde beispielsweise von der UniCredit Group die Marktöffnung in Zentral- und Osteuropa dazu genutzt, in den dortigen Ländern ›Fuß zu fassen‹ und zahlreiche lokale Banken zu übernehmen. Der technologische Fortschritt, vor allem bei Informations- und Kommunikationstechnologien, kann im Bankenbereich auch über Ländergrenzen hinweg Transaktionskosten senken und somit beispielsweise das Erreichen von Synergien im Rahmen von Akquisitionen und Fusionen erleichtern. Ferner lässt sich beobachten, dass gerade Banken, die selbst den richtigen Zeitpunkt für groß angelegte Investitionen in neue Technologien oder den richtigen Zeitpunkt für den Aufbau neuer Geschäftsmodelle – etwa im Online-Banking – ›verpasst‹ haben, durch Akquisitionen (auch im Ausland) ihren ›Nachholbedarf gestillt‹ haben oder weiter stillen. Schließlich sollte man nicht vergessen, dass Finanz- und Kapitalmärkte – stärker als die Märkte für Produkte und Dienstleistungen sowie stärker als die Märkte für Arbeitsleistungen – als (ansatzweise) global gelten,⁵⁶ was gerade im Investmentbanking-Geschäft grenzüberschreitende Transaktionen begünstigt hat.

Interessant ist die Frage, welche Konsequenzen die Konsolidierung auf gesamtwirtschaftlicher und gesamtgesellschaftlicher Ebene mit sich bringt. Noch müssen sich Banken, die über Ländergrenzen hinweg akquirieren und fusionieren, an ihren jeweiligen spezifischen Umwelten orientieren und sich diesen oftmals stärker anpassen, als dass sie diese aktiv gestalten können. In diesem Zusammenhang ist es für Banken von großer Bedeutung, sich in den jeweilgen Ländermärkten und in den jeweils nationalen Bankensystemen adäquat zu verhalten.⁵⁷ Inwiefern sich die nationalen Bankensysteme – auch getrieben durch einzelwirtschaftliche Akquisitionen und Fusionen – in Zukunft angleichen werden, ist eine Frage, die auch in Abhängigkeit von den durch die Politik gesetzten Rahmenbedingungen zu beantworten sein wird.⁵⁸ Dabei gilt es jedoch ohnehin zu beachten, dass nicht jede mögliche Angleichung, die sich auf den ersten Blick ergibt, auch tatsächlich eine Angleichung ist, die die zugrunde liegenden gesellschaftlichen und wirtschaftlichen Wertesysteme gleichermaßen erfasst.

Abschließend sei betont, dass Konsolidierungstendenzen in der Bankenbranche seit jeher existieren. Akquisitionen und Fusionen spielen seit Jahrhunderten eine wesentliche Rolle, etwa in der Form der Übernahme einer (lokalen) Privatbank durch eine andere (lokale) Privatbank. Auch die Internationalisierung ist, für sich genommen, kein neues Phänomen. Sie findet in der Bankenbranche – wie in vielen anderen Branchen – bereits seit langem statt. Sie hat jedoch mit dem Konsolidierungsprozess der letzten Jahre zugenommen; sie wird einerseits von den Banken selbst vorangetrieben, andererseits auch durch die genannten ›äußeren‹ Treiber verstärkt. Die Art der Internationalisierung variiert dabei erheblich von Bank zu Bank. Dies zeigt sich, wenn man die Markteintritts- und Marktbearbeitungsstrategien, Zielmarktstrategien, Timingstrategien, Allokationsstrategien und Koordinationsstrategien der UniCredit Group mit denen anderer Wettbewerber, wie etwa der HSBC Group, der Deutschen Bank oder der Société Générale, vergleicht.

---

1   Schmid/Kotulla, UniCredit Group; PriceWaterhouseCoopers, European Banking, S. 10. – Ich danke meinen ehemaligen wissenschaftlichen Mitarbeitern, Herrn Dr. Thomas Kotulla und Frau Dipl.-Kffr. Esther Rödel, für ihre wertvolle Unterstützung in unterschiedlichen Phasen der Entstehung des vorliegenden Beitrags.

2   Schmid/Kotulla, UniCredit Group, S. 444 f.

3   Im Jahre 2005 wurde die Umfirmierung von Gruppo UniCredito Italiano zu UniCredit Group vorgenommen, was auch aus der Abbildung ›Das Wachstum der UniCredit Group durch Akquisitionen und Fusionen seit Mitte der 1990er-Jahre‹ ersichtlich wird.

4   Cassis, Introduction, S. 4 f.

5   Schmid/Kotulla, UniCredit Group, S. 443 f.

6   Vgl. zur Unterscheidung zwischen Fusionen und Akquisitionen Glaum/Hutzschenreuter, Mergers & Acquisitions, S. 17 ff.; Kutschker/Schmid, Management, S. 923 f.

7   Vgl. den Überblick über angekündigte und vollzogene Transaktionen in Lorenz, Banking, S. 329–335, sowie Stöß, Globalisierung, S. 41.

8   Akquisitionen und Fusionen innerhalb eines Landes können bereits seit langer Zeit beobachtet werden. Vgl. zum Beispiel für Spanien Tortella, Bank Mergers; Tortella, Banking Archives; ferner für das Vereinigte Königreich Green, Marriage, oder für Deutschland Feldman, Responses; Koetter,

German Bank; Pohl, Konzentration; mit dem Zusammenschluss von BNP und Paribas beschäftigen sich Gupta/Chevalier, Mergers.
9   Ayadi/Pujals, Banking Mergers; Beitel, Akquisitionen, S. 59–63; Lorenz, European Banking, S. 12 f.; PriceWaterhouseCoopers, European Banking, S. 8; Putlitz, Internationalisierung, S. 136–162.
10 Ebd., S. 49–59.
11 Ausführlich zu unterschiedlichen Markteintritts- und Marktbearbeitungsstrategien Kutschker/ Schmid, Management, S. 848–941.
12 Kindleberger, Banks.
13 Mbonimana, Internationalisierungsstrategien, S. 104–151; Putlitz, Internationalisierung, S. 59–63; ein Beispiel für die Internationalisierungshistorie einer Bank in einem bestimmten Markt liefert Kobrak, Deutsche Bank.
14 Vgl. zu (grenzüberschreitenden) Megafusionen auch Ghemawat/Ghadar, Megafusionen; Lenel, Megafusionen; Schuster, Megafusionen.
15 Zuweilen wird davon gesprochen, dass nicht erst seit circa 20, sondern bereits seit circa 30 Jahren eine verstärkte Akquisitions- und Fusionstätigkeit festzustellen ist. Vgl. dazu etwa Putlitz, Internationalisierung, S. 136–141.
16 Buch/Lipponer, FDI.
17 Glaum/Hutzschenreuter, Mergers & Acquisitions, S. 17 ff.; Kutschker/Schmid, Management, S. 923 f.
18 Glaum/Grote/Hutzschenreuter, Besonderheiten, S. 145 f. – Kommt es nur zu einem Erwerb von weniger als 50 Prozent der Anteile, so spricht man in der Regel von einer Minderheitsbeteiligung, vgl. Kutschker/Schmid, Management, S. 912.
19 Vgl. zum Beispiel Achleitner/Dresig, Mergers & Acquisitions, Sp. 1562; ferner für weitere Differenzierungskriterien zum Beispiel Beitel, Akquisitionen, S. 9–14.
20 Glaum/Hutzschenreuter, Mergers & Acquisitions, S. 17 f.
21 Kutschker/Schmid, Management, S. 924.
22 Beitel, Akquisitionen, S. 14–30; Glaum/Hutzschenreuter, Mergers & Acquisitions, S. 53–91; Jansen, Mergers & Acquisitions, S. 132–172; Lorenz, Banking, S. 17–32; Macharzina/Wolf, Unternehmensführung, S. 718–722; Mattern/Heidegger/Lottner, Fusionsmanagement, Sp. 936 f.; Poddig/Varmaz, Fusionen, S. 208 ff.; Trautwein, Merger; Weese, Bankenzusammenschlüsse, S. 19–37.
23 Vgl. Beitel, Akquisitionen; Boot, Restructuring, S. 18 ff.; Mattern/Heidegger/Lottner, Fusionsmanagement, Sp. 936 f.; Poddig/Varmaz, Fusionen, S. 209; Weese, Bankenzusammenschlüsse, S. 23–27.
24 Es gilt allerdings zu beachten, dass nicht in allen Publikationen ein derart enges Verständnis von Effizienz vorliegt. Vgl. zum Beispiel Röller/Stennek/Verboven, Efficiency, S. 86–98.
25 Beitel, Akquisitionen, S. 21 f.; Weese, Bankenzusammenschlüsse, S. 22 f.
26 Beitel, Akquisitionen, S. 22 f.; Weese, Bankenzusammenschlüsse, S. 29–32.
27 Macharzina/Wolf, Unternehmensführung, S. 719, sprechen in diesem Zusammenhang von der Bewertungsthese.
28 Beitel, Akquisitionen, S. 20 f. – Fragwürdig ist die Gültigkeit der q-Ratio-Hypothese, die auf den Wiederbeschaffungswert von Vermögensgegenständen/Wirtschaftsgütern abzielt, beispielsweise deswegen, weil sie der spezifischen Bedeutung der Assets in der Bankenbranche (gegenüber der Bedeutung der Assets im Industriesektor) nicht Rechnung trägt.
29 Vgl. Beitel, Akquisitionen, S. 23 ff., und die dort genannte Literatur; ferner zum Verhältnis von Shareholdern und anderen Stakeholdern zum Beispiel Schmid, Shareholder-Value-Orientierung.
30 Im Zusammenhang mit Marktmacht wird zuweilen auch von der ›Monopolthese‹ gesprochen. Vgl. zum Beispiel Macharzina/Wolf, Unternehmensführung, S. 718.
31 Als freier Cashflow wird in der Regel der Teil des gesamten Cashflows definiert, der für Zahlungen an die Eigen- und Fremdkapitalgeber zur Verfügung steht.
32 Vgl. Weese, Bankenzusammenschlüsse, S. 34 ff.; ferner zur Rolle von Macht von und in Banken Schuster, Macht.
33 Beitel, Akquisitionen, S. 25 f.
34 Schuster, Megafusionen, S. 9; Weese, Bankenzusammenschlüsse, S. 32 ff.
35 Vgl. zum Hybris-Argument zum Beispiel Beitel, Akquisitionen, S. 26 f.; Homberg/Osterloh,

36 Knickerbocker, Reaction; Graham, Imitation.
37 Vgl. zu Phasenmodellen etwa Achleitner/Dresig, Mergers & Acquisitions, Sp. 1562 ff., 1566 f.; Glaum/Grothe/Hutzschenreuter, Besonderheiten, S. 154–175; Glaum/Hutzschenreuter, Mergers & Acquisitions, S. 111–214; Haspeslagh/Jemsion, Acquisitions; Lorenz, Banking, S. 16 f.; Lucks/Meckl, Mergers & Acquisitions; Mattern/Heidegger/Lottner, Fusionsmanagement, Sp. 938–942; Scheiter, Integration; Stahl, Management.
38 Kutschker/Schmid, Management, S. 916–919.
39 Das Problem der Realisierung von Synergiepotenzialen wird zum Beispiel von Boot, Restructuring, und Lorenz, Banking, S. 12 f., angesprochen.
40 Vgl. zum Beispiel den Überblick bei Lorenz, Banking, S. 334 f.
41 Zu erwähnen sind in diesem Zusammenhang auch die kartellrechtlichen Hürden, die die UniCredit Group und die HVB Group in einigen Ländern – wie zum Beispiel Polen – zu überwinden hatten. Vgl. Schmid/Kotulla, UniCredit Group, S. 455 f.
42 Ebd., S. 466 ff.
43 Weese, Bankenzusammenschlüsse, S. 37.
44 Vgl. zu unterschiedlichen Formen der Integration zum Beispiel Morosini, Differences; Reineke, Akkulturation; Sommer, Integration, S. 82–90; Zollo/Singh, Learning.
45 Vgl. zum Beispiel Brock, Acquisition; Olie, Culture; Stahl, Dynamics; ders., Management; ferner zur Bedeutung der Kultur Schmid, Multikulturalität; Kutschker/Schmid, Management, S. 669–819.
46 Gerds/Schewe, Integration; Penzel/Pietig, MergerGuide; Picot, Handbuch.
47 Eschen, Erfolg; Straub, Reasons.
48 Glaum/Hutzschenreuter, Mergers & Acquisitions, S. 92–100; Kutschker/Schmid, Management, S. 283 ff.; McGuire/Schneeweis/Hill, Analysis; Näther, Erfolgsmaßstäbe; Thanos/Papadakis, Acquisition; Putlitz, Internationalisierung, S. 163–211.
49 Altunbas/Marqués, Mergers; Ayadi/Pujals, Banking Mergers; Beitel, Akquisitionen; Lorenz, Banking; Putlitz, Internationalisierung, S. 203–215.
50 Boot, Restructuring; Lorenz, Banking, S. 12 f.
51 Goddard/Molyneux/Wilson/Tavakoli, Banking, S. 1918 ff.; Group of Ten, Report; Krabichler/Krauß, Konsolidierung.
52 Ausführlich zum Begriff der Globalisierung Schmid, Globalisierung; Kutschker/Schmid, Management, S. 159–174.
53 In manchen Ländern haben in den letzten Jahren allerdings größere Veränderungen in der Bankenlandschaft stattgefunden, die sich auch auf die Rechtsform der Institute ausgewirkt haben.
54 Grosse, Institutions; Rugman, Nature.
55 Vgl. zu ›Treibern‹ der Internationalisierung und Globalisierung im Allgemeinen Kutschker/Schmid, Management, S. 182–200; ferner spezifsch für die Bankenbranche Beitel, Akquisitionen, S. 48–63; Weese, Bankenzusammenschlüsse, S. 39–45.
56 Buckley, Perspective, S. 13.
57 Vgl. exemplarisch zu unterschiedlichen Bankensystemen Hein, Bankensysteme.
58 Schmidt, Future; Vitols, Großbanken.

Hans-Peter Burghof

[33.]

Das Auslaufen der Gewährträgerhaftung für Sparkassen und Landesbanken 2001/05

Neue Wettbewerbsbedingungen im deutschen Kreditgewerbe

a. Einleitung

Am 17. Juli 2001 vereinbarten die Europäische Kommission und die Bundesregierung, dass mit dem 18. Juli 2005 die ›Gewährträgerhaftung‹ für deutsche Sparkassen und Landesbanken wegfallen und die ›Anstaltslast‹ der Träger dieser Kreditinstitute zu ersetzen sei. Diese ›Brüsseler Konkordanz‹ war ein wichtiger Einschnitt in die Wettbewerbsverhältnisse der deutschen Kreditwirtschaft. Denn indem sie den Sparkassen und Landesbanken einen bisher gewährten Vorteil nahm, glich sie zumindest formal die Wettbewerbsbedingungen der drei großen Gruppen des deutschen Kreditgewerbes in einem zentralen Punkt aneinander an. Die Anstaltslast hatte der öffentlichen Hand hoheitlich aufgetragen, die Funktionsfähigkeit der von ihnen getragenen Sparkassen und Landesbanken finanziell und personell aufrecht zu erhalten. Die Gewährträgerhaftung hatte die öffentliche Hand verpflichtet, im Insolvenzfall für die Verbindlichkeiten dieser Institute zu haften. Diese Leistungen waren geeignet, die Einlagensicherungs- und Refinanzierungskosten der Sparkassen und Landesbanken zu vermindern und ihnen so einen Wettbewerbsvorteil gegenüber den privaten Banken und Genossenschaftsbanken zu verschaffen.

Diese Vorteile hatten weniger Gewicht, solange sich die Geschäfte der überkommenen ›drei Säulen‹ der deutschen Kreditwirtschaft hauptsächlich in den traditionellen, segmentierten Bahnen bewegten: Solange also die privaten Banken sich vor allem dem Großkredit-, Emissions- und Wertpapiergeschäft widmeten, die auf dem Selbsthilfegedanken beruhenden Genossenschaftsbanken Landwirtschaft und Handwerk mit Kredit versorgten und die Sparkassen im Einlagen-, Hypothekarkredit- und Kommunalkreditgeschäft tätig waren. Als sich aber die Geschäftstätigkeiten im letzten Drittel des 20. Jahrhunderts zunehmend vermischten, die Großbanken zum Beispiel in das Massengeschäft, die Sparkassen in den klein- und mittelständischen Kredit und die Landesbanken in das Großkredit- und Wertpapiergeschäft drängten, wurden die den öffentlich-rechtlichen Kreditinstituten vom Gesetzgeber gewährten Vorteile zur Zielscheibe der Angriffe aus dem Bankenlager. Die von der Europäischen Bankenvereinigung betriebene ›Brüsseler Konkordanz‹ sollte diese Wettbewerbsverzerrungen beseitigen und so ein ›level playing field‹, das heißt gleiche Wettbewerbsbedingungen für alle herstellen. Aber tat sie das wirklich?

Der vorliegende Beitrag geht dieser Frage nach. Er schildert zunächst Entstehung und Funktion von Anstaltslast und Gewährträgerhaftung (Abschnitt b). Dann widmet er sich den jahrzehntelangen Debatten um die Abschaffung der Gewährträgerhaftung (Abschnitt c), zunächst in Deutschland selbst, dann – in den 1990er-Jahren – in den europäischen Gremien. Abschnitt d schließlich geht auf die bis heute beobachtbaren Wirkungen des Subventionsverbots ein, zunächst auf die Landesbanken, dann auf die Sparkassen. Eine kurze Zusammenfassung (Abschnitt e) schließt den Beitrag. Dabei liegt der Schwerpunkt der Betrachtung auf der Gewährträgerhaftung als dem aus heutiger Sicht bedeutsameren ökonomischen Sachverhalt, obwohl sich Anstaltslast und Gewährträgerhaftung in der historischen Perspektive nicht voneinander trennen lassen sondern aufeinander aufbauen.

b. Entstehung, Rechtsstellung und Funktion der Gewährträgerhaftung

Die Entstehung der deutschen Sparkassen wird meist auf das letzte Viertel des 18. Jahrhunderts zurückgeführt. So gründete die Hamburger Patriotische Gesellschaft 1778 eine heute nicht mehr existierende Sparkasse. In den folgenden Jahren entstanden zahlreiche Sparkassen auf kommunaler Basis.[1] Neben Städten, Gemeinden, Gebietskörperschaften und Ämtern zählten auch private Geldgeber zum Gründerkreis. Träger und Rechtsformen waren vielfältig. Im Jahr 1836 existierten bereits um die 280 Sparkassen, rund 70 Jahre später waren es schon über 3.000 Institute. Die Gründung von Sparkassen sollte wirtschaftlich schwächer gestellten Bevölkerungsschichten ermöglichen, ihre Ersparnisse sicher und verzinslich anzulegen.[2] Zumindest in einigen Regionen mögen Sparkassen dabei an die Stelle der Kirche getreten sein, die vor der Säkularisierung Anfang des 19. Jahrhunderts eine entsprechende Rolle gerade für die Witwen und Waisen gespielt haben mag. Insofern führt auch eine Traditionsbrücke zu den obrigkeitlichen Witwen- und Waisenkassen des 18. Jahrhunderts, so etwa zu der bereits 1749 gegründeten Ordentlichen Waisenkassa der Reichsabtei Salem, in deren Nachfolge sich die heutige Sparkasse Salem-Heiligenberg sieht.[3]

Unter Haftungsgesichtspunkten kristallisierten sich zwei Möglichkeiten zur Gründung öffentlicher Sparkassen heraus. Im Rahmen der einen Alternative gab die Errichtungskörperschaft eine beschränkte oder unbeschränkte Garantie für das neu gegründete Institut ab. In dieser Form wurde etwa im Jahr 1801 die erste kommunale Sparkasse in Göttingen eröffnet.[4] Dadurch erhielten die Sparer ein hohes Maß an Sicherheit. Die Ausstattung mit Eigenkapital war in diesem Fall im Gegensatz zur zweiten Gründungsmöglichkeit nicht notwendig. Im zweiten Modell gab es zwar keinen expliziten Gewährträger, jedoch wurde das Institut mit einem Dotationskapital ausgestattet. In dieser Form wurde im Jahr 1818 beispielsweise die Württembergische Spar-Casse – das älteste Vorgängerinstitut der heutigen Landesbank Baden-Württemberg – von der damaligen württembergischen Königin Katharina gegründet.[5] Bei beiden Formen ist die enge Bindung an die damalige Obrigkeit deutlich. Eine besondere Entwicklung stellen demgegenüber im norddeutschen Raum die auf Bürgerstolz und -engagement der Hansestädte oder, in Schleswig-Holstein, dem dänischen Konzept privater Sparkassen beruhenden freien Sparkassen dar. Diese Institute kamen ohne eine solche explizite oder implizite Garantie durch die Obrigkeit aus. Zu dieser Gruppe zählen heute sechs, teilweise recht große Institute.

Die Geschäftstätigkeit konzentrierte sich anfangs auf das Einlagen- und das langfristige Kreditgeschäft mit privaten Kunden. Erst 1908 wurden den Sparkassen die passive Scheckfähigkeit und damit auch die Erlaubnis zum Giro- und Kontokorrentgeschäft verliehen. Dies war der Grundstein für den Wandel der Sparkassen hin zu Universalkreditinstituten.[6] Möglicherweise waren Sparkassen aber schon deutlich früher auch im Bereich der gewerblichen Wirtschaft sehr viel aktiver als bisher vermutet. Dennoch unterschied sich das Geschäftsmodell sehr deutlich von dem der privaten Banken.

Die erste gesetzliche Regelung des Sparkassenwesens wurde in Preußen im Jahr 1838 geschaffen. Sie wurde zum Vorbild für die gesetzlichen Regelungen in anderen deutschen Staaten. Durch das Sparkassenreglement, durch Erlasse verschiedener Aufsichtsbehörden sowie durch höchstrichterliche Entscheidungen wurde festgelegt, dass Sparkassen unselbstständige Einrichtungen der Kommunen sind und keine eigene Rechtspersönlichkeit besitzen.[7] Im Jahr 1897 wurden die sich daraus ergebenden Verpflichtungen durch ein Urteil des Preußischen Oberverwaltungsgerichts konkretisiert. Dabei wurde auch implizit die ›Anstaltslast‹ eingeführt, denn das Gericht bestätigte die Pflicht der Träger, für ihre Sparkassen einzutreten. Konkretisiert wurde die Anstaltslast in der Weise, dass die Träger verpflichtet wurden, ihre Anstalt mit den nötigen finanziellen Mitteln auszustatten, um sie funktionsfähig zu erhalten. Dies bedingt auch, dass der Anstaltsträger im Innenverhältnis bei Bedarf Kapital nachschießen muss.[8] Eine gesetzliche Regelung erfolgte dagegen erst sehr viel später, vielleicht auch, weil man diese Verpflichtungen vor dem Hintergrund der rechtlichen Stellung der Sparkassen als selbstverständlich ansah. Erst Anfang der 1980er-Jahre wurde die Anstaltslast in die Sparkassengesetze (SparkG) deutscher Bundesländer aufgenommen, wie zum Beispiel 1982 in den §3 Abs. 2 des SparkG Rheinland-Pfalz.[9]

Die Konkretisierung dieser Haftung auch im Außenverhältnis, das heißt die Gewährträgerhaftung, ist eine Frucht der Bankenkrise von 1931. In dieser Krise gerieten auch die Sparkassen in erhebliche Zahlungsschwierigkeiten, welche nur durch staatliche Hilfen behoben werden konnten. Die Reichsregierung beschloss in der Folge mit der 3. Notverordnung vom 6. Oktober 1931, die Sparkassen als Anstalten des öffentlichen Rechts zu verselbstständigen und aus der unmittelbaren kommunalen Verwaltung herauszulösen. Viele Sparkassen verfügten jedoch entsprechend ihrer ursprünglichen Konzeption über kein eigenes Dotations- beziehungsweise Eigenkapital. Die Reichsregierung rief daher mit der neuen Reglementierung die Gewährträgerhaftung für Sparkassen und zugleich auch für Landesbanken in ihrer Funktion als Girozentralen der Sparkassen ins Leben.¹⁰ Unter Gewährträgerhaftung versteht man die Haftung des Trägers im Aussenverhältnis gegenüber den Gläubigern der Sparkasse beziehungsweise Landesbanken. Sie wird wirksam, wenn diese nicht aus dem Vermögen der Institute befriedigt werden können.¹¹

Die Gewährträgerhaftung für öffentlich-rechtliche Banken entstand demnach aus einer Bedrohungssituation heraus. In der Krise wurde die Anstaltslast offenbar nicht für ausreichend angesehen, um die Einleger dieser Institute von der Sicherheit ihrer Einlagen zu überzeugen und so die Stabilität der Sparkassen und damit eines wichtigen Teils des deutschen Finanzsystems gegen einen möglichen Einleger-Run zu sichern. Die Gewährträgerhaftung ist insofern zumindest kein unmittelbarer Reflex des öffentlichen Auftrags der Sparkassen.¹² Eigentlich machte die Anstaltslast die Gewährträgerhaftung unnötig. Denn da Anstaltslast und Gewährträgerhaftung parallel existierten, hätte ein Träger erst seiner ›Nachschusspflicht‹ aus der Anstaltslast nicht ordnungsgemäß nachkommen müssen, bevor die Gläubiger ihn aus der Gewährträgerhaftung in Anspruch nehmen könnten. Eine solche versäumte Nachschusspflicht war und ist aber nicht zu beobachten.¹³ Die Bereitschaft der Träger, ihren Verpflichtungen aus der Anstaltslast so umfassend nachzukommen, mag sich aber auch aus der 1931 ausdrücklich festgestellten Haftung im Außenverhältnis ableiten.

c. Die Abschaffung der Gewährträgerhaftung

Wettbewerbsmarkt und Gewährträgerhaftung: Die innerdeutsche Diskussion

In einer Marktwirtschaft bedarf jeder Eingriff in den Markt einer Begründung. Dies gilt sowohl für Gewährträgerhaftung und Anstaltslast wie auch für die Einrichtung und das Betreiben öffentlich-rechtlicher Kreditinstitute überhaupt. So wird in der Gesetzgebung eine Reihe von Aufgaben der Sparkassen genannt, in denen sich deren öffentlicher Auftrag konkretisiert.¹⁴ Sparkassen sollen danach

- den Sparsinn in der Bevölkerung wecken und fördern. Zu diesem Zweck wird jedermann die Gelegenheit zur sicheren und festverzinslichen Anlage seiner Sparmittel gegeben;
- die Kreditversorgung zu günstigen Bedingungen im örtlichen Bereich leisten sowie die allgemeine Versorgungsfunktion für wirtschaftlich schwächere Bevölkerungskreise erfüllen;
- eine Struktursicherungsfunktion ausfüllen. Durch ihre Präsenz in der Fläche sollen sie eine zu große räumliche Konzentration der wirtschaftlichen Aktivitäten verhindern. Dabei ist der flächendeckende Wettbewerb hervorzuheben, den sie vor allem im Zusammenspiel mit den genossenschaftlichen Kreditinstituten gewährleisten;
- Hausbanken der öffentlichen Hand, besonders der Kommunen sein;
- ein ausreichendes Maß an Wettbewerb in der Kreditwirtschaft sichern.

Unternehmerische Ziele wie die Gewinnerzielung müssen hinter diesen Konkretisierungen des öffentlichen Auftrags zurücktreten, da sich aus ihnen die Existenz der Sparkassen und deren besondere Haftungsregelungen nicht legitimieren lassen. Ihre Erfüllung ist eine Nebenbedingung für die Existenz der Sparkassen, nicht deren Ratio.

Ob Sparkassen in der Verfolgung der genannten Oberziele einem tatsächlich vorhandenen Marktversagen abhelfen, wird eher kontrovers diskutiert. Vor allem vor Beginn der Finanzkrise 2007 wurde dies mit Verweis auf die umfassende Leistungsfähigkeit des privaten Kreditgewerbes in Frage gestellt.[15] Diese Kritik baute sich mit der Veränderung marktlicher Rahmenbedingungen in den Fünfziger- und Sechzigerjahren auf. Bis in diese Jahre war der Wettbewerb der Kreditinstitute per se sehr eingeschränkt, und viele private Banken waren an den Geschäften der Sparkassen und an deren Kunden gar nicht interessiert. Die Aufhebung der Bedürfnisprüfungen bei der Eröffnung von Zweigstellen (1958), der staatlichen Zinsbindung (1967) sowie von Restriktionen in der Werbung (1967) schufen ein neues wettbewerbliches Umfeld. Das Bankgeschäft wurde zu einem Massengeschäft, an dessen Gewinnen alle Wettbewerber teilhaben wollten. Mögliche Verzerrungen des Wettbewerbs durch staatliche Eingriffe wurden daher als gravierender wahrgenommen als in der Vergangenheit.

Dementsprechend nahm nun auch die Marktorientierung einen höheren Stellenwert in der Geschäftspolitik der Institute ein. Dabei bemaß sich Marktferfolg nicht mehr vorrangig am Marktanteil und Volumenwachstum, sondern eher an den erzielten Gewinnen. Dies galt auch für die öffentlich-rechtlichen Kreditinstitute, die sich einerseits sehr erfolgreich in dieser neuen Wettbewerbssituation behaupten konnten, aber andererseits auch in ihrer Besonderheit nicht mehr so klar identifizierbar waren.[16] Bereits in den Sechzigerjahren kam es daher zu einer Hinterfragung der Wettbewerbssituation im Kreditgewerbe, bei der das Haftungssystem der Sparkassen und Landesbanken in den Mittelpunkt des Disputs gerückt wurde.

Die Bundesregierung reagierte darauf mit einer Untersuchung der Wettbewerbsverschiebungen im Kreditgewerbe (Wettbewerbsenquete). Die Ergebnisse wurden im Herbst 1968 bekannt gegeben. Sie fielen noch weitgehend im Sinne der öffentlich-rechtlichen Institutionen aus. Anstaltslast und Gewährträgerhaftung blieben unverändert bestehen, wobei die Anstaltslast als die kritischere Haftungsgrundlage eingestuft wurde. Die Gewährträgerhaftung sei »*nichts anderes als eine nach außen hin dokumentierte Verstärkung der Anstaltslast; sie bedeutet im Wesentlichen nur eine formelle, weniger eine materielle Besserstellung der Gläubiger, weil der Träger der Anstaltslast damit nur in besonderer Form seinen Willen zum Ausdruck gebracht hat, die ihm aus der Anstaltslast ohnehin obliegenden Pflichten gegenüber seiner Anstalt so zu erfüllen, dass deren Gläubiger keine Verluste erleiden.*«[17]

Der Bericht wies ebenfalls auf die Notwendigkeit einer Einlagensicherung zum Schutze der Bankgläubiger hin, um die Gefahr einer Vertrauenskrise im Bankensystem und des damit bei Zusammenbruch eines Instituts einhergehenden Abzugs von Bankeinlagen zu reduzieren.[18] Das besondere Haftungssystem der öffentlich-rechtlichen Kreditinstitute machte eine solche Regelung für diese Institutsgruppe eigentlich überflüssig. Durch die Einführung einer Einlagensicherung sei aber auch die Beseitigung struktureller Wettbewerbsnachteile möglich, die Anstaltslast und Gewährträgerhaftung den Konkurrenten öffentlicher Banken zufügten. Damit wurde die Existenz einer solchen Wettbewerbsverzerrung im Prinzip anerkannt.

Da ein solches System mit Kosten verbunden ist und gemäss der Forderung der Wettbewerbsenquete alle Bankengruppen in gleichem Maße belasten sollte, entschlossen sich die regionalen Sparkassen- und Giroverbände 1969, ein eigenes Sicherungssystem aus regionalen Sparkassenstützungsfonds mit einem überregionalen und die Landesbanken einschließenden Haftungsverbund zu schaffen.[19] Das Ziel der Sparkassen-Stützungsfonds ging über die Einlagensicherung hinaus und strebte die Existenzsicherung der beteiligten Institute auch in Krisen an. Voraussetzungen für die Etablierung eines solchen Systems sind das gemeinsame Interesse am Schutz der Gruppe und des Markennamens wie auch der eingeschränkte Wettbewerb innerhalb der Gruppe. Gewährträgerhaftung und Anstaltslast blieben dennoch weiterhin bestehen, um im Krisenfall eine »*rasche und geräuschlose Krisenbewältigung*« zu ermöglichen.[20] Etwa zur selben Zeit etablierten auch die genossenschaftlichen Banken ein umfassendes System der Institutssicherung und die privaten Banken eine sehr weitgehende Einlagenversicherung.[21] Die Gruppen verbesserten in der Folgezeit diese Systeme unter dem Eindruck vermehrter Bankinsolvenzen wie etwa der ›Herstatt-Pleite‹ von 1974.[22]

Das Ziel einer gleichmäßigen Belastung wurde dabei indessen verfehlt. Die drei Systeme forderten unterschiedliche hohe Beiträge ein. Bei den Kreditgenossenschaften und insbesondere den Sparkassen fiel der Beitrag sehr viel niedriger aus als bei den privaten Kreditinstituten, konnte aber bei größeren Problemen durch kräftige Umlagen ergänzt werden.[23] Man ist versucht, den niedrigen Beitrag der Sparkassen auf die Existenz der Gewährträgerhaftung zurückzuführen und die Institutssicherung als wettbewerbspolitisches Feigenblatt zu interpretieren. Ungeachtet der unterschiedlichen Grundkonzepte wurden allerdings die Probleme einzelner Institute in allen drei Sicherungssystemen meist in sehr ähnlicher Weise gelöst. Die Sicherungseinrichtung leistete einen finanziellen Beitrag zur Sanierung des betroffenen Instituts, das danach in aller Regel übernommen oder mit einem anderen Kreditinstitut der jeweiligen Gruppe fusioniert wurde. Die Gewährträgerhaftung wurde dabei nie in Anspruch genommen.[24] Es ist damit nicht auszuschliessen, dass die unterschiedlichen Beiträge zu den Sicherungseinrichtungen in erster Linie auf unterschiedlich riskante Geschäftsmodelle zurückzuführen sind. In diesem Fall wären sie nicht nur wettbewerbspolitisch unkritisch, sondern im Sinne einer besseren Internalisierung der besonderen Bankrisiken sogar erwünscht.[25]

Der deutsche Gesetzgeber hielt also ungeachtet aller Kritik an der Gewährträgerhaftung fest. Dies mag ein Ergebnis der guten Vernetzung der öffentlich-rechtlichen Kreditinstitute im politischen Raum sein. Andererseits waren die Erfahrungen mit dem deutschen Bankensystem insgesamt nicht so negativ, dass ein starker Veränderungsdruck verspürt wurde. Das Auftreten der Europäischen Union als ›Über-Staat‹ sollte hier in den Neunzigerjahren eine neue Situation schaffen.

Europäische Union und Abschaffung der Gewährträgerhaftung

Der erste große Konflikt des öffentlich-rechtlichen Bankensektors mit den europäischen Institutionen entzündete sich nicht an der Gewährträgerhaftung. Das Land Nordrhein-Westfalen gliederte 1992 ihre Wohnungsbauförderanstalt in die Westdeutsche Landesbank ein. In der Folge konnte diese das Eigenkapital der Wohnungsbauförderanstalt als haftendes Eigenkapital für ihre Bankgeschäfte nutzen und entsprechend ihre Geschäfte ausweiten. Dieses Vorgehen wurde als Provokation empfunden, zumal die Westdeutsche Landesbank auf dieses Eigenkapital nur einen minimalen Zins zahlen musste und besonders ambitioniert im internationalen Bankgeschäft auftrat. Mit vergleichsweise großer Konsequenz setzten sich daher die europäischen Institutionen für eine Durchsetzung des europäischen Beihilferechts ein, während die Bundesrepublik Deutschland durch immer neue Wendungen die geforderten Maßnahmen zu umgehen suchte. Letztlich dürfte diese langjährige Auseinandersetzung dazu beigetragen haben, den Blick der europäischen Institutionen auf die öffentlich-rechtlichen Kreditinstitute in Deutschland ins Negative zu wenden und auf die durchaus problematische Situation der Landesbanken zu fokussieren, ja diese fälschlicherweise als symptomatisch für die Situation öffentlicher Kreditinstitute in Deutschland zu verallgemeinern.

Gewährträgerhaftung und die Anstaltslast besitzen gleichfalls das Potenzial, als wettbewerbswidrig und als verbotene Beihilfen im Sinne des EU-Rechts verstanden zu werden. Gleichwohl erklärte die Europäische Kommission noch 1997, dass die Sparkassen und Landesbanken einen öffentlichen Auftrag zu erfüllen hätten und ihnen dafür ein Ausgleich beispielsweise in Form des Haftungssystems gewährt werden dürfe.[26] Im Dezember 1999 legte dann aber die Europäische Bankenvereinigung bei der EU-Kommission eine förmliche Wettbewerbsbeschwerde ein – im Kern mit folgenden Argumenten:[27]

– Ein besonderer öffentlicher Auftrag der Sparkassen und Landesbanken sei nicht mehr erkennbar. Anstaltslast und die Gewährträgerhaftung ließen sich daher durch ihn nicht mehr rechtfertigen.
– Anstaltslast und Gewährträgerhaftung seien eine Form der Dritthaftung und deshalb wie staatliche Bürgschaften beziehungsweise Garantien zu behandeln. Sie enthielten einen geldwerten Vorteil, welchen andere Kreditinstitute auf dem Markt nur gegen eine Vergütung erhielten.
– Anstaltslast und Gewährträgerhaftung verbesserten das Rating der öffentlichen Kreditinstitute, die sich dadurch zu wesentlich günstigeren Konditionen am Kapitalmarkt refinanzieren könnten.

Insgesamt gesehen vertrat die Europäische Bankenvereinigung die Auffassung, dass das Haftungssystem der öffentlichen Institute – vor allem mit seiner günstigen Wirkung auf Rating und Refinanzierungskosten – den Wettbewerb beeinträchtige und den deutschen Bankenmarkt gegen den Eintritt ausländischer Banken abschotte. In der Konsequenz müsse man Anstaltslast und Gewährträgerhaftung als unzulässige Beihilfen werten, mit allen daran zu knüpfenden europarechtlichen Konsequenzen.

Anfang 2001 nahm der Deutsche Sparkassen- und Giroverband Stellung zu der Wettbewerbsbeschwerde und brachte folgende Gegeneinwände vor:[28]

– Anstaltslast und Gewährträgerhaftung seien keine Dritthaftung. Der Gewährträger hafte vielmehr für das eigene, unternehmerisch tätige Unternehmen. Dies sei vergleichbar mit der Haftung eines Einzelkaufmannes, des Gesellschafters einer OHG oder des Komplementärs einer KG.

- Anstaltslast und Gewährträgerhaftung seien nur die positiven Aspekte der Organisationsform ›Kreditanstalt des öffentlichen Rechts‹. Die dem Haftungssystem gegenüberstehenden Nachteile seien ein fehlender Zugang zu den globalen Aktienmärkten, die Bindung an das gesetzliche Regionalprinzip sowie der öffentliche Auftrag und die damit verbundene strengere öffentliche Aufsicht.
- Anstaltslast und Gewährträgerhaftung seien zur Sicherstellung des öffentlichen Auftrages erforderlich. Der öffentliche Auftrag wurde im Wesentlichen mit den oben in Abschnitt c erwähnten Aufgaben begründet.
- Das Rating beeinflusse nicht die Konditionen der gesamten Refinanzierung, sondern nur eines sehr begrenzten Teil der Refinanzierungsinstrumente.

Die Begünstigung durch Anstaltslast und Gewährträgerhaftung sei demnach zu relativieren, und sie sei nur ein Ausgleich für Nachteile, die sich aus der besonderen Rechtsform und dem damit verbundenen öffentlichen Auftrag ergeben. Im Saldo bestünde kein besonderer Wettbewerbsvorteil.

Die Europäische Kommission machte sich jedoch die Auffassung der Bankenvereinigung zu Eigen. Sie vertrat den Standpunkt, dass Gewährträgerhaftung und Anstaltslast staatliche Beihilfen seien, die nicht mit dem Europäischen Gemeinschaftsrecht vereinbar seien. Damit verblieb wenig Spielraum für eine Beibehaltung der alten Regelung, und es erschien, wohl auch vor dem Hintergrund der Erfahrungen aus dem WestLB-Verfahren, nicht sinnvoll, den Konflikt auf die Spitze zu treiben. Am 17. Juli 2001 kam es mit der ›Brüsseler Konkordanz‹ zu einer Verständigung zwischen der Europäischen Kommission und der Bundesregierung, die recht großzügige Übergangsregelungen enthielt. Die Gewährträgerhaftung wurde erst für Verbindlichkeiten, die nach dem 18. Juli 2005 begründet werden würden, abgeschafft. Für die in der Zwischenzeit entstehenden Verbindlichkeiten behielt die Gewährträgerhaftung bis 2015 Gültigkeit, für bereits bestehende Verbindlichkeiten blieb sie gültig. Die Anstaltslast galt für eine Frist von vier Jahren fort und wurde dann abgeschafft.[29]

Schon in dieser Diskussion wies der damalige Präsident des Deutschen Sparkassen- und Giroverbands Dietrich H. Hoppenstedt darauf hin, dass die Rating-Agenturen auch in Ratings von Großbankkonzernen eine implizite Staatshaftung einrechnen würden, da sich Staaten die Insolvenz dieser Konzerne gar nicht leisten könnten.[30] Dem Prinzip des ›too big to fail‹ wurde damals allerdings wenig Bedeutung beigemessen, hielt man doch den Ausfall eines der großen Kreditinstitute oder gar eine Bankenkrise mit der Gefahr eines Runs auf alle Banken für ein gänzlich unwahrscheinliches Ereignis. Der daraus folgenden faktischen Haftung des Staates für größere Banken wurde daher kaum ökonomische Bedeutung beigemessen. Der für die Kommission entscheidende Unterschied mag aber auch darin gelegen haben, dass – anders als bei der staatlichen Stützung von Banken – Gewährträgerhaftung und Anstaltslasten dem Träger keine Entscheidungsmöglichkeit lassen, ob er das betroffene Institut im Krisenfall retten will. Man könnte daraus folgern, dass die privaten Großbanken durch die Form der ihnen gewährten impliziten Staatshaftung weniger begünstigt werden als die öffentlich-rechtlichen Kreditinstitute.[31] Die folgenden Jahre zeigten indessen, dass diese Ansicht formalistisch ist und nicht den tatsächlichen ökonomischen Sachverhalt abbildet. Möglicherweise hatte man mit der Gewährträgerhaftung die weniger gravierende Marktverzerrung beseitigt.

d. Konsequenzen der Abschaffung der Gewährträgerhaftung

Die Krise des Landesbankensektors

Die Veränderung des regulatorischen Rahmens zwingt einerseits die Wirtschaftssubjekte dazu, sich auf die Situation nach Einführung dieser neuen Rahmenbedingungen einzustellen und ihre Geschäftsmodelle entsprechend anzupassen. Andererseits kann der Übergang selbst sehr problematische Anreize entfalten.[32] Die Anreize sind besonders bedenklich, wenn die Übergangsphase, wie im Fall der Abschaffung der Gewährträgerhaftung, besonders lang ausfällt. Die wohlmeinende Gewährung langer Anpassungsfristen kann sich daher zu einem Fluch entwickeln und mehr Schaden anrichten, als durch die neue Regelung möglicherweise an Nutzen gewonnen wird. Die Abschaffung der Gewährträgerhaftung, gemessen an ihren Auswirkungen auf die Landesbanken, muss wohl unter dieser Kategorie missglückter regulatorischer Eingriffe eingeordnet werden.

Die Landesbanken standen schon bald nach der Brüsseler Vereinbarung im Fokus der öffentlichen Aufmerksamkeit, da sie sich in weit größerem Ausmaß über die Kapitalmärkte finanzierten als die Sparkassen. Eine Erhöhung der Refinanzierungskosten musste in ihrem häufig durch geringe Margen geprägten Geschäft gravierende Auswirkungen haben. Dieser Ansicht scheinen auch die Vorstände der Landesbanken selbst gewesen zu sein, die sich unter erheblichem Zugzwang gesetzt fühlten. Die Tatsache, dass auch die Landesbanken eigentlich zu groß für einen Konkurs waren, wurde dabei zunächst vernachlässigt.

Eine mögliche Handlungskonsequenz ist das Ausschöpfen der Haftungsprivilegien aus der Übergangsregelung bis zum letzten Augenblick. Dies haben nach einer gängigen Meinung die Landesbanken auch getan: Sie hätten ihre Bilanzen in den Folgejahren mit dem für sie noch billigen Geld des Kapitalmarkts gewaltig aufgeblasen. Da sie über keine geeigneten Anlagemöglichkeiten für dieses überschüssige Geld verfügten, hätten sie es in schlechte Projekte investiert und damit in der Finanzkrise hohe Verluste eingefahren. Tatsächlich haben die Landesbanken in der Zeit von Juli 2001 bis Ende 2005 das Gesamtvolumen der von ihnen ausgegebenen Schuldverschreibungen von 395 Mrd. Euro auf 464 Mrd. Euro erhöht.[33] Ein Teil dieses Anstiegs mag auf einen allgemeinen Wachstumstrend zurückzuführen sein. Die Bilanzsumme dieser Institute wuchs während dieses gesamten Zeitraums allerdings nur um 9,1 Prozent und damit etwa in gleichem Tempo wie die der privaten Banken. Der Anteil der Schuldverschreibungen der Landesbanken an allen Schuldverschreibungen deutscher Kreditinstitute erhöhte sich von 26,2 Prozent auf 28,1 Prozent, der Anteil an ihrer Bilanzsumme von 31,6 Prozent auf 34 Prozent. Die Landesbanken haben also während der Übergangsfrist zwar verstärkt den Kapitalmarkt zur Refinanzierung genutzt, aber nur in Maßen. Sie haben dabei keineswegs ihre Bilanzen in aussergewöhnlicher Weise ausgeweitet. Dies ist jedoch nicht entscheidend.

Als ausgesprochen problematisch erwies sich, dass das Geschäftsmodell der Landesbanken schon in der Übergangsphase grundlegend in Frage gestellt wurde.[34] Hier spielten die Rating-Agenturen eine treibende Rolle. Bisher hatten sie die Landesbanken unter Einbezug der Haftungssituation analysiert und dementsprechend in aller Regel das Rating des jeweiligen Gewährträgers auf die Bank übertragen. Nun veröffentlichten sie schon lange vor Wegfall der Gewährträgerhaftung ein parallel und unaufgefordert (›unsolicited‹) erstelltes Rating ohne Berücksichtigung der Haftungssituation (›Stand-alone-Rating‹). Damit verdeutlichen sie, welchen Anforderungen die Landesbanken sich in Zukunft würden stellen müssen. Die faktische Haftung des Staates aus der Tatsache, dass die meisten Landesbanken eindeutig in Kategorie der Too-big-to-fail-Institute fielen, scheinen sie dabei jedoch nicht berücksichtigt zu haben. Die Landesbanken kamen in diesen Ratings demnach systematisch schlechter weg als die privaten Großbanken. Sie konnten sich ausrechnen, dass sie bei einer Übernahme der mit den jeweiligen Stand-alone-Ratings korrespondierenden Refinanzierungssätze nicht überleben konnten. Man kann sich bei diesem Vorgang nicht des Gefühls erwehren, dass es den Rating-Agenturen auch darauf ankam, die bisher ihnen gegenüber reichlich ignoranten Landesbanken ihre Macht spüren zu lassen.

In ihren konkreten Empfehlungen für die Landesbanken betonten die Rating-Agenturen die Notwendigkeit, vorhandenes, regulatorisch ›ungenutztes‹ Eigenkapital zur Rentabilitätssteigerung einzusetzen und eine hohe Eigenkapitalrendite zu erwirtschaften. In der besonderen Marktsituation dieser Jahre ging also auch den Rating-Agenturen die Rendite vor der Sicherheit, die ein größerer Eigenkapitalpuffer gewährt. Vorbild waren die privaten Geschäftsbanken, die in diesen Jahren über die neu entstandenen Märkte für Kreditrisiko und geeignete rechtliche Konstrukte (Conduits und Verbriefungen) ihre Eigenkapitalrentabilität steigern konnten. Man vergab Kredite, um sie unmittelbar nach Kreditvergabe an den Kapitalmarkt weiterzureichen. Dabei gingen die Banken vor allem darauf aus, Margen aus durchlaufenden Kreditpositionen zu schneiden. Die dabei entstehenden Risiken konnten so gestaltet werden, dass sie weder in der Bilanz aufschienen noch mit aufsichtlichem Eigenkapital zu unterlegen waren. Euphemistisch bezeichnete man dieses Vorgehen als einen Prozess der Eigenkapitaloptimierung oder, noch bildhafter, des Eigenkapitalrecyclings. In Wirklichkeit handelte es sich um eine Form der Regulierungsarbitrage und eines exzessiven Leveragings, da die Kreditrisiken nicht ökonomisch wirksam auf die Kapitalmärkte ausgelagert wurden und in der Krise auf die jeweiligen Kreditinstitute zurückfielen.

Für die meisten Landesbanken bestanden kaum Alternativen zu ihrem bisherigen, sehr stark kapitalmarktorientierten Geschäftsmodell, waren sie doch durch ihre Kooperation mit den Sparkassen daran gehindert, in großem Umfang Primärkunden anzusprechen. Den Rating-Agenturen dürfte dies durchaus bewusst gewesen sein. Ihre Forderung an die Landesbanken, ihre Eigenkapitalrentabilität deutlich zu verbessern, kommt daher einer konkreten Einflussnahme auf das Geschäftsmodell der Landesbanken schon sehr nah. Die Rating-Agenturen begleiteten damit den Prozess der Verbriefung schlechter Kreditrisiken in manchen Fällen von ihrer Strukturierungsberatung über das Rating der einzelnen Tranchen bis hin zur Schaffung eines entsprechenden Abnahmedrucks auf die Landesbanken.

Dieser Sachverhalt entlastet nicht die Vorstände der Landesbanken, die große Wertpapiervolumina an der Bilanz und den aufsichtlichen Eigenkapitalanforderungen vorbei in meist irischen Conduits parkten. Es entschuldigt auch nicht die deutschen Aufsichtsbehörden und ihre politische Führung, die dies sehenden Auges zuließen. Es macht die Entscheidungssituation und das aus ihr folgende Versagen jedoch verständlicher. Im vorliegenden Kontext ist festzuhalten, dass der Anknüpfungspunkt für diese verheerende geschäftliche Entwicklung der Wegfall der Gewährträgerhaftung war. Man darf vermuten, dass die Landesbanken ohne diesen gravierenden Eingriff in ihr Geschäftsmodell nicht in dieser Breite von den Verlusten aus der Finanzkrise betroffen gewesen wären.

Die verlustträchtige Kombination aus dem Wegfall der Gewährträgerhaftung und der Finanzkrise führte zu einer grundlegenden Infragestellung der Landesbanken. Einige Autoren vertreten sogar die Auffassung, das Kapitel der ›traditionellen Landesbanken‹ sei abgeschlossen.[35] Zumindest wird dieser Sektor des deutschen Bankensystems an Gewicht verlieren und neu geordnet werden. Im Idealfall können dabei alte Schwächen überwunden werden und die Landesbanken aus der Rolle der politischen und für Missbrauch durch die Politik offenen Institute befreit werden. Zumindest innerhalb der Sparkassengruppe besteht aber Einigkeit darüber, dass man Zentralinstitute als Fenster zum Kapitalmarkt und als Begleiter der internationalen Geschäfte der Kunden weiterhin benötigt.

Sparkassen – stark auch ohne Gewährträgerhaftung?

Auch die Auswirkungen des Wegfalls der Gewährträgerhaftung auf die Sparkassen sind mit einem gängigen Vorurteil behaftet: Da die Sparkassen sich überwiegend über Einlagen refinanzierten, seien sie vom Urteil der Rating-Agenturen unabhängiger. Ihr Geschäftsmodell sei daher vom Wegfall der Gewährträgerhaftung wenig betroffen. Für diese Sichtweise spricht, dass die Sparkassen von der Finanzkrise weitgehend nur indirekt, nämlich über ihre Haftung für die Landesbanken, geschädigt wurden.[36] Teilweise profitierten sie von der Krise sogar mit deutlichen Zuwächsen bei den Einlagen und im Kreditgeschäft.[37] Offenbar genießen sie einen Vertrauensvorsprung insbesondere gegenüber den privaten Banken. Und der Ursprung dieses Vertrauens liegt nicht etwa in der mangelnden Einsicht der Einleger in die neuen Haftungsverhältnisse. Diese Schlussfolgerung legen Studien nahe, die einerseits über die Vorteile impliziter staatlicher Garantien für Großbanken, andererseits über die Wirkungen des Wegfalls der deutschen Gewährträgerhaftung angestellt wurden.

Bei ökonomischer Betrachtungsweise sind die Sparkassen vom Wegfall der Gewährträgerhaftung stärker betroffen als die Landesbanken. Sie sind nicht ›too-big-to-fail‹, haben also kein implizites Substitut für den Wegfall der expliziten Haftung. Bei amerikanischen Großbanken macht heute diese staatliche Garantie einen wichtigen Anteil am Unternehmenswert aus. Nach Dean Baker und Travis McArthur sind je nach Berechnungsmethode und betrachtetem Zeitraum 8,8 Prozent bis horrende 47,7 Prozent der Gewinne und damit auch in letzter Konsequenz des Aktienwerts der großen amerikanischen Bankkonzerne dieser Garantie geschuldet.[38] Zahlen für die deutschen Großbanken sind dazu nicht bekannt geworden, das Ergebnis dürfte aber kaum maßvoller ausfallen. Für die Sparkassen stellt somit die Aufhebung der Gewährträgerhaftung einen echten Verlust dar, der bei der Gestaltung der Geschäftspolitik zu berücksichtigen ist.

Reint Gropp, Christian Gründl und Andre Güttler nutzen in einer wichtigen Arbeit den Wegfall der Gewährträgerhaftung bei den Sparkassen als natürliches Experiment zur Ermittlung der Auswirkungen staatlicher Garantien.[39] Sie ermitteln gegenüber einer Kontrollgruppe anderer Banken eine Reihe hochsignifikanter Effekte, die darauf hindeuten, dass mit der Gewährträgerhaftung bei den Sparkassen eine deutliche Verzerrung des Wettbewerbs und der Handlungsanreize einhergingen, die nun wegfielen. So mussten Sparkassen nach Wegfall der Gewährträgerhaftung für ihre Anleihen höhere Zinsen zahlen und forderten ihrerseits höhere Kreditzinsen. Die Bonität ihrer Kreditnehmer erhöhte sich, sowohl im Bestand als auch durch höhere Bonitätsansprüche bei der Neukreditvergabe. Dabei erfolgt die Verbesserung im Bestand sowohl durch eine Verbesserung der Bonität fortgeführter Kreditbeziehungen als auch durch die Verweigerung der Prolongation bei schlechter Bonität. Daneben sind ein deutlicher Aufbau eines zusätzlichen Eigenkapitalpuffers sowie der verstärkte Rekurs auf die gegenüber der marktgängigen Anleihe weniger risikosensitive Einlagenfinanzierung zu beobachten. Insgesamt scheinen die Sparkassen durch den Wegfall der Gewährträgerhaftung sicherer geworden zu sein.

In diesem Sinne kann man die Abschaffung der Gewährträgerhaftung bei den Sparkassen als Erfolg werten. Gerade die Großbanken als ursprüngliche Initiatoren dieses Prozesses sollten sich jedoch dadurch nicht in ihrer eigenen Position bestätigt fühlen. Aus ökonomischer Sicht ist es gleichgültig, ob eine Garantie explizit oder nur implizit vorhanden ist. Ausschlaggebend sind die Glaubwürdigkeit ihrer Erfüllung und ihr wirtschaftlicher Wert. Beide dürften bei den Großbanken, die sich überwiegend am Kapitalmarkt refinanzieren und stark vernetzt sind, sehr hoch sein. Offenbar wurde 2001 nur eine weniger wichtige Wettbewerbsverzerrung auf den Bankenmärkten beseitigt. Die große Last für den Steuerzahler bleibt die implizite Garantie für Großbanken und die daraus sich ergebenden adversen Risikoanreize, denen ein großer Teil der Verluste aus der Finanzkrise zuzurechnen sein dürften.

Das besondere Vertrauen in die Sparkassen dürfte demnach dem nun noch risikoärmeren Geschäftsmodell und der Größenstruktur der Gruppe geschuldet sein, die es erlaubt, Krisen einzelner Institute mit den Mitteln der Gruppe zu bewältigen. Auch die Regionalität der Geschäftstätigkeit mag dazu beitragen, zumal sie ambitionierte und entsprechend riskante Geschäftsmodelle zu verhindern hilft. Dabei sind allerdings keine so hohen Gewinne zu erwarten wie bei den Großbanken, was aber angesichts der Tatsache, dass ein erheblicher Teil dieser Gewinne sich aus der impliziten Garantie des Staates ergibt, zumindest den Steuerzahler nicht stören sollte.

e. Zusammenfassung

Die Gewährträgerhaftung als explizite staatliche Garantie ist im Kontext der Bankenkrise von 1931 entstanden. Sie steht insofern nicht in unmittelbarem Zusammenhang mit dem öffentlichen Auftrag, konkretisiert und unterstützt jedoch für alle Marktteilnehmer sichtbar die so begründete Anstaltslast. Ihre Abschaffung hat vor allem im Bereich der Landesbanken zu erheblichen Fehlanreizen geführt, die dem deutschen Finanzsystem großen Schaden zugefügt haben. Dabei stellt sich weniger die Frage nach der grundsätzlichen Richtigkeit dieses Schrittes. Es geht vielmehr darum, wie man eine solche wesentliche Veränderung der wirtschaftlichen Rahmenbedingungen dieser Kreditinstitute regulatorisch begleitet. An dieser Stelle müssen wir ein eklatantes Aufsichtsversagen feststellen. Im Unterschied dazu sind die Auswirkungen auf die Sparkassen eher positiv.

Die Institute wurden insgesamt sicherer, was sich auch in ihrer Fähigkeit niederschlug, den Verwerfungen der Finanzkrise bisher erfolgreich die Stirn zu bieten.

Mit der Abschaffung der Gewährträgerhaftung wurde zwar eine mögliche Quelle von Wettbewerbsverzerrungen und Fehlanreizen im Bankwesen beseitigt. Die sehr viel gravierendere Problematik der Großinstitute, die der Staat nicht ohne unkalkulierbares Risiko fallen lassen kann, bleibt aber bestehen. Aus ökonomischer Sicht ist eine Lösung dieses Problems sehr viel dringlicher als es einst die Abschaffung der Gewährträgerhaftung war. Es fehlt hier aber unverändert an geeigneten Konzepten sowie dem Willen zur politischen Umsetzung. Die Entwicklung zu einer europäischen Bankenunion wird zwar von hohen Erwartungen begleitet, wird jedoch aus einer gänzlich anderen Interessenlage getrieben und daher das Ziel wohl verfehlen.[40]

1 Pohl, Spar-Casse, S. 19.
2 Ebd., S. 15 f.
3 Die Frage nach der ›ersten Sparkasse Deutschlands‹ ist also nicht ganz eindeutig zu beantworten.
4 Gerhard/Kaufhold, ›Gründerjahre‹, S. 43.
5 Wysocki, Auftrag, S. 36 f.
6 Pohl, Spar-Casse, S. 16 f.
7 Knebel Doeberitz, Sparkassenwesen, S. 45 ff.
8 Schlierbach, Anstaltslast, S. 76.
9 Püttner, Sparkassenrecht, S. 144, Schlierbach, Anstaltslast, S. 76.
10 Mura, Krisen, S. 49 f.
11 Püttner, Sparkassenrecht, S. 144.
12 Schmitt, Anstaltslast, S. 764. – Auch die genossenschaftlichen Kreditinstitute bedurften in dieser Situation einer zusätzlichen Haftungsgrundlage, die sie durch Einrichtung der ersten Hilfs- und Garantiefonds zur gegenseitigen Hilfe schufen. Vgl. [o. V.], Einlagensicherung, S. 30.
13 Püttner, Sparkassenrecht, S. 3, 144.
14 Möschel, Privatisierung, S. 95 ff.
15 Vgl. aus einer Vielzahl von Arbeiten etwa Hedrich, Privatisierung, oder Klein, Privatisierung. – Im politischen Umfeld sprach sich etwa der liberale ›Kronberger Kreis‹ für eine Privatisierung der Sparkassen aus. Vgl. Donges/Eekhoff/Möschel/Neumann/Sievert, Privatisierung.
16 Ellgering, Expansion, S. 60 ff.
17 Bericht der Bundesregierung über die Untersuchung der Wettbewerbsverschiebungen im Kreditgewerbe, S. 47 f.
18 [o. V.], Einlagensicherung, S. 31.
19 Burghof/Rudolph, Bankenaufsicht, S. 78.
20 Fischer, Einlagensicherung, S. 20 ff.
21 Ein solches System parallel existierender Sicherungseinrichtungen konkurrierender Bankengruppen kann übrigens als adäquates Mittel verstanden werden, um die mit der Existenz einer solchen Sicherung verbundenen Anreizprobleme zumindest einzuschränken. Es erscheint sehr viel leichter, innerhalb einer solchen Gruppe für ein ausreichendes Maß an Disziplin zu sorgen und gleichzeitig eine ausreichende Vielfalt an Geschäftsmodellen über das gesamte Bankensystem hinweg zuzulassen.
22 [o. V.], Einlagensicherung, S. 31.
23 Burghof/Rudolph, Bankenaufsicht, S. 75–79.
24 Püttner, Sparkassenrecht, S. 3, 144.
25 Ob das relativ risikoarme Geschäftsmodell überhaupt erst durch die Gewährträgerhaftung ermöglicht wurde, sei dahingestellt. Dagegen spricht, dass die genossenschaftlichen Kreditinstitute auch ohne Gewährträgerhaftung ein ähnliches Geschäftsmodell verfolgen können, und dass die Reduktion der Risikokosten eher Anreize zu einer riskanteren Unternehmenspolitik setzt.
26 Püttner, Sparkassenrecht, S. 150 ff.

27 Quardt, Abschaffung, S. 425.
28 DSGV, Stellungnahme, Rz. 17 ff.
29 Püttner, Sparkassenrecht, S. 152 f.
30 ›Wettbewerbsbeschwerde gegen Anstaltslast und Gewährträgerhaftung. Privatbanken werfen Sparkassen Wettbewerbsverzerrung vor‹, in: SparkassenZeitung vom 28. Juli 2000, S. 1.
31 Immenga/Rudo, Beurteilung, S. 76.
32 Vgl. am Beispiel einer Erhöhung der Eigenkapitalanforderungen Blum, Capital Adequacy Requirement.
33 Die Zahlen sind nach der Bankenstatistik der Deutschen Bundesbank errechnet.
34 Flesch, Landesbanken, S. 173.
35 Ebd., S. 175.
36 Ein Teil der Gewährträgerhaftung war insofern innerhalb der Gruppe der öffentlichen Banken zu leisten und war in diesem Sinne subsidiär zur gruppenweiten Institutssicherung. Dies dürfte die europäischen Wettbewerbspolitiker aber kaum getröstet haben, da die haftenden Institute ihrerseits die Vorteile der staatlichen Haftung genossen.
37 Janßen, Geschäftsentwicklung, S. 589.
38 Baker/McArthur, Value.
39 Gropp/Guendel/Guettler, Impact.
40 Vgl. die Diskussionsbeiträge in Burghof/Speyer/Kemmer/Rocholl/Fahrenschon/Asmussen/Fuest, Bankenunion.

Bernd Rudolph

[34.]

Die Finanzkrise 2007–09

Schlüsselereignis für die zukünftige Entwicklung
des Finanzsystems

a. ›Dieses Mal ist alles anders‹

›Dieses Mal ist alles anders‹ (›This time is different‹) nennen Carmen M. Reinhart und Kenneth S. Rogoff, zwei renommierte amerikanische Wirtschaftswissenschaftler, ihren Bestseller zur 2007 ausgebrochenen internationalen Finanzkrise. Sie sprechen damit den typischen Trugschluss an, eine aktuelle Boom- oder Krisenzeit mit früheren ökonomischen Entwicklungen für unvergleichbar zu halten. Ihre streng empirisch geprägte Ausarbeitung über ›Acht Jahrhunderte Finanzkrisen‹, so der Untertitel des Buches, macht jedoch deutlich, dass jede Krise zwar ihr eigenes Gesicht zeigt, aber in Vorboten und Verlauf wichtigen gleichbleibenden Mustern folgt.

Die von Reinhart und Rogoff dokumentierten typischen Merkmale wie beispielsweise die Zunahme der Verschuldung gelten auch für die 2007 plötzlich eingetretene Krise am amerikanischen Hypothekenmarkt, die sich 2008 zu einer internationalen Bankenkrise, 2009 dann zu einer Krise vieler Volkswirtschaften und ab 2010 zu einer Staatsschuldenkrise und speziell in Europa sogar zu einer Krise der europäischen politischen Institutionen weiterentwickelte. »*Kurz vor der jüngsten Finanzkrise*«, so die Autoren, »*herrschte allgemein die Ansicht, dass Schuldner und Gläubiger aus ihren Fehlern gelernt hätten und sich auf sehr lange Sicht keine Finanzkrise mehr ereignen würde, zumindest in aufstrebenden und entwickelten Ökonomien.*«[1] In der Tat wurde auch vor und während der jüngsten Finanzkrise die Überzeugung vermittelt, das ›dieses Mal alles anders‹ sei. Der Titel des Buches, wie in einer Besprechung des Buches hervorgehoben wurde, kennzeichnet auch eine ›Lebenseinstellung‹, die erklären kann, warum sich Finanzkrisen wiederholen und keine Lehren aus der Vergangenheit gezogen werden.[2] In Zeiten stark steigender Aktienkurse, Immobilienpreise und Kreditaufnahmen werden Vertreter der Ansicht gerne gehört, dass es sich bei dieser Hausse gerade nicht um den Vorboten einer Krise handele, sondern um eine wirtschaftlich gesunde Entwicklung. Passiert dann dennoch der Crash, fragt sich das Publikum erstaunt, wie es nur dazu kommen konnte und warum keiner der Experten gewarnt hatte.

Ausgelöst wurde die jüngste Finanzkrise, als mit dem plötzlichen Platzen der Immobilienpreisblase im Sommer 2007 ein vergleichsweise kleines Segment des amerikanischen Marktes für Hypothekendarlehen zusammenbrach. Die im Lauf der Zeit immer weitreichenderen Folgen für viele Banken, das internationale Finanzsystem und zahlreiche Staaten lassen sich aber nicht erklären, wenn nicht – unabhängig von den Missständen am amerikanischen Markt für zweitrangige Hypothekendarlehen – länger zurück liegende Fehlentwicklungen hinzugezogen werden; sie hatten sich an den Finanzmärkten, bei den Banken, aber auch in der Bankenregulierung sowie den staatlichen und internationalen Vereinbarungen und Institutionen etabliert; sie wurden vor der Krise nicht erkannt oder schlicht ignoriert, ihre Folgen wurden aber im Verlauf der Krise immer sichtbarer und dramatischer.

Über die verschiedenen Fehlentwicklungen sind viele Konferenzen abgehalten und Bücher geschrieben worden. Die Bankenlandschaft hat sich dramatisch verändert, beinahe regelmäßige Krisensitzungen der europäischen Finanzminister und Regierungschefs haben die Öffentlichkeit in Atem gehalten, die Zentralbanken haben zu ungewöhnlichen und zum Teil heftig kritisierten Maßnahmen gegriffen, die Bankenregulierung ist auf internationaler, europäischer und nationaler Ebene durch zahlreiche Vorschläge, Gesetze und Verordnungen überarbeitet worden. Regierungen sind abgewählt und europäische Institutionen neu gegründet worden. Dieser kurze Beitrag kann nur einige wichtige Aspekte der Krisenentwicklung ansprechen. Er soll bemerkenswerte Hintergründe der Krise schildern und auf wesentliche Reaktionen auf die Krise als vorläufig gestellte Weichen für die zukünftige Entwicklung der Bankenlandschaft hinweisen.

Abschnitt b blickt auf die Anfänge der Krise am amerikanischen Markt für nachrangige Hypothekendarlehen und die Missstände der verbreiteten Verbriefungstechnik zurück, Abschnitt c auf den Ausbruch der Krise und ihr Überschwappen auf Deutschland. Abschnitt d beleuchtet den Zusammenbruch der Interbankenmärkte mit der Pleite von Lehman Brothers im September 2008 und das daraufhin einsetzende Übergreifen der Bankenkrise auf die Realwirtschaft und die Bonitätseinschätzung einzelner Staaten. Abschnitt e erörtert die weitere Entwicklung mit der Schwerpunktverlagerung hin zu den Staatsschuldenkrisen, der Krise der Eurozone und den Rettungsmaßnahmen, die zur Bewältigung der akuten Krise getroffen wurden. Abschnitt f schließlich skizziert die markanten regulatorischen Veränderungen, die national wie international die weitere Entwicklung der Bankenlandschaft prägen werden. Mit einer knappen Einordnung der Finanzkrise in die Gesamtentwicklung des Finanz- und Währungssystems (Abschnitt g) schließt der Aufsatz.

b. Die Märkte für Wohnungsbaudarlehen und ihre Verbriefung in den USA

Anfänge im New Deal

Seit dem New Deal der 1930er-Jahre spielen in den USA Hypothekendarlehen für die soziale Absicherung der Familien und als Baustein des ›American Dreams‹ eine zentrale Rolle. Nach dem Börsenkrach von 1929 und auf dem Höhepunkt der Weltwirtschaftskrise versprach Franklin D. Roosevelt am Tag seiner Nominierung zum demokratischen Präsidentschaftskandidaten, dem 2. Juli 1932, einen »new deal for the American people«. Die Förderung des privaten Wohnungsbaus gehörte zu den herausragenden Reformprojekten des New Deal-Programms, das Präsident Franklin D. Roosevelt auf dem Höhepunkt der Weltwirtschaftskrise 1932 zur Stimulierung der Wirtschaft eingeleitet hatte. Neue Institutionen sollten insbesondere die Abhängigkeit der Wohnungsbaufinanzierung vom Bankensystem lösen: Die Geschäftstätigkeit der Banken war Anfang der 1930er-Jahre noch auf denjenigen Bundesstaat, in dem sie lizenziert waren, beschränkt. Um die regionale Risikokonzentration zu überwinden, kam die Idee auf, Hypothekenfinanzierungen aus verschiedenen Bundesstaaten zu bündeln und über den Kapitalmarkt zu refinanzieren. Die Entwicklung der Kapitalmarktfähigkeit der Wohnungsbaufinanzierung wurde verschiedenen Institutionen übertragen, von denen die Agenturen Fannie Mae und Freddie Mac als private Gesellschaften mit staatlichem Auftrag die größte Bedeutung gewannen. Überwacht wurden die Agenturen vom amerikanischen Wohnungsbauministerium, das sich zugleich die Unterstützung des Hausbaus für Geringverdiener auf die Fahnen geschrieben hatte.[3]

Fannie Mae und Freddie Mac trieben in den 1980er-Jahren die Entwicklung der Märkte für Mortgage Backed Securities, also durch Hypotheken gedeckte Schuldverschreibungen, voran; auf diese Weise können Hypothekenfinanzierungen in den USA seitdem auch außerhalb des Bankensektors von Mortgage Companies ›originiert‹ werden. Die im Zuge der Kreditvergabe entstandenen Forderungen können gebündelt auf Zweckgesellschaften übertragen werden, die sich ihrerseits über die Ausgabe der Mortgage Backed Securities refinanzieren. Nach kleinen Anfängen entwickelte sich der Markt ab Anfang der 1990er-Jahre mit hohen Wachstumsraten, sodass der Gesamtmarktwert aller Mortgage Backed Securities in den USA unmittelbar vor der Krise Anfang 2007 mit ungefähr 4.000 Mrd. US-Dollar sogar den Marktwert aller übrigen forderungsbesicherten Wertpapiere und auch den Markt für staatliche Schatzanweisungen und Anleihen übertraf.

Massive Wohnungsbauförderung in den USA: Der Schuldnerschutz

Der Wohnungsbau wurde auch über die verbesserten Finanzierungsmöglichkeiten hinaus gestützt, zum Beispiel durch die Möglichkeit des steuerlichen Schuldzinsenabzugs. Nicht erstaunlich war daher, dass von Mitte der 1990er-Jahre bis 2005 die Preise der Wohnimmobilien jährlich über sieben Prozent stiegen, wovon insbesondere Kreditnehmer mit großen Wohnungen und hohen Einkommen profitieren konnten.[4] Die durch die steigende Nachfrage nach Wohnimmobilien aufgetretenen Preissteigerungen führten nach Ansicht von Marktteilnehmern zu einer Immobilienpreisblase, einer ›Bubble‹, deren Platzen Ende 2005 bis Anfang 2006 die Krise auslöste. Die durchschnittlichen Preise für Wohnimmobilien in den USA hatten sich im Zeitraum von 1996 bis 2005 verdreifacht, fielen danach aber dramatisch ab.[5]

Nun hätte das Platzen der Immobilienpreisblase im Wesentlichen lediglich zu Verlusten bei den Eigenheimbesitzern geführt und wäre vermutlich kaum auf die Finanzmärkte übergesprungen, wenn nicht die amerikanische Wohnungsbaufinanzierung durch einen ausgeprägten Schuldnerschutz gekennzeichnet wäre: Erstens haften die Hypothekenschuldner – anders als in Deutschland – in der Regel nur mit dem Grundvermögen, nicht aber persönlich. Zweitens können Kreditnehmer – wieder im Gegensatz zu den Immobilienfinanzierungen in Deutschland – ihre Schulden jederzeit zurückzahlen. Bei sinkendem Zinsniveau können sie also ihre Zinslast dadurch vermindern, dass sie einen neuen günstigeren Kredit aufnehmen und damit den alten ablösen. Auch wenn der Wert ihrer Immobilie unter den Stand ihrer Verbindlichkeiten fällt oder sie aus persönlichen Gründen in Zahlungsschwierigkeiten geraten, steht ihnen das Recht zu, sich ihrer Schulden zu entledigen. Dazu brauchen sie nur den Schlüssel zu ihrer Wohnung an die Bank als Zeichen zurücksenden, dass sie das Eigentum an ihrer Immobilie aufgegeben haben und das Objekt der Bank zur Verwertung überlassen.[6] In einer Periode ansteigender Immobilienpreise ist diese Form des Schuldnerschutzes der ›Nonrecources Mortgages‹ für die Hypothekeninstitute unproblematisch, weil der Wert der Kreditposition über den Wert der Immobilie gesichert ist. Bei fallenden Immobilienpreisen müssen die Banken aber den Preisverfall durch entsprechende Abschreibungen realisieren. Mit dem Voranschreiten der Krise ab 2007 beschleunigten die Banken den Preisverfall, indem sie die wegen Überschuldung frei gewordenen Immobilien rigoros verwerteten.

Der Markt für Subprime-Hypotheken

Das spezielle Marktsegment, das als Subprime-Markt der Krise ihren Namen gab, betraf Wohnungsbaukredite mit hoher Kreditnehmerbelastung oder hoher Wertbeleihung, aber auch Kredite mit unvollständiger Dokumentation der Einkommens- und Vermögensverhältnisse. In diesem Segment musste im Falle einer nachlassenden Konjunktur oder einem Rückgang der Immobilienpreisentwicklung unmittelbar mit steigenden Kreditausfällen gerechnet werden. Von Ende 2005 bis September 2007 stieg tatsächlich die Ausfallrate von weniger als vier Prozent auf mehr als zehn Prozent an. Der hohe Anstieg war auch dadurch bedingt, dass das Zinsniveau in den Vereinigten Staaten aufgrund der restriktiveren Geldpolitik der Fed wieder anzog und mit den Umschuldungserfordernissen ab 2006 plötzlich das eingebürgerte Muster der Ablösung von Immobilienschulden zusammenbrach: »*Für variable Prime-Darlehen stieg der Zinssatz innerhalb von zwei Jahren um etwa 200 Basispunkte. Für die Subprime-Darlehensnehmer kam neben diesem Zinsanstieg hinzu, dass die häufig vereinbarte anfängliche zweijährige und subventionierte Zinsbindung in diesem Zeitraum endete, wodurch die Belastung oft um 300 Basispunkte und mehr stieg. Ein Anstieg der Ausfallraten war daher zwangsläufig.*«[7]

Es gibt Hinweise, dass spätestens ab 2004 die Kreditvergabestandards im Hypothekengeschäft und insbesondere im Subprime-Segment deutlich aufgeweicht waren, auch weil die Margen, die bei dem niedrigen Zinsniveau kaum noch auskömmlich waren, durch eine Ausweitung der Geschäftsvolumina kompensiert werden sollten. Darüber hinaus wurde ein bis 2006 auf 50 Prozent des gesamten Kreditvolumens angewachsener Anteil von Hypotheken auf variabler Basis (Adjustable Rate Mortgages) vergeben. Häufig wurden anfängliche Zinsabsenkungen (Teaser Rates) und verzögerte Tilgungszeitpunkte (2/28 und 3/27-Kredite) vereinbart, was sich im Nachhinein als Aufbau eines Schneeballsystems interpretieren lässt. Wohneigentum konnte nämlich vor der Krise auf diesem Weg in der Hoffnung auf zukünftige Hauspreissteigerungen allein mit Fremdmitteln erworben werden. Bei einer besonders optimistischen Sicht der Hauspreisentwicklung konnte sogar ein Teil der erwarteten Preissteigerungen schon bei Vertragsbeginn mit der Vergabe eines Zusatzkredits für Konsumzwecke (Huckepackkredit, Piggy-back) eskomptiert werden. Als Zerrbild der Kreditvergabepraxis zu dieser Zeit bildete sich der Ausdruck ›Ninja-Kredite‹ an Kreditnehmer ›ohne Einkommen, ohne Arbeit und ohne Vermögen‹ (›no income, no job, no assets‹) heraus. Die Exzesse waren Ausfluss der Überzeugung, dass dieses Mal alles anders ist, also auch die Kreditvergabe an Kreditnehmer ohne ausreichende Bonität und Besicherung ein nachhaltiges Geschäftsmodell definieren könne.

Vorteile und Entwicklung der Verbriefung von Hypothekenforderungen

Mit dem Wachstum des Subprime-Segments von Wohnimmobiliendarlehen an Kreditnehmer geringerer Bonität, dessen Kreditvolumen 2001 noch bei 216 Mrd. US-Dollar gelegen hatte und bis 2006 auf 600 Mrd. US-Dollar anwuchs,[8] ging zugleich eine höhere Verbriefungsrate der Kreditforderungen einher, wobei unklar ist, ob die besseren Verbriefungsmöglichkeiten oder der Glaube, dass im Subprime-Segment zumindest in naher Zukunft keine steigenden Ausfallraten zu erwarten waren, das Wachstum dieses Segments stärker stimulierten. Verbriefungsinstrumente waren die so genannten Mortgage Backed Securities (MBS), also durch Hypotheken (Mortgages) gedeckte (backed) Wertpapiere (Securities), die in verschiedenen Varianten in Erscheinung traten, wobei seit den 1980er-Jahren das Pass-Through immer mehr vom Pay-Through Modell der Verbriefung abgelöst worden war. Bei der Pass-Through Technik wird der Inhaber einer Anleihe – vergleichbar einer Fondsanlage – Miteigentümer an einem Pool von Hypotheken, sodass die eingehenden Zins- und Tilgungszahlungen unmittelbar an ihn weitergeleitet werden. Bei einem Pay-Through Modell wird dagegen die bloße Durchleitung der Zins- und Tilgungszahlungen durch ein spezielles, vorab definiertes Management der eingehenden Cashflows ersetzt. Typisch dabei ist das Tranchieren des Gesamtpools in Risikoschichten nach dem Wasserfallprinzip, das zu unterschiedlich risikobehafteten Positionen der Inhaber der Mortgage Backed Securities führt.[9] Die ersten im Pool zu verzeichnenden Verluste werden auf die Risikotranche (Equity Piece) verrechnet, bis diese ganz verbraucht ist. Weitergehende Verluste werden auf die nachfolgenden Mezzanin Tranchen und schließlich auf die Senior Tranchen verteilt, sodass die letzte Senior Tranche nur ausfallen kann, wenn ein Großteil der im Pool enthaltenen Kreditforderungen schon ausgefallen ist. Zur Bündelung der Hypothekenforderungen (dem Pooling) und der Bildung von Risikoschichten (dem Tranching) der Kredite werden Zweckgesellschaften genutzt, die eine vom Kreditgeber insolvenzferne Position insoweit einnehmen, als die Inhaber der MBS ausschließlich Ansprüche gegenüber der Zweckgesellschaft geltend machen können, dafür aber auch vor einer möglichen Insolvenz des Originators der Kredite geschützt sind. Das unterscheidet sie von den in Deutschland bekannten Pfandbriefen, die einen Anspruch gegen die emittierende Hypothekenbank geben, der durch eine bestimmte Sicherungsmasse aus Hypothekenforderungen besichert ist.

Die Technik des Pooling und Tranching ist mit verschiedenen Vorteilen verbunden. Der Mehrwert der Poolbildung besteht insbesondere im Diversifikationseffekt, der Mehrwert der Tranchenbildung insbesondere darin, dass risikoarme und risikoreichere Wertpapiere konstruiert werden können, die genau auf die Risikoneigungen (oder Abneigungen) verschiedener Anlegergruppen beziehungsweise sogar einzelner Anleger zugeschnitten sind. Den Inhabern der risikoarmen Papiere müssen außer einem erstklassigen Rating kaum Informationen zur Verfügung gestellt werden, sodass sich diese MBS insbesondere für nicht professionelle Anleger wie Privatleute oder risikoarme Fonds eignen. Die besonders risikobehaftete Tranche, das Equity Piece, das die erwarteten Kreditausfälle abdeckt, sollte dagegen im Portfolio der Kreditbank als Originator der Forderung verbleiben, damit diese daran interessiert bleibt, die Kreditwürdigkeitsprüfung sorgfältig durchzuführen und auch während der Laufzeit der Kredite ihre Kreditnehmer regelmäßig zu kontaktieren.[10]

Risiken und Defizite der Verbriefung von Kreditforderungen

Der Anstieg der Kreditausfälle ab 2005 musste seine Spuren insbesondere bei den MBS hinterlassen, deren Emission, wie erwähnt, der Staat zur Förderung der Wohnungsbaufinanzierung stimuliert hatte. Untersuchungen der Märkte für den Kreditrisikotransfer zeigten bereits vor Ausbruch der Finanzkrise, dass verschiedene Ausprägungsformen und Techniken mit erheblichen Problemen belastet waren. So wurde beispielsweise deutlich, dass die Ratings strukturierter Finanzprodukte deren Risiken nicht voll erfassen konnten.[11] Dabei hatte gerade die Komplexität der Transaktionen dazu verleitet, sich bei den Anlageentscheidungen stärker als bei anderen Wertpapieren auf die Rating-Urteile der Agenturen zu verlassen. Genau dieses Verhalten wurde in der Krise vielen Banken und anderen Institutionen zum Verhängnis, zumal die Rating-Agenturen ihrerseits den zunehmenden Geschäftsumfang zum Anlass nahmen, ihre guten oder sehr guten Bonitätsurteile sehr großzügig zu vergeben.

Auch andere Probleme waren prinzipiell bekannt, wurden aber nur dilatorisch behandelt.[12] So wurde auf die Gefahr großer Verlustbeträge bei geringer Eintrittswahrscheinlichkeit von Verlusten (Tail risk), auf die mangelnde Messbarkeit und Isolierbarkeit spezifischer Risiken und auf mangelhafte Informationen über mögliche Änderungen des Risikos im Zeitablauf hingewiesen. Sobald es beispielsweise in der Verlusthierarchie einer tranchierten MBS zu einem Ausfall kommt, verschiebt sich das Risikoprofil über alle nachfolgenden Tranchen hinweg, was die vormalige Bonitätsbewertung obsolet werden lässt. Ebenso verschiebt sich das Risikoprofil, wenn sich die makroökonomischen Einflussfaktoren wie beispielsweise die konjunkturelle Situation oder die Geldpolitik verändern, die auf den Risikogehalt des Pools einwirken und die Diversifikationseffekte im Pool weitgehend zusammenbrechen lassen. Schließlich ändern sich bei solchen Ereignissen auch die Korrelationen der Cashflows mit den Cashflows anderer Finanzinstrumente.

Ebenfalls aufmerksam gemacht wurde in der Literatur auf verschiedene Anreizprobleme, die aus der Zerlegung des Kreditrisikotransferprozess in viele Einzelabschnitte resultierten: Die Mortgage Broker und Banken, die die Hypothekendarlehen an bonitätsschwache Schuldner vergaben, trugen die Kreditrisiken nicht selber, sondern reichten sie möglichst rasch an die Märkte für strukturierte Anleihen weiter.[13] Als plötzlich die mangelnde Qualität der zugrunde liegenden Hypotheken bekannt wurde, schlug das Vertrauen der Anleger in die übernommenen kalkulierbaren Risiken um: Viele Wirtschaftssubjekte entwickelten eine extreme Risikoscheu und wurden wegen der unzureichenden Informationslage nun auch gegenüber anderen Markakteuren und Anlagealternativen misstrauisch.[14]

Banken als Investoren für strukturierte Produkte

Etliche Defizite der amerikanischen Märkte für Hypothekendarlehen und der Verbriefungsmärkte waren bereits vor der Krise bekannt. Was allerdings von vielen Beobachtern übersehen oder nicht zur Kenntnis genommen wurde, ist die Tatsache, dass ein Großteil der im Zuge des Kreditrisikotransfers von den Banken an die Kapitalmärkte weiter gegebenen Kreditrisiken direkt und indirekt wieder zu ihnen zurück in die Bankenportfolios wanderte. Als wichtige Käufergruppe der verschieden strukturierten Asset Backed Securities (ABS) und MBS stellten sich nämlich insbesondere von europäischen Banken betriebene Zweckgesellschaften heraus, die als Conduits bezeichnet und vom Sachverständigenrat bezeichnenderweise als Quasi-Banken eingestuft wurden.[15] Diese Zweckgesellschaften wurden von größeren und kleineren Banken, die als Sponsoren auftraten, aufgesetzt und betrieben, arbeiteten aber nicht nur mit eigenen Mitteln, sondern auch mit Mitteln anderer Marktteilnehmer. Die Conduits wurden in hohem Maße ›geleveraged‹, indem sie zur Refinanzierung ihrer Portfolios kurzfristige Wertpapiere, so genannte Commercial Papers, am Geldmarkt emittierten. Mit Hilfe dieser Commercial Papers, die durch die Wertpapiere in der Zweckgesellschaft besichert waren, wurden die erworbenen strukturieren Wertpapiere im Rahmen von ABCP-Programmen (Asset Backed Commercial Paper) refinanziert. Die Sponsoren konnten über diese Technik erstens die Risikoprämien abschöpfen, die ihnen die ABS und MBS gegenüber risikofreien Anlagen boten. Und sie konnten zweitens die Prämien aus der Fristentransformation vereinnahmen, die aus der Zinsdifferenz zwischen den höher verzinslichen langfristigen Anlagen und den niedriger verzinslichen Commercial Papers mit ihrer kurzen Laufzeit resultierten.

Kritischer Punkt dieser Konstruktion war, dass die Inhaber der Commercial Papers eine zusätzliche Absicherung wünschten; denn sie suchten im Prinzip eine kurzfristige risikolose Anlage und verlangten nach Ablauf ihres Anlagezeitraums von beispielsweise drei Monaten die absolute Gewähr, dass ihre Forderungen zurückgezahlt werden, auch wenn die im Pool gehaltenen Wertpapiere eine viel längere Laufzeit aufwiesen. Die gewünschte Absicherung wurde neben bestimmten Poolmerkmalen erstens durch ein erstklassiges Rating der Conduits und zweitens durch Kredit- oder Liquiditätslinien erreicht, die die Kreditinstitute als Sponsoren den Zweckgesellschaften zur Verfügung stellten.

Es stellt sich die Frage, wann und aus welchem Anlass heraus es dazu kommen konnte, dass die Anleger den Wert der Sicherungsbasis der Conduits plötzlich anzweifelten. Als der Beginn des Preisverfalls an den Immobilienmärkten einsetzte und bekannt wurde, dass die Kreditstandards während der Boomphase zunehmend aufgeweicht worden waren, war auf einmal den Geldmarktteilnehmern nicht mehr klar, ob in den Kreditpools solche Forderungen enthalten waren oder nicht. Bisher waren in die Pools auch qualitativ minderwertige Kredite aufgenommen worden, ohne dass dies die Emissionsbedingungen der verschiedenen Tranchen entscheidend verschlechtert hätte. Nun war das Thema Qualität auf einmal auf der Tagesordnung. Es war leicht, die kurzfristigen Commercial Papers, die bis dahin als quasi sichere Anlagen (Safe Assets) gehalten worden waren, zur Umgehung jeglichen Risiko nicht zu prolongieren, sondern zurückzuziehen oder in andere Asset-Klassen wie beispielsweise Staatsanleihen umzuschichten. Die Conduits erlebten eine Run-Situation, wie sie bis dahin nur bei Bankinsolvenzen bekannt war.[16]

c. Ausbruch der Krise und ihr Überschwappen nach Deutschland

Der Überblick über den Verlauf der Subprime-Krise und ihre Ausweitung auf die internationalen Kapitalmärkte kann Anfang April 2007 einsetzen, als der Immobilienfinanzier New Century Financial Corporation, die zweitgrößte Adresse für die Vergabe von Subprime Mortgages in den USA, aufgrund massiver Refinanzierungsprobleme Antrag auf Gläubigerschutz nach den Vorschriften der amerikanischen Insolvenzordnung stellte.[17] Als weiteres markantes Datum für den Startzeitpunkt der Krise kommt der 3. Mai 2007 in Frage, als die Schweizer Großbank UBS nach der Realisierung von 125 Mio. US-Dollar Verlusten in Subprime-Engagements die Schließung der Dillon Read Capital Management, ihrer Hedgefonds-Abteilung, mitteilte. Für den 14. Juni 2007 wird notiert, dass zwei vom amerikanischen Investmenthaus Bear Stearns gemanagte Hedgefonds geschlossen wurden und zur Generierung von Zahlungsmittelzuflüssen, mit denen Sicherheitsanforderungen der Börsen erfüllt werden sollten, hoch bewertete Asset Backed Securities im Gesamtwert von 3,8 Mrd. US-Dollar liquidiert werden mussten. Das waren deutliche Signale für den Beginn einer Finanzkrise.

Die Negativmeldungen hatten allerdings bis zur Mitte des Jahres 2007 noch einen singulären Charakter, weil bei vielen Banken noch keine besonderen Krisenanzeichen aufgetreten waren. Am 15. Juni 2007 kam allerdings von der Ratingagentur Moody's der Hinweis, dass sie 131 mit Subprime-Wohnungsbaukrediten unterlegte Wertpapiere herabgestuft und etwa 250 Anleihen wegen einer möglichen Herabstufung unter Beobachtung gestellt habe. Am 10. Juli gab auch Standard & Poor's bekannt, dass mit Immobilienforderungen unterlegte ABS aus dem Jahr 2006 im Wert von zwölf Milliarden US-Dollar (später korrigiert auf 7,3 Mrd. US-Dollar) von Herabstufungen bedroht seien. In den Tagen und Wochen danach kündigten Standard & Poor's und Moody's weitere Herabstufungen und Überprüfungen an, die ihrerseits eine Welle von Umschichtungen in den Wertpapierportfolios der Anleger auslösten, weil viele institutionelle Investoren auf Anlagen mit Investment Grade-Charakter beschränkt waren und sich von zu niedrig eingestuften Papieren möglichst rasch trennen mussten. Die Unsicherheit über die Qualitätseinstufung ließ die Nachfrage nach den Papieren trotz des Preisverfalls zusammenbrechen. Der Index für Subprime Mortgage Backed Securities verlor von Januar bis August 2007 mehr als 80 Prozent seines Wertes.[18] Die schlechter bewerteten Anlagen führten bei den Banken zu höheren Eigenkapitalerfordernissen, ihre Aktienkurse verfielen dramatisch. Der Kursverfall machte die übliche Eigenkapitalzufuhr über die Ausgabe neuer Aktien fast unmöglich und musste im Einzelfall durch Investitionen spezifischer Investoren wie der großen Staatsfonds (Sovereign Wealth Funds) ausgeglichen werden.[19] Meldungen und Gerüchte über Verluste und Notverkäufe ließen auch die Kurse jener Banken fallen, bei denen hohe Bestände an direkten oder indirekten Subprime-Investments vermutet wurden.

Die Banken in Deutschland leiteten aus diesen Ereignissen zunächst noch keinen Zusammenhang mit der Wertentwicklung ihrer eigenen Portfolios ab, da sie nicht in die höherverzinslichen Subprime-Qualitäten, sondern überwiegend in die am höchsten bewerteten Tranchen der Mortgage Backed Securities investiert hatten. Diese Anleihen waren bis Juli 2007 so gut wie gar nicht von der Krise betroffen. In Deutschland trat die Entwicklung an den amerikanischen Immobilienmärkten also lange Zeit nicht, dann allerdings am 30. Juli 2007 mit einem Paukenschlag in das Bewusstsein der Marktteilnehmer: Die IKB Deutsche Industriebank in Düsseldorf, die eigentlich auf Industriefinanzierungen für mittelständische Unternehmen spezialisiert war, meldete die Gefahr, aus ihren Liquiditätslinien für ihr Conduit ›Rhineland Funding‹ in Anspruch genommen zu werden. Gleichzeitig musste die Bank mitteilen, dass ihr Hauptaktionär, die KfW (die Förderbank der Bundesrepublik Deutschland), ihre finanziellen Verpflichtungen aus diesen Liquiditätslinien übernommen habe.[20]

Bei anschließenden Nachforschungen aufgedeckte Verluste führten am 1. August zu der Meldung, dass die KfW mit einer Gruppe staatlicher und privater Banken ein Rettungspaket von 3,5 Mrd. Euro schnüre. Eine Sonderprüfung durch die Wirtschaftsprüfungsgesellschaft im Oktober 2007 machte deutlich, dass die IKB ein viel zu großes Risikoportfolio aufgebaut hatte: »*Allein das von der Zweckgesellschaft Rhineland Funding bis zum 31. Juli auf 13,2 Mrd. Euro hochgeschraubte Portfolio, davon 52 Prozent mit höherem Ausfallrisiko, habe mit Liquiditätszusagen von mehr als 8 Milliarden Euro die Risikotragfähigkeit der Bank bei weitem überstiegen.*«[21] Auch im Fall der Sachsen LB wurden die Marktteilnehmer von der Veröffentlichung hoher Verluste völlig überrascht, nachdem die Bank noch am 10. August 2007 keine Anzeichen für ein erhöhtes Ausfallrisiko der von ihrer Tochtergesellschaft Sachsen LB Europe gemanagten ABS-Strukturen gesehen hatte. Sie hatte sogar darauf hingewiesen, dass diese Zweckgesellschaft ausschließlich in ABS-Papiere investiert habe, die von den Ratingagenturen mit Triple-A bewertet waren. Außerdem verfüge die Sachsen LB über ausreichend Liquidität. Bereits am 17. August musste die Bank allerdings bekannt geben, dass ihr ein Pool der Sparkassen-Finanzgruppe eine Kreditlinie in Höhe von 17,3 Mrd. Euro zur Verfügung gestellt hatte, um die Liquidität des Conduits ›Ormond Quay‹ zu sichern.[22] Zu diesem Zeitpunkt war aus dem Anlagerisiko ein solches Liquiditäts- und Solvenzrisiko geworden, dass die Sachsen LB Ende März 2008 unter das Dach der Schwesterlandesbank LBBW schlüpfen musste und als eigenständige Bank verschwand. Auch weitere Banken im In- und Ausland bekannten danach, dass sie aus ihren Engagements in den amerikanischen Conduits mehrstellige Milliardenverluste zu verdauen hatten.²³ »*Geradezu dramatische Ausmaße nahm die Finanzkrise im September 2008 an, nach den Sommerferien, zu einer Jahreszeit, zu der sich die meisten Finanz- und Börsenkrisen ereignen. Zunächst wurde die Weltöffentlichkeit mit der Nachricht schockiert, dass die amerikanischen Immobilienfinanzierer Fannie Mae und Freddie Mac verstaatlicht werden mussten. […] Gemäß ihrem rechtlichen Sonderstatus als staatsnahe Institute verfolgten sie Geschäftszwecke, die in öffentlichem Interesse lagen, befanden sich jedoch in privatem Eigentum. […] In Schwierigkeiten gerieten sie, weil sie gemäß ihrer Funktion in großem Umfang Hypotheken aufgekauft hatten, die von den Hausbesitzern nicht mehr bedient werden konnten. Zum Jahresende 2007 erreichte das von Fannie Mae und Freddie Mac verwaltete Portfolio an privaten Immobilienkrediten ein Volumen von zusammen rund 5000 Mrd. US-$. […] Dann ging Lehman Brothers pleite.*«²⁴

d. Der Zusammenbruch des Vertrauens in das internationale Bankensystem

Spannungen am Geldmarkt hatte die Europäische Zentralbank seit Anfang August 2007 beobachtet. In der Folge versuchte sie, diese Spannungen durch zusätzliche Operationen abzubauen. So führte sie eine so genannte Feinsteuerungsoperation durch, über die sich Banken Mittel in Milliardenhöhe beschaffen konnten.²⁵ Für den Monat August 2007 listet ein EZB-Bericht zahlreiche Operationen auf, aber auch in den Folgemonaten ließen die Spannungen am Geldmarkt nicht nach: »*Banken knausern mit ihrer Liquidität – Geldmarkthändler flehen EZB um Hilfe an*« überschrieb die Börsen-Zeitung am 6. September 2007 ihren Leitartikel und wies darauf hin, dass die Tagesgeldsätze auf ein Sechsjahreshoch geschnellt waren, der Deutsche Aktienindex DAX deutlich nachgegeben hatte und die Notenbank zum Eingreifen bereitstand.

In der zweiten Jahreshälfte 2007 wurde die krisenhafte Situation im Bereich der deutschen Banken allerdings noch als Liquiditätskrise wahrgenommen, die Solvenz der Kreditinstitute wurde in dieser Phase wenig kritisch gesehen. »*Die Risikotragfähigkeit der deutschen Banken hat sich auf hohem Niveau stabilisiert*«, fasste der Vizepräsident der Deutschen Bundesbank die Situation in seiner Präsentation des Finanzstabilitätsberichts am 29. November 2007 zusammen, »[d]*ie Banken agieren auf einer insgesamt gestärkten Eigenkapitalbasis.*«²⁶ Problematisch sei die Liquiditätslage, weil sich die Finanzmarktturbulenzen negativ auf die Refinanzierung der Banken am Kapitalmarkt auswirkten.

Die zweite Jahreshälfte 2007 und der Jahresbeginn 2008 verliefen für die Öffentlichkeit tatsächlich wenig spektakulär, obwohl in dieser Zeit in den Bilanzabteilungen der Kreditinstitute weltweit besonderes Augenmerk auf die Wertansätze der verschiedenen Anleiheformen gelegt werden musste. Die BIZ bezeichnete die Monate bis März 2008 sogar als Auftakt der Finanzkrise. Schwache Unternehmensdaten und die schlechten amerikanischen Arbeitsmarktdaten ließen auf eine deutliche Konjunkturabschwächung in den USA schließen. Die Rating-Agenturen setzten ihre Überprüfungen und Herabstufungen fort, wobei nun auch die Schuldtitel von Finanzinvestoren und insbesondere die einiger Monoline-Versicherungsgesellschaften im Rating nach unten korrigiert wurden.²⁷

Nachdem die schon 2007 wegen der Schließung von Hedgefonds in die Schlagzeilen geratene New Yorker Investmentbank Bear Stearns noch am 10. März 2008 Gerüchte über Liquiditätsprobleme als »*absolut unwahr*« bezeichnet hatte, musste sie bereits vier Tage später eine »*deutliche Verschlechterung der Liquiditätslage in den letzten 24 Stunden*« einräumen. Diese sei auch durch die anhaltenden Gerüchte verursacht worden, die die Bank von ihren Refinanzierungsquellen abgeschnitten hatten. Gleichzeitig schnürten J.P. Morgan Chase & Co. und die amerikanische Notenbank ein Rettungspaket in Form eines Überbrückungskredits. Am 16. März wurde die Öffentlichkeit von dem Übernahmeangebot von J.P. Morgan Chase überrascht; Bear Stearns war es nicht gelungen, seine Refinanzierungsgeschäfte zu erneuern oder zu verlängern, sodass die Inanspruchnahme der Fed erforderlich wurde. Mit Unterstützung der Notenbank und verschiedener US-Behörden wurde zur Vermeidung einer Insolvenz Ende Mai 2008 die Übernahme vollzogen. Am 11. Juli 2008 stellte die amerikanische Einlagenversicherung FDIC (Federal Deposit Insurance Corporation) die Indymac Bank in Los Angeles unter Zwangsverwaltung, nachdem die Sparkassenaufsichtsbehörde sie wegen hoher Verluste geschlossen hatte. Das war die größte Bankenpleite in den USA seit der Schließung der Continental Illinois National Bank im Jahr 1984. Die Krise erreichte im September 2008 ihren Höhepunkt, als Fannie Mae und Freddie Mac unter Zwangsverwaltung und unter die Kontrolle durch ihre Aufsichtsbehörde, die Federal Housing Finance Agency, gestellt wurden.

Besonders spektakulär und für die weitere Entwicklung geradezu dramatisch verlief dann der 15. September 2008: Die amerikanische Notenbank verweigerte die Liquiditätshilfe für die Investmentbank Lehman Brothers und nahm die Insolvenz dieser Bank, die daraus folgte, bewusst in Kauf. Diese Verweigerung bewirkte unmittelbar den Kollaps des weltweiten Interbankenhandels, weil die Kreditinstitute nun auch im Geldmarktgeschäft ein Gegenparteirisiko erkennen mussten und sich von diesem Zeitpunkt an untereinander auch kurzfristig keine Mittel mehr zur Verfügung stellten. Das 1850 gegründete Bankhaus Lehman Brothers hatte sich stark am amerikanischen Hypothekenmarkt engagiert und musste im Gefolge der Subprime-Krise mehrere Milliarden Dollar abschreiben, die nur zum Teil wieder durch Kapitalzuführungen ausgeglichen werden konnten. Als am 15. September 2008 Notverkäufe von Geschäftsbereichen zur Liquiditätsbeschaffung scheiterten, musste Lehman die Insolvenzeröffnung beantragen. Zu dieser Zeit hatte die amerikanische Regierung bereits drei große Banken (Bear Stearns, Fannie Mae und Freddie Mac) gestützt, sodass der politische Druck groß war, keine weiteren Engagements dieser Art einzugehen. Nach der Absage der englischen Barclays Bank, sich an Lehman zu beteiligen, und dem Abbruch von Gesprächen mit der Bank of America verweigerte auch die amerikanische Regierung weitere Hilfe. Die Insolvenz von Lehman wurde notwendig.[28]

Ein Motiv, das für die Fed und die US-Regierung bei der Verweigerung der Hilfe für Lehman eine entscheidende Rolle gespielt haben dürfte, war ihre erkennbare Absicht, den Marktteilnehmern zu signalisieren, dass sie sich nicht auf die – bisher befolgte – ›too big to fail‹-Garantie verlassen dürften. Diese Annahme, dass große und bedeutende Banken letztlich von der Regierung in jedem Fall gerettet würden, hatte dazu beigetragen, dass die Banken sorglos Risiken übernahmen. Mit der Lehman-Insolvenz sollte signalisiert werden, dass weder die Eigentümer noch das Management von Banken auf

Dauer Gewinne auf Kosten der Allgemeinheit erzielen könnten, sondern die mit den Überrenditen verbundenen Risiken selbst tragen müssten. Dieses Exempel und seine Begründung hatten in der öffentlichen Diskussion wie auch im akademischen Bereich zunächst durchaus Anhänger. Die Insolvenz führte allerdings dazu, dass die Banken sich nun gegenseitig nicht mehr über den Weg trauten. Die Banken mussten zur Refinanzierung ihrer Aktivitäten auf die ›Lenders of Last Resort‹, also auf die Notenbanken, zurückgreifen, die sich dieser Aufgabe dann auch nicht entzogen. Dafür mussten aber – im Falle der USA – die Investmentbanken, die bislang außerhalb des Federal Reserve Systems operieren konnten, ihren Status aufgeben und sich als ›normale‹ Geschäftsbanken den allgemeinen Regeln und Regulierungen unterwerfen. Auf diese Weise erhielten sie auch den Schutz der amerikanischen Einlagensicherung FDIC.

e. Die akute Krisenbekämpfung und der Weg in die Staatsschuldenkrise

Bereits seit Sommer 2007 hatten die Fed wie die EZB den Banken Liquidität zur Verfügung gestellt, nachdem der Subprime-Markt zusammengebrochen und auch auf anderen Teilmärkten plötzlich die Liquidität ausgetrocknet war. Dabei eröffneten die Zentralbanken mit verschiedenen Programmen den Banken Refinanzierungsmöglichkeiten, kürzten im Gegenzug aber auch deren kurzfristige Refinanzierungsmöglichkeiten, um die zusätzliche Liquidität wieder aus dem Markt zu nehmen und damit Inflationswirkungen vorzubeugen.[29]

Während die Zentralbanken den Kreditinstituten bei der Liquiditätsbeschaffung unter die Arme griffen, fühlten sich die Staaten, ohne dass ihnen ein explizites Mandat für eine solche Aufgabe übertragen war, verpflichtet, die Solvenz ihrer Banken und systemrelevanten Finanzintermediäre zu sichern. Eine besonders hervorstehende Rettungsaktion war dabei die am 15. September 2008 – also fast zeitgleich mit der Lehman-Insolvenz – organisierte Rettung der Versicherungsgesellschaft AIG (American International Group): Die AIG hatte in den Jahren zuvor als Sicherungsgeber an den Märkten für Kreditderivate (Credit Default Swaps) eine herausragende Stellung aufgebaut und auffallend hohe Gewinne (besser gesagt Risikoprämien für zugesagte Kreditversicherungsleistungen) erwirtschaftet, mit dem Verfall der Hypothekenmärkte aber plötzlich Verluste im zweistelligen Milliardenbereich verzeichnet. Damit gerieten die zugesagten Versicherungsleistungen in Gefahr, wobei zu dieser Zeit weder deren Höhe noch die Verteilung auf die verschiedenen Versicherungsnehmer klar war. Da die Gefahr eines Flächenbrandes bei einer Insolvenz der AIG als sehr hoch eingestuft wurde, entschloss sich die Regierung in diesem Fall zu einem Bail-out.[30] Während die Fed dem angeschlagenen Versicherungskonzern eine Linie in Höhe von 85 Mrd. US-Dollar bereitstellte, um damit ein ›unkontrolliertes Versagen‹ zu verhindern, übernahm die Regierung knapp 80 Prozent der Geschäftsanteile und verstaatlichte den Konzern am 17. September 2008.[31]

Mit weiteren Rettungsmaßnahmen wurden die Repomärkte und die Money Market Funds als wichtige Refinanzierungsquellen der amerikanischen Banken gestützt. Im Oktober 2008 wurde das 700 Mrd. US-Dollar schwere ›Troubled Asset Relief Program‹ in Kraft gesetzt, das den Banken Gelegenheit verschaffte, die von ihnen gehaltenen

›toxische‹ Wertpapiere auf eine so genannte Bad Bank zu übertragen, um eine Gefährdung ihres Kerngeschäfts, der Kreditbereitstellung für die Wirtschaft, auszuschließen.³²

Nicht nur an den amerikanischen Finanzmärkten waren Rettungsaktionen zu verzeichnen. Auch viele Staaten in Europa schnürten Rettungspakete für ihre Banken, um zur Beruhigung der Märkte und der Marktteilnehmer beizutragen und die absackende Realwirtschaft nicht zusätzlich durch eine Kreditklemme zu behindern. Wegen der schwierigen Einschätzung der Gefährdungslage der einzelnen Banken hing stets das Damoklesschwert eines katastrophalen Flächenbrandes über den ökonomischen und politischen Aktivitäten. In Deutschland erinnert man sich besonders gut an den 4. Oktober 2008, an dem die Bundeskanzlerin eine spontane Garantie für alle privaten Bankeinlagen gab, aber auch an den darauffolgenden Tag, an dem die Hypo Real Estate (HRE) mit einer Kapitalspritze von 50 Mrd. Euro vorläufig vor einer Zahlungseinstellung gerettet werden musste. Am 17. Oktober 2008 wurde das Finanzmarktstabilisierungsgesetz verabschiedet; auf seiner Grundlage wurde der Sonderfonds Finanzmarktstabilisierung (SoFFin) errichtet, der für alle deutschen Kreditinstitute Liquiditätshilfen, Eigenkapitalzuschüsse und Garantien zur Verfügung stellte. Ein Teil dieses Hilfspakets wurde von den Banken abgerufen, der größere Teil blieb ungenutzt, weil die Banken die mit der Inanspruchnahme verbundenen Nachteile (zum Beispiel bei der Vergütung des Managements) und negativen Informationseffekte (Anerkenntnis der Notlage) vermeiden wollten. Sie hofften, dass eine Inanspruchnahme des Rettungsschirms durch die anderen Banken zu einer ausreichenden Beruhigung der Märkte führen würde, von der man dann mit profitieren könnte.

Um das Durchschlagen der Finanzkrise auf die Realwirtschaft abzufedern, verstärkten die Staaten ab 2009 auch die Unterstützungen für besonders betroffene Unternehmen. In Deutschland war insbesondere die Auslobung einer Verschrottungsprämie für Altwagen von Bedeutung; durch die Stimulierung des Neuwagenabsatzes sollte die Konjunktur angekurbelt werden. Das Programm mit einem Volumen von immerhin fünf Milliarden Euro erreichte, obwohl umstritten, das angestrebte Ziel. Auch in anderen Ländern konnte von einem Erfolg der Hilfsprogramme gesprochen werden, weil es weder zu einer ›Kernschmelze‹ des Finanzsystems kam, noch sich der heftige Einbruch der Realwirtschaft verfestigte. Die Kosten der Hilfsprogramme führten bei einigen Staaten allerdings zu einer solchen Überziehung ihrer Budgetdefizit- und Verschuldungsgrenzen, dass die Finanzmärkte mit einer massiven Erhöhung ihrer Zinsforderungen reagierten und damit die Refinanzierungen der Staaten zum Teil deutlich erschwerten und verteuerten. In der Folgezeit gerieten insbesondere Griechenland, Irland, Portugal, Spanien, Zypern, Italien und Slowenien unter Druck.

Von Beginn der Staatsschuldenkrise an griffen die Zentralbanken ein, um Entwicklungen abzufangen, die von den Staaten selbst zunächst nicht bewältigt werden konnten. Das krisengeschüttelte Bankensystem profitierte davon auf verschiedene Weise: Die EZB führte den Banken Liquidität in Billionenhöhe zu, indem sie den Kreis der Sicherheiten, die Laufzeiten und den Zuteilungsumfang bei ihren Refinanzierungsgeschäften massiv ausdehnte; dies machte wett, dass sich die Banken mangels Vertrauen untereinander kein Geld mehr liehen. Und die EZB-Programme zum Ankauf von Staatsanleihen ersparten den Banken größere Abschreibungen auf diese Papiere in ihren Bilanzen:

- Während sich die EU-Finanzminister im Mai 2010 darauf verständigten, Griechenland trotz der ›Non Bail Out‹-Klausel in den europäischen Verträgen mit Hilfskrediten zu unterstützen (nachdem die griechische Regierung die Schätzung ihres Staatsdefizits bereits 2009 revidieren musste und Sparmaßnahmen in Milliardenhöhe angekündigt hatte), beschloss die EZB zur gleichen Zeit, Staatsanleihen kriselnder Staaten aufzukaufen. Zunächst nahm sie griechische, später irische und portugiesische Staatsanleihen in ihr Portefeuille.
- Im August 2011 kaufte die Europäische Zentralbank nach der Ankündigung von Reformen in der Finanz- und Strukturpolitik italienische und spanische Staatsanleihen am Sekundärmarkt auf, um zu verhindern, dass die Zinsen für die Krisenstaaten weiter stiegen. Die Staatsanleihekäufe summierten sich schließlich auf 209 Mrd. Euro.
- Im September 2012 legte die EZB ein neues Programm auf. Sie sagte zu, gegebenenfalls unbegrenzt Anleihen von Staaten aufzukaufen, die sich unter den Rettungsschirm des Europäischen Stabilitätsmechanismus (ESM) begäben und die die von diesem gestellten Reformbedingungen erfüllten. Intention der EZB war dabei immer, nur jene Defizite aufzufangen, die dadurch zustande gekommen waren, dass das europäische Vertragswerk nicht leistungsfähig genug und der politische Konsens der Länder der Eurozone nicht so ausgeprägt waren, dass die Krisensituationen rasch und effizient gelöst werden konnten. Die Politik hatte nur die Chance, die vorhandenen Defizite auf europäischer wie internationaler Ebene in einem vielstufigen Prozess langsam zu beheben. Einige markante Beschlüsse waren:
- Im November 2010 musste Irland, das seine Banken mit Milliardenbeträgen vor dem Zusammenbruch gerettet hatte und dadurch selbst in eine Schieflage geraten war, von dem erst im Juni des Jahres gegründeten Euro-Rettungsschirm (Europäische Finanzstabilisierungsfazilität EFSF) aufgefangen werden.
- Im März 2011 beschlossen die Staats- und Regierungschefs der EU-Länder eine Aufstockung der Kreditvergabekapazität des EFSF auf 440 Mrd. Euro. Außerdem einigten sich die Staaten auf den so genannten Euro-Plus-Pakt (›six pack‹), in dem sie sich zum Sparen und zu einer engen Abstimmung ihrer Haushalts-, Steuer- und Sozialpolitik verpflichteten. Im April 2011 stellte Portugal den Antrag auf Hilfe durch den Rettungsschirm und erhielt 78 Mrd. Euro zugesprochen.
- Im Juli 2011 beschloss die Euro-Gruppe ein zweites Rettungspaket für Griechenland (nun innerhalb des EFSF), das neue Kredite in Höhe von 109 Mrd. Euro umfasste und bis 2014 reichen soll.
- Am 26. Oktober 2011 stimmte der Bundestag über eine Ausweitung des Rettungsfonds EFSF ab. In ihrer Regierungserklärung appellierte die Bundeskanzlerin an die Abgeordneten, ihre Rettungspolitik zu unterstützen: »*Scheitert der Euro, scheitert Europa*«, hieß ihre Botschaft. Auf dem anschließenden EU-Gipfel beschlossen die Staats- und Regierungschefs tatsächlich einen Schuldenschnitt (Vereinbarung mit den Banken über einen gewissen freiwilligen Forderungsverzicht) für Griechenland, eine Ausweitung des EFSF und eine Rekapitalisierung der Banken.
- Im September 2012 trat der permanente Europäische Stabilitätsmechanismus in Kraft, der gleitend den temporären Rettungsfonds EFSF ablösen soll. Er sieht Notkredite und Haftungsgarantien für überschuldete Staaten vor, sofern diese sich

wirtschaftlichen Anpassungsprogrammen und den Schuldenbremsen und Sanktionsautomatismen des gleichfalls neuen Europäischen Fiskalpakts unterwerfen.

Trotz aller Bemühungen konnte das Misstrauen der europäischen Banken untereinander lange Zeit nicht beseitigt werden, sodass sie überschüssige Mittel ausschließlich bei der EZB anlegten und Forderungen gegenüber anderen Banken, insbesondere in den kriselnden Nachbarländern, vermieden. Dadurch wuchsen aber die Verrechnungssalden einiger Notenbanken des Eurosystems an. Den hohen Überschüssen der Notenbanken in Deutschland, den Niederlanden und Luxemburg standen große Defizite in den Krisenländern Spanien, Italien und Griechenland gegenüber. Die Notenbanken der Defizitländer verschuldeten sich also bei der EZB, während die Überschussländer hohe Forderungsbestände gegenüber der EZB aufbauten. Bei einem damals keineswegs auszuschließenden Zusammenbruch des Eurosystems hätten sich durch die Abschreibungsnotwendigkeit der Forderungen der EZB gegenüber den Krisenländern die Haftungsschäden für Deutschland über die im Rahmen der europäischen Rettungsschirme übernommenen Beträge hinaus erheblich vergrößert.[33]

Die Politik der Europäischen Zentralbank wurde in dieser Zeit zwiespältig beurteilt. Während die Kritiker ihr vorwarfen, Staatsdefizite zu finanzieren und damit Geschäfte zu tätigen, für die sie kein Mandat hat und die ihre eigene Solvenz in Frage stellen könnten, unterstützten andere Akteure und Kommentatoren sehr wohl ihre Absicht, die erheblichen Defizite des europäischen Vertragswerks und die Ohnmacht durch die widerstreitenden Interessen der Regierungen auf diesem Wege zumindest temporär auszugleichen; die EZB selbst begründete den Ankauf der Staatsanleihen damit, dass die Übertragung ihrer normalen geldpolitischen Maßnahmen auf die Realwirtschaft gestört sei und nur so das angestrebte niedrige Zinsniveau beim Bankkunden erreicht werde. Allgemein anerkannt war die schwierige Lage der Zentralbanken, die beispielsweise die Bank für Internationalen Zahlungsausgleich in ihrem Jahresbericht 2011/12 treffend so charakterisiert, dass sich die Zentralbanken inmitten eines Teufelskreises wiederfanden: *»Sie sind gezwungen, sämtliche ihnen zur Verfügung stehenden Mittel zur Schadensbegrenzung zu nutzen: Sie müssen dem Finanzsektor auf direktem Wege Liquidität bereitstellen und haben keine andere Wahl, als die außerordentlich niedrigen Zinssätze beizubehalten, damit die Belastung für Finanzbehörden, private Haushalte und Unternehmen in Grenzen gehalten wird. Dieser immense Druck bedroht das Preisstabilitätsziel, die Glaubwürdigkeit und letztlich die Unabhängigkeit der Zentralbanken.«*[34]

f. Konsequenzen aus der internationalen Finanzkrise: Basel III und andere Maßnahmen

Die internationale Finanzkrise forderte von Anfang an nicht nur die Geldpolitik heraus, sondern sie führte auch zu kritischeren Bankkunden, einer aufgeschreckten Öffentlichkeit und zur Umstellung der Geschäftsmodelle der Banken. Darüber hinaus setzte sie eine Vielzahl regulativer Maßnahmen in Gang. Die neuen Gesetze, Verordnungen und Maßnahmen sollen die Finanzintermediäre und Finanzmärkte gegenüber zukünftigen

Krisen widerstandsfähiger machen. Dieses Kapitel wirft Schlaglichter auf die neuen Regeln, auf ihre Verankerung in den Krisenerfahrungen und auf ihre Ziele.[35]

Der Baseler Ausschuss veröffentlichte bereits im Dezember 2010 ein neues Regelwerk Basel III, das in den Jahren danach überarbeitet und ergänzt wurde. Basel III verfolgt das Ziel, »*die Resistenz des Bankensektors gegenüber Schocks aus Stresssituationen im Finanzsektor und in der Wirtschaft, unabhängig von ihrem Ursprung, zu verbessern und so die Gefahr zu verringern, dass sich Probleme im Finanzsektor auf die Realwirtschaft auswirken.*«[36] Wie sein Vorgänger Basel II wird auch Basel III in das europäische Bankaufsichtsrecht integriert. Dazu hat die Europäische Kommission im Juli 2011 einen Vorschlag veröffentlicht, der in Form einer Richtlinie (›CRD IV‹) sowie einer Verordnung (›CRR‹) die geltenden Bestimmungen ab Januar 2014 ablöst. Inhaltlich betreffen die Reformelemente wichtige Regulierungsbereiche, in denen sich in der Finanzkrise Defizite gezeigt hatten:

- Eigenkapitalvorschriften: Basel III verschärft gegenüber Basel II die quantitativen und qualitativen Anforderungen an das Mindesteigenkapital der Kreditinstitute, sodass die Banken im laufenden Geschäftsbetrieb und im Insolvenzfall höhere Verluste als früher ausgleichen können. Die Vorschriften erhöhen nicht nur die Abdeckungsquoten der von den Banken übernommenen Risiken durch das aufsichtliche Mindesteigenkapital, sondern verschärfen zugleich die Anforderungen an dessen Qualität. Da sich in der Krise gezeigt hatte, dass eingetretene Verluste die verfügbaren Verlustpuffer zum Teil deutlich überstiegen und verschiedene damals zugelassene Eigenkapitalinstrumente nur sehr eingeschränkt oder gar nicht zum Verlustausgleich zur Verfügung gestanden hatten, konzentriert Basel III das aufsichtliche Eigenkapital auf das so genannte harte Kernkapital (Common Equity).[37] Nicht gelöst sind die Probleme des Ansatzes der spezifischen Risikogewichtungen für verschiedene Aktiva. So wird von deutscher Seite immer wieder darauf hingewiesen, dass es keinen Grund gibt, die Risikogewichte für Kredite an kleine und mittlere Unternehmen besonders hoch anzusetzen.[38] Auch die Eigenkapitalunterlegung von Staatsanleihen muss noch gelöst werden. Ein Kennzeichen der 2009 einsetzenden Staatsschuldenkrise war, dass sich Staatsverschuldung und Schieflage der Banken gegenseitig befeuerten. Die Staatsverschuldung stieg durch die Kostenübernahme der Bankensanierung, die Banken versammelten ausfallträchtige Staatsanleihen unter ihren Aktiva. Der Kauf von Staatsanleihen war auch deswegen attraktiv, weil die Banken für ihn kein Eigenkapital vorhalten mussten. Dieser Risikoverbund zwischen Banken und Staat sollte dadurch gelockert werden, dass die Banken künftig auch Staatsanleihen mit Eigenkapital unterlegen müssen.[39]
- Leverage Ratio: Basel III definiert erstmals eine Verschuldungsquote für Banken, die den Umfang der Bankaktiva unabhängig von ihrem Risikogehalt im Hinblick auf das verfügbare Eigenkapital begrenzt. In der Krise hatte sich gezeigt, dass auch auf Positionen Abschreibungen vorgenommen werden mussten, die, wie beispielsweise die Staatsanleihen, in die Risikoberechnungen überhaupt nicht oder nur mit einem sehr niedrigen Gewicht eingeflossen waren. Gerade Extremrisiken (Tail-Risks), die nur mit einer sehr geringen Wahrscheinlichkeit schlagend werden, dann aber sehr hohe Verluste hervorrufen, hatten in der Finanzkrise zum Zusammenbruch vieler

Zweckgesellschaften und Banken geführt. Durch eine Verschuldungsobergrenze können solche Risiken zumindest indirekt begrenzt werden.

- Liquiditätssteuerung: Die Krise deckte bei vielen Banken (und den von ihnen betriebenen Conduits) eine unzureichende Liquiditätsvorsorge und exzessive Fristentransformation auf. Basel III führt eine kurzfristige Liquiditätsdeckungskennzahl (Liquidity Coverage Ratio) sowie eine längerfristige Liquiditätskennziffer (Net Stable Funding Ratio) ein. Die neuen Kennzahlen sollen die Fristentransformation der Banken begrenzen und für ein Polster verfügbarer liquider Mittel sorgen.[40]

- Abbau prozyklischer Effekte: Der in Basel III angestrebte Abbau prozyklisch wirkender Eigenkapitalanforderungen ist insoweit ein Meilenstein in der bankaufsichtlichen Krisenvorbeugung, als er erstmals direkt ›makroprudenzielle‹, auf die Gesamtwirtschaft bezogene, Ziele setzt. In der Finanzkrise hatte sich gezeigt, dass die bestehenden Eigenkapitalregeln kontraproduktiv wirken können: Der Umfang der Kredite, die vergeben werden können, hängt bei gegebenem Eigenkapital von der Bewertung des Kreditrisikos ab; je höher das Kreditrisiko, umso niedriger die Kreditkapazität der Bank. Die Minderbewertung von Kreditrisiken im Konjunkturaufschwung weitet die Kreditvergabekapazität aus, die Höherbewertung der Risiken im Abschwung engt sie – den Abschwung verschärfend – ein; Anpassungsmaßnahmen wie zum Beispiel Notverkäufe von Aktiva (fire sales) können im Abschwung die Verlustsituation der Banken weiter verschärfen. Das regulatorische Mindesteigenkapital konnte in der Krise nicht die ihm zugedachte Doppelaufgabe erfüllen, einerseits das Risiko zu begrenzen und andererseits Verlustpuffer zu sein und zur Konjunkturglättung beizutragen (regulatorisches Paradoxon). Zum Abbau prozyklischer Effekte fordert Basel III von den Banken daher den Aufbau von zwei zusätzlichen, unterschiedlich wirkenden Eigenkapitalpuffern: Ein Kapitalerhaltungspuffer (2,5 Prozent der risikogewichteten Aktiva) soll normale Konjunkturrisiken abdecken, ein antizyklischer Eigenkapitalpuffer in Phasen exzessiven Kreditwachstums aufgebaut werden. Beide Eigenkapitalpuffer können in einer Krise aufgezehrt werden, ohne dass Risikoaktiva liquidiert oder neue Eigenmittel aufgenommen werden müssen; damit sollen sie prozyklische Effekte der Eigenkapitalregulierung dämpfen.[41]

- Systemrelevanz: Auch die gesonderte Regulierung systemrelevanter Institute ist ein Ausdruck makroprudenzieller Überlegungen; der Zusammenbruch des Bankhauses Lehman Brothers hatte 2008 Lähmungen im gesamten Finanzsystem hervorgerufen. Für systemrelevante Institute (Systemically Important Financial Institutions, SIFIs), die in einer Schieflage als ›too big to fail‹ beziehungsweise als ›too connected to fail‹ gelten und bei Insolvenz wegen der schädlichen Nebeneffekte daher vom Staat gerettet werden (bail-out), sieht Basel III eine über die generellen Anforderungen hinausreichende Eigenkapitalvorsorge von bis zu 2,5 Prozent der risikogewichteten Aktiva vor (SIFI-Zuschlag). Der Zuschlag soll die Fähigkeit dieser Banken zur Verlustabsorption erhöhen und damit die Wahrscheinlichkeit verringern, dass staatliche Rettungsmaßnahmen überhaupt ergriffen werden müssen.[42] Er soll aber auch den Anreiz für eine Risikopolitik vermindern, alles ›auf eine Karte zu setzen‹ (Gamble for Resurrection). In Deutschland wurde darüber hinaus durch das Restrukturierungsgesetz von 2011 eine Bankenabgabe eingeführt, aus der die

Kreditwirtschaft künftig Restrukturierungs- und Abwicklungsmaßnahmen von in Schieflage geratenen systemrelevanten Banken selbst finanzieren soll. Die Beiträge der Kreditinstitute fließen dazu in einen bei der Bundesanstalt für Finanzmarktstabilisierung eingerichteten Restrukturierungsfonds.[43] Auf europäischer Ebene ist ein Restrukturierungs- und Abwicklungsmechanismus für systemrelevante Banken geplant, der durch einen von den Banken finanzierten Fonds unterstützt und ein wichtiger Bestandteil einer europäischen Bankenunion werden soll.[44]

Die Kapitalzuschläge zur Abmilderung prozyklischer Effekte und bei systemrelevanten Instituten sind Ausdruck der in der Krise gewonnenen Erkenntnis, dass die Bankenaufsicht auch zur Verminderung systemischer Risiken und somit – über die über die Stärkung der Solvabilität und Liquidität der einzelnen Institute hinaus – zur Stabilität des Gesamtsystems beitragen muss. Dabei hatte die Finanzkrise gezeigt, dass »*beide Dimensionen des systemischen Risikos – die prozyklische Kreditvergabe und das Ansteckungsrisiko – eng miteinander verknüpft sind.*«[45] In institutioneller Hinsicht hatte bereits der de-Larosière-Bericht 2009 empfohlen, eine neue Institution zu schaffen, die die Finanzmärkte in ihrer Gesamtheit überwachen und analysieren sowie Maßnahmen zur Vermeidung beziehungsweise zum Abbau systemischer Risiken ausarbeiten soll. Zum Jahresbeginn 2011 wurde daraufhin der Europäische Ausschuss für Systemrisiken (European Systemic Risk Board) errichtet, der neben das neu organisierte Europäische System der Finanzaufsicht (European System of Financial Supervison, ESFS) trat.[46]

Neben den Änderungen, die durch das überarbeitete und ergänzte Regelwerk Basel III in Gang gesetzt wurden, hat die Finanzkrise weitere wichtige Initiativen in Gang gesetzt, um die Finanzmärkte und Banken stabiler und weniger krisenanfällig zu machen:

– Risikovorsorge für Verbriefungen und Wiederverbriefungen. Die Krise hatte deutlich gezeigt, dass bei einer weitgehenden Zersplitterung der Wertschöpfungskette in der Kredittransformation Anreize bestehen, Kreditprüfungen zu vernachlässigen und zu hohe Kreditrisiken zu übernehmen, da die Risiken über die Verbriefungsmärkte leicht weitergereicht werden konnten. Zur Lösung dieses Moral-Hazard-Problems wurde in Deutschland ein Selbstbehalt von fünf bis zehn Prozent der Verbriefungsprodukte beim emittierenden Institut eingeführt, der dazu führen soll, dass das Interesse des Originators einer Kreditposition an deren Qualität trotz Weitergabe eines Teils der Risiken bestehen bleibt.
– Kontrahentenrisiken: In der Finanzkrise hatte sich gezeigt, welche Ansteckungseffekte entstehen können, wenn Gegenparteien, die zur Absicherung von Risiken eingeschaltet werden, selbst in eine Schieflage geraten. Das Bankhaus Lehman Brothers, dessen Zusammenbruch das Vertrauen zwischen den Banken zerstörte, und die American International Group AIG hatten in großem Umfang Kredite anderer Institute gegen Ausfall versichert (Credit Default Swaps, CDS), ohne den eingetretenen Kreditausfall dann ausgleichen zu können; für die AIG hatte der Staat – aus Angst vor einer Kettenreaktion in das gesamte Finanzsystem – ein Rettungspaket über 182 Mrd. Dollar geschnürt.[47] Die CDS gehören zu den außerbörslichen Over-the-counter-Transaktionen (OTC), die keiner Regulierung unterworfen waren und im derivativen Bereich die Mehrzahl der Transaktionen ausmachen. Die

OTC-Transaktionen sollen in Zukunft zum Schutz vor Kontrahentenrisiken soweit wie möglich standardisiert und über zentrale Gegenparteien (Central Counterparties, CCPs) abgewickelt werden; die Marktteilnehmer müssen strengen Anforderungen genügen und die CCPs mit finanziellen Mitteln gegen Ausfälle ausstatten. Außerdem müssen Derivate künftig mit Eigenkapital unterlegt werden (das sind Vorschriften, die unter die oben besprochenen Basel III-Regeln fallen); in allen Fällen, in denen wegen der Individualität des Geschäfts keine Zentrale Gegenpartei eingeschaltet werden kann, werden dabei deutlich erhöhte Anforderungen an die Eigenkapitalunterlegung gestellt. Zusätzliches Eigenkapital muss für das Risiko einer Bonitätsverschlechterung des Geschäftspartners (Credit Value Adjustment) hinterlegt werden. Außerdem müssen alle OTC Transaktionen an zentrale Transaktionsregister gemeldet werden.
- Vergütungs- und Bonussysteme: Bereits im April 2009 entwickelte der Ausschuss für Finanzstabilität (Financial Stability Board, FSB)[48] Prinzipien für solide Vergütungspraktiken und darauf aufbauende konkrete Standards für die Finanzbranche. Diese Standards orientierten die Vergütungsstrukturen stärker am längerfristigen Erfolg und den eingegangenen Risiken.[49] Die Vergütungspraxis hatte vor der Krise dazu beigetragen, dass Banken zu hohe Risiken übernahmen und daraus Risikoprämien erzielten, die sie an die Aktionäre ausschütten und als Boni an das Management und die Mitarbeiter verteilen konnten. Beim nachfolgenden Eintritt der Risiken musste der Staat die Banken dann retten (bail out), was zu einer marktwirtschaftlich nicht vertretbaren Verlustumverteilung führte. Die neuen Regelungen sollen für eine angemessenere und transparentere Gestaltung der Vergütungssysteme sorgen. Vor allem sollen Bonussysteme an einer nachhaltigen Unternehmensentwicklung ausgerichtet sein und Misserfolge stärker sanktionieren.
- Schattenbankregulierung: Die Krise hatte auch deutlich werden lassen, dass die Banken hoch riskante Transaktionen auf Schattenbanken ausgelagert hatten. Diese Schattenbanken betrieben Fristen- und Liquiditätstransformation wie die Banken, unterlagen aber einer geringeren oder gar keiner Regulierung. Zu den im Schattenbanksektor arbeitende Finanzunternehmen zählen vorwiegend:
    • Verbriefungsgesellschaften wie ABCP Conduits, Special Investment Vehicles (SIV) und andere Zweckgesellschaften (Special Purpose Vehicles, SPV), auf die die Banken Kreditrisiken übertragen und die sich zum Teil über kurzfristige Gelder refinanziert hatten.
    • Geldmarktfonds (Money Market Funds, MMF) und andere Arten von Investmentfonds als deren Geldgeber; diese Investmentfonds hatten sich ihrerseits kurzfristig refinanziert und für ›Runs‹, das heißt den massiven Abzug von Anlagen, anfällig gezeigt.
    • Repogeschäfte (Repurchase Agreements).[50]

Bei zunehmender Regulierungsdichte im Bankenbereich droht ein Anschwellen der Regulierungsarbitrage; Bankgeschäfte werden in Schattenbanken ausgelagert. Zur Verhinderung der Regulierungsarbitrage sollen einmal die Aktivitäten im Schattenbanksektor ebenso wie die im Bankensektor und anderen Segmenten des Finanzmarktes einer umfassenden inhaltlichen und statistischen Analyse unterzogen werden. Zum anderen wurden in den USA wie in Europa Initiativen ergriffen,

das Schattenbanksystem einer adäquaten Regulierung zu unterwerfen. In den USA übertrifft das Volumen des Schattenbanksektors das des Bankensystems, in Europa spielen Schattenbanken dagegen eine nachgeordnete Rolle.[51]
– Finanztransaktionssteuer: Verschiedene Länder der EU, darunter Deutschland, haben sich am 22. Januar 2013 auf eine vielfach umstrittene Finanztransaktionssteuer zu Eindämmung spekulativer Finanzgeschäfte und zur Generierung von Finanzmitteln zur Bekämpfung der Schuldenkrise geeinigt. Besteuert werden soll der Handel mit Aktien, Devisen, festverzinslichen Wertpapieren und anderen Finanzprodukten.
– Rating-Agenturen: Die Europäische Kommission hat eine deutliche Position zu den während der Finanzkrise stark kritisierten Rating-Agenturen bezogen. Einerseits soll das – zuvor von der Politik gestützte – Gewicht der Rating-Agenturen bei Anlageentscheidungen und der Ermittlung der Risikogewichte zur Eigenkapitalunterlegung vermindert werden, andererseits sollen die Rating-Agenturen selbst und ihr Geschäftsgebaren einer strengen Regulierung unterworfen werden. Eine Initiative zur Gründung einer europäischen Rating-Agentur, die die Abhängigkeit von den drei bekannten internationalen Rating-Agenturen abmildern soll, scheint dagegen mehr oder weniger ins Leere gelaufen zu sein.

Um einem Übergreifen von Investmentbankkrisen auf das Einlagen- und Kreditgeschäft vorzubeugen, sind auch grundsätzliche organisatorische Überlegungen zur Gesamtarchitektur der Finanzaufsicht angestellt worden. Eine wichtige Standortbestimmung enthält dabei der Abschlussbericht über strukturelle Reformen im EU-Bankensektor, der von einer EU-Expertenkommission unter Leitung des finnischen Zentralbankpräsidenten Erkki Liikanen erarbeitet und im Oktober 2012 der Öffentlichkeit präsentiert wurde. Der Bericht ist in der Presse insbesondere wegen seiner Empfehlung zitiert worden, eine institutionelle Trennung des Eigenhandels und anderer stark risikobehafteter Aktivitäten vom übrigen ›normalen‹ Bankgeschäft vorzusehen. Die Expertengruppe empfiehlt, dass die Banken das Privatkundengeschäft künftig innerhalb einer Holdingstruktur von den stark risikobehafteten Teilen des Investmentbanking trennen sollen, sobald dieses eine bestimmte Größe überschreitet. Eine Zerschlagung der Universalbanken sieht der Bericht nicht vor. Die Kommission stützt ihre Empfehlung auf eine Untersuchung des europäischen Bankensektors und der seit Ausbruch der Finanzkrise bereits vorgenommenen regulatorischen Anpassungen. Wenn die Vorschläge der Kommission umgesetzt werden, ist die europäische Bankenregulierung auf einem guten Weg. Nach der Verschärfung der Anforderungen an die Qualität und Quantität des Eigenkapitals der Banken und nach weiteren Regulierungen wie der Einführung von Liquiditätsregeln und der risikounabhängigen Verschuldungsobergrenze konnte auch die Transparenz wichtiger Finanzinstrumente und der Risikosituation der Kreditinstitute verbessert werden. Dass die Entwirrung der In-house- und Konzernverflechtungen in Angriff genommen wird, sodass in Krisensituationen rasch wirksame Handlungsalternativen umgesetzt werden können, kann sich in der Zukunft als wichtige Reformmaßnahme erweisen.

g. Schlussfolgerungen aus der Krise: Neuordnung des Finanzsystems?

Es ist unbestritten, dass das Zusammenspiel der mangelhaften oder sogar ganz fehlenden Kreditwürdigkeitsprüfungen im Subprime-Segment des amerikanischen Marktes für Wohnungsbaufinanzierungen und der mit den angedeuteten Anreizproblemen verbundenen Technik des Kreditrisikotransfers für die Auslösung der Krise verantwortlich war. Zur Erklärung der nachfolgenden dramatischen Entwicklungen an den internationalen Finanzmärkten müssen aber auch noch andere, tiefer gehende Ursachen hinzugezogen werden. Nach den Ursachen und Treibern der Krise ist in vielen Regierungskommissionen und internationalen Einrichtungen und auf wissenschaftlichen Konferenzen gesucht worden, ohne dass sich daraus ein einheitliches Gesamtbild ergeben hätte. Eklatante Anreiz- und Verhaltensprobleme bei den Banken, tief liegende Regulierungsdefizite und unzureichende internationale Abstimmung der Bankenaufsicht spielten für den anfänglichen Vertrauensverlust an den Märkten eine ebenso große Rolle wie der wiederholte Bruch von Regeln der europäischen Verträge sowie vormals übersehene Defizite der europäischen Institutionen und ihrer gegenseitigen Verantwortung für den weiteren Verlauf der Krise. Die Wirkungen der geschilderten Bankenregulierung auf Finanzsystem und Realwirtschaft sind noch nicht vollständig erkennbar; sie enthalten Chancen und Risiken. Das Ausmaß der ökonomischen, politischen und gesellschaftlichen Weichenstellungen, die von der Krise ausgehen, ist daher noch nicht abschätzbar.

Für das Eurosystem bedeuten die Finanz- und die Staatsschuldenkrise die erste große Bewährungsprobe, die gleichzeitig Weichen für seine künftige Ausgestaltung stellt. Die Art, wie die Krise bewältigt wird, entscheidet einmal darüber, ob die Mitgliedsstaaten ihre Ansprüche an das Sozialprodukt so disziplinieren, dass von ihnen kein Druck in Richtung auf eine lockere, das Finanzsystem stabilisierende, aber inflationsträchtige Geldpolitik der EZB ausgeht. Der Erfolg der finanziellen Zuwendungen durch EFSF und EZB, dass die Krisenstaaten – mit Ausnahme Griechenlands – sich Anfang 2013 wieder kapitalmarktfähig zeigten, könnte kurzfristiger Natur sein und einen Anreiz geben, mittel- und langfristig Reformen auf den Leistungsmärkten und ausgeglichene Haushalte weiter aufzuschieben. Die Art der Krisenbewältigung gibt zum anderen aber auch Fingerzeige auf die künftigen Prioritäten der EZB: Fortführung der Lender of First Resort-Politik und Inkaufnahme der Entstehung neuer Vermögenspreisblasen, oder Rückkehr zu einer restriktiveren Geldpolitik, die vor allem die Preisstabilität, aber auch die Vorbeugung neuer Vermögenspreisblasen und damit neuer Finanzkrisen im Blick hat.

---

1   Reinhart/Rogoff, Dieses Mal, S. 395.
2   ›Acht Jahrhunderte voller Finanzkrisen‹, in: Frankfurter Allgemeine Zeitung vom 14. Oktober 2009.
3   Der Name Fannie Mae leitet sich aus dem ursprünglichen Namen Federal National Mortgage Association, Freddie Mac aus der ursprünglichen Bezeichnung als Federal Home Loan Mortgage Corporation ab.
4   Vgl zu den Einzelheiten der Entwicklungen und der Krise am amerikanischen Hypothekarkreditmarkt Frankel, Finanzierung; Dübel, Krise.
5   Mian/Sufi, Consequences, S. 2.

6   Vgl. zum Problem des strategischen Verhaltens von Kreditnehmern Guiso/Sapienza/Zingales, Constraints.
7   Voigtländer, Subprime-Krise, S. 11.
8   Noch eindrucksvoller war das Wachstum des Segments der über der Subprime-Bonität liegenden so genannten Alternative-A Kredite (Bonität zwischen Subprime und Prime) von 68 auf 400 Mrd. US-Dollar im gleichen Zeitraum. Vgl. ebd., S. 10.
9   Vgl. zur Entwicklung der Märkte für Asset Backed Securities in den USA und Europa Paul, Bankenintermediation; ferner zu den Konstruktionsprinzipien der Tranchenbildung Rudolph/Hofmann/Schaber/Schäfer, Kreditrisikotransfer. – Asset Backed Securities (ABS) werden nicht nur gegen Hypothekenforderungen als Sicherungsmasse ausgegeben und dann als Mortgage Backed Securities (MBS) bezeichnet, sondern auch gegen andere Kreditforderungen, Leasingforderungen oder Kreditkartenforderungen.
10 Es sollten also mögliche Moral Hazard- und Adverse Selection-Probleme vermindert beziehungsweise abgebaut werden. Vgl. Henke, Anreizprobleme; Franke/Weber, Collaterized Debt Obligation-Transaktionen; Rudolph/Scholz, Pooling.
11 Fender/Mitchell, Finanzierungen, S. 77; Shiller, Subprime Solution; Scholz, Identifikation.
12 Rudolph, Kreditrisikotransfer.
13 Neben den schon in Henke, Anreizprobleme, ausführlich beschriebenen Auswirkungen des Verzichts auf eine sorgfältige Auswahl (Screening) und Überwachung (Monitoring) der Kreditnehmer traten Probleme der Absprache zwischen verschiedenen Beteiligten der Intermediationsstufen zu Lasten der Investoren (Kollusion), die in Scholz, Identifikation, ausführlich behandelt werden.
14 George A. Akerlof und Robert J. Shiller charakterisieren in ihrem Bestseller ›Animal Spirits‹ (der Titel verweist auf Denkmuster, die den Ideen und Gefühlen der Menschen zugrunde liegen) die Krise treffend mit dem Verweis auf einen englischen Kinderreim über Humpty Dumpty: »*Der Reim handelt von einer schier unlösbaren Aufgabe. Humpty Dumpty ist ein Ei. Als es von der Mauer stürzt und zerbricht, gelingt es niemandem, nicht einmal dem König mit all seinen Soldaten, Humpty Dumpty wieder zusammenzusetzen. Diese Geschichte beschreibt die aktuelle Finanzkrise gut. Das Segment des Finanzsystems, das Hypothekenkredite gewährte und weitergab, war zerbrechlich, und es fiel. Unter dem Gesichtspunkt unserer ›Animal Spirits‹ betrachtet, ging das Vertrauen verloren. Die Anleger wurden Transaktionen gegenüber misstrauisch, die sie vorher in Höhe von Billionen von Dollar vorgenommen hatten. Die Geschichte nahm eine Wende. Fortan handelte sie von Quacksalberprodukten. Und es gab kein Zurück.*« Vgl. Akerlof/Shiller, Animal Spirits, S 134.
15 Vgl. Sachverständigenrat, Das Erreichte, S. 89; ferner zu den Einzelheiten, Motiven und insbesondere zur Regulierungsarbitrage Jones, Problems; Ambrose/LaCour-Little/Sanders, Regulatory Arbitrage.
16 Als ›Bank Run‹ bezeichnet man eine Situation, in der die Einleger einer Bank beispielsweise aufgrund von Gerüchten über Verluste oder eine mögliche Insolvenz ihrer Bank massenhaft Geld abheben, sodass die Bank zu Notliquidationen ihrer Anlagen gezwungen ist, die so große neue Verluste bewirken können, dass sie in die Insolvenz getrieben wird.
17 Vgl. Borio, Financial Turmoil, S. 26 ff., sowie die sehr umfängliche Chronik der Ereignisse in BIZ, Jahresbericht 2007/08, S. 107 ff.
18 Der ABX-Index wurde im Januar 2007 als Benchmark für Asset Backed Securities (ABS) eingeführt, die durch Wohnungsbaukredite an Schuldner minderer Qualität gedeckt sind.
19 Viel beachtet wurde beispielsweise die Finanzspritze für die UBS durch die Government of Singapore Investment Corporation in Höhe von elf Milliarden Schweizer Franken.
20 Vgl. die Ad-hoc-Mitteilung der IKB Deutsche Industriebank AG vom 30. Juli 2007, 1.49 Uhr sowie die Ad-hoc-Mitteilung vom 2. August 2007, 17.15 Uhr. Rhineland Funding entsprach als ABCP Vehikel in seiner Konstruktion dem oben vorgestellten Modell eines Conduits, das einerseits in längerfristige strukturierte Produkte, insbesondere Mortgage Backed Securities, investiert und sich über Asset Backed Commercial Papers kurzfristig refinanziert hatte.
21 ›Gutachten wirft IKB Versäumnisse vor‹, in: FAZ.NET vom 17. Oktober 2007 (http://www.faz.net/aktuell/wirtschaft/unternehmen/banken-gutachten-wirft-ikb-versaeumnisse-vor-1489989.html, abgerufen am 18. April 2013).

22 Vgl. die Stellungnahme der Sachsen LB zur Situation am ABS-Markt vom 10. August 2007, in der Gerüchten über Probleme bei der Zweckgesellschaft Ormond Quay und Liquiditätsprobleme der Sachsen LB entgegengetreten wird, sowie die Ad-hoc-Mitteilung dieser Bank vom 17. August 2007.
23 Vgl. die detaillierte Chronik der Ereignisse im Kapitel ›Das große Bankensterben‹, in: Sinn, Kasino Kapitalismus.
24 Ebd., S. 87 f.
25 [o. V.], Offenmarktgeschäfte, S. 33.
26 Zeitler, Präsentation, S. 2.
27 Monoline-Versicherer entstanden in den Siebzigerjahren in den USA, wo sie die Zahlungsverpflichtungen aus Anleihen von Gebietskörperschaften garantierten. Im Laufe der Jahre wandten sich die Monoline-Versicherer aber zunehmend den ABS- und CDO-Märkten zu und übernahmen dort oft die Sicherungsgeberposition für so genannte Super-Senior-Tranchen, die in der Rangfolge der Verpflichtung zur Ausgleichszahlung zuletzt kommen. Vgl. [o. V.], Instrumente, S. 41.
28 Zwei Tage später, am 17. September 2008, gab Barclays dann bekannt, dass man einen großen Teil des Geschäfts von Lehman Brothers aus der Insolvenzmasse heraus übernehmen werde. Nomura übernahm das Asiengeschäft sowie die Investmentbanksparte von Lehman Brothers in Europa und im Nahen Osten.
29 Vgl. zur Politik der Zentralbanken Illing/Watzka, Geldpolitik.
30 Bail-outs können alle Formen einer privaten oder öffentlichen Hilfestellung beinhalten. Neben einer Übernahme der Eigenkapitalposition kann temporär neues Fremdkapital zur Verhinderung der Konsequenzen hoher Verluste oder einer Überschuldung zur Verfügung gestellt werden.
31 Die AIG hatte im Jahr der Pleite 99,3 Mrd. US-Dollar Verlust verbucht; das war der höchste Jahresverlust, der in den USA jemals verbucht werden musste. Der Konzern wurde mit staatlichen Garantien und Kapitalspritzen in Höhe von 182 Mrd. US-Dollar am Leben erhalten, erholte sich in den Folgejahren aber wieder überraschend schnell. Nachdem die Fed ihre Hilfen zurück erhalten hatte, wurde die AIG Ende 2012 wieder vollständig privatisiert. Dazu wurden 234,2 Mio. Aktien für 32,50 US-Dollar je Stück platziert, sodass sich im Ergebnis für den Staat ein Überschuss von 7,6 Mrd. US-Dollar ergab. Vgl. ›Amerika will Schlussstrich unter AIG-Rettungsaktion ziehen‹, in FAZ. NET vom 11. Dezember 2012 (http://www.faz.net/aktuell/wirtschaft/versicherungskonzern-amerika-will-schlussstrich-unter-aig-rettungsaktion-ziehen-11989674.html, abgerufen am 18. April 2013).
32 Als sich später dieser Plan als wenig praktikabel herausstellte, wurden die Mittel stattdessen für direkte Hilfen an notleidende Finanzinstitutionen verwendet. Im Frühjahr 2011 war der insgesamt ausgezahlte Betrag von mehr als 150 Mrd. US-Dollar bereits wieder zurückgeflossen.
33 Vgl. zur Problematik der so genannten Target-Salden insbesondere Sinn, Target Falle. – Zu Beginn des Jahres 2013 stellte sich der Haftungspegel der verschiedenen Rettungspakete, Haftungsbeiträge und anteiligen Target Salden für Deutschland auf 736 Mrd. Euro. Vgl. http://www.cesifo-group.de/de/ifoHome/policy/Haftungspegel.html (abgerufen am 11. Januar 2013).
34 BIZ, Jahresbericht 2011/12, S. 10.
35 Zu den neuen Regeln gibt es von wissenschaftlicher Seite kritische Kommentare und weiterführende Anregungen, die aber hier nicht vorgestellt werden können. Vgl. hierzu beispielsweise Rudolph, Finanzkrise.
36 Baseler Ausschuss für Bankenaufsicht, Basel III, S. 1. – Nach der Terminologie der Deutschen Bundesbank umfasst Basel III im weiteren Sinne auch die Basel-II-Rahmenvereinbarung ›Internationale Konvergenz der Kapitalmessung und Eigenkapitalanforderungen‹ von 2004 sowie die weiteren Beschlüsse des Basler Ausschusses für Bankenaufsicht. Dazu gehört ein bereits 2009 verabschiedetes und in 2010/11 aktualisiertes Maßnahmenpaket als Reaktion auf die Subprime-Krise, das strengere Regelungen insbesondere für Verbriefungen und das Marktrisiko beinhaltet (umgangssprachlich häufig ›Basel II plus‹ beziehungsweise ›Basel 2.5‹ genannt). Die Säule-2-Anpassungen wurden in der MaRisk-Novelle 2009 berücksichtigt, die Vergütungsanforderungen sind mit der Instituts-Vergütungsverordnung in 2010 umgesetzt worden.
37 Das harte Kernkapital besteht bei Banken als Aktiengesellschaften aus den ausgegebenen Aktien, dem Agio und den einbehaltenen Gewinnen, bei Banken anderer Rechtsform aus Kapitalbestandteilen, die einem 14 Punkte umfassenden Kriterienkatalog genügen müssen. Hartes Kernkapital und

38 So ist etwa die Europäische Bankenaufsichtsbehörde (EBA) der Ansicht, dass der Mittelstand besonders konjunkturanfällig ist und daher eine höhere Kapitalunterlegungen notwendig erscheint als für Großkonzerne.

39 Diese Forderung wird von der Bundesbank und der BaFin seit 2012 öffentlich erhoben, ohne dass es gesicherte Anzeichen für einen Zeitpunkt gibt, an dem die Kapitalunterlegung verbindlich vorgeschrieben wird. Bei den von der EBA seit 2012 durchgeführten Stresstests wurden allerdings Staatsanleihen im Handelsbuch der Banken als risikobehaftet behandelt.

40 Da die Anleger in der Regel kurzfristige oder rasch liquidierbare Anlagen bevorzugen, die Unternehmen aber zur Finanzierung ihrer Investitionen über langfristige Mittel verfügen müssen, wird ein Teil der Fristentransformation in Zukunft außerhalb des Bankensystems stattfinden müssen.

41 Der Vermeidung des regulatorischen Paradoxons gilt auch der in der Schweiz bestehende und vom Basler Ausschuss ins Auge gefasste Zwang zur Emission so genannter Contingent Convertibles (CoCos). Vgl. zu den Konstruktionsmerkmalen Rudolph, Einführung.

42 Die Systemrelevanz einer Bank wird aus theoretischer Perspektive durch ihren Beitrag zum gesamten Systemrisiko gemessen und kann in der Praxis über ihre Größe sowie den Umfang ihres gesamten Interbankenhandels festgestellt werden. Über systemische Risiken wurde lange vor der internationalen Finanzkrise diskutiert. So geben De Bandt/Hartmann, Systemic Risk bereits im November 2000 eine Übersicht über die vorhandenen Messansätze. Vgl. zur Messung von Systemrisiken über den Systemic Expected Shortfall als Risikomaß Acharya/Pedersen/Philippon/Richardson, Systemic Risk, und zur Einordnung solcher Messungen in eine makroprudenzielle Aufsicht Weistroffer, Aufsicht.

43 Mit der Verabschiedung des Gesetzes zur Errichtung eines Finanzmarktstabilisierungsfonds (FMStFG) hatte die Bundesregierung bereits im Oktober 2008 einen Sonderfonds für Finanzmarktstabilisierung (SoFFin) eingerichtet. Zur Verwaltung des SoFFin und zur Umsetzung und Überwachung der Stabilisierungsmaßnahmen des Fonds wurde die Bundesanstalt für Finanzmarktstabilisierung (FMSA) in Frankfurt am Main errichtet.

44 Im Juni 2012 wurde der Vorschlag für eine EU-Restrukturierungsrichtlinie veröffentlicht, die 2014 in Kraft treten soll. Neben dem europäischen Restrukturierungs- und Abwicklungsmechanismus stellt eine einheitliche Aufsicht unter dem Dach der Europäischen Zentralbank den Kern einer angestrebten Bankenunion in Europa dar; sie wurde im Prinzip am 13. Dezember 2012 vom EU-Ministerrat beschlossen. Das dritte Element eines europäischen Sicherungssystems für Bankeinlagen erscheint dabei erst nach einer »*tiefergehenden wirtschaftspolitischen und fiskalischen Integration der betroffenen Länder gerechtfertigt.*« Vgl. Lautenschläger, Bankenunion, S. 3.

45 Weistroffer, Aufsicht, S. 6.

46 Vgl. die Beschreibung der Aufgaben dieses Ausschusses in [o. V.], Ausschuss für Systemrisiken. – Das ESFS besteht aus drei neuen europäischen Finanzaufsichtsbehörden, der Europäischen Bankenaufsicht (European Banking Authority, EBA), der Europäischen Aufsicht für das Versicherungswesen und die betriebliche Altersversorgung (European Insurance and Occupational Pensions Authority, EIOPA), der Europäischen Wertpapieraufsicht (European Securities and Markets Authority, ESMA) und dem Joint Committee of the European Supervisory Authorities (ESAs) als behördenübergreifendem Ausschuss.

47 Die AIG hatte zwar 2008 mit 99,3 Mrd. Dollar den höchsten Verlust in der Wirtschaftsgeschichte der USA eingefahren, konnte aber bereits Ende 2012 die erhaltenen Hilfsgelder einschließlich eines ansehnlichen Gewinns für den amerikanischen Staat zurückerstatten. Vgl. ›US-Regierung steigt komplett bei AIG aus‹, in: Spiegel-Online vom 11. Dezember 2012 (http://www.spiegel.de/wirtschaft/unternehmen/usa-verkaufen-restliche-aig-aktien-a-872117.html, abgerufen am 11. Dezember 2012).

48 Der FSB ist – wie der Ausschuss für Bankenaufsicht – bei der Bank für Internationalen Zahlungsausgleich in Basel angesiedelt.

49 Für den Bankenbereich werden die FSB-Prinzipien und -Standards auf europäischer Ebene weitgehend deckungsgleich in dem Vorschlag für eine Richtlinie des Europäischen Parlaments und des Rates zur Änderung der Richtlinien 2006/48/EG und 2006/49/EG im Hinblick auf die Eigenkapitalanforderungen für Handelsbuch und Weiterverbriefungen und im Hinblick auf die aufsichtliche Überprüfung der Vergütungspolitik (CRD III) – gegenwärtig als Dokument Nr. 11749/10 des Rates der Europäischen Union vom 12. Juli 2010 berücksichtigt – nachgezogen. Auf der Grundlage des durch die CRD III neu eingefügten Artikels 22 Abs. 4 der Bankenrichtlinie (2006/48/EG) wird der Ausschuss der Europäischen Bankenaufseher (CEBS) mit der Erarbeitung von Leitlinien zu den Vergütungsanforderungen aus der CRD III (CEBS-Leitlinien) beauftragt. Die bisherigen Entwurfsfassungen der CEBS-Leitlinien wurden bei dieser Verordnung bereits berücksichtigt. In Deutschland ist das Gesetz über die aufsichtsrechtlichen Anforderungen an die Vergütungssysteme von Instituten und Versicherungsunternehmen bereits Ende 2010 in Kraft getreten.

50 Bei Repurchase Agreements (Repos) verkauft eine Partei, der Repo Seller, einer anderen Partei, dem Repo Buyer, Wertpapiere zu einem unter ihrem Marktwert liegenden Preis mit der Verabredung, Wertpapiere der gleichen Gattung zu einem späteren Termin zu einem bei Vertragsabschluss festgelegten höheren Preis wieder zurückzukaufen. Mit dem Verkauf fließen der ersten Partei Zahlungsmittel zu; die Differenz zwischen den beiden Preisen, der Haircut, stellt für diese Partei (häufig eine Bank) die Geldbeschaffungskosten dar. Die Refinanzierung der Bank erfolgt also nicht über die Hereinnahme von Depositen, Termingeldern oder Spareinlagen, sondern kurzfristig über dieses Segment des besicherten Geldmarktes (Collateralized Money Market). Vgl. Rudolph, Funktionen.

51 Vgl. zur Bedeutung und den Regulierungsplänen im Einzelnen ebd.

Quellen- und Literaturverzeichnis

I. Unveröffentlichte Quellen

Bundesarchiv Berlin (BA Berlin)
    R 25.01 – Reichsbank
    R 31.01 – Reichswirtschaftsministerium
    R 43 II – Reichskanzlei
    SAPMO-BA – Stiftung Archiv der Parteien und Massenorganisationen der DDR im Bundesarchiv
Bundesarchiv Koblenz (BA Koblenz)
    Z 32 – Sonderstelle Geld und Kredit
Deutsche Börse AG, Frankfurt am Main
    Unverzeichnete Bestände
Historisches Archiv der Commerzbank AG, Frankfurt am Main
    Bestandsgruppe Dresdner Bank, Bestand 500 – Betriebswirtschaftliches Büro
Historisches Archiv der Deutschen Bundesbank, Frankfurt am Main
    B 330 – Schriftgut der Zentrale / Dienststelle des Direktoriums
    N2 – Nachlass Prof. Dr. Otmar Emminger
Historisches Archiv B. Metzler seel. Sohn & Co. KGaA, Frankfurt am Main (HA B. Metzler seel. Sohn & Co.)
    Unverzeichnete Bestände
Historisches Archiv der UniCredit Bank AG, München (HA UniCredit Bank AG)
    D-Hypo – Bayerische Hypotheken- und Wechsel-Bank
    D-BV – Bayerische Vereinsbank
Landesarchiv Berlin / Archiv der Wiedergutmachungsämter von Berlin (ArchWGÄ)
    84 WGA – Wiedergutmachungsamt
Landesarchiv Schleswig-Holstein, Schleswig
    Abt. 210 – Herzogtum Lauenburg bis 1876, Lauenburgische Regierung zu Ratzeburg

Russisches Staatliches Militärarchiv, Moskau (Rossiskij Gosudarstvennyj Voennyj Archiv v Moskva – RGVA Moskau)
    Fond 1458 – Reichswirtschaftsministerium
Sächsisches Staatsarchiv, Leipzig
    21006 – Allgemeine Deutsche Creditanstalt, Bankbezirke Leipzig und Döbeln

II. Veröffentlichte Quellen und Literatur

Abelshauser, Werner: Markt und Staat. Deutsche Wirtschaftspolitik im ›langen 20. Jahrhundert‹, in: Spree, Geschichte, S. 117–140.
Abelshauser, Werner: Deutsche Wirtschaftsgeschichte seit 1945. München 2004.
Abs, Hermann Josef: Das Londoner Schuldenabkommen, in: ders., Zeitfragen, S. 11–42.
Abs, Hermann Josef: Zeitfragen der Geld- und Wirtschaftspolitik. Aus Vorträgen und Aufsätzen (Schriftenreihe zur Geld- und Finanzpolitik 3). Frankfurt am Main 1959.
Acharya, Viral / Pedersen, Lasse / Philippon, Thomas / Richardson, Matthew: Measuring Systemic Risk (Federal Reserve Bank of Cleveland Working Paper 10–02). Cleveland, OH 2010.
Achleitner, Paul / Dresig, Tilo: Mergers & Acquisitions, in: Gerke/Steiner, Handwörterbuch, Sp. 1559–1570.
Achterberg, Erich: Frankfurter Bankherren. Frankfurt am Main 1956.
Ahrens, Gerhard: Vorgeschichte und Gründung der ersten Aktienbanken in Hamburg, in: Kredit und Kapital 5 (1972), S. 316–335.
Ahrens, Ralf: Der Exempelkandidat. Die Dresdner Bank und der Nürnberger Prozess gegen Karl Rasche, in: Vierteljahrshefte für Zeitgeschichte 52 (2004), S. 637–670.
Ahrens, Ralf: Die Finanzierung eines Konzerns der ›alten‹ Rüstungsindustrie, in: Bähr, Dresdner Bank, S. 330–344.
Ahrens, Ralf: Die Dresdner Bank 1945–1957. Konsequenzen und Kontinuitäten nach dem Ende des NS-Regimes. München 2007.
Ahrens, Ralf: Karl Rasche (1892–1951), in: Pohl, Bankiers, S. 343–356.
Ahrens, Ralf: Transformation als Diktaturdurchsetzung. Die Sächsische Landesbank und die Reorganisation des Bankwesens in der SBZ, in: ders., Umbrüche, S. 121–144.
Ahrens, Ralf (Hrsg.): Umbrüche und Kontinuitäten in der mitteleuropäischen Kreditwirtschaft nach dem Ende des Zweiten Weltkriegs (Geld und Kapital 9). Stuttgart 2008.
Ahrens, Ralf: Identitätsmanagement und Kontrolle. Die Reform der Dresdner Bank um 1970, in: Ahrens/Wixforth, Strukturwandel, S. 71–95.
Ahrens, Ralf / Wixforth, Harald (Hrsg.): Strukturwandel und Internationalisierung im Bankwesen seit den 1950er Jahren (Geld und Kapital. Jahrbuch der Gesellschaft für mitteleuropäische Banken- und Sparkassengeschichte 10). Stuttgart 2010.
Akerlof, George A. / Shiller, Robert J.: Animal Spirits. Wie Wirtschaft wirklich funktioniert. Frankfurt am Main/New York 2009.
Albers, Willi (Hrsg.): Handwörterbuch der Wirtschaftswissenschaft, Bd. VIII. Stuttgart 1980.
Albrecht, Curt: Die älteren deutschen Sparkassengesetze. – Ein Vergleich mit dem Reglement, in: Sparkasse 22–23/1938 (Sonderausgabe ›Einhundert Jahre Preußisches Sparkassen-Reglement‹), S. 395–399.
Alesina, Alberto / Barro, Robert: Currency Unions, in: Quarterly Journal of Economics 117 (2002), S. 409–436.
Allgemeine Deutsche Investment-Gesellschaft: 10 Jahre Investment in Deutschland – 10 Jahre Allgemeine Deutsche Investment-Gesellschaft. München 1959.
Alterthumsverein zu Wien (Hrsg.): Geschichte der Stadt Wien, Bd. V: Vom Ausgange des Mittelalters bis zum Regierungsantritt der Kaiserin Maria Theresia, 1740 (II. Teil). Wien 1914.
Altunbaş Yener / Marqués, David: Mergers and Acquisitions and Bank Performance in Europe. The Role of Strategic Similarities, in: Journal of Economics and Business 60 (2008), S. 204–222.
Ambrose, Brent W. / LaCour-Little, Michael / Sanders, Anthony B.: Does Regulatory Arbitrage,

Reputation, or Asymmetric Information drive Securitization?, in: Journal of Financial Services Research 28 (2005), S. 113–133.

Angermeier, Heinz: Die Reichsreform 1410–1555. Die Staatsproblematik in Deutschland zwischen Mittelalter und Gegenwart. München 1984.

Arak, Marcelle / McCurdy, Christopher J.: Interest Rate Futures, in: Federal Reserve Bank of New York Quarterly Review 4 (1979), S. 33–46.

Arbeitsgemeinschaft der Deutschen Wertpapierbörsen, Jahresberichte 1986–91.

Arbeitsgemeinschaft der Deutschen Wertpapierbörsen (Hrsg.): Finanzmarkttheorie und Börsenstruktur. Frankfurt am Main 1992.

Arbeitsgemeinschaft mittelständischer Wirtschaftsorganisationen in Bayern: Regionale Kreditversorgung sichern [Positionspapier vom 30. Juli 2010].

Arestis, Philip (Ed.): Is there a New Consensus in Macroeconomics? Houndmills 2007.

Arnold, Paul: Die sächsische Talerwährung von 1500 bis 1763, in: Schweizerische Numismatische Rundschau 59 (1980), S. 50–94.

Arnold, Paul: Die Währungsunionen von Zinna (1667–1690) und Leipzig (1690–1750/63) unter besonderer Berücksichtigung des kursächsischen Münzwesens, in: Cunz, Währungsunionen, S. 221–248.

Arnon, Arie: Monetary Theory and Policy from Hume and Smith to Wicksell. Money, Credit, and the Economy. Cambridge 2010.

Ashauer, Günter: Von der Ersparungscasse zur Sparkassen-Finanzgruppe. Die deutsche Sparkassenorganisation in Geschichte und Gegenwart. Stuttgart 1991.

Ashauer, Günter: Die ökonomische und soziale Bedeutung der preußischen Sparkassen im 19. Jahrhundert, in: Bankhistorisches Archiv 24 (1998), S. 55–86.

Ashauer, Günter: Betrachtung des ›Privatkunden‹ in der Zeit vor 1959, in: Der Privatkunde, S. 11–21.

Aulinger, Andreas (Hrsg.): Netzwerk-Evaluation – Herausforderungen und Praktiken für Verbundnetzwerke. Stuttgart 2008.

Ausschuss für Bankenbestimmungen und -überwachung: Konvergenz der Eigenkapitalmessung und Eigenkapitalanforderungen. Basel 1988.

Ausschuss zur Untersuchung der Erzeugungs- und Absatzbedingungen der deutschen Wirtschaft: Der Bankkredit. Berlin 1930.

Ayadi, Rym / Pujals, Georges: Banking Mergers and Acquisitions in the EU. Overview, Assessment and Prospects (Surf Studies 3). Wien 2005.

Baasch, Ernst: Aus der Entwicklungsgeschichte des Hamburger Kurszettels, in: Bank-Archiv 5 (1905/06), S. 8–11.

Baehring, Bernd: Investment in Deutschland. Frankfurt am Main 1980.

Baerbaum, Paul: Karl Korthaus als Förderer der Zentralkassen im gewerblichen Genossenschaftswesen, in: Zentralkasse Südwestdeutscher Volksbanken, 40 Jahre, S. 63–66.

Bähr, Johannes: ›Bankenrationalisierung‹ und Großbankenfrage. Der Konflikt um die Ordnung des deutschen Kreditgewerbes während des Zweiten Weltkriegs, in: Wixforth, Finanzinstitutionen, S. 71–94.

Bähr, Johannes: 50 Jahre dit 1955–2005. Aufbruch, Wachstum, Zukunft. Frankfurt am Main 2005.

Bähr, Johannes: Die Dresdner Bank in der Wirtschaft des Dritten Reiches (Die Dresdner Bank im Dritten Reich I). München 2006.

Bähr, Johannes: Die Bayerische Gemeindebank und die Landeskulturrentenanstalt im ›Dritten Reich‹, in: ders. / Drecoll, Axel / Gotto, Bernhard: Die Geschichte der BayernLB. München 2009, S. 134–188.

Bähr, Johannes: Die deutsche Banken- und Währungskrise von 1931. Wiederholt sich Geschichte? Die Bankenkrise vom Juli 1931 als Trauma und als Forschungsgegenstand, in: Geschichte in Wissenschaft und Unterricht 61 (2010), S. 298–314.

Bähr, Johannes: Die Entstehung des Investmentwesens. Von den Anfängen bis zur Einführung in der Bundesrepublik, in: Zeitschrift für das gesamte Kreditwesen 63 (2010), S. 1160–1163.

Bähr, Johannes / Drecoll, Axel / Gotto, Bernhard: Die Geschichte der Bayern LB. München 2009.

Bähr, Johannes / Schneider, Andrea H.: Teilzahlung im Wandel. Von der Kreditanstalt für Verkehrsmittel zur Diskont und Kredit AG 1924–1951. München 2006.

Bajohr, Frank: ›Arisierung‹ in Hamburg. Die Verdrängung der jüdischen Unternehmer 1933–1945. Hamburg 1997.

Baker, Dean / McArthur, Travis: The Value of the ›Too Big to Fail‹ Big Bank Subsidy (Center for Economic and Policy Research Issue Brief, September 2009). Washington, DC 2009.

Balderston, Theo: German Banking between the Wars, in: Business History Review 65 (1991), S. 554–605.

Baltensperger, Ernst: Geldpolitik bei wachsender Integration (1979–1996), in: Deutsche Bundesbank, Fünfzig Jahre, S. 475–559.

Baltzer, Markus: Der Berliner Kapitalmarkt nach der Reichsgründung 1871. Gründerzeit, internationale Finanzmarktintegration und der Einfluss der Makroökonomie. Münster 2007.

Bank deutscher Länder, Geschäftsberichte 1948/49, 1956.

Bansa, Johann-Mathias: Frankfurter Bankiergewerbe im 18. Jahrhundert. Diss. Heidelberg 1924.

Barkai, Avraham: Das Wirtschaftssystem des Nationalsozialismus. Köln 1977.

Barkai, Avraham: Vom Boykott zur ›Entjudung‹. Der wirtschaftliche Existenzkampf der Juden im Dritten Reich 1933–1943. Frankfurt am Main 1987.

Barkai, Avraham: Oscar Wassermann (1869–1934), in: Pohl, Bankiers, S. 433–444.

Bartels, Christoph / Denzel, Markus A. (Hrsg.): Konjunkturen im europäischen Bergbau in vorindustrieller Zeit. Festschrift für Ekkehard Westermann zum 60. Geburtstag. Stuttgart 2000.

Barth, Boris: Die deutsche Hochfinanz und die Imperialismen. Banken und Außenpolitik vor 1914. Stuttgart 1995.

Barth, Boris: Les ententes financières Franco-Allemandes et l'expansion économique avant 1914, in: Eck/Martens/Schirmann, Éonomie, S. 15–37.

Basler Ausschuss für Bankenaufsicht: Antwort des Basler Ausschusses für Bankenaufsicht auf die Krise. Bericht an die G20, Bank für Internationalen Zahlungsausgleich. Basel 2010.

Basler Ausschuss für Bankenaufsicht: Basel III. Ein globaler Regulierungsrahmen für widerstandsfähigere Banken und Bankensysteme. Basel 2010.

Battenberg, J. Friedrich: Die Juden in Deutschland vom 16. bis zum Ende des 18. Jahrhunderts (Enzyklopädie deutscher Geschichte 60). München 2001.

Baumann, Horst: Die Motive des Deutschen Genossenschaftsverbandes (Schulze-Delitzsch) e.V. bei der angestrebten Kooperation mit dem Deutschen Raiffeisenverband e.V., in: Die öffentliche Wirtschaft 20 (1971), S. 115 f.

Baumann, Horst: Die Neuordnung der gewerblichen und ländlichen Genossenschaftsorganisationen in Deutschland, Motive-Verhandlungen-Ergebnisse, in: Blätter für Genossenschaftswesen 119 (1973), S. 129–142.

Baumann, Horst / Falkenstein, Lorenz: Die Volksbanken und Raiffeisenbanken (Taschenbücher für Geld, Bank und Börse 80). Frankfurt am Main 1976.

Baumert, Georg: Die Spielhagenbanken und ihre Gesetzesumgehungen, in: Die Grenzboten 60 (1901), S. 577–583.

Baumgart, Peter: Joseph Süss Oppenheimer. Das Dilemma des Hofjuden im absoluten Fürstenstaat, in: Müller/Wittstadt, Geschichte, S. 91–110 [zitiert als Baumgart, Joseph Süss Oppenheimer (1988)].

Baumgart, Peter: Joseph Süß Oppenheimer, in: Historische Kommission bei der Bayerischen Akademie der Wissenschaften, Neue Deutsche Biographie XIX. Berlin 1999, S. 571 f. [zitiert als Baumgart, Joseph Süß Oppenheimer (1999)].

Bean, Charles: Is there a New Consensus in Monetary Policy?, in: Arestis, Consensus, S. 167–185.

Beck, Gerd: Aus Tradition in die Pflicht genommen (BI-Interview), in: BankInformation 7/1990, S. 5 f.

Beckers, Thorsten: Gründung und erste Jahre der Deutschen Kapitalanlagegesellschaft mbH 1956–1970, in: Institut für bankhistorische Forschung, DekaBank, S. 231–322.

Beer, Artur / Müller, Armin (Bearb.): Leitfaden für das börsenmäßige Optionsgeschäft. Hrsg von der Arbeitsgruppe Optionsgeschäft. Stuttgart 1978.

Beham, Peter: Das deutsche Pflichtprüfungswesen. Berlin 1940.

Beitel, Patrick: Akquisitionen und Zusammenschlüsse europäischer Banken. Wertsteigerungen durch M&A-Transaktionen. Wiesbaden 2002.

Belli, Maria: Leben in Frankfurt am Main, Bd. VI. Frankfurt am Main 1850.
Benke, Holger / Gebauer, Burkhard / Piaskowski, Friedrich: Die Marktzinsmethode wird erwachsen. Das Barwertkonzept, Teil I, in: Die Bank 8/1991, S. 457 ff.; Teil II, in: Die Bank 9/1991, S. 514 ff.
Bérenger, Jean: Finances et absolutisme autrichien dans la seconde moitié du XVIIe siècle (Série Sorbonne 1). Paris 1975.
Berger, Helge: Konjunkturpolitik im Wirtschaftswunder. Handlungsspielräume und Verhaltensmuster von Bundesbank und Regierung in den 1950er Jahren. Tübingen 1997.
Berger, Helge: Die aktuelle Debatte zur Zentralbankunabhängigkeit: Theoretische und empirische Fragen, in: Zeitschrift für Unternehmensgeschichte 43 (1997), S. 89–111.
Berger, Helge / de Haan, Jakob / Eijffinger, Sylvester C. W.: Central Bank Independence. An Update of Theory and Evidence, in: Journal of Economic Surveys 15 (2001), S. 3–39.
Berger, Helge / Schneider, Friedrich: The Bundesbank's Reaction to Policy Conflicts, in: de Haan, History, S. 43–66.
Berghahn, Volker R. / Unger, Stefan / Ziegler, Dieter (Hrsg.): Die deutsche Wirtschaftselite im 20. Jahrhundert. Kontinuität und Mentalität. Essen 2003.
Berghoeffer, Wilhelm: Meyer Amschel Rothschild der Gründer des Rothschildschen Bankhauses. Frankfurt am Main ³1924.
Berghoff, Hartmut / Kocka, Jürgen / Ziegler, Dieter (Hrsg.): Wirtschaft im Zeitalter der Extreme. Beiträge zur Unternehmensgeschichte Österreichs und Deutschlands. Im Gedenken an Gerald D. Feldman (Schriftenreihe zur Zeitschrift für Unternehmensgeschichte 20). München 2010.
Berghoff, Hartmut / Ziegler, Dieter (Hrsg.): Pionier und Nachzügler? Vergleichende Studien zur Geschichte Großbritanniens und Deutschlands im Zeitalter der Industrialisierung. Festschrift für Sidney Pollard zum 70. Geburtstag (Schriftenreihe des Arbeitskreises Deutsche England-Forschung 28). Bochum ²1995.
Bericht der Bundesregierung über die Untersuchung der Wettbewerbsverschiebungen im Kreditgewebe und über eine Einlagensicherung (Deutscher Bundestag, 5. Wahlperiode, Drucksache 3500). Bonn 1968.
Bernhardt, Christoph: Bauplatz Groß-Berlin. Wohnungsmärkte, Terraingewerbe und Kommunalpolitik im Städtewachstum der Hochindustrialisierung (1871–1918). Berlin/New York 1998.
Bernholz, Peter: Die Bundesbank und die Währungsintegration in Europa, in: Deutsche Bundesbank, Fünfzig Jahre, S. 773–833.
Bessler, Wolfgang / Book, Thomas / Preuß, Andreas: Elektronischer Handel versus Parketthandel. Der Wechsel in der Marktführung im Bund-Future-Handel von der LIFFE zur DTB/Eurex, in: Bessler, Börsen, S. 157–186.
Bessler, Wolfgang (Hrsg.): Börsen, Banken und Kapitalmärkte. Festschrift für Hartmut Schmidt zum 65. Geburtstag (Schriften zum Bank- und Börsenwesen 7). Berlin 2006.
Bethmann, Johann Philipp Freiherr von: Bankiers sind auch Menschen. 225 Jahre Bankhaus Gebrüder Bethmann. Frankfurt am Main 1973.
Beyer, Jürgen: Deutschland AG a.D. – Deutsche Bank, Allianz und das Verflechtungszentrum des deutschen Kapitalismus, in: Streeck/Höpner, Macht, S. 118–146.
Bibow, Jörg: Zur (Re-)Etablierung zentralbankpolitische Institutionen und Traditionen in Westdeutschland. Theoretische Grundlagen und politisches Kalkül (1946–1967), in: Scheer, Wirtschaftswissenschaft, S. 491–588.
Biggeleben, Christof / Schreiber, Beate / Steiner, Kilian J. L. (Hrsg.): ›Arisierung‹ in Berlin. Berlin 2007.
BIS – Bank for International Settlements: Basel III Rules Text and Results of the Quantitative Impact Study issued by the Basel Committee. Basel 2010.
Bittner, Thomas: Das westeuropäische Wirtschaftswachstum nach dem Zweiten Weltkrieg. Eine Analyse unter besonderer Berücksichtigung der Planification und der Sozialen Marktwirtschaft. Münster 2001.
Bitz, Michael / Matzke, Dirk: Bankenaufsicht in Deutschland. Entwicklungslinien und -tendenzen, in: Nguyen, Mensch, S. 315–371.
BIZ – Bank für Internationalen Zahlungsausgleich, Jahresberichte 1974/75; 2007/08; 2011/12.

Blaich, Fritz: Die Wirtschaftspolitik des Reichstags im Heiligen Römischen Reich. Ein Beitrag zur Problemgeschichte wirtschaftlichen Gestaltens. Stuttgart 1970.

Blatz, Joachim: Die Bankenliquidität im Run. Statistische Liquiditätsanalyse der deutschen Kreditinstitutsgruppen in der Weltwirtschaftskrise 1929–1933 (Bankwirtschaftliche Sonderveröffentlichungen des Instituts für Bankwissenschaft an der Universität zu Köln 16). Köln 1971.

Bley, Andreas: The Fittest will survive. 60 Jahre Bundesrepublik. Kreditgenossenschaften beweisen hohe Anpassungsfähigkeit, in: BankInformation 5/2009, S. 28–32.

Blüher, Jürgen: 140 Jahre Vergangenheit sind unsere Zukunft, in: BankInformation 7/1990, S. 3 ff.

Blüher, Jürgen / Kuhn, Erwin: Zur Genossenschaftsentwicklung in der ehemaligen DDR (Marburger Beiträge zum Genossenschaftswesen 20). Marburg 1990.

Blum, Jürg: Do Capital Adequacy Requirements reduce Risks in Banking?, in: Journal of Banking and Finance 23 (1999), S. 755–771.

Blum, Ulrich / Dudley, Leonard: Religion and Economic Growth. Was Weber right? in: Journal of Evolutionary Economics 11 (2001), S. 207–230.

Bluntschli, Johann Caspar (Hrsg.): Deutsches Staats-Wörterbuch, Bd. IX. Stuttgart 1865; Bd. X. Stuttgart 1867.

Board of Governors of the Federal Reserve System: Banking and Monetary Statistics. Washington, DC 1943.

Board of Governors of the Federal Reserve System: All-Bank Statistics. United States 1896–1955. Washington, DC 1959.

Boehart, William: »…nicht brothlos und nothleidend zu hinterlassen«. Untersuchungen zur Entwicklung des Versicherungsgedankens in Hamburg, insbesondere zur Entstehung der Hamburgischen Allgemeinen Versorgungsanstalt von 1778 (Schriften der Hamburgischen Gesellschaft zur Beförderung der Künste und nützlichen Gewerbe – Patriotische Gesellschaft von 1765 – 1). Hamburg 1985.

Boelcke, Willi A.: Die Kosten von Hitlers Krieg. Kriegsfinanzierung und finanzielles Kriegserbe in Deutschland 1933–1948. Paderborn 1985.

Boelcke, Willi A.: Die Sparkasseninstitute in der preußischen Provinz Brandenburg bis 1945, in: Wissenschaftsförderung der Sparkassen-Finanzgruppe, Regionalgeschichte I, S. 160–181.

Boelcke, Willi A.: Sparkassen in Württemberg, in: Wissenschaftsförderung der Sparkassen-Finanzgruppe, Regionalgeschichte II, S. 243–268.

Bofinger, Peter / Reischle, Julian / Schächter, Andrea: Geldpolitik. Ziele, Institutionen, Strategien und Instrumente. München 1996.

Bofinger, Peter / Pfleger, Kai / Hefeker, Carsten: Stabilitätskultur in Europa, in: Francke/Ketzel/Kotz, Währungsunion, S. 137–161.

Bonn, Joachim K: Bankenkrisen und Bankenregulierung. Wiesbaden 1998.

Bonn, Moritz Julius: Die Wirkung des hohen Zinsfußes, in: Diehl/Beckerath/Bonn/Lotz/Sering/Wiedenfeld, Wirkungen, S. 370–385.

Book, Thomas: Elektronischer Börsenhandel und globale Märkte, eine ökonomische Analyse der Veränderungen an Terminbörsen. Wiesbaden 2001.

Boot, Arnoud: Restructuring in the Banking Industry with Implications for Europe, in: EIB – European Investment Bank Papers 8 (2003), S. 109–129.

Booth, G. Geoffrey / Dalgic, Orkunt M. / Kallunki, Juha-Pekka: Cultural Networks in an Upstairs Financial Market, in: Bessler, Börsen, S. 187–204.

Borchardt, Knut: Realkredit- und Pfandbriefmarkt im Wandel von 100 Jahren, in: Rheinische Hypothekenbank, 100 Jahre, S. 105–196.

Borchardt, Knut: Währung und Wirtschaft, in: Deutsche Bundesbank, Währung, S. 3–55.

Borchardt, Knut: Einleitung, in: Max Weber-Gesamtausgabe I/5,1, S. 1–111.

Bordo, Michael D. / Schwartz, Anna J. (Eds.): A Retrospective View on the Classical Gold Standard. Chicago, IL 1984.

Borio, Claudio: The Financial Turmoil of 2007 – A Preliminary Assessment and Some Policy Considerations (Bank for International Settlements Working Papers 251). Basel 2008.

Born, Karl Erich: Die deutsche Bankenkrise 1931. Finanzen und Politik. München 1967.

Born, Karl Erich: Geld und Banken im 19. und 20. Jahrhundert. Stuttgart 1977.

Born, Karl Erich: Vom Beginn des Ersten Weltkrieges bis zum Ende der Weimarer Republik (1914–1933), in: Deutsche Bankengeschichte III, S. 15–146.
Born, Karl Erich: Banking-Theorie, in: North: Aktie, S. 40.
Born, Karl Erich: Banknote, in: North, Aktie, S. 41 ff.
Born, Karl Erich: Currency-Theorie, in: North, Aktie, S. 76 f.
Börner, Lars / Volckart, Oliver: The Utility of a Common Coinage. Currency Unions and the Integration of Money Markets in Late Medieval Central Europe, in: Explorations in Economic History 48 (2011), S. 53–65.
Bowen, Huw V.: The Bank of England during the Long Eighteenth Century, 1694–1820, in: Roberts/Kynaston, Bank of England, S. 1–18.
Brackmann, Michael: Vom totalen Krieg zum Wirtschaftswunder. Die Vorgeschichte der westdeutschen Währungsreform 1948. Essen 1993.
Brady, Thomas A.: German Histories in the Age of Reformations, 1400–1650. Cambridge 2009.
Brandt, Harm-Hinrich: Der österreichische Neoabsolutismus. Staatsfinanzen und Politik 1848–1860, 2 Bde. Göttingen 1978.
Brandt, Harm-Hinrich: Vom aufgeklärten Absolutismus bis zur Reichsgründung: Der mühsame Weg der Emanzipation, in: Müller/Wittstadt: Geschichte, S. 175–200.
Braudel, Fernand: Sozialgeschichte des 15.-18. Jahrhunderts, Bd. II: Der Handel. München 1986; Bd. III: Aufbruch zur Weltwirtschaft. München 1986.
Braunberger, Gerald / Knipp, Thomas (Hrsg.): Die Deutsche Terminbörse. Frankfurt am Main 1989.
Brendel, Marvin: Zweifache Anpassung. Kreditgenossenschaften in der DDR und in den fünf neuen Bundesländern, in: BankInformation 5/2009, S. 42–45.
Brendel, Marvin: Kreditgenossenschaften in der DDR. Ein historischer Überblick, in: Volks- und Raiffeisenbank eG Güstrow, 150 Jahre, S. 96–102.
Brendel, Marvin: Rationalisierungsbestrebungen im Banksektor der DDR. Das Beispiel der Genossenschaftsbanken für Handwerk und Gewerbe, in: Ahrens/Wixforth, Strukturwandel, S. 13–34.
Brenner, Michael / Jersch-Wenzel, Stefi / Meyer, Michael A.: Deutsch-jüdische Geschichte in der Neuzeit, Bd. II: Emanzipation und Akkulturation 1780–1871. München 1996.
Breuer, Mordechai: Frühe Neuzeit und Beginn der Moderne, in: ders./Graetz, Geschichte, S. 85–247.
Breuer, Mordechai / Graetz, Michael: Deutsch-jüdische Geschichte in der Neuzeit, Bd. I: Tradition und Aufklärung 1600–1780. München 1996.
Breuer, Rolf-E.: Für eine deutsche Options- und Futuresbörse, in: Die Bank 27 (1987), S. 367 ff.
Breuer, Rolf-E.: Terminbörsen im internationalen Wettbewerb. Der Handel im Ausland – Herausforderung für das deutsche Börsenwesen, in: Braunberger/Knipp, Deutsche Terminbörse, S. 129–148.
Breuer, Rolf-E.: Die Deutsche Terminbörse als Vorreiter einer Börsenlandschaft der 90er Jahre?, in: Zeitschrift für Bankrecht und Bankwirtschaft 2 (1990), S. 101–104.
Breuer, Rolf-E.: Zum aktuellen Stand der Börsenstrukturdiskussion in Deutschland, in: Arbeitsgemeinschaft der Deutschen Wertpapierbörsen, Finanzmarkttheorie, S. 12–23.
Brickwell, Daniel Matthias: Zu den Einflusspotenzialen der Großbanken. Diss. Berlin 2001.
Brock, David: Multinational Acquisition Integration. The Role of National Culture in Creating Synergies, in: International Business Review 14 (2005), S. 269–288.
Bruckhoff, Holger-René: Zur Entwicklung der Zentralbanken und der Bankaufsicht in Deutschland und in den Niederlanden. Ein Rechtsvergleich aus rechtshistorischer und zeitgeschichtlicher Perspektive (Europäische Hochschulschriften, Reihe 2: Rechtswissenschaft 4943). Frankfurt am Main/Berlin/Bern/Brüssel/New York/Oxford/Wien 2010.
Brugger, Eveline / Keil, Martha / Lichtblau, Albert / Lind, Christoph / Staudinger, Barbara: Geschichte der Juden in Österreich (Österreichische Geschichte). Wien 2006.
Brüggestrat, Reiner: Die Landesbanken und Sparkassen der Rheinprovinz und Westfalens in der Bankenkrise 1931, in: Zeitschrift für bayerische Sparkassengeschichte 1 (1987), S. 175–206.
Bruns, Georg / Häuser, Karl (Hrsg.): Probleme der Ordnung und Regulierung des Kapitalmarkts. Frankfurt am Main 1973.
Brüser, Joachim: Herzog Karl Alexander von Württemberg und die Landschaft (1733 bis 1737). Katholi-

sche Konfession, Kaisertreue und Absolutismus (Veröffentlichungen der Kommission für Geschichtliche Landeskunde in Baden-Württemberg, Reihe B: Forschungen 180). Stuttgart 2010.
Buch, Claudia / Lipponer, Alexander: FDI versus Cross-Border Financial Services. The Globalisation of German Banks (Discussion Paper der Deutschen Bundesbank 1–5). Frankfurt am Main 2005.
Buchheim, Christoph: Der Ausgangspunkt des westdeutschen Wirtschaftswunders. Zur neueren Diskussion über die Wirkungen von Währungs- und Bewirtschaftungsreform 1948, in: IFO-Studien 34 (1988), S. 69–77.
Buchheim, Christoph: Das Londoner Schuldenabkommen, in: Herbst, Westdeutschland, S. 229–239.
Buchheim, Christoph: Die Wiedereingliederung Westdeutschlands in die Weltwirtschaft 1945–1958. München 1990.
Buchheim, Christoph (Hrsg.): Wirtschaftliche Folgelasten des Krieges in der SBZ/DDR. Baden-Baden 1995.
Buchheim, Christoph: Die Errichtung der Bank deutscher Länder und die Währungsreform in Westdeutschland, in: Deutsche Bundesbank, Fünfzig Jahre, S. 91–138.
Buchheim, Christoph: Währungsreformen in Deutschland im 20. Jahrhundert: Ein Vergleich, in: Vierteljahrschrift für Sozial- und Wirtschaftsgeschichte 88 (2001), S. 145–165.
Buchheim, Christoph: Die Unabhängigkeit der Bundesbank. Folge eines amerikanischen Oktrois?, in: Vierteljahrshefte für Zeitgeschichte 49 (2001), S. 1–30.
Buchheim, Christoph: Die Geschichte der Deutschen Bundesbank in der geldpolitischen Verantwortung, in: Zeitschrift für das gesamte Kreditwesen 19 (2007), S. 22–26.
Buchheim, Christoph: Aufwärtstrends. Kurze Geschichte der Bundesrepublik Deutschland, in: Bank Information 5/2009, S. 34–37.
Buckley, Peter: A Perspective on the Emerging World Economy. Protectionism, Regionalization and Competitiveness, in: Mirza, Strategies, S. 12–21.
Buist, Marten G.: At Spes non fracta. Hope & Co. 1770–1815. Merchant Bankers and Diplomats at Work. The Hague 1974.
Bundesarchiv (Hrsg.): Kabinettsprotokolle der Bundesregierung, Bd. V. Boppard 1989.
Bundesgesetzblatt, Teil I. Hrsg. vom Bundesministerium der Justiz, Jgge. 1953, 1956, 1957, 1964, 1965.
Bundesministerium der Finanzen (Hrsg.): Bericht der Studienkommission ›Grundsatzfragen der Kreditwirtschaft‹. Bonn 1979.
Bundesministerium der Finanzen (Hrsg.): Entschädigung von NS-Unrecht. Regelungen der Wiedergutmachung. Berlin 2001.
Bundesministerium für innerdeutsche Beziehungen (Hrsg.): DDR-Handbuch. Köln 1985.
Bundesverband Investment und Asset Management (Hrsg.): Investment 2011. Daten, Fakten, Entwicklungen. Frankfurt am Main 2011.
Burghof, Hans-Peter / Rudolph, Bernd: Bankenaufsicht. Theorie und Praxis der Regulierung. Wiesbaden 1996.
Burghof, Hans-Peter / Speyer, Bernhard / Kemmer, Michael / Rocholl, Jörg / Fahrenschon, Georg / Asmussen, Jörg / Fuest, Clemens: Bankenunion – Ist eine gemeinsame europäische Bankenaufsicht ein neues Instrument der Bankenrettung?, in: ifo Schnelldienst 14/2012, S. 3–25.
Burhop, Carsten: Die Entwicklung der deutschen Aktienkreditbanken von 1848 bis 1913: Quantifizierungsversuche, in: Bankhistorisches Archiv 28 (2002), S. 103–128.
Burhop, Carsten: Die Kreditbanken in der Gründerzeit (Schriftenreihe des Instituts für bankhistorische Forschung 21). Stuttgart 2004.
Burhop, Carsten / Wolff, Guntram B.: A Compromise Estimate of German Net National Product, 1851–1913, and its Implications for Growth and Business Cycles, in: Journal of Economic History 65 (2005), S. 613–657.
Burkhardt, Johannes: Das Reformationsjahrhundert. Deutsche Geschichte zwischen Medienrevolution und Institutionenbildung 1517–1617. Stuttgart 2002.
Burkhardt, Johannes (Hrsg.): Die Fugger und das Reich. Eine neue Forschungsperspektive zum 500jährigen Jubiläum der ersten Fuggerherrschaft Kirchberg-Weißenhorn. Augsburg 2008.
Busch, Andreas: Staat und Globalisierung. Das Politikfeld Bankenregulierung im internationalen Vergleich. Opladen 2003.

Büsch, Otto (Hrsg.): Handbuch der Preussischen Geschichte, Bd. II: Das 19. Jahrhundert und Große Themen der Geschichte Preußens. Berlin/New York 1992.

Busch, Ulrich: Die Strukturreform des Banksektors der DDR zwischen 1967 und 1974 – wirtschaftliche und rechtliche Aspekte, in: Krause, Günter (Hrsg.): Rechtliche Wirtschaftskontrolle in der Planökonomie. Das Beispiel DDR. Baden-Baden 2002, S. 205–224.

Busche, Manfred: Zur Gründungsgeschichte der Preußischen Zentralgenossenschaftskasse. in: Tradition. Zeitschrift für Firmengeschichte und Unternehmerbiographie 13 (1968), S. 81–89.

Büschgen, Hans E.: Das Universalbankensystem. Ein Gutachten. Frankfurt am Main 1971.

Büschgen, Hans E.: Die Großbanken. Frankfurt am Main 1983.

Büschgen, Hans E.: Zeitgeschichtliche Problemfelder des Bankwesens der Bundesrepublik Deutschland, in: Deutsche Bankengeschichte III, S. 351–409.

Büschgen, Hans E.: Die Deutsche Bank von 1957 bis zur Gegenwart. Aufstieg zum internationalen Finanzdienstleistungskonzern, in: Gall/Feldman/James/Holtfrerich/Büschgen, Deutsche Bank, S. 579–877.

Büschgen, Hans E. / Steinbrink, Klaus: Verstaatlichung der Banken? Forderungen und Argumente. Köln 1977.

BVR – Bundesverband der Deutschen Volksbanken und Raiffeisenbanken (Hrsg.): Zitate – Hermann Schulze-Delitzsch. Berlin 2008.

BVR – Bundesverband der Deutschen Volksbanken und Raiffeisenbanken e.V.: Geschäftsberichte 1972/73; 1974/75.

BVR – Bundesverband der Deutschen Volksbanken und Raiffeisenbanken e.V.: Verbundstruktur für die Zukunft – Gemeinsam die Märkte von morgen gewinnen. Bonn 1989.

BVR – Bundesverband der Deutschen Volksbanken und Raiffeisenbanken e.V.: Verbund-Konvention der genossenschaftlichen Bankengruppe. Beschluss des BVR Verbandsrates vom 7. Dezember 1989. Bonn 1989.

BVR – Bundesverband der Deutschen Volksbanken und Raiffeisenbanken e.V., Konsolidierte Jahresabschlüsse des genossenschaftlichen FinanzVerbundes 2003, 2011.

BVR – Bundesverband der Deutschen Volksbanken und Raiffeisenbanken e.V., Jahresberichte 1989, 1990, 1998, 2000, 2003, 2004, 2009.

BVR – Bundesverband der Deutschen Volksbanken und Raiffeisenbanken e.V. / Stiftung GIZ – Genossenschaftshistorisches Informationszentrum (Hrsg.): Vierzig Jahre Genossenschaftliche Finanz-Gruppe Volksbanken Raiffeisenbanken. Wiesbaden 2012

Caesar, Rolf: Der öffentliche Kredit der Sparkassenorganisation von 1914 bis 1945, in: Mura, Kredit, S. 51–83.

Cahn, Julius: Der Strassburger Stadtwechsel. Ein Beitrag zur Geschichte der ältesten Banken in Deutschland, in: Zeitschrift für die Geschichte des Oberrheins 14 (1899), S. 44–65.

Cain, Peter J. / Hopkins, Anthony G.: British Imperialism. Innovation and Expansion, 1688–1914. London 1993.

Capie, Forrest / Fischer, Stanley / Goodhart, Charles / Schnadt, Norbert (Eds.): The Future of Central Banking. The Tercentenary Symposium of the Bank of England 1994. Cambridge 1994.

Capie, Forrest / Goodhart, Charles / Schnadt, Norbert: The Development of Central Banking, in: Capie/Fischer/Goodhart/Schnadt, Future, S. 1–261.

Cartellieri, Ulrich: Aktuelle Perspektiven deutscher Banken im internationalen Wettbewerb, in: Semesterbericht des Instituts für Kredit- und Finanzwirtschaft an der Ruhr-Universität Bochum 32/ Sommersemester 1990, S. 36–39.

Cassis, Youssef: Introduction. A Century of Consolidation in European Banking – General Trends, in: Pohl / Tortella / van der Wee, Century, S. 3–17.

Cassis, Youssef: Crises and Opportunities. The Shaping of Modern Finance. Oxford 2011.

Centralverein in Preußen für das Wohl der arbeitenden Klassen (Hrsg.): Das Sparkassenwesen in Deutschland und den außerdeutschen Landestheilen Oestreichs und Preußen. Vollständiger Nachdruck der Originalausgabe von 1864 mit einer Einführung von Hans Pohl (Sparkassen in der Geschichte, Abt. 2: Reprint 1). Stuttgart 1989.

Chilosi, David / Volckart, Oliver: Books or Bullion? Printing, Mining and Financial Integration in Central Europe from the 1460s (Working Paper, London School of Economics, Economic History Department). London 2010.

Chilosi, David / Volckart, Oliver: Money, States and Empire. Financial Integration Cycles and Institutional Change in Central Europe, 1400–1520, in: Journal of Economic History 71 (2011), S. 762–791.

Christiansen, John: Der Kieler Umschlag im 16. und 17. Jahrhundert, in: Lorenzen-Schmidt, Geld, S. 159–175.

Christmann, Thomas: Das Bemühen von Kaiser und Reich um die Vereinheitlichung des Münzwesens: zugleich ein Beitrag zum Rechtssetzungsverfahren im Heiligen Römischen Reich nach dem Westfälischen Frieden. Berlin 1988.

Christmann, Thomas: Die Reichsmünzordnungen und deren Umsetzung durch die Reichskreise, in: Cunz, Währungsunionen, S. 197–219.

Clapham, John: The Bank of England. A History, 2 Vol. Cambridge 1944.

Claussen, Carsten Peter: Börse und Staat, in: Niedersächsische Börse zu Hannover, Niedersächsischer Kapitalmarkttag, S. 37–59.

Clemens, Gabriele B. (Hrsg.): Schuldenlast und Schuldenwert. Kreditnetzwerke in der europäischen Geschichte 1300–1900 (Trierer Historische Forschungen 65). Trier 2008.

Coing, Helmut / Wilhelm, Walter (Hrsg.): Wissenschaft und Kodifikation des Privatrechts im 19. Jahrhundert, Bd. V: Geld und Banken (Studien zur Rechtswissenschaft des neunzehnten Jahrhunderts 5). Frankfurt am Main 1980.

Collin, Peter / Bender, Gerd / Ruppert, Stefan / Seckelmann, Magrit / Stolleis Michael (Hrsg.): Regulierte Selbstregulierung im frühen Interventions- und Sozialstaat (Studien zur europäischen Rechtsgeschichte 270 / Moderne Regulierungsregime 2). Frankfurt am Main 2012.

Commerzbank AG (Hrsg.): Die Bank – Dienstleister im Wandel. 125 Jahre Commerzbank. Frankfurt am Main 1995.

Commerzbank AG, Geschäftsbericht 2009.

Conte Corti, Egon Caesar: Der Aufstieg des Hauses Rothschild, 1770–1830. Leipzig 1927.

Conti, Vittorio: Financial Markets, Liberalization and the Role of Banks. Cambridge 1992.

Cordes, Albrecht / Haferkamp, Hans-Peter / Lück, Heiner / Werkmüller, Dieter / Schmidt-Wiegand, Ruth (Hrsg.): Handwörterbuch zur deutschen Rechtsgeschichte, Bd. I. Berlin ²2008; Bd. II. Berlin ²2012.

Cowen, Tyler / Kroszner, Randall: Scottish Banking before 1845. A Model for Laissez-Faire?, in: Journal of Money, Credit and Banking 21 (1989), S. 221–231.

Cox, John C. / Rubinstein, Mark: Option Markets. Englewood Cliffs, NJ 1985.

Cramer, Jörg-Engelbrecht: Marketing im Bankbetrieb. Frankfurt am Main 1968.

Crüger, Hans: Die Zulassung von Genossenschaften mit beschränkter Haftung durch das Genossenschaftsgesetz vom 1. Mai 1899, in: Archiv für öffentliches Recht 9 (1894), S. 389–455.

Cunz, Reiner (Hrsg.): Währungsunionen. Beiträge zur Geschichte überregionaler Münz- und Geldpolitik. Hamburg 2002.

Czichon, Eberhard: Die Bank und die Macht. Hermann Josef Abs, die Deutsche Bank und die Politik. Köln 1995.

Däbritz, Walter: Die Staatsschulden Sachsens in der Zeit von 1763 bis 1837. Diss. Leipzig 1906.

Dannenbaum, Fritz: Deutsche Hypothekenbanken; wirtschaftliche Darstellung nebst Kommentar zum Hypothekenbankgesetz. Berlin ²1928.

Da Silva, José Gentil: Stratégie des affaires à Lisbonne entre 1595 et 1607, Lettres marchandes des Rodrigues d'Evora et Veiga. Paris 1956.

Da Silva, José Gentil: Capiteaux et marchandises, échanges et finances entre XVIe et XVIIIe siècles, in: Annales É.S.C. 12 (1957), S. 287–300.

Da Silva, José Gentil: Banque et crédit en Italie au XVIIe siècle. Paris 1969.

Daube, Carl Heinz: Marketmaker in Aktienoptionen an der Deutschen Terminbörse. Wiesbaden 1993.

David, Paul: Clio and the Economics of QWERTY, in: American Economic Review 75 (1985), S. 332–337.

David, Paul: Path Dependence, its Critics and the Quest for ›Historical Economics‹ (Working Paper, Stanford University, Department of Economics). Stanford, CA 2000.

De Bandt, Olivier / Hartmann, Philipp: Systemic Risk. A Survey (European Central Bank Working Paper Series 35). Frankfurt am Main 2000.

De Cecco, Marcello: The International Gold Standard: Money and Empire. New York 1984.

De Cecco, Marcello / Giovannini, Alberto (Eds.): A European Central Bank? Cambridge 1989.

Deckers, Josef: Die Transformation des Bankenwesens in der SBZ/DDR von 1945–1952. Berlin 1974.

Deeg, Peter: Hofjuden. Hrsg. von Julius Streicher. Nürnberg 1938.

Degner, Harald: Die supranationale Zusammenarbeit der Wertpapierbörsen, in: Die Bank 20 (1980), S. 317 ff.

Degner, Harald / Flöge, Rainer: Die Arbeitsgemeinschaft der deutschen Wertpapierbörsen und ihrer Mitglieder. Bonn 1972.

De la Croix, Ernst Féaux: Schadensersatzansprüche ausländischer Zwangsarbeiter im Lichte des Londoner Schuldenabkommens, in: Neue Juristische Wochenschrift 13 (1960), S. 2268–2271.

Delhaes-Guenther, Dietrich von / Hartwig, Karl-Hans / Vollmer, Uwe (Hrsg.): Monetäre Institutionenökonomik. Stuttgat 2001.

Denzel, Markus A.: Altona als Bank- und Wechselplatz im ausgehenden 18. und beginnenden 19. Jahrhundert, in: Bankhistorisches Archiv 24 (1998), S. 13–37.

Denzel, Markus A.: Öffentliche Wirtschaft in Bayern im Spätmittelalter und im 18. Jahrhundert. Erwerbswirtschaftliche Einnahmen und Investitionen der Landesherren nach Staatshaushalten des Herzogtums Niederbayern (Bayern-Landshut) und des Kurfürstentums Bayern, in: Schneider, Wirtschaften, S. 83–119.

Denzel, Markus A.: Das System des bargeldlosen Zahlungsverkehrs europäischer Prägung vom Mittelalter bis 1914. Stuttgart 2008.

Denzel, Markus A.: Handbook of World Exchange Rates, 1590 to 1914. Farnham/Burlington 2010.

Denzel, Markus A.: Der Nürnberger Banco Publico, seine Kaufleute und ihr Zahlungsverkehr (1621–1827). Stuttgart 2012.

Denzel, Markus A. / Gerhard, Hans-Jürgen / Engel, Alexander: Marktverflechtungen von Kupfermärkten des nördlichen Kontinentaleuropa im 18. Jahrhundert, in: Bartels/Denzel, Konjunkturen, S. 237–271.

DEPFA-Bank:, Zwischenbericht September 2002.

Derschka, Harald R. / Liggi, Isabella / Perret, Gilles (Hrsg.): Circulation monétaire régionale et supra-régionale: Actes du troisième colloque international du Groupe suisse pour l'étude des trouvailles monétaires (Berne, 3–4 mars 2000) / Regionaler und überregionaler Geldumlauf: Sitzungsbericht des dritten internationalen Kolloquiums der Schweizerischen Arbeitsgemeinschaft für Fundmünzen (Bern, 3.-4. März 2000). Lausanne 2002.

Deutsche Bank AG (Hrsg.): Beiträge zu Wirtschafts- und Währungsfragen und zur Bankengeschichte. Mainz 1984.

Deutsche Bank AG, Geschäftsbericht 2009.

Deutsche Bankengeschichte. Hrsg. vom Institut für bankhistorische Forschung e.V. von seinem Wissenschaftlichen Beirat, 3 Bde. Frankfurt am Main 1982/83.

Deutsche Börse AG, Geschäftsberichte 1993–94.

Deutsche Börse AG / MATIF SA:TRADEUS: Trading Across Europe. Frankfurt am Main/Paris 1994.

Deutsche Börsen, Jahresberichte 1992–93.

Deutsche Bundesbank (Hrsg.): Deutsches Geld- und Bankwesen in Zahlen 1876–1975. Frankfurt am Main 1976.

Deutsche Bundesbank (Hrsg.): Währung und Wirtschaft in Deutschland 1876–1975. Frankfurt am Main 1976.

Deutsche Bundesbank (Hrsg.): 30 Jahre Deutsche Bundesbank. Die Entstehung des Bundesbankgesetzes vom 26. Juli 1957. Dokumentation einer Ausstellung. Frankfurt am Main 1988.

Deutsche Bundesbank (Hrsg.): Die Geldpolitik der Deutschen Bundesbank. Frankfurt am Main 1995.

Deutsche Bundesbank (Hrsg.): Fünfzig Jahre Deutsche Mark. Notenbank und Währung in Deutschland seit 1948. München 1998.

Deutsche Bundesbank (Hrsg.): Fünfzig Jahre Deutsche Mark. Monetäre Statistiken 1948–1997. München 1998 [CD-ROM; *zitiert als Deutsche Bundesbank, Fünfzig Jahre (CD-ROM)*].

Deutsche Bundesbank, Geschäftsbericht 2009.

Deutsche Bundesbank (Ed.): Monetary Policy over Fifty Years. Experiences and Lessons. London/New York 2009.

Deutsche Bundesbank: Basel III – Leitfaden zu den neuen Eigenkapital- und Liquiditätsregeln für Banken. Frankfurt am Main 2011.

Deutsche Geldpolitik (Schriften der Akademien für deutsches Recht, Gruppe 19: Wirtschaftswissenschaft 4). Berlin 1941.

Deutsche Reichsbank: Die Reichsbank 1901–1925. Berlin o. J. [1926].

Deutscher Genossenschaftsverband (Hrsg.): Mitteilungen über den 71. Genossenschaftstag des Deutschen Genossenschaftsverbands am 11. Dezember 1936 in Berlin. Berlin 1936.

Deutscher Genossenschaftsverband, Jahrbücher 1949, 1954, 1959.

Deutscher Genossenschaftsverband (Hrsg.): 100 Jahre Deutscher Genossenschaftsverband. Wiesbaden 1959.

Deutscher Genossenschaftsverband (Hrsg.): Schulze-Delitzsch – Ein Lebenswerk für Generationen. Wiesbaden 1987.

Deutscher Genossenschafts-Verlag (Hrsg.): ZwischenBilanz. Deutscher Genossenschaftsverlag 1920–1995. Wiesbaden 1995.

Deutscher Sparkassenverlag (Hrsg.): Handwörterbuch der Sparkassen, Bde. I-II. Stuttgart 1982.

Deutsches Institut für Bankwissenschaft und Bankwesen (Hrsg.): Probleme des deutschen Wirtschaftslebens. Erstrebtes und Erreichtes. Festschrift für Hjalmar Schacht zum 60. Geburtstag. Berlin/Leipzig 1937.

Deutschland als Finanzplatz. Analysen und Perspektiven (Probleme des Kapitalmarkts, Kolloquien/Beiträge 33). Frankfurt am Main 1992.

DG HYP – Deutsche Genossenschafts-Hypothekenbank AG (Hrsg.): Fünfzig Jahre Deutsche Genossenschafts-Hypothekenbank AG 1921–1971. Hamburg 1971.

DG HYP – Deutsche Genossenschafts-Hypothekenbank AG (Hrsg.): 75 Jahre DG HYP. Hamburg 1996.

DGV – Deutscher Genossenschaftsverband e.V. / DRV – Deutscher Raiffeisenverband e.V. (Hrsg.): Kooperationsvertrag DGV/DRV. Bonn 1971.

Dickhaus, Monika: Die Bundesbank im westeuropäischen Wiederaufbau. Die internationale Währungspolitik der Bundesrepublik Deutschland 1948 bis 1958. München 1996.

Dickson, Peter George Muir: The Financial Revolution in England. A Study in the Development of Public Credit, 1688–1756. London 1967.

Dickson, Peter George Muir: Finance and Government under Maria Theresia, 1740–1780, 2 Vol. Oxford 1987.

Diederich, Klaus-Jürgen / Commichau, Gerhard: MATIS – Makler-Tele-Informationssystem, in: Zeitschrift für Bankrecht und Bankwirtschaft 2 (1990), S. 114–117.

Diehl, Karl: Ursachen des hohen Zinsfußes in Deutschland, in: ders./Beckerath/Bonn/Lotz/Sering/Wiedenfeld, Wirkungen, S. 831–920.

Diehl, Karl / Beckerath, Erwin von / Bonn, Motitz Julius / Lotz, Walther / Sering, Max / Wiedenfeld, Kurt (Hrsg.): Wirkungen und Ursachen des hohen Zinsfußes in Deutschland. Jena 1932.

Dietrich, York: Eigentum für jeden. Die vermögenspolitischen Initiativen der CDU und die Gesetzgebung 1950–1961 (Forschungen und Quellen zur Zeitgeschichte 29). Düsseldorf 1996.

Dietz, Alexander: Frankfurter Handelsgeschichte, 4 Bde. Frankfurt am Main 1910–1925 [ND Glashütten 1970].

Dillen, Johannes Gerard van (Ed.): History of the Principal Public Banks in the UK. Accompanied by Extensive Bibliographies of the History of Banking and Credit in Eleven European Countries. The Hague 1934 [ND London/New York 1964].

Dixit, Avinash: A Repeated Game Model of Monetary Union, in: Economic Journal 110 (2000), S. 759–780.

Donges, Juergen B. / Eekhoff, Johann / Möschel, Wernhard / Neumann, Manfred J. M. / Sievert, Olaf:

Privatisierung von Landesbanken und Sparkassen (Kronberger Kreis, Studien 38). Bad Homburg 2001.

Donner, Die Kursbildung am Aktienmarkt (Vierteljahresheft zur Konjunkturforschung, Sonderheft 30). Berlin 1936.

Döring, Frank: Kreditmärkte und Zinssätze in Deutschland seit der Stabilisierung, in: Diehl/Beckerath/Bonn/Lotz/Sering/Wiedenfeld, Wirkungen, S. 386–425.

Dotzauer, Winfried: Die deutschen Reichskreise (1383–1806). Geschichte und Aktenedition. Stuttgart 1998.

Draheim, Georg: Spitzenorganisationen im genossenschaftlichen Kreditwesen. Systematische Untersuchung über das Problem der Gestaltung, insbesondere der Vereinheitlichung. Berlin 1927.

Draheim, Georg: Die Genossenschaft als Unternehmungstyp. Göttingen 1952.

Drecoll, Axel: Die 1960er Jahre, die Fusion und die Entwicklung der Bayerischen Landesbank 1960–2005, in: Bähr/Drecoll/Gotto, Geschichte, S. 211–305.

Dreißig, Wilhelmine: Die Technik der Staatsverschuldung, in: Dreißig/Gandenberger/Haller/Krause-Junk/Pahlke/ Timm, Handbuch, S. 51–115.

Dreißig, Wilhelmine / Gandenberger, Otto / Haller, Heinz / Krause-Junk, Gerold / Pahlke, Jürgen / Timm, Herbert (Bearb.): Handbuch der Finanzwissenschaft, Bd. III: Die Lehre von der öffentlichen Verschuldung; Finanzpolitik als Mittel zur Verwirklichung wirtschafts- und sozialpolitischer Ziele. Tübingen ³1980.

Drey Schriften über Geld und Banken, besonders über die hamburgische Bank. Hamburg 1791.

Droste, Klaus D. / Faßbender, Heino / Pauluhn, Burkhardt / Schlenzka, Peter F. / Löhneysen, Eberhard von: Falsche Ergebnisinformationen – Häufige Ursache für Fehlentwicklungen in Banken, in: Die Bank 7/1983, S. 313–323.

Drucksache des Deutschen Bundestages 10/1441 vom 14. Mai 1984. Bonn 1984.

DRV – Deutscher Raiffeisenverband e.V., Jahrbücher 1971; 1978.

DRV – Deutscher Raiffeisenverband e.V. (Hrsg.): Verhandlungsbericht Mitgliedertagung 1971. Bonn 1971.

DRV – Deutscher Raiffeisenverband e.V.: Meilensteine 1948–1998 – 50 Jahre Deutscher Raiffeisenverband e.V. Bonn 1998.

DRV – Deutscher Raiffeisenverband e.V. / BRW – Bundesverband der Raiffeisen-Warengenossenschaften e.V. (Hrsg.): Verhandlungsbericht Mitgliederversammlung des DRV und Mitgliederversammlung des BRW. Bonn 1972.

DSGV – Deutscher Sparkassen- und Giroverband e.V.: Stellungnahme des Deutschen Sparkassen- und Giroverbandes zu der gegen Anstaltslast und Gewährträgerhaftung in Deutschland gerichteten Beihilfebeschwerde der Europäischen Bankenvereinigung vom 31. Januar 2001. Berlin 2001.

DTB – Deutsche Terminbörse GmbH: Die Deutsche Terminbörse im Überblick. Franfurt am Main 1988.

DTB – Deutsche Terminbörse GmbH, Jahresberichte 1991–92.

Dube, Jürgen: Computer für Genossenschaften. Die Geschichte der genossenschaftlichen Rechenzentralen. Wiesbaden 1993.

Dübel, Hans-Joachim: Die Krise am Hypothekarkreditmarkt der USA. Eine empirische Analyse und Überlegungen für Deutschland. Berlin 2007.

Dülfer, Eberhard: Das Organisationskonzept ›Genossenschaft‹ – eine Pionierleistung Schulze-Delitzschs, in: Deutscher Genossenschaftsverband, Schulze-Delitzsch, S. 59–126.

Dutton, John: The Bank of England and the Rules oft the Game under the International Gold Standard, in: Bordo/Schwartz, View, S. 173–195.

Duwendag, Dieter / Siebke, Jürgen / Bofinger, Peter (Hrsg.): Europa vor dem Eintritt in die Europäische Währungsunion. Berlin 1993.

DZ BANK AG – Deutsche Zentralgenossenschaftsbank (Hrsg.): »*Was dem Einzelnen nicht möglich ist, das vermögen viele*«. Eine Zeitreise durch das Morgen, Heute und Gestern. Frankfurt am Main 2008.

Dyson, Kenneth: German Bundesbank. Europeanization and the Paradoxon of Power, in: Dyson/Marcusson, Central Banks, S. 131–159.

Dyson, Kenneth / Marcusson, Martin (Eds.): Central Banks in the Age of Euro. Europeanization, Convergence, and Power. Oxford 2008.

Eberle, Johann Christian Eberle: Die geldlose Zahlung und die Sparkassen (1911), in: ders.: Eberle spricht, S. 21–77.
Eberle, Johann Christian: Dr. Eberle spricht. Schriften, Reden, Aufsätze zur Erneuerung der Sparkassen. Mit einführenden Beiträgen von Fritz Butschkau und Josef Hoffmann. Stuttgart 1959.
Eck, Jean-Francois / Martens, Stefan / Schirmann, Sylvain (eds.): L'économie, l'argent et les hommes. Les relations franco-allemandes de 1871 à nos jours. Paris 2009.
Edelmann, Heidrun: Privatisierung als Sozialpolitik: ›Volksaktie‹ und ›Volkswagen‹, in: Jahrbuch für Wirtschaftsgeschichte 1999/1, S. 59–72.
Edelmayer, Friedrich / Lanzinner, Maximilian / Rauscher, Peter (Hrsg.): Finanzen und Herrschaft. Materielle Grundlagen fürstlicher Politik in den habsburgischen Ländern und im Heiligen Römischen Reich im 16. Jahrhundert (Veröffentlichungen des Instituts für Österreichische Geschichtsforschung 38). Wien/München 2003.
Ehlebracht, Karsten / Lange, Diedrich: Solidarische Hilfen für die genossenschaftlichen Banken der DDR, in: BankInformation 7/1990, S. 16–19.
Ehrenberg, Richard, Ein Hamburgischer Waaren- und Wechselpreiscourant aus dem XVI. Jahrhundert, in: Hansische Geschichtsblätter 12 (1883), S. 165–170.
Ehrenberg, Richard: Das Zeitalter der Fugger. Geldkapital und Creditverkehr im 16. Jahrhundert, 2 Bde. Jena 1896.
Ehrenberg, Richard: Hamburg und England im Zeitalter der Königin Elisabeth. Jena 1896.
Ehrenberg, Richard: Große Vermögen. Ihre Entstehung und Bedeutung, 2 Bde. Jena 1902–05.
Eichengreen, Barry: Globalizing Capital. A History of the International Monetary System, Princeton, NJ ²2008.
Eichengreen, Barry / Irwin, Douglas A.: Trade Blocs, Currency Blocs and the Reorientation of World Trade in the 1930s, in: Journal of International Economics 38 (1995), S. 1–24.
Das Eigenkapital der Kreditinstitute als historisches und aktuelles Problem. 6. Symposium zur Bankengeschichte am 24. Oktober 1980 im Hause der Commerzbank in Frankfurt am Main (Bankhistorisches Archiv, Beiheft 5). Frankfurt am Main 1981, S. 15–29.
Ellgering, Ingo: Expansion und Strukturwandel der Sparkassen in der jüngeren Vergangenheit (ab 1958), in: Mura, Entwicklung, S. 60–87.
Emminger, Otmar: D-Mark, Dollar, Währungskrisen. Erinnerungen eines ehemaligen Bundesbankpräsidenten. Stuttgart 1986.
Ermer, Matthias: Von der Reichsmark zur Deutschen Mark der Deutschen Notenbank. Zum Binnenwährungsumtausch in der Sowjetischen Besatzungszone Deutschlands (Juni/Juli 1948). Stuttgart 2000.
Eschen, Erik: Der Erfolg von Mergers & Acquisitions. Unternehmungszusammenschlüsse aus der Sicht des ressourcenbasierten Ansatzes. Wiesbaden 2002.
Esser, Robert Ferdinand: Die Liquiditätspolitik der Sparkassen. Grundsätze und Wandlungen. Diss. Köln 1958.
Ettenhuber, Helga: Stadtsparkasse München seit 1824 – eine historische Bilanz. München 1992.
Europäische Zentralbank: Die Geldpolitik der EZB. Frankfurt am Main 2001.

Fagneux, Louis: La caisse de crédit Raiffeisen, le raiffeisenisme en France et à l'étranger. Paris 1908.
Faulkner, David / Teerikangas, Satu / Joseph, Richard (Eds.): The Handbook of Mergers & Acquistions. Oxford 2012.
Faust, Helmut: Geschichte der Genossenschaftsbewegung. Frankfurt am Main ³1977.
Fehr, Benedikt: Die Bruchlandung der ›Raumstation Orion‹ (Serie Finanzskandale, 16: Herstatt-Bank) [http://www.faz.net/aktuell/finanzen/fonds-mehr/2.1870/serie-finanzskandale-16-herstatt-bank-die-bruchlandung-der-raumstation-orion-1760113.html; abgerufen am 29. November 2010].
Feilchenfeld, Alfred (Hrsg.): Denkwürdigkeiten der Glückel von Hameln. Berlin 1920.
Feldenkirchen, Wilfried: Die deutsche Wirtschaft im 20. Jahrhundert. München 1998.
Feldman, Gerald D. (Hrsg.): Die Nachwirkungen der Inflation auf die deutsche Geschichte 1924–1933. München 1985.
Feldman, Gerald D.: Die Deutsche Bank vom Ersten Weltkrieg bis zur Weltwirtschaftskrise 1914–1933, in: Gall/Feldman/James/Holtfrerich/Büschgen, Deutsche Bank, S. 137–314.

Feldman, Gerald D.: Hugo Stinnes. Biographie eines Industriellen (1870–1924). München 1998.

Feldmann, Gerald D.: Responses to Banking Concentration in Germany, 1900–33, in: Pohl/Tortella/van der Wee, Century, S. 195–212.

Feldman, Gerald D.: Die CA, ihre jüdischen Kunden und die ›Arisierung‹, in: ders./Rathkolb/Venus/Zimmerl, Banken, S. 219–278.

Feldman, Gerald D.: Eigentümerschaft, Organisation und Personal der Creditanstalt-Bankverein, in: ders./Rathkolb/Venus/Zimmerl, Banken, S. 23–187.

Feldman, Gerald D. / Rathkolb, Oliver / Venus, Fritz / Zimmerl, Ulrike: Österreichische Banken und Sparkassen im Nationalsozialismus und in der Nachkriegszeit, Bd. I: Creditanstalt-Bankverein. München 2006.

Fellner, Thomas / Kretschmayr, Heinrich: Die österreichische Zentralverwaltung. 1. Abteilung: Von Maximilian I. bis zur Vereinigung der österreichischen und böhmischen Hofkanzlei (1749), Bd. I: Geschichtliche Übersicht (Veröffentlichungen der Kommission für Neuere Geschichte Österreichs 5). Wien 1907.

Fender, Ingo / Mitchell, Janet: Strukturierte Finanzierungen: Komplexität, Risiken und die Rolle von Ratings, in: Bank für Internationalen Zahlungsausgleich, Quartalsbericht Juni 2005, S. 77–91.

Ferguson, Niall: Die Geschichte der Rothschilds. Propheten des Geldes, 2 Bde. München 2002.

Fertig, Christine: Kreditmärkte und Kreditbeziehungen im ländlichen Westfalen (19. Jh.). Soziale Netzwerke und städtisches Kapital, in: Clemens, Schuldenlast, S. 161–175.

Fischer, Albert: Hjalmar Schacht und Deutschlands ›Judenfrage‹. Der ›Wirtschaftsdiktator‹ und die Vertreibung der Juden aus der deutschen Wirtschaft. Köln 1995.

Fischer, Albert: Die Landesbank der Rheinprovinz. Aufstieg und Fall zwischen Wirtschaft und Politik (Wirtschafts- und Sozialhistorische Studien 6). Köln/Weimar 1997.

Fischer, Albert: ›Schuld und Schicksal‹ in der Bankenkrise – eine westdeutsche Perspektive, in: Vierteljahrschrift für Sozial- und Wirtschaftsgeschichte 86 (1999), S. 181–209.

Fischer, Fritz: Der Krieg der Illusionen. Die deutsche Politik von 1911 bis 1914. Düsseldorf 1969.

Fischer, Reinfried: Einlagensicherung – Institutssicherung, in: Deutscher Sparkassenverlag, Handwörterbuch II, S. 21–35.

Fischer, Wolfram / McInnis, R. Marvin / Schneider, Jürgen (Eds.): The Emergence of a World Economy, 1500–1914, Vol. I: 1500–1850. Wiesbaden 1986, S. 171–189.

Flandreau, Marc: The Glitter of Gold. France, Bimetallism, and the Emergence of the International Gold Standard, 1848–1873. Oxford 2004.

Flechsig, Rolf / Flesch, Hans-Rudolf: Die Wertsteuerung – Ein Ansatz des operativen Controlling im Wertbereich, in: Die Bank 10/1982, S. 454–465.

Fleckenstein, Gisela / Klöcker, Michael / Schlossmacher, Norbert (Hrsg.): Kirchengeschichte. Alte und neue Wege. Festschrift für Christoph Weber, Bd. II. Frankfurt am Main 2008.

Flesch, Johann Rudolf: Landesbanken ohne neues Geschäftsmodell – das letzte Kapitel, in: Zeitschrift für das gesamte Kreditwesen 63 (2010), S. 172–175.

Fohlin, Caroline: Universal Banking in Pre-World War I Germany: Model or Myth?, in: Explorations in Economic History 36 (1999), S. 305–343.

Fohlin, Caroline: Regulation, Taxation and the Development of the German Universal Banking System, 1884–1913, in: European Review of Economic History 6 (2002), S. 221–254.

Fohlin, Caroline: Finance Capitalism and Germany's Rise to Industrial Power. Cambridge 2007.

Foitzik, Jan: Inventar der Befehle des Obersten Chefs der Sowjetischen Militäradministration in Deutschland (SMAD) 1945–1949. München 1995.

Forstmann, Wilfried: Simon Moritz von Bethmann 1768–1826. Bankier, Diplomat und politischer Beobachter. Frankfurt am Main 1973.

Forstmoser, Peter / Pulver, Urs: Der Optionshandel in der Schweiz, in: Wertpapier-Mitteilungen 42 (1988)/Sonderbeilage 6, S. 1–14.

Fouquet, Gerhard / Hirschbiegel, Jan / Paravicini, Werner (Hrsg.): Hofwirtschaft. Ein ökonomischer Blick auf Hof und Residenz in Spätmittelalter und Früher Neuzeit (Residenzenforschung 21). Ostfildern 2008.

Francke, Hans-Hermann / Ketzel, Eberhard / Kotz, Hans-Helmut (Hrsg.): Europäische Währungsunion. Von der Konzeption zur Gestaltung. Berlin 1998.

Francke, Hans-Hermann / Ketzel, Eberhart / Kotz, Hans-Helmut (Hrsg.): Finanzmärkte im Umbruch (Kredit und Kapital, Beiheft 15). Berlin 2000.

Franke, Günter: Deutsche Finanzmarktregulierung nach dem Zweiten Weltkrieg zwischen Risikoschutz und Wettbewerbssicherung, in: Regulierung auf globalen Finanzmärkten zwischen Risikoschutz und Wettbewerbssicherung, S. 66–87.

Franke, Günter / Weber, Thomas: Wie werden Collateralized Debt Obligation-Transaktionen gestaltet? in: Zeitschrift für betriebswirtschaftliche Forschung, Sonderheft 57/07, S. 95–123.

Franke, Jörg: Die Deutsche Terminbörse – der Weg nach vorn, in: Frankfurter Allgemeine Zeitung / Dresdner Bank, Optionen, S. 86–94 [*zitiert als Franke, Deutsche Terminbörse (1989)*].

Franke, Jörg: Die Deutsche Terminbörse im internationalen Wettbewerb, in: Arbeitsgemeinschaft der Deutschen Wertpapierbörsen, Finanzmarkttheorie, S. 147–154 [*zitiert als Franke, Deutsche Terminbörse (1992)*].

Franke, Jörg: It all began at Bürgenstock, in: Young, Commodity, S. 16–22.

Franke, Jörg / Imo, Christian: Anlegerschutz an der Deutschen Terminbörse, in: Zeitschrift für Bankrecht und Bankwirtschaft 2 (1990), S. 104–113.

Frankel, Allen: Erstklassig oder auch nicht: Finanzierung von Wohneigentum in den USA im neuen Jahrhundert, in: Bank für Internationalen Zahlungsausgleich, Quartalsbericht März 2008, S. 75–87.

Frankel, Jeffrey A. / Rose, Andrew K.: The Endogeneity of the Optimum Currency Area Criteria, in: Economic Journal 108 (1998), S. 1009–1025.

Frankfurter Allgemeine Zeitung / Dresdner Bank (Hrsg.): Optionen und Futures – Auftrieb für den Finanzplatz Deutschland durch die DTB? Frankfurt am Main 1989.

Frech, Stefan: Clearing. Der Zahlungsverkehr der Schweiz mit den Achsenmächten. Zürich 2001.

Freihube, Thorsten / Kehr, Carl-Heinrich / Krahnen, Jan P. / Theissen, Erik: Was leisten Kursmakler? Eine empirische Untersuchung am Beispiel der Frankfurter Wertpapierbörse, in: Kredit und Kapital 32 (1999), S. 426–460.

Freund, Günter Siegfried: Die Rechtsverhältnisse der öffentlichen Anleihen. Berlin 1907.

Friedrich, Otto: Die Begebung öffentlicher Anleihen im 19. Jahrhundert. Diss. Tübingen 1913.

Fries, Karl: Die Girozentralen. Überblick über ihre Entwicklung und gegenwärtigen Rechtsverhältnisse. Stuttgart ²1973.

Fröhlich, Uwe: Genossenschaften. Natürliche Verbündete der Sozialen Marktwirtschaft, in: Zeitschrift für das gesamte Kreditwesen 10/2009, S. 464 f.

Frost, Reinhard: Wünsche werden Wirklichkeit. Die Deutsche Bank und ihr Privatkundengeschäft. München 2009.

Frowein, Dietrich-Kurt: Der Handel mit Terminkontrakten. Der DAX-Kontrakt bietet viele Möglichkeiten, in: Braunberger/Knipp, Deutsche Terminbörse, S. 63–84.

Fuhrmann, Bernd: ›Öffentliches‹ Kreditwesen in deutschen Städten des 15. und 16. Jahrhunderts, in: Scripta Mercaturae 37 (2003), S. 1–17.

Füssel, Stephan: Gutenberg and the Impact of Printing. Aldershot 2005.

Galati, Gabriele: Das Erfüllungsrisiko im Devisenhandel und die CLS-Bank, in: BIZ – Bank für Internationalen Zahlungsausgleich, Quartalsbericht Dezember 2002, S. 63–74.

Gall, Lothar: Die Deutsche Bank von ihrer Gründung bis zum Ersten Weltkrieg 1870–1914, in: ders./Feldman/James/Holtfrerich/Büschgen, Deutsche Bank, S. 1–135.

Gall, Lothar: A Man for all Seasons? Hermann Josef Abs im Dritten Reich, in: Zeitschrift für Unternehmensgeschichte 43 (1998), S. 123–174.

Gall, Lothar: Der Bankier Hermann Josef Abs. Eine Biographie. München 2004.

Gall, Lothar / Feldman, Gerald D. / James, Harold / Holtfrerich, Carl-Ludwig / Büschgen, Hans E.: Die Deutsche Bank 1870–1995. München 1995.

Garbade, Kenneth: Securities Markets. New York 1982.

Gärtner, Paul: Die Genossenschaftsbewegung. Berlin 1947.

Geffcken, Peter: Jakob Fuggers frühe Jahre, in: Kluger, Jakob Fugger, S. 4–7.

Gehrig, Thomas / Fohlin, Caroline: Trading Costs in Early Security Markets. The Case of the Berlin Stock Exchange, 1880–1910, in: Review of Finance 10 (2006), S. 587–612.
Geiger, Albert Michael: Konsolidierung der europäischen Börsenlandschaft am Beispiel der Eurex. Oestrich-Winkel 2000.
Gellert, Otto: Kassenvereine. Hamburg 1958.
Gelman, Sergey / Burhop, Carsten: Taxation, Regulation and the Information Efficiency of the Berlin Stock Exchange, 1892–1913, in: European Review of Economic History 12 (2008), S. 39–66.
Genossenschaftliche Zentralbank AG Stuttgart (Hrsg.): 100 Jahre Genossenschaftliche Zentralbank in Württemberg. Stuttgart 1993.
Genschel, Helmut: Die Verdrängung der Juden aus der Wirtschaft im Dritten Reich. Göttingen 1966.
Gerber, Barbara: Jud Süß. Aufstieg und Fall im frühen 18. Jahrhundert. Ein Beitrag zur Historischen Antisemitismus- und Rezeptionsforschung (Hamburger Beiträge zur Geschichte der deutschen Juden 16). Hamburg 1990.
Gerds, Johannes / Schewe, Gerhard: Post Merger Integration. Unternehmenserfolg durch Integration Excellence. Berlin/Heidelberg ³2009.
Gerhard, Hans-Jürgen: Ursachen und Folgen der Wandlungen im Währungssystem des Deutschen Reiches 1500–1625. Eine Studie zu den Hintergründen der sogenannten Preisrevolution, in: Schremmer, Geld, S. 69–84.
Gerhard, Hans-Jürgen / Kaufhold, Karl Heinrich: ›Gründerjahre‹ – die Göttinger Sparkassen 1801 bis 1866, in: Kaufhold, 200 Jahre. S. 30–67.
Gerke, Wolfgang / Steiner, Manfred (Hrsg.): Handwörterbuch des Bank- und Finanzwesens (Enzyklopädie der Betriebswirtschaftslehre 6). Stuttgart ³2001.
Geschichte und Perspektiven des Drei-Säulen-Modells der deutschen Kreditwirtschaft. 28. Symposium des Instituts für bankhistorische Forschung e.V. am 23. Juni 2005 im Hause der Landesbank Baden-Württemberg, Stuttgart (Bankhistorisches Archiv, Beiheft 46). Stuttgart 2007.
Gesetzblatt der Verwaltung des Vereinigten Wirtschaftsgebietes. Hrsg. vom Büro des Wirtschaftsrates, Jg. 1949.
Gesetz-Sammlung für die Königlichen-Preußischen Staaten, Jgge. 1806–10, 1817, 1833, 1836, 1839, 1846, 1855–57.
Ghemawat, Pankaj / Ghadar, Fariborz: Globale Megafusionen – ökonomisch nur selten zwingend geboten, in: Harvard Business Manager 23 (2001), S. 32–41.
Gierke, Otto: Deutsches Privatrecht, 3 Bde. München 1917.
Giersch, Herbert / Schmidt, Hartmut: Offene Märkte für Beteiligungskapital. USA, Großbritannien, Bundesrepublik Deutschland. Studie anlässlich des 125jährigen Jubiläums der Baden-Württembergischen Wertpapierbörse zu Stuttgart. Stuttgart 1986.
Gille, Bertrand: Histoire de la Maison Rothschild, Tome 1. Genève 1965.
Giovannini, Alberto: ›Rules of the Game‹ during the International Gold Standard: England and Germany, in: Journal of International Money and Finance 5 (1986), S. 467–483.
Girke, Werner / Kopplin, Bernd: Beteiligungspolitik deutscher Kreditinstitute am Beispiel der Bayerischen Hypotheken- und Wechsel-Bank und der Westdeutschen Landesbank. Berlin 1977.
Glasemann, Hans-Georg: Vierzig Jahre Londoner Schuldenabkommen, in: Die Bank 8/1998, S. 491–496.
Glaum, Martin / Grothe, Alexander / Hutzschenreuter, Thomas: Besonderheiten internationaler Akquisitionen, in: Schmid, Management der Internationalisierung, S. 143–181.
Glaum, Martin / Hutzschenreuter, Thomas: Mergers & Acquisitions. Management des externen Unternehmenswachstum. Stuttgart 2010.
Gleber, Peter: Der ersparte Pfennig ist redlicher als der erworbene, in: Röhm, Buch, S. 156–167.
Gleber, Peter: Aus Deutschlands Provinz in die Welt. Genossenschaftsbanken als Exportschlager, in: Volks- und Raiffeisenbank eG Güstrow, 150 Jahre, S. 28–36.
Gleber, Peter: Viele Wurzeln – ein Gedanke. Entstehung der Volksbanken und Raiffeisenbanken bis zur Zusammenführung, in: BVR – Bundesverband der Deutschen Volksbanken und Raiffeisenbanken e.V. / Stiftung GIZ – Genossenschaftshistorisches Informationszentrum (Hrsg.): Vierzig Jahre, S. 9–48.

Goddard, John / Molyneux, Philip / Wilson, John / Tavakoli, Manouche: European Banking. An Overview, in: Journal of Banking & Finance 31 (2007), S. 1911–1935.

Goedecke, Wolfgang / Kerl, Volkher / Scholz, Helmut: Die deutschen Hypothekenbanken (Taschenbücher für Geld, Bank und Börsen 12). Frankfurt am Main ⁴1997.

Goetzmann, William N. / Rouwenhorst, K. Geert (Eds.): The Origins of Value. The Financial Innovations that created Modern Capital Markets. Oxford 2005.

Goldsmith, Raimund W.: Das deutsche Großbankkapital in seiner neueren Entwicklung. Berlin 1928.

Goldsmith, Raimund W.: Bankkredit und Kreditbanken in den Vereinigten Staaten 1920–1932. Berlin 1933.

Goldsmith, Raymond W.: The Changing Structure of American Banking. London 1933.

Goldsmith, Raymond W.: Financial Intermediaries in the American Economy since 1900. Princeton, NJ 1958.

Gombert, Till: Buchliquidität, Präsenzliquidität und Bietverhalten. Wiesbaden 2005.

Gömmel, Rainer: Die Entwicklung der Wirtschaft im Zeitalter des Merkantilismus 1620–1800 (Enzyklopädie deutscher Geschichte 46). München 1998.

Gömmel, Rainer: Hofjuden und Wirtschaft im Merkantilismus, in: Ries/Battenberg, Hofjuden, S. 59–65.

Gönner, Nikolaus Thaddäus: Von Staats-Schulden, deren Tilgungs-Anstalten und vom Handel mit Staatspapieren. München 1826.

Gonser, Simon: Der Kapitalismus entdeckt das Volk. Wie die deutschen Großbanken in den 1950er und 1960er Jahren zu ihrer privaten Kundschaft kamen. Diss. Freiburg i. Br. 2012 [im Druck].

Goodhart, Charles A. E.: The Evolution of Central Banks. Cambridge, MA 1988.

Goodhart, Charles: The Basel Committee on Banking Supervision. A History of the Early Years, 1974–1997. Cambridge, MA 2011.

Goschler, Constantin: Schuld und Schulden. Die Politik der Wiedergutmachung für NS-Verfolgte seit 1945. Göttingen 2005.

Gosden, Peter H. J. H.: Großbritannien, in: Wissenschaftsförderung der Sparkassenorganisation, Sparkassengeschichte, S. 151–180.

Gottschalk, Ulrich: IBIS – Inter-Banken-Informations-System, in: Zeitschrift für Bankrecht und Bankwirtschaft 3 (1991), S. 23–27.

Graetz, Michael: Court Jews in Economics and Politics, in: Mann/Cohen, Court Jews, S. 27–43.

Graham, Edward: Oligopolistic Imitation and European Direct Investment in the United States. Cambridge, MA 1975.

Gräser, Marcus: Sparkassen in Hessen (bis 1992), in: Wissenschaftsförderung der Sparkassen-Finanzgruppe, Regionalgeschichte II, S. 97–122.

Grattenauer, Karl Wilhelm Friedrich: Ueber Generalindult und Spezialmoratorien, besonders in den preußischen Staaten, Bd. I. Breslau ²1809.

Green, Edwin: Marriage Lines. The Archive Dimensions of Bank Mergers, in: Pohl/Tortella/van der Wee, Century of Banking Consolidation, S. 62–81.

Gropp, Reint / Gruendl, Christian / Guettler, Andre: The Impact of Public Guarantees on Bank Risk Taking. Evidence from a Natural Experiment (European Central Bank Working Paper Series 1272). Frankfurt am Main 2010.

Grosse, Robert: Are the Largest Financial Institutions Really Global?, in: Management International Review – Special Issue 45 (2005), S. 129–144.

Grossekettler, Heinz: 40 Jahre stabilitäts- und Wachstumsgesetz. Theoretische Analyse und statistische Evaluation einer verfassungsökonomischen Innovation, in: Jahrbuch für Wirtschaftsgeschichte 2008/1, S. 227–256.

Group of Ten: Report on Consolidation in the Financial Sector [http://www.imf.org/external/np/g10/2001/01/eng/pdf/file1.pdf; abgerufen am 3. Februar 2011].

Grüger, Wolfgang: DDR-Genossenschaftsbanken auf Marktkurs, in: BankInformation 7/1990, S. 2.

Grüger, Wolfgang: Genossenschaftsbanken im Osten: Strukturen aufgebaut, in: Zeitschrift für das gesamte Kreditwesen 44 (1991), S. 354 ff.

Grünbacher, Armin: Reconstruction and Cold War in Germany. The Kreditanstalt für Wiederaufbau (1948–1961). Aldershot 2004.

Grunwald, Max: Samuel Oppenheimer und sein Kreis (Ein Kapitel aus der Finanzgeschichte Österreichs) (Quellen und Forschungen zur Geschichte der Juden in Deutsch-Österreich 5). Wien/Leipzig 1913.

Grunwald, Max: Geschichte der Juden in Wien. Vom Jahre 1625 bis zum Jahre 1740, in: Alterthumsverein zu Wien, Geschichte, S. 65–99.

Gugelmeier, Ernst: Sparkassenarbeit im Zeichen des Reglements, in: Sparkasse 22–23/1938 (Sonderausgabe ›Einhundert Jahre Preußisches Sparkassen-Reglement‹), S. 388–391.

Guinnane, Timothy W.: Cooperatives as Information Machines. German Rural Credit Cooperatives, 1883–1914, in: Journal of Economic History 61 (2001), S. 366–389.

Guinnane, Timothy W.: Delegated Monitors, large and small. Germany's Banking System, 1800–1913, in: Journal of Economic Literature 40 (2002), S. 73–124.

Guinnane, Timothy W.: A ›Friend and Advisor‹. External Auditing and Confidence in Germany's Credit Cooperatives, 1889–1914, in: Business History Review 77 (2003), S. 235–264.

Guinnane, Timothy W.: State Support for the German Cooperative Movement, 1860–1914, in: Central European History 45 (2012), S. 208–232.

Guinnane, Timothy W.: Zwischen Selbsthilfe und Staatshilfe. Die Anfänge genossenschaftlicher Zentralbanken in Deutschland (1864–1914), in: Institut für bankhistorische Forschung, Geschichte der DZ BANK, S. 41–144.

Guinnane, Timothy W. / Martínez Rodríguez, Susana: Cooperatives before Cooperative Law. Business Law and Cooperatives in Spain, 1869–1931, in: Revista de Historia Económica-Journal of Iberian and Latin American Economic History 29 (2011), S. 67–93.

Guiso, Luigi / Sapienza, Paola / Zingales, Luigi: Moral and Social Constraints to Strategic Default on Mortgages (National Bureau of Economic Research Working Paper 15145). Cambridge, MA 2009.

Gupta, Jyoti / Chevalier, Alain: Mergers and Acquisitions in the European Banking Sector. The Case of BNP and Paribas, in: Zopounidis, Trends, S. 151–171.

Guthardt, Helmut / Henn, Rudolf / Kremer, Arnold / Pallaschke, Diethard (Hrsg.): Aspekte bankwirtschaftlicher Forschung und Praxis. Frankfurt am Main 1985.

Haan, Jakob de (Ed.): The History of the Bundesbank. Lessons for the European Central Bank (Routledge International Studies in Money and Banking 9). London / New York 2000.

Häberlein, Mark: Brüder, Freunde und Betrüger. Soziale Beziehungen, Normen und Konflikte in der Augsburger Kaufmannschaft um die Mitte des 16. Jahrhunderts (Colloquia Augustana 9). Berlin 1998.

Häberlein, Mark: Die Fugger. Geschichte einer Augsburger Familie (1367–1650). Stuttgart 2006.

Häberlein, Mark: Jakob Fugger und die Kaiserwahl Karls V. 1519, in: Burkhardt, Fugger, S. 65–81.

Hafner, Wolfgang / Zimmermann, Heinz (Hrsg.): Vinzenz Bronzin's Option Pricing Model. Exposition and Appraisal. Berlin 2009.

Hagen, Jürgen von: Geldpolitik auf neuen Wegen (1971–1978), in: Deutsche Bundesbank, Fünfzig Jahre, S. 439–473.

Hagen, Jürgen von / Stein, Johann Heinrich von (Hrsg.): Obst/Hintner – Geld-, Bank- und Börsenwesen. Stuttgart ^{40}2000.

Hagen, Louis: Der Pfandbrief – Verbriefung Made in Germany, in: Zeitschrift für das gesamte Kreditwesen 56 (2003), S. 652.

Hahn, Oswald: Zwischen Energiekrise und wirtschaftlicher Wende (1973–1981), in: Pohl, Geschichte (1998), S. 249–298.

Hahn, Oswald / Schuster, Leo (Hrsg.): Mut zur Kritik. Hanns Linhardt zum 80. Geburtstag. Bern/Stuttgart 1981.

Handelskammer zu Frankfurt am Main (Hrsg.): Geschichte der Handelskammer zu Frankfurt a.M. (1707–1908). Beiträge zur Frankfurter Handelsgeschichte. Frankfurt am Main 1908.

Hardach, Gerd: Die Entstehung des Drei-Säulen-Modells in der deutschen Kreditwirtschaft 1871–1934, in: Geschichte und Perspektiven des Drei-Säulen-Modells, S. 13–39.

Hardin, Russel: Collective Action. Baltimore, MD 1982.

Hartwig, Dierk: Das Geschäft mit privaten Kunden, in: Commerzbank AG, Bank, S. 132–145.

Hartwig, Dierk / Alföldi, Maria R.: 125 Jahre Deutsche Hypothekenbank, 1862–1987. Frankfurt am Main 1987.

Haspeslagh, Philipp / Jemison, David: Managing Acquisitions. Creating Value through Corporate Renewal. New York 1991.

Hatton, Timothy J. / O'Rourke, Kevin / Taylor, Alan M. (Eds.): The New Comparative Economic History. Essays in Honor of Jeffrey G. Williamson. Cambridge, MA/London 2007.

Hauck, Michael: Kompost, Veröffentlichungen und Vorträge aus vier Jahrzehnten. Frankfurt am Main 1997.

Hayo, Bernd: Inflation Culture, in: European Journal of Political Economy 14 (1998), S. 241–263.

Hecht, Anna Louise: Zur Funktion der Juden in der Kapitalismustheorie Werner Sombarts. Diss. Wien 1994.

Hecht, Felix: Ein Beitrag zur Geschichte der Inhaberpapiere in den Niederlanden. Erlangen 1869.

Heckscher, Eli F.: The Bank of Sweden and its Connection with the Bank of Amsterdam, in: Dillen, History, S. 161–199.

Hedrich, Carl-Christoph: Die Privatisierung der Sparkassen. Ein Beitrag zu den institutionellen Problemen der Deregulierung. Baden-Baden 1993.

Heiber, Helmut (Bearb.): Akten der Partei-Kanzlei der NSDAP, Bd. I. München 1983.

Hein, Manfred: Bankensysteme, ausländische, in: Gerke/Steiner, Handwörterbuch, Sp. 230–242.

Helbig, Claus: Die Bethmanns. Aus der Geschichte eines alten Handelshauses zu Frankfurt am Main. Wiesbaden 1948.

Henke, Sabine: Anreizprobleme beim Transfer der Kreditrisiken aus Buchkrediten. Berlin 2002.

Henning, Friedrich-Wilhelm: Die Liquidität der Banken in der Weimarer Republik, in: Winkel, Fragen, S. 45–92.

Hense, Anja: Entstehung und Konzeption der Stiftung ›Erinnerung, Verantwortung und Zukunft‹ für die Opfer von Zwangsarbeit und ›Arisierung‹, in: Kramer/Uhl/Wagner, Zwangsarbeit, S. 103–118.

Hentschel, Volker: Die Entstehung des Bundesbankgesetzes 1949–1957. Politische Kontroversen und Konflikte, in: Bankhistorisches Archiv 14 (1988), S. 3–31, 79–115.

Hentschel, Volker: Die geschichtliche Entwicklung der Landesbanken/Girozentralen von 1924 bis 1945, in: Mura, Landesbanken/Girozentralen, S. 53–70.

Herbst, Ludolf (Hrsg.): Westdeutschland 1945–1955. Unterwerfung, Kontrolle, Integration. München 1986.

Herbst, Ludolf: Banker in einem prekären Geschäft. Die Beteiligung der Commerzbank an der Vernichtung der jüdischen Gewerbetätigkeit im ›Altreich‹ 1933–1940, in: ders./Weihe, Commerzbank, S. 74–137.

Herbst, Ludolf / Goschler, Constantin (Hrsg.): Wiedergutmachung in der Bundesrepublik Deutschland. München 1989.

Herbst, Ludolf / Weihe, Thomas (Hrsg.): Die Commerzbank und die Juden. München 2004.

Hertle, Hans-Hermann: Die Diskussion der ökonomischen Krisen in der Führungsspitze der SED, in: Pirker/Lepsius/Weinert/Hertle, Plan, S. 309–345.

Herwig E. Haase: Bankwesen, in: Bundesministerium für innerdeutsche Beziehungen, DDR-Handbuch, S. 143–148.

Heyn, Udo: Private Banking and Industrialization. The Case of Frankfurt am Main, 1825–1875. New York 1981.

Hildebrandt, Reinhard: Der Kaiser und seine Bankiers. Ein Beitrag zum kaiserlichen Finanzwesen im 16. Jahrhundert, in: Edelmayer/Lanzinner/Rauscher, Finanzen, S. 234–245.

Hillen, Barbara: Der Sparkassenreformer und sächsische Mittelstandspolitiker Johann Christian Eberle (1869–1937). Beucha 2004.

Hillen, Barbara: Neue Zeiten, neue Ziele! Johann Christian Eberle und die Modernisierung der Sparkassen. Stuttgart 2007.

Hirsch, Johann Christoph: Des Teutschen Reichs Münz-Archiv, Bde. I, II, III. Nürnberg 1756/57.

Historische Kommission bei der Bayerischen Akademie der Wissenschaften (Hrsg.): Neue Deutsche Biographie: Bd. XIX. Berlin 1999; Bd. XXII. Berlin 2005.

Hockerts, Hans Günter: Wiedergutmachung in Deutschland. Eine historische Bilanz 1945–2000, in: Vierteljahrshefte für Zeitgeschichte 49 (2001), S. 167–214.

Hoffmann, Erich: Das Anlagegeschäft der preußischen Sparkassen in seiner neueren Entwicklung. Berlin 1926.

Hoffmann, Josef: Deutsche Sparkasseneinheit. Geschichte, Aufbau, Leistungen des zentralen Sparkassenverbandes. Vollständiger Nachdruck der Originalausgabe von 1931 (Sparkassen in der Geschichte, Abt. 2: Reprint 2). Stuttgart 1991.

Hoffmann, Walther G.: Das Wachstum der deutschen Wirtschaft seit der Mitte des 19. Jahrhunderts. Berlin 1965.

Hogan, Michael J.: The Marshall Plan. America, Britain, and the Reconstruction of Western Europe, 1947–1952. Cambridge, MA 1987.

Höhmann, Hans-Hermann / Kaser, Michael / Thalheim, Karl C. (Hrsg.): Die Wirtschaftsordnungen Osteuropas im Wandel. Ergebnisse und Probleme der Wirtschaftsreformen. Bd. II: Analysen wirtschaftlicher Teilordnungen. Funktionswandel der Systemelemente. Freiburg i. Br. 1972.

Holl, Brigitte: Hofkammerpräsident Gundakar Thomas Graf Starhemberg und die österreichische Finanzpolitik der Barockzeit (1703–1715) (Archiv für Österreichische Geschichte 132). Wien 1976.

Hollegger, Manfred: Maximilian I. (1459–1519). Herrscher und Mensch einer Zeitenwende. Stuttgart 2005.

Hölscher, Jens (Ed.): 50 Years of the German Mark. Essays in Honour of Stephen F. Frowen. Basingstoke 2001.

Holtfrerich, Carl-Ludwig: Die deutsche Inflation 1914–1923. Ursachen und Folgen in internationaler Perspektive. Berlin 1980.

Holtfrerich, Carl-Ludwig: The Monetary Unification Process in Nineteenth-Century Germany. Relevance and Lessons for Europe Today, in: De Cecco/Giovannini, Central Bank, S. 216–243.

Holtfrerich, Carl-Ludwig: Auswirkungen der Inflation auf die Struktur des deutschen Kreditgewerbes, in: Feldman, Nachwirkungen, S. 187–209.

Holtfrerich, Carl-Ludwig: Die Eigenkapitalausstattung deutscher Kreditinstitute 1871–1945, in: Eigenkapital der Kreditinstitute, S. 15–29.

Holtfrerich, Carl-Ludwig: Die Deutsche Bank vom Zweiten Weltkrieg über die Besatzungsherrschaft zur Rekonstruktion 1945–1957, in: Gall/Feldman/James/Holtfrerich/Büschgen, Deutsche Bank, S. 409–578.

Holtfrerich, Carl-Ludwig: Geldpolitik bei festen Wechselkursen (1948–1970), in: Deutsche Bundesbank, Fünfzig Jahre, S. 347–438.

Holtfrerich, Carl-Ludwig: Finanzplatz Frankfurt. Von der mittelalterlichen Messestadt zum europäischen Bankenzentrum. München 1999.

Holtfrerich, Carl-Ludwig: Wo sind die Jobs? Eine Streitschrift für mehr Arbeit. München 2007.

Holtfrerich, Carl-Ludwig: Monetary Policy in Germany since 1948: National Tradition, International Best Practice or Ideology?, in: Touffut, Central Banks, S. 22–51.

Holtz, Bärbel (Bearb.): Die Protokolle des Preußischen Staatsministeriums 1817–1934/38, Bd. III: 9. Juni 1840 bis 14. März 1848. Hildesheim/Zürich/New York 2000.

Holtz, Bärbel: Rother, Christian von, in: Historische Kommission bei der Bayerischen Akademie der Wissenschaften, Neue Deutsche Biographie XXII, S. 121 f.

Homberg, Fabian / Osterloh, Margit: Fusionen und Übernahmen im Licht der Hybris – Überblick über den Forschungsgegenstand, in: Journal für Betriebswirtschaft 60 (2010), S. 269–294.

Höpfner, Bernd: Clearing-Defizite im Großwirtschaftsraum – Der Verrechnungsverkehr des Dritten Reiches 1939–1945, in: Bankhistorisches Archiv 14 (1988), S. 116–138.

Höpker, Heinrich: Entwicklung und heutiger Stand der Sparkassen, in: ders., Sparkassen, S. 78–86.

Höpker, Heinrich: Die deutschen Sparkassen, ihre Entwicklung und heutige Bedeutung. Vollständiger Nachdruck der Originalausgabe von 1924 mit einer Einführung von Hans Pohl (Sparkassen in der Geschichte, Abt. 2: Reprint 5). Stuttgart 1997.

Hopt, Klaus J.: Ideelle und wirtschaftliche Grundlagen der Aktien-, Bank- und Börsenrechtsentwicklung im 19. Jahrhundert, in: Coing/Wilhelm, Wissenschaft, S. 128–168.

Hopt, Klaus J. / Wymeersch, Eddy (Eds.): Capital Markets and Company Law. Oxford 2003.

Horstmann, Theo: Kontinuität und Wandel im deutschen Notenbanksystem. Die Bank deutscher Länder als Ergebnis alliierter Besatzungspolitik nach dem Zweiten Weltkrieg, in: Pirker, Autonomie, S. 135–154.

Horstmann, Theo: Die Alliierten und die deutschen Großbanken. Bankenpolitik nach dem Zweiten Weltkrieg in Westdeutschland. Bonn 1991.

Houtman-De Smedt, Helma / van der Wee, Herman: Die Entstehung des modernen Geld- und Finanzwesens Europas in der Neuzeit, in: Pohl, Europäische Bankengeschichte, S. 75–173.

Huang, Roger D. / Stoll, Hans R.: Major World Equity Markets: Current Structure and Prospects for Change (New York University Salomon Center, Monograph Series in Finance and Economics 1991–3). New York 1991.

Hudson, Pat: History by Numbers. An Introduction to Quantitative Approaches. London 2000.

Hueck, Alfred / Claus-Wilhelm Canaris: Recht der Wertpapiere. München ¹¹1977.

Hummel, Detlev: Das Kreditwesen der Deutschen Demokratischen Republik, in: Pohl, Geschichte (1998), S. 355–429.

Huszár, Lajos: Der ungarische Goldgulden im mittelalterlichen Münzverkehr, in: Hamburger Beiträge zur Numismatik 24/26 (1970–72), S. 71–88.

Hypo-Bank (Hrsg.): 1835–1990. Geschichte der Hypo-Bank im Spiegel der Geschäftsberichte. München 1990.

Illing, Gerhard / Watzka, Sebastian: Die Geldpolitik von EZB und Fed in Zeiten von Finanzmarktturbulenzen – eine aktuelle Bewertung, in: Zeitschrift für das gesamte Kreditwesen 61 (2008), S. 852–858.

Ilzkovitz, Fabienne (Ed.): European Merger Control. Do we need an Efficiency Defence? Cheltenham 2006.

Immenga, Ulrich / Rudo, Joachim: Die Beurteilung von Gewährträgerhaftung und Anstaltslast der Sparkassen und Landesbanken nach dem EU-Beihilferecht. Baden-Baden 1997.

Institut für bankhistorische Forschung (Hrsg.): Die DekaBank seit 1918. Liquiditätszentrale, Kapitalgesellschaft, Asset Manger. Stuttgart 2008.

Institut für bankhistorische Forschung (Hrsg.): Die Geschichte der DZ BANK. Das genossenschaftliche Zentralbankwesen in Deutschland vom 19. Jahrhundert bis heute. München 2013.

Investmentgesellschaften in Geschichte – Gegenwart – Zukunft. 22. Symposium zur Bankengeschichte am 10. Juni 1999 im Hotel Intercontinental Frankfurt auf Einladung der DGZ·DekaBank (Bankhistorisches Archiv, Beiheft 36). Frankfurt am Main 1999.

Irmler, Heinrich: Die Rolle der Deutschen Bundesbank am Kapitalmarkt, in: Bruns/Häuser, Probleme, S. 81–101.

Irmler, Heinrich: Die Zentralbank als ›fiscal agent‹ des Bundes und der Länder, in: Deutsche Bundesbank, Auszüge aus Presseartikeln 84 (1975), S. 2–7.

Irmler, Heinrich: Bankenkrise und Vollbeschäftigungspolitik (1931–1936), in: Deutsche Bundesbank, Währung und Wirtschaft, S. 283–329.

Irmler, Heinrich: Geldwertstabilität und Wirtschaftswachstum, in: ders., Notenbankpolitik, S. 40–47.

Irmler, Heinrich: Notenbankpolitik 1958–1978. Ausgewählte Vorträge und Aufsätze. [o. O.] [o. J.].

Israel, Jonathan I.: European Jewry in the Age of Mercantilism, 1550–1750 (The Littman Library of Jewish Civilization). Oxford/Portland, OR ³1998.

Issing, Otmar: Einführung in die Geldpolitik. München ⁶1996.

Issing, Otmar: Why did the Great Inflation not happen in Germany?, in: Federal Reserve Bank of St. Louis Review 87 (2005), S. 329–335.

Issing, Otmar: Der Euro – Geburt, Erfolg, Zukunft. München 2006 [zitiert als Issing, Euro (2006)].

Issing, Otmar: The Euro. Does a Currency need a State?, in: International Finance 11 (2008), S. 297–310 [zitiert als Issing Euro (2008)].

Issing, Otmar: The Development of Monetary Policy in the 20th Century. Some Reflections, in: Revue bancaire et financiere 74 (2010), S. 180–190.

Issing, Otmar: Krise des Euros? – Krise Europas? Vortrag vom 5. November 2010 anlässlich der Jahresfeier der Akademie der Wissenschaften und der Literatur, Mainz (Abhandlungen der Geistes- und

Sozialwissenschaftlichen Klasse / Akademie der Wissenschaften und der Literatur, Mainz 2011/1). Stuttgart 2011.

Jacks, David S.: Market Integration in the North and Baltic Seas, 1500–1800, in: Journal of European Economic History 33 (2004), S. 285–329.
Jackson, Howell / Fleckner, Andreas / Gurevich, Mark: Foreign Trading Screens in the United States, in: Capital Markets Law Journal 1 (2006), S. 54–76.
James, Harold: The Reichsbank and Public Finance in Germany 1924–1933. A Study of the Politics of Economics during the Great Depression (Schriftenreihe des Instituts für bankhistorische Forschung 5). Frankfurt am Main 1985.
James, Harold: Deutschland in der Weltwirtschaftskrise 1924–1936. Stuttgart 1988.
James, Harold: Die Reichsbank 1876–1945, in: Deutsche Bundesbank, Fünfzig Jahre, S. 29–89.
James, Harold: Die Deutsche Bank und die ›Arisierung‹. München 2001 [*zitiert als James, Deutsche Bank (2001)*].
James, Harold: Verbandspolitik im Nationalsozialismus. Von der Interessenvertretung zur Wirtschaftsgruppe. München 2001.
James, Harold: Strukturwandel in Kriegs- und Krisenzeiten 1914–1945, in: Pohl, Geschichte (2002), S. 157–214.
James, Harold: Die Deutsche Bank im ›Dritten Reich‹. München 2003 [*zit. James, Deutsche Bank (2003)*].
Janberg, Hans: Bankpreispolitik als bankwirtschaftliches Kalkulationsproblem, in: Zeitschrift für das gesamte Kreditwesen 19 (1966), S. 325 f., 380–383.
Janberg, Hans: Freiheit für Bankzinsen, in: Zeitschrift für das gesamte Kreditwesen 19 (1966), S. 8.
Jansen, Max: Die Anfänge der Fugger. Leipzig 1907.
Jansen, Max: Jakob Fugger der Reiche. Studien und Quellen. Leipzig 1910.
Jansen, Stephan: Mergers & Acquisitions. Unternehmensakquisitionen und -kooperationen. Eine strategische, organisatorische und kapitalmarkttheoretische Einführung. Wiesbaden 2008.
Janßen, Birgit / Rudolph, Bernd: Der Deutsche Aktienindex DAX, Konstruktion und Anwendungsmöglichkeiten. Frankfurt am Main 1992.
Janßen, Immo: Die Geschäftsentwicklung 2009 im Detail. Sparkassen beweisen in der Krise Stabilität, in: Betriebswirtschaftliche Blätter 59 (2010), S. 589–592.
Janssen, Stefan: Kontraktdesign und Kontrakterfolg von Financial Futures. Wiesbaden 1994.
Jelinek, Yeshayahu A.: Deutschland und Israel 1945. Ein neurotisches Verhältnis. München 2004.
Jena, Kai von: Versöhnung mit Israel? Die deutsch-israelischen Verhandlungen bis zum Wiedergutmachungsabkommen von 1952, in: Vierteljahrshefte für Zeitgeschichte 34 (1986), S. 458–464.
Jersch-Wenzel, Stefi: Bevölkerungsentwicklung und Berufsstruktur, in: Brenner/Jersch-Wenzel/Meyer, Geschichte, S. 57–95.
Jersch-Wenzel, Stefi: Juden und ›Franzosen‹ in der Wirtschaft des Raumes Berlin/Brandenburg zur Zeit des Merkantilismus (Einzelveröffentlichungen der Historischen Kommission zu Berlin 23). Berlin 1978.
Jersch-Wenzel, Stefi: Rechtslage und Emanzipation, in: Brenner/Jersch-Wenzel/Meyer, S. 15–56.
Joël, Max: Das Gesetz, betreffend die Erwerbs- und Wirtschaftsgenossenschaften vom 1. Mai 1889, in: Annalen des Deutschen Reichs für Gesetzgebung, Verwaltung und Statistik 23 (1890), S. 417–421.
Jones, David: Emerging Problems with the Basel Capital Accord. Regulatory Capital Arbitrage and Related Issues, in: Journal of Banking & Finance 24 (2000), S. 35–58.
Jungmann-Stadler, Franziska: Vor 125 Jahren – Einführung des Pfandbriefs in Bayern, in: Die Bank 4/1989, S. 226–230.
Jungmann-Stadler, Franziska: Die Gründung der Bayerischen Hypotheken- und Wechsel-Bank 1834/35, in: Zeitschrift für bayerische Landesgeschichte 60 (1997), S. 889–924.
Junker, Detlef (Hrsg.): Die USA und Deutschland im Zeitalter des Kalten Krieges 1945–1990. Ein Handbuch, Bd. I: 1945–1968. Stuttgart/München 2001.
Jurk, Michael: Jakob Goldschmidt (1882–1955), in: Pohl, Bankiers, S.153–164.
Justi, Johann Heinrich: Die Grundfeste zu der Macht und Glückseligkeit der Staaten oder ausführliche Vorstellung der gesamten Polizeiwissenschaft, Bd. II. Königsberg 1761.

Kaelble, Hartmut: Kalter Krieg und Wohlfahrtsstaat. Europa 1945–1989. München 2011.

Kalkstein, Hans: Die Geschichte der staatlichen Zinsregelung in Deutschland, in: Der Volkswirt 41/1963 (Beiheft ›Geld und Kredit‹), S. 8 ff.

Kang, Zheng: Law, John (1671–1729), in: North, Aktie, S. 214 ff.

Kantzenbach, Erhard (Hrsg.): Staatsüberschuldung. Referate gehalten auf dem Symposium der Joachim-Jungius-Gesellschaft der Wissenschaften Hamburg am 9. und 10. Februar 1996 (Veröffentlichung der Joachim-Jungius-Gesellschaft der Wissenschaften Hamburg 84). Göttingen 1996.

Kaplan, Yosef: Court Jews before the Hofjuden, in: Mann/Cohen, Court Jews, S. 11–25.

Karlsch, Rainer: Die Garantie- und Kreditbank AG – Hausbank der Besatzungsmacht in der SBZ/DDR von 1946 bis 1956, in: Bankhistorisches Archiv 18 (1992), S. 69–84.

Kaserer, Christoph: Der Fall der Herstatt-Bank. 25 Jahre danach, in: Vierteljahrschrift für Sozial- und Wirtschaftsgeschichte 87 (2000), S. 166–192.

Kaufhold, Karl Heinrich: Der Übergang zu Fonds- und Wechselbörsen vom ausgehenden 17. Jahrhundert bis zum ausgehenden 18. Jahrhundert, in: Pohl, Börsengeschichte, S. 77–132.

Kaufhold, Karl Heirich (Hrsg.): 200 Jahre Sparkasse Göttingen 1801–2001. Stuttgart 2001.

Kaufmann, David: Samson Wertheimer, der Oberhoffactor und Landesrabbiner (1658–1724) und seine Kinder (Zur Geschichte jüdischer Familien I). Wien 1888.

Kellenbenz, Hermann: Unternehmerkräfte im Hamburger Portugal- und Spanienhandel, 1590–1625. Hamburg 1954.

Kellenbenz, Hermann: Sephardim an der unteren Elbe. Ihre wirtschaftliche und politische Bedeutung vom Ende des 16. bis zum Beginn des 18. Jahrhunderts. Wiesbaden 1958.

Kellenbenz, Hermann: Die Fuggersche Maestrazgopacht (1525–1542). Tübingen 1967.

Kellenbenz, Hermann: Jakob Fugger der Reiche (1459–1525), in: Zorn, Lebensbilder X, S. 35–76.

Kellenbenz, Hermann: Anton Fugger (1493–1560), in: Zorn, Lebensbilder XI, S. 46–124.

Kellenbenz, Hermann: Das Konto Neapel in der Augsburger Rechnung der Fugger, in: Hahn/Schuster, Mut, S. 369–387.

Kellenbenz, Hermann: Kapitalverflechtung im mittleren Alpenraum. Das Beispiel des Bunt- und Edelmetallbergbaus vom fünfzehnten bis zur Mitte des siebzehnten Jahrhunderts, in: Zeitschrift für Bayerische Landesgeschichte 51 (1988), S. 13–50.

Kellenbenz, Hermann: Die Fugger in Spanien und Portugal bis 1560. Ein Großunternehmen des 16. Jahrhunderts. 3 Bde. München 1990.

Kellenbenz, Hermann: Private und öffentliche Banken in Deutschland um die Wende zum 17. Jahrhundert, in: Società Ligure di Storia Patria, Banchi Pubblici II, S. 613–647.

Kim, Ji-Yub / Haleblian, Jerayr / Finkelstein, Sydney: When Firms are desperate to grow via Acquisitions. The Effect of Growth Patterns and Acquisition Experience on Acquisition Premiums, in: Administrative Science Quarterly 56 (2011), S. 26–60.

Kindleberger, Charles P.: Die Weltwirtschaftskrise 1929–1939. München ²1979.

Kindleberger, Charles P.: International Banks as Leaders or Followers of International Business, in: Journal of Banking and Finance 7 (1983), S. 583–595.

King, Mervyn: Monetary Policy Instruments. The UK Experience, in: Monetary Policy Instruments, S. 59–72.

Kitterer, Wolfgang: Öffentliche Finanzen und Notenbank, in: Deutsche Bundesbank, Fünfzig Jahre, S. 199–256.

Klass, Gert von: Im Spannungsfeld der Zeit. 100 Jahre Frankfurter Hypothekenbank. Wiesbaden 1962.

Klein, Ernst: Von den Anfängen bis zum Ende des alten Reiches (1806) (Deutsche Bankengeschichte I). Frankfurt am Main 1982.

Klein, Gottfried (Bearb.): Dokumente zur Geschichte der Handelskammer Hamburg, herausgegeben von der Handelskammer Hamburg zu ihrem dreihundertjährigen Jubiläum am 19. Januar 1965. Hamburg [1965].

Klein, Mikko: Die Privatisierung der Sparkassen und Landesbanken. Begründungen, Probleme und Möglichkeiten aus ökonomischer und rechtlicher Perspektive. Frankfurt am Main 2003.

Kleinaltenkamp, Michael (Hrsg.): Dienstleistungsmarketing. Wiesbaden 1995.

Kleiner, Ernst-Eberhard: Die Preußische Sparkassengesetzgebung unter besonderer Berücksichtigung der

›Mustersatzung für Sparkassen‹ (Die Preußische Landesgesetzgebung 6). Halle an der Saale/Berlin 1933.
Kleßmann, Eckart: M. M. Warburg & Co. 1798–1998. Die Geschichte eines Privatbankhauses. Hamburg 1998.
Kloten, Norbert: Die Anpassung der Struktur an die veränderten staatlichen Gegebenheiten, in: Zeitschrift für das gesamte Kreditwesen 44(1991), S. 604–608.
Kluge, Arnd Holger: Geschichte der deutschen Bankgenossenschaften. Zur Entwicklung mitgliederorientierter Unternehmen (Schriftenreihe des Instituts für bankhistorische Forschung 17). Frankfurt am Main 1991.
Kluge, Arnd Holger: Die Genossenschaften der Hofer Region seit Mitte des 19. Jahrhunderts. Hof 2010.
Kluger, Martin (Hrsg.): Jakob Fugger (1459–1525). Sein Leben in Bildern. Augsburg 2009.
Klüßendorf, Niklot: Regionaler und überregionaler Geldumlauf in Deutschland. Ein Grundproblem der Neuzeit mit Wurzeln im Mittelalter, in: Derschka/Liggi/Perret, Circulation monétaire, S. 129–164.
Knauer, Martin / Tode, Sven (Hrsg.): Der Krieg vor den Toren. Hamburg im Dreißigjährigen Krieg 1618–1648 (Beiträge zur Geschichte Hamburgs 60). Hamburg 2000.
Knebel Doeberitz, Hugo von: Das Sparkassenwesen in Preußen. Vollständiger Nachdruck der Originalausgabe von 1907 mit einer Einführung von Hans Pohl (Sparkassen in der Geschichte, Abt. 2: Reprint 9). Stuttgart 2001.
Knickerbocker, Frederick: Oligopolistic Reaction and Multinational Enterprise. Boston 1973.
Knipp, Thomas: Gute Terminmarkt-Experten sind in Frankfurt noch rar. Wie die Banken sich und ihre Kunden auf die deutsche Terminbörse vorbereiten, in: Braunberger/Knipp, Deutsche Terminbörse, S. 197–204.
Knittler, Herbert: Die europäische Stadt in der frühen Neuzeit. Institutionen, Strukturen, Entwicklungen (Querschnitte 4). Wien/München 2000.
Kobrak, Christopher: Die Deutsche Bank und die USA. Geschäft und Politik von 1870 bis heute. München 2008.
Koch-Mehrin, Silvana: Historische Währungsunion zwischen Wirtschaft und Politik. Die Lateinische Münzunion 1865–1927. Baden-Baden 2001.
Koetter, Michael: Evaluating the German Bank Merger Wave (Discussion Paper der Deutschen Bundesbank 2–12). Frankfurt am Main 2005.
Kofman, Paul / Bouman, Tony / Moser, James T.: Is there LIF(F)E after DTB? Second Draft, Januar 1994 [vorgetragen im März 1994 bei der Tagung ›Competition for Orderflow‹ an der University of Memphis, Tennessee].
Kohler, Alfred: Karl V. 1500–1558. Eine Biographie. München 1999.
Köhler, Ingo: Die ›Arisierung‹ der Privatbanken im Dritten Reich. Verdrängung, Ausschaltung und die Frage der Wiedergutmachung. München 2005.
Köhler, Ingo: Die Verdrängung jüdischer Privatbankiers vom Finanzplatz Berlin, 1933–1938, in: Biggeleben/Schreiber/Steiner, ›Arisierung‹, S. 201–224.
Köhler, Ingo: Werten und Bewerten. Die kalte Technik der ›Arisierung‹, in: Berghoff/Kocka/Ziegler, Wirtschaft, S. 316–336.
Köhler, Otto: »… und heute die ganze Welt«. Die Geschichte der IG Farben und ihrer Väter. Hamburg/Zürich 1986.
Kohlmey, Gunther/ Dewey, Charles (Hrsg.): Bankensystem und Geldumlauf in der Deutschen Demokratischen Republik 1945–1955. Gesetzessammlung und Einführung. Berlin (Ost) 1956.
Kolb, Eberhard: Die Weimarer Republik (Oldenbourg-Grundriß der Geschichte 16). München ⁶2002.
Köller, Karsten: Begrüßung, in: Pfandbrief und Kapitalmarkt, S. 7 ff.
Köllhofer, Dietrich: Preispolitik im Zahlungsverkehr, in: Süchting/van Hooven, Handbuch, S. 143–160.
Kollmer-von Oheimb-Loup, Gert: Die Familie Palm. Soziale Mobilität in ständischer Gesellschaft (Beiträge zur südwestdeutschen Wirtschafts- und Sozialgeschichte – Veröffentlichungen des Wirtschaftsarchivs Baden-Württemberg 1). Ostfildern 1983.
Konrads, Oliver: Die Mittelstandsförderung der Sparkassenorganisation. Anspruch und Wirklichkeit. Eine Analyse der Jahre 1948–1963 unter Beachtung von Wettbewerbsaspekten (Europäische Hochschulschriften, Reihe 5: Volks- und Betriebswirtschaft 3260). Frankfurt am Main et al. 2007.

Kopitzsch, Franklin: Sparkassenrealität und Sozietätsbewegung im Zeitalter der Aufklärung, in: Sparkassen in der Geschichte. Dokumente, Beiträge und Diskussionen zur Sparkassengeschichte 2 (1984), S. 123–156.

Kopper, Christopher: Zwischen Marktwirtschaft und Dirigismus. Bankenpolitik im ›Dritten Reich‹ 1933–1939. Bonn 1995.

Kopper, Christopher: Bankiers unter dem Hakenkreuz. München 2005.

Koppmann, Tobias: Gedeckte Schuldverschreibungen in Deutschland und Großbritannien (Schriften zum Europäischen und internationalen Privat-, Bank- und Wirtschaftsrecht 31). Berlin 2009.

Koselleck, Reinhart: Preußen zwischen Reform und Revolution. Allgemeines Landrecht, Verwaltung und soziale Bewegung von 1791 bis 1848 (Industrielle Welt 7). Stuttgart ³1981 [ND München 1989].

Krabichler, Thomas / Krauß, Ingo: Konsolidierung im europäischen Bankenmarkt. Die Länder der EU im Vergleich (Institut für Bankinformatik und Bankstrategie der Universität Regensburg 2). Regensburg 2003.

Kramer, Helmut / Uhl, Karsten / Wagner, Jens-Christian (Hrsg.): Zwangsarbeit und Nationalsozialismus und die Rolle der Justiz. Nordhausen 2007.

Kraus, Theodor: Die Raiffeisen'schen Darlehnskassenvereine in der Rheinprovinz, Bd. I: Statistik und Beschreibung der Raiffeisen'schen Darlehenskasenvereine. Eingereicht von der Königlichen Landwirtschaftlichen Akademie Poppelsdorf als Theil der Collectivausstellung des Königlich Preussischen Ministeriums für landwirtschaftliche Angelegenheiten auf der internationalen Ausstellung für Gesundheitspflege und Rettungswesen zu Brüssel 1876. Bonn 1876; Bd. II: Kritische Bemerkungen zu den Raiffeisen'schen Darlehnskassenvereinen. Bonn 1877.

Krause, Detlef: Die Anfänge der Commerz- und Disconto-Bank in Hamburg, in: Bankhistorisches Archiv 23 (1997), S. 20–55.

Krause, Detlef: Die Commerz- und Disconto-Bank 1870–1920/23. Bankgeschichte als Systemgeschichte. Stuttgart 2004.

Krause, Detlef: Von der ADIG zur COMINVEST – Möglichkeiten und Grenzen der Forschung zur ältesten deutschen Investmentfondsmarke. Frankfurt am Main 2006 [unveröffentlichtes Manuskript].

Krause, Detlef: Die Filialen und Angestellten der Commerzbank in der sowjetischen Besatzungszone und in Berlin 1945 bis 1949, in: Ahrens, Umbrüche, S. 87–119.

Krause, Detlef: Commerzbank 1870–2010. Eine Zeitreise. Dresden 2010.

Krause, Günter (Hrsg.): Rechtliche Wirtschaftskontrolle in der Planökonomie. Das Beispiel DDR. Baden-Baden 2002.

Krauß, Martin: Eine Bank und ihre Region. 150 Jahre, 1858–2008. Heidelberg 2008.

Kreitz, Regine: Georg Draheim (1903–1972), in: Pohl, Bankiers, S. 79–96.

Kreutzmüller Christoph / Loose, Ingo: Die Bank der Deutschen Arbeit 1933–1945 – eine nationalsozialistische Superbank?, in: Bankhistorisches Archiv 31 (2005), S. 1–32.

Krieger, Karl-Friedrich: König, Reich und Reichsreform im Spätmittelalter. München 2005.

Kroha, Gerald: Die Währungsreform des Deutschen Reiches 1871–1876. Eine quantitative und qualitative Untersuchung der Reformwirkungen auf ausgewählte Sektoren. Diss. Univ. Münster 2009.

Krüger, Ingo: Geschichte der bayerischen Sparkassen, in: Wissenschaftsförderung der Sparkassen-Finanzgruppe, Regionalgeschichte II, S. 295–340.

Krümmel, Hans-Jacob: Bankzinsen. Köln 1964.

Krümmel, Hans-Jacob: German Universal Banking scrutinized. Some Remarks concerning the Gessler Report, in: Journal of Banking and Finance 4 (1980), S. 33–55.

Krümmel, Hans-Jacob / Rudolph, Bernd (Hrsg.): Innovationen im Kreditmanagement. Frankfurt am Main 1985.

Kubista, Bernd: Entwicklung des Bankensystems in der DDR, in: BankInformation 7/1990, S. 7–10.

Kubista, Bernd: Der genossenschaftliche FinanzVerbund: Überlegungen zur Erfolgsbewertung, in: Aulinger, Netzwerk-Evaluation, S. 42–51.

Kubista, Bernd: Volksbanken und Raiffeisenbanken – seit vierzig Jahren eine FinanzGruppe, in: BVR – Bundesverband der Deutschen Volksbanken und Raiffeisenbanken e.V. / Stiftung GIZ – Genossenschaftshistorisches Informationszentrum, Vierzig Jahre, S. 49–84.

Kubitschek, Helmut: Die Börsenverordnung vom 25. Mai 1844 und die Situation im Finanz- und Kreditwesen Preußens in den vierziger Jahren des 19. Jahrhunderts, in: Jahrbuch für Wirtschaftsgeschichte 1962/4, S. 57–78.

Kübler, Friedrich / Mertens, Hans-Joachim / Werner, Winfried: Festschrift für Theodor Heinsius. Berlin 1991.

Kučera, Jaroslav: Der zögerliche Expansionist – Die Commerzbank in den böhmischen Ländern 1938–1945, in: Bankhistorisches Archiv 31 (2005), S. 33–55.

Kuhn, Erwin: Zur Genossenschaftsentwicklung in der ehemaligen DDR, in: Blüher/Kuhn, Genossenschaftsentwicklung, S. 23–34.

Kümpel, Siegfried: Zur Aufnahme des elektronischen Handels an der Frankfurter Wertpapierbörse, in: Wertpapier-Mitteilungen 45 (1991) (Sonderbeilage 4).

Kümpel, Siegfried: Die IBIS-Integration in die Regionalbörsen aus börsenrechtlicher Sicht, in: Wertpapier-Mitteilungen 46 (1992), S. 249–257.

Kuntze, Johannes Emil: Die Lehre von den Inhaberpapieren oder Obligationen au porteur, rechtsgeschichtlich, dogmatisch und mit Berücksichtigung der deutschen Partikularrechte. Leipzig 1857.

Kutschker, Michael / Schmid, Stefan: Internationales Management. München ^{7}2011.

Kynaston, David: LIFFE. A Market and its Makers. Cambridge 1997.

Lagerqvist, Lars O.: Sveriges Riksbank, in: North, Aktie, S. 387 f.

Laidler, David: Successes and Failures of Monetary Policy since the 1950s, in: Deutsche Bundesbank, Monetary Policy, S. 9–39.

Lamb, Robert / Shrivastava, Paul (Eds.): Advances in Strategic Management, Vol. 3. Greenwich 1986.

Lampe, Winfried: Der Bankbetrieb in Krieg und Inflation. Deutsche Großbanken in den Jahren 1914 bis 1923 (Schriftenreihe des Instituts für bankhistorische Forschung 24). Stuttgart 2012.

Lamprecht, Heinrich: 40 Jahre Badische Beamtenbank e.G.m.b.H. Karlsruhe 1962.

Landes, David S.: Bankers and Pashas. International Finance and Economic Imperialism in Egypt. London 1958.

Landmann, Julius: Zur Entwicklungsgeschichte der Formen und Organisation des öffentlichen Kredites, in: Finanz-Archiv 29 (1912), S. 1–69.

Lang, Sibylle-May / Ruban, Maria-Elisabeth: Veränderungen im Bankensystem der DDR, in: Vierteljahrshefte zur Wirtschaftsforschung 3/1968, S. 397–411.

Langschied, Jürgen: Der Sparkassenverbund. Entwicklung und Gegenwartsprobleme (Schriftenreihe für Kreditwirtschaft und Finanzierung 14). Wiesbaden 1993.

Lansburgh, Alfred: Die Maßnahmen der Reichsbank zur Erhöhung der Liquidität der deutschen Kreditwirtschaft. Berlin 1914.

Larenz, Karl: Lehrbuch des Schuldrechts, 2 Bde. München ^{13}1982.

Laspeyres, Étienne: Sparkassen, in: Bluntschli, Staats-Wörterbuch IX, S. 599–608.

Laufer, Jochen: Die UdSSR und die deutsche Währungsfrage 1944–1948, in: Vierteljahrshefte für Zeitgeschichte 46 (1998), S. 455–485.

Laule, Gerhard: Die Umstrukturierung der Frankfurter Wertpapierbörse – ein Modell, in: Kübler/Mertens/Werner, Festschrift, S. 437–456.

Lautenschläger, Sabine: Eine Bankenunion für Europa: Welcher Bauplan ist der richtige? in: ifo Schnelldienst 66 (2013), S. 3–6.

Laux, Stephan: »Ich bin der Historiker der Hoffaktoren«. Zur antisemitischen Forschung von Heinrich Schnee (1895–1968), in: Simon Dubnow Institute Yearbook 5 (2006), S. 485–514.

Laux, Stephan: Heinrich Schnee (1895–1968). Leben und Werk eines Historikers auf »gesamtdeutsch-christlichem Boden«, in: Fleckenstein/Klöcker/Schlossmacher, Kirchengeschichte, S. 829–854.

Lehe, Erich von: Die Märkte Hamburgs von den Anfängen bis in die Neuzeit (1911) (Vierteljahrschrift für Sozial- und Wirtschaftsgeschichte, Beiheft 50). Wiesbaden 1966.

Leiskow, Hanns: Spekulation und öffentliche Meinung in der ersten Hälfte des 19. Jahrhunderts. Jena 1930.

Lenel, Hans Otto: Zu den Megafusionen in den letzten Jahren, in: Ordo – Jahrbuch für Ordnung von Wirtschaft und Gesellschaft 21 (2000), S. 1–31.

Lenz, Otto: Im Zentrum der Macht. Das Tagebuch von Staatssekretär Lenz 1951–1953. Düsseldorf 1989.
Leopold, Günter: Wandlungstendenzen in der Geschäftsstruktur der deutschen Großbanken. Bankbetriebliche Bedeutung und Problematik der Einführung von Kleinkrediten, Anschaffungsdarlehen und Lohn- und Gehaltskonten durch die deutschen Großbanken. Diss. Hamburg 1966.
Lichter, Jörg: Preußische Notenbankpolitik in der Formationsphase des Zentralbanksystems 1844 bis 1857 (Schriften zur Wirtschafts- und Sozialgeschichte 55). Berlin 1999.
Lichter, Jörg: Die ›Deutsche National-Bank‹ in Dessau: Versuch zur Gründung einer privaten Zentralbank in der Mitte des 19. Jahrhunderts, in: Zeitschrift für Unternehmensgeschichte 47 (2002), S. 158–174.
Lichter, Jörg: Die Entstehung des Zentralbanksystems in Deutschland. Das Beispiel Preußen, in: Jahrbuch für Wirtschaftsgeschichte 2003, S. 153–170.
Liman, Carl: Die Ursachen der Krisis bei der National-Hypotheken-Credit-Gesellschaft in Stettin, den Spielhagen-Banken und der Pommerschen Hypotheken-Actien-Bank in Berlin, der Mecklenburg-Strelitzschen Hypothekenbank in Neustrelitz. Berlin ²1901.
Lindenlaub, Dieter: Auf der Suche nach einem Instrumentarium zur Kontrolle der Geldschöpfung. Notenbank und Banken in Deutschland im ersten Drittel des 20. Jahrhunderts, in: Bankhistorisches Archiv 26 (2000), S. 117–151.
Lindenlaub, Dieter: Die Glaubwürdigkeit einer neuen Währung. Die Einführung der Mark in Deutschland 1871–1876, in: Bankhistorisches Archiv 28 (2002), S. 21–39.
Lindenlaub, Dieter: Karl Blessing, in: Pohl, Bankiers, S. 13–34.
Lindenlaub, Dieter: Deutsches Stabilitätsbewusstsein. Wie kann man es fassen, wie kann man es erklären, welche Bedeutung hat es für die Geldpolitik?, in: Löffler, Seite, S. 63–100.
Lodemann, Jürgen / Pohl, Manfred: Die Bagdadbahn. Geschichte und Gegenwart einer berühmten Eisenbahnlinie. Mainz 1989.
Löffler, Bernhard (Hrsg.): Die kulturelle Seite der Währung. Europäische Währungskulturen, Geldwerterfahrungen und Notenbanksysteme im 20. Jahrhundert. München 2010.
Lohmann, Susanne: Federalism and Central Bank Independence. The Politics of German Monetary Policy, 1957–92, in: World Politics 50 (1998), S. 401–446.
Lohmann, Susanne: Why do Institutions matter? An Audience-Cost Theory of Institutional Commitment (LSE Seminar Paper). London 2003.
Looff, Rüdiger: Die Auswirkungen der Zinsliberalisierung in Deutschland. Berlin 1973.
Loose, Ingo: Kredite für NS-Verbrechen. Die deutschen Kreditinstitute in Polen und die Ausraubung der polnischen und jüdischen Bevölkerung. München 2007.
Lorentz, Bernhard: Die Commerzbank und die ›Arisierung‹ im Altreich. Ein Vergleich der Netzwerkstrukturen und Handlungsspielräume von Großbanken in der NS-Zeit, in: Vierteljahrshefte für Zeitgeschichte 50 (2002), S. 237–268.
Lorenz, August: Ein halbes Jahrtausend Kieler Umschlag. Kiel 1965.
Lorenz, Johannes-Tobias: European Banking M&A. Die Kapitalmarktperspektive. Wiesbaden 2006.
Lorenzen-Schmidt, Klaus-Joachim (Hrsg.): Geld und Kredit in der Geschichte Norddeutschlands. Neumünster 2006.
Lotz, Walther: Geschichte und Kritik des deutschen Bankgesetzes vom 14. März 1875. Leipzig 1888.
Lotz, Walther: Die Technik des deutschen Emissionsgeschäfts. Anleihen, Konversionen und Gründungen. Leipzig 1890.
Lucks, Kai / Meckl, Reinhard: Internationale Mergers & Acquisitions. Der prozessorientierte Ansatz. Berlin/Heidelberg 2002.
Lüke, Rolf E.: 13. Juli 1931. Das Geheimnis der deutschen Bankenkrise. Frankfurt am Main 1981.
Lutter, Markus: Wertpapierrecht, in: Albers, Handwörterbuch, S. 647–659.
Lütz, Susanne: Der Staat und die Globalisierung von Finanzmärkten. Regulative Politik in Deutschland, Großbritannien und den USA. Frankfurt am Main 2002.
Lütz, Susanne: Von der Infrastruktur zum Markt? Der deutsche Finanzsektor zwischen Deregulierung und Reregulierung, in: Windolf, Finanzmarkt-Kapitalismus, S. 294–315.

Macharzina, Klaus / Wolf, Joachim: Unternehmensführung. Das internationale Managementwissen. Konzepte – Methoden – Praxis. Wiesbaden ⁷2010.

Mackenzie, Kenneth: The Banking Systems of Great Britain, France, Germany and the U.S. London ³1965.

Mahadeva, Lavan / Sterne, Gabriel (Eds.): Monetary Policy Frameworks. London 2000.

Malchus, Carl August von: Die Sparcassen in Europa. Vollständiger Nachdruck der Originalausgabe von 1838 mit einer Einführung von Manfred Pix und Josef Wysocki (Sparkassen in der Geschichte, Abt. 2: Reprint 4). Stuttgart 1994.

Manâa, Monia: Die Wirtschaftskrise von 1931 als Wendepunkt? Deutschlands Weg vom organisierten zum regulierten Kapitalismus, in: Jahrbuch für Wirtschaftsgeschichte 2011/2, S. 95–116.

Mandrou, Robert: Die Fugger als Grundbesitzer in Schwaben 1560–1618. Eine Fallstudie sozioökonomischen Verhaltens am Ende des 16. Jahrhunderts. Göttingen 1997.

Mann, Vivian B. / Cohen, Richard I. (Eds.): From Court Jews to the Rothschilds. Art, Patronage, and Power, 1600–1800. Munich/New York 1996.

Marperger, Paul Jacob: Beschreibung der Banquen und deroselben wie auch der Banquiers ihrem Recht. Leipzig 1710.

Martin, Paul Christoph: Monetäre Probleme der Frühindustrialisierung am Beispiel der Rheinprovinz (1816–1848), in: Jahrbuch für Nationalökonomie und Statistik 181 (1967/68), S. 117–150.

Marzi, Leopold-Michel: Das Recht der Pfandbriefe und Hypothekenbanken in Vergangenheit und Gegenwart. Frankfurt am Main 2002.

Mathy, Karl: Capitalansammlung und Ersatz für vernichtetes Capital, in: Rotteck/Welcker, Staats-Lexikon, S. 338–362.

Mattern, Frank / Heidegger, Helmut / Lottner, Jens: Fusionsmanagement, in: Gerke/Steiner, Handwörterbuch, Sp. 935–944.

Mausbach, Wilfried: Zwischen Morgenthau und Marshall. Das wirtschaftspolitische Deutschlandkonzept der USA 1944–1947. Düsseldorf 1996.

Max Weber-Gesamtausgabe, Bd. I/5,1: Börsenwesen. Schriften und Reden 1893–1898. Hrsg. von Knut Borchardt in Zusammenarbeit mit Cornelia Meyer-Stoll. Tübingen 1999.

Maxeiner, Rudolf (Hrsg.): Zitate über Genossenschaften. Wiesbaden 1991.

Mbonimana, David: Internationalisierungsstrategien von Banken – Kooperation versus Akquisition. Eine historische und vergleichende Analyse am Beispiel deutscher Großbanken (Schriftenreihe Finanzierung und Banken 6). Sternenfels 2005.

McCusker, John J.: Money and Exchange in Europe and America, 1600–1775. A Handbook, London/Basingstoke 1978.

McGouldrick, Paul: Operations of the German Central Bank and the Rules of the Game 1879–1913, in: Bordo/Schwartz, View, S. 311–360.

McGuire, Jean / Schneeweis, Thomas / Hill, Joanne: An Analysis of Alternative Measures of Strategic Performance, in: Lamb/Shrivastava, Advances, S. 127–154.

McKinnon, Ronald I.: Optimum Currency Areas, in: American Economic Review 53 (1963), S. 717–725.

Mehringer, Hartmut (Hrsg.): Von der SBZ zur DDR. Studien zum Herrschaftssystem in der Sowjetischen Besatzungszone und in der Deutschen Demokratischen Republik. München 1995.

Meier, Johann Christian: Die Entstehung des Börsengesetzes vom 22. Juni 1896. St. Katherinen 1992.

Meier, Richard T. / Sigrist, Tobias: Der helvetische Big Bang. Zürich 2006.

Mensi, Franz Freiherr von: Die Finanzen Oesterreichs von 1701 bis 1740. Wien 1890.

Meltzer, Allan H.: Learning about Policy from Federal Reserve History, in: The Cato Journal 30 (2010), S. 279–309.

Mertens, Bernd: Im Kampf gegen die Monopole. Reichstagsverhandlungen und Monopolprozesse im frühen 16. Jahrhundert. Tübingen 1996.

Metzler, Friedrich von: Europäischer Finanzplatz Frankfurt, in: Deutschland als Finanzplatz, S. 155–173.

Metzler, Ludwig: Studien zur Geschichte des Deutschen Effektbankwesens vom ausgehenden Mittelalter bis zur Jetztzeit. Leipzig 1911.

Meyen, Hans G.: 120 Jahre Dresdner Bank. Unternehmens-Chronik 1872–1992. Frankfurt am Main 1992.

Mian, Atif / Sufi, Amir: The Consequences of Mortgage Credit Expansion. Evidence from the 2007

Mortgage Default Crisis (University of Chicago Graduate School of Business Working Paper). Chicago, Ill. 2008.

Michie, Ranald: The London Stock Exchange. A History. Oxford 1999.

Mieck, Ilja: Preußen von 1807 bis 1850. Reformen, Restauration und Revolution, in: Büsch, Handbuch, S. 3–292.

Miller, Merton H.: The History of Finance. An Eyewitness Account, in: Journal of Applied Corporate Finance 13 (2000), S. 8–14.

Mirza, Hafiz (Ed.): Global Competitive Strategies in the New World Economy. Cheltenham 1998.

Mitteilungen der Preußischen Central-Genossenschaftskasse. Berlin 1918.

Mollet, Ernst / Dempfle, Eugen / Weckkerlin, Philipp: SOFFEX – Konzeption und Implementierung einer vollelektronischen Optionsbörse, in: Die Bank 28 (1988), S. 622–628.

Mommsen, Wolfgang J.: Europäischer Finanzimperialismus vor 1914. Ein Beitrag zu einer pluralistischen Theorie des Imperialismus, in: Historische Zeitschrift 224 (1977), S. 17–81.

Monetary Policy Instruments. National Experiences and European Perspectives. Siebzehntes Symposium zur Bankengeschichte am 10. Juni 1994 im Hotel Frankfurter Hof auf Einladung der Deutschen Bundesbank (Bankhistorisches Archiv, Beiheft 27). Frankfurt am Main 1994.

Morawitz, Charles: Die Türkei im Spiegel ihrer Finanzen. Berlin 1903.

Morosini, Piero: Managing Cultural Differences. Effective Strategy and Execution across Cultures in Global Corporate Alliances. Oxford 1998.

Mosbacher, Wolfgang: Reichsbank und Bank von England im Goldstandard vor 1914, in: Bankhistorisches Archiv 1 (1975), S. 20–52.

Möschel, Wernhard: Privatisierung der Sparkassen. Zu den jüngsten Vorschlägen der Monopolkommission, in: Wertpapiermitteilungen 47 (1993), S. 93–99.

Mosler, Eduard: Gegenwartsfragen des deutschen Bankgewerbes, in: Bank-Archiv 36 (1936), S. 137–142.

Mühlhaupt, Ludwig: Strukturwandlungen im westdeutschen Bankwesen. Wiesbaden 1971.

Müller, Adolf: Johann Jakob Willemer. Frankfurt am Main 1925.

Müller, Christoph: Die Entstehung des Reichsgesetzes über das Kreditwesen vom 5. Dezember 1934 (Schriften zur Rechtsgeschichte 97). Berlin 2003.

Müller, Edgar: Die Börsenaufsicht stellt sich auf neue Produkte und Konzepte ein, in: Braunberger/Knipp, Deutsche Terminbörse, S. 115–127.

Müller, Karlheinz / Wittstadt, Klaus (Hrsg.): Geschichte und Kultur des Judentums. Eine Vorlesungsreihe an der Julius-Maximilians-Universität Würzburg (Quellen und Forschungen zur Geschichte des Bistums und Hochstifts Würzburg 38). Würzburg 1988.

Müller, Martin L.: DWS Investments. Eine Erfolgsgeschichte. München 2006.

Mundell, Robert: A Theory of Optimum Currency Areas, in: American Economic Review 51 (1961), S. 657–664.

Munro, John H.: Die Anfänge der Übertragbarkeit. Einige Kreditinnovationen im englisch-flämischen Handel des Spätmittelalter (1360–1540), in: North, Kredit, S. 39–69.

Munro, John H.: Greshamsches Gesetz, in: North, Aktie, S. 146 f.

Munro, John H.: Wechsel, in: North, Aktie, S. 413–416.

Mura, Jürgen: Zur Geschichte des deutschen Sparkassenrechts von den Anfängen bis 1945, in: Bankhistorisches Archiv 9 (1983), S. 3–32.

Mura, Jürgen (Bearb.): Der öffentliche Auftrag der Sparkassen in der historischen Entwicklung. Sparkassenhistorisches Symposium 1985 (Sparkassen in der Geschichte, Abt. 1: Dokumentation 1). Stuttgart 1986.

Mura, Jürgen (Berab.): Die Entwicklung der Sparkassen zu Universalkreditinstituten. Sparkassenhistorisches Symposium 1986 (Sparkassen in der Geschichte, Abt. 1: Dokumentation 2). Stuttgart 1987.

Mura, Jürgen: Krisen und Kontinuität der Sparkassen (1931 bis 1958), in: ders., Entwicklung, S. 49–57.

Mura, Jürgen: Entwicklungslinien der Deutschen Sparkassengeschichte, Bd. I (Sparkassen in der Geschichte, Abt. 3: Forschung 2). Stuttgart 1987.

Mura, Jürgen (Bearb.): Die Landesbanken/Girozentralen – historische Entwicklung und Zukunftsperspektiven. Sparkassenhistorisches Symposium 1990 (Sparkassen in der Geschichte, Abt. 1: Dokumentation 6). Stuttgart 1991.

Mura, Jürgen (Bearb.): Der öffentliche Kredit der Sparkassenorganisation – historische Entwicklung und Zukunftsperspektiven. Sparkassenhistorisches Symposium 1991 (Sparen in der Geschichte, Abt. 1: Dokumentation 7). Stuttgart 1992.

Mura, Jürgen: Entwicklungslinien der deutschen Sparkassengeschichte, Bd. II (Sparkassen in der Geschichte, Abt. 3: Forschung 9). Stuttgart 1995.

Mura, Jürgen: Sparkassenorganisation und Zahlungsverkehr von 1918 bis 1945, in: ders., Zahlungsverkehr, S. 35–48.

Mura, Jürgen (Bearb.): Der Zahlungsverkehr der Sparkassenorganisation – historische Entwicklung und Zukunftsperspektiven. Sparkassenhistorisches Symposium 1994 (Sparkassen in der Geschichte Abt. 1: Dokumentation 10). Stuttgart 1995.

Nagelschmidt, Martin / Neymanns, Harald: Wandel bewältigt? – Perspektiven der ostdeutschen Genossenschaftsbanken. Frankfurt am Main / New York 1999.

Näther, Christian: Erfolgsmaßstäbe der strategischen Unternehmensführung. München 1993.

National Monetary Commission: Banking and Currency Systems (Senate Documents Vol. 14, 61st Congress, 2nd Session). Washington 1911.

Neal, Larry: The Rise of Financial Capitalism. International Capital Markets in the Age of Reason. Cambridge 1990.

Nebenius, Carl Friedrich: Der öffentliche Kredit, Bd. I. Karlsruhe ²1829 [ND Aalen 1967].

Neidlinger, Karl: Studien zur Geschichte der deutschen Effektenspekulation von ihren Anfängen bis zum Beginn der Eisenbahnaktienspekulation. Jena 1930.

Nemitz, Kurt: Unabhängigkeit durch Pluralität, in: Zeitschrift für das gesamte Kreditwesen 44 (1991), S. 608–611.

Neugebauer, Wolfgang: Generaldirektorium, in: Cordes/Haferkamp/Lück/Werkmüller, Schmidt-Wiegand Handwörterbuch II, Sp. 96 f.

Neumann, Manfred J. M.: Geldwertstabilität. Bedrohung und Bewährung, in: Deutsche Bundesbank, Fünfzig Jahre, S. 309–346.

Neumark, Fritz (Hrsg.): Strukturwandlungen einer wachsenden Wirtschaft, Bd. II (Schriften des Vereins für Socialpolitik, N.F. 30,II). Berlin 1964.

Newald, Johann: Das österreichische Münzwesen unter Ferdinand I. Eine münzgeschichtliche Studie. Wien 1883.

Nguyen, Tristan (Hrsg.): Mensch und Markt. Die ethische Dimension wirtschaftlichen Handelns. Wiesbaden 2011.

Niebuhr, Marcus von: Geschichte der Königlichen Bank in Berlin. Von der Gründung derselben (1765) bis zum Ende des Jahres 1845. Aus amtlichen Quellen. Berlin 1848.

Niedereichholz, Dirk: Die Zukunft der Börse – Verbandbetrieb oder Publikumsgesellschaft. Hamburg 2004.

Niedersächsische Börse zu Hannover (Hrsg.): Niedersächsischer Kapitalmarkttag 1980. Die Börse und ihr Umfeld. Frankfurt am Main 1981.

Nipperdey, Thomas: Deutsche Geschichte 1800–1866. Bürgerwelt und starker Staat. München 1983.

Nocken, Ulrich: Die große Deflation. Goldstandard, Geldmenge und Preise in den USA und Deutschland 1870–1896, in: Schremmer, Geld, S. 156–189.

Nordhoff, Karl: Über die Liquiditätsfrage, in: Untersuchungsausschuss für das Bankwesen 1933 I,1, S. 475–491.

North, Michael: Geldumlauf und Wirtschaftskonjunktur im südlichen Ostseeraum an der Wende zur Neuzeit (1440–1570). Untersuchungen zur Wirtschaftsgeschichte am Beispiel des Großen Lübecker Münzschatzes, der norddeutschen Münzfunde und der schriftlichen Überlieferung. Sigmaringen 1990.

North, Michael (Hrsg.): Kredit im spätmittelalterlichen und frühneuzeitlichen Europa. Köln/Wien 1991.

North, Michael (Hrsg.): Von Aktie bis Zoll: Ein historisches Lexikon des Geldes. München 1995.

North, Michael: Banking and Credit in Northern Germany in the Fifteenth and Sixteenth Centuries, in: ders., North Sea, S. 809–826.

North, Michael (Ed.): From the North Sea to the Baltic. Essays in Commercial, Monetary and Agrarian History, 1500–1800. Aldershot 1996.

North, Michael: Kommunikation, Handel, Geld und Banken in der Frühen Neuzeit (Enzyklopädie deutscher Geschichte 59). München 2000.

North, Michael: Kleine Geschichte des Geldes. Vom Mittelalter bis heute. München 2009.

Novum Corpus Constitutionum Prussico-Brandenburgensium Praecipue Marchicarum, Oder Neue Sammlung Königl. Preußl. und Churfürstl. Brandenburgischer, sonderlich in der Chur- und Marck-Brandenburg, Wie auch andern Provintzien, publicirten und ergangenen Ordnungen, Edicten, Mandaten, Rescripten. Vom Anfang des Jahrs 1751 und folgenden Zeiten, Teil III/1765: Von 1761, 1762, 1763, 1764 und 1765. Berlin 1766; Teil IV/1766: 1766, 1767, 1768, 1769 und 1770. Berlin 1771.

Obst, Georg / Hintner, Otto: Geld-, Bank- und Börsenwesen. Eine gemeinverständliche Darstellung. Stuttgart ³⁵1963.

Occhino, Filippo / Oosterlinck, Kim / White, Eugene N.: How much can a Victor force the Vanquished to pay? France under the Nazi Boot, in: Journal of Economic History 68 (2008), S. 1–44.

Oesterhelweg, Olaf: Anlegerorientierte Handelsverfahren für den deutschen Kapitalmarkt. Wiesbaden 1998.

Ogger, Günter: Kauf dir einen Kaiser. Die Geschichte der Fugger. München 1978.

Ohmeis, Stefan: Einblicke, Geschichte und Geschichten über das Bankhaus Metzler. Frankfurt am Main 2009.

Olie, René: Culture and Integration Problems in International Mergers and Acquisitions, in: European Management Journal 8 (1990), S. 206–215.

Olson, Mancur: The Logic of Collective Action. Public Goods and the Theory of Groups. Cambridge, MA/London 1965.

Olten, Rainer: Zeitreise 1906–2006. 100 Jahre Verband der Sparda-Banken e.V. Frankfurt am Main 2006.

OMGUS – Office of Military Government for Germany, United States, Finance Division: Ermittlungen gegen die Deutsche Bank 1946/1947. Übersetzt und bearbeitet von der Dokumentationsstelle zur NS-Sozialpolitik Hamburg. Nördlingen 1985.

OMGUS – Office of Military Government for Germany, United States, Finance Division: Ermittlungen gegen die Dresdner Bank (1946). Bearbeitet von der Hamburger Stiftung für Sozialgeschichte des 20. Jahrhunderts. Nördlingen 1986.

Ormrod, William Mark / Bonney, Richard (Eds.): Crisis, Revolutions, and Self-Sustained Growth. Essays in European Fiscal History, 1130–1830. Stanford 1999.

Otto, Frank: Die Entstehung eines nationalen Geldes. Integrationsprozesse der deutschen Währungen im 19. Jahrhundert (Schriften zur Wirtschafts- und Sozialgeschichte 71). Berlin 2002.

[o. V.]: Die deutschen Genossenschaftsbanken und der neue, nationalsozialistische Staat, in: Blätter für Genossenschaftswesen 24/1933 vom 16. Juni 1933.

[o. V.]: The Deutscher Kassenverein, in: Global Custodian, June 1990.

[o. V.]: Die Entwicklung des Zweigstellennetzes der Kreditinstitute nach Wegfall der Bedürfnisprüfung, in: Deutsche Bundesbank, Monatsbericht Oktober 1959, S. 59–60.

[o. V.]: Neuere Tendenzen der öffentlichen Verschuldung, in: Deutsche Bundesbank, Monatsbericht August 1970, S. 13–22.

[o. V.]: Die Einlagensicherung in der Bundesrepublik Deutschland, in: Deutsche Bundesbank, Monatsbericht Juli 1992, S. 30–38.

[o. V.]: Der Zentralbankrat vor fünfzig Jahren, in: Deutsche Bundesbank, Monatsbericht März 1998, S. 17–31.

[o. V.]: Hall of Fame Biographies: Jörg Franke – Turning the Exchange World Upside Down, in: Derivatives Strategy 3 (1999), S. 18.

[o. V.]: Instrumente zum Kreditrisikotransfer: Einsatz bei deutschen Banken und Aspekte der Finanzstabilität, in: Deutsche Bundesbank, Monatsbericht April 2004, S. 27–45.

[o. V.]: Die zusätzlichen Offenmarktgeschäfte der EZB im Zeitraum vom 8. August bis zum 5. September 2007, in: Europäische Zentralbank, Monatsbericht September 2007, S. 33–37.

[o. V.]: Die ›Große Inflation‹. Lehren für die Geldpolitik, in: Europäische Zentralbank, Monatsbericht Mai 2010, S. 111–126.

[o. V.]: 10 Jahre Deutsche Börse an der Börse, in: Deutsche Börse Group Newsletter, März 2011 [http://deutsche-boerse.com/dbg/dispatch/de/listcontent/dbg_nav/investor_relations/20_The_Share/Content_Files/Share_price_development.htm]

[o. V.]: Der Europäische Ausschuss für Systemrisiken: vom institutionellen Fundament zur glaubwürdigen makroprudenziellen Überwachung, in: Deutsche Bundesbank, Monatsbericht April 2012, S. 30– 40.

[o. V.]: BaFin. Geschichte der Bankenaufsicht [http://www.bafin.de/DE/DieBaFin/AufgabenGeschichte/Bankenaufsicht/bankenaufsicht_node.html#doc2696404bodyText2].

Özmucur, Süleyman / Pamuk, Şevket: Did European Commodity Prices converge during 1500–1800?, in: Hatton/O'Rourke/Taylor, Economic History, S. 59–85.

Paersch, Fritz: Maßnahmen des Staates hinsichtlich einer Beaufsichtigung und Reglementierung des Bankwesens, in: Untersuchungsausschuss für das Bankwesen 1933 I,2, S. 31–66.

Pallmann, Heinrich: Simon Moritz Bethmann und seine Vorfahren. Frankfurt am Main 1898.

Pamuk, Sevket: The Ottoman Empire and European Capitalism, 1820–1913. Cambridge 1987.

Paul, Michael / Reckenfelderbäumer, Martin: Preispolitik und Kostenmanagement – neue Perspektiven unter Berücksichtigung von Immaterialität und Integrativität, in: Kleinaltenkamp, Dienstleistungsmarketing, S. 225–260.

Paul, Stephan: Lenkungssysteme in Filialbanken. Steuerung durch Komponenten oder Verrechnungszinsen? Wiesbaden 1987.

Paul, Stephan: Bankenintermediation und Verbriefung. Neue Chancen und Risiken für Kreditinstitute durch Asset Backed Securities? Wiesbaden 1994.

Paul, Stephan: Marketing, in: von Hagen / von Stein, Obst/Hintner, S. 1211–1295.

Paul, Stephan (Hrsg.): Basel II, Mittelstand und Kreditpreise. Frankfurt am Main 2003.

Penzel, Hans-Gert / Pietig, Christian (Hrsg.): Merger Guide. Handbuch für die Integration von Banken. Wiesbaden 2000.

Persson, Karl Gunnar: Grain Markets in Europe, 1500–1900. Integration and Deregulation. Cambridge 1999.

Peters, Lambert F.: Der Handel Nürnbergs am Anfang des Dreißigjährigen Krieges. Strukturkomponenten, Unternehmen und Unternehmer – Eine quantitative Analyse. Stuttgart 1994.

Peters, Lambert F.: Hamburger Bank, in: North, Aktie, S. 154 f.

Peters, Lambert F.: Einführung in die Erfassung, Aufbereitung und Analyse von Quellen zur internationalen Handels- und Bankgeschichte. Banco Publico Nürnberg 1621/22–1647/48 – Hamburger Bank 1619 – Amsterdamer Bank 1625, in: Mitteilungen des Vereins für Geschichte der Stadt Nürnberg 91 (2004), S. 47–179.

Peters, Martin: Sparen – Leihen – Vorsorgen. Die Gemeinnützigkeit der Sparkassen 1760–1838. Hamburg 2006.

Peterson, Mark / Smith, Peter / Thomas, David (Eds.): Handbook of Cross-Cultural Management Research. Los Angeles/London 2008.

Pfandbrief und Kapitalmarkt. 23. Symposium zur Bankengeschichte am 18. Mai 2000 im Hotel Frankfurter Hof in Frankfurt am Main auf Einladung des Verbandes deutscher Hypothekenbanken e.V. (Bankhistorisches Archiv, Beiheft 38). Frankfurt am Main 2000.

Philipp, Fritz (Hrsg.): Zur Bestimmung des ›haftenden Eigenkapitals‹ von Kreditinstituten. Stellungnahme einer Professoren-Arbeitsgruppe zum Bericht der Studienkommission ›Grundsatzfragen der Kreditwirtschaft‹ (Schriftenreihe des Bundesministeriums der Finanzen 28). Frankfurt am Main 1981.

Picot, Gerhard (Hrsg.): Handbuch Mergers & Acquisitions. Planung – Durchführung – Integration. Stuttgart ^{4}2008.

Pils, Susanne Claudine / Niederkorn, Jan Paul (Hrsg.): Ein zweigeteilter Ort? Hof und Stadt in der Frühen Neuzeit (Forschungen und Beiträge zur Wiener Stadtgeschichte 44). Innsbruck/Wien/Bozen 2005.

Pirker, Theo (Hrsg.): Autonomie und Kontrolle. Beiträge zur Soziologie des Finanz- und Steuerstaates. Berlin 1989.

Pirker, Theo / Lepsius, M. Rainer / Weinert, Rainer / Hertle, Hans-Hermann (Hrsg.): Der Plan als Befehl und Fiktion. Wirtschaftsführung in der DDR. Gespräche und Analysen. Opladen 1995.

Pix, Manfred (Hrsg.): Sparen – Investieren – Finanzieren. Gedenkschrift für Josef Wysocki (Sparkassen in der Geschichte, Abt. 3: Forschung 13). Stuttgart 1997.

Pix, Manfred / Pohl, Hans (Hrsg.): Invention – Innovation – Diffusion. Die Entwicklung des Spar- und Sparkassengedankens in Europa (Zeitschrift für bayerische Sparkassengeschichte, Beiheft 1). Stuttgart 1992.

Pleister, Christopher: Gelebte Identität. Regionalität und Dezentralität ist den Genossenschaftsbanken inhärent, in: BankInformation 7 (2006), S. 64 f.

Pleister, Christopher / Henningsen, Eckart: Das Spitzeninstitut der deutschen Genossenschaften und seine Tätigkeit in den neuen Bundesländern, in: Zeitschrift für das gesamte Genossenschaftswesen 41 (1991), S. 101–110.

Pleyer, Klemens / Bellinger, Dieter: Das Recht der Hypothekenbanken in Europa. München 1981.

Plumpe, Werner: Entscheidung für den Strukturbruch. Die westdeutsche Währungsreform und ihre Folgen, in: Junker, USA, S. 455–467.

Plumpe, Werner: »*Wir sind wieder wer!*« Konzept und Praxis der Sozialen Marktwirtschaft in der Rekonstruktionsphase der westdeutschen Wirtschaft nach dem Zweiten Weltkrieg, in: Recker/Jellonek / Rauls, Bilanz, S. 237–278.

Plumpe, Werner: Industrieland Deutschland 1945 bis 2008, in: Schwarz, Bundesrepublik Deutschland, S. 379–404.

Poddig, Thorsten / Varmaz, Armin: Fusionen im Bankensektor, in: WISU – Das Wirtschaftsstudium 2 (2005), S. 207–212.

Pohl, Hans: Das deutsche Bankwesen (1806–1848), in: Deutsche Bankengeschichte II, S. 11–140.

Pohl, Hans: WestLB. Von der Hülfskasse von 1832 zur Landesbank. Düsseldorf/Münster 1982.

Pohl, Hans: Von der Spar-Casse zum Kreditinstitut (Anfänge bis 1908), in: Mura, Entwicklung, S. 15–33.

Pohl, Hans (Hrsg.): Deutsche Börsengeschichte. Frankfurt am Main 1992.

Pohl, Hans (Hrsg.): Europäische Bankengeschichte. Frankfurt am Main 1993.

Pohl, Hans (Hrsg.): Geschichte der deutschen Kreditwirtschaft seit 1945, Frankfurt am Main 1998 [*zitiert als Pohl, Geschichte (1998)*].

Pohl, Hans (Hrsg.): Geschichte des Finanzplatzes Berlin. Frankfurt am Main 2002 [*zitiert als Pohl, Geschichte (2002)*].

Pohl, Hans (Hrsg.): Deutsche Bankiers des 20. Jahrhunderts. Stuttgart 2008.

Pohl, Hans: Geschichte der Sparkassen im Rheinland, in: Wissenschaftsförderung der Sparkassen-Finanzgruppe, Regionalgeschichte II, S. 57–94 [*zitiert als Pohl, Geschichte (2010)*].

Pohl, Hans: Die Sparkassen vom Ausgang des 19. Jahrhunderts bis zum Ende des Zweiten Weltkrieges, in: Pohl/Rudoph/Schulz, Wirtschafts- und Sozialgeschichte, S. 21–248.

Pohl, Hans / Jachmich, Gabriele: Verschärfung des Wettbewerbs (1966–1973), in: Pohl, Geschichte (1998), S. 203–248.

Pohl, Hans / Rudoph, Bernd / Schulz, Günther: Wirtschafts- und Sozialgeschichte der deutschen Sparkassen im 20. Jahrhundert (Sparkassen in der Geschichte, Abt. 3: Forschung 18). Stuttgart 2005.

Pöhl, Karl Otto: Neuorientierung an den Börsen und am Kapitalmarkt, Festvortrag anlässlich der 300-Jahr-Feier der Berliner Börse, in: Deutsche Bundesbank, Auszüge aus Presseartikeln Nr. 33 vom 7. Mai 1985, S. 1–4.

Pohl, Manfred: Die Liquiditätsbanken von 1931, in: Zeitschrift für das gesamte Kreditwesen 20 (1974), S. 928–932.

Pohl, Manfred: Die Entwicklung des deutschen Bankwesens zwischen 1848 und 1870, in: Deutsche Bankengeschichte II, S. 141–220 [*zitiert als Pohl, Entwicklung (1982)*].

Pohl, Manfred: Festigung und Ausdehnung des deutschen Bankwesens zwischen 1870 und 1914, in: Deutsche Bankengeschichte II, S. 17–146.

Pohl, Manfred: Konzentration im deutschen Bankwesen (1848–1980). Frankfurt am Main 1982.

Pohl, Manfred: Die Entwicklung des privaten Bankwesens nach 1945, in: Deutsche Bankengeschichte III, S. 207–277 [*zitiert als Pohl, Entwicklung (1983)*].
Pohl, Manfred: Die Deutsche Bank in der Gründerkrise 1873–1876, in: Deutsche Bank, Beiträge, S. 291–308.
Pohl, Manfred: Entstehung und Entwicklung des Universalbanksystems (Schriftenreihe des Instituts für bankhistorische Forschung 7). Frankfurt am Main 1986.
Pohl, Manfred: Hamburger Bankengeschichte. Mainz 1986.
Pohl, Manfred / Tortella, Teresa / van der Wee, Herman (Eds.): A Century of Banking Consolidation in Europe. The History and Archives of Mergers and Acquisitions. Aldershot 2001.
Pollems, Sebastian T.: Der Bankplatz Berlin zur Nachkriegszeit. Transformation und Rekonstruktion des Ost- und Westberliner Bankwesens zwischen 1945 und 1953. Berlin 2006.
Pölnitz, Götz Freiherr von: Jakob Fugger. Kaiser, Kirche und Kapital in der oberdeutschen Renaissance, 2 Bde. Tübingen 1949/51.
Poschinger, Heinrich von: Bankwesen und Bankpolitik Preussen. Nach amtlichen Quellen bearbeitet. Bd. I: Von der ältesten Zeit bis zum Jahr 1846. Berlin 1878; Bd. II: Die Jahre 1846 bis 1857. Berlin 1879; Bd. III: Die Jahre 1858 bis 1870. Berlin 1879.
Posen, Adam S.: Lessons from the Bundesbank on the Occasion of its Early Retirement, in: Mahadeva/ Sterne, Monetary Policy, S. 393–420.
Praun, Georg Andr. Septim. von: Grundliche Nachricht von dem Münzwesen insgemein, insbesondere aber von dem Deutschen Münzwesen älterer und neuerer Zeiten, und dann auch von dem Französischen, Spanischen, Niederländschen, Englischen und Dänischen Münzwesen. Leipzig 1784.
PriceWaterhouseCoopers: European Banking Consolidation. London 2006.
Prigge, Stefan: Recent Developments in the Market for Markets for Financial Instruments, in: Hopt/ Wymeersch, Capital Markets, S. 47–85.
Primor, Avi / Korff, Christiane von: An allem sind die Juden und die Radfahrer schuld. Deutsch-jüdische Missverständnisse. München 2010.
Prion, Willi: Die Preisbildung an der Wertpapierbörse, insbesondere auf dem Aktienmarkt der Berliner Börse. Leipzig 1910.
Der Privatbankier. Nischenstrategien in Geschichte und Gegenwart. Vierzehntes Wissenschaftliches Kolloquium am 29. November 2001 im Städelschen Kunstinstitut und Städtische Galerie, Frankfurt am Main (Bankhistorisches Archiv, Beiheft 41). Stuttgart 2003.
Der Privatkunde. 11. Symposium zur Bankengeschichte am 16. Oktober 1987 im Hause der Deutschen Genossenschaftsbank (Bankhistorisches Archiv, Beiheft 16). Frankfurt am Main 1990.
Pronold, Elisabeth: Die Bayerische Hypotheken- und Wechsel-Bank AG als Geldvermittlerin. Mittelbeschaffung und Kreditgeschäft von 1835 bis 1866. Regensburg 2012.
Puhle, Hans-Jürgen: Agrarische Interessenpolitik und preußischer Konservatismus im wilhelminischen Reich. Bonn-Bad Godesberg ²1975.
Putlitz, Julian zu: Internationalisierung europäischer Banken. Motive, Determinanten, Entwicklungsmuster und Erfolg (Schriften zum europäischen Management). Wiesbaden 2001.
Pütter, Johann Stephan: Historische Entwicklung der heutigen Staatsverfassung des Teutschen Reichs, Bd. II: 1558 bis 1740. Göttingen 1788.
Püttner, Günter: Das Sparkassenrecht in der Bundesrepublik Deutschland, begonnen von Helmut Schlierbach und fortgeführt von Günter Püttner. Stuttgart ⁵2003.

Quardt, Gabriele: Zur Abschaffung von Anstaltslast und Gewährträgerhaftung, in: Europäische Zeitschrift für Wirtschaftsrecht 14/2002, S. 424–428.

Radtke, Wolfgang: Die Preussische Seehandlung zwischen Staat und Wirtschaft in der Frühphase der Industrialisierung (Einzelveröffentlichungen der Historischen Kommission zu Berlin 50). Berlin 1981.
Ramser, Hans Jürgen / Riese, Hajo (Hrsg): Beiträge zur angewandten Wirtschaftsforschung. Berlin/ Heidelberg 1989.
Rappaport, Alfred: Creating Shareholder Value. New York 1997.

Rauscher, Peter: Ein dreigeteilter Ort: Die Wiener Juden und ihre Beziehungen zu Kaiserhof und Stadt in der Zeit des Ghettos (1625–1670), in: Pils/Niederkorn, Ort, S. 87–120.

Rauscher, Peter: »*Auf der Schipp*". Ursachen und Folgen der Ausweisung der Wiener Juden 1670, in: Aschkenas. Zeitschrift für Geschichte und Kultur der Juden 16 (2006), S. 421–438.

Rauscher, Peter: Die Finanzierung des Kaiserhofs von der Mitte des 16. bis zu Beginn des 18. Jahrhunderts. Eine Analyse der Hofzahlamtsbücher, in: Fouquet/Hirschbiegel/Paravicini, Hofwirtschaft, S. 405–441.

Rauscher, Peter / Serles, Andrea / Winkelbauer, Thomas (Hrsg.): Das ›Blut des Staatskörpers‹. Forschungen zur Finanzgeschichte der Frühen Neuzeit (Historische Zeitschrift, Beiheft 56). München 2012.

Reckendrees, Alfred: Das ›Stahltrust‹-Projekt. Die Gründung der Vereinigte Stahlwerke A.G. und ihre Unternehmensentwicklung 1926–1933/34. München 2000.

Recker, Marie-Luise / Jellonek, Burkhard / Rauls, Bernd (Hrsg.): Bilanz. 50 Jahre Bundesrepublik Deutschland. St. Ingbert 2001.

Regulierung auf globalen Finanzmärkten zwischen Risikoschutz und Wettbewerbssicherung. Dreizehntes Wissenschaftliches Kolloquium am 20. September 2000 im Hause der Commerzbank AG in Frankfurt am Main (Bankhistorisches Archiv, Beiheft 39). Frankfurt am Main 2001.

Reichsgesetzblatt, Teil I. Herausgegeben vom Reichsministerium des Innern, Jgge. 1875, 1899, 1927, 1931, 1933, 1934, 1935, 1938, 1940, 1941.

Reinalter, Helmut (Hrsg.): Lexikon zum Aufgeklärten Absolutismus in Europa. Herrscher – Denker – Sachbegriffe. Köln/Weimar/Wien 2005.

Reineke, Rolf-Dieter: Akkulturation von Auslandsakquisitionen (Schriftenreihe Unternehmensführung und Marketing 23). Wiesbaden 1989.

Reinhard, Wolfgang: Geschichte der Staatsgewalt. Eine vergleichende Verfassungsgeschichte Europas von den Anfängen bis zur Gegenwart. München 1999.

Reinhart, Carmen M. / Rogoff, Kenneth S.: Dieses Mal ist alles anders. Acht Jahrhundert Finanzkrise. München 2009.

Reinhart, Friedrich: Die deutschen Banken in der Krise, in: Deutsches Institut für Bankwissenschaft und Bankwesen, Probleme, S. 163–196.

Reiss, Winfried: Historical Exchange Rates, in: Fischer/McInnis/Schneider, Emergence, S. 171–189.

Reitmayer, Morten: Bankiers im Kaiserreich. Göttingen 1999.

Report of Special Study of Securities Markets of the Securities and Exchange Commission, House Document No. 95, 88th Congress, 1st Session, Part II. Washington, DC 1963; Part IV. Washington, DC 1963.

Reulecke, Jürgen: Die Debatte über die Sparkassen im Centralverein für das Wohl der arbeitenden Klassen, in: Zeitschrift für bayerische Sparkassengeschichte 3 (1989), S. 112–127.

Rheinische Hypothekenbank (Hrsg.): 100 Jahre Rheinische Hypothekenbank. Frankfurt am Main 1971.

Richardi, Helmut: Der Hypothekenpfandbrief – ein wertvolles Heimatpapier, in: Der Zwiebelturm. Monatsschrift für das Bayerische Volk und seine Freunde 9/1960, S. 206–209.

Richards, Richard D.: The Early History of Banking in England. London 1958 [ND London 2012].

Richards, Richard D.: The First Fifty Years of the Bank of England (1694–1744), in: Dillen, History, S. 201–272.

Ricken, Stephan: Kreditrisikotransfer europäischer Banken. Frankfurt am Main 2007.

Riedl, Erich: Die Bankenaufsicht in der Verkehrswirtschaft, insbesondere in Deutschland. Diss. Erlangen-Nürnberg 1962.

Ries, Rotraud: Hofjuden – Funktionsträger des absolutistischen Territorialstaates und Teil der jüdischen Gesellschaft. Eine einführende Positionsbestimmung, in: dies./Battenberg: Hofjuden, S. 11–39.

Ries, Rotraud / Battenberg, J. Friedrich (Hrsg.): Hofjuden – Ökonomie und Interkulturalität. Die jüdische Wirtschaftselite im 18. Jahrhundert (Hamburger Beiträge zur Geschichte der deutschen Juden 25). Hamburg 2002.

Riese, Hajo: Geldpolitik bei Preisniveaustabilität. Anmerkungen zur Politik der Deutschen Bundesbank, in: Ramser/Riese, Beiträge, S. 101–123.

Riesser, Jacob: Die deutschen Großbanken und ihre Konzentration. Jena ³1910.

Riley, James C.: International Government Finance and the Amsterdam Capital Market, 1740–1815. Cambridge 1980.

Rinjes, Axel: Anleihen gegen Inhaberschuldverschreibungen. Die Ausbildung des Finanzierungssystems der Anleihen und des Rechtsinstituts der Inhaberschuldverschreibungen von der Mitte des 18. Jahrhunderts bis zu den Anfängen der Industrialisierung. Königswinter 2009.

Ritschl, Albrecht: War 2008 das neue 1931?, in: Aus Politik und Zeitgeschichte 20/2009, S. 27–32.

Ritschl, Albrecht / Wolf, Nikolaus: Endogeneity of Currency Areas and Trade Blocs. Evidence from the Inter-War Period (London Centre for Economic Policy Research, Working Paper). London 2003.

Rittmann, Herbert: Deutsche Geldgeschichte 1484–1914. München 1975.

Robbins, Sidney: The Securities Markets. New York 1966.

Roberts, Richard / Kynaston, David (Eds.): The Bank of England: Money, Power, and Influence, 1694–1994. Oxford 1995.

Roesler, Jörg: Die Herausbildung der sozialistischen Planwirtschaft in der DDR. Aufgaben, Methoden und Ergebnisse der Wirtschaftsplanung in der zentralgeleiteten volkseigenen Industrie während der Übergangsperiode vom Kapitalismus zum Sozialismus. Berlin (Ost) 1978.

Röhm, Uli (Hrsg.): Das große Buch vom Geld. Heidelberg 2010.

Röller, Lars-Hendrik / Stennek, Johan / Verboven, Frank: Efficiency Gains from Mergers, in: Ilzkovitz, European Merger Control, S. 84–201.

Röller, Wolfgang: Neuorganisation des deutschen Börsenwesens, in: Die Bank 26 (1986), S. 392–395.

Rombeck-Jaschinski, Ursula: Das Londoner Schuldenabkommen. Die Regelung der deutschen Auslandsschulden nach dem Zweiten Weltkrieg. München 2005.

Rose, Andrew K.: One Money, One Market. Estimating the Effects of Common Currencies on Trade, in: Economic Policy 30 (2000), S. 7–45.

Rose, Andrew K.: Currency Unions and Trade: The Effect is Large, in: Economic Policy 33 (2001), S. 449–461.

Rosenberg, Hans: Große Depression und Bismarckzeit. Wirtschaftsablauf, Gesellschaft und Politik in Mitteleuropa (Veröffentlichungen der Historischen Kommission zu Berlin beim Friedrich-Meinecke-Institut der Freien Universität Berlin 24/ Publikationen zur Geschichte der Industrialisierung 2). Berlin 1967.

Rosenkötter, Bernhard: Treuhandpolitik. Die Haupttreuhandstelle Ost und der Raub polnischen Vermögens 1933 bis 1945. Essen 2003.

Roseveare, Henry (Ed.): Markets and Merchants of the Late Seventeenth Century. The Marescoe-David Letters 1668–1680. New York 1987.

Rotteck, Karl von / Welcker, Carl: Das Staats-Lexikon. Encyklopädie der sämmtlichen Staatswissenschaften für alle Stände, Bd. III. Leipzig ³1859.

Rouwenhorst, K. Geert: The Origins of Mutual Funds, in: Goetzmann/Rouwenhorst, Origins, S. 249–269.

Rudolph, Bernd: Anforderungen der KWG-Novelle an das Kreditmanagement der Banken, in: Krümmel/Rudolph, Innovationen, S. 21–35.

Rudolph, Bernd: Eigenkapitalanforderungen an die Kreditinstitute im Rahmen der internationalen Bankrechtsharmonisierung, in: Die Betriebswirtschaft 49 (1989), S. 483–496.

Rudolph, Bernd: Das effektive Bankeigenkapital. Zur bankaufsichtlichen Beurteilung stiller Neubewertungsreserven. Frankfurt am Main 1991.

Rudolph, Bernd: Risikotransferinstrumente und Unternehmensfinanzierung, in: Schmalenbachs Zeitschrift für betriebswirtschaftliche Forschung 57 (2005), S. 176–181.

Rudolph, Bernd: Kreditrisikotransfer – Abbau alter gegen den Aufbau neuer Risiken?, in: Kredit und Kapital 40 (2007), S. 1–16.

Rudolph, Bernd: Geschichte der Sparkassenbetriebswirtschaft. Stuttgart 2008.

Rudolph, Bernd: Die Einführung regulatorischen Krisenkapitals in Form von Contingent Convertible Bonds (CoCos), in: Zeitschrift für das gesamte Kreditwesen 63 (2010), S. 1152–1155.

Rudolph, Bernd: Die internationale Finanzkrise. Ursachen, Treiber, Veränderungsbedarf und Reformansätze, in: Zeitschrift für Unternehmens- und Gesellschaftsrecht 39 (2010), S. 1–47.

Rudolph, Bernd: Funktionen, Risiken und Regulierung von Schattenbanken, in: Schmalenbachs Zeitschrift für betriebswirtschaftliche Forschung 64 (2012), S. 846–867.

Rudolph, Bernd / Hofmann, Bernd / Schaber, Albert / Schäfer, Klaus: Kreditrisikotransfer. Moderne Instrumente und Methoden. Berlin ²2012.

Rudolph, Bernd / Scholz, Julia: Pooling und Tranching im Rahmen von ABS-Transaktionen, in: Bank Archiv 55 (2007), S. 538–548.

Rugman, Alan: The Regional Nature of the World's Banking Sector, in: The Multinational Business Review 12 (2004), S. 5–22.

Ruhmer, Otto: Entstehungsgeschichte des deutschen Genossenschaftswesens. Die ersten deutschen Genossenschaften (Genossenschafts- und Sozialbücherei 1). Hamburg-Blankenese 1937.

Ruland, Anselm: Zur Entwicklung des Bankenaufsichtsrechts bis 1945. Diss. Münster 1987.

Sachverständigenrat zur Begutachtung der gesamtwirtschaftlichen Entwicklung: Das Erreichte nicht verspielen, Jahresgutachten 2007/2008. Wiesbaden 2007.

Samuel, Ludwig: Die Effektenspekulation im 17. und 18. Jahrhundert. Berlin 1924.

Sandmann, Hartmut: Die Geschichte der genossenschaftlichen Banken-Werbung (II), in: Marketing Intern 2/2007, S. 43–47.

Sattler, Friederike: Ernst Matthiensen 1900–1980. Ein deutscher Bankier im 20. Jahrhundert (Publikationen der Eugen-Gutmann-Gesellschaft 4). Dresden 2009.

Sattler, Friederike: ›Investmentsparen‹ – ein früher Durchbruch der Geschäftsbanken zu breiteren Privatkundenkreisen?, in: Ahrens/Wixforth, Strukturwandel, S. 35–70.

Sattler, Heinrich: Die Effektenbanken. Leipzig 1890.

Sauer, Josef: Finanzgeschäfte der Landgrafen von Hessen-Kassel. Ein Beitrag zur Geschichte des kurhessischen Haus- und Staatsschatzes und zur Entwicklungsgeschichte des Hauses Rothschild. Fulda 1930.

Schaefer, Karl Christian: Deutsche Portfolioinvestitionen im Ausland 1870–1914. Münster 1995.

Schedlitz, Bernd: Leffmann Behrens. Untersuchungen zum Hofjudentum im Zeitalter des Absolutismus (Quellen und Darstellungen zur Geschichte Niedersachsens 97). Hildesheim 1984.

Scheer, Christian (Hrsg.): Die deutschsprachige Wirtschaftswissenschaft in den ersten Jahrzehnten nach 1945 (Studien zur Entwicklung der ökonomischen Theorie XXV). Berlin 2010.

Schefold, Betram (Hrsg.): Exogenität und Endogenität. Die Geldmenge in der Geschichte des ökonomischen Denkens und in der modernen Politik. Symposium für Karl Häuser. Marburg 2002.

Scheiter, Dietmar: Die Integration akquirierter Unternehmungen. Bamberg 1989.

Schick, Léon: Un grand homme d'affaires au début du XVIe siècle: Jacob Fugger. Paris 1957.

Schierenbeck, Henner: Ertragsorientiertes Bankmanagement. Wiesbaden 1985.

Schildt, Axel: Der Beginn des Fernsehzeitalters: Ein neues Massenmedium setzt sich durch, in: ders./Sywottek, Modernisierung, S. 477–492.

Schildt, Axel / Sywottek, Arnold (Hrsg.): Modernisierung im Wiederaufbau. Die westdeutsche Gesellschaft der 50er Jahre. Bonn 1993.

Schissler, Hanna: Preußische Finanzpolitik nach 1807. Die Bedeutung der Staatsverschuldung als Faktor der Modernisierung des preußischen Finanzsystems, in: Geschichte und Gesellschaft 8 (1982), S. 367–385 [zitiert als Schissler, Finanzpolitik 1982)].

Schissler, Hanna: Preußische Finanzpolitik 1806–1820, in: Schissler/Wehler, Finanzpolitik, S. 13–64 [zitiert als Schissler, Finanzpolitik (1984)].

Schissler Hanna / Wehler, Hans-Ulrich (Hrsg.): Preußische Finanzpolitik 1806–1810. Quellen zur Verwaltung der Ministerien Stein und Altenstein. Göttingen 1984.

Schlesinger, Helmut: Geldpolitik in der Phase des Wiederaufbaus (1950–1958), in: Deutsche Bundesbank, Währung, S. 555–607.

Schlesinger, Helmut: Die Bundesbank und ihre Geldmengenpolitik, in: Schefold, Exogenität, S. 137–157.

Schlierbach, Helmut: Anstaltslast, in: Deutscher Sparkassenverlag, Handwörterbuch I, S. 76–81.

Schmid, Peter: Monetary Targeting in Practice. The German Experience (Center for Financial Studies, Working Paper 1999/03). Frankfurt am Main 1999.

Schmid, Stefan: Multikulturalität in der internationalen Unternehmung. Konzepte – Reflexionen – Implikationen. Wiesbaden 1996.

Schmid, Stefan: Shareholder-Value-Orientierung als oberste Maxime der Unternehmensführung? Kritische Überlegungen aus der Perspektive des Strategischen Managements, in: Zeitschrift für Planung 9 (1998), S. 219–238.

Schmid, Stefan: Was versteht man eigentlich unter Globalisierung...? Ein kritischer Überblick über die Globalisierungsdiskussion (Diskussionsbeitrag der Katholischen Universität Eichstätt-Ingolstadt). Ingolstadt 2000.

Schmid, Stefan (Hrsg.): Strategien der Internationalisierung. München ²2007.

Schmid, Stefan (Hrsg.): Management der Internationalisierung. Wiesbaden 2009.

Schmid, Stefan / Kotulla, Thomas: UniCredit Group. Vom Local Player aus Norditalien zum Marktführer in Osteuropa, in: Schmid, Strategien, S. 441–461.

Schmidt, Hartmut: Vorteile und Nachteile eines integrierten Zirkulationsmarktes für Wertpapiere gegenüber einem gespaltenen Effektenmarkt (Kommission der Europäischen Gemeinschaften, Kollektion Studien: Wettbewerb-Rechtsangleichung 30). Brüssel 1977.

Schmidt, Hartmut: Wertpapierbörsen. München 1988.

Schmidt, Hartmut: Die Terminbörse als Förderer des Finanzplatzes Deutschland? (Hamburger Beiträge zum Genossenschaftswesen 12). Hamburg 1990.

Schmidt, Hartmut: Die Rolle der Regionalbörsen am deutschen Kapitalmarkt heute und morgen, in: Arbeitsgemeinschaft der Deutschen Wertpapierbörsen, Finanzmarkttheorie, S. 119–136.

Schmidt, Hartmut: Die Rolle der Regionalbörsen am deutschen Kapitalmarkt heute und morgen (Teil II), in: Kredit und Kapital 25 (1992), S. 233–258.

Schmidt, Hartmut: Regional and Transregional Exchanges in Europe, in: Shoken Keizai Kenkyu 40 (2002), S. 108–111.

Schmidt, Hartmut / Iversen, Peter: Geld-Brief-Spannen deutscher Standardwerte in IBIS und MATIS, in: Zeitschrift für Bankrecht und Bankwirtschaft 3 (1991), S. 209–226.

Schmidt, Hartmut / Iversen, Peter: Automating German Equity Trading: Bid-Ask-Spreads on Competing Systems, in: Journal of Financial Services Research, 6 (1992), S. 373–397.

Schmidt, Hartmut / Iversen, Peter / Treske, Kai: Parkett oder Computer?, in: Zeitschrift für Bankrecht und Bankwirtschaft 4 (1993), S. 209–221.

Schmidt, Hartmut / Küster Simic, André: Zur Theorie der Geld-Briefspanne auf Anlegerauktionsmärkten, in: Francke/Ketzel/Kotz, Finanzmärkte, S. 137–172.

Schmidt, Hartmut / Oesterhelweg, Olaf / Treske, Kai: Deutsche Börsen im Leistungsvergleich – IBIS und BOSS-CUBE, in: Kredit und Kapital 29 (1996), S. 90–122.

Schmidt, Hartmut / Oesterhelweg, Olaf / Treske, Kai: Der Strukturwandel im Börsenwesen. Wettbewerbstheoretische Überlegungen und Trends im Ausland als Leitbilder für den Finanzplatz Deutschland, in: Kredit und Kapital 30 (1997), S. 370–411.

Schmidt, Olaf: Bankwesen und Bankpolitik in den Freien Hansestädten um die Mitte des 19. Jahrhunderts. Frankfurt am Main 1988.

Schmidt, Reinhard H.: The Future of Banking in Europe, in: Swiss Society for Financial Market Research 15 (2001), S. 429–449.

Schmitt, Dirk: Die Anstaltslast als Aufgabenlast, in: Zeitschrift für das gesamte Kreditwesen 34 (1981), S. 762–768.

Schnee, Heinrich: Die Hoffinanz und der moderne Staat. Geschichte und System der Hoffaktoren an deutschen Fürstenhöfen im Zeitalter des Absolutismus, 6 Bde. Berlin 1953–67.

Schneider, Jürgen (Hrsg.): Öffentliches und privates Wirtschaften in sich wandelnden Wirtschaftsordnungen (Vierteljahrschrift für Sozial- und Wirtschaftsgeschichte, Beiheft 156). Stuttgart 2001.

Schneider, Jürgen / Krawehl, Otto-Ernst / Denzel, Markus A., Statistik des seewärtigen Hamburger Einfuhrhandels im 18. Jahrhundert nach den Admiralitäts- und Convoygeld-Einnahmebüchern (Quellen und Forschungen zur Historischen Statistik von Deutschland XX). St. Katharinen 2001.

Schneider, Jürgen / Schwarzer, Oskar / Schnelzer, Petra (Hrsg.): Statistik der Geld- und Wechselkurse in Deutschland und im Ostseeraum (18. und 19. Jahrhundert) (Historische Statistik von Deutschland XII). St. Katharinen 1993.

Schneider, Konrad: Hamburgs Münz- und Geldgeschichte im 19. Jahrhundert bis zur Einführung der Reichswährung. Hamburg 1983.

Schneider, Konrad: »*Banco, Species und Courant*«. Untersuchungen zur hamburgischen Währung im 17. und 18. Jahrhundert. Koblenz 1986.

Schneider, Michael C.: Rohstoffkredite: Zellwolle, Kunstseide und Benzin, in: Bähr, Dresdner Bank, S. 302–315.

Schölch, Alexander: Wirtschaftliche Durchdringung und politische Kontrolle durch die europäischen Mächte im Osmanischen Reich (Konstantinopel, Kairo, Tunis), in: Geschichte und Gesellschaft 1 (1975), S. 404–446.

Scholtyseck, Joachim: Die USA vs. ›The Big Six‹. Der gescheiterte Bankenprozeß nach dem Zweiten Weltkrieg, in: Bankhistorisches Archiv 26 (2000), S. 27–53.

Scholtyseck, Joachim: Hjalmar Schacht (1877–1970), in: Pohl, Bankiers, S. 357–373.

Scholz, Julia: Identifikation und Lösung von Interessenkonflikten bei Verbriefungstransaktionen. Wiesbaden 2011.

Schrader, Torsten: Geregelter Markt und geregelter Freiverkehr. Auswirkungen gesetzgeberischer Eingriffe. Wiesbaden 1993.

Schramm, Bernhard: Die Volksbanken und Raiffeisenbanken (Taschenbücher für Geld – Bank – Börse 80). Frankfurt am Main ²1982.

Schramm, Bernhard: Die Neuformierung der genossenschaftlichen Spitzenverbände zum Aufbau einer geschlossen genossenschaftlichen Bankengruppe, in: Guthardt/Henn/Kremer/Pallaschke, Aspekte, S. 427–436.

Schraut, Rudolf: Zur Vorgeschichte des Reglements; in: Sparkasse 22–23/1938 (Sonderausgabe ›Einhundert Jahre Preußisches Sparkassen-Reglement‹), S. 395–399.

Schremmer, Eckart (Hrsg.): Geld und Währung vom 16. Jahrhundert bis zur Gegenwart. Stuttgart 1993.

Schröder, Hans-Jürgen (Hrsg.): Marshallplan und westdeutscher Wiederaufstieg. Positionen – Kontroversen. Stuttgart 1990.

Schrötter, Friedrich Frhr. von: Das Münzwesen des deutschen Reichs von 1500–1566, Teil I, in: Schmollers Jahrbuch für Gesetzgebung, Verwaltung und Volkswirtschaft 35 (1911), S. 129–172; Teil II, in: Schmollers Jahrbuch für Gesetzgebung, Verwaltung und Volkswirtschaft 36 (1912), S. 99–128.

Schukys, Sven: Die Einwirkungen des Dreißigjährigen Krieges auf der Fernhandel Hamburg, in: Knauer/Tode, Krieg, S. 213–241.

Schularick, Moritz: Finanzielle Globalisierung in historischer Perspektive. Tübingen 2006.

Schüller, Bernhard: Szenario Finanzplatz Deutschland, in: Die Bank 28 (1998), S. 252–256.

Schulte, Aloys: Die Fugger in Rom 1495–1523, 2 Bde. Leipzig 1904.

Schulte, Fritz: Die Hypothekenbanken (Schriften des Vereins für Socialpolitik 154). München/Leipzig 1918.

Schulz, Günther: Bürgerliche Sozialreform und Sparkassen in Deutschland von der Mitte des 19. Jahrhunderts bis zum Ersten Weltkrieg, in: Zeitschrift für bayerische Sparkassengeschichte 3 (1989), S. 68–111.

Schulz, Günther: Die Sparkassen vom Ende des Zweiten Weltkriegs bis zur Wiedervereinigung, in: Pohl/Rudolph/Schulz, Wirtschafts- und Sozialgeschichte, S. 249–428.

Schulze-Delitzsch, Hermann: Associationsbuch für deutsche Handwerker und Arbeiter. Leipzig 1853.

Schulze-Delitzsch, Hermann: Vorschuß-Vereine als Volksbanken. Praktische Anweisung zu deren Gründung und Einrichtung. Leipzig 1855.

Schulze-Delitzsch, Hermann: Mittheilungen über den Vereinstag deutscher Vorschussvereine zu Weimar am 14.-16. Juni 1859. Weimar 1859 [*zitiert als Schulze-Delitzsch, Mittheilungen (1859)*].

Schulze-Delitzsch, Hermann (Hrsg.): Mittheilungen über den vierten allgemeinen Vereinstag der auf Selbsthülfe beruhenden Deutschen Vorschuss-,Credit- und Rohstoffvereine zu Potsdam während der Tage vom 10.-12. Juni 1862. Berlin 1862 [*zitiert als Schulze-Delitzsch, Mittheilungen (1862)*].

Schulze-Delitzsch, Hermann: Ausgewählte Schriften und Reden des Gründervaters der deutschen Genossenschaften, hrsg. v. Marvin Brendel (Gründerzeiten 1). Berlin 2008.

Schulze-Kimmle, Horst-Dieter: Sicherungseinrichtungen gegen Einlegerverluste bei deutschen Kreditinstituten. Würzburg 1974.

Schuster, Leo: Macht und Moral der Banken. Bern/Stuttgart 1977.
Schuster, Leo: Megafusionen im Bankensektor. Modeerscheinung oder Notwendigkeit (Diskussionsbeitrag der Katholischen Universität Eichstätt-Ingolstadt)? Ingolstadt 1999.
Schwanitz, Wolfgang G.: Gold, Bankiers und Diplomaten. Zur Geschichte der Deutschen Orientbank 1906–1946. Berlin 2002.
Schwark, Eberhard: Der gesetzliche Ordnungsrahmen der Kapitalanlagegesellschaften – Entwicklungslinien und gegenwärtiger Stand, in: Investmentgesellschaften in Geschichte – Gegenwart – Zukunft, S. 12–24.
Schwartz, Robert A. / Francioni, Reto: Equity Markets in Action. Hoboken, NJ 2004.
Schwarz, Hans-Peter (Hrsg.): Die Wiederherstellung des deutschen Kredits. Das Londoner Schuldenabkommen (Veröffentlichungen der Stiftung Bundeskanzler-Adenauer-Haus, Rhöndorfer Gespräche 4). Stuttgart 1982.
Schwarz, Hans-Peter (Hrsg.): Die Bundesrepublik Deutschland. Eine Bilanz nach 60 Jahren. München 2008.
Schwarzer, Oskar / Denzel, Markus A. / Schnelzer, Petra, Geld- und Wechselkurse in Deutschland und im Ostseeraum (18. und 19. Jahrhundert), in: Schneider/Schwarzer/Schnelzer, Statistik, S. 2–43.
Seeger, Manfred: Die Politik der Reichsbank von 1876–1914 im Lichte der Spielregeln der Goldwährung. Berlin 1968.
Seibold, Gerhard: Die Viatis und Peller. Beiträge zur Geschichte ihrer Handelsgesellschaft. Köln/Wien 1977.
Seidenstecher, Gertraud: Die Wirtschaftsreformen und die Planung und Finanzierung von Investitionen, in: Höhmann/Kaser/Thalheim, Wirtschaftsordnungen, S. 97–153.
Seidenzahl, Fritz: 100 Jahre Deutsche Bank 1870–1970. Frankfurt am Main 1970.
Seif, Ulrike: Absolutismus, in: Cordes/Haferkamp/Lück/Werkmüller/Schmidt-Wiegand, Handwörterbuch I, S. 30–38.
Selgin, George: Salvaging Gresham's Law: The Good, the Bad, and the Illegal, in: Journal of Money, Credit, and Banking 28 (1996), S. 637–649.
Shiller, Robert J.: The Subprime Solution. How Today's Global Financial Crisis happened, and what to do about it. Princeton, NJ/Oxford 2008.
Shirreff, David: Serious Shooting, in: Risk 3 (1989).
Siebold, Heinz / Schindelbeck, Dirk: Eine Bank wie keine andere. 140 Jahre Volksbank Freiburg. Freiburg i. Br. 2007.
Siebold, Heinz / Schindelbeck, Dirk: Unsere Bank am Kaiserstuhl. 140 Jahre Kaiserstühler Volksbank. Freiburg i. Br. 2008.
Sieveking, Heinrich: Die Hamburger Bank, in: Dillen, History, S. 125–160.
Sigelen, Alexander: »…*durch die mittel der herren Fugger und meiner befreundten«*. Die Fugger und Reichspfennigmeister Zacharias Geizkofler, in: Burkhardt, Fugger, S. 83–110.
Singleton, John: Central Banking in the Twentieth Century. Cambridge 2010.
Sinn, Hans-Werner: Kasino Kapitalismus. Wie es zur Finanzkrise kam, und was jetzt zu tun ist. Berlin 2010.
Sinn, Hans-Werner: Die Target Falle. Berlin 2012.
Skaggs, Neil T.: Changing Views: Twentieth-Century Opinion on the Banking School-Currency School Controversy, in: History of Political Economy 31 (1999), S. 361–391.
Skalweit, Stephan: Die Berliner Wirtschaftskrise von 1763 und ihre Hintergründe. Stuttgart 1937.
Slevogt, Horst: Lenkpreisrechnung als Bankkalkulation für Planung und Marketing, in: Österreichisches Bank-Archiv 20 (1972), S. 84–106.
Società Ligure di Storia Patria (ed.), Banchi pubblici, banchi privati e monti di pietà nell'Europa preindustriale. Amministrazione, tecniche operative e ruoli economici (Atti della Società Ligure di Storia Patria ; N.s., Vol. 31 = 105). Genova 1991.
Soetbeer, Adolf: Die Hamburger Bank 1619–1866. Eine geschichtliche Skizze, in: Vierteljahresschrift für Volkswirtschaft 3 (1866), S. 21–54.
Sombart, Werner: Die Kommerzialisierung des Wirtschaftslebens, Teil I, in: Archiv für Sozialwissenschaft

und Sozialpolitik 30 (1910), S. 631–665; Teil II, in: Archiv für Sozialwissenschaft und Sozialpolitik 31 (1911), S. 23–66.

Sombart, Werner: Die Juden und das Wirtschaftsleben. Leipzig 1911.

Sombart, Werner: Die deutsche Volkswirtschaft im 19. Jahrhundert. Berlin ³1913.

Sombart, Werner: Der moderne Kapitalismus. Historisch-systematische Darstellung des gesamteuropäischen Wirtschaftslebens von den Anfängen bis zur Gegenwart, 3 Bde. München ⁵1928.

Sommer, Albrecht: Geistesgeschichte der deutschen Sparkassen. Vollständiger Nachdruck der Originalausgabe von 1935 mit einer Einführung von Günter Ashauer (Sparkassen in der Geschichte, Abt. 2: Reprint 8). Stuttgart 2000.

Sommer, Stefan: Integration akquirierter Unternehmen. Instrumente und Methoden zur Realisierung von leistungswirtschaftlichen Synergiepotentialen. Frankfurt am Main 1996.

Sonnemann, Theodor: Die Motive des Deutschen Raiffeisenverbandes e.V. bei der angestrebten Kooperation mit dem Deutschen Genossenschaftsverband (Schulze-Delitzsch) e.V., in: Die öffentliche Wirtschaft 2 (1971), S. 119 ff.

Sonnemann, Theodor: Raiffeisen in der modernen Gesellschaft, in: DRV, Verhandlungsbericht, S. 17–28.

Sonnemann, Theodor: Ansprache, in: DRV/BRW, Verhandlungsbericht, S. 23–28.

Sonnemann, Theodor: Jahrgang 1900. Würzburg 1980.

Sorge, Arndt (Hrsg.): Internationalisierung. Gestaltungschancen statt Globalisierungsschicksal. Berlin 2009.

Spengler, Mark.: Die Entstehung des Scheckgesetzes vom 11. März 1908 (Rechtshistorische Reihe 365). Frankfurt am Main 2008.

Speyer, Otto: Die ältesten Credit- und Wechselbanken in Frankfurt am Main 1402 und 1404, nebst einem Überblick über die Geschichte des mittelalterlichen Zinsverbots. Frankfurt am Main 1883.

Spoerer, Mark: Vom Scheingewinn zum Rüstungsboom. Die Eigenkapitalrentabilität der deutschen Industrieaktiengesellschaften 1925–1941 (Vierteljahrschrift für Sozial- und Wirtschaftsgeschichte, Beiheft 123). Stuttgart 1996.

Spree, Reinhard (Hrsg.): Geschichte der deutschen Wirtschaft im 20. Jahrhundert. München 2001.

Sprenger, Bernd: Das Geld der Deutschen. Geldgeschichte Deutschlands von den Anfängen bis zur Gegenwart. Paderborn/München/Wien/Zürich 2002.

Spufford, Peter: Money and its Use in Medieval Europe. Cambridge/New York/Port Chester/Melbourne/Sydney 1991.

Staatsbank der Deutschen Demokratischen Republik (Hrsg.): Die Entwicklung des Bankwesens in der DDR, Bd. I. Berlin (Ost) 1979.

Stahl, Günter: Management der sozio-kulturellen Integration bei Unternehmenszusammenschlüssen und -übernahmen, in: Die Betriebswirtschaft 61 (2001), S. 61–80.

Stahl, Günter: Cultural Dynamics and Impact of Cultural Distance within Mergers and Acquisitions, in: Peterson/Smith/Thomas, Handbook, S. 431–448.

Stappel, Michael: 125 Jahre DZ BANK. Geschichte der Verbundidee. Frankfurt am Main 2008.

Statistisches Bundesamt (Hrsg.): Statistisches Jahrbuch für die Bundesrepublik Deutschland 10 (1961). Mainz/Stuttgart 1962.

Statistisches Reichsamt: Die deutschen Banken 1924 bis 1926 (Einzelschriften zur Statistik des Deutschen Reichs 3). Berlin 1927.

Statistisches Reichsamt: Das deutsche Volkseinkommen vor und nach dem Kriege (Einzelschriften zur Statistik des Deutschen Reichs 24). Berlin 1932.

Staudinger, Barbara: »*Auß sonderbaren khayserlichen gnaden*«. Die Privilegien der Wiener Hofjuden im 16. und 17. Jahrhundert, in: Frühneuzeit-Info 12 (2001), S. 21–39.

Staudinger, Barbara: Die Zeit der Landjuden und der Wiener Judenstadt 1496–1670/71, in: Brugger/Keil/Lichtblau/Lind/dies., Geschichte, S. 229–337.

Steffan, Franz (Hrsg.): Handbuch des Realkredits. Frankfurt am Main 1963.

Steil, Benn: The European Equity Markets. London/Copenhagen 1996.

Steinberg, Sigfrid H.: Five Hundred Years of Printing. London 1974.

Steiner, André: Zwischen Länderpartikularismus und Zentralismus. Zur Wirtschaftslenkung in der SBZ bis zur Bildung der Deutschen Wirtschaftskommission im Juni 1947, in: Aus Politik und Zeitgeschichte 43, B49/50 (1993), S. 32–39.

Steiner, André: Wirtschaftliche Lenkungsverfahren in der Industrie der DDR Mitte der fünfziger Jahre. Resultate und Alternativen, in: Buchheim, Folgelasten, S. 271–293.

Steiner, André: Die DDR-Wirtschaftsreform der sechziger Jahre. Konflikt zwischen Effizienz und Machtkalkül. Berlin 1999.

Steiner, André: Von Plan zu Plan. Eine Wirtschaftsgeschichte der DDR. Berlin 2007.

Stenographische Berichte über die Verhandlungen der durch die Allerhöchste Verordnung vom 30. Dezember 1894 einberufenen beiden Häuser des Landtages. Haus der Abgeordneten. Bd. IV: Von der 77. Sitzung am 18. Juni 1895 bis zur Schlußsitzung der vereinigten beiden Häuser des Landtages am 10. Juli 1895. Berlin 1895.

Stenographische Berichte über die Verhandlungen des Deutschen Reichstags, 2. Legislatur-Periode, III. Session 1875/76, Bd. II: Von der Zweiunddreißigsten Sitzung am 19. Januar 1876 bis zur Einundfünfzigsten Sitzung am 10. Februar 1876. Berlin 1876.

Stern, Selma: Jud Süss. Ein Beitrag zur deutschen und zur jüdischen Geschichte (Veröffentlichungen der Akademie für die Wissenschaft des Judentums, Historische Sektion 6). Berlin 1929 [ND München 1973].

Stern, Selma: The Court Jew. A Contribution to the History of Absolutism in Europe. Philadelphia, PA 1950 [ND New Brunswick, NJ 1985].

Stern, Selma: Der Hofjude im Zeitalter des Absolutismus. Ein Beitrag zur europäischen Geschichte im 17. und 18. Jahrhundert. Aus dem Englischen übertragen, kommentiert und herausgegeben von Marina Sassenberg (Schriftenreihe wissenschaftlicher Abhandlungen des Leo-Baeck-Instituts 64). Tübingen 2001.

Steuer, Stephan: Börsenreform – Startschuss für den Terminhandel, in: Die Bank 29 (1989), S. 364–374.

Stobbe, Otto: Handbuch des deutschen Privatrechts, 5 Bde. Berlin 1882–85.

Stöcker, Otmar M.: Die Hypothekenbanken und der Pfandbrief in den mitteleuropäischen Reformländern. Frankfurt am Main 1998.

Stöß, Irina: Globalisierung als strategisches Erfolgskonzept. Eine theoretische und empirische Analyse der Banken im Wettbewerb. Wiesbaden 2007.

Straub, Thomas: Reasons for Frequent Failure in Mergers and Acquisitions. A Comprehensive Analysis. Wiesbaden 2007.

Streeck, Wolfgang / Höpner, Martin (Hrsg.): Alle Macht dem Markt? Fallstudien zur Abwicklung der Deutschland AG. Frankfurt am Main 2003.

Stromer, Wolfgang von: Oberdeutsche Hochfinanz 1350–1450, Bd. II. Wiesbaden 1970.

Stromer, Wolfgang von: Die oberdeutschen Geld- und Wechselmärkte- Ihre Entwicklung vom Spätmittelalter bis zum Dreißigjährigen Krieg, in: Scripta Mercaturae 10 (1976), S. 23–51.

Sturm, Beate: »…wat ich schuldich war«. Privatkredit im neuzeitlichen Hannover (1550–1750) (Vierteljahrsschrift für Sozial- und Wirtschaftsgeschichte, Beiheft 208). Stuttgart 2009.

Stürmer, Michael / Teichmann, Gabriele / Treue, Wilhelm: Wägen und Wagen. Sal. Oppenheim jr. & Cie. Geschichte einer Bank und einer Familie. München ³1994.

Stützel, Wolfgang: Banken, Kapital und Kredit in der zweiten Hälfte des zwanzigsten Jahrhunderts, in: Neumark, Strukturwandlungen, S. 527–575.

Süchting, Joachim: Zur Kontroverse um die Bankkalkulation, in: Zeitschrift für das gesamte Kreditwesen 20 (1967), S. 15–20.

Süchting, Joachim: Rechtfertigungsfähige Preise im Zahlungsverkehr und Kreditgeschäft, in: Die Bank 12/1980, S. 550–556.

Süchting, Joachim: Bankmanagement. Stuttgart 1982.

Süchting, Joachim: Die Theorie der Bankloyalität – (immer noch) eine Basis zum Verständnis der Absatzbeziehungen von Kreditinstituten? in: Süchting/Heitmüller, Handbuch, S. 1–25.

Süchting, Joachim / Heitmüller, Michael (Hrsg.): Handbuch des Bankmarketing. Wiesbaden ³1998.

Süchting, Joachim / Hooven, Eckart van (Hrsg.): Handbuch des Bankmarketing. Wiesbaden 1987.

Süchting, Joachim / Paul, Stephan: Bankmanagement. Stuttgart ⁴1998.

Svensson, Lars E. O.: What have Economists learned about Monetary Policy over the Last Fifty Years?, in: Deutsche Bundesbank, Monetary Policy, S. 51–80.

Sylla, Richard / Toniolo, Gianni (Eds): Patterns of European Industrialization. The Nineteenth Century. London 1991.

Tanner, Jakob: ›Bankenmacht‹: politischer Popanz, antisemitischer Stereotyp oder analytische Kategorie?, in: Zeitschrift für Unternehmensgeschichte 43 (1998), S. 19–34.

Tellkampf, Johann Ludwig: Die Prinzipien des Geld- und Bankwesens. Berlin 1867.

Ten Haaf, Hermann-Josef: Kreditgenossenschaften im ›Dritten Reich‹. Bankwirtschaftliche Selbsthilfe und demokratische Selbstverwaltung in der Diktatur (Stuttgarter historische Studien zur Landes- und Wirtschaftsgeschichte 16). Ostfildern 2011.

Tewaag, Carl: Die Zerrüttung des Geld- und Kapitalmarktes, in: Untersuchungsausschuss für das Bankwesen 1933 I,1, S. 539–576.

Thanos, Ioannis / Papadakis, Vassilis: Unbundling Acquisition Performance: How do they perform and how can this be measured?, in: Faulkner/Teerikangas/Joseph, Handbook, S. 114–147.

Thieme, H. Jörg: Notenbank und Währung in der DDR, in: Deutsche Bundesbank, Fünfzig Jahre, S. 609–653.

Thiemeyer, Guido: Internationalismus und Diplomatie. Währungspolitische Kooperation im europäischen Staatensystem 1865–1900. München 2009.

Thier, Andreas: Regulierte Selbstregulierung und Steuerrecht im Kaiserreich. Das Beispiel der preußischen Steuergesetzgebung 1891/93, in: Collin/Bender/Ruppert/Seckelmann/Stolleis, Selbstregulierung, S. 165–196.

Thießen, Friedrich: Was leisten Market Maker an der DTB?, in: Die Bank 30 (1990), S. 422–448.

Thomes, Paul: Die Kreissparkasse Saarbrücken (1854–1914). Ein Beitrag zu Geschichte der öffentlichen Sparkassen Preußens (Schriftenreihe des Instituts für bankhistorische Forschung 6). Frankfurt am Main 1985.

Thomes, Paul: Die Diffusion der Sparkassen in Preußen, in: Pix/Pohl, Invention, S. 187–205.

Thomes, Paul: Sparkassen und kommunale Bindung – Die Sparkassen als Instrumente der Kommunalpolitik, in: Pix, Sparen, S. 251–276 [zitiert als Thomes, Sparkassen (1997)].

Thomes, Paul: Sparkassen und Banken im nördlichen Rheinland 1789 bis 1913. Bonn 2007 [zitiert als Thomes, Sparkassen (2007)].

Thorwart, Friedrich: Die Entwicklung des Banknotenumlaufs in Deutschland von 1851 bis 1880, in: Jahrbuch für Nationalökonomie und Statistik 40 (1883), S. 193–250.

Thorwart, Friedrich: Die Deutsche Genossenschafts-Bank von Soergel, Parrisius & Co. und der Giroverband der Deutschen Genossenschaften. Ein Beitrag zu den Fragen des genossenschaftlichen Großbankkredits und der genossenschaftlichen Zentralkassen (Genossenschaftliche Zeit- und Streitfragen 11). Berlin 1911.

Tietmeyer, Hans: Herausforderung Euro. Wie es zum Euro kam und was er für Deutschlands Zukunft bedeutet. München/Wien 2005.

Tilly, Richard H.: Financial Institutions and Industrialization in the Rhineland 1815–1870. Madison, WI/Milwaukee/London 1966.

Tilly, Richard H.: Banking Institutions in Historical und Comparative Perspective. Germany, Great Britain and United States in the Nineteenth and Early Twentieth Century, in: *Journal* of *Institutional and Theoretical Economics* 145 (1989), S. 189–209.

Tilly, Richard H.: Germany, in: Sylla/Toniolo, Patterns, S. 175–196.

Tilly, Richard H.: Geschäftsbanken und Wirtschaft in Westdeutschland seit dem Zweiten Weltkrieg, in: Schremmer, Geld, S. 315–343.

Tilly, Richard H.: Zur Geschichte der Bankenregulierung, in: Delhaes-Guenther/Hartwig/Vollmer, Institutionenökonomik, S. 3–27.

Tilly, Richard H.: Max Weber und die Börse, in: Jahrbuch für Wirtschaftsgeschichte 2002/2, S. 191–208.

Tilly, Richard H.: Geld und Kredit in der Wirtschaftsgeschichte. Stuttgart 2003.

Tilly, Richard H.: Trust and Mistrust. Banks, Giant Debtors, and Enterprise Crises in Germany, 1960–2002, in: Jahrbuch für Wirtschaftsgeschichte 2005/1, S. 107–135.

Tilly, Wolfgang: Die amtliche Kursnotierung an den Wertpapierbörsen. Eine Untersuchung zur Entwicklung des deutschen Börsenrechts. Baden-Baden 1975.

Timewell, Stephan: The Top 1.000 World Banks 2006, in: The Banker 165 (2006), S. 177–184.

Tooze, Adam: Ökonomie der Zerstörung. Die Geschichte der Wirtschaft im Nationalsozialismus. München 2007.

Tortella, Gabriel: Bank Mergers and Consolidation in Spanish History, in: Pohl/Tortella/van der Wee, Century of Banking Consolidation, S. 18–49.

Tortella, Teresa: Spanish Banking Archives and the Legacy of Mergers and Acquisitions, in: Pohl/Tortella/van der Wee, Century of Banking Consolidation, S. 50–61.

Touffut, Jean-Philippe (Ed.): Central Banks as Economic Institutions. Cheltenham 2008.

Tracy, James D.: Emperor Charles V, Impresario of War. Campaign Strategy, International Finance, and Domestic Politics. Cambridge 2002.

Trautwein, Friedrich: Merger Motives and Merger Prescriptions, in: Strategic Management Journal 11 (1990), S. 283–295.

Trende, Adolf: Aus der Werdezeit der Provinz Westfalens. Herausgegeben anläßlich des hundertjährigen Bestehens der Landesbank der Provinz Westfalen. Münster 1933.

Trende, Adolf: Geschichte der deutschen Sparkassen bis zum Anfang des 20. Jahrhunderts, Stuttgart 1957.

Treue, Wilhelm: Ein Fall von ›Arisierung‹ im Dritten Reich und heute – Dokumentation, in: Tradition 16 (1971), S. 288–301.

Treue, Wilhelm: Das Bankhaus Mendelssohn als Beispiel einer Privatbank im 19. und 20. Jahrhundert, in: Mendelssohn-Studien 1 (1972), S. 29–80.

Treue, Wilhelm: Preußens Wirtschaft vom Dreißigjährigen Krieg bis zum Nationalsozialismus, in: Büsch, Handbuch, S. 449–604.

Tribe, Keith: The 1948 Currency Reform: Structure and Purpose, in: Hölscher, 50 Years, S. 15–55.

Trumpler, Hans: Zur Geschichte der Frankfurter Börse, in: Bank-Archiv 9 (1909), S. 81–84, 100–101.

Ullmann, Hans-Peter: Staatsschulden und Reformpolitik. Die Entstehung moderner öffentlicher Schulden in Bayern und Baden 1780–1820, 2 Bde. Göttingen 1986.

Ullmann, Hans-Peter: Der Frankfurter Kapitalmarkt um 1800. Entstehung, Struktur und Wirken einer modernen Finanzierungsinstitution, in: Vierteljahrshefte für Sozial- und Wirtschaftsgeschichte 77 (1990), S. 75–92.

Ullmann, Hans-Peter: Finanzkrise, Staatsbankrott und Haushaltskonsolidierung im Deutschland des frühen 19. Jahrhunderts, in: Kantzenbach, Staatsüberschuldung, S. 13–25.

Ullmann, Hans-Peter: Der deutsche Steuerstaat. Geschichte der öffentlichen Finanzen vom 18. Jahrhundert bis heute. München 2005.

Ullmann, Sabine: Nachbarschaft und Konkurrenz. Juden und Christen in Dörfern der Markgrafschaft Burgau 1650 bis 1750 (Veröffentlichungen des Max-Planck-Instituts für Geschichte 151). Göttingen 1999.

Ulrich, Keith: Aufstieg und Fall der Privatbankiers. Die wirtschaftliche Bedeutung von 1918 bis 1938 (Schriftenreihe des Instituts für bankhistorische Forschung 20). Frankfurt am Main 1998.

Union Investment (Hrsg.): 25 Jahre Union Investment. Frankfurt am Main 1981.

Untersuchungsausschuß für das Bankwesen 1933 (Hrsg.): Untersuchung des Bankwesens 1933, I. Teil: Vorbereitendes Material – Ansprachen und Referate, 2 Bde. Berlin 1933; II. Teil: Statistiken. Berlin 1933.

Unverzagt, Friedrich: Das älteste Sparkassengesetz der Welt. – Einige Anmerkungen zum ›Act to encourage the Establishment of Banks for Savings in England‹ (vom 12. Juli 1817) und zu seiner späteren Entwicklung, in: Sparkasse 22–23/1938 (Sonderausgabe ›Einhundert Jahre Preußisches Sparkassen-Reglement‹), S. 419–423.

U.S. Bureau of the Census: Historical Statistics of the United States. Colonial Times to 1970, Bicentennial Edition, Part 2. Washington, DC 1975.

Vaubel, Roland: Eine Public-Choice-Analyse der Deutschen Bundesbank und ihre Implikationen für die Europäische Währungsunion, in: Duwendag/Siebke/Bofinger, Europa, S. 23–80.

Vaubel, Roland: Comment on Susanne Lohmann ›Federalism and Central Bank Independence‹ (1998) [http://www.vwl.uni-mannheim.de/Vaubel/pdf-Dateien/Comment_on_Susanne_Lohmann.pdf].
Verband deutscher Hypothekenbanken (Hrsg.): 100 Jahre Hypothekenbankgesetz. Frankfurt am Main 1999.
Verband deutscher Pfandbriefbanken (Hrsg.): Immobilien-Banking 2008–2009. Berlin 2008.
Verein für Socialpolitik (Hrsg.): Bäuerliche Zustände in Deutschland. Berichte, 3 Bde. (Schriften des Vereins für Socialpolitik 22–24). Berlin 1883.
Verein für Socialpolitik (Hrsg.): Der Wucher auf dem Lande. Berichte und Gutachten (Schriften des Vereins für Socialpolitik 35). Berlin 1887.
Viehoff, Felix: Zur mittelstandsbezogenen Bankpolitik des Verbundes der Genossenschaftsbanken, Teil III: Zum Zusammenwirken in der kreditgenossenschaftlichen Organisation (Veröffentlichungen der DG BANK 13). Frankfurt am Main 1980.
Vitols, Sigurt: Die Großbanken und die Internationalisierung des deutschen Finanzsystems, in: Sorge, Internationalisierung, S. 135–307.
Voelcker, Heinrich: Geschichte der Familie Metzler und des Bankhauses B. Metzler seel. Sohn & Co. zu Frankfurt am Main 1674 bis 1924. Frankfurt am Main 1924.
Vogler, Günther: Absolutistische Herrschaft und ständische Gesellschaft. Reich und Territorien von 1648 bis 1790. Stuttgart 1996.
Voigt, Johann Friedrich: Die Anleihen der Stadt Hamburg während der Jahre 1601 bis 1650, in: Zeitschrift für Hamburgische Geschichte 17 (1912), S. 129–253.
Voigtländer, Michael: Die Subprime-Krise in der Retrospektive, in: Verband deutscher Pfandbriefbanken, Immobilien-Banking, S. 6–14.
Volckart, Oliver: Regeln, Willkür und der gute Ruf: Geldpolitik und Finanzmarkteffizienz in Deutschland, 14. bis 16. Jahrhundert, in: Jahrbuch für Wirtschaftsgeschichte 2 (2009), S. 101–129.
Volksbank Delitzsch eG (Hrsg.): 150 Jahre Volksbank Delitzsch eG. Delitzsch 2000.
Volksbank Hohenlohe eG (Hrsg.): 150 Jahre Volksbank Hohenlohe. Chronik 1843–1993. Öhringen 1993.
Volksbank Künzelsau (Hrsg.): 1870–1970, 100 Jahre Volksbank Künzelsau. Künzelsau 1970.
Volksbank Mittelhessen eG (Hrsg.): 1858–2008. Zusammengewachsen. 150 Jahre Volksbank Mittelhessen eG. Gießen 2008.
Volksbank Öhringen e.G.m.b.H. (Hsrg.): 125 Jahre Volksbank Öhringen 1843–1968. Öhringen 1968.
Volks- und Raiffeisenbank eG Güstrow (Hrsg.): 150 Jahre Volks- und Raiffeisenbank eG Güstrow. Güstrow 2010.
Volrad Deneke, Johann Friedrich: Ärzte- und Apothekerbank. 100 Jahre. Düsseldorf 2002.
Vorel, Petr: Monetary Circulation in Central Europe at the Beginning of the Early Modern Age. Attempts to Establish a Shared Currency as an Aspect of the Political Culture of the 16th Century (1524–1573). Pardubice 2006.

Wagner, Adolph: Staatsschulden, in: Bluntschli, Deutsches Staats-Wörterbuch X, S. 1–58.
Wagner-Braun, Margarete: Die Deutsche Girozentrale als Antwort auf Finanzprobleme des frühen 20. Jahrhunderts: Vorgeschichte und erste Geschäftsjahre 1918–1931, in: Institut für bankhistorische Forschung, DekaBank, S. 13–86.
Walter, Lars O.: Derivatisierung, Computerisierung und Wettbewerb – Die Entwicklung der deutschen Terminbörse DTB/Eurex zwischen 1990 und 2001 im Kontext der europäischen Terminbörsen. Wiesbaden 2009.
Walter, Rolf: Der Pfandbrief und seine Bedeutung in historischer Perspektive, in: Pfandbrief und Kapitalmarkt, S. 13–25.
Wandel, Eckhard: Banken und Versicherungen im 19. und 20. Jahrhundert (Enzyklopädie deutscher Geschichte 45). München 1998.
Walwei, Ulrich / Heinz Werner: Das amerikanische ›Beschäftigungswunder‹. Lehren für Deutschland, aber das Dilemma bleibt. Bonn 1998.
Weber, Max: Wirtschaftsgeschichte. Abriß der universalen Sozial- und Wirtschaftsgeschichte. Berlin ³1958.
Weese, Andreas: Bankenzusammenschlüsse in Europa. Die Relevanz der Wahl der Akquisitionswährung als Erfolgsfaktor. Wiesbaden 2007.

Wegerhoff, Susanne: Die Stillhalteabkommen 1931–33. Internationale Versuche zur Privatschuldenregelung unter den Bedingungen des Reparations- und Kriegsschuldensystems. Diss. München 1982.
Wehler, Hans-Ulrich: Deutsche Gesellschaftsgeschichte, Bd. III: 1849–1914. München 2008; Bd. IV: 1914–1949. München 2008.
Weick, Arne: Homburger Plan und Währungsreform. Kritische Analyse des Währungsreformplans der Sonderstelle Geld und Kredit und seiner Bedeutung für die westdeutsche Währungsreform von 1948. St. Katharinen 1998.
Weigt, Anja: Der deutsche Kapitalmarkt vor dem Ersten Weltkrieg – Gründerboom, Gründerkrise und Effizienz des Deutschen Aktienmarktes bis 1914. Frankfurt am Main 2005.
Weihe, Thomas: Die Verdrängung jüdischer Mitarbeiter und der Wettbewerb um Kunden im Nationalsozialismus, in: Herbst/Weihe, Commerzbank, S. 43–73.
Weiss, Ulrich: Betrachtung des Privatkunden in der Zeit nach 1959, in: Der Privatkunde, S. 22–31.
Weistroffer, Christian: Makroprudenzielle Aufsicht, in: Deutsche Bank Research, Juli 2012.
Wellhöner, Volker: Großbanken und Großindustrie im Kaiserreich. Göttingen 1989.
Westermann, Ekkehard: Zur Silber- und Kupferproduktion Mitteleuropas vom 15. bis zum frühen 17. Jahrhundert. Über Bedeutung und Rangfolge der Reviere von Schwaz, Mansfeld und Neusohl, in: Der Anschnitt 38 (1986), S. 187–211.
Westermann, Ekkehard (Hrsg.): Die Listen der Brandsilberproduktion des Falkenstein bei Schwaz von 1470 bis 1623. Wien 1988.
Wettberg, Stefanie C.: Der Rückkauf eigener Anteile im deutschen Finanzsystem. Diss. Heidelberg 2003.
Wetzel, Christoph: Die Auswirkungen des Börsengesetzes von 1896 auf die Effektenbörsen im Deutschen Reich, insbesondere auf die Berliner Fondsbörse. Münster 1996.
WGZ BANK eG (Hrsg.): 1884–1984. 100 Jahre Genossenschaftliche Zentralbank im Rheinland und Westfalen. Düsseldorf 1984.
Whale, P. Barrett: Joint Stock Banking in Germany. A Study of the German Creditbanks before and after the War. London 1930 [ND New York 1968].
Wiesbadener Volksbank eG (Hrsg.): 1860–2010. Festschrift zum 150. Jubiläum der Wiesbadener Volksbank. Wiesbaden 2010.
Wildt, Michael: Am Beginn der ›Konsumgesellschaft‹. Mangelerfahrung, Lebenshaltung, Wohlstandshoffnung in Westdeutschland in den fünfziger Jahren (Forum Zeitgeschichte 3). Hamburg 1994.
Wildt, Michael: Privater Konsum in Westdeutschland in den 50er Jahren, in: Schildt/Sywottek, Modernisierung, S. 275–289.
Winder, Lukas: Die Kreditgeber der österreichischen Habsburger 1521–1612. Versuch einer Gesamtanalyse, in: Rauscher/Serles/Winkelbauer, Blut, S. 435–458.
Windolf, Paul (Hrsg.): Finanzmarkt-Kapitalismus. Analysen zum Wandel von Produktionsregimen. Wiesbaden 2005.
Winkel, Harald (Hrsg.): Finanz- und wirtschaftspolitische Fragen der Zwischenkriegszeit (Schriften des Vereins für Socialpolitik, N.F. 73). Berlin 1973.
Winkel, Harald: Die Entwicklung der Geldtheorie in der deutschen Nationalökonomie des 19. Jahrhunderts und die Gründung der Reichsbank, in: Coing/Wilhelm, Wissenschaft, S. 1–25.
Winkelbauer, Thomas: Nervus rerum Austriacarum. Zur Finanzgeschichte der Habsburgermonarchie um 1700, in: ders./Maťa, Habsburgermonarchie, S. 179–215.
Winkelbauer, Thomas / Maťa, Peter (Hrsg.): Die Habsburgermonarchie 1620 bis 1740. Leistungen und Grenzen des Absolutismusparadigmas. (Forschungen zur Geschichte und Kultur des östlichen Mitteleuropa 24). Stuttgart 2006.
Winkler, Horst: Die Landwirtschaftlichen Kreditgenossenschaften und die Grundsätze Raiffeisens, in: Jahrbuch für Nationalökonomie und Statistik 138 (1933), S. 59–76.
Wissenschaftsförderung der Sparkassen-Finanzgruppe e.V. (Hrsg.): Regionalgeschichte der Sparkassen-Finanzgruppe, Bd. I (Sparkassen in der Geschichte, Abt. 3: Forschung 19). Stuttgart 2006; Bd. II (Sparkassen in der Geschichte, Abt. 3: Forschung 22), Stuttgart 2010.
Wissenschaftsförderung der Sparkassenorganisation e.V. (Hrsg.): Europäische Sparkassengeschichte (Sparkassen in der Geschichte, Abt. 3: Forschung 9). Stuttgart 1995.

Wittenberg, Max: Praktische Beiträge zu einem Reichs-Hypothekenbank-Gesetz, in: Volkswirthschaftliche Zeitfragen 21 (1899), S. 5–60.

Witzleben, Alexander von: Staatsfinanznot und sozialer Wandel. Eine finanzsoziologische Analyse der preußischen Reformzeit zu Beginn des 19. Jahrhunderts (Studien zur modernen Geschichte 32). Wiesbaden 1985.

Wixforth, Harald: Banken und Schwerindustrie in der Weimarer Republik. Köln 1995 [*zitiert als Wixforth, Banken (1995)*].

Wixforth, Harald: Die Macht der Banken. Debatten, Untersuchungskonzepte, Ergebnisse. Frankfurt am Main 1997.

Wixforth, Harald: Bielefeld und seine Sparkassen. 175 Jahre Sparkasse in Bielefeld. Stuttgart 2000.

Wixforth, Harald (Hrsg.): Finanzinstitutionen in Mitteleuropa während des Nationalsozialismus (Geld und Kapital 4). Stuttgart 2001.

Wixforth, Harald: Banken, Expansion und Kommunikation während des Nationalsozialismus in: Bankhistorisches Archiv 30 (2004), S. 56–74 [*zitiert als Wixforth, Banken (2004)*].

Wixforth, Harald: Die Expansion der Dresdner Bank in Europa (Die Dresdner Bank im Dritten Reich III). München 2006 [*zitiert. als Wixforth, Expansion (2006)*].

Wixforth, Harald: Der hartnäckige Expansionist. Die Geschäftsausweitung der Allgemeinen Deutschen Credit-Anstalt in das Sudetenland 1938/39, in: Bankhistorisches Archiv 32 (2006), S. 23–56.

Wixforth, Harald: Die Reichswerke Hermann Göring und die Dresdner Bank, in: Bähr, Dresdner Bank, S. 345–360.

Wixforth, Harald: Die langfristigen Folgen der Bankenkrise und die Zeit des Nationalsozialismus, 1931–1945, in: Institut für bankhistorische Forschung, DekaBank, S. 87–174.

Wixforth, Harald: Emil Georg von Stauß (1877–1942), in: Pohl, Bankiers, S. 403–418.

Wixforth, Harald: Expansion durch ›Arisierung‹? – Die Geschäftsausweitung der Reichs-Kredit-Gesellschaft in die Provinz, in: Bankhistorisches Archiv 35 (2009), S. 1–25 [*zitiert als Wixforth, Expansion (2009)*].

Wixforth, Harald: ›Global Players‹ im ›Europäischen Haus‹? Die Expansionsstrategien deutscher Banken nach 1945, in: Ahrens/Wixforth, Strukturwandel, S. 97–120.

Wixforth, Harald: Die Banken in den abhängigen und besetzten Gebieten 1938–1945, in: Buchheim, Christoph / Boldorf, Marcel (Hrsg.): Europäische Volkswirtschaften unter deutscher Hegemonie 1938–1945 (Schriften des Historischen Kollegs, Kolloquien 77). München 2012, S. 185–210 [*zitiert als Wixforth, Banken (2012)*].

Wixforth, Harald / Ziegler, Dieter: Deutsche Privatbanken und Privatbankiers im 20. Jahrhundert. Ein Anachronismus?, in: Geschichte und Gesellschaft 23 (1997), S. 205–235.

Wolf, Herbert: Vom Großbankengesetz bis zur ›Normalisierung‹ (1953–1958), in: Pohl, Geschichte (1998), S. 59–110.

Wolffsohn, Michael: Globalentschädigung für Israel und die Juden? Adenauer und die Opposition in der Bundesregierung, in: Herbst/Goschler, Wiedergutmachung, S. 161–190.

Wolz, Christian N.: Konflikte zwischen der Notenbank und der Regierung in der Bundesrepublik Deutschland 1956–1961 (Schriftenreihe des Instituts für bankhistorische Forschung 22). Stuttgart 2009.

Wormser, Otto: Die Frankfurter Börse, ihre Besonderheiten und ihre Bedeutung. Tübingen 1919.

Württembergischer Genossenschaftsverband e.V. (Hrsg.): Besinnung und Aufruf, 1864–1964. Stuttgart 1964.

Wymeersch, Eddy: Die Effektenmarktaufsicht in der Europäischen Gemeinschaft (Kommission der Europäischen Gemeinschaften, Kollektion Studien: Wettbewerb-Rechtsangleichung 31). Brüssel 1978.

Wysocki, Josef: Zahlungsverkehr und Mittelstandsidee. Zum Wirken von Johann Christian Eberle vor dem Ersten Weltkrieg, (Untersuchungen über das Spar-, Giro- und Kreditwesen. Schriften des Instituts für das Spar-, Giro- und Kreditwesen an der Universität Bonn 41). Berlin 1969.

Wysocki, Josef: Der öffentliche Auftrag der Sparkassen im Zeitalter der Industrialisierung, in: Mura, Auftrag, S. 34–44.

Wysocki, Josef: Gutachten über die Frage der »ältesten Sparkasse«. In Druck gegeben von der Sparkasse Detmold aus Anlaß des 200jährigen Bestehens am 13. März 1986. Detmold 1986.

Wysocki, Josef: Die ›bankmäßige‹ Entwicklung der Sparkassen (1908 bis 1931), in: Mura, Entwicklung, S. 36–48 [*zitiert als Wysocki, Entwicklung (1987)*].

Wysocki, Josef: Die geschichtliche Entwicklung der Landesbanken/Girozentralen von 1909 bis 1923, in: Mura, Landesbanken/Girozentralen, S. 37–52 [*zitiert als Wysocki, Entwicklung (1991)*].

Wysocki, Josef: Sparkassenorganisation und Zahlungsverkehr von den Anfängen bis 1918, in: Mura, Zahlungsverkehr, S. 19–31.

Wysocki, Josef: Untersuchungen zur Wirtschafts- und Sozialgeschichte der deutschen Sparkassen im 19. Jahrhundert. Vollständiger Nachdruck der Originalausgabe von 1980 mit einer Einführung von Günther Schulz (Sparkassen in der Geschichte, Abt. 2: Reprint 10). Stuttgart 2005.

Wysocki, Josef / Ellgering, Ingo: Flächendeckende Sparkassen in der Bundesrepublik Deutschland. Kreissparkassen, Zweckverbandssparkassen und Sparkassen mit mehreren kommunalen Trägern. Aspekte ihrer geschichtlichen Entwicklung und ihrer heutigen Bedeutung. Stuttgart 1985.

Wysocki, Josef / Günther, Hans G: Geschichte der Sparkassen in der DDR 1945 bis 1990. Stuttgart 1998.

Wysocki, Josef / Wehrmann, Volker: Lippe. Leben, Arbeit, Geld. 1786–1986. Stuttgart 1986.

Young, Patrick L. (Ed.): An Intangible Commodity. Defining the Future of Derivatives. Petts Wood, Kent 2004.

Zachlod, Christian M.: Die Staatsfinanzen des Hochstifts Hildesheim vom Ende des Siebenjährigen Krieges bis zur Säkularisation (1763–1802/03) (Studien zur Gewerbe- und Handelsgeschichte der vorindustriellen Zeit 27). Stuttgart 2007.

Zeitler, Franz-Joseph: Präsentation des Finanzstabilitätsberichts 2007 [unveröffentlichtes Manuskript, 29. November 2007].

Zellfelder, Friedrich, Das Kundennetz des Bankhauses Gebrüder Bethmann, Frankfurt am Main, im Spiegel der Hauptbücher (1738–1816). Stuttgart 1994.

Zentralkasse Nordwestdeutscher Volksbanken e.G.m.b.H. (Hrsg.): 75 Jahre Förderung im Volksbankenverbund. Hannover 1968.

Zentralkasse Südwestdeutscher Volksbanken A.G. (Hrsg.): 40 Jahre Zentralkasse Südwestdeutscher Volksbanken. Karlsruhe 1963.

Zentrum für Europäische Wirtschaftsforschung: Bedeutung von Investmentfonds für den privaten Anleger. Mannheim 2010.

Zerres, Peter: Die Wechselplätze. Eine Untersuchung der Organisation und Technik des interregionalen und internationalen Zahlungsverkehrs Deutschlands in der ersten Hälfte des 19. Jahrhunderts. Zürich 1977.

Ziegler, Dieter: Zentralbankpolitische ›Steinzeit‹? Preußische Bank und Bank of England im Vergleich, in: Geschichte und Gesellschaft 19 (1993), S. 475–505.

Ziegler, Dieter: Bank of England, in: North, Aktie, S. 43–48.

Ziegler, Dieter: Lender of Last Resort, in: North, Aktie, S. 220 f.

Ziegler, Dieter: Papiergeld, in: North, Aktie, S. 293 ff.

Ziegler, Dieter: Peelsche Bankakte, in: North, Aktie, S. 296 ff.

Ziegler, Dieter: Preußische Bank, in: North, Aktie, S. 315 ff.

Ziegler, Dieter: Preußische Bankordnung, in: North, Aktie, S. 317 f.

Ziegler, Dieter: Zentralbank, in: North, Aktie, S. 438 f.

Ziegler, Dieter: Zettelbank, in: North, Aktie, S. 439–442.

Ziegler, Dieter: Der ›Latecomer‹ lernt. Der ›Peel's Act‹ und die preußische Währungsgesetzgebung im Zeitalter der Industrialisierung, in: Berghoff/Ziegler, Pionier, S. 75–95.

Ziegler, Dieter: Die Verdrängung der Juden aus der Dresdner Bank, in: Vierteljahreshefte für Zeitgeschichte 47 (1999), S. 187–216.

Ziegler, Dieter: Die ›Germanisierung‹ und ›Arisierung‹ der Mercurbank während der Ersten Republik Österreich, in: ders., Banken, S. 15–41.

Ziegler, Dieter: Geschäftliche Spezialisierungen deutscher Privatbankiers in der Zwischenkriegszeit. Ein vergeblicher Überlebenskampf?, in: Der Privatbankier, S. 27–47.
Ziegler, Dieter (Hrsg.): Banken und ›Arisierungen‹ in Mitteleuropa während des Nationalsozialismus (Geld und Kapital 5). Stuttgart 2002.
Ziegler, Dieter: Strukturwandel und Elitenwechsel im Bankwesen 1900–1957, in: Berghahn/Unger/Ziegler, Wirtschaftselite, S. 187–218.
Ziegler, Dieter: Die Dresdner Bank und die deutschen Juden (Die Dresdner Bank im Dritten Reich II). München 2006.
Zöllner, Wolfgang: Wertpapierrecht. München ^{13}1982.
Zollo, Maurizio / Singh, Harbir: Deliberate Learning in Corporate Acquisitions. Post-Acquisition Strategies and Integration Capability in U.S. Bank Mergers, in: Strategic Management Journal 25 (2004), S. 1233–1256.
Zopounidis, Constantin (Ed.): New Trends in Banking Management. Heidelberg 2002.
Zorn, Wolfgang (Hrsg.): Lebensbilder aus dem Bayerischen Schwaben, Bde. X-XI. Weißenhorn 1973/76.
Zschaler, Frank: Von der Emissions- und Girobank zur Deutschen Notenbank – Zu den Umständen der Gründung einer Staatsbank für Ostdeutschland, in: Bankhistorisches Archiv 18 (1992), S. 59–68.
Zschaler, Frank: Die Entwicklung einer zentralen Finanzverwaltung in der SBZ/DDR 1945 1949/50, in: Mehringer, SBZ, S. 97–138.
Zschaler, Frank: Die vergessene Währungsreform. Vorgeschichte, Durchführung und Ergebnisse der Geldumstellung in der SBZ 1948, in: Vierteljahreshefte für Zeitgeschichte 45 (1997), S. 191–224.
Zschaler, Frank: Erzwungene Reorientierung im Zeichen der deutschen Teilung (1945–1990), in: Pohl, Geschichte (2002), S. 215–252.
Zunckel, Julia: Rüstungsgeschäfte im Dreißigjährigen Krieg. Unternehmerkräfte, Militärgüter und Marktstrategien im Handel zwischen Genua, Amsterdam und Hamburg (Schriften zur Wirtschafts- und Sozialgeschichte 49). Berlin 1997.
Zweig, Gerhard: Die Deutsche Girozentrale – Deutsche Kommunalbank. Stuttgart 1986.
Zwick, Steve: Jörg Franke, Bringing home the Bund, in: Futures, October 2007, S. 30f.

Abkürzungsverzeichnis

ABC	Allied Bank Commission
ABCP	Asset Backed Commercial Paper
ABECOR	Associated Banks of Europe Corporation
ABS	Asset-Backed Securities
Abt.	Abteilung
ADCA	Allgemeine Deutsche Credit-Anstalt
ADG	Akademie Deutscher Genossenschaften
ADHGB	Allgemeines Deutsches Handelsgesetzbuch
ADIG	Allgemeine Deutsche Investmentgesellschaft mbH
AEG	Allgemeine Elektricitäts-Gesellschaft
AG	Aktiengesellschaft
AIG	American International Group
ALMM	Asset-Liability-Mismatch
Anm.	Anmerkung
Anm. d. Verf.	Anmerkung des Verfassers
ArchWGÄ	Landesarchiv Berlin / Archiv der Wiedergutmachungsämter von Berlin
Art.	Artikel
BA	Bundesarchiv
BaFin	Bundesanstalt für Finanzdienstleistungsaufsicht
BaKred	Bundesaufsichtsamt für das Kreditwesen
Bd.	Band
BdL	Bund der Landwirte
BDW	Betriebsgesellschaft Datenverarbeitung für Wertpapiergeschäfte
BDZ	Börsen-Daten-Zentrale GmbH
Bebca	Böhmische Escompte-Bank und Creditanstalt
BelWertV	Beleihungswerteermittlungsverordnung

BfG		Bank für Gemeinwirtschaft
BGB		Bürgerliches Gesetzbuch
BHG		Bäuerliche Handelsgenossenschaft
BIP		Bruttoinlandsprodukt
BIS		Bank for International Settlements
BIZ		Bank für Internationalen Zahlungsausgleich
Bl.		Blatt
BLN		Bank für Landwirtschaft und Nahrungsgüterwirtschaft
BNP		Banque Nationale de Paris
BNZ		Bank of New Zealand
BRW		Bundesverband der Raiffeisen-Warengenossenschaften
BV		Bayerische Vereinsbank
BVR		Bundesverband der Deutschen Volksbanken und Raiffeisenbanken
CAC		Cotation Assistée en Continu
CATS		Computer Assisted Trading System
CBOE		Chicago Board Options Exchange
CBOT		Chicago Board of Trade
CCP		Central Counterparty
CDS		Credit Default Swap
CDU		Christlich Demokratische Union Deutschlands
CEBS		Committee of European Banking Supervisors
CEO		Chief Executive Officer
CFF		Crédit Foncier de France
Cie.		Compagnie
CLS Bank		Continuous Linked Settlement Bank
CME		Chicago Mercantile Exchange
Co.		Compagnie
CoCo		Contingent Convertible
CRD		Capital Requirements Directive
CRR		Capital Requirement Regulation
DAF		Deutsche Arbeitsfront
Danat-Bank		Darmstädter- und Nationalbank KGaA
DAX		Deutscher Aktienindex
DDR		Deutsche Demokratische Republik
DeckRegV		Deckungsregisterverordnung
DeDi-Bank		Deutsche Bank und Disconto-Gesellschaft AG
Deka		Deutsche Kapitalanlagegesellschaft mbH
DEPFA		Deutsche Pfandbriefbank AG
ders.		derselbe
DG HYP		Deutsche Genossenschafts-Hypothekenbank AG
DGK		Deutsche Genossenschaftskasse
DGRV		Deutscher Genossenschafts- und Raiffeisenverband
DGV		Deutscher Genossenschaftsverband
DGZ		Deutsche Girozentrale – Deutsche Kommunalbank –
DHB		Deutsche Hypothekenbank AG
dies.		dieselbe(n)
DIT		Deutsche Investment-Trust Gesellschaft für Wertpapieranlagen mbH
DKV		Deutscher Kassenverein AG
DM / D-Mark		Deutsche Mark
DNB		Deutsche Notenbank
DRV		Deutscher Raiffeisenverband
DSGV		Deutscher Sparkassen- und Giroverband
DTB		Deutsche Terminbörse

DWK	Deutsche Wirtschaftskommission
DWS	Deutsche Gesellschaft für Wertpapiersparen mbH
DWZ	Deutsche Wertpapierdaten-Zentrale GmbH
DZFV	Deutsche Zentralfinanzverwaltung
EBA	European Banking Authority
ebd.	ebenda
EBIC	European Banking Industry Committee
EDV	Elektronische Datenverarbeitung
EFSF	European Financial Stability Facility / Europäische Finanzstabilisierungsfazilität
eG	eingetragene Genossenschaft
EG	Europäische Gemeinschaft
EGKS	Europäische Gemeinschaft für Kohle und Stahl
eGmbH	eingetragene Genossenschaft mit beschränkter Haftung
EIOPA	European Insurance and Occupational Pensions Authority
EOE	European Options Exchange Amsterdam
ERP	European Recovery Program
ESFS	European System of Financial Supervision
ESM	European Stability Mechanism / Europäischer Stabilitätsmechanismus
ESMA	European Securities and Markets Authority
ESZB	Europäisches System der Zentralbanken
EU	Europäische Union
Eurex	European Exchange
e.V.	eingetragener Verein
EWI	Europäisches Währungsinstitut
EWS	Europäisches Währungssystem
EWU	Europäische Währungsunion
EZB	Europäische Zentralbank
EZU	Europäische Zahlungsunion
f. / ff.	folgende [Seite] / folgende [Seiten]
FDIC	Federal Deposit Insurance Corporation
Fed	Federal Reserve (System)
FMStFG	Finanzmarktstabilisierungsgesetz
FlugBelWertV	Verordnung über die Ermittlung der Beleihungswerte von Flugzeugen
fol.	Folio
FSB	Financial Stability Board
FWB AG	Frankfurter Wertpapierbörse AG
G10	Group of Ten
GARIOA	Government and Relief in Occupied Areas
GATT	General Agreement on Tariffs and Trade
GBB	Genossenschaftsbank Berlin
GG	Grundgesetz
GmbH	Gesellschaft mit beschränkter Haftung
gr.	Gramm
GStA PK	Geheimes Staatsarchiv Preußischer Kulturbesitz
GV	Genossenschaftsverband
HA B. Metzler seel. Sohn & Co.	Historisches Archiv B. Metzler seel. Sohn & Co. KGaA
HAPAG	Hamburg-Amerikanische Packetfahrt-Actien-Gesellschaft
HA UniCredit Bank AG	Historisches Archiv der UniCredit Bank AG
HBG	Hypothekenbankgesetz

HBOS	Halifax Bank Of Scotland
HMWT	Hessisches Ministerium für Wirtschaft und Technik
HRE	Hypo Real Estate
HSBC	Hongkong & Shanghai Banking Corporation
HVB	HypoVereinsbank
Hypo-Bank	Bayerische Hypotheken- und Wechsel-Bank
IBIS	Integriertes Börsenhandels- und Informations-System
IFRS	International Financial Reporting Standards
IG	Interessengemeinschaft
IG Farben	IG Farbenindustrie AG
IHK	Industrie- und Handelskammer
IKB	IKB Deutsche Industriebank AG
Jg. / Jgge.	Jahrgang / Jahrgänge
KAGG	Gesetz über Kapitalanlagegesellschaften
KfW	Kreditanstalt für Wiederaufbau
kg	Kilogramm
KG	Kommanditgesellschaft
KGaA	Kommanditgesellschaft auf Aktien
KREDA	Kredit-Verein Deutscher Apotheker e.G.m.b.H.
KWG	Reichsgesetz über das Kreditwesen / Kreditwesengesetz
LB	Landesbank
LBBW	Landesbank Baden-Württemberg
LIFFE	London International Financial Futures Exchange
Likoba	Liquiditäts-Konsortialbank GmbH
LLP	Limited Liability Partnership
LPG	Landwirtschaftliche Produktionsgenossenschaft
LZB	Landeszentralbank
M&A	Mergers & Acquisitions
MATIF	Marché à Terme international de France
MATIS	Makler-Trading-Information-System
MBS	Mortgage Backed Securities
MEZ	Mitteleuropäische Zeit
MIDAS	Marketmaker-Information-and-Dealing-System
Mio.	Million(en)
Mrd.	Milliarde(n)
NASD	National Association of Securities Dealers
NASDAQ	National Association of Securities Dealers Automated Quotations
Nr.	Nummer
NS	Nationalsozialismus
NSDAP	Nationalsozialistische Deutsche Arbeiterpartei
NS-HAGO	NS-Handelsorganisation
NSP	Nettosozialprodukt
NYSE	New York Stock Exchange
OECD	Organisation for Economic Co-operation and Development
OEEC	Organisation for European Economic Co-operation
oHG	Offene Handelsgesellschaft
OM	Option Market Stockholm
ÖPG	Gesetz über die Pfandbriefe und verwandte Schuldverschreibungen öffentlich-rechtlicher Kreditanstalten
OTC	Over-the-counter
o. V.	ohne Verfasser
PfandBarwertV	Pfandbrief-Barwertverordnung
PfandBG	Pfandbriefgesetz

PGH	Produktionsgenossenschaft des Handwerks
PIIGS	Portugal, Italien, Irland, Griechenland und Spanien
Preussag	Preußische Bergwerks- und Hütten-Aktiengesellschaft
RCB	Regulated Covered Bond
RefinRegV	Refinanzierungsregisterverordnung
RGBl.	Reichsgesetzblatt
RGVA Moskau	Rossiskij Gosudarstvennyj Voennyj Archiv v Moskva
RM	Reichsmark
Rz.	Randziffer
S.	Seite
SA	Sturmabteilung
SAG	Sowjetische Aktiengesellschaft
SAPMO-BA	Stiftung Archiv der Parteien und Massenorganisationen der DDR im Bundesarchiv
SBZ	Sowjetische Besatzungszone
SchBkG	Gesetz über Schiffspfandbriefbanken
SchiffsBelWertV	Schiffsbeleihungswertermittlungsverordnung
Schufa	Schutzgemeinschaft für allgemeine Kreditsicherung
SEAQ	Stock Exchange Automated Quotation
SEC	United States Securities and Exchange Commission
SED	Sozialistische Einheitspartei Deutschlands
SIFI	Systemically Important Financial Institution
SIV	Special Investment Vehicles
SKA	Schweizerische Kreditanstalt
SMAD	Sowjetische Militäradministration in Deutschland
SME	Small and Medium-sized Enterprises
SMH-Bank	Schröder, Münchmeyer, Hengst & Co.
SOFFEX	Swiss Options and Financial Futures Exchange
Soffin	Sonderfonds Finanzmarktstabilisierung
Sp.	Spalte
SparkG	Sparkassengesetz
SPD	Sozialdemokratische Partei Deutschlands
SPV	Special Purpose Vehicles
SS	Schutzstaffeln
t	Tonne(n)
Tab.	Tabelle
Ufa	Universum-Film-Aktiengesellschaft
UFJ	United Financial of Japan
UK	United Kingdom
US[A]	United States [of America]
VdgB	Vereinigung der gegenseitigen Bauernhilfe
vgl.	vergleiche
Vol.	Volume
VVB	Vereinigung Volkseigener Betriebe
WaMu	Washington Mutual
XETRA	Exchange Electronic Trading
ZBR	Zentralbankrat
Zentgeno	Zentralverband der genossenschaftlichen Großhandels- und Dienstleistungsunternehmen
zit. n.	zitiert nach

Personenverzeichnis

Abs, Hermann Josef 276 ff., 280, 291, 337, 339, 341 ff., 345, 347, 369
Adenauer, Konrad 310, 336, 339, 343, 346, 364
Albrecht V. (Herzog) 23
Ansmann, Heinrich 291 f., 296 (Anm. 43)
Apel, Hans 357
Arnold, Heinrich 271

Baker, Dean 474
Bamberger, Ludwig 174
Bassermann, Felix 291
Becket, Thomas 318 (Anm. 64)
Behrens, Elieser (genannt Leffmann) 52, 59
Bernhardi, Anton 107
Bethmann, Moritz von 140
Bismarck, Otto von 167
Black, Fischer 434 (Anm. 59)
Blaich, Fritz 27
Blessing, Karl 303 f., 311 f.
Blum, Ulrich 34
Bluntschli, Johann Caspar 99
Bondi, Simon Isak 59
Borchardt, Knut 191
Breuer, Rolf-E. 418–421, 424, 429
Bronzin, Vinzenz 430 (Anm. 5)
Brüning, Heinrich 261
Bühring, Dietrich Ernst 137

Bülow, Bernhard von 194
Burhop, Carsten 196
Bürmann, Ernst 107
Butschkau, Fritz 365

Caprivi, Leo von 193
Cartellieri, Ulrich 379
Cavalli, Antonio 18
Christian VII. (König) 45
Clough, Richard 46
Cosimo I. (Großherzog) 22
Cramer, Jörg-Engelbrecht 382
Crüger, Hans 110
Czichon, Eberhard 276

Dattel, Dany 403 f.
Deeg, Peter 52
Demolière, Serge 433 (Anm. 57)
Döhlemann, Friedrich 292
Draheim, Georg 114, 116
Dudley, Leonard 34
Duisenberg, Willem F. 444
Duschenes, Salomon 59

Eberle, Johann Christian 218 f.
Edward VI. (König) 22
Erhard, Ludwig 299, 303, 316 (Anm. 7), 368 f.

Erlanger, Raphael 140
Ernst August (Herzog) 59
Ernst, Friedrich 278
Eucken, Walter 310

Fagneux, Louis 131
Feder, Gottfried 284
Feldman, Gerald D. 249
Ferdinand (Erzherzog) 22
Ferdinand I. (Kaiser) 21 f., 30
Ferdinand II. von Aragón (König) 22
Feuchtwanger, Lion 52
Fischer, Artur 433 (Anm. 57)
Fischer, Jörg 418, 432 (Anm. 33)
Fischer, Otto Christian 284, 290
Fohlin, Caroline 196
François-Poncet, André 339
Franconi, Reto 432 (Anm. 33)
Franke, Jörg 419, 428
Friedrich II. (König) 65, 137 f.
Friedrich August I. (Kurfürst) 59
Friedrich Wilhelm III. (König) 90
Fugger, Anton 21-24
Fugger, Georg 18, 21
Fugger, Hans 23
Fugger, Jakob 18 f., 21 f.
Fugger, Marx (Markus) 21, 23 f.
Fugger, Ulrich 17 f., 20 f.

Gamp-Massaunen, Karl Friedrich Oskar Freiherr von 129
Gehrig, Thomas 196
Geiger, Helmut 386 (Anm. 23)
Gelman, Sergey 196
Gerling, Hans 403 f.
Geßler, Ernst 357
Glackemeyr, Louis 110
Glückel von Hameln 51 f.
Goetz, Carl 336, 339
Goldschmidt, Jacob 248
Goldschmidt, Levin 128
Gomperz, Ruben Elias 13, 51–60
Göring, Hermann 113, 285, 291
Gropp, Reint 474
Gründl, Christian 474
Grunwald, Max 55
Günther, Ernst 113
Güttler, Andre 474

Haas, Wilhelm 121 f., 128
Halt, Karl Ritter von 291
Hansemann, Adolph von 246
Hansemann, David 245 f.

Harlan, Veit 52
Hauck, Michael 435 (Anm. 74)
Heinrich VIII. (König) 22
Heintze, Johannes 285
Helferich, Hans 113
Herlt, Rudolf 366
Herstatt, Iwan D. 403 f.
Hilferding, Rudolf 350
Hirsch, Maurice de 181 f.
Hirschel, Lazarus 58
Hitler, Adolf 266, 283 f., 309
Hölling, Alfred 292, 296 (Anm. 43)
Honecker, Erich 331
Hoppenstedt, Dietrich H. 471
Hugenberg, Alfred 284

Irmler, Heinrich 311

Janberg, Hans 379, 386 (Anm. 16)
Justi, Johann Heinrich 91

Kalkstein, Heinz 385 (Anm. 4)
Karl I. (König) 21
Karl V. (Kaiser) 21 ff., 28 ff., 32, 55
Karl VII. (Kaiser) 60
Karl Alexander (Herzog) 52
Kasch, Matthias 423
Katharina von Württemberg (Königin) 94, 102 (Anm. 32), 446
Kellenbenz, Hermann 46 f.
Kempner, Paul 277
Keppler, Wilhelm 290
Kiehl, Johannes 291
Kimmich, Karl 291
Kluge, Erich 278
Kohl, Helmut 314, 447
Köhler, Claus 386 (Anm. 15)
Köllhofer, Dietrich 385
Kollonitsch, Leopold von 51 f.
Korthaus, Karl 110 f., 114, 118 (Anm. 32)
Koselleck, Reinhart 87
Krages, Hermann 356
Kraus, Theodor 133
Kuckhoff, Greta 325, 327
Kühnen, Harald 291 f., 296 (Anm. 43)

Lang, Johann 112 ff
Lange, Kurt 291
Laule, Gerhard 423 ff.
Law, John 64
Lehmann, Berend 59
Lencer, Rudolf 278, 292
Lenz, Otto 342

Leopold I. (Kaiser) 51
Levi, Gerd 58
Liikanen, Erkki 497
Loeb, Rudolf 271, 277 f., 280
Lüdinghausen, Reinhold Freiherr von 290, 293
Ludwig XIV. (König) 54
Lüer, Carl 293

Mändl, Abraham 58
Mannheimer, Fritz 277
Marx, Paul 336, 339
Maximilian I. (Kaiser) 20 f., 28
Maximilian II. (Kaiser) 21
Maximilian II. Joseph (Max II.; König) 141
May, Michael 60
McArthur, Travis 474
McCloy, John 336
Meckau, Melchior von 20
Meier, Johann Christian 190
Mella, Frank 433 (Anm. 57)
Mendelssohn, Giulietta von 277
Mendelssohn, Marie von 277
Mendelssohn, Robert von 277, 280
Mendelssohn-Bartholdy, Elsa 277
Metzler, Albert von 424
Metzler, Friedrich von 422, 424 f., 427
Meyer, Emil 290, 293
Michael, Simon 58
Michaelis, Otto 174
Miller, Merton 434 (Anm. 59)
Miquel, Johannes von 130, 135 (Anm. 16)
Morgenthau, Henry 352
Mosler, Eduard 250
Müller, Jens Uwe 439 (Anm. 159)

Napoleon I. (Kaiser) 93
Neuburger, August 364
Neuffer, Albert 105
Nieberding, Rudolf Arnold 208
Nixon, Richard 403

Ogger, Günter 22
Oheimb von Hauenschild, Manfred 369
Olson, Mancur 32
Oppenheimer, Emanuel 51
Oppenheimer, Joseph Süß 52, 58 f.
Oppenheimer, Samuel 13, 51–60
Örtel, Matthäus 23
Overbeck, Gustav 290

Paulson, Henry 150
Peter Ludwig Friedrich von Oldenburg (Herzog) 102 (Anm. 32)

Pferdmenges, Robert 369
Philipp II. (König) 23 f.
Pilder, Hans 293
Pohl, Hans 217, 220 f.
Pohl, Manfred 41
Ponto, Jürgen 386 (Anm. 25)
Pook, Fritz 430 (Anm. 4)
Posse, Hans Ernst 285
Preuß, Andreas 440 (Anm. 179)
Prince-Smith, John 174
Profumo, Allessandro 456
Pütter, Johann Stephan 26

Raiffeisen, Friedrich Wilhelm 106, 121 f., 134, 387
Rasche, Karl 290, 293
Reinhart, Carmen M. 478
Reinhart, Friedrich 284, 290
Rentelen, Theodor Adrian von 112
Richter, Hermann 292, 296 (Anm. 43)
Riesser, Jacob 159
Rinn, Hans 369
Rockefeller, John D. 184
Rogoff, Kenneth S. 478
Röller, Wolfgang 430 (Anm. 4), 433 (Anm. 49)
Roosevelt, Franklin D. 480
Rose, Andrew K. 27 f.
Rösler, Oswald 291
Rother, Christian 68 f.
Rudolf II. (Kaiser) 21

Salomonsohn, Arthur 251
Schacht, Hjalmar 145, 248, 264, 272, 284 f.
Schäffer, Fritz 345
Scheller, Alexander 246
Schenk, Friedrich 110
Schiller, Karl 443
Schlesinger, Helmut 311
Schlesinger, Marx 58
Schlitter, Oscar 250
Schlözer, August Ludwig 91
Schmitt, Curt 284
Schmitz-Morkramer, Carl 153 (Anm. 77)
Schnee, Heinrich 53
Scholes, Myron 430 (Anm. 5)
Schröder, Kurt von 284, 290
Schrötter, Friedrich Freiherr von 30
Schuckmann, Friedrich von 94
Schulze-Delitzsch, Hermann 105–110, 112, 117 (Anm. 15), 121–129, 134, 387
Secklein, Isak 58
Seidenzahl, Fritz 250
Sentz, Max 292
Siemens, Georg (von) 181

Sieveking, Heinrich 38 f.
Sigismund (Erzherzog) 17–21
Sombart, Werner 60, 87
Stauß, Emil Georg von 291
Steffan, Franz 138
Steinthal, Max 251
Stern, Selma 53, 58
Strauß, Franz Josef 153 (Anm. 77)
Streicher, Julius 52
Stroell, Johann Baptist von 139–142
Stützel, Wolfgang 230 f.
Süchting, Joachim 380, 382

Tanner, Jacob 350
Tänzl, Christian 18
Teichmann, Walter 293
Tellkampf, Johann Ludwig 170, 174
Tewaag, Carl 243 (Anm. 32)
Thyssen, August 246
Troeger, Heinrich 312

Uffenheimer, Jacob 113
Ulff, Levi 59
Ulrich, Franz Heinrich 365, 369

Vincke, Ludwig Freiherr von 95
Vocke, Wilhelm 304 f., 311
Vorel, Petr 27, 32, 36 (Anm. 10)

Wahl, Saul 60
Warburg, Max M. 271
Wassermann, Oscar 250 f.
Weber, Max 192 f., 198 (Anm. 10, 30)
Weigt, Anja 196
Werner, Pierre 443
Wertheimer, Samson 51, 57, 59 f.
Wertheimer, Wolf 60
Wetzel, Christoph 194 ff.
Wilhelm II. (Kaiser) 194
Wilhelm V. (Herzog) 23
Wolff, Anton 190
Wulff, Benjamin Elias 59
Wysocki, Josef 95, 216, 221

Zaß, Manfred 433 (Anm. 57)
Zinßer, Hugo 292, 296 (Anm. 43)

Verzeichnis der Unternehmen, Institutionen und Organisationen

Aachener Verein zur Beförderung der Arbeitsamkeit 95
Abbey National 453
ABC s. *Allied Bank Commission*
ABECOR s. *Associated Banks of Europe Corporation*
ABN Amro Bank 450
ADCA s. *Allgemeine Deutsche Credit-Anstalt*
ADG s. *Akademie Deutscher Genossenschaften*
ADIG s. *Allgemeine Deutsche Investment-Gesellschaft*
AEG s. *Allgemeine Elektricitäts-Gesellschaft*
AIG s. *American International Group*
Akademie Deutscher Genossenschaften 389
Akzept- und Garantiebank 261 f., 266
Allgemeine Depositenbank 162
Allgemeine Deutsche Credit-Anstalt (ADCA) 255 (Anm. 3), 291 f.
Allgemeine Deutsche Investment-Gesellschaft (ADIG) 363–366, 372 (Anm. 2)
Allgemeine Elektricitäts-Gesellschaft (AEG) 246, 252
Allgemeine Versorgungs-Anstalt 91
Allgemeiner Verband s. *Allgemeiner Verband der auf Selbsthilfe beruhenden deutschen Erwerbs- und Wirtschaftsgenossenschaften*
Allgemeiner Verband der auf Selbsthilfe beruhenden deutschen Erwerbs- und Wirtschaftsgenossenschaften (Allgemeiner Verband) 108–111, 117 f. (Anm. 19, 36)
Allied Bank Commission (ABC) / Alliierte Bankkommission 299 f., 336
Alliierte Hohe Kommission 339
Alliierter Kontrollrat 301
American International Group (AIG) 489, 495, 500 (Anm. 31)
Amsterdamsche Wisselbank 38, 41, 44, 48, 63
Anglo-Deutsche Bank 159, 162
Anwaltschaft deutscher Erwerbs- und Wirtschaftsgenossenschaften 108, 117 (Anm. 18)
Arbeitgeberverband der Deutschen Volksbanken und Raiffeisenbanken 389
Arbeitsgemeinschaft der deutschen Giroverbände 221
Arbeitsgemeinschaft der Deutschen Wertpapierbörsen 423, 432 (Anm. 37)
Arbeitsgemeinschaft des privaten Hypothekenbankgewerbes 146
Arbeitsgemeinschaft Deutsche Pfandbriefinstitute 145
Arthur Andersen & Co. 417 f., 422
Arthur D. Little 415
Associated Banks of Europe Corporation (ABECOR) 453
Association Tripartite Bourses 417

ATF Bank 452
Australia and New Zealand Banking Group 150
Auswärtiges Amt 339

Baden-Württembergischer Genossenschaftsverband 394
Badische Landesgewerbebank 118 (Anm. 41)
BaFin *s. Bundesanstalt für Finanzdienstleistungsaufsicht*
BaKred *s. Bundesaufsichtsamt für das Kreditwesen*
Banca CRT 451 f.
Banca dell'Umbria 452
Banca di Roma 451 f.
Banca Tiriac 452
Banco (del) Giro 38, 60
Banco della Piazza di Rialto 38
Banco di Santo Spirito 452
Banco di Sicilia 452
Banco Publico 38, 45, 48
Banco Santander Central Hispano 450, 453
Bank Austria 449, 452
Bank Austria Creditanstalt 449, 452
Bank Biochim 452
Bank der Deutschen Arbeit 350
Bank deutscher Länder 12, 209, 297–319, 323, 352 ff., 378, 424
Bankenenquete *s. Untersuchungsausschuß für das deutsche Bankwesen (1933)*
Bank für Gemeinwirtschaft (BfG) 356 f.
Bank für Handel und Industrie (Darmstädter Bank) 213, 244 f.
Bank für Internationalen Zahlungsausgleich (BIZ) 405, 409, 487, 501 (Anm. 48)
Bank für Landwirtschaft und Nahrungsgüterwirtschaft (BLN) 330, 395
Bank für Thüringen 248
Bankhaus Gebr. Arnhold 279
Bankhaus Gebr. Arnhold / S. Bleichröder 271, 275 f.
Bankhaus H. Aufhäuser 271, 372 (Anm. 2)
Bankhaus E. A. Bamberger 271
Bankhaus Bass & Herz 271
Bankhaus L. Behrens & Co. 157
Bankhaus Berenberg & Gossler 157
Bankhaus Gebr. Bethmann 79–89
Bankhaus Bett, Simon & Co. 271
Bankhaus Bondi & Maron 275
Bankhaus Conrad Hinrich Donner 157
Bankhaus J. Dreyfus & Co. 162, 164
Bankhaus Heinrich Emden & Co. 275
Bankhaus Hermann Friedländer & Sommerfeld 190
Bankhaus Georg Fromberg & Co. 271

Bankhaus Z. H. Gumpel 271, 275
Bankhaus Hardy & Co. 279
Bankhaus Friedrich Hengst 365
Bankhaus Hentsch & Cie. 365
Bankhaus I. D. Herstatt 16, 357, 402–413, 469
Bankhaus Hirschfeld & Wolff 16, 189–199
Bankhaus E. Hirschland 271
Bankhaus Simon Hirschland 276
Bankhaus Hocker & Co. 403
Bankhaus Veit L. Homberger 275
Bankhaus Hope & Co. 84
Bankhaus Jacquier & Securius 271, 274
Bankhaus Anton Kohn 275
Bankhaus Lombard Odier Darier Hentsch & Cie. 365
Bankhaus Eduard Maass 190
Bankhaus Mendelssohn & Co. 11, 14, 270–282
Bankhaus H. J. Merck & Co. 157
Bankhaus Benjam Metzler seel. Sohn & Co. 84
Bankhaus Meyer & Co. 321
Bankhaus Sal. Oppenheim jr. & Cie. 271, 275, 281 (Anm. 4), 296 (Anm. 43)
Bankhaus Palm 54
Bankhaus M. A. Rothschild & Söhne 84, 245
Bankhaus Rüppel & Harnier 84
Bankhaus Schröder, Münchmeyer, Hengst & Co. 406
Bankhaus Seiler & Co. 372 (Anm. 2)
Bankhaus J. H. Stein 290
Bankhaus Gebr. Stern 271
Bankhaus S. H. Stern 271
Bankhaus Straus & Co. 271
Bankhaus M. M. Warburg & Co. 157, 271, 275
Bankhaus A. E. Wassermann 271, 275
Bankhaus Johann Ludwig Willemer & Co. 84
Bank of America 150, 450, 453, 488
Bank of China 450
Bank of England 63 f., 68, 175, 299, 308
Bank of Montreal 150
Bank of Nova Scotia 150
Bank Pekao 452
Bankenverband *s. Bundesverband der Deutschen Banken*
Bankers Trust 453
Bankverein Westdeutschland 360 (Anm. 15)
Banque de France 175
Banque Impériale Ottomane 183
Banque Nationale de Paris (BNP) 453
Banque Royale 64
Barclays Bank 450, 488, 500 (Anm. 28)
Barmer Bankverein 255 (Anm. 3)
Baseler Ausschuss für Bankenaufsicht 410 f., 493, 500 (Anm. 36)

Baseler Ausschuss für Bankenbestimmungen und -überwachung 410 f.
Bäuerliche Handelsgenossenschaft (BHG) 395
Bausparkasse der deutschen Volksbanken 112
BAV s. *Bundesaufsichtsamt für das Versicherungswesen*
BAWe s. *Bundesaufsichtsamt für das Wertpapierwesen*
Bayerische Central-Handwerker-Genossenschaftskasse 110
Bayerische Handelsbank 141
Bayerische Hypotheken- und Wechsel-Bank 14, 138–145, 147 f., 151 f. (Anm. 21, 31, 38, 43), 156, 164 (Anm. 3), 168, 200, 203, 255 (Anm. 3), 356, 372 (Anm. 2), 449, 452
Bayerische Hypo- und Vereinsbank 14, 449–463
Bayerische Landesbank 356
Bayerische Landwirtschaftsbank 118 (Anm. 46)
Bayerische Staatsbank 372 (Anm. 2)
Bayerische Vereinsbank 142, 148 f., 203, 255 (Anm. 3), 449, 452
Bayerische Volksbanken AG 393
Bayerische Wertpapiersammelbank 437 (Anm. 108)
BBBank 118 (Anm. 39)
BDW s. *Betriebsgesellschaft Datenverarbeitung für Wertpapiergeschäfte*
BDZ s. *Börsen-Daten-Zentrale*
Bear Stearns 485, 488
Bebca s. *Böhmische Escompte-Bank und Creditanstalt*
Bergisch-Märkische Bank 246
Berliner Bank 162 ff.
Berliner Bankverein 162
Berliner Genossenschaftsverband (Schulze-Delitzsch) 394, 396
Berliner Handelsgesellschaft 156, 244, 294, 250
Berliner Kassenverein 437 (Anm. 108)
Betriebsgesellschaft Datenverarbeitung für Wertpapiergeschäfte (BDW) 423
BfG s. *Bank für Gemeinwirtschaft*
BHG s. *Bäuerliche Handelsgenossenschaft*
BIZ s. *Bank für Internationalen Zahlungsausgleich*
BLN s. *Bank für Landwirtschaft und Nahrungsgüterwirtschaft*
Blunden Committee 410
BNP s. *Banque Nationale de Paris*
BNP Paribas 453
BNZ International Funding 150
Böhmische Escompte-Bank und Creditanstalt (Bebca) 290
Bolsa de Valores de São Paulo (Bovespa) 440 (Anm. 188)
Börse Eurex Zürich 440 (Anm. 183)

Börsen-Daten-Zentrale (BDZ) 423
Bovespa s. *Bolsa de Valores de São Paulo*
Brandenburgischer Raiffeisenverband 396
BRW s. *Bundesverband der Raiffeisen-Warengenossenschaften*
Bulbank 452
Bund der Landwirte 192 f.
Bundesanstalt für Finanzdienstleistungsaufsicht (BaFin) 136, 412 (Anm. 7), 501 (Anm. 39)
Bundesaufsichtsamt für das Kreditwesen (BaKred) 212, 385 (Anm. 4), 412 (Anm. 7)
Bundesaufsichtsamt für das Versicherungswesen (BAV) 412 (Anm. 7)
Bundesaufsichtsamt für das Wertpapierwesen (BAWe) 412 (Anm. 7)
Bundesfinanzministerium 339
Bundesjustizministerium 357
Bundesverband der Deutschen Banken (Bankenverband) 296 (Anm. 43), 369, 406 f., 430 (Anm. 4), 433 (Anm. 49)
Bundesverband der Deutschen Volksbanken und Raiffeisenbanken (BVR) 388–391, 393 f., 396, 399
Bundesverband der Raiffeisen-Warengenossenschaften (BRW) 388 f.
Bundeswirtschaftsministerium 305, 339
Bunker Ramo Corporation 415
BVR s. *Bundesverband der Deutschen Volksbanken und Raiffeisenbanken*

Caisse Central Desjardins du Quebec 150
Caisse de la dette publique Ottomane 180 f., 187
Canadian Imperial Bank of Commerce 150
Caritro 451 f.
CariVerona Banca 451 f.
Capitalia Gruppo Bancario 451 f.
Cassa di Risparmio di Capri 452
Cassa di Risparmio di Roma 452
Cassa di Risparmio di Trieste 452
Cassamarca 451 f.
CBOE s. *Chicago Board Options Exchange*
CBOT s. *Chicago Board of Trade*
CDU s. *Christlich Demokratische Union Deutschlands*
CEBS s. *Committee of European Banking Supervisors*
Centralkorrespondenzbureau der deutschen Vorschuss- und Kreditvereine 108
Centralverband des Deutschen Bank- und Bankiersgewerbes 194, 225, 284 f.
Central Verband Deutscher Industrieller 194
Centralverein für das Wohl der arbeitenden Klassen 99, 103 (Anm. 84), 104 (Anm. 88)
CFF s. *Crédit Foncier de France*

Chicago Board of Trade (CBOT) 417, 429
Chicago Board Options Exchange (CBOE) 416
Chicago Mercantile Exchange (CME) 416 f., 431 (Anm. 27), 440 (Anm. 188)
China Construction Bank 450
Christlich Demokratische Union Deutschlands (CDU) 364
Citigroup 450
Clearstream International 413
CLS Bank International 410
CME s. *Chicago Mercantile Exchange*
Commerzbank 156, 235, 262, 289 f., 293, 336, 349–363, 368–371, 423
Commerz- und Credit-Bank 360 (Anm. 15)
Commerz- und Disconto-Bank (1870–1920) 11, 13, 155–165, 244
Commerz- und Disconto-Bank (1952–58 aufgrund des ›Gesetzes über den Niederlassungsbereich von Kreditinstituten‹ ausgegründetes Institut) 360 (Anm. 15)
Commerz- und Privat-Bank 245, 250, 262, 266, 284, 286
Committee of European Banking Supervisors (CEBS) 211
Compagnie de Financement Foncier 149
Continental Illinois National Bank 488
Cooke Committee 410 f.
Crédit Agricole Groupe 450
Creditanstalt 449
Credit-Anstalt für Handel und Gewerbe 259
Crédit Foncier de France (CFF) 140 f.
Credito Italiano 451 f.
Creditverband der Provinz Sachsen 140
CRTrieste Banca 451

DAF s. *Deutsche Arbeitsfront*
Daimler-Benz 248 f.
Danat-Bank s. *Darmstädter- und Nationalbank*
Darlehnskassenverein Bad Düben 117 (Anm. 2)
Darlehnskassenverein Eilenburg 117 (Anm. 2)
Darmstädter Bank für Handel und Industrie (Darmstädter Bank) 156, 159 f., 247
Darmstädter- und Nationalbank (Danat-Bank) 245, 248 ff., 252, 257, 260–263
DeDi-Bank s. *Deutsche Bank und Disconto-Gesellschaft*
Deka s. *Deutsche Kapitalanlagegesellschaft*
Demirbank Romania 452
DEPFA s. *Deutsche Pfandbriefbank*
Depositen-, Giro- und Wechselbank 40
Deutsch Asiatische Bank 187
Deutsch-Brasilianische Bank 159

Deutsche Apotheker- und Ärztebank 118 (Anm. 37)
Deutsche Arbeitsfront (DAF) 278
Deutsche Außenhandelsbank 328, 330
Deutsche Bank 13 f., 125 (Anm. 20), 156 ff., 161–164, 178–188, 235, 244–256, 262, 266, 275–278, 286–289, 291–294, 337, 349–362, 364 f., 368–372, 379, 386 (Anm. 16), 418, 423, 453, 461
Deutsche Bank und Disconto-Gesellschaft (DeDi-Bank) 244–256
Deutsche Bauernbank 326
Deutsche Bausparer AG, Bau-, Spar- und Entschuldungskasse 112
Deutsche Börse 16, 414–440
Deutsche Börsen-Beteiligungsgesellschaft 426
Deutsche Bundesbank 232, 297–319, 378 f., 386 (Anm. 15), 406, 411, 412 (Anm. 9), 423, 427, 439 (Anm. 159), 441, 443, 487, 500 (Anm. 36), 501 (Anm. 39)
Deutsche Effecten- und Wechselbank 364
Deutsche Emissions- und Girobank 12, 320–333
Deutsche Genossenschaftsbank von Soergel, Parrisius & Co. (Soergelbank) 109, 117 (Anm. 23), 126, 128
Deutsche Genossenschafts-Hypothekenbank (DG HYP) 112
Deutsche Genossenschaftskasse (DGK) 106, 114, 393
Deutsche Gesellschaft für Wertpapiersparen (DWS) 364 f., 369
Deutsche Girozentrale – Deutsche Kommunalbank – (DGZ) 221–226, 264, 286 f., 292, 423, 433 (Anm. 57)
Deutsche Handelsbank 326, 328
Deutsche Hansabank 248
Deutsche Hypothekenbank 140, 212
Deutsche Investitionsbank 326, 329
Deutsche Investment-Trust Gesellschaft für Wertpapieranlagen (DIT) 364 ff.
Deutsche Kapitalanlagegesellschaft (Deka) 364 f.
Deutsche Landesbankenzentrale 224
Deutsche Luft Hansa 249
Deutsche National-Bank 69
Deutsche Notenbank (DNB) 320–333
Deutsche Orientbank 186
Deutsche Pfandbriefbank (DEPFA) 213 f.
Deutsche Terminbörse 16, 414–440
Deutsche Union Bank 162
Deutsche Wertpapierbörse 424 f.
Deutsche Wertpapierdaten-Zentrale (DWZ) 421 ff., 427
Deutsche Wirtschaftskommission (DWK) 323–326

Deutsche Zentralfinanzverwaltung (DZFV) 322 f., 331 (Anm. 18)
Deutsche Zentralgenossenschaftsbank 393
Deutsche Zentralgenossenschaftskasse (Deutschlandkasse) 111–114
Deutscher Auslandskassenverein 427, 437 (Anm. 109)
Deutscher Genossenschafts- und Raiffeisenverband (DGRV) 388 ff.
Deutscher Genossenschaftsverband (DGV) 106, 109, 111 f., 114, 119 (Anm. 59), 388 f.
Deutscher Industrie- und Handelstag 113
Deutscher Kassenverein (DKV) 422–427, 437 (Anm. 109)
Deutscher Raiffeisenverband (DVR) 388
Deutscher Sparkassen- und Giroverband (DSGV) 223, 225, 285, 365, 369, 386 (Anm. 23), 470 f.
Deutscher Sparkassenverband 100, 217, 223
Deutscher Verband der kommunalen Banken 223
Deutscher Zentral-Giroverband 222 ff.
Deutschlandkasse s. Deutsche Zentralgenossenschaftskasse
Deutsch-Überseeische Bank 158
DG BANK Deutsche Genossenschaftsbank 114, 393 ff., 423
DG HYP s. Deutsche Genossenschafts-Hypothekenbank
DGK s. Deutsche Genossenschaftskasse
DGRV s. Deutscher Genossenschafts- und Raiffeisenverband
DGV s. Deutscher Genossenschaftsverband
DGZ s. Deutsche Girozentrale – Deutsche Kommunalbank –
DHB s. Düsseldorfer Hypothekenbank
Dillon Read Capital Management 485
Disconto-Gesellschaft 14, 156, 162, 244–256
Diskont und Kredit AG 373 (Anm. 33)
DIT s. Deutsche Investment-Trust Gesellschaft für Wertpapieranlagen
DKV s. Deutscher Kassenverein
DNB s. Deutsche Notenbank
Dresdner Bank 106, 111, 114, 117 (Anm. 23), 126, 156, 162 f., 186, 235, 244, 250, 261 f., 266, 273, 275, 279, 284, 286–294, 296 (Anm. 43), 337, 349–362, 364 f., 368–372, 373 (Anm. 33), 386 (Anm. 25), 423, 430 (Anm. 4), 433 f. (Anm. 57, 59)
DSGV s. Deutscher Sparkassen- und Giroverband
Düsseldorfer Hypothekenbank (DHB) 214
DVR s. Deutscher Raiffeisenverband
DWK s. Deutsche Wirtschaftskommission
DWS s. Deutsche Gesellschaft für Wertpapiersparen
DWZ s. Deutsche Wertpapierdaten-Zentrale

DZ BANK Deutsche Zentral-Genossenschaftsbank 394
DZFV s. Deutsche Zentralfinanzverwaltung

EBA s. *European Banking Authority*
EBIC s. *Europäischer Beratungsausschuss*
EIOPA s. *European Insurance and Occupational Pensions Authority*
Eksimbanka 452
Elberfelder Disconto- und Wechselbank 162
Emissions- und Girobank für das Land Brandenburg 322
EOE s. *European Options Exchange Amsterdam*
Ersparungs-Casse (für das Herzogtum Oldenburg) 91
Ersparungs-Classe (der Allgemeinen Versorgungs-Anstalt) 91
Ersparungskasse (Darmstadt) 92
Erste Preußische Hypothekenbank 140
ESMA s. *European Securities and Markets Authority*
Essener Credit-Anstalt 247 f., 255 (Anm. 3)
Esso 248
ESZB s. *Europäisches System der Zentralbanken* 445 f.
Eurex s. *European Exchange*
Eurex Deutschland 440 (Anm. 183)
Eurex Frankfurt am Main 440 (Anm. 183)
Eurohypo 148, 152 (Anm. 28)
Euronext 429
Europäische Bankenvereinigung 465
Europäische Zentralbank (EZB) 313 f., 444–448, 487, 489–492, 498
Europäischer Beratungsausschuss (EBIC) 453
Europäisches System der Zentralbanken 445 f.
Europäisches Währungsinstitut 444
Europartners 453
European Banking Authority (EBA) 211, 501 (Anm. 38 f., 46)
European Exchange (Eurex) 414, 440 (Anm. 183)
European Insurance and Occupational Pensions Authority (EIOPA) 501 (Anm. 46)
European Options Exchange Amsterdam (EOE) 416 f.
European Securities and Markets Authority (ESMA) 501 (Anm. 46)
EZB s. *Europäische Zentralbank*

Fannie Mae 150, 480, 488
FDIC s. *Federal Deposit Insurance Corporation*
Fed s. *Federal Reserve*
Federal Deposit Insurance Corporation (FDIC) 488
Federal Housing Finance Agency 488

Federal Reserve (Fed) 150, 308, 376, 488 f., 500 (Anm. 31)
FIDUCIA Revisions- und Treuhandinstitut 112
Financial Stability Board (FSB) 501 (Anm. 48)
Finanzministerium der DDR 326
Fitch Ratings 148 f.
Frankfurter Hypothekenbank 140 f., 151 (Anm. 18)
Frankfurter Kassenverein 422 f.
Frankfurter Wertpapierbörse AG (FWB AG) 414, 418, 422, 424 ff., 433 (Anm. 57)
Freddie Mac 150, 480, 488
Freie Vereinigung der deutschen Genossenschaften 110
FSB s. Financial Stability Board
FWB AG s. Frankfurter Wertpapierbörse AG

Garantie- und Akzeptbank 226
Garantie- und Kreditbank 322
GBB s. Genossenschaftsbank Berlin
Geldvermittlungsstelle des Deutschen Städtetages 217
Gelsenberg s. Gelsenkirchener Bergwerks-AG
Gelsenkirchener Bergwerks-AG (Gelsenberg) 252
General Motors Company 255 (Anm. 20)
Genossenschaftliche Zentralbank Rheinland 115
Genossenschaftliche Zentralbank Stuttgart 394
Genossenschaftsbank Berlin (GBB) 395
Genossenschaftsverband (Neu-Isenburg/Hannover) 394
Genossenschaftsverband Bayern 394
Genossenschaftsverband Berlin-Brandenburg 396
Genossenschaftsverband Hessen/Rheinland-Pfalz 396
Genossenschaftsverband Niedersachsen 109 f.
Genossenschaftsverband Weser-Ems 394
Genossenschaftsverband Württemberg 109
Gesellschaft freiwilliger Armenfreunde 92
Gesellschaft zur Beförderung der Künste und nützlichen Gewerbe 91
›Geßler-Kommission‹ s. Studienkommission ›Grundsatzfragen der Kreditwirtschaft‹
Giroverband Sächsischer Gemeinden 219
Gruppo Bipop-Carire 451 f.
Gruppo UniCredito Italiano 452, 461 (Anm. 3)
GZ-Bank 394

Halifax Bank Of Scotland (HBOS) 149, 450
Hamburg-Amerikanische Packetfahrt-Actien-Gesellschaft (HAPAG) 157
Hamburg-Berliner Bank 159 f.
Hamburger Bank 12, 28–50, 157
Hamburger Courantbank 42 f.
Hamburger Kreditbank 349, 360 (Anm. 15)

Hamburger Patriotische Gesellschaft 91, 465
Hamburger Verein 159
Hamburger Wechslerbank 159
Handelshaus Baumgartner 18
Handelshaus Fugger 12 f., 17–25
Handelshaus Gossembrot 18
Handelshaus Herwart 18
Handelshaus Imhof 20
Handelshaus Lauginger 20
Handelshaus Medici 23
Handelshaus Meuting s. Meuting-Gesellschaft
Handelshaus Mülich 20
Handelshaus Rem 20
Handelshaus Thurzo 21
Handelshaus Völin 18
Hannoversche Genossenschaftsbank 118 (Anm. 31)
HAPAG s. Hamburg-Amerikanische Packetfahrt-Actien-Gesellschaft
Haupttreuhandstelle Ost 291
Hauptverband s. Hauptverband der deutschen gewerblichen Kreditgenossenschaften
Hauptverband der deutschen gewerblichen Kreditgenossenschaften (Hauptverband) 109, 111
HBOS s. Halifax Bank Of Scotland
Hebros Bank 452
Heddesdorfer Darlehnskassenverein 121
Henschel-Flugzeugwerke 287
Hessische Handwerker-Zentralgenossenschaft Landesgewerbebank 118 (Anm. 41)
Hessisches Ministerium für Wirtschaft und Technik (HMWT) 419
Hildesheimer Bank 248
HMWT s. Hessisches Ministerium für Wirtschaft und Technik
Hongkong Exchange 440 (Anm. 188)
Hongkong & Shanghai Banking Corporation 187
HRE s. Hypo Real Estate
HSBC Group 453
HSBC Holdings 450
HVB-Group 449–463
Hypo-Bank s. Bayerische Hypotheken- und Wechsel-Bank
Hypo Real Estate (HRE) 148, 214, 490
Hypothekenbank Frankfurt 148, 152 (Anm. 28)
Hypothekenbank in Hamburg 159
HypoVereinsbank s. Bayerische Hypo- und Vereinsbank

IG Farben s. IG Farbenindustrie
IG Farbenindustrie (IG Farben) 248 f., 252
IHK Frankfurt s. Industrie- und Handelskammer Frankfurt am Main
IKB Deutsche Industriebank 486

Industrial and Commercial Bank of China 450
Industrie- und Handelsbank 329 f.
Industrie- und Handelskammer Frankfurt am Main (IHK Frankfurt) 422
Indymac Bank 488
Intergovernmental Study Group on Safeguarding Foreign Interest 336
International Securities Exchange 414
Internationale Bank in Hamburg 156 ff., 160
Internationaler Währungsfonds 346

Joint Committee of the European Supervisory Authorities 501 (Anm. 46)
JPMorgan Chase & Co. 149, 450, 488
Jüdische Wiedergutmachungsbank 372 (Anm. 2)
Junkers Flugzeug- und Motorenwerke 287

Kansas City Board of Trade 431 (Anm. 27)
Kaufmännischer Cassenverein zu Berlin 68
KfW s. *Kreditanstalt für Wiederaufbau*
Kieler Spar- und Leihkasse 92
Kommunaler Giroverband Pommern 220
Königliche Giro- und Lehnbanco 12, 63–78, 169
Konversionskasse für deutsche Auslandsschulden 341 f.
Kreditanstalt für Wiederaufbau (KfW) 486
Kreditkassen for Husejerne i Kobenhavn 137
Kredit-Verein Deutscher Apotheker 111
Kreissparkasse Krefeld 217
Friedrich Krupp Aktiengesellschaft 184, 252, 287

La Banque de Paris et des Pays-Bas 453
Landesbank Baden-Württemberg (LBBW) 466, 486
Landesbank Sachsen Girozentrale (Sachsen LB) 486
Landessparkasse des Fürstentums Lippe 217
Landwirtschafts- und Gewerbebank Künzelsau 117 (Anm. 3)
LBBW s. *Landesbank Baden-Württemberg*
Lehman Brothers Inc. 488, 500 (Anm. 28)
Leihbank (Grafschaft Lippe-Detmold) 92
LIFFE s. *London International Financial Futures Exchange*
Likoba s. *Liquiditäts-Konsortialbank*
Lippische Leihekasse 102 (Anm. 17)
Liquiditäts-Konsortialbank (Likoba) 406
Lloyds Banking Group 149
London International Financial Futures Exchange (LIFFE) 417 ff., 422, 427 ff., 434 (Anm. 66 f.)
London Stock Exchange 415 f.
Lübecker Privatbank 248

Maklerbank 159
Mannesmann Röhrenwerke 246
Marché à Terme international de France (MATIF) 417, 428
MATIF s. *Marché à Terme international de France*
Mecklenburg-Strelitzsche Hypotheken-Actien-Bank 213
MedioCredito Centrale 452
Merrill Lynch 453
Meuting-Gesellschaft 18, 20
Midland Bank 368
Mitsubishi UFJ Financial Group 450, 453
Mitteldeutsche Creditbank 244 f., 250
Mitteldeutscher Genossenschaftsverband (Raiffeisen/Schulze-Delitzsch) 396
Mizuho Financial Group 450
Monte dei Paschi 137
Moody's Investors Service 148, 485
Münchner Hypothekenbank 118 (Anm. 46)

NASD s. *National Association of Securities Dealers*
NASDAQ s. *National Association of Securities Dealers Automated Quotations*
National Association of Securities Dealers (NASD) 415
National Association of Securities Dealers Automated Quotations (NASDAQ) 415 f.
Nationalbank für Deutschland 244–247
National Bank of Canada 150
National City Bank 251
Nationalsozialistische Deutsche Arbeiterpartei (NSDAP) 113, 253, 285 f., 289–292
Neue Boden AG 212
Neustadter Volksbank 119 (Anm. 58)
New Century Financial Corporation 485
New York Stock Exchange (NYSE) 429 f.
Nixdorf Computer 404
Nomura Holdings 500 (Anm. 28)
Norddeutsche Bank 156 ff., 160 ff., 245, 251, 255 (Anm. 3)
Norddeutsche Bank (aufgrund des ›Gesetzes über den Niederlassungsbereich von Kreditinstituten‹ aus der Deutschen Bank ausgegründetes Institut) 360 (Anm. 15)
Norddeutsche Genossenschaftsbank 394
Norddeutsche Wollkämmerei und Kammspinnerei (Nordwolle) 260, 263
Norddeutscher Kassenverein 437 (Anm. 108)
Nordwestdeutsche Verbandskasse 117 (Anm. 30)
Nordwolle s. *Norddeutsche Wollkämmerei und Kammspinnerei*
Nova Banjalucka Banka 452

NSDAP *s. Nationalsozialistische Deutsche Arbeiterpartei*
NS-HAGO *s. NS-Handelsorganisation*
NS-Handelsorganisation (NS-HAGO) 113
NYSE *s. New York Stock Exchange*

Oehringer Privatspar- und Leih-Kasse 15, 105–119
OM *s. Option Market Stockholm*
Adam Opel AG 255 (Anm. 20)
Option Market Stockholm 417, 431 (Anm. 29)
Ordentliche Waisenkasse der Reichsabtei Salem 465
Österreichische Creditanstalt 452
Ost- und Westpreußische Verbandskasse 117 (Anm. 30)

Paribas *s. La Banque de Paris et des Pays-Bas*
Patriotische Gesellschaft *s. Gesellschaft zur Beförderung der Künste und nützlichen Gewerbe*
Pfälzische Zentralgenossenschaftskasse 118 (Anm. 41)
Pol'nobanka/UniBanka 452
Pommersche Hypotheken-Actien-Bank 213
Postbank 453
Preussag *s. Preußische Bergwerks- und Hütten-Aktiengesellschaft*
Preußenkasse *s. Preußische Central-Genossenschafts-kasse*
Preußenkonsortium 245
Preußische Bank 12, 44, 64, 69, 72 f., 166, 168–172, 174
Preußische Bergwerks- und Hütten-Aktiengesellschaft (Preussag) 366
Preußische Central-Bodenkredit-Aktiengesellschaft 204
Preußische Central-Genossenschaftskasse (Preußenkasse) 110 ff., 128 ff., 217
Preußische Hypotheken-Aktien-Bank 212
Preußische Staatsbank 287
Provinzial-Disconto-Gesellschaft 159
Provinzialgewerbebank 118 (Anm. 31)
Provinzial-Hülfskasse (Westfalen) 95
PSD-Bank 394

Rabobank Group 450
Raiffeisenverband der DDR 396
Raiffeisenverband Kurhessen 396
Raiffeisen-Zentralbank Kurhessen 394
Reichsaufsichtsamt für das Kreditwesen 212, 264
Reichsbank 12, 39, 49, 64, 73, 110, 129 f., 135 (Anm. 14), 145, 157, 166 f., 171, 174 ff., 218, 226, 229 f., 239 f., 253 f., 259 f., 261 ff., 266, 268 (Anm. 25), 274, 276 ff., 298 f., 302, 304, 307–310, 312, 376 ff.

Reichsdeutscher Mittelstandsverband 219
Reichsfinanzministerium 285
Reichsgruppe Banken 14, 266, 283–296
Reichskommissar für das Bankgewerbe 263, 377
Reichskommissar für das Kreditwesen 264, 291
Reichs-Kredit-Gesellschaft 286 ff., 290, 350 f.
Reichswerke Hermann Göring 287
Reichswirtschaftsministerium (RWM) 278, 285, 291
Rheinisch-Westfälische Bank 360 (Anm. 15)
Rheinisch-Westfälische Genossenschaftsbank 109, 117 (Anm. 23)
Rheinisch-Westfälischer Genossenschaftsverband 394
Rheinische Creditbank 247, 249, 251, 255 (Anm. 3)
Rheinische Genossenschaftsbank 117 (Anm. 31)
Rheinische Landesbank 257, 263 f.
Rhein-Main-Bank 349, 360 (Anm. 15)
Rhein-Ruhr-Bank 349, 360 (Anm. 15)
Ritterschaftliche Privatbank 68
Rolo Banca 451 f.
Royal Bank of Canada 150
Royal Bank of Scotland 450
RWM *s. Reichswirtschaftsministerium*

Sachsen LB *s. Landesbank Sachsen Girozentrale*
Sachsen LB Europe 486
Sächsische Bank 219 f.
Sächsischer Sparkassenverband 218 f.
A. Schaaffhausen'scher Bankverein 156, 247, 249, 251, 255 (Anm. 3)
Schlesische Landschaft 137
Schlesischer Bankverein 246
Schlieker-Konzern 356
Schufa *s. Schutzgemeinschaft für allgemeine Kreditsicherung*
Schutzgemeinschaft für allgemeine Kreditsicherung (Schufa) 370
Schwäbisch Hall 112
Schweizerische Bankgesellschaft 417
Schweizerische Effektenbörse 432 (Anm. 40)
Schweizerische Kreditanstalt (SKA) 417, 432 (Anm. 33)
Schweizerischer Bankverein 417
SEC *s. United States Securities and Exchange Commission*
SED *s. Sozialistische Einheitspartei Deutschlands*
Seehandlung (ab 1918: Preußische Staatsbank) 182
SGZ Bank 394
Siegener Bank 248
Siemens & Halske 246
SIX Group 440 (Anm. 183)
SIX Swiss Exchange 440 (Anm. 183)

SKA s. *Schweizerische Kreditanstalt*
SMAD s. *Sowjetische Militäradministration in Deutschland*
SMH-Bank s. *Bankhaus Schröder, Münchmeyer, Hengst & Co.*
Société Générale 453
Soergelbank s. *Deutsche Genossenschaftsbank von Soergel, Parrisius & Co.*
SOFFEX s. *Swiss Options and Financial Futures Exchange*
Sonderausschuss Banken 378
Sonderstelle Geld und Kredit 301
Sowjetische Militäradministration in Deutschland (SMAD) 115, 321–324, 326
Sozialistische Einheitspartei Deutschlands (SED) 116, 328 f.
Sparda-Bank 394
Sparkasse Salem-Heiligenberg 465
Spar- und Leih-Casse (Göttingen) 92
Spar- und Leihkasse für die Kreise Gießen und Grünberg 96
Spar- und Vorschuss-Verein der badischen Eisenbahnbeamten 118 (Anm. 38)
Speciesbank 45
Species-, Giro- und Leihbank 45
Spielhagen-Konzern 212 f.
Splitska Banka 452
Staatsschuldentilgungskasse (Bayern) 94 f.
Standard and Poor's Corporation 148, 485
Standard Oil Company 184
Ständische Sparkasse für das Markgraftum Niederlausitz 95
Stempelvereinigung 230
Stinnes-Konzern 248, 356
Stockholms Banco 63
Studienkommission ›Grundsatzfragen der Kreditwirtschaft‹ (›Geßler-Kommission‹) 357 f., 402, 405, 408 f.
Süddeutsche Bank 360 (Anm. 15)
Süddeutsche Bodenkreditbank 142
Süddeutsche Disconto-Gesellschaft 249, 251, 255 (Anm. 3)
Sumitomo Mitsui Financial Group 450
Swiss Options and Financial Futures Exchange (SOFFEX) 417 ff., 429, 431 f. (Anm. 29, 40)
SWX Swiss Exchange 440 (Anm. 183)

Toronto Dominion Bank 150

Überweisungsverband 226
UBS 450, 485
Ufa s. *Universum-Film-Aktiengesellschaft*
Ukrsotsbank 452

UniCredit Bank 14, 151 (Anm. 21)
UniCredit Group 449–463
Union Investment 364 f.
United States Securities and Exchange Commission (SEC) 415
United States Steel Corporation (US Steel) 248
Universum-Film-Aktiengesellschaft (Ufa) 247, 250
Untersuchungsausschuß für das deutsche Bankwesen (1933) 264, 284, 349, 351
US Steel s. *United States Steel Corporation*

VdgB s. *Vereinigung der gegenseitigen Bauernhilfe*
Verband der Kreditgenossenschaften der DDR 396
Verband deutscher Hypothekenbanken 153 (Anm. 73)
Verband deutscher Pfandbriefbanken 153 (Anm. 73)
Verband privater Hypothekenbanken 147, 153 (Anm. 77)
Vereinigte Stahlwerke 248, 252
Vereinigung der gegenseitigen Bauernhilfe (VdgB) 395
Vereinsbank in Hamburg 160 f.
Vereinsbank in Nürnberg 142
Vereinsbank Wiesbaden 119 (Anm. 74)
Vierjahresplan-Behörde 293
Volksbank Delitzsch 117 (Anm. 2)
Volksbank Hohenlohe 105
Volkswagen 366

Waaren-Credit-Anstalt 159
WaMu s. *Washington Mutual*
Washington Mutual (WaMu) 149
Wells Fargo 450
Wertpapiersammelbank Baden-Württemberg 437 (Anm. 108)
Wertpapiersammelbank Nordrhein-Westfalen 437 (Anm. 108)
Westdeutsche Apothekerbank 118 (Anm. 37)
Westdeutsche Landesbank Girozentrale (WestLB) 356, 469 ff.
Westfälische Genossenschaftsbank 118 (Anm. 31)
Westfälische Landschaft 118 (Anm. 46)
WestLB s. *Westdeutsche Landesbank Girozentrale*
WfA s. *Wohnungsbauförderanstalt*
Wiener Stadtbanco 44, 60, 85
Wiesbadener Bank 114
Wiesbadener Volksbank 119 (Anm. 74)
Wirtschaftsgruppe Privates Bankgewerbe 284 f., 290
Wirtschaftsgruppe Sparkassen 285
WL BANK Westfälische Landschaft Bodenkreditbank 118 (Anm. 46)

Wohnungsbauförderanstalt (WfA) 469
Württembergische Spar-Casse 94, 466
Württembergische Vereinsbank 247, 255 (Anm. 3)
Württembergischer Bankverein 248

Yapi Kredi 452

Zagrebačka banka 452
Zentgeno *s. Zentralverband der genossenschaftlichen Großhandels und Dienstleistungsunternehmen*
Zentralbankrat (der Bank deutscher Länder / Deutschen Bundesbank) 299, 310, 312
Zentraler Kreditausschuss 264, 385 (Anm. 7)
Zentralgenossenschaftsbank für Hessen-Nassau 31 (Anm. 117)
Zentralgenossenschaftskasse für Niedersachsen 110
Zentralkasse für das Königreich Sachsen 110
Zentralkasse Württembergischer Genossenschaften 110
Zentralverband der genossenschaftlichen Großhandels und Dienstleistungsunternehmen (Zentgeno) 388
Zentralverband Deutscher Konsumvereine 118 (Anm. 36)
Zentrum 193
Živnostenská banka 452

Sachverzeichnis

Aktienkreditbanken 138, 155–165, 178–188, 232 ff., 237 f., 244–256, 265, 337, 349–361, 368 f., 373 (Anm. 28, 33), 449
Aktienrecht 142
Allfinanz 116
Altsparergesetz *s. Gesetz zur Milderung von Härten der Währungsreform (1953)*
Anleihen *s. Wertpapiere, festverzinsliche*
Anstaltslast 464–467, 469 ff.
›Arisierungen‹ 113, 270–282, 286, 288 f., 352 ff.
Asset Backed Securities 213, 484 ff.
Aufwertungsgesetzgebung (1924/25) 144, 234
Auslandsgeschäft/Außenhandelsfinanzierung 157, 178–188, 245 f., 276 f., 325 f., 328, 330

Bagdadbahn 178–188
Bank Charter Act (1844) 71
Bank deutscher Länder-Gesetz (1948) 300
Bankenaufsicht/Bankenregulierung 136, 144, 148, 202–215, 254, 257–269, 286, 375–386, 391, 402–413, 479, 489, 492–498, 500 (Anm. 36)
Bankenkartelle 230, 264, 376 f.
Bankenkonzentration *s. Konzentration in der Kreditwirtschaft*
Bankenkrisen *s. Krisen*
›Bankenmacht‹ 244, 254, 349 f., 355–359
Bankenrechtskoordinierungs-Richtlinie (1989) 148

Bankensystem der DDR 320–333
Banknotenemission 63–78, 157, 169
– Currency-Banking-Kontroverse 71 f., 169
– Deckungsregeln 63, 71 f.
Banknotensperrgesetz (1870) 171, 174
Bargeldloser Zahlungsverkehr
– Allgemein 38–50, 157, 176, 216–228, 326, 351, 355, 466
– Bancopfund (Preußen) 65 f.
– Giroverkehr 38 ff., 42, 44 ff., 65, 176, 216–228, 351, 377, 466
– Mark Banco (Hamburg) 40, 42, 44 ff., 157
– Scheckverkehr 217 ff., 230, 239
– Wechselverkehr 26, 35 f. (Anm. 4, 36), 39 f., 46–49, 50 (Anm. 31), 70, 87, 122, 168
Baring-Krise *s. Krisen*
Basel I 411
Basel II 385, 391, 493
Basel III 385, 411, 492–497, 500 (Anm. 36)
Baseler Stillhalteabkommen (1931) *s. Stillhalteabkommen*
Bedürfnisprüfung für die Errichtung von Niederlassungen und Neugründungen der Kreditinstitute (1934) 376, 468
Beleihungswerteermittlungsverordnung (BelWertV) 151 (Anm. 2)
BelWertV *s. Beleihungswerteermittlungsverordnung*

Bilanzierungsstandards 210
Bimetallismus s. *Währungsordnung*
Bodenkreditinstitute 232 f.
Bonds s. *Wertpapiere, festverzinsliche*
Börsenaufsicht 190, 192, 196, 417, 425, 428 f., 435 f. (Anm. 86 f.)
Börsenenquete 1892/93 189–199
Börsengeschäft 47, 69, 81, 85 ff., 141 f., 146, 155, 159–162, 179, 181, 183, 187, 189–199, 266, 270, 273 f., 287, 355, 414–440, 485
Börsengesetzgebung 179, 189–199, 419, 432 ff. (Anm. 47, 49, 60, 62), 436 (Anm. 93)
Börsenumsatzsteuer 419
Bretton Woods-System fester Wechselkurse 297, 302–306, 314, 403, 409, 416, 443
Brüsseler Konkordanz 464 f., 471
Bundesbank-Gesetz (Gesetz über die Deutsche Bundesbank, 1957) 302, 305, 307, 309 f., 312

CDS s. *Credit Default Swaps*
Conduits 473, 484–487, 494, 496, 499 (Anm. 20)
Covered Bonds s. *Wertpapiere, festverzinsliche*
Credit Default Swaps (CDS) 151, 489, 495
Currency-Banking-Kontroverse s. *Banknotenemission*

DAX s. *Deutscher Aktienindex*
DeckRegV s. *Deckungsregisterverordnung*
Deckungsregisterverordnung (DeckRegV) 151 (Anm. 2)
Deficit Spending 147, 254
Deflation 229, 233, 241, 320
Depositenkassen 163 f., 219, 369
Depository Institutions Deregulation and Monetary Control Act (1980) 376
Deregulierung der Finanzmärkte 16, 230, 268, 460
Deutsche Bankenkrise s. *Krisen*
Deutscher Aktienindex (DAX) 419, 421, 433 (Anm. 57), 435 (Anm. 80), 487
›Deutschland AG‹ 358
Devisenbewirtschaftung 261, 266, 273 f., 300, 347
Dezentralisierung der Großbanken (1947/48) 350–355, 359
Direktbanken 384, 392
Dodd-Frank Wallstreet Reform and Consumer Protection Act (2010) 376
Drei-Säulen Modell 120 f., 254, 351, 464 f.

EFSF s. *Europäische Finanzmarktstabilisierungsfazilität*
Eigenkapital
– Banken 20, 187, 247–250, 260, 265, 270 f., 357, 402, 404
– Genossenschaften 109, 126, 391, 395, 399
– Hypothekenbanken 149, 201 f., 204
– Kreditinstitute insgesamt 209, 235 f., 258 f., 264 f., 267, 324, 406, 408 f., 411, 486 f., 490 f., 493–497
– Notenbank 169
– Sparkassen 222, 465 f., 469 f., 473, 475
Eigenmittel-Solvabilitätsgrundsatz (Grundsatz I) 209, 405 f., 409, 412 (Anm. 9)
Einlagengeschäft
– Kreditwirtschaft insgesamt 209, 236 f., 259, 363, 366, 376 ff., 384, 411, 490, 497, 502 (Anm. 50)
– Banken 232 f., 236–239, 248, 253, 260, 273, 351, 355 ff., 362 f., 367, 373 (Anm. 28), 407
– Bankensektor DDR 321, 324, 327, 331
– Hypothekenbanken 139, 214
– Kreditgenossenschaften 105, 107 f., 111 f., 115, 121 f., 125 f., 129 f., 132, 232, 237, 397 f.
– Sparkassen 91, 94–99, 101, 142 f., 209, 219–226, 232, 234, 238 f., 264 f., 367 f., 407, 464, 466–469, 474 f.
Einlagensicherungsfonds des Bundesverbandes deutscher Banken 214, 406 f.
Einlagensicherungsrichtlinien der Europäischen Kommission 407
Einlagensicherungssysteme 96 ff., 111, 402, 405 ff., 464, 468 f.
ERP s. *European Recovery Program*
Erste Bankrechtskoordinierungsrichtlinie (1977) 410
Erstes Finanzmarktförderungsgesetz (1990) 419
Erstes Gesetz zur Förderung des Kapitalmarktes (1952) 146
ESFS s. *European System of Financial Supervisors*
ESM s. *Europäischer Stabilitätsmechanismus*
Europäische Finanzmarktstabilisierungsfazilität (EFSF) 448, 491, 498
Europäische Staatsschuldenkrise s. *Krisen*
Europäische Währungsunion s. *Währungsvereinheitlichungen/Währungsunionen*
Europäischer Stabilitätsmechanismus (ESM) 448, 491
Europäisches Währungssystem (EWS) 297, 303 f., 443, 446
European Recovery Program (ERP) 301, 336 f., 340, 346
European System of Financial Supervisors (ESFS) 495
Euro-Plus-Pakt 491
Eurozone s. *Währungsvereinheitlichungen/Währungsunionen*
EWS s. *Europäisches Währungssystem*
EWS-Krise s. *Krisen*

Federal Reserve Act (1913) 376
›Feuerwehrfonds‹ s. *Fonds des privaten Bankgewerbes*
Filialnetze
– Banken 163 f., 186, 245 f., 248, 250, 255 (Anm. 18), 257, 260, 270, 275, 286, 289, 350, 353 f., 358, 368, 370 f., 451 f., 454
– Hypothekenbanken 141, 211
– Kreditgenossenschaften 115, 392 f., 395
– Kreditwirtschaft insgesamt 376, 380 f., 383
– Notenbank 176
– Sparkassen 219, 224
Financial Futures 416 f., 419, 428 f.
Finanzkrise s. *Krisen*
Finanzmarkt
– Geldmarkt 28, 41, 68, 86 f., 214, 309, 330, 381, 409, 484 f., 487 f., 496
– Kapitalmarkt 85 ff., 100, 137 ff., 142 ff., 145, 147, 158, 180, 187, 189–199, 245, 266, 273, 330, 334, 352, 381 f., 409, 472, 478, 480, 484
– Kreditmarkt 132, 238, 398
Finanzplätze/Finanzmärkte
– Antwerpen 23
– Berlin 189 f., 194 f.
– Frankfurt am Main 56, 79, 83–88, 156, 172, 414–440
– Hamburg 39 f., 44–47, 56, 156 ff.
– London 149, 178 f., 183, 415 ff., 419, 422 ff., 427 ff.
Finanzmarktliberalisierung 146, 318 (Anm. 72), 376–379, 460
Finanzmarktstabilisierungsfonds s. *Sonderfonds Finanzmarktstabilisierung*
Finanzmarktstabilisierungsgesetz (2008) 490, 501 (Anm. 43)
Finanzielle Globalisierung 178–188, 449–463
Finanztransaktionssteuer 497
FlugBelWertV s. *Verordnung über die Ermittlung der Beleihungswerte von Flugzeugen*
Fonds des privaten Bankgewerbes (›Feuerwehrfonds‹) 407

GARIOA s. *Government and Relief in Occupied Areas*
Geldmarkt s. *Finanzmarkt*
Geldmengenstrategie 306 ff.
Geldpolitik 66–71, 167, 174 f., 297–331, 375, 377–379, 445 ff., 481, 492, 498
Geldwertstabilität s. *Preisstabilität, Währungsstabilität, Wechselkursstabilität*
Genossenschaftsbanken s. *Kreditgenossenschaften*
Geschäftsbanken s. *Universalbanken*
Geschäftsstellennetz s. *Filialnetz*

Gesetz über Kapitalanlagegesellschaften (KAGG, 1957) 364
Gesetz über den Niederlassungsbereich von Kreditinstituten (1952) 354
Gesetz über die Pfandbriefe und verwandte Schuldverschreibungen öffentlich-rechtlicher Kreditanstalten (ÖPG, 1927) 144, 148, 206
Gesetz über Schiffspfandbriefbanken (SchBkG, 1933) 145, 148, 206
Gesetz über Zahlungsverbindlichkeiten gegenüber dem Ausland (1933) 341
Gesetz zur Aufhebung des Niederlassungsbereichs von Kreditinstituten (1956) 354
Gesetz zur Durchführung einer Zinsermäßigung bei privaten Kreditanstalten (1935) 145
Gesetz zur Milderung von Härten der Währungsreform (1953) 146
Gesetz zur Vorbereitung des organischen Aufbaus der Wirtschaft (1934) 266, 284
Gesetze zur Neuordnung des Geldwesens (1948) 300
Gewährträgerhaftung 98, 101, 111, 262, 464–477
Giroverkehr s. *Bargeldloser Zahlungsverkehr*
Glass-Steagall-Act (1933) 351, 375
Gleichschaltung 112 ff., 266, 283–296
Globalisierung s. *finanzielle Globalisierung*
Goldstandard/Goldwährung s. *Währungsordnungen*
Government and Relief in Occupied Areas (GARIOA) 340
Gramm-Leach-Bliley Act (1999) 375
›Great Depression‹ s. *Krisen*
Großbanken s. *Aktienkreditbanken*
Großbankengesetz s. *Gesetz über den Niederlassungsbereich von Kreditinstituten (1952)*
Gründerkrise s. *Krisen*
Grundsätze über das Eigenkapital und die Liquidität der Kreditinstitute 209, 412 (Anm. 9)
Grundsatz I s. *Eigenmittel-Solvabilitätsgrundsatz*

Habenzinsabkommen (1936) 377
Handelshäuser s. *Kaufmannsbankiers*
Handelssysteme elektronischer Börsen
– Exchange Electronic Trading (XETRA) 414, 421
– Integriertes Börsenhandels- und Informations-System (IBIS) 420–423
– Makler-Tele-Information-System (MATIS) 420 ff.
– Marketmaker-Information-and-Dealing-System (MIDAS) 420 ff.
– Stock Exchange Automated Quotation (SEAQ) 416, 418, 427
Hedge-Fonds 485, 488
Herstatt-Krise s. *Krisen*

›Herstatt-Risiko‹ 410
Hofjuden 51–60, 80
Homburger Plan 301
Homebanking 384
›Humpty Dumpty‹-Effekt 485, 499 (Anm. 14)
Hypothekar- und Grundschuldkredite 66, 96, 100, 105, 136–154, 200–215, 222, 225, 234, 238 f., 241, 464, 479–483, 486, 488 f.
Hypothekenbankgesetzgebung 138, 140, 142, 147, 200–215, 268 (Anm. 10)

IBIS *s. Handelssysteme elektronischer Börsen*
IFRS *s. International Financial Reporting Standards*
Industriefinanzierung *s. Unternehmensfinanzierung*
Inflation
 – 1618–23 (Kipper- und Wipperinflation) 32
 – 1914–23 (Große Inflation) 143, 221 ff., 229–243, 248, 257–259, 377, 441
 – 1973–82 314
Informations- und Kommunikationstechnologie 379, 383 f.
International Financial Reporting Standards (IFRS) 210
Investmentgesellschaften 355, 362–374
Investmentsparen 147 f., 362–374

KAGG *s. Gesetz über Kapitalanlagegesellschaften*
Kapitalanlagegesellschaften *s. Investmentgesellschaften*
Kapitalmarkt *s. Finanzmarkt*
Kapitalmarktförderungsgesetz *s. Erstes Gesetz zur Förderung des Kapitalmarktes (1952)*
Kassageschäfte 414 ff., 420 ff., 427, 430 (Anm. 2)
Kaufmannsbankiers/Merchant Bankers 17–25, 54, 80, 84 ff.
Kleinkredit 362–374
Kipper- und Wipperinflation *s. Inflationen*
Kommunalfinanzierung 101, 132, 218, 222 f., 225, 229, 238 f., 263, 273, 464
Konsortialgeschäft 245 f., 287
Konsumentenkredit 355, 365, 369
Konzentration in der Kreditwirtschaft
 – Banken 162, 164, 241, 244–256, 265, 270, 351, 355–359, 372, 449–463
 – Börsen 422–428
 – Kreditgenossenschaften 116, 391–394
 – Kreditwirtschaft insgesamt 377 ff.
Koreaboom 336
Kreditausfallderivate *s. Credit Default Swaps*
Kreditgenossenschaften 93, 101, 105–135, 155, 232, 237, 265, 322, 325 f., 351, 369 f., 372, 387–401, 422, 449, 464
Kreditmarkt *s. Finanzmarkt*

Kreditwesengesetz (Reichsgesetz über das Kreditwesen, 1934) 151 (Anm. 2), 212, 226, 254, 264, 266 f., 286, 351, 377, 383
Kreditwesengesetz (KWG, 1961) 208 f., 212, 267, 378, 391, 395, 405 f., 408–410
Kriegsfinanzierung 18, 23 f., 54 f., 58, 64, 143, 145, 221, 229, 287, 293, 321, 351
Krisen
 – 1873–79 (Gründerkrise) 142, 156, 159 f. 162, 167, 191, 351
 – 1890 (Baring-Krise) 175
 – 1891 (Bankenkrise) 189, 197
 – 1900/01 (Hypothekenbanken) 212 f.
 – 1901 (Bankenkrise) 163, 196
 – 1907 (Bankenkrise) 197, 210
 – 1929 (New Yorker Börsenkrach – ›Schwarzer Donnerstag‹) 225, 252, 480
 – 1929 bis 1930er-Jahre (Weltwirtschaftskrise – ›Great Depression‹) 144, 179, 233, 236, 244, 251, 258, 276, 351, 480
 – 1931 (Deutsche Bankenkrise) 101, 144, 216, 225 f., 253, 257–269, 273, 276, 284, 349, 351, 377, 466, 475
 – 1965/66 (Rentenmarktkrise) 147
 – 1973, 1979 Ölpreiskrisen 443
 – 1974 (Herstatt-Krise) 402–413, 469
 – 1992/93 (EWS-Krise) 304, 444
 – 2007–09 (Finanzkrise) 149 f., 211, 213 f., 359, 376, 408, 412, 468, 476, 478–502
 – seit 2009 (Europäische Staatsschuldenkrise) 148, 489–492
Kurantgeld 39 f., 42 f., 45, 174
Kursstopp (1942) 145

Landesbanken 220 ff., 224, 233, 259 f., 264, 284, 322, 325, 398, 460, 464–477
Landeszentralbanken 267, 299, 312 f., 322 f., 354
Landschaften 137 ff., 213
Lateinische Münzunion *s. Währungsvereinheitlichungen/Währungsunionen*
Leihhaus/-kasse *s. Pfandhaus*
Lender of Last Resort 73, 170, 406, 489
Liquidität/Liquiditätsvorschriften
 – Banken 209 f., 239 ff., 248, 251, 254, 259 f., 264 f., 406
 – Kreditgenossenschaften 391
 – Kreditinstitute insgesamt 259 f., 264 f., 307, 309, 377, 406, 484, 486–489, 492, 494–497
 – Notenbank 65
 – Pfandbrief 147, 209
 – Sparkassen 217, 224 ff., 262, 264, 327
 – Volkswirtschaft 69, 71 ff., 273

Liquiditätsausgleich
- Kreditgenossenschaften 106, 109 ff., 126, 129 f., 133
- Sparkassen 217 f., 221, 223

Londoner Schuldenabkommen 334–348

M&A *s. Mergers & Acquisitions*
Marshallplan *s. European Recovery Program (ERP)*
Massengeschäft *s. Privatkundengeschäft/ Retailbanking*
MATIS *s. Handelssysteme elektronischer Börsen*
McFadden Act (1927) 376
Mengengeschäft *s. Privatkundengeschäft/ Retailbanking*
Merchant Bankers *s. Kaufmannbankiers*
Mergers & Acquisitions (M&A) 454 f.
MIDAS *s. Handelssysteme elektronischer Börsen*
Mittelstandsfinanzierung 120, 161, 465
Monoline-Versicherungsgesellschaften 487, 500 (Anm. 27)
Morgenthauplan 335
Mortgage Backed Securities 480, 482–486
Multinationale Bankenkooperation 178–188
Mündelsicherheit 136, 141, 143, 145
Münzordnungen
- 1524 (Eßlinger Münzordnung) 28–32, 34, 36 f. (Anm. 47)
- 1551 (Augsburger Münzordnung) 28–32, 34
- 1559 (Reichsmünzordnung) 26–37

Münzprägung
- Goldmünzen 26, 29, 34 f., 172 ff.
- Silbermünzen 26 f., 33 ff., 39, 41, 43–46, 168, 171–174

National Banking Act (1874) 376
New Deal 480
New Yorker Börsenkrach *s. Krisen*
›Ninja-Kredite‹ 481
Normativbestimmungen für die preußischen Hypothekenbanken (1863) 202
Notenbanken 63–78, 157, 166–177, 297–319, 444 ff.
- Bankfreiheit 170 f.
- Private Notenbanken 67 f., 72 f., 166 f., 170, 174
Notverordnungen des Reichspräsidenten zur Sicherung von Wirtschaft und Finanzen (1931) 101, 144, 226, 261, 263, 377

Obligationen *s. Wertpapiere, festverzinsliche*
Ölpreiskrisen *s. Krisen*
ÖPG *s. Gesetz über die Pfandbriefe und verwandte Schuldverschreibungen öffentlich-rechtlicher Kreditanstalten*
Optionshandel 420 ff.

Orientierungsrahmen ›85‹ 357
OTC *s. Over-the-counter-Transaktionen*
Over-the-counter-Transaktionen (OTC) 495 f.

Personalkredite 96 f., 100, 105, 122, 219, 232
PfandBG *s. Pfandbriefgesetz*
Pfandbrief-Barwertverordnung (PfandBarwertV) 151 (Anm. 2)
Pfandbriefe *s. Wertpapiere, festverzinsliche*
Pfandbriefgesetz (PfandBG) 136, 148 f.
Pfandhaus 92 f.
Prämienkassen 102 (Anm. 43)
Preiskalkulation im Bankgewerbe 379–382
Preisstabilität (Ziel/Realität) 175, 297–319, 329, 346, 441 f., 445 ff.
Preisstopp 321
Preußische Bankordnung (1856) 172
Preußisches Genossenschaftsgesetz (1867) 105, 123 f.
Preußisches Münzgesetz (1821) 168
Preußisches Sparkassenreglement (1838) 90–104
Privatbankiers 92, 132, 155 ff., 164, 190, 232, 245, 265, 270–282, 288, 321, 351, 355, 406
Privatkundengeschäft/Retailbanking 115, 355, 362–374, 457, 460

Rating 148, 391, 471–474, 483–487
Realkreditinstitute 136–154, 200–215, 236, 268 (Anm. 10), 483
Refinanzierung 139, 143, 145 f., 170, 200, 214, 225, 322, 381, 488 ff.
Refinanzierungsregisterverordnung (RefinRegV) 151 (Anm. 2)
RefinRegV *s. Refinanzierungsregisterverordnung*
Regulated Covered Bond Regulation 149
Regulation Q (1933) 376
Reichsbank-Gesetze
- Bankgesetz (1875) 166, 174, 200, 302
- Bankgesetz (1924) 302
- Gesetz über die Deutsche Reichsbank (1939) 302
Reichsgesetz betreffend die Erwerbs- und Wirtschaftsgenossenschaften (1889) 110, 125–128, 200
Reichsgesetz über das Kreditwesen *s. Kreditwesengesetz (KWG)*
Reichsscheckgesetz (1908) 216, 218, 230, 466
Rentenmarktkrise *s. Krisen*
Rentenpapiere *s. Wertpapiere, festverzinsliche*
Retailbanking *s. Privatkundengeschäft*
Rezentralisierung der Großbanken (1957/58) 337, 349–361
Riegle-Neal Interstate Banking and Branching Efficiency Act (1994) 376
Rüstungsfinanzierung *s. Kriegsfinanzierung*

Schattenbanken 411 f., 496 f.
SchBkG *s. Gesetz über Schiffspfandbriefbanken*
Scheckverkehr *s. Bargeldloser Zahlungsverkehr*
Schiffsbeleihungswertermittlungsverordnung (SchiffsBelWertV) 151 (Anm. 2)
SchiffsBelWertV *s. Schiffsbeleihungswertermittlungsverordnung*
Schuldverschreibungen *s. Wertpapiere, festverzinsliche*
›Schwarzer Donnerstag‹ *s. Krisen*
SEAQ *s. Handelssysteme elektronischer Börsen*
Selbstbedienungs-Banking 383
Silberbergbau/Silbermarkt 17–21, 27, 30, 34 f., 45, 49
SoFFin *s. Sonderfonds Finanzmarktstabilisierung*
Sonderfonds Finanzmarktstabilisierung (SoFFin) 490, 501 (Anm. 42)
Sollzinsabkommen (1936) 377
Sparbrief 119 (Anm. 74)
Spareinlagengeschäft *s. Einlagengeschäft*
Sparkassen 90–104, 115, 120, 130 f., 140 f., 144, 155, 216–228, 230, 232–235, 239, 262 ff., 322, 325 ff., 351, 355, 362, 364–372, 422, 449, 464–477
Sparkassen-Finanzverbund 216–228
Sparkassengesetze (Bundesländer, SparkG) 466
SparkG *s. Sparkassengesetze*
Spekulation 81, 86 f., 140, 142, 179, 183–193, 195 f., 251 f., 273, 302, 304, 402, 409
Staatsfinanzierung 17–25, 51–60, 64 f., 79–89, 229, 245, 270, 273, 309 f., 490–493
Staatspapiergeld
– Preußen 67 ff.
Stabilitätsbewusstsein/Stabilitätskultur 311 f., 314
Stillhalteabkommen (Basel 1931) / ›Stillhaltekredite‹ 261, 276 f., 280, 337 f.
Subprime-Markt 481 f., 485 f., 488 f., 498, 500 (Anm. 36)

Target-Salden 500 (Anm. 33)
Termingeschäfte 179, 192 ff., 196, 404, 408, 414–417, 420, 427, 430 f. (Anm. 2, 21), 434 (Anm. 60)
Trennbankensystem 350 f., 354, 359, 375

Universalbanken 101, 115, 155–165, 170, 232, 245 f., 249, 254, 280, 321, 349 ff., 354, 356–359, 362 f., 367, 376, 396, 402, 466, 497
Unternehmensfinanzierung 73, 161, 180, 182, 184, 232, 245 ff., 249, 259, 266, 270–273, 277 f., 287, 322, 326, 330, 351 f., 355, 362, 371
US Code of Federal Regulations (1938) 376

Verbandswesen
– Banken 194, 214, 284 f., 289
– Börsen 421
– Kreditgenossenschaften 108–112, 387–401
– Sparkassen 100 f., 217–226, 285, 469 ff.
Verbriefungen 473, 479–484, 495 f., 500 (Anm. 36), 502 (Anm. 49)
Verordnung über die Aufhebung der Zinsverordnung und von Bestimmungen über die Kosten der Teilfinanzierungskredite (1967) 375–387
Verordnung über die Ermittlung der Beleihungswerte von Flugzeugen (FlugBelWertV) 151 (Anm. 2)
Vertrag über die Europäische Union 314, 442, 444
Vertrag von Maastricht *s. Vertrag über die Europäische Union*
Vertriebsnetz *s. Filialnetz*
›Volksaktien‹ 366

Währungsordnungen
– Bimetallismus 172 ff.
– Goldstandard/Goldwährung 166–177, 303 f.
– Silberwährung 43, 168, 171
Währungsreformen
– 1923/24 (Deutsches Reich) 144, 248, 259, 377
– 1948 (sowjetische Besatzungszone) 114, 322 ff.
– 1948 (westliche Besatzungszonen) 146, 297 f., 300 f., 308, 323 f., 335, 354 f., 363, 441
Währungsstabilität (Einlösbarkeit in stabile Metallgegenwerte) 40 f., 43, 45–49, 168, 174 ff.
Währungsvereinheitlichungen/Währungsunionen
– Deutsches Reich 1871 ff., 166–177
– Europäische Währungsunion/Euro/Eurosystem/Eurozone 148, 297 f., 302, 309, 313 f., 406, 441–448, 490 ff.
– Lateinische Münzunion 172
– Reichswährung Deutschland (15. Jahrhundert) 26–37
Wechselbanken 38–50, 67
Wechselkursstabilität (Ziel/Realität) 168, 174–176, 302–308, 315, 442 f.
Wechselverkehr *s. Bargeldloser Zahlungsverkehr*
Weltwirtschaftskrise *s. Krisen*
Werbung 147, 356, 365, 370, 383, 387, 434 (Anm. 59), 468
Wertpapierbereinigungsgesetz (1949) 146
Wertpapierdienstleistungs-Richtlinie der Europäischen Union (1993) 429
Wertpapiere, festverzinsliche
– Anleihen 17–25, 43, 60, 64, 79–89, 100, 114, 129, 137, 143, 147–151, 155, 161, 183, 185, 187, 214, 217 f., 222, 224 f., 236, 245 f., 259, 271, 273, 309 f.,

325, 337 f., 344, 417 f., 421, 427, 475, 480, 485 f., 490–493
- Bonds 137, 148–151, 154 (Anm. 92), 341
- Obligationen 79–83, 97, 137, 140 f., 143, 147, 204, 212, 236, 273, 309, 378, 419
- Pfandbriefe 136–154, 155, 201–204, 206–210, 212 f., 232, 236
    - Covered Bonds 137, 147–150
    - Flugzeugpfandbriefe 137, 207
    - Hypothekenpfandbriefe 137
    - Öffentliche Pfandbriefe 137, 143
    - Schiffspfandbriefe 137, 144, 206 f., 215 (Anm. 22)
- Rentenpapiere 144, 367
- Schuldverschreibungen 60, 79–89, 96, 129, 136–145, 148 ff., 201, 206, 222, 236, 305, 309, 341 f., 472, 480

Wertpapiergeschäft 161, 190, 223, 230, 351, 357, 367, 464 f.

Wettbewerb in der Kreditwirtschaft
- Kreditwirtschaft insgesamt 16, 264, 327, 330, 376–380, 383 f., 460
- zwischen Börsen 415–418, 423 f., 430
- zwischen Finanzprodukten 141, 146 f., 363–367, 372
- zwischen (Groß-) Banken 162, 178 f., 183, 185 ff., 230, 244–248, 250–254, 288 ff., 351, 355, 357, 451, 461
- zwischen Hypothekenbanken 203, 205 f., 211
- zwischen Institutsgruppen 14 f., 96, 106, 114 f., 122, 131 f., 141, 217, 223, 225, 253, 274 f., 280 f., 351, 355 f., 358, 363, 365, 368, 371 f., 387 f., 391, 398 f., 464–476
- zwischen Kreditgenossenschaften 388
- zwischen Sparkassen 224 f.

Wettbewerbsabkommen der deutschen Kreditinstitute (1936) 383, 387

Wiedergutmachungsabkommen mit Israel 342 ff.

Witwen- und Waisenkassen 92

XETRA *s. Handelssysteme elektronischer Börsen*

Zentralbanken 64, 71 ff., 106, 109 ff., 114 ff., 128 ff., 149, 157, 166–177, 226, 297–322, 325, 329 f., 352 ff., 378, 388, 391 ff., 396, 409 f., 444 ff., 479, 489 ff., 492

Zettelbanken *s. Wechselbanken*

Zinsabkommen der deutschen Kreditinstitute (1932/36) 377 f., 385 (Anm. 7), 387, 468

Zinsliberalisierung (1967) 356, 375–387, 468

Autorenverzeichnis

Ralf Ahrens ist wissenschaftlicher Mitarbeiter am Zentrum für Zeithistorische Forschung Potsdam.
Johannes Bähr ist außerplanmäßiger Professor für Wirtschafts- und Sozialgeschichte an der Goethe-Universität Frankfurt am Main.
Boris Barth ist Professor für Neuere und Neueste Geschichte an der Universität Konstanz.
Hans-Peter Burghof ist Professor für Bankwirtschaft und Finanzdienstleistung an der Universität Hohenheim in Stuttgart.
Carsten Burhop ist Professor für Wirtschafts- und Sozialgeschichte unter besonderer Berücksichtigung der Geschichte der Weltwirtschaft im 19. und 20. Jahrhundert an der Universität Wien und Mitglied des Wissenschaftlichen Beirats des Instituts für bankhistorische Forschung, Frankfurt am Main.
Markus A. Denzel ist Professor für Sozial- und Wirtschaftsgeschichte an der Universität Leipzig.
Christian Dirninger ist Professor für Wirtschafts- und Sozialgeschichte an der Universität Salzburg und Mitglied der Study Group on Savings Banks History der ESBG, Brüssel.
Albert Fischer ist Lehrer an der Arnoldi-Schule in Göttingen, Fachleiter am Studienseminar Braunschweig LbS und Privatdozent für Wirtschafts- und Sozialgeschichte und ihre Didaktik an der Bergischen Universität Wuppertal.
Peter Gleber ist Wissenschaftlicher Leiter der Stiftung GIZ · Genossenschaftshistorisches Informationszentrum, Berlin und Mitglied des Wissenschaftlichen Beirats des Instituts für bankhistorische Forschung, Frankfurt am Main.
Timothy W. Guinnane ist Philip Golden Bartlett Professor of Economic History am Department of Economics der Yale University, New Haven (USA) und Mitglied des Wissenschaftlichen Beirats des Instituts für bankhistorische Forschung, Frankfurt am Main.
Mark Häberlein ist Inhaber des Lehrstuhls für Neuere Geschichte an der Otto-Friedrich-Universität Bamberg.
Thomas Hartmann-Wendels ist Professor für Bankbetriebslehre, Direktor des Instituts für Bankwirtschaft und Bankrecht und des Forschungsinstituts für Leasing an der Universität zu Köln sowie Mitglied des Wissenschaftlichen Beirats des Instituts für bankhistorische Forschung, Frankfurt am Main.

Carl-Ludwig Holtfrerich ist emeritierter Professor für Volkswirtschaftslehre und Wirtschaftsgeschichte an der Freien Universität Berlin.

Otmar Issing war Mitglied des Direktoriums der Deutschen Bundesbank und des Direktoriums der Europäischen Zentralbank. Er ist Präsident des Center for Financial Studies an der Goethe-Universität Frankfurt am Main.

Ingo Köhler ist Privatdozent und Lehrstuhlvertreter am Institut für Wirtschafts- und Sozialgeschichte der Georg August-Universität Göttingen.

Bernd Kubista war Abteilungsleiter beim Bundesverband der Deutschen Volksbanken und Raiffeisenbanken (BVR) in Bonn und Berlin und übte am Institut für Gesellschafts- und Wirtschaftswissenschaften (Finanzwissenschaftliche Abteilung) der Rheinischen Friedrich-Wilhelms Universität Bonn eine mehrjährige Forschungs- und Lehrtätigkeit aus.

Dieter Lindenlaub war Leiter der Abteilung ›Bibliothek, Archive, Notenbankgeschichte‹ der Deutschen Bundesbank in Frankfurt am Main und ist außerplanmäßiger Professor für Wirtschafts- und Sozialgeschichte an der Goethe-Universität Frankfurt am Main. Er ist Mitglied des Wissenschaftlichen Beirats des Instituts für bankhistorische Forschung e.V., Frankfurt am Main.

Stephan Paul ist Professor für Betriebswirtschaftslehre und Inhaber des Lehrstuhls für Finanzierung und Kreditwirtschaft an der Fakultät für Wirtschaftswissenschaft der Ruhr-Universität Bochum sowie Mitglied des Wissenschaftlichen Beirats des Instituts für bankhistorische Forschung, Frankfurt am Main.

Elke Pfnür ist Leiterin der Abteilung ›Corporate History‹ der UniCredit Bank AG, München.

Peter Rauscher ist Privatdozent am Institut für Geschichte der Universität Wien und Projektleiter am Institut für Österreichische Geschichtsforschung.

Bernd Rudolph ist emeritierter Professor für Betriebswirtschaftslehre an der Ludwig-Maximilians-Universität München, Vorsitzender des Wissenschaftlichen Beirats des Instituts für bankhistorische Forschung e.V. und des Deutschen Aktieninstituts, beide Frankfurt am Main.

Stefan Schmid ist Inhaber des Lehrstuhls für Internationales Management und Strategisches Management an der ESCP Europe in Berlin.

Hartmut Schmidt ist Professor der Universität Hamburg für BWL. Er hat sich 1977 in einer Studie, die er für die Kommission der Europäischen Gemeinschaften schrieb, gegen eine Europabörse und für Börsenwettbewerb ausgesprochen. Vom britischen Office of Fair Trading wurde er daraufhin an der Vorbereitung des Prozesses gegen Wettbewerbsbeschränkungen an der Londoner Börse beteiligt, der nie stattfand, aber dennoch 1986 zum Big Bang führte. Im Börsenvorstand der Deutschen Terminbörse, dem er von 1989 bis 1995 angehörte, setzte er sich von Anfang an für DTB-Handelsbildschirme im Ausland ein. Schmidt lehrte von 1969 bis 1974 an der Syracuse University im Staate New York.

Joachim Scholtyseck ist Professor für Neuere und Neueste Geschichte an der Rheinischen Friedrich-Wilhelms-Universität Bonn und Stellvertretender Vorsitzender des Wissenschaftlichen Beirats des Instituts für bankhistorische Forschung e.V., Frankfurt am Main.

André Steiner ist Projektleiter am Zentrum für Zeithistorische Forschung in Potsdam und außerplanmäßiger Professor für Wirtschafts- und Sozialgeschichte an der Universität Potsdam.

Andreas Thier ist Professor für Rechtsgeschichte, Kirchenrecht, Rechtstheorie und Privatrecht an der Rechtswissenschaftlichen Fakultät der Universität Zürich.

Paul Thomes ist Universitäts-Professor für Wirtschafts-, Sozial-, und Technologiegeschichte an der Fakultät für Wirtschaftswissenschaften der RWTH Aachen und Mitglied des Wissenschaftlichen Beirats des Instituts für bankhistorische Forschung, Frankfurt am Main.

Richard H. Tilly ist emeritierter Professor für Sozial- und Wirtschaftsgeschichte, Universität Münster.

Hans-Peter Ullmann ist Professor für Neuere Geschichte am Historischen Institut der Universität zu Köln.

Oliver Volckart ist Associate Professor am Economic History Department der London School of Economics and Political Science.

Thorsten Wehber ist Leiter des Sparkassenhistorischen Dokumentationszentrums des Deutschen Sparkassen- und Giroverbandes, Lehrbeauftragter an der Hochschule der Sparkassen-Finanzgruppe und am Lehrinstitut der Management-Akademie der Sparkassen-Finanzgruppe sowie Mitglied des Wissenschaftlichen Beirats des Instituts für bankhistorische Forschung, Frankfurt am Main.

Harald Wixforth ist Lehrbeauftragter im Fachbereich Geisteswissenschaften der Universität Bremen und Geschäftsführer der Gesellschaft für mitteleuropäische Banken- und Sparkassengeschichte, Bielefeld.
Dieter Ziegler ist Professor für Wirtschafts- und Unternehmensgeschichte an der Ruhr-Universität Bochum und Mitglied des Wissenschaftlichen Beirats des Instituts für bankhistorische Forschung, Frankfurt am Main.